봉우 선생의 仙 이야기 2

봉우(鳳宇) 권태훈(權泰勳: 1900~1994) 선생
육성강연, 대담집(1985~1990)

봉우 선생의 仙 이야기 2

봉우 권태훈 지음
봉우사상연구소 엮음

책미래

백두산 천지에서(1990. 6. 25)

천지(天池)에서 한민족의 조상이신
대황조(大皇祖) 한배검 님께 천제(天祭)를 올리다.

천지(天池)에서 천제(天祭)를 올리신 후(사진 좌: 정재승, 우: 송순현)

중국 연길시 연변조선족 자치주 정부청사 앞에서
백두산 천제단 일행과 함께한 봉우 선생님

중국 북경의 공자 사당인 대성전(大成殿)에 있는 중국공자기금회 앞에서

북경 천안문 앞 광장에서

북경 자금성 원구단(圜丘壇) 천심석(天心石) 위에서

상해 홍구공원에서 윤봉길 의사의 의거(義擧)를 기리시며

일본 경도(京都)에서

책을 펴내며(엮은이 서문)

이 책은 봉우(鳳宇) 권태훈(權泰勳: 1900~1994) 선생의 강연, 대담들을 녹취하여 기록한 어록(語錄)으로서, 작년에 일부를 모아 1권(1200페이지 분량)을 먼저 간행하였고, 올해에 나머지 녹취 자료들을 2권, 3권으로 나누어 간행하게 되었습니다.

봉우 권태훈 선생은 한국 현대 정신사에 매우 특이한 자취를 남기신 분으로서, 1984년 소설《단(丹)》의 실제 주인공으로 등장한 뒤 선풍적인 인심의 주목을 받아 당시 정신문화계에 '단 열풍'을 몰고 올 정도로 한국 사회에 많은 영향을 끼쳤습니다. 봉우 선생의 자전적(自傳的) 구술을 소설 형식으로 담아낸《단》이 출간 후 수십만 권이 팔리는 베스트셀러가 될 정도로 폭발적인 대중의 반응을 받은 배경에는 봉우 선생의 이야기가 담고 있는 우리 민족만의 고유한 정서, 역사, 사상 등이 자리했는데, 이를 일러 '봉우 선생의 仙 이야기'라 부르기로 하였습니다.

봉우 선생은 1980년대 한국 지성사에서 자취를 감춘 우리 정신의 가장 깊숙한 원형인 선도(仙道) 사상을 이야기로 풀어내 대중에게 다시금 전해준 뛰어난 설화자(說話者)이자, 사상가였으며, 당대의 선인(仙人)이었습니다.

1980년대 한국 사회는 1960년대 이후 20년간의 산업화 매진으로 경제적 부(富)를 획득하여 해방 이후의 절대적 가난으로부터 벗어났으나, 상대적으로 정신문화가 피폐해지면서 주변 열강들에 둘러싸인 지정학적

위치에서 오는 사대주의의 만연(漫然), 개인적, 사회적 자아(自我)의 상실, 외세에 의한 식민사관의 청산 부재 등 사회, 국가적 문제들이 속출하는 상황이었다 하겠습니다. 이러한 때 등장한 봉우 선생의 첫 말씀은 '우리의 조상을 알자', '우리의 뿌리와 사상을 알자'이었습니다. 우리가 일본의 노예생활을 겪었고, 외세에 의한 민족분단으로 민족적 자긍심을 가질 수 없는 암울한 상황에 빠져 있으나, 우리의 조상은 원래 위대했고, 강성했으며, 찬란한 문화를 창조했던 민족이었다는 것입니다.

봉우 선생은 이야기로만 그치는 게 아니라, 1986년 민족전통 정신수련 단체인 '한국단학회 연정원(硏精院)'을 설립하여 우리 조상들의 뿌리사상인 단군선도(檀君仙道)의 보급에 나섰으며, 여기서 민족선도의 핵심 경전인《천부경(天符經)》,《삼일신고(三一神誥)》등의 요체(要諦)와 잃어버린 우리 민족의 참역사, 참나를 찾는 조상들의 고유한 정신수련법과 육체단련법 등을 1994년 95세의 연세로 돌아가실 때까지 노구를 이끌고 대중을 상대로 수많은 강연과 대담을 행하며, 자신이 평생 수행을 통해 깨달은 바를 여러 사람들과 나누고자 애쓰셨습니다. 또한《백두산족에게 고함》,《천부경의 비밀과 백두산족 문화》,《민족비전 정신수련법》등의 관련 도서 출판을 통해 한국의 고유 선도를 이 세상에 널리 알렸습니다.

이 책은 이렇듯 소설《단》이후 1986년에서 1992년까지의 봉우 선생님의 강연 및 대담들을 녹취하고 각주를 붙여, 한국의 1980년대 문화지평에 홀연히 등장, 정신계에 지각변동을 일으킨 봉우 권태훈 선생의 삶과 사상을 담고 있는《어록》으로 만들어졌습니다.

끝으로,《어록》을 만들기 위해 아주 오랫동안 봉우 선생님 말씀을 녹음하고, 녹취하고, 교정하고, 주석을 붙여주신 김각중, 박승순, 정진용, 이기욱, 김희수 등 여러분들께 깊은 감사를 드리며, 아울러 이번에도 책의 발간을 물심양면으로 도와주신 김명석, 안기석, 김재우, 박병운, 박승순, 고강석, 익명의 후원자님과 여러 연정원 동지들께 크나큰 고마움을 표합니다. 봉우 선생님! 그동안 베풀어 주신 선생님의 가르침에 대해 저희 모두 무한한 감사를 올리오며 아울러 3000페이지가 넘는 대기록으로 간행된 《봉우 선생의 仙이야기》어록전집 3권을 선생님 영전(靈前)에 바칩니다.

봉우 선생님은 실로 20세기 한국이 낳은 위대한 선지자(先知者)이셨으며, 백산대운(白山大運)과 간도중광(艮道重光), 황백전환(黃白轉換)과 대동장춘(大同長春) 평화세계의 도래를 우리민족과 전 세계 인류에게 말과 글로 선포하셨습니다. 더불어 봉우 선생님은 일평생 사람들의 마음을 편케 해주려 애쓰셨던 홍익인간(弘益人間)의 표상(表象)이셨습니다.

단기 4351년(2018) 7월 25일
봉우사상연구소 대표 정재승 지죄근서(知罪謹書)

일러두기

* 이 책은 봉우사상연구소 홈페이지(www.bongwoo.org)의 〈봉우사상을 찾아서〉에 연재된 봉우 권태훈 선생님의 강연, 대담들의 녹취록을 연도별로 정리하여 엮은 것이다.

* 이 책에 실린 녹취록의 음성파일은 DVD자료를 따로 부착하지 않고, 책 맨뒤에 따로 목록을 작성하여 봉우사상연구소 홈페이지에서 손쉽게 찾아볼 수 있도록 하였다.

* 음성파일을 녹취하는 과정에서 봉우 선생님의 말씀이 잘 안 들리는 경우에는 의문부호(?) 표시로, 전혀 안 들리는 경우에는 ○ ○ ○으로 표시하였다.

봉우 선생님 원상, 원상법요 해설[1]

봉우 선생님: 수건복곤 천지정위 이감목리 일월명광 구태수간 산택통기 고손족진 뇌풍동작 실시 건곤지조화 이품기어인야 대재 인호 지성위도 가이전지 일리존존 백체전전 시위합덕 묘용지전기야 기정즉변 기동즉화 동정지간 변화무궁 시이 부질이속 불행이지 치심상지정령 감이수통 천하지고 어황상제 강충우하민 소소감응 강아영지 수아영구 천하지능사필 천지기영유소의뢰의 이황어인호 이황어귀신호 삼령재신 수지즉시 염자재자 일석건건 지기지신 감응대화

[원상문 원문 및 주해] –《민족비전 정신수련법》p.61~62

首乾腹坤 天地定位 耳坎目離 日月明光 口兌手艮 山澤通氣
수건복곤 천지정위 이감목리 일월명광 구태수간 산택통기

股巽足震 雷風動作 實是 乾坤之造化 而稟氣於人也
고손족진 뇌풍동작 실시 건곤지조화 이품기어인야

大哉 人呼 至誠爲道 可以前知 一理存存 百體全全
대재 인호 지성위도 가이전지 일리존존 백체전전

---

1) 녹취: 박승순, 교정·주석: 정진용·정재승(음성 파일 없음)

是爲合德妙用之專機也 機靜卽變 機動卽化 動靜之間 變化無窮
시위합덕묘용지전기야 기정즉변 기동즉화 동정지간 변화무궁

是以 不疾而速 不行而至 致心上之精靈 感以遂通 天下之故
시이 부질이속 불행이지 치심상지정령 감이수통 천하지고

於皇上帝 降衷于下民 昭昭感應 降我靈旨 授我○○2) 天下之能事畢
어황상제 강충우하민 소소감응 강아영지 수아   천하지능사필

天地其永有所依賴矣 以況於人乎 以況於鬼神乎
천지기영유소의뢰의 이황어인호 이황어귀신호

三靈在身 修之則是 念玆在玆 日夕乾乾 至氣之神 感應大化
삼령재신 수지즉시 염자재자 일석건건 지기지신 감응대화

  사람의 머리는 하늘이요, 사람의 배는 곧 땅이다(首乾腹坤). 하늘과 땅
이 이로써 그 자리를 정하였도다(天地定位). 귀는 감(坎)이요, 눈은 이(離)
인데, 이는 해와 달의 밝은 빛과 같고(耳坎目離 日月明光), 입은 태(兌)요,
손은 간(艮)이라, 이는 산과 물이 서로 기운을 통하는 것과 같으며(口兌手
艮 山澤通氣), 팔은 손(巽), 다리는 진(震)으로 우레와 바람이 움직이는 것
과 같으니(股巽足震 雷風動作), 이는 실로 하늘과 땅의 조화(造化)가 사람
의 몸에 그대로 깃들여 있음이다(實是 乾坤之造化 而稟氣於人也)3).

  위대하도다 사람이여(大哉人呼)! 지극한 정성으로 도(道)를 이루면(至

----

2) 여기에 자신이 소망하는 바를 끼워넣어 암송한다.
3) 우주만상을 설명하는 기본 개념인 역(易)의 팔괘(乾·坤·震·坎·離·兌·艮·巽)가 사람의
   몸에 그대로 부합됨을 밝히고 있다.

誠爲道), 앞일을 알 수 있으니(可以前知) 한 가지 이치를 잘 보존하면(一理存存) 온몸이 온전해지는 것이다(百體全全). 이것이 바로 덕(德)에 계합(契合)하여 묘한 쓰임을 나타내는 전일(專一)한 기틀이라(是爲合德妙用之專機也). 그 기틀이란 고요하면 곧 변하고(機靜卽變), 움직이면 곧 만들어져서(機動卽化), 움직이고 고요한 그 가운데에서 변화가 끝이 없게 된다(動靜之間變化無窮). 이로써 내닫지 않아도 빠르고 움직이지 않아도 도달하게 되는 것이니(是以不疾而速不行而至), 마음 위의 정일(精一)한 영(靈)을 이루어 느껴서 천하의 연고를 모두 통달할 수 있는 것이다(致心上之精靈感以遂通天下之故).

아아! 상제상제(하느님)께서는, 낮은 백성들에게 올바름을 내리시어[4] 밝고 밝게 감응하사 제게 영지(靈旨)를 내려 주시고 제게 소원하는 바 ○○을 내려 주시어 세상의 모든 일을 마칠 수 있도록 하소서(於皇上帝降衷于下民 昭昭感應降我靈旨 授我○○天下之能事畢).

하늘과 땅의 영원함도 의탁하고 힘입을 바가 있는데, 하물며 사람에게 있어서랴, 또한 귀신에 있어서랴(天地其永有所依賴矣 以況於人乎 以況於鬼神乎). 세 영(靈)이 몸 안에 깃들여 있으니, 이를 닦으면 되는 것이다(三靈在身 修之則是). 이것을 집념(集念)하여 잘 살펴서 아침 저녁으로 늘 그치지 않으니(念玆在玆 日夕乾乾), 지극한 기운의 신(神)은 감응하사 큰 조화를 이루소서(至氣之神 感應大化).

우법(右法)은 역경요지(易經要旨) 수련정요(修鍊精要)니 출자계사전(出自繫辭傳: 계사전에서 나옴)하니라. 원문에 왈(曰), 역(易)은 무사야(無思耶:

---

4) 《서경(書經)》〈상서(商書)〉 제3장 탕고(湯誥) 첫머리. "…惟皇上帝 降衷于下民…"

아무 생각이 없음)하며 무위야(無爲也: 아무런 행위도 없음)하야 적연부동(寂然不動: 고요히 움직이지 않음)이라가 감이수통천하지고(感而遂通天下之故: 느끼어 천하의 연고를 통함)하나니, 비천하지지신(非天下之至神: 천하의 지극한 신령이 아니면)이면 기숙능여어차재(其孰能與於此哉: 그 누가 능히 이와 함께할 수 있으리오)리오 하신 공부자(孔夫子: 공자) 원문을 증연(增衍: 더하고 불림)하야 역경요지를 종합한 것이 원상수련법이라. 유가(儒家)에서 왕왕이 이 형이상학을 전공하시는 선배들이 역학을 공부자의 말씀과 같이 역유성인지도사(易有聖人之道四)[5]라 하신 데에서 이 천하지지신이란 것을 택하야 반조(返照)니 회광(廻光)이니 하며《대학(大學)》의 격물치지(格物致知)와 상위표리(相爲表裏: 서로 안과 밖이 됨)하야 공부를 하신 것이다. 공문(孔門: 공자님 문하)에서도 이 법을 전공하신 분이 안자(顏子)시고 일용사물지학을 전공하신 분이 증자(曾子)시다.

그러나 안자께서 불행히 조졸(早卒: 일찍 죽음)하시어 그 전수심법(傳授心法: 심법을 전해줌)이 다시 공부자 묵시(黙示)에서 구하게 되어 상세를 결한 것은 유감이다. 공부자께서 이를 염려하시어 불언(不言) 중에 묵시를 될 수 있으면 후인들이 알기 용이하게 하신 것이다. 환언하면 유가에서도 교종과 심종이 있고 이 원상수련법은 심종에 속한 것이다. 비록 유불선에 분파는 있으나 이 심종에서는 귀착점이 두 곳이 아니요 한 곳이라는 것을 명시한 것이다. 중산위만상(中散爲萬象: 중간에 만상으로 흩어짐)하야 말부합위일리(末復合爲一理: 끝에는 다시 하나의 이치로 합해짐)라는 불변의 철칙을 말한 것이다.

우리는 공부자 이전부터 이 물심양종(物心兩宗)을 우주인류에게 전해 주시고 몸소 시범하신 대황조님의《천부성경(天符聖經)》에 일이 삼이요

---

5) 역경 계사전 상편에 나옴. 네 가지 도의 요체는 사(辭: 언사), 변(變: 음양변화), 상(象: 역상), 점(占: 점괘)이다.

삼이 일이며 이 모든 근본이 무(無)에서 생하고 또 태양의 앙명(昻明: 밝음)을 주로 한다고 하신 것이 무에서 일이 생하였고 일과 대등하고 비등한 것이 삼이라는 일 이상의 수라는 말씀이요, 삼이 일이라는 것도 우주만유에 근본은 귀착점이 일이요 둘이 아니며 우주만물이 혼암에서는 동(動)인지 정(靜)인지, 유인지 무인지를 알 수 없다 연고로 태양의 앙명을 본으로 한다. 비로소 우주에 만유가 있는 줄을 알고 생양수장(生養收藏)이 생한다는 교훈을 우리 조선들은 전통적으로 받아온 지 유구한 세월을 가졌고 또 공부자님의 교훈을 거듭 받게 된 것은 우리 민족이 어느 민족보다도 우월함에 있다고 본다. 선조들이 못하신 것을 우리 후생들이 다시 부활해서 세계 만방에 수범하도록 정진하는 것이 우리의 책임이라고 생각한다. 제(題) 갑오(甲午: 1954년) 11월 후학 여해(如海)[6].

그게 이제 원상법 첫 번에 낸 것이여. 원상에 다른 데서 부착한 건 하나도 없어요. 내가 엮어서 한 거지. 원상법요(原象法要)라 한 것은 천지는 음양지지요 일월은 광명지지요 오행은 만물지지요 호흡은 생사지지요 성인은 인륜지지요 규구는 방원지지요 법산은 총명지지요 원상은 명명지지 니라 고로 욕명명어도자는 필선수호흡어정실하고 묵좌식상하야 구방심어천지만물지중하고 점지천군태형하야 백체종령하거든 입지어명명하고 무타념무타상하고 경폐쌍안하고 회광어원상문자하면 암중미광이 도전에 현무수지상하되 홀생홀멸하야 황홀난측이라가 적연구좌즉우지현상수다이소정확하고 현상자무비잡동산이리라. 연이인내고로하고 익견기지하면 현상이 수다나 점지단순하리라. 재진일보하면 유의적혹현혹부하리라 예의추진하면 혹예지천시음청하고 인지거래하며 혹능격벽견물

6) 봉우 선생님의 친필 저서 《봉우수단기(鳳宇修丹記)》에 원상수련법을 소개하신 대목에서 원상문 뒤에 붙이신 글이다.

하고 격물투시하나 혹성혹부하야 심불자유리라. 갱진일보하면 무심중미래사물이 소소어안전이나 도시무심중현상이요 유의적난현하리니 제차시하야 갱가일슬지공하면 심신왕래가 혹유의이작하고 혹무심중출하야 투시 이건 투시방법이란 말이지, 혹전의어갑이나 갑은 불현하고 을이 대현하는 예가 간간이출하리라. 제차시하야는 전심전력이라야 욕투시즉백무일실하리라. 갱진일보하야 회광반조어과거상하면 혹현혹부가 점지단순하고 출입현로에 구불가상자와 필불가기자가 연출이나 점지입태출태하야, 하야가 아니라 하얀이여 그게 니은 자를 붙여요. 입태출태하얀 대관절고로 용이난견이나 어인에 혹유궐차이월계자하며 혹유과거삼생을 황연이각자하나라. 이상이 초계니 근심문로라 득차이후라야 방허연정원우하나니라.

[원상법요 원문 및 주해] –《민족비전 정신수련법》p.67, 68, 69

天地는 陰陽之至요 日月은 光明之至요 五行은 萬物之至요 呼吸은 生死之至요 聖人은 人倫之至요 規矩는 方圓之至요 法算은 聰明之至요 原象은 明明之至니라.

천지는 음양의 지극함이요, 일월은 광명의 지극함이요, 오행은 만물의 지극함이요, 호흡은 생사의 지극함이요, 성인은 인륜의 지극함이며7), 규구

---

7) 하늘은 양이고 땅은 음으로, 이보다 더 큰 음양은 없으므로 지극하다. 또한 해와 달보다 밝고 더 큰 광명체는 없으므로 지극하다. 또한 만물은 오행의 이치로 생하고 소멸하며 오행의 상생상극의 원리를 벗어나는 일이 없으므로 지극하다. 살아 있는 것은 모두 호흡하고, 호흡이 멎으면 생명도 끝나므로 호흡을 생사의 지극함이라 한다. 성인은 인륜에 지극히 밝은 분이며, 인륜이 땅에 떨어지고 어두워지면 이를 다시 밝히고 가르치는 분이 성인이므로 지극하다.

는 방원의 지극함이요8), 법산은 총명의 지극함이요9), 원상은 명명의 지극함이라10).

故로 欲明明於道者는 必先須呼吸於靜室하고 默坐息想하야 求放心於天地萬物之中하고 漸至天君泰亨11)하야 百體從令하거든 立志於明明하고 無他念無他想하고 輕閉雙眼하고 回光於原象文字하면 暗中微光이 導前에 現無數之象하되 忽生忽滅하야 恍惚難測이라가 寂然久坐則又至現象雖多而少正確하고 現象者無非雜同散異리라.

그러므로 도에 있어 선천에 밝았던 것을 다시 밝히고자 하는 사람은 먼저 반드시 고요한 방에서 호흡하고, 잠잠히 앉아 생각을 쉬고서 천지만물 가운데 흩어져 있는 마음을 모아야 한다. 점점 마음이 편안해져서 온몸이 마음을 좇게 되면 선천에 밝았던 머리를 다시 밝힐 뜻을 세워, 다른 것은 일체 생각지 말고 눈을 가볍게 닫은 채 원상 문자에 빛을 돌려야 한다. 그러면 어두운 가운데 희미한 광선이 앞에 비추어 무수한 모양이 나타나되 홀연히 나타나고 홀연히 사라져서 황홀하고 헤아리기가 어려

8) 규구(規矩)는 도안을 하기 위한 도구. 규구준승(規矩準繩: 컴퍼스, 자, 수준기, 먹물)이라고도 한다. 방원(方圓)은 네모와 동그라미, 네모, 동그라미와 같은 모든 도형은 규구준승에 의하여 그려진다. 컴퍼스, 자, 수준기, 먹물 없이 어떻게 도형을 올바로 그리겠는가, 따라서 지극하다.

9) 법산(法算)은 수학적 계산, 총명하지 않고서는 법산을 하기 어려우며, 총명하기 위해서는 법산을 배우고 익혀야 하므로 지극하다.

10) 인간은 원래 선천에서 밝은 존재이다. 그러나 후천에서 때가 끼고 구름이 끼어 그러한 밝음이 드러나지 않게 되었다. 명명(明明)은 선천의 밝음을 후천에 다시 밝히는 것. 현생의 욕심에 의하여 가려진 인간 본연의 '밝음'을 원상 수련에 의하여 되찾을 수 있으므로 원상은 명명의 지극함이다.

11) 천군(天君)은 임금을 이르는 말로 여기서는 '마음' 태형(泰亨)은 흔들리지 않고 굳건하여 편안한 모습. 임금이 편안하면 백성들이 모두 편안한 것처럼 마음이 편안하면 온몸이 두루 다 안정되어 원하는 바대로 될 수 있음을 비유로 표현한 것이다.

우리라. 고요하게 오래 앉아 있으면 다시 현상이 되는데, 많은 것들 중에 정확하게 보이는 것은 적고, 온갖 것들이 뒤섞여서 보이게 된다.

然而忍耐苦勞하고 益堅其志하면 現象이 雖多나 漸至單純하리라. 再進一步하면 有意的或現或否하리라. 銳意推進하면 或豫知天時陰晴하고 人之去來하며 或能隔壁見物하고 隔物透視하나 或成或否하야 心不自由리라.

그러나 힘들고 고통스러운 것을 참으며 그 뜻을 더욱 견고히 하면, 나타나는 상이 비록 많다고 하지만 점차 단순해진다. 다시 앞으로 한 걸음 나아가면 자신의 의사대로 나타나기도 하고 나타나지 않기도 한다. 성심 성의껏 밀고 나아가면 때때로 다음날 날씨와 사람이 오고 갈 것을 미리 알 수 있으며 가로막힌 벽을 꿰뚫고 물체를 보기도 하고 가려진 물건을 꿰뚫어 보기도 하지만, 때로는 되고 때로는 안 되는 적도 있어 마음대로 되질 않는다.

更進一步하면 無心中未來事物이 昭昭於眼前이나 都是無心中現象이요 有意的難現하리니 際此時하야 更加一膝之功하면 心神往來가 或有意而作하고 或無心中出하야(透視方式) 或專意於甲이나 甲은 不現하고 乙이 代現하는 例가 間間而出하리라.

다시 한 걸음 앞으로 나아가면 무심중에 앞날의 사물들이 눈앞에 뚜렷이 나타나지만, 모두가 무심중에 나타나는 현상일 뿐 의식적으로 보려고 하면 잘 나타나지 않을 것이다. 이럴 때에 더욱더 힘을 내어 공을 들이면 심신의 왕래가 자유로워져서 혹 뜻대로 나타나기도 하고 혹은 무심중에 나타나기도 하여(투시 방식), 혹 갑을 보려고 마음을 기울여도 갑은 나타나지 않고 을이 대신 나타나는 일도 간간이 있을 것이다.

際此時하야는 專心專力이라야 欲透視則百無一失하리라. 更進一步하야 回光返照於過去象하면 或現或否라가 漸至單純하고 出入玄路에 口不可狀者와 筆不可記者가 連出이나 漸至入胎出胎하야 大關節故로 容易難見이나 於人에 或有闕此而越階者하여 或有過去三生을 恍然而覺者하니라. 以上初階僅尋門路 得此以後라야 方許研精院友하나니라.

이런 때 온 마음과 힘을 기울여야만, 투시하고자 할 때 백에 한 번이라도 실패함 없이 이루어지는 것이다. 다시 한 걸음 앞으로 나아가 자신이 살아온 과거 상을 회광반조해보면 나타나기도 하고 나타나지 않기도 하다가 점점 단순해지고, 현로12)를 출입하는 데 있어서는 말로 할 수 없는 것과 글로도 적을 수 없는 것들이 연속적으로 나타난다. 하지만 점차 입태출태13)하는 데 이르러서는 이 공부의 중요한 마디가 되므로 누구나 쉽게 볼 수는 없다. 그러나 사람에 따라서는 관절을 지나지 않고 계제를 넘어가는 사람도 있으며, 혹은 과거의 삼생을 환하게 보고 깨닫는 사람도 있다. 위에서 말한 대로 되어야 겨우 초계에 들어서는 길을 찾은 것이다. 위에서 말한 것들을 얻은 이후라야 연정원우가 됨을 허락하게 된다.

이렇게 한 것이고. 요것이 이제 원상에 대해서…

학인 : 원상을 하는 법이네요.

봉우 선생님: 법이지. 법을 족 알아낸 거여. 근데 이것만 가지고도 말로 좀 더해야지 그냥 한문이 넉넉한 사람은 문제없이 다 아는데 한문이 고게 조금 힘이 들면…

학인: 여기서 원상이 나오는 것은 처음에 천지(天地는 음양지지(陰陽之至:

---

12) 정신계로 통하는 길.

13) 어머니 뱃속에 들어가고 나옴.

음양의 지극함)고 이게 죽 나오잖아요. 그래서 나중에 이제 욕명명어도자(欲明明於道者: 선천의 밝은 본성을 후천에 다시 밝히려는 사람)는 필선수호흡어정실(必先須呼吸於靜室: 반드시 먼저 고요한 방에서 호흡을 하라) 해가지고…

봉우 선생님: 이게 호흡하라는 거지.

학인: 호흡을 먼저 전제로 하고…

봉우 선생님: 이게 단학이여, 말하자면.

학인: 요걸 제가 지금 저희가 하는 단학이요…

봉우 선생님: 묵좌식상(默坐息想: 고요히 앉아 생각을 쉼)하야 구방심어천지만물지중(求放心於天地萬物之中: 천지만물 가운데 흩어져 있는 마음을 모음)하고 점지천군(漸至天君)이 천군태형(天君泰亨: 점차 마음이 크게 편안해짐)하야 백체종령(百體從令: 온몸이 마음을 좇음)하거든 입지어명명(立志於明明: 명명에 뜻을 둠)하고 무타상무타념(無他想無他念: 일체의 다른 생각이 없음)하고 경폐쌍안(輕閉雙眼: 두 눈을 가벼이 닫음)하고 회광반조(廻光返照: 마음의 빛을 돌이켜봄)하기 시작하는 거여. 회광어원상문자(廻光於原象文字: 원상문자를 돌이켜봄)하면 수건복곤(首乾腹坤: 머리는 하늘, 배는 땅) 천지정위(天地定位: 하늘과 땅이 자리를 잡음)하는 걸 가만히 본단 말이여.

학인: 선생님 그러면은 그 전에 점지천군태형하고 하야 백체종령이 될라면 말이죠. 호흡이 전제인데 말이죠.

봉우 선생님: 호흡이 골라져야 되지.

학인: 상당히 돼야 하는 것 같습니다.

봉우 선생님: 아무래도 1분은 돼야 하지.

학인: 백체종령이 될라면(되려면)…

학인 2: 호흡이 안 되면 이 원상은 못하는 거 아닙니까?

봉우 선생님: 호흡이 안 되가지고 원상을 하면 유치원에서도 하나둘은 배우지만, 유치원에서도, 하나에 하나 더하면 얼마? 둘 이건 유치원에서도 하지만 하나에 하나 더한 것이 공식이 어째 난다는 걸 수학적으로 풀라면 한참 되지 않은가. 똑같이 하나에 하나 더하는 건데 말이야. 그러니까 호흡을 않고 하는 사람은 유치원에서 배우는 거나 마찬가지고 호흡을 해가지고 하는 사람은 중학교에서 배우느냐 고등학교에서 배우느냐 호흡수량에 따라서 달라지지. 그러니까 이거 첫 번에서부터 할라고 하지 말고 호흡부터 늘려라 나는 이거지. 왜 그리 첫 번에 호흡을 여기다 과거 삼생 황연이각(恍然而覺: 환하게 깨달음)이라고 한 거 꼭대기 끄트머리에 써놓지 않았어. 거까지 할 적에 비로소 뎀비는(덤비는) 것이 제일 옳다 난 이거여

학인 2: 그러면 최종 호흡이…

봉우 선생님: 1분, 그런데 이것이 회광반조에 가서 넣을라면 한 40초부터 넣어보는 거거든. 40초부터 넣어보는데 넣어보는 것을 회광을 원상문자라는 것이 수건복곤 천지정위 이감목리 일월명광을 글자만 보라는 게 아니고 딱 수건복곤 이걸 보면 가만히 이러고 앉아서 숨을 호흡을 하지 않아?

학인: 그때 눈을 확 감나요?

봉우 선생님: 감지.

학인: 그거 할 때 회광할 때만…

봉우 선생님: 그래 회광할 때는, 가만히 보고 앉아 있으면 수하는 게 글자로만 뵐 거 아니여. 수건복곤 천지정위가 원상문자가 꼭대기 감응대화(感應大化)까지 확 내려올 수가 있거든. 한 자씩 뵈다 두 자씩 뵈다 차츰차츰 봐서 가만히 여기까지 써내려오는데 다시 쓱 돌아다보면 새로 써지는 게 아니라 그전에 쓴 게 그냥 있을 수가 있단 말이야.

학인: 처음에는 그저 몇 번씩 자꾸 써보다가 보면…

봉우 선생님: 써보다 보면…

학인: 어느 결에 다시 쓸라고 보면 미리 써서…

봉우 선생님: 미리 써져 있지.

학인: 그냥 나온다는…

봉우 선생님: 나오게 되지. 그만치 되면 정신이 얼만치나 안정이 되었겠느냐 난 이거여. 그래가지고 보면 수건한 머리 수자가 그저 뭣이 자막 없어지듯 글자로 쓱 나왔던 자막이 쓱 없어지고 머리가 나오기 시작을 해.

학인: 그 머리는 자기가 생각하는 어떤 머리든지…

봉우 선생님: 무슨 머린지 모르지. 사람 머리가 나오는 건데…

학인 2: 사람 머리가 나온단 말이죠.

학인: 사람 생각하면 사람 머리 나오고 …

봉우 선생님: 사람 머리가 나오는 거지. 근데 머리는 별 머리가 다 나오지.

학인 2: 동물의 머리도 나올 수 있고…

봉우 선생님: 동물의 머리도 나오고 사람의 머리도 나오고 차차차차 나오는데, 그 나오는 것을 딱 이렇게 보면 그게 그냥 나오는 게 아니여. 이게 좀 더 보면 좌우 쪽에서 좌우 쪽에서 정 정 상대방에서 해부실, 해부실 해부실에서 덜컥 하나 대가리 갖다놓고서 요건 사람의 대가리고 요건 뭣이고, 요건 뭣이고 대가리가 나오는데, 탁 치면 이렇게 쪼개면 뭣이 나오고, 이렇게 쪼개면 뭣이 나오고, 뚜껑을 벗기면 뭣이 나오고 별게 다 나와.

학인: 그런 걸 마치 보여주나 보죠, 사람들이 나와서?

봉우 선생님: 보여주지 보여줘. 해부학 인체 해부학이야. 그래서 자꾸 들어가는데 그러다보면 첫 번에 수건복곤 하다가 딴 건 다 잊어버려. 그 재미가 나니까.

학인: 그것만 보다 보니까…

봉우 선생님: 보다 보니까. 근데 그것만 보지 마라 이거야. 그것만 보면 쉬고 천지정위로 다시 와라 이거야. 그러면 아래 배는 어떻고 어디는 어떻고 하는데 이제 그게 익어 가면 눈감고 … 해도 처음에는 머리가 … 생기고 정상이 정상이 아닌 흑심이 딴 게 생기면 이건 … 이게 나오지. 그러니까 재미를 본다고 거길 들어가다가 자꾸 들어가면 자꾸 들어가면 설금설금 해서 딴 길로 끌고 가요. 그러니까 내가 딴 길로 끌지 않게 고대로 그냥 보고서 뚝 떼고 딴 거 보고, 뚝 떼고 딴 거 보고 그래야지 끌고 가면 재미 재미있는 거 자꾸 구경시키는데 뭐. 그래 절에 가서 중노릇을 해서 견성한다는 게 이게 견성이 자기 출생지만 좀 알아도 이걸 견성했다고 떠들고 야단나.

그게 첫 번인지 모르고 그래서 그게 차차차차 들어가면 자기 본 것이 수학의 공식이 지금 난문제가 이렇게 들어왔는 데로 들어오면 이게 나 본 대로 얘기여, 난문제 한참 그 연립방정식 같은 고약하게 나온 거든지 분석기하 같은 게 나오든지 이렇게 되면 이게 뭐라고 해 얼른 나오나 생각이 안 날 적에 옆에서 덜컥 나오는 걸 보면 요건 나는 이렇게, 이렇게 계산하고, 나는 이렇게 계산하고 답은 그게 아니고 요렇게 한다 그게 나오지.

그게 인제 공부해 들어가는 거여. 공부를 그렇게 수월하게 근데 거기서 해놓은 것이 얼른 잊어버리지를 않아. 말만 들은 거 같으면 그런데 시간이 우리가 가만히 앉아서 호흡을 해대면 1분, 2분, 3분, 1시간, 2시간 해도 한 것이 1시간, 2시간을 했는지 한 20분을 했는지 몰라요. 근데 저런 거 들여다보고 앉았는 거는 시계를 보면 한 10분밖에 안 봤는데 하루 종일 볼 걸 본단 말이야. 하루 종일 볼 걸 봐.

학인: 깨어나서 보면 시간은 한 10분밖에 안 지났는데…

봉우 선생님: 안 됐는데 내가 본 거는 하루 종일 분량을 봤단 말이야. 헌데

그것이 그럼 거기 서 본 것이 얼른 없어져 소멸이 되느냐 그게 아니고 가만히 있어요, 그건. 남아 오래 남아 근데, 저 사람들이 공부하는 사람들이 머리가 난다니까 자꾸 머리 난 것을 뭘 가지고 낫나 … 하는데 여기서 이렇게 돼야 하루를 꼭 들어앉아 본다면 한 달, 두 달, 몇 달치를 한꺼번에 다 본단 말이야.

백 번 봤더라도 모르는 건 모를 텐데 게서는 그게 아니고 옆에서 해설을 해주거든. 수학가지고 요새 하는 사람이면 수학 공식을 가서 … 수학 공식에 계산을, 계산을 죽 해주는데 그거 보고 못하는 놈이 어디 있어. 못하는 … 그래 나 본 대로 얘기하는 거야 그게. 그러니까 이거를 안 본 사람이 암만 얘기를 설명을 할래도 안 보고 설명은 힘들어요. … 천지부위지. 천지 만물의 부위여. 지성위도(至誠爲道: 지극한 정성으로 도를 이룸) 가이전지(可以前知: 앞일을 알 수 있음)라 했으니까 가이전지는 해야지.

품기어인야(稟氣於人也: 천지조화를 사람이 기운으로 받아가지고 있음)니 내가 이거 천지조화를 내가 다 가지고 있는 사람인데 실시(實是) 건곤지조화이품기어인야(乾坤之造化而稟氣於人也)라 사람이 그걸 다 자기가 가지고 있는 자기가 가지고 있는데 대재(大哉: 위대하도다)라 인호(人呼: 사람이여)라 지성위도에 가이전지라 일리존존(一理存存: 한 가지 이치를 잘 보존함)하면 백체(百體: 온몸)가 전전(全全: 온전함)해. 한 가지만 통하면 여러 가지가 다 통해버린다 말이야. 시위합덕묘용지전기야(是爲合德妙用之專機也: 이것이 바로 덕에 계합하여 묘한 쓰임을 나타내는 정일한 기틀이라)라. 여러 가지를 백 가지를 다 배워야 한다는 게 아니고 한 가지만 뚫어질 적에 다른 것도 역시 마찬가지로 뚫어진단 말이야. 뚫어지는 법을 알았으니까. 먼저 갑이라는 걸 봐서 알아지면, 을도 보면 그와 같이 똑같이 봐지고, 병도 보면 그와 같이 봐진단 말이야. 한꺼번에 다 안다는 게 아니지. 그 아는 법이니까 똑같은 법이니까 가던 법이 똑같고 보는 법이 똑같으니까 이걸 해서 이렇게 봐서 볼 거면 ○ ○ ○ 것은 꼭대기에 있는 것도 보면 그와 같이 봐진단 말이야.

학인: 처음 이걸 공부하는 사람들이 한 40초 호흡이 40초 정도에서 이걸 하려고 달려들려면 우선은 회광을 이렇게 원상문자 아까 말씀하신대로…

봉우 선생님: 그렇지.

학인: 수 이렇게 처음부터 죽 외워보는데 외워보면서 쓰는 거죠.

봉우 선생님: 그렇지.

학인: 써가면서 계속 하다보면…

봉우 선생님: 무엇인가가 나와.

학인: 집중이 점점 집중이 돼가지고 글씨가 스크린에 글씨가 나오고…

봉우 선생님: 광선이 나오고…

학인: 그리고 광선이 아주 뚜렷하게 환하게 나오고요.

봉우 선생님: 그렇지.

학인: 김학수 선생도 그러시대요. 처음에는 흐릿하다가 스크린이 아주 그냥 대낮처럼 환해진다고 그러대요. 그렇게 환해지면은 눈을 감고 있는데서 그냥 환하게 나타나고 그러면은 그 다음에 글자가 사라지고서는 그 다음은 영화식으로 머리에 대한 그런 것이 막 나오기 시작하는데 그때 그러면 거기서 뭐 나오는 것만 조금 보다가 중지하고서는 따라가지 말고 다시 또 수건복곤…

봉우 선생님: 너무 그거 따라가다 보면 하나한테 따라가지고 다른 걸 못해.

학인: 그러면 그 다음에 건으로 나가고 계속 나가야 되는…

봉우 선생님: 그렇지 나가야지.

학인: 수는 그대로 생각을 지워버리고요.

봉우 선생님: 그렇지.

학인: 그 다음에 건 이렇게 또 떠올리는 거예요?

봉우 선생님: 그렇지.

학인: 그러면 또 다음에 건에 대해서 또 쫙 나오면은…

봉우 선생님: 건에 대해 건상이 나오지.

학인: 건상이 나오면 그걸 또 보다가 또 지워버리고 또 인제 복, 이런 식으로 한 자, 한 자 다 나가나요?

봉우 선생님: 한참 나가야지.

학인: 이런 식으로 끝까지 다…

봉우 선생님: 끝까지 다 하란 말이야.

학인: 끝까지 다하고요. 시간이 한참 걸리겠네.

봉우 선생님: 그런 뒤에 한꺼번에 인제 뭐여 여기 나왔던 뭣이 있잖아 지성위도면 가이전지라 지성위도 해야 한단 말이야 전력을 해라 말이지.

학인 3: 이것을 한 번 보고서 그 다음에 처음부터 끝까지 되풀이해서 몇 번이고…

봉우 선생님: 그렇지 몇 번 해야지.

학인: 다 이거 원상문 끝까지요. … 읽어서 내려가면서 계속 몇 번을 보다 보면은 회광하는 집중도가 그러니까 아주…

봉우 선생님: 차츰 차츰 차츰 늘지.

학인: 그런 다음에 여기서 말씀하신 대로 회광하고 원상문자 한 후에 자기가 적연구좌(寂然久坐: 고요히 오래 앉음) 해서 정확히 현상돼서 막 잡동사니가 나오고 그 다음에 자기가 원하는 상을 갖다가…

봉우 선생님: 원하는 게 차차차차 나오는 거지.

학인: 그 다음부터는 원상문에 의지하지 않고 자기가 이제 염을 해서 내가 이를테면 어저께 일을 생각한다거나…

봉우 선생님: 그러니까 원상문에 첫 번에 의지했지만, 원상문에 의지 않고

내가 한 일을 이거 보듯이 봐라 말이지. 이거 보듯이 보면 오늘서 어제 한 일이야 지낸 일인데 몰라? 그런데 그것도 다 안 봬져. 지나갈 때 획 볼 적에 옆에 사람이 여럿이 갔는데, 가만히 앉아서 사람 가다가 좀 세어본단 말이야. 세어보면 아, 거긴 이러 이러한 사람이 가고, 이러 이러한 사람이 간다는 거 아주 분명하게 불변색으로 나온단 말이여, 지나갈 때 모르는 사람인데도.

학인: 그래서 그런 식으로 하루하루 과거상을 회광해서 과거상이…

봉우 선생님: 과거상을 차츰차츰 봐 나가는 거지.

학인: 바로 맞히는 것을 시험하고 그런 식으로 해나가면서…

봉우 선생님: 그러니까 그것이 획 지날 때 다 잊어버려진 거여. 우리가 지금 또 하루 종일 … 여기 앉아서 얘기할 적에 그게 생각도 안 나던 건데 그렇게 생각이 다 나가지고 오늘 거 어제 거 그저께 거 이렇게 차츰 차츰 차츰 나가면 여기 지난 것이 그대로 머리에 꽉 차서 나가죠, 끄트머리까지. 한 달, 두 달, 석 달, 넉 달 이렇게 해서 한 1년만이라도 해 나간다면 나가는 걸 알 거 아닌가. 이 머리가 그걸 따라서 마음대로 댕기고 왔다 갔다 하는 길을 통하는 거란 말이지 그 앞은 왜 못 나가?

학인: 그래서 자유롭게 지난 과거상을 회광해가지고 맞춰도 보고 과거에는 이미 기록이 있으니까 그런 것을 한번 맞춰도 보고…

봉우 선생님: 그렇지.

학인: 그런 식으로 자기 정신력을 테스트한 다음에 앞으로 나가는 거죠. 웬만큼 정확하다 싶으면은…

봉우 선생님: 알기 쉽게 아 무슨 글제로 선생님이 작문을 지으라고 했는데, 그 작문 지었던 거 지금 다 잊어버린 거 아냐, 아, 이렇게 지었었지 하는 거.

학인: 기록은 남아 있으니까 대조를 해봐도 정확히 나오니까…

봉우 선생님: 대조해보면 대번 나오지.

학인: 이런 식으로 해보다가 다시 앞으로 이렇게…

봉우 선생님: 앞으로 다시 나가는 게 다시 나가기 위해서 하는 거여. 회광은 다시 지낸 것을 내가 해본 것이 틀림없이 그대로 나와야 앞에 것도 나오지, 뒤에서 보는 것이 흐리게 본 것이 앞이 흐리게 보이지 별도리 있나.

학인: 근데 그 뒤까지 나갔다가 다시 돌아오기 전에는 말이죠. 선생님 여기서 말씀하시기는 과거 삼생까지 그냥 뒤…

봉우 선생님: 뒤 걸 다 봐야지.

학인: 그럼 한참 걸리겠는데요. 그거 여기는 과거 삼생이…

봉우 선생님: 과거 삼생이 못 봤으면 중간까지라도 몇 해까지라도 봐 놓고…

학인: 원칙은 여기서 말씀하신 대로 그 입태출태 전까지…

봉우 선생님: 거까지 가는 것이 본식이여. 거까지 가는 게 본식인데, 그 당장은 한꺼번에 못 가니까 중간쯤 가다가 1년치만 해놓고 이태쯤만 해놓고 나가는 게 그대로 나가면 지금 50된 이나 40된 이나 하는 이가 여 40년을 오자면 한참 긴 시간 아니여. 참 빠르게 가요. 잠깐 앉아서 한 50년 것 봬.

학인: 그러니까 아까 말씀하신 대로 본 시간은 분량이 이만큼인데 시계를 보면 10분 동안인데도 많이 본다고 하셨잖아요. 그런 이치로다…

봉우 선생님: 그런 얘기 첫 번부터 해선 안 돼. 너무 빠르게만 볼라고 하니까 차근차근하게 봐야지.

학인: 보는 속도는 역시 전적으로 호흡에 달려 있다고…

봉우 선생님: 호흡에 달렸어, 호흡에.

학인: 제가 들은 바로는 호흡이 한 1, 2분 이상 되는 사람은 열흘 만에 다 본다고 하셨잖아요.

봉우 선생님: 1분 이상이면 사람은 열흘 만에 다 보지.

학인: 그래서 호흡이 만약 40초에서 시작한다면 상당히 그거는 한참…

봉우 선생님: 한참 가야지.

학인: 가야 되겠죠.

봉우 선생님: 한 2분 되는 사람이면 비행기 타고 다니는 거나 마찬가지로 속해. 그런데 여기 기억도 또 속히 되고 그러니 이것저것 해야 호흡이 제 일이여. 나 물 좀 줘요. 명함 한번 백이면(인쇄하면) 얼마 주니?

학인 2: 명함이요? 얼마 안 합니다.

봉우 선생님: 내가 명함이 없다.

학인 2: 있습니다. 명함 만들어 놨습니다.

봉우 선생님: 동정지간(動靜之間: 움직이고 고요함 사이)에 변화가 무궁해지는 거지 그게.

학인: 그것으로써 부질이속하고…

봉우 선생님: 부질이속(不疾而速)이라는 건 빠르지 않은 것 같은데 속하는 걸 얼마나 속한지 몰라. 여기서 지금 우주 인공위성을 타고도 올 적에만 갈래도 한참 더 걸리는데, 우리는 그게 아니고 예서 올 적에 가는 것이 잠깐 획 하면 벌써 가버린단 말이여. 거기 있는 거 다 갈 수 있거든.

학인: 원상 공부를 해서 얻는 정신력의 그 효용을 말하는 거예요.

봉우 선생님: 그렇지. 불행이지(不行而至)여. 가지 않고선 아는 것이라는 게 언제 달에 가고 어디 가서 가지 않고도…

학인: 앉아서 다 알아낼 수가 있고…

봉우 선생님: 알아낼 수가 있고 백두산에 가서 뭣이 있고 어디가 뭐가 있는 거 거기서 누가 왔더라는 거 대번 알아 낼 수가 있는 거지 그게.

학인: 치심상지.

봉우 선생님: 치심상지(致心上之)여. 심자는 뚝 떼고서 마음 위에 정령(精靈:

우주의 근원이 되는 신령스런 기운)을 이루어가지고 감이수통천하지고(感以遂通天下之故: 느껴서 천하의 연고를 통함)여, **천하의 연고를 다 알아낼 수가 있단 말이여.** 밝혀 알아가지고 강아영지(降我靈旨: 내게 신령스런 뜻을 내려주심)하시고, 수아○○(授我○○: 내게 ○○을 주심) 자리는 거긴 내 맘대로 쓰는 거여.

학인: 자기 그 원하는 걸…

봉우 선생님: 원하는 걸 뭐든지, 그러니까 그걸 떼놓는 것이 떼놨는데, 보통 수아영구(授我靈龜) 그래.

학인: 영구.

봉우 선생님: 신령거북 영리를 알으켜(가르쳐)주시오, 이거지.

학인: 영구.

봉우 선생님: 하도낙서(河圖洛書) 그러잖어, 낙서라는 것이 인제 거북이니까.

학인 3: 여기다 만일에 차력할 사람이라면 달리 써야 되겠네요.

봉우 선생님: 거기다 차력하고 싶은 사람은 차력이라고 해도 좋고 이보(耳報) 하고 싶은 사람은 이보를 써넣는다든지 축지면 축지라한다든지 뭐라고 거기다가 각기 다르지. 용력, 차력하면 수아용력(授我用力) 그러지.

학인: 힘이 주장이니까.

학인 3: 기라는 것이 이게 기정즉변(機靜則變: 기틀이 고요한즉 변함)하고 하는 기가 뭣을 말하는 겁니까?

봉우 선생님: 천지기틀, 천지 돌아가는 기틀이여, 오래 오래 허면 변해지는 거니까.

학인 3: 천지도 기영유소의뢰의.

봉우 선생님: (천지(天地))기영유소의뢰의(其永有所依賴矣: 하늘과 땅도 그 영원함이 의탁하고 힘입을 바가 있음), 천지도 그거한테 늘 따라 다니지 않

나? 하늘도 그걸 믿는데 사람이야 더구나 말할 게 뭐 있냐 말이야. 나무
가 커가지고 거기서 씨가 떨어져 또 씨가 나고 또 그와 똑같은 놈이 생겨
나고 그게 많으면 번식이 되고 하는 거 하늘도 그걸 막을 도리가 어디 있
나. 그러나 이게 꽉 차면 자연도태가 된단 말이야. 이 우주가 꽉 차가지고
더 갈 데가 없으면 자연도태를 한번 시켜가지고 너희들 그렇게 하다간
서로 죽을 테니까 무슨 큰 변조가 나가지고 도태를 한번 당하고 그 다음
에 다시 일어나는 거야.

학인: 그 원리도 역시 기정즉변이고 그러면 기동즉화(機動則化: 기틀이 움
직이면 곧 만들어짐) 그런 식의…

봉우 선생님: 그런데 요다음에는 도태가 없다고 그러지. 인간이 자연도태를
그런 지진이나 물난리나 이런 걸로 전부다 죽이지 않고 인간이 알아서
적당하게 살고. 사람 저희가 조절해 가지고 서로 잘살게 한단 말이야. 세
계 인류를 여기다가 대면 200억이 산단 말이야.

학인: 앞으로는요.

봉우 선생님: 웅, 앞으로 200억이 살아도 먹고 사는 걸 넉넉하게 되고 이렇
게 야단하지 말고 한단 말이야.

학인: 그걸 누굴 보내서 하는 게 아니라 사람들이 머리를 틔여서 그저 서
로들 평화스럽게 연구를…

봉우 선생님: 평화스럽게…

학인 3: 연구하고 그래서 잘살게 하는…

봉우 선생님: 그러니까 30억 하더라도 7배는 더 살아도 되는 건데, 한국이
우리가 보더라도 이게 4,500이라는데 양식하는 것을 저렇게 넓은 데서
하지 않더라도 좁은 데서 하더라도 먹고 살수가 있거든. 그러면 이 인구
10배가 살더라도 넉넉히 지낼 건데, 그걸 못하니까 굶어 죽고 야단이 나
지.

학인 3: 삼령(三靈: 천지인)이 재신(在身: 내 몸 안에 있음)하니 수지즉시(修之則是: 이를 닦으면 됨)라. 염자재자(念玆在玆: 이를 집념하여 잘 살펴서) 일석건건(日夕乾乾: 아침 저녁으로 늘 그치지 않음)

봉우 선생님: 염자재자하야 일석건건이라 일석건건은 불휴(不休)여. 쉬지 않고…

학인: 건건 건하다.

봉우 선생님: 건건은 불휴여. 아침저녁으로 쉬지 않고…

학인: 쉬지 않고 운행한다.

학인 3: 염자재자라는 건 일을 생각하고 생각하니 …

학인 2: 삼령은 뭡니까?

봉우 선생님: 응?

학인 2: 삼령이요. 여기 맨 위에 나오는 삼령이요. 삼령재신 수지.

봉우 선생님: 뭐라고?

학인 3: 삼령이 재신하니하니 삼령이 뭔…

봉우 선생님: 정기신(精氣神), 정과 기와 신 정기신이요 과거, 현재, 미래로 보고 령이라는 게 과거령, 현재령, 미래령, 삼령을 그렇게도 보고 정기신으로도 보고 그래요.

학인 2: 천지인으로도 볼 수 있는 거죠?

봉우 선생님: 뭐?

학인 2: 천지인으로도 볼 수 있습니까?

봉우 선생님: 천지인이라는 말도 되지 … 흔한데 뭘 …

학인: 염자재자에요.

봉우 선생님: 염자재자는 이것이 자자가 이거 아니여. 우리가 지금 생각하는 게 원상이라는 게 이걸 생각하고 이것이 있어 딴짓하지 말고 거기 그 속에서 살아라 말이야.

학인: 삼령재신 해서 수지즉 이것이다. 그러니까 염자재자하고 일석건건 해가지고 그냥 끝없이 그저 쉬지 말고 그런 식으로 하면은 지기지신이 감응이 크고…

봉우 선생님: 감응대화 할거야.

학인: 하소서 기원을 합니까?

봉우 선생님: 기원이 아니지. 내가 지기지신(至氣之神: 지극한 기운의 신)이 돼서 감응대화(感應大化) 시켜 뭣이 나와.

학인: 그런 의미로다 그럼 하소서 할 빌 것도 없네요.

봉우 선생님: 비는 거 아니여. 첫 번엔 빌 테지.

학인: 그러면 처음에 이거를 다 욀 때는 그냥 일단에 처음에는 자꾸…

봉우 선생님: 토 안 달고 그냥 자꾸 외지.

학인: 토 달지 말고요.

봉우 선생님: 응.

학인: 그냥 외면서 외면서 막 써야겠네요.

봉우 선생님: 그렇지.

학인: 그러면 선생님 그 외면서 쓰는 동안에는 호흡은 못할 거 아닙니까?

봉우 선생님: 왜 호흡하면서 해야지, 천천히 해야지.

학인: 호흡을 빨리빨리 막 외지 말고 그저 지긋하게…

봉우 선생님: 찬찬히 호흡 회수를 세가면서… 가만히 여기서…

학인: 눈만 감고요.

봉우 선생님: 눈만 감고 이래가지고 하면 내 호흡은 호흡대로 길고…

학인: 아! 하면서…

학인 3: 붓으로 안 쓰고 펜으로 써도 되죠?

봉우 선생님: 펜으로…

학인: 속으로 그냥 써요?

봉우 선생님: 속으로 써. 눈으로 써야 돼.

학인: 생각으로요?

봉우 선생님: 생각으로…

학인 3: 붓으로 써가며 하면 안 돼요?

학인: 손으로 이렇게 써가면서 하면 안 되나요?

봉우 선생님: 첫 번에 배울 적에 그렇게 하면 모를까 이렇게 앉아서 할 때는 눈감고서 가만히 하고 그냥 하는 건데 뭐 글자야 글씨를 잘 썼던지 못썼던지 거긴 다 잘 써.

학인: 천상 자기 정신 집중력을 키우는 거니까 손으로 쓰는 수밖에 없겠네요, 자꾸. 그래야지…

학인 3: ○○○ 선생은 처음에 할 때…

학인: 글씨 쓰셨대요.

학인 3: 아니 고성대독하면서…

학인: 아! 정말 소리 지르는 거는 어떤가요?

봉우 선생님: 그 주문 읽는 사람이 그런 버릇하지. 아니 저 … 첫 번에 저 내가 이걸 갖다 줘 놓으니까, "자 이런 걸 내가 얻었소" 하고 갖다 내놓으니까 박산주한테 갖다 줬지 그러니까 한 20명 데려다놓고 인천서 옆집을 하나 얻어가지고 문을 닫아놓고 산주네 집으로 다니게 되지 옆집을 얻었으니까 문을 닫았으니까 … 뒤로 돌아가서 여기와 앉아서 공부하니까 한 20명이 해. 20명이 하고 앉아 있는데 시조 잘하고 노래 가락 잘하는 녀석은 꼭 시조 읽듯이 해 "수~건~복~곤~" 하고서 가만히 앉아 뚱글뚱글 하는 놈도 있고 별놈이 다 있는데, 나를 오라고 그랬어 나를 오라고 산주가 나 혼자 앉았느니…

학인: 산주요?

봉우 선생님: 박산주장.

학인: 박양래 씨.

봉우 선생님: 나를 와서 제자들이 한 20명 있는데, 그들 지금 원상들을 하는데 와서 좀 봐주라고. 아니 선생이 하지 나더러 뭣 하러 보라고 하느냐 아! 맡겨놓고선 자기는 군산으로 가버렸어. 다 아는 우리 연갑들인데 나보다 더 먹은 사람들도 있고 한데 내가 하던 장난 얘기를 하지. 아, 보니까 거기 이, 이, 이, 뭐야 이만희 진천 사람이지, 그 외형이 훨씬 나보다 크고 젊잖게 생긴 사람인데 수건복곤을 읽어가면서 두 눈을 감고 앉았는데, 입으로 뭘 조물조물 하고 뭘 자꾸 먹어 자꾸 먹어. 이 녀석이 뭘 먹나 하고 뒷간에 가서 똥칠을 하다가 새끼 창호지다 지푸라기가 똥칠을 해다 입으로 가만히 대었지. 똥내 나는지 모르고 먹어. 가만히 책상 앞에다 놔났어. 그리고 야중에 빙 돌아와 봤어. 깨보니까 자기가…

학인: 아니, 그 사람은 집중해서 몰랐나 보죠?

봉우 선생님: 몰랐지.

학인: 아, 그럼 굉장히 열심히 했나 보네요.

봉우 선생님: 열심히 했지.

학인: 아, 그런데 왜 그렇게 먹을까요?

봉우 선생님: 뭘 주니까 먹었지.

학인: 그 안에서요?

봉우 선생님: 안에서 누가 뭘 주니까 그런데 지금 한참 재미있는데…

학인: 뭘 보면서 먹느라고 그렇게…

봉우 선생님: 그래 하나는 저 ○○○이라고 광주 사람이여. 아, 이거는 소리를 버럭버럭 지르고 "이놈아 나를 네가 어떻게 데려가려고 하느냐?"고 소리를 꽥꽥 질러. 방이 여럿인데 처음엔 뭣 땜에 그러나 그랬어. "뭐를 너 그렇게 소리를 지르고 왜 자꾸 그러냐?"고 그러니까 아, 까만 양복을 입은 놈이 수백 명이 와 나를 업어 가려고 한다고 까만 양복을 입은 놈이

수백 명이 와서 자기를 몰아 갈라는데 안 갈라고 안 끌려갈라고 했다고. 여름이니까 개미가 수두룩해. 개미가 이렇게 습한 데니까 수백 개가 이렇게 진을 치고 있어. 그것을 몽창 사람으로 본 거야.

학인: 아이고, 그거 완전히 환시네요.

봉우 선생님: 보긴 봤지. 뭐가 보긴 봤는데 그걸 사람 양복 입은 걸로 봤지. 그래서 야중에 뭣이 저 백낙천(白樂天)이가 저 뭣이 저 … 찾아가 글 올린 거 있잖아요. 아, 그걸 이제 가서 써놓고서 그 놈을 난 딴 방에서 그놈을 목청 좋게 읽었어. … 가황천 … 병락을 병락으로 아래는 황천 지옥으로 가 해도 돌아다니면서 여기저기 다니면서 도사가 뭐야 … 그걸로 가는 거 해서 죽죽 읽어주고 했더니 이것들이 나는 여기서 앉아서 읽었는데 저희는 무엇을 봤는고 하니 지옥에도 가봤다고 천당에도 가봤대.

그러니까 그게 나는 조금 한손 저희들보다는 좀 더 해놨으니까 그때 좀 얼마 올라간 뒤이니까 가만히 앉아서 해주더라도 저희들이 따르더구먼. 그래 여기 저 뭣에서, 삼불봉에서 거기서 할 때에는 참 지독히, ○○○ 하고 이 ○○○ 하고 둘이는 지독히 못했거든. 그 먼저 했던 훔치훔치 태을천상 하는 거 그것 찾던 버릇으로 입으로 떠드는 건 잘해도 저런 건 못한단 말이여. 호흡하라면 허지 못하고 말이야. 그래 굴에다 넣어놓고서 너희 둘은 가서 그놈이라 해라.

학인: 그래서 굴속에서 그냥 큰소리로 하신 거예요?

봉우 선생님: 그래.

학인: 그 안에서 통성으로 하고. 배가 굉장히 고플 텐데요. 그 한두 시간만 소리를 지르면 배가 푹 꺼질 텐데, 그게.

봉우 선생님: 말 말어. 얘기를 안 하니까 그러지 거기 와선 전부 저 무당들이 와서 뭣을 저 기도하는 자리들이거든. 기도하는데 떡이라는 건 모조리 둘이 다 먹었어. 산신한테 하는 떡 갖다 놔 놓은 거 가만 가만히서 굴에

없거든 그럼 두 놈이 다 갔어. 거기서 그놈 주워서 들어다 먹느라고…

학인: 정말 소리 지르느라 배가 되게 고팠겠네.

봉우 선생님: 그래 가깝게 놓으면 다른 사람 공부하는 데 방해가 되니까 둘은 딴 데 가 하라고 그랬지. 그래도 그걸 그렇게 해가지고 연통령이라고 했어.

학인 3: 그때 한 15일 지나니까 강신이 돼서 차력을 할 생각이었다는데 결국은 하다가 잡혀가서 못했다고…

봉우 선생님: 몰라. 본디 그것만 주문만 읽던 사람이라 놔서 앉아서 호흡하라고 죽 시키면 갑갑해 못해, 그 사람들은. 거기서 이게 지금 몸이 성하다면 몸이 성해서 자손들이 그저 뭣 하다면 실지로 호흡하고 원상도 하고 한 게 오씨, 오씨라고 있는데, 그가 왔으면 하고 했는데, 아들 사형제에 애비를 기르는 놈이 없어. 끄트머리 아들한테 가서 얻어먹고 있더래도 제자들이나 둘째 아들한테 가서 있을 적에 우리 집을 왔다가 가는데 못 찾아가서, 자기 집을 못 찾아가서 서울서 자칫하면 시골서 올라온 사람 첫번에 못 찾아.

자기 집을 찾아가는데 자동차를 여기 태워서 보냈단 말이야. 그 자기 사는 동네꺼정 내리라는데, 거기가 거기 같고 거기가 거기 같으니까 내렸던가보지. 내려서 뺑뺑 돌다가 못 찾았어. 딴 데를 조금 조금씩 하다가 밀려 나갔던 가보지. 어떤 저 양로원 노인들 노인정, 노인정에 오다보니까 웬 노인이 "어딜 찾나?" 집을 나와서 못 찾는다니까 아이고 집이고 ○○○고 뭐고 할 거 없이 우리 여러 늙은이끼리 앉아서 놀자고 거 일주일이나 있어서 못나왔어 집을 못 찾았어.

그 자기 아들의 친구 한 녀석이 거길 왔다가 보니까 거길 앉았거든 … 써 있는데 "할아버지 웬일이세요?" 하니까 "아, 집을 못 찾았어." "집 얼마 안 됩니다." 데려다줘서 들어갔는데 그 뒤엔 혼자 내보내질 않아. 말은 늙어서 집도 못 찾는다고 하지만, 서울 와서 집 못 찾기가 쉽긴 쉬워. 똑똑히 보지 않고 나갔다가 들어가서 집 잘 못 찾지. 그가 오면 그는 참 헌 대로 해본 경험대로 자기가 본 대로는 다 얘기 할 수 있지.

학인: 그럼 그분도 제대로 그러면 호흡을 많이 하셨겠네요.

봉우 선생님: 호흡을 했지.

학인: 그리고 이것을 하셨어요.

봉우 선생님: 그거하고 원상하고…

학인: 한 어느 정도까지 가셨나요?

봉우 선생님: 좌우간 자기 집에 무슨 일이 있는 거, 자기 집에서 자기 작은 아버지가 자기를 찾아오는데 돼지다리 하나를 떡을 해가지고 돼지다리 가져오는 걸 알고 뭣에다가 종이다 써 놓기를 "작은 아버지, 뭣하러 조카 놈 공부를 하는 데를 일부러 오십니까? 돼지다리는 집에서 식구들이 먹지 뭣하러 가져오시느라고 욕을 보십니까?" 하고 와 보니까 깜짝 놀란단 말이야.

　이제 이놈이 나올 줄 벌써 알고 속에 돼지다리 떡 해가지고 오는 걸 어떻게 알아. 헌데 그는 뭣인고 하니 이런 거여. 자기가 아버지는 이런 거 꾼들이여. 자기 매부가 이런 … 하고 이런 걸 그 집들이 자기 매부는 안 빠졌지만, 자기 집안에는 이런 거 빠졌지. 실지로는 여러 차례 했어. 여러 차례 호흡하고 공부를 해가지고…

학인: 나이가 좀 들어서…

봉우 선생님: 아홉 아니 여덟, 일흔여덟이여.

학인: 공부는 언제?

봉우 선생님: 젊어서 나한테 따라 다녔지. 저 정원 갑사 연정원 있을 때 제일 오래 했지. 그리고 혼자서 산에 와서 여러 번 하고, 조태술이라고 와서 옆에서 주문을 읽고 원상 ○○○을 일러서 하고 뭘 하고 앉아 있으니까

옆에서 공부하고 앉았는데, 구역 선생이 나오더니 "아, 저녀석 저렇게 또 들여야 하나도 못하고 갈 걸 괜히 저러고 앉았다"고 아, 그러니…

학인: 구역산신이요?

봉우 선생님: "당신은 누구요?" "나 이 구역 맡은 사람이요." "그럼 그 사람은 그렇다고 난 어떻겠소?" "아, 정성껏 하면 하는 거고 정성 없으면 못하지 뭘 나한테 물으오?" 그러더러구먼.

학인 3: 그 당시 서기원 씨라는 사람도 거기 갔었어요?

학인 2: 한의원 하는 사람…

봉우 선생님: 서기원이?

학인 3: 서기원인가, 서계원인가?

봉우 선생님: 서계원이는 형이고, 서기원이는 저 선생하고 잘 알지. 그건 그런 거 않는 사람이고…

학인 3: 가서 선생님한테 배우지 않고 와서 얘기를, 그런 얘기를 하대요. 공부를 하는데 졸린다고 했더니 호랭이를 갖다 옆에다 놓으니 어찌 놀랬는지 공부도 좋지만 살고 싶어서 도망 나왔대요. 그 사람 얘기가, 어찌 무서운지 도저히 못하겠대요. 이렇게 하다 고종명(考終命: 제명대로 살다 죽음)도 못하겠지 싶어서 도망을 쳤대요.

봉우 선생님: 나하고 좌우간 두해 위인데 친하고 저 형하고도 친한데, 아주 참 우스운 사람들이지. 산에서 공부하러 온다고 왔었지. 사흘 만에 갔나, 나흘 만에 갔나?

학인 3: 공부하러 갔는데 졸립다고 했더니 호랭이를 불러다 옆에다 앉혔는데 어찌 놀랬는지 그냥 정신이 하나도 없더래요. 정신이 하나도 없고 가만히 생각해보니 고종명도 못하지 이 생각이 나서 도망쳐 나왔다고 그러던데요.

봉우 선생님: 내가 불렀나? 지가 왔지. 우리들이 앉으면 이놈이 와서 빙 돌

아요. 돌아서 틈으로 이렇게 댕겨나가는데 눈을 떴던가 보지 눈뜨지 말라니까 눈을 떴던가 보지. 후끈하니까. 그리고 그 이튿날 아침엔 "아, 여보게" "왜?" "아, 그놈 와서 깨물면 죽는 거 아니여?" "야, 이 사람이 뭣을 뭣을 보구 그러나?" 하니까 아냐 꿈을 꾸나 하고 뭔가 이상한 거 같아서 보니까 앞에 그놈이 자네 옆에 앉았다가 나한테 와서 이렇게 돌아가는데 소리 지를 수도 없고 꼼짝 못하고 벌벌 떨었대. 그런 못난이 장담을 땅땅 하더니 하루 저녁보고 내빼더구먼 그래.

학인 2: 지금은 어떠신가요? 편찮으신 걸로 알고 있는데…

봉우 선생님: 지금도 아파요.

학인 2: 지금도요?

봉우 선생님: 응, 서기원이도 앉아서 책상다리 하고 앉아서 여기 저 … 넘는 건 예사 뛰어넘는단 말이여. 약 먹었지. 뭐 좌우간 그 사람들 무던해. 무던한 것이 아, 내가 나가면, 생전 안 그런 사람인데 서기원이가, 내가 뭐 약방문 하나 얻었다는 얘기를 했어요. 이우석 죽는데 내가 가서 뭣이로 알고 을척을 가졌는데 을척 죽으니까 저거 을척은 내 차다 하고서 이걸 내가 송장 다 치러줬어. 참 쑥맥이지. 아, 나중에 죽은 뒤인데 겨드랑이를 보니 아무것도 없어. 다 내뺐어.

학인 3: 을척이 저절로 없어지나요? 저절로 없어지나요?

봉우 선생님: 저절로 없어졌지, 그러니까 그게.

학인 2: 그 세계서 빠져나왔으니까 그 세계 다시 가는 모양이구먼.

봉우 선생님: 그 세계서 거기로 그냥 간 거지.

학인 2: 보통 생각으로는 그거 할 수 없는 거 아닙니까?

봉우 선생님: 할 수 없는 거지. 그래놨으니 그걸 내가 시작을 한 거 가지고 나 이거 없으니 그만 둔다고 할 수 없으니까 송장을 치러냈다니까. 그런데 단지 무엇인고 하니 내 이름으로, 죽기 전인데 언제 그랬나 내 그때 별

호(別號: 딴 이름)가 필재(必齋)여. 반디 필 자 하고 집 재 자. 필재 뭐라고 아자를 썼지. 손아래니까 나이가 내가. 필재 아정(雅正: 기품이 높고 바름, '~에게 드림'이란 뜻으로 사용)이라 이렇게 했더만. 필재 아름다울 아 자 하고 바를 정 자. 그래놓고 차력 방문을 하나 적어났어. 차력 방문을 하나 적었는데 아주 수월한 차력 방문이여. 어려운 차력이 아니고 그래 죽 적어났어.

그래 죽기 전에 죽은 뒤에 찾아보니까 아주 필재 아정이라고 하고 주머니 속에 든 게 그거 하나밖에 없어. 나한테 주는 게. 그러니까 이가 죽을 적에 죽은 염해서 다 낸 출상한 그 값 주느라고 줬는가봐. 아, 그 늙은 이한테 내가 그거 하나밖에 못 받고 다했다 이래 났더니 그 얘기를 안 했더라면 내가 그걸 안 당했지. 아, 이거 봉우 그거 저 방문 가졌지? 아, 갖고 가졌지. 뭐 내가 아, 이우석 방문이면 틀림없을 텐데, 내가 약을 석 제로 만들어서 석 제를 만들어 줄 테니까 권형하고 나하고 동생하고 셋이 먹자고. 그러니 셋이 먹자는데 내가 또 마다할 게 뭐 있나 그래 방문 내주지. 방문을 줬어. 아, 이놈의 늙은이가 약을 만들더니 저 형제만 먹고 나는 아무것도 안 줘요.

학인: 얌체네요.

봉우 선생님: 기원이가 얘기를 하더구만. 석 제를 만들었대. 석 제를 만들었는데 둘이 먼저 먹어보고 효력 나거든 약을 저 우리가 먹은 거만큼 지어 드리자 그러더구만 효력 나니까 안 줘.

02-1987.
대학생 동우회 특강(신년사)[14]

봉우 선생님: 각 종교에 대해서 기독교나 불교나 통일교나 천도교나 증산도에 대해서 내 말은 뭣이냐 이렇게 할 텐데, 종교라는 것은 예전부텀(부터) 종교의 교주라고 하는 이들이 뭘 했느냐? 가는 자리는 한 군덴데 가는 길이 다 달라, 길이 달라서 여기를 갈 텐데 동서남북에서 각기 자기 온 대로, 나는 이렇게 가니까 거길 가봤다 하는 그 소리(를) (해)놔서 불교는 불교대로, 기독교는 기독교대로 자기 얘기를 한 것인데, 그 말은 종교가 가르치는 말은 도(道) 하나밖에 없는 거야. 도.

이 세상 인류의 다 행복하고 잘산다는 교를 그걸 이유로 했지 그거 외에 한 얘기는 뒤에 사람이 거짓말로 한 거여. 소위 선지자(先知者)라고 하는 사람들은 사람 된 원리라든지 사람의 해야 할 일을 가르쳐준 것이지. 그런데 자기 본 대로 남쪽에서 가본 사람이나 서쪽에서 가본 사람이나 2,000년 전에 가본 사람이나 3,000년 전에 가본 사람이나 고(그) 방향의 차이와 시대의 차이는 있을망정 사람에게 해로우라고 한 소리는 하나도 안 했을 거예요. 그 뒤에 제자들은 그 선생을 무슨 소리를 하는지 모르니까 아무 소리나 하고들 다니는 건데, 지금 밑에 이 종교 교인이라고 하는 사람이 하는 소리는 종교의 원 교주들의 의사를 바로 하는지 안 하는지 난 모르겠어.

---

14) 녹취: 박승순, 교정·주석: 정재승·이기욱(음성 파일 없음)

그러고 이제 깨달음을 얻고자 하는 사람으로 항상 간직해야 할 것이라는 것은 그 뭐 아주 예전 사람들이 한 거지 내가 하는 얘기가 아녜요. 요임금 같은 성인이, 공방(空房: 빈 방)에서 요임금 같은 성인이 순임금 같은 성인한테 "너 생전 간직해야 할 것이다"고 준 말이라는 것은 정일집중(精一執中)해라, 정일(精一)하고 집중(執中)해라.

두 가지 말, 세 가지 말 바라보는 것이 셋, 넷을 바라지 말고 꼭 가운데 중도를 해라. 네가 저기 저만치 가고 싶더라도 그게 옳으냐 여기 아직 못 가는 게 그게 옳으냐 그 말고, 중간까지 가거라. 중간, 중심을 찾고 들어가라. 그때에 맞닿게 중심을 찾고 나가라 한 것이 그 정일집중이라는 것이 동방의 순임금, 요임금이 둘이 전하던 말이 아니고, 우주사람 누구든지 정일집중 안 해가지고는 안 될 거여. 쓸데없이 여러 가지를 생각하고 여러 가지 바란다면 한 군데도 못가고, 한 군데 가는 힘을 두 군데, 세 군데로 나누면 나가는 거리가 1만 리 갈 것을 1,000리도 못 간단 말이여.

그 정일해라 정성껏 해라. 이것저것 여러 가지를 자꾸 하지 마라. 그것이 첫소리지 뭐. 정일하라는 거 그거 이외에는 없는데, 그러니까 이거의 교인들이 제일 먼저 바라고 백성들이 바라는 건 뭘 믿든지 그걸 믿어야 한다. 믿는 것이 성실히 믿으면 공경(恭敬: 공손히 존경함)이 생긴다. 믿는 걸 시원찮게 믿으면 공경할 까닭이 없거든. 완전히 믿으니까 그걸 공경하지. 공경한다. 공경한, 공경이 나야 성(誠)이 나. 정성이 나. 성경신(誠敬信)이 아니면 성공은 못한다 이거야.

학인: 고거(그거) 다음 질문부터는 같이 여기 학생들도 듣고 싶어 하니까요. 같이 가시죠.

봉우 선생님: 대종교, 대종교가 아니여. 그때는 단군교지. 단군교 포교사라고 하니까 그동안에 아무래도 그게 없다가 그런 말이 포교한다는 소리가 나니까 들어갔어요. 들어갔는데 열 살에 들어가서 지금 87년, 88세이니

까 79년이여. 교에 들어간 지가, 내가 79년 됐으니까 순수한 교인은 못 되더라도 뜻은 그 뜻이지. 할아버지 찾느라고 백두산족으로 내 조상 찾기 위해서 들어간 거지. 다른 교 모양으로 그 교를 가지고 복을 받는다 뭘 받는다 하는 그건 난 안 해. 이 사람들 조상들 찾으면 나쁘진 않을 것이다. 이 동양의 덕이라는 건 씨를, 근본을 찾으라 하는 거니까 근본 찾기 위한다는 게 있으니까 거길 내가 들어간 거지. 입교한 거는 내가 79년이 되었지마는 중간에 별별 일이 난 세상에 지금까지 살다가 다시 지금 대종교가 한국 들어와서 한판 … 바로 안 왔어. 별별 일이 다 있으니까 그건 안 들어갔고 요새는 할 수 없이 거기 와서 대종교 책임자로 내가 있긴 있지만 말이여.

학인: 선생님, 저 할아버님한테 제가 신경을 쓴 거에 대해서 그냥 말씀을 좀 해주시면…

봉우 선생님: 내가 나이가 몇 살 더 먹었다고, 일 경력한 게 조금 더 있다고 하는 그거지. 저런 거 의사는 각자의 의사가 달라. 각자의 의사가 다르고 자기의 주장하는 게 달라 놓으니까 이제 난 거기다 통일할 이념은 다른 게 아니고 사람이면 고만이지, 서양 사람이나 육대주의 아무 데 사람이라도 상관없다 이렇게 하더라도 ○○○이면 백두산족 우리들의 조상 먼저 찾고 또 남의 조상 그럼 보지 말라. 내 조상을 위하면 남의 조상도 위하는 거지 내 조상 모르는 사람이 남의 조상 잘 위한다는 그건 거짓말이라고.

봉우 선생님: 병인년(丙寅年: 1986년) 연말에 신문 지상에 역사가로 단군 신화론을 주장하던 이병도 씨가 신문에다 발표하고 "실화다. 신화가 아니고 실화다." 하는 소리를 갖다 발표했는데, 그거는 소송을 당하면 답변하는데, 한 부분 그것밖에 되질 않았어요. 역사가에서 국사 편찬하는 데서 지금 현 국사 편찬하는 데에서 이병도 회(會: 모임)가 8할, 편찬위원회에서 8할하고, 아닌 사람이 한 2할, 반대하는 사람이 한 5부 이렇게밖에 안 돼

요. 그렇게 되는데 정부에서나 이런 데서 사회에서는 "자, 이병도가 그렇게 저 사과나 진배없는 자기가 말한 걸 반복해서 단군 신화론을 주장하다가 단군 실존인물이라 하는 걸 자기가 가서 성명을 했으니까 자기가 잘못한 거를 뉘우쳤다" 이렇게 해서 보고 인제 한국 역사가 한국사 편집하는데, 다른 편집이 되리라고 이렇게 믿었는데 여러분 두고 보십시오.

팔십 대 십 몇이 되요. 팔십 몇 대 십 몇밖에 안 되니까 지금도 여전히 그 주장이 그대로 그냥 연속되니까 새로, 새로 쓰는 역사가 개편이 안 된답니다. 그건 여러분들이 좀 나가서 그 숫자가 좀 부족해지도록은 할 수 없이 고생하시지 않을려나 그럽니다. 정부에서도 역사 편집 위원회 주장하는 이병도 그만 물러나갔지 그 나머지 그 제자들은 지금 꽉 중진으로 백혀(박혀)가지고 있어가지고 여전히 일본놈, 왜놈의 역사, 일본놈이 주장하는 거 그대로 지금 씁니다.

그래 난 이것이 난 병인년 세모가 되어가지고 병도가 그런 소리를 했다길래 난 이 사람이 죽을 때는 깨끗이 죽을라고 고운 생각으로 이런 소리를 했는가 보다 그러면 자기가 그렇게 했다면 자기 제자들한테도 이게 이렇다고 일러줬을 거여. 나는 가지만 너희는 단단히 지켜라 하는 거지.

그러나 역사가 지금 우리 역사가 차례로 나오면 그 일본 사람이 왜곡하거나 일본의 그 뭐라고 할꼬(할까), 아직도 일본의 정신을 가지고 있는 사람이 왜곡시키거나 그건 오래 못 가요. 본 역사가 나옵니다. 본 역사가 그건 틀림없이 나오는 것이 요전번에도 중공서 산동성서 찾아보니까 예전 단군사 뭣이라고 하는 것이 5,000년, 6,000년 전에 있는 물건이 나왔다고 신문에도 나오고 그랬드문(그랬더군). 이제 그런 증거가 자꾸 나오면 먼저 했던 사람이 공부는 했는데. 박사님이요 다 뭣이라 했지만 그 박사가 모자라는 박사, 예전 고고학을 하나도 보지 못한 녀석들이 썼다고 소리가 나올 거요.

그건 여러분들이 다시 이를 고고학 하는 이들하고 같이 가서 고증을 발굴해야 됩니다. 발굴하면 그런 소리 지가 할래야(자기가 하려야) 못합니다. 제일 첫 조건이 뒤로 후퇴 말고 전진해서 우리나라 역사를 되찾아야 한다 그겁니다. 무엇보담도 역사를 먼저 찾아놔야 우리들이 백두산족으로 어느 나라에 가든지 ○○○하지 않고 잘 나가 사는 것이지, 조상 없는 나라, 조상 없는 민족으로 조상 아무 데나 가서 이리 붙고 저리 붙는 민족으로 붙으면 안 됩니다. 미국은 민족이 없는 나라라도 잘 살지만 미국은 잡동사니여. 암만 자기가 뭐 세계일류로 간다 뭘 한다 하더라도 미국이란 나라는 있어도 국민은 있어도 미국 민족은 없어. 누구를 미국 민족이라고 합니까? 조상이 다 다르지 않습니까? 사방, 사방 사람이 들어가서 미국 한나라를 형성이 되었으니까 거긴 조상이 따로 없어요.

그래 우리나라는 그게 아니여. 근 1만 년 전부텀 지금까지 내려오는 한 조상 밑에서 큰 사람들이지. 우리가 일본사람 씨도 아니고 서양사람 씨도 아니여. 우리하고 35년 동안 속국으로 생겨가지고 일본사람하고 우리가 인제 일본사람한테 이렇게 해가지고 그렇게 지냈더라도 일본사람은 조상이 우리하고 같아요(같아요). 만주사람 우리하고 같고 몽고사람 우리하고 같고 중공도 중공의 반도 이 중간 양자강 이북으로 황해 연안으로 이쪽은 전부가 백두산족입니다. 아닌 사람이 남쪽에서 올라온 사람도 있지만 거의 다 백두산족들입니다.

그거 야중에 야중에 인제(나중에 이제) 여러분들 흰머리 나기 전에 압니다. 흰머리 나기 전에 바이칼호로 만주로 북지나(北支那: 북중국)로, 거기서 인제 우리 조상들의 근거가 자꾸 나올 거니까 두고 보십시요. 파보면 나오니까 난 그저 올해 병인, ○○년에 병인년에 못하던 민족 찾기 운동 그것이 좀 더 됐으면 이럽니다. 역사가들이 그 냉혹하던 역사, 그 사람 손들이 뭐라고 썼던 그 역사를 다 매장시키고 정직한 증거 나오는 역사가 나오길 바랍니다.

그러고 인제 어젠가 그저께인가도 누가 찾아 왔어요. ○○○를 갖다 줘요. "이런 게 있습니다. 이런 게 나왔습니다." 했는데 거길 보니까 여 서울이더만요. 그 장소가 무슨 천왕이라고 그랬더라. 무슨 천왕이라고 그랬는데 염라대왕을 마음대로 불러서, 염라대왕을 마음대로 불러서 사용한다는 사람이 있다고, 지금 이 과학 세상에서 정신도 정신 연구를 하지만, 염라대왕을 마음대로 한다고 자처하는 천왕이라고 나서는 이런 사람도 있어요. 근데 같이 나온 사람들도 다 그런 말할 만치하고 자가용들 타고 번듯한 사람들이 왔던데, 이거를 염라대왕 불러서 마음대로 사용한다는 그 선생님 밑에서 공부하는 양반들인가 봐. 참 딱해요.

남의 하는 게 잘못이라는 게 아니야. 지금 급한 것이 우리 한국사람으로는 나라가 망해서 35년 동안 고생을 하다가 우리의 힘으로 못했더라도 해방이라고 해서 해방이 을유년에 돼가지고 을유, 병술, 정해, 무자년(戊子年: 1948년)에서 대한민국이 수립하지 않았나요. 대한민국이 수립한 지가 지금 무자년이면 무기경술임계갑을병정이니까 꼭 40년이여. 무려 40년 전에, 40년이 되도록 아직도 꿈(?)을 못 깼어. 아직도 꿈을 못 깼어.

내가 조상이 누군지 이 나라 국토가 어떻게 됐는지 민족들이 무엇인지 이게 아직도 잘된 거 같지 않아요. 역사가라고 국가에서 역사 편찬하는 역사가 있어도 우리가 조상이 사실이 아닌 것처럼 이렇게 왜곡하게 얘기하는 그 측이 8할이나 가지고 있는 이 현실이니까. 그 사람더러 물어보면 단군 할아버지보담은 딴 데 자기가 믿는 자기 종교, 자기 족속들 그거 아마 먼저 만나고 먼저 조상처럼 위할 거예요.

그러면 민족정신이 통일 안 돼가지고 있는데 남북통일이 그렇게 속히 안 된다고. 민족정신이 통일이 돼야 남북통일도 속히 되지요. 그럼 여기 남쪽에는 그런 정신을 가지고 지금 조상도 못 찾고 있는 판인데 정신들이 사방 분열되어서 분수, 소수로 지금 놀아. 지금 정수(整數)가 아니거든. 그래가지고 노는데 이북 사람들은 우리하고 정반대의 의사를 가지고 있지만 2,000만이라는 것이 뱃속에서부터 공산하고 나온 사람들이니까 그거 2,000만이라는 배움이 공산밖에 안 되어서 공산밖에 몰라요. 거기는 2,000만 단일 정신을 가지고 있고 이 남쪽에는 뭐랄까요? 1,000만이나 뭐 한가지로 있는 정신이 있나 모르겠어요. 예수교인이 많다니까 예수교인은 아마 한 1,000만 된다니까 하느님 믿는 파가 예수 믿는 파가 있어 거기는 정신이 한참 있나 몰라도 파가 다 각각 소리를 하니까 여기는 야시장, 좀 죄송한 소리지만 야시장에 물건 파는 야시장 같단 말이야.

그런데도 자유 그게 급해가지고 야단인데 그걸 다 떠나서 세상을 떠나서 그걸 다 떠나서 급한 것이 뭣인지 그걸 다 떠나서 여럿이 앉았는데, 이렇게 올라앉은 자리 차지하고 싶은 그것밖에 없어요. 나도 너도 하고 차지가 그것만 따지고 있는 세상이여. 그렇다고 우리들까지 다 거기 따라다닐 필요 없어요. 우리들은 한국민족, 백두산족 앞으로 세계에서 누구한테 지지 않을 민족 이거를 깨달아가지고 하루라도 속히 남한테, 남한테 끌려 다니는 그 소리 듣지 말고 자립하고 통일해 가지고 자립된 민족으로 나와 줬으면 하는 것이 늙은 사람의 바람입니다.

무엇이 텔레비전 같은데 시나리오 쓰는 사람들도 같은 값이면 이 나라 이 백성이 정신 좀 차릴 것을 써줬으면 얼마나 좋아요. 같은 값이면 말이요. 그게 아니고 어느 종파 종단에서들 자기를 주장하는, 사람이야 백 가지로 나누어지든지 나라야 되든지 안 되든지 자기를 주장하는 선전 시나리오를 써가지고 그 귀한 시간에 방송하는 것이 그따위를 방송을 자꾸 해요. 방송 윤리도 있을 거예요. 기가 막혀요. 또 보는 사람은 그게 옳은 거로 알 겁니다.

작년 1년이, 내년이 88올림픽 되는 해 아닌가요? 내년이, 내년 88올림픽이에요. 86은 어떻게 다행히 아시아 게임에서도 둘째가 돼서 우리가 제일 좀 … 일본보다 앞서고 중공은 본디 숫자가 많으니까 12억이 넘으니까 우리보담은 숫자가 본디 많은데 뒤졌어도 한 점 차밖에 안 갔다는 거 그건 고마웠는데, 그건 아시아 게임이고 세계 게임에 나오면 그 저 체육회 첫 번 얘기 들으면 공산진영 러시아니 어디니 소련 그 편쩍이 다 들어오고 다 한다면 90개 아시아 게임에 얻었던데 한 10분의 1이나 한 20개나 얻을라나 하는 이런 정신 얘기들을 합니다. 우리나라가 20개만 얻더라도 그때는 아주 그 요번 90개 얻은 거보다도 더 이건 영광이라고. 근데 그 사람들은 자처하기를 우리나라는 감히 거기 가서 쳐다보지도 못할 놈으로 자꾸 얘기들을 해쌌는데 말만 들어도 기분이 나빠요.

우리가 대체로 봐서 학생들이나 선수들이나 나라에서나 요번에 일본한테 일본은 1억이나 되는 나라에 뭐든지 자본이나 뭣이나 다 많고, 운동에 전력을 해서 하는 나라고, 과학으로도 우리보담은 그 저 요새 흔히 잘 쓰는 선진국이니까 앞서서 나간 사람이면 잘하리니 한 건데, 요번에 86 게임에 가서 일본이 36등이 차가 나지 않았습니까? 그래도 허면(하면) 되는 거예요.

허면 되는 건데 88에 왜 그리 겁을 내서 우리나라에서 한 20등 얻으면 다행이라고 하니 참 진짜 88에 가서 20점을 얻을라나 200점을 얻을라나는 모르지마는 듣는 사람들이 기분이 나쁩니다. 여러분들이 운동만 잘하라는 건 아니여. 하지만 운동도 남한텐 지진 말라 그 소리여. 이제 올 1년에 여러분들 호흡, 조식 공부 잘해서 과학적으로 과학적이나 가능하면 좀 나오게 한 1,000여 명 되니까 1,000여 명에서 2할 100명만 과학계에서 벌써 수준이 높은 수준이 나와 주면은 그거 저 88올림픽에 금패는 좀 덜 따더라도 우리 세계 수준에 과학자 금패 좀 흠씬 좀 따봅시다.

지금 소련이나 미국에 과학자가 암만 많다고 하더래도(하더라도) 그게 지금 핵무기 주장하는 과학자 그것 때문에 지금 그렇게 코 큰, 콧대들이 높지 다른 것 가지고 높은 거 아니여. UN 총회라는 것이 세계평화를 하네 뭐 어쩌네 어쩌네 말은 해도 UN 총회에서 공산진영에서 무슨 소리를 해가지고 저희의 욕심으로 무슨 소리가 안이 나온다면 좋은 안이 나오는지 나쁜 안이 나오는지 모르지만 안이 나온다면 그게 검토해가지고 부결을 해야 할 텐데 검토할 새 없어.

공산진영에서 저희의 욕심나는 무엇이 나오면 이편짝에서 … 자꾸 한 단 말이여. 미국서 부결하면 꼼짝 못하지. 약소국가 여기 저 민주주의 국가 편에서 숫자는 더 많을 거요. 아마 헌데 이쪽에서 무슨 안이 내려와서 약소국가에서 이러이러한 안을 좀 해주시오 하면은 숫자야 적지만은 소련서 부결해 버리면은 통과 못합니다. 그러니까 UN이라는 건 세계를 평화스럽게 하기 위하고 전쟁 없는 세계를 만들며 안락한 세계를 조성한다는 이게 모토인데, 헌데 그 세계의 평화스러운 거를 못하게 하는 책임자가 누굽니까?

만약 너희가 내말을 안 듣고 반대한다면 난 모르겠다 이거야 누르면 세계는 잿더미니까 그러니까 이걸 참고 약한 놈은 장에 갔다 아무 놈한테 빰을 맞고도 억울하단 말도 못하고 뒤로 슬슬 도망가는 거나 마찬가지여. 우리들도 억울한 일을 당하더라도 말도 못하고 그저 참는 게 제일이에요. 약하니까 참는 거지. 편하기는 하지. 한 대 맞지 두 번 싸우다가 다치는 거보담은 빰 한 번 맞고 피해버리는 게 낫긴 낫지만은 그거 어떻게 사람이 그렇게 할 수가 있어요.

이건 과학자가 소련의 과학자나 미국의 과학자가 핵무기를 많이 만들어가지고 준 그 까닭에 이걸 가지고 마냥 저희 맘대로예요. 같은 미국이 종주국처럼 여기들 얘기를 하지만 같은 우리 족속이라도 같은 우리나라 사람이래도 우리를 봐주는 사람으로 여기서 한쪽에서들은 자기 조상처럼들 믿고 있는 사람들도 그러는데도 불구하고 우리나라에서 이건 여러 분들도 다 아실 겁니다.

우리나라에서 미사일이 우리 손으로 제조해가지고 중공이 북한에 대해서 뭘 자꾸 해줄까봐 한 대씩 띄우고 띄우고 이러니까 그거 사람 죽으라는 거 아니여. 우리도 한다는 표시한 거여. 하니까 저쪽에서 잘못하면 우리가 북한을 봐준다고 6.25 사변 때 중공군 나오듯이 그렇게 나왔다는 본토를 아주 이걸 눌르면 저희가 손해 날 거니까 중공하고 자꾸 북한하고 거리가 있어요. 중간에서 사과시킬라고 하지 편은 안 든단 말이여.

이걸 자립한다는 이게 나오니까 내 이런 소리를 하면 또 너 어디서 듣고 네가 어디서 봤냐 이런 소리를 할 테니까 내가 말하기가 좀 난처합니다. 하지만 말을 잘 안 듣고 자립해서 이런 걸 내가 만들어보겠다고 하니까 수양아들들 불러가지고 미국사람이 수양아들들 불러가지고 너희 그냥 두면 못쓰니까 미국 말 잘 안 듣고 저러다가 싸움나면 너희들 죽어 하니까 몇 번이라고 그러면 사실이 여러분들이 야중에 조사해보면 나와요. 너 어디서 들었냐 하지 말고 말이야. 그거 원인 되었던 자리가 어디냐 고창입니다.

고창잔디. 고창잔디를 지금 저 마산이나 뭐야 울진인가 뭐 그편 짝으로 거기보담도 훨씬 더 크게 해놨다가 취소시켜버리고선 그거 싹 쓸어버린 게 누가 쓸어버렸어요. 백성들은 알지도 못했지. 안 사람이야 알고 모르는 사람 몰랐지. 자진해서 너희가 그런 거 뭣 하러 만드느냐 우리 것 갖다 쓸라면 쓰고 주는 거나 받아가지고 써라 하는 그것이지. 그래도 좋아 그래도. 그 나라가 조상 같은 나라여.

강자라는 건 강자끼리 좋아하지 약한 자는 깔보고들고 부려먹습니다. 그러니까 우리나라에서 이런 공부들이 좀 잘해가지고 2분 이상 호흡이 벌써 나오면은 그거 야단하지 않고라도 얼마든지 만들어요. 얼마든지 만

들면 그거 그렇게 저쪽에서 하기 전에 아! 우리도 뭐 얼마든지 연구해서 만들면 되지 아는 사람은 알고 모르는 사람은 모르고 미국에서 왜 그랬나 그것도 까닭이 있고 미국에서 불러다 수양아들들 불러다가 너희 이렇게 해라 이렇게 해라 하니까 허면 저희는 아무 일 없고 저희가 그다음 대통령 될 줄 알았는데 야중에 죽을 때는 어떤 놈 와서 한 놈 만져보는 놈 없어. 죽은 놈만 억울하지.

그런 것이 화가 나니까 나중에 가서는, 그런데 지금도 정치인으로도 그렇게 인제 우리나라 자라는 거 싹이 자꾸 자라는 게 보기 싫으니까 자꾸 이렇게 할라고 하는데도 거기 아니면 우리나라 조상 꼭대기 조상은 생각들도 않고 그게 지 할아비보다도 더 나중에 더 위하고 그거 믿어가지고 큰소리 빵빵하고 다니는 놈들 쳐다보면은 암만 지가 아무자리 갔던지 쳐다뵈는 게 내려다뵈듯 쳐다뵈지. 조상 모르고 나라 국치 모르고 아무 짓이라도 해서 지 ○○○이나 어쩌고 하는 그런 것들 그런 것들 인간같지 않아.

그러니까 금년 1년에는 어떻든지 공부 좀 실컷 해서 여기서 우수한, 우수한 단학가들이 자꾸 나와줬으면 그걸 바래요. 이 나라하고 한쪽으로는 지가(제가) 무슨 얘기를 먼저들 했는고 하니 88에는 단학회에서 선수 양성 많이 못합니다. 돈 때문에 열 안짝으로 선수 양성시켜서, 단학회 사람으로 한 번 단학회 사람으로 금패를 타 없애, 열만 없애, 열만 운동선수 1년 해가지고 내년에 선수들 헐(할) 시간만 있는 이가 있다면은 내야(나야) 무슨 짓을 하든지, 무슨 짓을 하든지 그네들더러 연습하는 비용 달라고 내가 안 하겠어요(하겠어요). 여러분한테는 확실한 약속합니다.

호흡하시는 이가 운동하는 이 혹 있으면 많이는 못해요. 열 명, 열 명만 해도 되지. 세계 신기록 열 개만 나도 그래도 성적 좋은 거예요. 그건 선수 양성하면 그건 헐 자신 있으니까 내가 하는 소리예요. 정신수련으로 세계 연구학자들의 앞을 서야 하고 운동으로 세계기록 한 여남은 개만 내고 봅시다 하는 소리예요.

여기 지금 단학회, 단학회 간판 붙이고 부처님이 나오네, 염라대왕을 부리느네, 무슨 뭣을 하네, 뭣을 하네 하면서 은행에 지금 좀 더 할라고 그런 소리를 하면 그건 죄 받어. 여럿이 같이 살고 여럿이 같이 나가서 어떻든지 이 88년에 단학회 간판으로, 단학회 간판 우리 표로 금패 많이 바라진 않아요. 열 개면 돼. 양성 열만하면 열 개는 … 하나가 둘이 되면 좀 더 할 테고 금패도 타고 은패도 타면 되지 뭐. 절대로 체육 절대로 되니까 안 되는 게 아니고 절대로 되는 거니까 하면 정신수련도 하면 됩니다. 허면 안 되는 게 아네요.

이게 이제 단지 여러분한테 하는 말씀은 여러 가지 생각하지 말란 말이여. 이것도 하고 이것도 하고 이것도 하고 여러 가지 할라고 하니까 단일하지 못해서 이게 늘어나가지가 않아요. 뭐든지 한 가지, 뭐든지 한 가지만 밀고 나가면 이 호흡도 호흡이라는 게 여기서는 뭐라고 하더라, 여긴 뭐라고 하더라, 아무개는 이렇게 가르치더라 하면 이렇게 가르치는 여러 생각하지 말고, 여기서 하는 데는 여기서 하는 대로만 그대로 나간다면 1년에 젊으신 이 웬만치 하루 두 시간씩 하는 걸 웬만치만 하시면 2분까지는 1년에 갑니다. 2분까지면 충분합니다.

뭐 5분 10분 하지 말라는 건 아니지만 2분만 하면 써 먹기가 충분합니다. 저기 또 … 책 보는 거 지금 기억력이 1만 자 하는 사람이라면 같은 시간에 1만 자 하는 사람이라면 10만 자나 20만 자 문제없을 거예요. 2분만 넘으면 내가 20만 자 20배 된다는 건 아주 감하고 감해서 하는 소리여. 공부를 해가지고 2분만 나간다연 예전 어른들은 용사만배(用師萬倍)라고 그랬어. 1만 배가 넘는다는 건 그건 좀 보탠 소리고 공 둘은 쳐요. 공 둘은 친단 말이여. 공 하나만 쳐도 공부하는데 뭐 연구하는데 충분해요. 공 둘은 쳐야 돼.

그러니까 두 가지로 하지 마라 이거할까 저거할까 하지 말고 정성껏 해라 쉬지 말고. 제가 제 좌우명이라는 건 거거거중지(去去去中知)요 행행행리각(行行行裏覺)이라고 하는 것인데 쉬지 말고 가고 가고 가면 못가는 게 없어. 거기 목표에 간단 말이여. 첫 번에 한 걸음 두 걸음 나가보면 거기가 까만 거 같은데 올라가보면 내 발밑에 들어 있지 이게 별거 없어.

행행행리각이여. 하나를 행하고 둘을 행하고 행하다보면 하나 행하다가 내가 일 해보면 거기 어떤 데가 덜 된 게 있으면 고놈 고쳐가지고 또 행하고 또 행하고 하면 끄트머리 가서 원만한 덩어리가 된다. 뼈 빠지게 이놈을 가서 닦는데도 그냥 봐서는 이게 여기 들(덜) 닦일지도 모르지만 자꾸 닦으면 쪼금이라도 티 나는 거 여기 만져봐서 걸리는 거 없이 깨끗하게 밀어져. 한 번에 대번은 안 돼.

그러니 공부도 또 하고 또 하고 또 하고 하면 왜 안 돼? 예전 사람이라고 되는데 지금 사람은 머리가 예전 사람만 못한가 뭐. 시간 이거 그걸로 전문 아무것도 말고 그것만 하라는 거 아니야. 집에서 일 보고 사무 볼 때 사무 보고 그 노는 시간을 이용해 가지고 쉬지 말고 해라. 술도 먹으러 가고 친구하고 놀러 갈 때 그거 쪼금 들 가고 앉아서 하면 되는 거지.

그래 인제 정묘년(丁卯年: 1987) 정묘년 올 국가에는 앞으로 좋은 일이 조금 조금씩 올 조짐이 자꾸 닿는 해여. 자꾸 닿는 해니까 뭘 위시해서 뭘 자랑을 하라고 하는 소리 아니여. 운이 조금 조금씩 온다는 표시가 자꾸 옵니다. 초저녁 조금 지나서 한번 쳐다보십시오, 하늘을. 무슨 별인가 모르는데 별이 환하게 광선을 자꾸 여기 비춰줍니다. 하느님은 너희 앞으로 소식이 온다 잠자지 말고 좀 부지런히 해라 소리가 자꾸 내려오는데도 불구하고 우리들은 잠만 자고 일 덜한단 말이에요. 일하는 사람이 차지하지 일 못하면 차지 못해.

남북통일이 한쪽에서 뭣이여 여기서 요전번에 뭐여 금강댐(금강산댐을 말함)인가 뭣 하는데 딱한 일이여. 권태훈이 하니까 권태훈이 점쟁이인줄 아는지 참 뭐 개인의 화복을 보는 걸로 아는지 찾아와서 내가 술을 못 먹으니까 어디 가자고 끌고 가서 얘기하면 야중에 하는 소리 뭣인고 하니 금강댐이 ○○○하는데 서울을 어느 정도까지 해가 가겠습니까? 아니 금강댐이 터져서 물이 터진다면 서울 어디까지 가고 말고 할 것 없이 서울 다 손해나지 어디 높은 데 간 사람, 남산 꼭대기까지 간 사람 괜찮고, 여기 가만히 있으라고 거기서 너 혼자 잘 있고 우리 물에 들어간다고 가만히 있을겨. 다 북적북적 할 거 아닌가.

그러나 우리나라에는 금강댐이 터져서 수침될 까닭이 없어요. 사람이 그렇게 터지면 수백만 상해요. 수백만 상하는데 우리나라에는 서울 이 여기는 오복성이 딱 비춰가지고 있는 자리라 놔서 그렇게 죽으라고 해야 안 죽어. 기차에 댕기다가 자동차에 고 사고가 나서 몇 그렇게 상하는 거는 할 수 없지. 하지만 그렇게 대운으로 사람 죽이는 운이 트지 않았어요. 여기는 죽을래야 못 죽어.

그래야 그네들한테 그런 얘기를 하면 고맙게 자기들 듣기 좋으라고 한 거 같으니까 아 그렇게 있으면 걱정이 되면 멀찌감치 이사 가면 되지 않소. 높은 데로 가든지 한강하고 관계없는 데로 가면 되지 뭘 걱정을 하쇼. 웃으며 그러면 뭐 좋은 일이 있는가 하고 좋은 일이 아니라 그런 걸 가지고 걱정하시느라 하지 말고 젊은 사람 하나라도 사람 되게 만들으쇼. 학교를 못 가는 놈이 있거든 하나라도 입학이라도 시켜서 공부를 시키고 그래 놓으면 하느님이 너는 착한 일을 많이 했으니까 물에 빠지지 말라고 할 거요. 자꾸 그런 소리를 해.

서울이 칠성국의 운이 들어오고 칠성이 비치고 하니까 6.25 사변 같은 건 안 와요. 오고 싶어도 여기를 안 와. 이북서 왜 그러겠어. 이북 녀석도 군사학가로 뭘 보는 녀석들인데 이 박사 있을 적에 6.25 사변 때는 여길 갖다 그래 놓으면 그냥 정신 못 차리고 하지만, 지금은 정부의 요로 요로 뭣이라는 것은 전부 밑에 내려가 있고 급하면 자동차 타고 주르륵 가버리면 뭐 급한 거 하나 없이 다 할 것인데 뭣 하러 여길 덤비겠어. 그놈들도 그거 미친 짓 할라고 댕기지 않아. 단단하게 지키고 있는데 한 대 맞으면 한 대 맞는 거만치 저희 손해니까 안 된단 말이여.

중공서 저희 편 안 들어. 소련서 그냥 막 대고 싶어 해도 소련서 막 대면은 미국서 태평양 배 갖다 댈 자리가 없으니까 못하게 해 그것도. 그 군사학으로 보는 건데 그게 되나 그게 안 되지. 먼저는 몰랐어도 지금은 안 돼. 그것도 아무 소리를 하든지 나는 내 입으로 얘기한 거는 전쟁 없는 통일이 된다는 소리를 내 늘 합니다. 전쟁 없는 통일이 된다. 헌데 내가 올해도 작년에 한 소리 또 합니다.

내가 여러 분들한테 내가 그런 소리 해가지고 고맙다고 누가 나한테 좋다고 … 그러나 죽은 뒤에 만약 나 한 말이 하나 둘 거짓말이 나오면 아 그 늙은이 미친놈 괜히 늙은이 성한 줄 알았더니 미쳤다고 내가 왜 욕 먹어요. 욕 안 먹을라고 될 일을 얘기하지 안 될 일 얘기 안 해요. 나도 내 대로 연구 90세 되도록 연구했어. 연구해서 실지로 될 얘길 얘기하는 거지 거짓말하면 죄 되는지 아니까 거짓말은 못 해.

허시는 여러분들 맛이 없고 당장 뭣 하는데 재미가 안 나고 하더라도 놓지 말고 꾸준히 하시면 여러분 중에서 같이 댕기신 중에서 누가 먼저 나올는지 모르지. 하나가 나오면 둘도 나오고 셋도 나오고 나와지는 거여. 언젠가 되는 자가 나온단 말이여. 여기 다섯 해서 하나라도 이게 되는 놈 하나씩 나와 이렇게 나오면 이것이 많으면 그 나라는 일으켜 선 거고, 일어나는 거여. 이게 부족하면 뭐 하나라도 미국 가 잘 해놓은 거 사오고, 어디 저 일본 가서 사오고, 사러 댕기기 급하면 빚밖에 질 게 없지만 우리가 다 맨들어서 꼭대기는 그만두고 이만한 거 외국으로 수출시키고 이래 가지고 하면 우리들은 그냥 먹고 살고 굶지 않아. 그래가지고 남북통일하고 북쪽에서 … 만주가 우리 손에 들어오면 널짝해집니다.

중공 사람을 만났는데 만주가 들어온다고 한다고 저희하고 싸움이 나느냐고 하더라고. 싸움이 안 나고 너희는 너희 영역이 있지 않느냐. 장성 이북은 본디부터도 너희 놈들이 허지 않냐 만리장성 이북은 본디 저희 땅이 아니다 말이여. 그러니 이 남쪽가지고 우리는 통일해가지고 잘 지내야지. 그쪽은 그놈들 저희 맘대로 하게 해라 그놈들 그래요. 장성 이북은 본디부터, 장성 이북은 본디 한족들의 땅이 아니다 이거여. 그러면서 괘씸한 놈들이지만 몽고족이나 이쪽으론 되놈들이라고 그러지.

되놈들 땅이지 한족(汗族)이라고 땀 한(汗) 자 씁니다. 땀 한 자, 욕하느라고 거기도 가면 대한책이니 무슨 한책이니 뭐니 하는 게 전부 땀 한자여. 이 한자를 써야 할 데를 안 써주고 전부 땀 한 자여 쓰기 좋은 자로 … 중국을 많이 가서 있던 사람이여 많이 있어도 겉으로만 호강하고 다니는 사람 몰라요. 고생 좀 하고 알맹이를 쫓아다니는 사람 다 압니다. 지금이라도 중공 들어가서 저 뭣이 건강(?)으로 들어가서 그 있던데 그 조상들 뭣 하던데 댕기면서 다 보면 표가 다 조근 조근들 있어요.

왜 만주에서 쑥 들어가서 땅 이름이 고려문(高麗門)입니다. 고려문, 고려문이여. 거가 고려 들어오는 문이여. 거기가 고구려, 고구려, 고구려더러 고려문이라고 그러지 동명왕이 있잖아 동명왕. 거기서 가면 여기, 여기, 여 무슨로, 무슨로, 충무로, 무슨로 이러잖아요. 율곡로 뭣이 해서 이렇게 하듯이 그래 만주도 거기 쑥 가운데 한참 들이가면 동명보자(東明堡子), 동명보자, 동명왕 있을 적에 한 거여 그게. 다 다 있어요. 계림이라는 게 백두산족에 이 주장하는 건데 거기 들이가면 계관산 위에 계룡. 여기 지금 여기 사람들은 전부 저 남쪽 계룡, 요 충청도 있는 계룡산에 도읍한다고딜 이 지금 현 지금 정부 요인들도 그런 소리들을 많이 해. 아, 이런 책에 예전 책에 났다고. 어떤 늙은이들이 댕기며 그런 소리들을 하는지 모르지만 정부가 반은 그리 나가지 않아요.

원 계룡은 봉천(奉天: 현재의 심양)서 조금 더 가면 계룡산이 있습니다. 그 우리 예전 조상들이 거기서 뭐 다 하든 자리예요. 계관산(鷄冠山), 봉황산(鳳凰山) 그쪽으로 다 그게 뭣한데 중국서 아주 전해 내려오는 말로 여기 저 《정감록》 있듯이 봉황이 동래(東來)해. 봉황이 동쪽에서 오는데 백두산족이 오는데 금계저수(金鷄低首)라. 금닭은 머리 푹 숙여버린다고. 그러니까 여기 뭣이냐 장성 이북은 만리장성 1만 2,000리 북쪽은 너희 놈들 차지하라고 하고 말라면 말란 거지 거기까진 싸우면 안 된다. 중국 본토백이한테 물어봐요. 학자들 뭣들 한다는 자한테 그런 소리를 하고 이게 무슨 소리냐 하면 피 하고 웃고 얘기를 안 해.

봉황이 언제 오느냐 이런 소리도 이건 얘기 안 해요. 거기 사람들은 그게 저희가 아니라는 것을 알고 오길 기다리는 거여. 그렇게 기다리는 것도 맨들어 놓은 떡도 못 먹어? 말이 안 되지. 그러니까 그건 중공 같이 공산당하는 사람들이 조선 사람을 간도성, 봉황성, 길림성에 성장을 거기서 줬어. 조선 사람을. 그 두고 보면 알지. 여기 이북 공산당 같으면 남쪽 사람들 갖다 거기서 도지사 주겠어 안 주지. 자기 사람한테 시키지.

그래 내 지금 오늘 한 가족들 같으니까 내가 실없는 소리를 하고 어떻든지 이 정묘년에 작년보담 작년에 공부 안 하셨다는 거 아니여. 공부하신 거보다 곱절만 더 해주십시요. 곱절만 더 해주셔서 어떻든지 2분, 2분 대 승단이, 단이 오른 계제에 오른 분이 많이 나와주시면 좋겠습니다. 틈틈이 와서 난 공부하는데 얘기는 가르치시는 이가 있으니까 가르치지만, 와서 강의를 할 테지만 나는 지난 얘기를 하지. 이렇게 한 번씩 가끔 와서 지난 얘기를 하지. 그리고 여러분 번번이 보시는 이는 다 얘기합니다만,

정묘년에는 정신도 정신이고, 체육도 체육으로 해서 88 기대해가지고 열 명 양성을 시킬 작정입니다. 양성하는 건 나 하나 단독으로 누구한테 피해시키지 않고 말이야. 그러니까 그건 여러분들이 희망하실 이, 적격자가 있으면 추천해주세요. 두서없이 내가 말씀해서 죄송합니다.

학인 대담 1
《입약경》,《정관경》,《괘금색》해설 포함)[15)

봉우 선생님: 저기 인제 스물여덟 점이 안에서 있고 밖에도 있어서 스물여 덟이지, 다 한 군데 있어서 빙 돌아서 스물여덟이 아니거든.

학인 1: 예, 한 줄에 있어서 스물여덟이 아니란 말씀이지요.

봉우 선생님: 그러니까 이것이 이십팔수(二十八宿)도 그 모양으로 이십팔수 가 이리 올라온 놈도 있고, 내려간 놈도 있고, 처진 놈도 있고, 바짝 가까 운 것도 있고 그렇단 말이여.

학인 1: 그게 인제 그렇게 밀어가지고 여기다가 이렇게 형성했다는 말씀 이지요. 그러면 그게 15에다가 열여섯 개가 되면서 '뇌동(雷動) 16수'라고 그러셨잖아요.

봉우 선생님: 15에, 15에 하나가 붙으니까, 하나가 붙어 열여섯이 되면서 돌 지.

학인 1: 예. 돈다고 그러셨는데요, 그러면 거기서 하나의 원에서, 열여섯 개의 점이, 그 오황극(五皇極)에 보면 열여섯 개의 점이 찍혀 있잖아요. 그 열여섯 개의 점이 그 15라는 어떤 고정되어 있는 숫자에서 16이라는 숫자가 되면서 하나가 더 붙으면서 이렇게 도는 거라고 그러셨는데요.

봉우 선생님: 그렇지.

---

15) 녹취: 박승순, 교정·주석: 정재승·이기욱(음성 파일 없음)

학인 1: 그러면 실제로는 이십팔수가 이렇게 밀려가지고 열다섯 개로 보이는 거, 열여섯 개로 보이는 거 아녜요? 그게요?

봉우 선생님: 이십팔수가 밀리는 게 아니라 본수는 여기서 이 안에서, 바깥에서 머시여, 여덟이지. 바깥에서 여덟, 여덟에서 이것이 이십팔수로 사칠이 이십팔, 이십팔수가 된 거여.

학인 1: 아! 그 가운데는 아래 위 끼고 그냥 있구요.

봉우 선생님: 그냥 있구.

학인 1: 그건 빼놓고 해야 하는구나.

봉우 선생님: 그렇지. 요건 그냥 빼놔야 한다, 주기니까.

학인 1: 하얀 공을 갖다 놓고…

봉우 선생님: 그려나가면 되지.

학인 1: 그러면 그려나갈 수 있나요?

봉우 선생님: 그려나갈 수 있지. 《선기수(璿璣數)》에 내가 지금 각국 도수, 각국 분야의 도수를 써놓은 것이 그냥 거기 있나 찾아보니 없구만 그래. 전부 써놓았는데 각국 도수를…

학인 1: 그럼 어디 어디에 있다라는 게…

봉우 선생님: 어디에 무슨 도, 몇도 몇 분이고 뭣이고…

학인: 그럼, 이렇게 만들 수 있겠는데요, 그걸로 찍어서…

봉우 선생님: 만들 수 있지.

학인: 그 도수만 있으면…

봉우 선생님: 도수만 있으면 그냥 여기다 뒤집어버리면, 찍어보면 그대로 점이 다 찍히지.

학인 1: 우리는 천상 그게 선과 점에 의해서 그 모양을 비스무리하게 만들 수는 있어도…

봉우 선생님: 만들 수 있지.

학인 1: 공이라든가 정육면체는 제 생각에 옆에다 따로 전부 붙여 놔둬가지고요. 공에는 점이 어디 어디 찍혀서 이렇게 이십팔수고 그러니까 구형이에요.

봉우 선생님: 평면으로, 평면으로 해놓고…

학인 1: 평면으로요?

봉우 선생님: 평면으로 해놓고, 이것을 말여 공은 공대로 해서 만약 그걸 둥근 이 구를 만든다면 갖다 붙여보면 고대로 딱 들어맞게 해야 돼.

학인 1: 그거는 쉽지가 않겠는데요. 하기가 어렵겠는데요.

봉우 선생님: 그렇지.

학인 1: 자세히 공도 가져다놓고 또 그렇게 해도…

봉우 선생님: 그게 인제 수학 아는 사람, 이런 거 측량하는 사람, 측량할 줄 알면서 삼각이나 이걸 가지고 대는 사람이 댄다면 고렇게 평면으로 해놔도 붙이면 딱 붙는단 말이여.

학인 1: 그런 거 아는 사람이나 하면 되겠네요.

봉우 선생님: 그렇지.

학인: 옛날 설초장(雪樵丈)[16]이 그거 했다는, 붙여봤다는 그거예요.

봉우 선생님: 그거지 그거. 그거 뭣을 아는 건 아니지만, 맨들어 가지고 붙여보고, 맨들어 가지고 붙여보고…

학인: 선기옥형(璿璣玉衡)을 만들어놓고서는 거기다가 그 분야도수(分野度數) 해서…

봉우 선생님: 분야도수 해가지고서 갖다 대보면 내가 무슨 도수 어디가 뭐라고 뭐라고 하는데 이거 알라고, 여깁니다 이거 초점 동서극(東西極) 그거 따질라고 그래서 안 거지. 왜 각성(角星)이 여기 와서 먹느냐 이것이지

---

16) 봉우 선생님 제자 김용기(金鎔基).

인제. 각항저방심미기(角亢氐房心尾箕)17) 두우여허위실벽(斗牛女虛危室壁)18) 하는데 이것이 두(斗)거든. 여기가 두인데 왜 여기가 두고 왜 먹느냐 말이여.

학인: 이십팔수 위치 아는 그 자리가 왜…

봉우 선생님: 자리가 왜 여기가 먹어 드느냐? 그럼 이 태평양 중심이 이편짝에 와서 자리 처음으로 먹어 이만치 와서 각(角)이 처음으로 먹거든.

학인: 각이 먹는다.

학인 1: 거기서부터 이렇게 반대편으로 질러가면서 있어야…

봉우 선생님: 그게 인제 이쪽으로 와야지 이쪽에 저기서 이쪽으로 들어와 이리 들어와서 떨어지는 게 옳지. 근데 그게 이십팔수라는 게 북에 와서 전부 있지.

학인 1: 예. 남쪽에는…

봉우 선생님: 남쪽에는 하나도 없단 말이야.

학인 1: 예, 남쪽 별자리는 다르니까요, 별자리가.

봉우 선생님: 다른 별자리들이지. 이십팔수 말고 다른 별자리만 있지.

학인 1: 그럼 실제로는 이십팔수보다도 다른 별자리들이 우수(?)에 있으니까 다른 별자리들도 다 찍혀야 된다는 얘기네요.

봉우 선생님: 다 찍혀야지.

학인: 근데 이십팔수만 하는 이유는 그거는…

봉우 선생님: 이십팔수 하는 이유가 이 도수 365도 이거 보느라고 이십팔수 찾는 거여. 이거
하고 같이 돌아가는 거여.

---

17) 이십팔수 중 동방7사(舍)의 별이름.
18) 이십팔수 중 북방7사의 별이름.

학인 1: 아! 위도에 365도를 찾느라구요.

봉우 선생님: 그렇지 그걸 찾기 위해서 동경, 서경해서 이거 볼 줄 알아.

학인: 그러면 이것도 있다 이거죠.

봉우 선생님: 이거 돌아가는 거 이것 때문에 하는 거지. 하늘의 도수가…

학인 1: 그러니까 남쪽에서 봤으면 뭐 또 다른 별자리를 가지고 그려나가면…

봉우 선생님: 아, 그건 다를 수가 있지, 남극성이라든가 뭐라든가 남쪽에 있으니까. 별이 남쪽 별도 있지 없는 건 아니거든.

학인 1: 그럼 그거 가지고도 역시 360도 따질 수 있으니까…

봉우 선생님: 알 수가 있지. 그런데 여기서 보는 것은 이 가운데에 이 동경, 서경하는 경도를 이십팔수로 보는 거여.

학인 1: 아, 위도가 아니라 경도군요.

봉우 선생님: 다른 별이 그득하지만, 그득한 거는 그득한 별이고, 이것이 둥글게 이십팔수 365 도를 형성해놓은 것이 그게 이십팔수지.

학인 1: 가능하겠는데요, 그러고 보니까.

봉우 선생님: 그래.

학인 1: 북극성은 무조건 맨 꼭대기에 전부가 북극성이라고 보고, 이 종이의 맨 위는 전부가 북극성이라고 보고, 이걸 365도로 나눠놓고 별자리를 찍어가지고 갖다 붙이면 맞겠는데요.

봉우 선생님: 맞지 뭘.

학인 1: 아, 그렇겠구나.

봉우 선생님: 그게 그렇게 돼야 들어가야지.

학인: 그럼 그때 설초장도 요롷게 하나 만들었어요?

봉우 선생님: 만들었지.

학인: 벌써 그때 이미 이거 만들었었구나. 그러면 저거처럼 안 만들었겠는

데요. 지금 사무실에 갖다 놓은 그것처럼 만들지 않고…

봉우 선생님: 그것처럼 만들지 않고…

학인: 완전히 동그랗게 요렇게…

봉우 선생님: 완전히 동그랗게 해놓고, 속에는 네모 사각, 구까지 만들어 놓고…

학인: 진짜로 만들었구나. 그렇게 네 번 찍어나가고 점 만들고 알에서부터…

학인 1: 근데 그렇게 되면은 이 구형 속에 네 개나 들어가는 거를 다 만들기가, 표현하기가 어려웠겠는데요.

봉우 선생님: 아, 그러니까 하나는 이것이 저…

학인 1: 반구(半球)를 한다든가…

봉우 선생님: 맨들어놓은 것은 이걸 평면으로 해놓고 평면으로 해도 붙이면 동그랗게 맨들어질 수가 있잖아. 그래 놓고 속에 이 육각을 해서 또 평면으로 해놓고 인제 또 가운데 동그래미가 있으니까 동그래미는 동그래미대로 또 해놓고 그래 요런 걸 맨들고 맨들고 해서 해놨지.

학인 1: 그럼 이건 제대로 만들라면 저 반구를 이렇게 잘라가지고 반을 다 비춰보이게 만들고요, 그리고 나머지는 전부 평면으로 만들어놓고 또 한 편으로는 공 큰 거 한 개 그다음 거, 그다음 거, 그다음 거, 그다음 거 갖다놓고, 정육면체 4개 갖다놓고, 그러면 거의 완벽하게 될 수도 있겠네요.

봉우 선생님: 완벽하게 하려면 그게 하나하나씩 제일 먼저 겉 둘레부터 해놓고, 차례로 차례로 해서 쭉 여러 개 진열을 해놓고 이것이…

학인: 유사시에는 그냥 쫙 조합해서…

봉우 선생님: 쫙 조합하면 된다 이거지. 조합이 이 축은 한 축이란 말이여.

학인: 야, 그게 원칙이구나.

봉우 선생님: 축은 한 축이란 말이여 그래야 인제 완전히 맞지.

학인: 야, 설초장 그때 무슨 그거 어떻게 만들었을까요? 이 저기로 종이로 다가 해서 만들었나요? 나무로 깎아서 만들은 거 아녜요?

봉우 선생님: 별걸 다 만들었어. 별걸. 다 하고…

학인: 목수였으니까 원래…

봉우 선생님: 첫 번에 이놈을 갖다 그냥 해놓으면 평평해지지 저렇게 오그라지질 않거든. 그러니까 요걸 요렇게 졸여가지고 여기서 여기서 280리가 여기 들어오면 단 5리도 못 되듯 해야 요놈이 초점이 맞아지지 않아? 첫 번에 그걸 몰라가지고 엉성하게 되더니 자꾸 해가지고 졸여서 초를 갖다대고, 인제 요게 가깝게 되서 요렇게 돼서 요까지 오니까 요 몇 도면 여기 와서는 오므라진다는 게 나오더구만 그러니까. 여기서, 여기선 280리가 한 도(度)지만 이 경(經)이, 인제 경이 말이지 우리 경에만 와도 여기 오면 몇 리밖에 안 된다, 이 위에 올라가면 얼마나 된다, 요게 자꾸 나오더구만. 차차차차 적어지더구만.

그래 그러니까 대목이니까 그거 얼른 알더구만. 줄로 갖다 대고 족 긋고, 족 긋고 해놓으니까 요건 얼마, 요건 얼마, 요건 얼마 바로 나와 그게, 그게 뭣이 금을 치는 고 하니 이걸 280리로 치는 게 아니고, 이 가운데 한 칸을 그때 다섯 치로 쳤나 여섯 치로 쳤나 그랬어. 이렇게 딱 만들어가지고 말이지. 이렇게 만들어가지고 저길 맨들어 줄을 치니까 요게 몇이가 280리니까 저길가면 요게 몇이니까 100리고 요건 50리고 요렇게 나와. 여기 죽 올라가는데…

학인 1: 요거는 수학적으로 계산하면 나오겠는데요.

봉우 선생님: 대번 나와.

학인 1: 여기부터 요거는 얼마 얼마 얼마해서 딱 잘라가지고 똑같은 걸 갖다가 하나, 둘, 셋, 넷, 다섯, 여섯 해가지고, 뭐 열두 조각이면 열두 조각 딱 만들어가지고, 얼마 얼마…

봉우 선생님: 그래 딱 붙여보면 그대로 딱 떨어진단 말이야.

학인 1: 그런데 그렇게 할 것 없이 지구의(地球儀) 좀 엉성한 거 하나 사가지고 하얀 종이 그냥 덧붙여버리면 뭐 딴딴하게 해가지고 거기다가 따다닥 점 찍어놓으면 그만이거든요. 그거 괜히 그렇게 할려고 하면 굉장히 힘들고 시간 많이 걸리니까…

봉우 선생님: 근데 그 사람은 지구의니 뭐니 아니고 순 아무것도 없는데 가지고 그걸 만들고…

학인: 지금 같으면야 이런 거 아무데서나 살 수가 있지만, 원형을…

학인 1: 이건 잘 만들었는데…

봉우 선생님: 그래 저 고걸 인제 저 육각형으로 되서 저렇게 해가지고 나온다면 하나만 이렇게 만들어놓는 거 알면 고 밑에는 나가는 거 나가는 거 바로 알아.

학인 1: 예. 똑같은 거니까…

봉우 선생님: 똑같은 원리니까 인제 우리가 말하는 건 별게 아니고, 요 일번이 여기서 갈려 나갔다는 거 여기부터 있던 놈이 나가는 거다 이거는 본디 통했던 것이 면했던 것이 갈렸다 말이지.

학인 1: 요것도 요기서 요렇게 똑 떨어져 나온 것 같은 느낌이 드네요. 이것도 그렇다면 이게 지구가 옛날에는 혹시 작았던 게 팽창해가지고 이렇게 볼 수는 없나요?

봉우 선생님: 태평양, 태평양 여기선 달이 빠졌다, 나갔다 그래 월석에…

학인 1: 뮤우 대륙인가 뭐 그건 그것도 태평양에 가라앉은 게 뮤우 대륙 아닌가요? 대서양에 가라앉은 건가?

봉우 선생님: 무엇이가 저 아틀란티스?

학인: 예. 아틀란티스.

봉우 선생님: 여기 어디가 큰 놈이 대륙이 들어갔지, 여기서.

학인 1: 그러면 달 떨어져 나간 거는 따로 떨어져 나간 거고…

봉우 선생님: 그렇지.

학인 1: 주저앉은 건 따로 있구요.

봉우 선생님: 주저앉은 거?

학인 1: 그럼 이스터 제도가 여긴가?

봉우 선생님: 어디?

학인 1: 이스터 섬[19]이라고 해가지고 큰 석상, 무지무지하게 큰 석상들이 이렇게 쫙 있는데 사람의 힘으로 만들기가 어려웠다는…

학인: 아, 귀가 큰 석상.

학인 1: 예.

학인: 그거 여기 있지 유럽…

학인 1: 유럽이요? 그거 태평양에 있는 거 아니에요?

학인: 요 근처에서 어디 봤는데…

학인 1: 태평양 요 근처 어디에 있을 것 같은데, 할아버님 그 이스터 섬이라고 들어보셨습니까?

봉우 선생님: 잘 모르겠어.

학인 1: 이스터 섬이라고요, 거기에 석상이 무지무지 큰 석상이 있는데, 그 원시인들 같은 생활을 하는 원주민들의 능력으로는 도저히 그런 석상을 세우기가 어렵다고들 하거든요. 그래 인제 그게 혹시 그 옛날에 빠져버린 대륙의 한쪽 끄트머리 아니었느냐…

봉우 선생님: 어디가 똑 떨어져 나간지도 알 수 없지.

학인 1: 근데 이렇게 지구의 여러 대륙들을 보면은 분명히 뭉쳐 있다가 많이 떨어져 나온 것 같은 비슷비슷한 모양들이 많은…

---

19) 태평양 남동부의 외딴 섬. 칠레에서 3,700여 킬로미터 떨어진 곳으로 900개에 달하는 '모아이' 거대석상들이 유명하다.

봉우 선생님: 아, 아메리카가 미주호(?) 어디하고 같이 맞붙었던 데가 떨어진 거라고 또 그러잖아 쑥 디밀어보고…

학인 1: 너무 유사하단 말이에요. 이게요 그대로 그냥 갖다가 철퍼덕 하고 붙이면 다 척척 달라붙을 거 같은데…

봉우 선생님: 여기 이거, 여기 이거, 여기 여기 구멍으로 들어간 거 이것이 들어갔다 그거지

학인: 아메리카요?

학인 1: 싹 돌려가지고 이렇게 보면은…

봉우 선생님: 이거 이거 이거 이거 이것이 여기서 빠져나간 것이다 이런 얘기여.

학인 1: 아, 이렇게요.

봉우 선생님: 근데 거기도 뭣이 들어가고 아메리카에서 여기 무슨 소린지 여기… 또 들어갔다고 그러잖아. 아메리카에 저기 들어간 놈은 그게 그렇게 연대가 많지 않기 때문에 밤에, 밤에 가다가 상륙했다가 아침에 보면 그 자리가 물속으로 들어가버렸다고 그런 소리들이 있습니다. 그러니 그 얕게 이놈이 떴다가 들어갔다가 하는 섬이기 때문에…

학인 1: 그러면 오늘 또 한 가지 듣고 가지요.

학인: 아니, 여기 보면은 그거는 언제 여기에 대한 의문을 아직 못 풀었잖아요? 이《천부경》에 대한 거는…

학인 1: 한 번 더 우리들이 토론을 해 보고요, 그 연구를 좀 더 해보고, 우리들이 연구 하나도 안 하고 할아버님한테 여쭤만 보다보면 같은 얘기 또 하고 그러니까 같이 한번 토론을 해보고 그러고…

학인: 요것 좀 한번, 끝내주시죠. 그냥 그날 여기까지 했거든요.《심인경(心印經)》까지 했으니까 오늘도《청천가(靑天歌)》하고《입약경(入藥鏡)》그리고 뒤에 얼마 안 남았어요. …하고《정관경(定觀經)》하고《통고경(洞

古經)》하고 거의 다 끝나요. 여기까지가 끝이에요.《도인독보결(導引獨步訣)》까지 하시는 데까지만…

학인 1: 필요 없다고 생각되시는 거는 뭐 그냥 빼버리시면 좋겠습니다.

학인: 그건 다하셨어요.

봉우 선생님:《심인경》은 했지.《청천가》…

학인 1: 근데 그 시작하기 전에 잠깐 한 가지 여쭤볼게요. 천지인(天地人)의 사상을 우리 고유의 사상이라고 지금 얘기들을 하는데요. 중국에서도 보면은 물론 공자라든가 이런 분들이 다 동이족 계통 사람이다 그 말인데, 백두산족 계통의 사람이다 그 말인데, 중국 사람들이 볼 때는 그렇게 생각 안 할 거란 말이에요. 공자는 중국 사람이다 이제 화인(華人)이다.

봉우 선생님: 안 그래.

학인 1: 안 그렇습니까?

봉우 선생님: 안 그래. 공자는 은(殷)나라 사람이니까 자손이니까 은나라 사람이니까 백두산족이지 않느냐…

학인 1: 그분들도 그럽니까? 중국 사람들도?

봉우 선생님: 그건 아주 그래 그건.

학인 1: 그럼 천지인의 사상은 공자도《주역》〈계사전(繫辭傳)〉에서 분명히 얘기하고 있으니까 우리사상이란 말씀이시죠?

봉우 선생님: 그렇지.

학인 1: 예. 됐습니다. 이《청천가》는…

봉우 선생님: 이건 그냥 보지. 별거 아니에요.

학인 1: 그런가요? 이건 생긴 지가 얼마 안 된 거 같은데요.

봉우 선생님: 그건 뭐 오래 안 된 거고 별거 아니에요. 뒷사람들이 한 얘기야.

학인 1: 그런 것 같습니다. 이게 전부다 운(韻: 한시에서 쓰는 음운) 떨어지는 거 보니까 뭐 상, 왕, 평, 령 아주 정확하게, 운이 정확하게 맞아 들어가는데요.《입약경》은 약리 계통의 경전인가요?

봉우 선생님: 《입약경》이라는 건 입약(入藥)이라는 게 별게 아니고 호흡해가지고 내려가는 거 얘기이고…

학인 1: 어, 그렇습니까?

학인: 《입약경》[20]을 하나 쓸까요?《입약경》은 언제 된 걸로…

봉우 선생님: 예전부터 있던 거지. 입약이라면 무슨 약을 가지고 하는 것이 아니고 호흡해가지고 공부해서 들어가는 건데 **선천기후천기득지자상사취**(先天氣後天氣得之者常似醉) 선천기나 후천기나 얻는 자가 늘 취한 것 같단 말이지.

　일유합월유합(日有合月有合) **궁무기정경갑**(窮戊己定庚申)이라. 일도 합이 있고 달도 합이 있는데, 무기를 구하면 궁하면이 아니고 궁리하면 궁리해서 이치를 잘 알면 경갑을 알 것이다 말이지. 무기(戊己)가 왜 무기니 경갑이니 하는 것이 이 상생하는 거 상극하는 거 그걸 알겠다 그것이지.

학인: 경갑이면 경신이 아닌가요?

봉우 선생님: 경신이여 경신.

학인 1: 경신인 거 같습니다.

학인: 경신이 그러니까 무기는 토(土)니까 오행으로 하면은…

봉우 선생님: 토생금(土生金). 토생금 하는 거다 말이여. 그러니까 무기가 뭣을 토생금 토생금 하는 것이 그래가지고 나온 걸 안다.

학인 1: 무기의… 통 하면은 경신까지도 다 알게 된다고…

봉우 선생님: 다 알 수가 있다 말이지. **기손풍운곤화**(起巽風運坤火) 손풍

---

20) 당나라 말엽 최희범(崔希范)의 저술로 추정됨. 정기신(精氣神)을 삼기(三奇)로 부르고 이에 바탕하여 내단수련의 원리를 전개함.

을 일으켜내야 곤화를 운전할 수가 있다. 손풍이라는 것은 손위풍(巽爲風)21) 그러지 않아?

학인: 64괘에서 손위풍에 해당하는…

봉우 선생님: 팔괘에서 손(巽)을, 손방(巽方: 동남방)에 바람들은 걸 알아야 운곤화하여…

학인: 곤화.

봉우 선생님: 곤화(坤火)를 알 수가 있단 말이지. 운전하기는 그걸 가지고 못한단 그 소리지. **입황방성지보**(入黃房成至寶) 황방에 들어가면 황방이 저 뭐여 단전(丹田)이여 단전. 단전에 들어가서 지보를 이룰 수가 있다. 이게 그러니까 수화기제(水火旣濟)22)시키고 토생금(土生金)해서 그게 금지(金池: 황금 연못) 진액(津液: 생체 내의 수액)이 있어야 되지 진액이 없으면 안 되니까 진액이 있어서 손풍, 손풍으로… 목생화(木生火)… 화가 나와야 황방에서 뭣이가 되는 거니까 지보(至寶: 지극히 진귀한 보배)가…

학인: 지보는 결태가 그 의미가…

봉우 선생님: 결태(結胎)가 된다 그 소리지. **수파건화파한**(水怕乾火怕寒) 수는 건을 금생수(金生水)인데, 건을 무서워하고 화파한이여. 불은 찬 것을 두려워한다. 찬 것은 수 아녀? 수극화(水剋火: 물은 불을 이김)하니까 생극(生剋), 생극을 이걸 봐라 이거지.

차호발불성단(差毫髮不成丹) 조금 호발(털끗 하나)이라도 틀리면 성단(成丹: 단을 이룸)을 못한다. 이게 호흡해서 야중에 연단(鍊丹: 정신수련)을 성사시키는 데 허는 얘기여.

---

21) 《주역》 64괘 중 57번째 괘의 이름. 손괘(巽卦)는 바람이란 뜻으로, 이 바람은 생명을 잉태하는 따뜻한 봄바람을 상징한다.

22) 《주역》 64괘 중 63번째에 해당하는 괘로서 사물과 현상의 완전무결한 상태를 의미함.

연룡승홍호강(鉛龍昇汞虎降: 연룡, 불기운은 올라가고 홍호, 물기운은 내려가니) 호강하고 **구이물물종방**(駈二物勿縱放)하라. 연룡이나 홍호를 말이지 그걸가지고 쫓지 말고 놔놓질 말고 그걸 서로 붙잡아가지고 뭣해라. 기운과 밑의 정기하고 정기를 합동해서 단련을 해야지 기운만 가지고도 안 되고 정기만, 정(精)만 가지고도 안 된다 그 소리여. 용(龍)은 물속에 있는 건데 그건 화(火) 아닌가. 용은 화라고 그러고 호(虎)는 산속에 있고 털이 붙은 놈인데, 그건 수(水)라고 그러거든. 수승화강(水昇火降)이여. 수는 올라가고 화는 내려와야 한다 그거지. 그러니까 수승화강 시켜야 되지 하나라도 화가 승하든지 물이 승하든지 하면 안 된다 그 소리여. 이 저 그렇게 그렇게 그냥 해놨지.

　　산재공종재건(産在坤種在乾) 낳는 것은 곤(坤: 땅)에서 낳고 씨는 건(乾: 하늘)에다 심어라 말이여. 그리고 이 저 말하자면 남자가 씨 심는 거고 여자가 낳는다고 하는 소리나 마찬가지여. **단지성결자연**(但至誠結自然)이라 지성껏 하면 결태가 돼가지고 자연히 결태가 된단 말이지. 그 뭣인고 하니 **도천지탈조화**(盜天地奪造化) 천지의 음양의 기운을 도둑질 해가지고 천지의 조화(造化)를 뺐는 거야, 그게.

학인: 《음부경(陰符經)》 사상 그대로…

봉우 선생님: 그렇지.

학인: 훔친다는 표현을…

봉우 선생님: **찬오행회팔괘**(攢五行會八卦)라. 오행, 팔괘를 전부 모아놓고 하는 식이다 그 말이지. 근데 오행, 팔괘가 되는 것도 아니지. 숨을 들이마시고 내쉬고 하는 것이 그 안에 다 있다 그 말이지.

　　수진수화진화(水眞水火火眞火). 물이 참물이요 불이 참불.

　　수화교(水火交)하고 **영불로**(永不老)라. 참물, 참불이 수화가 교제(交濟)를 하면 영생하고 늙지를 않는단 말이지.

수능류화능염(水能流火能焰). 물은 능히 흐르고 불은 능히 염, 타 올라갈 수가 있어.

재신중자가험(在身中自可驗)이라. 물이 수승화강해야 할 텐데 물이 올라가고 불이 내려와. 화가 올라가고 물이 흐르는 게 공식인데, 수라는 놈이 위로 오르고, 뭣이야 저 타는 것이 불을 제대로 타고, 능히 타고 물은 능히 흘러야 재신중, 신중(身中: 몸속)에 가히 경험할 수가 있단 말이지. 속에서 기 이 정기정하고 기가 오르고 내리고 하는 것을 바로 해라. 숨을 들여마셔가지고 쭉 내리고 밑에서 하는 것은 밑에 정기 진액을 위로 올려가지고 설(舌) 아래에, 이 혀 밑에서 진액이 나온다고 그러지 않아? 수기가 눌러야 할 텐데 수기를 누르고 화기를 밑으로 내려 빼라 이거지. 그러니까 호흡하는 게여 호흡.

시성명비신기(是性命非神氣)야. 이게 성명이여. 이렇게 하는 것이 성명, 사람, 산 사람이 성명이여. 비신기여. 귀신의 기운이 아니다 말이여.

수향영지일미(水鄕永只一味)라. 물을 향(鄕)해서 영(永), 단련하는 것이 한가지여 별게 아니고.

학인: 수향이라는 거는 물의 고향이라는 물, 영지 어떤 다른 뜻은…

학인 1: 몸에서 수에 해당하는 부분은…

봉우 선생님: 정기.

학인 1: 정기예요?

봉우 선생님: 정기, 정(精). 정.

학인: 그걸 수향이라고…

봉우 선생님: 그 수향이여. 그게 물이지 뭐여. 수(水)하는 것은 기(氣)고 기혈(氣血)하는 소리여 말하자면. **탁황파매차녀**(托黃婆媒姹女: 황파에 의탁하여 예쁜 계집아이를 중매함) 이건 결태시키는 데 하는 얘기여.

경경지묵묵거(輕輕地黙黙擧)라. 일일내십이시(一日內十二時: 하루 열두 때)에 의소도개가위(意所到皆可爲)라. 내 하고 싶은 데로 다 돌릴 수가 있다 말이지.

음도규규천교(飮刀圭窺天巧) 변삭망지혼효(辨朔望知昏曉)라. 도규(刀圭)는 약 아니여? 약을 해서 먹고 천교(天巧: 하늘의 기교)를 예서 봐. 어떻게 잘되나 못 되나를 보는 거지. 변삭망(辨朔望) 초하루냐 보름이냐 이걸 이걸 어떻게… 되는지 똑똑히 봐라.

식부침명주객(識浮沈明主客: 부침을 알고 주객을 밝힘)하여, 요취회(要聚會) 모아서, 기운을 죽 모아서 모으고 막간격(莫間隔)하라. 어디다 모으고 떼고 붙이고 하지 마라 말이지. 간격을 두지 말란 말이여.

채약시조화공(採藥時調火功) 약을 인제 챌 캐 자니까 챌 때에는 조화공이여. 화공(火功)을 바짝 힘을 들여야 한단 말이지.

수기길(受氣吉)을 방성흉(防成凶)이라. 기운 받는 걸 길하게 하며 흉한 것이 나오는 걸 막아 내야 한단 말이지.

화후족(火候足)해야 막상단(莫傷丹)하고 화후가 족해서 단(丹)을 상하지 말고, 천지영조화간(天地靈造化慳)이라. 천지의 영험이 조화가 딴딴하게 될 거다.

초결태간본명(初結胎看本命) 처음으로 결태해서 자기 본명(本命: 타고난 운명)을 봐. 종탈태(終脫胎) 마지막에는 탈태를 시켜가지고 간사정(看四正: 사정을 봄)[23]하라. 밀밀행구구응(密密行句九應: 치밀하게 행하면 구구절절 응하리)하리라. 그렇게 얘기한 건데 전부 태식(胎息)의 얘기여. 태식의 얘긴데…

학인: 태식을 상징적으로다 풀어놓은 거…

봉우 선생님: 상징적으로 얘기를 하지 않고, 비유를 대고 이걸… 한 건데 이

---

23) 사정(四正)이란 자(子), 오(午), 묘(卯), 유(酉)의 네 방위를 말함.

렇게 얘기를 해서는 무슨 소린지 하나도 나오지 않아.

학인 1: 그러니까 혹시 몸의 오행에 해당되는 부분들이…

봉우 선생님: 오…

학인 1: 오장(五臟)이요.

봉우 선생님: 오장이…

학인: 선생님, 이것도 그러면《태식경(胎息經)》과 마찬가지로 어려워서…

봉우 선생님: 어려워, 이것도.

학인: 어렵겠는데요. 내가 태식해서 결태하는 과정이니까 호흡이 3~4분 이상은 가야죠.

봉우 선생님: 어려워도 그거 보긴 봐야 하는데 이걸 가지고 내놔서는 대답 하기도 힘들고 이해하기가 어려워.

학인: 이건 싣지 말아야겠네요. 그냥 보는 거라고 알기만 하고…

봉우 선생님: 보는 걸로만 해두고…

학인: 그 다음에《괘금색(掛金索)》은 어떨까요?

봉우 선생님:《괘금색》그와 똑같어.

학인: 한번 그냥 개요만 읽어주세요.

학인 1:《정관경》이 오히려 나는 마음에 들 거 같은데요.

학인: 기록에다 남기게…

봉우 선생님: 공부하는 이거 주자 5경까지…

학인: 이것도 옛날에 있던 건가요?

봉우 선생님: 있던 거여. 이것도 허는데 이거도 법이 일경에 단좌하수조원 기 일경단좌하수조원기(一更端坐下手調元氣: 일경, 저녁 7시에서 9시 에 단정히 앉아 원기를 고르게 호흡함) 손을 내리고 원기를, 숨을 이제 요새 말로 호흡을 해라 말이지. 조식을 해란 말이여.

혼돈무언절염(混沌無言絶念: 혼돈 속에서 말 없이 잡념을 끊음) 혼돈해서 말이, 아무 소리도 말고 무타념(無他念) 무타상(無他想)해라 그거여.

존진의호흡면면(存眞意呼吸綿綿) 잡념이 아닌 정신수련하는 참뜻을 지니고 면면 호흡해서 면면하게 해라 말이지.

배합거중위(配合居中位) 그리고 인제 발전사아서미장천지(撥轉些兒黍米藏天地)라. 차차 해나가면 기장쌀 하나를 가지고 천지에다 딱 감춰 놓은 것같이 그렇게 힘든다 그 소리여.

이경청정심요상허수(二更清靜心要常虛守: 이경이라 밤 9시에서 11시에 맑고 고요한 마음의 요체는 늘 텅빔을 지키고)하여 묵묵회광조현무중유(默默回光照見無中有: 잠잠히 정신의 빛을 돌이켜 없음 가운데 있음을 비추어 보나니), 간퇴사마진지금사후(趕退邪魔振地金獅吼: 삿된 마귀를 쫓아내고 땅을 진동시키는 금사자의 울부짖음)하여 경각공성편여천제수(頃刻功成便與天齊壽: 경각에 공을 이루니 곧 하늘과 더불어 수를 누리네)라. 거 뭐 힘들지 그저, 이거 하느라고 도통하게 되면 신선 다 됐다는 얘기인데…

학인: 경각공성 이거는 저기…

봉우 선생님: 경각공성편여천제수여.

학인: 곧 그게 천제수 더불어서 천제수.

봉우 선생님: 삼경계규동지양초동(三更鷄叫冬至陽初動), 취감전리(取坎填離) 이게 수화(水火)지 취감전리가…

학인 1: 전(塡)이 아닙니까? 전, 메울 전 자 취감전리니.

학인: 감을 취하고…

학인 1: 이(離)를 메우고, 이에 메우고 감(坎)을 취하여…

봉우 선생님: 이를 막아라 말이지.

학인 1: 메울 이 자, 이를 막는다.

봉우 선생님: 직향이환송(直向泥丸送) 화운주천노내연투홍(火運周天爐內鉛投汞) 구전단성백설비선동(九轉丹成白雪飛仙洞)이니라. 이거 한참 신선 다 됐을 때의 얘기여 이거. 사경.

학인 1: 이거 일경서부터 오경까지의 하루, 하루 밤새도록 하면서 어떤 겪는 게 되는 건가요? 이게?

봉우 선생님: 밤새도록 하는 게 아니고 일경서 오경까지라는 건 밤새도록이 아니고…

학인: 계제죠?

봉우 선생님: 한 가지 한 가지 차례 얘긴데…

학인 1: 단계요?

봉우 선생님: 차례 얘긴데, 지금 여기 삼경만 해도 신선 거진 다 된 거 얘기여. 사경안락만사 도무상(四更安樂萬事都無想) 수만화지 화지까지이…

학인: 화지 생략할 때…

봉우 선생님: 수만화지요관영초장(水滿華池靈招長) 영초, 영(靈)을 불러 길게 한다.

학인 1: 장정 그렇게 되는 거 아닙니까?

봉우 선생님: 아녀, 장이여. 영초장(靈招長). 정리건곤선악빈빈향(靜裡乾坤仙樂頻頻響) 도사충허(道使沖虛)면 명괘황금방(名掛黃金榜)이라.

학인: 이게 이름이 붙는다는 의미예요? 황금방이?

봉우 선생님: 이름이 붙어서 황금방이라든지 아무개가 이름을 쓴다는 말이지. 황금방 이름을 써서 성명록(姓名錄)에 들어가면 한참 해가서 호흡이 한 20분이나 30분…

학인: 20, 30분! 20분, 30분 올라가는 분들이나 이렇게 황금방이 빛나요?

봉우 선생님: 그 전에 가는 사람도 있기야 있겠지. 오경월락점각동방효(五

更月落漸覺東方曉)

학인 1: 그래 봤자 ○○○이죠.

봉우 선생님: 오경은 달이 떨어지고 점점 동쪽, 동방이 새벽이 돼. **곡리진인**(谷裡眞人)이 **이현분명요**(已見分明了) 그게 진인이, 신선되는 게 눈에 환히 뷘단 말이여. **옥호난○금정룡**(玉戶鸞○金頂龍) 금정에 용이 **반요**(蟠繞)하고 **타파허공만도금광교**(打破虛空萬道金光皎)라. 봐도 그때는 부처님보다 더 환하게 만도금광이 다 비치게 되는 거 신선 됐다는데도 보통 신선이 아니란 소리지. 그건 그렇게 수월하게만 되지 이런 건 그런 게 있다는 걸로만 해두지.

학인: 상당히 경지가 높은 거네요. 어떻게 본다면은…

봉우 선생님: 아, 다 된 거지 뭘. 다 된 거야, 이러면.

학인: 그러면 《정관경(定觀經)》은 어떨까요?

봉우 선생님: 《정관경》은 괜찮지.

학인 1: 이거는 이름부터 제목부터가 좀 괜찮을 거 같은데요

학인: 이것도 옛날에 있었나요? 《정관경》도?

봉우 선생님: 《정관경》도 옛날에 있던 거야

학인: 어디 《도장(道藏)》에 있었나요?

봉우 선생님: 응, **천존고좌현진인왈**(天尊告左玄眞人曰), **부욕수도선능사사외사도절**(夫欲隊道先能捨事外事都絶)이여. 천존이 좌현진인에게 가 말씀을 해 가로대, 부욕수도댄 무릇 도를 닦고자 할진댄 선능차사 제일 먼저 일을 버려야 하는데 바깥 일을 모두 끊고…

　무여저심연후(無與忤心然後) 마음에 꺼리낌이 없도록 한 연후에, 안자내관(安坐內觀) 편안히 앉아서 내관해. **심기약각일념기**(心起若覺一念起) 한 마음이 일어나면, **수제멸**(須除減) 모름지기 없애버림.

학인 1: 여기에 점 찍혀 있잖아요? 여기에요.

봉우 선생님: 아니야, 거기에 찍힌 것이 그대로 찍히면 잘 안 돼.

학인 1: 잘 안 됩니까?

봉우 선생님: 응.

학인 1: 연후안좌하여 내관심기 마음에 일어나는 거를 안으로 이렇게 관찰을 하면, 약각일념 그 래보면 약각일념 만약에 한 생각 일어난 거를 느끼게 되면, 그렇게 해가지고 보면 말이 괜찮을 거 같은데요. 점찍은 데로도요

봉우 선생님: **기수제멸**(起須除滅) 일어나는 걸 모름지기 제멸시켜, **무령안정**(務令安靜) 안정하도록 해라.

기차(其次: 그다음)는 **수비적유탐착**(雖非的有貪著)이라도 **부유난상**(浮游亂想)은 **역진멸제**(亦盡滅除)해. **주야근행수유불체**(晝夜勤行須臾不替)해. **유멸동심**(唯滅動心) 동심하는 걸 오직 멸해야 한다.

불멸조심(不滅照心), **단응공심**(但凝空心), **불응주심**(不凝住心), **불의일법이심상주**(不依一法而心常住)라. **연즉범심**(然則凡心)이 **조경**(躁競: 다툼)하리라.

기차(其次)는 초학(初學)이 **식심심난**(息心甚難), **혹식불득**(或息不得), **잠정환실**(暫停還失), **가거류교전**(可去留交戰), **백체유행**(百體流行), **구구정사**(久久精思), **방내조숙**(方乃調熟), **물이잠수**(勿以暫收), **불득수폐천생지업정심**(不得遂廢千生之業定心), **소득정기**(少得靜己), 즉 **어행좌**(則於行坐), **입와지시**(立臥之時)에 고걸 위아래로 썼구만.

섭사지처(涉事之處), **훤뇨지소**(誼鬧之所), **개작의안**(皆作意安) 뜻이 편안해야 그런 떠도는 자리에 가서 앉았더라도 뜻이 편안해.

유사무사(有事無事), **상약무심**(常若無心)이여. 일이 있건 없건 항상 무심히 앉아 있어.

처정처훤(處靜處喧), **기지**(其志)가 유일(唯一)이여. 고요한 데 있거나

복잡한 데 있거나 그 뜻은 여전히 한결같아.

약속(若束), 심태급우즉성병(心太急又則成病), 기발광전(氣發狂顚), 시기후야(是其候也). 미친 척한, 미치게 되기도 한단 말이지.

심약부동(心若不動)이면 필수방임관급득소(必須放任寬急得所), 자항조적(自恒調適), 제이불착(制而不着), 방이부동(放而不動), 처훤(處喧)에 무악(無惡), 섭사(涉事)에 무뇌자(無惱者) 차시진정(此是眞定) 처음 해도 떠드는데 가도 괜찮고 일에 좀 해 나가더라도 그거에 내가 결심이 되지 않고 이것이 진정(眞定)이여. 진정 고요한 것, 정(定)한 것이지 그렇지 않으면 안 된단 그 말이지.

불이섭사무뇌고(不以涉事無惱故)로 구다사(求多事)하고, 섭사무뇌하다고 일을 해도 머리가 번뇌가 없다고 해서 너무 이런 일 저런 일 자꾸 구하지 말고 말야.

불이처무악(不以處無惡)으로 강내취훤(强來就喧)하고 나 아무데 나가도 괜찮다 하는 생각으로 억지로 저 시장바닥이나 무슨 뭐 떠드는 데 가지 말고 말야.

이무사(以無事)로 위기택(爲己宅) 일이 없는 걸로 내 집을 만들고, 유사(有事)로 위응적(爲應跡) 일이 있는 걸로 응적, 벽에 있는 자취를 응해라.

약수경지위감즉(若水鏡之爲鑑則) 수물이현형(隨物而現形), 약교방편(若巧方便) 유능입정(唯能入定), 혜발지속즉(慧發遲速則) 불유인(不由人), 물영정중급(勿令定中急) 급구혜급즉상성(急求慧急則傷性) 무엇을 볼라고 하는 것이 급한즉 성품을 상하고,

상즉무혜(傷則無慧)여. 혜(慧)가 안 돼. 약정불구혜이혜자생(若定不求慧而慧自生) 약정하면 불구혜이, 만약 안정이 돼가지고 있으면 불구혜이 혜를 구하지 않아도 혜가 자생하니,

차명진혜(此名眞慧) 이것이 진혜요 억지로 구하지 말란 말이여.

혜이불용실지약우(慧而不用實智若愚) 실지(實智)하고 지혜로워도 쓰지 않으면 그 실한 지혜가 어리석은 것처럼 모른 것같이 하고 있단 말이지.

익자정혜쌍미무극(益資定慧雙美無極)이여. 익자해서 정혜하면 정과 혜가 쌍미무극이여. 두 가지가 다 아름다워서 극함이 없다.

약정중념상다감(若定中念想多感) 만약 공부하는 중에 생각이 많으면, 중사(衆邪) 요정(妖精)이, 백매(百魅)가 수심응견(隨心應見)이여. 소견천존(所見天尊) 제선진인시기상야(諸仙眞人是其相也)라. 별 것이 다 나와서 천존이니 진인이니 뭣이니 하고 나온다는, 가짜 뒤집어쓰고,

유합정심(唯合定心) 심상활연무복(心上豁然無覆) 정심지하(定心之下) 광연무기(曠然無基) 구업일소(舊業日消) 신업불조(新業不造) 무소괘애(無所罣碍) 병탈진롱(迸脫塵籠) 행이구지(行而久之) 자연득도(自然得道).

부득도지인(夫得道之人) 범유칠후(凡有七候)라.

일자(一者) 득정이각제진루(得定易覺諸塵漏)요,

이자(二者) 숙질보소(宿疾普銷)에 신심(身心)이 경상(輕爽)이요,

삼자(三者) 전보요손연년복명(塡補夭損延年復命)이요,

사자(四者) 연수천세(延數千歲)에 명왈선인(名曰仙人)이라.

오자(五者) 연형위기(鍊形爲氣)에 명왈진인(名曰眞人)이요,

육자(六者) 연기성신(鍊氣成神)에 명왈신인(名曰神人)이요,

칠자(七者) 연신합도(鍊神合道)에 명왈지인(名曰至人)이라.

기어감력수후익명득지도성혜(其於鑒力隨候益明得至道成慧) 내원비(乃圓備) 약내구학(若乃久學) 정심(定心) 신무일후(身無一候) 촉령예

질(促矜穢質) 색사방공(色謝方空) 자운혜각(自云慧覺) 우칭(又稱) 성
도자(成道者) 구도지리(求道之理) 실소미연(實所未然) 이설송왈(而說
訟曰),

　지기생어경(智起生於境) 화발생어연(火發生於緣) 각시진동성(各是
眞動性) 승류실도원(承流失道源) 기심욕식지(起心欲息知) 심기지경번
(心起知更煩) 요지성본공(了知性本空) 지즉중묘문(知則衆妙門)이라.

　이 이거 뭐 지저분하게 오래 끌었나?

학인 1: 나중엔 좀 붙인 거 같은데요. 이 어떤 것들은 가필한 흔적도 있는
것 같은데요. 오래된 그렇게 오래 안 된 거 같은데요. 오래 되었다 하더라
도 당대나 아니면 송나라, 당송(唐宋) 이후로…

봉우 선생님: 당나라 적에 신선이 제일 많았으니까…

학인: 그럼 당나라 적부터 내려온다고 봐야 돼요?

봉우 선생님: 응.

학인: 그 오래됐네요. 당나라 때만 해도…

학인 1: 아, 난 지금 오래 됐다는 기준은 당(唐)이나 이런 기준이 아니고
한(漢)나라보다도 더 오래된 걸 얘기하는 거죠. 그런데 그 신인(神人)이
라고 선인(仙人) 위에 진인, 진인 위에 신인이라고 나오고 있는데, 이걸
갖다가 저《한단고기》나 이런데 보면 신인황검이 뭐 어쩌고 나오잖아요.
그것도 신인 같은 걸로 봐야 될까요?

봉우 선생님: 응.

학인 1: 물론《한단고기》자체가 좀…

봉우 선생님:《한단고기》라는 게 본책이 못 된다고들 하니까…

학인 1: 글쎄요. 그런데 거기서 지칭하는 식의 신인, 신인 하는 것도 여기
에서 말하는 신인 정도에 해당한다고 볼까요?

학인: 그건 뭐 할아버지는 별거 아니게 생각하시던데요? … 별거 아닌가요?

봉우 선생님: 이건…

학인 1: 읽기는 좋겠어요, 그냥.

봉우 선생님: 보긴 좋아.

학인: 초보자들 한테는 그냥 그런 소리인데요.

학인 1: 재미로 읽기는 좋겠는데요.

봉우 선생님: 재미로 읽지 이걸 가지고 공부하는 데는 봐야 잘 몰라.

학인: 하수집안이 없어요? 근데 여기 있는 책들이 다 그래요. 그냥 단학에 참고권으로…

봉우 선생님: 참고권이지.

학인: 공부하는데 참고권이지, 필수는 아니고.

봉우 선생님: 필수는, 필수는 거기서 《음부경(陰符經)》 같은 거…

학인: 여태까지 한 것 중에서 《음부경》 하고요 음부경이, 《옥황심인경(玉皇心印經)》 같은 건 어때요?

봉우 선생님: 그렇지 그거 그런 것이 거기 직접하는 거지.

학인: 그 《음부경》이 제일 중요하네요. 《청정경(淸靜經)》 이런 거하고…

봉우 선생님: 《청정경》 하고…

학인: 앞대가리에 있는 것들이 중요한 거예요? 그럼?

봉우 선생님: 그렇지.

학인: 뒤에 갈수록 그럼 《정관경》은 그냥…

봉우 선생님: 뒤부텀 뒤에서 얘기한 거지.

학인 1: 이 뒤에 글씨 써 있는 부분은 아주 글씨가 멋있는데요.

학인: 《통고경(洞古經)》은 어때요. 그러면 《통고경》은 그 뒤에 나오는 《통고경》 바로 뒤에

봉우 선생님: 《통고경》 그건 누가 그냥 해놓은 거여.

학인: 《통고경》은요? 원래 그러면 후세…

학인 1: 《도인독보결(導引獨步訣)》 이런 것도 역시 나중에 해놓은 것으로 봐야 하나요?

봉우 선생님: 그렇지.

학인 1: 도인독보면 이건 어떻게 건강에 관계된 거 아닌가?

학인: 《통고경》은 별로 내려오는 게 아닌가 보죠?

봉우 선생님: 그래.

학인: 옛날부터 내려오는 게 아닌가? 《도인독보결》은 어떨까요? 이게 마지막인데…

학인 1: 할아버지 건상곤화로 되어 있는 게 복희(伏羲) 팔괘입니까?

봉우 선생님: 그렇지

학인 1: 문왕(文王)팔괘는 그걸 변화시킨 거구요. 계사(繫辭)를 문왕이 지었다고 봐야 하나요?

봉우 선생님: 계사? 계사 문왕이 지은 거지.

학인 1: 계사전은 이제 공자가 지은 거고…

봉우 선생님: 계사전은 공자가 지은 거고…

학인 1: 계사는 문왕이 지은 거고요.

학인: 《도인독보결》은 필요 없어요?

봉우 선생님: 그건 필요 없어.

학인 1: 혼자서 슬슬 옥편 찾아가며…

학인: 추상적인 얘기인가요? 그럼?

학인 1: 아닌 거 같은데요. 구체적인 거 같은데요.

봉우 선생님: 그것 가지고 공부하는 거야. 그것가지고 다 해놓은 건 아니니까…

학인 1: 이건 완전히 … 그럼 다 끝나셨네요, 이 과정.

봉우 선생님: 이 과정 밑에건《금강경》은 필요 없고…

학인 1: 《금강경》여기는 뭐, 그 저기 《안반수의경(安般守意經)》이라는 거 있죠. 불경에서요.《안반수의경》그거는 읽어보면은 기초적인 어떤 공부는 가능한 거 됩니까?

봉우 선생님: 불경에서 팔만대장경을 다 해놓고도 경은 하지 말라고 그러지 않았어? 경은 보지 말고, 생각으로 뭐하고 무엇으로 뭐하지 말고 그저…

학인: 참선.

봉우 선생님: 참선해서…

학인 1: 심법으로…

봉우 선생님: 심법으로 공부해라 그것이지.

학인: 효봉 스님도 제일 경계한 게 문자공부 하지 말라 그랬어요.

봉우 선생님: 이게 화두야 화두야 하고 그것가지고 거기다 책해 되면(집착하면) 안 된다고 그랬어.

학인 1: 공산 스님인가? 그 제자 스님 한 분이 전에 얘기를 잠깐 한 적이 있었는데 가르치는 게 좌우간… 하나만 가르쳐주면 하나도 안 가르쳐 주더래요. 다른 거 일체 보지 말라고 그러고 뭐 《반야심경》을 하라고 했던 가 그 외에는 간단한 거 하나 안 하고 참선만 시키시더래요. 공부하는 사람이 어디 또 그렇게 되나요? 다른 공부도 하고 싶어서 그냥 안달을 하지.

봉우 선생님: 여럿을 할라고 하니까 안 돼.

학인 1: 호흡은 그냥 호흡만…

봉우 선생님: 선방에도 가서 10년 머슴살이 살았다고 그러지 않아? 10년? 저 도인 있는데, 도인은 10년 머슴 살아야 아무것도 안 가르켜. 그러니 갑갑해 죽겠는데 가만히 보면 참도록 참도록 가다가 가지 못할 만치만 뭘

조금 구경 시키는데 10년 만에 가서 뭐 한 가지 얻어 줘서 한 가지 얻어 가지고 나왔다고 그러더만. 근데 이게 저 뭐시가 있어 도도(盜道)들 도를 도적하러 다니는 사람들 그 죽겠다고 이 선생, 저 선생 저 선생해서 쫓아 다니고서 이 사람들이 무슨 짓을 하는고 하니 너를 처음으로 제자로 알았다고 하고서 아주 다 가르쳐준 것처럼 하거든. 그래 속히 속히 해서 딴 사람들 모르는 것처럼 해서 딱 해놓으면 내놔버린단 말이여 그러면 나가서 이제 멍텅구리가 돼.

학인 1: 쓸데가 하나도 없어요?

봉우 선생님: 쓸데가 하나도 없지. 그 뭐 조그만한 거 몇 가지 얻고… 내 11 대조(代祖)[24]가 30년 독상(獨相)[25]을 하시는, 이 11대조가 30년 독상을 했는데, 우의정, 영의정, 좌의정해서 30년이여. 띄지를 않고 30년 계속하셨단 말이여. 그렇게 하시는 이인데, 그 아드님[26]이 초시(初試: 과거의 첫 시험)도 못했어. 초시도 못하고. 왜 초시를 안 시키셨는고 하니 벼슬이 높으면 임진난에 참여를 못해. 실전에 참여를 못하게 된단 말이여. 그래 늦게 46세 된 뒤에 문관을 하셨거든. 46세 된 뒤에…

학인: 예. 그러셨다고 하셨지요.

봉우 선생님: 그래 늦게 됐는데 돌아가시면서 자신이 약간 ○○을 압니다 그 소리를 하고 가셨어. 그러니까 이제 벼슬이 얕을 거 아니여. 40, 46세에 처음으로 과거를 했으니까 벼슬이 얕아서 선조대왕이 권정승이 당신 막내아들을 정사를 잘 안다니까 의주병(의주목사)을 시켜라 해서 의주병을 하게 됐단 말이여. 근데 야중에 임진난이 나니까 아무도 추천하는 이가 없었어.

---

24) 권철(權轍: 1503~1578). 조선 중기의 문신으로 많은 이의 칭송을 받은 명재상.

25) 혼자서 영의정, 좌의정, 우의정 일을 맡아 함.

26) 권율(權慄: 1537~1599) 장군.

학인 1: 다 잊어먹어버리고요.

봉우 선생님: 다 잊어버리고 추천하는 이가 없는데 누구더러 서애(西涯: 유성룡)더러 물으셨어. 권 정승이 아들 권율이가 지금 어디 있냐. 그 사람 정보 꽤나 하는 사람이니까 그래 광주목사(光州牧使)를 시키셨어. 그래 거가서 의병을 처음으로 끌어냈단 말이여. 그러도록 벼슬을 지키면, 벼슬이 높으면 못하거든. 자기가 참여를 못해.

학인 1: , 직접 참전은 못하고…

봉우 선생님: 그렇지 직접 참가를 못하게 되지. 그런데 참가를 시키기 위해서 일부러 아들을 대과(大科: 과거시험)를 늦게 보라고 하고, 실전에 가서 싸움하도록 하고 돌아가시기 전에 대충 다 알으켜주신 모양이야. 아, 그런데 그 어른이 수에 인제 익으시니까 수에 다 놓으셔서 육전사(?) 다 놓고 여러 가지를 다 하셨거든. 검술도 배우고 근데 그때 서애가, 서애가 까기(낮춰 말하기)를 40이 돼서 과거를 해서 뭘 모르니까 늦게 과거한 거 아니냐 그래. 그 유서방네들 만나면 내가 그래. 느이 조상이 눈이 멀어서 그런 거다. 자꾸 내가 그런 소리를 하거든. 너희 조상이 눈이 멀어서 그런 거지 눈이 멀었으니까 유… 도인인줄 몰랐으니까 자기 위의 도인인줄 몰랐어.

학인 1: 근데 이미 그때만 하더라도 이제 유가(儒家) 쪽이 성리학 쪽이 원체 득세를 해버리니까 더 그런 게 심했던 게 아닌가요?

봉우 선생님: 아, 토정도…

학인: 뭐하는 분이죠?

봉우 선생님: 서울 와서 구경했지. 구경했는데 재상들이 자기들끼리 죽 앉아서 사랑에서 얘기하다 강홍로만 들어서면 찔끔하고서 말들을 조심해. 한마디만 사설 얘기만 나오면 예전 성인의 글 죽 외우고 예전 공자님이든지 누구든지 …하고 아, 이게 지금 대감으로 계시고 여러 재상님들이 계시면 재상은 나라를 위하고 백성을 위하는 얘기니까 당연히 거기서 그걸 얘기하셔야지 딴 사담을 해서는 그게 될 일입니까? 허는데 뭐라고 할 꺼여 …

이 재상들이 담론을 하면 끌었지 끌어서 잘 당겨, 사방 당기면서 그러다가 좀 못하면 잘못하면 잘못하는 눈치를 보면 뭐 벼락 치듯이 그냥 죽여대니까 경우로 따져가지고 공자님이나 순임금 요임금, 요조(堯祖), 순조(舜祖)는 이렇고 저렇고 한 걸 이렇게 대고 대감 그건 어떻게 생각하십니까? 예전 그 … 어떻게 생각합니까, 그 양반은 성자(聖者)라도 이렇게 이렇게 하셨습니다, 나라를 위하고 백성을 위해서 좀 잘하십시오, 그러고 다녔어.

학인: 벼슬 같은 거 일체 안 하시구요?

---

27) 녹취: 박승순, 교정·주석: 정재승·이기욱(음성 파일 없음)

봉우 선생님: 벼슬? 감투는 썼어. 남들이 의관(議官), 중추원(中樞院)28) 의관이라고 시켜놨는데 중추원에 가서 한 번도 들어가지 않았어. 강의관, 강의관 하는데 감투는 쓴 감투여. 그런데 감투 안 쓰고 맨 상투로 다녀.

학인: 그 강씨가 옛날에 강희안이니 하던 강씨와 강씨인가요, 내내?

봉우 선생님: 몰라.

학인: 원래 그 보학(譜學: 족보학)에서 따질 때 강씨도 들어가나요? 보학에서 왜 할아버님 어렸을 때 보면 누구 집안은 뭐 이렇게 해서 양반들은 다 외우잖아요.

봉우 선생님: 들어가지.

학인: 근데 그중에 강씨들도 있나요?

봉우 선생님: 강씨는… 그 강씨는 강홍로 강씨는 이… 때 강가여… 강씨는 양반들이 많이 있지.

학인: 쓰는 건 똑같죠. 내내 강자는 똑같은 강씨.

봉우 선생님: 아니, …가 있거든 강릉이란 강 자.

학인: 아, 그 강씨가 또 있어요?

봉우 선생님: 있지. 함경도로 저편짝으로 저 평안도로 강가가 많지.

학인: 아, 강씨가 있구나.

봉우 선생님: 거기는 숫자가 꽤 많아, 그 강가가.

학인: 평안도 함경도 이북으로요. 거기도 양반인가요?

봉우 선생님: 거기서는 양반 노릇하지.

학인: 그러니까 지역에서만…

봉우 선생님: 강조시집이니 뭐니 그런 소리들을 하지.

학인: 이제마 선생도 그쪽 출신이지요? 함경도 출신 아닌가요?

---

28) 조선 고종 때의 내각 자문기관.

봉우 선생님: 함경도.

학인: 그럼 두 분 다 그쪽 사람들이네요. 이북.

봉우 선생님: 함경도 유씨야. 함경도 사업을 해. 파는 누군지 내가 몰라. 유씨하고 강홍로 이제마 그렇게는 아주 거진 비슷한데 유씨가 좀 낫다고 그러지. 유씨는 서울을 한 번도 안 왔어.

학인: 아, 이분들이 단학으로다가 이렇게 수양이 높은 사람들이었군요.

봉우 선생님: …올라와서 양반으로다 정치인으로 나왔던 사람은 정치이론으로는 누구도 그 하고 맞서질 못했어.

(이하 생략)

봉우 선생님: 이건 저 비닐 얇은 거 고무로 맨든 게 있지 왜 그놈 하얀 놈 씌워야 돼.

학인 1: 요거는 지금 안 씌워도 괜찮겠는데요. 불어놓고 보니까…

봉우 선생님: 그런데 저거 천이 넓고 좁거든. 요것이 정상으로 이렇게 해서 그냥 족 나가야 할 텐데, 이것이 원이니까 이 조금 넓은 데가 있고 좁은 데가 있고, 그런데 이것이 어떻게 되는고 하니 여 가운데 여기다 금을 그어야 되지. 그러니까 요렇게 됐는데 이게 360도 아녀? 360도인데 같은 도수는 360도라도 이것이 위(緯)여 위, 경(經) 아니고 360도래도 요기서 한 도(度)하고 요기서 한 도하곤 족 올라가면 차가 나요. 이거는 10만 8,000이고 280, 한 도가 280리고 그 지금 조선 지수로 280리고 여기 와서는 10리도 못 되거든. 여기 와서는 살짝 돌아오면 그러니까 이것이 원식(原式)은 이렇게 해야 옳아.

학인 1: 아, 본식은 요…

봉우 선생남: 이게 280리 한 도(度)고 열 도면 2,800리가 되는 거지. 여기 와서 열 도라는 건 100리도 못 되거든.

학인 1: 그렇지요. 마지막 점에 와서는 아예 없죠.

봉우 선생님: 없지 뭐. 아주 그러니까 요기 극권(極圈)[29]에 까지 오는데 와서 10리도 못 돼. 그러니까 이거 본식은 옳아. 첫 번 식으로는 그렇게 해야 옳지. 이것이 그래 인제 두꺼워지고 가늘어지고 하는 게 이것이 이 수학식으로는 이렇게 돼야 옳지. 그렇게는 되지만 그냥 그려 놓는 데는 이러면 …이 이상해지지. 그러구 인제 여기서 이렇게 나가는 것도 이렇게 나가는 거도 마찬가지거든. 그 요기 한 도라는 게 이렇게 나가고 그렇지만…

학인 1: 위도라는 건 저 지구본에서 위도는 똑같잖아요. 이렇게 이렇게 잘라나가니까…

봉우 선생님: 그냥 잘라나가지.

학인 1: 그러니까 그 얘기를 지금 하시는 거세요?

봉우 선생님: 그렇지.

학인 1: 경도는 지구본에서는 이렇게 자르는데 사실은 이렇게 똑바른 걸로 와야 한다는 거죠.

봉우 선생님: 똑바로 되는 걸로 봐야지. 그런데 경도도 이렇게 해서 경도가 이렇게 되는 거 아닌가. 위도도 역시 마찬가지거든. 위도라는 것이 이렇게 이거는 같은 도수로 간다고 해더라 도 말이지. 같은 도수로 간다고 하더라도 말이지 요기와선 적어진단 말이지.

학인 1: 이렇게 이게 짧아지니까요?

봉우 선생님: 짧아지지. 아주 이렇게 이렇게가 한 도가 되고 여기는 280리가 한 도가 되니까 경이나 위나 똑같아요. 위가 여기는 10만 8,000인데 여기 와서는 어떻게 될 거야.

학인 1: 10리도 안 되는 말씀이지요.

---

29) 지구의 남북 위도로 66도 33분에서 각각 남 또는 북의 지역을 일컬음. 이 권에서는 하루 종일 해가 뜨지 않거나 지지 않는 기간이 있음.

봉우 선생님: 10리도 못 되지. 그렇게 되는 게 수학 이 공식이 나올 거여.

학인 1: 공식으로 만들면 수학하는 사람들이 만들겠죠.

봉우 선생님: 수학하는 사람이면 대번 만들지. 이거 이것의 원주율이 3.146 이니까 그 3.1416 그 비례로 해나간다면 여 몇 도에 와서는 얼마, 몇 도에 와서는 얼마 여기서 나오지.

학인 1: 그러면 지금 우리가 지금 궁금한 게요, 이 점이 도대체 오황극(五皇極)에서 점이 어디에 찍히는지 이십팔수가 어디 어디에 찍히는지 굉장히 궁금하거든요.

봉우 선생님: 제일 궁금하지.

학인: 그러니까 점자체가 입체로 원 속에 딱 들어 있으면서…

봉우 선생님: 원 속에 들어가야지.

학인: 원이라고 할 때 지금은 그것을 동그라미 지금 만들어놓은 거에 보면 동그라미들이 있잖아. 죽 아홉 개 있고 그것이 사실은 이렇게 원소가 안에서 계속 이어지는 거 아녀.

학인 1: 점으로…

학인: 응. 원이 네 개고 또 정육면체가 네 개가 안에 들어가면서 계속 이어지는 점 아냐.

봉우 선생님: 이게 본점은 다섯 점이거든.

학인 1: 본점은 다섯 점입니까?

봉우 선생님: 가운데 하나하고 넷이지. 지금 가지고 있는 점이 몇 점인가 봐.

학인 1: 가운데 하나.

봉우 선생님: 자, 여기 이렇게 하나 하나 이렇게 해가지고 여기…

학인 1: 이건 다섯 개 되네요, 이거는.

봉우 선생님: 이거 다섯 개 됐지.

학인 1: 네 개란 말이죠.

봉우 선생님: 이거 네 개야 네 개. 이 네 개에 하나해서 다섯이여. 여섯으로 가는 게 아니고 말이지.

학인 1: 그러니까 네 개에 하나해서 다섯인데요. 그거는 오황극을 나타내는 거 아네요.

봉우 선생님: 그렇지 이것이 지금 정사각형이 아니거든 가운데 이게 정사각형이 아니라 봐. 이게 하나, 둘, 셋, 넷, 다섯 그래 놓으니까 그러지 정사각형이 되면 다섯이 되는 거여.

학인 1: 그러니까 이건 축구공 모양을 본떠놓은 건데요. 여기다가 점을 새로 찍는다면요 이 속에 정육면체가 들어가 있으니까 점이 이 표면적으로 나타나는 게 여덟 개의 점이 나타나야 되잖아요.

봉우 선생님: 여덟 개가 돼야지.

학인 1: 여덟 개가 나타나고요. 근데 아까 좀 전에 학인씨 얘기하신 거는 여기에서부터 이렇게 점 네 개가 나타나면서 그 점이 서로 이렇게 연결이 되고 있잖아요, 속에.

봉우 선생님: 연결이 되지.

학인 1: 그래가지고 그 사이의 점이 맨 바깥에 하나 하고 죽 해서 아홉 개가 점이 이렇게…

학인: 일직선으로 하면 아홉 개가 되나요? 끝까지 제일 큰 거 이거 인제 윷판 이거…

학인 1: 그림, 그림, 그림, 아, 이걸 보고 하면, 이 그림 갖고 보면요, 요 점하고 해서 여기서부터 여기까지 점이 아홉 개가 되잖아요. 그 점이라는 건 이 직육면체에 있어서는 이쪽 끝하고 이쪽 끝하고 …점 요걸 뚫고 가면서 점이 아홉 개가 되는 거지요. 근데 그 아홉 개의 점인데 지금 아홉 개의 점에서 무엇을 물어보실라고 그랬죠?

학인: 아니, 그러니까 이거 제일 밖에 있는 원이다 처음에 원이잖아요. 맨 처음 시작이 큰 원이죠.

봉우 선생님: 제일 밖에 있는 원에는 다섯 점밖에 안 났지. 넉 점밖에 안 났지.

학인: 그렇죠. 그것이 또 안에 네모가 되고, 원이 되고, 또 네모가 되고, 또 원이 되고 하면서 맨 끝점까지…

봉우 선생님: 근데 이것이 이 극에서 이 극이 넉 점이지 동서극이 또 있잖아.

학인 1: 그럼 여덟 점이죠.

봉우 선생님: 여덟 점이 나와야지.

학인 1: 그거는 여덟 점이라는 거는 그거는 이해가 가는 데요, 여기서 열여섯 개의 점이 찍혀 있잖아요. 그리고 이십팔수가 또 찍혀야 되고…

봉우 선생님: 이십팔수가 되고…

학인 1: 그러니까…

봉우 선생님: 근데 이십팔수가 되자면 속으로 들어서 족 뺑 돌아서 이십팔수가 아니라 이 들락날락 하면서 이십팔수가 됐기 때문에 요것이 몽창해서 스물여덟이여. 갓이 스물이고 가운데가 여덟 아녀? 하나 빼놓고 말여.

학인 1: 아! 그거는 윷판이

봉우 선생님: 그건 윷판으로 만든 게 아니고 이십팔수가 그렇게 됐어.

학인 1: 그러니까 여기서 이 그림에서 우리가 표현하기는 여기에서 이십팔수를 나타내기가 어려워서요. 어떻게 나타나야 되는지 그걸 좀 여쭤보고 싶어서요.

봉우 선생님: 이십팔수는 갓으로 뺑 돌아 나와야 하는데 이십팔수 천문도를 내놓고 보면은 대번 알아요.

학인 1: 그러니까 천문도에 내놓고, 아 여기다 표시를 하려면 천문도 내놓고 맞춰 가면 표시…

봉우 선생님: 맞춰가지고 표시하면 되지. 몇 도에 가서 뭣이고 몇 도에 가서 뭣이고 하면 이거 가운데 가서 조금 뭐여 그리니치 천문대에서 1도로 잡으니까 그게 지금은 그렇지만 예전에 우리 본식으로… 1도에다가 1도를 맨들어놓고 빙돌게 되면 이십팔수가 다 나오지.

학인 1: 그러면 여기서 인제 지난번에 만들어놓은 거는 이 옆에 점이 열여섯 개밖에 안 나왔잖아요. 그 맨 겉에 보면 그게 점이요.

봉우 선생님: 사사 십육이지.

학인 1: 그거는 사사 십육이고요.

봉우 선생님: 다섯해서 열다섯에서 하나 더 붙여서 오황극이 된 거여, 그게.

학인 1: 그러니까 그 점이 열여섯 개가 열다섯 개는 왜 열다섯 개고 열여섯 개는 왜 열여섯 개 인지 그거를…

봉우 선생님: 삼층 삼오 십오여.

학인 1: 그냥 삼오 십오예요.

봉우 선생님: 이게 한 층, 두 층, 세 층 아녀?

학인 1: 아, 음양을 삼층으로 보고요

봉우 선생님: 삼층이지. 여기서도 하나, 둘, 셋 아녀? 경(經)도 셋이고 위(緯)도 셋이란 말이여. 그러니까 여기서 보면 한 층, 두 층, 세 층인데 이 세 층이나 이 세 층이나 이 세 층이나 가로 이 세 층이나 이 세 층이나 이 세 층이나 다 열다섯이여.

학인 1: 아, 그런가요.

봉우 선생님: 쳐봐 여기서 이렇게 되거나 이렇게 되거나 이렇게 되거나 이렇게 되거나 아무데로나 쳐보란 말이여.

학인 1: 열다섯이죠.

봉우 선생님: 열다섯이여. 그래 삼층이지 그게.

학인 1: 그러면은…

봉우 선생님: 가운데는 변하지 않단 말이여. 아무데로 빙빙 돌아도 가운데는 변하지 않고 이리가고 저리 가거든. 이 오라는 게 되는데 이리 열, 이리 열, 이리 열, 이리 열 아무 데로 가도 이건 열이거든.

학인 1: 가운데 오는 빼고요.

봉우 선생님: 가운데만 빼고선 빙빙 돌지만 다 열이여. 그러니 열다섯밖에 될 수가 없어. 다섯 하나가 다섯 하나가 이리 돌린다면 수로 돌린다면 여덟 번을 돌리는 거여.

학인 1: 다섯이 이리…

봉우 선생님: 다섯 가운데 놓고 여덟 번을 돌리는데 똑같은 수가 나온단 말이여. 안 그런 데가 있어? 다 열다섯이지. 아무데로 해도 열다섯이여. 뭘 오황극 도는 삼 층이지 삼 층, 천지인 삼 층.

학인 1: 그러면…

봉우 선생님: 이걸 경으로 하나 경에 대표로… 말하자면 위로 하나…

학인 1: 이거는 열다섯이라는 거는 아는데요. 이게 그러면 이 열다섯이라는 숫자의 의미는 어디에 있다고 봐야 하나요?

학인: 낙서(洛書)에서…

학인 1: 문왕팔괘에서 나오는…

봉우 선생님: 문왕팔괘라는 것이 문왕팔괘 찾지 말고…

학인 1: 그거는 여기하고는 얘기가 아니고요.

봉우 선생님: 왜 문왕팔괘 탁 해가지고 나와야지 무슨 소리여.

학인 1: 그런가요?

봉우 선생님: 예서 다 나가야지.

학인: 여기서 나오는데 처음에는…

봉우 선생님: 제일 먼저 《천부경》으로 …얘기를 해나. 그래 인제 하도(河圖)

가 나오고 낙서가 나오는 거야. 이것이 낙서는 이걸 가서 뭣이를 가서 아홉으로 ○○는 것을 열 십수(十數)로 봐서 집어넣었거든.

학인: 그래서 내내 바깥으로 열다섯 개의 숫자가 낙서에서 오를 중심으로 해서…

봉우 선생님: 사십이 구요 마흔 아홉이여. 하나는 오십이 오요 이렇게 돼. 이리 열다섯, 이리 열다섯 해서 사십오가 되는 걸 가지고 하나는 오십오거든. 쉰다섯으로 치거든. 열 십자 하나가 들어가니까 말여.

학인 1: 그러면 윷판은 여기서 이 입체로 찍은 거는 윷판은 찍기가 쉬운가요?

봉우 선생님: 입체가 되면 입체가 거 되지 왜 안 돼.

학인 1: 여기하고 똑같이요 그냥.

봉우 선생님: 똑같이 되지.

학인 1: 여기선 여덟 개를 우선 좀 찍어보고요.

봉우 선생님: 반은 가지고 찍어야 돼. 반은 가지고 찍어야지.

학인 1: 반이요?

봉우 선생님: 반.

학인 1: 반만 갖고 찍어야 되나요?

봉우 선생님: 그 반만 가지고 찍어야지 어떻게 할 거야? 음양인데.

학인 1: 그다음에 여기다 찍고…

봉우 선생님: 아니, 거기다 찍는 게 아니고 가운데다 찍어야지.

학인 1: 여기다가요?

봉우 선생님: 첫 점은 여기다 찍고 이렇게 해서 이렇게 놓고 찍어봐. 예서 놓고 점을 찍어봐. 다 찍을 수가 있지. 그 점은 ○○점이고 가운데다 찍어야 되지.

학인 1: 이게 하나, 둘, 셋, 넷, 다섯, 여섯, 열두 개니까 세 개에 하나씩 파란 걸로 찍히네.

봉우 선생님: 그게 몇 개야?

학인 1: 열두 개요. 세 개에 하나씩. 하나, 둘, 세 개에 하나씩…

봉우 선생님: 열두 개면 삼사 십이 세 개에 하나씩이로군.

학인 1: 네, 그래서 네 개를 찍었거든요. 그러면 이거는 정육면체에 있어서는 정육면체로 볼 거 같으면은 그 이게 정육면체라고 치면요, 이쪽에서 이쪽으로 간 점들이죠. 이쪽에서 이리가고 이리해서 이리 가고요.

봉우 선생님: 그런데 이것은 첫 번에 원주율에 첫 번에 쓰는 거지.

학인 1: 예. 원주율에…

봉우 선생님: 원주율에 쓰는 거니까 요렇게 써가지고 이리 내봐. 여기서 넷을 찍지 않았어? 요렇게 해서 넷이 찍혀야 되거든.

학인 1: 그렇죠. 그러면 여기다 찍어놓으면 점이 다 나오겠네요.

봉우 선생님: 다 나오지.

학인 1: 네. 그렇군요. 이걸 점이라고 치고 그러면 이제 점은 일단 다 찍혔는데요.(헷갈리면서 열심히 그리고 있음)

학인 1: 저 점에서요, 탁 튀어나오면 고 자리가 지가 되지요.

학인: 아, 하늘에서 원래 하늘이라고 삼재가 나뉘어 있잖아요. 그러면 맨 처음에 다시 무극으로 돌아가자면 그 지금 있는 상태에 삼재가 벌어 있는 상태에서는 원래 처음으로 나온 것은 알, 알은 그 땅이 지(地)로 되고…

봉우 선생님: 땅이 지가 됐지.

학인: 우리 하늘이라는 건 울 아니에요? 울?

봉우 선생님: 울이지.

학인 1: 땅이 울이 아니고요. 하늘이 알이고 땅이 울인 게 아니고요.

학인: 하늘은 빠져나갔으니까 텅 비어서 아무것도 없잖아.

봉우 선생님: 하늘에선 그만한 게 비어 있지, 그러니까.

학인 1: 아, 난 거꾸로 생각했네.

학인: 거꾸로 생각했다니까…

학인 1: 아! 점에서 탁 튀어나와가지고 탁 튀어나오니까 하나의 테두리가 생기니까…

봉우 선생님: 그거 울이여.

학인 1: 그거 울이죠. 그럼 튀어나온 게 지(地)란 말이에요?

학인: 튀어나왔으니까 이게 지(地)지. 땅이지.

학인 1: 그런가요? 튀어나오는 게 이렇게 튀어나오니까 이건 위에 올라있으니까 이건 하늘 이거는

봉우 선생님: 아니 하늘 그 위가 하늘이야. 그래야 천지인이 되지.

학인: 선생님 그러면 사람은 가운데 있는 중간자로서 울도 아니고 알도 아니네요. 하늘은 여기 윷판으로 보면은 울이고 이게 알인데.

학인 1: 울과 알이 합친 게…

봉우 선생님: 울도 아니고 알도 아니여.

학인 2: 중간자죠, 그러니까.

봉우 선생님: 그게 사람이여.

학인 2: 그게 사람으로서 삼재 중에 독특한 존재로 인정을 해줬구나.

봉우 선생님: 울과 알을 겸한 것이 사람이여.

학인 1: 그렇죠. 겸한 거죠. 삼재 사상을 똑바로 정립해야지, 이거 큰일 났네. 그러니까 다시 이거 우리가 마지막 지난번에 내가 꼭 여쭤봐야겠다고 이것 좀 여쭤봐야겠습니다. 알에서 탁 튀어 그러니까 이거 맨 처음에 있는 거를 점이라고 해야 되나요? 알이라고 해야 하나요?

봉우 선생님: 알.

학인 1: 알이라고 그래요? 맨 처음에 있는 거를?

봉우 선생님: 첨에 알이지.

학인 1: 첨에 알이라고요. 거기서 인제 튀어나오면 튀어나온 부분이 울…

봉우 선생님: 나온 자리가 울이지.

학인 1: 그럼 나온 건 계속 알인가요?

봉우 선생님: 알이지 뭐여.

학인 1: 그럼 이름은 붙이기 나름이겠네요.

봉우 선생님: 알이라고 해야지.

학인 1: 알이라고 그래야 되나요? 그럼 튀어나오기 전이나 튀어나오고 나서나 알이라고 그러기는 마찬가지겠네요.

봉우 선생님: 아, 첫 번에 있던 이건 울 자리 아녀? 본디 한울 자리가 한울 자리로 그냥 있는 거지. 그래 한울 큰울에서 작은 알이 이게 빠져나가니까 또 빠져나가니까 이건 알이여 이건 알…

학인 1: 아, 그러면 빠져나오기 전에는 뭐라고 그래야 되나요?

봉우 선생님: 그냥 울이지 뭐. 큰 울안에 하나가 빠져나갔지.

학인 1: 그러면 맨 처음을 그러면 울이라고 그래야 되나요?

봉우 선생님: 울이지 뭐여.

학인 1: 울에서 빠져나간 건 알, 그 자리는 계속 울, 그러면 알과 울의 관계는 음과 양의 관계로 규정 지을 수 있나요?

봉우 선생님: 음양이지, 그게.

학인 1: 그러면 알이 음양이에요? 울이 울 양이에요? 알이 음이에요? 울이 음이에요?

봉우 선생님: 나온 것이 뭐여 땅이지.

학인 1: 땅이니까 음이란 말이죠?

봉우 선생님: 음이지.

학인 1: 전 한편으로 언뜻 생각한 게 나왔으니까 거기 비었으니까 구멍이 빵 뚫린 게 아니냐 해서 이게 음 아니냐 그렇게 생각을 했었거든요.

봉우 선생님: 구멍이 빵 뚫린 건 아니여.

학인 1: 예. 빵 뚫린 건 아니죠. 그냥 우리가 그냥…

봉우 선생님: 상상이지.

학인 2: 울이라고 하는 건 형상이 없는 거네요.

봉우 선생님: 가장 크고 가장 적은 게 울이여.

학인 1: 그렇죠. 가장 크고 가장 작은 게…

봉우 선생님: 가장 작은 게 울이여.

학인 2: 아, 그것까지 다…

봉우 선생님: 다 포함해서…

학인 1: 제가 생각난 게요. 알에서 음과 양이 형성이 되었는데 이 순간에 음양은 성물(成物)을 품고 있어요. 성물, 완성된 어떤 사물 그거를 사실은 품고 있는 거라고 봐서 음양이 언제든지 합쳐져 가지고 어떤 성물이 되니까 그래서 인제 다시 읽으면 이 순간에 음양은 성물을 품고 있으니 점에서 알이 튀어나오는 순간에 천지인 내지는 음양 만물은 이미 생한 걸로 봐야 한다.

봉우 선생님: …그 원인이 거가 있지.

학인 1: 그 원인이 거기에 있죠.

봉우 선생님: 원인이 거가 있지.

학인 1: 그러니까 일단 탁 튀어나오는 순간에 음과 양 따로따로 이건 음이고 이건 양이다, 이건 알이고 이건 울이다, 이걸로 딱 규정을 짓기는 짓겠지만…

봉우 선생님: 짓겠지만, 거기서 인제 음양이 다 붙어 나온다 말여.

학인 1: 그래 가지고 만물도 동시에 간직한 걸로 봐야 되죠.

봉우 선생님: 만물이 인과가 이 안에서 다 들었단 말이여.

학인 1: 그거 인자가 거기에 다 들어 있다고도 표현할 수 있지만, 또 한편으로는 이미 튀어나온 순간에 이미 만물이 다 형성…

봉우 선생님: 형성되어 가지고 있는 거야, 이게.

학인 1: 다 가지고 있는 걸로 봐야 되지요. 그냥 이거는.

봉우 선생님: 형성되어 가지고 있는 건데, 여기서 나오는 것이 하나 둘씩 나오는 것이…

학인 1: 그런데 이게 사물의 입장 내지는 사람의 입장에서 봤을 때요. 일음일양지위도(一陰一陽之謂道)라는 거는 음과 양을 함께 품고 있는 거를 도라고 말한다 이런 식으로 표현하면 안 되나요? 한편 음이고 한편 양인 거를?

봉우 선생님: 한편 음과 양이라는 건 천(天)하고 지(地)하고 이렇게 해서 음양이 되잖아. 그런데 그게 사람은 음도 되고 양도 되고 두 가지를 다 포함하고…

학인 1: 예. 함께 묶고 있지요.

봉우 선생님: 묶고 있는 거지.

학인 1: 그러니까 사람이 하는 행위라든가 해야 할 길도 역시 일음일양에…

봉우 선생님: 그러니까 착할 수도 있고 악할 수도 있고 그런 것이지. 성인도 될 수도 있고 악으로 될 수도 있고 말이지. 두 가지 병했다 말이지.

학인 1: 그 가운데에는 그러면 사람이 살아야 할 길을 중용의 도다, 중도의 도다 뭐 이렇게 얘기하잖아요. 그것도 역시 일음일양의 성격을 잘 조화시켜서…

봉우 선생님: 조화시켜서 합해서 놓는 거지. 그 뭐 주역이나 다 그 소리지 별소리가 아녀.

학인 1: 그럼 그렇게 되면요 일단 음양만물이 안에서부터 나왔는데요. 올에서부터 나왔는데요. 그 만물이 곧 울이라고 보면 안 되나요? 그렇게 되면?

봉우 선생님: 만물이 울의 하나지 뭘.

학인 1: 그렇죠. 결국 울이 곧 만물이지만 만물 중에서도 사람이면 하나가 그대로 울이라고 얘기할 수도 있는 것 같은데요.

봉우 선생님: 그건 뭣인고 하니 왜정시대에 일본놈 머리 있는 놈이 그래 나도 천황이다 이런 소리를 해. 천황은 하는 사람 따로 있잖아. 천황의 육천만 분지 일이 저거든.

학인 1: 그러니 이런 입장에서 봤을 때는 인내천이라는 말이 그대론 것 같아요.

학인: 내내 그 소리지.

봉우 선생님: 인내천이 그 소리지 뭔가. 인내천이 그것보고서 한껏 보고서 한 게 그게 깨달은 게 인내천이야.

학인 1: 그러면은 음양만물이 알로부터 나왔던 것이므로 그 만물이 곧 알이라고 말해도 틀린다고 말할 수는 없죠?

봉우 선생님: 틀릴 수는 없지.

학인 1: 그렇게 말해도 괜찮습니까? 그러면?

봉우 선생님: 알이라고 해놓으면 그건 움직이는 얘기고 본질로 되면 우리다.

학인 2: 그러면 천지인 삼재지만 결국은 아울러서 다시 귀천(歸天)이네요. 천일(天一)로 돌아갔네요.

봉우 선생님: 천지인 삼재인데 합해지면은 도로 하나가 되고 마는 거여.

학인 2: 울 자리로 다시 돌아가는 거죠.

봉우 선생님: 그러니까《천부경》끄트머리가 뭐라고 했어?

학인 1: 일종무종일(一終無終一).

봉우 선생님: 이것도 한 군데로 가서 없어지는 거야.

학인 2: 다시 돌아가는 거를 의미…

봉우 선생님: 그 하나로, 하나로 해서 다시 없어진단 말이여. 첫 번에 일이 생기는 것도 없는 곳에서 생겼지.

학인 2: 그러면 내내 성(性)자리 뭐 하는 유교에서 성, 중용에서 성 그것도 결국은 천 본디 그 자리네요.

봉우 선생님: 그거 얘기지 뭐. 그거가지고 표현을 이리하고 저리하고서 했지 별 거 아니여.

학인 2: 노자 같은 사람은 내내 도다 도라고 맨날 떠들고…

봉우 선생님: 그걸 말하자면 도라고 할 테지.

학인 2: 자사(子思)는 성(性)이다, 또 그러고…

봉우 선생님: 그렇게 하는 되어 나가는 그거를 지금 얘기하려니까 별소리를 다하지.

학인 2: 그러면 주렴계(周濂溪)의 《태극도설(太極圖說)》에서 흔히들 공식화된 것이 우리나라 주자학 몇 백 년 떠들던 이들도 맨날 소리가 ○○가 무극이 태극하고 태극에서 인저 음양이고 음양에서 오행…

봉우 선생님: 아무 소리해도 저기 지나지 못해. 이렇게 뻗어나왔고 나온 데서 여기서 만물을 다 포용을 했고 이러다보니까 ○○이니까 나는 하늘 끝도 받고 땅 끝도 받아가지고 한꺼번에 하나로 된단 말이여 이게.

학인 2: 그러니까 주렴계가 쓴 게 또 이 무극을 상징한 거고 태극은 갈려 나왔을 때가 보이는 게 태극이고…

봉우 선생님: 갈려 나왔으니까 태극이 나오는 거고 뭐 딴 소리여?

학인 2: 이름만 또 바뀌었군요. 무극으로.

봉우 선생님: 이름만 바뀌었지.

학인 2: 성이라는 게요.

봉우 선생님: 하나라는 게 둘이 되고 둘이 셋 되는데 셋이 합해지면 도로 하나 되고 만단 말이여.

학인 1: 그럼 이제 계속해 또 한 번 더 나가는 질문을 해보겠습니다. 알에서 음양이 형성되어서 이 순간에 음양은 이미 성물을 품고 있었고요. 그 다음에 점에서 알이 튀어나오는 순간에 천지인이나 혹은 음양 만물은 이미 생했다고 볼 수 있겠고, 또 음양 만물이 곧 알로부터 나왔던 것이니까 그 만물이 곧 알이다 빠져나갔죠. 그러니까 천부형(天符型)에서 말하는 무극은, 천부형에서 말하는 그 무극은 그것은 오황극하고 사실은 같은 거라고 봐야 되는 거…

봉우 선생님: 같은 거여, 같은 거.

학인 1: 근데 그 설명하고 표현하기 위해서 점을 동그라미를 다섯 개 만들고 네 개 만들고…

봉우 선생님: 그렇게 많이 만들어 봤지.

학인 2: 본질은 같지만 그러나 과정에서는 달리 벌어지잖아요.

봉우 선생님: 달리 벌어지지.

학인 2: 보이는 것이 그래서 설명 인저 나간 거지.

봉우 선생님: 설명 자꾸 벌어지니까 한량없는 만물을 만들어 놨지만은 실상 알맹이 들어가서는 다 한 덩어리다 말여.

학인 1: 그러면 저 제가 천부형을 보면서 그런 생각이 드는데요. 점이라든가 원은 그것이 표현하고 있는 거는 현상계 내지는 어떤 나타나고 있는 모양을 표현하고 있다고 보면 선으로 죽 이어진 거는 오행상생의 선들이요 그 선들은 바로 현상계에 존재하고 있는 어떤 법칙이라고 봐도 됩니까?

봉우 선생님: 법칙이지 그게. 법칙이지 그게.

학인 1: 법칙도 거기서는 이것도 설명하기 좋게 보면서 알기 좋게 하느라고 점 한 쪽으로 이렇게 키워놓긴 했지만, 정상적으로 만들어놓으면 이것도 다 붙여야 하는 거지요?

봉우 선생님: 다 붙여야 되는 거야.

학인 1: 여기하고 여기는 관계없다고 말할 수는 없지 다 관계있는데, 요거는 설명하기 좋게 알아보기 좋게 하느라고 이렇게 해서 정사각형이고, 그렇다면 지금 천문도가 없으면 이십팔수를 당장 이렇게 후딱 찍어 갈 수는 없겠네요, 그러면은.

봉우 선생님: 다 못하지. 천문도를 내놓고 그걸 갖다 대 놓으면 그게 그냥 그대로 다 나와 이십팔수가 다…

학인 1: 안 그러면 이렇게 천문을 잘 보면 하늘 보면서 점을 찍으면 되겠네요.

봉우 선생님: 아, 그렇지.

학인 1: 그러면 여기에 있는 열여섯 개의 점이라는 것은 이십팔수의 위치가 아니라 이거는 십오수(十五數)하고 뇌동(雷動) 16…

봉우 선생님: 십오수하고 뇌동 16수하고 그래서…

학인 1: 열여섯 개의 점은 그래서…

학인 2: 이거 헷갈리네요. 뇌동 16을 또 여기서 16개 벌어진 건가요? 여기 인제 결국 내내 낙서가 여기서 나왔기 때문에,《천부경》에서 나왔기 때문에 그런데 그 원리가 잘…

봉우 선생님: 뇌동 16이라고 그냥 그러는데 첨에 지금 여기가 윷판이 하나, 둘, 셋, 넷, 하나, 둘, 셋, 넷, 하나, 둘, 셋, 넷, 하나, 둘, 셋, 넷인데 넷이 빠져야 되거든.

학인 1: 열여섯이죠. 그러면 넷이 빠져야 된다고요?

봉우 선생님: 하나, 둘, 셋, 넷 했지 다섯, 여섯.

학인 1: 아뇨, 아뇨. 원에서는 이거죠. 하나, 둘, 셋, 넷 여기다 원을 하나 그려봐야죠.

학인 2: 맨 바깥원이거든요, 그게.

봉우 선생님: 바깥원은 이거지.

학인 2: 근데 그게 16개잖아요.

봉우 선생님: 그래 16이지. 16개인데 이게 열둘이여 열둘. 열여섯으로 보지 말고 이걸 열둘로 봐요.

학인 1: 열둘로 봐야 됩니까?

봉우 선생님: 열둘로 봐야 되지.

학인 1: 왜 열둘로 봐야 되죠? 하나는 그러면 이거는 빼고 본단 말이죠?

봉우 선생님: 오행.

학인 1: 오행의 네 점은 그러면 빼버리고…

봉우 선생님: 오행 네 점이 맡은 것이 하나가 넷, 하나가 넷, 하나가 넷, 하나가 넷이지. 금목수화토에 말이지. 그러니 넷이 되니까 여기에서 하나, 둘, 셋, 넷 하나, 둘, 셋, 넷 하나, 둘, 셋, 넷 전부 넷씩밖에 더 맡았어?

학인 1: 넷씩인데요. 그러니까 여기서 열여섯이라는 수에서 넷을 빼야 된다는 말씀이시지요?

봉우 선생님: 열둘이지.

학인 1: 여기서 넷을 빼버리고요.

봉우 선생님: 그래 오행이니까.

학인 1: 예. 오행을 빼버리고 열둘이란 말이지요? 그러면 열둘은 무엇을 의미하지요?

봉우 선생님: 12삭.

학인 1: 12사요?

학인: 열두 삭.

학인 1: 아, 열두 삭이요.

학인 2: 열두 달.

봉우 선생님: 이거 하나 빼고서 스물넷은 이십팔수 천원 쳐봐 거기.

학인 2: 네. 맞죠. 그렇게 되죠. 그거하면 이십팔이고 무극을 빼버리면 이십팔이 되고…

봉우 선생님: 이십팔수고…

학인 2: 바깥 뇌동 16에서 오행 네 개를 빼면은…

봉우 선생님: 네 개를 빼면은 열둘 십이 삭이 되고…

학인 1: 이십팔이 어떻게 나왔던가 난…

학인 2: 이걸 빼고 나서 점을 이거 윷판이고 이건…

학인 1: 이건 그런데 그러면 오황극에서 윷판이 나왔다고 그러셨잖아요. 그러면 이건 이십팔수를 표시한다고 하면 그만인데요, 여기에서 이거하고 이거는 관련시키기가 좀 어려운 데요.

봉우 선생님: 여기도 그게 그거지 뭐여.

학인 1: 그러면…

학인 2: 아니, 이점이 이렇게 스물여덟 개 평면으로 나오는 거하고 여기서 이렇게 해놓은 걸 보니까요.

봉우 선생님: 이 갓의 원을 가지고 자꾸 따지지 갓의 원을 따지는데 이게 윷판 아녀? 무얼 가지고 딴 걸 자꾸 봐. 아녀? 그게?

학인 2: 지금 이거요?

봉우 선생님: 그래 내원 내원이 28수가 아니여? 윷판이 아니여?

학인 1: 근데 이 내원은 음극이라고 그러셨잖아요?

봉우 선생님: 그거 저거지 뭐여.

학인 1: 음극이 이거란 말이에요? 오황극이 아니고요?

봉우 선생님: 그럼 심 ○○한 사람들이 ○○한 사람들이 황극이라 하나 뭐라고 하나 봐. 무슨 극이라고 하나 보란 말이여.

학인 1: 저희도 사실은 전에 이것을 윷판으로도 생각을 했었거든요. 여기도 점이 세 개고 해서 딱 맞는데 그렇게 볼라니까 윷판은 여기가 네 개인데 두 개씩밖에 없었단 말예요. 그러면 이게 두 개씩은 다 어디로 도망 갔느냐 해가지고…

봉우 선생님: ○○이 빠진 거여 그게 이제 나오는 게 있어.

학인 1: 어떤 식으로 해서요?

봉우 선생님: 그것이 하나로 하는 게 아니고 황극을 ○○니까 거기다가 속각을 한 번 찍어 던져 봐 어떻게 되나? 몇이 되나 봐.

학인 2: 속각이요?

봉우 선생님: 그래.

학인 1: 이걸로 말이죠?

봉우 선생님: 이렇게 된 요 각이 있지 않나? 각이 요 한번 나와 봐. 거기 있는 넷이 한 번 들어 와봐. 몇 개가 되나 봐.

학인 1: 두 개? 두 개가 이렇게 양쪽으로 들어간단 말이에요?

봉우 선생님: 세 군데가 하나씩 들어가는 거지. 여기서는 여기서는 이것밖에 안 나왔어. 하나, 둘, 셋, 넷 하는 게 여기서 하나 나왔지. 하나, 둘, 셋, 넷, 다섯 해서 하나 나왔지. 하나, 둘, 셋, 넷, 다섯 하면 또 이게 나오지 않아? 둘이 나오지 않아?

학인 1: 하나, 둘, 셋, 넷, 다섯.

봉우 선생님: 뭐이가 ○○하니까 제대로 안 나온단 말이여. 그걸 지금 알아서 우리가 찍으니까 그렇지.

학인 1: 하나, 둘, 셋, 넷, 다섯, 하나, 둘, 셋, 넷, 다섯 연구를 좀 해보고요. 바쁘니까…

봉우 선생님: 연구를 해봐. 그래 놓고 봐.

학인 2: 원래 이것을 윷판으로 생각을 했었잖아요, 이거를.

학인 1: 응. 처음에는 윷판을 생각했었죠. 그래 우리가 처음에 생각했을 때는 음극에 해당되는 거요. 거기에다 팔괘를 섞어놓으니까 여덟 점을 더 찍어놓으니까 윷판이 되더라고요. 그래 혹시 음괘가 팔괘를 섞은 게 아닌가 이런 생각을 했었거든요.

봉우 선생님: 이건 요거만 봐. 요거만. 요게 인제 윷판되는 거니까 하나해서 천지인 아녀? 인은 가운데 있으니까 음도 되고 양도 될 수가 있는 거 아녀? 이거 둘이고 천이 하나,하나 하나 요렇게 해서 요렇게 요렇게 해서 둘씩 아니여? 이게 지하고 천하고 하면 그러니까 요게 인은, 인도 역시 이렇게 해서 천지인, 천지인, 천지인, 천지인이 같이 합해진 거 아닌가. 사람은 천에도 닿고 인에도 닿은 거니까 말이야 여기 하나…

학인 1: 그럼 이게 전부 다 천인가요?

봉우 선생님: 뭐가?

학인 2: 여기 인은 다 천이고 여기는 양쪽에 걸친 거죠?

봉우 선생님: 양쪽에 걸친 거여.

학인 2: 천에도 여기 하나 있고, 지에도 여기 하나 있고, 양쪽에 이렇게 두 개씩 이렇게 중간자…

봉우 선생님: 다 걸친 거지. 사람은 천도 될 수 있고, 지도 될 수 있는 음양을 합하니까 말이지.

학인 1: 여기는 다 인이고요?

봉우 선생님: 다 인이지.

학인 1: 위에는 전부 다 천(天)이고요, 밑에는 전부 다 지(地)란 말씀이시지요?

봉우 선생님: 그렇지. 사람은 천에, 지에 두 군데 다 합할 수 있는 거 아녀? 가운데다?

학인 1: 그러면은 삼천(三天)이 둘이고 원은 요게 삼천 둘이라는 말인가요?

봉우 선생님: 그렇지.

학인 1: 그럼 삼지(三地)고 둘이고…

봉우 선생님: 그렇지.

학인 1: 삼인(三人)은 둘이라고 했는데 그거는 어떻게 봐야 하나요? 요거 세 갠가요? 그러면?

봉우 선생님: 삼인도 둘이지. 요것이 둘이란 말이지.

학인 1: 그게 삼인으로 보면 됩니까?

봉우 선생님: 삼인으로 봐야지.

학인 1: 요렇게 보는 게 아니고요? 그럼 요거 두 개, 요거 두 개, 요거 두 개 는 얘기가 안 되고 있는 거네요.

봉우 선생님: 얘기가 안 되는 게 아니라 삼인이 맡은 것이 두 개, 하늘이 맡은 것이 두 개, 땅이 맡은 게 두 개, 이런 거지. 그러니까 인은 음양에 있는 두 개를 다 맡은 거지, 그러니까.

학인 2: 아, 그러니까 인은 이 두 개로 보고 그냥…

봉우 선생님: 그렇지.

학인 1: 그래 이제 삼인이 두 개라고 그런 거는 요거, 요거, 요거를 삼인 하나, 요거, 요거, 요거를 삼인 둘이라고 해서 삼인이 둘이라고 하는 거군요, 그러면.

봉우 선생님: 그렇지.

학인 1: 그러면 여기 두 개는, 여기 네 개는 이거는 전부 여기에 속한 걸로 봐서 얘기할 필요가 없다는 건가요?

봉우 선생님: 그렇지.

학인 1: 요건 아직도 이해가 잘 안 가니까 됐다 다시 또 우리가 연구를 해서 여쭤보기로 하고요. 이거는 《천부경》에서 이제 다음에 또 맞춰보기로 하죠. 공부를 제대로 철학 공부를 해놨어야 되는데 안 해놔가지고. 이제 모든 지금 얘기들을 풀어나갈 때에는 그 울에서 알이 나오고 거기서 성물, 만물이… 생겼다. 그걸 기본으로 해서 모든 것을 해석을 해봐야겠네요.

봉우 선생님: 그렇지.

학인 1: 〈계사전〉도 역시 그것을 기본으로…

봉우 선생님: 마찬가지지.

학인 1: 일(一)이 시(始)하기를 무(無)에서 했고 시(始)한 일을 삼(三)으로 나누니 무(無)가 다 근본(盡本)이라. 천(天)의 일(一)은 일(一)이요, 지(地)의 일(一)은 이(二)요, 인(人)의 일(一)은 삼(三)이라. 요게 천의 일은 일이요, 지의 일은 이요, 인의 일은 삼이라 이 얘기죠? 그래서 이거는 형성된 순서가 되는 건가요?

봉우 선생님: 순서지.

학인 1: 형성된 순서가 일, 이, 삼 이라는 건 순서가 순서도 되겠고, 또 뭐 어떤 근본도 되겠네요?

봉우 선생님: 그렇지.

학인 1: 일(一)이 쌓여서(積) 십(十)이 된다고 그랬는데 그거는…

봉우 선생님: 하나 하나 하나가 쌓인 것이…

학인 1: 여기서 그러면 쌓여다는 말은 곧 인이 변해서라는 말로 봐도 되나요?

봉우 선생님: 변해서 십이 되는 거지.

학인 1: 그럼 십이라는 거는 십을 말하는 게 아니라 만물로 봐야 되는 거 아닌가요?

봉우 선생님: 만물로 봐야 돼.

학인 1: 그런가요? 그러면은?

봉우 선생님: 십 이상의 수, 이상의 수.

확인 1: 그러면 확실한 거는 저는 잘 모르겠는데요. 대충 이렇게 생각을 해 봤습니다. 알에서 울에서 알이 나와가지고 울과 알이 나오는 순간에 어떤 만물들이 형성이 됐는데, 그 만물에 형성된 첫 번째는 우선 인으로 보고, 중요한 건 인으로 보고 그래서 인 하나는 삼이라 이렇게 얘기를 하는 있는 거로 보고요. 그다음에 인제 그 일이 적하여 십이 됐다라는 얘기는 그 일은 사물을 얘기하는 것도 되겠지만, 알과 울의 입장에서 봤을 때는 만물을…

봉우 선생님: 만물의 자체가 인으로 되니까…

확인 1: 그래 그것이 쌓여서 십이 되는 것은 적(積)이라는 것이 쌓였다라고도 표현할 수 있겠지만 그 변해서 모든 것들 만물을 다 얘기하는 걸로…

봉우 선생님: 다 합해… 붙이는 게 아니지 십이라는 건 변수니까… 십이라는 숫자가 몇씩 해더라도 하나 하나 하나가… 수가 차서 넘어가면 변수가 나오는 거지.

확인 2: 아, 십은 그러니까 변수로서 끝없는 천지변화 만물을 상징…

봉우 선생님: 천지 만물의 숫자가 나오는 거지.

확인 2: 그걸 상징하는 거구나. 그러니까 하나에서 출발해서 그냥 그다음에 거무궤화(鉅無匱化).

확인 1: 무를 거하여 궤하는 것이니 이 문제는 이제 그…

봉우 선생님: 무라고 하는 숫자에서 다 나와가지고…

확인 1: 무라는 숫자에서 모든 게 변해가지고 이것 저것 다 변했다는 얘기를…

봉우 선생님: 그러니까 그놈을 쪼개가지고 만물을 생한다 이거지.

확인 1: 그러니까 거무궤화는 앞에 얘기한 거를 다시 한 번 얘기한 셈인가요?

봉우 선생님: 다시 한 번 한 거지.

학인 1: 일적십까지 해서…

봉우 선생님: 십이라는 건 변수고…

학인 1: 예. 변수고요. 그 일적십까지를 얘기를 거무궤화가 다시 한 번 구현해서 얘기를 한 셈이군요.

봉우 선생님: 그렇지.

학인 1: 그럼 여기까지가 일단 서론이라고 보고 삼천(三天)이 둘이요, 삼지(三地)가 둘이요, 삼인(三人)이 둘이라, 거기까지는 인제 그렇게 얘기를 할 수 있다 이런 생각이 드는데요. 근데 하필이면 왜 삼천, 삼지, 삼인 이걸 얘기를 했을까요?

봉우 선생님: 요걸 말한 거지 말하자면…

학인 1: 요걸 얘기했단 말이지요? 근데 이거는 바로 여기서 나온 거 아녜요? 여기서 나왔는데 요걸 두고 요건 일단 없는 걸로 치고요. 요걸로만 봤을 때 삼천이 둘이요, 삼지가 둘이요, 삼인 이 둘이다 했는데 그 얘기는 왜 꺼냈을까요?

봉우 선생님: 만물 나온 것을 얘기하기 위해서 그 말이 나오지 그 밑에 무슨 소리가 나오나봐.

학인 1: 그 밑에 것까지를 몰라서요. 그래서 삼대삼합이 왜 생겼는지도 모르겠고요. 그래서…

학인 2: 계속 지금 삼이 나오잖아요.

학인 1: 해도 도저히 모르겠어요.

봉우 선생님: 천지인이 천지인밖에 없는 거 아닌가. 하늘, 땅, 사람이니 물건이라는 것도 다 들어가는 거니까 삼대(三大)가 사람과 하늘과 땅이 세 번 합한다 말이지.

학인 2: 아, 삼대, 세 큰 것은 천지인인데…

학인 1: 그러면 그러면 구가 돼야 되잖아요. 그러면 삼인데 왜 하필이면 육이냔 말이에요.

봉우 선생님: 사람 하나 가지고 둘을 합하니까 둘이… 천이 둘을 합해도 여섯 지가 둘을 합해도 지가 천일을 합해도 여섯…

학인 1: 그러면 삼대라는 것은…

봉우 선생님: 천지인이 둘을 합하면 다 여섯이 된단 말이여. 자기까지 끼는 게 아니고 삼대가 천지인이 그 두 가지를 하나씩 갖다 놓으면 다 여섯 여섯 여섯이 되지 별게 아니다 말이여.

학인 1: 그 다음에 또 연구를 잠깐 해보면요 아무리 생각해봐도 여기가 잘 해결이 안 나가지고 머릿속에 고집만 늘어나가지고 할아버님 말씀을 탁 듣는 순간에 텅 비우고 들어야 하는데…

봉우 선생님: 여기선 왜 천지인이 합하면 아홉이지 왜 셋이냐 이렇게 생각한 거지. 나라는 게 뭣이가 합해져놓은 것은 나하고 합해지는 것이 아니여. 삼대를 삼합(三合)하는 거니까 둘씩 둘씩 합하면 셋을 저희끼리 합해봐야…

학인 1: 삼대를 세 차례 합해 봐야…

봉우 선생님: 그래 두 수밖에 안 되지.

학인 1: 되게 간단한 얘기인데 여기서 지금 필요가 없을 것 같은 얘기인데요, 그건.

학인 2: 그걸 왜 여기다 썼을까? 이것이 천지인이다 천지인 이것도 천지인인데 이 삼대가 세 번 합했다 그러면 하나…

학인 1: 삼대가 각각 합하니까 결국은 세 번 했는데 그 얘기는 뭐하러 했죠?

학인 2: 그럼 여섯인가?

학인 1: 여섯이겠죠.

봉우 선생님: 여섯씩, 여섯씩해서 저기 뭐야…

학인 1: 이렇게 둘 둘 아, 여섯씩, 여섯씩이라고요? 그럼 삼대 삼합육이라 이렇게 해도 괜찮을 거 같은데요. 아, 삼대 삼합육이라고 하면 안 되는구나. 삼대합이라고 그러면 세 개를 합친 걸로 되거든요.

봉우 선생님: 삼대(三大)가 삼합(三合)이니까 삼대가 천지인이 둘씩 둘씩 합해져야 여섯이 되지.

학인 2: 둘씩 둘씩 합해 봐요. 둘씩 둘씩…

학인 1: 아, 여기 있잖아요. 삼천이 둘이고, 삼지가 둘이고, 삼인이 둘이라고 했으니까 이거 몽땅 합하면 육 아니에요? 이거 두 개 합하면은 인제 여기까지는 말로는 이해가 되는데, 왜 하필이면은 삼천을 둘이라고 그러고, 삼인을 둘이라고 그러고, 열이라고도 할 수 있는 거잖아요. 그거는 왜 그걸 꼭 삼천을 얘기했는지요? 하필이면…

봉우 선생님: 천지인, 천지인 해가지고 그게 상생으로 돌아가는 건데 오행을… 하다보니까 이렇게 되는 거야. 이십팔수가 거기… 없으면 저게 나오지 않아. 하늘의 도수가 이게 돌아가는 게 그게 없이는 그게 나올 까닭이 없어. 나중에 이십팔수를 보면 그게 왜 그런 소리를 했나 나와.

학인 1: 이십팔수 그것도 없으세요. 이 어딘가요 그거 저도 하나 주신다고 하셨잖아요. 저 번에 그거 갖다 지금 하나 딱 해놓고 설명을 좀 해…

학인 2: 그게 도수가 안 보이더라구요.

봉우 선생님: 도수가 잘 안 봬.

학인 2: 거기 있는 게 안 보여. 그 사진은 그래 그거는 있어 봐야 아무리 그거는 다 인멸이 되어가지고 안 보인다니까.

학인 1: 그게 어디 책 같은 데도 또 나온 게 있겠죠.

학인 2: 책을 봐야 돼, 책을.

학인 1: 그걸 갖다놓고 책을 봐야 별자리도 제대로 보면 보인다고요. 그러니까 여기에 글쎄 그게 없나? 여긴 없는 거 같다

학인 2: 성경에 나오는 건 없다고. 여긴 선기옥형밖에 안 나와.

학인 1: 여기에 나오면 좋을 텐데…

학인 2: 못 봤지 뭐, 나야.

학인 1: 근데 그게 도수 나온 게 책에 분명히 있을 거 같은데요. 찾으면 나올 거 같은데요.

봉우 선생님: 그게… 책에 구하면 구해. 책으로 만든 거 숫자 그대로 거기 있는 거 그대로 초 안 해놓은 책.

학인 2: 거기 어디로 가면…

봉우 선생님: 구할라면 구해. 거기 전석호라고…

학인 2: 전석호요?

학인 1: 이건 뭐죠? 이거요.

봉우 선생님: 열다섯이 돌아가는 거지.

학인 1: 여기에도 분, 도 뭐 이런 게 있는 데요 혹시 이거 아니예요? 칠십 팔분 뭐…

봉우 선생님: 약간 해놓은 거야. 약간 해놓은 거여.

학인 1: 약간 해놓은 겁니까? 이거는?

학인 2: 전석호 씨요. 전석호.

봉우 선생님: 응. 거기 중급 과정에 늘 나오는…

학인 1: 그럼 여기 여 십사만 삼천 일백 칠십 팔분 이것 혹시 아닙니까?

학인 2: 그 책을 갖고 있나요?

봉우 선생님: 그 책 그 사람이 인쇄를 했어.

학인 2: 그럼 갖다 달라고 해야겠네요.

봉우 선생님: 한번 얘기는 해봐 오거든.

학인 2: 전석호 씨가 중급 과정이요.

봉우 선생님: 응.

학인 1: 십사대 오윤(?) 여 사천 삼백 팔십 사분 뭐 이런 거 아니예요? 혹시?

봉우 선생님: 그런 거 가지고 수 못 놔.

학인 1: 예. 그런가요.

학인 2: 그러면 그 분도 그 공부를 했나요? 그러면?

봉우 선생님: 할라고 했지.

학인 1: 그런데 이게 지금 할아버님이 말씀하신 게 정확하게 우리가 제대로 이해하려면 도수 보는 법이라든가 이걸 다 알면서 봐야 그래야지 제대로 보는 거니까…

학인 2: 할아버님 말씀으로는 평면적으로 이거는 백날 해봐야 그 필연성을 모른다는 소리네요. 삼천이 왜 튀어나오는지 이 말가지고 평면적으로 맨날 그래봐야 그게 아니고 사실은 그러면 할아버님 말씀대로 하면 천문도하고 이십팔수, 고대 우리 천문…

봉우 선생님: 고대 천문 별자리를 보고 별이 어디가 있나 운행하는 걸 보면 대번 알아요.

학인 2: 그게 열쇠군요. 그러면 왜 저 소리를 늘어놨는가?

학인 1: 그러면 여기에서 지금 삼천이 둘이요, 삼지가 둘이요, 삼인이 둘이니 삼대삼합 육(六)이라 하는 건 우리가 별자리라든가 이런 거에 대해서 소양이 없기 때문에 사실 이해가 안 간다는 말이지요. 그럼 일단 이거는 숙제로서 또 놔두고…

학인 2: 그럼 나는 저쪽에 만들어놓은 그거 갖고도 모르겠는데요. 거기도 별자리가 없으니 까 저기 그 이거 해놓은 거요. 해놓은 게 내내 이런 식이거든요.

학인 1: 《천부경》에도…

학인 2: 《천부경》에도 잘 모르겠는데요, 그거 갖고는.

봉우 선생님: 다 알어. 다 안다고. 한참 가 한참 가는데 고만침이라도 해놓은 게 고마워.

학인 2: 그러니까 그런 식으로 형태로는 이십팔수를 다 알기는 어렵다고 하시는 거지요? 지금?

봉우 선생님: 이십팔수가 동그랗게 지금 요렇게 나 생겼는데 들락날락 들락날락해 그냥.

학인 1: 그렇죠.

봉우 선생님: 들락날락 해놓았으니까 얼른 알아볼 수가 없단 말이야.

학인 1: 그것은 여기에다 표시를 하면은 일단 할 수 있잖아요.

봉우 선생님: 그거 나오지.

학인 1: 그러면 언제 한번 《천부경》하고…

봉우 선생님: 내가 지금 책을 한 권을 찾아야 되는 게 이십팔수의 도수를 딴 도수에 합쳐놓은 거 수 놔가지고 그거 해놓은 게 있어. 그러니까 딴 무슨 도수에…

학인 1: 여기 어디에…

봉우 선생님: 이 위도는 얼마만치 내려와 있다.

학인 1: 몇 도에 어디쯤 가면 뭐가 있다.

봉우 선생님: 그걸 쪽 써 놔야… 책 하나로 알기 쉬워. 그걸 모르고 그냥 얘기할라면 답답하지.

학인 1: 힘만 들고요.

봉우 선생님: 이십팔수 여기 지금 약간 나기는 났어도 그냥 나지는 않았어. 예전 도인들은 도인들 수 놓는 거는 전부 그냥 한국 기상 천도라고만 해. 아, 예전 어른들이 기상 천도를 아는데, 그러는데 여기 기상대 사람들 봐

서는 여기 있는 게 하나도 안 나와.

학인 2: 아, 기상대 사람들이 원 그리니치 천문대같이 딱 원 저기를 삼고서는 계산을 한단 말이죠? 거기에 맞춰서…

봉우 선생님: 아, 지금… 수백이라도 백명이면 아흔아홉은 한국은 기상 천도다 이러고서 다 맞춰 가지.

학인 2: 그러니까 할아버님 말씀은 기상 천도라고 하는 그 위치가 다 틀렸다는 말씀이지요?

봉우 선생님: 다 틀렸지.

학인 2: 삼천 몇 년마다 변하는데 지금 그게 변했다 이거지요?

봉우 선생님: 그걸 시작한 거고 지금 하고… 한 거여. 이제 그걸 놔가지고 현 지금 십삼 무슨 몇 도라는 걸 수를 놔서 알아야 돼. 천문학자 그걸 모르면 천문 본다고 어쩌고 하는 거 다 거짓말이여. 암만 자기가 잘한다고 우리 아버지가 했네 어쩌고, 아버지가 했네 할아버지가 했네 하면서 그걸 가지고 내놓는 사람들이 많은데, 우리나라 도수 돌아가는 건 틀려가지고 있어 지금, 내가 놓은 대로 얘기했지만은 기상 천도면 기상 천도에 대해서 그 올 일, 나쁜 일이 오든지 흉년이 들든지 수해가 오든지 하는 것이 조선은 경상남도, 전라남도 한쪽으로 요렇게 갓으로가 그게 기상 천도여. 여기선 다 미리 거 가서… 거 가서 하니까 기상 천도로 보면 바다 가운데고 바다 가운데고 한국 남도… 까지 빙 돌아서 고렇게가 기상 천도가 아니라 말이여. 여기는 지금…

학인 1: 그러니까 전혀 다른 지역이기 때문에…

봉우 선생님: 다른 지역이지. 그걸 가지고 자꾸 여기 기상 천도를 자꾸 수를 놓으면 뭐가 나와 딴 게 나오지. 그런데 이게 기상 천도를 놓는 사람들이 자기들이 천문 보고 와서 아 기상 천도 어쩌구 저쩌구 해서 고맙다고 당신… 속으로 그냥 네가 정신이 없구나 하고 이렇게 보지.

학인 1: …

봉우 선생님: 그 사람들… 모르니까 그런 소리를 해.

학인 2: 모름지기 그러니까 천문을 잘 알아야 인사도 환해지는 거지요.

봉우 선생님: 그건 천문을 모르는 사람도 많지 않나. 그동안 천문 배우는 사람이 ○○라는 게 예전 대장들은 그걸 알아야 한다. 나라에 군사 된 사람이 그걸 모르면 안 된다. 그래 지금 그걸 아는 요새 지금 대통령이 알아? 국무총리가 알아? 국회의장이 그걸 알어? 다 모르지. 다 모르니까 맹판들이 하니까…

학인 1: 옛날에도 그걸 제대로 하는 사람은 별로 없었나 보죠.

봉우 선생님: …

학인 1: 많긴 많았지만 그렇게 흔하지는 않았죠.

학인 2: 〈계사전〉에도 오직 기인(其人), 그 사람만이 한다고 했잖아요.

봉우 선생님: 다 한다고는 안 했지.

학인 2: 그 사람만이라야 제대로 그걸 본다고 했는데 물론 지금보다야 나았겠죠. 근데 그때도 역시 그 사람도…

봉우 선생님: 그거 하는 사람은 많았지.

학인 1: 제갈량 같은 사람이라야 완전히 달통을 하지.

봉우 선생님: 제갈량이야 완전…

학인 1: 그렇지 않아요?

봉우 선생님: 제갈량이가 ○○한 것이 여기 밖에 못 갔는데 사계(四階)짜리는 거가면 다 ○○이니 뭣이니 하는 것이 ○○하는 것이 사계밖에 못쓰니까…

학인 1: 병법도 역시…

봉우 선생님: 똑같은 병법을 가지고도 머리 좋은 놈한테 떨어질 건 당연한 거 아니야.

학인 1: 그래 인제 삼대삼합 육이라고 했는데 그 다음에 생칠팔구(生七八九)하고 운삼(運三)하면 사성환오(四成環五)라 좌우간 여기서부터 여기까지는 생판 무식해서 도대체 무슨 말인지 모르겠던데요.

학인 2: 사성환오는 일단 표면적으로 그건 어떻게 윷판가지고 설명이 될까요? 사성환오는?

봉우 선생님: 사성환오 되지.

학인 1: 생칠팔구는 그냥…

학인 2: 삼육해서 했고 생칠팔구 그거는 그때는 그냥 하나, 둘, 셋, 넷, 다섯, 여섯, 일곱해서 일곱이고 이거 빼면은 여섯이고 그렇게 간단히 설명을 하셨거든요.

봉우 선생님: 간단히 설명하지 뭐.

학인 2: 그런 의미인가요? 그러니까 칠팔구가 나왔다는 것은…

봉우 선생님: 사성환오여 다섯을 에워싸기를 한다. 빙돌아 쌓지 그러니까 사실은 이십팔 이십팔수가…

학인 1: 하나, 둘, 셋, 넷. 하나, 둘, 셋, 넷.

봉우 선생님: 전부 스물여덟이여.

학인 1: 사성, 그러니까 이 주변에 작은 네 개가 사…

학인 2: 여, 하나, 둘, 셋, 넷이요 아니면 하나, 둘, 셋, 넷.

봉우 선생님: 그러지 말고 요렇게 요렇게 요렇게 요렇게 해봐.

학인 2: 사(四)가 여기 오른쪽에 하나 요것이 오다 가운데가…

학인 1: 가운데가 또 오고, 가운데 둘러싸고 있으니까 사성환오라고 하지 않는지 그 갑자기 운삼도 아직 설명이 안 끝났는데 그리 넘어갔어요. 그 생칠팔구는 뭘 얘기한다고 봐야 하나요? 칠팔구를 생하게 하고서…

봉우 선생님: 삼육해서…

학인 1: 삼대삼합 육이라 해가지고 생칠팔구.

봉우 선생님: 하나가 나오고, 천은 셋이 나오고, 하늘 땅 해도 둘이 나오고, 셋은 이렇게 이렇게 해서 여기서 하나, 둘, 셋 나오고 하나, 둘, 셋, 넷 나오고 이건 다섯 나오고 그러니까 또 여섯 나오고 하나, 둘, 셋, 하나, 둘, 셋 해서 여섯이 나오지 않아? 칠은 하나, 둘, 셋, 넷, 다섯, 여섯, 일곱 나오고 팔은 넷씩 넷씩이 나오니까 팔이 나오지. 넷씩 넷씩 하니까 큰거 떼어 버리고…

학인 1: 운삼하면… 하면…

봉우 선생님: 세 개가 운삼하면 어떻게 돼?

학인 1: 넷이 이루어져서 칠일(七一)이 칠일을…

학인 2: 칠일은 그렇게 생각 이거 처음 봤을 때 하나, 둘, 셋, 넷, 다, 여, 일곱…

05-1987.03.30.
《천부경》 대담 1[30]

학인 1: 먼저 인제《천부경》의 그 만들어지게 된 가장 근본적인 원리랄까 그걸 먼저 잠깐 설명을 드려야겠는데요. 우리나라는 옛날부터 사상이라는 것이 천지인(天地人) 삼재(三才) 사상 중심이 되어 있는데, 일종의 다리라고 요렇게 표시되어 있는데, 여기는 근원적인 하나의 모양이 되겠어요. 무극(無極)이라고도 표현할 수 있겠고, 그냥 알이라고도 표현할 수 있을 것 같은데, 여기서부터 하나의 점이 있다 튀어나왔다고 치고, 그 점이라는 것은 여기서부터 튀어나온 어떤 하나의 점은 땅을 형성한다고 그랬습니다. 그런데 이제 땅이라고 하니까 이걸 밑으로 해야 하나요? 지(地)를 형성하고 그럼 이 지를 내놓은 알은 지가 빠져나감으로(써) 어떤 새로운 하나의 형태를 또 이루게 되는데 그것을 천(天)이라고 보면 되죠.

학인 2: 지가 빠져나가요?

학인 1: 네. 하나의 알에서 튀어나온 것이 지가 되고, 그 내놓은 것은 이제 천이 되어가지고, 이것이 하나의 천과 지를 형성을 하는데, 그 천지 성질이라는 것은 요거는 음의 성질이고, 천은 양의 성질을 가지고 있어가지고, 음양의 이론으로 볼 거 같으면은 무극에서 양과 음으로 갈라지는 과정하고 같은 과정인 것 같습니다. 그래서 인제 이런 형태로 갈라져서 이루어지는 것이 양의 성질을 띤 천과 음의 성질을 띤 지, 그 양과 음이 나

---

30) 녹취: 박승순, 교정·주석: 정재승·이기욱(음성 파일 없음)

왔다는 것은 곧 조화를 이루어가지고 새로운 어떤 사물이라고 그럴까 그 것을 만들게 되는데, 그것은 인(人)이라고 표현을 할 수 있을 것 같습니 다. 그래서 여기에서 인은 사람만을 얘기하는 것이 아니라 만물 모든 것 을 얘기한다고 보겠는데요. 그럼 우선 이 알이라는 것에 대한 성질이 이 렇게만 설명을 해가지고서는 어떤 성격인지 이해하기가 좀 어려워서 그 알에 대한 성격을 단학경전 계통에 보면 《대통경(大通經)》이라고…

학인 2: 근데 그것을 말이야 태극이라고 보지 않고 무극이라고 봤습니까?

학인 1: 글쎄요. 이건 무극이라고도 말할 수 있을 것 같은데, 일단 무극이 다 하면은 벌써 어떤 음양 사상적이라는 것에 탁 끄달려서 제대로 해석 이 잘 안 될 거 같아서 할아버님은 알이라고 표현을 하셨거든요. 처음에 어떤 점 알이라는 점, 점이라고 표현을 하셨는데, 이 점의 성격을 확실하 게 해주지 않으면 이 뒤에 천이나 지의 성질 같은 것을 제대로 이해하기 가 어렵지 않느냐.

학인 2: 일반적으로 무극이라고 하면 천지가 다 혼동이 되서 전혀 판단할 수 없는 것을 무극이라고 본단 말이야.

학인 1: 네. 그러니까 그 무극하고는 성격이 약간 틀리는…

학인 2: 거기에서 씨라고 본다면, 알이라고 본다면 거기서 하나의 태극으 로 보자 이렇게 하신 거 같아서…

학인 1: 그거하고는 조금 틀린데요. 우선 이렇게 혼동상태다 무슨 상태다 하는 건 아직 얘기 나올 단계가 아니고요. 다만 우리는 그냥 어떤 점이라 고 생각을 해놓고, 이 점으로부터 무엇인가가 하나 튀어나왔는데, 그것이 곧 음극이면서 지의 성격의 띠고 또 내놓은 깃은 자체적으로 그대로 변 화를 해가지고 변화라기보다는 내놓으면서 바로 분화된 걸로 보여지는 데…

학인 2: 튀어나온 것이 그게 양이지 천이지.

학인 1: 글쎄요 그건 큰 문제가 아닌 거 같아요. 왜 큰 문제가 아니냐 하면…

학인 2: 그렇지만 그것이 혼동이 되어선 안 되지. 튀어나온 것이 천이고 튀어나온 자리 그 원래의 바탕 그것이 지(地)고, 그렇게 된 것 아닌가?

학인 1: 그렇게 설명을 해도 상관은 없는데요. 이거는 그게 그거는 문제가 안 되는 게 시간이 계속해서 이《천부경》이 진행이 돼나가다보면 요건 가장 중요한 문제가 되긴 하지만, 튀어나온 게 지(地)다 있는 것이 천(天)이다 이런 거는 큰 문제가 안 돼요. 우선 요 자리에서 우선 설명을 요거에 대한 설명을 다시 점에서부터, 요거에 대한 설명을 다시 지금 해야 되는데…

학인: 그 점에 대한 설명을 좀 더 구체적으로…

학인 1: 네. 그것을 구체적으로 하지 않으면 이거의 성격이라든가 이게 왜 이런 식으로 될까에 대해서 전혀 납득을 할 수가 없거든요.

학인: 그렇지.

학인 1: 그냥 우기면 우기는 것밖에는 안 되거든요.

학인: 일반적인 사람들이 처음 봤을 때 이 점에 대한 것을 이해할 수 있을 정도의 그런 내용이 어필되어야 되지 않느냐?

학인 1: 그렇죠. 그걸 인제 여기 "천부경 해석을 위한 근본 철학"해서 바로 첫머리에 써놓았죠. 점이다 알이다 이렇게 써놓았는데, 일단 점으로, 점을 중심으로, 점이라는 말을 중심으로 하겠습니다. 이것에 대한 해석이 아주 그럴듯한 게 어디에 나오는가 하면《대통경》이라는 경전에 나옵니다.

거기 원문을 조금 인용을 해놓았는데 "선천이생(先天而生)하나 생이무형(生而無形)하고 후천이존(後天而存)하나 존이무체(存而無體)로다" 하늘보다 먼저 나왔으나 그 모습이 없고 하늘보다 나중까지 존재하나 그 형체가 없다. 근데 이것은 이제 천이라는 것은 여기서 그냥 가장 먼저 나왔고, 가장 나중에 나왔다는 표현을 하기 위한, 가장 먼저 나와서 가장 나중에까지 있다라는 표현을 하기 위한 어떤 그냥 가치로 쓰이는 것 같습니다. "연이무체(然而無體)하니 미상존야(未嘗存也)라" 그런데 실체가 없으니 있다고 할 바가 없고 "고왈(故曰) 불가사의(不可思議)라" 그래서 왈 불가사의라고 한다.

그랬는데 앞에 보면 이 문장이 재미있게 되어 있습니다. 선천이생하나 생이무형하고 후천이존하나 존이무체로다 요렇게 되어 있고, 고 뒤에 나오는 문장은 연이무체하니 미상존야라 이랬는데, 여기 이 문장을 딱 보건대 제 생각에는 하나의 어떤 그 동강을 끊을 수가 있는데, 요기 요기서 나오고, 요기서 또 하나의 같은 비슷한 문이 나오게 해서 무형으로 해가지고요, 이렇게 해서 똑같은 어떤 댓귀(대구)의 형태가 나오지 않나 그렇게 생각이 들어요. 한 줄 빠진 것 같아요. 기분상 그러니까 먼저 하늘보다 먼저 나왔지만 그 형태가 없다. 하늘보다 나중에까지 존재하지만 그 체라는 것이 없다. 그런데 체가 없으니까 어떻게 존재한다 할 바도 없고 또 형태가 없으니까 나왔다고 할 것도 없다 이런 식의 문장인 거 같아요. 그래서 말하기를 "고왈 불가사의다" 그래서 불가사의라고 말한다. 여기서 이제 점의 기본적인 성격을 말해주고 있습니다.

그다음에 《대통경》에서 조금 지나가서 어떤 문장이 나오는고 하면 대도무상고(大道無相故)로 "대도는 무상고로 내불섭어유(內不攝於有)하고 진성무위고(眞性無爲故)로 외불생기심(外不生其心)하다" 그런 문장이 있죠. 고거는 인제 큰 도리는 모양이 없어서 안으로 모양이 있는 어떤 모양이라는 것 이런 것에 걸리지 않고 참성품은 하는 바가 없으니 밖으로 그 마음을 일으키지 않는다. 그러니까 제대로 된 성품이라는 것은 참성품이나 큰 도리라는 것은 어떤 걸리는 것도 없고 또 새로 뭣을 만들거나 이런 변화 같은 것도 사실은 일으키지 않는다. 그런 뜻인 거 같습니다.

그래서 "여여자연(如如自然)하여 광무변제(廣無邊際)라" 이와 같이 자연 그대로이니 넓고 넓어서 끝이 없다. 그리고 이제 세 번째에 가 가지고는 또 요거는 하나의 삼단계로서의 어떤 성격을 규정하고 있는 거 같은데요. "유법오무법(有法悟無法)하고 무수해유수(無修解有修)라 포함만상체(包含萬象體)나 불괘일사두(不掛一絲頭)라" 뭐 이래놓았는데 요 문장에서 이제 요거도 좀 문제가 있는 거 같아요. 법이라고 하지만 깨달으면 법이라고 할 것도 없고 또 닦지 않아도 알고보면은 닦은바 있음이라 포함만물체하나 만물의 모양을 다 싸서 안고 있으나 불괘일사두라 실오라기 같은 거 하나에도 걸림이 없다. 이런 뜻인데 전체적으로 다시 한 번 해석을 해보면요 맨 위의 문장은 천이니 지니 어쩌구 얘기하지만, 우리의 생각하고는 관계없이 그것은 그렇게 있는데, 우리 생각에 우리가 있다 없다 얘기 할 건덕지도 없이 딱 있는 건데, 그거는 그러나 형체도 없고 또 모양이 없으니까 이 자리에서 있다고 말할 수도 없으니 그래서 불가사의라고 얘기한다. 이걸 지금 불가사의라고 표현을 하고 있습니다.

그다음에 대도는 틀에 구애를 받지 않으니까 모양을 갖추고 있다고 하는 어떤 모양을 갖추고 있다고 하는 것 그런 것에 구애를 받지 않아서 도라는 건 이렇게 생겼다 저렇게 생겼다 이렇게 얘기하기가 얘기하면은 안 된다. 그런 뜻인 거 같아요. 그런데 이것도 점이다 알이다 하고 얘기를 하지만, 그 성격이라는 것은 그렇게 우리가 말하는 것을 이렇게 알이다 점이다 하는 말도 탁 규정지을 수 없는 참 묘한 어떤 것이다. 그런 뜻인 거 같습니다. 참성품은 억지 주장이 없어 밖으로 보인 마음을 보이지 않는다. 이렇듯이 자연 그대로란 넓디넓어 끝닿은 곳이 없다. 이렇게 작은 점 하나라고 하지만 작다고 말할 거 같으면 뭐 백묵가루보다도 더 작을 수 있고, 크다고 말할 거 같으면 우주를 다 싸고도 남을 만큼 어떤 크기 그것을 그런 성격을 여기서 얘기해준 거 같습니다.

그리고 여기 세 번째 문장에 거기선 네 번째 줄에 나오죠. 유법오무법요 부분이 또 저는 이상하게 생각되는데, 여기가 좀 이상한 생각이 드는데요. 이 문장의 성격으로 봐가지고는 이 점이라는 것이 불가사의한 어떤 것의 설명 그것의 성격 내지 그것이 실체를 설명할라고 한 거 같은데요. 보면은 법이라고 법이, 뭐 법을, 있는바 법, 뭐 이런 식으로 본다면은 어떤 있다고 하는 법, 우리가 법이라고 얘기를 하지만은 깨닫고 보면은 사실은 깨달은 경지에서 볼 때는 그것은 법이 아니라 자연스런 하나의 흐름 뭐 이런 것일 수도 있고, 말할 수 있는 우리가 말하는 것 이상의 어떤 성격일 수도 있거든요. 그러니까 법이라고 하지만 알고보면은 법이랄 게 없고 실제로는, 이건 요기서 좀 이상한 게 무하고 유가 바뀐 것 같은 기분이 들어요. 바뀌었다고는 하지만 알고보면 바꾼 것도 없다. 이런 식으로 돼야 정상일 것 같은데요. 그렇습니까? 그래서 이제 그 뒤의 문장으로 보면 이런 식으로 어떤 ○○이 바뀌었다고 생각을 한다면 전체적으로 이 문장이 《대통경》에서 설명하고 있는 것이 바로 알의 성격 내지는 모양을 설명하고 있다고 생각이 듭니다.

봉우 선생님: 유법(有法)으로 오무법(悟無法)이라 무수해유수(無修解有修)하면 그것이 글자로는 열 자지만 점 하나야. 여기 저 유무, 유무를 하나가 있고 없고 하는 거를 이퀄(=)을 해버리면 있는 거 하고 없는 거 하고 합쳐버려서 결국은 무엇이나 이 점 하나밖에⋯

학인 1: 그래서 이것의 성격을 지금⋯

봉우 선생님: 그것의 해설이야, 해설.

학인 1: 전체적으로 이 《대통경》의 내용이 해석을 해주는 거 같고요. 여기서는 발췌를 했는데 정상 《대통경》은 이것의 한 세 배 정도는 되는 거 같습니다. 여기 해놓은 것의, 이 성격을 세 가지로 제가 한번, 규정을 한번 지어볼려고 해서 제가 삼단원으로 나누어서 해봤을 뿐입니다. 그래서 계속해서 진도를 나갈 때죠. 여기서는 법이라고 표현하고 있지만, 이건 알을 설명하고 있는 것, 바로 이 알을 설명하고 있는 걸로, 알로부터 분화되어 나온 것에, 분화되어 나온 것이 어떤 울, 울과 울이니 하나의 음을 이루면서 그 알은 또 양의 성질을, 요거 요거 하나를 내놓고나니까 성격이 약간 변했을 거 아닙니까? 그래가지고 이제 이거의 성격을 가지게 되고 그러나 이것은 이것과 이것을 토해놓기는 했지만, 이건 무극이라고 표현하고 있는 것은 모든 걸 다 감싸면서 모든 걸 다 포함하고 있는 것이기 때문에 내놓았다고 얘기를 하지만, 이건 그대로 있는 거지요.

그래가지고 요것이 두 개로 갈려졌는데 이건 어떻게 보면 하늘의 성품이라고 할 수 있지 이거 하늘이라고 말하기에는 아직 이른 거 같습니다. 그 뒤로 전개해나가는 이것도 땅의 성품 그래서 요거 두 개가, 두 개의 성품이 음과 양의 조화가 딱 이루어지면서 그것이 사람이라든지 만물을 형성을 했다. 거기까지가 하나의 기본 성격인 거 같아요. 그래 이제 그렇게 보면 여기에서 여기에서부터 요 성격과 요 성격이 나오고, 요 성격 두 개가 합쳐서 이거의 성격이 되었으니까 곧 인(人)의 성격이라는 것은 이것과 성격이…

봉우 선생님: 마찬가지지.

학인 1: 같을 수 있다. 그러니까 여기는 인내천(人乃天)이다 뭐 그런 말이 나온 거 같습니다. 그러면 이 기본 성질은 여기까지해서 설명을 끝내고 이런 사상을 갖다 근본으로 일단은 해서 《천부경》의 경문을 해석하면 다음과 같다.

학인: 가만 그러면 이제 저기서 그 알이라는 것이 여기서 음양의 태극을 이룬다고 그랬잖아요. 그랬으면 음양의 태극을 이루면서 그것이 종내 할아버님이 원래 표현하신 알, 그거죠. 일단 그 알이라는 것이 거기에서 다

시 천지가 이렇게 분화되었다고 본다면 천지와 음양 그러면 그 알에 그 이전으로서는 이전 그 알이 나온 그 이전 단계로서는 무극을 또 의미…

학인 1: 그러니까 이걸 지금 어떻게 보면 무극이라고 말을 할 수…

학인: 무극, 무극이라는 의미는 그건 뭘까요? 태극이라고 하는 거 하고…

학인 1: 이걸 표현하자니까 혼돈 상태니 뭐니 이렇게 표현을 했는데 그 말을 이《대통경》에서 잔뜩하고 있는 말이 그 말인 거 같은데요.

봉우 선생님: 그거 그 소리여.

학인 1: 그리고 이것은 성격상으로 봐서도 이건 음양의 성격을 그대로 가지고 있다고 봐서 무리가 전혀 없을 거 같구요.

학인: 아니, 왜 그런가 하면 저기서 인내천이라고 다시 했을 때의 그 천의 의미가 저기서의 천의 의미가 분화된 천은 아니잖아요?

학인 1: 아! 이 천이 아니고 이것의 의미로 봐야 되겠지요.

학인: 폭 넓은 원래의 자리 그걸로 봐야 될까요? 저기서의 천은?

봉우 선생님: 지금 분화된 천이라고 봐선 안 돼.

학인: 그렇죠. 그러면…

봉우 선생님: 근데 지금 인내천 찾는 사람들한테 물어보면은…

학인: 분화된 천을 생각…

봉우 선생님: 분화된 천으로 생각하기가 쉬워.

학인: 분화되기 이전의…

봉우 선생님: 이전에 있는 천을 생각하는 게 옳지.

학인 1: 이거는 지금 알이라고 표현을 하지만, 여기서 요게 왜 천이라고 얘기하느냐 하는 것이 뒤에 조금 있으면 나옵니다.

봉우 선생님: 그렇지.

학인 1: 그래 이 경문 이제 원문으로 들어가서 해석을 해보면 일시무(一始無)하니 시일(始一)은 석삼극(析三極)으로 무진본(無盡本)이라. 여기까지에서 어떤 우주생성의 근본을 밝히는 거 같습니다. 그래서 해석을 하면 일은 무에서 비롯되었으니 시한 일은 '세 개의 극으로 나누어진다'라고도 말할 수도 있고, '세 개의 극을 머금었다'라고도 말할 수도 있을 것 같습니다. 그래서 '무가 다 그 근본을 이룬다' 이렇게 번역을 할 수 있을 거 같은데, 그 주를 그냥 읽겠습니다. 일시무는 처음 비롯된 하나이니 바로 분화의 시작을, 내지는 과정을 말한다고 볼 수 있으며, 시일 석삼극은 모든 분화된 것들이 하늘의 기운과 땅의 기운, 음기와 양기로서 나누어져서 그것을 품고 만물의 형상을 이제…

봉우 선생님: 만들어지는 거지.

학인 1: 네. 갖추게 됨을 말하는 겁니다. 그다음에 이제 무진본이란 없는 것이 다 근본이 된다. 또 근본을 다함은 없다. 이런 식으로 해석할 수도 있지만, 궁극적으로 무가 근본을 이루고 있다는 사실을 얘기하기 때문에 따라서 '무가 근본에 다 있다' 혹은 '그의 근본은 순전히 무일 뿐이다'라고 해석하는 거 같습니다.

봉우 선생님: 그렇지.

학인 1: 그다음에 두 번째 문장에 천(天)의 일(一)은 일(一)이요. 지(地)의 일은 이(二)요. 인(人)의 일은 삼(三)이라. 거기까지가 바로 본체의 어떤 완성이라고…

봉우 선생님: 그게 인제 얘기하는 거지.

학인 1: 일(一)은 적(積)하여 십(十)이 된다라고 했는데 이것은 실체로서의 어떤 천지인 삼재로부터 이제 다시 또 새로운 변화와 발전을 거듭해가지고 이제 구수(九數)까지 가게 되면 현세가 다 이루어지는데, 그 현세를 기본으로 해서 바탕으로 해서 계속해서 어떤 변화가 일어나는 것이 바로 후천(後天)세계로 연결되는데, 그 후천세계의 대표적인 수로서 십을…

봉우 선생님: 십은 변화수여.

학인 1: 예. 십을…

봉우 선생님: 십이 되면 변화가 되는 거니까 후천으로 넘어가면…

학인: 후천세계의 그 변화생성에…

봉우 선생님: 변해지는 그게 후천도 아니고 선천도 아닌 변화수야 그게.

학인: 선천과 후천의 그, 그러면 그…

학인 1: 하여간 그 십이라는 숫자로서 이제 후천세계를 여기서는…

봉우 선생님: 맨들어지지.

학인 1: 이 입장에서는 만들고 있는…

봉우 선생님: 그런데 십이 후천도 아니고 선천도 아닌…

학인: 중간지대군요.

봉우 선생님: 중간지(中間地)지, 중간지인데 십일(十一)부텀 후천이 되는 거지. 근데 십은 변화수란 말여.

학인 2: 이것은 변화하면 십을 이룬다가 아니라 이 쌓여서 십이 되고 십은 후천의 변화 기본이 되는 수다 이렇게 표현이 될게요.

학인 1: 그러니까 그냥 해석을 하면 '일은 적하여 십이 된다'라고 해석을 해야겠지만, 내용에 대한 것은 조금 있다 좀 더 자세하게 할 수 있겠습니다. 그래서 인제 번역을 해보면 천의 비롯은 첫째요, 천이 인제 첫 번째고, 지의 비롯은 둘째요, 인의 비롯은 셋째라 일이 쌓이고 변화하면은 십으로 간다. 그런데 그 주가 여기서부터 맞는지가 진짜 중요한데요. 하늘은 근본 아래 자리에서 가장 가깝다 왜냐하면 지는 이건 내놓은 것이고, 요거 내놓고 변화한 것이 천이다. 그래서 천이 제일 가까운 걸로 봐서…

학인 2: 나는 거기 이해가 안 돼요. 지를 내놓고 또 뭐가 변화해서 천이 돼요?

학인 1: 그러니까 아까 여기서 그래서 이거 성격을 갖다 그래서 《대통경》에서 경문을 이해 하면서 죽 설명을 드렸는데요.

봉우 선생님: 땅이 먼저 나온 게 아니고…

학인 1: 모든 것을 다 품을 수 있으니까…

봉우 선생님: 땅이 먼저 나온 게 아니고…

학인 2: 땅을 내놓고 언제든지 하늘을 얘기하니까 내 이상해서들 그러는 게여. 하늘이 먼저 나와야지 어떻게 해서 땅이 먼저 나오는 거냐 이거지.

봉우 선생님: 아니지. 아녀 아녀. 하늘이란 건 땅이 있으니까 하늘이라는 소리를 나오는 거여.

학인 1: 예 그렇죠. 그러니까 하늘이라는 건 하늘은 땅의 상대적인 개념으로 나왔지, 이게 일 이라는 수를 보면 이제 조금 있으면 그 얘기를 또 드리겠지만요, 1이나 4나 7이나 10의 숫자 1, 2, 3, 4, 5, 6, 7, 8, 9, 10, 11, 12 이런 숫자 가운데서 1이나 4나 7이나 10의 숫자는 어떤 의미를 가지냐 하면 자체로서의 큰 의미보다는 어떤 상대적인 의미 내지는 변화의 의미를 많이 가지는 것 같아요. 새로운 변화의 의미, 여기서 1, 2, 3이라는 숫자까지 해서 뭐 하나의 천지인의 하나의 세계를 구성했잖아요. 그다음에 4, 5, 6 숫자까지 해서 또 하나의 세계를 구성해서 인제 삼대삼합(三大三合) 육(六)이다 하는 말이 나오고요. 그다음에 7, 8, 9해서 인제 현세 인간계의 어떤 변화 그러니까 생주, 생멸, 변화하는 세상이 이제 완성되는 거고 여기까지 보면 3이나 6이나 9라는 숫자는 어떻게 완성의 의미를 가지고, 1이나 4나 7이라는 숫자는 내지는 10, 이러한 숫자들은 새로운 변화의 의미를 가지거든요.

그러니까 여기서도 이 천의, 천이라는 것은 지를 싹 내놓으면서 지가 튀어나오면서 천이 상대적으로 이루어졌다라고 할 수 있고, 한편으로 봐서는 요것이 어떤 변화를 갖다가 팍 줌으로써 지와 천이 딱 나눠져서 갈라졌다. 갈라져 나온다. 이런 식으로 얘기할 수도 있을 거 같아요. 근데 그 성격을 우리가 말로 규정하기는 어렵지만 내용상으로는 이런 식의 얘기로 할 수밖에…

봉우 선생님: 천(天)이 자연히 있기야 있지. 있는 천인데 천이라는 게 그냥 되고 천이니 뭐니 하는 것이 지(地)가 없고는 천이라는 소리가 안 나와.

학인 1: 그렇죠.

학인 2: 그건 그런데 이렇게 이 씨에서 지가 나오니까 천이라는 게 생겼다?

학인 1: 그건 왜 그런 식으로 설명을 하냐면요…

학인 2: 상대적인 개념이래도 지가 나오니까 천이 생겼다 이렇게 하면 지가 언제는 먼저 생겨나온 것처럼 능동적으로 먼저 빠져나온 걸로 인정이 되거든.

봉우 선생님: 그건 그렇지.

학인 1: 사실은 말을 하자니까 그런데 그게 왜 그런 식으로 설명을 하냐면…

학인 2: 아, 말투를 왜 그렇게 안 할 수 있는 걸 왜 꼭 그렇게 하나.

학인 1: 아니, 왜 그렇게 설명을 하냐면 지금 할아버님 말씀도 이《천부경》자체가 사람을 중심으로 구성이 되어 있는 거라고요 이게. 그래가지고 처음부터 끝까지 가보면 굉장히 인본적인 내용이 많은 거 같아요. 그래서 사람을 중심으로 볼 때는 하늘은 허한 거지요. 지는 밟고 서 있다고요. 이게 더 중요하다고 당장 볼 때는…

학인 2: 에이, 중요하고 중요하지 않은 걸 가지고 따지는 건 아니잖아요, 지금.

학인 1: 그거는 그러니까 그걸 따지지 않으면 이 천이라든가 지가 먼저 생긴 거를 가지고 얘기할 필요는 없어요. 먼저 생긴 걸 얘기할 필요가 없는데, 사람을 중심으로 생각해볼 때 사람이 하늘부터 생각하게 되지가 않고 땅부터 생각하게 된다고요. 왜냐하면 사람에는 지가 이게 첫 번째 생기고, 이게 두 번째 생기고, 이게 세 번째 생겼잖아요. 사람이 볼 때는 지가 더 가깝다고요.

학인 2: 가깝고 먼 게 아니라 여기서는 사람의 중심이, 사람 중심으로 따졌다고 하지만, 그렇게 해서 결과적으로 하늘이 생기고, 땅이 생기고, 사람이 생겼다고 할라면 기왕이면 아니 전혀 이런데 개념도 제대로 파악하지 못하는 사람이면 순서를 찾아서 설명해주는 게 낫지.

봉우 선생님: 근데 본체는, 본체는 알이 천이지 저게 천이 아니여.

학인 1: 그렇죠. 이건 내놓고나서 어떤 형태로 또 천이라고 말을 하지, 내놓고나서의 어떤 형태로 천이라고 말을 하는 거니까 그건 이제 어쨌든 간에 조금 더 있으면 그 얘기가 또 나와요. 이제 조금 더 나가면 진도가 조금 나가면 그래 인제 하늘이…

봉우 선생님: 그게 지금 천이 먼저 난 걸로 보고 이걸 쓰는데 원 천지(天地)라는 것이 공자(空字), 이 알 이것이 알 나온 자리가 그게 천(天)이야.

학인 1: 네. 요게 천이 된단 말이죠.

봉우 선생님: 천인데, 그게 인제 지금 볼 적에 지가 나오고 사람이 나오니까 우리가 이제 불리는 대로 천이라고 한단 말이여.

학인 1: 불리는 대로 천이라고 얘기를 한다는 말씀이지요?

봉우 선생님: 응 그래. 상상하는 거야 상상.

학인 1: 하늘은 근본 아래 자리에 가장 가까우니《주역》〈계사전(繫辭傳)〉에 왈, 사실은 알하고 어떻게 보면 똑같을 수도 있어요.

봉우 선생님: 같은 거야 같은 거.

학인 1: 똑같을 수도 있는데 어쨌든 상대적인 개념으로 봐서는 이거는 이걸 내놓기 전에 어떤 성격이라고 보고 그 상대적으로 어떤 천(天)이라는 것을 이렇게 가정할 수 있죠. 그래서 이렇게 하늘의 근본은 알의 자리에 가장 가까우니 〈계사전〉에 말하기를 "건지대시(乾知大始)"라 하면 "하늘이 곧 큰 비롯을 안다"라고 하는 말은 바로 이것의 관계를 얘기하는 것 같아요.

봉우 선생님: 그래.

학인 1: 그래가지고 다음은 지(地)는, 지는 요 알로부터 분화하여 점으로 부터 이제 분화하여 나온 것이 둘째로 이루어진 것이며, 인(人)은 이들의 조화로부터 이루어졌음이니 요 천과 지, 음과 양의, 양과 음의 조화로부 터 이루어졌음이니 지의 다음이라, 요것과 요것이 이루어진 다음에 요것 이 이루어졌다. 이렇게 얘기를 하는데 말로 하자니까 이런 순서고, 그래 이 부분에 대한 것은 〈계사전〉에 있는 말을 또 끌어다 써보면 곤작성물 (坤作成物)이라 곤(坤: 땅, 대지)이 나옴으로써 비로소 만물이 이루어지기 시작했다. 비롯된 것들이 이것을 종합적으로 얘기를 해보면요, 여기서 나 타나는 일이나 이나 삼이라는 어떤 숫자, 요 일, 이, 삼이라는 천일일(天 一一), 지일이(地一二), 인일삼(人一三) 하는 그런 숫자는 순서는 인간의 입장에서 생각하는 분화의 순서이지 사실은 동시에 이루어졌죠.

이거는 이게 동시에 이루어졌는데, 이거는 시간적으로 큰 차이가 있느 냐 동시에 이루어졌다는 거는 바로 조화가 들어간다는 얘기니까 사실은 시간적으로는 거의 차이가 없는데, 동시에 이루어졌다고, 세 개가 동시에 이루어진 거라고 볼 수가 있을 것 같아요. 그래서 비롯된, 비롯된 것들이 변화 발전해서 후천수인 십을 이룬다 했으니 바로 현세가 미래세를 이룸 을 암시하는 것이다. 여기서 인제 하필 왜 십을 얘기를 했느냐면 그 십이 라는 것이 현상 인간계를 중심으로 봤을 때 바로 다음 단계에 바로 시작 되는 어떤 숫자를 암시, 바로 다음 단계를 암시하는 숫자이기 때문에 십 을 얘기한 것 같습니다.

학인: 여기서의 십은 후천 변화수라고 그래야겠는데요, 그럼.

봉우 선생님: 후천변화수야.

학인 1: 그렇지요 후천변화수라고 봐야죠.

학인: 시작은 십일부터니까…

봉우 선생님: 십은 후천도 아니고 선천도 아닌 변화수여.

학인 1: 이걸 그렇게 보면 이 천이라는 것도 여기서 천지인으로 나눠봐서 그렇지, 이것도 역시 천지인 삼재에 속하는 이 천도 아니고 요 천도 아닌 그 어떤 요 천이라고 말하기도 그렇고, 요 천이라고도 말하기도 그렇고, 근본적으로는 이 알이지만 말이죠. 다음에 거무궤화(鉅無櫃化) 하면은 원문이죠. 여기는 거무궤화하면 삼천(三天)이 둘이요, 삼지(三地)가 둘이요, 삼인(三人)이 둘이니 삼대삼합(三大三合) 육(六)이라 여기서 말하는 거는 현상적인, 이상적인 우리가 생각할 수 있는 천지인의 어떤 모습을 갖추기 시작한 것, 제대로 된 모습을, 여기까지는 인제 상징적인 거고 내지는 성질만을 규명한 것이고, 그것이 이제 본격적으로 이제 그 어떤 움직이지 않는, 변화하지 않는 천지인의 어떤 형상을 구성하는 것 같은 실체를 완성한다고 말할 수 있을 것 같은데요.

무로부터 발전하여 그 변화를 다하면은 삼천이 둘이요, 이제 번역을 그냥 해보죠. 거무궤화하면 무로부터 발전하여 그 변화를 다하면 삼천이 둘이요 삼지가 둘이요 삼인이 둘이니 삼대가 각각 합하여 육이 된다. 무(無) 즉 요 알, 알로부터 나와서 커진다함은 알로부터 분화해서 이 분화과정을 계속한다는 뜻이니 그 변화를 다하여 이루어진 세상이 바로 육의 세계다. 이차적으로 변화를 하는 거죠, 여기는. 일차적인 변화는 천지인 삼재의 성질을 나타내고 이차적인 변화로서는 어떤 실체를 완성해가는 단계인데, 그에 따라서 이제 땅과 사람도 생(生)과 주(住)와 멸(滅)의 생장 변화를, 아직은 안 나타내는데, 이건 뭔가 잘못된 거 같다. 그에 따라서 땅과 사람 그러니까 땅이라든가 사람 여기도 우선 이제 1, 2, 3까지의 숫자 이후로 이제 또 4의 숫자가 더해지면서 변화가 또 일어나죠.

그 변화의 위에서 새로운 천, 지, 인의 그 삼종이 나타나는데, 그걸 지금 여기서 설명을 하는데, 좀 어렵게 설명을 해놓았네요, 제가 보기에는. 이는 각각 음과 양의 두 가지 모습으로 이루어지고 있으니 천지인이 하늘도 땅도 사람도 보면은 신체적인 모습으로 완성되었다는 것은 인제 어떤 모양을 우리가 가질 수 있다는 얘기인데요. 사물의 모양, 땅의 모양, 하늘의 모양, 여기서는 성질만 그냥 하늘의 성품이랄까 성질이랄까 그것만 규명을 했지만, 여기서는 이제 신체적으로 모양이 가져지게 되니까 그 모양이라는 거는 양의 성질과 음의 성질이 합쳐져서 천, 지, 지(地)도 양의 지와 음의 지가 합쳐져서 지, 사람도 양과 음이 합쳐져서 인이라 이런 식으로 구성이 된 거 같아요. 이 부분을 인제 또 〈계사전〉에서, 또 〈계사전〉만 자꾸 끌어 써서 미안합니다만, 일음일양지위도(一陰一陽之謂道)라 그 말이 바로 음과 양을 갖다가 합쳐서 하나로 이루어진 것들 그 내용을 이야기한 것 같아요.

　　그렇게 본다면 나머지 설명은 필요가 없어지는데요. 지금 뒤의 설명은, 인간의 눈에는 이렇게 삼천으로 삼지로 삼인으로 각각 다르게 나타나 보이지만, 여기서 삼천이라는 것은 또 뭐냐면 지금 제가 금방 설명 드린 음, 양의 애기라는 것은 뭐냐 하면 음과 양의 애기라는 것은 삼천이 둘이요 삼지가 둘이요 삼인이 둘이라 하는 데서 여기에서 천이 둘이고 지가 둘이고 인이 둘이라 하는 성격을 얘기를 하는 것이거든요. 그러면 왜 삼이 둘이냐 삼, 우선 근본적으로 우리가 하필이면 왜 삼을 얘기했을까 하는 것은 제 생각에는 이렇게 봤습니다. 하늘, 천지인 삼재를 중심으로 얘기하고 있잖아요. 근데 모든 인간세에 나타나고 있는 모든 숫자들의 관념의 기준은 사실은 이 삼을 중심으로 잡아야 될 거 같은데요. 그렇게 본다면은 삼천이라는 말은 천을 갖다가 세 가지로 본다는 뜻인데, 제가 전에 한번 여쭈어봤어야 했는데, 몰라서 그때는 못 여쭈어봤는데 그《천상열차

분야지도(天象列次分野之圖)》에…

봉우 선생님: 바로 그렇게 나누는 거야.

학인 1: 그렇게 나누어지죠? 이 저 하늘의 별자리를 28수라고 얘기를 하는데, 이거는 제 생각에는 후세의 사람들이 도수를 갖다가 정확하게 계산하기 위해서 편의상 요 별자리를 중심으로 말한 거 아닌가 싶습니다.

봉우 선생님: 그렇지. 그래 그건.

학인 1: 그렇겠죠? 그럼 이 28이란 숫자에는 그다지 큰 의미가 있는 건 아니고…

봉우 선생님: 큰 의미가 있는 건 아니고, 학문을 대서 이 도수를 따지자니까 28수가 생긴 거지.

학인 1: 그리고 그 28수를 중심으로 봤을 때 기준으로 잡았는데, 이제 하늘을 살펴보니까 어떤 하늘의 모양이 나타나냐면은 사계에 따라서 나타나는 게 아니라 하늘의 별자리들이 나타나고 사라지고 하는 그 각을 보니까 세 개의 하늘로 나눠지더라. 그건 바로 이 천지인이 세 가지로서 구성되어 있는 것과 혹시 연관이 있는 게 아닌가 싶습니다만, 그래가지고 이제 세 개의 하늘로 나누어졌는데, 그 세 개의 하늘로 나누어지는 건 우리가 이렇게 보기에 어떤 구분이 있는 거지 본질적으로 가서는 음의 성질과 양의 성질이 합쳐져서 이루어지고 있는 하늘 그렇게 보니까 삼천이 둘이다 하는 것은, 삼천은 세 가지로 보이는 것, 그다음에 이제 세 가지로 보인다 하는 것은 세 가지 변화로서 나타나고 있는 것이겠죠.

　그러면 이 하늘의 성질이 규명이 되면 땅이나 사람이 성질은 자동으로 거기에 따라가 가지고 땅도 세 가지, 사람도 세 가지로 얘기할 수 있는데, 이 세 가지라는 것을 이제 우리는 뭐 사람에 대해서는, 뭐 불교적으로 말하면 생로병사라고 얘기를 하지만, 이렇게 얘기를 하지만 사실은 나고 살고 죽는 것, 세 가지로 얘기할 수 있을 것 같습니다. 그래서 생과 주(住)와

멸, 이 세 가지로 분리하면은 사실은 인간의 입장을 제일 간단하게 분류한 거 같은데요. 그래서 우리는 사람이 사는 것을 굉장히 중요하게 생각을 하기 때문에 후대에 나온 생각이겠지만, 나는 것과 늙는 것과 병드는 것과 죽는 것, 이런 식으로 잔뜩 분류를 해놓았는데요. 이건 사실은 주(住)에 다 속할 수 있을 거 같습니다.

그래 인간의 눈에는 이렇게 삼천으로 삼지로 삼인으로 각각 다르게 나타나 보이지만 그 근원을 살펴보면 역시 천지인 삼대(三大)일 뿐인데 그 삼대의 모습은 사실은 음양의 두 가지 성질을 포함하여 이루어졌음이니 바로 요것, 요것, 요것 나누어놓은 것을 볼 거 같으면 여섯 가지의 커다란 모습으로 나눌 수가 있다. 그래 이 변화하는 거 같은 것은 사실은 변화하게 보이는 것이지 하늘이 그렇게 딱 변하는 거는 아니거든요. 하늘은 그대로 있는데, 천상 천하 하늘은 항상 그대로인데, 우리가 볼 때는 다르게 보인다는 것뿐이지 해서 이제 여기까지면 일단 거기까지 해설을 끝내고, 여기까지에서의 나타나는 것이 우리 현재 살고 있는 인간 세상 바로 이전에 어떤 이루어지는 것까지 거기까지만 나타낸 거고, 이제 칠, 팔, 구의 수로 들어가는데요, 이게 이제 본격적으로 사람이 생멸변화하는 사람의 수로 나타내는데, 그전에 제가 처음에는 자연 이해를 못, 지금도 사실 이해했는지는 모르겠습니다만, 칠, 팔, 구의 수가 연속해서 세 개가 나오지 않습니까? 생칠팔구(生七八九), 그래 이걸 보고서는 야, 이거 뭐 간단하게 설명을 말하고 있으니까 아마 별 거 아닌가보다 생각을 했는데, 후에 보니까 이게 본격적인 사람의 생멸변화하는 사람의 세상을 얘기하는 거 같군요. 그래 이제 지우고 다시…

학인: 그래, 이 저 삼천에 대한 거 삼지, 삼인 제대로 방향을 잡았나요?

봉우 선생님: 제대로 잡았어.

학인: 그게 항상 제대로 방향을 잡았는지…

학인 1: 하면서도 지금 의심이 많습니다. 저도 이게 제대로 맞는 건지 제대로 보고 있는 건지. 이제 지금부터 이제 본격적으로 생멸변화하는 인간의 세계에 대한 어떤 설명이 시작되는데요. 생칠팔구하고 운삼(運三)하면 사성환오(四成環五)라 칠일(七一)이 묘연(妙衍)이로다. 여기까지 인제 잠깐 설명을 하면요, 생칠팔구는 생, 주, 멸하는 변화의 세계 그 세계를 완성하는 단계고 그다음에 운삼하면 사성환오라 하는 것은 완성된 실체적인 땅을, 실체적인 어떤 세상을 지배하는 어떤 원칙을 보여주고 있는 거 같아요. 그다음에 칠일이 묘연이로다 하는 것은 생멸변화하는 세계를 이루게 된 어떤 요체, 그것은 칠과 일이라고도 할 수 있고 칠 하나라고도 할 수 있겠는데, 만약에 칠과 일이라고 하면 요 일은 바로 달을 얘기하는 거 같군요. 그렇습니까?

봉우 선생님: 으응.

학인 1: 칠은 이제 그 새로 변화의 수고, 그리고 또 설명으로 보자 해석은 이제 칠과 팔과 구를 생하고 세 번 움직이면 사를 이루고 오를 이루니 칠과 일이 묘연이로다. 주를 보면은 요 육이 여기서는 인제 육이 어떤 육각에서 원생적인 어떤 현상계, 동태적이 아닌 정태적인 현상계를 갖다가 완성해서 거기까지를 말했다면은 칠은 여기에 다시 알의 성질이 요 알의 성질이 다시 가해져서 그래서 새로운 생의 변화가 일어나는 거다라고 봤는데요, 따라서 칠은 변화의 칠이라고 말할 수 있겠다. 약동의 칠이라고 말할 수 있겠다.

알의 성질은 천의 성질이니 곧 하늘의 성질이니 천의 성질이 더해졌다 함은 양의 힘이 더해진 셈이죠. 그러니까 양의 힘이 더해졌으니까 그렇게 되면 균형이 또 깨어져버렸는데, 음양이 균형이 다시 거의 이것과 동시에, 그러니까 당연하게도 음의 힘이 또 가해져야 되니까 그것이 또 하나 더 가해지는 수가 팔이 됩니다. 요게 그러니까 칠이 이제 칠이 일종의 하늘의 수라고 보면은 팔은 지의 수가 이제 여기 더해진 셈이니까 지의 수로 생각이 되는데요. 그러면 여기 다시 구라고 그러면은 이것과 요것 양과 음이 합쳐진 인의 수, 이건 중성이라고 하겠지요. 알의 성질은 천의 성질이니 천의 성질이 더해졌다 함은 양의 힘이 더해진 것이라 당연히 음의 힘인 지의 성질이 다시 더하여져서 진설과 변화의 팔을 생각해야 된다.

이게 무슨 말이냐 하면 요게 지금 양의 성질이고 요게 음의 성질이란 말예요. 요게 음과 양의 성질이 다 더해졌으니까 이제부터는 변화를 해야 한다고요, 이것이 조화를 이루어가지고, 조화를 이루어서 어떤 변화를 일으켜야 되는데, 이제 팔까지가 왔으니까 변화를 할 수 있는 준비가 완성되어 있고, 또 실제로 변화를 이제 시작하는 셈이죠. 팔을 진설과 변화의 수라고 한 이유는 양과 음이 모두 가해진 상태가 되니 여기서 조화 변화의 기운은 무르익은 것이어서 새로운 차원의 열림은 이미 시작된 셈이다. 이로 보면 칠은 새로운 차원의 예견이라고, 예견이라고 볼 수 있겠다. 아까 십이 그 후천 세계의 예견이라든가 어떤 변화의 수라고 말한 거나 마찬가지지요. 이런 팔의 입장에서 본다면 팔괘는 팔괘라는 것은 변화, 후천세계에 일어나는 어떤 변화 아! 후천세계라네!

봉우 선생님: 그렇지.

학인 1: 현세에 일어나는 모든 변화를 갖다가 이렇게 점치고 또 팔방이라는 것은 다 이렇게 이루어져 있는 것들, 진설이라고 말할까요, 그것을 말한다고 보겠고, 구(九)에 이르면 천과 지가 이미 합하여 새롭게 인이 이루어져서 현상적인 인세(人世)가 완성된다. 여기서 지금까지의 숫자들을 정리해보면, 숫자라기보다는 이제 수로서 대표하고 있는 여러 가지 것들을 정리해보면 다음과 같다. 일은 신격의 천이고, 이는 신격의 지이며, 삼은 신격의 인이라. 그러니 일, 이, 삼은 이미 신격의 수라는 얘기죠.

일, 이, 삼, 이거는 뭐라고 말할까? 이렇게 말할 수 있을 거 같아요. 천생 신이다.

이것도 역시 〈계사전〉에서 나오는 말에서 암시받은 글인데요. 천생신이 고다음에 사, 오, 륙은 지성불이라, 이거 인제 사, 오, 륙은 요 일 자체는 천의 상징이고, 이는 지의 상징이고, 삼은 인의 상징이지만, 이 세 숫자 세 개가 전부다 일종의 하늘의 성격을 띤 천의 수라고 보고, 요거도 역시 천이고, 요거도 지고, 요것도 인이지만, 이것도 역시 전체적으로 세 개의 숫자는 어떤 실체가 완성되어 있는 수니까 지의 수라고 보고, 성물을, 어떤 사물을 완성해가는 어떤 세계가 완성되어가는 수라고 보고요. 그다음에 그리고 이제 마지막으로 이제 마지막은 아니지만, 칠, 팔, 구, 이것도 천의 수고, 이것도 지의 수고, 요것도 인의 수지만, 요것은 전체적으로 만물의 생멸변화하는 수…

봉우 선생님: 칠, 팔, 구는 변화를 준비하는 수여.

학인 1: 칠, 팔, 구요?

봉우 선생님: 칠, 팔, 구는 만물의 변화를 준비해나가는 과정이란 말여.

학인 1: 그 실제로 현상계를 여기까지 해서 다 이루는 거 아닙니까?

봉우 선생님: 변화할라고 나가는 게야, 그게, 지금.

학인 1: 그런가요? 변화하려고 나가는 거면서 실제 여기서 변화가 이루어지는 거 아녜요?

봉우 선생님: 이루어지지, 그게, 인제.

학인 1: 하여튼 그래서 이거를 제가 전에 어떻게 봤냐면요. 여기 칠에서 생멸변화 육까지의 어떤 정태적인 모양을, 정태적인 모양에서요, 칠이라는 숫자가 딱 더해지면서 이제 여기까지는 이제 만물의 형태가 완성됐다고, 천의 형태, 지의 형태, 인의 형태가 완성되었다고 보는데, 칠에서 본격적으로 이제 생멸변화의 그 기운이 싹 트게 되고…

봉우 선생님: 이제 나오기 시작하는 데지, 거기서.

학인 1: 팔이라는 것은 이제 음양이 합쳐졌으니까 이제 제대로 변화가 시작되는 거죠. 이제는, 그다음에 구는 변화가 시작돼서 이루어진 만물…

봉우 선생님: 변화가 아주 완전히 되는 건 아닌데, 변화를 준비하는 수, 생로병하면 사를 준비하는 때란 말이여.

학인 1: 아, 그러니까 세계 그러니까 이거를 갖다가 선천세계와 후천세계로 봤을 때 후천의 변화를 준비하는 수라고 말씀을 하시는 거지요?

봉우 선생님: 그렇지. 후천을 준비하는 수지.

학인 1: 예, 근데 이거는 후천을 준비하는 수라는 것은 좀 더 큰 눈으로 봤을 때는 후천을 준비하는 수인데, 현생 우리가 살아가는 사람의 입장으로 봤을 때는 요게 완성 아닙니까?

봉우 선생님: 한참 완성된 거지, 그게.

학인 1: 그렇죠. 1차 완성된 거죠, 여기도. 그래 여기까지가 바로 우리 눈으로 봤을 때, 사람의 눈으로 봤을 때 바로 만물이 생성변화를 얘기하는 거다. 그 말은 갖다가 이《천부경》에서는 그렇기 때문에 구까지의 숫자만을 실체로 나타내고 있죠.

봉우 선생님: 그렇지 그래.

학인 1: 다음에 그러면은 요걸 각각 다시 한 번 설명을 해보면요. 일은 인제 신격의 천, 어떤 원초적인 이상의 천, 성격을 구성하는 거고, 이(二)도 마찬가지로 신격의 지, 원초적인 어떤 이상의 지, 인(人)도 신격의 인이면서 원초적인 어떤 이상의 인, 여기까지는 삼이 인제 일종의 작은 완성이 되지요. 그다음에 이걸 조금 더 설명을 하면 우주를 형성하는 어떤 기본적인 성격을 얘기해주는 거고요.

봉우 선생님: 응, 응.

학인 1: 또 한편으로 요것은 하늘의 수라고도 말할 수 있고, 땅의 수라고 말할 수 있고, 인의 수라고 말할 수 있고…

봉우 선생님: 그렇지.

학인 1: 다음에 지성을 요기는 요기를 보면은 아직은 변화의 기운을 띠지는 않았지만, 실체로서 어떤 실체로서 천이고, 실체로서 지이고, 실체로서 인이 완성이 되어 있고요. 여기까지 완성이 되고, 여기부터는 본격적으로 이제 그 완성되어 있는 어떤 실체의 모양들이 생멸변화를 여기서부터 시작을 해가지고, 이제 현세를 구성하면서 후세를 또 준비하고, 그래 여기서부터 십으로 만약 넘어가게 되면 후천수라는 얘기가 아마…

봉우 선생님: 그건 갈 데 없이 그리로 가는 거야.

학인 1: 그러면 이제 요 칠과 팔과 구의 숫자를 갖다가 이런 관점에서 볼 것 같으면 칠(七)이라는 숫자는 하늘의 이법(理法)이라고 설명하고 싶군요. 그다음에 팔(八)이라는 숫자는 지의 이법, 그다음에 이 구(九)라는 숫자는 인의 이법. 그러니까 사람 세계에서 우리가 얘기할 때는 항상 구까지의 숫자로서 여러 가지 얘기들을 하는 게 이…

봉우 선생님: 구로 그냥 여러 가지가 다 떨어지지.

학인 1: 그게 여기서 많이 한 것 같군요.

봉우 선생님: 이렇게 써 놓으면 지금 《천부경》 해설하신 이들이 많잖아. 해설하신 이하고 달라져.

학인 1: 근데 이게 지금 제가요. 제 생각에는 정밀하게 생각을 해보면 전혀 무리가 없이 지금…

봉우 선생님: 글쎄 그러니까 감히 내가 저 대종교 총전교로 이 얘기를 못해.

학인 1: 하셔야지요. 그래도요.

봉우 선생님: 이 얘기를 내가 못해.

학인 1: 아니, 하실 건 하셔야지요. 지금 여기서 안 하시면 안 돼요. 하셔야지요.

봉우 선생님: 못하는 게 왜 그런고 하니 선종사(先宗師: 선대 종사님)들이 안 해놓고 선종사들이 저런 걸 분석을 못했어. 좀 죄송하더라도 못해 놨는데, 내가 가 그런 얘기를 하면 선종사 깔보는 거 같아서 못해.

학인 1: 그런데 인내천이라고 주장을 하시는 것만 봐도 분명히 이 원리적인 것을 안 하니까 인내천이라고 주장을 하셨을 텐데요.

학인: 인내천, 인내천이야 뭐 최수운…

학인 1: 인내천, 바로 그《대통경》 얘기 아녜요? 그냥 고대로 그냥…

학인 2: 누구?

학인: 인내천이야 그 최수운 선생 얘기 아녜요?

봉우 선생님: 그래 동학사(東學師?: 동학의 스승) 한 자지.

학인 2: 동학사니 인내천이니 하는 그런 말은 거기다 절대 쓰지 말아요. 그럼 동학에서 한 게 아닌가 오해받아요.

봉우 선생님: 전에는 그렇게 봤는데 또 모르지 뭐 괜찮아.

학인 1: 괜찮죠, 설명할 때 무리만 없으면.

봉우 선생님: 무리만 없으면 괜찮아.

학인 2: 우리가 그렇게 써도 세상이 다 알기를 인내천이라면 하면 지금 천도교에서 얘기하는 그 사상이다 이래서 그걸 받아들였다 이렇게 오해를 하니까 그걸 안 할라고 그러는 것이지.

학인 1: 여기서 그렇게 한다면 우리는 인내천이라고는 안 쓰고 사람이 곧, 사람의 성품이 곧 하늘의 성품 고대로다라고 그렇게…

학인 2: 그렇지. 그렇게 하면 또 얼마간 무난하지.

학인 1: 결국 그게 같은 얘기라고요.

학인: 아니, 근데요. 근데 기존의 드러난 사상을 이제 여기서 설명이라는 것을 같이 아우르면서 이런 것도 여기서 같이 다 나가는 것이다 이런 식으로 할 수는 있죠.

봉우 선생님: 그거 괜찮아, 내도.

학인 1: 내 생각에는 당연히 같아야 되는 게 이게 저기 대종교의 종사님들이 만든 법이 아니고, 우리나라 옛날부터 전해 내려오는 하나의 사상철학적인 모습이란 말이에요. 그러니까 이건 최수운도 얘기할 수 있고, 최고운도 얘기할 수 있는 거라고요.

학인: 이걸 공부해서 본 사람들은 정확히 얘기를 한 건데…

학인 2: 좀 높은 입장에서 보면 이런데 세상에서는 저 사람들은 이렇게 얘기를 해놓으면 고놈을 이용해서 아, 결국은 우리가 얘기한 게 맞다. 이렇게 해서 또 그걸 들고 나와서 이용해 먹을라고 하는 그런 나쁜 버르장머리가 새로 나오니까 수수하게 그냥 말로 죽 표현하는 것이 낫다. 인내천이라고 문자를 꼭 인내천이라고 해야지만 되느냔 말이야. 다른 말로도 표현할 수도 있잖아.

학인 1: 그것도 그때 가서 또 이제 본격적으로 쓸 때는 그걸 또 다시… 돼요. 그래가지고 이 바로 위에 설명한 도표를 갖다가 다시 설명하면 일, 이, 삼이라는 것은 개념적으로만 어떤 개념으로만 존재하고, 실체는 나타나지 않고, 다음이 이 사, 오, 육은 것은 실체로 인제 나타나는데, 아직 변화가 일어나는 것은 아니고, 그다음에 요기서부터는 변화가 함께 있는 실체, 그러니까 진짜 우리 세상이죠. 이제 그리고요 세상 이후로는 후천세계로서 새로운 변화 그러니까 각각 보면 일, 이, 삼이라는 것은 사, 오, 육을 위한 준비 단계고, 사, 오, 육이라는 것은 이 칠, 팔, 구를 위한 준비단계 그런 식으로 볼 수 있겠죠. 다음 여기에서 수의 성질을 살펴보면 다음과 같은 공식으로 좀 이거는 나타낼 수 있겠다. 즉…

학인: 아, 그런 설명도 필요해요. 요즘 사람들한테는 그게 오히려 더 쉽게 들린다고…

학인 1: 이건 사족같이 느껴지는데…

학인: 그것도 필요하다고…

학인 1: 영(0), 이건 영인데 영은 곧 무라고 얘기할 수 있는데, 이건 알의 수로서 지극히 조화 되어 있는 완벽한 조화의 상태를 얘기하는 거고요. 그다음에 3X + 1은 이퀄 천의 수, 그다음에 X + 2는 지의 수, X + 3은 인의 수, 그래가지고 여기다 빵 집어넣으면 일, 이, 삼 해가지고 요 성격이 그대로 나오고, 그다음에 일 집어넣으면 요 성격이 나오고, X에다 2를 대입할 거 같으면 요 성격이 그대로 나오고, 이렇게 그냥 공식적으로 한번 만들어봤습니다.

봉우 선생님: 공식적으로 하나 만들어봐도 괜찮아.

학인 1: 천의 성질에서 요거를 변화를 어떤 새로운 기운을 보태주는 거죠. 새로운 기운을 여기다 집어넣어 주는 거고, 이거는 거기에 새로운 기운이 딱 들어가는 순간에 그 새로운 기운이라는 건 항상 양의 기니까 음의 기가 따라 들어가고, 그것이 들어가면 바로 그냥 조화가 일어나서 또 새로운 하나의 형태로, 원문 해설을 계속 또 하면 운삼이라 함은 세 번 움직인다고 했지만, 이렇게 인제 놓고 봤을 때는 삼으로부터 움직이기 시작했다고 봐도 되는 거 아닙니까? 그래 삼으로부터 움직이기 시작했다고 보면 또 한편으로 세 번 움직인다라고 하는 말은 우주에 나타나는 변화의 모습을 갖다가 생과 주와 멸, 세 가지로서 나누는 어떤 의미도 있을 거 같구요.

그다음에 사성환오는 사가 이루어지고 오로써 둘러진다 하였으니 사는 초기의 완성수인 삼에 여기에 삼에 하나가 더해졌는데, 이 하나의 더해진 것은 천이라고 말할 수도 있겠고, 알의 힘이라고도 말할 수도 있겠고, 이것이 더해져서 더해진 수이니 마땅히 여기 딱 더해졌으니까 마땅히 하나 더해진 음의 힘이 더해진 오의 수가 나와야 된다. 그래서 이제 마땅히 지의 성질인 음이 따라와서 오의 수를 생한다. 이는 바로 정태적인 지의 수이니, 여기는 정태적인 거 아닙니까? 여기는 인제 개념적인 거고, 여기는 정태적인 거고, 여기는 이제 동태적인 거죠. 정태적인 지의 수이니, 둘러서 오를 이룬다 함은 바로 오행의 모습을 말하며 오황극(五皇極)의 모습을 나타내는 것이다. 그 오황극의 성질이라는 것은, 그러니까 여기서 이렇게 탁 형성된 이 지(地)의 성질이라는 것은 목, 화, 토, 금, 수 다섯 개의 목성과 화성과 토성과 금성과 수성이 오성으로서 이제 대표적으로 말할 수 있고, 그런 다섯 가지 성질을 띠고 있고, 그런 다섯 가지 성질을 띠고 있는데, 그 성질을 띤 이 지라는 것은 이미 음과 양이 다 되어졌기 때문에 안정되어 있는 상태라고요.

그 안정되어 있는 모습을 갖다가 그림으로 그린다면 천상 그릴 수 있는 게 이 목, 화, 토, 금, 수 이게 가장 안정되어 있는 모양인 거 같습니다. 그래서 아마 오행의 모습을 이렇게 나타내구 있는 거 아닌가 싶구요. 그래 여기까지 해서 《천부경》의 도표를 이따 나중에 한번 부연 설명을 하지요. 《천부경》을 설명을 하면서 여기에서 오행의 원리가 완성되었다고 보겠다. 칠일이 묘연이라고 함은 칠 하나가 그 묘를 더하기 시작하였다 함이니 왜 여기에서 다시 칠의 수가 나왔는지를 생각해보면 생 칠, 팔, 구 이후는 현재의 인간세를 설명하는 과정이기 때문이며, 인간세의 생멸변화에는 정태적인 사, 오, 육이라는 지의 수에 새로운 변화의 동력인 알의 힘이, 천의 힘이 하나 더해져서 시작되는 거니까 바로 칠입니다.

따라서 이 칠은 하나의 알과, 하나하나라고 할 수도 있고, 알, 알이라고도 할 수도 있고, 천이라고도 할 수도 있겠는데, 그것이 칠에서는 가장 중요한 것이 칠이라는 숫자보다도 육에서 하나 보태졌다는 것이 중요하기 때문에 인이라는 걸 여기에 특별히 더 써놓은 게 아니냐, 하나가 오를 더한다고 볼 수도 있겠다. 다음, 다음에 원문을 또 보겠습니다. 만왕만래(萬往萬來) 하여도 용(用)은 변하나 부동본(不動本)이라 여기서부터는 변화의 어떤 실상을 말하는 걸로 보이는데요.

봉우 선생님: 그렇지, 그렇지.

학인 1: 만 번 가고 만 번 온다 해도 그 쓰임새는 변해도 그 근본이라는 것은 움직일 수가 없다. 이상이 세상 돌아가는 근본이니 지금 이 위에까지 이제 설명한 것들, 만왕만래 이전까지 설명한 모든 것들이 세상이 돌아가는 어떤 근본이니 천만 번 가고오고 변화를 거듭한다 해도 그 쓰임은 변할지언정 근본, 즉 구성수, 이것도 될 수 있고, 알도 될 수 있겠죠. 그것은 그 근본이라는 것은 변할 수가 없다. 완성수인 삼과 육과 구, 아까 잠깐 했죠. 요 점이라는 것이 성격에 있어서 완성수, 정태적인 완성수, 동태적인 완성수 그 완성수인 삼과 육과 구의 수와 그 세 개가 작은 생멸변화를 내포하고 있음이니 하나하나의 변화가 거꾸로 근본에 영향을 미칠 수는 없음을 말할 수도 있다. 이 하나하나가 다 완성이라고는 하지만, 이것이 뭐 어떤 변화를 이렇게 변하고 이렇게 변한다고 해서 근본에 어떤 영향을 미칠 수는 없다는 얘기도 되겠어요.

그다음에 원본, 본심(本心)은 본태양앙명(本太陽昻明)하니 인중천지일(人中天地一)이라 일종무종일(一終無終一)하다. 사람 세상이 여기서부터는 이제 사람 세상의 어떤 근본 자리를 말하는 거니까 강한 인세, 그런데 여기서 굉장히 강한 인세 중심의 어떤 사상이 나타납니다. 근본 마음은 태양의 밝음을 추구하며 뿌리를 두니 사람 가운데 하늘과 땅이 하나라 이 하나의 다함은 없으니 끝내 하나일 뿐이라 여기서 인간세를 중심한 가르침이니 사람 가운데 하늘과 땅과 하나라 함은 바로 천지의 모든 수를 더하여 형성된 것이 인세이며, 인세의 으뜸은 또한 사람으로 대표되니 이로부터 사람 가운데에는 하늘과 땅의 모든 기운이 들어 있음이 드러난다. 이게 인제 해석의 끝인데요. 아까 중간부터 이제 그 선생님 질문이 전혀 없으셨는데, 혹시 중간부터 이게 무슨 소린가 하나 하신 게 아닌가 싶어요.

학인: 아니, 이게 일종무종일하고 처음 시작에…

학인 1: 일시무시일 하고…

학인: 일시무시일 하고 백기(?) 아니겠어요? 그러면은 처음에도 말이야 일시무의 의미는 결국은 글자 그대로 알의 사상 아니겠습니까? 무, 무극이 태극이며 알이니까 그 알에서 시작했어. 이야기가 그러니까 뒤의 끝남도 끝내 하나일 뿐이 아니라 하나이면서 없다로 그냥 끝내는 게 결국 그 끝난 하나도 그런데 하나로 끝나되 일종…

학인 1: 말로는 큰 뭐가 없겠죠. 말이라는 건 여기서는 말이라는 건 문제 삼을 게 별로 없을 거 같아요.

학인: 아, 무리가 없는데 요기를 댓귀(대구)를 삼아가지고 여기서 그냥 해석을 이 하나의 다함은 없으니 끝내 하나일 뿐이라. 요렇게 해석하지 말고 원래 그 토대로 일종은 무종일 그러니까 하나로 끝나는데 그 끝난 그 하나도 없다. 이런 식으로 그 없을 무로 다시 회귀하는 무에서 나왔으니 그 무로 돌아간다는 그 의미 아닌가요?

학인 1: 그것도 아주 좋겠네요.

학인: 끝난 것도 없다. 그러니까 하나도 결국 시작한 하나 아, 저 끝난 하나도 없다. 그러니까 일종무종일 그렇게 토를 달았거든요. 할아버님께서…

학인 1: 하나가 끝이니 끝난 하나라는 것도 사실은 없다.

봉우 선생님: 없다.

학인 1: 그렇게 봐도 되기는 되겠네요.

학인: 원래 할아버님께서 그렇게 토를 달으셨어요. 그래서 저는 처음 시작에도 무에서 했으니 나중에도 결국 변화를 다하고나서…

학인 1: 그런데 그렇게 되면 어떤 문제가 생기는고 하니 저도 그거를 생각해봤는데…

학인: 그럼 어떻게 할 거야?

학인 1: 전체적인 흐름을 볼 것 같으면 굉장히 인간 중심적이거든요. 완전히 인세 중심이라고요. 이 사상이 근데 막판에 가서 끝내 하나도 없다라고 해버리면 허무로, 허무주의로 확 빠질 거 같아갖고…

봉우 선생님: 허무가 아니라 마지막은 그런 거야.

학인: 아니, 인중천지일은 그게 인제 극치를 보여주잖아요. 인간 중심의, 사람 속의 천지가 하나로 조화된 것을 얘기해주고 있지만 그렇게 해놓고, 그다음에 마지막에 끝나는 것은 일종무종일로 하나로 결국 그러나 여기서 그 끝내지만은 그 끝낸 것도 종내에는 없다. 그러니까 일은 여기서 나오잖아요. 인중천지일 해서 강조가 되지만 뒤의 그 일도 결국은 종내 무로 돌아간다.

학인 1: 그게 사상적으로 봐서는 그게 옳은데 그게 제일 옳아요. 사상적으로는 전체적인 흐름으로 봐서는, 근데 이게 죽 흐름으로 흐름이 나가다가 갑자기 툭 떨어지는 기분이 들어요. 이상하게 일종무종일(一終無終一)해서 그렇게 하면은…

봉우 선생님: 떨어지는 게 아냐.

학인 2: 그렇게 떨어지는 게 아니라 이 선생은 어떤 이것을 인본 중심이다 이렇게 해서 어떤 사상에 거기에 너무 연연해서 말야 이 말을 나중에다가 그짝 인위적으로 내가 바꾸어서는 절대 안 돼요. 원 뜻대로 해석을 해야지 미리 생각한 것에 어떤 선입관에서 그쪽으로 끌고 갈라고 절대 하시면 안 됩니다.

학인 1: 전체적인 흐름을 어떤 생각하지 않으면 이게 해석이 안 되더라고요.

학인 2: 흐름은 생각하는데, 그렇지만 이 원문에 충실하고, 원 말씀하신 뜻에 충실하면서 거기에서 뜻을 살려가야지 요런 뜻이다. 그러니까 전부 인내천이다 무슨 다른 교에서 말하는 그런 비슷한 말은 될 수 있으면 피해야 돼요. 그 사람들 꼭 그걸 이용해 먹는 사람 천지이니까…

학인: 아니, 이 설명이 조금 더 남아 있습니다. 다음에는 이 저《천부경》, 지금 저희들이 그렇게 한 것이 할아버님 원래의 그 해석 의도에 그렇게 손상되는 거 없죠. 그 방향이…

봉우 선생님: 그렇게 끝내면 돼.

학인: 그렇게 하고 지금까지 그러면 죽 설명 되어온 이 수의 개념이라든가 1, 2, 3, 4, 5, 6, 7, 8, 9, 다 무난하죠.

봉우 선생님: 그거는 다 괜찮아.

학인: 그거는 다 무난하죠.

학인 1: 그러면 무 하나에서 끝난다 일종무종일(一終無終一), 일도 무 하나에서 끝난다.

봉우 선생님: 하나에 끝나는 거지.

학인 1: 좀 달라졌네요.

학인 2: 무 하나에서 끝난다.

학인 1: 무 하나에서, 무라는 것에서 끝난다.

봉우 선생님: 무에서 끝나는 거지.

학인 1: 그러면 문제가 없겠네요. 일종무종일 일도 무, 일이 끝나는 것도 무 하나에서 끝난다. 그렇게 되는 건가요?

학인: 아, 그러면 억지가 되지.

학인 2: 그렇게 하면 되나 그런 해석이…

학인: 그렇게 하면 안 되고, 그러니까 원래 할아버님이 말씀해주실 때 하나로 끝나는데…

학인 1: 그래서 이게 그럼 중복이란 말이에요. 이렇게 해서 무종일한다 이게 또 문제라고…

봉우 선생님: 일시무(一始無)요 제일 꼭대기가 일시무거든 일시무하고 이쪽 뒤집어 가서 무종일(無終一)이여. 무종일이여. 무종일. 그렇게만 달면 돼.

학인 1: 하나로 시작해서 하나로 끝난다.

몽우선생님: 하나로 시작하는 거지.

학인 1: 네. 하나로 시작해서 하나로 끝내는 거죠. 그러니까 아무것도 없이 끝나는 게 아니라 하나로 끝나야 된다는 얘기에요. 끝이 무종일이 되니까…

학인: 아니, 지금 제가 아까 여쭈어봤던 요지는 원래 이 모든 시작은 하여간에 무에서 했지 않습니까? 알에서 했는데 결국 우리가 다시 다 얘기가 끝나서 돌아감도 역시 그 알 환원하는 거 아니겠어요?

봉우 선생님: 알로 환원되는 거여.

학인: 알로 환원되니까 결국 그 알이라는 걸 다시 뒤에서 써줘야 되는 거 아니겠느냐? 그러니까 하나일 뿐이다가 아니다 그 알일 뿐이다, 이를테면…

봉우 선생님: 저기 나온 것이 일시무시일이라는 일이라는 게 바로 알이여 알.

학인 1: 그러니까 일이 알이라고요. 일이, 천(天)의 성격을 말하는 게 아닌가요? 일이?

학인 2: 그렇지.

학인 1: 알이자 천의 성격을 말하는 게 아닌가요? 이게?

봉우 선생님: 하나의 시작한 것이 이렇게 찍은 것이 하나지. 하나의 첫 번 나온 것이 없는 데에서 나왔단 말여. 어디 아무 데도 없던 것에서 하나 점 찍은 것이 알이 되었지. 이 없다고 하는, 이 무라는 것도 없어지기는 그 알에서 없어져. 마지막에 하나에 없어져. 도로 알이 시작되는 것도 없는

데서 되고, 없는 게 마지막 되는 것도 하나에서 알에서 끝나고 만단 말이여. 그게 그래야 인제 앞뒤가 맞지.

학인 1: 그러니까 일이 무에서 시작했잖아요.

봉우 선생님: 그렇지.

학인 1: 그러면 무가 일에서 끝난다는 말씀이세요?

봉우 선생님: 그렇지.

06-1987.03.30.
《천부경》 대담 2[31]

봉우 선생님: 끝나는 거지.

학인 2: 그걸 한번 다시 떼보세요. 그럼 일종무종일을 마지막으로 쭉 정리 해서…

학인 1: 이건 조금 앞에서부터 떼야겠는데요. 인중천지일이라 여기서부터 사람 가운데에 하늘과 땅이 하나라 하나에서 종하니…

봉우 선생님: 하나가 종하니…

학인 1: 하나가 종하니 무도…

봉우 선생님: 없는 것도 하나에서 아주 끝나버린단 말이지.

학인 1: 그것 참 이상하네요. 여기서의 하나는 이거 뭡니까?

학인 2: 알…

학인 1: 알이면 안 되지 알이 저거 한단 말이에요. 인중천지일이다에서 이걸 얘기하는 거 아 닌가 혹시, 사람 가운데 천지가 하나다. 그래 하나로 어울려 있다. 그 어우러져 있는 것이 종 하니까…

학인: 끝나니까 그 끝난 하나도 없다.

봉우 선생님: 그 끝난 하나도…

학인: 없다 그렇게 하면 안 되나요?

봉우 선생님: 아니야, 아니야, 아니야, 아니야. 무라고 하는 거 우리들이 무

---

31) 녹취: 박승순, 교정·주석: 정재승·이기욱(음성 파일 없음)

166_봉우 선생의 仙 이야기 2

무하는 게 무에서 나왔다고 하질 않나. 그 무라는 것도 하나에서 끝나는 게여. 이 하나 끝날 때 같이 끝나는 게여.

학인 1: 알이란 말이죠? 이 하나가?

봉우 선생님: 알에서…

학인: 그 끝날 때 끝난다.

학인 1: 근데 이게 좀 이상한 게요. 요기가 좀 이상한데요. 그러면 사람 가운데 천지가 하나 라 어우러져 있으니…

봉우 선생님: 하나가 끝나고…

학인 3: 하나는 끝나고 그 일이 거기서 연결된 일 아니에요? 사람 가운데 하늘땅 하나…

봉우 선생님: 하나가 끝나고…

학인: 하나가 끝나고…

봉우 선생님: 없는 것도 하나에서 끝난단 말이여.

학인 1: 이해는 잘 안 가지만 하여튼 무슨 뜻인 줄을 알겠습니다. 말씀하시는 게 의도는 알겠는데…

학인: 그다음에 우리가 좀 넘어가고…

학인 1: 이해가 안 가. 이것 좀 더 연구를 하고…

봉우 선생님: 토를 잘못 달면 안 돼, 거기.

학인 3: 토를 잘 달아야…

학인: 그 말씀하신 그 토 다는 것하고…

학인 1: 그리고 이제 마지막 설명을 후딱 해야죠. 그래도 사실은 설명할 게 더 많았는데, 어떻게 그냥 어영부영 넘어갔네. 지금까지 이루어진 숫자를 갖다가 이제 토대로 이 세상에 후천세계에까지 이루어지는 어떤 그 모양을 갖다가 한번 쓱 그려보겠습니다. 알 변화의 원동력, 변화의 원동력이고 여기서부터 아휴 너무 야박하게 그렸는데, 이것 좀 밑으로 그려야겠는데. 천일… 여기에 딱 합쳐진 것이 인간 이건 플러스의 의미, 이건 마이너스의 의미, 이렇게 표시하는 건 너무 철학적이다. 이거는 양의 모습, 요거는 음의 모습, 요렇게 해가지고 있는데, 근데 여기서부터 이제 사후 변하는 과정이 다시 천 4로 되는 과정이 뭐냐면 요 거의 성질이 딱 와가지고 이거의 성질이 계속 전달되는 것 같아요.

여기다가, 천지인을 만들어놓고는 또 이 성질이 또 계속 작용을 해서 하늘 4, 땅 5, 인 6 이게 이게 전해져가지고 요걸 이루면서 인 6을 이루고, 그다음 인 6에서 계속해서 이게 또 이것이 전해져가지고, 이 힘은 어디에나 계속해서 작용하는 것 같아요, 세상을 막론하고, 어떤 세상이든 막론하고 예를 들면 천 7, 그다음에 지 8, 그다음에 인 5 여기로 연결이 되고, 그다음에 여기에서 다시 또 계속해서 이 힘이 가해져서 후천세계인 천 10, 그다음에 지 11, 그다음에 인 13, 아! 12,12 요런 식으로 연결되는데 이걸 왜 설명을 하냐면 이걸 설명할려고 그걸 설명했습니다. 천부형, 천부형의 모양을 쫙 그려가면서 또 해보겠습니다.

학인: 저기서도 후천변화수 천 10은 저대로 있는 건가요? 천 10, 고거는 아직 변화수로 써 있고…

학인 1: 요 그림에서요, 다른 건 보지 말고 이제 단면만 가지고 설명을 만들면 맨 속에 점이 하나 있거든요? 요것은 바로 알이면서 아까 표시한 이거 알이면서 또한 인, 그걸 뭘로 나타내느냐면 아까 처음에 알에서 천지인의 어떤 성격이 만들어졌다고 그랬는데요. 이 성격으로 보이는 거기 때문에 이거는 모양으로 안 나타내고 혹시 그대로 요거로 나타낸 거 아닌가 싶습니다.

봉우 선생님: 그렇지.

학인 1: 그리고 나타내는 게 바로 두 번째 원이, 《천부경》에서 두 번째 원은 바로 요런 식으로 나타내고 있는데. 요건 바로 뭘 나타내냐 하면 여기서는 이거 천의 수 1, 2, 3이 천의 수였으니까 이거 하나로 대표됐는데. 요거는 지의 수라고 그랬거든요. 그러니까 지의 숫자가 바로 지의 수가 4, 5, 6인데, 이 가운데에서 대표적인 지의 수가 요거 아닙니까? 요거 그리고 나머지 6이라는 것은 요것들의 조합에 의해서 나타내는 거니까 여기 보이지 않게 나타나고 있지만, 이 원 내지는 이 모든 것이 이 6의 수를 품고 있는 거고, 요건 5로서 대표되고 있는 것 같아요. 그래서 요게 오행 상생의 모양으로 이제 뭐 목화토금수 이 모양을 나타내고 있는데, 이게 하나의 진설(陳設)의 모양을 나타내는데, 기초적인 진설의 모양을 이렇게 동서남북의 이 네 가지로 그래서 나타내는 것 같구요. 그다음에 하나는 그림이 요걸 나타내는데, 요걸 보면 옆에 나타나 있는 것들이 8개의 점으로 나타나 있지요. 가운데가 하나고, 그럼 요거 전부 점의 숫자를 전부 합치면 9가 됩니다.

9, 7, 8, 9 여기에는 7, 8, 9의 숫자를 나타내는데, 요게 천세(天世)고 이게 지세(地世)고 이게 인세(人世)라고 했지요. 그래서 인세에 가장 중심 되는 2, 인의 숫자로서 이게 9개가 나타나고요. 그리고 요거 인의 세계에서도 실제로 변화를 일으키기 시작하는 것은 7이지만, 이 8이 더해서 8에 음이라는 수가 더해졌으므로 비로소 합쳐가지고 조화가 일어나기 시작했기 때문에 그 8의 성질에 따라가지고, 진설이 돼가지고, 이 사방과 팔방의 모양을 나타내면서 이제 이런 모양으로 나타났고, 또 팔에 수가 중심이기 때문에 8패의 모양도 이 8개로써 표시하고 있는 게 요게 중심이 됐기 때문에 변화가 일어났으니까 필연적으로 이 8의 숫자로 나타낼 수밖에 없었다.

그래서 8괘라는 것이 9괘도 아니고 10괘도 아니고 하필 8괘로 나타낸 거 아니냐. 그리고 인제 그러면 여기까지 요건 설명이 대충된 거 아니냐. 그래서 이게 9개의 수로 나타내면서 이것이 중심의 자리였고 여기서 보면 목화토금수라고 했는데, 토가 중심에 자리 잡고 있는 이유는 이게 지의 수이기 때문에 토가 중심에 자리 잡고 있는 게 아니냐. 다음에 이 12개로 넘어가는데 12개는 이미 후천수거든요. 그래서 인제 이 옆에 이 둘러 있는 것만 해도 12개가 다 됩니다. 이게 후천수인데 후천수라고 하는 것도 여기서는 이 점이 나타내고 있는 것이 이 숫자에 포함이 되는 게 아니라 이 점은 바로 인세, 인세를 중심으로 해서 이것이 다시 후천수가 일어나기 때문에 이 모양은 그냥 안 해도 그만이겠지만, 굳이 설명을 한다면 인세를 설명하는 거고 이 전체적인 주변의 수 12개는 바로 후천세계를 얘기하는 거고 그렇게 보면은 여기서부터 계속해서 이건 하늘에 수를 얘기하기 때문에 점 하나, 이건 지의 수를 얘기하기 때문에 5개로 나타났지만 여기서는 인간 세상을 얘기하는 것이기 때문에 본격적으로 사람이 가운데 자리 잡기 시작해서 이 후세에도 보면 사람 세상이 어떤 여러 가지 변화들이 후세를 만드는 것이기 때문에 이것이 중심에 자리 잡고 12개의 모양들이 같이 하고 있는 게 아니냐. 그다음에 최후에 나타나는 것이 이제, 16개 정도 나타나는데 이게 지금 여기까지 해서 후천세계까지를 얘기했는데 후천 세계를 넘어선 차원이라든가 모든 세계를 다 망라한 숫자가 나타나는 것이 15까지의 수가 아니냐.

바로 이게 10, 11, 12의 숫자라면 요건 13, 14, 15의 숫자로서 선천, 후천 내지는 우주의 모든 그 차원 이런 걸 뛰어넘어서 모든 것을 나타낼 수 있는 15까지의 수, 15까지라면 당연히 이것이 15가지로 나타내야 될 텐데 물론 그거의 중심도 인간 중심이기 때문에요, 점은 있는 거고요 15로 나타내야 될 텐데 왜 하필 16이냐? 우주가 존재하는 어떤 원리라고 그럴까? 내지는 존재하는 이유라고 그럴까? 그런 것의 가장 중심이 변화 발전한다는 데 있는 거 아니냐? 그래서 변화의 수로서 1개가 더 들어간다. 그래가지고 뇌동(雷動) 16수라는 얘기는 그래서 여기서 나오는 것이겠죠? 그래서 15의 수, 15의 수라는 것은 뭐 이것도 보면은…

봉우 선생님: 아니여, 아니여, 아니여. 이 앞이 이 앞이 이거여.

학인 1: 2, 3, 4, 5, 6, 7, 8.

봉우 선생님: 어 이쪽, 이쪽이 바로 ○○데가 8이여 거기가 9고.

학인 1: 이 9개의 숫자로 이것도 이루어져 있는데 이 9개의 수도 보면은 9까지의 수라는 것은 바로 인간의 현세에 근본을 두는 수고, 이것이 전부 15로 되는 것은 바로 이 현세를 중심으로 해서 온 우주의 원리를 파악하려고 하기 때문에…

봉우 선생님: 하도(河圖), 하도, 하도.

학인 1: 그러기 때문에 이게 9의 수로써 나타낸 거 아니냐? 그리고 여기도 15, 여기도 15, 여기도 15가 되는 이유는 모든 것이 15로써 안정이 되는데, 여기다 하나만 더해졌다면 모든 기준이 다 깨져버리니까 그래서 이제 모든 기준을 깨면서 움직이는 새롭게 변화하는 항상 변화하는 어떤 수의 대표로서 16을 내세우는 것 같습니다. 그러면 이제 마지막에 옆에 보이는 16개의 숫자도 그냥 그대로 해석이…

봉우 선생님: 뇌동16이라는 게 16이 되야, 16이 돼야 기계가 도는 거야. 기계 만들어놨지 근데 저거는, 근데 저거 하도, 하도에서 만들어지고 저것이 전부가 뭐야 《천부경》에 고대로 해서 빠져나온 거고…

학인 1: 《천부경》에서는 지금 굉장히 아주 거의 완벽히 인세 중심의 사상이기 때문에 팔괘에 있는 9가지 수만을 가지고 중점적으로 다루었죠. 그 이후의 수는 인제 10이라고 해서 일적십해서 암시적으로만 하나만 보여주고…

봉우 선생님: 그렇지.

학인 1: 질문 있습니까?

봉우 선생님: 요기 지금 1, 2, 3, 4, 5, 6, 7, 8, 9 해서 이 5, 6, 7, 8, 9 한 것이

15라는 게 선천수고 고거래니까 고것만…

학인 1: 15로부터 10, 10, 10부터 그 이후가 후천수가 되고요. 그래서 후천수 나오는 16까지의 이 모양도 또 있지요? 이게 이래가지고 어떻게 나와야 되더라? 이래가지고 16으로 해석하는 것도 있습니까? 난 25개로 하는 것도 난 만들 수 있는데 이건 모르겠는데요, 난.

봉우 선생님: 몰라, 나는.

학인 1: 안 나올지, 질문 없으면…

학인 3: 인제 이거보다 더 쉽게 풀어줘야지 사람들이…

학인 1: 책은 인제 지금까지…

봉우 선생님: 아니지요. 일반인이 쉽게 푸는 게 아니라 요거는 《천부경》만 푼 거야. 《천부경》만 푸는 이 정도로만 풀어야지 너무 쉬워도 안 돼. 너무 쉬워도 안 돼.

학인 3: 지금 처음 들어오셨어요? 여기 있는 분들에게 여쭤보면 알겠네. 처음 듣는 분들이, 이해 갑니까?

봉우 선생님: 이해가 어떻게 그게 바로 이해가 간다고…

학인 1: 그렇게 쉽게 그걸 몇 달을 갖다가, 근데 발표자가 사실 실력이 우수하면 확실하게 알면 다들 이해가 쉽게 설명을 할 수 있었을 겁니다.

봉우 선생님: 그래가지고 이제 수를 수학 공식처럼 해서 자꾸 풀어나가면 바로 알기 쉬워요.

학인 1: 저도 모르는 입장입니다. 그냥 같이 연구…

봉우 선생님: 그러니까 이 저 공사로만 얘기하고 책 쓰는데 누가 했단 소리는 빼나.

학인 1: 질문하시죠.

학인: 그러면 결국은 그게 인제 그때 할아버님은 그러셨잖아요. 가서 뭔 다른 공부하는 게 아니라 그래서 그 말 듣고 보통 사람들은 들어가서 그

걸 볼라고 하지만 사실은 그게 아니고 우리 단학에서 말하자면 그걸로 밝아져서 그게 뵈는 거 공부…

봉우 선생님: 결국 그거지 뭐.

학인: 결국 그 공부네요. 그 공부가 돼야…

봉우 선생님: 그 공부해야 되는 건데 거기서 그냥…

학인: 파를 이렇게 보더라도 제대로 색깔도 알아보고 할 수 있다고…

봉우 선생님: 그 공부를 해야지. 거 공부 안 하고 호흡을 잘하는 거 그거 과 거 안다면 거짓말이여 그거, 백번 얘기해야 백번 거짓말이여.

학인: 그러니까 내 이 육적인 이 눈을 사용해서 천문 본다는 거는 아무리 망원경, 전파 망원경 사용해도 뭐 보는 게…

봉우 선생님: 망원경 아니라 아무 거로 봐도 천문을…

학인: 요즘에야 사실 정말 망원경도 그…

봉우 선생님: 많이 보이잖아.

학인: 많이 보는데 옛날에도 그럼 저 블랙홀 같은 거 보면 빛을 잡아먹는 거 있다고 그러지 않아요? 그런 것도 있었나요? 천문학에 그러니까 거기 저 우주에 어디가면은 거기서는 아주 껌껌하게만 보이는데요. 거기서는 거대한 공동, 공동이 있어가지고 일체의 그러니까 거기서는 빛을 끌어당기는 그래서 그냥 일체 시꺼멓게 보인다는 거죠. 고도의 어떤 압력 그게 있어 가지고 모든 것을 삼켜버린다. 그런 거대한 공동이 있는 걸로 설명되고 있거든요. 그래서 저 '검은 구멍이다' 그러는데 그러면 이게 수수께끼로 되어 있잖아요.

봉우 선생님: 그건 그래도 저… 지금 서양 사람들…

학인: 그게 요새 이 저 천문학에서 전파망원경 생기고 망원경이 발달되고 관측기구가 발전해서…

봉우 선생님: 그러니까 봤는데, 봤는데 뵈지 않으니까 그래…

학인: 그렇죠. 그래서 지금 그걸 설명할 수가 없고 의문부호로 되어 있어요.

학인 2: 블랙홀이라는 것은 검은 어떤 함정이다 굴이다 거긴 가까이 가면 별이 사라져버리는데요.

학인: 그렇죠. 그러니까 거긴 굉장한 압력을 가지고 있어가지고…

봉우 선생님: 별이 사라지는 게 아니고 우리 눈으로 별이 뵈지를 않지.

학인: 하여튼 뭐 사라진다고 그런 대요.

학인 2: 말로는 서양사람들 빨려서 우주 바깥으로 나간다문요.

봉우 선생님: 우주 바깥으로 나가면 어디를 가나?

학인 2: 대우주 현재 우리가 보는 이 우주 바깥으로 끌려나가고 블랙홀 반대로 말이요 새로 생성하는 별이 나오는 구멍이 또 대우주에 있다는 거요. 돌연히 거기서 한 별이 또 나타나는 게요.

봉우 선생님: 그러니까 그것이… 몇 천 년 뒤에 나온다 몇 십 년 뒤에 나온다 그래서 나오는 것만 알고 이 별이 이래서 없어지는 걸 알고 하거든 우리가 그걸 머리로 알아야지 그것을 그걸 망원경으로 봐서 알어?

학인 2: 요새는 별 하나 나왔다고 그러잖아요.

학인: 근데 그게 천문서에도 그럼 다 나오겠네요. 옛날부터 언급이 있겠네요.

봉우 선생님: 언급을 책으로…

학인: 그러니까 서양 놈들이 너희들은 천문학에도 그런 것도 몰랐다고 하는군요. 그놈들은 그러죠. 고대 천문학을 우습게 아는데요. 그런 것도 몰랐다고 하고.

봉우 선생님: 그놈들이 숙맥 같은 놈이지.

학인: 아니 그러니까 책에는 그런 걸 표현을 안 해놨군요, 그런 걸.

봉우 선생님: 표현을 안 했지. 표현을 안 했지만 어딘가에 있지. 그러니까

이번에 저것을 먼저 알았어. 이거 지구 물건이지 금성 물건이 아니다 그러니까 하는 소리가 미국서 천체의 과학자들이 다 분석해서 지구에 없는 거라고 그래. 지구에 없는 거다. 당신네 과학자들이 본 건 지구 표면에서의 ○○만 봤지 지구 어떤 것까지 다 들어가 봤느냔 말이지. 그래 인제 국내에서 과학자 뭐 하는 사람들… 이거 그냥 하는 체 하면서 꽁무니 줄줄 따라 다녀.

학인: 그만치 대가리가 모자라서 그렇지.

봉우 선생님: 이것이 틀림없이 이거 지구 거냐 이거여. 틀림없이 지구 거다. 지구 어느 부분 그건 네가 알아봐라. 나는 이거 틀림없이 지구 거라고 하니까 금성이 담에 오거든 ○○보든지 해라.… 이 맘은 깊어. 그때 우리 집에서 와서 하루 저녁 자고 갔어.… 검은 놈이 내가 무슨 소리 할까봐 금성이 한국 나가면 아는 사람이 있다고 그래서 갖고 왔다 이래. 그런 소리 말고… 이거 지구 금속이여 여기서… 따라 다니나… 금성인을 만났는지 ○○사람 만났는지 어찌 알고… 그 사람이…

학인: 28수 요것만 이렇게 보는 거는 일단 전체의 표상으로 상징으로 이렇게 있다는 거죠?

봉우 선생님: 하나하나…

학인: 일단 인제 전체로 저렇게 생겨먹었다는 건 이렇게 해놓고 실제로 나가는 건 하나하나

봉우 선생님: 그건 봐도 알고 눈을 감고 있어도… 이렇게 알아 요거 밤에만 아는 게 아니고 낮에도 조금씩 뵌다…

학인: 28수의 하나하나서부터 금성 뭐…

봉우 선생님: 28수… 그 부위에서… 그러니까 무슨 일이 있더라… 그게… 예전엔… 오래… 했으니까 하나씩 하나씩…

학인 2: 거의 다 동그란…

봉우 선생님: 동그란 게 아니고 기다란 편이지.

학인: 그 알이라는 게 그렇게 원이 안 되고…

봉우 선생님: 글쎄 말이여.

학인: 그래요. 모든 낮이라는 거는 운동하는 운동해서…

봉우 선생님: 이것이 고대로 다 있으니까 이렇게… 있긴 있어.

학인 2: 근데 저기에 보니까… 별이름이…

봉우 선생님: 별이름이… 다른 거 다 없애고… 천상에다가 다른 거…

학인: 일단은 그것만 하여튼 달달 외고 그 다음 대충 어느 ○○에 있다는 거만 전체도만 부각을 하고 그다음에 하나하나 실제적으로 하늘에서 확인을 해야 한다는…

봉우 선생님: 그렇지 하나로 확인을 해야…

학인: 맨날 서면에서 허구한 날 서면에서 확인을 해 봐야 하나도…

봉우 선생님: 아, 선비들이 그런 거나 마찬가지지.

학인 2: 근데 실지상에서 28수만 딱 그려 놓으면 하늘에… 성이 있다 해도 그 28수만…

봉우 선생님: 아니 그게 아니고 28수만 찾으면… 눈 감고라도 알아맞힌 뒤에 그다음에 뭣을 보는고 하니 드러누워서 하늘을… 그렇게 하는 걸 천문 보면 아느냐?… 다 알지… 대번 보면 아, 이게… 대번 이게 눈에 띠니까 하나하나 하나 알면… 다 알지.

학인 2: 저게 이제 몇 시에 보느냐에 따라서 이게 전부 움직여서… 다 다르잖아요.

봉우 선생님: 아무 시간은 뭣 뜨고 아무 시간은 뭣 뜨는지 알아야지.… 알아야 하잖아. 그러니까 그거 보는 게… 그거 봐라 하면… 설초, 설초가 조금… 하지.

학인: 머리가 영리했나 보지요?

봉우 선생님: 끈기가 있지 끈기. 재주가… 한다는 사람은 아니여. 끈기가 있어서 하면 끝까지 하지. 슬쩍 들어 넘기지는 않구 많이 알라고 하지 않고 한 가지라도 끝까지… 해. 그러니까 공부를… 선기수(璿璣數) 갖다놓으니까… 의심이 나면 또 묻고 또 묻고 해.… 내가 한 번 얘기했을 때… 그래… 그렇게 봐야 선생이 뭐라고 하면 그까짓거… 어쩌구 어쩌구 하면서 속으론 하나도 몰라. 여기가 뭣이… 지가 생각해가지고… 그렇지 않으면… 지금은… 재주가 있었는데 의심을 안 내고 하거든.… 의심을 해 의심을 하고… 뭘 그리해 많이 볼라구를 안 해. 해도 안 잊어버리면… 배워야 할 거 아냐…

학인:…

봉우 선생님: 거짓말이여 그건. 그렇게 다 알면… 나한테… 이런 걸 쓰는 건… 자다가서…

학인 2: 똑같은 책인데… 이 사람 잘 못 알아…

봉우 선생님:…

학인 1: 근데 그걸 복사 할래도요 그 정도 되면…

학인: 분량이 많아.

학인 2: 복사하나 별 차이 없어요. 이렇게 두꺼운 게 열 몇 권이면 엄청…

학인 1: 그래도 복사료보다는 싼데 복사를 해놓으면 책이 보관하기도 어렵고 아무래도 모양이 영…

학인: 제책이 안 되니까…

봉우 선생님: 알아야…

학인 1: 글쎄 그러면…

봉우 선생님:…

학인 1: 이거는… 출판이고요. 나온 거는…

학인 2: 이걸 한국 과학기술 자료…

학인 1: 한국 과학기술사

학인 2: 과학기술사 자료… 면 천문학은 그중에 한두 권에 불과해요.

학인 1: 아니요 수학편이 열 권, 천문학편이 열 권 딱 되어 있어요. 열 권.

학인: 열 권씩…

학인 1: 봤잖아요. 거기에. 못 봤어요? 책이 이렇게 두껍고…

학인: 나는 못 봤는데…

학인 2: 그래서 20만 원, 스무 권 합해서 가격이…

학인 1: 어쨌든 제 생각에는 혹시 별자리가 약간 옮겨진 거를 후대에 다시 만들었는지 요렇게 일부러 틀리게 한 게 아닌가.

봉우 선생님: 옮겨진다는 것은 여기서 우리가 보기에는 그냥 가만히 있는 거 같아도 이게 자욱은 떴어 자욱은 떴는데 그게 그렇다고 이게 딴 것이 나오질 않는다구.

학인 1: 그런가요? 모양은 같고…

봉우 선생님: 그게 도는 거 방향만 조금 돈 거지.

학인 1: … 이걸로 보니까 금방 잡겠네요. 저는 그게 안 보여가지고요 혼났습니다. 아주 그냥 하시느라고…

학인 1: 제가 의심이 생기는 게요. 하늘에 이제 계절에 따라가지고 봄 하늘, 겨울 하늘, 여름 하늘, 세 가지가 다르게 보인다고 생각을 했는데, 이 거 조금 약간 한 가지 의문이 어떤 의문이냐면 별자리는 지구하고는 굉장히 멀리 떨어져 있잖아요. 태양의 이렇게 공전하는 정도의 거리 반경 가지고는 별자리가 이렇게 세 가지 하늘이 세 가지를 다 이렇게 보이지를 않을 거 같더라고요 한 가지로만 보일 거 같더라구요.

봉우 선생님: 조그만 자리라도 해도, 조그만 자리래도 다른 건 다른 거예요.

학인 1: 물론 그게 인제 하늘에서는 약간 다르지만 땅에 와서는…

봉우 선생님: 땅에 와서는 더 틀려지지.

학인 1: 땅에 와서는 완전히 틀려지고 사람 입장에서는 더 틀려지고…

봉우 선생님: 아주 틀려 그건.

학인 1: 그런 차이가 있다는 한편으로는 어떤 생각이 들었냐 하면요. 지구가 이렇게 23.5도 기울어서 태양 주위를 공전하는데 이 상태로 이렇게 공전을 하는 게 아니고 공전하는 이것도 약간 휘는 게 아닌가 하는 생각이 드는데요.

학인 2: 태양을 향해서 공전할라면 이게… 이고 이렇게 기울었으면 계속 중심을 향해서 이렇게 기울인 채 돌지 요렇게…

학인 1: 아니죠. 전혀 움직이지 않은 상태에서 돌아야죠.

학인 2: 어떻게?

학인 1: 전혀 움직이지 않은 상태에서 돌아야죠. 북극성은 무진장 멀기 때문에 요렇게 도는 것처럼 보일 뿐이지 사실은 전혀 움직이지 않은 상태에서 공전하는 것으로 봐야 된다고요. 그렇죠?

학인 2: 북극을 선회하고 있으니까…

학인 1: 그러니까 그게 너무 멀기 때문에 이렇게 도는 걸로 보이는 거죠. 이렇게 이렇게 해야 이렇게 마땅할 것 같은데, 사실은 이게 저 끝에 있다면 그걸 겨냥해서 돌아봐야 거의 그대로 도는 거라고요.

학인: 이게 이런 상태로 지금 도는 거야.

학인 1: 손이 따라 돌면 안 되죠. 손은 그대로 그 상태로 둬야지.

학인: 그리고 계속 돌아가면서…

봉우 선생님: 돌아가는 거야.

학인: 돌아가면서 이렇게…

학인 2: 그런데 그렇게 표현이 안 됐어요. 지구하고 태양하고 단학의 관계를 이것의 위치가 표시가 되기를 그게 무한히 있으면 요대로 돌도록 요렇게 돌도록 표현이 되었을 텐데, 그 관계를 표시할 때 항상 요렇게 요렇게 표시하고 돌도록… .

학인 1: 어디에요?

학인 2: 태양하고 지구하고 관계를 표시하라는…

학인 1: 안 그럴 텐데요.

학인 2: 난 그렇게 봤어요.

학인: 이렇게 이렇게 된다고요.

학인 1: 아니에요. 그런 식으로는 문제없고 저도 지금 그런 의문을 가졌는데요, 그게…

학인 2: 거리로 봐서는 그렇게 볼 수도 있지요.

학인 1: 이게 무한대로 여기서 볼 때는 사실은 거의 무한대에 가까운 거리 아니에요? 몇 억 광년 뭐 이러니까 광년이 몇 억 이러니까 거리는 엄청난 거린데, 그거는 그대로 본다면 꼼짝 않고 본다면 하늘이 전혀 변동이 거의 없을 것 같다고 보면 제 생각인데, 하늘의 모양이 사시사철 해봐야 거의 변동이 없을 것 같은데…

봉우 선생님: 사시 천문을 보면 천문이 제 자리, 제 자리, 사시 다 달라요.

학인 1: 그렇죠. 사철이 다 틀리니까

봉우 선생님: 사시(四時)가 다 다르지. 변하지 않고 늘 봄에 본 그 자리나 가을에 본 그 자리나 똑같지가 않아요.

학인 1: 봄에 보는 별자리, 가을에 보는 별자리 봄, 가을은 바뀌죠. 참 봄, 가을은…

학인: 봄, 가을도 틀리지.

봉우 선생님: 봄, 가을도 틀리지.

학인: 아니, 봄, 가을에 다르지 않더라고 어저께 보니까 별자리가 보이는 게 틀리단 말이에요.

봉우 선생님: 별자리가 ○○가 똑같은 줄 알아? 다 틀려.

학인: 틀려. 틀려서 내가…

학인 1: 봄, 여름, 가을, 겨울 사시장철 다 틀리단 얘기네요.

학인: 그 책이 아니고 이 책입니다.

학인 1: 그럼 사시가 다 틀리다면요 그럼 삼천이 아니라 사천이라야 되는 거 아닙니까?

봉우 선생님: 사시가 아니고 동서가 이렇게 동서가 갈리고, ○○가 막혔으니까… ○○밖에 안 돼. 여기는 춘하추동으로 나누지만 두 가지로 보는 데서 한 군데로 나눠버리니까 이게 우리가 춘하추동으로 하지. 춘하추동 해가지고 동서로 갖다 나누고 가운데를 돌으니까 가운데 새것이 하나가 붙어가지고 셋이 되지.

학인 1: 그러니까 제가 어떻게 생각했냐면요 이거 한글(?)을 중심으로요 요게 지금 붙어 있을 때는 요개 붙어 있을 때에 보이는 하늘은 같은 거 아니냐 그런 생각을 했거든요. 그럼 요기 있을 때는 요기 있을 때는 요기 인제 황도(黃道)가 이리 돌아가니까 요건 하지(夏至)일 것 같은데요.

봉우 선생님: 하늘은, 하늘은 항상 하늘 하나지만 땅에서 보는 데는 삼분해서 봐진단 말이여.

학인 1: 삼분으로요.

봉우 선생님: 그렇지.

학인 1: 그러니까 그 삼분해서 보여지는 게, 저는 어떻게 생각을 했냐면요 여름에 하늘이 일 분, 그다음에 봄부터 시작을 하지요 이제, 봄 하늘이 하나, 여름에 하늘 하나, 가을의 하늘은 여름의 하늘과 똑같이 보이고, 겨울의 하늘은 또 다르고 그렇게 해서 삼분으로 봤거든요.

봉우 선생님: 그것은 날짜가 다, 날짜로 노놔야지 날짜가 360의 120씩밖에 안 돌아 삼분 계에…

학인 1: 그럼 그냥 전체적으로 해서 삼등분으로 해서…

봉우 선생님: 삼분으로 되지. 간단한 건 던져보면 알어.

학인 1: 그러면 어떤 걸로 해야 되죠?

봉우 선생님: 90도씩 도는 걸로 보면 넷이 돼야 옳은데 120도씩 돈단 말이여.

학인 1: 120도씩이요.

봉우 선생님: 그래 120도야. 한 번 바꾸고, 한 번 바꾸고, 한 번 바꾸고, 세 번밖에 안 바꿔.

학인: 전체 나타나는 것이요.

봉우 선생님: 그렇지.

학인 1: 그러면 계절적으로 어떤 어떤데… 24절기나 십…

봉우 선생님: 가을로부터 들어가거든.

학인 1: 그러면 자축인묘까지가 하나고 그래서 저렇게 12궁도를 저렇게 자로부터 시작하지요? 그러면 자…

학인: 저기 저 자.

학인 1: 요기죠 요기.

학인: 저기 맨 위라고…

학인 1: 자는 저 밑에 있는데요.

학인: 맨 위가 자지. 자축인묘진사오미 이렇게 올라가니까…

학인 1: 아, 그런가요? 아, 그러면 궁만 자궁(子宮)이라는 게 밑에서부터 시작하지…

봉우 선생님: 그렇지.

학인 1: 간지로 자축이면 위에서부터 시작…

봉우 선생님: 위에서부터 돌아가는 거지.

학인 1: 그러면 자축인묘까지가 하나이고…

봉우 선생님: 진사오미.

학인 1: 진사오미까지가 하나이고…

학인: 신유술해 그렇게가 삼등분, 삼천(三天)인가요?

봉우 선생님: 그렇지.

학인: 그럼 계절로는 그러니까 현상적으로 계절로 볼 때는 봄, 여름, 가을, 겨울에 조금씩 차가 난단 말이에요.

봉우 선생님: 사시로 하는 게 아니여. 그렇게 해서 인제 보는 것이 120, 120, 120 이지… 약간 틀리는 게 365도라는 것, 이 365도라는 요것 이 나머지 도수가 좀 붙지. 120이 본수여. 5도와 사분지 일이… .

학인: 결국 그러면 왜 그런지는 몰라도 하여간 세 개가 그렇게 해서 삼천이…

학인 1: 그것 참 그러면 다… 어쨌든 그렇게 본 데도 삼천에 따라서 삼지가 생기고 삼지에 따라서 삼인이 생기는 그걸로 보는 거는 옳죠?

봉우 선생님: 그렇지.

학인 1: 삼천에 따라서 삼지, 삼지에 따라서 삼인, 좌로부터 시작해서 이제 좌측의 자축인묘가 일천(一天), 또 진사오미가 일천, 신유술해가 일천이라고 했거든요. 그거는 그렇게 나누어지는 이유 같은 것은… 하늘이 그렇게 보여서 그렇게 하는 겁니까?

봉우 선생님: 돌아가는 게 그렇게밖에, 1년에 돌아가서 하늘이 돌아가는 것이 120, 120, 120으로 돌아가져.

학인 1: 그래 일단 나눠진다라고 그러면 그거는 이제 나눌 수도 있다고 생각이 되는데요. 그게 하필이면 왜 삼천으로 그러면 나눴었지 그거는 좀…

봉우 선생님: 첫 번부터 365도로 가서 이건 돌으라면 이것을 돌리는데 셋으로 노났지(나눴지). 열둘로 노난 게 아니고 넷으로 노난 게 아니란 말이여. 그럼 이거 딴 것이 돌고, 딴 것이 돌고, 딴 것이 도는 게 세 번밖에 안 돌지. 다른 것이 도는 게 아니라는 말이여. 사분지 일이라는 것은 그게 인

제 영초니까 얘기할 것도 없고 말이지.

학인 1: 그거 혹시 저 360도는 기본적인 어떤 돌아가는 수고요.

봉우 선생님: 천을 한 바퀴 도는 것이 360도니까…

학인 1: 365와 사분도지 일에서 5와 사분도지 일의 경우지 어떻게 16에 해당되는 거 아닙니까? 혹시?

봉우 선생님: 글쎄 그 16이라고 할까?

학인 1: 만약에 120도씩 딱 맞서서 360도를 돌아간다면은 변화가 별로 없을 것 같은…

봉우 선생님: 요거 나머지 사도 오분지 일.

학인 1: 오도 사분도지 일이요?

봉우 선생님: 오도 사분도지 일이라는 것이 돌아가는 첫 번의 이 던지는 그 수여.

학인 1: 그 결국은 16수라고 할 수도 있겠네요.

봉우 선생님: 16수지 말하자면. 뇌동십육(雷動十六)하는 거니까 그게 없으면 가만히 있거든. 그 영수가 남아가지고 자꾸 돌아가는 거지.

학인: 그게 그래서 있는 것이지 딴이유가 없구나.

봉우 선생님: 그래.

학인 1: 칠은 어떻게 저 알아보시게 하셨어요? 아직 안 하셨어요? 그러면은 삼천이 둘이라는 건 어떻게…

학인: 남반구 북반구 그래요?

봉우 선생님: 남반구 북반구 하니까 둘이지.

학인 1: 저도 언뜻 그 삼천이 둘이라는 건 북반구와 남반구라는 생각을 했는데요. ○○에는 남반구라는 건 일단 천문도에도 안 나오고 있으니까…

봉우 선생님: 천문에서 안 나오는 게 아니라 남쪽에서 보는 하늘하고 북쪽에서 보는 하늘이 똑같지를 않지 않나.

학인 1: 물론 예 그렇습니다.

봉우 선생님: 두 군데 아닌가.

학인: 그 이상으로 깊게 생각할 필요는 없죠. 그 이상의 깊은 의미는 없죠.

봉우 선생님: 깊은 의미, 딴 거는 없어.

학인 1: 아주 기본적인 성격은 거기서다… 그럼 일단 육이라는 것은 삼대삼합이 육이라는 것은 어떤 걸로 봐야 되는 겁니까?

봉우 선생님: 천지인 삼대삼합이지.

학인 1: 천지인 삼대가 세 번 합쳐져서… 그거는 천지인을 요렇게 세 번 합칠 수도 있겠지만, 하필이면 삼대삼 합하여 육이라고 그렇게 말을 해놨는지 이해가 잘…

봉우 선생님: 삼대가 삼합해야 삼이라는 건 천지인이 셋이니까 셋이 이제 둘이 합해지는 게 음양으로 맞붙으면 여섯이라 그 얘기여.

학인 1: 그러면 삼천에 천에도 음이 있고 천의 양이 있고…

봉우 선생님: 그렇지.

학인 1: 그러면 양천음지, 아니 음천양천과 음천이 부딪치고 양지와 음지가 부딪치고 양과 음이… 그래서 육이 나오고요. 그러면은 음양…

봉우 선생님: 그게 음양, 음양, 음양 육 나가는 거지. 천지인 하더라도 인이라는 것이 인은 인인데 음양이 갈리는 거지. 흙도 땅속 노란토가 양토고 검은 토가 음토거든.

학인 1: 하늘에도 보면은 북반구가 양이란 말인가요? 남반구가 음이구요. 남도 북반구가 양, 남반구가 음.

봉우 선생님: 근데 왜 북반구라고 하는고 하니 양토 토가 돼.

학인: 흙으로 따지나 보죠?

학인 1: 북반구 남반구가 아니라…

봉우 선생님: 그렇지.

학인 1: 하늘은 비록 이렇게 북쪽 하늘에서 보이, 북쪽에서, 북반구에서 보이는 하늘이 양이고 남반구에서 보이는 하늘이 음일지라도, 혹시 그 별자리에서도 음양이 섞여 있는 건 아닌가요? 섞여 있는, 그러면 반드시 남, 북반구를 얘기할 필요가 없겠네요.

봉우 선생님: 그래 남극이니 북극이니 하는 것도 벌써 그게 둘이 가르잖아.

학인 1: 아! 그러면은 여러 가지 의미로 생각할 수 있겠네요. 일단은 음양이 합쳐져 있는 현재 상태의 하늘이라는 거는 음천과 양천이 합쳐져 있는 상태인데요.

봉우 선생님: 하나가 음으로 양으로 나눠지는 거고 그렇게 해서… 해서 또 나누고 또 나누고 한 거야.

학인 1: 삼대삼합 육이라는 거는 합쳐져서 육이 되는 게 아니고 나눠줘서 육이 되나요?

봉우 선생님: 나눠지면 여섯이지 합쳐지면 하나지 어떻게 해서 여섯이 되나?

학인 1: 그러면 합이라고 왜 하필이면 삼대삼분 육이라고 해야지

봉우 선생님: 합해보니까 삼대삼합이 이렇게 합쳐져 놓으면 수가 여섯이다 그거지.

학인 1: 수만 여섯이다 그거네요. 언뜻 생각하기에는요.

봉우 선생님: 합쳐져서 여섯이 된다고…

학인 1: 삼대분미 육하면은 오히려 삼대삼합 육보다는…

봉우 선생님: 그걸 괜히 글자 맨드느라고 이상하게 말하는 거지 삼대삼합이래도 그냥 다 나오는 거여.

학인 1: 그렇기는 한데요, 지금 생각에서는 그게…

학인: 옛날에 그것을 문자화 하다보니까 형식 같은 걸 조금…

봉우 선생님: 무시를 했지.

학인: 무시하고…

학인 1: 하여튼 제가 생각하기에도 해석에서는 문자에 얽매이는 거보다는 이치에 따라서 해석을 하는 게 훨씬 자연스러울 것 같기는 한데요. 의문이 많이 생기는군요.

봉우 선생님: 그러니까 문자로 하는 것보담은 예전 말들은 문자를 치중하지를 않았어. 그러나 이치에는 치중했거든.

학인 1: 그러면 생칠팔구는 칠은 전에 제가 언뜻 기억하기로는 육을 움직이는 수라고 언뜻, 육을 움직이는 수라고 그랬거든요. 삼대삼합하여 육이 되어 있다는 건 120도 120도에서… 해가지고요 5도 사분지 일이 붙으면서 자체적으로 어떤…

봉우 선생님: 그거 조그만 건데, 조그만 건데 360도로 그놈이 움직이는 거지. 말하자면 돌아가도록 만들어지는 거지.

학인 1: 칠이라는 숫자에는 저 움직인다라는 뜻이…

봉우 선생님: 그러니까 묘연이지 칠일묘연이라 이렇게 하지.

학인 1: 칠, 하나가 묘연이라는 얘기입니까?

봉우 선생님: 하나가 묘연이지.

학인 1: 칠이라는 숫자 그거 하나에 의해서 다른 것은 전부… 나가고…

봉우 선생님: 변하고…

07-1989.01.14.
신년사[32]

공적으로나 사적으로나… 무진년(戊辰年: 1988년)… 우리나라에는 큰
관건입니다. 국가가 ○○으로 내려오다가 민족을 다시 이제 복구가… 또
88올림픽이라는 게 생각 이외에 1등은 못했지만 4등만 되었다는 것도 그
게 한국으로 올림픽에서 4등 되었다는 것은 우리나라 사람들이 허면(하
면) 된다는 거, 우리나라 사람이 끈기가 있다는 거, 우리보담 훨씬 큰 나
라, 우리나라보담 인구가 훨씬 많은 나라들도 감히 못한 걸 밑에서 4등은
처음입니다. 처음으로 올라가는 거예요. 곧 전전해에 2등 했다는 건 아시
아 쪽이니까… 뭣하지만… 여러분들도 다 반가운 일들이 있는 해요. 또
이제 노대통령 취임한 후에 국회에서는 각 5공 문제 때문에 너무 오래 끕
니다. 너무 오래 끌어가지고 우리나라에서는 제3국에서 보든지 다른 나
라에서 보시면 대통령으로 있은 이… 하고 그다음에 그가 인제 잘못했다
고 허구 나간 뒤에 계속해서 자꾸 그길까지 몰아가니까 오히려 남 부끄
러워요.

우리나라에서는 그걸 끝까지 몰라고들 하지만 그거 남 부끄러운 일입
니다. 그게, 그런 일 없는 것만 못합니다. 이거는 앞으로 잘들 해나갔으면
하는 바람입니다. 그러니까 이게 나라로는 바람이 뭘 바램이냐? 남북통일
문제가 생각 밖에 속히 서로 이제 고거는 뭔가 모르겠습니다. 정부에서 하

---

32) 녹취: 박승순, 교정·주석: 정재승·이기욱(음성 파일 없음)

는 거니까 따라 할 수가 없지만 서로들 조건들을 제시하고 접촉할라고 하고 또 공산국가라고 해가지고 중공하고 멀리하던 데를 중공하고 가깝게 되어서 여러 가지 조건이 성립이 약속되어나가고 아주 완전한 공산국가인 소련하고도 소련 개척관계에 조선 사람하고 손을 붙들고서 해나갈라고 하는 거… 그러고 미소 양국 간에도 핵무기 시설을 제거하겠다는 그런 말들이 도니까 말만 하는지 사실하는지 그건 모르겠습니다. 하지만 그런 얘기라도 돈다는 거 세계평화를… 하는 거 아닌가 그렇게 봅니다.

그래 인제 그게 남의 나라 평화하고 남의 나라 다들 그런 생각하고 있을 적에 우리나라에서도 좀 점점 더… 해가지고 속히 수준이 올라가서 올림픽까지 올라간 것처럼 같이 올라가면은 세계의… 사상이고 얼마나 좋겠습니까? 일본이 우리나라보다 훨씬 더 클 것도 없는 나라지만 그 나라가 명치유신(明治維新: 1853~1877)[33]을 해가지고 40년 못가지고 그 다음에 끌고 나온 것이 섬사람이다 ○○이다 그랬으니까 그래 가지고 나온 것이 5대 강국, 영미○○○하는 데서 5대 강국으로 들어섰습니다. 그러다가 이 전쟁 ○○에 다시 타락이 되어버렸지만 우리나라는 역사가 만년, 역사가 있는 나라인데 왜 다시 복구하지 말란 것이 있습니까? 그동안 있던 약육강식하는 그 법은 내버리고 공동 평화스럽게 세계에서 추진해 올라가면 나쁠 거 뭐 있겠습니까?

그래 저는 지금 우리 조선사람들이 아무 나라를 가는지 외국 들어가면 당신 어디 사람이요 하면 저 미국사람이요 하는 소리보다 조선사람이요 하는 소리가 먼저 나와요. 나 대한민국 사람이다 이랬으면 좋겠는데 나 조선사람이요 이래가지고 인사들 합니다. 외국사람들 허고는 그러는데 나는 그 조선사람이란 소리보다도 우리는 ○○다니면서 중국으로 가든

---

33) 일본 명치천왕 때 막부체제를 무너뜨리고 왕정복고를 이룩한 변혁 과정.

지 일본으로 가든지 저 밑으로 가든지 하는데 그 위로는 나 백두산족이요 이래버립니다. 백두산족이라고 하면 우물우물해요. 아, 예전 아시아 정복해서 아시아 중국까지 들어간 민족들이 거진 다 백두산족들인데, 우리 족속들인데, 그 백두산족의 한 사람이다 근데 그래놓으면 역사를 아는 사람은 그래도 갸웃갸웃하는데 역사 모르는 사람은 뭔가 몰라요.

그래 국적은 무엇이냐? 그래요. 아, 국적은 대한민국이죠 그래요. 그렇게 하죠. 그랬는데 지금 앞으로 여러분에게 돌아올 책임이 뭣이 책임이느냐? 이 나라가 남 부끄럽지 않게 남북통일을 좋게 하자 남북통일이 돼가지고 하면 지금 여기 저 단군기원이 사천 몇 백 년이라는 건 그건 어디서 온 기원인지도 모른 기원이니 말할 것도 없고 만 년이나 넘는 우리의 역사를 가지고 있는 나라요 민족인데 단합이 되어가지고 우리 같은 백두산족 예전에 한 나라로 있었던 족속들은 단합해야 한다 그러자면 북만(北滿: 북만주), 몽고 그 편짝에 있는 건 다 우리하고 같은 민족들이야. 중국의 양자강 이북으로, 양자강 연안으로, 황하 연안으로 이쪽으로 있는 것은 약 7할이 백산족입니다.

사천성(四川省)에 들어가면 사천성은 6할이나 7할이 틀림없이 백두산족입니다. 왜 사천성에 그렇게 많으냐? 이세민이가 삼국통일 한답시고 여기 이렇게 해가지고 이쪽을 다 뺏기지 않았습니까? 고구려 땅이라고 지금 만주 한쪽하고 산동성, 산서성에 있는 저편짝에 있던 거 그거를 다 빼앗아가지고서 백두산족의 똑똑한 놈, 씨나 받을 만한 녀석은 한 20만, 그 뭐랄까? 포로랄까 뭐랄까? 소 돼지 모양으로 이놈을 몰아다가… 몰으니까 사천성으로 몰아버렸습니다. 사천성은 우리 백두산족이 20만이 되는지 30만이 되는지 거가서 ○○도 모를껴 종자감으로 씨만 내라고 거가서 퍼트린 거지. 그래 거기 들어가보면 너희 조상이 깊이 들어가면 조상이 어디냐? 꼭대기가 너희 당나라, 당나라 적에 너희들이 여기 들어와가지고 백두산족인줄 너 아느냐 하면은 우리 조상이 그 어디서 왔다는지 모른답니다. 그것까정은 다 압니다. 지가 40년 동안은 북지나, 남지나는 별로 안 다녔어요. 양자강 이남은 별로 안 다니고 이북, 중국으로 만주로 소련, 서백리아(시베리아)로 돌아다니면서 사천성까지는 가봤어요. 그래 가지고 이 역사에 왜 뿌리가 뭐 좀 있나 하고 찾아다녀 봤습니다. 가보니 까 우리 조상들이 그 씨앗이 꽤 많아요.

우리나라에서는 삼국통일 했다고 신라가 삼국통일 했다고 그걸 통일, 통일하는데 중국서는 삼국통일 할 적에 이세민이가 중국서 하는 것을 풀어가지고 끌고 간 게 누군고 하니 뭣이 뭡니까? 그 사람이 끌고 갔어. 중산정왕(中山正王: 설인귀) 그가 끌고 갔어. (연)개소문의 부장으로 있던 사람인데 그게 요새 말로 첩의 아들입니다. 첩의 아들로 좀 서자(庶子), 서얼(庶孼)이라고 해서 아래치기라고 올려주지를 않으니까 무예는 넉넉하고 잘 하는데 이세민이가 개소문이 한테 항복을 할라고 할 적에 그거를 막아가지고 끌고간 것이 설인귀가 끌고 갔어. 중산정왕이. 그래서 얼마나 고마웠던지 중산정왕이라고 했어. 가운데 중자하고 뫼 산자 중산의, 중산의 정왕이라고… 정왕이라는 왕을 봉했습니다. 공후백자남(公侯百子男) 헐 텐데 그 작(爵: 작위) 아니고 왕, 왕족으로 봉했습니다.

그러니까 그가 뭐라고 했는고 하니 저를 이렇게 봉하신다면 제 자식들이 고려에서 살던, 고구려에서 살던 사람들이라 조금 머리가 우락부락해서 혹 제가 죽은 뒤에 저 살아서는 괜찮지만 죽은 뒤에 혹 무슨 짓을 할지 몰라 거의 조심이 됩니다 하니까 아, 걱정마라 면사철권(免死鐵券)이라는 게 철패에다가 붉은 글씨를 써가지고 주사 글씨로 써서 아주 박았습니다. 박은 게 중산정왕의 자손이 살황친(殺皇親: 황족을 죽임), 아, 그보다 더 지독한 게 없어요. 살황친, 임금의 황족을 죽이는 일, 굴황능(掘皇陵) 하더라도 황릉을 파더라도 면사(免死: 죽음을 면함)를 시킨다. 사형을 안 준다. 면사를 시킨다는 것은… 그래서 그 설각, 설각 설인귀 그거 다 듣고 그 아들들이 그걸 받아 놓았으니까 마음을 놓고선… 측천무후의 자식을 죽였어요. 아들을… 그가 설인귀의 아들이니까, 중산정왕의 아들이니까, 임금의 아들이니까… 중산정왕 이게 뭐 말라죽을 거냐고… 그러니 측천무후가 자기 남편이야 뭐라고 했든지 남편이… 남편이야 뭐라고 했든지 자기 아들 죽었는데 그냥 두겠습니까? 그 설가들 몽창 몰아다 다 죽인다고 해가지고 가족들 70여 명을 한 곳에 몰아놓고 죽여가지고선… 내 뺀 놈들이 있으니까 그것들이 와서 파지 못하게… 이렇게 갖다 몰아 놨는데도 방을 읽어보면… 공주니 뭣 공주니 뭣 공주니 하는게 몽창들 그 설가들 마누라들 그래가지고 나왔어요. 그래가지고 나오고 거가서 아주 행세들 하는데 그래 아주 중국사람들이 되었어요.

조선사람들로 들어가서 중국사람이 되었는데, 북지나에는 7할, 양자강 이북은 7할 됩니다. 거의 거의 그렇게 됩니다. 남쪽엔 없어요. 양자강 이남에는 별로 없어요. 그리고 저 사천성에 많고 근데 운남성(雲南省) 지주가 뭔가 거기서는 운남 지주를 거기 묘족(苗族)이라고 중국족들입니다. 이 백두산족 아니예요. 거기 그 족속들… 거기 알이 중국사람들이에요. 여기 중 가운데는 십이족(?)이고 그래가지고 인제 그런 우리들 역사를 묵은 역사를 가지고 있고, 가다보면은 우리 조상들이 싸우던 자리, 살던 자리 이름들이 많습니다. 저 몽고로 들어가든지 ○○성 쪽으로 들어가다 보면 동네 이름에 대한이란 한을, 이 한하는 것이 이 한자를 안 써요 한자가 이 한자를 안 쓰고 '땀 한(汗)자'를 씁니다. 욕한다구 대한편이라 소한편이라 무슨 한문을 쓰라는건 우리에게 조상들 살던 곳입니다. 만주 지나가다보면 고려문(高麗門)이라, 고려문이다 동명왕 있을 적에… 전부 그 이름이 그냥 다 있습니다. 그런데 이세민이가 제일 먼저 뭣을 했는고 하니 그 땅을 다 차지해놓고 우리나라 내려오던 역사 글자로 쓸 때는 글자로 쓰고 그림으로 그릴 때는 그림으로⋯ 경관(京觀)이라고 하죠.

경관이라는 게 지금은 어디 저 서울보담은 적어요. 서울 성내만은 할 겁니다, 사방 시오리나 되니까 경관 자리가 그래가지고 거기다 그렇게 해서 장장하게 역사를 몇 천 년 내려오는 역사를 전부 책에서⋯ 물건하고 맨들어놓고 그걸 했었는데 이세민이가 삼국통일을 여기서 하고 그땅 차지하면서 제일 먼저 경관을 아주 여지없이 부숴버렸어. 이거 저 북쪽 사람들 이것가지고 역사 찾으면 또 중국에 가서 무슨 짓 할지 모른다고 싹 부숴버렸어요. 그래 경관 자리라고만 하지 경관이 어떻게 쓰인지도 모릅니다. 그래 인제 남한에 있으면서 4,000만 중의 하나로 있으면서 감히 우리 조상이 쓴 자리 그 자리를 넘본다는 것은 욕심이지. 욕심이지만 대충 조상이 같고 피가 같은 족속들인데 살고 사는 것이 만주, 몽고, 서백리아로 그쪽으로 다 같을 거예요.

우리하고 같은 족속으로 지금 남아 있는 데가 이제 ○○않고 이 소련 사람이 공산으로 못되었다고 그래도 소련이 이 백두산족에서 남한테 침해 안 당하고 있은 민족적으로 있다 그냥 거기로 들어가 가지고 소련이⋯ 그래 조선 사기(史記), 조선의 오래 묵은 사기는 말로 전해 내려오든지 뭣이 붙어 있든지 거기는 그대로 있으리라고 봅니다. 그런데 이 사학가들이 소련을 자꾸 그럽니다. 소련이 이 백두산족의 역사를 많이 가지고 있다 그걸 자꾸 애기 합니다. 저희들도 꾸준히 뭐 글을 또 내밀고 거기 백로(白露: 백계 러시아)는 아닙니다. 지금 그냥 하던 레닌이니 뭐니 스탈린이니 뭐니 해 나오듯 그거 전부가 여기 이쪽⋯ 우리가 거기서 뭣이라고 하시는지 압니까? 중국사람들이 좀 공부나 했다든지 경관이라든지 그런데 가서 큰 도시 학자풍으로 거기도 이렇게 도장(道場: 도교의 사원)들이 있지 않겠습니까? 도장이라든지 이렇게 거기를 가면 고려에서 왔다면 대접을 합니다. 고려사람이라면 가서 저희 공부하는데도 말이라고 하고 책

이름도 돌아보고 거기 인제 뭐시《도장경(道藏經)》이라도 갔다놓으면 ○
○해서… 이런 짓을 하면 대접을 하면서 우리나라 우리 조상들이 해 내
려온 얘기 뭔줄 아쇼? 아, 너희들 한 거 뻔히 안다 북쪽사람 동쪽사람 무
서워가지고 너희 한참 전성시대에 진시황 적에도 그때도 전성시대에 북
쪽이 무서워서 그 사람들이 또 올까봐 겁이 나서 너희들 쌓은 거 뭣이냐
만리장성 그거 아니냐 하니 옳다고 그래요. 만리장성 뭐 저 몽고 사막에
바람 불까봐 쌓은 거 아닙니다. 이 백두산족 여기는 만주 이쪽에 있는 족
속들이 강하니까 언제 들어올지 모르니까 만리장성 쌓은 거예요.

그럼 그렇게 겁을 내는데 그러면서 뭐라고 하는고 하니 장성의 일부
는… 장성의 북쪽은 본디 우리나라 땅이 아니다. 그건 백두산족의 땅이라
는 뜻이에요. 남쪽만해도 장성이 이남만 해도 우리 땅이에요. 그러나 국
적이 지금 거기가 중공 아닙니까? 중공인데 그냥 가만히 그냥 차지하라
고 두겠습니까? 무슨 조약이 당장에 서야 너희도 역사를 바로 만들라면
이쪽은 우리한테 그냥 줘야 한다는 소리가 나와야 하는데 우리가 단단히
강해지고 힘이 생긴 뒤에 하는 얘기지 지금은… 그래도 그 사람들이 장
성 이북에는 침공을 안 해요. 중국의 정부라든지 뭣이라고 하는 것이 이
쪽에다가 침공하나 안 하나 보십시오. 만주에도 지금 조선사람이 살피고
있지 않습니까? 소련에도 저 하얼삔 건너 그편짝에 들어가서 조선 구역
으로 살피고 있잖아요. 그것들이 이것이 언제든지 저것들 마구 두면 안
되고 언제든지 꾸물거릴 거라고 이렇게 생각해 가지고 거기서는 잘하는
데 여기 사람들은 제일 급한 것이 요 강 건너에서 김일성이가 땅굴 파고
들어와서 폭파시키고 또 6.25 사변 안 날까 그걸 걱정해요. 그거 기맥히
죠. 중국사람은 ○○까지 내려올까봐 걱정하는데 우리는 요 삼천리 강산
거기에서 가운데에서 그러는데 이거에서 이 사람이 쫓아오지 않을까 그
것이 겁이 나서 쩔쩔들 매요. 그거 기맥힌 거죠.

역사에서… 역사에 뿌리는 안 그러는데 우리가… 우리가 뿌리를 찾아야 우리 뿌리 찾아보면 알고 야 왜 뿌리가 어떻게 되는지 알면 이건 꽃뿌리가 아니다 말이야. 풀뿌리가 아니라 아름드리 세계의 제일 큰 재목들 아름드리 뿌리들인데, 이 뿌리 생각은 않고 꽃이 될라면 뿌리 있는 꽃이 돼야 하고 또 뿌리가 될라면 큰 뿌리가 돼라. 조그만 거, 조그만 나무 회초리 뿌리 되지 말고 큰 뿌리야. 완전히 우리 조상들 큰 뿌리를 가지고 있는데 이걸 못 찾고 있으니까 우리들이 세상으로 봐서는 미국사람한테 당하고 일본사람한테 당하고 별 사람한테 다 당하지 않습니까? 그러니까 난 늘 첫 소리가 우리의 뿌리를 찾자, 우리의 뿌리를 찾자. 그런데 우리의 뿌리를 찾을 운이 약 3,000년 전부터 우리가 다가온 거여.

강태공이라고 하면 아실 거요. 강태공이라고 하는 이가 나왔을 적에 강태공이도 이쪽 사람입니다. 이쪽 사람인데 곤란하니까 저쪽에 가서 그러니까 배반하고 들어간 사람이지. 거기 들어가서 문왕이라는 이, 무왕이라는 이를 섬겨가지고 중국 족속하고 우리 백두산족하고 싸움이 붙은 것이, 그게 인제 강태공이하고 주(周)하고 함께 우리와 싸움이 붙은 것이 8년 싸워가지고선 여러 가지로 우리가 당합니다. 우리가 당해가지고 이제 그때 이 도학계에선 3,000년 양보를 합니다. 백두산족이 중국족한테 3,000년을 양보합니다. 죽 그전에 몇 천 년을 해왔으니 3,000년 양보하는 양보운을 갑자년(1984년) 그 몇 해 전에 갑자년이지 갑자년에 그래 인제 역사에 보면 이 주나라는 갑자기 흥하고… 망하는 갑자년에 기동을 해가지고 흥했고 주는 은나라한테, 은나라도 갑자년… 둘이 맞붙어가지고 싸워가지고 갑자일 갑자년에 강태공이가 이겼다고 그래가지고… 당나라 적에도 그때까지도… 했어요. 그랬는데 그것이 도가(道家)에서 하는 얘기들입니다.

3,000년 대운을 준 것이지 더 주지는 않는다. 강태공이… 해가지고 중국 사람의 운이라는 건 3,000년에 포기를 한다고 해서 주었던 건데, 이

3,000년이 되면 다시 백두산족한테 양보를 한다 근데 요번 갑자년이 그 3,000년입니다. 요번 지나온 갑자년이 그 3,000년입니다. 그게 3,000년이 긴지 아닌지 어떻게 아느냐 물어보죠. 근데 그게 도가에서 다들 그럽니다. 이제 그게 우리 3,000년 우리의 액운이 다… 지고 우리에게 좋은 운이 온다는 것은 약 갑오년(1954년) 30년 전에 오복성(五福星)이 하늘에서… 계시했어요. 이러 이러 백두산족은 봐라. 백두산족의 앞으로 올 5,000년 대운의 오늘… 완전하게 이렇게 여기 천문학자들이 오성이, 금목수화토 오성이 저녁 때면 보인다고 신문에 나오지 않았습니까? 오성이 비치는 것이 자기는 천문에서 ○○니까 돌아가는 게 뵈는가 보다 그랬지만 우리 나라의 삼천년 대운이 오는 것이다. 우리나라만은 아니에요. 백두산족이, 그래가지고 ○○오니까 건방진 소리를 해야겠어요. 수를 놓고서 천문으로 보고… 그렇게 되는 걸 보고 이렇게 된다는 걸 안 배웠으면, 배운 놈이 암말이나 않고 밥이나 먹고 산다는 건 그건 말이 안 돼. 그러니까 나는 어떻든지 백두산족 문화가 된다. 백두산족 문화가… 뿌리 좀 캐달라고… 그 저 만주서도 떠들고 조선서도 나오는 얘기 몇 해 앞으로 알 만한 사람이면 다 떠듭니다.

그래 미친놈이 됐어 미친놈이. 이게 그 갑자년이 오니까… 그래 갑자년이 오복성이 조선 들어온 지 만 30년이에요. 갑오년에 오복성이 들어왔어. 그래 오복성이 들어온 게 30년인데, 미국에 오복성이 들어와 가지고… 200년 전에 그걸 전부 뭐라든가 이민들 들어간 헐 수 없어 이민 들어간 사람 죽 모아다놓고 100년 다 못 되어가지고 남북전쟁 나가지고 통일하지 않았어? 그 아주 여지없는 나라라 심했던 것이 오복성이 들어가지고 세계에서 지금 영미했지. 영국 다음으로 낫지. 그런데 지금은 세계에서 제일 꼭대기일 거야. 그렇게 커져. 근데 그게 오복성이 일본에는 얕이 다 들어오지 못하고 일본 무진년(1868년)에 들어와가지고, 명치유신

해가지고 명치 섬나라가 지금 누구만도 못하던 나라가 그 나라가 40년 동안에 세계에서 영미독불일노(영국, 미국, 독일, 프랑스, 일본, 러시아) 6대 강국에 들지 않았어요? 영미독불일노 6대 강국에 들어가요. 6대 강국에 들어요.

그래 세계를 제패한다고 하다가 껍적대다가 해방, 해방이 그때 가서 해방이 되었지만 그래도… 근데 우리나라는 오복성 그것이 갑오년(1954년)에 들어왔습니다. 갑오년에 들어왔는데 그때 들어온 것이 치천 15년, 치지 15년, 치인 15년 하는데, 치인 15년이란 사람, 인재(人材)가 우리나라 인재 사람들이 나오고 무슨 일이든 잘 되고 이러는 것이 갑자년부터 15년이 운이 들어요. 그러니까 이 15년 운에 남북통일이 됩니다. 내가 먼저 책에도 그렇게 써놓았습니다. 15년 안에 갑자년에서부터 15년 안에 남북통일이 된다. 그 통일이 되고 끝나는 게 아니고 세계 평화운이 조선서 발단이 됩니다. 그럼 누가 발단하느냐 그건 여러분들이 해야 돼요. 여러분이, 여러분 세상이지 그때는 우리 같은 사람이 다 간 뒤입니다. 그래가지고 세계 전쟁 없는 평화, 전쟁 없는 평화 세상을… 누구를 믿습니까 자립해야지. 여기서도 각기 ○○이 다르니까… 미국이 6.25 사변에 우리한테 잘해 줬으니까 미국을 믿어야 합니까? 어떤 나라 일본하고는 우리나라가 36년간이나 뭣이가 있었는데 거기를 믿어야지 될까요? 어떻습니까? 우리는 우리대로 서야 됩니다. 우리대로, 우리대로 서가지고 ○○있는데 왜 우리가 못해. 우리가 해가지고 나가서 세계에 1등국 되라고 누가… 나라가 적다고? 우리나라 가진 땅이면 세계 어느 나라한테도 지지 않는 땅인데, 그래 보십시오. 평화운이야 요번에는 요번에 요 앞으로 오는 운은 평화운이야. 싸움 없는 나라… 운인데 그래서 제가 늙어서 망령 들어서 그런 건 아닙니다. 이런 소리하는 거 아녜요. 두고보시면 알아요. 두고보시면 이제 내가 간 뒤에도 그 늙은이 그렇게 그냥 막… 야 보니까 남북통일이 되고 뭣이 되고 뭣이 되고 해나가는 거 보니까 아실 거예요.

여기 지금 우리가 앞으로 10년 안에 밝혀질 겁니다. 밝혀질 것이 세계에 그전에 원자탄 없었어요. 중성탄도 없었어요. 그게 나오니까 그게 그만 세계를 재패하잖아요. 그것보담 10배 이상 되는 무엇인가 그것이 감히 행세를 못할 만한 그것이 우리나라에서 나온다. 지금 설계는 다 되었을 겁니다. 설계는 다 되었는데 물건으로 나오지는 못했어요. 조선사람 남쪽사람 요전번에 요 몇 달, 몇 달 전입니다. ○○에 와서 천기성(天機星)입니다. 천기성에 와서 원자탄하고 수소탄 할 때보다 10곱 되었어요. 광선이 그게 두 달 꼭 비췄어요. 요나라에 그런 게 지금 생겨 있다 하는 것을 표시해주는 거예요. 천문 보는 사람은 나 아니고 다른 사람도 천문 본다면 그게 무엇이냐 물으면 알 거예요. 모르는 사람이 보면야 무슨 빛이 환한가 보다 그러지 이것이 현상으로 나오지 못했어요. 설계는 틀림없이… 남쪽사람이, 북쪽사람이 아니라 그게 왜 되느냐 세계평화를 만들기 위해서 되는 거야. 핵무기 가지고 뭐라고 그러면 그래 꼭 그런 생각이 있으면 이런 좀 맛을 봐라 해서… 그것도 사용을 못하게 하는 거죠. 여기 저 지리산의… 패들은 뭐 손만 이렇게 대면 비행기가 떨어지느니 뭐니 그러지만… 그러는데 그건 미친 사람들이고 기계는 기계로다 해야지 기계는 기계로다 해야지 귀신 불러다댄다는 건 말이 안 되는 거지.

그래서 여러분들은 내년부텀 내년이 아니고 올해입니다. 기사년(己巳年: 1989년) 음력으로 내년입니다. 기사년에 신년에는 그 발족을… 그 발족을 하시려면 공부하시는데 왜 강태공이 다른 데에서 나오고 제갈량이도 나오고 장자방이도 나오고 다 나오는데, 왜 우리나라는 나지 말라는 법이 어디 있어요? 그 뭐 하나만 나오면 되나. 거기 보좌되는 수준이 높은 과학자들이 그뜩 나오면 과학자들이 세계 과학자 속에서 딱딱 두드리는 게 과학자들이 자꾸 나오면 이 나라는 자연 강국이 돼요. 이 나라는 자연 강국이 돼요. 약할래야 약할 수가 없어요. 그래 이거는 제가 인제 저 어른들한테 걱정을 들어가며 이런 소리 자꾸 합니다. 어른들이, 제가 1년 전입니다. 꼭 1년 전인데 ○○보담 실수를 해서 그 약을 먹고 그렇게 되었는데 어른들이 첫소리가 그것입니다. 네가 왜 요번에 이걸 당하는지 아느냐? 아니 그건 내가 죽을 운이니까 죽을 운으로 나오는 거 아닙니까? 그게 아니다 이거다 이거다. 그게 뭡니까? 하니까 왜 앞으로 올 일 자꾸 발설하느냐 너희가 발설 않더라도 야중에 10년 뒤에 20년 뒤에 지내놓고 보면 다 아는 건데 왜 먼저 발설하느냐 안다고… 너 그러니까 그런 짓 말라고. 말하자면 벌 좀 주는 거여… 그래 나는 반대, 반대를 했어요.

아니, 조선사람으로, 조선사람으로 고생을 얼마나 했습니까? 고생하던 백두산족이 그 반가운 소식을… 있는데 알고 얘기 안 할 도리 있습니까? 저 데려가도 좋습니다. 그래 웃어요. 웃으시면서 너무 주둥이 놀린 까닭에 그 벌로 1년 고생혀. 죽을 고생 좀 해봐라. 그래 뭐라 하는지는 야중에 공부해보시면 알아요. 그래서 고생을 사서 하고 이왕 뭐 인제 또 데려가지 않을 테니까 내 아는 소리 안 할 수는 없으니까 여러분께 반가운 소리, 소식이나 전해주려고 그러는 거고 앞으로 소련이 우리하고 손을 붙잡고서 경제교류를 한다는 거… 미국에서 물건 교류 한다는 거 그것도 생각하고 뭐고 없습니다. 그런데 한 가지 염려되는 건 한 가지 있는 건 뭐고하니 남이 ○○하는데 그냥 주겠습니까? 여러분들도 한번 연구를 해보세요. 김일성이가 멍텅구리가 아니면 그냥 나라 없애고 위원장, 최고위원장도 그만둬버리고 나라 어디 다른 데로 갈 테니 당신이… 그러겠습니까? 북쪽에서 그냥 여럿이 아무 소리도 않고 그냥 내놓을까요? 싸우지 않고 통합하자면 서로 양보해야 될 겁니다. 서로 양보 하면 전부 누구를 주자 소리는 안 할 겁니다. 전부 둘을 주고 ○○형식으로 통일하자 그런 소리가, 그런 소문도 나올 테지만 한 나라가 돼서는 책임자 선출하자는 소리가 즉각 나오겠지요. 책임자 선출하면은 여러분 어디가 유리할 것 같아요? 이 현상 가지고 여기는 4,000이고 저기는 2,000이니까 물론 이쪽이 유리하다고 이렇게 보시기가 누구든지 볼 텐데 내 생각에는 그게 아닙니다. 이북 사람은 뱃속에서부터 늙은이는 말 할 거 없고 뱃속에서부터 공산을 배워가지고 나온 사람들입니다. 뱃속에서부터 즈 어머니가 뱃속에서부터 들어 있을 때 게서부터 나올 적에 공산을 배워가지고 나온 사람들이고 일정 일정한 것이 공산밖에 안 배웠어, 다른 거 안 배웠어. 암만 통합을 한다 해도 저희는 저희 계통을 가지고 있습니다. 북쪽 계통은, 북쪽 계통이 그대로 있지 여기 하고 툭 터놓을까요? 이 남한에서 4,000만 인구지만 4,000만 인구의 ○○되는 사람이 없을까요? 하나도, 좌익이 좋다는 놈 하나도 없을까요? 6.25사변 때 보니까 삼분의 일은 더 넘어요. 더 되요. 군대가 나오니까 우하고 같이 갔다고 그거 아니여. 막상은 그거 좋아서 갈 사람이 삼분의 이는 됩니다. 그러면 결정적으로 추천할 적에 삼대삼입니다. 결정적으로 투표할 적에 삼대삼입니다. 이 정부에서도 ○○ 하지 않는 걸 난 싱거운 소리를 해요. 삼대삼이 맞붙게 될 적에 저기는 하나고 삼대삼에 북쪽에서는 삼대삼이라는 게 삼이 하나를 가지고 있고 여기서는 이 삼이 하나가 나올까요? 남쪽에는 하나가 나올까요? 난 이것이 제일 걱정입니다. 그 전에 여기 자체 남한 사람들이 자체, 뿌리 찾는 운동에 뿌리를 바로 찾는 훈련을 시켜야 됩니다. 야중에 두고 보십시오. 제가 한 소리가 거짓말 되나 보시면 압니다. 그러니까 그건 나라 운에 맡겨야지 뭐 어떻게 해라, 어떻게 해라 하는 건 소용없는 소리입니다.

그래 두고 기사년, 무진 기사년에 여러분들이 공부 좀 하셔서 많이 바라진, 욕심나게 많이 바라진 않습니다. 여러분들 중에서 요기서 광선 비칠 사람 지금 여기 오신 분 300명 가까웁구먼. 300명 가까운데 열 분만, 다른 이는 하지 말라는 건 아니에요. 열 분만 확실히 삼화(三火) 뜰 사람 생긴다면 지가 암만 기운이 없더라도 열 분 뜬 사람한테는 절 열 번 하겠습니다. 그 왜 그러냐. 그게 선임하사 격이야. 군에 들어가서 선임하사가 있어야 가르칩니다. 사령관, 대장이 직접 못 가르치는 겁니다. 연대장, 뭣 대장 해야 그 사람들은 그 부대를 통솔하는 사람이지 직접 가르치는 사람은 선임하사라 하겠습니다. 여기서 초, 2단으로 올라가는 사람이 여남은 명 되면은 하나가 1,000명씩만 맡으면 1만 명은 가르칩니다. 1만 명 가르쳐서 만해서 남한에서 1만 명만 중단자가 생긴다면 중국, 조금은 더 쉬울 거예요. 소련 무서울 거 하나도 없습니다. 왜 무서울 게 없느냐 이렇게 물으신다면 내가 얘기를 하자면 한참 됩니다. 하지만 알면 아는 놈 앞에는 모르는 놈이 굴복해야죠.

그래서 지금 지가 군이 군이 건강도 못하고 말도 할 줄 못하고 어지러워서 지팡이를 짚고 다니는 처지에 여러분께 와서 이런 소리를 자꾸 하는 건 지가 ○○되면은 작년 5~6… 정월 15 하룻날 병원에서 나왔습니다. 이제 죽지 않을 걸 각오하구서 나왔는데 그날부텀은 지가 지 명(命)이 아닙니다. 앞으로 10년을 살든지 열 배 더 살든지 살더라도 이건 제 명이 아니고 여러분들이 공부해서 우리나라 민족의 등불이 되게 공부를 해서 성공을 시켜놓으면 딴… 그 책임을 ○○고 나온 것이지 제 자신이 잘 살라고 오래 살라고 살리신 거 아닙니다. 가기전 까지는 여러분을 도와드려서 공부가 한 분이라도 더 되셔 ○○이 하나라도 더 많게 저 중공이 13억, 십 몇 억 된다고 해도 사람들 많지 않아요. 10억이 된다고 해도, 거기서 지금 최고 지도자라고 하는 사람을 만났어요. 최고 지도자 거기서 제일 꼭대기라고 하는 사람을, 다른 지도자가 아니에요. 저 저 진실로 최고 높은 지도자를 만난 게 아니에요. 이 정신으로 왕진인(王眞人)이라고 똑똑히 들었습니다. 중국의 고단자가 있기는 많다. 있기는 많지만 요번 황백전환 운에는 우리는 따르고 너희가 주장해라. 인도도 있다. 인도도 있지만… 우리도 따른다. 너희 나라에서 이건 발족해야 한다. 똑똑히 들었어요.

그래서 올부텀은 그전에도 지가 이 저 뭐 이거 뭐 남용하지 않았습니다만 제 나이 제 날로 1년 동안 살면 1년 동안을 360일을… 이 나라, 이 민족의 앞으로 갈길 앞에서 환한 1만 촉이나 2만 촉 되는 환한 전등은 못되더라도 반딧불만한 전등이라도 앞이 돼가지고 여러분들 이리 오시오 하는 소리 그거는 내가 알으켜드려야 하는 책임을 갖고 있어. 그리고 여기서 지금 우리들이 잘하고 못하는 것은 여러분들에게 달리고 이거는 지도해 드리는 게 노정(路程), 길을 알으켜주는데, 노정 길에 조금이라도 돌 때, 돌아갈 때 편리하게 갈 때는 이렇게 돌리고 가르치면 이것은 내 길이지 그러니까, 이거는 어떻게든 편하게 여러분들이 다가 올라가도록 가는 길에 어디까지 가시도록 하는 노정 길을 제가 책임져서 이후로… 두 가지 다 해가지고 나갈 작정입니다.

나갈 작정인데 여기서 지금 우리들이 내가 지금 가지고 있는 것이 지가 대종교의 총전교로 있습니다. 대종교의 총전교로 있으니까 대종교 교인이다 이렇게 하시는데 나는 대종교에서 그전 조상님들 조상님들은 단군 할아버지가 선조(先祖) 교주(教主)신 줄 알아요. 대종교하는 대종교의 교주로, 제일 꼭대기 선생님으로 이렇게 안단 말이여. 난 그렇게는 안 해요. 종교는 뭐 어떤 그 국한하는 국한, 여기도 단군하는 데가 여러 군데예요. 여러 군데… 해가지고 갑자을축… 가지고 그건 뭐라고 따질 수…

그러구 여기서 양력 설, 음력 설… 한배검은 대황조, 별소리를 다 하지만 한배검은, 대황조 한배검은 우리 백두산족을 처음 발생시킨 분이고 처음으로 낳아주신 뿌리여. 우리 뿌리지.

선기옥형 대담[34]

〈선기옥형(璿璣玉衡)의 유래〉

학인 1: 그 조술요순(祖述堯舜)[35]한 그 이념에서 요(堯)임금서부터 그렇게 만 딱 해놓고 그 이전 거는 안 쓴 거죠?

봉우 선생님: 그렇지, 안 썼지.

학인 1: 그것만 전해 내려오던 것만 모아가지고 만든 거고.

봉우 선생님: 그렇지. 그걸 갖다가 순(舜)임금이 만든 것처럼 자꾸 얘기하면 안 돼. 순임금이 그럼 중국 들어가서 만들었다는 거지.

학인 1: 여기서 만들었다고는 안 썼고요.

봉우 선생님: 아니, 그래도 그렇게 보면 저 중국 들어가 임금 노릇하던… 요임금 다음의 임금 노릇하던 순임금이 이것을 시작해서 만들은(만든) 것처럼 됐거든.

학인 2: 그럼 요기다 첨가할게요. 유래에다 첨가하면요, 맨 처음에 선기옥

---

34) 녹음: 정재승, 녹취: 정진용, 교정·주석: 정진용·정재승
　　이 대담은 〈천부경의 비밀과 백두산족 문화〉의 선기옥형 부분 저술을 위해 봉우 선생님께 질문한 내용이다. 대담자는 정재승, 안기석이었다.(편집자주)

35) "조술요순(祖述堯舜)하시고 헌장문무(憲章文武)하시니라"《중용(中庸)》30장). 즉 "요임금과 순임금의 사상, 심통, 법통을 근본으로 하고 문왕과 무왕의 국가통치 제도를 본받았다"라고 하였다.

형(璇璣玉衡)36)이 만들어지기 전에요, 주재주[主宰主,(•)] 자로 시작을 해서 이런 원방각(圓方角)으로 내려오다가 그게 거진(거의) 5,000년 전 돼가지고 1,000년 이후에 O과 X로 표시해놓은 여든한 자, 그 시대와 거의 비슷하게 약 4,000년 전에 선기옥형이 나온 거죠, 선기옥형이 이전에 나왔지만.

봉우 선생님: 나오긴 먼저 나왔지.

학인 1: 확실하게 이렇게 4,000년 전 이렇게 하지 말고…

봉우 선생님: 4,000년 전이라고 하지 말아.

학인 1: 이거를 그러니까… 그러면 요거를 말이죠, 할아버님.

봉우 선생님: 여기서… 선기옥형을 여기서 가지고 들어갔으니까…

학인 1: 그러면 선기옥형이 제일 먼저 만들어진 것은 몇 천 년 전이에요?

봉우 선생님: 그러니까 그게 한…

학인 1: 4,000년도 넘지. 여기서 나오는 거는 순임금 당시에 벌써 선기옥형이 있었으니까, 이건 그 이전에 벌써 우리 문명권에서 이미 만들어졌단 말이야, 이게. 순임금 당시가 4,300년 전이라고, 지금으로부터.

학인 2: 그럼 복희(伏羲)님 시대 땐가요?

봉우 선생님: 복희가 주역(周易) 팔괘(八卦)를 시작했으니까 주역 팔괘 시작하기 전에 난 거지, 그게.

학인 2: 선기옥형이요?

---

36) 선기(璇璣)란 천체를 관측하는 데 쓰이는 기계를 말하고, 옥형(玉衡)이란 옥으로 만든 저울대를 의미하니 결국 선기옥형이란 옥(玉)으로 만든 천체(天體) 관측 기계를 뜻한다. 후세에 전해지며 혼천의(渾天儀)라는 이름으로 불리어졌는데, 현재 중국에 2, 3종이 남아 있고 우리나라에서는 경북 도산서원(陶山書院)에 퇴계(退溪) 이황(李滉)에 의해 제작되었다는 목제 혼천의와 창경궁의 동제 소형 혼천의가 남아 있으며, 또한 세계 유일의 추동식(錘動式) 기계 시계 장치를 응용한 선기옥형이 고려대학교 박물관 소장으로 남아 있다. 《천부경의 비밀과 백두산족 문화》 p.191 참조.

봉우 선생님: 그렇지.

학인 1: 그럼 《천부경(天符經)》과 거의 동일 아녜요? 그럼.

봉우 선생님: 그렇지.

학인 2: 그럼 이거와… 이거 나올 때와 같은 거예요?

봉우 선생님: 다 같은 거여.

학인 2: 선기옥형이 이거부터 시작하는 겁니까? 그럼.

봉우 선생님: 그거지 뭐여.

학인 2: 이때는 없었어요?

봉우 선생님: 그때는 첫 번 주재에는 그게 없었지. 포함은 했어도.

학인 2: 6,000년 전이네요, 그럼.

봉우 선생님: 6,000년 전 되지. 그걸 가지고 순임금이 만든 것처럼 해서는 안 돼.

학인 2: 그럼 이거 선기옥형 가지고 복희님이 8괘를 만들어가지고 《역경(易經)》이, 역학(易學)이 시작된 거죠?

봉우 선생님: 그렇지.

학인 2: 그럼 복희님이 한 5,000년 되나요?

봉우 선생님: 한 5,000년 잡지, 뭐. 약 5,000년이라 그래.

학인 1: 복희씨요? 5,000년도 더 되지, 왜냐하면…

봉우 선생님: 아니야, 더 되지 않아.

학인 1: 요임금 때가 지금 우리가 보통 한 잡는 게 4천 몇 백 년 되잖아요. 요임금 당시만 해도.

봉우 선생님: 4천 3백 몇 년이라는 것이 요임금 25년이여. 요임금 25년이니까 4,400년밖에 안 되거든. 그러면 거기다 대서 복희씨가 여기 지금 이 임금하고 저 단군기원하고 요게 25년이 더 많잖아, 요임금이. 그런데 요게 304년이 많아서… 복희씨가 304년이 많거든.

학인 1: 오, 그래서 복희씨, 아이 그러면 304년 하신 거는 그때 복희씨(伏羲氏)네요.

봉우 선생님: 복희씨지, 뭘.

학인 1: 복희씨 처음 들어오셨을 때 얘긴가요? 그 304년…

봉우 선생님: 304년 첫 번에 복희씨 노릇할 때지, 그때가.

학인 2: 그럼 역학이란 게 복희님이 처음 시작한 건 아니네요?

봉우 선생님: 처음 한 건 아니지. 팔괘(八卦)를 그리길 처음 그렸지.

학인 2: 그리기를 처음 글자로 해가지고 숭상한 것은 복희님이고, 원리는 6,000년 전부터 그게 나온 거죠?

봉우 선생님: 그렇지. 원리는 여기서 역학이 시작 나온 거여 이게.

학인 2: 처음부터 나왔지만, 구체적으로 나오게 된 거는 6,000년 전부터 시작해서, 그다음에 복희님이 처음 글자로 역학을 처음 이렇게 하게 된 거고.

봉우 선생님: 처음으로 얘기한 거고.

학인 1: 그러면 선기옥형도 최소한 역학 이전은 잡아야죠? 역학 이전이니까.

봉우 선생님: 역학 이전이지.

학인 1: 그럼 한 7,000년 전 잡아야겠네요? 이거.

봉우 선생님: 그렇지.

학인 2: 6,000년, 7,000년…

학인 1: 이거는 참 상고(詳考)하기가 좀 애매하죠? 6,000년이냐 7,000년이냐 한…

봉우 선생님: 그거 햇수는 잘 모르지. 그게 전부 역사 여기 저 그려놨던 거 전부 저 이세민(李世民: 당태종)이가 전부 까뭉개 놨으니까 없거든, 책에.

학인 1: 그러니까 여기서 몇 년이라고 딱 정확히 하면 골치 아파. 그러니까 최소한 그러나 요순시대 훨씬 전이다. 복희씨 훨씬 전이라 그러죠, 뭐.

봉우 선생님: 그렇지.

학인 1: "복희씨보다 더 전부터 내려왔던 것이다." 그렇게 잡아야 돼. 유래는 그 정도로 해두죠. 그러니까 복희씨 이전부터 《천부경》의 원리가 내려오면서 선기옥형도… 거의 동시에죠 그러면? 이 《천부경》의 원리하고. 선기옥형의 원리도 거의 동시에 진행된 건가요, 그럼? 선기옥형도…

봉우 선생님: 《천부경》이 이거 얘기한 거여, 이거 얘기한 게 《천부경》이 된 거지, 뭘.

학인 1: 아, 그럼 선기옥형이 먼전가요, 그럼?

봉우 선생님: 선기옥형이라는 건 천체(天體), 지체(地體) 말하는 건데, 우리 나기 전부텀(전부터)… 인간 나기 전부텀 있던 거 아니여? 그런데 선기옥형을 우리가 보고, 그걸 우리가 만들어서 써보고 이것이 하늘 천체다 한 걸 그려논 거지 말이여. 그러니까 저게 주재주 자 나올 적에 벌써 그건 시작이 된 거여. 요렇게 자세하게는 안 됐겠지만 말이여. 이거 해놓고 보면 둥그레지고 이렇게 빙그런 옥형이 뵈지 않나?

학인 1: 거기서부터 발전되어서 조금 조금씩 더해져…

봉우 선생님: 발전이 돼서 조금 조금씩 더 발전이 됐지. 유래를 너무 똑똑히 하면 되레 헛똑똑이 돼.

학인 2: 하하하하.

〈학인의 선기옥형 해설〉

06:45

학인 1: 그럼 할아버님 이 《서경(書經)》에 나오는 거 있죠? 그 앞에 그림

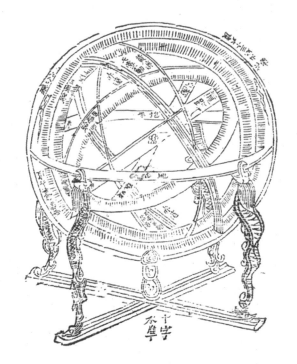

〈선기옥형도(璿璣玉衡圖)〉

나오는 거요. 그 선기옥형 그림이 그래도, 가장 그래도 우리가 죽 내려오
면서 변해오잖아요. 형태가 그래도, 제일 그 오래된 형태죠? 그게.

봉우 선생님: 제일 오래된 형태지.

학인 1: 지금 우리가 다시 복원해본다면 그 그림대로 만들어 보는게 의미
가 있죠?

봉우 선생님: 그렇지.

학인 1: 그런데 지금 우리나라에 남아 있다는 선기옥형도요, 그게 현종 10
년에 만들어졌다는 선기옥형도 뭐냐면은 보니까 그전 《서전(書傳)》에 있

는 거하고 달라요. 변형을 시켰더라고요. 조금 변형을 시켜가지고…

봉우 선생님: 변형이 아니라 천문(天文) 보는 사람들이 천문에 맞게 해놨지, 뭘.

학인 1: 예. 그리고 이를테면 뭐 동력장치[추(錘)] 같은 걸 시계를 달아가지고, 뭐 이렇게 약간 동력장치를 변화시켰어요. 그런 걸 좀 다르게 만들었더라고요.

봉우 선생님: 그런데 거기는 저 적도(赤道), 황도(黃道) 이거 돌리는 건데, 그거 돌리는 거는 지금 지구 돌아가는 그 소리여, 별게 아니고.

학인 1: 네, 그렇죠. 지구 돌아가는 거…

학인 2: 그래서 여기서 육합의(六合儀)37)요. 육합의가 우리에게 전래되는 홍익인간(弘益人間)을 하라는 것이다. 그렇게 설명할까요?

봉우 선생님: 그렇지, 그래 그래.

학인 2: 그리고 《서전(書傳)》에요, 역상수시도(曆象授時圖)에서 이게 '줄 수(授)' 자거든요, 그래서 지구를 지구라 안 하고 지평(地平)이라 한 것이다.

봉우 선생님: 응 응, 그래. 그렇지.

학인 2: 그렇게 설명해야 하거든요. 만약에 예를 들어서 '받을 수(受)' 자라면 이게 지구가 돼야 되지만, 줄 수이기 때문에 지평이다 이거죠. 그래서 지구가 둥그렇다는 것은 옛날부터 알고 있었다. 그런 식으로 설명할 거거든요.

---

37) 선기옥형의 한 부분으로 동서남북(東西南北), 상하(上下)를 나타내는 천구(天球)이다. 천경(天經), 천위(天緯), 지평(地平)으로 이루어져 있다.
  ① 천경(天經): 천구(天球)의 경도(經度)를 표시하는 쌍환(雙環, 두 개의 고리)으로서 24절기(節期)가 표시되어 있다.
  ② 천위(天緯): 천구의 위도를 표시하는 단환(單環)으로서 28성수(星宿)가 표시되어 있다.
  ③ 지평(地平): 천경과 수직으로 연결되어 있는 단환(單環)으로서 팔간(八干), 십이지(十二支), 동서남북이 표시되어 있다

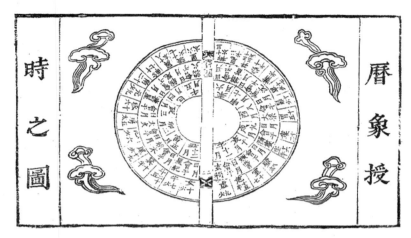

〈역상수시도(曆象授時圖)〉

봉우 선생님: 그래 그래. 선기옥형이 벌써 지구 둥근 거를 말하는 거 아닌가? 거기 다 있는 거지.

학인 2: 육합의 자체에 지평이 같이 붙어 있거든요. 그게 전부 육합의인데…

봉우 선생님: 그렇지.

학인 2: 그다음에 역사적인 의미를 제가 그냥 나름대로 했었던 거거든요. 선기옥형이 순임금에게 전해지는 것이 말하자면 백두산족의 운(運)이 가고 그쪽으로 넘어가는 하나의 상징적인 표식이다. 그래서 이제 형이상학 시대가 넘어가고, 형이하학 시대가 전성되어 물질이 풍부해지면서 이것이 정신은 어두워지고, 물질은 점점 밝아진다.

봉우 선생님: 그렇지 밝아졌지.

학인 1: 아니 백두산족의 운이 가는 것은 할아버님 지금 3,000년 전 퇴운(頹運) 아닙니까? 은나라 때요. 은(殷)나라 때 망하고 주(周)나라 때…

봉우 선생님: 은나라 때 망하고 백두산족이…

학인 1: 그걸 상징적으로 삼으셨잖아요, 퇴운한 걸. 은나라 때 망하는 기점으로 해서 그때부터 3,000년을 퇴운이라고 그때 보신 거 아닙니까? 그러면 이 순임금이 그 선기옥형을 했다는 것은 그때 퇴운 시기는 아니잖아요, 아직?

봉우 선생님: 퇴운 아니지.

학인 1: 거 봐.

학인 2: 점차 가는 거 아닙니까?

학인 1: 뭐가 점차야 점차는, 백두산족이 퇴운되는 거는 저 은나라가 망하고서부터 결정적으로 거기서 기점으로 삼는 거지.

봉우 선생님: 은나라가 망하면서부터 그때 이 백두산족의 퇴운이지.

학인 1: 순임금 당시에는, 할아버님 우리나라가 더 강성했죠. 그때는 퇴운이 아니야.

봉우 선생님: 아니여 왕성했지.

학인 2: 그래가지고 이제 서양 쪽으로 물질문명이 성행하면서 급기야는 동방으로 다시 진출하면서 전쟁, 종교, 이념 이런 상충적인 것이 오늘날 이렇게 물극(物極)이 필반(必反)이 돼가지고 다시 전환점이 오는 것이다. 그런데 이거는 얘기하기 어려우니까 이건 뺄게요.

봉우 선생님: 그건 빼버리고…

〈선기옥형의 구조〉[38]

---

38) 선기옥형은 육합의(六合儀)와 삼진의(三辰儀), 사유의(四遊儀) 및 이것들을 밑에서 받치는 용주(龍柱), 별운(鼈雲), 십자수준(十字水準)으로 구성되어 있다. 육합의(六合儀)는 천경(天經)과 천위(天緯), 지평(地平)으로 이루어지고, 삼진의(三辰儀)는 적도단환(赤道單環)과 황도단환(黃道單環)을 포함하여 3개의 고리들로 이루어졌으며, 사유의(四遊儀)는 직거(直距)와 옥형(玉衡) 및 이것들을 포함한 환(環)으로 이루어져 있다.

학인 2: 그다음에 이제 원리 들어가서요. 선기옥형의 이제⋯ 지금 여기하고 여기는 했습니다. 이건 빼고요.

학인 1: 원리하고 구조, 구조를 한번 보고요.

학인 2: 원리하고 이제 원리에서 이제 구조가 나온 거거든요. 설계도, 설계도는 이거하고, 원리에서 이제⋯ 이 원리를요《서전(書傳)》에서 어디서 뽑았냐면요, "개천수종어구(蓋天數終於九), 천수(天數)는 종어구(終於九)요. 그다음에 지수(地數)는 종어십(終於十), 그다음에 십구자(十九者) 천지이종지수(天地二終數), 적팔십일장즉기영허지(積八十一章則其盈虛之) 여진이(餘盡而), 부시추차이정사시(復始推此以定四時)하고, 세공기유불성호(歲功其有不成乎)라."39) 그래가지고 요게 채씨주(蔡氏注)에서 나오는 것이거든요.《상견채전(詳見蔡傳)》요기서 나오거든요. 그런데 여기서 원리를 갖다가 1, 2, 3, 4, 5, 6, 7, 8, 9, 10에서요, 1, 3, 5, 6, 7 이게 천오(天五)구요 2, 4, 6, 8, 10 이게 지오(地五) 해가지고 이걸 교차하니까 이렇게 9가 나온 거예요. 그래서 9 9는 81해서 이렇게 나온다. 이런 문헌을 발췌를 했습니다.

봉우 선생님: 응.

학인 2: 그다음에 십구자(十九者)했을 때 열하고 아홉일 때요, 여기서 여기까지가 열이잖아요 바둑판이잖아요. 일적십은 거무라는 것이《천부경》에서 이제⋯ 그다음에 여기서 구구팔십일이라는 건 처음부터 해가지고 가

---

39) 대개 하늘의 수 천수(天數)는 9에서 끝나고, 땅의 수(地數)는 10에서 끝난다. 19라는 것은 하늘과 땅의 끝나는 수로서 이것이 쌓여 81장이 된즉, 그 차고 빈 것의 나머지가 다하여 다시 시작한다. 이와 같이 하여서 사시(四時, 춘하추동)가 정해지니, 한 해가 어찌 이루어지지 않으리오.
출전:《서전(書傳)》윤월정시성세지도(閏月定時成歲之圖)의 설명문.

운데 3, 1, 3, 5, 7, 9 밑에 1, 3, 5, 7, 9 요걸 뽑아가지고 《천부경》을 발췌를 한 거구요. 그래서 19(×)19 361이나 9(×)9는 81이나 같다 이거죠.

봉우 선생님: 마찬가지.

학인 2: 361에서 81을 빼면 280 나오면 얘도 28수가 이게 나오는 거예요. 그다음에 19×4=76인데 19, 19, 19, 19가 76이거든요. 76에서 4를 빼면 똑 같은 게 들어가는 거잖아요.

봉우 선생님: 응, 넷을 빼야지, 그러니까.

학인 2: 그럼 72가 되거든요. 그런데 하나는 처음이니까 더해줘야 되잖아요. 그럼 73이잖아요? 그래서 다시 이걸 하나 빼면 72가 되고 72를 셋으로 나누면 24절기가 나오거든요.

봉우 선생님: 그래, 24절기. 응.

학인 2: 그래서 '직경×3=원주'라는 예전의 원리가 그래서 그런 거죠.

봉우 선생님: 그래 그래 그래.

학인 2: 그다음 천상부동(天常不動: 하늘은 늘 움직이지 않는다)도 이런 일적십(一積十)은 거무(鉅無)에 의해서 하나가 나온다니까 거기가 천의 끝이고 그다음 하늘이 또 있다. 이렇게 얘기하는 거죠.

봉우 선생님: 그렇지 그래.

학인 2: 그다음에 선기옥형이 이제 기본적으로 쓰이는게 하늘 천(天), 땅 지(地), 사람 인(人)자거든요. 천중(天中), 지중(地中), 인중(人中), 여기서 이제 하늘의 별이 딱 떴다 이겁니다. 그런데 이제 땅에는 그 자리에 딱 응하는 자리가 있는 거예요. 근데 이 지구의 360일 어느 점에서나 이걸 다 볼 수가 있는 거예요.

봉우 선생님: 그렇지, 다 볼 수가 있는 거지.

학인 2: 그러나 여기에 응하는 자리는 반드시 여기다 이거죠. 그래서 선기옥형이라는 것은 하늘을 관찰해가지고 지리를 알아서 사람사회에 쓰이는 것이 선기옥형의 본 원리다. 그래서 순천(順天)하면 흥하고 역천(逆天)하면 망한다는 것이 바로 이 원리다.

봉우 선생님: 그래 그래 그래.

학인 2: 이렇게 설명을 했습니다. 그래서 선기옥형의 북극(北極)의 연장점은 천중, 즉 북극성에 향하는 거고요, 그다음에 선기옥형의 중극(中極)은 바로 지구의 지중, 지중에 향해가지고 동그라면, 이렇게 하면은 이 가운데 딱 결합이 돼 있거든요. 그다음에 천중과 지중은… 간에 인중에 이르는 것은 인중 즉 공부를 해야 된다 이거죠. 그 원리를 가지고, 그래서 인중에 들어가는 것이 홍익인간이 되는 것이다. 이러한 이념을 가지고 실생활에서 홍익인간이 되는 것이고, 요임금 순임금 태평시대가 되는 정치이념이다. 여기까지가 원리의 대체적인…

이제 구조로 들어가서요, 육합의요. 육합의가 이제 동서남북상하(東西南北上下) 아닙니까? 형이상학적으로는 홍익인간 이념을 구현하고 형이하학적으로는 천구(天球)를 뜻한다.

봉우 선생님: 그렇지 덩어리지.

학인 2: 네, 《천부경》에서 이 대삼합육(大三合六)이나 육에서나 이 육합의나 같은 개념이다.

봉우 선생님: 마찬가지지.

15:35

학인 2: 네. 그다음에 첫 번째는 출지(出地) 36도, 입지(入地) 36도. 천경(天經) 쌍환(雙環)에 나오거든요. 이런 이 ○○○○. 그래서 이 36도가 어떻게 해서 나오느냐의 원리가 일적십(一積十)은 거무(鉅無), 36×10=360도 되니까 그것이 6 6은 36 해서 근본에서 나온다. 이렇게 설명했습니다.

그리고 가운데 점하고 360이 360일이기 때문에 3+6+1은 역시 또 10이기 때문에 그것도 하나의 점이고, 그것이 하나의 하늘이다, 이렇게 설명을 했습니다.

천상부동(天常不動)은 역시 육합의에서 천(天)이 단환(單環)이거든요. 거기서 나오는데, 일적십거무라는 게 역시 19로 설명을 할 수밖에 없습니다. 그다음에 두 번째 북극성(北極星)을 중심으로 모든 별이 운행하는 우주의 끝이 있음을 뜻한다. 그래서 북극성인데 여기서 여기까지 가면 십이 돼가지고 여기가 끝이다 이거죠. 그래서 이 우주가 하나의 천이다, 일천(一天). 그래서 북극성을 중심으로 하여 우리가 살고 있는 우주를 얘기하는 겁니다.

봉우 선생님: 그렇지. 북극성 아닌 우주도 또 있지.

학인 2: 네. 그다음에 지평(地平)에 들어가서요. 《서전(書傳)》에 보면 팔간사우(八干四隅)가 나오거든요. 그런데 무기(戊己)가 이제 가운데 들어가가지고 십간(十干)이 되는 거잖아요. 그다음에 십이지(十二支)는 여기에 물론 자축인묘(子丑寅卯) 다음 이렇게 나오는 건데. 여기서 인제 동극(東極)과 서극(西極)이 서방쪽에 있죠. 서방쪽엔 서극이 있고, 동방에는 동극이 있고. 그다음에 북방에는 북극(北極)이 있고, 남방에는 남극(南極)이 나오는 거죠. 그래서 이쪽으로 본다고 가정했을 때요, 여기가 이제 자… 자요 이쪽에 오면은 갑을병정무(甲乙丙丁戊) 기경신임계(己庚辛壬癸) 이렇게 나오는 거거든요. 근데 수(數)로 따지자면, 갑(甲)이 1, 을(乙)이 2, 병(丙)이 3, 정(丁)이 4거든요. 그러면 여기 무(戊)가 5지 않습니까? 그러면 여기가 6이 됩니까? 6, 7, 8, 9, 10 이렇게 내려오는 거죠. 근데 갑자을축(甲子乙丑) 해가지고 무(戊) 다음에 기(己) 이렇게 나가잖아요. 수(數)는 이렇게 따지는 게 맞습니까?

봉우 선생님: 그렇게 나와야지 어떻게 해?

학인 2: 네, 그래서 요게 거기는 사우(四隅)라는 게, 우(隅)라는 게 한문 옥편을 보니까요 짝이래요.

봉우 선생님: 짝이야 짝.

학인 2: 예, 짝이라 해가지고 오행원리에 의해서 이게 토잖아요? 토생금(土生金), 금생수(金生水), 수생목(水生木), 목생화(木生火), 화생토(火生土) 이렇게 들어가거든요.

봉우 선생님: 몽창(몽땅) 생(生)으로 돌아가지.

학인 2: 예, 생으로 뺑뺑뺑 돌거든요. 그런데 요게 짝이 다 있어요. 이게 요렇게 요렇게 해가지고 딱 네 개가 나오죠. 그래서 빈자리가 나오더라고요, 중간으로 안 들어가는 자리가. 그래서 여기가 바로 동서남북이 나오는, 그 극이 나오는 원리라고 이렇게 설명할 수밖에 없더라고요.

그래서 동극은 지평에서 출지 30도, 경사는 55도. 그것이 이제 180×(1/3)=60도다 이거죠. 예를 들어서 이렇게 비스듬하게 돼 있잖아요. 반을 자르면 이게 180도 아닙니까? 그래서 여기서 120도 그게 2/3 되는 자리거든요. 이쪽이 동극이고 반대는 서극입니다.

봉우 선생님: 응.

학인 2: 그다음에 이제 12진이요.

봉우 선생님: 자축인묘.

학인 2: 예, 자축인묘진 12진에서 5.5요, 5.5로 나누면 66개가 나오거든요. 66개가 나오는데, 요게 딱 12달이 나와요. 66개 돼가지고 360도는 66×5(5/12) 이렇게 돼서 이게 뺑뺑뺑 도는데, 만일 66×5.5는 이게 5.5가 안 돼요. 이게 5.5는 363이거든요. 그런데 363 빼기 360을 하면은 3이 딱 남아요. 요게 아마 삼즉일(三則一), 일즉삼(一則三) 즉 보이지 않는 석삼극(析三極) 무진(無盡) 그, 그런 원리가 여기에 그 있…

봉우 선생님: 뭣이 하나가 남아가지고 늘 돌리는 것…

학인 2: 늘, 늘리는 기운이 있다, 이거죠.

봉우 선생님: 응, 그렇지.

학인 2: 그래서 360도는 99로 하면 3과 2/3로, 또 될 수 있다 하는 것이… 그래서 첫째로는…

봉우 선생님: 저것이 남지 않으면, 남지 않으면 그냥 딱 붙는 거지, 돌아가는 게 아니거든. 그 남는 것 때문에 자꾸 돌아간단 말이야.

학인 2: 네, 그래서 1년은 4계절이 있는 까닭이 이걸로 원리가 설명이 되고요. 그다음에 사우와 사방, 즉 오행이 되는 원리가 역시도 이걸로도 나온다, 이거죠. 그다음에 1년이 12월이 되는 이유가 돼서 이게 12지가 형성이 됐다, 이거죠. 이것은 하나의 상징적으로 표시한 거지 어떤 저거는 없는 거 같아요, 동물…

학인 1: 이것 자체 내의 그 뜻은 없는 거죠? 이거(12지)… 자(子)면은 쥐 뭐…

봉우 선생님: 상징으로 우리가 해놓는 거지.

학인 2: 그렇죠 예.

학인 1: 옛날에는 이게 다르다고 그러셨죠? 이 12지를 표현하는 말이 자축인묘가 아니라 뭐 또 다른 말로 썼다고 그러셨죠?

봉우 선생님: 다른 말로 돼가지고 있었거든 이게 이제. 우리 이거 된 뒤에 헌 것인데, 늘 그게 그거여.

학인 2: 그리고 거극도수(去極度數)요. 그 남극에서 55도 하면 중복되는 자리거든요. 그것이 인제 물론 함수관계에서 공식에서도 5.5가 나오지만, 그걸로도 55도가 돼서 그 ○○○ 하는 건 5.5가 되는 것도 같은 원리다, 이렇게 설명할 수 있죠.

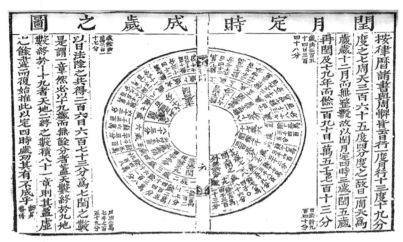

〈윤월정시성세지도(閏月定時成歲之圖)〉

〈북극성도 어떤 중심을 향해 돌고 있다〉

21:40

봉우 선생님: 이거 이렇게 내놓으면 들여다보고서 그거 얼른 풀 사람들이 몇이나 될까 모르겠다.

학인 1: 몇 명 안 될 거 같아요.

봉우 선생님: 인제 들여다보다 자기말로 아니라고 와서 떼쓸 사람도 있을 거여, 이제.

학인 2: 예, 저만 애먹게 생겼어요, 허허허허. 그다음에 북두칠성 생성이요. 저번에 한 번 확인한 적 있었잖아요? 예전에요. 여기서 이제 출지 36도, 여기서 23.5도 그래서 59.5도 아닙니까? 이것을 이제 5.5로 나누면은 10.888이 돼가지고 북극성을 중심으로 요거 맞죠? 하나, 둘, 셋, 넷, 요거 보는 거죠?

봉우 선생님: 그래 그래.

학인 2: 요게 이제 요걸 중심으로 해서 뱅뱅뱅 도는데, 이게 지금 현 천문학적으로 보면 여기서 나왔다고 봐야 옳죠. 근데《천부경》원리에는 이게 여기서 나온 게 아니다, 이거죠. 자오선상(子午線上)의 어디선가 튀어나왔다, 이거죠. 요게 현대 천문학적으로 이걸 내놓기가요 참 어렵습니다. 요거는 뺄까요?

봉우 선생님: 허허허허허. 그게 지금 북극에서 저기 나간 저걸로 아니고, 본원 천문 중심을 얘기한 거라 놔서, 북극성도 역시 또 여기와 마찬가지로 돌아가는 하나로 됐단 말이야. 그러니 그걸 얘기하면 지금 깜짝 놀라. 놀라는 게 아니라 찾지들을 못하고 쩔쩔매, 그러면.

학인 1: 요새 천문학에도 인정하지 않나요? 북극성도 또 저…

봉우 선생님: 천문학에서 뭘 이 북극성도 잘 모르는데. 북극성도 역시 이 같은 종성(從星)으로 같이 돌아가는 거라고 그 누가 인정을 하나.

학인 2: 이거 좀 어렵네요. 내놓기가요.

학인 1: 요새 그 인정하지 않아?

봉우 선생님: 북극성 거기까정만(거기까지만) 내놔.

학인 2: 여기까지만요?

봉우 선생님: 그래.

〈삼진의 해설〉

23:42

학인 2: 그다음에 삼진의(三辰儀)[40]로 들어가거든요. 이 부분이 굉장히 어렵더라고요. 그래서 이제 삼진(三辰) 하면 이게 별 진(辰) 하잖아요?

봉우 선생님: 일월성(日月星).

학인 2: 일월성요. 일, 월, 성, 그렇게 됐습니다. 그래서 일(日)이, 태양이 1(度)도 돌아갈 때 월이 13과 7/19도가 돌아가는데, 일에 1도 이걸 어떻게 뽑아내며 계산해도 안 나오더라고요. 그래 예전에 어떻게 알아냈는지 도대체 참 계산이 안 나와요. 그래가지고 며칠 만에 뽑았죠. 그다음에 성(星)은 동방7수, 북방7수, 서방7수, 남방7수 이렇게 있습니다.

봉우 선생님: 그래 그래, 28수.

학인 2: 28수요, 그래서 이게 더하면 75도, 98도, 80도, 112도 해서 합이 365와 1/4도거든요. 28수라는 것도 《천부경》 원리에서 나온다 이렇게 설명했습니다. 이 28수는 오행(五行), 오행으로 돌아가고요.

봉우 선생님: 그렇게만 해둬.

학인 2: 네, 그 정도로 했습니다. 그리고 해와 달의 관계에서요. 일(日)의 1도(度)에서 달이 있을 때 말입니다. 달이 있을 때는 지구가 한 번 자전하면 이게 딱 요 자리 가거든요. 그리고 이것이 일도(日道)라 해가지고 요게 365 1/4도란 말예요, 1년 돌아가면요. 그래서 달이 있을 때 이 지구의 1회전이 이렇게 된다. 지구 자전이 이렇게 해서 이렇게 된다.

그다음에 일행(日行) 1도 달이 없을 때, 달이 없을 때 1도는 360회 자전을 하면 그 자리에 다시 오거든요. 그런데 이걸 왜 했느냐면 그 시차를 얘기하려고 하는 거거든요. 그래서 달이 없을 때는 태양에 대한 지구의 공전도수 1도라 하면, 360 자전하면 이게 360도거든요. 그런데 참고로, 지구가 생명이라면 1회의 자전은 1회의 호흡인데, 360회 호흡이 1년이란

---

40) 선기옥형의 한 부분으로 일(日), 월(月), 성(星)의 운행(運行)을 나타내는 쌍환(雙環)
　① 적도(赤道): 삼진의에 부착되어 있는 단환으로, 천위와 평행이 되고, 천경과 수직이 되며, 황도의 중앙선을 나타낸다.
　② 황도(黃道): 삼진의에 부착되어 있는 단환으로, 적도 단환과 23.5도의 경사로 교차하고 있으며, 해(日)의 운행(運行) 도수(度數)를 나타낸다.

공전으로 호흡을 하는 것이라 할 수 있고, 1회의 호흡에는 유기(留氣)를 해야만 고르게 하루에 1도씩 갈 수 있기 때문에, 1회의 호흡에서 1/3을 유기한다면 2/3로서 조식한다고 가정할 수 있다. 그래서 360의 2/3는 240도인데, 일적십은 거무이므로 십을 나누면 24절기가 나온다, 이거죠. 그래서…

학인 1: 이건 좀 약간 사기 같은데요. 약간 좀 이렇게… 이게 진짜인가요, 이런 식으로? 아, 여기서 24절기 나오는 걸 이런 조식원리로 이걸 설명할 수 있나요? 24절기를… 이건 좀 약간 억지 아닌가요?

봉우 선생님: 억지?

학인 1: 네, 아전인수(我田引水)적인 게 아닌가요? 24절기는 아까 나오는 논리가 나왔잖아요.

봉우 선생님: 24절기라는 걸 지금 저 우리나라에서 24절기를 찾지, 딴 데서는 24절기인지 54절기인지 안 찾지 않나?

학인 1: 없죠, 없어요.

봉우 선생님: 허는데 우리가 찾아서 이걸 가서 대는데, 뭐이 자기들이 얘기할 게 뭐 있나? 저희들은 그것도 저 절기 뭐 찾는 것도 없지 않나?

학인 1: 아니, 그렇죠. 그런데 지금 이 호흡 얘기하면서 24절기를 끌어댈 수 있느냐 이거죠. 이런 식으로 24절기 원리 나오는 원리는 아까 앞에서 나왔잖아요. 그런데 여기 이런 걸로서 또 24절기를 얘기하는 것이 너무 막 끌어대는 것은 아니냐 이거죠.

봉우 선생님: 아니야, 막 끌어댄다고 하지 말고 그냥 해봐.

학인 1: 그냥 해봐요?

봉우 선생님: 그래. 수학의 공식에도 보면 공식에 무엇인지 소용 하나도 없는 것도 공식 그득해. 허허허.

학인 2: 이거 아전인수는 아니죠?

봉우 선생님: 아전인수 아니여.

학인 1: 그럼 그냥 신죠 뭐 이렇게. 이게 왜냐하면요, 이게 저 할아버님에 대한 그 연구로 나가기 때문에 저는 신중을 기해서… 아, 이게 이제 나가면 분명히 아, 할아버님께서 그렇게 가르쳐 주셨구나 이렇게 된단 말예요. 그러니까 할아버님께서 신중히 얘기를 해주세요.

봉우 선생님: 괜찮아, 괜찮아! 그냥 해둬.

학인 2: 그래서 달이 있어가지고요. 이제 그 태양에서 빠져나간 달이 있어서 해가 1도 돌을(돌) 때 일법이 940분이거든요. 그 월행(月行)은 13 7/19도 인데 월법(月法)은 27,759분이에요. 29와 499/940분이거든요. 그런데 태양이 없을 때는 요게 1도인데, 태양이 없을 때는 이게 얼마쯤 빼먹은 거다, 이거죠. 그래서 (1-x)도 해가지고 이것을 계산을 해봤어요. 이게 계산한 거거든요. 원래의 지구, 즉 달이 없을 때, 그다음에 달이 있을 때의 지구. 그 달이 이렇게 빠졌나… 요거 두 개 합치면 한 개가 되는 거죠. 그래서 요게 1도면 (1-x)도 거든요, 요게 태양을 한 바퀴 돌면 360과 1/4이고, 요거는 한 바퀴 돌면 360도란 말이에요. 그래서 이 비율로 따지면 (1-x) 대 1은 360대 365와 1/4도대 비율이 되거든요.

봉우 선생님: 비율이 되지. 그러니까 하나, 하나, 하나. 그래 그래.

학인 2: 요거요. 요거 해서 그래서 a(x)를 구하니까 21/1461 도가 딱 나와요. 그래서 21/1461이었는데, 여기다가 360과 1/4를 곱하니까 1440/1461도가 나와요.

봉우 선생님: 6분이 빠지는 거로구먼.

학인 2: 무일(無日), 해가 없을 때 해가 있을 때 가정했을 때 이게 365.25 이게 360이거든요. 365.25를 곱하면 요만큼 4나와요. 요거 곱하기 365 요거를 곱하니까 360일이 나오고 (1440/1461×365.25 = 360) 그다음에 달, 달 빠진 거요 (21/1461)×365.25 = 5.25가 나와요. 그런데 실제로 그게

584분의…

원래 그 달의 1년 도수는 354일에 384/940분이거든요. 요거 곱하기 요거하면 5.25가 안 나와요. 5.25가 안 나와가지고 요기 354 ○○○○ 499요. 요거하고 곱해보면 5.09361701이 나와요. 그리고 요 5.25하고 그러니까 요거 그 달이 완전히 그러니까 다른 달이 빠져나간 거 말고요. 완전히 빠져나갔을 때 5.25가 나와야 시차가 없는데, 요게 요거밖에 안 되기 때문에 요런 시차가 나와요. 그런데 이게 지금은 사라진 위성의 연간도수예요. 없어졌어요. 지구에서요 달이 빠져나갔는데요.

봉우 선생님: 응.

31:42

학인 2: 21만 4,767분 요게 없어졌어요.

봉우 선생님: 그게 빠졌지, 그러니까.

학인 2: 예, 그래서 요번에 이거를 내놓느냐 마느냐는, 참 그게 또 문제가 되겠어요.

봉우 선생님: 넣긴 넣어놔야, 넣어놔야 연구하는 사람이 연구를 하지.

학인 2: 네.

학인 1: 이게 무슨 뚱딴지 같은 소리인가 하고선 또…

봉우 선생님: 응?

학인 1: 이게 무슨 뚱딴지 같은 소리인가 하고 연구를…

봉우 선생님: 아니 뚱딴지가 아니라 저희도 보면 알 건데. 이만한 게 하나 나간 거만치 되고 말아야 할 텐데, 그놈으로 해보면 뭐이가(뭐가) 부족한 게 나오니까 이건 또 하나 있다 하는 이거지 뭘.

학인 1: 이건, 이거는 천문학계에서도 그전에 나온 얘기에요, 이 얘기가 있었다고…

학인 2: 그랬어요?

학인 1: 그럼. 그래서 이 얘기가요 그전에 저도 책에서 봤어요. 달 말고 또 하나 있다고 하는 그 가설이 지금…

봉우 선생님: 응, 그래 그래.

학인 1: 그런데 증명은 못해냈다고요. 그 사람도. 그런데 가설이 나왔었어, 이것도.

봉우 선생님: 말만하지 어떻게 증명은 하질 못하니까 그러지.

학인 1: 이제 그 친구도 뭐 이걸 하다가 보니까 그게 있지 않느냐? 하는 추정을 해서 아마 그 책을 그때 쓴 거 같아서… 그러니까 이거는 아주 전혀 새로운 건 아니니까 일단 내놓죠, 뭐.

봉우 선생님: 넣어놔 넣어놔.

학인 2: 그래서 19세(歲) 7윤(閏)이요. 그 윤월정시성세(閏月定時成歲)가 저런 것 때문에 생긴다 이거죠.

봉우 선생님: 그래 그래.

학인 2: 그 달이 그대로… 저 달이 그냥 원래 달이라면은…

봉우 선생님: 그게 생길 까닭이 없지.

학인 2: 생길 까닭이 없는 거죠.

봉우 선생님: 응.

학인 2: 그러니까 그게 빠져나갔으므로 이런 윤월(閏月), 정시(定時)가 생긴다, 이거죠.

봉우 선생님: 그렇지.

학인 2: 그래서 일(日)의 세법(歲法)과 월(月)의 세법이 365와 235/940…

봉우 선생님: 그렇지.

학인 2: 월의 세법은 354와 348/940, 요거 빼면은 10,227/940분에요. 요 세법이 자꾸 누적이 되는 거죠. 그다음에 월법에 354와 348/940에 열두 달이려면 요게 나오거든요. 그 분수가 같아가지고 요건 이제 도표를 그리면 7윤(閏)이 들어가요, 19세…

봉우 선생님: 응. 7윤.

학인 2: 그런데 여기서 또 재미있는 거는요, 19년이면 12달 아닙니까?

봉우 선생님: 그렇지.

학인 2: 그러면 228개월 아니에요? 그 윤달이 7개 들어가니까 7개월 아닙니까?

봉우 선생님: 그렇지.

학인 2: 그 합쳐놓으면 235개월이에요.

봉우 선생님: 응.

학인 2: 이게 적도 행도의 각도고, 이게 북극성과 북두칠성의 각도에요, 이게, 23.5도. 그래서 이것도, 이것도 일적십 거무라 해가지고…

봉우 선생님: 내봐.

학인 2: 하하하하.

학인 1: 맨날 이 소리만 해요.

학인 1, 2: 하하하하.

학인 2: 그래서 이것도 일적십은 거무의 원리에 의해서 235개를 ○○○○ ○○ 이거죠.

학인 1: 밑천이 다 나오는 거 아닙니까 이거?

봉우 선생님: 그렇지.

학인 1, 2: 하하하하.

학인 2: 관계없겠습니까?

봉우 선생님: 관계없어. 내놓고 자기들이 봐가지고 저희, 너희 연구해라 그러지 뭘 그래.

학인 2: 그다음에 저 진(辰)이요. 28수를 돌아가는 거를 다 하기에는요 일반인이 그 보기가 어렵겠어서요, 사성(四星)만… 사성에서 중성(中星)만 이쪽으로… 그래가지고 이게 순화? 그런데 이게 사전을 찾아도 이게 무슨 뜻인지 없어요.

봉우 선생님: 응, 응.

학인 2: 그 순화 대화 뭐 현오 대량 이런 뜻을 갖다가 설명할 만한 그런 옥편 내지는 사전이 없어서 대충 요 정도로 해놔야겠어요. 그래서 이 성(星)이 봄에는 여기 있다가, 여름에는 이리로 왔다가, 가을에는, 가을에는 이리로 왔다가, 겨울에는 이리로 온다는 것을 대충 설명을 해봤습니다.

봉우 선생님: 응 응. 그거 그냥 좀 의심나더라도 가서 집어넣어놔. 집어넣어놔야 연구할 거리가 나오지.

〈사유의 해설〉

35:30

학인 2: 이건가? 그다음에 사유의(四遊儀)[41]입니다.

학인 1: 사유의요.

학인 2: 사유의요, 그 맨 가운데 있는 거요. 사유의가 이런 원리에 의해서… 사유의라는 건 놀유(遊)다, 4개가 논다는 거는 4계절이 논다는 거거든요. 4계절이 있다는 것도 24절기가 있다는 얘기 아닙니까? 그래서 사유의는 4계절은, 4계절은 24절기, 1계절은 6절기 3개월. 그래서 1절기는 360에 대한 15도. 15 곱하기 24는 360. 1년은 360 1/4이므로 360의 1/4를

---

41) 선기옥형의 한 부분으로 남극과 북극을 축으로 하여, 1일 1회전하는 쌍환으로 4계절 및 24절기를 나타낸다.
　　① 직거(直距): 사유의의 직경이며 남북극을 잇는 축이 된다.
　　② 옥형(玉衡): 성신(星辰)을 관측하는 빈 통으로, 직거와 교차하며 움직일 수 있다.

(24로) 나누면 15와 21/96.

봉우 선생님: 그래.

학인 2: 요 숫자가 또 묘한 숫자 아닙니까?

봉우 선생님: 응 응.

학인 2: 그래서 이런 원리로 춘하추동이 돌아가는데요.

봉우 선생님: 그래.

학인 2: 그 요렇게 도표는 요렇게 되겠습니다. 요 정도로 되고요. 이 사유의를 이제 각도가요 여기서 이제 이망성진(以望星辰)으로 사람 눈으로 보는데, 물론 이것도 보지만은 이게 이거만 보지만, 이렇게 이렇게 다 돌아가는 거 아니죠?

봉우 선생님: 다 돌아가는 거지.

학인 2: 다 돌아가는 거죠?

봉우 선생님: 응.

학인 2: 이게 이게 적도만 따라다니는 건가요?

봉우 선생님: 그래.

학인 2: 황도는 안 따라다녀요? 황도요? 적도하고 황도가 있는데요.

봉우 선생님: 이게… 주장… 주장 적도를 주장으로 댕겨(다녀).

학인 2: 그러니까 수직이 되니까 적도를 해야 이게 돌아가거든요.

봉우 선생님: 그렇지 그렇지.

학인 2: 그런데 이《서전(書傳)》보면 황도에 1도, 1도가 ○○가 ○○ 황도요, 적도는 그러니까 적도… 저는 여태까지 달이 돌아가는 것은 황도고요. 태양 돌아가는 것은 적도라 그랬거든요.

봉우 선생님: 응 응.

학인 2: 그런데 책을 보니까요, 일도(日道) 해가 돌아가는 것이 황도(黃道)고, 달이 돌아가는 것은 없어요.

봉우 선생님: 없어.

학인 2: 그러면 어떤 게 옳은 겁니까?

학인 1: 아, 달이 돌아가는 건 백도(白道) 있잖아, 백도.

학인 2: 백도라는 건… 원래는 없었다고요.

봉우 선생님: 없어, 없어.

학인 1: 그런데 원래 그 선기옥형도에는 백도가 없는데요. 그 뒤에 그 세종 이후에 말이죠. 선기옥형을 또 만들었지 않습니까?

봉우 선생님: 응.

학인 1: 그때는 달의 가는 길에서 백도를 또 붙여놨더라고요.

봉우 선생님: 응.

학인 1: 백도환(白道環)을…

봉우 선생님: 응.

학인 1: 그래서 거기 제작법을 읽어보니까 백도환 얘기가 나와요. 그래서 이게 원래 우리 선기옥형 그《서전(書傳)》에는 황도, 아니 저 황도 적도밖에 없거든요.

봉우 선생님: 그렇지.

학인 1: 그런데 뒤에 사람들이 만든 거에는 백도환을 하나 더 붙여놨어요.

봉우 선생님: 응, 그걸 가서 자기의 적당하게 맨들은(만든) 것이지.

학인 1: 그럴까요 그게? 뒷사람들이 저…

봉우 선생님: 그래, 응 응.

학인 1: 그러면 이 달의 길이라는 것, 달의 운행 그거는 옛날에 이… 황도 로서 같이 했나요 그러면? 이 황도에서, 이 황도는 해가 다니는…

봉우 선생님: 황도는 일(日)의 도수, 일의 도수를 얘기한 거지.

학인 1: 그러면 달의 그거는 뭘로 했을까요? 적도하고…

학인 2: 그런데 이 적도가 그 천위하고 평행되잖아요. 천위요. 천경 천위…

봉우 선생님: 천경, 천위하고 같이…

학인 2: 이게 평행되는 거 아닙니까?

봉우 선생님: 그래 그래, 그렇지.

학인 2: 그러면 그거 같이고. 이망성진 요거를 요렇게 보는 거고요. 그 36도 이게 23.5도 더하면 47도거든요.

봉우 선생님: 그래.

학인 2: 이거 4 7에 28 나가는 도수 아니에요?

봉우 선생님: 응. 4 7에 28? 7도로… 28도?

학인 2: 아니요. 23.5도가 위에 있다가 이게 요거 떨어지면 밤에는 올라갔다가 낮에는 이리로 내려가잖아요?

봉우 선생님: 그렇지.

학인 2: 그럼 합치면은 23.5도 더하기 23.5도는 47도거든요.

봉우 선생님: 응.

학인 2: 이게 47에 28 28수…

봉우 선생님: 28수.

학인 2: 네, 그게 나오는 여기… 그게 유관하냐 이거죠. 관계가 있느냐 이거예요.

학인 1: 관계가 없는데…

학인 2: 관계 없어요?

봉우 선생님: 아니야.

학인 1: 단순히 더한 건데 뭘. 관계가 있어.

봉우 선생님: 북극성을 가지고, 북극성을 가지고 거문(巨門), 녹… 재백(財帛), 탐랑(貪狼), 거문, 녹존(祿存), 문곡성(文曲星)하고 바로 가서 닿는다. 이거는 북극성하고 바로 닿는다. 음, 그거 얼른 생각 안 나는데…

학인 2: 네, 그럼 이거 넘어가고요.

봉우 선생님: 응.

학인 2: 그럼 여기가 이 그 사계절을 나눈단 말이에요.

봉우 선생님: 응.

학인 2: 이쪽이 춘분(春分)이고, 이쪽이 추분(秋分)이라 했을 때…

봉우 선생님: 그렇지.

학인 2: 이쪽이 남극(南極)이니까 하지(夏至)고, 이게 북극(北極)이니까 이쪽이 동지(冬至)죠?

봉우 선생님: 동지지.

학인 2: 예. 그럼 계절, 12계절로 표시할라면(표시하려면) 여기다가 그 짤라서 넣으면 되거든요.

봉우 선생님: 응.

학인 2: 금을, 이렇게 이렇게 눈금을 그으면 된다, 이거죠.

봉우 선생님: 그래 그래.

학인 2: 그런데 문제는 이게 그 적도가 이게 뱅뱅뱅 돌면서 이망성진 때문에 적도가지고 적도의 기준치가 되거든요 적도가?

봉우 선생님: 응 그래.

학인 2: 그러면서 요렇게 나가는데, 그 일월영측(日月盈昃)이요.

봉우 선생님: 응.

학인 2: 그걸가지고 계산할라(계산하려)니까요, 어려워요.

봉우 선생님: 힘들어, 그게.

학인 2: 예, 그래서 그건 다 뺐어요.

봉우 선생님: 응, 그 뭐 전문 아닌데 뭐. 천문 전문이 아니니까 이만침만(이만큼만) 해줘도 괜찮아.

학인 1: 예, 그런 거 같아요. 나중에 저기하면 더 하더라도.

봉우 선생님: 그렇지.

〈육합(六合) 삼진(三辰) 사유(四遊)의 관계〉

41:20

학인 2: 그다음에 육합(六合) 삼진(三辰) 사유(四遊)의 관계를 갖다가 이렇게 구조 설명하고 이렇게 나왔거든요. 사유의가요 365와 1/4 회전을 하면은 삼진의가 1회전을 딱 합니다. 그래서 사유의가 북극을 축으로 1회전하면 삼진의가 1이 되어 365와 1/4도를 회전하므로, 사유의가 1일에 1도씩, 365와 1/4도로 가면은 삼진의가 1회전을 하는 것이다, 1년에.

봉우 선생님: 응, 그래.

학인 2: 그래서 육합의는 천상부동(天常不動)이므로 움직이지 않는다.

봉우 선생님: 그래.

학인 2: 이렇게 한 것이 이 세 가지의 관계를 그대로 설명을 했습니다. 그다음에 말입니다. 이 삼진의에 그 적도가 있고 황도가 있고, 천경에 통행해가지고 돌아가는 게 있잖아요?

봉우 선생님: 응, 그래 그래.

학인 2: 요렇게 있는 게 있고, 요렇게 있는 게 있고, 요렇게 있는 게 있잖아요?

봉우 선생님: 그래.

학인 2: 요거를 이제 삼진의 써 있는 데고요.

봉우 선생님: 그렇지.

학인 2: 이걸 이제 적도라 그러고, 이걸 황도라 그러잖아요?

봉우 선생님: 그래.

학인 2: 28수가요.

봉우 선생님: 응.

학인 2: 그다음에 여기 이제 천위. 이게 이게 천위가 있고 천위하고 이거하고 평행이에요. 28수를 적도에 놔야 됩니까? 삼진에 놔야 돼요?

봉우 선생님: 28…

학인 2: 28수를요. 28수를요. 적도구에다 놔야 됩니까? 천위 자리에다 놔야 됩니까?

봉우 선생님: 천위에 올라야지.

학인 2: 여기다 놔야 옳죠?

봉우 선생님: 그렇지.

학인 1: 그런데 왜 넌 가운데 놨어?

학인 2: 이게 긴가민가 해가지고 허허. 그 여기에다 올려놓으면은 그 사유의가 요렇게 돌잖아요, 안에서.

봉우 선생님: 응.

학인 2: 그럼 이게 계절에 따라서 이게 이렇게 돈다, 이거예요. 이쪽으로…

봉우 선생님: 그렇지, 그래 그래.

학인 2: 이쪽으로 돌면 이망성진 가지고 그 황도… 적도를 가지고 이렇게 제시를 하는데요. 그 28수는 그대로 있고.

봉우 선생님: 그대로 있고.

학인 2: 예, 이거는 뱅뱅뱅 돌고요.

봉우 선생님: 돌지.

학인 2: 그러면 계절에 따라서 이걸 보면은 그때 그 당시에 그 별자리가 그 자리에 있는 겁니까?

봉우 선생님: 저건 저것대로 도는 거 아니여?

학인 2: 이건 이거대로 돌고요.

봉우 선생님: 이것대로 도니까 그게 이제 돌아서 그 시간이 다시 돌아와야 그 자리 그냥 있지. 이건 그냥 있어도 말이지.

학인 2: 그러니까 이망성진에서 구멍을 파가지고 보잖아요?

봉우 선생님: 그렇지.

학인 2: 그 옥… 이망성진 옥형 가지고요. 그러면은 그때 볼 수 있는 자리 는… 보고 있는 자리는 위치가 다 달라지잖아요?

봉우 선생님: 달라지지.

학인 2: 그러면은 이게 꼭 그 자리에 있는 건 아니니까 이게 뱅뱅뱅 돌면 서 변하거든요.

봉우 선생님: 오성(五星) 이 꼭대기 도는 것도 제 도수가 제대로 또 좀 있어. 금목수화토(金木水火土) 오성하면 금목수화토 오성에 행도가 또 다르거 든.

학인 2: 네.

봉우 선생님: 그런데 오성추수(五星推數)가 지금 어디가 있나 모르겠어, 난.

학인 2: 이것까지 다 계산하려면, 아휴 이거 저 2단은 넘어야 되겠어요.

봉우 선생님: 오성… 오성추수를 다 해서 책을 만들어놓은 거를 여 저 조일 훈이라는 양반이 가져가고서는… 내가 그걸 사람을 시켜가지고 전부 만 들어놨어, 만들어놔서 이 책 이렇게 갖다놨더니, 박산주[朴汕住: 박양래 (朴養來)] 그 양반이 가져갔거든. 나 좀 보자고 그러더니 (나중에) 게서 가 져갔어. 아, 나는 자네한테 안 왔으니까 이거 이름은 자네 이름을 썼지만, 이건 내가 가져왔으니 내가 지금 임자라고 이러고 안 주는 걸 어떻게 해. 오성추수.

학인 2: 예 그리고 24절기요. 24절기를 사진… 사유의에다 놓을 수 있고 요.

봉우 선생님: 그렇지.

학인 2: 그다음에 그 육합의에 천경에다가 놓을 수 있거든요.

봉우 선생님: 그래.

학인 2: 그런데 어디에 놓는 게 원칙이에요? 원칙은 어디다 놓는 게 원칙입니까?

봉우 선생님: 그건 여기다 놓는 게 저 가새로(가장자리로) 나가는 게 원칙일 걸…

학인 2: 천경에다가요?

봉우 선생님: 그렇지.

학인 2: 그러면은 여기다가 놓고, 28수 여기다 놓고, 24절기 여기다 놓잖아요? 그러면 사유의에는 금만 있고, 거기 써 있는 건 아무것도 없네요.

봉우 선생님: 거기에 뭐 별게 없지.

학인 2: 그 금가지고는 뭘 따지는 거죠?

봉우 선생님: 거기다 속으로 들어가다 그 안에 이제 대조해서 여기에 있다면 어떻다고 이렇게 할 테지. 본 바닥은 저기에 가 있어야 옳지.

학인 2: 그러면은 요 적도가지고 24절기 기준이 되겠네요.

봉우 선생님: 그렇지.

학인 2: 네.

학인 1: 아, 그런데 할아버님, 그 저… 그 이망성진 하는 통 있잖아요. 가운데 사유의 안에…

봉우 선생님: 응.

학인 1: 그 이게 이거 갖고 뭘 봤을까요?

봉우 선생님: 뭘?

학인 2: 이망성진 안에 구멍이 뚫려 있는데, 그걸 갖고 뭘… 이게 상징이죠, 상징? 아, 이걸 요만한 걸 갖고 뭘 봤겠어요? 이거 가운데. 사유의 안에 조그만 통 하나 있잖아요? 이망성진 통.

봉우 선생님: 그래 그래.

학인 1: 그게 무슨 역할을 했나요? 글자 그대로 이망성진(以望星辰)인가요?

봉우 선생님: 눈으로 그냥 보는 거보담은(것보다는) 좀 낫… 나으라고 하는 것이지. 눈이 틔여가지고 봐야 되지.

학인 1: 예, 그렇죠?

봉우 선생님: 여기다가 이제 눈이 틔여서 본다, 이런 소리 쓰면 못 써.

학인 1: 에… 왜요?

봉우 선생님: 응.

학인 1: 그런 소리 하면 또 점성술이라고 그러나요?

봉우 선생님: 아, 또 뭐라고 할 테니까, 저기 있는 대로 해놓고, 저런 게 저렇게 해… 그대로 해놓고, 이거 보는 건 천문… 천문대에서 1만 배 되는 천문대 가지고 볼 놈이나 맨눈으로 볼 놈이나 보긴 우리들이 맨눈으로 보는 놈이 먼저 보는 걸. 어떡해.

학인 2: 여기는 끝났고, 천경 천위…

학인 1: 일식(日蝕) 문제는 해결됐나?

학인 2: 일식 월식(月蝕) 문제는요. 지금 계산하기가요 지금 어려워요. 일식 월식 계산하기가.

학인 1: 일식 월식 계산이요.

봉우 선생님: 뭐?

학인 1: 일식하고 월식 계산하는 거요. 어렵데요 그 계산이, 그 쉬운 걸.

봉우 선생님: 일식이 되려 낫지 않을까? 계산하기가.

학인 2: 월식보다는요?

봉우 선생님: 일식이나 월식이나 말이야.

학인 1: 계산이 그렇게 어렵다고…

학인 2: 기준이… 기준이 없단 말이에요.

봉우 선생님: 응?

학인 2: 시작하는 기준을 모르니까요. 그 자료도 없고요.

학인 1: 그런데 할아버님은 이 계산하는 게 그렇게 어렵지 않다고 그러셨 잖아요.

봉우 선생님: 일식에서 일식하는 그… 한번 일식하는 시간이 있지 않아?

학인 2: 그 시간이 얼만큼 돼요?

봉우 선생님: 아, 책에 있지, 일식 시간이 있지 왜 없어.

학인 2: 《서전》에 있습니까?

봉우 선생님: 어떻게 해서 일식이 된다는 게 시간이 있지.

학인 1: 천문… 천문… 그 뭐야 내가 옛날에 그 산 거 있잖아, 교보에서.

학인 2: 응.

학인 1: 그거 보면 일식 월식 나오는데…

봉우 선생님: 한 번 하는 것만 갖다 놓고, 그걸 갖다 놓고, 그다음 일식하고 거리를 내놓고선 수(數) 놔보면 대번 나와, 그건.

학인 2: 월식도 그래요?

봉우 선생님: 월식도.

학인 2: 음… 그럼 요번 건 며칠 며칠 좀 가야 될 거 같아요.

봉우 선생님: 응.

학인 1: 교보문고 가면 밀물 썰물하고…

봉우 선생님: 월식 일식은 뭐 여기 저 책력 만드는 사람들 그건 다 알지 않 아? 그렇게 어려운 거 아니지.

학인 2: 그러면 일식 월식 하는 자리에다 말이에요, 그 예를 들어서 요게 이제 월식이거든요. 달이 있고, 이게 태양이고, 이게 지구 놓는 자리입니 다. 요기 딱… 딱 되는 자리가 있고요. 그 주변 자리가 있거든요.

봉우 선생님: 아, 이렇게 해서 보는 것이 동그라미로 꽉 들어와 다 들어오는 게 있고, 찌꺼기가 남아가지고 다 안 들어오고 찌꺼기가 남아서 반은 반 달이 남든지 뭐이가(뭣이) 남든지 남을 수가 있거든 그건. 그러니까 그게

그거 가는 도수하고 이쪽 도수하고가 이걸 전부 다 먹느냐? 이렇게 옆으로 먹느냐 이거지 뭐. 일식 월식이 다 그렇지 뭘.

학인 2: 네. 그래서 이제 저런 방법으로 이제 60갑자(甲子)요. 요렇게 ○○ ○○에서도 요렇게 나오데요.

봉우 선생님: 응.

학인 2: 그다음에 이제 설계도거든요. 설계도는 이제 《서전》에 있는 선기옥형을 그대로 박아요.

봉우 선생님: 그대로 해놓고 그래.

학인 2: 박고 이제 부속물을…

봉우 선생님: 《서전》에 것으로 해놓으면 나중에 뭐라고 못 할 테니까…

학인 2: 그 정도로 하고 그 이제 부속 목록이요. 몇 축, 몇 법 이런 거 쓰고, 실제로 만든 거는 몇 센치(센티미터) 몇 센치 요런 식으로 표기를 할 거거든요. 설계도는 이렇게 끝났고. 본단기(本檀紀)는 빼먹었습니다.

봉우 선생님: 응?

학인 2: 인황기(人皇紀)는요, 한배검님기요. 그 만년 거는 빼먹고요, 안 쓰고 사상 들어가거든요. 사상에서는 이제 그 《역경》하고요 《중용》에서 이제 두… 두 개를 뽑았는데요. 이 홍익인간은 이제 뭐 두루 넓게 인간을 이롭게 하고요.

봉우 선생님: 그렇지 그렇지.

〈선기옥형의 사상적 의미〉

학인 2: 그걸 이제 가운데 중(中) 자는 이제 《천부경》에서 너무 많이 설명을 해가지고요. 여기서는 이제 《역경》의 〈계사전(繫辭傳)〉 상전(上傳)에…

학인 1: 〈계사상전(繫辭上傳)〉에 있는 말씀 있죠? 천존지비하니 건곤의 정의오, 비고이진하니 귀천이 위의오, 동정유상하니…

봉우 선생님: 가만있어 봐.

학인 1: 요 대목이요.

봉우 선생님: "천존지비(天尊地卑)하니 건곤(乾坤)이 정의(定矣)오, 비고이진(卑高以陳)하니 귀천이(貴賤) 위의(位矣)오, 동정유상(動靜有常)하니 강유(剛柔) 단의(斷矣)오, 방이유취(方以類聚)코 물이군분(物以群分)하니 길흉(吉凶)이 생의(生矣)오, 재천성상(在天成象)하고 재지성형(在地成形)하니 변화(變化)서 현의(見矣)라.

시고(是故)로 강유(剛柔) 상마(相摩)하며 팔괘(八卦) 상탕(相盪)하며, 고지이뇌정(鼓之以雷霆)하며, 윤지이풍우(潤之以風雨)하며, 일월(日月)이 운행(運行)하며, 일한일서(一寒一暑)하야, 건도성남(乾道成男)하고 곤도성녀(坤道成女)하니, 건지대시(乾知大始)오 곤작성물(坤作成物)이라.

건이이지(乾以易知)오 곤이간능(坤以簡能)이니, 이즉이지(易則易知)오 간즉이종(簡則易從)이오. 이지즉유친(易知則有親)이오 이종즉유공(易從則有功)이오 유친즉가구(有親則可久)오 유공즉가대(有功則可大)오 가구즉현인지덕(可久則賢人之德)이오 가대즉현인지업(可大則賢人之業)이니, 이간이천하지이(易簡而天下之理)득의(得矣)니, 천하지이(天下之理)득이성위호기중의(得而成位乎其中矣)니라."

(하늘은 높고 땅은 낮으니 건과 곤이 정해지고, 낮고 높음으로써 베풀어지니 귀와 천이 자리를 하고, 동과 정이 떳떳하니, 강과 유가 결단되고, 방소로써 류가 모아지고, 물건으로써 무리가 나누어지니, 길흉이 생기고, 하늘에 있어서는 형상이 만들어지고, 땅에 있어서는 형체가 일어지니, 변화가 나타난다.

이런 까닭으로 강과 유가 서로 마찰하며, 팔괘가 서로 섞여서, 우레와 번개로써 고동시키며, 바람과 비로써 적셔주며, 해와 달이 운행하며, 한 번 춥고 한 번 더워서, 건의 도는 남자를 만들고, 곤의 도는 여자를 만드니, 건은 크게 시작함을 주장하고, 곤은 물건을 이룸을 지었다.

　건은 쉬움으로써 주장하고, 곤은 간략함으로써 능하니, 쉬우니 쉽게 주장하고, 간략하니 쉽게 따르며, 쉽게 주장하니 친함이 있고, 쉽게 따르니 공이 있으며, 친함이 있으니 오래 할 수 있고, 공이 있으니 클 수 있으며, 오래 하니 현인의 덕이요, 크게 되니 현인의 업이니, 쉽고 간략하여 천하의 이치가 얻어지니, 천하의 이치가 얻어지고 그 가운데 자리를 이룰 것이다.)

　뭐 대충 그 계사… 계사전 얘기가 그대로 하면 되지 뭐.

학인 1: 예. 그래 이거를 선기옥형에 전체에 깔려 있는 그 사상이라고 볼 수 있을까요?

봉우 선생님: 그렇지.

학인 1: 예. 그러면 요거를 인용을 하면서 선기옥형에 있는 사상적인 측면이 핵… 단적으로 말한다면 요런 대목이다.

봉우 선생님: 그렇지.

학인 1: 요거만 이렇게 들어줄까요?

봉우 선생님: 하나만 넣어, 그렇게.

학인 1: 요거 하나만요.

봉우 선생님: 그래 더 하지 말고.

학인 2: 역(易)쪽에선 저게 있고요, 《중용(中庸)》에는 이제 요게 있거든요. 그 2장쯤 돼요. 희노애락(喜怒哀樂) 미발(未發), 위지중(謂之中) 발이개중절(發而皆中節) 위지화(謂之和), 중야자(中也者)… 요거거든요.

봉우 선생님: 가만있어봐.

학인 2: 요기서부터 요기까지요.

봉우 선생님: "희노애락(喜怒哀樂) 미발(未發)을 위지중(謂之中)이오 발이개중절(發而皆中節)을 위지화(謂之和)요. 중야자(中也者)는 천하지대본야(天

下之大本也)오 화야자(和也者)는 천하지달도야(天下之達道也)라. 치중화(致中和)면 천지위언(天地位焉)하고 만물(萬物)이 육언(育焉)이니라."

(희로애락이 아직 발동하지 않은 것을 중(中)이라 하고, 발동하여 모두 절도에 맞는 것을 화(和)라 한다. 중은 천하의 큰 근본이고, 화는 천하에서 달성되어야 할 도이다. 중화의 덕을 극진하게 하면, 하늘과 땅이 각기 바른 위치를 갖게 되고 만물이 잘 자라게 된다.)

그거 그거 좋지 뭐.

학인 2: 저거 넣으면…

봉우 선생님: 그거 넣으면 돼.

학인 2: 되죠?

봉우 선생님: 응.

학인 2: 그래서 그림을 요렇게 그렸어요.

봉우 선생님: 그래.

학인 2: 천지인(天地人), 동서남북(東西南北), 그래 지(地)에도 동서남북 그래서 이제 여기선 그 희로애락(喜怒哀樂)이요. 그 중(中) 있고 희로애락 요렇게 붙였거든요.

봉우 선생님: 그래.

학인 2: 그런데 이게 방에 맞는지 모르겠습니다.

봉우 선생님: 방해 안 돼. 그냥 돼.

학인 2: 그게 요렇게 하면 되죠?

봉우 선생님: 그래.

학인 2: 그래가지고 건곤(乾坤)해서 사람이 이 중간을 잡아가지고 이 수단기(《鳳宇修丹記》)에 그 심인도(心印圖) 아닙니까?

봉우 선생님: 그렇지 그렇지 그래.

학인 2: 그래서 요거하고 역경 요거하고 요 구절해가지고 그 선기옥형…

봉우 선생님: 먼저 전부 책으로 만드는 게 주역을 다 만들자는 게 아니니까, 그 해설만 해서 요런 건 다 거기 저대로 쓴 거 그냥 딱 넣어서 만들어 놓으면 돼. 와서 뭐라고 하면 "책가지고 봐라. 너희가 봐라." 그래.

학인 1: 육합의에… 그러니까 "육합의에 내포된 홍익인간 사상이다." 그렇게 쓸라고(쓰려고) 그래요.

봉우 선생님: 그래.

학인 1: 그러니까 육합의를 통해서 본 홍익인간 사상이 이렇게 표현할 수가 있다.

봉우 선생님: 그래 그래.

학인 1: 그 정도죠, 뭐.

〈선기옥형의 형이상학, 형이하학적 의미〉

54:55

학인 2: 요 부분을 넣고, 그다음에 할아버지가 말씀해주셔야 될 거는요, 용도요. 용도하고 원방각 관계, 요거하고 사상은 요렇게 해서 끝냈잖아요.

봉우 선생님: 응.

학인 2: 용도하고 요거 실례, 형이상학적인 거 형이하학적인 거 두 개는 들어주셔야 돼요.

봉우 선생님: 뭐?

학인 1: 그러니까 요것이…

학인 2: 선기옥형이요.

학인 1: 선기옥형이 옛날에 이렇게 처음에 만들어져가지고, 그 성현(聖賢)께서 그 쓰이신 어떤 용도가 후세 사람한테 있으셨을 거 아닙니까?

봉우 선생님: 응.

학인 1: 그래 그 용도에 대해서 좀… 형이하학적인 게 있고, 형이상학적인 게 있지 않았겠어요? 그렇다면 보통 형이상학적인 거는 주로…

봉우 선생님: 형이학… 형이상학은 말할 거 없고…

학인 1: 예?

봉우 선생님: 형이상학은 말하지 마.

학인 1: 아니 그래도 말씀을 좀… 아니 그냥 이렇게 분명치 않게라도 대충만 얘기를 좀… 그러니까 이를테면 뭐 우리의 길흉화복 인민들의 뭐 어떤 앞에 그 나라의 길흉화복이라든지, 어떤 이런 것을 참 위해서 쓰셨다든가…

봉우 선생님: 그게 길흉화복 위해서 쓰는 게 아니여. 천지음양(天地陰陽)의 길흉화복(吉凶禍福)을 가지고 얘기한 거지. 우리 민간의 길흉화복을 먼저 얘기한 게 아니란 말이여. 그걸 봐서 저걸 본받아라 이렇게 놓고 말한 거지.

학인 1: 아, 그러니까 천지의 그 질서를 본받아라…

봉우 선생님: 본받아라…

학인 1: 그러니까 인간만을 위하고 이런 게 아니군요?

봉우 선생님: 인간만을 위한 게 아니다 말이지. 하늘의 저런 뭣이 있으면, 여기 응하는 건 백성한테는 이런 것이 응해진다. 좋지 않은 게 들어오면 좋지 않고, 경성(景星)이 들어오면 좋아하는 거니까 그걸 가지고 똑똑히 보고, 위를 보고, 평시래도 위를 보고, 아래를 네 몸을 생각해서 해라. 또 밑에서 못된 것들이 많으면 저쪽에서 응해서 나쁜 별이 이쪽에 응해진다. 이제 이 얘기지, 뭘.

학인 1: 그게 이제 주로 형이상학적인 의미고, 형이하학적이란 거면 이를테면 뭐 농사가… 농사를 짓는데, 뭐…

봉우 선생님: 아, 농사짓는데 이 뭣이여. 우순풍조(雨順風調: 비바람이 순조롭다)한다든지 흉년이 든다든지 물이… 비가 많이 오겠다든지 하는 걸 미리 아는 것이지.

학인 1: 그러니까 기상 뭐 이런 거…

봉우 선생님: 그래.

학인 1: 그런 거 외에는 또 뭐 없을까요? 뭐 전쟁에 사용한다든지…

봉우 선생님: 그건 빼놓고. 천문 보는 거 얘기는 천문…

학인 1: 천문 얘기죠.

봉우 선생님: 천문 얘기니까 그건 빼놔.

학인 1: 그 선기옥형에서 만일에 형이하학적으로 그 이 순임금이라든지 이런 분들이 거기 보면은 정치하시기 전에 제천(祭天)… 하늘에 고하기 전에 아 선기옥형을 살피셨다 그러거든요.

봉우 선생님: 그래.

학인 1: 그렇다면은 당신이 몸을 가지런한… 일을 하는 데 이걸 쓰신 거 아니에요?

봉우 선생님: 그래.

학인 1: "내가 이제 정치를 하겠습니다", 하고 하늘에 고하기 전에…

봉우 선생님: 고할 텐데…

학인 1: 고할 텐데, 그 전에…

봉우 선생님: 고할 텐데 좋지 않은 게 있으면 그걸 피할라고(피하려고) 제사도 지내고 뭣도 하고 한 거지.

학인 1: 그런데 그 전에 선기옥형을…

봉우 선생님: 그러고 더구나 이제 고할 텐데, 좋지 않은 게 들어오면 그걸 막을 만할 거를 미리 더 덕(德)을 닦고 더 이야기를 하고 그런 거고…

학인 1: 예, 그래서 먼저 제사 지내기 전에 선기옥형을…

봉우 선생님: 싸움이 난 뒤에 싸워서 이기질 말고, 싸우기 전에 예비를 해라 이거지 뭘.

학인 1: 형이하학적인 거는 주로 그런 거구나. 뭐 좀 다른 거 또 없어?

학인 2: 원방각 두 개.

봉우 선생님: 난리가 난 뒤에 하늘 쳐다보고 어떻게 하면 이길까 하는 거보담은, 임금이 하는 거는 밖에서 무슨 나쁜 일이 오기 전에 이거를 미리 막아줘라 이것이여, 보고선 말이야. 흉년이 들게 되면 백성더러 "흉년이 들 염려가 있으니까 너희들 어디 부지런히 해가지고 양식 준비해라. 이런 거 뭣을 하든지 벼농사를 못 지으면 다른 농사라도 준비해서 먹도록 해라." 하는 걸 미리 일러주는 거지, 뭘.

학인 1: 그런 의미로서 선기옥형…

봉우 선생님: 그런데 점성학(占星學)은 우리만 있는 게 아니고 서양도 다 점성학 있지 않나? 점성술자(占星術者)는 거기도 난리나면 점성술 오고, 난리가 나면 저 미국… 서양서는 제천(祭天)할 때 말을 잡더만(잡더구면) 그래, 말. 말을 잡아가지고 말의 간이… 싸워서 질라면(지려면) 간이 어디가 상한데. 허허허. 그거도 뭐 믿기를 여간 믿지 않는 거여.

학인 1: 이 정도면 되나. 형이상학…

봉우 선생님: 그래 그런 거는 너무 자세하지 말고 그냥 어룽어룽(대충대충) 해둬 그냥.

학인 1: 예.

학인 2: 할아버지, 그 선기옥형하고요 원방각과의 대칭관계를 얘기하셔야 되거든요. 육합의가 있고 삼진의가 있고 그 안에 사유의가 있잖아요? 그 다음에 삼진의에 황도(黃道) 있고 적도(赤道) 있고 그렇거든요.

봉우 선생님: 응, 그래.

학인 2: 그런데 여기서 원, 방, 각을…

봉우 선생님: 누구?

학인 2: 크게 얘기해. 원방각을 갖다가 거기에 대칭해가지고 그 말씀을 좀 해주셔야겠어요.

봉우 선생님: 원방각의 그거 얘기해라?

학인 2: 예.

봉우 선생님: 《천부경》 얘기가 자꾸 나오는데.《천부경》 얘기 저 대종교서는 한 번도 나서서 나 입도 뻥끗 안 해놓고 나와선 이런 거 자꾸 한다면… 허허허.

학인 2: 그러면 이 부분은 어떻게 하죠? 제가… 제 생각으로는 이거 얘기 하면 저도《천부경》을 얘기를 해야 되거든요. 그런데 선기옥형을 갖고 바로 원방각을 대입하기는 아직 수준이 모자란단 말이에요.

봉우 선생님: 《천부경》 저… 선기옥형 가지고 원방각이 대번 나오질 않지. 그런데 선기옥형도 대체는 원이라는 거는 돌아가는 거니 천체니까 천체도… 천체도, 천체는 원(圓)이고, 방(方)이라는 건 뭐여. 방이라는 뭐여. 이제 모가 있으니까 동서남북이 되니까 방이 되는 거고. 뭣이여 또?

학인 2: 각(角)이요.

봉우 선생님: 각이라는 건 이 동서남북 중에도 이제 평평한 데도 있고, 올라 간 데도 있고, 한 거니까 각으로 쓸 거고 그렇지 뭐. 다 평평은 안 하니까.

학인 1: 그만 쓸까?

학인 2: 동서남북 상하까지는 방이라고 봐야 돼요?

봉우 선생님: 응?

학인 2: 동서남북 이걸 방이라 보고요.

봉우 선생님: 방이지.

학인 2: 상하는요?

봉우 선생님: 응?

학인 2: 상하, 위아래요. 그것도 방으로 봐요?

봉우 선생님: 위 아래 이건 네모 반듯한 거 위 아래 전체한 거는 원이고, 원 속에 이왕 위아래가 있으니까 이게 가운데 점이…

체술(體術) 대담 1[42]

학인: 요것이 처음에 그 생긴 거는 대충 언제로 보면 될까요? 요것이 발생한 거…

봉우 선생님: 이게 삼국이 시작하면서부텀(부터) 발생은 그전에 했더라도 체술은 그전에 필요가 없었어. 각기 자기가 살고 자기가 편하게 살았으니까 필요가 없는데, 고구려, 백제, 신라라고 군립(群立: 여럿이 나라를 세움)하지 않았어? 그러면 그때부터 전쟁이여. 전쟁들 전국적으로 일어나서 안 그럴 수가 없이 이걸 배우게 됐어. 그전에 훨씬 전에는…

학인: 고조선 뭐 이럴 때 저 단군시대…

봉우 선생님: 고조선 적에는 싸움을 안 했으니까 그거 필요가 없거든

학인: 예. 그럼 병법이나 무슨 무술이 별로 발달 안 했겠네요, 그때는.

봉우 선생님: 아니, 발달 안 한 게 아니라 병법이야 다 있지. 있지만은 그걸 가지고 민간에 통속으론 안 했지.

학인: 아, 그러니까 전문가들만 하고. 몇 사람들만 하고…

봉우 선생님: 그렇지.

학인: 그랬는데…

봉우 선생님: 삼국에 와선 몇 사람이 아니라 전국적이지…

---

42) 이 대담은 《천부경의 비밀과 백두산족 문화》의 체술 부분 저술을 위해 봉우 선생님께 질문한 내용이다.
녹음: 정재승, 녹취: 이기욱, 교정·주석: 박승순·정재승

학인: 국민적으로 보급시켰군요.

봉우 선생님: 보급을 시켰지.

학인: 예. 그래서 어떤 그 무술의 형태가 이때는 전 국민적으로 퍼졌군요. 형태가…

봉우 선생님: 퍼졌지.

학인: 일반사람들도 웬만하면, 웬만한 젊은 사람이라면 남녀노소 뭐 다 알았나 보네요.

봉우 선생님: 누구든지 다 알았지. 그러니까 얼른 알기 쉽게, 얼른 알기 쉽게 평안도 사람의 박치기, 전라도 사람의 무는 거.

학인: 우는 거요?

봉우 선생님: 물어. 물어. 깨무는 거. 서울 사람의 발.

학인: 발, 이거 차는 거요?

봉우 선생님: 발차는 거.

학인: 발차기. 그런 식으로 이렇게 막 유명하다고 할 정도로…

봉우 선생님: 그렇지. 그게 각기 달라. 여기 저 뭣이가, 이 저 뭐여, 함경도 사람의 주먹치기.

학인: 주먹 이거 쥐고…

봉우 선생님: 주먹 이거 치는 거.

학인: 그게 또 강했나 보죠?

봉우 선생님: 각기 달라.

학인: 아. 특장들이…

봉우 선생님: 응.

학인: 그리고. 그러면 요것들이 이렇게 발생을 처음에 그래서 삼국시대 정도로 보는 게 할아버님의…

봉우 선생님: 삼국적으로 보는 거. 나는 그때부터 이게 세게 되었지. 그전에

는 그거 필요없었거든.

학인: 국민들까지 모두 할 필요는…

봉우 선생님: 그렇지. 국민들까지 다는 안 했지. 전문가들만 했지.

학인: 예. 삼국시대 이후로 와서 이게 발달했는데. 그리고…

봉우 선생님: 그래가지고 여자 남자가 다 같이 발달을 했거든, 그때는.

학인: 그럼 할아버님. 그 당시 그때는 중국 계통은 어땠을까요? 중국 당시의 무술이라는 거는 그러면 중국 무술…

봉우 선생님: 중국의 무술이 여기 들어오는 거는, 여기 들어와서 우리 쪽이 전혀 무술을 전혀 안 하고 있을 적에, 조선에 와서 중국 무술이라는 게 처음으로 들어오는 것이 임진란 적에. 임진란 적에 척계광43)(戚繼光: 1528~1588)이라는 사람이 여기 들어와서, 중국 사령관이지…

학인: 예, 척계광.

봉우 선생님: 척계광이 들어와가지고선 《기효신서(紀效新書)》44)라는 걸 냈어. 그것이 이제 십팔기 하는 거 시작이여, 그게. 그걸 가서 여기다 전했지. 그래 여기서 그걸 배우길 누가 배웠는고 하니 훈련원에서, 훈련도감에서 그걸 가르쳤거든.

학인: 예. 십팔반 무예라고 하죠.

봉우 선생님: 그 훈련원이라는 게 여기 말하자면 도시 경위대 경위 사령부지.

학인: 예. 위수 사령부

봉우 선생님: 응. 위수 사령부인데, 거기서 그 사람들이 배웠어. 그래 이 갑

---

43) 중국 명나라 후기의 무신. 왜구 및 몽골과 싸워 전공을 세워 유명해졌다.

44) 척계광이 절강현 장수로 있을 때 왜구를 소탕하기 위해 지은 병법서. 선조대왕이 명나라의 이여송 군대가 《기효신서》의 전법으로 왜군을 격퇴했다는 소식을 듣고 이 책을 입수, 그 전법을 연구하도록 하였다.

오년(1894년)까정 그걸 있었다고 하는 건데, 그때 갑오년 내가 낳지를(태어나지를) 않았으니 모르고, 어른들 말만 전해 들으면 이 나중엔 그거를 800명 군대가 다 해야 하는데, 해마다, 거기 있는 정규 군대가 800명인데, 800명 군대가 다 해야 하는데, 800명 군대가 다 습득을 못 했단 말이여. 습득을 못 하니까 김 아무개 아무개 800명 나와야 할 것 아녀? 그러면 "네" 하고 나오는 게 아까 박 아무개가 나와서 김 아무개 행세도 하고, 저 편짝 좌우쪽 400명씩 갈리면 저쪽에서 이 아무개라는 사람이 또 이쪽 김가 행세도 하고 그래가지고 번수만 채웠단 말여. 800명이면 400번 시합 아닌가. 400번 시험을 했는데 실시한 사람은 반밖에 안 됐어. 그때도 벌써. 그래가지고 그게 그냥 전해 내려오는 게 누가 전했는고 하니 이 서울 지방의 편쌈꾼들…

학인: 편쌈꾼들이요?

봉우 선생님: 편쌈꾼들.

학인: 패, 패쌈꾼.

봉우 선생님: 패쌈꾼들 말이여. 거기서는 그게 좀 남았었고 말이지. 이제 그게 좀 더 남은 데가 어디냐? 나라에 무예청(武藝廳)이라고 하는 사람은 그걸 안 하면 무예청에 들어가지를 못했어.

학인: 무예청.

봉우 선생님: 그래. 무예청들은 쌀 한 섬 들어올리고, 쌀 한 섬이 300근 아녀? 제일 첫 번 시험이 그 쌀 한 섬 들어서 쫙 들어올려야 무예청이 되지 그거 못 드는 사람은 하나도 못했거든…

학인: 예. 힘이 장사라야 하여간…

봉우 선생님: 힘이 세야 되지. 그러고 그거 이제 체술 시험 봐야 되고 말야. 근데 여기 양반은 누가 했는고 하니 서촌한량, 남촌한량, 한량들만 했지.

학인: 한량들.

봉우 선생님: 한량들만 했지. 여기 앉아서 저 북촌 양반들 긴 담뱃대 물고 헴 하는 사람들은 그런 걸 그 양반의 자식이 그런 걸 하냐고 안 했지. 그런데 그래도 양반의 자식도 젊은 사람들 그런 걸 좋아하는 사람들은 가서 배웠단 말야.

학인: 무예청에 들어가서 배우고…

봉우 선생님: 그래. 게 여기도 무장가(武將家) 집들 무장가 집 자손들은 장신45)(將臣)이라는 게 나중에 싸움 나면 그게 대장될 사람들 아녀? 그러니까 할 수 없이 그 자식들은 그걸 배우지. 그래 이제 이조 광희46)(光熙) 이후 그거 안 했어. 그래 광희 이전에 늙은이라면 우리보담(우리보다) 보통 10년 다 이상 이래야 난 사람이 한 이십, 삽십 되야 될 거 아녀? 우리보담 더 먹기를. 그네들은 알아, 그걸. 그네들은 알지만, 그 지난 사람은 무장가 집 손자 증손이라도 깨무식해서(완전무식해서) 몰라. 뭐 체술이, 뭐 물어보면 하나도, 그냥 딱 다물고 아무것도 모르는데, 여기 저 우리게 우리게서는 뭐여, 이 대종교에서는 정풍학 그가 장신의 손자인데, 정래경, 정자신의 손자인데, 꽁꽁거리기만 하지(여러 가지로 아는 척은 하는데) 체술은 깨무식해서 하나도 물어보면 몰라. 그래 내가 자꾸 놀리거든, 같이 앉으면. "자네 자네 어머님 딸 하나부텀 낳지." 자꾸 내가 이런 소리를 해. "장신의 자식이 병서도 모르고 체술도 모르니 그거 어디 쓰겠냐?"고 내가 자꾸 그러지.

학인: 그러면 하여간 이것이 여기서 고대 체술이 그 당시 삼국시대 고대부터 내려오던 체술이 주로…

봉우 선생님: 고구려, 백제, 신라적, 그 삼국 나눌 적에 그때 체술이 남쪽 그

---

45) 도성을 지키던 각 영문(營門)의 장수.

46) 조선 마지막 임금 고종과 순종 황제의 연호 광무(光武)와 융희(隆熙)의 약자로서 고종과 순종 황제 시대를 뜻한다.

거하고 북쪽 거하고 조금씩 다르고. 그래 각기 소장(消長: 단점과 장점)이 달라.

학인: 그러니까 고구려 무술 쪽하고 백제 신라 이쪽이 조금씩 틀리고(다르고)…

봉우 선생님: 각기 다르단 말이여.

학인: 그러니까 그것이 원래 발생은 옛날에 백두산 저쪽…

봉우 선생님: 백두산족이 짐승들 잡을 적에 시작된 거지, 뭘.

학인: 짐승들 잡을 때. 그때서부터 체술의 기본적인 동작이…

봉우 선생님: 그래 그게.

학인: 그때 자연스럽게 거기서 생기고 중간 중간에 이름난 분들이 자꾸…

봉우 선생님: 자꾸 껴서 들어간 거고…

학인: 그래서 근데 이 특징을 다른 무술하고의 특징을 할아버님은 뭐라고 그러셨냐면 여기서는 다른 무술보다 정신수련을 더 한다.

봉우 선생님: 그럼 더하지. 주장으로 그걸 더했지.

학인: 그럼 여기서의 정신수련이라는 거는 조식 얘기하시는 거예요?

봉우 선생님: 조식이지.

학인: 조식. 호흡하는 거요?

봉우 선생님: 호흡하는 거.

학인: 그거를 딴 데보다 강조했다.

봉우 선생님: 훨씬 더했지.

학인: 네. 그리고 그다음에 신체훈련 기본훈련인데. 그러면 만일에 초입자의 경우에요 제가 처음 이 체술을 배우려고 하는 사람 입장으로서는 정신수련하고 신체 이 훈련들 이 육체 훈련하고 비율을 어느 정도로 가르치면 좋을까요? 한 반반으로 잡을까요? 처음에는? 들어가는 사람은?

봉우 선생님: 반반?

학인: 반반은 너무 많은가요?

봉우 선생님: 아니여. 첫 번에 참는 거, 이 몸 쓰는 거, 이걸 먼저 배워야 돼. 내가 가끔 얘기해봤지? 내가 저 중국 도장에 처음 들어가니까 아니 이놈의 자식들 가서 저 마루나 쓸리고 닦이고 그러고선…

학인: 금냉법(金冷法)이나 하라고 그러고…

봉우 선생님: 금냉법이나 시키고 하니 참 첫 번에 화가 나 죽겠어.

학인: 아, 그러니까 청소나 이런 거 심부름이나 시키고, 나머지는 또 금냉법이나 하라고 그러고…

봉우 선생님: 금냉법이나 하라고 그러고. 앉아서 저 그냥 뭣하다고 들어 눕지 말고 앉아서 타좌(打坐)[47] 해보라고 그러고. 타좌는 내가 잘 하는 놈을 가지고 그 짓을 하라니 화가 안 나? 그런데 그걸 참고 참고 한 반년 이상 해놓고서 그다음에 이제 시합을 시작하는데, 시합해보니까, 시합이라는 게 아무래도 한 놈이 하자고 하면 5분 3분 걸리지 않아? 3분 걸리는 거 한 번, 두 번, 세 번, 네 번 하면 숨 차거든. 숨 차. 엎치락뒤치락 하면 숨이 찬데, 그걸 그렇게 반년 이상을 하고 나니까 한 20명 또 하고 또 하고 해도 숨이 안 차. 그러니 그게 벌써 오래 하는 걸 가르친 거여 그게. 그래 이제 우리가 첫 번에 여기서는 보기만 했지 내가 그걸 저 어떤 선생한테 직접 배운 게 아니거든, 아니니까 그걸 안 배웠지. 그래보니까 첫 번에 준비운동을 많이 해야 된다는 이걸 자꾸 주장해.

학인: 그러면은 처음 들어가는 사람들한테 호흡은, 호흡 시키는…

봉우 선생님: 호흡 시켜야 돼.

학인: 호흡 시키는 거를 만일에 전공으로 이걸 한다 했을 때, 체술을 전공으로 했을 때…

---

47) 좌선하듯 앉아서 수련.

봉우 선생님: 전공으로 해도 호흡해서…

학인: 호흡을 하루에 그저 한 네 시간 이상은 막…

봉우 선생님: 그렇지. 너댓(네댓) 시간 이상은 해야지.

학인: 너댓 시간.

봉우 선생님: 호흡심 좋은 놈하고 호흡심 약한 놈하고 맞붙으면 똑같은 기술이면 호흡심 센 놈한테 열 번이면 열 번 다 떨어져. 하, 그거 참, 우습지, 원.

학인: 그 정도의 비율을 두고요. 그렇게 해야 되고. 그다음에…

봉우 선생님: 그리고 제일 먼저 지금들 저 산에서 이거 해봤다고 그랬지? 그게 전부 체력 연습하는 데 들어가는 거여.

학인: 예, 그렇죠. 기본훈련 중에 하나죠, 그것도.

봉우 선생님: 그러지.

학인: 그래서 여기서 기본훈련에서, 에 그런데 여기서요 기본, 체술이 고대 체술에는 급소타를 병행한다. 급소를 치는 것을 병행하기 때문에 방어, 방어가 유도보다는 더 곤란하다.

봉우 선생님: 그렇지.

학인: 무슨 소리인가요?

봉우 선생님: 유도라는 건 메때려서 붙잡고선 메때리는 거 이거 하는 기술 체술 아닌가 말이야. 체술인데 고대에는 그게 아니고 이거 지르는 게 제일 많거든. 그러니까 그거 막는 것을 이런 걸로 알고 하다는 당하면 내가 당하지.

학인: 아, 그렇다. 점혈. 소위 말해서 점혈법(點穴法).

봉우 선생님: 그렇지. 상대방이 그걸 먼저 쓰는 놈한테 걸려들면 이걸 잡을려고(잡으려고) 그러다가 한 대 맞으면 쓰러지고 마는 걸 어떻게.

학인: 예. 그니까 그 상대편 급소타도 막아야 된다, 이거죠?

봉우 선생님: 그렇지.

학인: 찔르는(찌르는) 들어오는 것도…

봉우 선생님: 들어오는 거 막아야 되지.

학인: 아, 그래서 좀…

봉우 선생님: 그러니까 벌써 보면 그걸 많이 해보면 상대방이 눈을 어디를 쓰나 다 알아. 그 녀석이 어디를 슬쩍 내리면서 한쪽 따지는 거 보면 저놈이 혈, 혈소 들어오려고 들어오는구나, 대번 알거든. 처음 보면 그거 뭣인지 암만 뵈도 모르지만 말이여. 십팔기도 그렇지 않아? 상대방이 어디를 쓸라고 하나 그건 눈치채지 않아?

학인: 아, 그러니까 그게 더 곤란하다, 이거군요

봉우 선생님: 그게 곤란하지.

학인: 그래서 이제 여기서 기본 훈련에서 신체 사용하는 것이, 그 민속(敏速), 아주 민활하게 빨리 하는 것을 구전심수로 했다고 그러네요, 옛날에?

봉우 선생님: 응, 그래.

학인: 다 이건 말로…

봉우 선생님: 말로 했지.

학인: 그렇게 했는데, 이 민속법만 배워도 보통의 무술자, 아주 고단자 아닌 보통 무술자한테는 대항할 수 있다.

봉우 선생님: 그래.

학인: 특별히 수를 안 배우고 요것만 해도 웬만한 사람은 대항할 수 있다는 거죠? 그래서 이것이 삼국시대부터 전래하는 비법의 일종인데, 현재 그 종류가, 종류가 기본 준비에서, 씨름이라고 그랬어요, 씨름.

봉우 선생님: 씨름. 씨름도 그거여.

학인: 씨름인데, 씨름이면 어떻게 저 그냥 이렇게 붙잡고 씨름하는 거죠?

봉우 선생님: 그렇지.

학인: 메꽂고 이렇게…

봉우 선생님: 그래. 씨름도 그 종류에 하나여.

학인: 예. 준비훈련에…

봉우 선생님: 응.

학인: 그러니까 이 씨름은 하여튼, 그렇게 서로 둘이 잡고 하여튼 씨름하는 거고…

봉우 선생님: 그렇지.

학인: 그래서 음, 어느 정도 하고, 씨름하게 되면 보통 뭐 뚝심이 강해지나요? 뚝심이, 허리심이 강해지나요? 씨름하게 되면?

봉우 선생님: 눈이 밝아지지.

학인: 눈이요?

봉우 선생님: 눈이 밝아져.

학인: 어떻게 눈이 밝아지죠? 씨름하면 보통 이렇게 이렇게…

봉우 선생님: 그래.

학인: 씨름하면 이런 거 아녜요? 이거 이거.

봉우 선생님: 그래. 그래.

학인: 그런데 어떻게 눈이 밝아지죠?

봉우 선생님: 상대방이 다리식 놀리는 걸 어떻게 놀리나 제일 먼저 보지, 가만히 있다는, 가만히 있다는 당하라고?

학인: 아, 그러니까 다리를 계속 본다.

봉우 선생님: 그래. 아래를 늘 보니까 저 사람, 상대방이 행동을 빠르게 보니까. 그 벌써 들어오면 저 사람이 뭣할까 아는구나 하면 그놈을 막아낼 수가 있거든. 그거 모르고다 있다가 당하는 거지.

학인: 아, 눈이 밝아집니까?

봉우 선생님: 그래.

학인: 그다음에 이제 그러면 공치기가 있네요, 공치기.

봉우 선생님: 응, 공치기.

학인 2: 공을 어떻게 치는 거예요? 이렇게 치는 거예요?

봉우 선생님: 아니, 예전에 저 공 갖다 놓고 가운데서 서로, 나무공 나무공 놓고, 저 이 나무꾼들이 일하러 하느라고 공치기 한참 하고 간데. 예전에 들 말야, 산에서. 그러면 이 나무때기를 이렇게 놓고 지금 모양으로 이것이 아니고 나무때기로 그냥 하는 거 아냐, 이런 공은 나무공이고. 그래가지고 이걸 서로 때리는데, 빠르면 저쪽에서 들어오는 게 요새 저 뭐여 야구나 마찬가지야. 핑 하고 들어오는 거, 난장치기라는 게 그건데, 그거 그냥 날라갈 새 없이 높으면 모르지만, 날라갈 새 없이 탁 탁 들어맞거든. 땅에 떨어질 새 없으면 치면 되니까. 그거 이 저 나무꾼들이 다했어 그걸. 근께(그러니까) 공치기가 제목을 어떻게 되는고 하니 이 동네 저 동네 부역들 있자녀(있잖아)? 예전에. 동네 대항을 해서 공치기해 이기는 놈이 부역 않고 지는 놈이 두 동네고 부역을 하고 간다.

학인: 그러면 그냥 작대기로다가 깎은 공을 놓고서는 막 치고 서로 맞받아 치고 막 그런 식으로…

봉우 선생님: 그런데 그렇게 저 그렇게 수월한 게 아니여. 그것도 해서 치면 뿡 뿡 날라가는데, 날라가는 것을 번개같이 들어맞아 날치기 날공 들어오는 거 치는 거 번개같이 막아가지고 그냥 때리기만 하는 게 아니라 그 때린 방식이 저쪽을 건너가야 하니까, 치거든 말이지 그게.

학인: 그러니까 야구에서 야구에서 공 꽝 치듯이 치겠네요

봉우 선생님: 그거나 마찬가지여

학인: 저쪽에서 꽝 치면 이것도 그냥 꽝 치고…

봉우 선생님: 그래.

학인: 아, 그렇게 서로 치고 받고 하는 거예요?

봉우 선생님: 그래. 공치기가 이제 눈 밝고 막아내는 거 막고 하는데, 왜 공만 들어오는 걸 막아? 공 들어오는 게, 날라 들어오는 거 그렇게 막는데, 주먹 들어오는 걸 못 막아? 그 눈이 밝으라고 하는 거여 그게.

학인: 이것도 역시…

봉우 선생님: 제기 차는 거, 중방울 놀리는 거.

학인: 그다음에 줄넘기가 있어요.

봉우 선생님: 줄넘기, 줄 넘는 거.

학인: 예.

봉우 선생님: 줄 넘는 거? 누구여 저 이 ○○○(17:07)는 3,000번을 놀라고 그랬두만(그랬더구먼). 이거 이래 가지고 넘는 거. 그런데 조중봉이 선비들 시켜 가지고 첫 번에 그 저 그거 3,000번씩 넘겼어.

학인: 줄넘기를요?

봉우 선생님: 줄넘기 3,000번씩을 시키니까 그 둔한 학자들이 그걸 3,000번씩을 한 달 연습을 해놓으니까 좀 나아졌지 이제. 다리가 빨라지고.

학인: 그러니까 그 줄넘기는 앉은 자리에서만 하는 건가요?

봉우 선생님: 아, 돌아가면서 쫓아가면서 하지 않아?

학인: 그러니까 막 이렇게 이렇게…

봉우 선생님: 그래. 그래가지고 하고, 제자리서도 하고…

학인: 이렇게 돌아가면서 막 하고…

봉우 선생님: 응.

학인: 그거 하고. 그다음에 어린애들 줄넘기 하는 거 있죠, 왜?

봉우 선생님: 어린애들 여자애들도 있지. 이렇게 놓는 거.

학인: 이렇게 하며 그것도 빨라지나요?

봉우 선생님: 그것도 빨라지지. 그러니까 줄만 넘어갈 때 이놈이 이게 걸리지 않아야지.

학인: 그렇죠. 이것도 결국 민활하게 민첩하게 하기 위해서 하는 거고…

봉우 선생님: 그래. 그게 준비운동이여.

학인: 요거는 그러면 주로 몸 전체의 그…

봉우 선생님: 전체 운동이 다 되지.

학인: 민활하게 해주는…

봉우 선생님: 예전에도 운동 시켰어 그렇게. 그러고 중방울? 중방울이 요렇게 되고 가운데 실패처럼 된 거. 그놈을 줄 요렇게 맨 여기다 이렇게 대가지고 가운데다 넣으면 이놈이 떨어질 거 아냐. 근데 떨어지기 전에 이놈을 이렇게 하지 않는가 말야. 이렇게 이렇게 이렇게 해가지고…

학인: 그럼 가운데 그러니까 이…

봉우 선생님: 아, 실패처럼 된 거. 실패처럼 가운데 가늘지.

학인: 이렇게 된거요?

봉우 선생님: 아, 이 그렇게가 아니지. 여기서 이렇게 삼각으로 들어와야지. 이렇게 이렇게 들어와야 여 가운데가 가늘지 않아? 이렇게 이게 이만치 넓어가지고 이렇게 들어오고 여기서 이렇게 해가지고 이렇게 돼가지고 여기가 실을, 실 줄이 걸어야 여 좌우 쪽은 뭉깃하고(뭉툭하고) 요 가운데는 이렇게 되는 거니까 중심을 잡아야 실을 줄을 여기다 매고, 끈을 이렇게 둘을 잡고서 거기다 대고 이놈을 흔드는 거지. 떨어지지 않게 말이야. 가만두면 뚝 떨어질 거 아냐. 그러니까 이렇게 해가지고 죽죽죽죽 하는 바람에, 이걸 노는 바람에 저놈이 그냥 돌아가지 떨어지질 않는데, 하늘은 하늘이 높다고 그냥 휙 하고 던지면 까맣게 올라가는데, 떨어지지 않게 또 받거든 그걸. 그 좌우 쪽에서 시합이 그거 오래 하는 놈이 땅에 안 떨어트리는 놈이 이기거든. 그러면 여기서 갑이 여기서 해서 넘기면 을이 저만치서 덜컥 받아가지고, 또 이렇게 하고 한나절을 해도 땅 안 떨어져. 초대들은 뭐 황당하다가 이 자리서 떨어지지.

학인: 서커스에서 본 거 같아?

학인 2: 서커스에 그런 거 있으면…

학인: 아니, 그러니까 이거 형태가 그러니까 가만있어봐, 이게 가운데 방울이 동그란 게 있는 거죠?

봉우 선생님: 방울이? 아니 이렇게 이렇게 돼서 요렇게 들어오는 거야. 알기 쉽게 여기 저 실타래. 실타래가 가운데가 이런 기다랗게 있잖아? 그게 아니고 이렇게 들어간단 말이야, 이렇게. 이렇게 들어가고 가늘어.

학인: 그러니까 요렇게 생긴 거죠, 요렇게.

봉우 선생님: 그래 그래. 장구통처럼 된 거지.

학인: 장구통처럼 생겼는데…

봉우 선생님: 거기다 실, 거기다 이제 손에다가 나무때기 둘을 걸고, 여기다 줄 달아, 줄을 걸지 않아?

학인: 요게 그러니까 실타래 이렇게 생긴 건데, 입체적으로…

봉우 선생님: 그래 그래.

학인: 그렇게 생긴 것을 갖다가…

봉우 선생님: 가운데다 놓고 말이지.

학인: 가운데 구멍이 뚫려 있고요.

봉우 선생님: 가운데 그건 구녕(구멍) 안 뚫려도 상관없어. 그건 상관없어.

학인: 그거는 큰 헝겊 위에다 놓고…

봉우 선생님: 헝겊이 아니라 그걸 놓고 말이야.

학인: 예, 놓고요.

봉우 선생님: 놓고, 여 줄을 이렇게 매는 걸 줄에다 끈을 댄 거.

학인: 예, 줄.

봉우 선생님: 끈을 댄 데다 줄을 이렇게 달은(단) 게 있어. 거기다 갖다가 그놈을 올려놓고 말이야. 여기 걸리지 않았어? 실에 그놈이 걸렸지. 걸리고

시작이여, 이제 올리기 시작이여, 올리기 시작 해가지고 아침에 서서 저녁 때까지 땅에 안 떨어지게만 하는 편이 이긴단 말야. 그러니 이것이 까맣게 올라가도 까맣게 올라가도 휙 하고 쳐주면 까맣게 올라가도 어디가 떨어지는지 모르는데도 또 그놈을 받아. 땅에 안 떨어지고 올려 받아가지고 아침에 해서 저녁 때까지 한다니까. 초대[48]는 ○○(21:55) 그거 하다가 떨어지다 말지.

학인: 여기서 쉽게 해볼 수 없나요? 그거.

봉우 선생님: 응?

학인: 이렇게 쉽게 해볼 수 없나요 그거?

봉우 선생님: 안 돼. 그렇게 쉬운 거 아녀, 허허.

학인: 아니, 그러니까 이 겉으로 이렇게 기본적으로 하는 거요.

학인 2: 이게 그거라면요 이것을 잡으면 이게 실이잖아요? 이렇게 하는 거죠?

봉우 선생님: 그래.

학인 2: 이렇게 아니고…

학인: 아, 알겠다, 알겠다. 그러니까 실타래를 좀…

봉우 선생님: 길지. 이만하지.

학인: 그걸로 해서 요게 움푹 들어간 거니까…

봉우 선생님: 그래.

학인: 그거 사이에 두고서는 한다, 이거죠.

봉우 선생님: 그러니까 여기서 이거 드는 바람에 떨어질 새가 없지.

학인: 근데 이거 금방 떨어질 텐데…

봉우 선생님: 안 떨어져. 아침에서, 아침에 시작해서 저녁 해 지도록 떨어지

---

48) 처음하는 사람.

는 놈이 져.

학인: 알겠습니다. 아, 그렇게 하는 거구나.

봉우 선생님: 그래가지고 이거 그렇게만 하면 되는데, 획 하면 까맣게 올라가.

학인: 한 번 또 올리기도 하고…

봉우 선생님: 그러지. 까맣게 올라가는데, 뭐 문제없이 땅에 떨어질 새 없이 그냥 내려 받더구먼, 이걸.

학인: 그러면 그거는 저기 훈련이네요. 이거 손 훈련인 거네요?

봉우 선생님: 손 날래고 중심 잡고…

학인: 중심 잡고 요거. 평형 그 훈련이네요, 이거.

봉우 선생님: 그러니까 이거 중요한 중요한 훈련 아니여? 이거. 어느 적에 너무 올리고선 한쪽이 덜 올라가도 떨어질 거지. 그래 이것이, 이것이 빨라야지.

학인: 주로 그 손과 손의 그…

봉우 선생님: 손과 눈과 중력과 중심과 그렇지 다 맞지. 그러면 그거 하나만 하는 게 아니라 그 촌에서는 다 그런 거 공에 첫 눈에 안력이 들어가서 누가 던지는데 누가 받든지 받아야 떨어지지 않거든. 그런데 저 그 한…

학인: 여럿이서 하나보죠? 여럿이서.

봉우 선생님: 한 군데 한 30명씩 있지. 그래 마당이 큰, 마당이 학교 마당 같은 큰 마당에서 빙 빙 돌면서 이래…

학인: 할아버님 당시 때도 이걸 했어요? 이렇게?

봉우 선생님: 첫 번에 그걸 해봤지. 우린 어렸었으니까 나이가 많은 게 아니고 내가 이걸 직접을 못할 때지. 열 살 안쪽이니까.

학인: 그러면 할아버님 또래 때 어린 사람들이 하는 건 아니죠, 이거?

봉우 선생님: 왜? 애들도 해.

학인: 애들도 해요?

봉우 선생님: 애들 그게 이제 그렇게 시합은 안 나가도 즈이(자기네)끼리들 하지.

학인: 아, 그러니까 그런 거 시합 나갈 때는 수십 명씩 모여서 하나 보죠?

봉우 선생님: 한쪽이 수십 명씩 가. 그러니 이것이 빠르기가 한량없이 빠른 거여. 중심 잡고…

학인: 요거는 나무로 깎아서 만들죠?

봉우 선생님: 나무로 깎아, 나무로.

학인: 그 사이에 넣어 가지고 실로다가 이렇게…

봉우 선생님: 그래. 그게 인제 그 저 중방울 돌리는 거 보면 크게 만든 놈도 있고, 적게 만든 놈도 있고…

학인: 아, 중방울의 크기가, 그게 이제 중방울인데, 중방울이 크기가…

봉우 선생님: 보통 이만하지. 이 정도 되지. 아, 요기서 요기…

학인: 끝에 가요?

봉우 선생님: 여기서 이만해.

학인: 한 15센티에서 20센티.

봉우 선생님: 그래. 그런데 첫 번엔 요거만큼씩 한 걸 해. 그런데 이 적은 것이 더 힘들어. 큰 건 중심 잡기가 나은데, 적은 건 조금하면 뚝 떨어져.

학인: 그게 이제 중방울이고. 그 다음엔 제기차기인데. 제기차기는 그냥 이렇게 차는 거죠?

봉우 선생님: 그 말은 쉬운데 제기 차는 것을 그것도 아침에 수술(?)할 때까정(때까지) 땅에 안 떨어트리는 편이 이기는 거여. 그럼 열이 앉아서 차, 저기서 열 여기서 열이면 하나가 이거를 몇 시간 하다가 다리가 아프면 넘어간다 하면 저쪽에서 받지 툭 차서 넘기면 저쪽에서 받아가지고 이것이 이리저리 이리저리 발에서 돌지 땅에 안 떨어지는 편이 이겨.

학인: 아, 그것도 편으로 지어서 해요?

봉우 선생님: 아, 편으로 하지.

학인: 한 열 명씩 지어서 하나요?

봉우 선생님: 한 여남은씩 하지.

학인: 아, 그럼 이제 편끼리 먹고서는 계속 떨어트리지 않고 하다가 한 놈이 저쪽으로 틱 주면…

봉우 선생님: 그렇지. 줘서 넘기고 줘서 넘기고…

학인: 그게 하루 온종일 가는군요?

봉우 선생님: 왼종일(온종일) 가지.

학인: 결국엔 이제 떨어지겠죠.

봉우 선생님: 떨어지는 편이 지는 거지, 뭘.

학인: 근데 그 기술이요, 기술이 그러면 보통 이거만 하는 것도 아니고, 우리 때는 이것도 차고…

봉우 선생님: 아무렇게 차든지 상관없어.

학인: 별 짓 다하잖아요. 하여튼 발을 사용해서…

봉우 선생님: 아, 발꿈치로도 하고 이놈으로도 하고 다해. 그러니 이놈의 발이 빠를 수밖에 있어?

학인: 이거는 발의 빠른 훈련.

봉우 선생님: 그거 연습 시키는 거여.

학인: 발의 민속 훈련.

봉우 선생님: 그러고 이제 이래 놓고, 이거 차지 이거 차기 운동. 쫓아 가면서 차기 운동. 이래가면서 한참 나가면서 보면 날라가는 거 같아. 이놈 차고 이놈 차고 이러고 들어가면서 그러고 나가는데, 주욱 나가면서 보면 이것이 땅에 떨어지는 건 잘 안 뵈고 만날 저기서 이러고 가는 거 같지.

학인: 그게 제기 차는 거예요? 그것도?

봉우 선생님: 웅? 그건 손 짓 때리는 거여. 손 때리는 거. 이거 발로 이거 치는 거. 그거 그렇게 연습을 하니까 태껸도도 본식인데, 요새 태껸도는 그거 가짜들이여 가짜들.

학인: 그다음에 이제 수박이 있어요, 수박(手搏).

봉우 선생님: 수박은 이거 이거 손 치는 거.

학인: 손 치는 거죠.

봉우 선생님: 손치는 거니까 손치는 것이 손을 빼도 여기서 같이 빼야지 쳐서 내려오다 수박에 이제 고수(?)들이 있지. 그래 뭐라고 하면서 이놈을 뒤집어 이러고 치다가 손을 한쪽에서 빼면 이쪽에서 같이 빼야 되는 거지.

학인: 손치기라는 게 뭔가요? 이거 손으로 미는 거요 이렇게?

봉우 선생님: 아니 때려. 이 손을 이래서 절컹 뭐라고 하면서 이놈을 때리고, 이놈이 이렇게 들어오면 이걸 때려야 하잖아. 이렇게 때리는데 이걸 저렇게 갈라치기도 하고, 이렇게 치면 이렇게 치고, 저기서 들어오는 게 이게 이렇게 이렇게 나오면 여기도 이렇게 나가야지, 이걸 치면 아니거든 말이야.

학인: 아니, 그러면…

학인 2: 이렇게 이렇게 치다 가는 거예요? 이 손으로 치고…

봉우 선생님: 그래 그래.

학인: 이거 이 훈련 하는 거예요, 그러면?

학인 2: 이렇게 치는 거죠?

봉우 선생님: 빠르게 하는 거지, 빠르게.

학인: 양손만 해봐, 이거를 이렇게 서로…

봉우 선생님: 아, 그렇게만 하면 싱겁지. 이리 갔다 저리 가고, 그 짓을 하지.

학인 2: 이렇게 하고, 이렇게 하고…

봉우 선생님: 그래.

학인: 그러니까 그게 수박의 연습이라는 거는 그 연습하는 거예요? 손바닥 치는 거?

봉우 선생님: 손바닥 치는 거지.

학인: 손바닥 치는 연습이에요?

봉우 선생님: 그 왜 그러냐 하면 이 손 바로 들어가라는 거여.

학인: 아, 이 손으로… 교차로 한번 해봐.

봉우 선생님: 그리고 하나는 뭣인고 하니 저쪽에 손 들어오는 거 막기 위해서고…

학인: 아, 손이 이리 들어올 수도 있으니까…

봉우 선생님: 들어올 수 있으니까, 아, 손이 들어올 적에 손 막는 거지, 그게. 그게 이게 빠른 사람이 남의 손 들어오는 걸 왜 당할겨(당할거야) 막지.

학인: 그러니까 연습할 때는 주로 이런 식으로…

봉우 선생님: 그렇지. 그대로 연습이지.

학인: 그러니까 손을 이렇게 하고 수박한다는 사람들은 이렇게 한다고 하는데…

봉우 선생님: 아, 그건 멋으로 소리를 내지.

학인: 노상(?)에서 이러고 소리를 '아' 하고 이런다는데…

봉우 선생님: 그래 그건 멋으로 그래.

학인: 소리를 중간에 내드라구요(내더라고요).

봉우 선생님: 그런데 그게 손 치는 이것이 멋이 아니고, 이거 들어오는 거 암만 빠르게 들어와도 막을 수 있다는 그거여 그거. 손이 손을 닿으니까 막을 수 있지 않나.

학인 2: 이렇게 치고 막을 수 있겠네요, 그죠?

봉우 선생님: 그래.

학인: 이렇게 막고 뭐 밑으로 들어오는 거 이렇게 막나?

학인 2: 같이 또 이렇게 하는 거 아닌가? 이렇게? 똑같이?

봉우 선생님: 그래.

학인: 그러면 기본 훈련은, 그러면 일단 손으로 들어오는 이후 아닌가요? 이런 거?

봉우 선생님: 그래

학인: 이런 식으로…

봉우 선생님: 그런데 그거만 하자는 건 아녀. 그게 빠르게 들어가서 저기서 막지 못하는 새 이거 지르는 거지.

학인: 그러니까 이거는 주먹 갖고 하는 건 아니고, 연습할 때는 주로 손 막 서로 이렇게…

봉우 선생님: 주먹으로 때리는 게 아니고 이걸 이거 손 쓸 적에 그걸 막기 위해서 하는 거여.

학인: 다른 방법은 없나요? 연습할 때? 그냥 이렇게 막 이렇게 하나. 구체적으로 이렇게, 손 연습할 때요. 옆으로 들어온다든지…

봉우 선생님: 이거 있잖아, 줄.

학인: 줄넘기요?

봉우 선생님: 줄넘기.

학인: 예. 그걸 통해서…

봉우 선생님: 하루 3,000번. 하루 3,000번 넘어라 그랬지. 그 왜 이거 3,000번을 넘는데 왜 그러냐? 이것이 여기가 건드리지 말고 3,000번 넘어야 하는 거 아닌가? 그러면 그게 그만치 손이 빨라지는 거여. 이 손 놀리는 게 빨라지니까 저기서 들어오는 걸 막아내기가 쉽고, 내가 먼저 들어가기가 쉽고 그런 거지. 그게 준비운동이여, 전부. 제기 차는 거…

학인: 수박도, 수박도 내내 그러면 하여튼 손 들어오는 거 막는 거…

봉우 선생님: 손 들어오는 거 막는 거지. 그러니까 아무리 저기서 급히 들어와도 앞으로 막을 수가 있으니까 걸리거든…

학인: 아, 그러니까 여기서…

봉우 선생님: 무기 없을 땐 그놈으로 잡고 던졌지.

학인: 그러면 수박은 그렇고. 그다음에 박치기 있죠?

봉우 선생님: 박치기는 저거 아닌가?

학인: 예. 박치기인데, 박치기는 그러면 딴 방법은 없나요? 훈련할 때 어떻게…

봉우 선생님: 왜 훈련해야지.

학인: 연습 어떻게 하죠?

봉우 선생님: 앞에 놓고…

학인: 그 저 뭘로 싸죠?

봉우 선생님: 아, 아무 걸 하든지 매달아놓고, 가운데 줄 해놓고 매달아놓고, 이놈 받는 거 연습이여. 이리도 받고, 이리도 받고, 이리도 그냥 들여받고 (들이받고) 하는데, 이것이 제일 하고 여기가 주장이여, 여기. 이건 이놈으로 받히는 것은…

학인: 이 양 옆머리요.

봉우 선생님: 이건 그러다 다칠라고. 이걸 해야지 이거. 이거 하고 이거 앞빡(앞대갈빡) 머리하고…

학인: 여기하고 요부분…

봉우 선생님: 이것도 다 뼈다구 살(뼈에 붙은 살)이 아닌가?

학인: 뼈다구 살이지, 그렇지요.

봉우 선생님: 그래.

학인: 여기하고 요기요.

봉우 선생님: 그래.

학인: 여기를 제일 연습시키라고요?

봉우 선생님: 그렇지.

학인: 여기 이 세 면.

봉우 선생님: 그런데 여기 저 김일이 박치기 하는 거 보니까 박치기 쳐놓곤 아주 하빨로(아랫급으로) 하더구먼.

학인: 옆으로 치대요?

봉우 선생님: 응?

학인: 옆으로…

봉우 선생님: 그냥 들이받더먼 그래. 그렇게 받으면 상대방이 고꾸라지나?

학인: 그러면 어떻게 받아야 되죠?

봉우 선생님: 그건 나중 알아. 허허허.

학인: 보통 박치기 할 때 뭐 이렇게 해가지고 이렇게 치잖아요.

봉우 선생님: 어디 붙잡고선 받는 새가 어딨어. 날뛰로 그냥 날비탈로(몸을 날려서) 휙 하고 받아버려야지. 붙잡을 새 저 사람 다 피하지, 왜 가만 있어?

학인: 아, 그러니까 그냥 확 그냥… 옛날에 그 누군가가 평양에 깡패인데 시라소니인가?

학인 2: 응, 시라소니라고 있지.

학인: 그 사람은 가만히 있다가 갑자기 확 하면 여기서 이만큼은 날라갔다는데요, 그냥. 확 해가지고 지끈 박았다는데요. 순식간에 그 정도로…

봉우 선생님: 평양 가서, 평양 가서 저 장진우하고 나하고 저 노상찬이 하고 셋이 가 가지고, 거 장진우 그 어른이 노상찬이하고 나하고 둘을 데려가면서 대성관에 가서 냉면, 곱빼기 냉면 일흔다섯 그릇을 시켰어. 곱빼기는 보통 이 저 한 그릇이 아니고 두 그릇짜리 한꺼번에 나온 거. 그래 곱빼기 냉면 일흔다섯 그릇 시키라고, 바로 시키라고 차례로 들여 오라고

하니까 이걸 시켜가지고 아직 먹질 않은 판에 우 하고 들어와. 그런데 평양 박치기 대장이고, 거긴 날치기라고 그래. 날치기 대장이 송가더구먼. 송가고. 그 부대장이 손가여. 부대장이라는 게 이래 몸뚱이. 그런데 이 송가, 송가는 신사더구먼. 외양은. 아 두 녀석이 수백 명을 데리고 왔어. 오더니 "누가 여기 저 대성관에서 셋이 와서 냉면 일흔다섯 그릇 시킨 놈이 누구냐?" 시킨 '사람'도 아니고 시킨 '놈'이 누구냐 이거여. 그 주욱 들어섰는데…

학인: 그때 가셨을 때가 노상찬 장진우 씨하고 할아버님하고 셋이 가셨는데…

봉우 선생님: 셋이 갔지. 그러니까 이제 노상찬이가 "선생님 가만히 계시고, 저희 둘이 하겠어요." 그러더만 그래. "에, 그러지 말고 가만있어 가만있어" 하더니…

"그래 배부른, 배 좀 많이 먹는 대식자가 평양 대성관에 와서 냉면 좋대서 냉면 좀 많이 먹기로 당신들한테 무슨 상관이여? 평양 물건 팔아주는 걸 고맙다고 해야지?"

노인이 건방진 소리 한대. 후레아들 놈이지. 칠십 노인더러 노인이 건방진 소리한다니…

학인: 그때 그 장진우라는 분이 대원군 팔장사 중에 한 분이라고 그러셨죠?

봉우 선생님: 팔장사를 누른 이지.

학인: 팔장사를 꺾은 사람.

봉우 선생님: 꺾은 사람이지.

학인: 아, 그러니까 팔장사가 그 저 누구죠? 그 원세개인가?

봉우 선생님: 원세개 팔장사가 있고, 저 대원군 팔장사가 있지.

학인: 근데 그 원세개 팔장사들한테 다 졌다며요, 대원군 팔장사가.

봉우 선생님: 다 졌지.

학인: 그런 걸 갖다가 이 장진우라는 사람이 가가지고 저기 다 이겼나요?

봉우 선생님: 다 이기기는 권제비가 다 이겼지. 장진우는 그 팔장사보담은 시어(팔장사보다는 세).

학인: 아, 세요?

봉우 선생님: 아, 그래서 가서, 그러니까 우리를 평양에는 평양이라고 그러나 서도(西道), 서도 하지. 서도에는 인물이 없는 줄 알고 깐보고(깔보고) 그러는 거라고 그래. "아니 평양에 와서 대성관에 와서 잘 팔아주면 고맙다고 하지 무슨 소리냐 말야, 너희들이 그러면 한번 시합을 하고 싶어 그러는 건가? 그러면 어쩔까? 나 하나 하고 너희 온 사람 몽창 다 하고 해볼 거냐? 우리 셋이 합하고 너희 다 할거냐?" 평양도 그렇게 저 만만한 데가 아니니까 일대일을 해야지 말이 되느냐고 그러더먼. "그래? 그래 나더러 자네가 해볼라나?" 그래 나더러 허허.

학인: 그때 몇 세 셨어요?

봉우 선생님: 나 한 이십 됐지. "자네가 해볼라나?" 하는데, 내가 싫다고 하진 않을 테지. 그러니까 즈이(자기가) 싫대, 상대방이.

학인: 어리다 이거죠?

봉우 선생님: 거기 두목이면 두목하고 나하고 해보자고 그래. 그래? 갓 갓 벗지 않고, 갓 쓰고 신 신고, 그래 두루마리만 뒤로 제키고. 아, 근데 저 가운데 들어선, 들어설 테여 이제. 가운데다 금을 그어라 하자. 가운데 금을 긋고 금 안에서만 하지 딴 데, 밖에 나가진 말자고. 그래 이래 둥그렇게 그려놨는데, 우리 둘이 구경하고 즈이도(자기도)…

학인: 방바닥에요? 방바닥에?

봉우 선생님: 방바닥이 아니지.

학인: 대성관 들어가는…

봉우 선생님: 대성관 마당이니까 넓은 데지. 이렇게 넓은 덴데 가운데…

학인: 잡수시러 들어가시기 전에 걸렸군요.

봉우 선생님: 응 그렇지. 그러니 구경꾼들이 그냥 백대알치듯(?) 했어. 거기 먹으러 왔던 사람.

학인: 금은 어느 정도, 한 요 정도 됐나요? 폭이?

봉우 선생님: 뭐가?

학인: 금 그어 놓은 데가…

봉우 선생님: 금 그어 놓은 것이 이리 두 칸, 이리 두 칸, 사방 그러니까 네 칸이 되지. 네 칸. 4×4=16짜리를 그어놨어. 그 떡 들어섰는데, 시작하자 시작하는데 서로 상하더라도 말을 못한다. 아, 그러더니 노인이 그래 "노인이 그러시긴 안됐으니 내가 하겠습니다." 자꾸 해도 떼놔. 그 저기서도 하나 일대일이지. 둘이 할 필요가 없다고 말이야. 서로 둘이 하지 말고 하나로 결정하자. 그놈도 꽤 빠르더먼.

학인: 그게 날파람이예요?

봉우 선생님: 날파람. 어깨가 떡 벌어지고 몸덩이가 이런데, 그저 번개같이 들어왔어.

학인: 아니, 그러니까 보통 주먹으로 확 들어와요?

봉우 선생님: 아녀. 다리로 들어왔어.

학인: 아, 그놈 다리로요?

봉우 선생님: 응. 다리로 들어오는데 그냥 날라 들어와. 날라 들어오는데…

학인: 네 칸, 네 칸이면 한 네 칸이니까…

봉우 선생님: 이만하지. 이보담 넓지 그러니까.

학인: 어 그런데 그럼 한 그 장진우 씨하고 한 이 정도 떨어져 있었어요?

봉우 선생님: 응, 그렇지.

학인: 그렇게 싸악 있더니 갑자기 확 들어와요?

봉우 선생님: 확 들어오지. 그냥 날라 들어오더라니까.

학인: 그냥 이 상태에서 갑자기 확 들어오면서 발로…

봉우 선생님: 다리가 그냥 횡 하고 올라와. 횡 하고 올라오는데, 아, 이 양반이 옆으로 쓱 빠지면서 발목을 둘을 잡았어.

학인: 발목을 둘이 그냥 확 잡았구나.

봉우 선생님: 응. 탁 잡으니까 별 수 있어 지가 꼿꼿하게 쓰러지지 뭐. 그래 딱 하더니 "이놈 이래도 안 졌냐?" 하고…

학인: 이렇게 이제 딱 이렇게 해서 잡아가지고 발목을 집고선 이렇게 딱 해놓고…

봉우 선생님: 응. 딱 잡아다니더만(잡아당기더만). 그래 사내 자식이라 활량들이더구먼. 그럼 저놈들이 우 하고 어쩌고 할 텐데 딱 내려서더니 그 손가 하고 송가하고 둘이 들어와서 절을 하더구먼.

학인: 아, 그거 한 방에 끝났나요, 그냥?

봉우 선생님: 응?

학인: 그거 하나에…

봉우 선생님: 한 번에 끝났지. 여러 번 싸우지 않고.

학인: 그거 잡힌 거니까 거기서 그냥 쭉 하면 쭉 찢어지겠네요, 그거.

봉우 선생님: 아니, 그렇게 잡힌 솜씨가 쩍 벌이면 이놈 벌어지지 않아?

학인: 그렇죠. 그러니까 그놈도 빠른 건 자신하는 놈인데, 그 정도를 손으로 잡았으니까…

봉우 선생님: 그건 이건 지는 거다 이거지. 그래놓고 "모시겠습니다." 그러더면. "선생으로 모시겠습니다." 손가도 와서 절하고…

학인: 그래서 그놈이 별명이 날파람이었나보다. 하도 빨라가지고…

봉우 선생님: 날파람이여 날파람. 참 빠르더구먼.

학인: 그러니까 그거 한 방에 보통 다 나가겠는데요?

봉우 선생님: 한 방에 다 나가지 뭘. 그래가지고 이 사람이 보름 동안 연광정 놀음 보름을 시켰어. 저 뭐여 능라도로 그쪽으로 해서 평양 기생들 모조리 불러다가 배타고 선유(船遊)시키고 그랬어. 그래놓고 이제 거길 가질 못 하는 게 왜 못 가는고 하니, 그 녀석이, 가면 모셔가니까…

학인: 아, 신세 진다고…

봉우 선생님: 응. 신세 질 까닭이 있나.

학인: 그러면 그때 그 냉면은 냉면이…

봉우 선생님: 다 먹었지 뭘.

학인: 일흔두 그릇이요?

봉우 선생님: 일흔다섯 그릇.

학인: 일흔다섯 그릇 다 잡수셨어요? 세 분이서?

봉우 선생님: 셋이 먹을라고 한 건데 안 먹으면 어떻게 해?

학인: 아니, 그러면 그 한 방 그렇게 싸우고나서, 싸우고나서 냉면은 냉면대로 다 드셨어요?

봉우 선생님: 다 먹었지 뭐.

학인: 그랬더니 옆에서 안 놀래요?

봉우 선생님: 응?

학인: 그 사람들이 안 놀래요?

봉우 선생님: 아, 놀래든지 안 놀래든지 벌써 졌는데 뭘. 그래 즈이는(자기는) 즈이가 거기서 먹고 저 냉면값 뭐 있는 거 일체를 다 물어내고. 그날부터 보름 동안 평양서 선유놀이하고 기생, 기생들 불러다 놀려주고 그러더먼. 그런데 그는 신사여.

학인: 신사네요. 그 한 방, 한 번에 그냥 딱 승복을 했군요.

봉우 선생님: 단번에 항복하더먼. 그러니까 그 저 싸움이 그렇게 구접스럽지 않고 곱게 해야지.

학인: 그러니까 그 박치기는 그러면은 그냥, 그 사람 날파람도 박치기 안 했나요?

봉우 선생님: 누구?

학인: 날파람요. 평양, 평양 박치기가 유명하다고 하셨잖아요?

봉우 선생님: 박치기는 그 사람이 잘할 텐데 박치기 보담은…

학인: 발을…

봉우 선생님: 발로 쓰는 게 더 나을 테니까 그놈이 날라 들어왔지 말야. 박치기 잘하는 손가는 어림도 없었고.

학인: 박치기가 그러니까 아까 말씀하신, 그러니까 방법은 하여간 그런 식으로 이런 데 매달아놓고 이렇게…

봉우 선생님: 연습하지.

학인: 모래주머니 같은 거 놓고 막 받지 않나요?

봉우 선생님: 모래주머니하고. 웬만하면 박치기에 대문짝이 떨어져.

학인: 대문짝이요, 그냥?

봉우 선생님: 대문짝 받으면 대문짝 뻥 하고 자빠져.

학인: 예. 대문짝이. 보통 훈련한 사람이?

봉우 선생님: 응, 그래.

학인: 그럼 여기서 머리에 피가 상당히 나겠는데요?

봉우 선생님: 안 나, 안 나, 안 나.

학인: 처음 연습할 때는 피가 좀 나지 않을까요? 연습하다보면…

봉우 선생님: 누가 거기다 저 대고 첫 번에들에 (그래?) 연습할 때는 안 그래.

학인: 그러면 짚 같은 거, 이렇게 연한 걸로 하기 시작해서…

봉우 선생님: 연한 걸로 수월하게 해놓고 하지. 솜 넣지 솜들.

학인: 솜이요.

봉우 선생님: 솜. 솜 넣고 이놈 이렇게 헝겊으로 해서 박아놓고 그러고 받지.

학인: 아, 처음엔 그런 식으로 그렇게…

봉우 선생님: 그래 연습을 하지.

학인: 연습을 하다가 자꾸 자꾸 강도가…

봉우 선생님: 강도가 세어지면 이제…

학인: 예. 어휴 그렇담 이게 보통 한 몇 년씩 해요 그거? 한 몇 달씩 하나요? 한 대문 정도 부셔뜨릴라면(부서뜨리려면) 한…

봉우 선생님: 1년만 하면 되지.

학인: 보통 1년씩은 해야 되나요?

봉우 선생님: 한 1년만 하면 대문은 떨어지지, 허허허허. 내가 평안도 가서 한 번 받혔어. 어떤 놈한테 받히고 나도 박치기를 배웠어. 허허허허. 배워서 나도 다른 건 몰라 해도 왜 예전에 전방에 빈지들 빈지문49)들 이렇게 나무로 이렇게 하지 않아? 나무로 이렇게 해서 골 파고, 이렇게 문 대신에 빈지문들 하지 않는가베(않는가봐)? 나무짝으로 해서 이렇게 죽 밀고 밀고 해서 이렇게 넣는 거. 속이 이만치 들어가게 저쪽까지. 빈지문은 들여받으면 뚝 떨어져 나가지. 그러니 이놈이 얇게 된 것은 이놈이 떨어져 여기 저 저거한 거, 저놈이 뚝 떨어지는데, 안 그런 것은 이놈이 휘어서 나가지.

학인: 그 정도면 보통 사람 박으면, 그 정도 실력이면 완전 기절하겠는데요? 그냥 땅 떨어지겠는데요?

봉우 선생님: 되게 받으면야 가지. 되게 받으면 쓰나? 죽지 않게 받아야지.

학인: 그러면 그 이상한 것이요, 박치기를 무술로 자기가 기술로 써먹을라

---

49) 한 짝씩 끼웠다 떼었다 하게 만든 문. 비바람을 막기 위해 덧댄다.

치면 아주 민첩해야겠는데요, 이것도?

봉우 선생님: 빨라야 되지. 빠르지 않고는 어림도 없어

학인: 김일이, 김일이가 하듯이 이러고 있다가는 이건 뭐…

봉우 선생님: 그건 만날 뚜드려, 만날 맞다 볼 일이지 뭐. 그래.

학인: 그러니까 아주 눈에 번쩍 하듯이 그냥 쳐야겠네요, 그냥.

봉우 선생님: 번쩍해야지.

학인: 그러면 이것도 역시 우리가 빽 칠 때(체술연습용 빽을 칠 때) 이거 치듯이요.

봉우 선생님: 그러지 그거와 마찬가지여.

학인: 그거와 똑같네요, 논리는. 그런 식으로 자꾸 쳐가지고, 이것도 그러면 나중에 이것도 그렇게 빨리 되네요.

봉우 선생님: 빠르지. 빠른데 이게 빠른 게 아니라 내 몸이 전체가 들어가야 돼.

학인: 전체가 그냥 이러게 빨라지나요?

봉우 선생님: 그러지. 그러니까 그게 기합이여. 여기 들어가서 탁 치는 그 바람에 떨어지는 거지. 이것이 딴딴해 그러는 게 아녀.

학인: 예. 기합술.

봉우 선생님: 이것 가지고 개왓장(기왓장) 때리는데, 개왓장이 이보담 약해서 깨지나?

학인: 기합이 들어가니까 그냥…

봉우 선생님: 그래, 기합으로 깨는 거지. 그러니까 예전에 우리나라에서도 그런 걸 다했어.

학인: 그럼 할아버님 박치기의 뭐 다른 방법은 더 없나요? 그 저 기술…

봉우 선생님: 박치기 연습 그거처럼…

학인: 그런 식으로 자꾸 ○○게 하고, 그러고 빨리 하고…

봉우 선생님: 자꾸 해야 돼. 빨리 하고, 배에 힘줘야 하고…

학인: 그럼 거의 똑같네요, 이거 치는 거 하고.

봉우 선생님: 마찬가지여 마찬가지.

학인: 배에 힘주고 순간적으로…

봉우 선생님: 그래.

학인: 이것도 그러면 순간적으로 그러니까 탁 이렇게 하고 나오고 그러나요?

봉우 선생님: 자꾸 해야지.

학인: 그런 식으로요. 몸 전체를 그냥…

봉우 선생님: 알기 쉽게 매달은 빽(백)에다가 1,000근 빽을 받아보고 500근, 100근 200근 해서 1,000근 빽을 한번 받아가지고 탁 받으면 저놈이 저만치 나가게 된다고 해. 이거 한 거나 마찬가지지.

학인: 그러니까 그럴 때까지는 계속 그런 식으로…

봉우 선생님: 그렇게 해야. 그렇게 된 놈이 이걸 가지고 딱 때리면 500근만 해도, 500근짜리만 딱 받아서 쫙 나가 해도 사람 무게가 500근 되지 않아.

학인: 그렇죠.

봉우 선생님: 100근밖에 안 돼. 그 힘으로 가서 한 대 맞으면 저만치 가서, 상대방은 꽉 자빠져.

학인: 그러면 이거 요기요, 이거 뿔 뿌다구 난 데 거기 연습도 역시 마찬가지로 하나요? 그런 식으로?

봉우 선생님: 마찬가지여. 그건 아무 데고 마찬가지여.

학인: 참. 그런 거구나. 그게 박치기가 그렇고, 그다음에 팔매가 있는데요, 팔매.

봉우 선생님: 팔매는 돌 던지는 건데 뭐.

학인: 그냥 이렇게 해서 계속 던지나요?

봉우 선생님: 그러면 안 돼.

학인: 이게 몰우전(沒羽箭) 아닙니까, 몰우전? 몰우전이 돌팔매…

봉우 선생님: 그래. '몰우전 장청(張靑)'50)이라고 하는데, 여기선 우리 보기엔 문수암이라고 난 늘 얘기 안 해? 문수암이 몰우전이 얼마나 하는지 몰라도 던지는 게 문수암 하면 백발백중이여. 그거 한 1년 이상 공부하고 나온 사람이여 그가.

학인: 그것만요, 몰우전만?

봉우 선생님: 차력해가지고…

학인: 차력해서 이제. 그럼 몰우전 그럼 여기서도 팔매 이런 식으로 안 던졌나요? 그러면 어떻게?

봉우 선생님: 그냥 팔매를 연습하면 안 돼. 그건 이것 힘 얻어야 돼.

학인 2: 하는 방법은 있을 거 아녜요?

학인: 그러니까 힘이 있는 다음에…

봉우 선생님: 난 다음에 팔매를 연습해봐라 말이지.

학인: 근데 기본적인 연습 방법은 뭘까요, 이거 팔매할 때?

봉우 선생님: 앞에서부텀 맞춰.

학인: 이 앞에요?

봉우 선생님: 응 앞에. 가까운 데서부터…

학인: 대충 한 뭐 한 걸음?

봉우 선생님: 세 칸이고 두 칸이고, 요렇게 대놓고 거기서부터 때려서 맞춰버려. 돈 치는 게 그거야, 돈 치는 게.

학인: 아, 엽전.

---

50) 돌팔매에 능했던 《수호지》 속의 인물.

봉우 선생님: 엽전 돈 치는 것이 그거 연습이야.

학인: 아니면은 돌로다가 이 구슬, 구슬치기.

봉우 선생님: 그렇지.

학인: 구슬로다가 상대편 구슬 놓고 한 이렇게 떨어뜨려 놓고 딱 치는 거.

봉우 선생님: 그래 그래.

학인: 그거하고 똑같은 원리네요.

봉우 선생님: 그거여 그거.

학인: 그래서 한 서너 칸 정도서부터 시작 가까운 데서부터 시작해서…

봉우 선생님: 차츰차츰 해보는 거지.

학인: 이런 식으로요.

봉우 선생님: 그래.

학인: 이거는 연습 방법은 그렇게 간단한가요?

봉우 선생님: 간단하지 뭘.

학인: 그런데 결국은 힘인가요?

봉우 선생님: 간단한데, 성공하는 것이 간단하지 않지. 한참 해야 되지.

학인: 그게 나중에는 뭐 문수암 저 선생처럼…

봉우 선생님: 문수암 본디 힘이 세자너(세잖아).

학인: 사정거리가 한 10리 정도도 되나요?

봉우 선생님: 사정거리? 팔매?

학인: 예.

봉우 선생님: 문수암이야 10리도 더 가지.

학인: 아니, 그럼 그건 안 보이는 건데요? 눈이 안 보이자나요, 10리 이상은. 그러니까 결국 그것도 보였다는 소리예요?

봉우 선생님: 나봐. 양유기(養由基)[51]가 천보(天步: 1,000걸음), 천보 밖의 버들잎을 쏴 화살로 겨냥하고 때리지 않아? 그럼 그 사람이 천보 밖을 봐서

그러나?

학인: 안 보고 그냥 치는 거죠.

봉우 선생님: 내가 어디 쓴 데 뭐 있을 걸? 원근법(遠近法)이라고 있을 걸?

학인: 예, 원근법이요. 원근법.

봉우 선생님: 허허허.

학인: 원근법하고 몇 가지 방법, 역량가감법(力量加減法).

봉우 선생님: 역량가감법, 원근법. 원근법이라는 게 10리를, 10리 밖에 있는 놈을 여기 들여볼 제(때) 내 눈 앞에 세 칸이나 두 칸 밖에서 보는 거 모양으로 봐서 화살 끝이 그냥 가서 찌르는 것처럼 이렇게 돼. 그게 관슬(貫蝨: 이를 꿰뚫음) 공부라는 거여.

학인: 관심 공부요?

봉우 선생님: 관슬(貫蝨)이 뭔지 알아?

학인: 관, 볼 관자에다가…

봉우 선생님: 관, 꿸 관(貫) 자.

학인: 아, 꿸 관 자요?

봉우 선생님: 꿸 관 자, 이 슬 자. 이 이.

학인: 예, 아, 이.

봉우 선생님: 이를…

학인: 이를 갖다가 화살로 꿴다.

봉우 선생님: 화살로 톡 꿴단 말이여.

학인: 그게 원근법이구나.

---

51) 초나라의 장군이자 춘추시대 제일의 신궁(神弓). 궁술(弓術)이 입신의 경지에 이르렀기 때문에 그와 관련된 많은 전설적인 일화를 남겼다. 워낙 백발백중이었기 때문에 "양유기는 화살 하나면 족하다"라는 말까지 생겨났다고 한다. 초나라를 위해 수많은 전투에 출전해 신궁의 솜씨를 과시하면서 많은 전공을 세우다가 오나라와의 전투에서 장렬히 전사했다.

봉우 선생님: 이런 걸 꿰는 게 아니라 이걸 꿰…

학인: 관슬법이구나. 그러면 할아버님 그 저 이 팔매는요.

봉우 선생님: 응?

학인: 그러면 사정거리는 제한이 없네요?

봉우 선생님: 제한이 없어.

학인: 그러니까 자기, 결국 방법은 간단하지만, 거기에다가 자기의 힘…

봉우 선생님: 힘이 얼마나 늘었냐 이거지.

학인: 힘이 얼마나 늘었느냐.

봉우 선생님: 그렇지.

학인: 그거 힘이 있느냐 하고, 그다음에 힘 있는 사람으로서…

봉우 선생님: 연습해야지.

학인: 연습을 하는데요, 연습을 하는데, 세 칸 네 칸 이러다가 저 뭐 백 칸도 나가고…

봉우 선생님: 100칸도 나가고 얼마를 나가든지 알기 쉽게 열 칸을 맘대로 때리는 사람이 100칸 밖도 맘대로 때려.

학인: 그럼 그 정도 되면 나중에는 원근법이 되겠는데요?

봉우 선생님: 원근법이여 원근법.

학인: 원근법의 이치네요, 그러면.

봉우 선생님: 그래.

학인: 아니, 벌써 문수암 그 양반이 10리를 이상을 맞쳤다(맞혔다).

봉우 선생님: 그래.

학인: 그렇다면 그거는 일단 보통 사람들은 안 보이는 거리인데, 그걸 던져서 맞쳤다는(맞혔다는) 거는…

봉우 선생님: 그렇지.

학인: 그건 원근법의…

봉우 선생님: 가깝게, 이 먼 것이 가깝게 와 뵈이니까…

학인: 그렇죠. 그러니까 맞추는(맞히는) 거죠

봉우 선생님: 응. 그걸 맞추는(맞히는) 거지.

학인: 그러니까 그 돌 던지는 사람의 입장은 바로 우리가 서너 칸 에이 요 거 하고 딱 치는 거처럼…

봉우 선생님: 그렇지. 그거와 똑같은 거여.

학인: 그 사람의 심리는…

봉우 선생님: 그렇지.

학인: 그러니까 그걸 아이 요거 하고는 딱 치는데, 옆에 사람이 봤을 때는 도대체 이게 뭘 치는지 안 보이는 거죠.

봉우 선생님: 뵈지 않지.

학인: 그런데 그 사람의 입장에서는 그렇게 먼 데 있는 것이 바로 요기 요렇게 지척으로…

봉우 선생님: 그래.

학인: 그런 거구나.

봉우 선생님: 그러니까 내가 저 문수암 쓰는데 자꾸 쓴 게 그거여. 그런 녀석이 이럴 때 있었으면 얼마나 좋아.

학인: 그러면 내내 그 원근법을 말이죠. 그러면 원근법에…

봉우 선생님: 원근법은 하필 그것뿐 아녀. 다 써먹어.

학인: 그렇다면 원근법도 이 기본 훈련의 하나인가요?

봉우 선생님: 하나지. 그거는 이거 필요해.

학인: 호흡이요.

봉우 선생님: 호흡.

학인: 호흡이 최소한 그 정도로 먼 데 있는 걸 가깝게, 2분이요.

봉우 선생님: 2분 이상 가야 돼.

학인: 아휴, 그럼 이건 기본 훈련에서 아무나 못하겠네요?

봉우 선생님: 왜 아무나 못해?

학인: 호흡이 한 2분 이상 되는…

봉우 선생님: 아, 여기서 들어오는데 보면 10분 나는, 호흡하는 사람이 그뜩하던데? 하하. 2분 3분 해야 돼.

학인: 1분도 안 되나요?

봉우 선생님: 1분 가지고는 안 돼.

학인: 아, 그러니까 그다음에 호흡이 그 정도 긴 사람들의 입장에서…

봉우 선생님: 하는 거지.

학인: 호흡하면 그게 그렇게 보인다 이거죠?

봉우 선생님: 뵈지.

학인: 특별한 기술 없이도 눈에 뵈나 보죠? 그렇게? 자기가 심력을 용심을 마음을 쓰면? 호흡을?

봉우 선생님: 그 누구 저 저 정 뭣이여, 정씨 우리 집에 오는 이 말이여.

학인: 예, 정찬두.

봉우 선생님: 정찬두도 내가 저, 그 사람 뭣이니까 칠단인가 그렇지 않아? 그런데 언제 원근법하고 격타하고 격타는 여기 여기 저 뭐 놓고 여기 때리는데, 쓰러지긴 저놈이 쓰러지거든. "너 헐라면(하려면) 그걸 연습해라." 자꾸 내 그래. 그러니 그걸 호흡을 안 하니까 못했지.

학인: 그걸 못하셨구나.

봉우 선생님: 체술은 이거 해서 기르면 수월해.

학인: 무술도요. 그러니까 아주 고도의 기술을 터득, 고도의 방법을 터득할 수가 있나요?

봉우 선생님: 그렇지.

학인: 다른 무술에서는 볼 수 없는, 그것도 다 호흡하고 연관돼 있나요?

봉우 선생님: 딴 데선, 다른 무술해서는 되질 않지.

학인: 아, 그럼 호흡이 길어야 되겠는데요. 그러니까 호흡이 그 정도 긴 외에 다른 방법은 없군요.

봉우 선생님: 다른 방법 없어. 연습해야 되는데 연습해가지고 그냥 이거를 호흡을 안 시키고 그냥 들여다봐라 얼마를 들여다보면 된다 하고선 이걸 가서 차츰차츰 거리를 이래 가지고 늘여가지고선 연습하는 거, 3년, 4년 해야 어디 근처에를 가. 이거 해가지고 3년, 호흡을 해가지고 1년 단단히 해놓고 그게 툭 터지면 그냥 그냥 되버리는 걸?

여기 뭣이 저 여기 저 검도 잘하던 조선사람 강낙원이라고 있지. 조선서는 조선인으로는 검도를 제일 잘했다고 하는 사람이지. 그 사람이 일본 들어가서도 명인(名人)이라고 하는 자를 그냥 찔렀는데. 자신 있을 거 아녀? 그래 인제 산주한테 와서 그걸 자꾸 물어. 뭐라고 뭐라고 하는데 이제 그 검술 얘기를 조금 조금 조금 하는데. 아르켜(가르쳐) 달라고 하니까…

"그러지 말고 강 선생 이걸 하시오." 눈을 감고 수건을 매고 눈뜨고 세 칸 밖에다가 과녁을 그려. 눈 뜨고 세 칸 밖에다 과녁을 이렇게 해놓고, 세 칸 밖에서, 세 칸 밖에 얼마 되지 않아. 저만밖에 안 하는데. 눈 감아놓고 거기서 서서 칼 가지고 들어가서 찔러서 한 번도 틀림없이 찔르면(찌르면), 눈감고 쫓아 들어가서 찌르는 거지. "찌르면 선생 검도로 자신 있게 남한테 지지 않을 거요." "될까요?" 하니까 "그럼 될까요 의심이 나거든 하지 마쇼." 그래. 근데 내가 나중에 강낙원이한테 와보니까 그거를 밤에 2시간, 3시간씩 꼭 해. 한 댓 칸 밖에서 하더면.

학인: 그래서 여기서 한 저 정도까지요?

봉우 선생님: 그래. 그 이래가지고 그냥 기합을 주고선 소리를 지르면서 눈을 감고, 눈 뜨고 가보고. 그러니까 여기를 가보니까 거리를 거진 댈 거아

녀? 쫓아 들어가면서 딱 딱 하는데, 한 달, 두 달은 딴 데를 자꾸 찔렀데. 석 달째부텀은 여쪽 구녁(이쪽 구멍), 저쪽 구녁, 요렇게 셋을 갖다 해놓으니까 모를 거 아녀? 헌데도 꽉 찍고, 꽉 찍고, 꽉 찍고 했는데, 한 번도 딴 구녁 안 들어왔어.

학인: 그다음부터는 눈에 훤했나 보죠, 그냥.

봉우 선생님: 그냥 환히 뵈더라는군. 그 이래 가리고 한 건데, 가림하고 들어가면 그냥 찔르고(찌르고) 찔르고 하더라는군. 그러고선 일본 들어가서 오가다, 강전(岡田)이 팔단 그놈 해내버리지 않었어.

학인: 진짜 방법이 간단하네요. 그러니까 이것도 역시, 그거는 호흡 안 하고 결국 원근법이죠, 일종의.

봉우 선생님: 그렇지.

학인: 호흡 없이 그냥 연습에 의한 원근법.

봉우 선생님: 연습에 연습으로 본디 검도에 몇 단이 되는 사람이니까 호흡에 정신을 맞추니까 그러니까 그걸 연습시켰지. 아이고 이거 다 젊은 사람들 같으면 할 만해. 그리고 이것도 이거 하는 것도, 지르는 것도 혈도 바르는 것도, 일본 들어가보니까 명인이라고 야구(?) 팔단이나 무슨 팔단 무슨 팔단하면 팔단이 혈 그냥 하나씩 알아. 하나씩 알아서 아무개파에는 무슨 구녁, 아무개패는 무슨 구녁, 그거 하나를 죽을 적에 일자고지(?) 제일 수제자 한테만 알켜(가르쳐)주지 안 아르켜줘 그 자식들이. 마구 퍼트리질 않는데 여기 기패인가 그 사람이 구녁을 세 구녁을 쓴다고 그러더면. 다른 사람은 한 구녁뿐이 못 쓰는데…

학인: 그러면은 하여튼 원근법은 그렇게 해놔야겠네요. 그거는 호흡 2분 이상으로서…

봉우 선생님: 그렇지. 아, 2분이라고 말고, 한 3분이라고 그래 둬.

학인: 왜요?

봉우 선생님: 그래 둬야 돼.

학인: 예.

봉우 선생님: 2분, 뭐 한 1분만 해도 2분 되는 줄 알고 자꾸 마구 쓸라고(쓰려고) 하단(하다가는) 실수해.

학인: 그럼 팔매는 그 정도로 하고요.

봉우 선생님: 응.

학인: 그다음에 걸치기가 있거든요.

봉우 선생님: 응?

학인: 걸치기. 걸치기.

봉우 선생님: 결치기?

학인: 걸친다, 걸친다, 이렇게 걸치는 거요.

봉우 선생님: 아. 걸치기.

학인: 예, 걸치기.

봉우 선생님: 응.

학인: 그러면 그거는 발 쓰는 거죠? 발.

봉우 선생님: 발.

학인: 그러면 발을 걸친다는 게 이렇게 걸친다는 건가요?

봉우 선생님: 아무렇듯이 걸치는 거지. 앞을 막는 거지.

학인: 그럼 이렇게 이렇게 막는 건가?

봉우 선생님: 그렇게 그냥 막다는 안 되지. 들어올 제(때) 막는 거지.

학인 2: 발끝에 이걸 한다 이거죠?

학인: 이렇게 들어온다.

봉우 선생님: 그래.

학인: 내가 그럼 이렇게 들어오고? 이렇게 막는 거예요?

봉우 선생님: 그래 그래. 앞을 이렇게 탁 막는 거지.

학인 2: 이런 식으로 막고.

봉우 선생님: 그래.

학인: 걸치기면 이렇게 이게 걸친 건가? 그럼 이렇게 들어왔다…

학인 2: 근데 이게 ○○○○(?) 타이트한데 방어 잘 돼야 돼.

학인: 이런 건가요? 걸치기는?

봉우 선생님: 맞지를 않지 그러니까. 암만 획획 나가던 게 걸려놓으면 딴 데로 나가.

학인: 그러니까 발만 걸치는 거죠? 이건.

봉우 선생님: 발만 걸치는 거야.

체술 대담 2[52]

학인: 제발 붙이기는 그거고. 그다음에 탁견(托肩)이 있거든요 탁견. 탁견
이라는 거는…

봉우 선생님: 지금 여기서 태견(태권도)하는 거 아니여.

학인: 예, 그런데…

봉우 선생님: 그런데 여기서 태견이 본 태견이 아녀.

학인: 탁견은요 이 한자를 보면 어깨 견(肩) 자에다 기탁한다는 탁(托) 자
아닙니까? 그러면 옛날에 탁견이라는 무술은 기술은 어떤 식으로 했나
요? 어깨치기인가요? 주로?

봉우 선생님: 왜 어깨치기여 발로 썼지.

학인: 그런데 왜 저런 이름을 썼죠? 탁견이라고? 한글로 탁견을 한자로 쓴
건가요?

봉우 선생님: 이게 필요해 이게. 태견의 제일 먼저가 줄넘기가, 줄넘기가 아
침에 3,000번 저녁에 3,000번부텀 해라 그랬어.

학인: 태견에서도요?

봉우 선생님: 그래. 왜 그걸 했느냐? 이걸 3,000번을 하자면 이게 빨라질 게
아닌가? 이것도 빨라지고. 팔다리가 빨라지며, 걸리지 않게 해라. 태견이
괜히 저거 한다고, 발치기 한다고 획 들어오면서 뎀벼(덤벼)들다간 눈 빠

---

52) 녹음: 정재승, 녹취: 이기욱, 교정·주석: 박승순·정재승

른 놈한테 걸리면 경중 뛰다 넘어져.

학인: 그런가. 그러면 여기서 태견이라는 건 뭘 해야 되나?

봉우 선생님: 아이고. 이것 좀 떼고. 낮에는 여기 와서 주욱 버티더만 그래. 버티고 하더니 조근 조근 물었어. "당신 택견 (인간)문화재라는데, 당신 문화재라고 당신이 안 그랬소? 그러면 뭐요 이거요 이거요?" 하니까, 이 거냐 이거냐 이렇게 하니까 저는 어물어물 해. 하하. 저는 저 왕십리 오강 놈이라 그 소리여. 오강패하고 여기 문안패하고 다르거든. 문안패가 이거 고 오강패가 이건데, 이거라는 소리여. "그래요? 그러면 저 여기 문화재가 송씨가 문화재라는데 만나봤소?" 하니까 아, 거기 가봤다고. "그럼 송씨 문화재 하고 어떻소?"

내가 또 웃으며 "그러니까 가보니까, 가보니까 선생님 말로는 이거 이 거라는데 이게 아니예요?" 그래. "아니었소?" "그 일본 들어가서 유도 검 도 그걸 좀 배웠어요." 그러더면. 유도 검도를 배웠다고. 송은 급수로도 1 급도 못 되는 사람이여. 단은 그만두고 말이여. 그러니 그걸 가서 문화재 라고 고사 하는 놈이 어떤 놈이여. 문화재는 문화재 그 태견이 뭐라는 걸 똑똑히 알고 고사를 해야 되지 않아? 하나 남았다고 그걸 그냥 문화재로 줘?

내가 그 저 송가한테는 건방진 소리를 했어. 그자가 인제 뭐 즈이 검도 7단인가 하고 문화재하고 둘이 우리 이거 한다는 얘기를 듣고 저는 예전 삼비팔주니 뭐니 그런 얘기를 듣고선 아, 저는 차야 보통집 보통집 말야 조선 개와집들 보통집들 추녀 끝밖에 못한다는 거여. 지가 추녀 끝만 차 여도 무던히 차는 거여. 급도 못 되는 녀석이. 그래 한번 만나서 그랬지. "당신 문화재 태견도 망신을 시키는 거 아니오? 남이 문화재하면 태견도 잘 알려니 볼 건데 태견도 당신 잘 알우?" 말을 아무 소리를 안 하고 없 어. "나 저 어려서 뭐시 여기 저 뭐이 뭐여 태견도 바당에 거기 당신 나 얼굴 본 일이 없어." 필운대(弼雲臺)[53], 필운대는 태껸장이여.

학인: 필운동이요?

봉우 선생님: 필운대. 필운대가 지금 배화학교 있는데…

학인: 거기가 태껸도 하던 데에요?

봉우 선생님: 서촌 활량 태껸도 총 본산인데 거기가. 그런데 "당신 거기서 나오는 거 나 못봤는데?" 첫 번엔 버티더니, 태껸도장에서 필운대에서 구경도 못했다니까 저 중바닥입니다 그러더먼. 아, 놈의 자식.

학인: 중바닥이라는 건 뭐예요? 중바닥이라는 게.

봉우 선생님: 예전 말로 "쌍놈이요." 그 소리여. 그러니까 "저 활량들 가는 데 못 갔었소." 그 소리야. 그나마 태껸도 둘 문화재가 둘이 다 죽지 않았어?

학인: 그 사람도 결국 죽었나요?

봉우 선생님: 일찍 죽었어. 젊은 사람인데.

학인: 태껸은 여기서 그러면 기본 준비하는 데 탁견, 태껸을 했다. 그러면 여기서는 주로 머리를 연습하는 거죠?

봉우 선생님: 어디?

학인: 어느 부분인가요. 손인가요 내내. 손 연습인가요? 발인가요?

봉우 선생님: 태껸이라는 게 여기서 뭐라고 해 그냥 글자로 쓰는 걸 뭐라고 써?

학인: 탁견. 이거죠 이렇게 태껸.

봉우 선생님: 아니. 한문 글자로.

학인: 한문 글자로 할아버님이 이렇게 써주셨어요.

봉우 선생님: 그건 내가 썼지.

학인: 한자로 이렇게 안 쓰나요? 저렇게 어깨 그래서 저는요 할아버님이

---

53) 조선 중기의 명신 이항복이 살던 곳으로 필운은 그의 다른 호이다. 지금의 서울시 서촌, 종로구 필운동의 배화여고 뒤뜰 큰 암벽에 필운대라고 크게 새겨져 있다.

어깨를 빌린다 해놔서 그래서 이렇게 썼죠. 이거 할아버님 어깨…

봉우 선생님: 그래.

학인: 근데 하여튼 이 택견을 보통 그러면 연습 부위는 손인가요 주로? 손과 발인가요?

봉우 선생님: 손과 발이지.

학인: 그런데 문밖 택견하고 있다고 그러셨죠?

봉우 선생님: 문밖 택견하고 문안 택견이 뭐냐? 문밖 택견은 상체를 차는 거고…

학인: 상체를 위주로… 예.

봉우 선생님: 응. 문안 택견은 무릎팍 밑을 차는 거여. 그런데 왜, 들어치기라는 게 있잖아? 위에서 올려 차는 거. 그게 문밖 택견이고…

학인: 한번 해봐. 들어 차는 거.

학인 2: 다리를 올리는 거 말인가요?

봉우 선생님: 올라가는 거.

학인: 어떤 식으로…

학인 2: 여러 가지지, 올리는 거는.

봉우 선생님: 여러 가지지.

학인: 발을 주로, 이제 발을 사용해 가지고 상체 위로…

봉우 선생님: 상체를 차는 거지, 상체를.

학인: 아, 위로 이렇게 차는 거는 전부 다 문밖…

봉우 선생님: 아, 뛰지, 그러니까 휙 뛰면서 차는 거여.

학인: 뛰면서요. 그러면 아래쪽으로 뭐 이렇게 탁 들어가는 거는 아래로 들어가는 건 주로 문안…

봉우 선생님: 그게 문안 택견은 무릎 밑만 차.

학인: 예, 무릎 밑만요. 발 쓸 때요?

봉우 선생님: 그래. 그러니까…

학인: 위를 안 써요? 그러면? 위를 안 쓰나?

봉우 선생님: 안 써.

학인: 왜 그러지?

봉우 선생님: 왜 안 쓰냐고 한번 물어봐, 허허.

학인: 그런데 하여튼 주로 그러면 이 택견이라는, 이 기본 준비할 때 연습에…

봉우 선생님: 이거여 이거.

학인: 택견에서는…

봉우 선생님: 어깨와 어깨에, 어깨와 어깨에서 중심을 잃어선 안 돼.

학인: 어깨와 어깨?

봉우 선생님: 둘이 서로 대등한 그걸 잃고서 들어갔다간 그냥 실수해.

학인: 아, 그러니까 딱 서로 있을 때…

봉우 선생님: 그러니까 택견으로 대련하면 이렇게 서는 법이 없고…

학인 2: 옆으로 서죠.

봉우 선생님: 옆으로 서지.

학인: 항상 옆으로 서는구나.

봉우 선생님: 그 택견 아녀? 어깨.

학인: 딱 어깨를 이렇게 딱…

봉우 선생님: 그래.

학인: 그러면 십팔기나 이런 거 할 때는 손을 이렇게 옆으로 서는…

봉우 선생님: 택견은 그렇지만 십팔기 본바닥에는 똑바로 서도 괜찮아.

학인: 십팔기에서…

봉우 선생님: 아니 저 중국 영화 볼 적에 옆으로 서나 바로 서나 봐봐.

학인: 그럼 어떻게 서지? 십팔기에선?

학인 2: 다 옆으로 서지.

봉우 선생님: 이게 택견식이여, 그게.

학인 2: 그런데 아래 쓰는 것 하고 위 쓰는 건 어떤 게 더 유리해요?

봉우 선생님: 생각해봐. 아래서 발 밑만 차는 거니까 막기만 하는 거 아닌가. 들어오는 거. 실수를 안 해.

학인: 밑으로 들어오는 것만 막으니까…

봉우 선생님: 그렇지. 그런데 들다, 들다는(들다가는) 열 번이면 아홉 번 실패해.

학인: 위를 치는 것 들은 발로 위 치는 거요?

봉우 선생님: 그래.

학인: 그거는 많이, 그러니까 실수 위험이 많다? 아무래도.

봉우 선생님: 위험이 많지.

학인: 그러면 문안 택견이 더 단단하고…

봉우 선생님: 안전하지.

학인: 안전하네요. 그러면 탁견 이거 연습은 주로 손은 안 하고 발만 갖고 하나요?

봉우 선생님: 발에다 들어오지.

학인: 주로 발이에요?

봉우 선생님: 첫 번에 이거 묶어.

학인: 이걸 전부 다요?

봉우 선생님: 이걸 묶어. 둘이 다 묶고 발만 가지고 시작해.

학인: 아, 이렇게 하고서는 ○○○ ○○○(?).

봉우 선생님: 그래 그래.

학인: 아, 그 연습을 하는구나.

봉우 선생님: 응. 그러다가 이제 그러다 그거 다 연습한 뒤에 손 하나를 떼.

이걸 붙여놓고. 그러니 이것만 가지고 하다가 하나는 손을 떼라고 하고, 떼라 그래놓고, 이 녀석은 여전히 이렇게 하고 하지. 그래서 두 손 다 떼고 있는 놈에다 이렇게 하고 하니까 될 말이여? 이거 이거 한 사람이 질 거 같은데, 이거 선생은 이러고…

학인: 계속이요.

봉우 선생님: 계속.

학인: 발만 갖고…

봉우 선생님: 그래. 그러다가, 그러다가 이제 이거(양팔 묶은 거) 하나를 떼고 (발로) 맞히게 되면 급이 올라간 거야 이 사람이.

학인: 그런 식으로들 하는구나.

봉우 선생님: 그런데 여기서 하는 거 보면 그거 아니더면 그래. 태껸도라 하는데 그 전부 뭐라고 하는지 모르겠어.

학인: 일본 거 비슷해요, 일본. 공수도하고 비슷해요. 일본 공수도 있죠? 공수도. 가라데.

봉우 선생님: 응.

학인: 그거하고 비슷해요. 요새 태권도라는 건 그전에 조상들 주로 발만 쓰던 게 아니고 요새 가라데처럼 주먹도 있고, 다 있어요.

봉우 선생님: 그러니까 가라데 그놈을 가지고 하는 거여.

학인: 예. 그러니까 옛날에는 주로 발만 썼군요.

봉우 선생님: 발만 쓰고, 손은 있지.

학인: 손은 그냥 싸악 있고…

봉우 선생님: 손은 이러 이러 해.

학인: 그러니까 날래 날래 해요?

봉우 선생님: 날리니까…

학인: 아, 손은 이렇게 움직입니까?

봉우 선생님: 그래.

학인: 그런데 부드럽게 움직입니까?

봉우 선생님: 부드럽게 하지.

학인: 팔랑팔랑하게…

봉우 선생님: 응.

학인: 그래서 어떤 사람은 그 저 그 뭐냐 십팔기에서 이거하고 비슷하지 않느냐 그러거든요?

봉우 선생님: 그렇지. 이것도 기지(그렇지) 이것도.

학인: 택견에서도요?

봉우 선생님: 그래.

학인: 이것도 이런 식으로요.

봉우 선생님: 응.

학인: 그러면 십팔기에서 받아온 건가?

봉우 선생님: 뭐이가?

학인: 이거 이거요. 이거하고 또 다른가요?

봉우 선생님: 조금 다르지. 이걸 돌리질 않지.

학인: 원을 그리지 않아요?

봉우 선생님: 원을 그리지 않아.

학인: 그런데 뭔가 좀 이렇게 팔랑팔랑 하나요.

봉우 선생님: 응, 이것만 이렇게 이렇게 하지.

학인: 아, 손은 그냥 그렇게 자연스럽게…

봉우 선생님: 자연스럽게 하지.

학인: 그거를 공격하거나 이러진 않고요?

봉우 선생님: 안 해. 공격을 않긴 않으나, 하지만 하긴 하여도 그렇게 이걸 치중을 하지 않는단 말이여.

학인: 그 정도 연습…

봉우 선생님: 택견이, 택견의 좀 명수라고 하는 것들은 못된 게 있어. 택견 선수한테 걸리면 제일 먼저 당하는 게 이게 당한다.

학인: 왜요? 이 눈이요?

봉우 선생님: 그래.

학인: 택견, 이걸 차나요? 택견하는 사람들이요?

봉우 선생님: 그거 못하면 어떻게 택견할 줄 안다고 하나?

학인: 손은 별로 안 쓴다메요(쓴다면서요)? 손은.

학인 2: 나중엔 다 쓰겠지.

봉우 선생님: 혈을 쓴다 말이여 혈을. 다리에다 주장하고. 이거는 이거 가지고 다니다가 이거 이거 이거 코만 코만 재길(겨냥하길) 코만 겨냥해. 코만 겨냥해 쭉 밀어버리면 코만 겨냥하고 이래가지고 이렇게 하거나 벌리면 이렇게 하거나 쫓으면 이래 하거나 이렇게 하는 거여. 뭐 여까정(여기까지) 올라갈 까닭이 뭐 있어? 여기서 이렇게 하지.

학인: 그렇죠.

봉우 선생님: 한번 만져봐. 그렇게 여기 찍어놓고 한번 눌러봐.

학인: 아유 아픈데요. 아야 아파. 여기서 이렇게…

봉우 선생님: 그게 가만히 누가 있나 꽉 찔러버리면 저만치 가 쓰러지지.

학인 2: 안 다칠라나요(다치려나요)?

학인: 눈은 안 다치…

봉우 선생님: 왜 눈을 다쳐? 여기서 이렇게 칠 적에 누가 이렇게 지르나?

학인: 그런데 굉장히 아픈데…

봉우 선생님: 안 아프면 쓰러지나 하하하하. 그 여기서 여기서 이렇게 해서 여기 올라가면 이리 치고, 내려오면 여기서 이렇게 치고. 여기 눌러봐.

학인: 어유, 무지 아픈데요.

학인 2: 이렇게 눈을 때리는 게 아니예요? 때리는 거 눈알 이렇게 때리는 게?

학인: 순간적으로 탁 때려야죠?

봉우 선생님: 때리지 말고 이걸 밀어버려.

학인: 그래요?

봉우 선생님: 이거 이렇게 하면 눈이 상해. 못써. 왜 상하게 해?

학인 2: 눈을 이렇게 이렇게 딱 때리는 거 이렇게 이게 아니고요?

봉우 선생님: 이게 이래가지고 여기서 여길 치는 게 아니고, 요 밑을 해서 요걸 올려.

학인: 콱 민다.

봉우 선생님: 응.

학인: 힘을 줘 가지고…

봉우 선생님: 힘을 줘서 착 밀어버리면, 이제 거기 금혈(禁穴: 사용금지 혈구멍)들이 있어. 이게 금혈이고, 코 이거 이거 아, 이게 아니고, 이 밑에 이거 이거…

학인: 인중.

봉우 선생님: 응, 이게 금혈이여. 그거 금혈 건드리는 것은 무사끼리도 금혈을 아끼지 않고 쳤다 할 거 같으면 나쁘게 봐.

학인: 치명적인 거니까 그러죠? 치명적이니까…

봉우 선생님: 치명적이니까…

학인: 그다음에 이제 그러면 탁견은 그 정도로 하고, 그다음에 이제 무릎 치기가 있어요, 무릎치기.

봉우 선생님: 무릎치기 그게 잘못하면 제 무릎 상해 못써, 그런 건.

학인: 이거를요? 이게 그냥 막 이렇게 무릎끼리 막 치나보죠? 이렇게? 이렇게 치나?

봉우 선생님: 옆으로 돌며 돌려차지, 왜 그래 무릎으로. 돌며 휙 돌아가며 지르는 거여.

학인: 이렇게 아, 그 무릎으로…

봉우 선생님: 그래.

학인: 상대편 어디든지 무릎으로 치는 건가요?

봉우 선생님: 허벅지 부위 이런 데 가서 되게 걸리면…

학인: "아이쿠" 하고 주저 앉는구나.

봉우 선생님: ○○○○○(?)

학인: 그러면 이거 무릎치기는 연습을 어떻게 해요? 무릎을 튼튼하게 만드나요? 많이 다치겠는데요. 잘못하다간, 무릎을.

봉우 선생님: 이게 무릎이 닿는 자리가 단단한 자리가 아녀. 다.

학인 2: 물렁물렁한데…

봉우 선생님: 그래.

학인: 그런데나 치라 이거죠? 그러면 특별히 뭐 훈련할 건 없겠네요, 무릎치기는, 무릎은.

봉우 선생님: 빠르게 하는 훈련해야 하니까 제기차기 이걸 해야지. 이거 이걸 해야지.

학인: 그다음에 도약. 도약은 뭐 뛰는 거 아녜요?

봉우 선생님: 뛰는 거.

학인: 뛰는 건데 보통 연습할 때 어떻게 하죠? 요거는? 그 뭐 이렇게.

봉우 선생님: 마찬가지지 뭐. 조그만 거 해서 조금 조금씩 올리고…

학인: 조금 조금씩 해서 올리는 거예요?

봉우 선생님: 응. 요새 그 저 뭐여 그 기계체조 하는 사람 보니까 예전 땅재주 하는 사람이 생각이 나는구면. 김갑두라고 칠십이 넘었는데 그때 칠십이 넘었는데 땅재주꾼이여. 용트림 한다고 푹 솟아가지고, 세 번 돌아서

떨어지더면. 폭 솟아가지고, 여기서 순환을 세 번을 해서 떨어지니 그만 해도 무던한 거여.

학인: 앉은 자리에서 그냥 확 떨어지고…

봉우 선생님: 그래. 폭 솟아가지고 세 번 돌아 떨어지더면.

학인: 결국 이 도약도 처음에 조금 조금씩 하다가 뭐 이렇게 앉은자리에서 확 뛰고 그러잖아요?

봉우 선생님: 그렇지.

학인: 그 힘인데 이거 보통 한 옛날에 뭐 이것도 힘이죠? 힘 많이 있어야죠?

봉우 선생님: 연습해야지.

학인: 연습하고. 그다음에 난간치기가 있어요. 난간치기.

봉우 선생님: 이거 힘, 이거 힘. 기와집. 기와집 추녀에 붙어가지고 돌아 가는 거.

학인: 아, 이거를 갖다가 권제비, 그때 권제비…

봉우 선생님: 어전에서 했어, 어전에.

학인: 어전? 경회루인가요?

봉우 선생님: 경회루가 아니라 뒤에 건청궁 앞에 뭐시가 있지, 연못. 거기 정자, 경회루 같은 게 있어. 경회루만은 못해. (고종황제가) 그 정자 그 꼭대기 앉으셔서 "너 날래다니 얼마나 날랜가 봐라. 너 명주 한 필을 상투에 달고 뛰면 땅에 끌리지 않는다니 네 말이 어떠냐?" 무과(武科)에 급제해서지. "아룁기 황송합지만 한 필 가지곤 못합니다." 하니까 "그럼 거짓말이냐 그게?" "한 필 가지곤 기분이 나지 않아서 못 뜁니다. "몇 필?" 두서너 필 해야 됩니다." 하고. "너 그럼 세 필 갖다 걸어라." 세 필 걸면 사십 척이니까 삼사 십이 일백이십 척(20:09) 아닌가. 그걸 갖다 상투에 달고 나는데, 뛰는데…

학인: 땅에 떨어지지 않아요? 그게?

봉우 선생님: 땅에 안 떨어지고 펄펄펄펄 하고 날랐지. 그래놓으니깐 올라오라고 하셔서 "니가 사람이 아니라 제비로구나" 손 붙잡아주셨어. 그래 권제비여. 그래놓구선 "니가 난간치기를 잘한다며?" "그저 겨우 합니다." 그러니 거기서 앉으셔서 2층에 이렇게 앉아 있는데, 누마루에 앉았다가 획 하고 나가는데, 기와, 2층 기왓장이지, 기와 잡고 돌아가서 이거 해서 스물네 번 했어. 스물네 번 하고 내려가서 "황송합니다." 하니까 "그래 니 소원이 니가 뭐냐?" "과거해서 선전관(宣傳官) 54), 죽기 전에 선전관 한번 돼봤으면 제일 좋겠습니다." 그랬어.

그러니 그가 선전관 할 자리가 못 돼. 이거니까. 자기 어머니가 기생이니까 저 부장밖에 못하는 거여. 부장이면 지금 뭐고 하니 뭐여 이 선임하사 그밖에 못하는 거여. 부장이지 선전관에는 어림도 없어. 그래 그 특사(特賜) 55)해서 임금이 특사해서 선전관을 했는데, 그럼 뒤에서 이걸 자꾸 올려줘야 올라가는 거 아녀. 과거 해서 6품 선전관 돼가지고 정3품이 되도록 선전관밖에 못하고 딴걸 못했어. 저(함경도) 청진 첨사(僉使: 첨절제사. 조선시대에 각 진영에 둔 종3품 무관 벼슬) 했지, 나가서. 그리고 나중에 개화(신식군대)돼서 대대장, 중대장으로 대대장 했어.

학인: 그러면 그 난간치기 할 때요. 난간치기 연습이라는 게 그러면 그 기와 있으면 난간을 잡고…

봉우 선생님: 이렇게지, 이렇게.

학인: 아, 이렇게 잡고서는 계속 돌아가는 거네요.

봉우 선생님: 이게 따라야지. 따라가면서 그냥 돌아가는 거지.

---

54) 왕의 경호를 맡은 무관 벼슬.

55) 특별히 벼슬을 내림.

학인: 이게 탁 붙들려서 공중에 떠 있잖아요.

봉우 선생님: 밑바닥은 높은 데지. 2층 난간이니까 2층 몇 길 되지 뭐.

학인: 이거 하나에 부여잡고…

봉우 선생님: 이거만 잡고 돌아가는 거지.

학인: 계속 옆으로…

봉우 선생님: 그러니 이렇게 돌릴 때는 한 손이지.

학인: 예, 이렇게 하나씩…

봉우 선생님: 하나씩 잡고 돌아가는 거지.

학인: 그러니까 결국 이 힘이네요. 이 힘.

봉우 선생님: 이거지 이거, 힘.

학인: 이 힘으로 계속 그냥…

봉우 선생님: 그러니까 이 힘이, 이것이 꼬챙이로 가서 어디로 막 누르고 하는 거지 별건가. 기왓장이 두꺼운데 이놈을 이렇게 붙들고는 못한단 말이여. 이렇게 이 힘만 가지고 하지, 이렇게.

학인: 요힘이네요, 요힘, 요거 힘.

봉우 선생님: 요거, 요거 힘이여.

학인: 요거 탁 걸쳐놓고 그냥 그렇게 하는 거네요.

봉우 선생님: 그러니 어전에서 어전에서 그렇게 하다가 뚝 떨어지면 망신 아녀? 하하하하.

학인: 그러면 이거 훈련할 때요. 여기서 준비훈련으로 난간치기 했다 했는데, 이거는 그러면 연습이라는 게 딴 게 없겠네요?

봉우 선생님: 난간치기 그건 요새 뭣하는 사람, 기계체조 잘하는 사람은 해. 그런데 지금 기계체조 한참 잘하는 사람들은 난간치기 한다니까.

학인: 연습이라는 게 딴 건 없어요?

봉우 선생님: 딴 건 없어.

학인: 요기 힘을 기르기 위한 연습 없나요?

봉우 선생님: 그거지 뭐. 그러니까 우리가 저 철봉대에 이놈을 이렇게 붙잡지 말고, 이렇게 붙들고 매달려 보라고. 마찬가지지.

학인: 그다음에 지압법(指押法)이라는 게 있어요. 지압법.

봉우 선생님: 응?

학인: 지압법. 손가락 지(指), 손가락 가리킬, 손가락 지 자인데, 지로 압, 압한다.

봉우 선생님: 점혈이지 뭘.

학인: 그러니까 재(才)방 변에다가 갑(甲)자 한 거요, 압(押).

봉우 선생님: 압이야, 압.

학인: 누를, 압수할 때 압 자죠.

봉우 선생님: 그렇지.

학인: 그러니까 손가락으로 압한다는 건가요?

봉우 선생님: 그래.

학인: 그 말이나 똑같나요?

봉우 선생님: 응?

학인: 누를 압이나 똑같아요?

봉우 선생님: 누를 압 자지, 뭘.

학인: 지압. 지압이면 요새 하는 이 지압을 말하자나, 이거.

봉우 선생님: 그거는 아픈데 풀어지라고 하는 압이지. 이거는 아픈데 풀어지라고 하는 게 아니라 이놈으로 좀 가시라고 하는 거지.

학인: 지압법. 지압법은 뭘로, 이거는 어떤 식으로 연습을 해요?

봉우 선생님: 연습 못하는 거여 그건. 일본서 즈이(자기) 말로 명인이라고 하는 사람들 있잖아. 유도나 검도나 유도나 검도나 명인이 있으면 유도 아무집 명인네 집에서 가 배우면 수백 명씩 와 배우거든. 그중에 일자고

제(?)라고 하는 사람이 한, 그 아무개는 어디를 손을 누를 줄 알고, 어디는 누구 누구 어딜 누를 줄 알고, 한 군데씩밖에 몰라. 두 구녁, 두 구녁 가르치는 놈도 없어. 수십대를 내려오면서 그놈들이 가등(加藤)패에는 누구라 고교(高橋)패에는 어디다 그 달라. 여기 영목(鈴木: 스즈키)[56]이는 영목이 딸이, 우리 집이 개 보면 영목이 딸 생각이 자꾸 나. 정석이(?) 말이여. 이 폭은 되지(?). 이놈이 궁뎅이 그걸 써먹거든? 그러니 그렇게 본디 이놈은 궁뎅이가 크니까 그놈을 가지고 가르쳤지 지 애비가. 아, ○○○(?)데고 궁뎅이 뎁다 들여박으면 이 뭣이가 흔들려. 아, 그렇게 되니까 여간 놈이 그놈의 궁뎅이 휩쓸리면 그만 내빼지 안 내뺄 도리가 없거든. 웬만치 유도 하는 놈 거기 붙었단 저만큼씩 가 떨어져. 지 애비가 그걸 그렇게 가르쳤어. 그런데 그렇게 하는 놈이 제 남편한테 영 반대 남편감이지 그때. 남편하곤 아주 반대라고 딱 있더니 나중에 시집 가 놓으니까 뭐 다이쇼 다이쇼(?) 하고 그러두면.

학인: 그러면은 그 뭐냐 그게 지압법인가요? 지압법은 특별히…

봉우 선생님: 지압이 혈법이야, 혈법. 혈 누르는 법인데…

학인: 그거는 뭐…

봉우 선생님: 그거는 독해서 못 써. 지가 하나씩은 터득해서 알도록 해야지. 일본서도 수십 년 다닌 놈 일자고제한테 한 구녁씩밖에 안 알켜줘(가르쳐 줘).

학인: 그럼 이거는 기본 준비 훈련이 아닌데요.

봉우 선생님: 응?

학인: 기본 준비 기본 훈련이 아닌데요.

봉우 선생님: 왜 기본 훈련해야지. 혈을 훑기 전에 그걸 이만한 데서 구역은

---

56) 봉우 선생님이 일본 체류 시에 만난 일본 검도 명인.

요게 본 혈인데, 여기냐 여기냐 여기냐 딴 데 눌러선 안 되거든. 꼭 제 구녁 눌러야 되니까 이거, 제자리 누르는 이거 연습을 해야지.

학인: 기본 훈련으로서 이것도 그러면 이거 뭐 이렇게 치는 거, 그런 건…

봉우 선생님: 그렇게 해도 안 돼. 눈 감고, 눈 이놈 가리고 세 칸 밖이고 네 칸 밖에다 저기다 그림 그려놓고, 찬찬히 걸어가서, 눈 뜨고 가서 눌러보고. 그럼 몇 걸음 가서 그 자리 눌러본 거 아녀? 그 다음엔 눈 가리고 그 걸음만큼 걸으면 되거든 첫 번엔. 그래가지고 가 딱 이거 찌르거든 말이여 찔러서 틀림없이 눈 감고도 찌른다 말이여. 근데 그러다 나중에 달음박질해서 그 쫓아가서도 하고, 찬찬히 가지 말고, 그 선생이 찬찬히 못 가게 하거든. 너무 재니까 말야. 눈 감아라 그래놓고 휙 딴 데로 흔들어 놓고 딱 갖다 놓고선 가봐라 하면 그냥 그래도 가서 콕콕 박혀. 그만치 찌르고야 이게 바로 들어가지.

학인: 그래서 찌르기 전에 이 기본훈련은 내내 그것만 하면 되겠군요.

봉우 선생님: 그래.

학인: 그런 식으로…

봉우 선생님: 뭣이 저 이 강낙원이 여기서 검술, 검도 잘하던 강낙원이가 산주한테 저번에 와서 한 것이 검도에 대해서 뭣을 자꾸 물으니까 그러지 말고 다섯 칸 밖에서 그거 하라고 그거 했어.

학인: 그럼 이거나 똑같네요. 지압 이것도. 하기 전에 그거 하는 거나 비슷하네요.

봉우 선생님: 똑같지 뭐. 그러니까 눈 감고라도 찌를 만해야 되지. 더듬더듬 하다가는 손가락 접질라고?

학인: 그다음에 악법(握法)이 있는데요 악법. 이 쥐는 악…

봉우 선생님: 그 쥐는 것이 고약해. 쥐는 것이 똑같은데 아무 데나 잡으라는 건 아니여. 그건 나중에 혈 구녁 따와서 해.

학인: 그럼 여기서 기본 설명을 어떻게 할까요?

봉우 선생님: 그런 게 있다고만 해.

학인: 이거는 그러니까 쥐는 법이죠?

봉우 선생님: 그렇지. 쥐는데 그거는 힘이 안 세도 돼. 힘이 안 세도 된단 말여.

학인 2: 그 뭐야 합기도 이런 데 있잖아요. 합기도에선 이런 데 막 꺾고 잡아서 이런 데 있음 누르고 하는 거 나오거든요? 그런데 힘을 주니까 있잖아요, 웬만한 이런 데 팔 있는 혈 같은 데는 힘 주니까 들어가지 않는 혈이에요.

봉우 선생님: 그래.

학인 2: 그런데 그걸 못 써먹거든요. 합기도 이런 데서 배우는 거요. 배우긴 해도 실제적으로 써먹진 못해요, 애들이.

봉우 선생님: 배우긴 배우는데 써먹진 못하지. 그러니까 그 혈을 알아야 한다 말이여.

학인: 그러니까 힘을 주면 혈이 안 들어가지 않을까요?

봉우 선생님: 힘을 주도록 어떻게 할 게 있나. 힘이 빠진 데 봐서 힘 빠진 손 들어오는 거 가지고 철컥 해버리지.

학인: 그럼 이 쥐는 법도 이렇게, 쥐는 법도 이 손에 힘이 별로 없어도 된다. 이 손에 쥐는 힘이…

봉우 선생님: 여기서 힘 이렇게 돼서 이렇게 잡으면 여기서 이렇게 그냥 잡으면 힘 버쩍 써봐. 비쩍 트니까 헛일 아녀? 그렇지만 그렇게 잡지를 않고, 자 이렇게 딱 됐다고 덜컹 이렇게 잡은 뒤에 힘 써봐. 이게 이게 돼? 이게 이렇게 하는데 넘어가지. 그걸 악법(握法)이여. 꼭 거기만이 아니라…

학인: 다른 데도…

봉우 선생님: 다른 데도 말이여.

학인: 이거는 그러니까 일종의 꺾기네요, 꺾기.

봉우 선생님: 꺾기가 아니라 혈도 집는 거여.

학인: 이것도요, 내내 지압법하고 같이 하는 거네요.

봉우 선생님: 같이지.

학인 2: 연습을 많이 해야겠네요.

봉우 선생님: 응?

학인: 연습을 많이…

봉우 선생님: 많이 해야 되지.

학인: 그다음에 권법(拳法), 권법이 있는데…

봉우 선생님: 권법은 우리가 하는 게 있지. 이거 이거 해봐, 이거 이거 이거. 탁 하고 탁 하고 이거 해서 1,000근만 맘대로 축축 나가봐.

학인: 이게 권법이죠?

봉우 선생님: 그래. 딴 법을 배울라고 말고, 이것이 1,000근만 맘대로 나가 보란 말여. 그럼 상대가 몸덩이가 아무래도 100근 200근 안쪽이여.

학인: 우리 권법은 이게 다르구나. 그리고 악법, 권법, 배법(背法). 그다음 에 배법이 있는데요. 배법.

봉우 선생님: 배법이 뭔가?

학인: 배열한다는 배 자.

봉우 선생님: 배 이거 이거.

학인: 배제. 밀치는 거.

봉우 선생님: 그 연습해야 돼.

학인: 그러면 이게 밀쳐내는 건가요? 밀쳐내는 거요.

봉우 선생님: 밀쳐내는 거. 그것도 그거 해야 돼. 이거 해야 돼.

학인: 주먹 권법으로 해야 돼요?

봉우 선생님: 그래. 좀 돌아서서, 돌아 이렇게 서서 저거 이렇게 매달아 놨지? 옆으로 돌아서서 이래가지고 이걸로…

학인: 아, 백을 같이 백 놓고서는 딱 치고서 이걸로 탁 치나요?

봉우 선생님: 그래. 이놈으로 친다 말이여.

학인: 그러면 동시에 연습할 수 있겠네요. 딱 치고 옆으로 딱 치고.

봉우 선생님: 그래.

학인: 주로 팔꿈치로 치나요?

봉우 선생님: 그렇지.

학인: 팔꿈치로 이렇게…

봉우 선생님: 그래.

학인: 순간적으로 그것도 딱 치고 나와요?

봉우 선생님: 그래.

학인: 치는 방법은 똑같고요?

봉우 선생님: 그래.

학인: 아, 그러면 여기가 다 멍이 다 들겠는데요? 딱 치고 딱. 옆으로 돌면서 이렇게 치고요?

학인 2: 이걸로 치나요? 이걸로도요?

봉우 선생님: 그래. 이렇게 하고…

학인: 아, 이렇게도 치고…

봉우 선생님: 그래. 아, 뒤에 걸 돌아서서 친다니까. 이놈으로 치라니까…

학인: 해보셨어요?

봉우 선생님: 허허 참.

학인: 아, 그러니까 이렇게 하고, 이걸로…

봉우 선생님: 이놈으로 이놈을 쳐봐. 이렇게 이렇게. 이렇게 나가. 이게 돼야지. 그러면 그게 100근, 200근 해서 1,000근이라도 되는 놈이 여기다 대

고 슬쩍만 치면 확 나갈 정도라면…

학인: 그냥 이렇게 양쪽에서 이렇게 하고 붙들고 있어도 그냥 한번 치면 그냥 다 날라가겠는데요.

봉우 선생님: 확 나가지 뭘.

학인: 아, 그 정도. 이게 완전 무기가 되는 거구나, 이런 데가.

봉우 선생님: 그러니까 그걸 첫 번 하는 사람한테, 이거라도 해본 사람은 짐작하지만 그냥 자빠져 뭔지 몰라.

학인: 그렇죠. 아, 그 연습을 계속 이걸 하는 거구나.

봉우 선생님: 해야지. 그러니까 여기서 배법 두 손으로 해서 이래가지고 치는 것이 한쪽이 1,000근씩만 나갈 정도라면 사람 열 명이 붙어서 되겠어?

학인: 못 당하죠. 그러니까 옛날에 혼자서 수십 명씩 당했다는 소리가 그 소리였네.

봉우 선생님: 다 그거지 뭘.

학인: 떼거지로 막 몰려서 붙잡아도 그냥 확 하면 그냥…

학인 3: 저 상신서 사는 이도 한 50명 정도 되는데 쪼글테고 앉았는디(앉았는데) 까딱도 안 했는디…

학인: 아, 옆에서 들어낼라고 그러는데요?

학인 3: 아, 뭐 쭉 버티고 이렇게 앉아서 까딱 안 하고 있었는디…

봉우 선생님: 허허.

학인: 사오십 명이요?

학인 3: ○○○○○○○(?) 아, 이놈들이 시장을 못 가게 하네. 그래가지고 선생님이 다 막았슈. ○○○○○○○(?)

봉우 선생님: 아이고 그거, 저 아이고…

학인 3: ○○○○○○○○○○○○○○○.

학인: 아니, 그때 같이 좀 뛰셨어요?

학인 3: 아유, 저야 뭐 나는, 승환이가 했죠. 뭐 나는 안 했슈.

학인: 그러니까 배법은 그렇게 연습하고요. 그다음에 인법. 인법은 끌어 댕기는(당기는) 거네요. 끌어댕기는 거.

봉우 선생님: 마찬가지여, 그것도. 그것도 여기 이래가지고 이렇게 해서 이 걸 연습하는 거여 이거.

학인: 그러면 인법은 이거 이거 해야겠는데요. 이거 팔 이거 이거.

봉우 선생님: 그러니까 첫 번에 그걸 가서 시키면 웃어버려. 똑같은 힘 가지 고도 그거를 한 반년 해놓으면…

학인: 같은 친구끼리…

봉우 선생님: 같은 친구끼리 똑같은 친구끼리 반년하면 몰라.

학인: 서로 더 누가 힘이 늘었는지…

봉우 선생님: 누가 힘이 늘었는지 난지 모르는데…

학인: 딴 놈하고 해보면…

봉우 선생님: 제 3자하고 하면 달라.

학인: 아, 그러니까 둘이서 힘이 느는 거군요, 같이.

봉우 선생님: 힘이 같이 늘지.

학인: 쓰는 게…

봉우 선생님: 응.

학인: 그러니까 땡기는 힘을 계속…

봉우 선생님: 그래.

학인: 이거는 주로 땡기는 거는 천상 저 방법이 힘 느는 게 이거 이거 꺾기 겠네요.

봉우 선생님: 그렇지.

학인: 여기 힘 여기로…

봉우 선생님: 여기서 이거지.

학인: 끌어댕기는 거.

봉우 선생님: 응, 이거.

학인: 미는 거하고. 그게 이제 배법하고 인법(引法)이네요.

봉우 선생님: 그러니까 그거를 하는데, 괜히 이렇게만 하면 안 되니까 백을 놓고 해라 말이야.

학인: 백을 놓고선 치고…

봉우 선생님: 쳐보고…

학인: 그런데 인법은 백 갖고 할 수는 없잖아요.

봉우 선생님: 백 다 뭣한다고?

학인: 백을 갖고 인법은 뭘 끌어댕기는 게 없자나요.

봉우 선생님: 1,000근짜리를 놓고 손잡이를 만들어. 손잡이를 만들고… (획)

학인: 아하.

봉우 선생님: 왜 못해?

학인: 손잡이를 만들어서 이걸로 끌어댕긴다.

봉우 선생님: 그래.

학인: 팔뚝으로…

봉우 선생님: 팔 힘으로…

학인: 팔 힘으로…

봉우 선생님: 이걸 해봐.

학인: 이것도 이렇게 하고…

봉우 선생님: 응. 그것도 자꾸 하면 왜 안 늘어? 그러니 먹는 거 먹는 거 하고, 속에 하는 게 저 보충을 못하면 이거 오래 못해.

학인: 예, 잘 먹지 못하면요.

봉우 선생님: 그렇지. 더 오래 못하지. 괜히 하늘에서 기운이 나는 건 아니니까.

학인: 그렇죠. 기본적인 거 잘 먹어가면서 이걸 해야 되는 거…

봉우 선생님: 그러니 좌우간 저 차력 예전 사람들 시킨다고 하는 것이 전부 저런 종류로 한 거여. 하나도 안 하면 못 돼, 그것도.

학인: 그럼 여기서 추법(推法)은 또 뭔가요, 할아버님?

봉우 선생님: 응?

학인: 추법. 밀 추(推) 자, 추법.

봉우 선생님: 똑같지 뭘.

학인: 배법하고 배는 이거고…

봉우 선생님: 배는 뒤로 하고, 앞으로 이렇게 미는 거고, 똑같지 뭘 그래. 이 놈을 이렇게 쳐서 넘기는 거나…

학인: 이건 미는 거고…

봉우 선생님: 그래 밀어서 던져보는 거나 마찬가지지 뭘. 그건 글자만 다르지 똑같은 의사여. 하나 가지고 하나 이놈 해놓고, 거기서 잡아다니는(잡아당기는) 거, 미는 거, 이렇게 하는 거, 이렇게 하는 거, 다 들어가지 않아? 하나, 둘, 셋, 넷, 다 들어가지.

학인: 그런데 소법(掃法)이요, 소법은?

봉우 선생님: 응?

학인: 소제한다, 청소한다, 할 때에 소(掃) 자.

봉우 선생님: 그건 여기서 이거 이거 쓰는 거 이거. 이렇게 하는 거…

학인: 이렇게요?

봉우 선생님: 그래 이렇게 하는 거…

학인: 그러고 어떻게 손으로요?

봉우 선생님: 그거 아주 아주 내 손만 가지고 이렇게 하는 거 같은데, 쓸어 댕기는 것이 이렇게 해서 치면 이것이 뭐여 저 그래놓고 때리지? 그게 소 법에 들어. 확 가르는 거…

학인: 이거는 평소 연습을 어떻게… 소법은?

봉우 선생님: 아, 그거 하는 데 왜 연습이 더 돼? 여기서 이놈으로 1,000근하는 놈이 이것을 이거 딴 데 붙었다고 안 돼?

학인: 이게 저 확 차는 식으로 그냥 저 이 배법 하듯이 밀치듯이…

봉우 선생님: 아, 배 할 적에 하는데, 이걸로 하는 거 이거는 안 돼?

학인: 그러니 이걸로 그냥 한다 이거죠?

봉우 선생님: 응, 확 밀어버리지.

학인: 여기서 그러면 이걸로 확 칠 수도 있겠네요, 수도.

봉우 선생님: 이건 격타(隔打). 수도(手刀).

학인: 이거는 그냥 이렇게…

봉우 선생님: 그렇지. 밀기만 하는 거. 다치진 않지.

학인: 어떨 때 써먹나요? 사람들 있을 때 이렇게?

봉우 선생님: 왜? 게 들어서 가운데 에워싸고서…

학인: 에워싸고서 막…

봉우 선생님: 응. 손 집어넣고 밀어버리면 내 힘 하나가지고 하나밖에 더 나가겠어? 헌데 이것이 1,000근짜리가 이걸 넉넉히 나간다면 여기서 한꺼번에 저기 있는 사람까지 밀려나간단 말이여. 밀려나가.

학인: 그래요? 그러면 사람들 막 모여 있을 때 그 안에 포위됐다.

봉우 선생님: 그렇지.

학인: 그래서 한쪽에서 길 틀 때 쫙 뿌리면 옆에서 좌우로(?) 무너지는 거예요? 사람들이?

봉우 선생님: 그래 그래. 그게 남 보기엔 장사가 하는 거 같지만, 장사가 아니여. 그러니까 그게 예전 어른들이 하던 거여 그게. 그러니까 그걸 마구 내놓으면 우스워.

학인 2: ○○○○○○○○(?)

학인: 아, 설명을 잘 해야지. 기본 같은 수니까.

봉우 선생님: 그래서 이제 그거를 설명을 잘 해놔야 돼.

학인: 예. 설명을 잘 해야겠어요.

봉우 선생님: 그런데 그거 저런 거는 좀 두었다가 책에다 자꾸 넣지 말고, 이거 경험이 있는 사람한테 줘야 돼.

학인: 그런데 여기 기본 훈련은요, 기본 준비는, 이거는 사실 뭐 제가 보기에는 비결보다도 자기 노력이 없이는 안 돼요.

봉우 선생님: 노력 없인 안 돼.

학인: 그러니까 아무리 이거는 이렇게 이렇게 하는 거다…

봉우 선생님: 말로는 소용없어. 우리 호흡 정신수련도 정신수련이 어떻게 된다고 하지만, 노력 없이 안 하면 안 되는 거 아니여? 여기 일전에 부산으로 대구로 해서 이리 올라왔다는 사람인데, 뭐 20분? 20분, 30분은 예사로 호흡한다고 해. 그래가지고 왔는데 보니까 한 1분도 다 못해. 그래도 장담은 땅땅 하는데?

학인: 팔굽혀 펴기는 내내 이거죠?

봉우 선생님: 그래 그거.

학인: 그냥 누워 가지고 이렇게 올라오는 거예요? 이거 그냥 하는 거죠? 계속…

봉우 선생님: 그래 그래 그거. 그건 요새 운동들 운동 준비운동에 다 하는 거니까. 그런데 요새 그저 뭐여. ○○○이(?) 체조들 하는 거 보니까 제법들 하데. 땅재주 하는 것도 예전 광대들이 하던 거 다 하더먼 그래. 그러니까 그렇게 잘하는 사람이 높은 데서, 한 열 길 위에서 떨어지더라도 부러지지 않는단 말이여.

학인: 그리고 축법이 있는데요, 할아버지. 축법.

봉우 선생님: 던지는 거?

학인: 차는 거요, 차는 거. 축구할 때.

봉우 선생님: 아, 축법. 그거 마찬가지지.

학인: 발 쓰는 건가요?

봉우 선생님: 발 쓰는 거.

47:12

봉우 선생님: 이런 게 다 들어가면…

47:35

봉우 선생님: 이놈에보다 더 수월하지 않아?

학인: 축법(蹴法)이요?

봉우 선생님: 응.

학인: 이거는 그러면 주로 발을 사용해야 될까요?

봉우 선생님: 발을 사용해야지.

학인: 그런데 여기서 발 사용하는 방법들이 아까 이제 뭐, 아 특별히 발 사용하는 건 없네요? 따로. 따로 발 사용하는 방법은…

봉우 선생님: 대성할 게 아니라 먼저 축법, 차는 거부터 연습을 해야지.

학인: 예. 차는 거는 이거 그전에 걸치기가 있었죠? 걸치기.

봉우 선생님: 그래.

학인: 걸치기는 이렇게 들어왔을 때 앞에 탁 가로막는 거였잖아요.

봉우 선생님: 아, 그거보담 차는 힘부터 길러야지.

학인: 예, 축법에서는요?

봉우 선생님: 그래.

학인: 그러면 기본적인 차는 이거 차는 게 뭐 이렇게 차는 것도 있고, 뭐 옆으로 이렇게 차는 것도 있고…

봉우 선생님: 그래. 아무 걸 하든지 매달아놓고, 우리 이거 하듯이 그거부터 해야 돼.

학인: 아, 이것도요?

봉우 선생님: 그래.

학인: 그러면은 매달아놓고 똑같이 부위를 정해놓고…

봉우 선생님: 부위 정해놓고…

학인: 거기를 뭐 이렇게 친다든지 뭐 이렇게 치든지…

봉우 선생님: 아무렇게나 해도 ○○○(?)

학인: 그럼 치는 연습만 하는 건가요?

봉우 선생님: 치는 연습만 자꾸 해야지.

학인: 그래서 이제 강력을 기르는…

봉우 선생님: 그래야지 이 힘이, 이 힘이 100근, 200근, 300근 이렇게 해서 가게 되면 조금 더 돼도 상관없단 말여.

학인: 그럼 내내 치는 방법도 역시 이렇게 하는 거나 딱 받는 거나 이 치는…

봉우 선생님: 저거나 마찬가지여.

학인: 치는 방향에 필요 없이 탁 치고 나오나요?

봉우 선생님: 그렇지.

학인: 순간적으로요?

봉우 선생님: 그래.

학인: 그러면 탁 치고 나오려면 그러니까…

봉우 선생님: 저기다 놓고…

학인: 예. 그 이렇게 놓고 있는데, 보통 뭐 이렇게 탁 친다.

봉우 선생님: 그렇지. 빠르게.

학인: 그러면 발에 어디로 치나 상관없나요?

봉우 선생님: 이걸로 차라, 그래.

학인: 요기 요기요. 요기를 많이…

봉우 선생님: 이걸로 차지 말고…

학인: 요기 요기요.

봉우 선생님: 이걸로 차야지. 이걸로 차면서 힘 들일라면(들이려면) 이렇게 이놈으로 탁 차면서 이놈으로 탁 차면서 이놈이 들어가야지.

학인: 예. 그러면 탁 차면서 이렇게 되네요?

봉우 선생님: 그래.

학인: 가만있자, 그러면 탁 이렇게…

봉우 선생님: 그래. 그렇게 하면 되는 거여.

학인: 거의 그럼 이런 식으로 치겠네요?

봉우 선생님: 그렇지.

학인: 이런 식으로는 안 치겠는데요, 이건 발등이니까.

봉우 선생님: 발등 가지곤 잘 안 해.

학인: 그러면 주로 이걸로 들어간다 이거죠, 이거.

봉우 선생님: 응.

학인: 그래서 치는 방법은 역시 순간적으로 탁 치고 나오는 거네요.

봉우 선생님: 그렇지 그래.

학인: 그래서 그것이 땅 이렇게 흔들리게…

봉우 선생님: 그렇지. 이제 그게 넉넉히 돼서 이 다리 힘이 난 놈이 발등으로 건드려도 그냥 넘어간단 말야.

학인: 아, 그게 축법인가요, 축법 요령이?

봉우 선생님: 그래 축법이여. 공 놓고 차는 거 모양으로 그렇게 하지 말고 말여.

학인: 그러니까 아, 이것도 이거하고 똑같구나.

봉우 선생님: 똑같아.

학인: 그런데 그런 식으로만 양발을 다 쓰나보죠? 양발.

봉우 선생님: 같이 해야지.

학인: 이것도 하고 이것도 하고요.

봉우 선생님: 응.

학인: 그래서 이것도 역시 100근, 200근 계속…

봉우 선생님: 응, 그걸 하고, 또 하나는 뭔고 하니 저 나무에다가 물건을 매달아. 축 처지게 매달지 말고 다리가 올라갈 만치 매달아놓고…

학인: 그러니까 보통 저 같으면 여기서 최대한 올라갈 정도로…

봉우 선생님: 그렇지. 올라갈 만치 매달아놓고 물건을 둘을 때리고, 셋이고 매달아 놓고, 그놈을 차 버릇 하라고…

학인: 예, 이건 가벼운 물건이죠? 일반 아무거나…

봉우 선생님: 사람 무게보다는 무거워야 돼.

학인: 그럼 이것도 내내 자루를 갖다가 매다는데, 높이 매달라 이거죠.

봉우 선생님: 그렇지 높이 매달라 말이여.

학인: 그래서 자기 발이 거의 안 닿을 만큼…

봉우 선생님: 그래.

학인: 이거는 그러면 자기 발이 최대한 올라가는 다리로 항상 해야겠네요?

봉우 선생님: 그렇지 그래.

학인: 높이 차라 이거죠. 높이 차면…

봉우 선생님: 그래. 높이 차는 거.

학인: 높이 차는 거.

봉우 선생님: 응.

학인: 그래서 그것도 좀 하고요.

봉우 선생님: 응.

학인: 그래서 일반적으로 이렇게 낮게 차는 거 하고…

봉우 선생님: 낮게 차는 거 하고, 높이 차는 거 그 두 가지를 다 해야지.

학인: 두 가지를요, 두 가지. 높낮이를 하고 그런 식으로 연습을 해서 이것도 무게를 계속…

봉우 선생님: 계속 늘려야 된단 말이야. 그게 한 가지 똑 같은 거야.

학인: 결국은 할아버님, 그러면요 옛날에 결국 나무에다가 자루 한 이를테면 매달아놓고 하는 방법이 머리 했고, 그다음에 발 했고, 그다음에 주먹 했죠. 그러니까 세 개를 다했네요.

봉우 선생님: 응, 세 개를 다했지.

학인: 동시에 할 수 있는 거네요.

봉우 선생님: 동시에 하지. 동시에 할 수 있지.

학인: 그러니까 기간이 같은 한 훈련기간이 1년이라면 1년 기간 내에 다 할 수 있는 거죠?

봉우 선생님: 다 할 수 있지.

학인: 함께하니까.

봉우 선생님: 그래.

학인: 그다음에, 그러니까 이거는 무술 전공으로 했을 때 이를테면 옛날에 다른 거 안 하고 무술 전공만 하면 한 1년이면, 맨날 밥 먹고 이거하고 저 호흡수련하고 이렇게 단련하면 정말 무서워지겠네요.

봉우 선생님: 보통, 보통 초단 2단짜리 가지곤 못 당하지.

학인: 그렇죠. 산중훈련 이렇게 하면…

봉우 선생님: 그렇지.

학인: 그렇게 하고 이제 그 격지타법(隔紙打法)이 나와요. 격지타법은 어떻게 설명을 할까요?

봉우 선생님: 그게 힘들어.

학인: 이게 굉장히 힘든 거죠?

봉우 선생님: 응. '격지타'라는 건 손이 이래가지고 들어간다고 하더라도 이렇게 된 게, 이렇게 된 게 들어가더라도 이것이 딴딴한 놈을, 딴딴한 놈을 너무 질르면 이놈이 상하거든. 여기만 닿고, 나는 여기만 닿고 내 전력을 넣다 거기다 이렇게 했다 이렇게 해서 딱 붙여야지.

학인: 순간적으로 탁 붙이는데, 그러니까 붙이고 탁 튀어나오는 거죠?

봉우 선생님: 튀어나오는 거지. 떨어지는 게 아니라 말야. 격지 하는 게 저걸 격하고 때려도 저놈은 저놈대로 당해야지 이놈을 떠다밀다는 안 된다 말야.

학인: 아, 그러니까 이게 '격지'라는 건 종이를 한 장 가운데 뒀다는 소리니까… 종이라는 건 얇자나요?

봉우 선생님: 얇지.

학인: 얇은 종이를 사이에 두고, 그러니까 중간에 목표물이 여기 있으면 그 사이에 종이를 한 장 뒀다는 소리거든요.

봉우 선생님: 그렇지 그렇지, 그거여.

학인: 한 장 둘 정도로 때리란 소리죠.

봉우 선생님: 그렇지.

학인: 그러니까 결국은 이거 밀리게 하지 말고, 종이 한 장 차이니까 결국 찍어가지고 금방 나오란 소리네요.

봉우 선생님: 금방 떼라 이거야.

학인: 그 정도로 치라는 소리네요.

봉우 선생님: 빠르게 떼라 말이지.

학인: 이게 그러면 격타(隔打) 아녜요?

봉우 선생님: 격타지, 뭘.

학인: 이걸 줄여서 격타라 그러는 게, 그럼 이것도 저, 그러면 저 주먹 쓰는 거 아닙니까?

봉우 선생님: 주먹이나 손가락이나 이놈도 격타해.

학인: 그러니까 결국은 격타에 다 들어가는 거네요.

봉우 선생님: 그렇지. 너무 되게 들어갔다는 깨져 내가. 딴딴한 거 부딪히면 딴딴…

학인: 그럼 박치기 같은 거도 그냥 탁 하고 거기다 한참 꽝 하고 나오는 게 아니라 순간적으로…

봉우 선생님: 번쩍해야지.

학인: 번쩍하고…

봉우 선생님: 그러니까 저기서 어떻게 할 새가 없지.

학인: 할 새가 없이. 그럼 내내 이 요령은 다 마찬가지인 거네요.

봉우 선생님: 요령은 똑같아.

학인: 여기서 격지타법이라고 따로 하신 이유는 뭐 없으신가요?

봉우 선생님: 그건 격지타라는 것은, 이것이 나중에 때리지 않아도, 때리지 않아도 이것이, 이거만 들어가도 상한단 말이야. 이게 이렇게 밀지 말고. 요렇게 딱 닿을 적에 벌써 넘어가야지 닿아서 이게 박혀가지고 떠다 민다면 힘이 가중하는 거 아녀? 힘이 가중하지 않고 닿는 거로 이겨라 말이야.

학인: 이거는 저 주로 그러면 격지타법이라고 지금 써놓으신 이유는 주로 손 얘기하신 건가요?

봉우 선생님: 손.

학인: 손이죠?

봉우 선생님: 손 이거.

학인: 손 하니까 손가락. 그러니까 요, 요 손가락하고…

봉우 선생님: 손가락.

학인: 그다음에 요거 가운데…

봉우 선생님: 요거 요거.

학인: 이렇게요?

봉우 선생님: 그래.

학인: 튀어나오게…

봉우 선생님: 이렇게 해서 이것도 이제 격지타여, 이게.

학인: 그다음에 이거…

봉우 선생님: 너무 깊이 들어가다가 잡히지. 그건 왜 격지하고, 되게 눌러서 꽉 찔러버리는 건데, 그래 놓고 번개같이 획 하고 떼면 이거 따라올 새가 없지. 저만 닿지.

학인: 그럼 여기서 주로 격지타에 지금 해당되는 거는, 그러니까 이거까지 다 포함시키는 건가요? 이거?

봉우 선생님: 다 들어가, 다 들어가.

학인: 이거하고, 그다음에 이거하고…

봉우 선생님: 이거하고, 이거, 이거.

학인: 그다음에 이거.

봉우 선생님: 이거 이래가지고 하는 거.

학인: 예, 주먹으로요.

봉우 선생님: 주먹으로 하는 거.

학인: 그러면 이거는 주먹하는 거, 이거 아닙니까? 결국?

봉우 선생님: 결국 셋 다 똑같지.

학인: 이거 이거. 이거 하고 그냥 주먹 쥐고 들어가서 치는 것도 있나요?

봉우 선생님: 치는 것도 있고…

학인: 주먹 쥔 상태로요?

봉우 선생님: 그러니까 주먹 쥔 상태로 하면 이건 둔해.

학인: 둔하죠.

봉우 선생님: 그냥 들어가면서 휙 하고 이게 들어가서 딱 해야지.

학인: 그 순간으로 들어가면서 주먹으로 순간으로 딱 치고 나오는 거죠?

봉우 선생님: 그렇지. 치고 나오지.

학인: 보통 그런 주먹하고 그다음에 아니면 이걸로 그냥 이렇게 치거나…

봉우 선생님: 그렇지.

학인: 그다음에, 그런데 타격은 이게 제일 세겠네요, 그럼.

봉우 선생님: 제일 세지.

학인: 그냥 이렇게 치는 거보다 더 센가요?

봉우 선생님: 그래.

학인: 그냥 이렇게 해가지고 순간적으로 탁 치고 나오는 거.

봉우 선생님: 그러니까 나올라고 할제(나오려고 할 때) 이래가지고 할제 콱 하는 이 힘이 콱 밀리지.

학인: 그러면 그다음에 이거하고, 그다음 이거 있다고 그러셨죠?

봉우 선생님: 이거 있지.

학인: 이거는 그러면 이것도 처음에 이렇게 하고 있다가 들어가면서 이렇게 되나요? 그냥 이렇게 들어가면서…

봉우 선생님: 응. 들어가면서 콱 들어가는 게 이것이 혈처에 닿아야지.

학인: 요걸로요?

봉우 선생님: 그렇지.

학인: 요걸 이렇게 내고 치는 경우는 어디 혈을 겨냥하고…

봉우 선생님: 혈을 겨냥하고 들어가는 거지.

학인: 예, 이것도 마찬가지고요.

봉우 선생님: 그렇지.

학인: 그런데 두 손으로는 안 치나요?

봉우 선생님: 두 손은 왜 이게 뭣이지. 이거 들어가는 거. 코만 겨냥하고 들

어가면(?) 들어가면 갈 데 없이 여기가 닿아. 이렇게 들어가단 눈 빠지지.

학인: 그리고 하나 칠 때는 다른 뭐 혈 치나요?

봉우 선생님: 혈 구녁(구멍)에…

학인: 하나 이렇게 치는 거.

봉우 선생님: 그렇지.

학인: 이거하고 그다음에, 그러면 선생님, 그러면 들어가면서 주먹 이거 하는 거 있잖아요?

봉우 선생님: 응.

학인: 휙 하면서 하고서 탁 나온다. 이거 하고 이거나 이렇게 해가지고…

봉우 선생님: 마찬가지여, 세 가지가.

학인: 이거나 마찬가지죠?

봉우 선생님: 마찬가지여, 마찬가지.

학인: 치고 나오는 거 이거죠? 이거 말씀하신 거죠?

봉우 선생님: 그렇지. 마찬가지여.

학인: 근데 왜 저 지금 백(bag)치고 연습할 때는 왜 이렇게 하고 있다가 이렇게 들어가면서 결국 이렇게 지끈(우지끈 박치기함) 하는 거 아녜요? 살짝 대면서 그래도 나오잖아요?

봉우 선생님: 그렇지.

학인: 나오는데, 나올 때는 주먹을 쥐고 나와도 되나요?

봉우 선생님: 이렇게 하고, 이렇게 하고 나올 때는 쥐고 나오지. 나오는 거야 쥐고 나오면 어때?

학인: 예. 그런데 칠 당시에는 주로 요렇게 해서 살짝 이렇게 친다 이거죠? 치게 된다 이거죠?

봉우 선생님: 그래, 그래.

학인: 근데 요렇게 해서 칠 당시에 요렇게 해서 탁 치는 거하고…

봉우 선생님: 요게 가중이 돼. 요렇게 돼가지고 이걸로 들어갔던 건데…

학인: 예, 요걸로 들어가서…

봉우 선생님: 이렇게 들어가니 가중이 된다 말여. 이게 전력이 들어가는 거지.

학인: 그렇죠. 거기서 힘을 더 순간적으로 탁 치면서…

봉우 선생님: 가중을 하는 거지.

학인: 나오는 거죠.

봉우 선생님: 그렇지.

학인: 그걸로 설명을 해야겠고. 그 두 가지로 설명을 해야겠네요.

봉우 선생님: 그래.

학인: 그렇게 해서 가중하는 거 하고, 처음부터 이렇게 하고 있다가 손으로 한 군데 혈을 겨냥하는 하고…

봉우 선생님: 그건 단번에 고꾸라트리는 거지.

학인: 예. 그거는 좀 더 심각한 거죠?

봉우 선생님: 심각한 거지.

학인: 그러니까 이걸로 치는 거는 그래도 어디 특정 혈을 겨냥하는 게 아닌데…

봉우 선생님: 아니고 아무 데라도, 가슴 아무 데고, 뭐 아무 데라도…

학인: 그냥 하여튼 타격을 줄라고(주려고) 그러는 거고…

봉우 선생님: 타격을 줄라는 거지.

학인: 그런데 벌써 이런 식으로 나오고, 이런 식으로 나오면 더 심각한 거죠?

봉우 선생님: 아, 그건 심각한 거지.

학인: 아주 그냥 기절을 시켜버리든지…

봉우 선생님: 넘겨박을라고(넘어뜨리려고) 그러는 거지.

학인: 그러니까 그런 면에서 격지타다.

봉우 선생님: 그래.

학인: 그러면은 이 격지타라는 원리는 이 축법에도 들어가 있고, 사실 축법도 그런 식의 논리 아닙니까?

봉우 선생님: 그렇지.

학인: 순간적으로 탁 차고 이런 게…

봉우 선생님: 그래, 그래.

학인: 그리고 아까 말한 박치기에도 역시 그런 논리가 있고, 그런 식이고…

봉우 선생님: 그 식이지.

학인: 그런데 이름이 좀 다를 뿐이죠?

봉우 선생님: 그게 이제 그건 격지타 정도면 단이 조금 높은 거여.

학인: 아, 단이…

봉우 선생님: 응. 첫 번에 그냥 때리기도 잘 못하는데, 격지타를 어떻게 하나 하니까 그게 조금 단이 높아지는 거지.

학인: 예. 그러니까 이 축법을 하더라도 연습을 하더라도 격지타적인 수준에는 보통 사람은 힘들죠.

봉우 선생님: 그렇지.

학인: 이게 물론 발로 차면서 순간적으로 탁 하고 나온다고 그러지만, 대부분 그렇게 하기가 힘들다 이거죠.

봉우 선생님: 그 잘못하면 격지한 것이 가만있지 않고…

학인: 다 찢어지죠.

봉우 선생님: 찢어지고 하니까…

학인: 요 수준은 종이가 정말 사이에 두고도 종이가 안 찢어질 정도…

봉우 선생님: 안 찢어질 정도로 해야지.

학인: 그러면서도 상대방이 타격은 받고…

봉우 선생님: 타격은 받고 말이야.

학인: 그럼 무지 고단자네요, 이거는.

봉우 선생님: 그러니까 보면 아무 상처 없고, 푸르게 멍도 안 들고, 고꾸라지긴 고꾸라지고 그렇지.

학인: 아, 그 정도 수준인가요?

봉우 선생님: 그렇지.

학인: 웬만한 사람도 다치면 멍이 생기는데…

봉우 선생님: 멍이 안 들지.

학인: 멍도 안 생겨요? 이런 건?

봉우 선생님: 멍이 안 생기지. 고꾸라져서 힘만 못 쓰지.

학인: 그게 특별히 격지타법이라고 그러고…

봉우 선생님: 그래.

학인: 이건 좀 어렵다고 그러셨죠?

봉우 선생님: 어려워 좀.

학인: 그럼 이거 한 1년씩 공부해도 안 되나요?

봉우 선생님: 한 1년 해야 되지.

학인: 한 1년 이상…

봉우 선생님: 응.

학인: 그럼 전공으로 하려면 이것도 저 힘도 좋아야 되겠지만, 뭐 한 하루에 아주 전공으로 해서 한 1년 해야겠네요.

봉우 선생님: 1년이면…

학인: 쉬엄쉬엄 해선 안 되겠죠?

봉우 선생님: 1년이면 고단(高段) 갈 거여. 그러나 지금 유도 같은 데선 1년 가지곤…

학인: 어림도 없죠.

봉우 선생님: 어림도 없지. 단도 타기 힘들지.

학인: 그러면 그다음에 이제 수배(手背)치기가 나오는데요.

봉우 선생님: 응?

학인: 손등. 수배치기. 이거죠? 이거.

봉우 선생님: 이거, 이거. 이것이 살인데 연습이 되면 이거 치는 거 말이지. 이거 치는 거 치면 아, 이런데 맞으면 그냥 탁 터져버려.

학인: 여기가요?

봉우 선생님: 대번 탁 터져.

학인: 찢어져요? 그냥 확?

봉우 선생님: 응. 되게 치면 그냥 아, 이런데 해서 그냥 하면⋯

학인: 막 피가 나올 정도예요? 피멍이 드나요?

봉우 선생님: 힘껏 이걸 떼지 않고 되게 치면 피가 나고, 빠르게 치고 나오면 피는 안 나오고, 속이 곯아서⋯

학인: 속이 곯아서 막⋯

봉우 선생님: 곯아서 그냥 쩔쩔매지.

학인: 쩔쩔매고요. 그렇구나.

봉우 선생님: 이거 이거 치는 거.

학인: 어떻게 단련을 하기 때문에 그러죠? 손등으로? 손등을?

봉우 선생님: 그거나 마찬가지여. 이거 이것 가지고 치는 거 연습하는 거여.

학인: 그 대신 손등만 갖고 이렇게 하나요?

봉우 선생님: 손등만 치는 거지.

학인: 아!

봉우 선생님: 이건 안 하고⋯

학인: 예, 이거 안 하고 그냥 손등만 갖고 이렇게⋯

봉우 선생님: 응. 손등만 가지고…

학인: 그러면 요기면 그냥 이렇게 손등만 밀리나요?

봉우 선생님: 그래. 살짝 대고 치지.

학인: 요게 기죠? 요게.

봉우 선생님: 요기. 요거, 요거.

학인: 이쪽은 아니고…

봉우 선생님: 이건 아니고…

학인: 주로 이쪽이죠?

봉우 선생님: 이거지. 이거, 이거.

학인: 그러면 여기만 중심으로 해서 이렇게 탁 치고 나오나요?

봉우 선생님: 응, 탁 치고 나가는 거지.

학인: 아!

봉우 선생님: 그러니까 여기서 들어가 획 하고 이렇게 때리니까 정식으로 이렇게 하는 게 아니고 옆치기지, 그러니까.

학인: 옆치기네요, 옆치기.

봉우 선생님: 응, 옆치기.

학인: 근데 이것도 그렇게 튼튼해지는군요.

봉우 선생님: 아이고 이것도 센 놈한테 걸리면 도끼로 맞는 거보담(것보다) 더 셔(세).

학인: 할아버님 한번 맞아 보셨죠? 그러니까 아시죠, 하하.

봉우 선생님: 하하하.

학인: 도끼로 맞는 거보다 그렇게 타격이 더 세군요.

봉우 선생님: 도끼보다 더 세. 한 대면 쓰러지는걸 뭐.

학인: 한 대면요? 그러니 이런 식으로…

11- 1989.01.
체술 대담 3 ⁵⁷⁾

봉우 선생님: 그걸 잘 설명해놓으면 청년들은, 젊은 사람들은 연습할라고 (연습하려고) 해.

학인: 그럼요. 지금 이 정도만 해도 연습할라고 해요.

봉우 선생님: 그래.

학인: 그러니까 수배(手背)치기도 내내 요령은 그거고요.

봉우 선생님: 그거여.

학인: 그다음에 족배(足背)치기.

봉우 선생님: 족배치기가 힘들어.

학인: 족배치기, 이게 발등인데…

봉우 선생님: 발등이여. 발등인데…

학인: 그리고 연습도 아까 연습하는 방식인가요?

봉우 선생님: 마찬가지여. 그런데 가장 힘들어, 그게.

학인: 그러면 이게 만일 백(bag)이 있으면요, 어디를 치나요?

봉우 선생님: 정식으로 하면 안 되지. 이렇게 나가면서 쳐야지.

학인: 그러니까 가만있어봐. 이게 여기 정면에 있으면…

봉우 선생님: 응, 응.

학인: 이렇게 하면 다리 걸 앞 여기 이렇게 돼 있잖아요?

---

57) 녹음: 정재승, 녹취: 이기욱, 교정·주석: 박승순·정재승

봉우 선생님: 그러니까 그건 안 되지.

학인: 그러면 이게…

봉우 선생님: 옆으로 나가며…

학인: 옆으로 이렇게 치는 거예요?

봉우 선생님: 그래 그래. 그렇게 쳐야지. 옆으로 나가며 치는 거지. 들어오며 치는 게 아니고.

학인: 이렇게는 칠 수가 없으니까…

봉우 선생님: 응. 이렇게 여기서 이렇게 나가며…

학인: 이렇게 치면 안 되나요? 여기 백이 있죠?

봉우 선생님: 응.

학인: 그럼 우리 보통 태권도나 이런 데서 합기도에서 이렇게 치거든요? 옆으로요. 그러니까 여기 있으면 옆으로 이렇게 돌려서…

봉우 선생님: 힘이 약해.

학인: 이렇게 치는 건 힘이 약한가요?

봉우 선생님: 힘이 약해. 그러니까 여기서 있는 건 이렇게 나가면서 쳐야 돼.

학인: 그러면 이 백이 있다면 이렇게 치지 말고…

봉우 선생님: 응.

학인: 그냥.

봉우 선생님: 여기서, 여기서 이렇게 나가며 쳐.

학인: 여기서 그냥 이렇게요?

봉우 선생님: 여기서 이렇게 나가며 이걸 쳐야지.

학인: 여기서 이렇게요?

봉우 선생님: 그래.

학인: 그럼 이게 힘이 더 없을 텐데요? 이렇게 백이 앞에 있다 그러면 이

렇게 해서 이렇게요?

봉우 선생님: 거기서 이렇게 치질 말고 여기서 이렇게 나가며 치라니까…

학인: 이렇게요?

봉우 선생님: 여기서 이렇게 나가며…

학인: 그러니까 할아버님 여기 앞에 백이 있다.

봉우 선생님: 그래. 아니 여기 앞에 백이 있는데, 여기 있는데, 이렇게 나가면서 걸어차봐, 이걸로.

학인: 백은 여기 있다?

봉우 선생님: 그래.

학인: 백이 여기 있으면…

봉우 선생님: 저만치 있다고 하고 말이야.

학인: 저기 있다. 그러면 내가…

봉우 선생님: 저쪽으로 틀며, 이걸 슬쩍 틀며 말야.

학인: 이렇게요?

봉우 선생님: 그래. 틀며 쓱 나가면서 탁 차봐.

학인: 이렇게 하면서 이걸로요?

봉우 선생님: 이쪽으로 나가야지.

학인: 그러면 이렇게요?

봉우 선생님: 그래, 그래.

학인: 이렇게?

봉우 선생님: 응. 그걸 올려 차니까 그러지.

학인: 올려 차지 말고, 그냥 이렇게요?

봉우 선생님: 그래. 이놈으로 차란 말야, 그냥.

학인: 이렇게…

봉우 선생님: 해보면 돼.

학인: 그러면 이렇게 하다가 그냥 옆으로 그냥 이렇게 한다 이거죠?

봉우 선생님: 그래, 그래.

학인: 아, 이렇게 높이 올리지 말고…

봉우 선생님: 높이 올리지 말고…

학인: 그냥 이렇게 탁 찬다?

봉우 선생님: 그래.

학인: 그냥 이렇게 탁 차는 거죠? 그냥.

봉우 선생님: 그렇지 그래.

학인: 그런데 높이 있는 놈은 어떻게 쳐요?

봉우 선생님: 높이 필요한 게 아녀, 그건.

학인: 이거는요?

봉우 선생님: 응.

학인: 높이 있는 놈은 필요가 없다.

학인 4: 할아버지 오늘 어디 나가실 거예요?

봉우 선생님: 나?

학인 4: 예.

봉우 선생님: 난 안 나가.

학인 4: 여쭤보고 오라고 그래서요. 오늘 안 나가시죠?

봉우 선생님: 응. 안 나가.

학인: 아, 잠깐만요 잠깐. 잠깐 시간 좀 낼게… 그러지 말고 잠깐만…

봉우 선생님: 응, 응.

학인: 그러면 여기 있잖아요? 목표물이. 그러면 이 발등 요기 족배니까 요 거 이렇게만 치는 것만 사용해요?

봉우 선생님: 저쪽으로 해서 이렇게 차라니까?

학인: 이쪽으로 해서…

봉우 선생님: 아, 저쪽으로, 이쪽으로, 이쪽으로… 그래, 저리 쑥 내밀어가지고, 저걸 저쪽으로 내밀어가지고 다리…

학인: 이렇게요?

봉우 선생님: 그래, 그래.

학인: 그럼 이렇게 있다가 이렇게 차는 거네요?

봉우 선생님: 그래, 그래.

학인: 그럼 높이도 이렇게 높이 올라가나요?

봉우 선생님: 아냐. 그게 하라는 게 여기 오금58) 오금 차는 거야.

학인: 아, 오금. 주로…

봉우 선생님: 그래, 그래.

학인: 족배는 그러니까 여기서 이렇게 탁 친다.

봉우 선생님: 그래 그래.

학인: 이거는 그러면 걸치기 하고 비슷한데요?

봉우 선생님: 비슷하지.

학인: 걸치기가 이제 먼저 상대방이 나올 때 발을 차면 이렇게 탁 걸치는 거죠? 그냥.

봉우 선생님: 그래.

학인: 그럼 비슷한데요. 먼저 나올 때 그냥 싹 걸치는 거…

봉우 선생님: 그렇지, 그래.

학인 4: 이렇게 칠 때 응? 이렇게 칠 때 해봐.

학인: 이렇게 할 때…

학인 4: 세로로…

학인: 보통 이렇게 탁 걸치잖아. 이거 걸치는 거 아냐? 이게? 보통 걸칠 때

---

58) 무릎의 구부러지는 오목한 안쪽 부분.

먼저 나올 때 걸칠라면은(걸치려면) 걸치는 게 이렇게 차는 거 아닌가요? 아니면 그냥 이렇게 싹 걸치는 건가요?

봉우 선생님: 그걸 자꾸 연습하면 저것이 저쪽을 걸쳐.

학인: 이렇게 나오면…

봉우 선생님: 응. 그건 나오건 말건 저쪽을 걸쳐.

학인 4: 이쪽이야. 이쪽 발이야.

봉우 선생님: 그래.

학인: 그럼 이쪽 발을 걸친다.

봉우 선생님: 그래.

학인: 한번 너도 한번 쳐봐. 쳐보면서 나는 여기를 걸쳐요?

봉우 선생님: 그래. 이거 이걸 막으려고 하지 말고 이걸 걸쳐.

학인: 아, 상대편 반대편을…

봉우 선생님: 그래.

학인: 나오는 쪽 반대를 그냥 걸쳐버린다?

봉우 선생님: 그래.

학인: 그럼 이쪽으로 나오면 이쪽으로 다리, 이쪽 다리로 나오면 이렇게 걸쳐버리고…

봉우 선생님: 그래.

학인: 이게 걸치기인가요?

봉우 선생님: 그래.

학인: 이게 걸치기고, 그러면 족배는, 족배는 하여튼 저 이쪽이든, 이쪽이든 요기를 친다 이거죠? 요기.

봉우 선생님: 그래.

학인: 무르팍께.

봉우 선생님: 응.

학인: 여기를 그냥 탕 치는 거.

봉우 선생님: 그래.

학인: 그러면 족배는 주로 연습도 그러면 역시 백이 있으면 내내 그런 식으로 탁탁 요 밑에만 하나요?

봉우 선생님: 그래 그거만 해야 돼.

학인: 그런데 그게 어렵다고 그러셨잖아요.

봉우 선생님: 어려워.

학인: 왜 그러죠?

봉우 선생님: 상대방이 거기 걸리면 이쪽 다리 찰라고(차려고) 들어오던 게 차지지를(차게 되지를) 않아.

학인: 그렇죠, 그렇죠. 거기를 탁 걸으니까(거니까)…

봉우 선생님: 그래. 해봐야 돼. 둘이 해봐야 돼.

학인: 그러면 족배차기 연습할 때는요 내내 그 무릎 쪽을 겨냥해서…

봉우 선생님: 무릎을 겨냥하지.

학인: 무릎을 겨냥해서 계속 발등으로 치는 연습을…

봉우 선생님: 높은 데 연습을 하는 게 아니여.

학인: 예. 낮은 무릎 정도 높이에다가…

봉우 선생님: 그렇지.

학인: 그렇다면 백을 두고서는 계속 그렇게 치나요?

봉우 선생님: 차는 거지.

학인: 그럼 이거 차는 요령도 역시 뭐 순간적으로 탁 탁 치고 끊는 거죠? 끊어치는 거죠?

봉우 선생님: 끊는 거지. 상대방의 상대방의 진로를 이 지탱하는 다리를 못 지탱하게 하니까.

학인: 아, 못쓰게 하니까…

봉우 선생님: 그러니까 이 다리가 나오질 못하지.

학인: 그렇죠. 그러니까 걸치기 하고는 조금 다르네요.

봉우 선생님: 조금 다르지.

학인: 그다음에 손치기가 있네요, 손치기.

봉우 선생님: 응?

학인: 손치기

봉우 선생님: 손? 응. 그 마찬가지지.

학인: 이건 어떻게 하죠? 그냥 손으로. 손바닥인가요? 이건?

봉우 선생님: 어디?

학인: 여기 손치기요, 손치기. 족배치기 다음에 손치기인데요?

봉우 선생님: 이거, 이거, 이거.

학인: 이거요?

봉우 선생님: 응. 이게 아니고 이거 치는 거여.

학인: 이걸로요?

봉우 선생님: 응.

학인: 그럼 이건 손등치기하고 똑같잖아요.

봉우 선생님: 손등치기지, 손등치기.

학인: 그럼 손등치기하고 수배치기하고 똑같다고 그럴까요?

봉우 선생님: 비슷하지.

학인: 비슷하다.

봉우 선생님: 그래.

학인: 손뼉치기하고 똑같은데요, 이건 그럼.

봉우 선생님: 응?

학인: 손뼉치기하고 거의 비슷한데요.

봉우 선생님: 응. 손치기라는 건 이렇게 쳐선 잘 안 돼.

학인: 이렇게 쳐야 된다.

봉우 선생님: 이렇게 쳐야 되지.

학인: 반대로.

봉우 선생님: 응.

학인: 그러면 거의 손등도 다 사용하겠는데요, 이건. 손등까지…

봉우 선생님: 손등이 다 들어가지, 이건.

학인: 여기하고, 손등하고, 손끝까지…

봉우 선생님: 응, 다 들어가지. 그런데 이것이 들어가면 뭣이 되는고 하니, 이게 들어가서 이것이 장난을 하니까…

학인: 아, 손가락까지…

봉우 선생님: 손가락까정…

학인: 그러니까 수배치기하고 다른 점은 손가락까지 다 사용한다.

봉우 선생님: 다 사용하지.

학인: 예. 치는 요령은 수배치기하고 똑같고요.

봉우 선생님: 비젓하고(비슷하고)…

학인: 그다음에 요굴곡법이 있어요. 요굴곡법(腰屈曲法). 허리 굴곡법.

봉우 선생님: 아, 그건 요새들 허리 굴곡하는 거니까 마찬가지지.

학인: 예. 그런데 주로 특별히 사용하신 방법 없으세요?

봉우 선생님: 없어.

학인: 그럼 기본적인 건 뭐죠? 그냥 이렇게 뭐…

봉우 선생님: 그래. 앞으로 그렇게 하면 되는 거지.

학인: 닿는 거하고…

봉우 선생님: 그렇지.

학인: 그다음에 다른 거 뭐 없나요? 허리 굴곡법.

봉우 선생님: 뒤로 앞으로 다 하는 거지.

학인: 뒤로 이거요?

봉우 선생님: 그래

학인: 이렇게 붙이는 거요?

봉우 선생님: 그런데 첫 번에 그걸 할라면(하려면) 힘들어. 아주 드러누워서 뒤로 드러누워가지고, 이렇게 해가지고, 이걸 잡고 이렇게 이렇게 해야지.

학인: 이거요?

봉우 선생님: 그래, 그래. 그래가지고. 그래가지고 허리를 내리고 올리고 해 봐 여.

학인: 이렇게 했다가 이렇게 내려요?

봉우 선생님: 아, 닿지 말고…

학인: 이렇게 하고요.

봉우 선생님: 그래.

학인: 그다음에 또…

봉우 선생님: 그래 그래. 이 다리를 조금 디밀고. 그래 그렇게 하고…

학인: 이렇게 했다가 다시 서서히 내리고…

봉우 선생님: 또 하고, 또 그렇게 하는 거지.

학인: 그다음에 이렇게 했다가 내리고…

봉우 선생님: 응, 그래.

학인: 그다음에 이런 식으로요.

봉우 선생님: 그래, 그래.

학인: 그렇게 하고 그다음에는 뭐 이것도 하고…

봉우 선생님: 그래.

학인: 그다음에 이게 좀 저기 되면 뒤로도 하고…

봉우 선생님: 그래.

학인: 그 정도 세 가지요.

봉우 선생님: 이제 그런 종류가 여러 가지여 그건 뭐 그렇게 해서 연습하는 거니까…

학인: 예. 그리고 어깨치기가 있네요. 어깨치기.

봉우 선생님: 어깨도 그거여. 이놈 가지고 하는 거여.

학인: 이놈 갖고요. 그럼 이것도 내내 백을 갖고 하나요? 백. 백 갖고 여기다 자루 해놓고…

봉우 선생님: 그래.

학인: 그러면 있으면은 어깨로 이렇게 치나요?

봉우 선생님: 어깨로 치는 거지.

학인: 여기 여기요, 순전히…

봉우 선생님: 요렇게만 하는 게 아니라 좀 더 걸리고 어깨로 밀어야지.

학인: 아, 그러니까 쾅 미나요?

봉우 선생님: 그래.

학인: 쾅 밀고. 그럼 이걸로도 그냥 쾅 이렇게 밀고요.

봉우 선생님: 그러니까 이 전체의 힘을…

학인: 요 어깨에다 또 돌린다.

봉우 선생님: 돌려가지고 올려내는 거여.

학인: 예, 이렇게 쾅 치는 거.

봉우 선생님: 그렇지.

학인: 그러면 어떻게 되나 몸 전체로 이렇게 백이 있으면 달려와서 이걸로 쾅 치나요?

봉우 선생님: 그래.

학인: 그러니까 순간적으로는 부딪히는 거나 똑같네요?

봉우 선생님: 부딪히는 거지 뭐.

학인: 어깨 밀치고 막 이러잖아요.

봉우 선생님: 그래. 그런데 그것이 100근, 200근 해서 한 500근, 1,000근 이렇게 해서 확 확 밀면…

학인: 예, 양쪽에서 잡아도 그냥 확 하면…

봉우 선생님: 사람 몇이 있다 해도(?) 되겠어? 그거? 한번만 어깨로 휘두르면 그냥 좍 쓰러지지.

학인: 그 훈련도 역시 그렇게 하는군요.

봉우 선생님: 응.

학인: 그러니까 방법은 똑같네요.

봉우 선생님: 똑같아. 그 이거 늘리는 거는 이거 하는 거나 똑같지.

학인: 아, 이름만 다르지, 결국 원리는 다 비슷비슷하네요.

봉우 선생님: 똑같아.

학인: 그러니까 옛날에 자루 하나 해놓고 할 수 있는 방법이 무지 많은데요. 그러니까 옛날에 그 훈련할 때 백이 아주 필수적이네요.

봉우 선생님: 그래.

학인: 그러니까 한강현 씨 있잖아요. 한강현 씨.

봉우 선생님: 그래, 그래, 응.

학인: 그 한강현도 전부다 이걸 다 했겠네요.

봉우 선생님: 다 했지.

학인: 백 하나 놓고서는 다 했겠네요.

봉우 선생님: 다 했어.

학인: 그래서 그 백으로 한 1,000근 정도 했다 하는 거죠?

봉우 선생님: 응.

학인: 그러면 그다음에 둔고법은 뭐죠? 둔고법(臀固法)? 이거는 엉덩이를 딴딴하게 하는 방법인데요.

봉우 선생님: 그게 내가 한번 얘기했나 모르겠어. 저 일본 영목이 딸, 그것이 뭐시여 여기…

학인: 스즈끼라고 일본 그 검도…

봉우 선생님: 검도 선생.

학인: 검도 몇 단이었어요?

봉우 선생님: 8단. 딸은 6단이고.

학인: 딸은 6단인데…

봉우 선생님: 응.

13:03

학인: 그래서 그 스즈끼가 경시청에 누구를 가르치셨다 그러셨죠? 어디 사범이라고 그러셨죠? 사범, 스즈끼가.

봉우 선생님: 아, 저 동경 경시청.

학인: 경시청.

봉우 선생님: 응, 검도 사범이지.

학인: 검도 사범. 근데 그 딸이 검도 6단이었는데, 그러면 뭐 엉덩이가 좀 컸나요?

봉우 선생님: 엉덩이 큰 게 아니라 전기선대(전봇대) 가서 들이받으면 전기선대 줄이 흔들흔들할 정도여.

학인: 아니, 근데 훈련을 어떻게 했길래 그래요?

봉우 선생님: 좀 뚱뚱하고 날래질 못하거든. 그러니 지 애비가 그걸 가르쳤어. 어려서부터 내리 연습을 시켜 그걸. 저 가등(加藤)이, 가토가 6단인데, 이놈이 유도도 6단이고, 검도도 6단인데, 조금 하면 궁뎅이 돌리면 내빼.

학인: 이건 뭐 특별한 어떤…

봉우 선생님: 아, 우리는 소용없어 그건.

학인: 여자들이요.

봉우 선생님: 여자들.

학인: 근데 주로 어떻게 하나요? 그 엉덩이를 갖고?

봉우 선생님: 그것도 그거나 마찬가지여. 그 연습시키는 거야.

학인: 내내요?

봉우 선생님: 그래. 먼저 백 갖다 하는 그 연습과 똑같은 거여.

학인: 똑같은 이치. 근데 엉덩이만 들이미네요 그냥.

봉우 선생님: 그래.

학인: 그럼 이거 하려면 백은 좀 낮아야 하겠는데요?

봉우 선생님: 얕아야지 그게.

학인: 예, 얕게 해놓고서는…

봉우 선생님: 뒤에서 주춤주춤 걸어오다가 제 힘껏 들이박는 거지.

학인: 아, 그러니까 그거는 뒤 자세로 해야겠구나.

봉우 선생님: 그 심(힘)이지 그러니까.

학인: 아, 그렇구나. 그래서 이거로선 한 30가지가 되거든요.

봉우 선생님: 그래.

학인: 근데 이 저…

봉우 선생님: 거기서 30가지 다 하지 않아도 몇 가지만 해놓으면 써먹을 땐 얼마든지 써먹거든.

학인: 예. 그런데 그전에 그 저 말씀하신 것 중에서 역량가감법이라고 있어요.

봉우 선생님: 역량가감법이라는 게, 그게 이제 내 힘이 늘어야 역량가감을 하지. 상대방보다 상대방이 1,000근 들 놈이면 이쪽에서 200근짜리가 가지곤 여가 아무 짓을 해도 안 되거든.

학인: 그러니까 기술이 안 통하나요?

봉우 선생님: 응?

학인: 기술이 안 통하죠?

봉우 선생님: 통하지를 잘 않지. 헌데 저놈이 1,000근 들더라도 이쪽에서 이 게 치는 것이 1,000근이 넘어간다면 그 올리는 거지 그러니까. 천근이 넘 어간다면 힘은 세었지만, 한 대 맞으면 이놈의 주먹이나 저놈의 주먹이나 똑같지. 이게 조금 더 하자면 이쪽이 더 강한 거지 뭘.

학인: 그러면 역량가감법이라는 소리는 내내 그…

봉우 선생님: 백, 백을 연습해라 그거지.

학인: 힘 연습하는 그게 역량가감법이네요.

봉우 선생님: 그렇지. 그러니 자기 힘으로 200근밖에 안 될 거를 1,000근이 나 500근 이상 천근을 만드는 거 아녀?

학인: 순간적으로요.

봉우 선생님: 순간적으로…

학인: 그러니까 지금 여기서 만일에, 그 연습하는 데서 만일에 처음에 100 근, 200근 이렇게 늘리는데 그것이 평소에 이사람 기량은 한 뭐…

봉우 선생님: 200근 되더라도…

학인: 200근 되더라도 결국 자기가 200근이나 된다는 거는 뭐 이렇게 옛 날에 무예청에서 쌀 한 섬을 져야 뭐 들어갈 수 있었다 그러는데…

봉우 선생님: 그렇지, 그래 그래.

학인: 그런 식으로 기본 체력이죠, 들 수 있는.

봉우 선생님: 그래 기본 체력이지.

학인: 그것이 뭐 200근 된다.

봉우 선생님: 그래.

학인: 그런 사람이 순간적으로는 500근이라든지…

봉우 선생님: 1,000근이든지.

학인: 1,000근이든지 그 정도는 들 수 있다, 이거죠?

봉우 선생님: 들 수 있지, 그럼.

학인: 기본적으로 만일에 보통 저기가 100근 된다고 그러죠. 100근 된다고 그러면 이 역량가감법 연습을 통해서 한 500근까지는 될 수 있을까요?

봉우 선생님: 들 수 있지, 그야.

학인: 여기서 한 다섯 배죠, 자기 체력의.

봉우 선생님: 그러지. 십 배는 못 가더라도 다섯 배는…

학인: 다섯 배 정도는 한 1년 연습하면 된다…

봉우 선생님: 연습하면 되지, 그렇지.

학인: 그럼 옛날에 한강현 씨나 그런 사람들은 한 200근은 됐나 보죠? 보통 체력이?

봉우 선생님: 200근 좀 더 됐지.

학인: 더 됐나요?

봉우 선생님: 약, 약, 약들, 공약 먹어놔서 거기서 이제…

학인: 한 300근 정도 드나요?

봉우 선생님: 300근 단단했지.

학인: 그러니까 한 1,000근.

봉우 선생님: 1,500근.

학인: 1,500근 정도는 역량이 저기 된 거죠?

봉우 선생님: 응.

학인: 가해진 거죠. 백 치면 그 정도는 순간적으로는 동원할 수 있다

봉우 선생님: 그렇지. 나갔지. 그러니까 여기 서울 와서 어깨들한테 그냥 주욱 밀어넣은 것이 그거지 뭐. 그리고 본디 빠르게 하고…

학인: 그러면 감하는 방법도 있나요? 감법(減法)이요?

봉우 선생님: 내걸 감하는 건 아니지.

학인: 예, 상대방 거를…

봉우 선생님: 내가 세면 그쪽이 감해지는 거지.

학인: 그러니까 이건 역량가감법이라고 할아버님이 쓰신 용어는 전체에다 통하는 얘기네요.

봉우 선생님: 그렇지.

학인: 예. 통하는 얘기로서…

봉우 선생님: 따로 역량가감법이 아녀.

학인: 예. 따로 있는 게 아니고 지금 체술, 이 기본 체술의…

봉우 선생님: 전체가 역량가감법이지.

학인: 전체가 이 역량가감법의 원리를 두고 있다.

봉우 선생님: 원리를 두고 있는 거지.

학인: 그러니까 우리나라 사람들, 옛날 체술하던 사람들이 자기 역량이 1,000근이 돼서 1,000근 때려 친 게 아니고, 이 훈련을 통하면 자기 역량을 가감 가해서 남을 감할 수 있겠네요.

봉우 선생님: 감할 수가 있었지.

학인: 그 원리를 얘기하신 거죠?

봉우 선생님: 그래.

학인: 그리고 저 보면 그전에 확대법하고, 원근법하고, 격타법하고, 경중법 이 얘기를 하셨거든요?

봉우 선생님: 그거는, 그건 이거 해야 돼.

학인: 예. 이것도 체술 쪽에서 얘기를 하신 내용인데요.

봉우 선생님: 그렇지.

학인: 그러면 할아버님 저 그전에 원근법은 그 얘기하셨잖아요. 원근법은 어디 얘기 나왔냐면 팔매하다가 얘기 나왔어요.

봉우 선생님: 그래.

학인: 그래서 팔매는 그 이제 뭐 십리라든지 이런 식으로 하려면 결국 원근법을 해야 된다.

봉우 선생님: 원근법 해야 되지, 그게.

학인: 근데 그 원근법이라는 게 결국 그거 아닙니까? 옛날에 이태조 하고 뭐 활 쐈는데…

봉우 선생님: 그래, 활 쏘는 거.

학인: 그건 활이 없는데도 딱 튕기니까 뭐 가서 불이 꺼졌다.

봉우 선생님: 무엇이 저, 저 베 짜는, 베 짜는 불에…

학인: 불이 꺼졌다.

봉우 선생님: 불이 꺼졌지.

학인: 이건 그러면…

봉우 선생님: 그게 격타여 격타.

학인: 격타인가요?

봉우 선생님: 격타지, 그게.

학인: 그럼 할아버님 아까 격타는 얘기 나왔잖아요. 격지타.

봉우 선생님: 아니, 격지타 말고 바로 격타지 그게.

학인: 아, 이거는요.

봉우 선생님: 바로 격타인 것이 저기 있는데, 여기서 이걸 가지고 하면 아무것도 없었는데…

학인: 사이를 두고서는…

봉우 선생님: 사이를 두고 때렸지, 그러니까.

학인: 때렸는데…

봉우 선생님: 불이 꺼졌지. 여기 쏘는 마음 심력(心力)이 그놈을 가서 끈 거지 화살이 가서 끈 게 아니거든.

학인: 그러면 할아버님 요거는 기본 준비라고 얘기를 하고요.

봉우 선생님: 응.

학인: 그러니까 이 기본 준비에서 이 정도고 이건 저 원근법서부터는…

봉우 선생님: 응, 이건 정식…

학인: 이거는 고단자들 얘기네요.

봉우 선생님: 응. 고단자여 고단자들.

학인: 그럼 최소한도 천오백을(?) 확대법이라는 건 간단히 말해서 뭘까요? 확대시킨다.

봉우 선생님: 확대법이라는 건 알기 쉬워.

학인: 한 10리 밖에…

봉우 선생님: 아니. 10리 밖을(밖이) 아니라 당장 저 앞에서부텀(부터) 해야 돼. 강낙원이가 조선서 검도의 단수가 높은 게 아니라 일본놈 8단을 이겼거든. 그러고 나온 사람인데도 그래도 부족해. 부족하니까 누구한테 와서, 저 박양래한테, 박산주한테 와서, 검도를 잘 한다니까 그 사람도 검도 배우고 싶은 생각이 있었지. 그걸 와 물으니까 첫 번에 그거여.

눈 뜨고 세 칸 밖에서 점 찍어놓고. 이 초(?)에다가 말이지. 점을 이렇게 쪼그만 점을 칼 끝 만하게 찍어놓고 세 칸 밖에서 눈을 감고 걸음 잴 거 아녀? 세 칸 밖을 말야. 이 정도 정각(?) 칼을 들고 세 칸 밖에서 들어가면서 찔러본다 말야, 그놈을. 그놈을 가 찌르는데 눈 감고 쫓아가서 찌르는 거여. 그 첫 번에 그게 맞을 리가 있나? 한 번도 안 맞는데, 얼마를 하든지 하는데, 나중에 가서 열 칸 밖에 가서 점 찍어 놓고 쫓아가서 찔러. 눈 감고. 강낙원이가 그걸 배웠지. 그러니 이거는 일본서 검도 명인이라도 못 하는 짓이여, 이거, 이거.

학인: 그거는 자기 눈 감고도 이것이 목표가 확대돼서 크게 드러난다.

봉우 선생님: 확대가 환하게 되지만, 알기 쉽게 자기 말로는 그래. 그저 맷방석 하나 거 가서 지금 있는 거만치 뵌다는 거여. 그러니까 자기 말로는

이런 큰 데다 칼 갖다 이렇게 박는 거같이 생각한다는 거여. 칼 점 하나 찍은 것이. 그러니 틀림없이 거기를 찍는다 말이지. 그러니 몸에도 급소라는 걸 그렇게 봐버리니까.

학인: 크게 보이니.

봉우 선생님: 크게 뵈니까 왜 잘 못 찌를 리가 있나?

학인: 기초 연습은 그렇게 했군요.

봉우 선생님: 그래.

학인: 처음에 눈 감고서 떨어져서 점 찍은 데를…

봉우 선생님: 점 찍은 데를 가 찌르기 시작하는 거 그걸 이태 했어, 이태.

학인: 몇 달 한 게 아니고요?

봉우 선생님: 몇 달 한 게 아니고 이태 했어. 이태 해서 그냥 맘대로 자기 맘대로 자신이 있었지. 그놈 검도 8단 오까야마 일본 들어가서 시합해서 이겨버리지 않았어. 선생은 한 선생 제자인데. 강낙원인 검도 3단이거든 겨우. 3단이라 깐보자너(깔보잖아)? 저 녀석이.

학인: 강낙원인가요?

봉우 선생님: 강낙원이.

학인: 낙원.

봉우 선생님: 즐길 락(樂) 자 하고, 멀 원(遠) 자. 검도 잘 했지.

학인: 기를 락자요?

봉우 선생님: 즐길 락 자.

학인: 예, 즐길 락 자. 강씨는 이 강(姜) 자인가요? 이거? 강태공 할 때 강(姜) 자.

봉우 선생님: 응?

학인: 강태공 할 때 강씨.

봉우 선생님: 이 강자 이 편안할 강(康) 자.

鐵血男兒를 養成하자!
조선청년과 무도의 필요
더욱 소년째부터 힘쓰라

沒人情한
獰毒한强
자는사람을 잡힌방인요

◇모한련습하는 광경
우편은유도, 아래편은검도 (긔사참조)

참고자료: 무예보고서(강낙원, 철혈남아를 양성하자)

학인: 그러면 이제 그런 식으로 하는 것이 확대법이다, 이거죠?

봉우 선생님: 확대법이지.

학인: 그럼 요것도, 근데 이거는…

봉우 선생님: 활 쏘는 데 확대법하고…

학인: 활 쏠 때도 그러면 어떻게 하나요?

봉우 선생님: 과녁이, 과녁에 동그라미가, 동그라미가 여기서 보면 자꾸 봐 나가면 과녁은 줄지 않고, 전 과녁이 동그라미 하나로 보인단 말이야.

학인: 근데 그거는 검도할 때처럼 뛰어갈 수가 없잖아요?

봉우 선생님: 그건 뛰어가는 게 아니라 눈 감고 활을 쏘는 거지.

학인: 눈 감고 활을 쏘나요?

봉우 선생님: 응.

학인: 계속 했다?

봉우 선생님: 돼, 돼.

학인: 그럼 이거는 연습하는 방법이 활 쏠 때는 활을 계속 쏠 수는 없잖아요?

봉우 선생님: 아니 활 쏘는 게 아니라 먼 데 밤에 낮이 아니라 밤에 활을 쏘는데, 사정(射亭: 활 쏘는 정자)에서 과녁판이니까 밤이라도 상관없잖아? 그래 꾹 해서 보면 과녁판 가운데 홍경(紅鏡)[59] 한 것이 과녁판 전체가 홍경 같아. 그래 그냥 갖다 대면 탁 하고 들어가는데, 가보면 여기에서 다 들어맞거든.

학인: 그럼 그건 따로 특별히 연습하는 게 아니고…

봉우 선생님: 오래하면 돼.

학인: 오래요.

---

59) 붉은 거울. 활터의 네모진 과녁 한가운데 붉은 해처럼 그려놓은 초점.

봉우 선생님: 오래하면 돼.

학인: 그럼 처음엔 잘 안 맞을 거 아녜요?

봉우 선생님: 아, 첫 번엔 잘 안 맞지. 그러니까 첫 번에 뭣을 하는고 하니 점을 찍고서 본다, 점이 동그라미 해놓고 점 하나 딱 찍어놓고 이걸 보는데, 늘 자꾸 보면 이것이 여기 점 찍은 것이 이만하게 커져.

학인: 보통 거리는, 한 여기서 어느 정도 떼놓고 점을 보나요?

봉우 선생님: 세 칸 보통 봐.

학인: 한 칸이면 여기서 한 이 정도 되죠?

봉우 선생님: 아니, 저기 저게 세 칸은 되겠지.

학인: 여기서부터 저 원재학(?) 있는 거요?

봉우 선생님: 아니, 저기 저 저쪽, 저 문.

학인: 저쪽 대문이요?

봉우 선생님: 응.

학인: 저 방문까지…

봉우 선생님: 그렇지.

학인: 그럼 한 얼추 10미터는 되겠는데요? 미터로는. 미터로는 10미터 되겠어요.

봉우 선생님: 세 칸이면 거진(거의) 10미터 되지.

학인: 그 정도 점을 요만하게 찍어놓나요?

봉우 선생님: 그렇지.

학인: 아주 그 글자 그대로 그러면…

봉우 선생님: 붓 끄트머리 요렇게 꼭 찍지.

학인: 요거요? 요 정도 되겠네요?

봉우 선생님: 그렇지.

학인: 아, 이걸 저기다 걸어요?

봉우 선생님: 응. 그래 놓고 자꾸 보면 그놈이 커지지.

학인: 그거 안 보일 거 같은데 여기서. 하얀 데다가…

봉우 선생님: 그건 봐보면 얼마 안 해서 커져.

학인: 그 점이요.

봉우 선생님: 그래.

학인: 그런 다음에 화살을 쏜다.

봉우 선생님: 화살을 쏘지. 그 실지는 요만한 건데, 그렇게 넓은 걸 보고(?) 하니까 이 가운데 문제없이 탁 탁 때린다 말이야

학인: 그러면 저기 점을 찍어놓고 계속 보다가 화살을, 저게 커지면 이 정도 세 칸 거리에서 화살을 쏴보겠네요?

봉우 선생님: 그렇지.

학인: 그게 착착 크게 보이면 쏴보면 맞으면 그 다음부터는 조금 더 뒤로 가나요?

봉우 선생님: 조금 멀어도 차츰차츰 멀어 가겠지.

학인: 그러다가 옛날에 그 사정(射亭)에서 쏠 때 한 뭐 100미터도 떨어지고 그렇게 떨어져도 보인다.

봉우 선생님: 활량들이 사정에서 그걸 연습을 하지.

학인: 예, 사정에서…

봉우 선생님: 사정에서 이리 첫 번 볼 적에 거기다 대고 이걸 가서 앉아서 눈 딱 감아서 그 연습들을 밤을 새가면서 하지.

학인: 아, 눈을 감고 하나요?

봉우 선생님: 감고 하지.

학인: 눈을 감고 요 앞에 있다?

봉우 선생님: 그래.

학인: 아. 그럼 앉아서 딱 뭐 하나요? 호흡해야지 별거 없겠는데요.

봉우 선생님: 그 마음이 일심으로 커지길 바라고 앉았지. 그 부지중 호흡이 되지.

학인: 그러니까 이거는 호흡 긴 사람한테는 누워서 떡 먹기네요, 이건 다. 호흡 긴 사람한테는 누워서 떡먹기.

봉우 선생님: 호흡 긴 사람은 누워 떡먹기여, 그건.

학인: 호흡이 분대로 넘어가는 사람들은 이건 보지 말래도 다 뵈겠는데요.

봉우 선생님: 다 뵈, 그건.

학인: 눈이 밝아져서…

봉우 선생님: 밝아지건(호흡수련을 해서 정신이 밝아지면) 알아.

학인: 확대법도 그냥 그렇게 될 거고…

봉우 선생님: 그러니까 그걸 배울라고(배우려고) 하질 말고 호흡부터 1분 해.

학인: 그러니까 옛날에 그거 보러 온 사람들은 그저 앉아서 그냥 집중을 했겠군요.

봉우 선생님: 그래, 그래.

학인: 그 연습으로. 느리죠 그게.

봉우 선생님: 느리지. 그게 그 정성에 커지지.

학인: 예, 서서히 커지는데. 차라리 호흡해서 하는 게 더 빠르다 그러신 거죠?

봉우 선생님: 그러지. 호흡해서 하는 게 더 빠르지 뭐.

학인: 그리고 원근법은 여기서 좀 그게 확대되면, 그다음 원근법은…

봉우 선생님: 원근법도 역시 그래.

학인: 그러면 이것이 커진다. 그러면 원근법이라는 건 뭐랄까요 이거는?

봉우 선생님: 가까운 거 먼 데 것을 가깝게 보고…

학인: 예.

봉우 선생님: 먼 데, 훨씬 먼 데 있는 게 뵈지 않을 건데도 가깝다 하고선 이놈을 보는 거여. 여 가깝게 바짝 들어오지. 확대법이란 원근법 아녀?

학인: 그럼 똑같은 말인데요?

봉우 선생님: 똑같은 법이지.

학인: 확대.

봉우 선생님: 요런 걸 이만치 컸다 그런 걸 말고, 거기 있는 과녁이 220보 밖에 있는 게 아니라 내 눈앞에 있다 이렇게 하는 거지.

학인: 그러니까 결국은 원근이네.

봉우 선생님: 원근이여, 그게.

학인: 멀리 있는 거 가까이 들어오고…

봉우 선생님: 그래. 말은 원근법.

학인: 확대법.

봉우 선생님: 확대법, 이러지만…

학인: 달리하지만…

봉우 선생님: 응.

학인: 실지 원리는 하나다.

봉우 선생님: 법은 한 법이란 말이야.

학인: 그런데 격타법은 좀 다른데요?

봉우 선생님: 격타법도 거진(거의) 같은 거여.

학인: 그런데 격타법은 이제는, 이거는 중간에 뭐 종이 놓고 치는 게 아니라 아예 멀리 있는 걸 그냥 아예, 치는 것도 아니잖아요? 이거는 실제 쏘지도 않는데 ○○○이 확 하는 거 아녜요?

봉우 선생님: 그게 뭘고 하니 내 힘으로 마음으로 가(서) (멀리 떨어진 촛불을) 끈 거라…

학인: 예, 이거보다 더 어려운 건데요. 원근법보다도………

봉우 선생님: 그런데 이태조가 정신수련을 많이 한 이는 아니거든? 하지만 100일 만에 그걸 등을 껐으니까. 그러니까 이 정신 원근 격타 다 하던 이들이지. 그러니 뭣이 저 퉁두란60) 이가 물 이고 가는 여자 화살을 쏴서 동이 구녁(구멍)을 뚫었는데, 태조 대왕이 거기다 속보이는 끄트머리 활촉에다 대고 탁 쐈는데, 콕 들여박았는데도 이 물 이고 가는 사람은 몰랐단 말이야.

학인: 예. 그거는 확대법이나 원근법인데요.

봉우 선생님: 그거지 뭐.

학인: 근데…

봉우 선생님: 여기 이 빈 활로 불 끈 건…

학인: 격타법.

봉우 선생님: 격타법이고. 그건 예전에 다 한 사람들이 있는데, 왜 지금 사람이라고 못 하는 게 어딨어?

학인: 근데, 저 촛불 정도 끈 거 외에요.

봉우 선생님: 응?

학인: 그러니까 그 촛불을 그렇게 껐다는 거죠? 저 태조가.

봉우 선생님: 그래.

학인: 이거 이태조 얘기죠? 또…

봉우 선생님: 그래.

학인: 어느 마을에 있는 그 어느 마을을 가다가, 어떤 얘기죠 그러니까 어떻게 했다는 얘기죠?

봉우 선생님: 아녀. 저 활을 쏘다가 자기가 이 격타를 할 텐데 되나 안 되나 하느라고 한 것이 베 짜는 불이 등불이 있으니까 그걸 거기를 쏴봤어.

---

60) 고려에 살던 여진족 출신의 무신으로 이성계의 부하가 되어 조선 개국공신이 되었다. 조선사람으로 귀화하며 이지란(李之蘭)으로 행세했다.

학인: 한 얼마 떨어진 거죠?

봉우 선생님: 100보 이상이여. 100보 이상을 한 건데 49일 만인가 100일 만인가 해서 그게 이제 쏘니까 탁 꺼진단 말이여. 이제 그다음에, 그다음에 불 켜는 거 꺼진 뒤에는 대고 쏘면 톡 톡 그대로 꺼졌거든. 그러고 나가서, 저 사냥을 나갔는데 공민왕인가 누구 적에 사냥을 나갔는데 70여 마리 짐승을 잡는데, 이태조, 태조가 쏘신 짐승은 몽창 왼눈만 눈깔만 빠졌어. 70여 마리가. 그러니 눈깔이 이만하게 큰 놈으로 봤지. 이게 이제 대체는 이거 정신수련하면 다 쉬운 거여.

학인: 경중법은요? 경중법(輕重法) 경중 무겁고 가볍고…

봉우 선생님: 경중법도 그것과 마찬가지 아녀? 경중법도 알기 쉽게 우리 첫번에 200근이면 이거 콱 하면 이놈이 잘 안 나가던 건데 1,000근 해도 똑같이 나가지 않아?

학인: 예. 역량가감법 내내 그 소리네요.

봉우 선생님: 그게 그거지 뭐. 글자를 달리 썼지.

학인: 요거는 조금 어렵겠는데요.

봉우 선생님: 조금 고단자여. 그건 고단. 조금은…

학인: 요거는 좀 한 다음에, 완전 수련한 다음에…

봉우 선생님: 슬쩍슬쩍 넣어놓고, 슬쩍 넣어놓고 설명을 슬쩍 해놓고…

학인: 그렇죠. 그러니까 기본 체술한 다음에 이거는 더 할 수 있는 거겠네요, 이게.

봉우 선생님: 그렇지.

학인: 이거 할라면(하려면). 격타나 이런 거 할라면 이거 말고 또 정신수련을 이건 깊이 해야 할 수 있는 거죠?

봉우 선생님: 정신수련이 되야 그걸 되는 거지.

34:30

봉우 선생님: 이제 이런 게 나가면 이제 저 과학도들은 빈정 빈정해.

학인: 왜요?

봉우 선생님: 응?

학인: 잘 안 된다고요?

봉우 선생님: 그렇지. 하면 되는 건데 하면 된다는 생각은 않고.

봉우 선생님: 내가 어딜 가는데 웬 학생 하나가 들어와. 들어오는데 중간 하신(下莘)61) 다 못 미쳐서 그 지금 그 집 있는 그 근처에서 만났어. 그 저…

학인: 과수원집이요?

봉우 선생님: 응. 그 근처에서 만났는데, 아, 여기, 저 여기 들어가면 상신리라고 물어. "그렇소 상신리요." 그러니까. 이 권 선생님 여기 사신다는데 그 어른이 계신지 안 계신지 아느냐고 물어. "왜 그러오?" 그러니까 신도 안을 갔는데 공부차로 산에 사방 돌아다니는 차인데, 그이가 얘기를 하니까 상신 오면 권 선생님 계시니까 거길 가서 찾아보라고들 그래서 오는 길이라고. "내가 권 아무개인데 나 어디 가는 길이니까 우리 집에 가서 묵어. 내가 묵으라고 하더라고 하고선 묵어. 묵으면 내가 하루 이틀 뒤에 올 테니까…" 가 묵으라고 그래. 그래 왔어 올라와보니까 거기 있더구면. 그래 이게 사방 돌아다니면서 공부한다고 찾아다닌 모양이여.

학인: 예. 지정현 씨가?

봉우 선생님: 응. 지정현이가 그때는 나이가 아주 어려서인데, 이 녀석이 약국에, 양약국에 저 조수 심부름 하고 있었어. 돈 좀 벌었지. 그러니까 월급 탄 걸 저의 집이 잘 살아. 그런데 요걸 돈 몽창 쓰지 않고서 가지고 있다가 그런데 쓸라고(쓰려고) 쫓아다녔어. 그 와보니까, 그 한다는 게 참

---

61) 봉우 선생님이 사시던 공주시 반포면 상신리 아랫동네 이름.

애들이 공부할라는(공부하려는) 게 기특하다는 생각으로 첫 번에 뜀박질, 내 걸음 잘 걷는다는 소리를 들었는가 보지. 그거 연습을 한다길래 그럴라면(그러려면) 먼저 뭣을 해라. "저 답보 걸음 뛰는 것을 그걸 연습해서 하루 두 시간씩만 뛰어봐라. 그런데 저 연정원 집이 있었으니까 거기 가 있거라. 반찬도 있고 쌀도 있고 하니까 그렇게 해서 해먹어라." 그랬어.

그런데 한, 몰라, 내가 한 열흘 된가 올라가봤어. 가만히 올라가보니까 인기척이 가는 걸 몰라. 나도 가만가만 갔지. 하니까 답보를 해 이렇게. 뛰어야 할 텐데 뛰질 않고 답보를 하고 있어. 그래 문을 열고 "왜 하루 두 시간이고 네 시간이고 꼭 뛰어 버릇 해라 했는데 답보를 하는가?" 하니까, 앉지 않고 그냥 서서라도 이렇게 답보라도 하면 쉬지 않는 거 아니냐고. "그럼 공부가 안 된다. 그렇게 해선 안 된다." 그래서 이걸 자꾸 고쳐줬어. 앉아도 보고 뭣도 하고 뭣도 하고 하다가 "그러질 말고 너 여기 집이 있고 먹을 양식이 있고 다 그러니까 네가 편해." 그래. "잘 자리 먹을 자리도 귀한 데를 가서 돈 가져가지 말고 니가 벌어서 먹는 자리 가서 한 번 있어봐라." 그래. 지리산 또 뭐여 뭣인가, 지리산에 그 뭐 연곡사, 연곡사에 빈 터 거길 갔어. 거길 가니 절터만 빈 터지 뭐가 있나? 거길 가서 이제 밥 얻어먹고 뭣을 하는데 한 달, 두 달 하다보니 아 되나? 이 녀석이 나무대기로 칼을 만들어 가지고선 칼치기. 칼 저기서 이 강낙원이 얘기를 내가 했거든. 칼치기 그놈을 가서 6개월을 칼치기를 배웠어.

학인: 누구한테요?

봉우 선생님: 응?

학인: 혼자서요?

봉우 선생님: 혼자서. 가서 이래 꼭 대고선 점 찍어놓고 가운데다 줄로 이제 이놈을 묶어놓고 가서 그놈을 때려보고 때려보고 하는 건데, 6개월을 때리니까 눈감고 때려도 잘 맞는단 말이야. 그 녀석이 이걸 저 몽댕이(몽둥

이)를 잘 써. 그래가지고 그게 충분하니까 이제 그때서 저의 집에 갔는가 보더만(보더군) 그래. 그러니 얼마나 고생을 했던지 입이 삐뚤어지고. 그래 난 즈이(저의) 집이 외로워서 그렇게 참 ○○○을 하면서 하는 줄 알았어. 즈이 집이 한 논곡(논농사 곡식)으로 한 200석 해.

학인: 예, 중농이네요.

봉우 선생님: 그런데, 즈이건 안 가지고 나와서 하는 거여. 지독한 사람이여. 그러다 뭣이가 됐지. 군대 갔는데 군대를 들어가니까, 하루 1,000번 이거 쫓아 들어가서 치는 거 1,000번 하고 이거 돌리는 거 1,000번하고 했다더만(했다더군). 그래 이제 돌리면서 어떤 대상 해서 맨들어가 때리고 하는 거 1,000번 하고 하니까 꽤 빨라졌을 거 아니야? 힘 나지 말래도 힘도 조금 나고. 그래 이제 군대를 들어갔는데 신소(상신)서 있을 적에 방망이 쓰는 거 조금 배웠어.

강원도 가 있었는데 선임하사 녀석이 택견도를 할 줄 알고 총창술을 조금 할 줄 알던가 보더만. 그래 조금하면 딱 딱 때리고 하는데 소대장인가 중대장인가 그 녀석이 같이, 그걸 같이 하는 녀석인데, 계제가 높지만은 아 그놈한테 하면 당하거든? 선임하사한테 당하니까 어떤 놈, 좀 이기는 놈이 없나 하고 들어와서 하니까 지정현이가 그냥 "그는 선임하사고 저는 졸병이니까 못해 그렇지 이거만 기술로 하라면 지지 않겠어요" 이랬던가 보더만 그래. "한번 해봐라 뭐 기술로 하는 거지 상관 있냐 니가 해봐라." 아, 그래 몽둥이 두 놈이 가지고선 이놈을 이렇게 댔는데. 몽뎅이 휘두르는 걸 배웠지. 아, 그러니까 두 번 세 번 안에 딱 하고 갈겼던가 보더만. 대장이 봐준다고 했으니까 하하하.

그 대장 녀석이 선임하사놈한테 져가지고 늘 마땅치 않다가 이거 이겨주니까 그 뭐여 저 뭣인가 밑에서 심부름 하는 그걸로 해가지고 거기 가서 이태인가 3년인가 거기 있는 그 동안에 돈을 벌었어. 뭐를 벌었는고 하니 그 부대에 환자가 있으면 나한테 와서 약방문 내가지고 서울 와서 지어다 준다 말이야. 그러니까 먹고 잘 짓고 잘 낫고 하니까 아, 그래가지고 돈을 꽤 많이 벌었어. 그리고 전 부대에서 귀염을 받고. 그다음에도 보니까 혼자 그 연습을 늘 하더만. 그거 인제 첫 번에 답보를 하던 녀석이 자꾸 귀찮게 해서 가 하니까 공부를 하더만 그래.

그 학수하고 같이 가서 저 약국들(?) 한 이태 했었지. 목천서. 그러다 걸려가지고. 그래 지금도 어떤 약국에 뭐여, 그 저 대신 보는 의사 노릇을 하고 가 있어. 그 녀석이 그 칼 치는 거를 1년을 꼭 쳤대. 1년 치니까 눈 감고도 틀림없이 꼭꼭 들어가더라는군. 그래 한참 해야 돼. 그리고 충동을 좀 받아야 하고 하는데, 걔가 왜 충동을 받는고 하니 키가 조그맣고 지 아부지가 그러니까 그 동네 면 내에서 뭐 그리 대접을 못 받는가보지. 뒷병이나 받는데 술만 좋아하니까. 그래 조금 건달들한테 조금 그만 아마 매를 몇 번 맞았든가봐.

그래 제 동네를 조야를(?) 잘 안 가. 하는데. 이 녀석이 그거를 배워 가지고 가서 거기서 지 아부지한테 마구 한 사람 저한테 마구 한 사람한테 그 뚜드려버릴라면 얼마든지 뚜드려버리지 않아? 인사를 잘 않든지 뭘 어쩌든지 하면 너 이놈 그럴 수가 있냐고 하든지 뭐라고 하고 혼구멍 줄라고 할 텐데 그전 당해봐서. 그 분풀이를 다했어. 분풀이를 다하고선 못 들어가.

학인: 못 들어가요?

봉우 선생님: 못 들어가는 게 아, 이, 그 사람들은 여럿이고 저는 하나니까. 하하하하. 그래 지금 저 대전 와서 땅을 샀는데 잘됐지. 잘된 것이 한 3,000평 샀나 4,000평 샀나 사놓은 것이, 거기 구죽면이라고 거기다 샀는데, 거기 땅값이 그저 ○○○(?) 올라가서 저 먹고 살긴 넉넉히 됐어. 그 거기 땅값이(?) 500만 원, 6~7만 원 가격이니까 그저 몇백 원씩 사가지

고…

봉우 선생님: 저 사람이 이제, 안씨가 내가 그저 어디까정은 얘기해도 좋다고 하니까 자신 있게 할 테지.

학인: 뭐 강의는 잘 하겠죠?

봉우 선생님: 응?

학인: 할아버님 말씀한 내용은 잘 하겠죠?

봉우 선생님: 하지. 그래 이제 그 사람이 대종교 사람은, 대종교 사람이라도 대종교가 대단한 게 아니고, 그걸 지금, 자기는 그걸 연구 하려고 그래. 《천부경》 가지고 그걸 전부 다 뚜드려 맞췄으니까. 사천 몇백 년이라고, 지금 개천절을 하는 걸 1만 2,800년 소리를 하지 않아? 수로 맞춰보면 그렇게 되니까.

학인: 그래서 그 젊은 사람 저희 또래인데요. 제 또래인데 젊은 사람 치고는 연구심이 대단해요.

봉우 선생님: 그래.

학인: 어떻게 좀 옆에서 할아버님께서 잘 좀 이렇게 키워 주셔야죠. 자꾸 계발을…

봉우 선생님: 3년. 꼭 햇수로 3년 나한테 다녔어. 처음 봤을 때 내가, 좋은 소리 못 들었지. 근데 이제 다시 말 없두면. 그래도 연정원에 와서 일을 해 준다니까 고맙구면.

학인: 요번에 하여튼 그래서 청년부에서요, 청년부에서 같이 활동을 하면서 그전에 말씀 드린 대로 그 학술 학술연구 쪽…

봉우 선생님: 응.

학인: 학술연구 쪽에서 이제 《천부경》도 하고, 《천부경》 연구도 하고 천문지리 이런 거 역학 이런 연구도 하고, 그래서 젊은 동지들을 많이 규합해야겠어요.

봉우 선생님: 그래.

학인: 관심 있는 친구들이 많이 올 거 같아요.

봉우 선생님: 그래. 그거 저, 그 요새 현대 수학 논리 식으로 전부 해놔서 갖다 보면 수학 공식 푸는 식으로 됐으니까 알기가 쉽게 했어.

학인: 해온 건 한번 보셨죠?

봉우 선생님: 응?

학인: 해온 거는 보셨죠? 원고. 이렇게 도면 해온 거 공식 해온 거는 보셨죠?

봉우 선생님: 아, 공식 해온 거는 내가 봤어. 그거 욕봤어. 그거 그렇게 하느라고. 그 사람이 정역도 좀 하던 사람이여. 그래놔서 이제 이 얘기를 하니까 잘 알아듣고. 예전 상납들 해 나가는데 진상하는 물건에 뭣 뭣 뭣이 이렇게 물건이 있는데, 거기 맞춰서 짜들여 놓아라 하면 궤짝을 들이면 뭐 한 구녁(구멍)이 안 남게 그대로 꼭 맞춰 오거든. 그러니 거기서 거서원들(?)이라는 건 그 수를 놔가지고 요거 면적이 얼마니까 이건 얼마에 얼마에 갖다 해 넣으면 꼭 맞는다 이 물건 가져가지 않았는데, 다 그대로 맞게, 꼭 맞게 해 들여오지. 근데 지금 구적(求積)[62] 해도 입체 구적을 해야지 표면 구적을 해서는 그걸 못 맞추거든? 그리고 망해도(望海圖)[63] 강 건너서 측량하는 거…

학인: 그게 망해도예요?

봉우 선생님: 망해도지.

학인: 그러니까 건너볼 망(望) 자에다가 바다 해(海) 자요?

봉우 선생님: 그렇지. 그러니 바닷가에서도 바다에 섬이 있는데, 그 섬이 여

---

62) 넓이나 부피를 계산함.
63) 바다의 섬을 뭍에서 바라보아 그 거리를 헤아리는 법.

기서 얼마나 되는데, 얼마가 되니까, 거리가 얼마니까 얼마 얼마 된다고 평도논 게(?) 찾아가 보면 똑같이 그와 똑같이 되니까…

학인: 그럼 옛날에 대동여지도 만든 김정호 있죠?

봉우 선생님: 응.

학인: 그 사람도 결국은 수학적인 거, 이런 거 지리 측량을 다 했겠는데요, 그 정도는?

봉우 선생님: 수학, 그렇지 그런 거 했지.

학인: 그러니까 도면을 나중에 작성하죠.

봉우 선생님: 다 알지. 자기 암호만 찍어놨으면 도면 작성이 되지. 그러니 기계가 있었어? 뭐이가 없었어. 그냥 걸어 댕기기만 했는데 그래가지고 도…

학인: 지도를 만들어냈어요.

봉우 선생님: 그만침이라도 그려놨으니까…

학인: 혼자서…

봉우 선생님: 그래. 그 죽겠다고 해놓고 자기 가족들은 뿔뿔이 다 헤어졌고…

봉우 선생님: 내 삼촌이 조선 수학을 할 줄 아셔. 그 어른이 뭣이 저 예전에 목참판 집에서 공부들 하실 적에 목참판이 내 삼촌이 재주가 있으니까 귀여워하셨던 모양이더구먼. 그 집에 영산(影算)64)하는 수학이 있었는데, 책이 있었는데…

학인: 영산이요?

봉우 선생님: 영산하는 거. 그랬는데 그 책을, 영산이 지금 수학이여, 대수,

---

64) 세모골의 변과 각의 상호관계와 그에 관한 성질의 응용을 다루어 연구하는 수학. 평면 삼각법과 구면삼각법의 구별이 있고, 천체 또는 지면을 측량하는 데 응용함. 삼각법의 옛이름.

기하, 삼각 하는 거나 마찬가지여. 그게 있었는데, "영감께 여쭙기 황송하
나 수를 제가 좋아하는데 수 책을 좀 빌려 주셨으면 좋겠습니다." 하고,
"그래 그럼 빌려가게." 몇 권 되는 책인데 그걸 전부 베끼셨어. 며칠을 베
꼈던지 뭐 본디 속필로 쓰시니까 베껴놓으신 뒤에, "책은 베꼈지만 배우
지 않고 되겠나?" 하니까 "대충 봐봐서 놓을 수가 있습니다." 하니까 "한
번 놔보게." 하니까 틀림없이 다 잘 놓으시거든.

그래서 그때 이용직(李容稙)65)이가 과거 해가지고 동래 부사를 갔는
데, 동래 부사가, 그때 부산이 개항이 됐을 때여. 부산 개항이 되니까 세
관이 있는데, 세관은 미국사람, 영국사람, 중국사람 다 있거든. 세관에 뭔
측량을 해가지고 들어와서, 측량을 해가지고 들어와서 이 동래 부사한테
결재를 맡아야 할 텐데, 세관에 높은 사람이 결재를 맡을 텐데, 그러니 뭣
이 저 누군가 오, 오정방(伍廷芳)66)의 아들 오조추(伍朝樞)67)인가 뭐 그
가 거기 와 있을 때여. 측량을 해 들여보냈으니까 물론 그냥 덮어놓고 부
사는 그냥 도장 찍을라고(찍으려고) 할 거 아녀?

그러니까 거기 가서 사무를 보실 때 주사로 있어서 사무를 볼 때인데,
"이거 틀렸습니다." 기역자 쳐서 붉은 줄을 표줄(?)을 딱 그어서 내보냈단
말이야. 아, 그러는데 이틀 만에 들어오더라는구먼. 그가 오더니 아, "당소
의(唐紹儀)68) 내가 내, 저 ○○○(?) 당소의야 당소의." 그런데 아 들어와

---

65) 이용직(李容稙: 1852~1932), 조선 말기의 문신. 1850년 철종 원년에 증광문과에 급
제. 사간원 헌납, 공조 참의, 여주 목사, 공조 판서를 역임하였다.

66) 오정방(伍廷芳: 1842~1922), 청말민초의 정치외교가이자 법학자이다. 본적은 광동,
싱가포르 출생. 영국에 유학하여 런던대학에서 법학박사와 변호사 자격을 취득, 중국
최초의 법학박사가 됨. 신해혁명 후 중화민국 외교총장과 사법총장, 광동성장 등을 지
냈다.

67) 오조추(伍朝樞: 1887~1934), 중국 외교관, 천진 출신, 호는 제운(梯云). 남경 국민정
부 외교부장, 주미대사 등을 지냈다.

68) 당소의(唐紹儀, 1860~1938), 중국 광동 출신. 청말민초(清末民初)의 저명한 정치가,

서 아, 뭐 누가 누가 여기 한 걸 기역자 쳐 보냈냐고 싸우고 소리를 지르니까 여섯 분인데, 일보는 이가 여섯 분인데, 권 아무개가 했다고 다 그랬겠지 뭘.

권 아무개가 했다고 그러니까. 그 부사는 벌벌 떨지. 아, 그래 내 삼촌이 가서 "잘못된 걸 잘못됐다고 하는데 뭐이가 잘못이냐? 자, 이러고 이러고 이러고 이러고 한 게 계산해봐라 계산이 틀렸다." 그래 소리 지를 땐 이쪽이 누군가 하고 알려고 왔지. 그래서 아무 소리도 않고 같이 세관을 가자고 그러더래. 그래 세관을 가셨는데 일주일만 여기서 구경하라고. 그러니 이건 잘 맞았나 안 맞았나 얘기를 않고 일주일만 여기서 구경을 하라고 물건 들어가고 나가는 걸 보고 ○○○○(?) 견습하고 거기 앉아서 같이 좀 보라고 이렇게 하는데….

일주일 만에 내 삼촌이 거기 쇠가죽이 들어온다 뭣이 물건이 들어온다 하면 여기다 이걸 쓰고 이걸 쓰고 하는 걸 봐서 그 저 한화(?) 영문으로 한문으로 써가지고 대사전이 큰 사전이 있거든? 그걸 한 번 다 보셨어. 그러시고 그냥 다 외시셔(외우셔서). 그걸 다 쓰시니까 이(당소의)가 추천을 했어. 원세개 여기 있을 땐데. 이 사람은 천재인데, 천재인데 천재가 여기 나와서 이런 데 주사감으로 있을 사람이 아니라고 그래 외아문(外衙門)[69] 주사로 대번 오르셨단 말여. 개인의 보좌역으로 가 있다가 말이지.

외아문 주사로 와가지고 일본 공사가 김관중○○○(?)이가 공사인데 서리 공사[70]로 들어가서 거 가서 인제 저 뭐여 그 오지리[71] 하고 뭣하고

외교가. 1874년 미국 콜롬비아 대학에서 유학하고, 1881년부터 10년간 조선에 머물며 주조선한성영사, 용산세관장, 총영사를 지냈으며, 원세개의 신임을 받아 1912년 국무총리에 임명되었다.

69) 조선 고종 19년(1882)에 설치되었던 통리교섭통상사무아문의 다른 이름.

70) 공사대리(公使代理), 공사가 결원이 되었을때 그 직무를 대신하는 사람을 가리킴.

71) 오스트리아.

뭣하고 조약 다 맺고. 그러고 들어오실 적에 수《암전신편(暗電新編)》(1890)이라는 걸 열두 권을 맨들었어. 그때는 여기서 전보하는데, 우리나라에서 공사관으로 하는 전보가 한문자로 뭐 어쩌고 어쩌고 어쩌고 하라고 하는 그 소리 다 써놓으니까 그 나라에서 다 알지 않아? 할 텐데《암전신편》이라는 걸 만드셨는데 여기《암전신편》여기 하나 갖고 그 공사관에 하나 갖고 하면 제 몇 호하면 이건 무슨 말 무슨 말 숫자로 주욱 해서 이렇게 놓으면《암전신편》암호지 암호. 저 뭐지.

그걸 맨들어 놓으니까 서리 공사로 있다가 들어오셨는데, 이 광무황제께서 보시더니 이걸 내각에서 출판하려고 하는데 출판 못하게 하더래. 그게 출판을 하면 판박이를 하면 남이 다 알 거 아니냐 남이 다 알 거고 이건 암전이니까 거기하고 여기하고만 두 군데만 갖고, 또 영국에 있으면 영국에 공사관하고 여기하고만 우리만 알아야 될 거 아니냔 말이야. 그래가지고 첫 번에 거길 댕겨 오셨어. 그 수학 땜에 발천이지(?) 댕겨오셔서 동부승지(同副承旨)[72]를 하라고 그러시더래. 그러니까 황송하옵지, 황송하옵지. "저희는 (요새말로) 양반에 좀 미천합니다." 적자른데(?) 그게 저 그러지 않아도 뜀박질해서 나라 임금에 대게든지(?) 이래가지고 뜀박질하면 같은 양반이라도 월계했다고 계제 뛰었다고 요새말 같으면 '빽'이 좋아서 했다고 천하게 보는데, "소신 그렇게 말하기…" "아, 그래라." ○○○(?) 공조좌랑부터 시키셨어. 형조 좌랑이 뭐 요새 같으면 주사폭밖에 더 돼? 형조 좌랑에서 주욱 끌어올려서 이조 좌랑까지 해가지고. 그래가지고 다시 병조 정랑을 시켜서 주욱 해서 끌어 올렸어. 형조 공조 좌랑을 해가지고 육조 좌랑 정랑을 다 했다니까. 다해가지고 동부승지를 넉달 만에 했어.

---

72) 조선 승정원에 속한 정3품 관직.

속보법 대담 1[73]

학인: 그러면 이 보법(步法)이라는 것을 체술(體術)의 한 부분으로 볼까요?

봉우 선생님: 부분이지.

학인: 체술의 한 부분이요. 하나의 그 기술 아니면 여기 그 체술의 30가지 기본 관련 신체민속법(身體敏速法)이 있지 않았습니까? 그중의 하나로서 그냥 볼까요, 이것도?

봉우 선생님: 그런데 거기다 그래. 보법을 기록한 원인.

학인: 네. 원인.

봉우 선생님: 응. 그렇게 하고선 인제 보법을 내가 기록하도록 된 원인을 거기다 하나 써놔.

학인: 할아버지께서 보법을 기록하신 원인.

봉우 선생님: 응. 그냥 얘기를 쓰지.

학인: 예. 근데 이거가 보법을 쓰게 되신 동기 아닙니까? 말하자면.

봉우 선생님: 동기지. 시작부텀 써야지 그건.

학인: 예. 그건 뭐 얘기를 하시면 돼요.

봉우 선생님: 그러지. 아. 내가 어려서부텀 운동을 좋아했어. 전문운동은 안 했어도 이 운동 저 운동 여러 가지로 수영선수 빼놓고 거진 다 했어. 그렇

---

73) 녹음: 정재승, 녹취: 이기욱, 교정·주석: 박승순·정재승

게 했는데, 그러는 중에 걷는 운동을 제일 많이 했어.

학인: 예.

봉우 선생님: 근데 그거 왜 그런고 하니 내 친구 하나가 걸음을 잘 걸어서. 우리보다 빡빡한 사람이여, 살이 더.

학인: 이렇게 막 뚱뚱한 사람.

봉우 선생님: 아니여, 빠진 사람이여.

학인: 홀쭉한 사람인데…

봉우 선생님: 홀쭉한 사람인데, 심(힘)은 우리보담 조금 강해. 나이가 7~8살 더 먹은 사람이거든? 그래 그 사람하고 같이 가면 도저히 따를 수가 없어.

학인: 키도 작은 사람인데…

봉우 선생님: 키는 우리만 했지. 우리만 했는데 나이가 7~8살 더 먹었는데, 힘이 낫고 몸이 가볍고 하니까 따라갈 수가 없어. 근데 걸음 보법이 잘 걸어. 그래 그 사람 때문에 걸음을 따라 가느라고 걸음을 좀 많이 연습을 한 것이 내가 내 자신 일로 남한테 지지 않는다는 자신이 있었거든? 그게 인제 열다섯, 여섯, 일곱, 여덟, 이렇게 됐는데, 여덟 살에 일곱, 여덟에 우연히 병이 생겼어. 병이 생겨서 요새말로 부족증(不足症)[74]이라는 거지. 부족증으로 기혈(氣血)이 부족해가지고서 병이 났었는데, 그걸 내가 이 약, 저 약 먹다가 잘 안 들었어. 그러는데 동네 행상(行商)으로 댕기는 노인 하나가 왔는데, 아주 노인이 아니지만 그때는 노인이지. 한 오십 됐으니까. 그래 행상으로 다녀도 양반집 자식이여. 근데 이제 날 봐서 보고 하더니 "약이 이런 약이 하나 있는데 약이 좋은 약이 있소." 해서 그 약을 가리켜(가르쳐)줘서 약을, 방문(方文)을 가지고 약을 지을라고(지으려고) 우

---

74) 폐결핵이나 인체 내의 진액 부족으로 원기가 몹시 쇠약해지는 증상.

리 집 약 방문을 찾아봤어. 우리 집 전래 내려오는 약방문을 찾아보니까 우리 할아버지, 증조할아버지 잡숫던 방문이거든…

학인: 그 사람이 알켜줬다는 게 내내 집에 내려오던 방문 중에 하나였군요?

봉우 선생님: 그렇지. 그렇지만 우리는 그 직접 할아버지 증조할아버지한테 직접 듣질 못했었고. 방문으로만 알았지. 그런데 그 방문이 나오니깐 이상해서 "이 방문이 당신네 방문이요?" 하니까 날 쳐다봐. 날 쳐다보더니 왜 묻느냐고 그래. "아니, 그런 게 아니라 우리 집에 이 방문이 있소." 그러더니 "그러면 할아버지 되시는 이가 처가댁이 어디요?" 물어. 첫째 처가댁은 어디고 재취 처가댁은 어디요 이렇게 얘기했어요. 그러니까 이 충청도 산동, 산동(山東) 신씨(申氏)라는, 청주에 산동 신씨라는, 거기 저 이 우리 인제 서인(西人)75)으로는(?) 뭣하지만은 과객(過客: 지나는 나그네)이 많은 집이여. 산동 신씨로 글 잘하는 이, 신자하(申紫霞)76)가 있고 그러던 인데. "이게 그 신자하 집 방문이요?" 그래. 그러냐고. "그럼 자세히 알아보오. 신자하 아들이 우리 할아버지하고는 동서(同壻)간이요. 동서간 인데 아랫동서요 그가. 그래 우리 집에 와서 공부를 했었소. 그래 우리 집에서 베껴 간 걸 거요." 그런데 그가 이제 내 조부한테 방문을 배워가지고 생전 먹었대. 부자(富者)니까. 부자니까 생전 먹었는데 돌아가도록 힘이 장사였다 그거여. 장사였고. 나중에 돌아간 뒤에 그 묏일77)을 해보니까 이게 다 붙었더라는구먼.

---

75) 조선시대 붕당정치 초기의 당파로, 1575년(선조8)의 동서분당(東西分黨)으로 생긴 당파.

76) 신위(申緯, 1769~1845). 조선 후기의 문신이며 유명한 천재시인 중 한 사람이다. 본관은 평산. 호는 자하(紫霞).

77) 묘(墓)에 관계된 일. 예) 이장(移葬)

학인: 뼈가요?

봉우 선생님: 뼈가. 그러니까 이놈이 따로 떨어지지 않고 그냥 버쩍 다 들렸다는 모양이여. 그렇게 됐더라고. 그런 얘기를 전해. 전해든 약방문을 보니까 우리 집 방문하고 하나도 틀리지 않은 방문인데 여러 가지 방문 중에 그 방문이 나와. 그거 가지고 약이 될 거 같지 않아서 안 먹다가 그 사람이 그렇게 얘기를 하니까 에라 재본다고 하고 그걸 한꺼번에 석 제(三劑)를 지었어. 석 제를 지어 가지고 뭣에 가서 저 절에 가서 그놈을 먹었단 말여. 어른한테 걱정들을 생각하고 돈은 내가 있었고…

학인: 그게 내내 용호단(龍虎丹)[78] 잡수신 거예요?

봉우 선생님: 용호단이지. 그걸 먹는데 그때는 단지 지금보다 부자(附子)[79]가 더 좋아. 부자가 좋지 딴 건 뭐 더 좋을 게 없고, 그 저 중국 부자 좋은 놈으로 갖다 먹었지. 구리는 구리법제(法製)[80]로다가 법제 다 한 것이고. 그래가지고 그놈을, 석 제를 한꺼번에 석 제가지고 절에 가서 이걸 먹었는데, 한 제, 두 제는 잘 먹었어. 한 제, 두 제는 잘 먹고…

학인: 한 몇 년 잡수셨어요? 그럼?

봉우 선생님: 아녀 그렇게 오래 안 먹었어. 스무 개씩 먹는다는 걸 나는 100개씩이나 먹었어. 허허허허.

학인: 아니, 근데 그때 부족증이 나셨던 상태 아니에요?

봉우 선생님: 그래.

학인: 그럼 몸이 부족증이 나셔서 몸도 안 좋으셨을 텐데, 어떻게 그렇게

---

78) 30여 가지의 약재를 각 특성에 맞는 가공법으로 일일이 법제하여 가루로 만든 후 꿀을 섞어 환으로 만든다. 효능은 장근골(壯筋骨), 보기혈(補氣血), 치오로칠상(治五勞七傷), 정신력강화 등이다.

79) 바꽃의 어린 뿌리. 열이 많으며 맛은 맵고 독성이 강한 약으로, 중풍·신경통·관절염 따위에 쓴다.

80) 한방에서 자연 상태의 식물이나 동물, 광물 등을 약으로 사용하기 위해 처리하는 과정.

드셨…

봉우 선생님: 아, 나 본판 몸은 약하지가 않았거든.

학인: 네. 그래 소화가 다 되셨어요?

봉우 선생님: 소화가 됐어. 응. 그래 인제 그러니 그 오래 먹질 않았지.

학인: 1년 내에 다 잡수셨겠네요?

봉우 선생님: 1년 다 못 먹었어.

학인: 두 제를 요?

봉우 선생님: 석 제.

학인: 석 제를 1년에…

봉우 선생님: 석 제 1년 다 못 먹었어. 한 주먹씩 먹었어, 이렇게 그냥.

봉우 선생님: 그래도 힘이 곱 내지 삼 곱이 났어. 인제 그런 뒤에 걸음을 걸어보니까 그전에 그 걸음 걷던 거, 좀 빠르게 걷던 그거에다 댈 때에는 딴거란 말야 아주. 빠르게 가지고 암만 좀 보폭을 떼도 상관없고 참 날라간단 소리가 나서 300리, 400리 갈 때여. 300리, 400리면 하루 많이 가는 거지. 그런데 집에서 서울을 오는데, 늦지 않게 오는데, 340리인가 그런데 일찍이 올라왔지. 이렇게 댕겼어. 그러니까 "야, 걸음 잘 걷는다." 소리를 들었는데. 스무 살 되던 해여. 기미년(1919) 만세 부르던 해. 그래서 이것이 내 누구한테 보법을 배운 게 아니고 힘으로 걸었어.

학인: 그 당시에는요.

봉우 선생님: 그냥 그래 인제.

학인: 맨심으로 그냥 막…

봉우 선생님: 맨심으로 내리 걸었지. 그러니까 이제 걸어가는 식은 내 삼촌도 걸음을 잘 걸으시고, 내 선친도 걸음을 잘 걸으셔. 내 선친도 잘 걸으시고, 삼촌 두 분이 다 잘 걸으시고 하니까 배우신 지는 몰라해도 훨씬 길중길중하게(길죽길죽하게) 뛰시고 빠르게 가셔. 점심 잡숫고 100리 오시

니까, 내 선친도. 그러니까 뭐 무던히 빠르게 걸으시지. 무엇을 왔는고 하니 돈을 가지고 돈이 좀 있으니까 돈을 가지고 서울을 올라와서 있는데, 그때 만세 부른 뒤여. 만세 부른 뒤런데, 서울서도 뭘 줬는고 하니 독립선언서. "야, 강원도로 나 하나도 안 건넜단 말이여. 강원도 저 강가를 바닷가를 안 건넜으니 너 그놈 가지고. 갓 쓰고 뭐 있었으니까. 갓 쓰고 다 하니까. 조사를 다 할 테니 슬금슬금 배타면 배타고서 그건 저 항구마다 쉬어. 항구마다 쉬어서 청년들한테 전해주고 슬쩍 올라오고 슬쩍 올라오고 이렇게 해라." 그러곤 선전 이러곤 전하는데. 삼척(三陟)서 부텀이여 내가, 탄 게. 삼척서부텀 타서 조계정(?) 저편짝에 내 그냥 갖다 전하고, 삼척서부텀 주욱 오르며, 원산(元山)까지 오두록 그걸 전했어. 이젠 그건 야중(나중) 얘기고. 이제 그거를 하러 거기 하러 가는 중간에…

학인: 삼척까지 가시는 중간에…

봉우 선생님: 중간이지. 중간에 연풍(延豊)이라고 있지, 응? 괴산(槐山). 괴산에. 괴산 연풍면이여.

학인: 괴산군 연풍면.

봉우 선생님: 그렇지. 그전에 연풍인데. 거기를 지나게 되니까 내 초취(初娶)[81] 처가가 거기여.

학인: 예.

봉우 선생님: 초취 처가가 거기라놔서 지나가는 과객(過客)으로 들어갔지. 상처(喪妻)한 뒤니까 말야. 얼굴 아무도 몰라, 날. "아, 사랑은 넓고 하니 오늘 하루 좀 길 좀 쉬어 갑시다." 하니까 여기 아무도 안 계시고. 내 장인은 서울 와서 계시니까 내 처남, 처남도 데리고 거기 저 우리 장모만 거기 계시단 말여. 본실(本室)이니까 거기가 계시고 소실(小室) 데리고 서울 와

---

81) 처음 결혼한 아내

계셨는데. 나 얼굴을 알 까닭이 있나? 사위지만 얼굴을 모르지. 그 밖에서 그러니까. 글 읽는 사람이 하나 있더먼. "예, 주인이, 주인이 없소." "그러믄 당신은 누구요?" 그러니까 "난 이 집 사위요." 그러더만. 아, 그러니 이 자식이 나더러 그래. "아, 뭐 주인, 주인이 있어야 재우든지 안 재우든지 할 텐데, 주인이 없으니까 못 재우오." 그래. 둘이 싸우지. 아니 사랑 널찍한데 자면 어때.

학인: 그렇죠

봉우 선생님: 내가 뭘 가져가나 어쩌나 이거 좀 자고 가자는데, 뭘 그리 딴 소리를 하느냐고. 그런데 떠들고 무엇을 하고 하니까 안 거기 있는 데서 누가 내다 본 문이지. 안 문에 사랑문에서 이렇게 문을 뚫는 눈치가 있어. 그래 보는데 여자들이 나와 본 것 같아. 그러더니. 내 처제들이지. "맞아요, 맞아요." 뭐라고 그래. 그 뭘 맞는다고 하나 난 모르고 있었는데, 좀 있더니 사촌 처남이 그 옆집에 사는데 불러왔더만 그래. 사촌 처남은 이우상이라고 그랬는데, 그 녀석도 나는 처음 만나. 나보담 열다섯 살 더 먹었나 그래.

사촌 처남이라고 하더니 나더러 그래. "나, 당신, 에 권 성이 성함이 누구라고 그랬소?" "나 권가요." 하니까 어디 사느냐고. 공주 산다니까 아, 그래 공주 계룡산 근처인데, 권태훈이를 아느냐고. "아 짐작은 하오. 나도 권가니까 짐작은 하오." 응. 그래 인제 빗대놓고 이렇게 됐소 하니까. 그 그 지금 어디 어떻게 사느냐고 그래. "뭐 그냥 먹고 살죠." 먹고 살고. 그 아들이 있지 않느냐고. 아들 있다고. 나이가 몇 살이나 됐냐고 그래. "나 이꺼정은 내가 잘 모르오." 허허 딱 잡아뗐지. 나이까정은 잘 모르고. 그래서. 그러더니 그 정도만 알고 내가 아니라는 건 알았지. 안에, 안에를 들어가.

가만히 여기서 뭔 소리들을 하나 하니까. "아니여." 아니라고 그러더먼.

아니여, 성은 같은데 똑똑히 모른다고 그래요. 아니여, 기여, 아니여, 기여들 거기 여자들 기라고 그런단 말여. 기라고. 그 왜 기라고 저것들이 저력허나 그렇게 허구 있었어. 야중(나중) 알았지. 허니까 와서 물어 또. "아니, 그러지 말고 저 권태훈이 아니요?" 두 번째 와서 그래. "아, 글쎄 내 왜 이름을 고칠 까닭이 뭐 있소? 나 권태훈이 아니요. 권태훈이는 공주 반포면 거기 살우오." 그래. 그러더니 이 심부름, 심부름 하는 여자애 하나하고, 여자애가 있지 그 종, 종애. 걔가 좀 미련하지. 걔하고. 색시 하나가 따라나와. 나하고 사진 백인(찍은) 게 있지 않아? 어려서. 사진 백은 걸 딱 가져 나와서 "형부, 이거 형부 아니오?" 하니까 아니라고 그때 아니라고 할 수가 있나?

그래 내가 웃으면서 내가 뭐 좋게, 벌써 의절은 했고, 지나가면서 안 들릴 수 없고, 내 들어와서도 내가 버젓하게 내가 권아무개요 이러고 들어오기가 좀 미안해서 그랬다고 하니까 그게 무슨 소리냐고 꿈에 왔대. 꿈이. 거기 사형제가 있었는데, 사형제가 다 꿨다는군. "형이 와서 오늘 오시는 손님이 니 형부다. 그러고 잘 대접해라. 그래 아주 그렇게 꿈을 꿨습니다." 말이여. 그렇게까정 하는데 아니라고 할 수가 있나? 아, 그러니까 그 사촌 처남 녀석이 "야, 이 녀석아 너 권디(?) 그…"

학인: 그럴 수가 있냐고, 하하.

봉우 선생님: 응. 그 얘기를 하고 그러더니 "권디만(?) 그런 소리 듣겠다. 어떻게 그 시치미 딱 떼고 그러니?" 그래. 그래 안에 들어가서 잘 놀고. 못 가게 해서 거기서 며칠 놀았지. 그러더니 "너 대체 어딜 가냐?" 그래. 그 얘긴 대충 대충 다 했지. "내가 가는 것은 장사도 조금이지만, 이거다 이거 독립선언서. 요놈 좀 선전하러 죽 가면서 노나(나눠)줄라고 가는 거여. 머리 깎은 사람은 조사가 심하다는데, 나는 갓을 썼으니까 조사는 심하지 않을 거여. 그래 가지갈라구(가져가려고)." "야, 그럼 됐다. 나는 그냥 식으

로 따라가고 니가 전해라. 노나주고 같이 가자. 심심해 나 지금 심심하고 니 얘기도 좀 하고. 너 걷는 거 보니까 꽤 빠르게 간다. 그 나하고 같이 한번 동행해 저 함경도로 저리 한번 가보자. 저 내 몸 내가 먹을 테니 그건 걱정 말고, 노자(路資)는 걱정 말고." 그래. 노자는 넉넉했어 그때는. 그래서 게서 나왔어. 같이 나왔어. 며칠 있다가. 아, 이 녀석이 걸음을 걷는데. 빠짝 말랐어.

학인: 처남이요?

봉우 선생님: 처남이. 빠짝 말랐지. 빠짝 마르고. 깡총하게 요렇게 되는데 살도 그래 얼마 안 돼. 죽겠다고 따라야 저만침 가 있고. "야, 이 녀석아 걸음을 그렇게…"

학인: 못 걷냐고…

봉우 선생님: 못 걷느냐고. 아, 이러고 그거한테 배웠어 인제.

학인: 거기서 아주 이제 챙피(창피)를 당하셨네요.

봉우 선생님: 챙피 당했지.

학인: 그때 약 잡숫고 힘 깨나 쓴다고 막…

봉우 선생님: 힘 깨를 쓰는 거지.

학인: 힘으로 밀어붙였는데도 안 돼요?

봉우 선생님: 어, 안 돼. "야, 내 보법을 내 알켜주마. 나 따라라." 아, 인제 그 다음에 걷는 식 무엇을 꼭 하더만 그래. 해가지고 게서부텀(거기서부터) 물건을 사서 원산으로 가서 부치고 게서부텀 빙 도는데, 원산 내릴 적에 보니까 그 항구마다 이놈을 해서 만세들을 불려놨으니까 배 중에 누가 있으려니 믿었는데, 머리 깎고 똑똑해 뵈는 놈은 다 붙잡혔어. 조사를 당했지만은…

학인: 상투하고 뭐 갓 쓴 사람은 하나도 안 건드려요?

봉우 선생님: 상투하고. 하나도 안 건드리두만. 난 괜찮았지. 그래 무사히 왔

지. 그래가지고 거기서 함경도로 뭣까정 갔어. 저 회령, 종성으로 해가지고 노령(露嶺: 러시아땅) 그 근처로 해가지고 거기서 저 길림성으로 들어갔었어. 그래 그거 한두 달 동안. 그 왜 그랬는고 하니 이거 연습 하느라고. 길 가는 거 연습…

학인: 예, 보법 연습하는 거…

봉우 선생님: 보법. 그래가지고선…

학인: 일부러 그러니까 행로를 넓게 잡으셨군요.

봉우 선생님: 그래. 그래 인제 야 그만하면 됐다. 니가 걸음은 잘 걷는데 단지 너는 무겁고 나는 가벼워서 더 걷는 거여. 그리고 너도 빠르게 무던히 빠르게 간다. 좌우간 저 녀석은, 나는 10분이 보통이고 저 녀석은 9분, 8분이 보통이여.

학인: 아니, 그러니까 10리를요?

봉우 선생님: 10리를.

학인: 아유 그렇게 빨라요?

봉우 선생님: 빨라. 난 10분이 보통이고. 이게 숨이 차게 갈라면 10분이 덜 갈 수도 있지.

학인: 오래 달릴라면(달리려면) 한 10분. 지치지 않게 갈려면 10분을…

봉우 선생님: 그렇지. 숨을 안 차게 가는 건 10분을 가는데…

학인: 그 친구가 한 8~9분에 가요?

봉우 선생님: 8~9분에 가. 그래 나보담 아무러면 2분은 빨라.

학인: 그러니까 멀리 갈수록에 더 벌어지는군요.

봉우 선생님: 더 벌어져. 그럼 이제 깃에 바람이 나는 거지. 그래 하여튼 멀리 가는 거는, 거는 조금 더 가. 그래가지고 거기서 배웠어. 그걸 배우고 나서 이제 이걸 고(그) 법대로 내가 하는 거지. 그래 그다음엔 이우상이 다시 만나지도 않았어.

학인: 이우상 씨. 이우상.

봉우 선생님: 응, 이우상이. 그래 너는 너는 어서 배웠냐 하니까 건달하고 댕기다가(다니다가) 함경도 가서 어떤 노인한테 배웠다는 거여. 그래 이제 그 사람하고 같이 다니는데, 그 사람이 힘이 나보담 조금 더 세. 나보담 조금 더 세.

학인: 그 함경도 노인이요?

봉우 선생님: 아니. 그 뭐시가 처남이.

학인: 이우상 씨가?

봉우 선생님: 그래.

학인: 힘이 더 세요?

봉우 선생님: 조금 더 세.

학인: 아니, 삐쩍 말랐는데도?

봉우 선생님: 삐쩍 말랐는데도.

학인: 그러면 이를테면 뭐 이렇게 근력으로 드는 것도 더 들어요?

봉우 선생님: 더 들어.

학인: 야, 그러면 이 사람은 뭐, 뭘 했나보네, 체술을, 그러니까.

봉우 선생님: 으응, 내 장인이 신성면 심참판(參判)82) 사위인데…

학인: 약을 많이 드셨구나.

봉우 선생님: 그 무장(武將) 집이여, 무장집, 그 집은.

학인: 전통 옛날부터…

봉우 선생님: 그래. 무장집이니까…

학인: 방문이 있었나보죠?

봉우 선생님: 응. 방문이 있던 모양이지.

---

82) 조선시대에 육조(六曹)에 둔 종2품 벼슬.

학인: 어렸을 때부터 그냥…

봉우 선생님: 응. 그러니 그 방문 내가 달랄 수는 없고 나도 있는데…

학인: 대대로 그래서 힘이 좋았군요, 이 친구도.

봉우 선생님: 응. 그래서 인제 거기서 그걸 배웠지. 배워가지고 그다음에 나 혼자 돌아 댕기는데, 에 그리 남한테 뒤떨어지지는 않았는데…

학인: 그 뒤로는요?

봉우 선생님: 응. 속보로는 떨어지지 않았는데, 내 늘 얘기하지 않아? 김찬옥이라고.

학인: 김찬옥?

봉우 선생님: 응. 함경도 여자.

학인: 예예.

봉우 선생님: 아, 고거한테 챙피를 당하고 거기서 떨어졌어. 허허허허.

학인: 김찬옥이요.

봉우 선생님: 찬옥이. 근데 그 함경도 안변(安邊) 사람들더러 물어보면 그 장사하는 여편네.

학인: 안변에 사는 여자예요?

봉우 선생님: 응. 돈 지독히 아는 여자라고 이 소리만 하지, 힘 센지 뭣한지 하나도 몰라.

학인: 아니, 안변이라는 데가 평안도에 있는 거 아니예요?

봉우 선생님: 아녀 아녀, 원산 옆이여.

학인: 아, 원산 옆.

봉우 선생님: 안변 석왕사(釋王寺)[83]. 그래서 그걸 공부했지.

학인: 포목(布木)장사한다고 했죠? 여자가.

---

83) 함경남도 안변군 설봉산에 있는 절. 조선 태조 때에 무학대사가 창건하였다.

봉우 선생님: 아니, 여러 가지 장사를 다해. 그래 인제 에 걸음 배우긴 그래 배워가지고 이제 들어오니까 내 삼촌이, 둘째 삼촌이 나더러 "너 하루 몇 리나 가냐?" 이러시두만 그래. "그저 하루 종일 땀이 좀 난다 이렇게 가면 700~800리, 1,000리는 바라보죠." 그러니까. "무던히 간다." 그러시두만 그저. 무던히 간다고 하시지 찬성은 안 하셔. 그래 그 권제비 그 양반들하고 그러니까 네 삼촌, 내 삼종조(三從祖: 할아버지의 육촌형제)지 그러니까. 네 삼촌 젊어서 평양서 기생 오입질, 오입하러 저녁에 자고선 새벽녘에 떠나서 서울 올라오는 솜씨다. 허허허. 그 양반 그래 그렇게 빠르게 걸었다는구먼 그래. 그 약도 그래서 내가 우리 약만 가지고 부족하고나 이걸 알았어. 알고 약방문을 사방…

학인: 수집(蒐集)을 하셨군요.

봉우 선생님: 응, 수집을 했지. 수집을 해서. 100개를 넘게 했는데 가짜가 있어.

학인: 그렇죠.

봉우 선생님: 가짜 저거 안 되는 거.

학인: 일부러 싹 해놓은 거.

봉우 선생님: 저 빼놓고 만들어주는 거 이런 게 있드만 그래. 아주 그대로 준 게 있고. 그래 인제 거기서 내가 가서 못 얻은 것이 저 숙천(肅川) 이(李) 향장(鄉長)84) 집에 가서 못 얻고 내가. 아주 그런데 그 뭐 아들 없고 종부(宗婦: 종갓집 맏며느리)인데 아들 둘 다 죽었어. 형제가 다 죽었는데 그 집안 사람들 다 모아놓고 안변 택녀가 보냈다고. 보내서 그 아마 다른 약, 약 때문에 아마 오신 모양이라고 이렇게 해서 놓고, 이런 얘기 저런 얘기 밤에 실컷 하고, 사랑에 참 냉방(冷房)을 다시 불 뎌서 하고, 뭐 닭도

---

84) 조선시대에 둔 지방자치기구인 향청(鄉廳)의 우두머리. 수령 권한을 견제하는 기능을 담당. 1895년(고종 32년)에 좌수(座首)를 고친 것이다.

잡고 뭣도 하고 뭣도 하고 잘해주며 이제 손님들 보는 데선 사랑에서 날 재우는 모양이여. 그 손님 다 간 뒤에는 문 딱 닫고 잠그고 겉을 재보고 안문만 열고서 들어가자는 거여. 안사랑으로 들어가 얘기하자는 거여.

안사랑에 앉아서 얘기하는데, 뭣이 저 택녀가 나한테 당해놔서. 자기한 테 당했다는 거여. 그렇게 하니까 인제 약방문 내가 조르면 뭣할 줄 알고 그러는 거지만, "못 드릴 이유가 있습니다." 그래. "저희가 남자들 같으면 상관없는데 제가 종부입니다. 종부는 이거 시댁을 지키는 약방문인데, 종 부로서 젊은 과부인데 젊은 양반 오신 뒤 갖다주면 무슨 소문이 무슨 이 상하게 날 거 아닙니까? 그러니까 안 됩니다. 그 약 가지고 두 제, 석 제 자시면 되지 않습니까?" 그 말도 옳은 소리여. 그래 그 얻지 못했지. 그 다 른데 방문은 거진 거진 다 얻었고.

학인: 전국에요? 유명한 집안은…

봉우 선생님: 응, 전국에. 그러니 내 선친하고 둘째 삼촌하고들 얘기하시는 데, 걸음 걷는 얘기를 하시니까 네 사촌은 얘…

봉우 선생님: 수원 한나루, 삼촌이 나루(강이나 내 또는 좁은 바닷목에서 배가 건너다니는 곳)를 건너 뛰더래. 그건 날으는(나는) 거지, 뛰는 게 아니고.

학인: 그러면 이게 이제 요것이 보법을 기록하신 동기는 하여간 그 처남, 옛날 그 연풍에 가셨다가 이우상이라는 그 처남…

봉우 선생님: 거기서, 처남한테서 사촌.

학인: 거기서 배우신 거죠?

봉우 선생님: 그렇지 거기서 배웠지.

학인: 근데 그 사람은 또 내내 함경도 노인에게 그냥 배웠다.

봉우 선생님: 게서 배우고…

학인: 그런 식이고. 그래서 결국은 요것이 내려온 연원은 우리나라 그 고 대로(그대로) 내려오던…

봉우 선생님: 속보법이여.

학인: 우리 보법이다 이거죠? 축지(縮地)하곤 또 다른가요?

봉우 선생님: 그래 인제 축지가 아니고 말이여.

학인: 예. 보법으로서요.

봉우 선생님: 축지법이라는 건 주문(呪文)을 읽고 뭣하는데, 이건 주문 하나도 안 읽어.

학인: 이건 자기 자력(自力)으로다가…

봉우 선생님: 자력으로 그냥 나가는 거야.

학인: 자력으로 나가는 거죠? 그 완전히 자동(自動)이네요, 자동.

봉우 선생님: 자동이여 자동. 그래 인제 내 사촌이 얻은 건 자동이 아니고 피동(被動)이고…

학인: 그렇죠. 막 이렇게 아이들 안고서는 건너뛰고, 뭐 이렇게 달려가는 거는, 그거는 피동법으로다가 가능한 거고…

봉우 선생님: 피동이여 피동, 그건.

학인: 근데 할아버님, 뛰시다가요 그러면은 또 그전에 뭘 한참 가시는데, 누가 옆에서 확 가면서 이렇게 고거(그거)밖에 못 뛰냐고 누가 그러셨다메요(그러셨다면서요)? 그때 그래서 한 번 또 당하셨다고 그러셨잖아요.

봉우 선생님: 아, 일창(一滄)!

학인: 일창 선생이에요?

봉우 선생님: 그래.

학인: 근데 그때 경우가 어떻게 되셨었어요? 한참 속보로 뛰고 계시는데. 어딜 가고 계시다가 언제 이때 이걸…

봉우 선생님: 아니야. 그건 저 인천서. 일창이 나이가 우리보담 20년 이상이여. 25년이나 이상 될 거여.

학인: 연대…

봉우 선생님: 연대가. 그러니 그 삼촌하고. 그 삼촌 허위(許蔿)[85] 허 참찬(參贊: 의정부에 속한 정이품의 벼슬)하고 내 선친하고 아주 가까우셔. 허위, 허참찬은 의병대장(義兵隊將)으로…

학인: 그렇죠. 허위 유명한…

봉우 선생님: 유명한 이지.

학인: 삼촌이 허위군요.

봉우 선생님: 그렇지. 근데 이도 아주 이름이 있던 이여. 근데 허씨인데 그 조카지만 외가 성이 김가니까 김가 행세를 했어, 김일창이라고. 근데 이제 나이가 그러니까 자기 아버지, 자기 삼촌하고 점 저 뭐시 우리 아버지가 벗을 하고 지내니까 형님 동생, 형님 동생 그런 거여. 그래 내가 나이 뭣한데 선생님이라고 하면 "야, 이놈아 선생님은 거북스러워 말고 윗대에서 형님 동생들 하는데 우리도 형님 동생 하자." 그래 형님 했지 뭐. 형님하고 이렇게 되는데. 한번 토요일 날인데 인천서 미두[米豆: 현물 없이 미곡(米穀)을 거래하는 것]를 하는데, 인천 와서 미두를 했지. 그러더니 날 찾아왔어. "아, 너 저 오늘 서울 안 갈래?" "왜 차 시간 아직 멀었는데요?" 하니까. "야, 갑갑해서 그 차 어떻게 타니. 살살 가보자. 너 잘 걷는다며?" 아, 그래서 갔지. 그런데 그때 한 마흔네 살 먹었을 때니까 마음에 우리도 마흔네 살이래도 보니까 조금도 안 줄었는데, 그도 마흔네 살 줄을 까닭이 있나. 내 생각에는…

학인: 깐보셨어요(깔보셨어요)?

봉우 선생님: 깐봤지.

학인: 사십이니까…

봉우 선생님: 깡창하게 아주 말랐으니까… 아, 그래 가는데 인천서 시작을

---

85) 허위(許蔿, 1855~1908), 조선 말기의 의병장. 항일 전투 중 붙잡혀 서대문감옥에서 51세로 순국하였다.

하는데 "인도에서부텀 속력 놓지 말고 저 샛골 넘거든," 사람 없는 데지, "샛골서부터 전력(全力)하자." 그러거든. 아, 이 그냥 그냥 그냥 이래.

학인: 발이 거의 안 보여요?

봉우 선생님: 그래 그렇게 따라갈 만하게는 늘 가. 그런데 웬만한 저 저…

학인: 거리를 유지하면서?

봉우 선생님: 응. 무엇이 저 이 조그만 다리처럼 요렇게 놓은 게 있지? 왜 이 가다가.

학인: 예예.

봉우 선생님: 건너. 한 두 칸, 세 칸 같으면 훌쩍 건너 훌쩍 뛰고 이러고…

학인: 와!

봉우 선생님: 그런데 그런 건 나도 같이 뛰었으니까…

학인: 예.

봉우 선생님: 주안(朱安)[86]까지 갔는데, 주안서 거기가 뭔가. 부평(富平)[87], 부평을 갔는데, "아, 그거밖에 못 뛰어?" 아, 이러면서 "좀, 좀 부지런히 가." 그래. 아, 부지런히 가 소리를 하더니 그러면서 자꾸 얘기를 하네. 대답할 얘기를, 대답을 못하겠어.

학인: 아, 숨이 차셔서…

봉우 선생님: 숨이 차니까…

학인: 하하하. 그러니까 아주 데리고 노는 거군요. 그냥 아주.

봉우 선생님: 말하자면 그렇지.

학인: 예. 자기는 얘기, 할 얘기 다 해가면서 막…

봉우 선생님: 그래. 아, 그래가지고 서울 올라왔는데…

---

86) 인천 남구에 있는 동. 우리나라에서 가장 오래된 천일염 산출지역이다.
87) 고려시대·조선시대 부천 지역의 옛 이름.

학인: 그러면서도 한 거리는 그럼 한 몇 미터? 한 두 칸 몇 칸 사이는 계속 떼고 가는 거예요? 이제 옆으로 또 따라가면서?

봉우 선생님: 아, 바짝 따르긴 따랐어. 따라가긴 따라는 갔는데 욕을 봤지. 그랬는데 서울 가니까 전부 인천서 간 시간이 한 시간이 못 됐어.

학인: 아, 그렇게 빨리…

봉우 선생님: 인천서 간 시간이…

학인: 40분이나 뭐…

봉우 선생님: 예전, 예전 리수로는 80리거든 그게. 그런데 요새 킬로로는 100리지. 그니까 그 100리를 한 시간이 못 돼서 쫓아갔지 그러니까. 그런데 나더러 그 어른이 그래. 한성(漢城: 서울의 옛 이름) 여관에 가서 자는데. "너 그냥 자?" "아, 내가 어떰님까(어떡하겠습니까)?" "응, 네 식성 알아." 그 주인은 나보다 한 20년 더 먹었거든. 20년 더 먹었어도 내가 그런 걸 좋아하니까 이것이 와서 덤벼들지. 아, 그 이튿날 아침에 일찍이 왔어. 일찍 오더니. "응, 너 네 식성 다 부렸구나?" "안 그랬어." "뭘 안 그래." 하하. 닷새를 꼼짝 못하고 드러누웠어.

학인: 그 자리에서 그냥…

봉우 선생님: 그 자리에서. 아, 그 일어날 텐데 안 일어나져.

학인: 그러니까 그 전날에 전력을 다해서 질주하고 그날 하니까 완전히 이건 탈진이 되나보죠?

봉우 선생님: 탈진이 됐지. 그래 그냥 그래놓고. 그래 이제 그 어른한테 배우진 않았어.

학인: 그런데 그분도 내내 보법은 똑같았어요?

봉우 선생님: 보법은 같은데 속보가 아녀.

학인: 일종의 그것도 비보(飛步).

봉우 선생님: 비보여 비보.

학인: 자동으로 하셨나요?

봉우 선생님: 자동.

학인: 자동으로요.

봉우 선생님: 자동인데 비보여. 힘이 우리보다 조금 세고. 우리보다 한 곱…

학인: 곱쟁이 이상…

봉우 선생님: 곱쟁이 조금 더 센 거 같아.

학인: 어, 그러니까 비보를 하셨나보죠?

봉우 선생님: 응, 비보를 했어. 나는 속보를 했지.

학인: 그러니까 내내 그 비보 속도에다가 맞춰서 막 뛰신 거군요?

봉우 선생님: 그래.

학인: 하하, 속보하던 사람이.

봉우 선생님: 그래.

학인: 그러니까 완전히 탈진이 되신 거구나.

봉우 선생님: 그래서 그다음에 웬만한 뭐 축지한다고 쩔쩔대는(집적대는) 거한테는 지질 않았지. 말이 그렇지 천리가면 무던히 갔지 뭘.

학인: 할아버님, 그러니까 요것이 말이죠, 요 보법이 옛날에 우리나라에서 그때 누군가 썼다고 하셨죠? 지자군이라는 게 있었다고 그러셨죠?

봉우 선생님: 지자군.88)

학인: 그러니까 우리나라에도 옛날에는 관청이나 말이죠 이런 데서 지자군을 이용했다 그러셨죠?

봉우 선생님: 지자군 이용했지.

학인: 한글로 지자군인가요? 지자군이라고 그래요?

봉우 선생님: 지자군.

---

88) 지자군(持字軍): 지방 관아들 사이에서 공문서나 물건을 지고 다니던 사람.

학인: 지자군. 한자로는 어떻게 쓰나요?

봉우 선생님: 따 지 자 하고, 자 자는 몰라 무슨 지 뭘 쓰나?

학인: 하여간 지자군 불렀는데. 이들이 하는 게 주로 무슨 일을 했죠? 그러니까…

봉우 선생님: 걸음 걷는 법을 배우지.

학인: 걸음 걷는 법을 배우는데, 이거 관청에서 소속했어요?

봉우 선생님: 관청에서…

학인: 관청에 있는 하인배 같은 이런 신분인가요?.

봉우 선생님: 급장(級長)이나 사령(使令)이 그걸 하는데…

학인: 급장이나 사령.

봉우 선생님: 응, 지자군으로 몇 번 댕기면 한 층을 올려줘.

학인: 계급(階級)을요?

봉우 선생님: 계급을 올려주니까 그거 벌써 지자군 거기 가는 놈이면. 볼기 때리는 거 잘 때리는 놈하고 저 지자군은 한 층 올려주니까.

학인: 그러면 이게 관청이면, 이를테면 시골 각 지방마다…

봉우 선생님: 다 있지.

학인: 옛날에 관청이나…

봉우 선생님: 아니, 이 저 지자군이 뭣은 없어, 여기.

학인: 서울.

봉우 선생님: 서북은 없어.

학인: 서북, 서북쪽이요?

봉우 선생님: 응, 왜 없는고 하니 거긴 저 파발마(擺撥馬)가 있기 때문에…

학인: 아!

봉우 선생님: 남쪽은 전부 지자군이 있었어.

학인: 서북지방에는 없고…

봉우 선생님: 응.

학인: 거기는 파발마를 사용하고…

봉우 선생님: 그렇지. 남쪽에선 경상도에서 오든지 전라도서 오든지 하는데도, 아, 밤을 새가면서 이렇게 하는데…

학인: 파발마보다는 사람들을 사용했군요.

봉우 선생님: 사람, 사람이 가지. 이 지자군 걸음이라는 것도…

학인: 내내 그 속보 스타일인가요?

봉우 선생님: 그렇지, 속보지. 하룻밤이면 전주, 전주서 서울까지는 밤새도록 오면 새벽에 떠나 가지고 밤새도록 돌다가는 오니까. 400리, 500리, 600리인데 그 무던히 걷는 거지.

학인: 600리를 갔다가 그냥 하룻밤, 하루 걸려서 그냥, 새벽에 떠나서 그날 저녁에는 들어온다 이거죠?

봉우 선생님: 저녁엔 들어가지.

학인: 서울서 전주까지. 아유, 그러면 뭐 그 당시에 길도 나빴을 텐데…

봉우 선생님: 잘들 해. 그래도. 그 사람들이.

학인: 그러니까 요것을 관청이라고 그러면 남부지방 관청이라고 그러면, 옛날 관청이라면 뭐라고 부르죠? 그거 저…

봉우 선생님: 군. 군.

학인: 군이면 보통 저 뭐라고 그러나요? 그거를 갖다 관청 이름을? 관청 이름을 뭐…

봉우 선생님: 아니 부사면 부사, 목사면 목사, 저 이 감사면 감사, 각기 다시들…

학인: 그게 이제 다른데, 시나 마을의 크기에 따라서…

봉우 선생님: 응.

학인: 근데 하여튼 관청에서 다 소속으로 했다, 이거죠? 이 사람을.

봉우 선생님: 그렇지.

학인: 하나의 통신연락으로 삼았다, 이거죠?

봉우 선생님: 통신연락으로 했지.

학인: 아, 근데 이렇게 급장이나 사령급으로다가…

봉우 선생님: 그렇지.

학인: 지자군 하는 친구들이 있었구면요.

봉우 선생님: 있지. 아주 그게…

학인: 아주 배속되어 있었군요.

봉우 선생님: 그래.

학인: 그래서 이게 한말에 이용익(李容翊)[89]인가요?

봉우 선생님: 이용익이는 함경도 사람인데, 지자군, 지자군과 마찬가지지.

학인: 예, 걸음을 잘 걸어가지고…

봉우 선생님: 걸음 잘 걸었지. 이용익이뿐 아니여.

학인: 예, 출세한 대표적인 사람이죠, 이용익이가. 근데 이용익이가 출세한 사건이 민비가 저기 되었을 때인가요?

봉우 선생님: 무엇이? 아녀. 민비, 그저 친정 거기 금 갖다줘서 그래되지 않았어.

학인: 예, 친정에다가요.

봉우 선생님: 무식한데 그저 취직할 적에 오면 뭐신가 해야 돼. 관보(官報)[90] 와서 읽혀봐. 읽혀보는데 관보를 지가 읽을 줄을 아나. 그런데 내부 내부대신 이저 집장으로 내 선친이 계실 때인데 들어왔는데 그거 통

---

89) 이용익(李容翊, 1854~1907), 조선 말기 대한제국의 정치인, 관료, 외교관이며 고려대의 전신인 보성학교의 설립자.

90) 구한말 정부에서 간행된 공식 기관지. 1894년(고종31) 8월부터 1910년 8월 29일까지 모두 4768호를 냈다.

과시켜주라고 이렇게 하시니까 여기 이렇게 뵈면 다른 건 안 읽히고 관보를 갖다 딱 내고 여기 가선 좌기(左記)와 여함(如-, 같음)91) 하잖아? 그건 늘 들어서라도 알지 않는가 그거여.

학인: 좌기와 여함.

봉우 선생님: 이게 뭐여 읽어봐. 그래 좌기와 여함. 그래서 그거로 통과한 사람이여.

학인: 이용익이가…

봉우 선생님: 그래 이용익이가 그 통과시켜줬다고 우리 집에 늘 찾아왔어.

학인: 하하.

봉우 선생님: 좌기와 여함.

학인: 아니, 그럼 그게 관보예요? 관보?

봉우 선생님: 어디?

학인: 요거 이렇게 주는 거 있죠? 사령.

봉우 선생님: 관보. 관보.

학인: 관보.

봉우 선생님: 여기 저 이 신문 관보 있지?

학인: 신문. 신문이에요? 아, 신문.

봉우 선생님: 나라 관보.

학인: 나라 관보. 그 당시에 뭐 〈한성순보〉니 무슨 보니 나오던 신문?

봉우 선생님: 그렇지. 그래 그래.

학인: 그걸 이렇게 읽혀봐요?

봉우 선생님: 읽히는 거여. 아, 다른 법 법조문을 읽힐 텐데 그건 모를 테니까…

---

91) 왼쪽에 쓴 것과 같음.

학인: 아, 아예 그냥 기본 신문이나 우선 읽어봐라.

봉우 선생님: 응. 신문에 가운데서 으레껏 거긴 다 좌기와 여함이거든. 그거 읽어보라고 해 그건 읽었지.

학인: 그게 이용익이도 걸음을 잘 걸어서 하여튼 출세했다고 그러셨잖아요?

봉우 선생님: 힘이 장사고…

학인: 힘이 장사…

봉우 선생님: 이용익이, 누군가 이준인가 이저 이 강원도 도지사 지내던 이.

학인: 이용구. 이용구는 아니구나.

봉우 선생님: 아니, 이준규. 강원도 도지사 지내던 사람.

학인: 그 당시요?

봉우 선생님: 이 말녘에까정 지냈지. 그게 다…

학인: 지자군 출신이군요.

봉우 선생님: 지자군 출신이여, 다 그게.

학인: 신분은 그러면, 신분은 뭔가요. 중인인가요?

봉우 선생님: 함경도 사람이지. 뭐 그저.

학인: 네.

봉우 선생님: 사색(四色: 당파)에 관계없고…

봉우 선생님: 그래서 내가 이걸 시작한 거니까 그 시작을 심심치 않게 잘 만들어서 넣어.

학인: 지자군들이 보통 그러면 이렇게 전주 서울 간을 하루 종일 달릴 정도면…

봉우 선생님: 잘했지.

학인: 잘 달렸네요.

봉우 선생님: 잘 달렸지.

학인: 그 사람들도 그러니까 1시간에 최소한 저 한 50리 이상은⋯

봉우 선생님: 40~50리 보통 가지.

학인: 40~50리 보통 갔겠네요. 최소한 그 정도 달려야⋯

봉우 선생님: 그렇지.

학인: 가능하잖아요.

봉우 선생님: 응.

학인: 그것도 그냥 40~50리만 딱 뛰고 마는 게 아니라 그걸 종일 달리니까 힘도 장사(壯士)여야 되고⋯

봉우 선생님: 그렇지. 힘 다 있어야지.

학인: 중간에 뭐 쉬어가면서 먹어가면서 전달할 새가 없었을 거 아녜요. 보통 다 급하다고 하면서 빨리 전해라 빨리 전해라 그러니까.

봉우 선생님: 그렇지. 앉아서 먹을⋯

학인: 새도 없죠, 뭐.

봉우 선생님: 먹을 새 없고⋯

학인: 주먹밥 하나 가면서 먹고 뭐 이랬겠죠?

봉우 선생님: 그런데 말은 그렇지. 저 파발마도 시켜서 먹는다고 그러지. 그걸 인제⋯

학인: 그래서 그⋯ 요건 동기로다 요렇게 기록을 하고요.

봉우 선생님: 그래.

학인: 보법을 서문을 어떻게 쓰셨나 하면 "우리 조상들의 전래하는 비법 중에서 그 일부인 세칭 축지법이라는 것이다. 그러니까 축지법 중에 속보법(速步法)과 비보법(飛步法)의 일부를 청년 제위에게 공개하여 현세 운동계에 경주, 경보 종목에 활용하는 데 일조가 될까 하야 불초의 소년시대에 실천궁행하던 경험을 조금도 가림 없이 기록하오니 제위는 이제 구식 체육의 일부를 현세 운동에 시용해서 시용해보시고 노부(老夫)[71]가

망언하지 않음을 증명해주시기 바랍니다." 그랬거든요?

봉우 선생님: 응, 근데 그 좌우간 내가 걸어댕기던(걸어다니던) 게 그렇게 빠르게 가면 바람이 뒤에서 불 때도 두루마기는 늘 뒤로 그냥 펄펄펄펄 휘날렸어. 바람이 이렇게 뒤에서 이렇게 불어올 때도 말이야.

학인: 이렇게 뒤로 갔군요.

봉우 선생님: 그래 얼마나 빠르니까 그렇지 그저.

학인: 바람보다 더 빠르셨다는 거네.

봉우 선생님: 그렇지 그게.

학인: 그런데 여기서 할아버님, 그 전래하던 축지법이란 얘기를 하셨는데, 이 축지법이라고 한다면…

봉우 선생님: 아, 그걸 축지법이라고, 모르는 사람이 그랬단 말이여.

학인: 땅을 줄여가지고 달리는…

봉우 선생님: 달리는 게 아니고 속보법이여 그게.

학인: 네. 그러니까 이 축지법이라는 명칭은 세상에서 하는 거지만, 실질적으로 들어가보면 땅을 줄이는 게 아니고…

봉우 선생님: 응.

학인: 이거는 글자 그대로 땅을 줄인다는 표현인데…

봉우 선생님: 그렇지.

학인: 이거는, 그거는 저 빈 얘기고, 실질은 걸음을 속히 하는 속보. 그리고 또한 비보다. 걸음을 날려간다.

봉우 선생님: 응.

학인: 날래…

봉우 선생님: 날리는 건 이런 ○○○(?)이고. 뛰는 거니까. 이제 비보는…

---

92) 늙은 남자. 글쓴이가 자신을 가리켜 쓰는 말.

학인: 그거보다도 더 빨리 해서…

봉우 선생님: 더 뛰는 거 아녀. 그러니까 속보라는 건 이렇게 이렇게 이걸 발을 밟고 가는 거고, 그렇지.

학인: 그래서 이제 이렇게. 여기서 그러면 이 책에 해당되는 것은 경주 경보 종목이라고 그러셨단 말이에요?

봉우 선생님: 그래.

학인: 그러면 이거 이 책 쓰실 때는 경보, 경주에 경주는 종목이 많잖아요? 1만 미터, 5,000미터…

봉우 선생님: 다 해도 괜찮아.

학인: 100미터. 그런데 여기는 경보라고 유독 써놓으셨단 말이에요, 경보.

봉우 선생님: 경주 경보지, 그러니까.

학인: 그러니까 경보 종목만 생각하고 이거 쓰신 거예요?

봉우 선생님: 경보는 내가…

학인: 경보는 옆으로 해가지고 이렇게 삐딱삐딱 해서 걷는 거 아닙니까?

봉우 선생님: 그래.

학인: 그 종목을 생각하신 거예요? 이거를?

봉우 선생님: 경주는 뛰는 거니까…

학인: 뭐, 마라톤도 있고…

봉우 선생님: 마라톤도 있고 그러니까 그거하고…

학인: 그거하고 경보하고 다 포함시키신 거예요?

봉우 선생님: 그 다르지. 같이 합뜨려(합쳐) 쓴 거지, 그게.

학인: 그러니까 이 속보법을 하게 되면 경보도 할 수 있고, 뭐 마라톤이다 뭐다 다 응용할 수 있다.

봉우 선생님: 같이 다 할 수 있지. 응.

학인: 그래서 저는 혹시 이렇게 써놓으셔서 또 그 당시에 써놓으실 때는

경보, 요 종목에만 한정해서 쓰신 거 아니냐 그런 생각이 들어서…

봉우 선생님: 경보라는 건 이 땅이 두 발짝이 닿아야 하지만, 뭐시는, 저 경주라는 건 이 끝만 대도 되거든. 어, 그러니깐 그건 비보지.

학인: 양쪽을 다 생각하신 거라 이거죠?

봉우 선생님: 그래.

학인: 처음 시작하실 때가 한 열여덟 살쯤 되셨군요?

봉우 선생님: 시작은, 그걸 하기 시작은 훨씬 전이지.

학인: 한 열다섯.

봉우 선생님: 열다섯부텀 했지. 그런데 이제 그게 열여덟, 열아홉, 열아홉이 내가 처음 저길 가서 뭣하던 해여. 구월산(九月山) 가서.

학인: 예. 처음 수련하실 때…

봉우 선생님: 응. 산수련을 하던 해여.

20:54

봉우 선생님: 그렇게 듣고 가서 하면 그게 이제…

학인: 예.

봉우 선생님: 말만 잘 만들으면(만드면) 말이 되지.

학인: 그런데 처음에요. 처음에 속보법 요지(要旨)해서 첫째로 보행하는 방식이 평보(平步), 평보와 완보(緩步), 그다음에 속보, 그다음에 비보의 네 가지가 있다.

봉우 선생님: 세 가지가 있다고 했지.

학인: 네 가지로 쓰셨어요. 네 가지. 이제 평보는…

봉우 선생님: 우리가 보통 걷는 거.

학인: 예. 그거고. 그다음에 저 완보.

봉우 선생님: 완보는 아주 찬찬히 가는 거.

학인: 완만한 거.

봉우 선생님: 응.

학인: 그다음에 저 속보하고 비보. 그렇게 네 가지로 구분하셨어요.

봉우 선생님: 응, 그렇지.

학인: 그래서 저 여기서 말하고자 하는 것은 속보법에 한해서 말하고자 한다. 그래서 명칭은 속보법 요지라고 한다.

봉우 선생님: 응.

학인: 그래서. 그런데 이제 여기서 설명은 어떻게 하셨냐 하면 완보와 평보, 그다음에 속보와 비보를 따로따로 구분을 하셨어요.

봉우 선생님: 따로따로 구분해야 되지 그게.

학인: 그래서 1시간이 60분이요, 1분이 60초요, 1시간을 초로 환산하면 3,600초다.

봉우 선생님: 응, 그래.

학인: 그러면 완보는 1보와 1보의, 한 걸음과 한 걸음 사이 걸이가 한 척(尺), 한 척이라고 그래서, 에 보통 한 척이라는 게 30센티, 보통 한 30센티 잡고요.

봉우 선생님: 완보가 3척을 다 못나갈 거여.

학인: 한 척이요. 한 걸음 사이가 한 척 정도. 한 척.

봉우 선생님: 한 척.

학인: 예. 그러니까 한 30센티.

봉우 선생님: 응 그렇지 그거밖에 못 가지.

학인: 예. 그리고 시간이 한 걸음에 1초 내외로…

봉우 선생님: 찬찬히 가는 거니까.

학인: 예 한 걸음에 한 척. 그리고 2초에 한 세 걸음 정도, 2초에. 그렇게 범위로 행보하는 것으로 명칭하되 이것을 완만한 완보라고 한다.

봉우 선생님: 응.

학인: 그다음에 노쇠, 노약한 사람이나 청장년이라도 신체가 허약한 사람이나 혹은 건강하더라도 유람하는 식으로 하는 사람들의 유사한 행보니 1시간에 900칸 중심으로 900칸에서 조금 더 가는 사람도 있고 나은 사람도 있고. 그래서 조금 속한 완보는 하루에 그저 50~60리 정도.

봉우 선생님: 그렇지 그래.

학인: 그리고 그 이내는 40리 정도도 가고 그런 것이 완보다.

봉우 선생님: 그렇지 응.

학인: 그러시고 그다음에 평보는 뭐라고 그러셨냐 하면 한 걸음 사이가 1척 2촌 정도. 그런데 지금 한 촌이요, 열 촌이 모여서 한 척이 되죠?

봉우 선생님: 그렇지.

학인: 그러면 한 3센티 되겠네요.

봉우 선생님: 그렇지.

학인: 그 1척 2촌을 중심으로 약간 내외로 하는데, 그 이상도 되고 좀 짧기도 하고…

봉우 선생님: 그렇지.

학인: 한 시간에 보통 4킬로, 한 시간에.

봉우 선생님: 한 10리. 10리 가는 거지.

학인: 한 시간에 한 10리를 평균으로. 그리고 빠른 사람은 한 뭐 5킬로 정도…

봉우 선생님: 그렇지.

학인: 그렇게 가는 건데. 그렇게 가면 하루에 하루 평균 130리 이하, 그리고 80리를 행보하는 것은 명칭에서 평보라고 한다. 그러니까 그게 하루에 130리니까 여기서 하루 잡으신 거라는 건 아침부터 저녁까지 얘기하신…

봉우 선생님: 그렇지 그래.

학인: 한 12시간 정도, 지금 시간으로 말하면.

봉우 선생님: 그렇지 응.

학인: 약 12시간 정도 계속했을 때 한 130리는 간다. 그래서 그것을 평보라고 한다. 이러셨어요. 요다음에 나오는 것이 속보로 나오는데, 속보라는 것은 한 보와 한 걸음 사이가 한 척 5촌 이상이다. 그래서 그러니까 30에다가, 한 45센티 되겠네요?

봉우 선생님: 그렇지.

학인: 45센티. 그래서 2척까지, 거기서 조금 넓은 사람은 한 2척, 60센티 뛴다 말이죠.

봉우 선생님: 그렇지.

학인: 그리고 1초에 걸음을 네 개를, 네 걸음을 떼어논다.

봉우 선생님: 응.

학인: 그다음에는, 아니면 네 걸음에서 다섯 걸음 정도는 뛸 수 있어야 된다.

봉우 선생님: 응. 그건 연습해가지고…

학인: 예. 연습해서요. 조금 습득한 사람이면 세 척, 한 걸음에 막 세 척 뛴다는 거죠, 90센티를.

봉우 선생님: 그렇지.

학인: 한 척 사이가 막 이만큼 뛴다는…

봉우 선생님: 그렇지.

학인: 그런데 보통 사람으로는…

봉우 선생님: 대번, 대번 삼 척을 못 뛰지.

학인: 예.

봉우 선생님: 이게 맛이 어떤고?

사모님: 워떠유?

봉우 선생님: 찝찔해.

사모님: 찝찔하지?

봉우 선생님: 마실 때 찝찔하지.

사모님: 노린내가 안 나지?

봉우 선생님: 안 나. 아무 내도 안 나.

학인: 그래서 보통 사람으로서 반년 이상 연습하면 한 시간에 4,800칸에서 7,200칸까지 가능하다. 그러니까 이걸 계산해봤더니 4,800칸이라는 것은 한 칸이, 한 칸이 한 1.8미터. 한 2미터가 채 안 되지, 한 칸이.

봉우 선생님: 그렇지.

학인: 길이가요. 그래 1.8미터 정도 되는데, 한 시간에 그러니까 이게 킬로수로는 8.64킬로가 나와요. 4,800칸이면. 그러니까 8.64킬로미터니까 한 시간에 20리.

봉우 선생님: 20리 조금 넘네.

학인: 예, 넘고. 아니면 조금 빠른 사람은 더 나가는 사람은…

봉우 선생님: 30리나…

학인: 예, 30리요. 30리 정도 나가는…

봉우 선생님: 그렇지.

학인: 20리에서 한 30리 정도.

봉우 선생님: 응.

학인: 그정도까진 가능하다. 그래서 에 7,200칸이면 이게 한 30리 정도는 간다면…

봉우 선생님: 35리지.

학인: 예. 한 시간에요. 그 정도면 하루 평균에 300리 이상은 보통 할 수 있다.

봉우 선생님: 그렇지. 300리 보통 가지.

학인: 그런데 좀 더 연습이 축적되면 그 이상도 약 하루에 400리 정도는 가능하다. 이것이 속보라고 명칭한다. 그러셨거든요. 그런데 여기서요, 이게 주욱 연습하면 1시간에 35리는 뛰는데, 그렇다면 1시간에 그저 13킬로 정도 뛴다는 소리인데.

봉우 선생님: 응?

학인: 한 시간에 한 13킬로 정도. 35리니까 13킬로는 뛰고…

봉우 선생님: 그렇지, 그렇지.

학인: 그러면 두 시간 뛰어봐야 한 26킬로밖에 못 뛰는데. 1시간에…

봉우 선생님: 4킬로가. 4킬로가 10리인데 13킬로면 삼사십이 30리지.

학인: 예, 그렇죠. 그러니까 이저 1시간에…

봉우 선생님: 30리.

학인: 예. 1시간에 한 30리면…

봉우 선생님: 뛰는 게 아니라 그건 걷는 거여.

학인: 그렇죠. 그래서 인제 이런 식으로 속보다 하면 2시간이면 이런 식으로 하면 뭐 26킬로다. 그러면은 요것이 걷는 것이다. 속보법으로 만일 마라톤을 뛴다고 했을 때는…

봉우 선생님: 마라톤? 그건 비보 얘기지.

학인: 예. 비보로 내내 해야 되는…

봉우 선생님: 그건 비보가 마라톤이지. 쑤구리고(수그리고) 뛰는 거지. 이건 걸어가는 거지.

학인: 근데요, 여기서 써놓으실 때는 속보법에 한해서 주로 써놓으신 거거든요. 이게 속보법 요지니까. 속보법 요지거든요.

봉우 선생님: 속보법이여 속보법.

학인: 예. 그래서 이게 만일 속보법이니까 뒤에 가서 보면, 뒤에 가서 연습법에 보면요, 연습법에 뭐라고 그러셨냐면 사낭(沙囊: 모래주머니), 백사

장에서 이 사냥, 여기서 이거 무게 달고요, 달고 뛰면 연습이 축적되면 10리에 15분. 좀 더 맹훈련하면 10리를 한 11분, 11분 정도에 뛸 수 있다고 하셨거든요, 10리를.

봉우 선생님: 그래.

학인: 그러면 여기서 10리에 한 11분 정도만 뛰면 지금 세계신기록 이에요.

봉우 선생님: 그건 비보여 비보.

학인: 그런데 이건 제목을요, 할아버지는 속보법이라고 해놓으셨거든요.

봉우 선생님: 속보에 비보, 속보라고 하는 데서 평보, 완보, 뭐여 저 비보 그게 다 속보법에 들어가지.

학인: 그런데 여기 저 제목을 앞에 해놓으실 때 이 네 가지 완보, 평보, 속보, 비보, 네 가지가 있는데…

봉우 선생님: 그래.

학인: 여기서 말하고자 하는 것은 속보법에 한해서만 말하고자 한다고 하셨어요. 그래서 명칭을 속보법으로…

봉우 선생님: 끄트머, 끄트머리 저기 보완, 저기 저…

학인: 그래서 여기서 그다음 비보가 나오는데…

봉우 선생님: 응.

학인: 비보가 나오는데…

속보법 대담 2[93)]

봉우 선생님: 그것이 말은 속보(速步)여도 그건 비보(飛步) 연습이여.

학인: 그래요?

봉우 선생님: 응.

학인: 그래서 제가 혼돈이 돼서요. 이렇게 보니까 여기서 말씀하신 속보는 하여간 이렇게 보니깐 7,200칸. 그냥 이렇게 이 정도 갔다. 그러면은 7,200칸 정도만 걸어갔다 하면 1시간에…

봉우 선생님: 응.

학인: 선수권(選手權)[94)]은 가질 수 있다고 하셨어요.

봉우 선생님: 그래.

학인: 여기서 선수권이라는 건 종목상 경보에 해당하죠?

봉우 선생님: 경보여 경보.

학인: 마라톤은 아니고요. 이 실력 갖고는 마라톤이 안 되고. 경보(競步)를 생각하시면, 이때 쓰실 때…

봉우 선생님: 그렇지. 달음박질하는 게 아니여.

학인: 조금만 더 연습하면 1년에, 한 하루에 300리 이상 보통 할 수 있고…

봉우 선생님: 그렇지.

---

93) 녹음: 정재승, 녹취: 이기욱, 교정·주석: 박승순·정재승
94) 경기에서 우승한 선수나 단체에게 주는 자격.

학인: 좀 더 연습이 축적되면 그 이상 하루에 400리 정도도 걸을 수가 있다.

봉우 선생님: 그건 전부…

학인: 이게 속보다.

봉우 선생님: 그건 뛰는 게 아니고 속보여.

학인: 그래서 제가 여기서 봤을 때는 이걸 걷는 거로 끝내면 마라톤엔 해당이 안 되는데, 뒤에 가서 이제 연습법을 딱 보면은 그래서 이제 옆에 비보가 나오지 않습니까? 비보는 뭐냐 하면 1초에 오류 차에, 똑딱하는 순간에 다섯 번 내지 여섯 번을 걸음을 떼어놓는다. 이렇게 해놓으셨어요

봉우 선생님: 그렇지.

학인: 그리고 한 걸음과 한 걸음의 거리가 3척 5촌 내지는 4척이에요.

봉우 선생님: 그래.

학인: 막 1미터가 넘어간단 말이죠.

봉우 선생님: 그렇지 뛰는 거니까…

학인: 그래서 1시간에 50리에서 100리 정도를 갈 수 있다. 그러셨거든요

봉우 선생님: 그래.

학인: 1시간에 한 20킬로는 간다. 20킬로에서 40킬로까지도 갈 수 있다 그러셨어요, 이건.

봉우 선생님: 응.

학인: 1시간에 빠른 사람은 20킬로, 더 빠른 사람은 40킬로. 그러니까 이거는 뭐 1시간에 40킬로 달리니까 마라톤…

봉우 선생님: 마라톤 간다 그 소리지.

학인: 네. 천상 마라톤은 비보로 얘기를 해야 되겠네요.

봉우 선생님: 비보로 해서 얘기를 해야지.

학인: 그래서 제 생각은요, 에…

봉우 선생님: 요기단(여기에다는) 따로 요건 비보에 국한한 거다 요렇게 써야 돼. 그런데 비보라고, 한참 우리 걸을 적에 10분씩 걸을 제 구부리고 뛰지는 않았어. 인천 댕기고 할 적에. 걸었지.

학인: 걸으셨는데도 막 그 시간에…

봉우 선생님: 1시간밖에 안 걸렸지.

학인: 예, 그래서요 비보는 그렇게 해놓으셨는데, 뒤에 나가는 주법(走法), 보법하고, 보법에, 보법하고, 그쪽 연습법, 그 뒤에 나오는 이런 연습법이나 요즘의 육상 경기와의 비교. 그다음에 이건 추기(追記) 있었습니다, 추기.

봉우 선생님: 고 밑에 거는 비보를 연습하는 것이여. 속보래도.

학인: 그러면은 가만있자.

봉우 선생님: 10분밖에 안 걸려.

학인: 그러면 이 보법도요 이 뒤에 써놓으신 것은 각론(各論)에요, 보법을 뭐라고 써놓으셨냐면 완보나 평보는 신체를 갖다가 행보할 때 정면으로 족적(足跡)이 두 선으로 나가는 것이 보통이지만, 속보법이나 비보법은 족적 이 족적이 한 선으로 난다, 이거죠.

봉우 선생님: 한 선으로 가, 한 선으로.

학인: 그래서 반드시 좌족(左足)을 먼저 출하고 족적을 일선으로 한 선으로다가…

봉우 선생님: 한 선으로 나가야지.

학인: 하되, 널리 되도록이면 크게 그 발걸음을 뛰는 것을 원칙으로 한다.

봉우 선생님: 그래.

학인: 그리고 양쪽 손은 전후로 하지 않고 좌우로 동요(動搖)하고…

봉우 선생님: 좌우로 하지.

학인: 향하는 것이고, 처음 연습할 때에는 단봉(短棒), 짧은 봉을 잡고 중

심을 잡으며…

봉우 선생님: 그렇지.

학인: 좌우수(左右手)로 단봉을, 봉의 끝을 잡고, 좌우로 동요(움직임)하는 것이 요결이다. 그리고 상체를 전방으로 굴복하고, 앞으로 약간 숙이고, 얼굴은 만일 여기를 ○○○(?) 우상, 우상소경(右上少傾). 그러니까 좌우, 우측으로 약간 소경, 약간 기울이고, 그렇게 하고 족품(?) 발꿈치는 닿지 말고. 그죠? 발꿈치는 떼라는 소리죠? 이렇게 들라는 소리죠?

봉우 선생님: 발꿈치가 아주 저…

학인: 공학이라고 하셨어요. 공…

봉우 선생님: 공만(?)하지 이 신이 가는데 이게 좌우장(?) 가지는 않아. 좌우 간 다 나아.

학인: 그러니까 힘을 발끝에다 주지, 발 뒤꿈치에다 주지 말라 이 소리죠?

봉우 선생님: 힘을, 힘을 뒤에다 쓰지 말라 이런 얘기지.

학인: 예. 그리고 발 족선, 발 앞부분에다가 주로 집력을 해라.

봉우 선생님: 그 주장약(?) 앞을 뛰는 거지.

학인: 예. 그렇게 하고, 널리, 발걸음을 떼어놓는 정도는 중심을 잡기 어려울 정도로 널리 떼어놓아라.

봉우 선생님: 그렇지.

학인: 그래서 뛰어오면서 단봉으로다가 중심을 잡으면서 이런 식으로 널리 나가라.

봉우 선생님: 그렇지.

학인: 요것이 바로 속보법의 보법입니까?

봉우 선생님: 그렇지 그게 보법이지.

학인: 그러면은 이 보법은 완보나 평보에 해당되는 게 아니고, 속보나 비보에 해당되는 거네요.

봉우 선생님: 그렇지, 그래.

학인: 그 두 가지에만…

봉우 선생님: 완보에는 그게 필요 없지.

학인: 그래 속보가, 비보에도 이 주법을 똑같이 사용하나요? 비보에?

봉우 선생님: 비보도 마찬가지인데. 비보도 마찬가지인데, 비보라는 건 속보가 훨씬…

학인: 진전(進展)되었을 때…

봉우 선생님: 능해가지고 나가는 건데…

학인: 예. 내내 속보를 완숙(完熟)해야만이 비보로 발전할 수 있다.

봉우 선생님: 발전할 수 있지.

학인: 그 말씀을 하신 거예요? 그래서 여기서 주체적으로 삼은 거는 내내 비보를 하려면 속보를 거친 다음에 여기서 더 능숙해져가지고 속보로 이전하는 비보…

봉우 선생님: 속보가, 인제 속보가, 이거 가지고 나가면 발이 자욱이 잘 안 나. 그만침 경보(輕步)를 하는 겨. 가벼울 경자로 쓰지 그러니까. 가벼울 경 가볍게 걷는다.

학인: 그러면은 그게 결국은 비보로 발전한다, 이거죠.

봉우 선생님: 비보로 발전하는 거지.

학인: 그렇게 하고서는 그것이 저 보법에 대해서 얘기하신 거잖아요. 그다음에 연습법이 있어요. 이 연습법도 내내 그러면은 어떻게 써놓으셨냐 하면, 장소는 백사장이 가장 적지(適地)이나 부득이한 경우에는 어느 곳이라도 관계가 없고…

봉우 선생님: 그렇지.

학인: 연습 시에는 양다리에 사낭(沙囊), 모래주머니를 약 열 근으로부터 20근 정도를 달고…

봉우 선생님: 그러니까 모래주머니 일부러 달게 없이 납 갖다 다는 게 제일 좋아.

학인: 열 근이니까 6키로(kg) 되네요.

봉우 선생님: 그렇지.

학인: 그리고 배낭에는 한 열 근 이상 내지는 20근의 중량이 있는 것을 진다.

봉우 선생님: 그렇지.

학인: 배낭도 져야 돼요?

봉우 선생님: 배낭 짊어지고. 그래 요게 한창 뭣할 때는 50근 보통 몸에 지니고 다니지.

학인: 50근까지요. 몸이 좀 튼튼한 사람은…

봉우 선생님: 그러니까 좀 약하더라도 50근만 몸에 지니고선 1시간에 뭣할 정도라면…

학인: 1시간을 걸어다닐 정도면…

봉우 선생님: 1시간에 걸어당길(걸어다닐) 수 있도록, 내놓고 걸어가라면…

학인: 훨씬 가벼워지겠네요.

봉우 선생님: 훨씬 가볍고, 훨씬 더 가지.

학인: "처음에 요런 정도로 짐을 지고 다리에 매달고 연습하는 것이 요결(要訣)이다."고 하셨어요. 요결. 가장 중요한 사안이라고 그러신 거예요, 연습법에서.

봉우 선생님: 그렇지. 그래.

학인: 그렇다면 호흡은 절대로 코로만 하고…

봉우 선생님: 그렇지. 입 벌리지 말고…

학인: 예. 입 벌리지 말고. 그러면 모래주머니가 30근까지만 된다면 아래에. 그러면 보통 반년 이상 해서 1년 정도는 해야 된다 이거죠, 연습을.

봉우 선생님: 그렇지.

학인: 그렇게 해서 충분히 연습해서 모래주머니를 제거하면 10리에서 15분은 별 문제가 없다. 그러셨어요. 10리에 15분. 그리고 좀 더 연습, 맹훈련(猛訓練)을 하면, 맹훈련 이걸 전력으로 하면 11분도 되고 12분도 1시간에 갈 수 있다. 그러니까 10리를, 10리를.

봉우 선생님: 10리 이제 덜 가면 10분씩은 보통 가는 거여.

학인: 지금 가면은 지금 세계 기록 나오는 거예요. 10분 빨라서…

봉우 선생님: 그렇지.

학인: 여기서 11분대만 계산해보니까 11분대만 가도… 지금 세계 신기록 6분대가 나와요.

봉우 선생님: 그냥 그냥 그냥 막 나가.

학인: 그런데 이거는 내내 지금 속보법의 일반적인 훈련 방법인데…

봉우 선생님: 그렇지.

학인: 이 속보법도 훈련 열심히 해서 하면은 마라톤 기록이 나온다는 말이거든요.

봉우 선생님: 마라톤 기록은 문제없이 나.

학인: 예. 그러면은 앞에서 설명해 놓으신 여기서 속보법이 연습 잘하면은 한 7,200칸까지 가능하다고 그러셨거든요. 그래서 이 7,200칸보다 더 가는 거 아닙니까, 여기서는?

봉우 선생님: 훨씬 더 가지.

학인: 예.

봉우 선생님: 첫 번 얘기, 초등 속보가 그렇지.

학인: 초등 속보죠, 초등 속보.

봉우 선생님: 응. 10분에 그까정 가는 걸음으로 가면 10분이면, 저 1시간45분이 뭣인데, 마라톤 기록인데, 2시간이 아니라 1시간 45분이여.

학인: 아, 그러니까 이거는 초등이군요 초등. 7,200칸까지는 초보적인 훈련이고…

봉우 선생님: 초보여 초보. 20리도 못 가는 건데 그건.

학인: 그렇죠. 예. 요것이 속보에 더 발달되면 지금 요 속보상태로도 마라톤까지 갈 수 있다.

봉우 선생님: 그렇지, 그래 그래.

학인: 비보를, 물론 더 나아가서 비보를 하면 더 낫겠지만, 비보가 아니고 속보의 최고 우수한 성적으로도 지금 마라톤 기록은…

봉우 선생님: 마라톤 기록은 문제없단 말이여.

학인: 그런데 여기서 1시간에 아니 저 10리를 한 10분만에 뛰면은 세계기록 가는 거거든요. 10리를 10분만에…

봉우 선생님: 그게 뛰는 게 아니여.

학인: 걸어도 되고…

봉우 선생님: 걷는데…

학인: 10분에만 걸으면 그저 지금 다는데(금메달 따는데) 그걸 못 나가고…

봉우 선생님: 그렇지.

학인: 그건 사실 걷는 게 아니라 외부에서 보는 건 날라가는 거죠. 뛰는 거죠.

봉우 선생님: 그런데 뛰…

학인: 지금도요, 100미터를…

봉우 선생님: 몸, 몸이 반듯하게 가면 뛴다곤 않거든.

학인: 그렇죠.

봉우 선생님: 그런데 이제 저 앞이 숙어져야 뛰는 거지.

학인: 왜 그러냐면 지금 세계신기록 나는 사람들이 2시간 7분. 7분대 나오

려면은요, 100미터를 최소한 17~16초, 16초에서 15초를 계속 뛰어야 돼요. 2시간 내내, 전구간.

봉우 선생님: 그래.

학인: 시간으로 나눠버리면, 그러니까 중간에는 100미터를 뭐 15초에 뛰기도 하고, 16초에 뛰기도 하는데, 17초 넘어가면 안 돼요.

봉우 선생님: 그래.

학인: 그러니 100미터를 15초에 뛸라면(뛰려면) 열나게 뛰어야 돼요. 보통. 그 수준으로 계속 2시간 이상을 뛰어야 된다는 소리거든요. 그러면 이 속보도 역시 그 수준 돌파할라믄(돌파하려면) 그거 이상은 빠르게 뛰어야 된다는…

봉우 선생님: 빠르게 뛰어야 되지.

학인: 더 가야 된다는…

봉우 선생님: 응.

학인: 그래서 여기서 하여튼 연습법에 중요하게 생각하신 거는 하여간 이거를 져라. 이거를 지고 다리에다가, 각부(脚部)에다가 아 무게를 달고 그 다음에 짐을 져라.

봉우 선생님: 그렇지.

학인: 그 연습이 필수다 이거군요.

봉우 선생님: 그게 제일 꼭대기지.

학인: 그 연습을 해서 하루에 그저 그러면 할 수 있는 만큼 해야 되는…

봉우 선생님: 응. 두 시간, 두 시간.

학인: 최소한 두 시간.

봉우 선생님: 응.

학인: 최소 두 시간은 그렇게 짐 지고선 막 뛰어야 돼요? 아이 걸어야 돼요?

봉우 선생님: 혼자 가면 답답한 거 같지만, 여럿이 가니까 답답할 건 없두만 (없더구먼), 그저.

학인: 두 시간은 해야 된다. 그러면 요것이 중량 늘리는 것도 처음에 말이죠.

봉우 선생님: 많이 하면 안 돼.

학인: 처음에 열 근도 많은 사람은 한 닷 근도 좋나요?

봉우 선생님: 닷 근씩 첫 번에 해야지. 닷 근만 해도 훨씬 달라.

학인: 처음에 닷 근서부터 출발하는 게 좋겠네요.

봉우 선생님: 그래. 닷 근서부텀 차츰차츰 올려 열댓 근씩하면 30근이 등어리에 뭣하고 하면 한 50근 되는데, 50근 서 말 무게 닷 말 무게를 몸에다 가지고 가는 거. 짊어지고 가는 거 아니여?

학인: 예.

봉우 선생님: 그래가지고 가다가 그놈을 뚝 떼내버리면 훨씬 빨라져.

학인: 네. 그러겠군요.

학인: 그러면 그 혹시 그러면 저기 상신에 있는 그 유씨 있죠, 유씨.

봉우 선생님: 응?

학인: 유씨요 상신에 유씨. 상신에요 그 뛰는 유씨 있잖아요, 유씨. 같이 온 그전에 체술할 때 같이 온 친구, 구리 먹은 친구요.

봉우 선생님: 응.

학인: 그럼 그 친구도 지금서부터라도 우선 달고 뛰어야겠네요, 이거. 이게…

봉우 선생님: 이 심(힘)으로 해야지 뭘.

학인: 이 힘으로 해야죠?

봉우 선생님: 응.

학인: 처음서부터 한 열 근씩 달고 그저…

봉우 선생님: 그냥 이렇게 뛰어선 안 돼.

학인: 반드시 걸으면서 달고 걸어야죠.

봉우 선생님: 그러지.

학인: 보법은…

봉우 선생님: 보법으로 자꾸 걸어서 가지고 그 힘을 내어서 이렇게 뛰어야 훅훅 날라가지(날아가지). 우리가 그때 신소에서 나 댕겨, 같이 댕기던 사람이 한상록이, 김용기, 나, 구영직이 에, 뭣이여 에, 강현이, 그 다섯이지. 아아, 누구 저, 김 뭐시냐 김영수, 여섯이 댕겼어. 홍대윤이는 댕길 때도 있고, 안 댕길 때도 있고, 그랬고 말이지. 그저 홍대윤이도 같이 다녔지. 그저 일곱이 댕기는데. 강현이 조카, 여기 저 지금, 뭐여 뭐시여 뭐이 보험 받으러 댕기는 여자, 저 아부지, 이 녀석은 안 해 저기 참여를 안 해. 왜 않는고 하니 힘이 그중에 제일 세. 그 여럿 중에 지가 제일 세거든? 저 대전 씨름회 씨름판에서 ○○○(?) 씨름에 1등은 못 했어도 2등은 거의 해마다 하다시피 했거든. 자신을 가져. 너희들이 연습해봐야 나 못 당한다 이거지. 한 반년 한 뒤에 따라올 수가 있나? 같이 댕기질 못 했어. 자전거 타고 따라왔지.

학인: 예.

봉우 선생님: 안 하면 안 되는 거여. 근데 구영직이같이, 그 약질 약질인데도 그 사람은 그건 여전히 따라왔지. 늘 따라왔지.

학인: 구영직 씨도 역시 여기다 달고 뛰었나요?

봉우 선생님: 응?

학인: 여기 여기다 달고…

봉우 선생님: 아녀. 본디 약한데. 뼈대가 강해 힘은 약한데. 그냥 죽으면 대수여 하고 따라다녔어.

학인: 그때 뛰실 때도 이렇게 뛰신 게 아니라 이렇게 그때도 걸었어요?

봉우 선생님: 응. 걸었지 걸었지. 우리 식대로 다 했지.

학인: 그러면은 아, 막 그런 식으로 걸어다녔군요, 같이. 그럼 그때 여기다가 안 댔어요? 모래, 모래주머니.

봉우 선생님: 안 댔어.

학인: 그때는요?

봉우 선생님: 모래주머니 대지 않고 끌고 다녔지, 그냥.

학인: 아, 밑에다가요?

봉우 선생님: 아니, 끌고 댕겼어, 끌고. 그들이 내가 막 데리고 댕기니깐…

학인: 예 예.

봉우 선생님: 저녁에 상신 갈까 하면 이것들 주욱 준비하고 몽둥이 하나씩 들고 그러고 나와서 그냥 휘익~ 하고 가는데, 그럼 유성 장터서 아, 저 녀석 상신축들 간다고 계룡산축들 간다고. 이것들이 젊은 애들은 따라보지 따라는 뭐 한참 따르다 뒤로 자빠지지 어디 따라와? 그 소문이 났었어, 아주 그때.

학인: 걷는 것도 이상하니까…

봉우 선생님: 그렇지. 근데 문수암같이 이 뚱뚱, 뚱뚱한 사람이 300근, 400근이나 가까운 사람이 그 와서 한번이라도 "아, 참 잘들하슈." 그러더니 그 잔뜩 짊어지고 뒤에다, 바랑에다가 석곡(三斛: 1곡은 10말, 120근, 72킬로그램)씩이나 이거저거 짊어지고 따라와.

학인: 똑같이요?

봉우 선생님: 똑같이.

학인: 그 무거운 사람이. 300~400근짜리가…

봉우 선생님: 응. 그래 그냥 거침없이 땀도 안 나고 거침없이 따라와. 본디 원력(元力)이 좋으니까. 저녁에 온다니까 "아, 그럼 저녁에 나도 우리도 신소나 갈까?" 하고 같이 돌아와서 거 와서, 감 많이 열릴 때니까 감들 먹

고 그러고 실컷 놀다가 그러고 또 나가지 하고 나가들 자야지 하고선. 근데 재미를 들이면 맛있어.

학인: 그럼 그다음에 여기서 구식하고 신식을 비교하셨어요.

봉우 선생님: 응?

학인: 구식과 신식을 비교를 하셨는데, 옛날 구식하고 이, 그러니까 내내 속보법하고…

봉우 선생님: 응, 그래.

학인: 신식법. 신식 육상 경기라고 여기 기술하시기를 현 경기 현 경보법에서 1만 미터가 45분 이상이 10리당 18분이고, 5만 미터가 4시간 26분이다. 그래서 10리당 21분 30초를 뛴다 이거죠. 이건 경보 얘기하신 거죠? 경보.

봉우 선생님: 응, 경보.

학인: 경보에 4시간 ○○○(?) 이거죠? 경보.

봉우 선생님: 그렇지.

학인: 그리고 속보법을 이게 10킬로 짜리가 있고, 경보에는 두 가지가 있나봐요. 50킬로 짜리가 있고…

봉우 선생님: 그래, 응.

학인: 그래서 이 속보법을 완전히 습득한 사람이라면 기록은 아주 멀리 돌파할 것이라고 본다.

봉우 선생님: 그래.

학인: 그래서 자토벡[95] 마라톤 기록도 2시간 23분이니 10리당 14분을 뛰었다 이거죠.

봉우 선생님: 응.

---

95) 헝가리 마라톤 선수, 올림픽 금메달리스트.

학인: 그러나 지금 지금 기록을 낼라고(내려고) 그러면 이게 또 50년대 기록이니까 지금 10리당 14분을 뛰어가지고는 안 되고 10리당 최소한 11분 12분을 뛰어야…

봉우 선생님: 그렇지, 그래.

학인: 기록이 돼요. 그래서 역시 비교가 되지 않는다 그러셨어요. 그래서 내내 말하고자 하는 것은 우리 청년을 양성해서 현 세계에, 사계(斯界: 현 세계)에 군림하는 것이다.

봉우 선생님: 응.

학인: 그래서 하필 속보법만 그런 것이 아니라 다른 종목이 거의 다 그렇다고 본다.

봉우 선생님: 거의 다 그렇지 뭐.

학인: 가지가지의 실천록을, 실천 기록을 장차 쓰기로 하고, 이 속보법 요지를 청년 제위에 참고로 제공할 하고자 하는 것이다.

봉우 선생님: 응 응.

학인: 그래서 이상의 기록은 예를 평지에서 한 것이다. 그래서 경사가 심한 그 설, 그 마루 고개나 또는 사정(?)이 심한 습지(?)나, 습지 또는 아주 기구한 산악지대의 밀림 속이라면 기록이 좀 변해질 것은 사실이다. 그리고 선수들이 다 나체에서 아무 소지품이 없는 것으로 간주하고, 아주 그 정장을 했을 때 정장을 한 사람을 목도를 한 것이니 경기장 밖에서 자기 자의로 하는 것은 약간의 그 방해물이 있기 때문에 기록의 조금의 변경이 있는 것이 당연하다.

봉우 선생님: 응.

학인: 그러나 우리들의 속보법으로는 경기장에서 보는 약간의 경사로는 기록의 변화가 없다 이렇게 쓰셨어요.

봉우 선생님: 그렇지.

학인: 그래서 무거운 짐을 지고 걸어간다면 이 보법은 완보 중에도 할 수가, 할 수 없는 예외로 한다?

봉우 선생님: 응 응.

학인: 완보 중에도 할 수 없다? 무거운 짐을 지고 걷는다면 이 속보법은 이 보법이라는 것은 완보 중에도 할 수 없는 예외로 한다. 이렇게 돼 있네.

봉우 선생님: 짐을 한 짐 잔뜩 짊어지고 가면 암만해도 속보가 될 수가 없는 거 아녀?

학인: 예. 너무 무거운 걸 들면요.

봉우 선생님: 그렇지.

학인: 그래서 군인들이 완전무장하고 행군하는 것도 그 소지품의 중량 여하로…

봉우 선생님: 그 틀리지.

학인: 평보, 냉보(?)의 시간의 지속을 빠르고 느린 것을 알 수가 있는데, 이런 보법은 예외로 보는 것이 당연한 것이다. 이외에도 이런 예에 속할 조건이 있는 것은 다 제하고 기록하는 것이다.

봉우 선생님: 응.

학인: 그래서 《속보법의 요지》의 또 추기를 보면 속보법에 대한 요지는 먼저 기록했는데 누구나(?) 이 법에 대해서 신구법의 차이점과 서로간의 장단점 이런 것이 있고 이것이 주법으로 얘기해서 이 뒤에 보면 현 세계의 각종 운동하고 다르다 이거죠.

봉우 선생님: 응.

학인: 그래서 거의 경주에 참여해서 서광(?)들이 서구식으로만 하는데, 동일하게 기관차식으로 하는데, 한마디로 말하면 그런데 현행 이런 주법, 이런 속보법으로 하는 것은 별로 없다, 거의 없다 이거죠?

봉우 선생님: 없어.

학인: 예. 그러니까 우리나라 고유의 주법이나 이런 주법의 우수성을 말하면서 그것을 증거하기 위해서 실질적인 얘기를 실화를 쓴다 이거죠.

봉우 선생님: 응.

학인: 그래서 예를 들면 신식주법이나 보법은 기관차식이고 겸해서 동물의, 네 발이 있는 동물, 그런 동물의 보법이다 이거죠.

봉우 선생님: 그렇지.

학인: 그래서, 그러나, 에, 그렇지만 또 이 야수들 같은 걸 보면 맹수 맹수들 보법은 또 속보법과 동일하다 이거죠.

봉우 선생님: 그래.

학인: 빠른 놈들…

봉우 선생님: 그래.

학인: 그러니까 특히 어떤 동물을 얘기하나요?

봉우 선생님: 범, 범 같은 거.

학인: 호랭이와 또…

봉우 선생님: 범, 고양이, 살가지[96] 그런 게 전부가 이 속보법과는 마찬가지인 게 이놈이, 이 발짝이 여까정 뒷발짝이 앞발짝을 치고 나가거든 자꾸. 요렇게 조금하지 않고 힘껏 벌이고 이 발짝이 나가는 것이 두 발짝이 아니고 한 선으로 나가고…

학인: 예, 막 뛰는 거군요.

봉우 선생님: 그 뛰는 거 찬찬히 가거나 뛰어가나 그놈 아주 버릇이 쫙쫙 내걸어.

학인: 아, 호랑이 같은 놈들 보면은 걸을 때도 이렇게 이렇게 이렇게 걷죠.

---

96) 살쾡이의 방언.

봉우 선생님: 그래 그래. 그러니까 이렇게 이렇게 하는데 그게 그거여.

학인: 아, 그렇구나. 그래서 그렇게 호랑이라는 놈 걸어갈 때도 움직이죠. 그렇게 휘청휘청하면서…

봉우 선생님: 그래 그래. 어깨가 으쩍거리지(으쓱거리지). 우리 속보도 그거여.

학인: 그거죠? 내내.

봉우 선생님: 그래.

학인: 그리고 재래식으로 조상들이 실천하시던 보법은 항공식이다 이거죠. 항공식.

봉우 선생님: 응.

학인: 그래서 동물의 양쌍익, 양날개로 비행하는 그런 비법을 그대로 본받았다.

봉우 선생님: 그래.

학인: 그래서 물속에 있는 어족들의 수영법도 똑같다 이거예요.

봉우 선생님: 그래.

학인: 이것이 사실인가 아닌가를 변증하자면 무엇보다도 실천해 보아야 된다. 그러면은 항공식이다. 그러면은 쌍익으로 비행한다. 근데 이건 손 얘기 하시는 거죠? 지금? 손, 손이…

봉우 선생님: 그렇지. 손, 손. 다리로만 가는 게 아니라 손도 게 필요하거든…

학인: 비행하는 듯 손을 이런 식으로 한다?

봉우 선생님: 그래.

학인: 비행, 날을(날) 때 보면 이렇게 날으나요(나나요)?

봉우 선생님: 이것이 나른다니까(난다니까) 이게. 앞바람을 치는 거지. 그러니 여기 한 가지가 빠졌지? 정면으로 치지 말라는 거.

학인: 예 예.

봉우 선생님: 약간…

학인: 비치라는 거 비껴서…

봉우 선생님: 약간 해서. 고개 고개 요렇게 해서…

학인: 고개를 요렇게 하고 몸도 아울러 좌쪽으로…

봉우 선생님: 좌우로 하니까 가긴 늘 바로 가는 것 같지만, 이래가지고 늘 나가는 거여.

학인: 이게 아니고 요렇게요.

봉우 선생님: 응, 약간 비켜가지고 비키는데 이거 바람이…

학인: 비껴 나가게…

봉우 선생님: 좌우로 비껴 나가지.

학인: 항공식으로 날개 치는 거 하고 비슷하다. 그래서 이게 아니다. 날개를 치는 식으로, 나중에 그러니까 이것이 단봉을 가지고 이렇게 하는 것이 나중에 이렇게 이렇게 되는 거죠?

봉우 선생님: 그거여 그거.

학인: 그리고, 그런데 물속에 있는 물고기들이 수영법, 지느러미, 지느러미 이렇게 이렇게 하나요?

봉우 선생님: 그거하고 꼬리하고, 꼬리가 이거 툭 걸치는 게 앞 방향을 닮는단 말이여. 응? 누가 일루(이곳으로) 오는고? 여자들이?

학인: 약 들여오, 약 타러오나 보죠?

봉우 선생님: 약 타러가 아니라 병 보러오는 거 같은데?

학인: 그러면 내내 물고기도 보법하고 관계가 깊다.

봉우 선생님: 다 관계가 마찬가지지 뭘.

학인: 그리고 물고기가 꼬리가 요렇게 요렇게 양쪽으로 가면서 하○○면(?)

봉우 선생님: 그렇지.

학인: 앞으로 나가는 거니까 우리도 보법에서 이렇게 이렇게 하면서 앞으로 나가는 거나 똑같은 이치다 이것이죠.

봉우 선생님: 그렇지. 똑같이 나가는 거지.

학인: 옆에 지느러미 같은 건 다리나 마찬가지네요?

봉우 선생님: 다리나 마찬가지지. 어깨, 다리.

학인: 지느러미는 역시 그 역할이면서 사람의 다리 역할도, 다리는 앞으로 이렇게 하니까…

봉우 선생님: 그렇지.

학인: 지느러미도 이렇게 이렇게 하고…

봉우 선생님: 그렇지. 똑같아.

학인: 꼬리는 꼬리는 다 이렇게 하고. 요게 차이네, 꼬리는…

봉우 선생님: 그래 그래.

학인: 그거 참. 그러면서 전진한다 말이죠.

봉우 선생님: 그렇지.

학인: 그래서 인제 이런 그 자세와 형용의 차이점을 쓰셨어요. 신식법은 기차 자세에서 정면으로 좌우, 우측을 전진시킴과 동시에 좌수를 전진시켜서 이렇게 이렇게 이렇게…

봉우 선생님: 늘 이걸, 이쪽을, 이쪽을 조금 요렇게 해가지고, 이 좌측을 이렇게 쑥 내밀고선 조금 내밀어놓고, 그냥 날 늘 좌측이 앞서가는 거 모양으로 이렇게 이렇게 이렇게 나가는 거여.

학인: 이런 식으로 해야 돼요? 이런 식으로?

봉우 선생님: 그래 그래 그래.

학인: 거기다가 이런 식으로 나간다 이거죠?

봉우 선생님: 그래 그렇지.

학인: 그렇게 하고 좌수를 전진시킨 후 우수를, 우보를 떼면서 발을 전진시켜가지고 좌우 교차로…

봉우 선생님: 좌우 교차로 자꾸 나가는 거지.

학인: 에. 전방으로 행진한다. 좌우교차.

봉우 선생님: 그렇다고 이제 그것이 이렇게 이렇게 이렇게 이렇게 가는 게 아니고, 왼쪽이 늘 앞서는 놈을 따라 나가는데, 나가는 놈을 따라 가는 거야 이렇게. 이렇게 해서 이렇게 왼쪽이 휙 나가 이렇게 나가면 이것이 이렇게 이렇게 이렇게 이렇게 자꾸 나가는 거 아녀?

학인: 아, 이거 이 경보 폼 얘기하신 거예요, 지금?

봉우 선생님: 경보 폼.

학인: 이게 경보 폼이구나.

봉우 선생님: 응.

학인: 신구식 그러니까 신식 경보법을 얘기하신 거네요 이건. 경보법 설명이시구나.

사모님: 아, 근데 안 잡숴도 되것슈?

봉우 선생님: 뭐?

학인: 배고프지 않으세요? 속…

사모님: 아침도 안 잡쉈어. 저 숭늉만 한 대접 마시고…

봉우 선생님: 밥물 먹든지 먹으면 됐지 뭘?

사모님: 아니 그렇게 한다고 죽겠다고 악 쓰지 말아요.

봉우 선생님: 하하.

학인: 속보법 얘기하신 거구나.

봉우 선생님: 응.

학인: 기착(氣着)97) 자세라는 건 뭐죠? 기가 착한다, 기착.

봉우 선생님: 응?

학인: 기착 자세, 기착. 기운 기(氣) 자에다가 이 착 자, 도착한다는 착(着) 자.

학인: 기착 자세에서 정면으로 이건 이거는 뺄까요? 경보는 할 필요 없잖아요. 경보는 할 필요 없잖아요.

봉우 선생님: 경보는 필요 없지. 응.

학인: 예, 소용없죠. 이거 지금 내내 경보 얘기하신 거예요.

봉우 선생님: 경보 얘기여.

학인: 속보 쪽으로 하는 거 하고 경보를 하는 현재의 신식과의 비교…

봉우 선생님: 비교지. 비교하는 거지 뭐. 비교까정 할 거 없어.

학인: 그러면 여기서 이제 준비 사항이 나와요.

봉우 선생님: 응?

학인: 준비해야 될 거. 첫째, 주로 경신(輕身)과 몸을 가볍게 하고…

봉우 선생님: 응, 그렇지.

학인: 힘을 건각(健脚: 다리를 튼튼하게 함) 건력.

봉우 선생님: 그렇지.

학인: 그다음 인내를 연습으로…

봉우 선생님: 제일 잘 참아야 한다 이 말이지.

학인: 그래서 세건이라는 것은 신구식의 차별이 별로 없다.

봉우 선생님: 그렇지.

학인: 강한 자가 성공하고 약한 자가 진다 이런 얘기죠.

봉우 선생님: 그렇지 그래.

학인: 다만 부대조건은 뭐냐? 준비가 있어서 신체의 머리는 수건으로 될 수 있으면 강압 강하게 이렇게 탁 질끈 매고…

---

97) '차렷' 하는 구령.

봉우 선생님: 꽉 꽉꽉 매란 말이야.

학인: 이걸 왜 매죠?

봉우 선생님: 매야 돼. 매야 흐트러지지 않고…

학인: 정신이요?

봉우 선생님: 정신이 흐트러지지 않고, 저 가다가 머리 안 아프고 그래.

학인: 예, 머리가 덜 아프고요.

봉우 선생님: 그렇지.

학인: 그러면 뭐 방 뭔가 바람으로부터 보호를 해주는 건가요?

봉우 선생님: 그렇지.

학인: 수건으로…

봉우 선생님: 그렇고 저 이 뭣…

학인: 질끈 아주 세게 매야 돼요? 수건으로 아주 꽉 묶고…

봉우 선생님: 될 수 있으면 꽉 매는 게 좋아.

학인: 예.

봉우 선생님: 허리 매야 되고…

학인: 예, 그래서 이, 저, 될 수 있는 한 강하게 매고…

봉우 선생님: 응.

학인: 복부에다가 명주, 여기선 명주 아니더라도 뭐 명주가 좋다 비단이 좋다고 그러셨죠.

봉우 선생님: 그렇지.

학인: 그런데 다른 따뜻한 것도 괜찮고요.

봉우 선생님: 응?

학인: 따뜻할 수 있는 옷감이면 되죠?

봉우 선생님: 아, 따뜻한 게 아니라…

학인: 가볍고…

봉우 선생님: 될 수 있으면 명주로 매는 게 좋아.

학인: 예. 그걸 6척 이상 하시라고 하셨어요.

봉우 선생님: 6척 이상 하며 감아야지, 이렇게.

학인: 예. 침척이라고 그러셨는데, 괄호하고 침척.

봉우 선생님: 3척?

학인: 침 침 자.

봉우 선생님: 7척.

학인: 침 침 침놓는다는 침으로해서 침척(針尺)으로…

봉우 선생님: 이, 이 6척이란 말이여.

학인: 예.

봉우 선생님: 침척으로.

학인: 6척이다.

봉우 선생님: 여섯 척.

학인: 그럼 침척으로 한 척이면 한 얼마큼 되죠?

봉우 선생님: 여기 어디여, 여기.

학인: 한 척이요?

봉우 선생님: 한 하나.

학인: 침척은 더 길어요, 보통 한 척보다. 30센티가 넘는데요.

봉우 선생님: 아니, 바느질하는 집 자니까 요 조그만 차가 아니지.

학인: 아, 그래서 그거 한 여섯 척 이상을 해서 댕댕댕댕 그러면 동여 매는 거죠?

봉우 선생님: 배를 단단히 매라 이거지.

학인: 배, 배를, 허리와 배를…

봉우 선생님: 그렇지.

학인: 그렇게 하고 호흡할 수는 있게 매라.

봉우 선생님: 그렇지.

학인: 그리고 어, 너무 꽉 매면 안 되고…

봉우 선생님: 그렇지.

학인: 그리고 다리는, 다리는 기름을 발라라.

봉우 선생님: 기름은 여기다 기름을 발르라고(바르라고)…

학인: 무슨 기름을 발르까요(바를까요)?

봉우 선생님: 아. 아무거고…

학인: 예.

봉우 선생님: 요새 그 저…

학인: 올리브유 같은 거 이런 거 좋은가요?

봉우 선생님: 요새 그 저 뭐…

학인: 많이 쓰는 기름.

봉우 선생님: 미용하는데 바르는 그런 뭐 아무거시 발라도 좋아.

학인: 예, 매끈하게…

봉우 선생님: 응.

학인: 그리고 근육 사이에 피로 방지를 한다, 기름을 발라야.

봉우 선생님: 그렇지.

학인: 그리고 신발은 그 사람의 털을, 사람의 머리털을…

봉우 선생님: 머리털.

학인: 사람의 머리털을…

봉우 선생님: 머리털을 거기다 넣어서 신으라 말이지.

학인: 예. 두껍게 여기다 깔고 깔창에다가…

봉우 선생님: 응. 그러면 이상하게도 발병이 안 나.

학인: 예. 발의 열, 족열(足熱)을 퇴치한다.

봉우 선생님: 그렇지.

학인: 그래서 결국 족열이 안 나니까 발병이 안 난다.

봉우 선생님: 그렇지.

학인: 그리고 입 속에는 항상 사탕을, 사탕을…

봉우 선생님: 사탕 물어란(물라는) 말이지.

학인: 사탕을 물고 인후의 건조를 막아라 그랬고, 이것을 보통의 예로 한다. 그리고 외신부(外腎部) 그러니까 성기, 남자 같으면…

봉우 선생님: 그렇지 그렇지.

학인: 성기는 포건하라. 싸라고 그러셨어요.

봉우 선생님: 응.

학인: 포건이라는 게…

봉우 선생님: 여기서 여기 저 요새 그저 뭐여 훈도시 한다고 하잖아?

학인: 훈도시 하듯이…

봉우 선생님: 훈도시 하듯이 그놈을 싸라 말이지. 그 흔들흔들하면…

학인: 아, 그러면 요새 그 팬, 빤쓰(팬티)가, 꽉 매는 빤쓰 같은 걸 입으면 되겠네요.

봉우 선생님: 그렇지, 그래 그래.

학인: 헐렁한 반바지 같은 거 말고…

봉우 선생님: 반바지 같은 거 말고, 꽉 싸라 말이지.

학인: 요기를 싹 매는 그런 팬티 입으면 되겠네요. 흔들리지 않게…

봉우 선생님: 응. 그게 저 흔들려야 해도 그게 너무 오래 흔들리면…

학인: 아프죠.

봉우 선생님: 아파. 잔소리 곧 써놨지. 하하하.

학인: 실제로 하셨으니까 그러죠.

봉우 선생님: 응.

학인: 그다음에 연습 기간, 여기서 또 주의하실 거 없어요?

봉우 선생님: 뭐 주의 안 해도 돼.

학인: 그다음에 연습 기간은 보통 1년간으로 하지만, 좀 신체가 약한 사람은 좀 더하고…

봉우 선생님: 그렇지.

학인: 2년 내지 3년을 계속하는 것이 당연하다.

봉우 선생님: 응.

학인: 그리고 매일 2시간씩 2차 정도가 제일 적당한 시간이다.

봉우 선생님: 그렇지 그래.

학인: 그러니까 2차면 아침과 저녁을 얘기하시는 건가요?

봉우 선생님: 그렇지.

학인: 뭐, 상관없죠? 아침, 보통 아침 저녁 하셨어요?

봉우 선생님: 그렇지. 아침 저녁 했어.

학인: 그러면 밥 먹기 전에요? 새벽에요? 아침에?

봉우 선생님: 새벽에 일어나서 하고, 저녁에, 저녁 시간에 하고, 노는 시간에 자기…

학인: 자기 전에요?

봉우 선생님: 일찍 자는 사람들 잘 시간에 했지. 딴 시간은 안 들었지.

학인: 이거 공복에 하는 게 좋죠?

봉우 선생님: 공복에…

학인: 그러면 천상 아침 일어나자마자 새벽에 일찍 일어나서 하고, 아침 먹기 전에…

봉우 선생님: 그래.

학인: 또한, 저녁 먹고 나서 조금 자기 전에 지나서…

봉우 선생님: 그래, 자기 전에 하고…

학인: 곧바로 하지 말고…

봉우 선생님: 그래.

학인: 속이 비어 있는 상태에서 하는 게 좋죠?

봉우 선생님: 그렇지.

학인: 그리고 사계절 중에서는 가을에, 말에서 봄, 조춘(早春), 그러니까 "이른 봄 까지가 제일 최적기다."라고 그러셨는데 왜 그러신 거예요?

봉우 선생님: 그때가 제일 좋지.

학인: 이거는? 가을 이후서부터, 그러니까 결국은 그 한겨울 동안이 제일 좋다는 소리인데…

봉우 선생님: 그렇지 추운 것 내한(耐寒)해가면서…

학인: 아, 인내력도 길러지고…

봉우 선생님: 여름에는 좋질 않고…

학인: 여름에는 제일 안 좋고…

봉우 선생님: 응.

학인: 그러니까 여름에는 좀 너무 무리하지 말고 슬슬하고…

봉우 선생님: 쉬어라 말이지.

학인: 그리고 전력하는 거는 주로 이…

봉우 선생님: 몸, 몸이 풀어질 때니까, 풀어질 때니까 자칫하면…

학인: 상하죠.

봉우 선생님: 상한단 말이여.

학인: 발전도 없고…

봉우 선생님: 발전이 안 돼.

학인: 그러니까 이때에 아주 전력을 해라.

봉우 선생님: 그래.

학인: 그러니까 가을서부터 봄까지…

봉우 선생님: 그래 그래.

학인: 여름에는 좀 피하고…

봉우 선생님: 응.

학인: 그리고 이제 지형을 보면 제일 적지가 백사장이고, 다음이 산악 능선에서 연습하는 거고, 그다음은 조그만 소로, 가로, 뭐 가로등 있는 소로나…

봉우 선생님: 그렇지.

학인: 또는 때를, 이런 데서 때를 두고 하는데, 신작로에서 하는 것이 맨 말단이고…

봉우 선생님: 응. 왜 그런고 하니 너무 평탄한 데를 걷지 말고, 험탄한 데를 골라서 해봐라 그말이지.

학인: 백사장 없으면 산악지형에서 하는 게 최고다 이거죠.

봉우 선생님: 그렇지. 백사장은 왜 그런고 하니 푹푹 하지 않아? 푹푹한 바람에 다리 심이 생긴단 그말이여.

학인: 제일 불리한 곳이 운동장. 흐 그리고 부득이한 때는 운동장이라도 하는데, 그 대신 좀 더 충분히 더 해야 된다.

봉우 선생님: 그렇지.

학인: 그리고 이제 가중법이 나오는데요.

봉우 선생님: 가중법 이거 다는 거.

학인: 이 법이 경신법의 일종이라고 그러셨어요.

봉우 선생님: 그렇지. 몸이 가볍게 하는 거.

학인: 그래서 이건 뭐 약, 약하고. 이 저 아연판을 달고 그 뒤에다가 배낭을 달아서 거기다가 또 아연이나 이런 것으로 중량을 달고 연습하는 것도 실례(實例)가 있다. 그래서 총 중량이 60근까지도 한다. 아래 위가 다 60근까지도…

봉우 선생님: 그렇지.

학인: 아래 위 다 합쳐서…

봉우 선생님: 그래.

학인: 그래 한 60근까지 해서 두 시간씩 뱉으면은(?) 그러니까 하루에 최소한 네 시간 이상을 해야겠네요. 두 차례니까.

봉우 선생님: 네 시간, 그래.

학인: 한 번 뛰는 것을 두 시간 잡아가지고. 그러니까 이렇게 하면 되겠네요. 한 번 뛸 때 두 시간 해서 자기 처음에 뛸 수 있는 분량만큼 뛰다가…

봉우 선생님: 그래.

학인: 차츰 차츰 하다보면 나중에 두 시간 안에 뭐 저 10킬로도 뛰다가 20킬로 뛰다가…

봉우 선생님: 그렇지, 그래.

학인: 30킬로로 뛰다가 나중엔 완주해서 뭐 40킬로도 뛸 수 있는 거고…

봉우 선생님: 그렇지 그래.

학인: 그때까지 가는 거죠.

봉우 선생님: 가는 거지 그게.

학인: 속도를…

봉우 선생님: 여기 지금 내 아들이 약을 차력약 멕여도(먹여도) 남 다 줘버리고 하나도 안 먹었어. 안 먹고서 걸음 연습만 했어. 군대 댕길 적에 뭐여 완전군장하고 뛰는 거 그건 뭐 한 번도 저 2등도 안 했어. 하면 1등하고, 하면 1등하고 그랬거든. 그 평보는 잘 걸어. 평보는 뭐 남한테 지지 않고…

학인: 네. 잘 걸으세요.

봉우 선생님: 응.

학인: 그다음에 음식물의 조절. 될 수 있는 한 경보나 경, 이런 거 할 때는 마라톤 할 때는 위의 4분지1 양으로 절식해라.

봉우 선생님: 응.

학인: 그러면 뛰기 전 운동 연습하기 전에도 꼭 뱃속이 꽉 차 있으면 안 된다는 소리네요.

봉우 선생님: 꽉 차선 못써.

학인: 그러니까 최소한 4분의1 정도가 제일 좋다.

봉우 선생님: 그렇지.

학인: 그 정도로…

봉우 선생님: 덜 먹어야 돼.

학인: 더군다나 운동할 때에는 마찬가지고…

봉우 선생님: 그렇지.

학인: 절식해야 되고. 조금 조금도 포만증이 없을 때…

봉우 선생님: 배부르면 안 돼.

학인: 그때 출장해라. 정진해 나가라.

봉우 선생님: 그렇지 응.

학인: 그래서 평상시에 절식을 가급적으로, 수분을 될 수 있는 한 덜 취하고, 그다음 채식을 주로 하고…

봉우 선생님: 그래.

학인: 일주일에 1차 또는 1차에서 2차 정도 간식도 필요하다.

봉우 선생님: 응.

학인: 여기 이 간식이라는 게 무슨 소리인가요?

봉우 선생님: 다른 거 규칙적으로 먹지, 다른 거 많이 먹었다 적게 먹었다 하지 마라 그거지.

학인: 계란은 될 수 있는 한 피하라고 그러셨네요?

봉우 선생님: 응?

학인: 계란.

봉우 선생님: 계란?

학인: 왜 그러죠?

봉우 선생님: 계란 먹는 게 좋아.

학인: 아, 근데 피하라고 그러셨어요, 여기는.

봉우 선생님: 아, 뭣 저 뭣 할 때는…

학인: 경기장에 가서는…

봉우 선생님: 경기장에 가서는 먹지 마라.

학인: 아, 나가면 소화가 안 되니까…

봉우 선생님: 그래.

학인: 그러면 할아버님. 여기는 채식을 주로 하라고 하셨는데, 경기장을 나갈 때 얘기인가요?

봉우 선생님: 뭐?

학인: 경기장에 나가기 전에 채식을 주로 하란 소리인가요?

봉우 선생님: 채식?

학인: 예, 채식. 육식도 해야 되죠?

봉우 선생님: 아니여, 저 공부할 제(때) 채식하는 게 좋아.

학인: 평상시에도요?

봉우 선생님: 평상시에…

학인: 몸이 무거워지나요? 육식하면?

봉우 선생님: 몸이 무거워지니까. 채식하면 단단해지고…

학인: 그러면은 육식을 가끔 한 달에 한두 번 정도는…

봉우 선생님: 그렇지. 그건 괜찮어도, 아주 육식만 내리 하는 사람은 몸이, 살이…

학인: 아, 매일 먹지 말라.

봉우 선생님: 그래.

학인: 그러면 한 일주일에 한 번은 괜찮죠?

봉우 선생님: 한 번은 괜찮아.

학인: 그렇고…

봉우 선생님: 응.

학인: 그 정도만 먹지, 뭐 매일 먹진 말아라.

봉우 선생님: 그래.

학인: 그다음에 이제 저 수면은 온돌이, 좀 미지근한 온돌…

봉우 선생님: 응.

학인: 따듯한 온돌, 그렇지 않으면 너무 뜨겁지 않고…

봉우 선생님: 그렇지.

학인: 그다음에 침대가 제일 좋다.

봉우 선생님: 찬 데가 제일 낫지.

학인: 침대요, 침대.

봉우 선생님: 침대가 제일 좋아.

학인: 그게 게을러지지 않고 제일 좋아요.

봉우 선생님: 허허.

학인: 그게 침대 생활하면 사람이 안 게을러지죠?

봉우 선생님: 응.

학인: 바닥에 누워 있고 그러면 게을러지잖아요, 뜨겁고 이러면. 그래서 그런가요?

봉우 선생님: 바닥에서 이렇게 편하게 자는 거보담은 침대가 제일 좋지.

학인: 예, 약간 좀 딱딱한 침대요.

봉우 선생님: 그렇지.

학인: 그리고 시간은 될 수 있으면 오후 10시부터 오전 10시, 오전 4시까지 여섯 시간만 자라.

봉우 선생님: 응.

학인: 그러면 생리상 지장이 없다. 운동하면서는 최소한 여섯 시간은 자야 죠?

봉우 선생님: 여섯 시간 자야 되지.

학인: 예. 그리고 또 자기 체력에 따라서 다른 거니까 이건.

봉우 선생님: 그렇지.

학인: 그리고 목욕은 언제든지 냉수욕을 해라. 충분히 마찰 그러니까 금냉법 같은 거 하면 되겠네요.

봉우 선생님: 그렇지 그래.

학인: 금냉법(金冷法) 같은 거 하고 또 냉수마찰.

봉우 선생님: 그래 그래. 그 몸 튼튼해지지.

학인: 예. 그리고 열탕은 온천이나 이런 건 일주일에 한 번 이상은 하지 마라. 몸이 이 피부가 자꾸 살이 당겨지죠.

봉우 선생님: 물러지니까 안 돼. 부드러워지긴 해도 강해지질 않아.

학인: 그렇죠. 그래서 능력 발휘상 지장이 없다. 그러니까 냉수마찰할 때 찬물에다 적셔서 자꾸 문지르는 거예요, 이게?

봉우 선생님: 그래, 그것이 좋지.

학인: 이렇게 하면 지장이 없다. 그다음에 평시에는 경기가 종료한 후라도 그치지 말고 장기로 비록 시간은 단축할지언정 연습을 중지하면 생활상 근육에 이상이 근육이 풀어져요?

봉우 선생님: 응?

학인: 이거 연습하다가 평상시 안 해버리면 끝난 다음에 경기가 끝나면 확 안 한다 그러면 몸에 고장 생기죠? 고장이. 뛰다가 갑자기 안 뛰면…

봉우 선생님: 고장 생겨, 그건.

학인: 그러면 되게 앓겠네요, 이거 잘못하면.

봉우 선생님: 그러니까…

학인: 그러니까 놓지 말고…

봉우 선생님: 슬슬 연습을 늘 해야지.

학인: 해야지 갑자기 안 해버린다 이러면 완전히 몸이 망가지기가 쉽다.

봉우 선생님: 그렇지.

학인: 그래서 건강을 해칠 염려가 있다. 그래서 작지불이해라 작지불이(作之不已: 끊임없이 노력함)하면 내성군자(乃成君子: 곧 군자가 됨)라, 하하.

봉우 선생님: 허허.

학인: 그러면 비록 노쇠기라도 건강은 계속 확보하는…

봉우 선생님: 그렇지 그렇지.

학인: 성생활은, 연습 중에 물론 합숙하는 것이 당연하지만, 장기간이라면 너무 무리를 할 수는 없으니까, 청장년기면은 뭐 10일에 한 차, 부부 결혼한 사람이라면…

봉우 선생님: 응, 그거야 ○○○(?) 말을 그렇게 써놓지, 그 맘대로 그렇게 되나, 하하.

학인: 그럼 이건 안 하는 게 제일 좋네요?

봉우 선생님: 그렇지.

학인: 그냥 삭. 이거 연습 동안에는…

봉우 선생님: 뭐 저 아녀, 허지 말라고 그렇게 쓰는 건 무리여, 또…

학인: 그것도 완전 무리고요.

봉우 선생님: 그래.

학인: 이거는 그런데 저거 해야죠, 넘었다가는 큰일나죠.

봉우 선생님: 그저 주의하라고만 해야지 뭐.

학인: 복약은 이 연습은 인내와 성의로 하는 것이지만, 신체가 약한 사람은 뭐 약을 써서 보강하는 것도 좋다.

봉우 선생님: 괜찮다.

학인: 그러나 주로 장근골(壯筋骨), 근골을 튼튼하게 하고, 그다음에 보음양(補陰陽), 음양을 보한다. 음양, 음양을 보한다는 게 무슨 소리인가요? 정력을 그러면 강화한다는…

봉우 선생님: 피, 기운 보하는 거지.

학인: 아, 혈이라는 건 음이고…

봉우 선생님: 그렇지.

학인: 그다음에 기운은…

봉우 선생님: 기운을 보한다 그말이지.

학인: 그러니까 혈기, 기혈(氣血)을 보한다.

봉우 선생님: 그렇지.

학인: 그럼 그래서 그런 성능이 아주 구비한 약으로서 거습(去濕), 몸에 습기를 없애고, 경신(輕身) 몸을 가볍게 하고…

봉우 선생님: 그래, 그런 걸…

학인: 건위(健胃), 위를 튼튼하게 하고 있는 것도 겸할 수 있는 약을 사용하면 성공에 일조가 될 것이다.

봉우 선생님: 그래.

학인: 그것이 끝이에요?

봉우 선생님: 그러면 됐어.

학인: 이걸로 다 끝났어요. 여기 뭐 또 재미있는 얘기 같은 거 없어요, 할아버님?

봉우 선생님: 다른 별 얘기 없어.

학인: 다른 얘기 없으신가? 선수 키우시면서 뭐 얘기 같은 거…

봉우 선생님: 응?

학인: 이거 후배들 제자들 키우시면서요 양성하시면서 한번 경험하신 것

도 해주세요.

봉우 선생님: 그거 뭐 딴 거 거기다 더 껴넣지 말고, 그렇게만 해두면 되지. 첫 번에 그걸 시킬라니깐 안 들어.

학인: 안 믿어요? 안 할라고 그러고요, 힘들어서?

봉우 선생님: 젊은 놈들, 튼튼한 놈들이니까 그거 할라고 하겠어. 그러다 이제 대전서 그걸 시키는데, 젊은 애들이 예닐곱 모여서 늘 노는 자리인데, 그게 김 머신가 그 사람이 깡패야. 저 도락구(트럭)에 짐 잔뜩 실은 거 쉰 거, 쉬어 있는 넘을 어깨로 떠다밀면 나간단 말야. 억센 녀석인데 아 이놈이 우리가 산에서 발매해서(산판의 나무를 한목 베어냄) 숯도 놓고 장작도 있고, 저 다른 그런 거 이제 뭐시 나무를 갖다가 쌓아놓고 그놈 팔았는데. 우리 젊은 애들이 떼먹고 안 줘. 그놈이 이제 대전서 치는 깡패여. 그래서 인제 그거 받아야지 그냥 해선 안 되고 매를 좀 때려주면서 받는 게 좋겠다고 이놈들이 원이여. 그러니 한상록이 하고, 한상록이 하고 문수암을 데리고 갔지.

　"그 좀 와 있거라." 그랬는데 와 있다가. 문수암이 가서 "이 권태훈 상점 아무 상점에서 왔는데 물건 값들 다오?" 하니까 청구서 가지고 왔다고. 내라니까 안 낼 거 아녀? 그놈도 건달놈인데 말이 되나 문수암 뚱뚱하다고 그 겁낼 거 뭐 있나 하니까 당장 현장에서 내지 안 내? "그 남의 물건 1년씩이나 떼먹고 안 내는 법이 어딨냐?" 두 놈이 따지니까 거기 건달놈이 십여 명이 있지 않아? 우리들 멀찍이 있었는데 딴 데는 안 하드만(안 하더구면). 손목 딱 붙들더니 이래가지고 딱 붙들어 그냥 딱 붙들더니 "당신 본디 장사라는데 장사, 장사 될 적에 남의 거 떼먹으라고 한 장사여?"

　"그럼 장사는 난 돈은 못 받아가니 몸이라도 좀 받아가야겠구먼." 그러더니 이렇게 잡고선 주쳐올려(?) 그냥.

학인: 아, 이렇게 붙어요?

봉우 선생님: 순간 내려훑더만(내리훑더구면) 그래.

학인: 예, 이렇게 딱 잡고요?

봉우 선생님: 이걸 잡더니 쭈욱 뻗어 올려버려. 그냥 뻗으러지더만(뻗더구면).

학인: 이게 이렇게 해서 쭈욱 올렸어요?

봉우 선생님: 응, 여까정 올라갔어.

학인: 여기까지요.

봉우 선생님: 응, 여까정.

학인: 그러더니 그냥 뻗어요?

봉우 선생님: 그냥 쭉 뻗어서 그냥 데굴데굴 해, 살려 달라고.

학인: 아이고 아이고 하고서요.

봉우 선생님: 뭐 아프다는 소리 할 새도 없이 그냥 넙적 뒹굴어. 그러니 건달 놈들이 그뜩한데 아니 누구든지 와서 당신 내가 팬다고 하지 말고 난 돈 받으러 왔어. 돈 안 내니깐 내뺄까봐 붙들고 있는 거여.

학인: 뭐 이렇게 치는 형세도 안 하니까…

봉우 선생님: 치는 뭐 어디 언제 쳤나 이거만 붙들었지.

학인: 그러니까 붙드니까 거기서 가만히 있었겠군요.

봉우 선생님: 응, 붙들고 이놈만 이렇게 하구선…

학인: 주물럭 주물럭 하고.

봉우 선생님: 응, 만져주지.

학인: 아!

봉우 선생님: 아, 이놈이 급하니까 1년, 1년 묵은…

학인: 빚을…

봉우 선생님: 물건 값을 내놔라, 사무 보는 놈들 내놔라 내놔라 하고. 다 내놨어. 그래놓고선 "너 힘이 대체 얼마나 센데, 니가 그리 건방진 짓을 하

냐? 너 세거든 어때 내가 이렇게 하게 이거 한번 끌어봐라."

학인: 아, 문수암이…

봉우 선생님: 문수암이…

학인: 이렇게 그냥 이거 한번 끌어봐라.

봉우 선생님: "응, 이거 줄 걸고 끌어봐서 니가 나를 제끼면 내가 너더러 선생님이라고 할 테니 해봐라." 하니까. 아, 여기다 그러고 잡아다니니까(잡아당기니까) 까딱도 안 해.

학인: 쇠줄 같은 걸로요?

봉우 선생님: 쇠줄 걸어가지고 잡아다니는데. 그러더니 형님이라고 하고 대번 형님. "나 너 같은 동생 없다." 하하. 그러고 나서 그 여럿 여럿, 그때 여럿, 강현이도 우리 여럿 아녀? 여럿인데 갈으켜(가르쳐) 달라니까 "아, 왜 선생님 잘 가르켜주시는 선생님 있는데 나더러 가르쳐 달래?"

학인: 예.

봉우 선생님: 즈이들이(자기들이) 봤거든. 그래놓고 상록이 나오고. 한상록이 나오고, 무엇이 저 용기 나오고, 나와가지고선 가르치기 시작했지. 그래가지고 언제 밤이면 하루 60리씩 걷는 그걸 걷기 시작했어. 걷는 거부텀 시작해가지고 저녁이면 쾅 쾅 하고 뭣을 하니까 김갑순이 즈이(자기) 집 다 부서진다고 지랄을 하고, 2층에서 그 짓들을 하니까…

학인: 예.

봉우 선생님: 응, 근데 그 일본놈들이 강도관(講道館)[98] 그게 뭐여 저 도청, 도청 대전시 전부 그 뭐시 합드려서(합쳐져서) 강도하는 일본놈들 경관들 뭣들 뭣들 재향군인회 뭣해서 하는 큰 강도관이여. 강도관에 있는 6단, 5단 이것들이, 여럿이 그런다니까 그러고 그 혼나던 놈이 거기서 또 뭐라

---

98) 1882년 가토 지고로가 창시한 일본 유도의 유파 이름.

고 했는가 보지. 그래 떡들 구경 왔어. 구경 와서 이렇게 보는데. ○○○ (?)이가 6단이지. 그 저 가토(加藤)가 그것도 6단이고. 두 놈이 각 그 뭐여 사범이여. 사범인데. 이 둘이 와서 뭐라고 뭐라고 이거 다 전부 일본말로 친하니까 이놈들이 뭐라고 하다가 아, 뭐 와봤는데 그냥 쾅 치고 쾅 치고 두 놈을 다 메어 때리니까 용기(설초)가 보고선, 용기는 그때 상투하고 촌 사람처럼 상투쟁이지 뭐. 거 있는데 아니 저 저 가토상 강현이 그 저 빼빼 마른 강현이 한테다 저렇게 메치느냐고 하니까 기미 ○○○(?) 그러두만 (그러더구면). 너 해봐라 그 말이여 하하. 이게 선생인데…

학인: 한강현이한테?

봉우 선생님: 아니. 여기 저 누구더라 저기 용기더러…

학인: 김용기더러…

봉우 선생님: 너 해봐라 그거여.

학인: 한강현이하고 해봐라.

봉우 선생님: 응, 우리 6단이다. 그러니까 "그 나는 늘 하는 사람이니까 당신이 하고 싶거든 나더러 한번 하자고 하오?" 그러니까 아, 그러냐고 하더니 이리 나오라고 그러더군. 뭐 단번에 들어 메때리는 것을 해. 획 하고 들었는데 아, 들어서 이만치 메치는데 저러다 실수하지 그랬어. 해서 획 하고 올렸는데, 어깨에 이렇게 넘어오는데, 넘어가면서 쿵 눌러가지고선 벨트를 땠어(?) 여기. 저는 붙잡고 엎어치기를 하니까…

학인: 엎어치기를 하는데 여기를 딱 잡았군요.

봉우 선생님: 응. 여기를 잡더니 획 힘쓰면서 불끈 추키니까(?) 거꾸로 들리더만(들리더구면) 거꾸로 들리니 목 있는 데를 탁 잡고 "어떻니까?" 하니까 아, 그러니 6단이 들어서 메칠라고 엎어치기를 했는데, 넘어가면서 이놈을 붙들어서 축채치니까(?) 거꾸로 뒤집어졌으니 아, 이러더니 이 녀석이 그리부텀은 강도관 사범 놈들이 저녁이면 거기 와서 밤을 새.

학인: 예.

봉우 선생님: 그러니 경찰, 경찰 거기 대대본부가 있으니까 대대본부에 장교놈들, 뭐 그 무도하는 놈들이 만날와서 뒹글었지. 뭐 둥글어서 밤에 밤중에 돌아댕겨도 우리 취체는 안 했어. 그 저 무덕관, 무덕관 패라고들 하고선. 그래가지고 하기는 좋았지. 그래 이제 즈이들 뭐시, 그저 집이 좁으면 강도관에 가서 하라고 그러고. 그래 우리가 강도관에 갈라고(가려고) 해? 일본놈 좋아 않는 놈들인데. 응, 강현이, 한강현이 그땐 뭐시여, 한상록이가 공주 읍내, 붙잡혀 들어간 거 아녀. 어디 이사가 달라고 경찰 서장이 뒤에 꼭 순사가 둘은 따라당겨야(따라다녀야) 하니 어디로 이사만 가주면 우리 고향만 안 있으면 여기서 이사 갈 비용을 우리가 대줄게. 귀찮아 못 견디겠다는 거여. 이사 가는 비용만 대주면 과히 섭섭지 않게 대줄게. 공주군만 떠나서 대전으로 가든지 다른 데로 가면 우리는 모른다는 거여.

얼마나 귀찮았던지. 그래 한번 서장은 만났으면 하거든, 서장이 만났으면 좋겠다고 그래. 그 내가 어떻게 여보오, 내가 어떻게 저 경찰서에서 무엇으로 걸려가지고, 우리들 이 저 고등 요시찰로 걸린 사람들이여. 뒷조사 심하다고 해서 하는 건데 너 여기 살지 말고 가거라 조사 심하니까 딴 데로 가거라. 내가 "어떻게 하오?" 하니까. 만나서 얘기할라면 하오 그랬더니 불러들였어. 불러들였는데, 같이 놀러 오라고 그래. 같이 공주 경찰서 놀러 오거든 같이 한번 경찰서 와서 한번 얘기해보자고. 그 같이 가서야 서장이 만나잔다고 한번 가보자 무슨 소리 할라나 가보자 했더니 그 얘기를 하고 앉았어. 그러니 경찰서장실에서 하긴 안 되지 않았어? 그러니까 뭣이 와서 저 강도관에 그 얘기를 하고 앉았어.

아, 이 공주 경찰서 ○○○(?) 일○○○놈 말이야. 그는 경위지. 사범… 쪼끄만 사람인데 저 까짓것한테 그렇게 겁을 내? 하는 이런 생각인가봐.

둘이 우리 셋이 앉아서 얘기를 하고 있는데, 들어오더니 자꾸 뭘 뭘 그러냐고 어디로 이사 가서 이 군에 안 있으면 딴 데로 가면 좋지만, 내 조사 댕기고 귀찮고. 아니, 다른 데 가면 조사 않느냐고 말이여. 당신들 하는데 내가 무슨 다른 일을 하나 나 먹을라고 술장사밖에 않는데 뭘 그러냐고 이렇게 하니까. 개인으로 만나면 니뿐 ○○○(?). 그 일본놈이 그래. 한번 쇼부 하면 한번에 꼼짝 못하게 내가 해놓겠다고. 그 잘하 잘한다고. 왜 그렇게 한번 쇼부에 꼼짝 못하게 할 사람을 왜 죽게 꽁무니 늘 둘씩 셋씩 만날 쫓아댕기느냐 말이여. 그러니까 이 서장이 으응 기미 다마레 다마레(?) 하면서 그 주임놈, 주임이 아니라 그 저 경위인데 경위더러 기미 너 좀 가만히 있고 떠들지 말고 앉았거라, 앉았거라 자꾸 이러는데, 이놈이 자꾸 떠들어 쇼래자 ○○○(?) 둘이 한번 해보라고. 한상록이가 유도하려니 생각도 안 했지.

아, 두 놈이 이렇게 하는데, 나는 어떻게 이기는지 지는지 유도를 몰라 하나가 못 한다고 항복하도록 끝내기로 하자. 잘못했습니다 잘못했습니다 안 하겠소 다신 그런 소리 안 하겠소 하도록 둘이 서로 내가 지면 내가 그럴 테고 니가 지면 니가 그럴 테고 그 소리 하도록 끝낼 테니까 저 저 암말도 말라고. 근데 이게 가 ○○○(?) 아 이 갖다대라고 한 팔 잡이라고. 이놈이 6단이니까 깐봤지. 두 놈이 이러고 이러고 붙들고 뭐 몇 번 뚜드리더니 여기서 이리 도는데 뎀벼들고 뎀벼들고 하는데, 어떡하더니 후닥닥 하고 한상록이가 쓰러졌어.

학인: 예.

봉우 선생님: 나도, 나도 몰랐어. 저게 왜 저렇게 쓰러지나 했더니 꾀느라고. 덮어 씌웠어 덮어 씌웠는데 여길 붙들고 쓰러졌어.

학인: 어디요 목덜미요? 아, 예.

봉우 선생님: 붙들고 쓰러지더니 후닥닥 옆으로 돌며 치더구먼. 아, 지손에

(?) 꽉 끼고선 이놈을 끼고선…

학인: 목 조르기.

봉우 선생님: 배, 배, 허릿도리, 배를 조르면서 앞으로 조이면 할 텐데 뒤로 조려났단 말야. 뒤로 조여서 팔 둘을 이렇게 해서 이렇게 거꾸로 치켜 메는구만 그냥.

학인: 허허허 꺾어지죠.

봉우 선생님: 아, 그 둘이…

14-1989.01.
민간요법 대담 1[99]

봉우 선생님: 값 덜 되는 거(값이 저렴한 약) 당뇨증에 고치는 거 썼나 거기?

학인: 예. 썼어요. 그 유명하신 거는 다 했는데…

봉우 선생님: 당뇨증에 쓰이는 것을? 저 두 가지만 했지?

학인: 아뇨. 세 가지요. 천화분(天花粉)[100] 쓰는 거…

봉우 선생님: 천화분, 갈근(葛根)[101] 쓰는 거…

학인: 예. 갈근 쓰는 거 하고…

봉우 선생님: 꿀 쓰는 거 하고…

학인: 꿀 쓰는 거 하고…

봉우 선생님: 자기 요(尿) 먹는 거 하고…

학인: 소변. 세 가지 썼어요. 이거 어떠세요? 소아 뭐 저 신경통 계통으로 뭐 이렇게 없을까요? 신경통(神經痛). 이런 거. 현대인들은 신경통들이 많잖아요. 류마티스(류머티즘)니 이런 계통…

봉우 선생님: 내가 아주 그냥 수월하게 쓴 것들이 많은데, 얼른 생각이 안 난다. 몇 가지여 거기, 저…

학인: 그러면 할아버님. 이런 건 어때요. 하나 하나씩 하죠 뭐. 소아 야뇨증

---

99) 녹음: 정재승, 녹취: 이기욱, 교정·주석: 정재승·김희수

100) 하늘타리 뿌리를 말려 만든 가루. 열을 내리고 진액이 생기게 함. 열병이나 당뇨병, 황달, 치루 등에 쓴다.

101) 칡뿌리. 열을 내리고 땀을 내는 데 쓰임. 당뇨, 두통, 요통 등에 쓴다.

이요.

봉우 선생님: 야뇨증(夜尿症).

학인: 야뇨증에 금앵자(金櫻子)102)를 쓰는데, 이거는 실제 그 금앵자 쓰는 건 주장이 이게 고정(固精)이죠? 정을 고정이죠? 고정. 정을 튼튼하게 해 주는 거.

봉우 선생님: 야요증에 쓰는 금앵자라는 것은 본 약방에 뭣인고 하니 남자가 조루증(早漏症)에 쓰는 약이여. 남자가 조루증에 쓰는 약인데, 조루증에 쓰는 약을 그게 이 관문 요도 이놈을 꼭 못 눌러서 조루증이 되거든? 그게 오줌 누는 게 안될 리가 없다고서 내가 쓰니까 잘 듣는단 말이야. 그런데 이제 수월한 걸…

학인: 요거 그러면 한 제, 보통 얼마쯤 먹으라고 그러셨죠? 한 열 근(한 근: 600g).

학인: 열 근 한 제 하고 먹으라고 그러지 뭐.

학인: 달여서요?

봉우 선생님: 그래.

학인: 쉽네요. 쉽고.

봉우 선생님: 응.

학인: 그다음에 그 선퇴(蟬退)103) 쓰는 거 있죠? 선퇴. 굼벵이인가 선퇴.

봉우 선생님: 선퇴?

학인: 매미 껍질이요. 애들 백일해(百日咳)104)…

---

102) 장미과 상록관목의 열매. 유정, 몽정, 야뇨증, 설사 등에 쓴다.

103) 매미가 탈바꿈할 때 벗은 허물. 성질이 차가워 두드러기, 소아경련, 경풍(驚風) 등에 쓴다.

104) 경련성 기침을 일으키는 어린이 급성 전염해. 3~6세 어린이들이 잘 걸리며, 특히 겨울부터 봄에 걸쳐 유행한다.

봉우 선생님: 애들 백일해에 쓰는 거? 선퇴.

학인: 그 선퇴를 얼마큼 따라 쓰나요?

봉우 선생님: 선퇴 그건 뭐 한 서너 돈(한 돈: 3.75g)씩 달여가지고, 폭 달여서 먹이지 그냥.

학인: 서너 줌씩 그냥 달여서요?

봉우 선생님: 응.

학인: 물은 그러니까 몇 되?

봉우 선생님: 산약(山藥) 105), 산약, 산약.

학인: 산약을 넣어요?

봉우 선생님: 산약하고 선퇴하고 두 가지 넣어서 달여 먹이면 잘 들어.

학인: 산약도 양을 한, 한 줌.

봉우 선생님: 두 돈.

학인: 두 돈이요? 그러면 다릴 때 한 번 커피잔으로 두 잔 정도 나오게, 한 잔 정도 나오게 달이나요?

봉우 선생님: 한 잔, 한 잔.

학인: 한 잔이요.

봉우 선생님: 응. 조금만씩 해서 먹이면 바로 들어 그거. 그건 애들이 먹을 거.

　무엇에 먹는 것은 저 백반(白礬) 106) 먹는 것은 피부까지 좋다고 그랬지?

학인: 예 예.

봉우 선생님: 피부까정 좋은…

학인: 이게 피부병에도 좋나보죠? 피부가 고와지죠?

---

105) 마의 뿌리를 한방에서 이르는 말. 강장제, 위장보호, 당뇨, 설사 등에 쓴다.
106) 황산염 광물 명반석을 가공하여 얻은 결정체. 소독, 살균 효능이 있다.

봉우 선생님: 피부 고와지니까…

학인: 그럼 먹을 때 백반 조금씩 먹나요? 피부병 피부 좋아질 때는?

봉우 선생님: 으응. 엿에다 넣어서 먹어야지. 엿에다 넣어서 먹으면 그게 저 속에 있는 것이 다 없어지고…

학인: 예. 나쁜 거요.

봉우 선생님: 어. 그리고 피부가 좋아지지. 그래 이제 뭣이, 여자들 유암(유방암)에도 쓰고, 임파선 일체에도 다 쓰고, 겨드랑이 몽우리 뭐 그런데 다 쓰는 거고. 갑상선에 같이 써지는 거고 그래 그게. 쓰는 것이 꽤 많은데 얼른 생각이 안 나네.

학인: 하나 하나씩 하죠 할아버님. 선퇴요법 할 때요, 산약 두 돈하고 서너 줌씩 넣어서 폭 대려서(달여서) 먹는다.

봉우 선생님: 응.

학인: 굼벵이는 안 먹나요? 굼벵이.

봉우 선생님: 응?

학인: 굼벵이도 듣는다고 그래요, 굼벵이.

봉우 선생님: 굼벵이?

학인: 예. 굼벵이.

봉우 선생님: 굼벵이가 그 선퇴 아녀?

학인: 그게 선퇴인가요? 내내?

봉우 선생님: 응 응.

학인: 이게 소아, 백일해, 만성경기, 천식.

봉우 선생님: 그 전체 거기다 다 쓰지. 내가 편하게 쓰던 거.

학인: 할아버님 주사 맞으시면서요.

봉우 선생님: 응?

학인: 여기 주사 맞으시면서요 그리고서 생각해보세요. 그래서 생각나시

는 대로 뭐 하나 하나 슬슬 말씀해…

봉우 선생님: 개수가 몇 개면 얼른 나오는데, 먼저 나오라는 게 뭐가 먼저 나올라나(나오려나) 이게 문제여 지금.

학인: 주사 맞으시면서 생각 좀 하시죠 뭐.

봉우 선생님: 두드러기 요 먼저 번에 썼나?

학인: 두드러기 안 쓴 것 같은데요? 없었어요, 두드러기.

봉우 선생님: 두드러기 나는 데 쌀등겨.

학인: 쌀등겨. 그러니까 저 쌀…

봉우 선생님: 속겨.

학인: 속겨요?

봉우 선생님: 응.

학인 2: 하얀 거요?

봉우 선생님: 하얀 거.

학인: 노란 거 아닌가? 겉껍질 노란 거 아니죠?

봉우 선생님: 아니, 현미 벗긴 거여 현미 벗긴 거.

학인: 현미 벗긴 거.

봉우 선생님: 그래. 그래 쌀이여 쌀. 쌀 전체가 아니고…

학인: 현미를 또 이렇게 겉 벗긴 게 결국 하얀 백미가 나오잖아요.

봉우 선생님: 그런데 백미 나오기 전…

학인: 전에 가루를?

봉우 선생님: 가루가 아니여. 껍질만이여 껍질. 그게 속겨여. 쌀겨. 그놈을 되로 장되로 두 되, 두 되 뽑으면 보통 그저 두드러기 같은 거 가쩐하게 (거뜬하게) 다 나아. 한 서너 되 먹어도 좋고.

학인: 그냥 먹어요?

봉우 선생님: 그걸 그냥 먹으면 쓰나?

학인: 흑설탕, 흑설탕.

봉우 선생님: 찻숟갈 적은(작은) 걸로, 적은 찻숟갈로 소북하게 하나 떠 넣고…

학인: 그다음에 가루도…

봉우 선생님: 가루를 큰 찻숟갈 말고 작은 찻숟갈 말이여. 고놈을 수북하게 한 숟갈 넣고, 물을 대접으로 한 대접 넣어야 할 거고, 그러고 거기다 뭘 넣는고 하니 꺼먹설탕(흑설탕) 있지? 꺼먹설탕 그걸 많이 타. 꺼먹설탕을 타고. 뭣을 그 누렁설탕(누런 설탕) 타니까 안 들어. 그 이상하더구먼. 설탕 누른 거…

학인: 꺼먼 거 아니고…

봉우 선생님: 꺼먼 거 아니고 누렁설탕을 줬어. 백설탕 말고 보통 예전 먹던 거 누렁설탕 아닌가?

학인: 그것도 안 돼요?

봉우 선생님: 그거 하니까 안 들어. 안 되는데 꺼먹설탕을 하니까 틀림없이 돼. 그래 그놈을 넣어서 이렇게 해서 후루루 하게 해서, 그 물을 많이 부으면 먹기도 괜찮거든. 이 쌀가루를 많이 넣으면 텁텁하면 먹기가 나쁜데, 고거 하나만 하고 물 많이 붓고 꺼먹설탕 한 숟갈 넣고 이래서 후루루하게 해서 먹고 먹고 해서 그놈 한 되 두 되 먹으면 이 피부에 잔 거 많이 나는 사람 있지? 그 몸에 얼굴에 뭣에 잡것 많이 나고, 두드러기 나는 덴 직접이고, 그러면 두드러기 나는 사람은 이거 내뿜어버려. 그 가쩐하게 (거뜬하게) 들어.

학인: 그러니까 타먹을 때 물 한 대접 분량에다가, 물 한 대접에다가 저…

봉우 선생님: 찻숟갈로 하나.

학인: 예. 큰 찻숟갈로 하나.

봉우 선생님: 응. 설탕은 큰 숟갈로 하나, 흑설탕은.

학인: 그러니까 한두 개는 넣어야 되겠구나.

봉우 선생님: 응?

학인: 큰 숟갈 하나에다가 흑설탕, 반드시 흑설탕이다.

봉우 선생님: 응. 저 여자들 기미 끼는 사람들 있잖아? 기미 끼고 얼굴에 잡것 나는 사람. 고와져.

학인 2: 기미 없어져요?

봉우 선생님: 깨끗이 없어져.

학인: 결과적으로 간이 좋구나, 간.

봉우 선생님: 간이 좋아 그러는 거여. 간이 좋아서. 그러니 뭣이, 아니 그걸 내가 언제 쓰던 약이 아녀. 쓰던 약이 아닌데, 그 사람이 지금 어디 학교 저 교장으로 갔나 하는데, 용산여중 교감으로 있던 사람인데, 그 아버지 팔형제를 내가 다 잘 알아. 팔형제가 아니라 구형제지. 구형제를 다 잘 알아. 충청도 내포(內浦)[107] 부자들이지. 이석구, 이석진이 이석 뭣이 뭣해가지고 팔형제패여. 구자까지 이석구까지, 있지만은 패는 팔형제패 팔형제패 하는데, 그 아들이지. 그런데 여기 경복중학에 선생으로 있을 적에 나한테 몇 번 왔었어.

학인: 아, 효철이 아저씨요?

봉우 선생님: 응?

학인: 효철, 효철, 이효철 씨요?

봉우 선생님: 그래.

학인: 그 예산 저기 자나요.

봉우 선생님: 예산.

학인: 당진.

---

107) 충청도 가야산 앞뒤의 열 고을 지역. 예산, 당진, 서산, 홍성 등이 이곳에 속한다.

봉우 선생님: 아, 그런데 한번은 급히 사람이 왔어. 가보니까 그 부인이 정씨, 그 부인이 죽어. 그러니까 자기 이종인가 누구 되는 이도 박사라고, 자기 집안에도 박사가, 의학박사가 있고, 자기 시아버지가 한의사고, 그 자기 시아버지 "아이고 그 며느리가 가는구나. 이제 할 수 없이 가는구나". 그 누구를 자꾸 울리고 있잖아? 그래 내가 들어가니 박사들이 할 수 없이 간다는데 괜히 내가 들어간 거지. 들어가서, 숨을 잘 못 쉬어. 숨을 잘 못 쉬고… 할아버지 저 좀 살려달라고 이러잖아. 가만히 생각하는데 떠오르는 것이 그게 떠올라.

학인: 네. 두드러기 이거요?

봉우 선생님: 두드러기 방문. 두드러기여 두드러기. 전신 좍 나서 숨을 못 쉬어. 전신이 이렇게 해서 하악 하악 바로 숨이 넘어가. 그 집안 식구들이 주욱 모여서 돌아서 앉아 그러는데, 내가 그걸 해오라고 하니까 박사님들이 얼마나 웃었겠어? 아, 먹고 나았잖아. 그 먹고 바로 고쳤지. 지금까정도 그 내외가, 자기 아버지하고 나하고 동갑이지, 하지만 내외가 친아버지, 친시아버지처럼 알아. 그때 내가 떠오른 거야 그게. '야 그거' 하고서 다른 약 급한데 할 새가 없고, 그놈 가지고 해보자 한 것이 바로 했는데, 먹고 나아. 그다음에 두드러기라고 하는 데 써보니까 다 잘 들어. 그러니 그게 어디 그거 쓰라는 데가 없어. 그래 민간요법으로 그걸 넣고서 괜찮아. 그런데 알 수 없는 건 뭐이 알 수 없는고 하니, 두드러기 나고 피부병이 있던 사람들, 얼굴에 기미 많이 꼈던 사람들, 먹으면 곱게 벗어져. 그 얼룩얼룩 하던 얼굴이 고와지는 것이 이상하더구먼. 우리 보간환 먹어도 얼굴에 기미는 벗어지는데, 그건 몇 달 먹어야 되잖아. 저건 그렇게 여러 날 안 써. 잘 벗어져.

학인: 그런데 문제는 이제 그 껍질 구하는 건데…

학인 2: 그거 어디서 구해요? 쌀 그거 껍질이요.

봉우 선생님: 쌀껍질.

학인 2: 어디서 구해요? 방앗간에서요?

봉우 선생님: 방앗간에. 아니 이제 방앗간에 가서 저 쌀 벗겨 달라면 줘요. 쌀등겨도 쌀 갖다가 주욱 내리면 씨까지 남는 겨 그놈이 겉껍질인데, 겉껍질 그거면 잘들어.

학인: 아, 그걸 달라면 되겠네요.

봉우 선생님: 응. 그 여기서 뭐 그래. 내게 다니는 사람들 다 그걸 알아놔서. 자기들끼리는 아주 통하더구면 그래. 두드러기에는 아, 그저 그 쌀겨 먹으라고 그래 먼저들 얘기해.

학인: 그게 원인은 주로 간이 허열(虛熱)이 있어서 그러나요?

봉우 선생님: 간 때문에 그래, 간.

학인: 간이 나빠서 그러는 건가요?

봉우 선생님: 간이 안 좋아서…

학인 2: 그걸 물에다 미숫가루 타듯이 타가지고 그냥…

봉우 선생님: 타서 먹으면, 흑설탕에다, 아이고 그런 거 저 오늘도 한 오십 된 이인데, 튼튼하게 생겼어. 대구서 올라왔다고. 약방문 내어 약 자시지 말고 금냉법(金冷法) 하라고 해서 일러 보냈어.

학인: 금냉법이요?

봉우 선생님: 응. 아, 보약으로, 보약은, 금냉법 해서 저 뭣이 하거든 그 지금 이놈이, 외양만 멀쩡하지 이놈이 약한 거여. 이놈이 약한데. "한 달만 해보쇼. 한 달만 해보고 또 마누라 얻으러 댕기진 말고. 한 달만 하면 괜찮소." 하고선, "내가 보약으로, 마누라가 보약으로", 약은 나도 보약팔면 돈 받는 줄 아는데 "시험해보고 좋거든 술 한잔 사주구려." 허 그래 보내버렸어.

학인: 그리고 안질환(眼疾患) 있죠? 안질환.

봉우 선생님: 응?

학인: 눈에. 황련(黃連)108) 있죠, 황련. 황련을…

봉우 선생님: 황련을 많이 넣으면 눈이 아파. 황련 한 돈쭝만 넣어서…

학인: 황련을…

봉우 선생님: 응. 한 돈쭝만 물을 저 뭣이 수돗물 말고 자연수. 자연수에다가 한 돈쭝이면 한 컵 넣어야 돼. 한 컵에다 넣어서 한 일주일 우린단 말이야. 우려내고선 황련 내버리지 말고 또 울려도 또 우러나. 천황련. 천황련 한 돈쭝만 사.

학인: 천황련(川黃連)109)이요. 천황련이라는 게 사천황련(四川黃連)인가요?

봉우 선생님: 사천황련을 천황련이라고 그러지. 그런데 그거 눈에 잘 들어.

학인: 황연이 좀 비싸죠?

봉우 선생님: 지가 비싸면 한 돈에 얼마나 달라고…

학인: 그렇죠. 그거만 쓰면 다래끼 나는 것들. 다래끼. 칭칭 도는 거 이렇게 고름 찬 거…

봉우 선생님: 다래끼는 뭘 하니까 잘 들더라.

학인: 눈 다래끼. 요새는 다래끼 별로 안 나데?

학인 2: 마이신 먹어서 그래.

학인: 요새는요, 다래끼가 옛날에 참 많았잖아요. 그런데 요새는 다래끼가 없어요. 왜 그러냐 좀 날 듯하면 마이신을 먹거든요. 그러면 싹 없어져요.

봉우 선생님: 그래 그러면 됐어, 그건.

학인: 그래서 다래끼는 별로 없어요, 요새는.

---

108) 황련의 뿌리. 가슴이 답답하고 불면증이나 눈병, 구토, 설사에 쓴다.

109) 중국 사천성에서 나는 황련.

봉우 선생님: 응. 아니 근데 눈에 눈 안에 침침하고 뭣할 제(때) 눈 지저분하고 할 때는 황련 그거 하나, 저 안약 기계에다 넣어가지고선 한 방울 떨어뜨리면 그냥 시원하지 않나?

학인: 잇몸에 이 피 자꾸 나는 거는 어떻게 해야 돼요? 잇몸에 피가 나는 거요. 칫솔 이렇게 하면 피가 죽 난다거나 뭐 그런…

봉우 선생님: 글쎄 그게 뭘꼬 이제. 이건 폐인데…

학인: 폐요? 폐.

봉우 선생님: 이건 폐인데 잇몸에 피나는 거 저 뭣하는 것도 먹지 말고 이를 약소금으로 닦아야 돼. 약소금으로.

학인: 황련이 있고. 그다음에…

봉우 선생님: 여기 저 이에 피 나고 하는 거는 석웅황(石雄黃)110)하고 약 저 소금. 소금하고 이놈을 불에다 고아. 불에다 볶아. 볶아가지고 가루 해놓으면 빨갛지. 그런데 고놈으로 해가지고 씻으면 깨끗해져.

학인 2: 의외로 많아요, 그런 사람들이.

봉우 선생님: 응. 황련이 독약인데, 황련이 아니라 이 저…

학인: 웅황이요. 석웅황이요.

봉우 선생님: 석웅황이 독약인데 왜 독약이라고 하는지를 모르겠어. 뭐 그게 돈쭝으로 한 댓 돈쭝씩 먹어도 사람은 아무일 없거든? 그런데 그게 그래도 독약이여. 석웅황, 석자황(石紫黃), 예석(礜石: 산화비소화합물, 한약재), 수은, 신석(信石)111)그래 다섯 가지가 독약이여.

학인: 그러면요, 석웅황을 한 몇 대 몇으로, 한 몇 돈 써요? 소금하고 볶을 때. 소금하고 석웅황하고 볶을 때.

---

110) 석웅황: 천연으로 나는 비소화합물. 한약재.

111) 신석(信石): 비상(砒霜)에 열을 가해 승화시켜 얻은 결정체.

봉우 선생님: 아니, 그건 해도 해도 좋아. 석웅황 한 냥에 소금 열 냥쯤 넣어가지고 그래가지고 볶아.

학인: 가루를 갖다가…

봉우 선생님: 그래. 가루를 갖다가 볶아가지고. 한 세 번, 네 번 이렇게 볶는단 말이여. 볶아서 곱게 갈아가지고는 이 치약 하는 거지. 이 내리 이가 피가 나도 참 싹싹 닦는 거지. 잇새 이것이 잇새가 그저 짓무르고 뭣하고서 뭣한 것도 잘들어 그건.

학인: 요새 말하는 치주염. 잇몸이…

학인 2: 잇몸 약한 사람이…

봉우 선생님: 응.

학인: 무좀 잘 듣는 건 없나요? 무좀.

봉우 선생님: 무좀? 내 이 방문을 잊어버렸어. 무좀에 무좀약을 내가 해놨어. 무좀약을 해놔서. 돈을 아마 칠팔십은 들였지. 칠팔십을 들여서 약을 해놨어. 해놨더니 돈 단 10원도 못 받았네 난. 효력이 나니까 이놈 저놈 다 가져가고 하하. 근데 그 방문을 잊어버렸어.

학인: 아유, 그거 있으면 참 좋을 텐데. 요새 무좀이 많아가지고…

봉우 선생님: 무좀 그거 잘 들어. 갖다대면 이 무좀 난 데 가서 칠하니까 다른 무좀 약보다 훨씬 속했는데…

학인: 무좀이 굉장히 상견병(常見病) 중에서 제일 흔한 것 중에 하나예요, 무좀이. 제일 많아요.

봉우 선생님: 그래 그때 그 뭐를 가지고 내가 하라고 해서 했던가 몰라. 양약이여 전부. 그 저 기름하고 양약 종류들이지. 조선약은 하나도 안 들어 있어. 그래 그놈 배합을 시켜가지고 내가 전부 만들었는데, 아, 홍영사(紅靈砂: 황화수은화합물, 한약재) 좀 들었다.

학인: 근데 그거는 원가가 비싸겠는데요.

봉우 선생님: 아녀. 그렇게 비싸지 않아. 왜 저 기름 같은 요새 그 저 살 같은 데 바르는 게 있지 왜 그. 값 싼 거.

학인: 예. 있어요. 하얀 기름. 구리스(그리스, grease) 같은 거.

봉우 선생님: 구리스. 구리스. 구리스하고 홍영사하고 비상하고 뭐 그런 거 종류인데, 그때도 그것도 내가 해서 꽤 많이 했어. 꽤 많이 해놓고서 돈은 많이 들였지. 그게 뭐여 그 저 큰 이만한 양철통으로 커다란 놈으로 하나를 해놨어. 해놨더니 뭐 돈은 1전도 못 받고 다 나갔어.

학인: 할아버님 동상(凍傷) 같은 건 어때요? 동상.

봉우 선생님: 동상은 바로 빠지고.

학인: 할아버님, 그 동상 있죠 동상. 동상은 뭐…

봉우 선생님: 동상은 내 뭘로 했던가 잘 기억이 안 나는데…

학인: 더 간단하다고 그러셨잖아요?

봉우 선생님: 응. 그거 잘 듣는데. 뭣이를 했나?

학인: 기억이 안 나시나?

봉우 선생님: 적어놔야 하는데. 그걸 전부 적어 놓은 거를…

학인: 잃어버리셨어요? 혹시 저 김학수 씨 김학수 선생님이 안 갖고 계실까요? 김학수 씨.

봉우 선생님: 그 가져가고도 남지 또. 그런데 그만 가져간 거 아녀.

학인: 아니, 그러면 슬쩍 한번 여쭤볼까요?

봉우 선생님: 그래봐. 물어봐.

학인: 혹시 그러면 아, 그거 안다고 그러시지 않을까?

봉우 선생님: 그래.

학인: 동상하고 무좀은 아마 그 양반한테 전화해보면 알고 계실 거야.

봉우 선생님: 쉽지 쉬워.

학인: 무좀하고 동상하고. 이런 거 약도 만드실 텐데, 그분도. 그러면 그다

음에 딸기코 있죠, 딸기코. 딸기코 같은 사람 있잖아요?

봉우 선생님: 빨간코?

학인: 예, 빨간코

봉우 선생님: 빨간코 그건 쉬워.

학인: 그거 저 대풍자(大風子: 대풍자나무의 성숙한 종자) 기름 가지고…

봉우 선생님: 대풍자 기름 가지고 발라.

학인: 대풍자는 싼가요? 대풍자.

봉우 선생님: 대풍자라는 게 해마다 따지 않기 때문에 저 약국에 가보면 10년 묵은 놈 누가 가져가나? 다섯 해 묵은 놈 이래가지고 바짝 말라버렸어. 그래 이제 한 근을 사면 한 반근밖에 안 되니 기름이 없어. 그런데 반근은 한 근 얼마나 되나 그거. 그게 문둥이 고치는 약인데, 문둥이(문둥이) 고치는 약인데, 문둥이를 누가 저 대풍자 가지고 문둥이 고칠라고(고치려고) 감히 여기서 시작하는 사람이 있나? 그러니까 안 가져가거든…

학인: 이게 한약재로 쓰이나요? 대풍자가?

봉우 선생님: 한약재. 그거 문둥이 소속이여. 이렇게 이렇게 된 건데, 고놈저 알맹이 있는 걸 가지고 칼로 가운데 딱 끊어가지고, 집게 요놈으로 꼭 집어가지고, 뭐여 이 저 난로 같은 데 대고, 요렇게 요렇게 하면 따끈따끈하잖아? 기름이 줄줄 흐르잖아? 그거를 쪼옥 요렇게 요렇게 칠한단 말이야.

학인: 그러면은 코가 빨간 게 없어져요? 빨간 코가?

봉우 선생님: 그런데 대풍자 한 근 이래야 지금 뭐 천환(?)이나 이편짝(?)할 텐데 대풍자 한 근이면 20명이나 30명은 고치지. 그거 잘 고쳐져.

학인: 이상하네. 그거 어떻게 빨간 게 없어지지? 주로 코가 빨간 사람들은 왜 그래요? 술을 많이 먹어서 그런가요?

봉우 선생님: 술 안 먹고도 그런 사람이 있어.

학인: 태어날 때부터요?

봉우 선생님: 응.

학인: 그 왜 그럴까요?

봉우 선생님: 코가 아주 빨간 사람도 있어, 이렇게.

학인: 예, 가끔 있어요.

봉우 선생님: 근데 그런 거는 주독(酒毒)으로도 그렇고 한데 그거 가서 대풍자로 하면…

학인: 아, 주로 주독으로 많이 생기나요?

봉우 선생님: 백 명이면 아흔아홉은 고치지. 그런데 못 고치는 거 하나는 여전히, 술 여전히 자꾸 먹으면 안 고쳐져.

학인 2: 머리 빠지는 데 좋은 거 있나요?

봉우 선생님: 머리 빠지는 거는 흑임자(黑荏子)여. 검은깨, 검은깨를 물에다 며칠 담그면 통통해지거든. 그런데 그놈을 불에다 볶아가지고 기름 짜는 게 본식인데, 이걸 물에다 불려가지고 찧어서 기름을 내면 부우연 끈끈한 기름이 나. 그런데 그 기름을 가지고, 그놈을 가지고 칠하면 끈적거려서 안 돼. 못 견뎌. 안 되고. 머리 빠지는 데다 그놈을 요새 머리에 무슨 향수 들 있잖아? 거기다 이놈을 타가지고서 축축하게 해 넣어가지고서 자꾸 바르면 새머리가 나지. 머리 뿌리가 튼튼해져서 새머리가 나요. 그거 내 저 전라도 가서 그거 머리 나는 거 누가 흑임자 하라고 하면 그 사람들이 동전 한 푼이나 낼 거여? 즈이가 그냥 할 테지. 그놈을 가서 맨들었어. 기름을 맨들었어. 기름을 짜가지고서 요새 향수처럼 된 데다, 그놈에다 넣어서 마개를 만들었지. 그 이거 저 아주 좋은데 딴 데서 가져온 거라고 이러고선 그래 이놈을 줬어.

봉우 선생님: 그 문둥이가 많아 거기. 헌데 그래가지고 그걸 이제…

학인: 전라도 바닷가에 특히 많아요?

봉우 선생님: 많아.

학인: 해남(海南)인데요, 여기.

봉우 선생님: 해남 바로 바닷가는 아니여.

학인: 바닷가였는데요, 바닷가.

봉우 선생님: 그래가지고 눈썹 있는 데다 이걸 자꾸 칠해. 눈썹 있는 데다 그걸 자꾸 칠하면. 흑임자(검은깨) 흑임자. 물 짠 거. 그놈을 이래 꼭, 그거 그냥 끈끈하니까 칠하지 못하니까 향수 같은 데다 넣어가지고 싸악 화장하는 거 모양으로 해서 싸악 하고 싸악 하고 하면 언제 나는지 모르게 새까맣게 나요.

학인: 아, 눈썹이요?

봉우 선생님: 눈썹이.

학인: 근데 이 문둥이들이 말예요. 그게 이제 다 나은 사람들도 눈썹이 없잖아요?

봉우 선생님: 다 나은 사람이 왜 눈썹이 안 나? 다 나으면 나지.

학인 2: 요새 대머리 이 저 탈모(脫毛)도요 빠지니까 머리 나게 하는 약이 최고로 인기 좋다고…

봉우 선생님: 머리로 갖다가 하면 가발 안 쓰더래도 머리 하면…

학인: 아니, 지금 요새 말이죠. 중공(中共: 중국공산당)에서 머리 발모제(發毛劑) 나오잖아요? 발모제. 중공, 중국에서 발모제를 아주 잘 팔아먹고 있거든요.

봉우 선생님: 왜?

학인: 대머리들이 많아서, 대머리들이 발모제라면 환장을 하거든요. 그래가지고 중국놈들이 또 어떻게 무슨 방문을 하나 해가지고, 소위 발모제라고 해서 약을 만들어서 파는데 이게 아주 날개 돋친 듯이 팔린대요.

봉우 선생님: 대머리에 머리가 나?

학인: 머리가 좀 난대요.

봉우 선생님: 아니, 저 흑임자 가지고 해도 머리만 잘 나는데?

학인: 아, 그러니까 아까 저 검은깨.

봉우 선생님: 검은깨.

학인: 검은깨를…

봉우 선생님: 검은깨 물에다 담가서 불려가지고 거기서 짜서 기름을 낸 것을 그 끈끈하니까 거기에 막 바르면…

학인: 그걸 향수에다가…

봉우 선생님: 향수에다 타가지고선 바르란 말이야.

학인: 물도 좀 타요?

봉우 선생님: 응?

학인: 향수 물도 맹물도 좀 타고…

봉우 선생님: 아, 맹물에 타지 말고…

학인: 향수에 타요?

봉우 선생님: 향수에 타.

학인: 비싼 향수는 안 되겠는데 이거…

학인 2: 싸구려 향수에…

학인: 향수에다가 섞어서…

봉우 선생님: 섞어서 자꾸 바르란 말이여.

학인: 그냥 대머리 같으면, 이 원형탈모증 있죠? 가운데 주욱 벗겨지는 거.

봉우 선생님: 그러니까 그건 가운데 하는 놈이나마나 바르면 나와.

학인: 자주 바르는구나.

봉우 선생님: 응. 이 저 머리 이렇게 붙잡아 끌어내는 거야 그게.

학인: 근데 그 중국놈들이 요새 발모제 팔아먹는 건요, 그거 비방은 뭐 인삼, 인삼을 사용한다고 그러대요? 인삼액 홍삼 엑기스.

봉우 선생님: 아, 그거 뭐 뭐라고 하는 걸 아르켜(가르쳐)주나? 지금 내가 여기 저 흑임자 가지고 머리 난다고 하더라도…

학인: 그럴지도 모르겠다. 이놈들 또 흑임자 거기서 엑기스 뽑아가지고…

봉우 선생님: 그래.

학인: 그럴지도 몰라요.

봉우 선생님: 아, 글쎄 그러더라도 우리끼리니까 얘기하지 딴 데 가서 아, 이거 뭐라고 얘기할 터(거야)? 안 하지.

학인: 할아버님, 그러면 이거 만일에 민간요법이나 이거 실으면요 의약회사 놈들이 당장 써먹겠는데요. 그러면 딱 해가지고…

봉우 선생님: 남이야 팔아먹든지 말든지 상관할게 있나. 우리만 안 팔아먹으면 되지 그거.

학인: 그러죠? 그러면 당장 이거 제약회사에서 실험하겠는데요. 그래서 무슨 발모제 해가지고 또…

봉우 선생님: 아무 소리를 하든지 그냥 그렇게 하고…

학인: 예, 그다음에 또 뭐 얘기해봐. 뭐 없나?

봉우 선생님: 여기 저 문둥이. 문둥이 학수한테 방문이 있을 거야.

학인: 예, 나병.

봉우 선생님: 응. 나한테 있는 거 방문 없어졌어.

학인: 그럼 이거 저 김학수 선생님, 저 김학수 선배한테 가서 여쭤보고요.

봉우 선생님: 그래. 그런데…

학인: 방문을 좀 적어서 할아버님께 다시 여쭤볼까요? 이게 맞습니까? 하고…

봉우 선생님: 그래. 한번 열이면 내게서 댕기면서 어쨌든지 다 없으면 그저 살살 다 뒤져서 죄 베껴 가거든.

학인: 근데 이 나병(癩病) 퇴치하는 방법도 민간요법이 있나보죠? 간단한

게?

봉우 선생님: 간단한 거 없어.

학인: 네. 그래도 만일에 여기 나오는 방문대로 하면 큰 돈 안 들죠?

봉우 선생님: 그렇지. 큰 돈 안 들어.

학인: 그러면 요번에 싣죠 뭐. 찾아서.

봉우 선생님: 나병은 거기다 쓰지 마. 민간요법은 거기다 쓰지 말아.

학인: 왜요? 그렇게 하면 안 되나요?

봉우 선생님: 거기 뭐 저 한 가지가 있어.

학인: 예, 나쁜 게요?

봉우 선생님: 아니. 만들기 힘든 게 있어.

학인: 예, 그럼 안 되죠.

봉우 선생님: 학수도 지금 그…

학인: 그걸 못 만들어가지고 그런가요?

봉우 선생님: 방문만 가져가서 다른 사람 그걸 그건 빼놓고 죄 먹이니까 잘 안 들어. 그런데 그러는 줄 알고 내가 그놈을 아르켜(가르쳐)주질 않아.

학인: 그중에서 제일 중요한 거 하나만 빠져도 잘 안 들죠.

봉우 선생님: 그러니 약방문이라고 그냥 이러고 쓰윽 내주면 진짜 난 방문 가졌다 이러는데 방문 가진 데 가보면 알맹이 빼놓은 걸 갖다가 하는 게 많거든.

학인: 그리고 또 뭐가 있냐? 식중독(食中毒)에는…

봉우 선생님: 응?

학인: 식중독에는 산자를 먹으라고 그러셨죠? 산자.112)

봉우 선생님: 뭣이?

---

112) 산자[饊(糤)子]: 찹쌀가루 반죽을 납작하게 말려 기름에 튀긴 다음에 튀긴 밥알이나 깨를 꿀과 함께 묻힌 음식.

학인: 돼지괴기(돼지고기) 닭괴기 먹고 왜 저 식중독 나죠? 막 이렇게 부옇게…

봉우 선생님: 산자 먹으면 듣지 그건.

학인: 보통 그냥 산자 있죠. 하얀 거. 쌀과자.

봉우 선생님: 쌀로 한 거.

학인: 그걸 그냥 막 먹어요?

봉우 선생님: 그게 잘 들어 그건.

학인: 이상하다 그것도. 그게 왜 잘 들을까?

봉우 선생님: 몰라 그것도.

학인: 그냥 먹으면, 이건 특별한 용법 없죠?

봉우 선생님: 응. 아니 저 괴기 먹다가 목에 가시가 들었는데, 그 병원에 들어가 빼야 하지 않나. 흐르는 개울물 거슬러 먹으면 왜 괜찮은가? 하하.

학인: 흐르는 개울물이요?

봉우 선생님: 흐르는 개울물 말이야. 개울에 가서 거슬러서 떠서 먹으면 한 번 먹고, 두 번 먹고, 세 번 먹으면 언제 내려갔는지 모르고 쑥 빠져버려.

학인: 그러니까 이거는 흐르는 방향에 거슬러서 떠야죠?

봉우 선생님: 거슬러 뜨지. 거슬러 떠 먹는데…

학인: 떠서 그냥 싹 마신다. 그러면 언제 모르게 싹 내려간다.

봉우 선생님: 내려가버리지.

학인: 그 희한하네.

봉우 선생님: 그거 알 수 없는 일이여.

학인: 몇 번 실험해 보셨죠? 몇 번 실험해 보셨어요?

봉우 선생님: 아니, 몇 번이 아니라 촌에서들은 그전에 뭣하다가 천렵(川獵: 냇가에서 물고기 잡는 것)해가지고 목에 걸리는 사람 가끔 생기거든. 해봐라 하면 하면 되고, 하면 되고, 그래 그건.

학인: 그리고 과음(過飮)해가지고, 술 많이 먹고서는 속 뒤집혔을 때는 어떻게 하죠? 막 토하고…

봉우 선생님: 응?

학인: 술 많이 먹어가지고요, 술 많이 먹고 속이 뒤집힌 거 있죠?

봉우 선생님: 술 많이 먹고 속 뒤집힌 덴 삼(蔘) 달여 먹으면 바로 그치지 뭘.

학인: 삼이요?

봉우 선생님: 삼.

학인: 인삼이요?

봉우 선생님: 그래. 삼 달여 먹으면 바로 그쳐.

학인 2: 쓰리고 막 이렇게…

봉우 선생님: 토하고 하는 거.

학인: 그때 인삼을 한 어느 정도 해요?

봉우 선생님: 한 냥쭝(37.5g) 달여 먹으면, 푹 달여 먹으면 그냥 바로 그쳐.

학인: 인삼 한 냥에다가…

봉우 선생님: 뭘 한 냥에 다른 거 더 넣을 거 뭐 있어?

학인: 대추 같은 것도 안 넣고요?

봉우 선생님: 아무것도 안 넣어. 그냥 푹 달여서 죽 들이켜.

학인: 삼 한 냥에다가 물 한 주전자.

봉우 선생님: 아, 그야 한 냥 달이는 것만치 해서. 그래.

학인: 한 냥에 한 주전자는 넣어요?

봉우 선생님: 그 뭐 한 주전자까정 다 넣을 거 뭐 있나?

학인: 한 주전자 한 냥.

학인: 그러니까 숙취로 저 과음으로 인해서 속이 막 뒤집혔다 속 쓰리고 토하고…

봉우 선생님: 일본 녀석들이 파는 아라이쓰리(?) 자궁세척기 세척약(洗滌藥) 그게 있으면 냉(冷) 흐르는 거, 대하증(帶下症) 뭣 하는 거 다 잘 듣는데, 일본놈이 그 약 세약(세척약)이 없어졌어 지금. 여기서 세약 값 물어보니까 성능이 그거하고 아주 딴 판이여. 그러니 그게 너무 좋고, 허가 맡은 사람이 죽은 모양이지? 그럼 자손이 그걸 따라서 또 해야 할 텐데…

학인: 그전에 할아버님 기억 나실지 모르지만, 그 애 낳고 나서 말이죠 여자들. 가물치 쓰는 법 있었죠? 가물치 먹는 방법. 호박에 다가…

봉우 선생님: 그건 보통 먹지.

학인: 보통 먹는 거죠? 그것도 실을까요? 그거 모르는 사람은 모르던데…

봉우 선생님: 뭘 그런 거는. 요새 흔한 거 저 산전(産前) 산후(産後)에…

봉우 선생님: 난 이것이 그게 제일 먼저 일원(一元)이 생겨. 둘이 합드려야지(합쳐져야지) 합드리지 않으면, 둘이 합드리지 않으면 혼(魂)이니 백(魄)이니 아무것도 없거든.

학인: 그렇죠. 혼백이 있을 리가 없는데…

봉우 선생님: 응.

학인: 여기서는 분리를 해놨다 말이죠.

봉우 선생님: 분리를 했지 그러니까. 그러니까 거까정은 그걸 쓰지 마라 말이야.

학인: 예. 그래서 인체(人體)라는 게 처음에 생기는 과정이 제일 중요한 건데, 그래서 여기는 하여튼 그런 식으로 해놨는데, 할아버님께선 그러면 처음에 이 사람이라는 것이 여기서 할아버님이 원리론(原理論)에서 중요한 것이 뭐냐? 사람이란 게 일반적으로 말이죠. 뭐 이렇게 전문적 얘기를 제하고라도…

봉우 선생님: 그렇지.

학인: 평상시 우리가 보통 사람이 갖는 의문이 뭐냐 하면 이게 도대체 사

람이라는 게 이 동양에선 항상 하늘이 있다. 그다음에 사람이 있고 가운데. 그다음에 땅이 있다 이렇게 보거든요.

봉우 선생님: 그래.

학인: 천지인(天地人) 삼재(三才) 사상을 떠날 수가 없잖아요?

봉우 선생님: 그래.

학인: "사람이라는 것은 소우주(小宇宙)다." 그런단 말이죠.

봉우 선생님: 응?

학인: 소우주다, 작은 우주다.

봉우 선생님: 응.

학인: 작은 우주라는 건 소천지(小天地)라는 거, 소리 아녜요.

봉우 선생님: 그렇지 그래.

학인: 그러니까 천과 지의 원리를 이 사람이라는 작은…

봉우 선생님: 다 가지고 있지.

학인: 그 안에 다 포함하고 있다.

봉우 선생님: 다 포함해 가지고 있다는 거지.

학인: 그런 의미가 있기 때문에, 그렇다면 어떻게 해서 사람이라는 게 하늘과 땅의 이치를 다 포함하면서 생겨나게 됐느냐 그게 참 궁금하거든요?

봉우 선생님: 그러니까 이것이 이제…

봉우 선생님: 건착 건착도(乾鑿度)113)?

학인: 예.

봉우 선생님: 이건 너무 해놔서 몰라.

학인: 어렵죠?

---

113) 건착도: 역위[(易緯: 주역(周易)의 위서僞書(가짜 책)] 가운데 대표적 저술.

봉우 선생님: 어려워. 그걸 그대로 설명해놓으면 무슨 소리인지 모르게 다여.

학인: 그래, 이제 할아버님 입장에서 이렇게 간단하게 얘기를 하신다면 사람이라는 게 형(形)과 기(氣)가 있다.

봉우 선생님: 여기 이《참동계(參同契→周易參同契)》114) 한 거 들어내.

학인: 예.

봉우 선생님: 형기미구(形氣未具) 왈홍몽(曰鴻濛)이요 구이미리(具而未離) 왈혼륜(曰混淪) 역왈(易曰) 역유태극(易有太極) 시생양의(是生兩儀)하고 역(易) 유홍몽야(猶鴻濛也)이요, 요걸 요대로 쓰란 말이야.115)

학인: 예.

봉우 선생님: 나는《참동계》한 거를 찬성한다 그거지.

---

114) 동한(東漢)의 위백양(魏伯陽)이 지은 단학서(丹學書).

115) 형기미구(形氣未具)를 왈홍몽(曰鴻濛)이오 구이미리(具而未離)을 왈혼륜(曰混淪)이라 하고 역왈(易曰) 역유태극(易有太極) 시생양의(是生兩儀)라 하니 역(易) 유홍몽야(猶鴻濛也)요 태극유혼륜야(太極猶混淪也)라 건곤자(乾坤者)는 태극지변야(太極之變也)니 합지(合之)에 위태극(爲太極)이오 분지(分之)에 위건곤(爲乾坤)이라 고합(故合)에 건곤이언지(乾坤而言之)이오 위지혼륜(謂之混淪)에 분건곤이언지(分乾坤而言之)라 위지천지(謂之天地) 열자왈(列子曰) 태초(太初)는 기지시야(氣之始也)요 태시(太始)는 형지시야(形之始也)라 하니 역유차(亦類此)라.
《참동계》의 주에 "형기가 갖추어지지 않은 것을 홍몽이라 하고 갖추어졌으나 갈라지지 않은 것은 혼륜이라 하고 《주역》에 말하기를 역에는 태극이 있어 양의가 생하니 역은 홍몽과 같으면 태극은 혼륜과 같다. 건곤은 태극의 변화이니 합하여 태극이 되고 나누어짐에 건곤이 된다. 그러므로 건곤을 합하여 혼륜이라 이르고 건곤을 나누어 말함에 천지라 한다." 열자가 말하기를 "태초는 기의 시작이요 태시는 형의 시작이라 하니 역시 이와 같다."라고 하였다.
홍몽(鴻濛): 1. 하늘과 땅이 아직 갈리지 아니한 모양 2. 천지자연(天地自然)의 원기(元氣)
泓 기러기 홍: 1. 큰기러기 2. 크다 3. 굳세다 넓다
참고도서:《주역참동계(周易參同契)》,
《동의보감(東醫寶鑑)》내경(內徑)》외형편(外形篇)》신형(身形)》형기지시(形氣之始)

학인: 그래서 태극에는 또 이제 이렇게…

봉우 선생님: 그래.

학인: 그런 저 혼륜이고. 요 뒤에 얘기요.

봉우 선생님: 그래.

학인: 그런 식으로 해서. 그러면 요것은 이 우주의 얘기를 한 거 아닙니까? 여기서 우주의 얘기를 하면서 사람이라는 게…

봉우 선생님: 사람이 우주의 거기서 생기는 거니까. 잉태지시(孕胎之時)라는 게 태잉지시(《동의보감》 신형편에 나옴)라는 게 요건 저 천지지정기(天地之精氣)가 정(精)과 기(氣)가 하위만물지형(何爲萬物之形: 어떻게 만물의 형체를 이루는가)이여.

학인: 여기서는 정기라는 게 하나의 정 정한 기 아닌가요? 요 기가?

봉우 선생님: 아니야. 정하고 기하고 두 가지여. 정하고 기하고 합해서 말이여.

학인: 예. 그런데 여기서는 두 가지 형(形)하고 기(氣) 얘기를 하잖아요? 형과 기.

봉우 선생님: 응.

학인: 그러면 여기서 기라는 것이 여기선 형이라는 건 나타난 거고. 그렇다면 이것은 기만 지금 얘기하고 있잖아요?

봉우 선생님: 형기가 다 있지. 형하고 기 아녀? 형과 기의 시작이라 그 소리난 거 아녀?

학인: 그럼 맨 처음에는 기가 있나보죠? 기? 기가 돼서 그다음에 기가 나와서 그다음에 형이다.

봉우 선생님: 그렇지.

학인: 형이 되고. 그러니까 이 보통 형과 기를 논하는데, 그러면 이 정과 기와 또 신(神)을 논하잖아요. 요건 나중 얘기인가요?

봉우 선생님: 신은 나중이지.

학인: 신은 나중이고요.

봉우 선생님: 응.

학인: 그럼 정도 마찬가지 나중이네요?

봉우 선생님: 아니. 정이 먼저 들어가야.

학인: 기가 되나요?

봉우 선생님: 기가 되지.

학인: 예. 그러니까 이 정과 기는 항상 따라다닌다고 봐야 되나요?

봉우 선생님: 그렇지. 정기가 합드려놔야(합쳐져야) 신이 생기지.

학인: 나중에 요것이 합해서 신이 된다.

봉우 선생님: 응. 그래야 거기서 신이 생기지 신이 붙을 데가 없지.

학인: 그렇다면 이런 데서 정기 정기 할 때는 정과 기를 나누어서 생각해야 된다.

봉우 선생님: 그렇지.

학인: 그래서 만물지형이 되고…

봉우 선생님: 응.

학인: 아버지의 정이 혼이 되고 어머니의 정이 정기가 백이 된다 이랬거든요. 그런데 이게 처음 과정인데 이걸 쓰지 말고…

봉우 선생님: 그건 쓰지 마라.

학인: 그럼 할아버님 생각하시기에는 이게 이제 처음에 인간이라는 게 태어나는데, 이렇게 천지운행은 이렇고 뭐 태역이 있고, 처음에 혼돈이 있어서 거기서 만물이 다 생기는데, 그중에서 유독 인간만은 뭔가 특별한 의미가 있나요? 인간만은?

봉우 선생님: 거의 맞먹지. 거의 맞먹어.

학인: 다른 생물들도 다 의미가 있는데…

봉우 선생님: 다 의미가 있고 거기도 혼도 있고 뭐이가 있고 다 있거든…

학인: 정이 있고…

봉우 선생님: 정이 있고 다 있지 왜?

학인: 미물(微物)이지만…

봉우 선생님: 응.

학인: 그 차이는 있지만 그래도 유독 인간만을 그래도 좀 낫다고 보나요 아니면 뭐 큰 도의 입장에서 봤을 땐 근본 입장에서 봤을 땐 다 평등한가 요?

봉우 선생님: 꼭대기 가보면 저 도에서 입장에는…

학인: 다 평등하죠?

봉우 선생님: 평등하게 보지.

학인: 그러니까 부처님 말씀하신 대로 뭐 구유불성(具有佛性)이라 해서 모 든 미물들도 다…

봉우 선생님: 다 성질은 마찬가지지.

학인: 예. 그런데 유교 쪽이나 유교 철학 쪽에서는 그래도 사람의 성, 사람 을 그래도 좀 귀하다.

봉우 선생님: 그럼, 사람을 귀하다고 해야지. 유인(唯人: 오직 사람만이)이 만 물지중(萬物之衆: 만 가지 무리 중에)에 유인이 최귀(最貴: 가장 귀함)라고 하는 것이 그거를 기록하고 그걸 뭐라고 하니까 그러는 거지. 그러니까 지금이 사람이 만물지중에서 유인이 역대(歷代)를 이렇게 나오니까 그러 지. 그거 하기 전에, 그 전에 역대에 사람이 다른 동물과 마찬가지로 몰려 다닐 때는 최귀 소리를 못 들었지.

학인: 그게 내려오면서 제일 진화되니까…

봉우 선생님: 진화되니까 그렇지. 그걸 지금 진화된 걸 가지고 예전부터 그 렇게 본신(本神: 본래 정신)이 그렇게 됐다고 이렇게 얘기하는 거는, 그건

우리 소리지.

학인: 인간 중심의 얘기고…

봉우 선생님: 그렇지.

학인: 사실 도의 근본 자리에서 봤을 때는…

봉우 선생님: 다 같단 말이야.

학인: 예. 다 같고 역시 사람도 미천했을 때는 지능이 떨어지고 옛날에 동물이나 때려잡아 먹고 할 때는 뭐 최귀할 것도 없잖아요?

봉우 선생님: 최귀할 것도 없지 뭐.

학인: 지금 고고학에서 옛날 두개골 발견하면 참 동물하고 비슷하거든요?

봉우 선생님: 그래.

학인: 그러다가 뇌가 좀 더 커지면서 이빨이 들어가고 뭐 이렇게 하면서 서서 다니고…

봉우 선생님: 그래.

학인: 뭐 이렇게 하다 보니까 좀 발달이 된 건데…

봉우 선생님: 그래.

학인: 원래 처음 태초에는 그러면 다 똑같았겠네요.

봉우 선생님: 똑같았지.

학인: 그리고 그 전에는 또 보면 시대에 따라서는 사람이 기를 못 펴고 동물이 기를 펴던 시대도 있잖아요?

봉우 선생님: 시절이 있지.

학인: 공룡시대 같은 때.

봉우 선생님: 그래.

학인: 그럼 그때는 공룡이 최귀 아녜요?

봉우 선생님: 그놈이, 공룡이 최귀지 뭘.

학인: 그 시대는요.

봉우 선생님: 응.

학인: 그런 시대가 보통 몇 만 년 가거든요, 막.

봉우 선생님: 그래 몇 만 년씩 가서 이렇게 자꾸 진화되어서 나온 거지. 그런데 지금 우리가 이 선서(仙書: 선도서적)에 보면 지금 최위 제일 꼭대기 말야. 꼭대기가 북극중천(北極中天: 선도에서 얘기하는 정신계의 수뇌부) 중천에도 올라와 있는 이가 누군고 뭘고 하니 거북이여.

학인: 예? 거북이에요?

봉우 선생님: 그래.

학인: 아, 북극중천에서…

봉우 선생님: 그래.

학인: 그러니까…

봉우 선생님: 구령성모(龜靈聖母)지.

학인: 구룡.

봉우 선생님: 구령성모.

학인: 령.

봉우 선생님: 거북 구(龜) 자.

학인: 성 성(聖) 자.

봉우 선생님: 성모. 어머니 모(母).

학인: 성모예요?

봉우 선생님: 그래.

학인: 그러면 령 자는…

봉우 선생님: 신령 령(靈) 자고.

학인: 아, 구 자가 이게 거북 구 자예요?

봉우 선생님: 그래.

학인: 그러면 거북이의 령에다 성모네.

봉우 선생님: 그렇지.

학인: 구령성모라는 게 지금 위치가 어떻게 돼요? 그러니까 선도가(仙道家)에서, 도교에서…

봉우 선생님: 구령성모가 지금 꼭대기지.

학인: 그 이거는 뭔가요. 구령성모는 그러니까 신장(神將)인가요?

봉우 선생님: 응? 신장이 아니고 ○○○(?)을, 주장을 하는 거지.

학인: 도교에서 말하면…

봉우 선생님: 그래.

학인: 이게 그러면 예수교에서 말하는 성모 마리아 같은 건가요?

봉우 선생님: 성모 마리아는 뭣이고, 뭣이 이 다○○○(?) 여와씨(女媧氏). 여와씨 모양으로 그게 성모 마리아고.

학인: 이 구령성모도 그러면 하는 역할이 뭐 저 관세음보살 이런 식으로 자비하고 뭐 이런 거…

봉우 선생님: 자비하고 다 마찬가지지.

학인: 예. 그런데 이분이 원래 그러면 글자 그대로 구령 거북이인가요?

봉우 선생님: 거북으로 몇 만 년 해서 도를 닦아가지고 이제…

학인: 성모가 된 거군요.

봉우 선생님: 성모가 된 거지.

학인: 그럼 그 당시에는 사람이 별 일이 없었겠…

봉우 선생님: 그러니까 그 전에 개벽(開闢)이 뭘 개벽이 그렇게 됐나 모르지.

학인: 그렇죠. 그때는 그전 또 개벽에서는 사람보다는 거북이들이 더 판을 쳤을지도 모르죠.

봉우 선생님: 그렇지.

학인: 세력으로는 또, 그러니까 도 자리에서 보면 이 현상은 변화의 와중

계속 변화하니까…

봉우 선생님: 계속 변하는 거지.

학인: 그때마다 위가 달라지고. 세력들 쓰는 게 달라지니까…

봉우 선생님: 그래.

학인: 그래서 꼭 무슨 사람만이 가장 최고다.

봉우 선생님: 최고가 되는 건 아니지.

학인: 그렇게 되는 건 아니네요. 그러나 하여튼 지금의 논리 얘기로서는 천지인 삼재…

봉우 선생님: 그래.

학인: 여기에 맞게 얘기를…

봉우 선생님: 얘기를 써야 하니까 그걸 가서 지금 짐승도 사람보다 낫었다 (나았다) 이런 소리 쓸 말은 없지.

학인: 예. 그렇다면 사람이라는 게 하여간 지금 상황에서는 이 천지가 이렇게 돼 나오는데, 거기에서 사람이라는 게, 생긴다는 게, 그게, 그러니까 사람이라면 두 개로 나누거든요, 보통.

봉우 선생님: 응?

학인: 사람이라는 건 보통 그러면 두 개로 나누잖아요? 머리, 이 생각하는 힘.

봉우 선생님: 그렇지.

학인: 영(靈)이라고 할까요, 이거를?

봉우 선생님: 그렇지 영.

학인: 그리고 하나는 육(肉)이죠, 육신. 피와 살 이런 건데. 그러면 그 여기서 사람을 보통 정신적인 거 하고 육체적인 걸로 나눴을 때…

봉우 선생님: 그렇지, 그거지 뭘.

학인: 이게 '사람이다'라면 여기서 천체(天體)적인 요소는 하늘의 요소, 천

체적인 거는 뭘 받아 영을 받았다고 그러는 건가요?

봉우 선생님: 영(靈)이지 영.

학인: 그리고, 그럼 지체(地體)적인 요소는 육이다.

봉우 선생님: 육이지 뭐.

학인: 예.

봉우 선생님: 형상(形象) 있는 걸 받았고, 형상 없는 걸 받았으니까…

학인: 요거는 무형이고…

봉우 선생님: 무형이고. 이건 유형이지.

학인: 예, 이건 유형인데, 그러면 정과, 형과 기로 했을 때도 이건 형이고, 이건 기네요, 그럼 영은…

봉우 선생님: 그렇지.

학인: 요건 기네. 기라는 건 형상이 없네요.

봉우 선생님: 그래.

학인: 그리고 요 형은 형상이 있고…

봉우 선생님: 응. 그런데 여기서 여기서 한 소리 아버지 정은 혼이 된다는 그게 말이 안 돼.

학인: 그러면 혼백이라고 우리가 보통 하잖아요?

봉우 선생님: 그래.

학인: 혼백이라고 했을 때 그 혼백 자체는 다 기 무형 아닙니까? 무형.

봉우 선생님: 백은 형이 있는 게 백이고…

학인: 그러면 이게 육체적인 거네요, 백은?

봉우 선생님: 응?

학인: 백이 형이 있고 혼은 형이 없다.

봉우 선생님: 형이 없지, 그러니까.

학인: 그러면 혼이라는 건 하늘 천체적인 거고…

봉우 선생님: 천체지.

학인: 백이라는 건 지체적인 거네요.

봉우 선생님: 지체지. 그렇지.

학인: 그러면 흔히 백이라고 하는 게 이 육체 육신을 말하는 거 아닙니까?

봉우 선생님: 육신을 말하는 거지, 뭐.

학인: 딴 거 아니군요? 이 살과 뼈붙이 이게 백이네요 그럼?

봉우 선생님: 그게 전부 백의 소속이지.

학인: 예. 그래서 죽으면 사람이 이 뼉다구(뼈다귀)는 다 땅에 돌려주잖아요?

봉우 선생님: 땅에 돌려주는 거지.

학인: 그러면 백은 땅으로 간다. 지체로 다시 돌아가고. 혼이라는 거는 무형으로 다시 떠서…

봉우 선생님: 떠서 올라간다.

학인: 올라가니까…

봉우 선생님: 혼승백강(魂昇魄降)이지, 그러니까.

학인: 예. 그럼 이 소리가 맞네요.

봉우 선생님: 그래.

학인: 다시 하늘로 돌아가고…

봉우 선생님: 응.

학인: 어렵게 생각할 거 없네요, 혼과 백은.

봉우 선생님: 어렵게 생각, 하나도 할 게 없지, 뭐.

학인: 그럼 삼혼칠백(三魂七魄)이다, 이런 얘기들은 뭔가요?

봉우 선생님: 삼혼이라고 해도…

학인: 혼도 삼 세 개의 분류가 있다.

봉우 선생님: 세 개의 분류가 상중하 이러지 뭐.

학인: 예. 보통 상중하에 혼의 저기가 구별이 있다.

봉우 선생님: 구별이 있지.

학인: 이거는 뭐 기의 청탁(淸濁)으로 따지나요?

봉우 선생님: 청탁이지 그게.

학인: 예. 기의 청탁으로…

봉우 선생님: 응.

학인: 그러면 칠백 같은 것도 역시 그러면 뭘…

봉우 선생님: 칠백은 오장육부(五臟六腑)에 하나씩 하나씩 다 맡으니까…

학인: 예. 오장육부. 그래서 요렇게 사람이 생긴다.

봉우 선생님: 그래.

학인: 그러면 일단 사람이 생기게 되는 이유는 천상 원리가 인신(人身: 사람 몸)을 빌자면 사람 몸을 빌자면 흔히 부모가 있어야 되지 않습니까?

봉우 선생님: 부모가 있어야 되지.

학인: 그렇다면 이게 하늘에서 뚝 떨어지는 게 아니고, 결국 부와 모라고 하는 또 다른 어떤 사람의 형태를 빌리게 되는데…

봉우 선생님: 그렇지.

학인: 이것이 이제 여기서 무슨 얘기가 나오냐면요.

봉우 선생님: 그래.

학인: 그러면 이놈의 부모는 도대체 그럼 이 부는 어디서 생겼냐? 모는 어디서 생겼냐? 하니까 주욱 올라가잖아요?

봉우 선생님: 그래.

학인: 그러면 다시 태초가 나와요.

봉우 선생님: 그 태초가 나오지.

학인: 그럼 태초에 사람이 있었냐? 그러면 맨 처음에 사람이란 형태는 어떻게 형성 됐느냐? 여기서 이제 얘기가 뭐 기독교, 이런 데서는 하느님이

만드셨다, 형상대로 만드셨다, 뭐 이런 얘기가 나오고, 아니면 여기는 근데 그런 얘기는 없어요. 이 동양 쪽에서 보면 그냥 태초에 무에서 유가 나와가지고 정과 기만 있었는데, 아니 형과, 이 형기론 얘기하면서…

봉우 선생님: 그렇지.

학인: 그런데서 기가 나와 가지고 그 기가 만물을 빚었다. 정기가 만물을 빚었다 얘기만 나오지, 그러면 여기 말대로 한다면 이 참동계 얘기대로 해도 정기가 천지의 정기가 사람을 만들은(만든) 거든요?

봉우 선생님: 그렇지 그래.

학인: 그렇다면 그게 혼돈 옛날에 태극이 미판 갈리기 전에 혼돈의 거기서부터 나왔다는 소리인데…

봉우 선생님: 그렇지.

학인: 그럼 그거를 어떻게 봐야 되나? 그렇다면 하늘에서 그냥 하느님이 만드셨다 해도 맞나요? 말은? 요거 설명하기가 애매한 것 같아요. 그래서 다들 그냥 뭐 기가 이렇게 만들었다. 정기가 해서 사람이 나왔다 뭐 그런 식으로만 대충…

봉우 선생님: 그걸 대답하기가 난처하지. 사람의 손으로, 나 하늘의 손으로도 사람을 만들어서 봐서 너 혼 붙이면 나가라 이렇게 되는 게 아니니까 말이야.

학인: 예. 그러니까 우리 생각하듯이 뭐 이렇게 사람을 빚어놓고서는 혼을 후욱 불어서…

봉우 선생님: 그래.

학인: 숨을 불어서 너 사람 되라 이런 과정은 아니죠?

봉우 선생님: 그런 건 아니지.

학인: 예. 그래도 처음 저희들 생각으로는요 이게 가만히 생각하면 부모라는 게 있어야, 부와 모가 있어야 이놈의 사람이 생기는데 영육이 되고, 그

렇다면 부모라는 이 요소는 그래도 처음부터 어떻게 이 태극이 양의(兩儀)로 갈린다 했을 때…

봉우 선생님: 그렇지.

학인: 음양(陰陽)으로 이제 갈리겠죠?

봉우 선생님: 처음으로 갈리는 거지, 그게.

학인: 기운이 갈리는 거죠?

봉우 선생님: 그땐 천(天)이니 지(地)이니가 없지.

학인: 그렇죠. 그렇게 갈려가지고 여기서 다시 만물이 형성된다고 그러잖아요? 사람이 나오고…

봉우 선생님: 오행으로 되는 거지, 그렇지.

학인: 그렇게 하면서 뭔가 만물이 생기면서 그때 인간이라는 것도 그렇게…

봉우 선생님: 나오는 거지.

학인: 그렇게 그냥 대충 봐야겠네요.

봉우 선생님: 그렇게 해야지 별 수 없지.

학인: 요걸로 대체 설명을 해서 음양과…

봉우 선생님: 그러니까 말하자면 이게 그전에 제일 태초는 알 수 없다 이래버려, 아주. 그리고 이게 이 지구가 몇 번 개벽하는 거를 모르니까 아직.

학인: 그러니까 사람 자체가 언제 생겼는지도 모르고, 정신계 들어가서 보기 전에는 사람이 이리왈 저리왈 할 수가 없겠네요.

봉우 선생님: 그걸 얘기할 수가 없지. 정신계에서 보는 얘기가지고 뭐라고 하면 저 사람 미쳤다고 할 테니까 그럴 필요 없고 말이지.

학인: 그래서 여기도 보면 사람이 어떻게 생겨 먹었다는 거에 대해서는 살짝 어물쩡 싹 넘어간 거 같아요.

봉우 선생님: 슬쩍 넘어갔지, 그냥.

학인: 그냥 천지의 정기, 정기로서 그냥 됐다 그렇게 했지. 뭐라고 딱 못을 안 박았어요.

봉우 선생님: 아, 기는 하늘이요 저건 땅이다 이렇게 했지.

학인: 형은 땅이다.

봉우 선생님: 응.

학인: 그래서 이제 여기서도 태잉지시(胎孕之始)116)에다 보면 혼백이 요게 됐다는 소리 나오고,117) 그다음은 그냥 넘어가요. 한 달째는 회기태 그래서 이제 그 태를 갖다 품는 달이고…

학인: 여락 락(酪)과 같다118) 그랬어요. 락이라는 게 뭐 젖이죠? 젖.

봉우 선생님: 젖 젖.

학인: 젖과 같이 흐물흐물한 거.

봉우 선생님: 그래.

학인: 그런 상태로 한 달을 지내고…

봉우 선생님: 응.

학인: 그러니 이 태라는 것은 음양의 합일로 봐야 되고…

봉우 선생님: 그렇지. 합일 본 거지. 덩어리지.

학인: 영과 육의 맹아(萌芽)죠. 시초.

봉우 선생님: 그렇지 그래.

학인: 그다음에 두 달째에는 성기과(成基果) 그 열매를 맺게 돼서 이과리상사(而果李相似).

---

116) 《동의보감》〈신형(身形)〉편에 임신기의 태아와 열 달 발육을 설명한 글.

117) 〈태잉지시〉 성혜방(聖惠方)에는 "천지의 정기는 만물의 형체가 된다. 아버지의 정기는 혼이 되고, 어머니의 정기는 백이 된다."하였다(聖惠方曰天地之精氣化萬物之形父之精氣爲魂母之精氣爲魄).

118) 원문: 一月懷其胎如酪

봉우 선생님: 두 달째가 어떻게 형상이 되나마나 어떻게 뭐라고 머리가 뭉치기 시작한다는 그거지.

학인: 오얏씨같이 그런 과실이…

봉우 선생님: 그렇지.

학인: 그거랑 비슷하다.

봉우 선생님: 그래.

학인: 석 달에는 유형상(有形像) 형상이 그래도 어느 정도 상이, 3개월만 되도 사람 형태는 나온다는 소리네요.[119]

봉우 선생님: 나오지.

---

119) 넉 달이 되면 남녀가 구분된다.(四月男女分)
다섯 달이 되면 뼈와 힘줄이 생긴다.(五月筋骨成)
여섯 달이 되면 머리털이 생긴다.(六月頭髮生)
일곱 달이 되면 혼이 작용하고 오른손을 움직인다.(七月遊其魂而能動右手)
여덟 달이 되면 백이 작용하고 왼손을 움직인다.(八月遊其魄而能動左手)

15-1989.01.
민간요법 대담 2[120]

학인: 그리고 저 칠월달에(일곱 달째에) 이렇게 되고, 팔월달에는(여덟 달째에) 이제 그 백(魄)이 노네요?

봉우 선생님: 응.

학인: 그러면 여기서 혼백(魂魄)을 이상하게 얘기를 했네.

봉우 선생님: 백이 이제 제 육(肉)덩어리가 놀라고 한단 말이여. 움직인단 말이야. 어린애 논다고 그러지 않아?

학인: 예. 좌수(左手)를 움직이고, 왼쪽 손을 또 움직이고, 구월달에는(아홉 달째에는) 세 번 돌아가지고 삼전 신(三轉身) 세 번 몸을 굴려서…121)

봉우 선생님: 여기 이렇게 돌린다 그러지 왜.

학인: 예. 시월달에는(열 달째에는) 만족모자분해, 기중, 유연월이생자, 부귀이수, 유월불족자 탐천이요.

그러니까 열 달을 중심으로 해서 더…

---

120) 녹음: 정재승, 녹취: 이기욱, 교정·주석: 정재승·김희수

121) 아홉째 달이 되면 몸이 세 번 돌아간다.(九月三轉身)
시월만족모자분해, 기중, 유연월이생자, 부귀이수, 유월불족자 탐천이요(十月滿足母子分解 其中 有延月而生者 富貴而壽 有月不足者 貪賤而夭)
해석: 열 달째가 되면 모든 게 갖추어짐과 함께 어머니에게서 떨어져 해산하게 된다. 그중 열 달이 지나서 낳은 아이는 부귀하고 오래 살고 열 달이 안 되어 낳은 아이는 가난하게 살고 일찍 죽는다.
참고도서: 《동의보감(東醫寶鑑)》〈내경(內經)〉〈외형편(外形篇)〉〈신형(身形)〉〈태잉지시(胎孕之始)〉

봉우 선생님: 어려서…

학인: 있다가 나온 사람들은 달수를 더 늘리면…

봉우 선생님: 응.

학인: 그렇게 해서 나온 사람은 부귀다남(富貴多男: 재산이 많고 지위도 높고 아들이 많음)하고 수(壽)도 길다.

봉우 선생님: 그래.

학인: 그리고 이게 짧은 사람 8개월 만에 나오고 이런 사람들은 빈천 가난하고 뭐 요하다. 그런데 그렇지도 않잖아요? 또.

봉우 선생님: 안 그래. 칠삭둥이도 정승(政丞)하는 사람도 있어.

학인: 그렇다는 소리죠 이게.

봉우 선생님: 그래.

학인: 상양자 왈 사람이 인초수기야 구일해서 구일이 돼가지고 음양이 크게 정하여진다.

봉우 선생님: 대정. 49일이…

학인: 49일 만에 시태…

봉우 선생님: 시태연후에

학인: 태가 생긴 연후에 7일 만에 또 한 번 변해가지고 변한다. 고로 변해서…

봉우 선생님: 삼백유육일(三百有六日).

학인: 삼백유 육일자해서…

봉우 선생님: 만 296일.

학인: 자가 백에 상기(上器) 큰 그릇이 잘 된 거고…

봉우 선생님: 그렇지.

학인: 그다음에 이건 260일 좀 짧은 거는 이제 중기(中器)고…

봉우 선생님: 그래.

학인: 이건 달수가 내내 이 소리 하는 거예요.

봉우 선생님: 그래. 그 소리여 그 소리.

학인: 짧은 거는 하기(下器)다 뭐 그랬는데, 대개 그 하늘 천간갑필합 필합.

봉우 선생님: 합기가 방생지지.

학인: 축.

봉우 선생님: 자축이 합이로구만 그것도.

학인: 丑必合子而方育自非天地合德則人必不生也 고로 九月神布氣滿而胎完亦 뭐 이거는 별…

봉우 선생님: 별소리 아녀.

학인: 별소리 아닌 데요. 그러면 하여튼 그 잉태라는 게 이렇게 나온다.

봉우 선생님: 응.

학인: 여긴 할아버님 소리가 별로 없는데요. 할아버님 얘기가?

봉우 선생님: 내가?

학인: 예. 이거는 맨 뭐 《동의보감》 얘기죠.

봉우 선생님: 그렇지.

학인: 할아버님 그 할아버님 생각하시는 것을 좀 얘기를…

봉우 선생님: 내가, 이건 내가 설명할 필요가 없지.

학인: 그런가요?

봉우 선생님: 그래.

학인: 예. 그러면…

봉우 선생님: 내가 거기서 지금 할라면(하려면)…

학인: 예.

봉우 선생님: 남자, 남자의 정신은 혼이 되고, 여자의 정신은 살(육체)이 된다 그랬거든…

학인: 남자의 정기.

봉우 선생님: 그건 여가 여기가 듣는 소리여.

학인: 예. 아까 그 부모하고…

봉우 선생님: 그래.

학인: 부모하고 뭐…

봉우 선생님: 그래 그래. 헌데 그건 내가 아니라고 할 필요도 없어. 내버려 둬. 혼이 되었으면 닮지를 말아야 될 텐데, 남자의 정기도 남자의 정기, 지 아부지 얼굴 고대로(그대로) 빼 박듯이 고대로 빼 박은 건 혼이 돼서 빼 박은 건 아녀. 정기 육체로 돼서 빼 박은 거지.

학인: 그렇죠.

봉우 선생님: 그럼 여자는 살이 되면 곧 덩어리가 형체가 생긴다면 제 어머니만 닮으라고? 제 어머니 안 닮은 사람도 많거든?

학인: 그럼요.

봉우 선생님: 그러니 그건 둘이 다 합쳐져야 닮는 거여.

학인: 예. 모자란 소리 같네요 그건.

봉우 선생님: 그래. 그건 듣는 소리여. 이치로는 그럴는지 몰라도 그렇게는 말이 안 돼 그건. 여기 저 삼백 일에 이백팔십몇 일이라야 어쩌고 어쩌고 한 그런 소리, 그런 소리, 그것도 안 맞는 소리고…

학인: 안 맞는 소리고요.

봉우 선생님: 아, 나와가지고 지가 공부 잘 한 놈은 잘 되고, 덜 한 놈은 덜 되는 거지 뭘. 그러니까 이백 한 사십 일이나 된 놈은 공부도 하지 말란 말여? 그건 말이 안 돼.

학인: 그러면 그전에 할아버님께서 그 에… 그럼 그 원리론에 들어가서 말이죠.

봉우 선생님: 응.

학인: 원리론, 원리론에 대해서 뭐 좀 얘기하실 거 없으세요? 할아버님? 원리론.

봉우 선생님: 별로 없어.

학인: 그래도 할아버님 원리론을 알아야 된다고 그러셨잖아요?

봉우 선생님: 뭐 어린애 낳는 거?

학인: 아니요. 일반 그 전통 의학을 논하기 전에 인체의 어떤 구조에 대한 원리.

봉우 선생님: 구조 원리는 이거 형기시, 형기지시 그거만 하면 되지. 잉태지시 구조된 거 요거만 얘길 써놓으면 되지. 요건 조금 더 다르게 말고 요기도 이 사람이 한 거 말고…

학인: 《참동계》.

봉우 선생님: 《참동계》에서 한 대로 써라 말이지. 잉태지시 어떻다는 건 요대로 해도 괜찮단 말이야. 그건 뭣이가 저 여기 저 이건 빼고…

학인: 요런 건 어떨까요? 사대성형(四大成形)[122] 이건 뭐 석씨(釋氏: 불교) 얘기 나오고. 그다음에 인기(人氣), 사람의 기가 쇠하거나 성하다.[123]

봉우 선생님: 아, 그거 쓰지 마.

학인: 필요 없을까요?

봉우 선생님: 그런 건 쓰지 마.

학인: 예.

봉우 선생님: 다른 건 뭐 그건 거기서 그건 수유장단(壽有長短: 목숨은 길고 짧음이 있다) 뭐 이런 거 쓰는 건 쓸 필요가 없어.

학인: 그렇죠.

---

122) 지(地), 화(火), 수(水), 풍(風) 네 원소가 형체를 만든다는 불교 이론. 《동의보감》〈내경편〉에 나옴.

123) 역시 《동의보감》〈내경편〉에 나옴.

봉우 선생님: 즈이가(자기들이) 그중에 하나 나쁜데 보면 기분만 나쁘지 그 래 쓸 필요 없어 그런 건.

학인: 그럼 그 원리라는 것은 인체의 원리 구조의 원리다. 그다음에 각 구 조의 부분을 분해해서 이치에 맞게 논한다 했을 때요.

봉우 선생님: 응.

학인: 그럼 일단 각 구조를 따지자면 이 신형(身形) 얘기가 나와야 하잖아 요?

봉우 선생님: 그래.

학인: 이 신형. 그리고 해서 왜 그러냐 하면요 그전에 할아버님께서 뭐라 고 쓰셨냐 하면 이 천체의 얘기를 하신 적이 있어요. 천체의 얘기를 하시 면서 뭐라고 그러셨냐면 이런 거요. 〈천지인불가분론〉에서 뭐라고 그러 셨냐…

봉우 선생님: 응.

학인: 에… 하늘과 땅의 원리 그대로 인체가 구성됐다 이거예요. 머리는 하늘을 본받았고, 그래서 이목, 이목구비로 천오행(天五行)이 됐다. 또 하 나 더 빠진 거 아닌가요? 이목구비(耳目口鼻) 에… 뭐가 또 빠졌냐면 이 얼굴 면(面) 아닌가요?

봉우 선생님: 응.

학인: 다섯 가지니까 오행(五行)은. 귀하고 눈하고 코하고 그다음에 입하 고 또 하나는 머리 털이죠? 발. 그게 천 오행이 된다 이런 소리 아니신가 요? 이목구비발.

봉우 선생님: 거기 뭐라고 불렀나 봐 거기다.

학인: 그런데 할아버님 천오행이 된다 그러셨잖아요?

봉우 선생님: 그래.

학인: 머리가 천오행으로 이루어진다 하늘이다 이거죠.

봉우 선생님: 그래.

학인: 배라는 건 땅이다 이거죠. 무기토(戊己土)라고 그래서 땅인가요? 이거?

봉우 선생님: 땅이야.

학인: 예. 배는 땅이다. 지체를 본받은 거네요?

봉우 선생님: 응.

학인: 그래서 뱃속에는, 이 배 안에는 오장육부(五臟六腑)가 있다.

봉우 선생님: 그래.

학인: 이건 지오행(地五行)이다 그러셨죠?

봉우 선생님: 그렇지.

학인: 그다음에 이환궁(泥丸宮)은 북극이 된다고 그러셨거든요?

봉우 선생님: 그래.

학인: 그럼 여기도 신형도에 나오지만 이환궁이 나오잖아요? 그건 북극이고 항문은 뒷꽁무니 항문은 남극이다.

봉우 선생님: 응. 미려혈(尾閭血).

학인: 예. 미려혈.

봉우 선생님: 응.

학인: 그다음에 남북극으로 돼서 갈렸다 이거죠?

봉우 선생님: 그래.

학인: 그다음에 사람의 척추. 축 인축은 척추가 되고 사지가 사유열수(四維列宿)다. 그리고 산악행룡(山岳行龍)이 사유 사지가 됐다.

봉우 선생님: 그래.

학인: 산과 이런 산악이 막 용처럼 이렇게 맥을 이어서 이렇게…

봉우 선생님: 돌아간 거…

학인: 돌아간 거하고, 사유열수 사유열수라는 건 네 가지의 그 별자리를

말하나요?

봉우 선생님: 응.

학인: 요거는 보통 무슨 별을 사유열수라고 그러나요? 사유열수.

봉우 선생님: 건곤간손(乾坤艮巽)하면 그게 이제 네 가지로 잡는 거지.

학인: 예. 건곤간손이요.

봉우 선생님: 응.

학인: 고거에(그것에) 해당되는 별들이 있나보죠?

봉우 선생님: 그렇지. 그 팔 다리 팔 다리.

학인: 팔다리 두 개씩이니까…

봉우 선생님: 그래.

학인: 그래서 사유열수고 산악행룡은 건곤간손 그다음에 남자의 생식기, 외신(男子外腎)은 하늘을 본받고, 여자의 자궁(子宮)은 땅을 본받아서 음양(陰陽)이 배합됐다. 그리고 사람의 일동일정(一動一靜)이 천지의 본을 받지 않음이 없다.

봉우 선생님: 그래.

학인: 그래서 하늘에는 365도가 있고, 또 성수 별들이 365개다. 땅에도 각 성수의 응하는 지역이 있고, 사람에게는 365개의 혈(穴)이 있다. 그런데 별이 365개밖에 없나요?

봉우 선생님: 아, 더 있어.

학인: 더 있지만 도수에 맞는 별은 365개다.

봉우 선생님: 그렇지 응.

학인: 그렇죠. 유교에서 사람에게도 365개의 해당되는 응하는 혈이 있다. 이거 얘기하셨단 말예요. 이런 식이 바로 원리냐 이거죠.

봉우 선생님: 그렇지.

학인: 원리론 할 때 이걸 집어넣어야 한다.

봉우 선생님: 응.

학인: 그럼 이거 이상으로 뭐 좀 자세한 원리론은 없을까요?

봉우 선생님: 자세한 건 담지 않아.

학인: 예. 그래서 일단…

학인: 그래도 할아버님께서요 여기에 대해서 이 전통의학론(傳統醫學論), 헌기, 헌기약론(軒岐略論: 전통의학론의 원래 제목) 쓰시면서 뭐라고 그러셨냐? 이다음 시간이 있으면 실제적인 예를 들어서 의학이나 약학(藥學)에 무엇 무엇이 중요한 조건인가를 상세히 서술하는 책자를 다시 쓰기로 하겠다.

봉우 선생님: 응.

학인: 아, 이렇게 후학들에게 약속을 하셨어요.

봉우 선생님: 응.

학인: 그러니까 이 약속을 지키셔야 하죠.

봉우 선생님: 다 약속 다음에 쓰지 뭐. 수월할 적에.

학인: 그래서 이렇게 어차피 약속을 하셨으니까 이걸 다시 할아버님이 쓰시진 마시고, 요런 중요한 중요한 조건하고 뭔가 할아버님이 얘기를 하세요, 그냥.

봉우 선생님: 응. 그래.

학인: 요런 조건, 요런 조건. 그럼 제가 글로다가 할 수가 있죠. 정리를 하면 되거든요.

봉우 선생님: 응, 그래.

학인: 그러니까 다시 언제 쓰시고 하실 시간이 없으시니까…

봉우 선생님: 응.

학인: 그래서 요게 그때 뭔가를 하실 그 얘기들이 많으셨던 거 같은데, 그때 이거 쓰실 당시에는요.

봉우 선생님: 응.

학인: 그래서 요거는 여기 헌기약론은 글자 그대로 약론으로 쓰신 거 거든요. 간략하게.

봉우 선생님: 응.

학인: 이게 50년대 쓰셨으니까 뭐. 지금 50년대 때만 되셔도 정신이 맑으셨죠?

봉우 선생님: 정신 좋을 때지.

학인: 그때는 막 하시고 싶은 말씀 많으셨잖아요? 아이 참, 그때 좀 많이 써놓으셨어야 되는데, 그때는 발표하실 지면이 없으셨고…

봉우 선생님: 없었지.

학인: 예. 그때 이렇게 지면이 있었다면 할아버님이 밤 새서라도 막 이만큼 쓰셨을 텐데, 그래서 그 이제 뭐 전통의학에서 중요하다고 하는 것이 이를테면 황제소문(黃帝素問), 장부총론(臟腑總論) 뭐 이런 맥경(脈經) 그 다음에 상한론(傷寒論) 뭐 운기론(運氣論), 풍한서습론(風寒暑濕論) 이런 것 등이 있다 그러셨어요.

봉우 선생님: 응. 그리고 이《동의보감(東醫寶鑑)》은 써야지.

학인: 예.《동의보감》. 그래서 여기에 대한 개요 같은 거를 할아버님이 이렇게 말씀하시고 싶은 대로 한번 할아버님이 말씀 한번 해보세요. 황제소문이다 함은 이게 뭐 나름대로 그…

봉우 선생님: 뒷사람들이 해놓은 거라 나는 몰라.

학인: 안 보셨어요? 그럼? 황제소문 같은 거?

봉우 선생님: 뒷사람들이 했다니까. 황제가 한 것인지 뒷사람 누가 했는지 몰라.

학인: 아, 그러니까 할아버님께서는 위서(偽書)로 보시는 거죠? 이거. 황제가 쓴 건 아니고 이름만 황제지…

봉우 선생님: 응.

학인: 뭔가 그 당시 뒤에 이렇게…

봉우 선생님: 누가 썼어.

학인: 누가 쓴 건데. 그런데 한 소리들은 어때요? 내용들은 어떻게 보세요, 할아버님은.

봉우 선생님: 그저 그래.

학인: 그냥 참고 삼아서 한번 이렇게…

봉우 선생님: 참고 삼아 볼 거지.

학인: 볼 정도지만, 거기에 그냥 확 그 뭐 그걸 교과서로 삼을 정도는 아니다.

봉우 선생님: 교과서를, 그렇게 머리 숙일 자리가 아니여.

학인: 예. 그런데도 지금 의자(醫者)들은, 의학하는 사람들은…

봉우 선생님: 외우니까…

학인: 할아버지 식으로 그냥 황제내경 하면 그냥 막 이러는데요.

봉우 선생님: 그러니까 그…

학인: 할아버님 입장은 하여튼 요거에 대해서는 뭐 아주 그렇게…

봉우 선생님: 그렇게.

학인: 예. 실질적인 특히 도움을 주는 책은 아니죠.

봉우 선생님: 그렇게 저 황제(黃帝)라면 성자(聖者)인데…

학인: 성인(聖人)이죠.

봉우 선생님: 성자가 쓴 글 같지가 않어. 암만 들여다봐도 성자가 쓴 게 대패질이 안 되고 자귀질만 해놓은 것같이 꺼칠꺼칠할 수가 있나?

학인: 할아버님 여기서 장부총론이라고 그러셨는데요. 그러면 오장육부에 대한 총론…

봉우 선생님: 응. 장부총론이 있지.

학인: 장부총론 이게 이제 여기도 나오는데 어떤 의서마다 다 나오잖아요? 장부총론이.

봉우 선생님: 다 나오는데 장부총론은 아무가 했던지 거진(누가 했든지 거의) 같으니까…

학인: 예. 비슷한 얘기.

봉우 선생님: 응. 장부총론은 써두는 게 좋아.

학인: 그러면 요거를 할아버님 장부총론을 언제 날 잡아가지고요, 오장육부에 간단히…

봉우 선생님: 간단하게가 없어. 초 잡아서 쓰는 게 좋아.

학인: 예. 간단히 초 잡아서 할아버님이 보시는 입장…

봉우 선생님: 그래.

학인: 심장이면 심장이 그러니까 할아버님 말씀하실 때 항상 간하고 이 저 신간(腎肝), 신간에 대한 얘기, 말씀 많이 하셨잖아요?

봉우 선생님: 응.

학인: 그래서 이를테면 뭐 위에 병이 났는데, 뭐 이렇게 하는데, 사실 거기에 대한 주장은 뭐 간이나 신간에 더 원인이 더 크다든지…

봉우 선생님: 그렇지.

학인: 뭔가 이런 식의 얘기들이 있으실 거란 말이죠.

봉우 선생님: 그렇지 그래.

학인: 그래서 이건 뭐 복잡하게 하면 또 이건 골치 아프니까, 에, 요기에 대한, 각 부의 각 장부에 대한 기본적인 얘기만 한번 써주죠.

봉우 선생님: 그래 그래.

학인: 그렇게 한 다음에 《맥경(脈經)》이라고 있다는데, 이 《맥경》도 여러 사람이 썼잖아요?

봉우 선생님: 《맥경》은 지금 내놔야 소용이 없어.

학인: 이 맥이라는 게 결국은…

봉우 선생님: 맥, 지금 대학에 의과대학에 한 놈도 맥 가르치는 데가 없는데 뭘. 《맥경》을 가서 뭣으로 저 기계로 만들어서 하지, 이렇게 딴 거 보는 거 이거를 하지, 손으로 만지는 분석을 못하는 자들을 가지고 맥경 얘기 해 뭣해.

학인: 그런데 이제 할아버님께서요 그 맥이라고 하는 것을 우리 유독 동양 의학에서만 맥이라는 걸 중시하거든요? 서양의학에선 이런 게 없잖아요? 뭐 이렇게 맥 보고 이러진 않잖아요? 여기서 모든 걸 진단하진 않잖아요?

봉우 선생님: 그 전에 그게 없었을까?

학인: 옛날에는 거기도 그게 있었을까요?

봉우 선생님: 응.

학인: 그리스 시대 뭐 이런 때…

봉우 선생님: 그래.

학인: 그런데 그 흔적이 없던데요? 요새 사람들은.

봉우 선생님: 응. 중간에 없어졌지, 거기도.

학인: 그런데 하여튼 지금, 하여튼 지금 남아 있는 거는 하여간 동양에서 밖에 볼 수가 없어요, 그 형태가 남아 있는 게. 그렇다면은 그러면은 이게 동양에서 옛날에 무슨 뭐, 그런 뭐 사람의 몸을 볼 수 있는 기계라는 것도 없었을 거고…

봉우 선생님: 없지.

학인: 단지 그 이런 내부의 흐름으로써 고걸(그것을) 진단해서 우선 큰 흐름을 알잖아요?

봉우 선생님: 그래.

학인: 그렇다면 이 맥이라는 게 상당히 그…

봉우 선생님: 중요한 건데…

학인: 중요한 건데, 거기서 모든 인체의 변화의 기밀을 다 간파하는 거고…

봉우 선생님: 그래.

학인: 그리고 신체 상태의 허약도 건강도를 다 측정하는 거죠?

봉우 선생님: 응.

학인: 그러면 그 맥이라는 거 하나로써 인체 상태의 거의 90프로 이상이 다 나오나요?

봉우 선생님: 다 나오지.

학인: 그러니까 잘 그게 숙련이 잘 된 사람일수록에 거의 100프로까지 나오나요?

봉우 선생님: 100프로까지 다 나오지 그게. 맥 잘 보는 사람이 환자 보면 알지. 그게 힘들으니까 사상론(四象論)을 이제마(李濟馬)[124]가 낸 거지.

학인: 맥이 힘드니까요?

봉우 선생님: 그래.

학인: 그러니까 맥이라는 건 정말 사람마다 따라서 편차가 심하니까…

봉우 선생님: 응.

학인: 맥은 잘 보는 사람은 잘 보는데, 일반 사람들은 잘 못보고.

봉우 선생님: 그래.

학인: 이러다 보니까 진단이 자꾸 틀리는 거죠?

봉우 선생님: 그래.

학인: 그래서 이제마 선생께서 그 사상의학 내시게 된 동기가 좀 그래도 맥 못 보는 사람이라도 실수 안 하게 하기 위해서 이렇게 만드셨나요?

---

124) 이제마(李濟馬: 1838~1900) 조선 말기의 한의학자.

봉우 선생님: 그래 응. 그런데 실수 안 하게 하기 위해서인데 이건 실수를 많이 한단 말이야. 그것 때문에 말이지.

학인: 예. 그러면 맥에 대해서는 기본적인 뭐 얘기만 좀 할 게 없을까요? 맥이라는 게 그러면 그 왜 중요한가? 이 한의 동양 전통의학에서는 맥이라는 게 그거 하나로써 어떻게 그걸 다 알 수 있는가?

봉우 선생님: 침(鍼) 약(藥) 맥(脈). 침과 약과 맥과 세 가지가 주장(主張)이거든…

학인: 침 약 맥. 세 가지요.

봉우 선생님: 응.

학인: 그게 의자(醫者), 의학하는 사람으로서의 세 가지 조건(條件).

봉우 선생님: 세 가지 조건이지.

학인: 그걸 필히 이수(履修)해야 된다.

봉우 선생님: 그렇지.

학인: 아, 침도 놔야 되고 약도 써야 되고…

봉우 선생님: 맥도 봐야 한다.

학인: 맥도 봐야 이 삼자가…

봉우 선생님: 삼자가 합일해야 된다 말이지.

학인: 아, 그렇습니까? 우리 전통에서는?

봉우 선생님: 응.

학인: 중국도 마찬가지인가요?

봉우 선생님: 마찬가지지.

학인: 아차, 그리고 이 말씀을 할아버님한테 여쭤봐야 돼요. 제가 이 약을, 이걸 쓰다가, 제가 이걸 적다가 보니까 제목을 《헌기약론》 하다 보니까 사람이 알아듣지 못해요. 헌원(軒轅)[104]이 누군지 기백(岐伯)[105]이 누군지 도대체가 이 사람들이…

봉우 선생님: 응 응.

학인: 요새 사람들은 알지를 못하니까…

봉우 선생님: 응.

학인: 그 생각다 못해서 전통 하여튼 얘기가 결국은 우리 전통해 내려오는 의학에 대한 얘기거든요?

봉우 선생님: 그래. 그렇게 써.

학인: 그래서 《전통 의학론》이라고 그랬는데…

봉우 선생님: 응.

학인: 그러면 할아버님 그 이 의학이라는 게, 처음 이게 시초가 여기 보면 황제 아니 황제가 아니라 그 의학의 시초, 동양의학의 시초는 좌우지간 고대 의학의 시초는 복희씨(伏羲氏)127)로 나오거든요? 복희씨.

봉우 선생님: 복희씨?

학인: 아니 아니, 복희씨 복희씨 아니다, 복희씨 아니지 아니지, 복희씨가 아니라 저 신농씨(神農氏).128)

봉우 선생님: 응. 신농씨 약학이지.

학인: 예. 신농씨 약학이고, 그다음에 의학은 황제 이렇게 두 분이잖아요?

봉우 선생님: 그렇지.

학인: 그렇다면 이거를 어떻게, 우리 그러면 이거 전부다, 이게 중국사람

---

125) 헌원(軒轅): 삼황오제(三皇五帝) 중 첫 번째 제왕(帝王).

126) 기백(岐伯): 황제(黃帝)의 신하(臣下)이자 태의(太醫)로 전(傳)해진다.

127) 복희씨(伏羲氏): 삼황(三皇)의 한 사람. 전설에서 복희는 인류에게 닥친 대홍수 시절에 표주박 속에 들어가 있던 덕분에 되살아날 수 있었다고 하는데, 다시 살아났다는 의미로 복희라고 했다고 전한다.
복희는 태호(太昊/太皞)로 불리기도 한다. '복희'는 희생(제사에 쓰이는 짐승)을 길러 붙여진 이름이다. 성씨는 풍(風)으로 전해진다. 복희는 동이족으로 서술되고 있다.

128) 신농씨(神農氏): 옛 전설 속의 제왕으로 삼황(三皇)의 한 사람. 농사법·의료·교역 등을 민중에게 가르쳤다 한다.

으로 돼 있단 말예요, 이게.

봉우 선생님: 어디가 중국이여?

학인: 아니, 그러니까…

봉우 선생님: 중국 어느 땅 임금이여?

학인: 아니, 이게 차이니스 중국놈 저 동양의학사인데, 동양의 의학의 역사인데…

봉우 선생님: 응.

학인: 이걸 외국 사람이 이제 써서 소개한단 말이죠. 딱 보면 고대의학 해 놓고는 중국의 삼황 해가지고 삼황 중에서 신농과 황제가 해서 만들었다. 의학이 형성됐는데 이렇게 나오니…

봉우 선생님: 그런데 신농 황제가 어디여? 어느 나라 땅 임금이여?

학인: 고걸(그걸) 좀 얘기를 해줄까요? 할아버님. 어디 사람이죠? 신농은?

봉우 선생님: 백두산족에 사는 사람이 백두산족 임금도 몰라? 하하, 참 딱한 나라들이다.

학인: 그래서 근데 고거를, 그러니까 신농씨하고, 그런데 황제도 말이죠.

봉우 선생님: 황제는 여기 족속이 아니지.

학인: 예. 그렇게 봐야 되나요?

봉우 선생님: 응. 황제가 임금은, 여기서 임금 노릇을 했어도, 임금 노릇은 했어도 족속이 여기…

학인: 백두산족은 아닌가요?

봉우 선생님: 백두산족이 아니고 딴 데서 들어왔지.

학인: 아, 이렇게 해서 처음 의학의 시초 얘기를 하다보면 이게 아주 우리나라 학계, 일반적으로 이게, 그 문제가 그러니까, 중국의학 결국 중국의학이 먼저 나왔다, 그리고 이제 우리 조선의학이라는 건 도대체가 뭐…

봉우 선생님: 요다음에 중국 들어가거든 자세히 알아봐.

학인: 예.

봉우 선생님: 중국녀석들이 국사, 즈이(자기) 국사 연구하다가 꼭대기를 가 보면 몽창(몽땅) 백두산족이니까 그래 고만(그만) 역사 그만둬버렸어.

학인: 그래서 이 신농 근데 그《황제내경》이라는 거 자체가 할아버님 말씀 으로는 그거 그 사람 소작이 아니다.

봉우 선생님: 응.

학인: 그러면 그 뒷사람 얘기인데…

봉우 선생님: 응.

학인: 그러면 그래도 역시 황제가 의학 처음 만들었을 때 의학의 발달에 공헌한 건 사실인가요? 황제가? 의학을 많이 연구한 분인가요? 성인이시 지만, 그 당시…

봉우 선생님: 황제 자신으로 저 공헌했다는 소리가 없어.

학인: 그럼 이거 다 후대 얘기네.

봉우 선생님: 후대 얘기지.

학인: 그런데 신농씨는 어때요? 신농씨.

봉우 선생님: 신농씨는 그거 많이 했지.

학인: 하셨죠? 그래서 농작물이라든지…

학인: 그다음에 뭐 이런 신경통(神經痛)이 막 신경계 질환으로 신경통이 있는데 이 신경통이 힘든 거 아닙니까? 원인도 여러 가지고…

봉우 선생님: 신경통 원인이 달라서 그냥 덮어놓고 신경통에 뭣 먹으라고 할 수가 없지.

학인: 예. 그리고 아까 어깨 견비통(肩臂痛)은 두더지 한번 쓰고…

봉우 선생님: 두더지 먹고…

학인: 그리고 담(痰)도 많이 호소하잖아요? 이것도 신경통이나 담, 담이 결리고 이런 얘기 하잖아요?

봉우 선생님: 담?

학인: 담이요 담. 담이 결린다.

봉우 선생님: 담이 결린다는 거?

학인: 그것도 여러 가지인가요?

봉우 선생님: 담이 결리는데, 저 보두 가루해서 먹으면 바로 듣는다고 그래.

학인: 보두(寶豆)129)요?

봉우 선생님: 보두.

학인: 그게 뭐죠? 보두가?

봉우 선생님: 약에 보두 있어.

학인: 보자 할 때 보에다가…

봉우 선생님: 보두 가루 해서…

학인: 이거 저 그냥 건재약(乾材藥: 한약재를 뜻함)이죠? 한약재인가요?

봉우 선생님: 한약.

학인: 저 열매 뭐 이런 건가요? 열매인가요?

봉우 선생님: 콩 같은 거야. 땅콩.

학인: 그거 갈아서 그냥…

봉우 선생님: 갈아서 교갑(膠匣: 아교로 얇게 만든 작은 갑. 캡슐)으로 적은 교갑으로 하나씩 먹어라.

학인: 예. 그렇게 좀 먹으면 효과 있다.

봉우 선생님: 응.

학인: 그다음에 골수염 같은 거 당해보셨어요? 골수염.

봉우 선생님: 골수염은 말이 원인이 골수염 하지 어떤 골수염인지 모르니까 그건 장담 못해.

---

129) 보두나무의 씨. 복통과 이질로 인한 설사를 그치게 함. 외상(外傷)으로 인한 출혈에 쓰이는 약재.

학인: 그리고 다리 아픈데 뭐 이렇게 얘기를 했는데, 이거는 저 자귀나무 130) 이런 거 먹으라고 했나요? 자귀나무 껍질 있죠?

봉우 선생님: 자귀나무? 응, 껍질 먹으면 잘 듣는다고 그러지. 합환피(合歡皮).

학인: 합환피 좀 먹으라고 그럴까요? 다리 아픈 데?

봉우 선생님: 응. 그래.

학인: 그다음에 호흡기 질환은 뭐…

봉우 선생님: 그건 힘들어.

학인: 폐결핵 같은 거 뭐 없을까요? 폐결핵 초기 폐결핵 같은 거는…

봉우 선생님: 폐결핵? 폐결핵이야 안 돼. 그 속하게, 폐결핵 종류가 여러 종류인데 한 가지 가지고 고친다고 못 해.

학인: 전문가한테 진단을 받고 나서…

봉우 선생님: 그렇지. 그 제일 좋기야 오줌 쪽보다 더 좋은 게 없는데, 제일 좋기야 오줌 쪽이면 잘 듣지.

학인: 초기고 중기고 하여튼 소변만 계속 하면 나을 수 있을까요?

봉우 선생님: 뭐?

학인: 소변. 폐결핵(肺結核)이요.

봉우 선생님: 폐결핵이야 오줌 쪽 자꾸 먹으면 낫지 뭐.

학인: 그 재채기 계속 나올 때 있죠? 그럴 땐 뭐 이건 뭐…

봉우 선생님: 재채기도 원인이 달라서 몰라 그건.

학인: 딸꾹질은 어떨까요? 딸꾹질.

---

130) 자귀나무: 한방에서는 수피를 약재로 사용한다. 약성은 평(平)하고 감(甘)하며, 활혈(活血)·진정(鎭靜)·소종·구충의 효능이 있는 것으로 알려져 있다. 신경쇠약·불면 등의 증상과 임파선염·인후염·골절상 등에 치료제로 사용하며, 구충제로도 이용한다.

봉우 선생님: 딸꾹질? 감꼭지. 그건 아주 다 아는 거. 감꼭지 달여 먹으면 그치지.

학인: 그다음에 부인병으로 들어가서요, 그러니까 호흡기 질환에서는 아까 그 홍화(紅花)131)나 이런 거 상백피(桑白皮)132) 끓여 먹는 거 그거 하나…

봉우 선생님: 그렇지. 그렇지.

학인: 부인병 중에서는…

봉우 선생님: 부인병은 힘들어.

학인: 냉대하증.

봉우 선생님: 냉대하? 냉대하는? 녹각. 녹각 달여 먹은 뼈다구(뼈다귀). 뼈다구 그놈 가루 해서 먹으면 듣는다고…

학인: 그리고 상백피하고 백반물 같이 한 거. 그걸로 해서…

봉우 선생님: 그래. 그거해도 되고…

학인: 그리고 생리통 같은 건 어떨까요? 통증 심한 사람.

봉우 선생님: 생리통에는 저 보두 먹어야 돼. 보두 교갑(캡슐), 적은 교갑으로 생리 있을 때는 두 교갑, 생리 없을 때는 한 교갑, 그렇게 먹으면 듣는다 그렇게 하고. 그 잘 들어.

학인: 유산(流産) 같은 거 있을 때는 어떻게 하죠? 유산.

봉우 선생님: 응? 유산? 그건 이제 뭣(민간요법) 가지고 없어. 한약방이고 양약방이고 가서 먹어야지 뭐.

학인: 산모가 젖이 부족하다. 산모가 젖이 부족하다.

봉우 선생님: 그거는 그건 뭣으로 단박 없어. 돼지 발통 달여 먹는 게 좋다

---

131) 엉겅퀴꽃과 같은 모양의 약재로 붉은 꽃을 약재로 쓴다. 주로 심장과 간에 작용, 혈액순환을 돕고, 어혈을 풀어주고, 통증완화에 효능이 있다.

132) 뽕나무의 뿌리껍질로 만든 약재. 해소, 천식을 치료, 이뇨작용이 있다. 진통, 해열, 항균작용도 있다.

고 말들이 그렇지. 그건 내가 아는 거 아니니까 몰라.

학인: 산후에 몸이 붓고 그런 거…

봉우 선생님: 거기는 탕약으로 산후약 먹으면 듣는 거니까 그건 얘기할 거 없고…

학인: 그다음에 이제 비뇨생식기, 그래서 이제 소변, 아까 아이들 오줌싸개 했고, 그다음에 고환이 부어오르는 거 했죠. 두 개 그거 하고…

봉우 선생님: 응.

학인: 여기도 뭐 단방으로 다 불가능하겠는데요. 성병(性病) 이런 것들은 단방으로 안 되잖아요.

봉우 선생님: 힘들어, 그런 건.

학인: 예. 임질(淋疾) 같은 거, 이런 거 힘들죠?

봉우 선생님: 약 잘 안 돼 그런 건.

학인: 잘 되는 건 그저 당뇨 하나 있고…

봉우 선생님: 못 고치는 거, 남들 못 고치는 거 고쳐야지.

학인: 신장결석(腎臟結石), 이런 거.

봉우 선생님: 신장결석 잘 안 돼.

학인: 늑막염(肋膜炎), 이런 것도 잘 안 되나요? 늑막염. 늑막염이 자주 있더라고요.

봉우 선생님: 늑막염 뭣으로 저 단방으로는 잘 안 돼.

학인: 다른 요도염(尿道炎) 이런 것도 안 되겠네요, 그럼.

봉우 선생님: 요도염도 안 돼.

학인: 방광염(膀胱炎) 이런 거도…

봉우 선생님: 그래. 그런 건 뭐.

학인: 그다음에 치질(痔疾)은 했고. 그다음에 소아과에서 애들 한 거는 아까…

봉우 선생님: 약으로 지어서 줄 거는…

학인: 지어서 줘야죠.

봉우 선생님: 지어서 줘야지, 그거 그런 건 몰라.

학인: 그다음에 어린애들 쪽으로 가서 아까 한 것이 어린애들 냉증(冷症), 냉증으로 비롯된 것들 뭐 정각(?), 이런 거라든지. 그건 아까 해주셨고요. 어린애들 그 천식(喘息) 기침하는 건 아까 말씀해주신 대로 선퇴, 선퇴나 먹고 그게 제일 간단한데요?

봉우 선생님: 그래.

학인: 잘 듣고요. 다른 법은 없나요? 애들 뭐 천식, 기침, 백일해.

봉우 선생님: 선퇴, 산약, 그런 거 먹이면 잘 들어.

학인: 예. 그리고 애들 볼거리, 이건 뭐 없나요?

봉우 선생님: 볼거리는 한번 앓는 거여. 억지로 막을라고 하지 말고.

학인: 그리고 애들 소아마비(小兒痲痺), 이런 건 안 되죠?

봉우 선생님: 소아마비 잘 안 들어. 소아마비 됐다면 벌써 여기 푸른 기운이나 붉은 기운이나 누른 기운이 왔었는데, 그거까정 구하라고 할 수 없거든…

학인: 그리고 홍역(紅疫)도 마찬가지네요?

봉우 선생님: 홍역도 힘들어.

학인: 그러면 뭐 할 게 없는데요. 그리고 그다음에 이비인후과 치과 쪽으로 가도…

봉우 선생님: 그것도 이비인후과도 잘 안 듣는겨.

학인: 잘 안 듣죠, 이것도.

봉우 선생님: 그거 잘 안 듣는 거여.

학인: 편도선염(扁桃腺炎)은요. 편도선염.

봉우 선생님: 편도선이 지금 두 소리여. 편도선 병이라는 것은 병원에서는

그걸 떼버려라, 떼버리면 안 된다.

학인: 두 가지가 팽팽하죠.

봉우 선생님: 두 가지 서로 있는데 왜 그러냐? 이 편도선이라는 건 음식물 먹고 뭣 뭣 하는데, 이 독소 있는 놈이 저리 들어가는 걸 여기서 받아들여. 그래 이제 그걸 막기 땜에 이놈이 편도선염이 난단 말이야. 염증이 나는데 이놈이 없어지면 그냥 넘어가니까 병이 나니까 안 된다 이거고, 그대로 둬야 한다 이거. 그러니 어떤 박사는 즈이 가족부터 편도선을 수술 않고, 어떤 박사는 좌우간 떼놓고 본다고 떼놓고 하는 건데, 떼놓은 편이 그 저 안 뗀 박사들 낫띵(nothing?)이라고 그러거든. 저거 저 의학 상식이 낫띵이라고 대번 그래. 선천서(선천적으로) 그게 까닭이 있어서 둔건데…

학인: 요건 특별히 뭐 없죠?

봉우 선생님: 필요 없어. 그거 가지고 죽고 살고 하는 건 아니니까…

학인: 그리고 이제 이명(耳鳴). 이명은 이건 뭐…

봉우 선생님: 이명은 신장(腎臟)이 허(虛)한 걸 어떡해?

학인: 중이염(中耳炎) 같은 거 뭐 힘들죠?

봉우 선생님: 중?

학인: 귀 안에 염증 생기는 거. 힘들죠?

봉우 선생님: 그거 잘 안 들어 그거. 중이염 귓병 난 데는 제일 좋은 것이 까치골인데 까치골 요새 얻을 수 있어?

학인: 없죠.

봉우 선생님: 응. 그건 못 해.

학인: 색맹(色盲) 같은 것도 힘들죠. 색맹.

봉우 선생님: 색맹 안 돼.

학인: 다음에 외과 쪽으로 가서. 외과 쪽으로 가서 악성종양(惡性腫瘍) 같은 것들은 백반(白礬) 먹는 거 있고요.

봉우 선생님: 그렇지.

학인: 그리고 혹 생기는 것도 안 되죠? 혹. 혹 같은 거 생기고. 그것도 원인이 여러 가지라…

봉우 선생님: 원인이 여러 가지지. 간장 약해서 대체는 혹이 생기는 건데, 간장에 담낭(膽囊: 쓸개) 담즙이 많아 가지고 이놈이 뭉치니까 가서 생긴다 그러거든. 갑상선(甲狀腺)이나 임파선(淋巴腺) 그거는 그 저 백반 가지고 고치는 거고…

학인: 그리고 개 물렸을 때. 개. 개가 확 물었을 때…

봉우 선생님: 개 물렸을 때?

학인: 예. 이건 뭐 별 다른 거 없나요?

봉우 선생님: 개 물릴 때 뭘 나 몰라 그건.

학인: 뱀 물렸을 때는…

봉우 선생님: 뱀 물렸을 때는 저 경분.

학인: 이것도 안 되겠는데요. 이것도 못 신겠는데요.

봉우 선생님: 응? 왜?

학인: 경분(輕粉)[133) 쓰라고 하면 또 그게 뭐 이게…

봉우 선생님: 아녀, 저 경분 가루해서 요렇게 살짝 붙이면 그냥 싹 빠져. 그리고 뱀 물렸을 땐 뭣이 저 서울은 목화(木花)가 없으니까 목화대 찧어서 붙이면 그냥 싹 빠지는데…

학인: 아, 목화 꽃이요?

봉우 선생님: 아, 목화대 아무거나 그냥 찧어서 나른하게 찧어서 붙이면 돼. 꽃이고 뭣이고…

학인: 독기가 빠지나보죠?

---

133) 경분(輕粉): 한방에서, 염화제일수은을 이르는 말. 매독, 매독성 피부병, 변비 치료제 및 외과 살충제, 안정제로 쓰인다.

봉우 선생님: 톡 빠져 그냥. 경분 칠하면 바로 빠지고. 뱀 하고 경분 하고 는…

학인: 상극인가요?

봉우 선생님: 원자탄 맞은 폭은 되는 거여 그게. 뱀 많아서 뱀 소굴 집 안에 자꾸 겨울 적에 경분 물에다 넣고 이놈 물딱총 해가지고 좌악 하고 건드 려놓으면 그 물만 맞으면 죽어. 뭐 별 수 없이 이제 가만히 있다 둥글어 버리지. 큰 놈도 큰 뱀도 경분만 몰아붙이면 대번…

학인: 할아버님, 그럼 지네 물렸을 때 있죠, 지네.

봉우 선생님: 몰라, 지네 나. 밤 밤 지네한텐 밤 깨물어서 이제 씹어서 붙이 지.

학인: 그다음에 벌에 쏘였을 때…

봉우 선생님: 몰라, 난 그건.

학인: 허리 쪽으로 뭐 먹을 거 허리, 요통(腰痛), 요통 쪽으로 뭐 잘 듣는…

봉우 선생님: 요통은 뭐 단방(單方)으론 없어.

학인: 요통.

봉우 선생님: 요통 별로 없어.

학인: 디스크 이런 거. 그러면 탈장(脫腸) 같은 것도 없나요? 탈장.

봉우 선생님: 탈장 없어.

학인: 그러면 막 어디 구타당해가지고요, 멍 들었을 때요, 피멍 들고 막 멍 들었을 때, 어혈(瘀血) 이런 거, 똥물 먹어야 되죠?

봉우 선생님: 그거를 똥물 먹으라고 그런 건 쓰지마. 어혈엔 똥물이 제일이 지만 똥물 먹으라곤 못해.

학인: 왜요? 좋은 방문인데…

봉우 선생님: 그런데 뭣이라고 하지. 비위생적이라고 할 거니까 그런 소리 하지 마.

학인: 이미 그거는 각오했는데요. 소변 먹는 데서 이미 당뇨병 얘기하는 데서 각오하고 들어갔는데요.

봉우 선생님: 소변은 뭘 저 녹십자에서도 전부 걷는데…

학인: 대변은 아직 안 하나요?

봉우 선생님: 아직 그런 건 못하지. 그거 저 똥물 먹으면 바로 듣지, 듣기는.

학인: 똥물을 한 1년 동안 삭인 걸 먹으라고 그러셨죠. 1년 썩인 거.

봉우 선생님: 아니, 1년 안 썩여도 잘 들어 그거.

학인: 똥물이 좀 오래된 것이 냄새가 덜 나죠?

봉우 선생님: 냄새가 덜 나지.

학인: 먹기가 낫겠네요, 그게.

봉우 선생님: 먹긴 낫지.

학인: 그전에요 할아버지, 대나무 통 속에다가 이렇게 해가지고 넣어서 이렇게 두면…

봉우 선생님: 그래 그래.

학인: 대나무를, 안이 빈 거를 넣어두면 그 안에 차나요?

봉우 선생님: 이 대나무 이런 긴 놈을 썰어서 그냥 집어넣어버려. 여기 구녕(구멍)을 뚫는 게 아니고, 1년 이태 만에 건져 먹으면 하나 가득 들었어.

학인: 아, 고거 딱 꺼내서…

봉우 선생님: 그래. 그건 냄새도 안 나.

학인: 그것도 수시로 양은 먹는 대로 먹어요? 그냥?

봉우 선생님: 그거 많이 안 먹어. 조금씩들 먹는데…

학인: 한 뭐 박카스 병으로 한 병 정도 먹으면 웬만한 건 풀리나요?

봉우 선생님: 박카스병? 그렇지, 박카스병 하나면 충분하지.

학인: 웬만한 어혈은…

봉우 선생님: 웬만한 어혈은 잘 풀리지.

학인: 결국은 그게 죽은 피가 몰린 거 아닙니까? 맞아가지고 순간적으로. 그게 풀리는 거죠?

봉우 선생님: 어혈 푸는 덴 그놈이 제일이여.

학인: 이거 실어야겠는데요.

봉우 선생님: 응?

학인: 이거 실어야겠다. 할아버지, 아니 좋은 걸 실어야죠.

봉우 선생님: 그래.

학인: 효과 좋은 걸…

봉우 선생님: 근데 그렇게 얘길 써야지.

학인: 예. 얘기를 그렇게 쓰더라도요.

봉우 선생님: 그래.

학인: 그렇게 하고. 그다음에, 할아버지 단독(丹毒)이라는 게 뭐예요? 단독.

봉우 선생님: 단독 이렇게 붓는 거. 뻘겋게.

학인: 그것도 원인이 여러 가지잖아요.

봉우 선생님: 여러 종류여.

학인: 이것도 안 되겠는데요.

봉우 선생님: 안 돼, 그건.

학인: 그리고 피부 소양증(搔痒症)134). 소양증은 뭐…

봉우 선생님: 가려운 것?

학인: 어저께 하신 대로 두드러기 요법 쌀겨.

봉우 선생님: 그렇지. 그렇게 하면 돼.

학인: 그거만 대표적으로 쓰죠.

---

134) 소양증(搔痒症): 몸 안에 열이 많거나 피가 부족하여 피부가 가려운 병증.

봉우 선생님: 응.

학인: 그리고 옻 오른 거 있죠? 옻 오른 거. 그거는 할 수 없죠? 그냥…

봉우 선생님: 옻 오른 건 쇠뼉다구(뼈다귀).

학인: 아, 쇠뼉다구.

봉우 선생님: 쇠뼉다구 뜨듯하게 해서 슬슬 문질러.

학인: 그러면 좀 쇠뼉다구는 굵은 놈으로…

봉우 선생님: 굵은 놈으로. 그럼 잘 들어.

학인: 옻 오른 자리를 갖다가…

봉우 선생님: 자리를 이놈으로 슬슬 문지르면 시원하고 퍼지지 않고 그래.

학인: 그 신기한데요.

봉우 선생님: 응.

학인: 그렇게 하고. 욕창(褥瘡)이라는 것도 요새. 욕창 있죠, 욕창.

봉우 선생님: 욕헌?

학인: 욕창이요. 욕창.

봉우 선생님: 뭣을 육탕이라고 하나?

학인: 욕창이요, 욕창.

봉우 선생님: 욕탕?

학인: 욕창. 창 창. 창할 때 창 자 있죠? 창.

봉우 선생님: 응, 욕탕.

학인: 욕 창 이요. 그러니까 이 종기 나는 창 자. 등창 할 때 창 자 있죠.

봉우 선생님: 상?

학인: 창이요 창. 이 창 자요, 창 자.

봉우 선생님: 이거 이렇게 한 거 이렇게 밑에 이렇게 창 자 자 한 자?

학인: 예.

봉우 선생님: 응. 욕은 뭐여 욕이?

학인: 욕이, 한자가 안 나왔네요, 한자가 안 나오고. 그러니까 왜 등창 난다고 그러죠. 등창.

봉우 선생님: 곰팡 난다고?

학인: 등창이요, 등창. 창 난다고 그러죠. 이런데 이렇게 창이 이렇게 등으로다가 창이 종기같이, 종기같이 비집고 나오는 거 있죠? 등으로 뭐 이런데.

봉우 선생님: 탕? 상?

학인: 창이요. 창.

봉우 선생님: 탕이 난다?

학인: 창 자. 한글로 창 자. 창.

봉우 선생님: 창? 창?

학인: 예. 욕창.

봉우 선생님: 으응.

학인: 그런 것도 뭐 여러 가지죠?

봉우 선생님: 그런 거 여러 가지라 그건 몰라. 말은 같이 불리어도 원인이 다른 게 여러 가지여 그건.

학인: 할아버님 여드름 어때요? 여드름.

봉우 선생님: 여드름이 병인가?

학인: 그래도 그거 고민하는 사람들 많잖아요. 자주 나면…

봉우 선생님: 여드름은 간장약 먹어야 괜찮은데. 여드름이 제 철에 여드름 나는 게 병인가 뭐.

학인: 예. 그리고 주근깨도 역시 마찬가지죠? 주근깨.

봉우 선생님: 주근깨도 간장 좋으면 괜찮아지는 거라 단방이 없어. 간장에 속 썩이고 간장 좋지 않으면 주근깨 시꺼멓게 있는 법인데 뭘.

학인: 예. 불면증(不眠症)은 뭐 없죠? 불면증. 불면증도 여러 가지라…

봉우 선생님: 불면증은 원인이 여러 가지라…

학인: 신경쇠약(神經衰弱). 신경쇠약.

봉우 선생님: 신경쇠약도 졸지에 나는 게 아니니까 단방으론 안 되고…

학인: 정신병(精神病)은 말할 것도 없네요.

봉우 선생님: 그렇지.

학인: 그리고, 식은땀 자주 흘리는 것도 마찬가지죠?

봉우 선생님: 그것도 마찬가지여. 기 허해서 땀이 잘 흐르는 건데 기운이 좋으라면(좋으면) 될 테니 기운이 어떻게 좋으라고 단방이 있나 뭐.

학인: 간질(癎疾)도 안 되고요.

봉우 선생님: 간질? 간질 단방으로는 안 돼.

학인: 없네요. 이제 뭐 이런 거.

봉우 선생님: 간질. 병원에서 불치(不治) 아녀? 그게.

학인: 예. 그러면 뭐 이제 이 정도밖에 안 나오겠는데요. 할아버님.

봉우 선생님: 응 그래. 그 정도만 해.

학인: 이 정도 하면 한 뭐 삼십여 가지 되겠어요.

봉우 선생님: 그렇지. 그렇게 하고 나중에 또 쓰면 되지 뭐. 쓰게 될 때 있으면. 책 보는 사람들이 저 《단(丹)》 소설 볼 때는 뭘 어쩌고 귀신 같은 소리들이 여기저기서 나오니까 그게 그래도 좋았던 건데, 요새는 평평하니까 그러니 책이 덜 팔리는 거여.

학인: 아이 그래도 원래 할아버님 저 곧잘 하시는 소리는 여기 다 있어요. 요번 책에는. 이거는 뭐 허황한 소리가 아니잖아요.

봉우 선생님: 그래.

학인: 그러면요 할아버님. 이 지금 의학파트를요 지금 이 식으로 민간요법을 한 삼십여 가지 정리하고요.

봉우 선생님: 응.

학인: 민간요법 이렇게 하고. 이거는 정리가 이렇게 하면 다 끝나요. 끝나는데, 그다음에 정통의학이 있잖아요. 원래 의학. 이건 민간요법이고. 정통의학론. 그거를…

봉우 선생님: 약간…

학인: 약간 써야죠?

봉우 선생님: 약간 써야지.

학인: 그런데 그전에 《헌기약론(軒岐略論: 봉우 선생님의 전통의학론)》에서…

봉우 선생님: 약론에 약간 있지.

학인: 약간 해줬거든요? 그걸 좀 더 자세히 설명하는 식으로 할까요?

봉우 선생님: 그래. 약간 자세히 설명하는 걸로 하면 되지.

학인: 예. 그러면 그걸 제가 《헌기약론》 써놓으신 것을 중심으로 해서 제가 질문할 것…

봉우 선생님: 질문하면…

학인: 그거를 제가 내일 오늘 정리해서 내일 그거에 대해서 한 시간 정도 또 하죠.

봉우 선생님: 그래. 그렇게 해.

지리 대담 1[135]

학인: 보통 그 국도론(國都論)이라면은 그런데 그 할아버님께서 평소에 요…

봉우 선생님: 응.

학인: 평소에 갖고 계신 이 뭐 이를테면 상관천문(上觀天文) 해가지고요.

봉우 선생님: 응.

학인: 그다음에 뭐 하달지리(下達地理).

봉우 선생님: 응.

학인: 이런 식으로 얘길했을 때…

봉우 선생님: 응.

학인: 항상 천문 다음에 지리가 나오거든요.

봉우 선생님: 그렇지 천문 다음에 지리가 의례(으레)껏 나오긴 나오는 거지.

학인: 그런 식으로 봐서…

봉우 선생님: 그런데 잘못되면 뭣이 되는고 하니 묏자리(묏자리) 잡는 지관 으로 안단 말이야 잘못되면. 그건 안 돼.

학인: 그걸 벗어나야죠.

봉우 선생님: 그래.

학인: 그거는 왜 그러냐면은 개인의 어떤 이해득실…

---

135) 녹음: 정재승, 녹취: 김희수, 교정·주석: 정재승·김희수

봉우 선생님: 어, 그걸 가지고 하는 건 아니라는 말이야.

학인: 사리사욕적(私利私慾的)인 차원(次元)에서 이해하는 것이 보통 풍수지리(風水地理)거든요.

봉우 선생님: 그렇지.

학인: 그래서 뭐 못자리를 잘 써서 자기 집안이 번창(繁昌)한다.

봉우 선생님: 그래 그런 거는 떠나야 돼.

학인: 그런 식의 논리고, 대부분의 보통사람들이 거기에 집착하고 있어요.

봉우 선생님: 응.

학인: 지리한다 지리를 논(論)한다 하면 무조건 사리사욕 자기의 집안에서 유명한 뭐 재상(宰相)이 나와라 뭐.

봉우 선생님: 그렇지.

학인: 정승(政丞)이 나와라 물론 그거는 인간이기 때문에 누구나 갖는 욕망이지만…

봉우 선생님: 응.

학인: 그 하다못해 할아버님 말씀대로 주자(朱子: 중국 송나라의 성리학자) 주자 같은 사람도 그런 그…

봉우 선생님: 욕심을 냈단 말이야.

학인: 욕심을 냈단 말이죠. 그 역시 대성(大聖)이 아니니깐.

봉우 선생님: 그래.

학인: 어느 한계까지 간 분이니깐, 그 양반도 자기 집안에 대한 그 집착이…

봉우 선생님: 일은 했단 말이지.

학인: 그런 예 같은 것도 얘기를 사람들한테 좀 들려줬으면 좋겠어요.

봉우 선생님: 응.

학인: 주자 같은 경우에 이러한 일화가 있다. 그러면 또 저 유림들이 다 들

고 일어날 거예요.

봉우 선생님: 근데 저 주자한테 대해서 뭐라고 하면, 학자님들한테 욕먹어 싫어, 나는. 하하.

학인: 그러면 그 얘기는 빼죠 뭐.

학인: 그런데 그래서 하여튼 그 이 지리를 이해할 때 할아버님 천문에서도 그렇잖아요. 천문을 우리가 봤나 했을 때 할아버님이 천문에 대해서 기록 남기신 거는 다 공적인 거예요, 공적인 나라의 국가의 운명.

봉우 선생님: 그래.

학인: 어떤 국가에 공적으로 영향을 줄 수 있는 인물의 변동, 정치가가 어떻게 된다든지 뭐 이런 공적인 내용을 보신 거지, 거기에 뭐 우리 집안이 잘되고 어떻게 이런 거 보신 건 하나도 없죠?

봉우 선생님: 그 소린 하나도 없지.

학인: 네, 그러니까 이 천문에 그렇다면은 여기서 우리가 상관천문했을 때 주요 관심사는 뭐냐면 결국 그거 아닙니까? 국가 좀 대국적인 거죠? 사회의 변동.

봉우 선생님: 국가, 그렇지.

학인: 뭐 어떤 그리고 인민의 어떤 길흉화복 인민들이 잘되냐 뭐 흉조냐 이런 거, 그런 차원에서 천문을 관측하는 것이지, 뭐 자기 입장에 대한 거는 그렇게 내세우질 않잖아요?

봉우 선생님: 응.

학인: 그렇다면 지리도 역시 마찬가지 아니겠어요? 지리.

봉우 선생님: 국도론(國都論), 국도론이라는 것이, 그것이 인제 저, 에, 나라마다 국도가 다르거든…

학인: 그렇죠.

봉우 선생님: 으흠, 여 국도론이라고 지금 조선(朝鮮)에 전해 내려오는 책이

있는데…

학인: 예.

봉우 선생님: 그 국도론은 예언을 붙여가지고선 국도론을 냈어. 저 조선의 국도 됐던 데가 평양(平壤)…

학인: 평양, 그다음에…

봉우 선생님: 평양, 경주(慶州).

학인: 경주.

봉우 선생님: 저기 뭣이 송도(松都).

학인: 송도, 개성(開成).

봉우 선생님: 어, 그러고 인제 한양(漢陽), 부여(扶餘).

학인: 부여.

봉우 선생님: 부여.

학인: 그다음 공주(公州).

봉우 선생님: 공주는 부여하고 같지.

학인: 같게 보나요? 지금은 다르잖아요, 서로가.

봉우 선생님: 아니 이름은 다르지만…

학인: 지역이 다르잖아요.

봉우 선생님: 지역은 다르지만, 부여 저 백제(百濟)에서 하던 거여.

학인: 부여에서 공주를 포함한다 보고요.

봉우 선생님: 그렇지.

학인: 또 한양, 부여, 송도, 경주, 평양, 다섯 군데네요.

봉우 선생님: 그렇지.

학인: 그럼 저 때, 또 고구려(高句麗) 때 평양 아, 평양이지. 그렇습니다.

봉우 선생님: 고구려 때 평양이라는 게 지금 평양이 아니여.

학인: 예.

봉우 선생님: 나중에 평양이 됐지.

학인: 예, 지금 대동강변(大同江邊)의 평양이 아니다.

봉우 선생님: 그렇지. 그런데 그 나중에 망할 때 임시엔 거기로 내려왔지만 그전엔 저쪽 평양이지.

학인: 그게 저기 아닌가요? 국내성(國內城)이라고 그래가지고 그 두만강 (豆滿江)으로 이렇게 돼 있으면요…

봉우 선생님: 국내성은 조끄마한 데야.

학인: 요 저 저 압록강(鴨綠江) 사이에 있던 거 아닌가요? 그 위치 있던 게 그때 수도 아니었나요?

봉우 선생님: 고것은 아니야.

학인: 고거 아니고요, 지금 평양은 요기 아니에요?

봉우 선생님: 그래.

학인: 그러면 그 위에 올라가서 압록강변에 또 국내성이라고 하나 있었잖아요, 그것도 아니고…

봉우 선생님: 그건 그건 쪼그마한 거고…

학인: 그럼 만주(滿洲) 쪽으로 더 올라가나보죠?

봉우 선생님: 만주, 지금 같으면 신경[新京: 현재 만주의 장춘(長春)] 근처지.

학인: 신경.

봉우 선생님: 그래.

학인: 아, 신경, 신경성.

봉우 선생님: 그래.

학인: 신경 근처.

봉우 선생님: 그 근처에 내가 거기서 호령하고 지낼 수가 있지. 그래서 조금 조금 이렇게 내려와가지고 평양으로 왔지, 밀려내려 온 게.

학인: 아, 그렇게 봐야 되는구나.

봉우 선생님: 그러고 인제 그전에 못해 내려온 것이 저 동경성(東京城)이라고 있잖아? 만주오경(滿洲五京)이라는 게 동경성 어디어디 해서 선경 뭐 요렇게 해서 오경인데, 그건 거기서 나라가 여기 가고 저기 가고 하고 자꾸 변해났어. 그러니 이 우리나라 국도만 하더라도 이 애기를 하자면 음 평양 애기를 안 할 도리가 없어.

학인: 예.

봉우 선생님: 국도라는 것이 제일 먼저 무엇을 주장하느냐? 그 나라, 그 나라를 중심 해서 백성들이 정치(政治)하는데 골로 갈 때 한쪽으로 편 몰리지 않고, 여러 군데로 다 편하게 갈 때 거기를 중심 잡는 게, 그게 본식(本式)이여.

학인: 음, 그러니까 정사를 펴는 데 있어서 백성들을 고루 혜택을 받을 장소.

봉우 선생님: 그래 혜택을 똑같이 받을 자리 말이여.

학인: 그걸 우리가 첫째로 봐야 되네요?

봉우 선생님: 첫째로 그게 아니면 안 된단 말이지. 그러니까 거기는 무엇을 보는 가 하니 물을 끼는 것이 예전엔 수로가 저 걸어댕기는 게 아니고, 배 타는 데가 흔히 있지 않았어.

학인: 그렇죠, 예 배가 교통수단이니까…

봉우 선생님: 응, 교통이 좋으니까 큰 강을 앞으로 끼는 것이 보통이었단 말이지.

학인: 예, 큰 강을 앞으로 끼고…

봉우 선생님: 어, 그 큰 대야(大野)의 지역은 그게 차한(此限)에 부재(不在)지… 위와 같은 원칙에 무관하다… 큰 들에, 대평야에 나라가 있을 땐 그 안에 차한에 부재지만 우리 같은 나라에선 그걸 보통 그걸 봤단 말이지. 그러니 교통 편한 데, 인민에게 혜택이 더 고루 갈 때 거길 본 것이 주장

이여. 그러나 인제 무엇을 보는고 하니 악(岳)이 평탄한 데보다는 산을 끼고 물을 끼인 데를 주장했다 말이여. 그건 적의 방어도 있고, 밖에 들어오는 것 막기도 막을 때도 있고, 저 지킬 수도 있고, 치는 데도 유리한 데, 그런 데를 고르는 것이 보통 우리나라에서 국도론 잡은 것이 보통 그게 그걸 잡았지 딴 건 안 잡았단 말이여. 그래서 부여에도 보면 강을 끼었고, 여기 평양을 보아도 강을 끼었고, 송도를 보아도 개성 그것도 강을 끼었지. 임진강 어, 다 강을 껴, 경주가 강이 없어.

학인: 그건 왜 그랬을까요? 그건 강이 없이…

봉우 선생님: 강이 없었지만, 그때는 뭐 거기 강을 고를려면(고르려면) 저기 밑으로 내려가니깐…

학인: 거기에 그냥.

봉우 선생님: 응, 그렇게 된 것이 저기 저 국도론이라는 게 주장해서 그 산천에 산맥이든지 그 뭣이 그 자기 지역 안에서는 제일 좀 나은 데이고, 저 여러 군데 백성에게 전달하는 것이 편한 데, 혜택이 고루 갈 데, 그 저 한 군데로 몰리지 않는단 말이야. 그것이 보통 보통이었지. 거기서 인제 화복론(禍福論)이라는 건 그건 예외여 화복론이란 예외로 하고, 도시라고 하는 것을 중국이나 조선이나 보아도 강을 흔히 끼고 한 데가 많아. 그게 지금 여기서 국도론이라고 해가지고 우리들이 한 게 무엇을 해놓은 거니 앞에 앞에 나올 것이 국도론이라는 책이 있어. 근데 앞에 나올 것이 계룡산(鷄龍山)이 (국도가) 된다, 계룡산이 된다 가야산(伽倻山)이 된다 이런 산을 말을 했는데, 그거는 여기 운(運)에는 맞지 않는 소리다 말이야. 계룡산이 어디가 물이 아무데로 해도 물이 멀거든, 물이 멀고 가야산이라는 곳도 가야산에서 물이라는 게 한량없이 멀어. 그러니까 가야산이 된다고 뭣이가 된다 저 계룡산이 된다 하는 거는…

학인: 원칙에 안 맞는 부분…

봉우 선생님: 저, 이 국도론에는 맞지 않는 소리여. 그래 지금까진 다 계룡산 도읍이라는 걸 500년을 두고서 늘 말해 내려온 자린데, 난 반대란 말이야. 그게 여러 가지로 교통도 불편하고 산속이니까 교통도 불편하고 조운(漕運: 배로 실어 나르다)하는데 물도 없고…

학인: 한 가지도 맞질 않네요.

봉우 선생님: 응?

학인: 한 가지도 안 맞아요.

봉우 선생님: 한 가지도 안 맞아.

학인: 교통도 불편해, 그다음에 나라의 중심이 돼서 백성들이 그 정치의 혜택을 고루 받을 만한 위치도 아니고…

봉우 선생님: 그거도 아니고 서울 중심을 해서 도읍이라고 해가지고선 여럿이 와서 살 자리, 자리도 좁고 말이지. 여러 가지가 다 맞지 않는단 말이야. 에, 대체는 사람이 여럿이 와서 살아 해도 살 수 있고, 또 인제 교통이 제일 편해야 하고, 정치 반포하는 데 고루 나갈 수가 있는 그런 자리에 중심 하는 것이 국도론이 지리로는 그게 지리지. 어떤 그저 한쪽으로 몰리는 것은 아니다 말이지. 개인의, 개인의 그저 지리라고 하는 것은 그 자손이 나중에 가서 딴 데로 나가는지는 모르겠지만, 그 자손이 여기와 살아가지고 아들 손자, 증손, 고손해서 근처로 다 평(平)하게(평화롭게) 있을 자리. 그저 거처하기가 살 만한 평야지대나 산간지대나 간에 거처할 거를 내 자손 펴는 걸 주장으로 해서 가깝게 되는 자리, 그런 자리 고르는 것이 보통 예전 어른들이 다 같이 하는 짓이여. 그저 뭐 산골짜기 가서 산 꼭대기 가서 저 조상이 터잡아 놓칠 않았어. 여기 지금 무슨 씨 뭐 아무데 무슨 본 무슨 본 하는 이들이 다 보면 거기서 살아가지고 근처에 자손 몇백 호(戶)라느니 몇 천 호라느니 펴져나가기 좋은데 다가 해놨지, 좁다란 데로 몰아놓진 않았단 말이여. 그게 이 지리에서 가택에 다 개인의 집이

나 뭣이나 저 나라 국도나 마찬가지여. 그래. 읍지(邑地)라는 건 국도나 마찬가지고, 읍이라고 나라의 읍 관찰부라면 관찰부가 그 도에 똑같이 인제 그 도에 여러 고을에, 여 뭣이가 행정이 잘될 자리 그걸 골라서 중간에 갔다 세우는 것이지. 어디가 편벽(偏僻)되어 한 귀탱이(귀퉁이)로 가진 않는단 말이야. 그러니까 조선에도 보면 충청도(忠淸道) 하면, 충청도 하면 공주를 저 도시로 삼았는데, 관찰부(觀察府)가 거 있는데, 공주라면 동서남북이 똑같어 동서남북이 다 같이 이렇게 빙도는데 중간을 갔다가 잡았지. 딴 데가 안 잡았단 말이지. 경상도(慶尙道)로 말하면 72주(州)에 일흔두 고을에서 대구(大邱)가 제일 중심이 되고…

학인: 경상남북도를 통틀어서요?

봉우 선생님: 경상남북도를 그 지금은 나눈 건 나중 나눴지만, 예전엔 남북도 합도니까 말이여. 인제 거기로 갓다 잡았다. 단지 전주는 그렇지가 않아. 전주는 전라북도, 전라남도를 해놓으면 그 중간이 거기가 전주가 못돼. 북쪽에는 저 평야지대니까 거기가 할지 몰라 해도 남쪽으론 안 된단 말이여. 그 노령산맥이 가운델 막았거든 노령산맥이 가운데를 막았으니깐 이건 여기하고 저기하고 두 군데를 따로 해놓는 도리밖에 없는 데여 거기는. 그래서 뭣이 저 사목(四牧)에 저 전라도 사목 거 관찰사 다음에 목사[136] 넷을 몽창(몽땅) 어디다 뒀는고 하니 남도(南道)에다 뒀단 말이야.

학인: 전라도 목사는 전부 다 전라남도 쪽으로…

봉우 선생님: 전라남도로 갔지. 그러니까 그 관찰사 대리로 관찰사 다음 가는 사람으로 거기 가서 그걸 감독들 하게 그리 갓다 몰아붙인 것이 이 전라북도엔 하나도 없어. 저.

---

136) 목사(牧使): 고려 중기 이후와 조선 때, 관찰사 아래에서 지방의 각 목을 맡아 다스리던 정삼품 외직 문관. 목백(牧伯).

학인: 예. 목사가요?

봉우 선생님: 목사가.

학인: 거기는 부사(副使)만 하나 딱 들어온 거죠? 그래서.

봉우 선생님: 감사.

학인: 전주(全州) 감영(監營).

봉우 선생님: 감영이여 감사만 있었지.

학인: 감사만 하나 딱 두고…

봉우 선생님: 어.

학인: 전주에 그 대신에 목사는 하나도 안 두고…

봉우 선생님: 목사는 하나도 안 두고 남도에다가…

학인: 그 공백을 메우느라고…

봉우 선생님: 그래. 그것이 전부가 정치하는 데 편하게 하느라고 한 짓이지.

학인: 공주, 대구, 전주. 광주(光州)는 그럼 아무것도 없었나 보죠? 광주는…

봉우 선생님: 광주목사지 뭐.

학인: 목사만 있었군요.

봉우 선생님: 광주, 나주(羅州), 능주(綾州), 제주(濟州) 그래서 사목이여.

학인: 강릉(江陵) 강원도(江原道)는 강릉 부사고. 감영이죠 그건 강원도 강릉.

봉우 선생님: 강원도는 강릉이 저 뭣이고 원주(原州)는 나중 거기가 관찰이 들어왔지.

학인: 아, 원주목사.

봉우 선생님: 어, 원주목사지. 함경도(咸鏡道)로 가도 그렇고, 평안도(平安道)로 가도 그렇고, 다 그렇거든. 해주(海州)는 해변에 바닷가를 있으니까 해변에 해운(海運)이 편한 데 갖다놓으니까 해주에 갖다놓았고, 뒤로 거

리가 좀 멀어도 말이지. 그것이 인제 지리 놓는 본식이여.

학인: 그러면 그 여기서 인제 선택하는 거에서요, 천문도 봐가지고 국도를 결정할 거 아니에요. 그 천문…

봉우 선생님: 그 천문 봐가지고 저 국도를 결정한다는 건 빼놔. 그걸 하자면 긴소리가 나와 안 돼.

학인: 그 이야기 좀 해주시죠. 그러면 거기서 조금 취사선택을 해서요. 좀 쉽게요. 일단 애기는 해주시면은 거기서 좀 이렇게 취사선택을 해서…

봉우 선생님: 물론 천문에 운이 있어서, 고 아무데 운에는 그 나라가 있으면 그다음에는 어디로 가고, 그다음엔 어디로 가고, 하는 그게 있어. 그게 있는데, 그런건 빼 놔야 돼. 그러면 예언가처럼 해서 안 돼. 그냥 인제 거기 거기에 뭣이가 지리는 국도 만드는 법이 그 나라에 행정하는 것이 고르게 돌아갈 제(때) 갖다 하는 것이 본식이고. 지금이야 뭐 차 타고 비행기 타면 아무대로나 돌아다니지만, 예전에는 걸어댕길(걸어다닐) 때 아니여. 될 수 있으면 편하게 하느라고 여기가 중심, 중심, 중심을 잡아가지고선 작은 도시 맨들고(만들고), 고을 읍도 그런 데로 맨들고 다 그런 거지. 그러지 뭐 그게 거기서 산 터가 좋으니 뭣이 터가 좋으니 하는 건 나중 얘기고, 360주라는 것도 여 고을을 맨들기에 도수가 360도 아니여, 여기도 그러니 각 도에 그 도수 맨드느라고 360주(州)를 만드는 거요.

학인: 조선시대 때 360주인가요?

봉우 선생님: 조선시대 때 360주지. 그런데 이제 그게 제일 큰 전국에 제일 큰 고을이 어디냐 이렇게 물어보면 얼른 대답들 못해. 강계(江界: 평안북도 동북부에 있던 큰 고을)가 가장 큰 고을이여.

학인: 강계요?

봉우 선생님: 응. 사람이 많아서 제일 큰 고을이 아니고 읍에서 200리되는 데가 여기 저기 200리 자리가 많아.

학인: 읍에서요? 읍에서…

봉우 선생님: 그래.

학인: 사방으로 200리.

봉우 선생님: 사방 200리 못 되는 게 북쪽으로 저 뭣이는 200리가 못 되, 강가로는. 그건 강을 격(隔)했으니까, 거기는 강이 주욱 나가. 이렇게 나가면서 이래가지고 사방 200리라니까 이렇게. 그러니 그게 산이 많으니까 그렇지 거기는…

학인: 북쪽만 빼놓고요? 북쪽만 빼놓고…

봉우 선생님: 그래.

학인: 그럼요. 남은 다 그 200리씩 됐다.

봉우 선생님: 어. 그런데 다른 고을은 안 그랬어 다른 고을은 뭐 50리 되는 데도 있고, 60리 되는 데도 있고, 그렇지 뭘 그렇게 긴 고을이 없어.

학인: (중얼중얼)…

봉우 선생님: 뭐?

학인 2: 강계는 왜 그랬습니까?

봉우 선생님: 그게 육진(六鎭)[137]이라고 예전에 뭣이여? 그 저 저 그날 거기만 그런 게 아니고, 여 위원(渭原)[138]벽동(碧潼)[139] 거기가 다 그렇게 커요. 강계가 제일 크고, 강가에서 간도성에서 중국사람들 들락날락하는 거니까 그걸 그렇게 크게 해야 군대를 한 고을에서 군대를 막고선 저쪽 들어오는 걸 늘 막고 있거든. 그래 제일 컸지. 강가로 하는 데가 다 그렇

---

137) 육진(六鎭): 조선 세종 때 동북 방면의 여진족에 대비해 두만강 하류 남안에 설치한 국방상의 요충지. 즉, 종성(鐘城)·온성(穩城)·회령(會寧)·경원(慶源)·경흥(慶興)·부령(富寧)의 여섯 진을 말한다.

138) 위원(渭原): 평안북도 위원군에 있는 면. 압록강 중류의 굴곡 지대에 있다.

139) 벽동(碧潼): 평안북도 벽동군에 있는 면. 압록강에 다다르는 국경 부근의 마을.

게 커요. 그렇고 벼슬이 높고 같은 군수 중에도 거기는 도호부사(都護府使)로 계제가 높은 사람이 가 있어서 군대를 많이 데리고 있게 됐단 말이야. 다 나라의 국책이라는 것도 예전에 첫 번에 나라 만들 때 보면 15세 이상이면 전부 군대 들게 되지 않았어? 근데 그 담에는 15세가 아니라 뭣 20세, 30세 되는 놈도 군대 안 됐거든 말이야. 15세 이상이면 호포140)라는 게 별게 아니고, 군대에 들어가서 허는 호포를 물게 됐어. (충북) 영동 같이 조그만 고을이 군대가 그 법으로 말하면 7,000명이여, 7,000명이여 7,000명.

뭣이가 저 이 공주가 지금보다는 공주가 컸지. 이쪽으로들 있지만 공주가 1만 5,000명이나 되거든. 그러니 1만 5,000명 예비군을 가지고 있는 거여. 말하자면 예비군을 가지고 있으니까 그거를 훈련을 하고 훈련이 그대로 돼 있다면 아무 때고 난리에 들어서 집 저 뭐야 호령만 하면은 쫙 다 모여가지고 1만 5,000명이 방비한다면 넉넉히 방비하지 않나. 영동 같은 쪼그만 고을도 7,000 되니까 7,000명이 딱 메워버리면 전부다 사내놈은 다 군대 아니야? 그러니까 급할 게 없거든 말이야. 그런데 그게 말로만 그렇게 해놨지. 나라 법은 그렇게 정했는데, 그다음엔 7명도 없었단 말이야. 7명도 없었어, 군대라곤. 그런데 우리가 내가 어려서 진도를 가봤는데, 진도를 가보니 진도는 방어사또(防禦使)141)요. 무장(武將)이 처음이니까 무장이 있는 덴데 방어사또에 병고(兵庫)가 군기고(軍器庫) 군기고가 10칸 되더만(되더구먼) 10칸 조금 더 돼. 그때도 군기가 가득해. 뭐

---

140) 호포(戶布): 고려·조선시대에 집집마다 봄과 가을에 무명이나 모시 따위로 내던 세금. 고려 충렬왕 때부터 저포(苧布)를 거두었으며, 조선 후기에 대원군은 군포(軍布)를 호포로 고쳐서 양반과 평민이 똑같이 부담하게 하였다.

141) 방어사(防禦使): 조선시대에, 나라의 방위를 위하여 군사 요지에 파견하던 종2품 무관 벼슬).

지 된 거 뭐 뭐 뭐 있는데, 거기 속사포처럼 된 게 있어. 얼마 안 돼. 이런데 이렇게 놓고 하는 건데, 빗장을 이렇게 밟고 가운데 이 총이 이렇게 나가게 했더만. 잘 갸름하게 됐는데, 저기다 집어넣고 그때는 여기 집어넣고 여기 화약 지르는 거니까, 여기서 집어넣고 화약 지르고. 여기서 이제 이거 빗장을 낮출려면 조금 낮추고. 이게 있으면 되지만 그게 없어 그때는. 낮을려면 낮추고 뒤는 단단히 해서 아주 뒤로 안 나오게 만들어놨어. 그래놓고 이걸 이래놓고 안각(?)을 할려면 밑을 괴고 낮출려면 이놈 빼고 이놈을 얇은 빗장을 꼽고 그랬더구만. 그래가지고 불질을 했는데, 그것도 한숨에 두 번씩 나가 숨신 사람 한숨에 두 번씩 나가게 빠르게 지르더구만. 그저 가까이 저 첫 번에 화약(火藥) 넣고, 밑에 화약 던지고 철환(鐵丸)하고, 이 굵은 대포 철환이 이렇게 굵은 게 아니고, 저 이만큼씩 한 쇠사슬이여. 철환이 그놈으로 넣고 굵은 거 하나 있더만 그 여럿 중에 그리고 화약 집어넣고, 화약만 집어넣어 불을 지르면 확 해지니까 무엇으로 막아. 이 저 종우(종이) 뭐 그런 거로 해서 이렇게 해서 솜으로 이렇게 해서 꽉 막는데, 꼼짝 못하게 막아놔. 막아놓고선 펑 지르는 것이 1분이 못 돼. 전부 그거 하는 게 번쩍번쩍해. 둘이 저쪽에 저 둘이 하는데 그래놓고 질르면 화승줄로 여 구녁(구멍)이 화약 들어가는 게 있으니깐 질르고, 콱 질르면 쾅 하고, 그냥 불이 벌겋게 나가면서 쏟아지지. 그냥 그러니까, 그게 예전이면 그것이 그것만 가지고도 이걸 가지고 다니면서 쏠 수가 있게 되니까, 상대방이 총 이놈 가지고보다는 훨씬 낫단 말이야. 근데 그것이 한 30개 되더구만 지량고(?)[142] 라는 게 말이지.

학인 2: 지량고요? 지량고 들어봤어요.

봉우 선생님: 그렇고 창이 있고, 칼이 있고, 총이라고 하는 것은 그냥 이렇

---

142) 불랑기(佛狼機), 중국 명나라 때 포르투갈 사람이 전해 들어온 대포를 이르는 말.

게 기다란 총에다가 이렇게 된 일본총 소총 이거 하는 게 아니고, 철포대 (鐵砲隊) 여기 총에다가 여기 구녕 넣고 저기서 저거 막아가지고 살로 이 렇게 집어넣어서 꽉 막아놓고 여기다 불지르는 거야. 근데 이것도 세 걸 음 나가서 세 걸음 들어오는데, 한 방씩이여. 한 방 나가고 한 걸음, 두 걸 음, 세 걸음 나가서 쾅 한단 말이여. 벌써 천천히 못 걷지 세 걸음 나오고 세 걸음 들어오는데, 한 방씩 쾅 소리 난 뒤에 다시 들어와가지고 또 쾅이 지. 그러니까 그게 10명이면 앞에 전대가 10명이면 뒤에 후대가 10명 뒤 에 중대가 10명하니까 이걸 어떻게 놓은고 하니, 뒤에 있는 놈은 서서 놓 고 가운데는(무릎을) 꿇더구만. 저 앞에 놈은 옆으로 해서 갈기더만 그래.

학인 2: 한데 저번에…

봉우 선생님: 그것이 그 예전 저 군대 조련식이여. 근데, 그게 그 총이라는 게 멀리를 못 나가. 이거 이 총 이렇게 된 거 들고 놓는 것은 그놈이 잘 가 는 건 4킬로까정 나가지 않아. 근데 여기서 이 총이나 철포대로 놓는 건 2킬로, 5리, 5리밖에 안 나가. 근데 이 5리나 몇이나 가깝게 오는 놈은 그 놈한테 맞으면 죽지 뭘.

학인 2: 국도론에서 인제 그 앞으로 만주 쪽에요, 우리가 나가고 인제 소비 에트 저거 소련 그쪽하고 그때 우리 국도론은 어떻게 전개(展開)되는가 요 선생님?

봉우 선생님: 우리 국도론이 만주가 저기 우리가 나가게 될 때는 백두산 이 남에 있지 않아요?

학인 2: 그렇죠?

봉우 선생님: 백두산 이남에 있어선 안 되고요.

학인 2: 네.

봉우 선생님: 나중에 갈 때는 지금 신경 근처 가야 될 거예요.

학인 2: 예전 평양이요?

봉우 선생님: 어?

학인 2: 예전 평양이요?

봉우 선생님: 예전 평양 거기 가야 되지. 거기 가야 그걸 전부 다 차지하지. 지금 첫 번에 들어가서는 조선하고 만주 한쪽하고 아직 다 퍼지질 않으니까. 여기 북계룡이라고 하는데, 압록강 압록강 바로 위지. 거기가 우리가 여러 천년을 거기 못 있어. 늘면 늘면 그리 가야 돼. 늘면 북계룡 말고 북계룡에 가서 늘려가지고 신경[장춘(長春)] 신경 근처로 가야 돼. 북쪽에는 흑룡강이 있고 흑룡강이 있으니까 거기 수리가 좋고, 신경 가면 한쪽은 몽고, 한쪽으로 저쪽으로 쭉 퍼지고, 한쪽으론 이쪽으로 이 저 이 저 뭐야, 지금 길림 동안성 그쪽이 다 이리로 들어올 거고, 그러면 왜 저 소련 지역은 마다하나? 그 인제 거기까진 다 열리게 되니까 거기 가기가 쉽지.

학인 2: 신경이요?

봉우 선생님: 신경, 신경 근처 되기가 쉬워.

학인 2: 신경 근처요?

봉우 선생님: 어.

학인: 신경 쪽이 되면은 거기 있는 흑룡강이 끼인다 이거죠?

봉우 선생님: 흑룡이 얼마나 되지?

학인 2: 그 위가 흑룡강이고요.

봉우 선생님: 그렇지. 흑룡하니까 저 위쪽에 초원이 다 좋단 말이야. 여기 북경이 중국에서 서울 북경이라는 데가 조운이 나빠. 앞에 황하가 있지만 황하는 조운이 잘 안 되는 데야.

학인: 그래도 북경을 왜 수도로 많이 했어요?

봉우 선생님: 북경은 거기서 저 북쪽이 마음이 놓는 게 만리장성 밑이 아니여. 만리장성 밑이니깐 거기서 인제 떡 내려다보면 전부 다 되니까, 양자

강 이북은 문제없거든. 그러니까 거기에다 조운을 했지. 황하고 양자강하고 운하를 뚫었거든. 중국녀석들이 엉터리로 일은 잘하는 게 만리장성 같은 사업 몇 해씩 하는 사업도 하고, 황하에서 거기 가는 것이 수천 리 되는데, 수천 리 운하도 뚫고 그랬어. 거 허는 것 보면 이 조선사람들보다는…

학인: 끈기가 있어요?

봉우 선생님: 어? 근데 거기 지금 그것도 운하 뚫고 뭣하던 건 몽창(몽땅) 백두산족이지 딴 거 아니거든. 양자강 이북으론 거의여. 되놈도 있지만 말이여.

학인 2: 남북이 인제 평화통일이 되려믄요.

봉우 선생님: 어.

학인 2: 압록강 두만강까지가 인제 남북한 통일이 되잖아요.

봉우 선생님: 그렇지.

학인 2: 그 중심에서는 어디가 인제 수도가 됩니까? 수도가? 금방 올라갈 순 없잖아요?

봉우 선생님: 금방 못 올라가. 남북통일 되도 서울은 여기 둬야 돼.

학인 2: 여기서요?

봉우 선생님: 어.

학인 2: 국도론이?

봉우 선생님: 어.

학인: 그래서 인제 저 남북통일이 한참 되고 나서 그 이후에 얘기하시는 거죠? 북계룡은.

봉우 선생님: 그렇지.

학인: 그러니까 북계룡이 지금 압록강.

봉우 선생님: 뒤로는 천장만장(千丈萬丈)한 산이 쫙 둘렀지, 그냥.

학인: 금석산(金石山)이 굉장히 높은 산이에요?

봉우 선생님: 응?

학인: 막 높은 산인가보죠? 천장만장?

봉우 선생님: 아니, 야틈한 산이고, 뒤로 목유산 뭣해서 백두산 저리 돌아가지고 저리 빙 돌아 빠진 데야 그게.

학인: 예, 산맥.

봉우 선생님: 그래. 그래가지고 금석산 뒤에서 들어오는 것이 뒤에서 저기 이렇게 돌아간 것이 뭣에서 이 백두산에서 거기로 돌아 빠지는 게 3,000리, 약 3,000리, 4,000리나 될 거야. 3,000리나 돌아 나가. 그래 저 이 요동까지 가가지고, 이래 다시 올랐네.

학인 2: 산맥이요?

봉우 선생님: 산맥이. 그래 이제 이렇게 해서 다시 돌아온 것이 안동현, 안동현 앞까지 들어왔거든. 근데 이 안이여 이 안. 이렇게 쳐다보고 앉았으면 압록강이 앞으로 흐르고, 이건 이렇게 흔들어논 큰 들이지 여긴. 가운데 잘막잘막한 산이 있고. 산이 아주 좋고 중국 땅 쳐놓고 밟아서 진흙 안 닿는 비 오면 절걱절걱 발이 빠지는데, 거기는 여기 조선 땅이나 똑같아.

---

143) 녹음: 정재승, 녹취: 이기욱, 교정·주석: 정재승·김희수

물 좋고, 산천 좋아서 물이 좋고. 이제 바로 고거 앞이 그저 그거 있는 바로 앞이 그 들 가운데 도시가 된다면 거기서 한 10리, 20리가 다 못 돼서 이 백호날에 오룡배(五龍背), 오룡배라, 오룡, 오룡배 온천이 있지. 거기 있고, 이제 계관산(鷄冠山). 그러니 계룡이 그렇게 해서 둘이 합해서 북계룡이여 그게.

학인: 오룡배는 뭔가요? 배는?

봉우 선생님: 오룡산이 있지. 이 등 배 자 오룡배. 오룡배, 그렇게 불러. 다섯 용의 등이란 말이여 거기가. 꿈틀꿈틀해 올라간다고 해서 오룡배인데, 고 오룡배 넘어가 고구려 동명왕 도읍했던 데여.

학인: 예. 유서 깊은 자리네요.

봉우 선생님: 그 퉁명부스라고 그러지. 동명보자[東明堡子, 堡子: 마을. 방어용 촌락] 그렇게 하지. 거기 말로 이제 동명을 퉁명 그러더만. 퉁명보자여 이 보전할 보 자에다 이렇게 흙 토 한 거 보라고 하지? 보.

학인: 예. 보에다가 자를…

봉우 선생님: 아들 자 자.

학인: 보자(堡子).

봉우 선생님: 나 계관산이래서 계관산이 굉장히 높으거니 하고 쫓아가보니까 계관산 그 꼭대기 봉이라는 것이 계관산 정거장에서 얼마 안 가서 닭, 닭 뭐 주워 먹을라고 꼬꼬닥 꼬꼬닥 하고 대가리 숙이고 있지 않아? 계관산 뒤는 그냥 높다란 데가 이래가지고 내려와서 거기 와서 닭 벼슬 모양으로 동명이가 조족 조족 조족해 쓰고선 고렇게 됐는데, 그게 계관산 상봉이여. 아주 얕지. 근데 계관산 상봉 있는데, 거기서 뒷골짝으로 요렇게 내려가면 그게 퉁명부스여. 동명왕이 그 산골에 가 있었더만말야.

학인 2: 그럼 그 자리가 이제 그…

봉우 선생님: 그건 그건 말하면 여기 동명왕이 있던 데가 여기 같으면 인왕

산(仁旺山, 仁王山) 인왕산 뒷고랑 같아. 뒷고랑 같은 데 가 있었어. 그런데 그 물 나쁜 데가, 만주 가면 그 저 이 흙이 진흙땅이 많아. 헌데 거긴 진흙땅이 별로 없어. 여기 땅과 똑같아요. 그 물 흘러내려 가는 거라든지 그래 조선 사람들이 거기 가 많이 사는데, 일정시대 그 일본 담배 있지 않어? 담배들 하느라고 거기 가 있었어.

학인 2: 그 자리가 5,000년 도읍지가 되는 건가요?

봉우 선생님: 어디?

학인: 아니지. 거기서 인구가 한 좀 더 늘어나고 어느 정도 살만큼 되면 신경(新京)144) 근처로 다시…

봉우 선생님: 신경 근처로 가지.

학인 2: 거기서 신경으로 빠져나가야 돼요?

봉우 선생님: 신경으로 빠져나가지. 북계룡이 우리 생각에는 한 500년 거기 있지 않을라나 그래. 그래야 이제 중국, 중국 북쪽 우리 차지했던 데를 슬슬 넘봐지지.

학인 2: 한 1,000년 후네요.

봉우 선생님: 응?

학인 2: 한 500~600년 후네요. 신경 자리를…

봉우 선생님: 아, 신경 그렇게 오래 안 가. 북경(北京), 남경(南京) 하면 되지 않나.

학인: 일단 두 개를 해놓고 신경은…

학인 2: 북계룡은 북경.

봉우 선생님: 아니, 남경.

학인: 북계룡은 남경이고 신경을 북경으로 하고…

---

144) 신경(新京): 장춘(長春)의 만주국 시대의 이름.

봉우 선생님: 남경이고 북경은 본, 거기서 일어나가지. 이제 그거 갈라믄(가려면) 서백리아(西伯利亞: 시베리아)가 우리 손으로 들어와야 돼. 몽고(蒙古)가 들어오고 서백리아가 들어온 뒤엔 요거가 좁거든. 뒤로 나가야지.

학인 2: 그 소련 부술 때는 어떻게 해야 돼요?

봉우 선생님: 응?

학인 2: 소련이요.

봉우 선생님: 뭐?

학인 2: 소비에트요. 소련.

봉우 선생님: 소련.

학인 2: 그러면 어떻게 해야 돼요?

봉우 선생님: 그게 본디 우리 땅 아닌가? 우리 땅이 그놈들이 그냥 가서 저리 들어가 놓고 공으로 언제 먹은 것도 아니고 싸움도 안 하고 즈이게 됐지 그냥. 여기서 내버리고 추우니까 거기 안 살고 이리 내려오니까. 무슨 까닭이 없이 언제 차지한 날짜가 없는 거여 그게.

학인 2: 그냥 달라면 줘요?

봉우 선생님: 달라면 되나? 우리한테 답새면 즈이가 내놔야지 뭐. 싸움은 안 해도 싸움한 거나 진배 없는 게 기운에 눌리고 여러 가지가 눌려야 내놓지. 거기가 지금 따로 소련령은 소련령이지만 정치하는 건 따로 따로 있어.

학인 2: 다 각자 각자 한단 말이죠?

봉우 선생님: 각자 각자가 하지. 조선 사람 자치령이라고 거기 또 하나가 있어. 그게 조선사람들 공산당 혁명이 독립군 있다가 나머지들이 거기 가서 건너가서 요렇게 하나를 한 게 또 있지. 조선만한 게 있지. 우리가 찾을려면(찾으려면) 소련 저 뭣이 우리 예전 꺼 다 찾아내려면 제일 많이 하기를 바이칼호 중심으로 많이 퍼졌어, 우리들이.

학인: 그러면 그 바이칼호. 그러면 요것이 앞으로 그 북계룡 하고 신경 그쪽에 그만한 도읍지지가 있다.

봉우 선생님: 그것까정 얘기할 건 없지. 많이 하면. 북계룡만 얘기해 둬.

학인: 예.

봉우 선생님: 그러고 왜 저 뒷에, 저 대종교에서 뭐 얘기하는데, 뭐 그 저 뭐여 저 창가(唱歌)145) 부르는데, 뭐 육십육사(六十六史)니 육십 뭣이니 소리들을 하잖아? 예순여섯 가지, 창가 창가 하는데. 육십육이라고 하는 것이 그게 뭘 육십육을 자기들 표했는지 몰라도 바이칼호가 예순여섯 군데서 물이 들어와. 그것 참.

학인 2: 거기가 진방(震方)146)아닙니까? 진방.

봉우 선생님: 응?

학인 2: 거기가 진방 아네요? 진손이감[震巽離坎: 팔괘(八卦)에 속함] 할 때요 진.

학인: 방위(方).

학인 2: 방위요. 진 진

학인: 진방이에요? 바이칼호가? 진방.

봉우 선생님: 바이칼호가 진방은 아니지.

학인 2: 아네요?

봉우 선생님: 응. 진은 동남방이니까.

학인: 동북 아네요? 그럼. 동북방.

봉우 선생님: 동방. 동방.

---

145) 창가(唱歌): 노래. 갑오개혁(甲午改革) 이후에 발생한 과도기적 시가(詩歌) 형식. 서양 악곡의 형식에 강한 영향을 받았으며, 애국과 개화에 대한 주장이 강하게 담긴 경우가 많다.

146) 진방(震方): 팔방의 하나. 정동(正東)을 중심으로 한 45도의 각도 안을 이른다.

학인 2: 정동이에요?

학인: 정동방이에요?

봉우 선생님: 동방이 진방이지.

학인 2: 그럼 《역경(易經)》[147]에서 제는 진에서 시작한다는 말은 뭡니까?

봉우 선생님: 뭐?

학인 2: 《역경》에서요.

학인: 제출호진(帝出乎震).[148]

학인 2: 제출호진 그러잖아요.

봉우 선생님: 제출호진이라는 건 이쪽을 가지고 북쪽에서 얘기지 지금. 중국 토가 다 아니고. 지금 몽고쯤 해가지고선 거기서 얘기여. 거기서 진이면 동방이 백두산이 동방이거든 그때.

학인 2: 그 당시에요?

봉우 선생님: 그래.

학인 2: 그럼 바이칼호는 지구 전체에서 지금 동방으로 얘기하시는 거예요?

봉우 선생님: 동방이지. 지구 전체에선 동방이지 뭘.

학인: 그러면 진방 아냐?

학인 2: 그러면 진방 아냐?

봉우 선생님: 그래.

학인: 그러면 진방이네요.

봉우 선생님: 진방이지. 진방.

---

147) 역경(易經): 《주역(周易)》을 삼경의 하나로서 이르는 말.
　　삼경(三經): 《시경(詩經)》·《서경(書經)》·《주역(周易)》의 세 경서.

148) 제출호진(帝出乎震): 상제님께서 진방(동방)에서 출세하시느니라. - 《주역》〈설괘전(說卦傳)〉의 제5장에 나옴.

학인: 그럼 여기서 옛날에 임금이 나오셨나요?

봉우 선생님: 대황조(大皇祖)가, 대황조가 그러니까 거기서 그 동방이지. 거기서 나와가지고 거길 나가서 첫 번에 그게 인민을 교화(敎化), 치화(治化), 이화(理化)시킨 데가 거기여.

학인: 본 바닥은 바이칼호.

봉우 선생님: 바이칼호여, 바이칼호.

학인: 그럼 인류 문명이 처음 최초로…

봉우 선생님: 인류 문명이 처음 시작을 거기서 한 거지. 이 길림성, 길림성 내려가서 이 장백, 장백, 장백산이지 그러니까. 백두산 내려오는 죽 나가는 거기서 시작해가지고, 그래가지고 길림으로 내려간 거여.

학인 2: 그때도 대황조님이 계셨어요? 바이칼호에서 시작을 해가지고요.

봉우 선생님: 시작해가지고 이리 내려왔지.

학인: 백두산으로 내려온 거죠. 백두산.

봉우 선생님: 그렇지.

학인 2: 대황조님이 살아 계신 상태로 내려온 거예요?

봉우 선생님: 그렇지 이제.

학인: 그 당대에 내려오셨나요? 당대요? 아니겠죠?

봉우 선생님: 아니, 뭐 그 뭐, 여기선 뭐, 아들 손자 뭐, 이런 소리야, 그건 거짓말이여.

학인: 그럼 대황조님 개국 당…

봉우 선생님: 오래 오래 계셨지. 그 양반이.

학인: 한 1,000년 이상 계셨겠네요, 그럼.

봉우 선생님: 1,000년이 되는지 얼마가 계신 지 오래 계셨어.

학인: 그러니까 여기서 말하는 뭐 대를 이어서…

봉우 선생님: 그건 거짓말이여.

학인: 처음에 시초에 바이칼호에서 출발하셔서가지고…

봉우 선생님: 그래가지고…

학인: 그래서 교화, 이화, 치화해서 무리를 이끌고…

봉우 선생님: 그래가지고 밑으로 내려온 거지. 신경으로 내려온 거지.

학인: 신경이요?

학인 2: 신경.

봉우 선생님: 신경, 신경. 장춘.

학인: 그러면 그쪽이니까 내내 그럼 백두산 얘기 나오는 거는 그때 얘기 나오는 거네요 그럼. 백두산 뭐.

봉우 선생님: 장백산이야 장백산.

학인: 아, 장백산.

봉우 선생님: 장백산인데 그 냥반이 내려오시길 백두산에서 내려오셨더라 도 장백산이지 그게.

학인: 장백산이요?

봉우 선생님: 응.

학인: 장백산 하고 백두산 하고 그러면 다르게 보시는…

봉우 선생님: 한 산 아닌가. 저기 이렇게.

학인: 아, 그러니까 장백산맥 얘기하시는 거죠?

봉우 선생님: 산맥이지.

학인: 백두산이라고 할 때는 천지를 중심으로 한 그 산이…

봉우 선생님: 그 맥에서 계속 주욱 내려온 게 2,000여 리, 2,000여 리 내려갔 는데, 우리가 보기에는 백두산 지금 천지 있는데 거기 가 계시지 않고…

학인: 예. 그 산맥. 내려와서 신경 근처.

봉우 선생님: 신경 뒤에 어디라. 한 번만 보고 두 번만 본 게 아니고, 내가 이 제 참 공부해가지고 들어가 뵈온 데는 고 장백산 거기여.

학인: 그러면 백두산의 그 자체 천지 있잖아요? 그거는 큰 뭐 다른 의미는 없나요? 그냥…

봉우 선생님: 아니, 산의 조종(祖宗: 시조가 되는 조상)이지 뭘.

학인: 조종.

봉우 선생님: 응. 화산으로 스러졌다고 자꾸들 하는데 화산이 아니다 난 이거여. 이게 떨어지길 굉장히 높았던 산이 세계 최고 산이 뭐여, 이 저 고비사막인가 몽고사막. 몽고사막 분기하고 일본 떨어지는 바람에 툭 가라앉았지. 여기서 그러니까 저 뭐여 저 소련령하고 뭣하고 뭐여, 소련령하고 가나타(加那陀, 加奈陀: 캐나다)하고 그 맞붙었던 놈이 그놈 떨어지며 일본도 떨어지고 그랬어 그게.

학인 2: 현재도 백두산이 산의 조종이 되는 겁니까?

봉우 선생님: 응?

학인 2: 현재도요, 백두산이 산의 조종이 되는 겁니까?

봉우 선생님: 지금도 그렇지 뭘.

학인 2: 산 높이와 관계없이요?

봉우 선생님: 높이 관계없이…

학인: 아, 그러니까 할아버님 입장에서는 그렇게 보신 거죠? 그러니까 대황조님께서 이 문명의 발상지로 봤을 땐 바이칼호고, 거기서 조금 무리들을 교화시킨 무리들을 데리고서는 남하해서…

봉우 선생님: 응.

학인: 뭐 기후변동이나 이런 게 있었겠죠?

봉우 선생님: 그렇겠지 뭐.

학인: 예. 생활에 적합지 않아서…

봉우 선생님: 그렇지.

학인: 밑으로 내려와서 다시 대지를 찾으신 것이 국도로서 지금의 신경

근처…

봉우 선생님: 그래 신경 근처를 주장했지.

학인: 예. 그것이 결국은 장백산맥하고 이 백두산서부터 같은 맥이니까…

봉우 선생님: 그렇지.

학인: 거기에다가 또 같이 무리를…

봉우 선생님: 거기에다가 정해 놓으셨지.

학인: 거기서 무리를 이끌고 문명을 일으키고…

봉우 선생님: 응.

학인: 그다음에 백두산은 그러나 산의 조종으로서 어떤 상징적인 거지 거기서 문명이 발생하거나 이런 자리는 아니죠?

봉우 선생님: 그렇지.

학인: 백두산 자체는요…

봉우 선생님: 그렇지.

학인: 거기서 뭐 도읍을 정하고 이런 자리는 아니고…

봉우 선생님: 응.

학인: 그래서 천문으로 봤을 때…

봉우 선생님: 중국사람들이 제 것 크다고 제 것 좋다고 하길 아주 잘하는 사람들인데, 곤륜산(崑崙山)[149]이 산지조종(山之祖宗)이라고 곤륜산이 산지조종이라고 100번도 더 얘기했을 거여. 주자(朱子) 성인의 유교 성인의 주자가 산지조종은 곤륜산이요 수지조종(水之祖宗)은 황하수(黃河水)라고 소리를 했지 곤륜산이 산지 산조종이라는 소리는 한 군데도 없어요. 이 명산록에 명산 평을 하길 뭐라고 했는고 하니 백두산은, 백두산은 웅관오악(雄冠五嶽)에 부시만산(俯視萬山)이여. 오악 중국 산 제일 크다는

---

149) 곤륜산(崑崙山): 서쪽으로 파미르 고원에서 시작하여 동쪽으로 청해성(淸海省)에서 사천성(四川省) 서북부를 거쳐 신강(新疆)과 티베트를 관통하는 산.

산 오악산에 제일 어른이고 부시만산이라 내려서 만산을 굽어 내려본다 하니까 조종이라는 소리지 뭐여. 그 중국사람들이 그렇게 위하는 산인데 그게.

학인: 웅관오옥.

봉우 선생님: 웅관오악.

학인: 웅관오악.

봉우 선생님: 부시만산이라 굽어서 만산을 내려본다 말이지. 곤륜산이 높지만 곤륜산이라는 것은 그러면 조종이라고 할 텐데, 곤륜산 조종이라는 소리는 없어. 이 곤륜산이라는 곤 자가 뫼산(山) 밑에 이 곤(昆: 다음 곤) 하지 않아? 이렇게. 이것이 차례 여섯 여섯 육(六) 자여. 산의 여섯째 산이다. 그러니까 예서부텀, 장백산에서부텀 흥안령으로 저리 빠져가지고, 주욱 돌아가 들어간 것이 뭣이 이 몽골 사막 솟는 바람에 솟는 바람에 그 산이 어디로 가라 앉아버렸지. 그래가지고 저리 들어가가지고 여섯째 봉이여 그게. 곤륜산이. 곤 자가 따 곤 자, 이 따 곤 자 하지만 따 곤 자라는 게 이 산의 여섯째. 산의 차례를 륜(崙: 차례 륜) 자여, 이게 이렇게 륜(崙)이라는 륜 자가. 사람 인 변에 한 거는(倫) 사람 차례 륜(倫) 자고 말여.

학인: 산의 여섯째라는…

봉우 선생님: 인륜 륜 자가 이렇게 쓰잖아, 이렇게 이렇게 하는. 사람 차례여 그건. 이건 산의 차례가 여섯째다 말이여. 곤륜 아주 붙백이로 써 놨는데 뭘 거기.

학인 2: 그 지리를 알면 문명 역사가 돌아간 걸 빠삭하게 알겠네요.

봉우 선생님: 당연히 알지. 알 도리밖에 없어 그게.

학인: 여섯째. 그러니까 요 곤륜이라는 건 여섯째로 돌아가는 산이다.

봉우 선생님: 그래. 좌우간 저 호흡해서, 호흡해서 딴 데까정은(데까지는) 말고, 옥황상제 있는 데까정 간다는 건 힘들고, 이 지구만 마음대로 돌아댕

길(돌아다닐) 만해도 괜찮아. 재미가 있어. 하하.

학인 2: 지구만 마음대로 돌아다니는 건 지상선(地上仙) 얘기하는 거 아니예요?

봉우 선생님: 지상선이지. 지구만 마음대로 댕겨도 그저 아무 산엘 가든지 그 산임자들은 가는 사람은 모를망정 산임자들은 아니까 나와서 인사하거든. 하하.

학인: 할아버지. 그러면 저기 이 국도 천문하고 천문에 얽힌 얘기가 좀 없을까요? 천문에 응해서 뭐 국도(國都)를 어떻게 정했다.

봉우 선생님: 그거 그거 빼. 그거 하면 귀찮은 소리가 많이 나와 안 돼. 여기 저 국도론은 천문 소리를 않고 백두산에서 여기 나오는 게 손사맥(巽巳脈: 남동방에서 서북방으로 행룡)으로 나왔기 때문에 손사로 빠져가지고 저쪽으로 이렇게 빠져나오는 거기 때문에 그리해서 어딘 뭐이 되고, 어딘 뭐이 되고, 뭐이 된다고 전부 이렇게 나왔지. 그런데 그게 어떤 평양으로 개성으로 서울로 거기까정은 경주로 부여로 이건 맞는데, 밑에 가서는 아리랑 타령을 해놨어. 수 놓다 그 사람이 정신 조금 꿈벅하고 났는가봐, 그거 맨든 사람이.

학인: 계룡으로 간다고 해놨어요? 남계룡으로.

봉우 선생님: 계룡으로 간다고 그러고, 계룡 다음에는 저 뭣으로 저…

학인: 해인사.

봉우 선생님: 응?

학인: 가야산.

봉우 선생님: 해인사(海印寺)로 간다고 그러고 해인사 다음엔 여기 칠산(七山: 경상남도 김해시에 있는 산)으로 가면 뭣으로 어쩐다 그러고 이래가지고 맨들었거든.

학인: 완전히 삼천포로 빠져버렸네요.

봉우 선생님: 응?

학인: 삼천포로 싹 빠졌어요.

봉우 선생님: 그건 미쳐서 그래. 그래 내 그 책을 내가 그 저 뭣이여 그 국도 론이라는 걸 집에 죽겠다고 내가 내 글씨로 베껴놨어. 누가 그냥 싹 먹어 버렸어. 하하.

학인: 할아버님 글 쓰신 게 있어요?

봉우 선생님: 내 글씨로 쓴 게 있지.

학인: 아, 그럼 이거보다 더 자세하게 써놓으셨을 거 아녜요.

봉우 선생님: 자세하게 썼지.

학인: 아, 그거 있어야 되는데, 그걸 번역해야 되는데, 그거 참.

봉우 선생님: 내 글씨로 그걸, 글씨도 못 쓰는 글씨를 가지고 그냥 꼬부랑 꼬부랑 해서 다 썼지.

학인: 이렇게 공책에다 써놓으셨어요?

봉우 선생님: 응?

학인: 공책에다가…

학인 2: 누가 가져갔어요?

봉우 선생님: 책이야 책. 이런 책인데, 이런 책인데 이런 놈이 아니고 보통 공책이여. 공책 이만한 거. 이래 써서. 한 사십 장 되지.

학인: 아휴, 그거 있어야 되는데 그거, 거기 보면 그럼 쓰셨겠네요 이거.

봉우 선생님: 다 써놨지.

학인: 아, 그전에 할아버님 뭐 이 한문으로 된 책 중에요, 뭐 그런 책 있었 잖아요? 풍수지리 보고 하는 그런 그 요만한, 요만한 책 하나 있었죠? 할 아버님 갖고 계시잖아요.

봉우 선생님: 지리 보는 거?

학인: 예. 거기에 보면 뭐, 산의 뼈 뼈인가 골을 보는 뭐 뭐, 무슨 지리에 대

한 뭐, 산수 보는 법 무슨 뭐, 그런 거 쭉 써놓은 요만한 책 하나 있었잖아요.

봉우 선생님: 산수 보는 거 있지. 그런데 그거는 지관(地官: 풍수가)하는 사람들이 하는 거지.

학인: 그런 책이에요? 그거를?

봉우 선생님: 그래.

학인: 거기 보면 무슨 노래, 무슨 가, 무슨 가 해서 뭘 보면 어떻고, 쭈욱 나오는 그런 거 있던데요?

봉우 선생님: 그런 거는 이런 데다는 못써. 지관 노릇하는 거 같아서 못써. 저 대전에 성 여사라고 그 지금 거기 그 뭣하는 사람, 단학원에 아주 힘쓰지. 맹 여사 하고 같이 힘쓰는 사람인데, 자기 남편이 아주 지리에 혹해. 혹해서 황해도사람이라든가 원 평양사람이라든가 하는 사람한테 묏자리 보는 법을 배워. 그래 나한테 가끔 물어. 즈이(자기) 마누라가 그 지리가 그렇게 하면 얼마나 꼭 맞아요? 그야 도선이라든지 무학이라든지 하는 사람들은 잘 맞았지. 그렇지만 그 뒤에 하는 사람들이 그렇게 맞을라나(맞으려나) 모르겠어. 난 그냥 좋게 했거든. 그래 한번 만나서 그래. 말려야 듣지를 않고 부모 위해서 하는데, 왜 말리냐고 해서 말도 못했어요. 왜? 뭐라고 하니까 그 선생이한테 묏자리 하나를 잡아 달라니까 새로 잡을 자리는 내가 잡아놓은 자리만한 데가 없고, 나 쓸라고 하던 데나 자네가 달라면 주겠네. 그 자기 쓸라고 하던 데를 주었다고 주니까 돈 600만 원을 갖다 바쳤어.

도적놈이여 도적놈. 내 그랬어. "그거 도적놈이다. 선생이 아니고 도적놈이다. 제자한테 내 쓸 자리라고 하고선 또 딴 놈 보면 내 쓸 자리라고 하고 또 산 팔아먹을 놈이다, 그놈." 그한테 가서 배우는데 보니까 팔십팔향법(八十八向法)150)을 가지고 배우더만 그래, 팔십팔향 도선절이라고 하는 거 말야. 그걸 해가 배우는데 어디를 보느냐 오다보니까 상신 갈라면(가려면) 공주 갈라면 삽재 넘어서 이러고 넘어가면 바로 그 동네 첫 동네가 있거든. 첫 동네인데 요렇게 된 데, 여기 볼록하게 내민 데, 아, 그놈 대지라고 그러더래. 그러고선 그 올라가다 그 꼭대기 팔병사 그쪽에 천하대지가 거기 있다고 그러더라고. 가히 그 녀석 잡는 걸 알겠다 그럼. 그게 여기 와서 이렇게 있는 그거는 아무것도 아니다 그게. 팔병사 굴에는 예전에 팔병사 병사 하나 안 나는 게 요새 같으면 연대장 폭도 못 되는 거 아닌가. 그래 연대장 하나 나면 어쩔 테여. 저 저 내가 그랬구만 그래. 그러면 계룡산은 무슨 운이요 계룡산은 묏자리가 산자리가 몇이나 있다던가 하고 내가 물으니까 계룡산은 산 없다고 그래요. 계룡산이 뭐라던가 하니까 천상(天象: 천문)에 무슨 분야라 그런 소리는 안 해요. 하늘 천문을 모르고 지리를 본다는 건 말이 안 돼. 이게 하늘 천문에 무슨 성수(星宿: 별)자리니까 거기 성수가 이렇게 이렇게 되면 그 원성(原星) 원자리가 있어요. 그런데 이것이 서대산 하고 계룡산 하고가, 서쪽에 가 있는데 동쪽에 가 있는데 서대산(西臺山)151)이고 계룡산은 서쪽에 가 있는데 그게 동자미여. 하늘을 이렇게 비치니까…

학인: 계룡산은 동자미(東紫微)고…

봉우 선생님: 동자미고…

학인: 서대산은…

봉우 선생님: 서대산은 서자미고…

---

150) 팔십팔향법(八十八向法): 풍수지리설에서 길지(吉地)를 정하는 88가지의 방법.

151) 서대산(西臺山): 충청남도 금산군 추부면과 군북면에 걸쳐 있는 산. 높이 904m. 충청남도의 남동부를 이루는 금산고원 중의 한 산으로 이 일대는 충청남도에서 가장 높으며, 서대산은 충청남도의 최고봉이다.

학인: 서자미고…

봉우 선생님: 이래가지고 있는 데여. 그럼 거기서 자미(紫微) 몇 성이라 그러잖아? 별이 몇 개라고 그러잖아? 그 몇 개라는 건 원 주혈이고…

학인: 아, 그러면 서자미가요. 서자미가 자미칠성인가요?

봉우 선생님: 칠성(七星)이지.

학인 2: 칠성.

학인: 자미칠성이고 동자미가 자미구성.

봉우 선생님: 그렇지.

학인: 팔성인가? 구성인가요? 자미구성.

봉우 선생님: 그래.

학인: 그러면 이게 일곱 개하고 아홉 개 혈자리가 있네요.

봉우 선생님: 뭐이?

학인: 자미구성이니까 동자미가 계룡산이니까 계룡산 내에도 조응하는 곳이 있을 거 아녜요. 그럼 자미성에 이 동자미에 그 응하는 곳이 있겠네요?

봉우 선생님: 그러니까 자미성이라면 자미성에 비치는 몇 개라는 게 원혈이지. 그거 아니고는 전부 다른 별이고, 다른 거거든 말이여. 그 성수가 뭔지 알지도 못하고 지리 안다고 쩝들 대는 건 가짜다 말이여.

학인 2: 그러면 그 북극성이요. 북극성에 응하는 자리는 어디예요?

봉우 선생님: 북극성에 응하는 데는 귀해. 북극성에 응하는 덴 귀해.

학인: 각 나라마다 있는 건 아니죠, 그거는.

봉우 선생님: 없어.

학인: 그럼 지구에서 한 군데만 있나요?

봉우 선생님: 지구서, 지금 북극성 근처 가는 데 있는 자리가 지관, 중국 지관 녀석들이 별 지랄들을 하고 다 찾아댕겨(찾아다녀). 요순우탕문무주공

(堯舜禹湯文武周公: 성인들) 나는 자리가 그렇게 성인이 날 자리가 일흔둘이 나고 그놈들 말을 잘못 내놨어. 그렇게 성인이 어디가 일흔둘이 날 데가 있어. 여 진황(秦皇: 진시황), 원제자(元帝子: 원나라 황제 자손)가 진시황이 육국 통일하지 않았나. 진황, 홀필열(忽必烈: 칭기즈칸 손자 쿠빌라이칸)이 뭣이 저 뭐여 이 저 서양 꺼면 나라 시조 말여.

학인: 칭기즈칸.

봉우 선생님: 응?

학인: 칭기즈칸이요, 칭기즈칸.

봉우 선생님: 칭기즈칸. 그래 저까정 들어가 서양까지 들어가 남북아메리카만 못 갔지 다 쫓아다니지 않았어?

학인: 대영웅(大英雄).

봉우 선생님: 응. 그런 게 사십팔인이여. 그 사십팔인이 난다고 하는 것이 백두산 밑에 밑에 가면 있어.

학인: 예. 백두산 밑에요. 백두산 밑에 정말 있나요 그런데? 중국사람들 얘기 아녜요? 이게?

봉우 선생님: 어디에 있는 줄 모르고 찾지를 못하지 뭘.

학인: 아니, 근데 이거는 중국 애들 얘기 아녜요? 이건.

봉우 선생님: 중국 애들 얘기지.

학인: 그럼 믿을 수가 있어야지, 중국 애들 얘기면.

봉우 선생님: 거기도 공부한 어떤 도인이 그런 얘기를 했는가 보지.

학인: 아, 이게 전해 내려오는 얘기다 이거죠?

봉우 선생님: 전해 내려오지. 그런데 그다음에 그 이거 있는 그 밑에서 한 30리 내려가면 한생성. 한(汗: 칸. 우두머리)이 난 거. 청태조. 한이가 난 자리가 있어.

학인: 예. 그 자리라고 하는데, 밑에 밑에 가면 또 한 30리 떨어진 데에…

봉우 선생님: 응. 한 30리 밑에 더 내려가면 두만강 건너편짝이지. 한생성 (汗生城)이라고 있어. 한이가 난 성이다 이런 데가 있지. 나도 미쳐서 거기 꽤 댕겼네(다녔네).

학인 2: 그런데 천문하고요 지리보다…

봉우 선생님: 성을 불러가지고, 부르니까 대답 안 할 수가 있나? "아 누구십니까?" 하니까. "아니여. 나는 나는 권형 아래여. 권형 아래인데, 권형 할 일이 있지 않어? 이런 거 뭣 하러 보러 댕겨? 맡은 거 해야지." 아, 꼼짝 못하고 당했어. 하하하하. 아, 그러더니 이렇게 내려오니까 "잊어버리지 말고 맡은 거 해." 그래 그러면서 작별을 나는 그래도 저쪽 백두산을 쳐다보고 있는 판인데, 한 두 걸음, 세 걸음 나가더니 안 봬. 그러니 거기 아마 산 임자인가 보지. ○자(?)한테 내가 당했어. 권형 할 일은 따로 있지 않느냐고. 이런 거 왜 보러 댕기내.

학인: 그럼 그, 그때 할아버지께서 사심을 앞세우셨다가…

봉우 선생님: 응?

학인: 사심을 앞세우셨다가 그러신 거예요?

봉우 선생님: 사심?

학인: 그런 자리, 좋은 자리라고 그래서 한번 볼까 하셨는데…

봉우 선생님: 응.

학인: 그게 인제 원래 할 일이나 하라고 막 그러셔서 안 보셨다며요?

봉우 선생님: 아니, 그건 저 한라산에 가서 당했지. 한라산을 내가 서른 번을 갔네. 서른 번을 올라가서 욕심에, 아니 아주 똑똑히 얘기하는데, 뭐라

---

152) 녹음: 정재승, 녹취: 이기욱, 교정·주석: 정재승·김희수

그래. 가서 한라산 꼭대기 백록담에 가서 그 내가 밥을 쌀을 가져갔나 뭘 가져갔나 하니까 그 시름이 ○○(?) 먹고 따서 먹고 그러고 그냥 밤에 앉아서 밤을 새면서 이러고 있는데, 아주 현저하게 나왔어. "그 뭣 하러 여기 오십니까? 오시는 건 미안하지만, 권씨가 이건 없습니다". 권씨가 이건 없대 이건 없는데 "아, 저쪽 아닙니까?" "나도 글쎄 거길 보는데" 하니까 "권씨가 할 자리 아녜요. 삼십육 칠십이" "글쎄 나도 거길 봐" 하니까 "거길 지금 보는 중이여" 하니까 "아니, 그냥 보시는 건 괜찮지만, 쓸라고 하니까 그건 안 돼요." 보는 건 괜찮지만 내게 아니래. "다시는 내가 안 온다" 하니까 "아니, 뭐 그것 땜에 댕기슈?" 근데 거긴 송장을 이렇게 서서 파묻는대.

학인 2: 거꾸로요?

봉우 선생님: 아니.

학인 2: 세워서요?

봉우 선생님: 세워서. 드러눕히지 않고 서서.

학인 2: 머리가 위에고요, 다리가 아래로요?

봉우 선생님: 다 아래로…

학인 2: 그렇게 하는 거예요?

봉우 선생님: 남극성 내려온 게 북극성 안이여. 남극성 내려온 게 북극성 안이라고. 아참.

학인: 북극성 안이요?

봉우 선생님: 남극성 내려온 게 북극성 안이여. 거기서 뵈면 남극성이 바로 머리 뒤에 있고 북극성이 빤히 쳐다 뵈지. 거기서 보면 좋긴 좋아. 여기 도시 이 육지 그 대산이? 그냥 이렇게 공전을 하고. 그게 태극밭인데. 태극밭. 태극 첫 번 떨어져 나오는 자리지 그러니까. 그게.

학인 2: 그 참 극 얘기하니까 생각나는데요.

봉우 선생님: 응.

학인 2: 그 무극(無極) 있고, 태극(太極), 황극(皇極), 그것을 삼극(三極)이라고 그러는 건가요?

봉우 선생님: 그렇지.

학인 2: 그러니까 무극이 원(圓), 원.

봉우 선생님: 응.

학인 2: 태극이 방(方).

봉우 선생님: 응.

학인 2: 황극이 각(角).

봉우 선생님: 각.

학인 2: 이렇게 되는 겁니까?

봉우 선생님: 그렇지. 아이고 아니 그래 야중엔(나중엔) 이왕이면 할 수 없으니까 아무 데나 쓴다고 저 고령(高靈) 가서 산을 잡았는데, 남한테 당했으면 하지만 권오훈이한테 당했어.

학인: 예.

봉우 선생님: 권오훈이가 여기 지금 여기 뭐시여 ○○○이라고 있지.

학인 2: 네.

봉우 선생님: ○○○ 저 아버지가 부자여. 그 사람한테 한 6~7만 원 빚을 졌는가 보더믄. 근데 그것도 그 신씨가 날 만나서 권오훈이 얘기를 하는데, 사람이 얌전하다고 이러면서도 뭘 의심을 해서 자꾸 물어. 아니, 그 사람 아무래도 신용이 있는 사람이고 좋은 사람이라고 이래 놨더니, 돈을 7만 원이나 줬단 말이여. 그래 놨는데 이제 이 사람이, 권오훈이 욕심이 7만 원 안 갚을 작정이여. 돈을 쓰고서 안 갚고 다른 걸로 갚아볼까 하는 이런 생각이 있었던가봐. 내가 가서 여기 와서 고령에 이 자리 좋은 자리도 아니고 낮은 자리도 아니고 나한테 썼으면 좋겠다고 하면서 그 산을 가서

산 임자한테 얘기를 했더니 세성받이 땅이여. 이런 세 세 산이 이렇게 올라왔는데 가운데 김가 땅이란 말이여. "거 하나만 사면 되지 않아요?" 그러고선 돈 200원에 사기로 했어. 그 200원을 억지로 만들어가지고 갚을라고(갚으려고) 하니까 내가 가서 줄라고(주려고) 하니까 "아, 그게 저희 저 삼촌에 처갓집인데, 제가 사면 더 비싸지 않게 살 거고 걱정 마세요. 그 뭘 돈 그럴 애쓰지 마시고, 제가 그건 사드리죠. 어딘가요?" "아니, 어디랄 건 없고 이 근처여." 그냥 이래놨지. 어딘가요? 했으면 그냥 팔아먹을 뻔 했지.

그랬더니 그 ○○○이 저 아부지를 데리고 왔어. 상신을 왔는데, 보냈어 직접 보내지 않고 조태술이라고 시켜서 보냈는데. "고령 산 자리 잡으신 거 친산(親山: 부모 산소) 위해서 잡으셨다는 소리를 들었는데, 그걸 저한테 주시면, 선생님이 잡으시니까 선생님 그보담 더 좋은데도 얼마든지 잡을 수 있지 않습니까? 저는 그 근처에 사니까 그걸 쓰면 폐백으로 지금 2만 원 드리고, 폐백으로 2만 원 드리고, 새로 사는 산은 10만 원이래도 제가 사는 값은 내겠습니다."

정성은 있는 사람이 돈 있는 사람이니까 할 소리지. 그런데 저 조태술이가 같이 와가지고, 조태술이가 오훈이(권오훈) 심부름으로 와가지고선 "아, 이렇게 되면 이것만 주시면 오훈이한테 빚 7만 원도 그것도 해지 그만 둔답니다. 아, 그 주시죠." 하고 바짝(덤벼들어). (내가)사람 사람 녀석 아니라고. 그 ○○○ 아부지한테는 "여보, 돈도 좋지만 친산으로 잡을라고 힘 좀 밀어줬던데, 돈 받고 파는 거 봤소? 경상도 사람은 그렇게 하우?" "아니, 손수 잡으시니까 더 좋은 데라도 잡으실 수 있지 않아요?" 돈이 드는 건 지가 다 대겠다고. "그건 돈만 가지고 사는 사람 당신네들이 할 일이고 난 모르오." 그런데 야중에(나중에) 가서 보니까 그 ○○○씨가 산 임자 세 녀석한테 가서 내가 여기 뫼 쓸 테니까…

학인: 몽창 사버렸군요.

봉우 선생님: 아니야. 뫼 한 장 쓰고 내가 5만 원 주리다 그랬단 말이여. 그러니 200원에 살 수가 있어? 못 샀지. 괘씸하기가 한량 없어 그러고. 고약한 놈들 하는 생각이 났는데, 그래 그 다음엔 또 한 번 가봤어. 가보니까 아무도 못 샀어.

학인: 그럼 그 자리를 모르니까 못 샀나 보네.

봉우 선생님: 어딘지 알아. 내가 가면 내 버릇이 어디든지 같이 산 답산(踏山)하고 댕기는데. 이제 학수한테도 물어봐. 같이 댕겨야 여기 무슨 대지가 있다는데 여기 여기 어쩌고 하면 난 저만치 서서 여기가 좋군 이래 버리지 그 자리를 안 들어가는 걸? 생전 내가 그 자리 들어가서 샛뵈는 법이 없어 내가.

학인: 사람이 다 그 자리 생각하면 다 혈안이 돼서 눈이 뒤집히나봐요. 체면이고 뭐고.

봉우 선생님: 체면이고 뭐고 그냥 쓸라고 뎀벼.

학인: 예. 무조건 그 자리만 알아도 그냥 자기가 먼저 그냥…

봉우 선생님: 그러니 그런 그럴 수가 있나.

학인: 사람의 본능이 그대로 드러나는 거죠. 그 눈앞에. 그러니까 재물보고 견물생심(見物生心) 하는 거나 똑같은 거 아녜요 그거.

봉우 선생님: 그렇지 뭐.

학인: 그런 건 뭐 부귀영화를 탐하는 거 아닙니까. 결국.

봉우 선생님: 그러니 체면이고 뭣이고 불계(不計)[153]하고 뎀비는 거지.

학인 2: 그런데 이 명당자리도 임자가 있는 거 아닙니까?

봉우 선생님: 응?

---

153) 불계(不計): 옳고 그른 것이나 이롭고 해로운 것 따위의 사정을 가려 따지지 아니함.

학인 2: 임자요. 안다고 다 들어가는 건 아니잖아요.

봉우 선생님: 그게 복인(福人)이 봉길지(逢吉地: 길지를 만남)라는 게 옳은 말이여.

학인: 복인이 길지를 만난다 이거죠?

봉우 선생님: 그렇지.

학인: 그러니까 복 지은 사람이…

봉우 선생님: 그래.

학인: 봉길지.

봉우 선생님: 응.

학인: 그런 말이 있어요?

봉우 선생님: 그렇지. 아이고 산법(山法) 배워가지고 산으로만 보다가 머리가 틔어가지고 머리로 보니까 다르다 말이지. 욕심만 부리다가 계룡산에서도 급한 대로 사자앙천(獅子仰天)[154]이나 쓴다고 사자앙천에다 산소썼다가 아 임자가 자꾸 "그 자리 아니면 더 나은 자리 그뜩한데 왜 거기 쓰시우? 당장 곤란하시면서 벼 만[만석(萬石)]이나 받을 자리 쓰시면 되는 건데 왜 그러세요? 왜 그러세요?" 하고 자꾸. "내가 그래 벼 만이나 돼서 마음에 충분할거 같우?" 그러고. "지가 권하실 적에 옮기시는 게 나아요." 내 그. 아, 그러다 외변(外變)[155]을 당하지 않았나. 공산당 놈들이 와서 팠어. 공산놈들이 팠는데 육혈포를 내가 가지고 가서 쏴 죽일라고 갔었어. 몇 놈들 그냥 쏴 죽일라고 그라는데, 누가 뒤에서 꽉 껴안아. "위선(爲先: 조상을 위함)하는데 살인하는 것이 좋은가?" 꽉 껴안고선 조상을 위하면서 살인하는 게 좋으냐는 거여. 그런데 아무도 없어. 귀에 들리기

---

154) 사자앙천(獅子仰天): 사자가 하늘을 우러러보는 자리.

155) 외변(外變): 다른 나라에서 쳐들어와 일어난 사변.

만 했지. 꼭 껴안았는데. 사람은 없어. 가만히 생각하니까 그거 쏠라면. 철

환에 여기 저 스무 개 박는 거 그놈 껴가지고 성능 좋은 뭣이여 총인데.

그놈 가지고 거길 쫓아가는 게여 내가. 가는데 중간에 그걸 당했어. 그러

고선 에라 그만둬라. 그런데 그 녀석들이…

학인: 그 소위 말해서 말이죠. 이 지리라는 것이 지리학이라는 것이 우리

나라에서 관상감(觀象監)156)은 지리학을 했잖아요.

봉우 선생님: 응?

학인: 관상감에서 나중에 천문(天文) 지리(地理) 역서(曆書)…

봉우 선생님: 그래.

학인: 이걸 다 해서 천문학 박사 한 명, 뭐 지리학 박사 한 명 이렇게 있었

대요.

봉우 선생님: 그래 그래.

학인: 그렇다면 그 당시 관상감에서 하던 그 나라에서 하던 지리학은 뭐였

나요? 그런 게 좀 궁금해요. 나라에서 국책(國策)으로 그…

봉우 선생님: 나라에서 국책으로 하는 건 나라 왕릉(王陵) 잡는 데밖에 안

썼어.

학인: 왕릉밖에. 그 완전히 왕실의…

봉우 선생님: 왕실의 능 잡는 데 사용이지. 그리고 거기서 저 지리하는 사람

들이 택일(擇日: 날짜 잡음)도 하거든. 택일은 관상감에서 하는 거니까 거

기서 하고.

학인: 아, 그거 하기 위해서 지리학 박사를 뒀어요?

봉우 선생님: 그래.

학인: 그거밖에 안 했구나.

---

156) 관상감(觀象監): 조선시대, 천문, 지리학, 역수(曆數), 기후 관측, 각루(刻漏) 등의 사
    무를 맡아보는 관청을 이르던 말.

봉우 선생님: 그래서 나라에서 정승을 했다든지 판서를 했다든지 하는 게 나라에서 저 명산도(名山圖) 하나 떼서 넌 여기 갖다 써라 하는 거. 하나씩 떼서 주는 거. 그게 이제 나와가지고 명산도가 40장인가 50장인가 되는 게 이렇게 있는데, 이 책이 열 군데 돌면 한 100장 돼.

학인: 예? 100장이요?

봉우 선생님: 열 군데 돌면 100장이 된다니까.

학인: 그러니까 40장 짜린데 원래. 40장짜리 명산도가…

봉우 선생님: 열 군데만 돌아댕기면 이건 100장이 되고, 200장이 되고 그런단 말이여.

학인: 그만큼 막 다 들어가는 거죠. 딴 데가?

봉우 선생님: 아, 그러니까 자기가 지관이 산도 그릴 줄 알잖아? 산도 그릴 줄 알면 지가 아는 자리를 거기다 하나 넣고, 이걸 또 그 명산도에서 나온 거 모양으로 전부 써넣거든.

학인: 예. 그러니까 원래 최초에 나라에서 만든 명산도라는 게 그 만든 사람이 뭐 그래도 만든 사람이 있을 거 아닙니까? 처음에 국가에서 명산도랍시고 만든…

봉우 선생님: 조선선 무학(無學)157)이 했지.

학인: 무학대사요.

봉우 선생님: 그래.

학인: 그러면 이 양반이 무학대사가 처음 건국할 때 이태조 이성계하고 처음에 한양을 잡은 것이 무학대사…

---

157) 무학(無學: 1327~1405)은 고려(918~1392) 말, 조선(1392~1897) 초의 승려이다. 속성은 박이고 이름은 자초(自超)이며, 법명은 무학(無學)·계월헌(溪月軒)이다. 조선 태조에 의해 왕사가 되었으며, 한양천도를 도왔다.

봉우 선생님: 무학대사 하고 정삼봉(鄭三峰: 정도전) 158) 하고 둘이 잡았지.

학인: 예. 그리고 조 아니 하륜(河崙) 159). 하륜인가요? 하…

봉우 선생님: 그는 지사(地師) 160)가 아니지.

학인: 근데 그 정삼봉이도 역시 그, 그러면 무학대사나 두 사람 다 천문을 다 볼 줄 알았던 사람들 아니겠어요?

봉우 선생님: 둘이 다 볼 줄 알지.

학인: 그래가지고 그 당시에 만든 게 일종의 조선 우리나라의 명산도였다.

봉우 선생님: 그래. 명산도가 있어서 내각판 명산도가 있었거든? 그건 꼼짝 못하게 내각판(內閣版) 161)으로 아주 된 건데, 이건 아주 휘지비지(諱之秘之: 남을 꺼리어 우물쭈물 얼버무려 넘김)하게 했다가 나라에서 임금님이 신하 중에 어떤 누구 있으면 하나 이렇게 떼주면 그걸 받아보는 거여. 그런 그게 내각판 명산도인데, 전라도 가면 전라도 명산도가 이제 그건 빠진 건 다 없어질 거 아녀? 그건 거기다가 새끼, 손자, 증손, 고손까정 나와. 지관들이 지가 아는 자리를 전부 그려넣어. 그래 이만하게 돼서 한 200개 넘지.

학인: 그런 게 많이 나돌았군요, 또.

---

158) 정도전(鄭道傳: 1342~1398). 호 삼봉(三峯). 고려 말에서 조선 초까지 문신 겸 학자. 이성계를 도와 조선을 건국하였으며, 나라의 기틀을 다지는 역할을 했다. 하지만 이방원과 정치 투쟁에서 살해되었다. 저서에 《삼봉집》, 《경제문감》 등이 있다.

159) 하륜(河崙: 1347~1416), 고려 말 조선 전기의 문신. 조선 초 이방원을 도와 왕위에 오르게 하였고, 왕권강화의 기틀을 다지는 데 공헌하였다. 이첨과 함께 《동국사략(東國史略)》을 편수하였다.

160) 지사(地師): 풍수지리설에 따라 집터나 묏자리 따위를 가려잡는 일을 업으로 하는 사람.

161) 내각판(內閣版): 조선시대에 내각(內閣: 奎章閣)에서 펴낸 책. 조선 정조 때 설립되어 역대로 내려오던 활자를 모은 것과 새로운 활자를 만들어 간직하여 둔 철주자(鐵鑄字)로 판(版)을 짜서 서적을 박았는데, 이런 서적을 내각판이라 한다. 이는 한국의 고서(古書) 중 재료나 책의 됨됨이가 가장 호화로우며, 판본(版本) 중 가장 정확하다.

봉우 선생님: 많이 돌았지.

학인: 어느 게 진짜인지를 모를 정도로…

봉우 선생님: 어느 게 진짜인지 가짜인지는 대번 표 나지. 내각판이 있는데 내각판에 본바닥이 있으니까 거기서 있는 거, 장수가 이렇게 있는 거 몇 장, 몇 장 하는데, 장이 한 장이 빠지는 게 그게 빠지거든. 빠진 건 이건 아무 재상이 가져갔던 거다 이러는 게 나오니까 나라에서 준 거…

학인: 출처가 나오는군요. 보낸 곳이 나와요.

봉우 선생님: 응. 보낸 곳이 나오니까 이거를 그거까정 쓰기 싫으니까 끝에 다 그냥 쓰지. 아무 데 장은 아무 재상이 나라에서 받은 자리다 이렇게. 그렇게 해서 그게 나온 건데, 나한테도 명산도가 어디 몇 장 나오는 걸 보니까 몽창 전라도 명산도는 이만해. 경상도 명산도는 그보담은 적어. 각기 자기 명산도여. 그래 그것봐선 몰라. 여 비결 있다는 것도 비결이 굉장히 많으니까 그 여기 저 충청도 댕기는 명산도는 고 근처 댕기는 명산도를 그리는 사람들 죄 산 지관들 하는 사람들이 맨들어 돌리기 땜에 아, 여러 말 할 것이 없이 진사 몇 장 난다는 것도 명산이라고 써넜어. 야, 이 묘를 명산 이걸 쓰면 진사 몇 장이 날 거다. 그래 진사 몇 장 날라고 명산에 써? 안 하면 안 했지.

학인: 아, 그런데요. 이 무학대사라는 분이 말이죠. 하여튼 우리나라에서 통상적으로 이 소위 풍수다 하면 뭐 지리학이다 하면 등장하는 분이 초기에 무학대사 그리고 뭐 옛날로 말하자면 도선(道詵)[162] 도선 하잖아요?

봉우 선생님: 도선이가 첫 번 옥룡자(玉龍子) 그게 첫 번이지. 우리나라에서

---

162) 도선(道詵: 827~898.3.10), 호 옥룡자(玉龍子). 통일신라시대의 승려로 혜철(惠徹)에게서 무설설무법법(無說說無法法)을 배웠다. 그의 음양지리설, 풍수상지법(風水相地法)은 조선에 이르기까지 민족의 가치관에 큰 영향을 끼쳤다. 저서에《도선비기(道詵秘記)》등이 있다.

는. 근데 그 말고도 주희나 이런 사람 말고 이름난 사람 말고도 산 자리 잡는 사람 많았어. 남사고(南師古)163) 같은 이…

학인: 남사고가 빨리 죽었죠?

봉우 선생님: 응?

학인: 이 양반이 빨리 죽었죠. 남사고.

봉우 선생님: 남사고 같은 이. 거 많지. 지리 잘하는 이는 많았어.

학인: 이토정(李土亭).164)

봉우 선생님: 토정도 자기 묻힐 데도 잘 안 잡아놨어. 토정의 솜씨는 많이 잡아놨지 잡기는.

학인: 그런데 이것이 원래 지리학이라고 그래서 책들이 중고책들이 많잖아요? 원래?

봉우 선생님: 응.

학인: 수많은 책들이 있잖아요? 여기도.

봉우 선생님: 그래.

학인: 천문서 못지않게. 그런데 원래 이 발원(發源), 처음에 이 지리학이라는 것이 이것의 성립 근거는 뭐…

봉우 선생님: 지리학이라고 첫 번에 난 게 왜 지리학이 난 원인이 있어. 예전에 사람이 죽으면 갖다 내버렸어.

학인: 아, 그냥 길바닥에다 내버려요?

---

163) 남사고(南師古: 1509~1571). 조선 중기의 학자. 호 격암(格庵). 효행과 청렴으로 이름 났으며, 평생 《소학(小學)》을 즐겨 읽었다. 역학(易學)·풍수(風水)·천문(天文)·복서(卜筮)·관상(觀相)의 비결에 도통하여 예언이 꼭 들어맞았다고 한다.

164) 이지함(李之菡: 1517~1578), 호 토정(土亭). 조선 중기의 학자·문신·기인(奇人). 일반적으로 《토정비결》의 저자로 알려져 있지만 근거는 없다. 역학·의학·수학·천문·지리에 해박하였으며, 농업과 상업의 상호 보충관계를 강조하고, 광산 개발론과 해외 통상론을 주장했다. 진보적이고 사상적 개방성을 보였다.

봉우 선생님: 멀찌감치 내버리지. 내버리니까 개가 물고 댕기고, 돼지가 물고 댕기고, 댕기면서 아무나 뜯어 먹는데, 보기가 싫단 말이여. 그러니 고 다음엔 무슨 짓을 했는고 하니 송장을 갖다놓고 그 위에다 나뭇짐을 쳐다 부었어. 나무를 주욱 해 이러고 쌓아놨는데. 그래놨더니 개미떼가 물어가지고 송장을 뜯어 먹고 사방 돌아 댕기니까 미안해 볼 수가 없어. 그러니까 이제 뫼(墓)를 써라 그랬어. 뫼를 쓰는데 그냥 쓰라면 안 쓰니까 길흉론(吉凶論)을 붙였어. 뫼를 잘 쓰면 잘되고 잘못 쓰면 잘못된다는 길흉론을 처음으로 붙인 거여.

학인: 예, 화복론(禍福論) 내지는 길흉론.

봉우 선생님: 길흉론이지. 화복론이 길흉론이나 마찬가지니까. 그래가지고 썼는데 그것이 첫 번에 얼마는 그래서 나라 임금이나 임금은 뫼를 썼지. 예전에도. 임금은 뫼를 썼지만 백성은 뫼를 쓸 생각을 못하고 공이 있는 공신이나 이네들 뫼가 있단 말이야. 그리고 그냥 조상 묘들은 우리가 4,000년, 5,000년 되는 덴데 신라적 뫼가 몇 짝 남았어? 없잖아. 신라 이후에 쓴 뫼들은 여기저기에 있어도 없단 말이야. 아주 이름 있는 큰 몇 뫼 외에는 말이지. 그 없던 것이 화복론이 시작 나면서부텀 뫼를 쓴 단 말이여.

학인: 일반 사람들도…

봉우 선생님: 일반 사람도…

학인: 그것이 한 그러니까 삼국시대 이후…

봉우 선생님: 그렇지.

학인: 통일신라시대 뭐 한 이 정도…

봉우 선생님: 그러니까 그전엔 지관(地官)이라는 게 없고, 지금 이 저 옥룡자(玉龍子: 도선국사)가 처음으로 지관 노릇을 했지, 여기서.

학인: 그때가, 나올 때가 통일신라시대 아녜요?

봉우 선생님: 통일신라 때지.

학인: 그때나 비로소 나타나기 시작했다.

봉우 선생님: 통일신라 때가 아니지.

학인: 고려.

봉우 선생님: 통일신라 때가 아니고 고려 개국하기 막 전이지.

학인: 막 전이죠. 그 당시에나 길흉화복론이 그때나 그 정도…

봉우 선생님: 그게 이제 나왔지.

학인: 본격적으로 대두됐다.

봉우 선생님: 그렇지. 그리고 저 중국 책하고 여기 책하고 다른 것이 그것 땜에 다르지. 중국은 여럿의 말이 놓고, 여기는《옥룡자결(玉龍子訣: 도선 국사가 쓴 풍수책)》이 많거든.

학인: 그러면 이 시작이라는 것은 자연발생적인 거지 중국에서 수입해다 쓴 건 아니네요, 우리가? 중국에서 이것도 먼저…

봉우 선생님: 중국 말만 들여다 한 거 아녀.

학인: 우리 자연발생적으로 이렇게…

봉우 선생님: 발생으로 한 거지.

학인: 근데 중국도 역시 마찬가지인가요?

봉우 선생님: 중국도 그렇게 하지. 그러니 각자 자기대로 얘기를 하지.

학인 2: 화장(火葬)하고 능(陵) 쓰는 거랑은 어떻게 다른 거예요.

봉우 선생님: 화장도 했고. 불가(佛家)에선 화장도 하고, 또 그냥 첫 번엔 내 버렸어 내버리고…

학인 2: 한반도에서도 화장을 했었나요?

봉우 선생님: 화장했지. 그러니까 이것이 중국서 뫼 쓰는 거는 한참 전이고. 우리보담 먼저여. 뫼를 쓰길 우리보다 먼저인 게 풍수론(風水論)을 갖다 먼저 내가지고선 그 뫼 쓰기를 장려한 거여.

학인: 아, 중국에서 먼저 이걸 장려했군요.

봉우 선생님: 그건 거기서 먼저 했어.

학인: 그럼 우리나라는 좀 뒤늦게 들어왔나요?

봉우 선생님: 그러니 그거 들어왔어도 여기서도 그냥 뇌들을 쓴 사람은 썼지. 차마 거기서 내버릴 수가 없으니까 그냥 갖다 쓴 사람이 많고. 그래 지리라는 것은 그게 저 지리책에 보다보면 뭐라고 했는고 하니 무슨 법 무슨 법 다 맨들어놓고, 천연정적(天然定的) 불가이역자(不可移易者)는 하늘에서 아주 맨들어놔서 요건 꼼짝 변하지 않을 자는 말이지. 그 아무렇게나 하여도 고 자리(그 자리) 되겠다 하는 자리는 불론수법(不論數法)[165]이여. 길흉화복이니 수법을 하나도 논하지 않고 그냥 갖다 써라 그랬어.

학인: 아, 그러니까 할아버님. 한자로 천 하늘이…

봉우 선생님: 천연정적 천연이 해서 정해진 거 말이지.

학인: 하늘 그럴 연 자에다…

봉우 선생님: 응? 그럴 연 자에다 정할 정 자. 정적 그래.

학인: 적이라는 것은…

봉우 선생님: 그냥 이렇게 이런 이런 적 자로 써, 그냥.

학인: 아, 천연정적.

봉우 선생님: 응, 불가이역자는, 가히 옮길 수가 없는 자는 말이지. 옮기고 고칠 수가 없는 자는 말이지. 이역.

학인: 여기는 거스를 역 자예요?

봉우 선생님: 응, 그래 그래. 응? 거스를 역이 아니지. 이역.

학인: 옮기고…

---

165) 천연정적(天然定的) 불가이역자(不可移易者)는 불론좌향수법(不論坐向手法): 하늘에서 아주 만들어놓아서, 꼼짝도 변하지 않을 자는 길흉화복이나 좌향 등의 수법은 하나도 논하지 말라.

봉우 선생님: 바꿀 역 자.

학인: 아, 바꿀 역 자.

봉우 선생님: 응, 이역하는 걸 못하는 자는 말이지.

학인: 예, 이역하는 걸 못하는 자는…

봉우 선생님: 불론좌향수법(不論坐向數法)하고…

학인: 불륜.

봉우 선생님: 응. 좌향수법하라 그랬어 그냥. 그 자리는 그냥 가서 고대로(그대로) 그냥 써버려라 그랬지.

학인: 좌향수법이요? 수…

봉우 선생님: 수법 수법. 손 수 자하고. 요새 무슨 뭐 뭣에 뭐 어쩌고 돌리는 거 그런 거 다 보지 마라 그랬어. 수법.

학인: 수법. 불륜좌향수법.

봉우 선생님: 응. 그것이 지리에 본식이여. 지리에 본식이고. 집 짓는 데 좌향 보는 거. 집 짓는 데도 지리 보거든. 서울같이 이런 데서 무슨 좌향을 보나. 응? 도시에서는 문조주(門竈柱: 문, 부엌, 기둥)나 봐라. 여, 이 문하고 부엌하고 이 좌향 본거나 그거나 맞춰주지 다른 건 볼 게 없다 이거여. 그런데 그것이 이제 저 10층이나 20층이나 되면 어떻게 하지? 문이 사방으로 이리 나고 저리 나고 다 났는데? 그게 필요 없는 거여. 그러고 이 지금 지리에 지리설로 말한다면 나라에 능묘가 그 불신하는 소리여. 나라가 능이 그 나라에서 제일 잘 보는 사람이 잡았을 거 아녀? 그런데 그 자손들이 잘됐나? 또 택일(擇日: 날짜 잡음)을 한다면, 택일을 하는데, 나라에 황후 혼택(婚擇: 결혼 택일)하는데, 택일 제일 잘하는 택일로 했을 거 아녀? 임금 황후 쳐놓고 호강한 황후 하나도 없어. 공주 시집을 가는데, 공주 시집갈 때 사위 선도 보고 택일 얼마나 좋은 택일로 했어야. 여기 지금 나라에 공주 집이라고 해가지고는 된 집이 몇 집 빼놓곤 다 안 된 데인데,

그걸 봐. 그걸 보고 그걸 이래 버리는 게 옳아. 그 찬성, 난 않는 사람이여.

학인: 길흉화복론은 그러니까 그건 일종의 그…

학인 2: 차라리 그냥 점쟁이가 돼버리지, 그냥.

봉우 선생님: 길흉화복론은 떠나고 사람 좋고 저하고 즈이하고 저 둘이 살아서 마루까지 만침 성미나 보통 상식이라도 저희가 둘이 맞아서 성미가 맞거나 안 맞거나 이거나 조사할 것이고, 부지런하면 잘 살고 못하면 못 산다 이런 걸로 봐야지. 길흉화복론으로 관상(觀相)을 보고 뭘 하고 뭘 하고 맞춘다는 건 그거 안 맞아.

학인 2: 이게 지금 지리학에서요. 지리학에서 그 지구가…

봉우 선생님: 그래.

학인 2: 물론 천문을 알아야 지리를 알겠지만…

봉우 선생님: 그렇지.

학인 2: 지구의 산맥 정도는 우리들이 알 수가 있는 거 아녜요?

봉우 선생님: 그렇지.

학인 2: 그죠?

봉우 선생님: 그래.

학인 2: 그 산맥 줄기가 어떻게 빠져서 어떻게 되는데…

봉우 선생님: 그래.

학인 2: 이게 문명이 어떻게 돼가지고 이렇게 내려온 정도는 말씀해주세요.

학인: 세계 문명이 이렇게 시작해서 이렇게 한 것이…

학인 2: 이게 어려운 얘기인데…

봉우 선생님: 그게 어려운 얘기여.

학인 2: 예.

학인: 그러니까 지금 얘기는 그거 아녜요? 지상에, 지상에 어떤 그 위치대

로 어떻게, 이렇게 산맥이 생기고, 뭐 이렇게 됐다 바다가 되고, 그렇게 이것이 하늘하고 연관이 돼 있는데…

봉우 선생님: 응.

학인: 그래서 이 지구가 이렇게 하나의 그 ○○○(?)이 됐다는 거.

봉우 선생님: 이걸 가령장(假令章: 가정하여 말한 글)을 내놔야 해.

학인: 그렇죠, 가령장.

봉우 선생님: 가령장 내기가 힘들어.

학인 2: 가령장이라뇨?

봉우 선생님: 응, 가령장 내기가 힘드는 게 조선이 이조 500년에 하늘 천문을 뭣으로 조선이 역대 제왕에 조선이라는 나라가 맨들게 됐다 말이지. 그 맨들게 돼가지고 하니까 이게 되는 거지 억지로 맨드는 건 못 되거든 말이여. 맨들게 됐는데, 그 나라가 지금 어느 산맥에 뭣에 뭐이 응 해가지고 한양을 했는데, 500년을 내려오게 됐다는 이걸 맞춰놔야 돼. 그게 힘들어. 인제 그러면 그것 때문에 백두산을 중심이면 백두산에서 어디로 나가고 어디로 나가는 그 대맥이 돼가지고, 그 밑에 가서 중국이 됐다. 중국이 됐는데, 명나라는 어디 무슨 맥으로 갔기 때문에 얼마나 갔고 청나라는 얼마나 갔다. 이것이 나와야 하거든.

학인 2: 그렇죠.

봉우 선생님: 그게 그렇게 수월한 게 아녀.

학인: 그렇게 얘기를 할라면(하려면) 그것도 수학적 계산으로 다…

봉우 선생님: 수학적 계산으로 전부 해야 되지.

학인: 도수(度數) 다 계산…

봉우 선생님: 그거 한다면 지금 갖다놓으면 술객(術客)들도 보면 이게 어디 있지도 않은 소리를 한다고 이럴 건데.

학인 2: 그러면 한참 걸리겠네요

봉우 선생님: 응. 한참 걸려 그건.

학인: 아, 그러니까 그 대강의 이치를 말이죠

봉우 선생님: 대강을 이 저 그 수법에 맞지 않으면…

학인: 대강이 안 돼죠.

지리 대담 4[166]

학인: 계산하고, 이게 한 거지.

봉우 선생님: 그건 뭣이가 무학(無學)이나 정삼봉(鄭三峯)이 새로 잡은 자리가 아니여.

학인: 예. 그 당시 한양 뭘 필 때요.

봉우 선생님: 한양(漢陽)론이. 도선(道詵)이가 도선이가 송경(松京)[167]을 잡을 제(때) 송도(松都)를 잡을 적에 송도 잡으면서 삼각산(三角山) 이래서 뵈. 가리키면서 저게 마지막은 이걸 없애는 나라다 이래놨단 말이여.

학인 2: 저게라뇨?

봉우 선생님: 삼각산 위치 말이지. 그래가지고 송도에선 무슨 짓을 했는고 하니 성이 이가(李哥)가 아마 그렇게 될 거다 이렇게 돼서, 벌리라고 있잖아? 여기. 벌리. 벚나무 벌리라고 있지 벌리. 벌리에다가 벚나무 심어놓고 말이지. 그 심긴 뭣 땜에 심었는고 하니 활, 활에 이거 이거 칠하는 거여. 활 등에 이놈 갖다 껍질, 벚나무 껍질 여 매지 않나. 그걸 한다고 핑계는 했지만, 이가를 이가 그 운을 1년이면 두 번씩 와가지고서 쇠도리깨로 그 놈을, 나무를 두드린단 말이여. 이가를 뚜드린단 말이지. 운을 꺾는다고. 그걸 해가지고 400여 년을 뚜드려놨지만, 나라가 망하니까 이씨가 도읍

---

166) 녹음: 정재승, 녹취: 이기욱, 교정·주석: 정재승·김희수
167) 고려의 서울이던 개성(開城)의 옛 이름.

을 여전히 도읍을 했거든. 그러니 누가 삼각산 밑에 난다는 걸 미리 얘기한 것을 무학이나 저 정삼봉이 한 게 아니고 뭐여 저 도선이가 한 거여. 그래서 여기와 찾았지.

학인: 그러면 치밀한 그런 식으로 도수를 다 계산해놓은 거는 이미 도선이가 먼저 해놓은 거네요 이게.

봉우 선생님: 도선이가 먼저 해놓은 거지. 먼저 해놓은 걸 뒤에서 그걸 밟아가지고 여기 와서 찾아본 거여.

학인: 먼저 찾은 건 아니다 이거군요.

봉우 선생님: 먼저 찾은 게 아니지. 그러니까 저쪽에 저 왕십리. 왕십리 거기 가서 더듬고 댕기지 않았나. 더듬고 댕기니까 어떤 그 저 소, 소로 쟁기 가지고서 밭을 가는 사람이 뻔히 앉아서 소가 잘못 가니까, 가질 못하고 뒤뚱거리니까 소를 채찍을 치면서 "이놈 무학이같이 미련한 놈이로구나." 왕십리(往十里)해라 말이여. "10리를 가 봐라 이놈아 이 미련한 놈아." 아, 이놈 소를 때리는 바람에 게서 이제 왕십리여. 그래서 그게 인제 10리를 가라고 노인이 가르켜줘가지고 왕십리하고 왔다는 거여. 그런데 내 생각에는 그건 전설이고. 이 자리 들어서는 가운데 들어와서는 잘 못 보자나. 높은 데 가서 먼 데 가서 망기(望氣: 기운을 관측함)도 하고 뭣도 하느라고 그 근처를 돌았겠지. 답십리(踏十里)라고 하는 것도 그거 아녀. 10리를 왔다 갔다 맨날 밟고 그 근처 보니 그 저 수유리로 이쪽이 얼마나 좋아. 수락산으로 들어온 걸 전부 보고 이러니까 위에서 내려보고 옆에서 보고 남산에도 꼭대기도 가볼 테고 별짓 다하고 댕기면서 이걸 잡은 거라 말이지. 그러니 여가 그때 산골이라.

학인: 그렇죠. 완전히 산골이었죠.

봉우 선생님: 응. 산골이 지금 다 퍼진 거지. 종묘(宗廟)146) 뒤도 산골이요, 가운데로 여기 나온 것도 다 산골이고, 여기 이 개천도 이게 스물넷 개울

이라는 게 개울을 파서 냈지 본디 있는 개울이 아니거든. 그 그거는 안

돼. 그건 그렇게 하면 그게 이 저 지리론으로 그걸 댈라면(대려면)···

학인: 무지 복잡하겠는데요.

봉우 선생님: 그렇게 쉬운 게 아녀.

학인: 그러니까 소위 말해서 진짜 그 명산이라는 거···

봉우 선생님: 응.

학인: 명산을 쓰면 후손이 잘 되고 그저 뭐 그런 정도는 있을 수 있다.

봉우 선생님: 응. 예를 들면 이렇다.

학인: 그 예가 뭐죠?

봉우 선생님: 예가 뭐냐?

학인: 예. 잘 된 경우를, 그런 게 재미있는 게 많죠. 그래서···

봉우 선생님: 얼른 얼른 말해서 고려 적에 도선이가 있었어. 고려 나라가 시

작할 때 도선이가 있었어. 도선이가 있을 적에 이 나라가 민족이 한 2,000

만 가까웠어. 그러면 인구가 늘었다면 인구가 늘었다면 1,000년이 됐으

니까 얼마나 늘어야 하나?

학인: 1,000년이요? 고려 때 2,000만인데···

봉우 선생님: 고려 때 2,000만인데···

학인: 초, 고려 초에···

봉우 선생님: 그래.

학인: 고려 초에 2,000만이 안 됐을 걸요?

봉우 선생님: 아니.

학인: 됐어요?

봉우 선생님: 됐어.

---

168) 조선 때, 역대 임금과 왕비의 위패를 모시던 왕실의 사당. 대묘(大廟). 태묘(太廟).

학인: 아니, 그런데 이 저 조선시대 때요.

봉우 선생님: 응.

학인: 조선시대 때도 2,000만이었는데요? 그럼 늘지를 않았잖아요, 인구가.

봉우 선생님: 글쎄 그러니까 하는 소리여.

학인: 아, 어떻게 된 거야 이거. 조선시대 때도 구한말 때 인구조사 해보니까 뭐 한 2,000만이 채 안 됐다고…

봉우 선생님: 글쎄 그러니까 하는 소리여. 고려 시작할 적에 2,000만에 국민이 있었는데 1,000년 뒤 지금도 4,000만 하고 저기 2,000만 하고 6,000만밖에 안 됐다 말이지.

학인: 1,000년 후가 6,000만밖에 안 됐다.

봉우 선생님: 응.

학인: 세 배 늘었네요. 세 배.

봉우 선생님: 그러면 세 배밖에 안 늘었다. 예를 들자. 고려 초에 씨는 내부텀(나부터) 예를 들겠다 말이여. 우리 시조가 당신하고 부인하고 둘밖에 없었다. 그럼 그때 인구의 2,000만분지 2다. 그렇지?

학인: 예.

봉우 선생님: 1,000년 뒤 지금에 그 자손이 280만이다. 우리는 많이 는 사람이 아니다 말이여. 우리보담 박씨나 김씨나 이런 데는 그건 훨씬 더 많이 늘었다 말이여.

학인: 권씨 예를 들어도…

봉우 선생님: 그렇지. 그러니 우리 권가도 자기들 말로 나라에서들 말하는 거는 8대성이 된다. 이렇게 말은 하지만 그 제일 많은 사람에게다 대면 아주 적은 수여.

학인: 그렇죠. 박씨나 김씨 이씨에 비하면…

봉우 선생님: 응. 그러면 그때 2,000만이 당시 2,000만이 그렇게 는다면 내외분 내외분간 해서 늘은(는) 숫자가 우리가 얼마야 그 우리가 몇 백이라 그랬어?

학인: 280만이요.

봉우 선생님: 280만이 늘었으면 140만 배가 아니냐.

학인: 그렇죠.

봉우 선생님: 140만 배가 늘은(는) 거지.

학인: 그렇죠 두 명이었는데…

봉우 선생님: 그런데 그때 사람 2,000만이 그대로 이 저 140만 배? 140만 배가 늘었다면 여가(여기가) 몇 십억이나 됐을 거냐. 그러면 가운데 오면서 자연 소멸이 돼가지고 아주 씨도 없이 다 삭아버린 사람이 우리가 늘며 한쪽은 없어진 축이 많으니까 저렇게 되는 거다 말이야.

학인: 더 많은 거죠.

봉우 선생님: 응.

학인: 없어진 멸종된 인간들이 더 많아서…

봉우 선생님: 멸종된 사람이 얼마나 되는지 아느냐 말이야. 그게 인구도태론(人口淘汰論)이여. 얼른 알기 쉬운 거여 저게. 조상 때 같이 늘었더래도 잘 느는 사람은, 퍼지는 사람은 저렇게 퍼지고 안 퍼지는 사람은 삭 없어져버려. 뿌리도 없이 빠진단 말이여 그냥.

학인 2: 성 자체가 없어지는 거네요.

봉우 선생님: 갈 자리가 없고 자손 없어지면 그냥 문 닫고 문 닫고 하는 데가 얼마나 많아. 그러니까 저 문을 저렇게 닫지 못하게 해야 된다 이거여. 어떻게 하든지 자손을 낳도록 하고. 그러니까 지금 이 사람이 많다고 해가지고, 가만 뒤도 자연도태가 저렇게 되는데 사람이 많다고 해가지고 어린애 하나만 낳고 둘도 안 낳으려고 하는 그 사람들은 그러다가 멸종이

되면 삭 멸종이 된다는 걸 몰라서 그래.

학인 2: 바를 정(正) 자 있잖아요. 바를 정 자.

봉우 선생님: 응.

학인 2: 이거 사전엔 멈출 지(止) 자로 나오거든요. 옥편에요 멈출 지 자로 나오거든요.

봉우 선생님: 그칠지. 응.

학인 2: 이거 이게 여기에 나오잖아요. 원래는 주재주[主宰主.(·)] 자에 나오는 거 아녜요?

봉우 선생님: 어떻게?

학인 2: 이게요. 지금 옥편철에는 여기에 나오거든요. 이거에. 이게 바를 정 자고요. 이게 멈출 지 자 거든요. 이게 바를 정 자는 여기에 나온다고요. 지금 옥편은. 예전 옥편은 여기에 나오지 않느냐 이거죠.

봉우 선생님: 그렇지.

학인 2: 이게 옳은 거라 이거죠.

봉우 선생님: 그냥 옥편 맨드는 사람이 또 그러니까 알 수 없지.

학인: 그러면 할아버님 인구도태론인데…

봉우 선생님: 그래. 인구도태론인데 잘 된 사람은 다 잘됐단 말여. 아무 성이고. 그런데 지금까정도 10대를 내려오면서도 여기 저 우리게도 보니까 배 서방네가 있어 우리 상신에. 열두 대인데 아들 둘 낳으면 하난 자손이 없어. 또 낳으면 형제집 낳아가지고 하나는 없고. 열두 대 독신이여. 열두 대 독신이 나다가 요번에 요번에서 성열이가 아들 형제 낳고, 성찬이가 아들 낳고, 넷이 되두만 그래. 근데 대대로 둘 나서 하나 없어지고 둘 나서 하나 없어지고 열두 대 독신이 됐었어. 그러면 여기 없어지면 문 닫는 거여.

학인: 그러니까 어떤 집은 그렇고 어떤 집은 번창하는 이유가 뭐냐 이거

죠.

봉우 선생님: 그렇지.

학인: 상황을 보면 이건 통계적으로도 봤을 때 이렇게 논리적으로 보면 이 현상으로 드러난다 이거예요. 우열이 드러나죠. 그럼 어떤 집안은 우가 되고 어떤 집안은 열이 되느냐? 이거가(이것이) 바로 소위 말해서 길흉화복론이 대두되게 되는 통계적인 이치겠죠? 이걸 보고 사람들은 여기 또 너무 집착해서 그게 길흉화복론이 전부 다 그런 줄 알아서…

봉우 선생님: 먼저 이부텀 애기하라 말이여. 그건 다 아는 세상에서 다 아는 일이니까…

학인: 아까 말씀하신 대로 잘 쓰면 자손이 잘 된다는 거는 이제 이 결과가 이런 걸 보고 얘기가 나온 거 아닙니까?

봉우 선생님: 그렇지.

학인: 어떤 집안은 분명히 잘 된단 말이에요?

봉우 선생님: 그래. 분명히 잘 되고 말이여. 안 되는 집이 남는단 말이여.

학인: 그런데 그게 아, 저 좋은 산에 써서 그런 게 아니잖아요. 좋은 산에 쓰면 또 그런 얘기가 인과론이 또 나오잖아요.

봉우 선생님: 뭐?

학인: 그러니까 좋은 산에 명당지지에 소위 말해서…

봉우 선생님: 그래.

학인: 거기 임자는 다 있다메요(있다면서요). 복 받을 사람이 또…

봉우 선생님: 그래.

학인: 복인은 봉길지라. 아, 그러니까 이게…

봉우 선생님: 그러니까 죄 지으면 안 된다는 거지 뭘.

학인: 그러니까 좋은 산에 묻힐 것도 자기 인과적으로 지가 복을 지어야 복 받을 만큼 복을 지어야…

봉우 선생님: 그러니까 복인이 봉길지라는 소리가 나오는 거지. 저기서 저렇게 되는 걸 보면 쓸라곤 다 했는데, 쓸라곤 다 했는데 좋은 자리 써가지고 자손 많이 퍼지는 사람도 있고, 나쁜 자리 써가지고 싹 망하는 집도 있고, 그렇단 말이여. 그러니까 그게 이제 거기서 지리론(地理論)이 나온다 그래. 그렇게만 해놔.

학인: 그러니까 이건 지관 손끝에 달린 얘기가 전혀 아니잖아요.

봉우 선생님: 아니구.

학인: 지관 손끝에 달렸다면 그 당시 역대 왕실들이 제일 능을 잘 썼을 텐데…

봉우 선생님: 다 잘 썼지.

학인: 근데 왜 안 되냐 이거죠.

봉우 선생님: 그러니까 잘한 사람은 좋은 데 가고, 잘못한 사람은 좋은 데 못 간다. 이렇게 써. 아주 그렇지 뭘.

학인: 그 너무 단순하게…

봉우 선생님: 단순하지 아주.

학인: 예. 단순하다. 그런데 사람들이 이 단순한 이치를 모르고 그냥 명당만 찾을라고(찾으려고)…

봉우 선생님: 명당 찾을라는 욕심이다 말이야.

학인: 그러는 건 욕심이다.

봉우 선생님: 응. 그러나 조상 위하는 건 위해야 한다. 이렇게 써.

학인: 위하면서 그런 것도 찾고 그래야지 그냥 엉뚱한 짓 하면서 그냥 명당만 찾아 나서는 거는 안 된다.

봉우 선생님: 이거 지금 저 뭣이 어떤 집안이든지 종재(宗財: 집안 재산) 같은 거가지고 뜯어먹을라고 뎀비는 사람, 이제 그런 건 못되니까 저희가 암만 욕심에 도적질을 해서 돈을 모으더라도 야중(나중)에 가서 그거 이

제 차차차차차 문 쇄문(鎖門: 자손이 끊어짐)이가 된단 말이여. 그건. 그건 할 수 없는 거니까 그게. 조상한테 잘 했다는 사람 그 뒤에 나빠지는 법은 없어.

학인: 그렇죠.

봉우 선생님: 그러니까 이거 저…

학인: 숭조(崇祖). 조상을 숭상하고…

봉우 선생님: 응.

학인 2: 권선징악(勸善懲惡)이지 뭐.

봉우 선생님: 그게 본식(本式)이여.

학인: 좀 더 잘 된 그런 얘기 좀 없나요. 할아버님? 뭐 좀 이렇게 발복한 얘기. 조상 위하고 착한 일해서 명당을 얻어가지고 이렇게 어떻게 좀 모범적으로 될 만한 얘기 없을까요?

봉우 선생님: 그거 그런 건 쓰지 마. 뫼 써가지고 잘 될라고 했다 그러고 하는 거보담은(것보다는) 착한 일을 하고 마음을 정직하게 먹으면 뫼 자리 절로 얻어진다. 그래버려.

학인: 아, 그게 하여튼 정법(正法) 아닙니까. 할아버님.

봉우 선생님: 그게 본법(本法)이여.

학인: 정경대도(正經大道).

학인 2: 착한 일 하고 화장(火葬)해가지고 강 부으면 어떻게 돼요?

봉우 선생님: 착한 일 하는데?

학인 2: 착한 일 했는데요. 화장을 했다고 했을 때…

봉우 선생님: 화장했다고 묘도 못 쓰는 건 아니니까…

학인 2: 강에 뭐 이렇게 뿌렸다고…

봉우 선생님: 그러니까 그건 자기가 그저 아무데나 집어 넣고선 뫼 지키지 못하는 거보담은 수장하는 것도 나쁠 건 없지 뭐. 지키지 못하고 잊어버

릴 바에는 말이지.

학인: 그게 가끔가다 보면 이 도인들 경우에도요 묘에 묻히는 사람이 있고, 중들은 다 화장하잖아요. 그리고 어떤 사람은 중 아니더라도 뭐 이렇게 풍장(風葬) 비슷하게, 이제 이렇게 시신을 그냥 산이나 이런 데 해서 뭐 다 파먹게 말이죠. 그런 식으로 육신을 아예 버려버리는 사람이 있잖아요. 나 죽은 다음에 이렇게 해라. 그런 경우는 없나요?

봉우 선생님: 그거는 별로 없어.

학인: 대부분 화장 아니면…

봉우 선생님: 화장 아니면 파묻지. 그런데 저 중국서 흑룡강성(黑龍江省) 그 근처로 가면 어린애들은 죽으면 돼지 우릿간에 넣더구먼.

학인 2: 돼지 우릿간?

봉우 선생님: 돼지 우릿간.

학인: 그건 사람으로 보는 게 아닌가 보죠? 어린애들을? 사람으로 취급을 안 하나 봐요?

봉우 선생님: 사람 취급이 아니라 그건 아직…

학인: 덜 됐으니까…

봉우 선생님: 아직 덜 돼서 그래. 사람들이 덜 돼서.

학인: 예. 오늘은 그만 하죠. 할아버님.

육사생도 특강[169]

봉우 선생님: 영광스럽고, 이거 뭐 아는 게 없어서 횡설수설하더라도 과히 책망은 말아주시기 바랍니다. 제일 … 여러분들은 젊으신 이들이지만, 이 나라 앞에 운세를 흥망성쇠하는 운세를 두 어깨에 지신 이들이여. 책임들이 중하십니다. 그저 국가 ○○○들이고 양성에 나가시는 어른들이니까 앞으로 이 나라의 잘되고 못되고는 여러분 어깨에 달렸다 그겁니다. 다른 거 아닙니다. 그러니까 다른 과학에서 과학자와는 다릅니다. 근데 제일 먼저 이 나라가 흥하자면 왜 어떻게 흥하느냐, 패망하는 건 어째서 패망하느냐 그게 제일 첫 문제입니다. 국가에 민심이 합하면 흥하고, 갈라지면 패하는 겁니다. 뭐 다른 거 아니에요. 단 두 가지예요. 합심해서 마음이 한 군데로 다 모으면 그 나라는 반드시 흥하는 법이고, 그게 갈라져서 사분오열이 되서 떨어져 나가면 그건 힘이 약해지는 거여.

이제 어떤 어른이, 젊은 사람들이 싸우고 젊은 사람들이 저희들대로 뭐라고 하니깐 너희들 이리 오너라 하더니만 제일 첫 번에 뭘 갖다놓는고 하니 실, 가느다란 실을 뭉쳐가지고 와서 하나씩 가지고 있어라 실 하나 가지고 서로 잡아 당겨보라고 하니 뚝 끊어지지 별 수 있습니까? 안 끊어질 리가 있습니까? 그러면 열이 합해서 열둘을 모아서 꽈가지고 잡아당겨봐라. 잘 안 끊어져. 열만해도 벌써 달라. 그 한 백 명이 갖다 놔놓으니

---

169) 녹취: 박승순, 교정·주석: 정재승·이기욱, 장소: 서울 연정원

까 벌써 이게 노끈이 굵직한 노끈이 되거든. 잡아 당겨봐라 하니깐 ○○○을 능청능청한단 말이야. 그래 두 번 또 한 번 겹쳐봐라. 이백 사백 해 가지고서 한 백 명 됐던가 봐요. 두 군데서 잡아당겨봐라 하니까 끄떡없단 말이야. 그 뭐냐 합하면 튼튼해지고 나누면 약해진다는 그거를 글방 선생님이 그런 얘기를 해가지고선 그 동네 그 면 그 고을이 아주 건강해졌어요. 나라도 아주 튼튼해지고. 우리나라도 합했을 때는 강했습니다, 합했을 때에는. 갈려질 때는 약해졌어요.

근데 우리나라가 저 전에 단군시절, 단군이라고 하는 것이 요새들 역사 찍는 사람도 그렇게 알아요. 단군은 어떤 단군하면 사천삼백 몇 년이라는 단군기원이라고 그 양반이 뭐 천 살을 살았네 오백 살을 살았네 이렇게 역사 찍는 사람들이 있어요. 그건 역사를 잘못 찍는 거예요. 단군이라는 건 지금 대통령하듯이 그때에 임금 자리에 앉아 있는 사람을 단군이라고 했어요. 밝은 임금이다. 박달 단 하는 걸 말로 하는 것이 '박달' 하니깐 그 한자로 된 뒤에 단군이라고 쓴 거예요. 밝은 임금이다 그렇게 부르는 거지.

그 뒤에 단군이라는 게 우리나라 통치하던 임금이 몇이나 되는지 모릅니다. 역사가, 전부 우리나라 전해 내려오던 역사가, 삼국 적에 신라가 삼국통일한다고 할 적에 그 역사가, 전체 묶은 고대역사를 경관이라고 하는, 경관이란 서울 경(京)과 집 관(觀)자 아니여? 경관이라고 하는 데가 지금 요동입니다. 요동 거 가운데 가서 경관 자리라고 하는 데를 가보니까 경관 자리가 현 서울보다는 넓어요. 현 서울보다는 넓은데 거기다가 글자 날 때는 글자로 썼고, 글자 나기 전에는 형상을 그렸던 거예요. 그래 가지고 죽 대대로 역사 내려오는 것을 써서 몇 천 년 내려오는 걸 다 적어놨던 텐데 이세민이가 만주를 점령하면서, 고구려죠, 고구려를 점령하면서 제일 먼저 없앤 것이 경관입니다. 이거, 이거 때문에 백성들이 민족들이 보기에는 저희 조상들이 참 강했고 잘난 사람들이 많고 우리도 그렇게 해야 되겠다는 생각으로 버티고 나올라고(나오려고) 하니깐, 저희말로 대국을 중국을 넘보는 사람들이 자꾸 많이 생기니까, 요거부터 없애야겠다고 제일 먼저 그걸 없앴어요.

경관 터라고 하는 터 자리만 가봤습니다. 그런데 인제 우리나라도 신라의 삼국통일이라고 하는 그때에 우리나라 이 백두산족은 망했습니다. 백두산족은 그때 망했어요. 그것이 지금 이천 한 사백년 가까웁니다. 여러분들 다 보시면 알 겁니다. 삼국이 통일했다고 해서 신라가 통일했다고 자랑을 자꾸 하지만 삼국통일한 자리가 고구려하고 백제하고 땅 있던 것을 누가 가졌습니까? 신라가 차지한 거는 큰 덩어리는 다 뺏기고, 충청도, 전라도가 백제가 가지고 있던 땅인데, 이건 경기도, 경기도 이북으로 저 평안도 저편짝에 고구려가 가지고 있던 땅인데, 고것밖에 못 차지했는데, 차지한 것이 경상도가 자기 땅이고, 강원도 한쪽하고 강원도 다 못 차지했어요.

강원도 한쪽하고, 충청남북도 지금 우리 충청남북도죠, 충청도, 전라도하고, 경기도 요렇게 ○○○서 다 차지는 못했습니다. 황해도도 못 차지했어요. 함경도, 평안도는 저 꼭대기로 넘어섰고 그러면 고구려가 가졌던데가 어디냐? 만주 … 전체입니다. 만주 … 전체에요. 만주 전체만이 아니고 연해주 … 흑룡강 있는 거기까지 전부가 다 여기서 가졌던 겁니다. 백제는 어디냐? 백제가 부여로 여기 이것만 가지고 있었나? 백제 땅이라는 것은 산동성 직예성(현재 중국의 하북성) 한쪽으로 하남성으로 이렇게 가졌습니다. 그게 인제 백제의 땅입니다.

근데 여기 역사에는 하나도 없어요. 우리나라 역사에는 삼국통일해서 차지했다는 것이 전라남북 전라도 하고, 충청도 하고, 강원도 한쪽하고, 그것밖에 차지한 것이 없습니다. 경기도도 야중 야중(야금야금) 조금 조금씩 … 했지 별개 아닙니다. 그러면 다 저쪽은 신라가 이세민이의 앞잡이 노릇해가지고 다 두 나라 망한 땅은 이세민이한테 바치고 자기 차지라는 것은 여기서 조금밖에 못 얻었어요. 그래서 우리나라 백두산족의 삼국통일을 이쪽에서는 늘 그걸 자랑들 하지만, 삼국통일은 자랑이 아니라 백두산 족의 운세가 쇠운이라는 것이 그때 처음 들었습니다, 아주 듣기는.

그런 뒤에 고려가 돼가지고 중국서 여기까지 내려오지 않고 슬슬 이렇게 못하니까 고려가 조금 더 차지했어요, 신라보다. 함경도, 평안도 이렇게 차지해서 양강 이남 두만강하고 압록강하고 이 남쪽을 차지했습니다. 그런데 그때도 중국 사람은 자꾸 도리어 중앙으로 가고 만주는 저희가 얻은 땅이니까 뭐 그리 대단히 힘을 안 써놔서, 거 중간이 간도(間島)라고 있지 않습니까? 북간도, 서간도 하는 데 거기 사람이 안 살았어요. 거기 뭘 했는고 하니 고려 적에 물물교환입니다. 죄진 놈은, 여기서 죄진 놈도 그리 들어가면 그건 … 간도에 있으면 가서 잡아오고 이러지 않고 내버려뒀어요. 그래 중국서도 거기 들어온 사람은 죄 짓고 피하는 사람들 이런 거 있는 것도 그냥 내버려뒀습니다. 간도는 이렇게 됐어요.

그래놓고 이제 중국 와서 나중에 1,000년이나 가깝게 들어와 가지고선 중국서 우리 거기 간도라는 거는 그러지 말고 네가 내 땅인지 네 땅인지 모르니까 그 땅을 가지고 너희도 참여 않고 우리도 참여 않고 있는 간도 거기를 가서 경계를 좀 하자. 경계선을 정하자 그랬어요. 경계선을 정하는데, 북경서 거기 오는 거 하고 북경서 여기 나오는 거 하고 경계에서 둘이 만나는 자리가 서로 만나는데, 거기 몇 리니까 하루 얼마씩 가는 걸로 치고선 며칠에 떠날 거고 여기는 백두산 그 너머까지 가야할 거니까 거기서 인제 열흘, 한 열흘 두어서 그리 가는 건데 좀 더 빠르게 가도 될 거요.

조금을 타고 가더라도 빠르게 가면 될 텐데 여기서 박씨가 같아 박 이름 나 잘 몰라요. 박씨가 경계사로 갔습니다. 경계사로 갔는데 양반이 어떤 양반인지 아십니까? 아, 이 양반이 비오는 날 갈 수 없어 비오는 날 하루 묵었어요. 저기서는 비오면 경계를 하러 오는 판인데, 비 온다고 안 올 리가 있나. 그냥 말 타고 쫓아왔단 말이여. 그러니까 만난 자리가 양강에서 만나니까 간도 그냥 뺏겼습니다. 참 양반이죠. 비오는 날 어떻게 감히 그런 데를 나가 비 맞게. 그런 양반 조상 가진 사람들도 아, 우리 할아버지가 경계사 노릇했다고 잘한다고 합니다. 기가 막혀요.

그래가지고 그걸 인제 고려 적에 와서 정하니까 그걸 좀 더 나가볼려고 그때 저 북벌할라고 나갔던 게 누굽니까? 최영 장군이죠. 최영 장군이 저 압록강 건너갈려고 그랬어. 압록강 건너갈려고 그랬는데 우리 한국 이태조 그 양반이 거기서 반대를 하지 않았습니까? 거기 적은(작은) 나라가 큰 나라를 감히 먹을 수가 없는 건데, 거길 들어갈라고 하면 안 된다고 해가지고 당신은 들어오고 최영 장군은 싫어서 내버렸다는 거야. 그 참 억울하지. 하난 싸울려고 했고 한 분은 안 싸울려고 그래서 들어와서 그러고선 명나라에서 그걸 알아노니까 이쪽에서 임금이 되도 그걸 승락해도 되지 않았습니까? 그게 어제 같은 일이여. 어제 같은 일이고.

그다음에 여기서 또 조상들이 다른 조상은 그런 일이 없는데, 광해조 임진란 다음에 광해조가 거 여기 역사에 보면 광해조가 못된 짓 많이 해가지고 쫓겨나갔습니다. 못된 짓 많이 해서 쫓겨났다는데, 그게 아니고 광해가 박엽이라고 참모총장 격이요, 총사령관 전적 총사령관직을 시켜놔서 평양감사 10년을 시켰는데 거기다 10만 양병을 시켰어요. 10만 양병을 시키고, 아주 박엽이 검술이라든지 전술이라든 게 굉장했어요. 굉장했는데 청국의 시조 누루하치라고 그러죠. 그 사람하고 아직 청국 시조되기 전에 저기서 저 간도에서 군대연습하고 있는데, 박엽이가 자기 부하를 시켜서 뭐를 주는지 등어리에다 한 짐 딱 … 져주었는데, 저준 게 뭔 줄 모르고 이 사람이 심부름을 가지고 가. "너 가서 갖다 전해라. 강 건너 가면 사람이 있을 테니 배타고 가서 거기가 봐서 그 짐들 치고 하는데 가면 내가 보냈다면 지레 받을 테니까 받아봐라." 그래 이 사람은 알지도 못하고 짊어지고 가서 쭉 펴놓으니까 별게 아니고 괴기, 괴기 산적 꽂힌 데야.

괴기를 이렇게 이렇게 해놓고 구워가지고 산적 … 아, 이 사람은 짊어지고 온 게 자기 혼자 짊어지고 왔으니까 그 몇 개나 되겠습니까. 그 몇 개나 될지 모르고 이걸 갖다 풀어봤는데, 그때 거기서 청국이 명나라 먹을려고 군대 양성하던 것이 뭐 10만 명인가 몇 만 명인가 되었는데, 군대 … 하나씩 쭉 돌려다보니까 고게 인제 한 사람이 짊어지고 온 것이 소가 몇 십 마리 한 건지 몰라요. 그래 그 하나씩 다 먹었는데 군대에 숫자하고 요거하고 똑같아. 숫자하고 똑같이 … 너희나라 몇 놈을 데리고 연습하고 있다는 … 이 나왔다는 말이야. 그래 죽 둘러서 그러고 박엽이하고 저 누루하치 그 아들 팔형제하고 검술 시합을 했어요. 검술 시합을 하는데 어림도 없어. 그 들어갔다가 다 어린애 잡듯이 다 잡아버리니까 이걸 어떻게 하질 못해.

그러나 운이 저쪽에서는 천자로 나가기를 꿈꾸는 사람이요, 또 여기 누구는 광해군은 명나라가 망하면 우리도 들어간다는 그 생각을 가지고 들어갔고, 둘이다 이게 싸우는 임금이여. 그런데 광해군 적에 인조대왕이 반정을 했습니다. 반정을 하다보면 어떻게 되는고 하니 이기는 사람은 도적질을 했더라도 성인이라고 하고, 솔직한 소리여, 진 사람은 성인이라도 그놈은 도적놈이라고 그럽니다. 그러니까 인조대왕하고 박엽이하고 관계는 박엽이가 인조대왕 되기 전에 거기서 참 무슨 ○○○도 하고 뭣도 하고 한 게 다 있어요. 다 하고 했는데도 그 먼저 수에 아마 임금 자리가 그리 갔나보지.

　그러니까 저 광해는 저리 들어가 저거하고 여기는 임금 되라 이렇게 했던가본데, 그렇게 해서 임금 치하까지 먼저 해주었는데도 인조는 박엽에게 약을 보냈습니다. 그 사람이 있으면 여기 있는 이 공신들이 그 사람이 있으면 자기들이 다 떨어질 테니까 사약을 보냈는데, 사약 받기 전날, 박엽 밑에서 원래 광해가 박엽을 평양감사를 시켜 10만 양병을 하니까 박엽 뒤에 장사들이 그뜩했는데 그들이 박엽에게 전언하기를 "대감이 내일은 나라에서 모셔올 거 아니요, 파발마에 금부도사가 내려올게 사실인데 대감 어쩌실랍니까?" 그러니까 "뭘 어떻게 하느냐?" "책(策: 방책)이 세 책이 있습니다. 삼 책이 있습니다." 서울 평양군하고 평양에 10만 대군 군사들 거기 저 양성해놓은 거 데리고 중국을 들어가면 … 높게 쓰지요. 박엽이가 중국 천자 노릇을 하든지 누르하치가 천자 노릇을 하든지 누가 나오는지는 몰라. 둘이가 싸워서 저놈 이겨버리고 또 들어가면 명나라 차지할 거 아닙니까? "또 둘째는 뭐냐?" 그러지 말고 청국 태조더러 너 나하고 싸울 거 없이 ○○○하자 ○○○한다면 어디 임금은 튼튼하게 만주를 주든지 어디를 주든지 줄 테니까 그걸 하나 받는 게 어떻소. "그럼 또 하계(下計: 하책)는 뭐냐?" "하계는 다른 게 아니고 이 나라 도덕 … 기다리느라고 나라의 사약 내일 받는 게 그거 하계입니다." 하니까 너희들은 가거라. 나는 하계 받겠다 그래. 그 이튿날 약 받아 죽었어요.

　여기 저 용골대니 마골대니 오던 저 뭡니까? 남한산성 싸움에 병자호란에 왔던 용골대, 마골대라는 것이 박엽이 부하입니다. 박엽이 부하로 있은 장사들이 거기서 그거 왜 여기서 다 망하는데 같이 죽을 맛이 있나. 거기서 명나라 차지하 … 그것이 우리나라 예전 실정들 이게 그러니까 나가는 사람은 광해가 나가면 광해가 나갈 적에 광해 나가는 임금이 못된 짓 죽을 만한 죄를 많이 졌으니까 나간다고 이렇게 전부 써 놨어요. 이긴 사람은 다 승자로 몬 거야.

인조대왕은 병자호란을 당해 꼼짝하지도 못하고 그 부하들이 … 싸움에 말도 못하고 막지도 못하고 다 망하지 않았어요. 효종대왕은 거기서 임금의 아들로 김정진이 거기 저 지금들 같으면 ○○○인데 ○○○한테 꼼짝을 못하고 당할 대로 당하고 나갔어. 효종대왕이 북벌을 하려다가 돌아갔으니까 말할 거야 없고 뭐 그게 내려 왔습니다. 그게 내려오다가 우리나라 짓묵은 역사입니다. 묵은 역사 그래가지고 내려오는데 역사에 지금 내놓는 거, 국사라고 내놓는 데 국사에 가보면 말하기 난처한 데가 많아요.

말하기 난처한 데가 많은 것이 왜 그러냐? 그때 집권한 사람이 붓 들고 쓴 데는 자기한테 유리하게 썼지 절대로 간 사람한테 유리하게 안 씁니다. 그래 감히 이 역사라는 건 임금 앞에서 사신이 붓을 들고 쓰는 것은 임금이 못 보는 거지. 보지를 못하고 사고에다 다 넣는 건데 영조대왕, 영조대왕 때 그 양반이 역사가 어떻게 되는지 이걸 좀 뜯어봤어요. 또 그 다음에 어떤 분 한 분이 또 한 번 그걸 갖다가 봐서 자기에게 해로운 건 다 그걸 … 그래 사고의 책에 빠진 것이 28갠가 이게 빠졌습니다. 그러니 그건 어떤 임금이 그러신 건데 임금이 그러신 거니까 사기라는 건 임금이 아니라 아무래도 거기 다 붓대는 법이 없는 건데 빼 놨으니까 말도 못하고 그냥 해가지고 그냥 역사가 만들어진 거니까 그 역사가 바르지 못해요.

그건 지난 일이고 우리가 이조에 들어와서 여 뒷사람들은 뭐 별소리를 다 합니다. 대원군이 어쩌니 누가 임금이 어쩌네 그러지만, 대원군이 첫번에 쇄국주의를 해서 나라 길을 막아놓고 쇄국주의를 해가지고 나라는 그가 망해 먹었다고 그럽니다. 그건 거짓말이에요. 아주 거짓말, 100% 거짓말입니다. 우리나라 국초 이조의 대원군 정치 적에 나와서 나중에 공부했다는 사람들, 요새 신대학 공부했다는 사람들, 이 양반들이 소위 양반의 자식들은 덜 뽑고, 서울 재상의 자식들은 덜 뽑고 평민에서 재주 있고 똑똑한 놈으로 봐서 골라가지고 외국 유학을 200명을 보냈어요.

외국 유학을 200명을 보내가지고 거기 나왔습니다. 다 신학문 배워서 거기서 과학을 배워가지고 나와서 여기 와서 그것을 가르치려고 한 게여 그게. 그런데 대원군이 아주 난정(亂政: 어지러운 정치)했다고 대원군을 몰아냈거든. 그건 누가 그랬냐? 한국 경술년 합병되도록 만들은 그 양반들이 만들어놓은 거여. 대원군이 있으면 그걸 못할 테니까 맘대로 못할 테니까 그런 짓을 한 거여. 근데 여기서들 역사들 보는 사람이나 젊은 사람들은 대원군하고 민비하고 맨날 싸우다 그랬다고 이런 소리를 하지만, 대원군은 나라 망하게는 안 합니다. 어떻든지 이걸 나라를 해 만들어볼려고 자기 남한테 얘기 안 하고 사람들 해가지고 외국으로 유학 보낸 것이 얼마여. 상당한 숫자를 보냈어요.

그것이 다 아는 사람은 다 알아요. 여기 ○○○에서 누구누구 하는 사람들 여기 국내에서 뭐라고 하던 사람들 공부 꽤나 했다고 ○○○했던 사람은 그 양반이 보냈던 사람들이 제일 많아요. 근데 이쪽 반대파에서는 하나도 안 보냈어요. 그러니까 너는 어째 그렇게 하느냐 이렇게 물으시기가 쉬워요. 너는 어째서 그리 아느냐? 대원군 집하고도 가까웠어요. 민씨 집하고도 가까웠습니다. 내용은 다 알죠. 그 밑에서 당해봤으니까 내용은 다 알아요. 그래 그건 지난 일이여.

우리가 남북통일 돼가지고 얼마 안 있다가 만주를 중공하고 99개년 조차(租借: 땅 일부를 빌려 씀)되지 않을까 그게 나오나 안 나오나 보십시오. 차례가 그겁니다. 그래 이제 대동아, 대동아가 아니라 대아시아 정책, 대아시아 정책 그래가지고 황백전환기 절로 가만히 앉아 운이 좋다고 되는 건 아니에요. 우리가 잘해야 저 사람들보다 뭐 연구가 자꾸 더 나와야 물질이나 머리나 더 나와야 우리가 백인종을 누를 수 있습니다.

황백전환기는 저는 첫 번에 생각도 안 했어요. 미국 학자들이 나와가지고 4차원 연구를 하고 보스턴 대학 교수니 뭐니 하는 자들이 4차원 연구라는 걸 해가지고 물질문명의 극치가 돼가지고 물질문명의 2,000년 2,000년도 그게 마지막이랍니다. 더 이상 가지 못하고 인제 이제 말세가 됐는데 이걸 뭘로 걷어야겠느냐 이거를 저희들이 찾기를 어디다 찾는고 하니 동양 형이상학에서 찾지 않으면 4차원에 못 간다 이거야. "야, 이놈들아" 내 그랬어 "이놈들아 너희들이 욕심은 4차원이 아니라 한 10차원이라도 먼저 가고 싶지만 다리가 아파 너희 못 가. 지금까지 호강하고 4차원까지 너희가 찾을라고 어림없는 소리 말라고 … 그래도 뭐 그거 찾을려면 우리들이 찾지 다른 놈은 못 찾는다." 근데 이거 씨는 동양에서 찾아가야 한다는 거여. 씨가 우리들이 그렇게 씨가 썩어서 너희들 줄지 아냐 말이야. 갑진년(甲辰年: 1964년)서부터 작년 그러께꺼정(까지) 아홉 번을 당겨(다녀)갔어요. 4차원 연구회원들이 그 무슨 박사 무슨 박사 하고들 오는 녀석들이 속으로 와서 내가 미국말을 할 줄 모르니까 조선말 배워가지고 옵니다. 도적놈들이여. 그러니까 어떻든지 여러분들은 앞날이 좋다고 그냥 앉아서는 안 되는 것이고 어떻든지 몇 해 될지 모르지만 다 장성들 아닙니까? 앞으로 나오면 장성 다 올라가실 이들이여. 우리나라 군부의 요인들인데 군부의 요인들로 이 나라 세계 어떤 나라한테 가서도 빠지지 않게 떡 버틸 만큼 지금 맨들어놔야 되요. 그럴 기회는 있고 여러분들이 한창 그때 갈 연세도 다 맞고 그런데 여기 저 군인들도 우리들처럼 히끗히끗한 군인들은 늙어서 생각이 앞으로 이렇게 뭐 될라고 안 합니다. 될 수 있으면 그냥 수월하게 할려고 들어요. 여기 머지않았어. 머지않아서 남북통일부터 먼저 보실 거예요. 남북통일이 갑자년(1984년)에서 15년이니까 지금 10년 남았어요. 10년이면 남북통일이라는 게 어떻게 되나 한번 보세요. 근데 여기서 이렇게 지금처럼 이렇게 떠들면 안 돼요. 이것이 떠드는 게 가라앉겠죠.

(질문 시간)

봉우 선생님: 내가 질문 받을 만한 자격이 있나? 아는 건 물으시면 아는 건 대답하고 모르는 건 나 모릅니다. 그러고 그럴게요.

질문: 선생님께서 전통적인 수련방법을 공부를 하셨다고 그러셨는데 그 잠깐만 어떤 것인가 어떻게 공부를 하셨는지 그것 좀 알고 싶습니다.

봉우 선생님: 동기라면 우습습니다. 일송 선생님이 누군지 그것은 알지도 못했고 저희가 충북 영동 살 땐데 제 선친이 예전 한시 시인이십니다. 글을, 누구한테도 지지 않을 만치 글을 좋아하시는 처지인데, 늘 손님들이 와 글들 읽고 손님들이 떨어지지 않고 수십 명씩 왔다 갔다 하셨는데, 그러니까 사랑을 요새말로 ○○○○했다 하면 손님들이 누구든지 와서 자고 가고 먹고 이렇게 가면서 글들 읽고 놀다 가니까 아무 손님들이고 사랑에들 와서 며칠씩 묵고 가고 그랬어요. 그런데 일송 선생님은 첫 번에 왔을 때도 칠십이나 되는 노인인데, 글들 읽는데 와서 글들 ○○○하고 "주인 양반 글을 좋아하신다고 손님들이 좋아하신다고 해서 하루 묵어 갈려고 왔어" 이러고 들어오니깐 손님인줄 알았지 누군지 알 까닭이 있습니까?

그랬는데 그 이틀, 사흘, 나흘, 닷새를 묵었는데, 닷새, 엿새 되던 날 저희 선친이 속리산으로 합천 해인사로 경주로 해서 이렇게 뺑 돌아오신다고 한 보름 되겠다고 보름 내지 삼 주일이나 될 거 같다고 그 일송더러 같이 가자고 그러시더구만. "아, 여기 뭐 있느니 같이 놀러 갑시다" 하니까 "아, 나는 그렇게 갈 수 없다"고 바쁜 일이 있어 좀 그렇다고 그래요. 그래서 빠졌어 묵는 손님이 두어 번 그랬었지. … 그러더니 그날 저녁부터 않아요. 편찮아요. 열이 나고 끙끙 앓으니까 진짜 앓았는지 가짜 앓았는지 그건 몰라요.

나는 나 속이느라고 그러지 않았나 그래요. 그러니까 인제 저희 집이 약이 있었으니까 지가(제가) 가서 약을 지어다가 "몸살이신가 봐요" 하고 약을 지으니까 글쎄 한 번 먹고 두 번 자시더니 한 사흘 나흘 되더니 이거 "내가 옘병(염병)인가 보다" 그래요. 옘병. "너 남의 집 귀자(貴子: 귀한 자식)인데 나 … 옘병 앓는데 땀내면 살고 땀 안 내면 죽을 텐데 너 가깝게 오다가 병 들라. 너 저 내 앞에 오지 마라." 겁이 나지. 옘병 전염되는 건데 아, 그걸 같다 전염병인데 겁이 안 날리가 있나요. 집에 와서 안에 들어와서 어머니한테 그 말씀을 했어요. "아, 그 노인 선생님이 편찮으셔서 약을 지어드리니까 약을 자시면서도 당신이 옘병인가 보다고 그런다"고 그랬더니, 어머니께서 거 웃으셔. 웃으시면서 "너 옘병이 무서우냐? 죄 진 놈이 옘병도 걸리지 죄 안 지면 옘병 안 걸린다. 네가 그 어른을 약을 지어드리고 그랬으면 겁을 안 내고 약을 지어다 드려서 치료를 해드려야지 옘병이라니 겁이냐?" "아, 나 겁은 안 나요." 약을 지어다 드렸어요. 그러니 몸이 벌겋게 열이 나는 것 같고 그래요. 그래 며칠을 약을 써서 나중에 약을 안 자실 날까지 열사흘인가 됐어요. 열사흘인데 옷 다 벗어서 다른 옷 갖다 드리고서 벗어서 빨래해다가 갖다 드렸어요. 그러니까 안 가. … 고(그) 이틀 뒤에 제 선친이 들어오셨습니다. 들어오시니까 아, 마침 그러셔요. 내가, 내가 떠나신 뒤에 몸이 찌뿌드드해서 못 갔는데 아 그러더니 병이 들어서 … 들었는데 자제가 약을 지어다주고 옘병이라고 해도 피하라고 해도 피하지 않고 구해야지 말이 되냐고 그러고 안 피했다고.

근데 선친도 웃으셔. 웃으시면서 "자식 놈이 운기(運氣: 전염병)를 무서워할 놈은 아니여." 자식 놈이 운기를 무서워할 놈은 아니고 손님 대접은 대접대로 해야 할 테지 그래. 그저 병이 있다가 그렇게 낫다니 고마워 그러니까 그러시더구먼. 그러고 가셨습니다. 그게 열세 살 적이에요. 첫 번 만났는데 열세, 열네, 열다섯, 열여섯, 열일곱, 열여덟, 열아홉, 공주로 이사 온 뒤에 공주로 이사 온 뒨데, 지가 첫 번 장군 되라고 남들 말로 차력약이라고 하는 그걸 첫 번 먹고 몸이 좀 튼튼해졌고, 그런데 그 양반이 오셨어요. 그 양반이 오시더니 내 선친께 아 내가 여기 남쪽으로 왔다가 그러지 않아도 영동으로 갔더니 안 계셔서 이리 이사 왔다고 찾아왔다고 그러니 내가 졸지에 거두절미하고 한마디 할 말이 있어서 왔는데 어떠냐고.

"아, 무슨 말을 그리 급하게 거두절미하고 할라고 그러우" 하니까 "자제 일 없으면 자제 날 따라가서 구월산 내가 들어가는데 구월산에 같이 좀 갔으면 좋겠는데." "아, 귀찮기만 하지." "아니 귀찮건 말건 나하고 같이 좀 가게 해달라고, 자제가 나한테 고맙게 했어. 병이나 운기 앓던 놈을 살려주고서 그렇게 약을 쓰는 거 피하지 않고 이러는데 고맙게 해서 같이 좀 데리고 좀 갈려고 그래."

21-1989.10.18.
삼성종합기술원 특강¹⁷⁰⁾

봉우 선생님: 저는 지금 소개한 권태훈입니다. 저는 한 야인, 실학계인 과학계에서 ○○○하지 않았습니까? … 과학이나 여기 저 한 사람이 아닙니다. 그러고 이 물학계에도 견문이라든지 거기에 대해서 많이 연구해야 될 텐데 겨우 눈뜰 만하지 아무것도 아닙니다. 한 야인입니다. 야인으로 감히 여러분 앞에서 지가 말을 하게 된다는 거 ○○○한지 알면서도 이 저 단학에 대해서 말씀을 해 달라고 하니까 아주 안 할 수가 없어서 저 아는 대로 얘기를 하겠습니다.

단학이라는 것은 지가 여기 와서 단학을 유래를 얘기하게 될, 되게 될 수, 여러분들이나 저는 단학에 대해서 관계된 사람이니까 저는 이게 단학이라고 지가 제 입으로 부른 일이 없습니다. 없었는데 단학 시초부텀 얘기해야겠어요. 여러분이 지금 한 5~6년 전 됩니다. 5~6년 전에 초능력을 가졌다는 서쪽 사람 하나가 와가지고 서울에서 뭣 뭣해서 초능력 ○○○ 시켰어요. 구경을 시켰는데 그걸 구경하고 온 사람들이 대학교수 또 요새 무슨 박사님들 해서 죽 온 게 한 20명 되요. 구경하고 와서 저를 찾아왔어요.

저를 찾아가지고 와서 첫소리가 우리나라엔 몇 천 년이라는 오랜 역사가 있는데, 예전의 도인들은 한 이들이 아무도 모르는데, 요번에 젊은 사

---

170) 녹취: 박승순, 교정·주석: 정재승·이기욱(음성 파일 없음)

람이 서양서 와가지고 초능력을 ○○○했는데 감탄했다고 아주 침이, 침이 마르게 얘기를 해요. 저 두 사람이요 사람인데 동양의 역사가 있는데 역사를 모르고 그 사람들이 그렇게 하는 소리가 귀에 좀 닿아요. 귀에 닿으니까 하니까 당신들이 박사님이나 교수 전자통신에서는 누구라고 하면 다 알 만한 사람인데, 그렇게 우리나라 역사를 아직 모르느냐고. 그럼 역사가 어땠느냐 그래가지고 얘길했습니다.

우리는 지금 뭣이 단기를 단군기원이 사천 몇 백 년이라고 하지만 그건 허무한 일이여. 아무 증거가 없습니다. 사천 몇 백 년이라고 하는 증거가 하나도 없어요. 우리가 조상이 제일 첫 번에 여기서 나신 것이 1만 년 훨씬 넘어서 났습니다. 1만 년 훨씬 넘어서 나가지고 그 뒤에 우리가 인제 부르기를 한배검, 한배검 부르기를 제일 첫 번 시작했지. 시조로 해서 ○○○하고 그 양반이 여기 나시고 그때는 어떤 때냐 이 지구가 극히 팽창하기 전엔 한 번씩 변혁을 해. 그냥 다 뭉개지고 야중에 찌끄러기 몇이만 남아가지고 다시 또 변혁을 하고 변혁을 하는데 여섯 번째랍니다.

요번 일이 여섯 번째 해가지고 인구가 세계 인구가 제일 높은 데를 얘기하니까 백두산이 그때는 제일 높아요. 지금은 곤륜산이 높지만 곤륜산보다 백두산이 훨씬 높았을 때입니다. 그러니까 높았을 때니까 흔히들 물이 안 들어가고 … 거기서 성자 우리 백두산족이 … 그 양반이 나와가지고 그 사람들을 교화, 치화, 조화를 시키는 거야. 가르쳐서 너희 짐승하고 똑같은 행동을 하지 말고 사람답게 살아라. 사람이 되자면 이러 이러한 것을 해야 한다. 먹는 법이라든지 사는 법이라든지 집도 그때는 없이 그냥 막 동물처럼 같이들 지내는데, 집 짓는 것도 가르치고 먹는 것도 가르치고 농사 짓는 것도 가르치고 해서 차차차차 해가지고 가르치는 것인데, 거기서 가르친 것이 조식(調息: 고르게 숨쉬는 것)을 가르쳤어요.

그 양반이 오래 사시는 … 그래가지고 사람들이 자손들도 많이 남고 이렇게 자꾸 하니까 오색인종이 제대로, 제대로 몰려가지고 거기 가서는 씨족이 되가지고 야중에 얼마 뒤에 사람이 많이 밀리니까 같이 나라를 맨들었습니다. 그때는 첫 번에 나라가 없었어요. 근데 나라를 이렇게 만들었는데, 근데 백두산, 백두산에 와서 전부 공부 못 했기 때문에 우리는 여기 그래도 여기 … 남아서 했던 사람이 그 저 역사에는 몽고족이라고 합니다만 우리 백두산족이에요.

백두산을 중심으로 나서 … 있는데 백두산족들이 숫자가 많아가지고 우리가 지금 역사, 역사책에 보면 조선이라는 게 말할 수 없는 거지만 중국이 7억이 훨씬 넘는 인구지만, 7억이 훨씬 넘는 인구에서 백두산 족이 약 6할이 됩니다. 6할이 되지 7할이 되지. 근데 우리 조상하고 한패예요. 우리하고 한패. 그래 몽고족이나 몽고족 전체가 거기 살고 있지. 근데 게서 오색인종으로 나가지고 지금 세계 인구가 전부가 다 거기 와서 죽지 않고 살아가지고 나가서 나라 만들고 뭣하고 그래가지고서 된 겁니다.

그래 그 가르치는 중에 먹고 살기만 하는 걸 가르쳐줬느냐? 유물론, 우리가 살아서 보는 걸로 이것도 보고 저것도 보고 해서 먹는다 산다. 가족들 … 모여야 된다. 뭐 이렇게들 해가지고 차차차차 한 것이 유물론입니다. … 가르친 것은 외국이나 우리네들이나 다 마찬가지지. 그래가지고 나온 겁니다. 그런 중에 유심론(唯心論) 물건만 놔두고, ○○○만 놔두고, 실지만(실제만) 놔두고 하는데, 뭣 쓰고 정신을 가지고 쓰는 놈이 있으니까 정신을 가지고 쓰는 놈이 ○○○해서 … 호흡하는 법을 … 누가 호흡 않겠습니까? 동물 쳐놓고 호흡을 안 하면 죽으니까 다 호흡을 하고 지내는데도 사람은 더구나 똑같이 호흡을 다 하는 것이지만 그래 같은 호흡이지만 이거를, 호흡을, 조식을 해라.

고르게 이렇게 저렇게 하면은 머리가 맑아져 천지만물 ○○○이 다 달라 좀 잘하는 사람도 있고 못하는 사람도 있고 재질의 청탁으로 좋아하

는 사람도 있고 좋지 않은 사람도 있지마는 이 조식을 해가지고 공부를
… 하면 머리를 … 다 좋아집니다. 몸이 건강해집니다. 그래가지고 전부
조식을 시킵니다. 조식을 시키면 그래 뭣 때문에 시켰느냐? 기능을, 육신
의 기능을 향상하기 위해서 첫 번에 시킨 거예요. 몸의 건강을 너무 건강
이 약하면 얼마 안 가 죽고 그러니까 건강을 하기 위해서 그걸 가르치신
거예요.

그래 인제 거기서 지능에 대해서, 자기의 지능에 대해서 늘이고 안 늘
이고 하는 것을 요 뒤에, 얼마 뒤에 백두산족 천재로 이름난 공자, 공자가
여기서는 중국사람인 줄 알지만 백두산족입니다. 백두산족의 한 사람이
에요. 공자가 당신의 조상, 한배검이 첫 번에 말한 … 호흡법 이거 얘기하
실 적에 뭐라고 하셨냐? 본디 천재라고 만재라고, 머리가 좋은 사람을 천
재라고 그러잖아요? 천재나 보통사람이나 둔재나 그 차이는 있는 거여.

차이는 있는 건데 공자가 제자들한테 뭐라시고 뭐라고 하셨는고 하니
생이지지(生而知之: 태어나면서 앎)나 학이지지(學而知之: 배워서 앎)나 곤
이지지(困而知之: 힘들여 앎)나 어려서부터 머리가 좋아서 천재들 되시는
생이지지 하는 사람이나 학이지지나 배워서 배우면 잘 아는 사람이나 근
데 ○○○가 생이지지만은 못해도 학이지지란 사람은 그래도 요새 같으
면 중간 … 이렇게 되는가 보지요. 그리고 끄트머리에 곤이지지 그건 끄
트머리에 저 끝에 가서 약간 … 사람들 … 그런 사람이라도 지지(知之: 아
는 것)는 일야(一也)니라.

끄트머리에 가서 알어만(알게만) 되면, 알게 되면 다 똑같다. 이 사람
이 아는 거나 곤이지지한 사람이 아나 학이지지한 사람이 아는 거나 똑
같으니까 그리고 … 백두산 … 선천적으로 머리가 부족한 사람이 선천
적으로 좋은 사람 머리를 따라 갈 도리가 없어. 그런데 그건 법이 아니
고 조식을 하면 된다는 게여. 조식을 하면 그 사람 따라가고 그 사람하

고 헐 수가 있어.

그래 인제 그거를 거기다 다 하시지는 못하시고, 저 뒤의《주역》계사전(繫辭傳)에다가 그거 해설을 뭐라고 하셨는고 하니 "역(易)은 무사야(無思耶)하며 무위야(無爲也)하여 적연부동(寂然不動)이라가 역이라는 건 사사로움도 없고 생각도 없고 뭐 하는 거 같지 않은데 적연부동이여." 가만히 있다가 적연부동이라는 게 무슨 소리예요? 적연부동이라는 게 가만히 앉아 움직이지 않고 천하의 연고를 다 환히 볼 수가 있다. 공자 같은 성자가 뒷사람들한테 조심하라 써놓았는데, 공자 같은 성자 아니고 보통 여기서 성자인 체하는 사람도 거짓말하기가 어려운데 동양의 성자로서 이 뒷사람한테 거짓으로 기록해놓으셨을 리도 없고 그래서 이게 무슨 소리인가?

호흡하다보면 적연부동해야 됩니다. 가만히 앉아서 … 호흡만 곱게 하는데 곱게 해서 늘여요. 우리가 보통 10초 호흡이 보통인데 이거를 20초, 20초, 40초, 이렇게 늘여가지고 훨씬 늘여요. 훨씬 늘여가지고 2분이 되든지 2분이 되든지 한다면 … 머리는 훨씬 낫습니다. 그래 왜 그러냐? 심파만별론(心波萬別論)이여. 이 호흡이 들락날락해서 출렁출렁하니까 여기 와서 비추는 영상 같은 것이 적게 비추지만 고르게 길게 호흡이 쭉 골라지면 이 심파가 골라지면 ○○○처럼 환하게 맨들맨들해지고 … 생각하면 그 자리에서 한 번에 기억되면 두 번, 세 번 잊어버리지를 않아요.

그래가지고 그러고 인제 첫 번에 이 호흡을 해가지고 한배검이 제일 백성들을 가르치시기를 뭘 가르치셨는고 하니 홍익인간(弘益人間) 해라 그러셨어. 너희 싸우지 말고 다투지 말고 홍익인간 해라. 인생 목표를 홍익인간 이념으로 해라. 홍익인간이라는 것은 넓게 인간의, 인간을 서로 사랑하고 서로 위해줘라. 그러면 홍익인간 이념이라는 것은 우리가 한국 사람인데 한국 사람끼리만 너희 잘살아라 그 소리 아닙니다. 세계 인류가 다 똑같으니까 세계 인류를 다 고루 고루 정, 나같이 생각하면서 서로가 사랑하고 사랑하라 그 소리여.

그래 그 양반이 이 홍익인간 이념을 … 공자가 그걸 부연해서 부연한 소리가 뭐라고 하신 줄 알아요? 공자 지금 여기선 이 선지자 머리가 허연 이들도 공자는 중국사람으로 알아요. 공자는 절대 중국사람 아녜요. 백두산족이지. 그래서 인제 이 한배검이 말씀한 홍익인간 이념을 설명했어요. 뭐라고 했느냐?

《대학》혈구편에 가보면 첫소리가 이겁니다. 네가 누구든지 지가, 네가 앞사람한테 바라는 바가 있거든 앞에 가는 사람한테, 김씨라고 하는 사람한테 바라는 바가 있거든 네가 먼저 그걸 네가 먼저 그 사람한테 해줘라. 윗사람한테 바라는 바가 있다면 네가 네 아랫사람한테 먼저 해줘봐라. … 위 아래를 네가 먼저 시작해라. 그러면 그 사람이 해롭지 않게 다 해주면 그 사람이 그 사람한테 해롭게 할 까닭이 있어요? 이게 홍익인간이야. 거기서도 뒷사람을 잘하고 못하고 편잔 말고 똑같은 사람이라고 하고서 같이 집안의 형제가 아니라도 형제같이 해줘라. 그게 홍익인간이여.

그리고 중국 때도 공자적부텀도 벌써 예전 이 성인이 우리 이 저 백두산족이라는 것을 중국서 부텀 해. 그러니까, 그러니까 그거를 없애주기로 했다구. 요임금, 순임금이 제일 꼭대기로 압니다. 요임금, 순임금이 제일 꼭대기로 아는데, 공자는 요임금, 순임금이 제일 꼭대기 아니었다는 것이에요. 그래 계사전에 가보면 복희씨가 천하의 왕 노릇 할 적에, 복희씨가 … 복희씨가 볼 때는 그 양반,《주역》만드신 이가 첫 번 ○○○이가 천하의 천제라고 … 복희씨라면 이쪽에서 백두산족에 하던 이여. 그래가지고 자꾸 그래가지고 거기서 무슨 씨, 무슨 씨, 무슨 씨 해서 족 내려오는 이가 거의 다 여기 백두산족입니다.

그래가지고 요임금, 순임금이 제일 마지막이에요. 요임금, 순임금이, 요임금도 백두산족이고 순임금도 백두산족이에요. 그래 제일 마지막 됩니다. 그래가지고 공자가 《서경(書經)》이라는 게 역사인데 《서경》이라는 중국 역사를 쓴 거예요. 역사를 써 놓았는데 요새 말하는 연대, 연대 이렇게 쓰지는 않더라도 나라, 나라 해 내려온 그걸 갖다가 《서경》이라는 게 역사를 내표로(?) 쓴 거예요.

그래 요임금이 순임금 … 나와서 … 나왔으면 요임금이 순임금한테 나라 주시면서 첫 소리가 유정유일(惟精惟一: 오직 하나로 집중하여)이어사 윤집궐중(允執厥中: 모름지기 그 가운데를 잡아라)이라 그래요. 심법을 전하는데 오직 정하고 오직 일해야 정일해야 윤집궐중이야. 그 가운데를 잡을 수가 있다. 그래 유정유일이어사 윤집궐중이라 그때는 뭘 무슨 소리여 그게 ○○○하기 전에 푸를 청 한 자하고 한 일 자하고 또 ○○○할 때 그거하고 유정하고 ○○○하고 유일 한결 같아라. 그래야 윤집궐중이라서 가운데를 잡는다. 그거 무슨 소린지 모를 거야들. 그런데 그걸 다가 이 가운데 중 자를 이래 해놓고 이렇게 죽 그었는데 한 일 자를, 뭣이 되느냐십 자가 됩니다. 동그랗게 이렇게 네모반듯한 십 자(十)가 되요.

그래 이 가운데에서 점을 찍어 놓고보면 동서남북 상하좌우가 어디랄 것도 없이 똑같아요. 균일하게 … 말고 고르게 해라는 것이에요. 그거를 요새 역학에 말씀 언이라고 하는 데서는 공사로로, 공사로로 가서 우회를 해. 헌데 이것은 입체돼야 되지 이렇게 사방 다같이 서로가 잘 지내는 것이 공사를 하는 사람은 잘 살고 공사를 안 하는 사모님들은 (?) … 공사를 하든지 뭘 하든지 간에 서로 사랑하고 서로 잘 살아가는 게 그것을 조상이 내려온 대로 … 첫 번에 숨 쉬는 공부를 해라 하는 것이 조식법이에요. 숨을 쉬는 법을 가르쳤다는 거, 숨을 쉬는 법을 가르치는 것이 그대로 내려오는 것이 … 잘하는 사람은 성자가 되고 그 다음은 성현이 되고 그 다음은 군자들이 되고 그 다음은 보통 백성들이 될 텐데….

이게 주나라, 주나라 강태공이, 여러분들이 강태공이는 아실 거 아닙니까? 강태공이가 우리나라 한 백두산족이 중국 들어가 선조로부터 지켰는데 그걸 밀어내고, 밀어내고 자기들 저 곤륜산족 건너온 사람들이 와가지고 밀어내버릴 적에 우리 예전 내려오던 법칙이 거진 다 없어졌어요. 거진 다 없어지고 그래서 공자님이 … 남게 해줘서 우리는 호흡법이라는 것을 계속들 해서 공자의 십대 … 넓다 넓다 하지만 그게 어찌 그런지는 모르겠습니만 그래가지고 신선들이 많아요. 호흡한 사람들이 많아요.

그래도 건국 때까지는 우리나라가 만리장성 이북을 지키고 있었습니다. 만리장성 이북을 … 지켰는데 우리나라 역사가 망한 게 언제냐? 우리나라 역사가 망하고 우리 민족들이 아주 땅 속으로 들어가고 이렇게 아주 납작해진 것은 … 신라 통일한다고 할 적에 신라의 삼국통일한다고 할 적에 에 그 뒤부텀은 우리나라가, 백두산족이 여지없이 패망을 합니다.

신라 통일에, 이세민이가 통일하기 전에 이세민이가 고구려를 치러 들어왔다가 일패도지해서 아주 그냥 여지없이 저 연개소문이한테 쫓겨 나가지 않았습니까? 그래 두 번째 들어왔지. 두 번째 들어올 적에 이 신라에서 동맹을 하고 신라에서 맹을 하고 또 연계소문이 아들 형제가 있는데 형제들 … 싸우고 저희끼리 싸우니까 저쪽에서 그냥 앉아서 그냥 먹은 거지. 그래가지고 고구려가 망하고 백제가 망하고 그래 삼국통일했지. 여러분들 삼국통일할 적에 신라가 대성업(大聖業)이라고 그러는데 삼국통일 성업이라고 그러는데 이 성업의 중심 자리가 어딥니까? 여러분들 역사 보시면 알거예요.

신라 통일해서 삼국통일할 적에 얻은 땅이 어디냐면 신라가 얻어서 삼국통일한 땅이 … 만주 전체하고 서백야(시베리아) … 몽고하고 장성 이북 수만 리 되던 그 땅을, 중국 본토에도 산동성, 산서성, 직예성(현재 하북성), 하남성해서 네 성이나 이쪽에 들은 백제 땅입니다. 그래가지고 있던 그것을 다 이세민이한테 바친 거예요.

그래 놓고 여기 차지했다는 신라가 차지한 것은 신라가 안 가졌던 데는 … 그러니까 전라도지 그러니까 전라도하고 충청도 그거하고 경기도 좀 하고 강원도는 다도 못 차지하고 반쯤 차지해요. 그거 차지하고 다 빼앗기고, 인제 그때부텀 우리 한족 여기 백두산족에서도 이만큼 있는 사람은 그때부텀 지금까정 이러고 있는 겁니다. 만주 한 번 다시 못 찾고 몽고도 못 찾고 서백야(시베리아)는 여기도 그러지. 그냥 뭐 싸움하고 그랬나? 그냥 죽 죄다 만들어버리지 그래….

그래서 인제 삼국통일하기 전까지는 … 고구려 적에 백제 적에 전했습니다. 전해내려 오던 건데 신라 적에 와서 최고운집(崔孤雲集: 최치원 문집))을 보십시오. 최고운도 당나라 가서 … 당나라 대국이지, 우리나라 자립해서 넉넉히 지내던 건데 당나라 대국이니까 대국의 큰 천자 나라니까 거가서 벼슬을 해서 … 거기서 당나라에 대해서 한마디라도 더 … 그짝으로 들어갔다가는 또 무슨 일이 날지 모르니까, 당신 공부한 것도 여기서 얻어가지고 이 호흡법을 해가지고 공부해서 성공한 사람이 당신 공부한 것도 중국 들어가서, 종남산(終南山) 가서 종남산 도인들한테 공부를 했다고 해요. 말하자면 거짓말한 거지. 거짓말 안 칠 수가 없어. 여기서 우리가 해서 했다면 거기서 또 무슨 소리 할까봐 그게 보기 싫으니까 종남산 가서 … 그래서 여기 학자님들은 "아, 이거 종남산에서 전부 얻어가지고 온 거야" 이런 소리들을 얼빠진 사람들이 자꾸 합니다.

그래 인제 그중에도 삼국통일해가지고 이세민이가 제일 먼저 없앤 것이 무엇인지 아십니까? 우리나라 4,000년인지 5,000년인지 1만 년인지는 역사책, 역사를 경관(京觀)이라고 했어요. … 경 자 하고 집 관 자, 집 관이라고 하는 것이 경관처럼 이런 집을 짓는 겁니다. ○○○로 마찬가지로 써요. 경관이라고 하는 데다가 그때 시절은 그때 써놓고 그때가 없을 때에는 전부 … 그런데 경관 책을 해놓은 것이 이세민이가 제일 먼저 삼국 통일할 때 자기가 차지해서 … 놓고선 경관부터 부쉈어요. 경관부팀 없애버렸어요. 이걸 없애야 백두산족이 다시 일어날 소리를 못해요. 역사를 모르니까 그렇다고 그것부터 부셨는데 … 경관자리가 어딘가?

그래 지금 … 그래 경관이라면 어떤 집터 무슨, 무슨 … 돌 절이나 보문산이니 무슨 산이니 … 이런 정도로 알았어요. 경관 터라는 데가 지금 현 서울보담 훨씬 큽니다. 중간에서 중간에서 사방 100여 리까지도 그게 경관 이게 터라구 그 넓은 데다가 그 전부 허던 대로 다 적어났던 역사들 적어놓았던 덴데, 이세민이가 그것 두었다가는 이쪽에서 알고 조사하고 연구할까봐 우리 조상들 신라 … 우리 조상들 신라 때 신라양반들 참 딱 해요. 그래가지고 백두산족이 아주 그만 황폐해져버려 그 뒤부팀은 황폐가 되었어요.

제가 중국을 다니면서 거기서 당기는 도관에도 가고 뭐 역사관에도 가고 책 나는 곳도 가서 책도 들여다보고 이러고 돌아다니면서 보는데, 거기서는 여기 비결 모양으로 여기《정감록》이라고 비결 책이 있잖아요. 그런 비결 모양으로 중국은 중국대로 비결이 있어요. 여기 중국 말년에 봉황이 동래(東來)해요. 우리가 봉황 봉황새가 동쪽에서 오면 중국은 금계(金鷄: 금닭)예요. ○○○인데 … 꼼짝 못하게 죽여버린다고 거기서 꺼리는 것이 조선사람들 머리 좋은 놈 천재가 났다고 제일 꺼립니다. 그래 들으면 중국 저쪽을 ○○○있다고 해가지고 제일 꺼리는데 백두산에 그 근처로 가서 보면 중국까지 들어가는 게 아니고 장성 이북, 만리장성 이북을 백두산 족이 차지하고 있었습니다. 그건 어딜 가든지 도장을 가든지 어딜 가든지 너희 차지 장성 이북이지 여까정은 안 해도 좋아 이런 소리 하지 그건 저희들이 당할까봐 미리 양보를 한 겁니다.

지금 중공을 가보십시오. 중공을 가봐해도 이야기, 이야기 하도 너희들이 예전 역사에, 역사에 … 어떻게 할 거냐 이렇게 보면 … 우리가 만주까정 서백야까정 … 어떠냐? 이렇게 합니다. 여러분들이 꿈도 안 꾸대요 이러구난 뒤에 지금 현상 우리를 보면 남북통일이 어디 됩니까? 남북통일이 오늘 내일 될 거 같지 않아요. 통일이 돼야 되지 당연히 돼야 할 텐데, 그게 그 통일을 남은 남대로 북은 북대로 단합이 잘 되가지고 통일이 돼야 되는데, 북적북적 이렇게 저 비빔밥을 만들어가지고 통일을 하시는 겁니다. 그 비빔밥부터 옳게 돼야 될 듯합니다. 그래 저는 지난 얘기 단학이 나오는 유래부터 조금 얘기했습니다.

이거 시간이 너무 길어서 좀 죄송합니다. 그런데 그건 지난 일로 해버리고 단학이라는 건 그래가지고 내려오다가 이조 와서, 이조가 아닙니다. 고려 적에 내려와서 김부식이라고 역사책 보시면 알 거예요. 김부식이라고 하는 이가 원나라 편을 들어가지고 원나라에서도 왜 우리나라 조상의 역사를 말살시키려고 했는고 하니 은(殷)나라 만약 우리나라 그 저 역사가 나오면 은나라라고 하는 것이 우리 백두산 족의 제일 꾀바리(맨아래)입니다. 제일 꾀바리, 제일 찌꺼기 노릇만 하고 다니던 거예요. 그것인데 그것이 만약 나오면 저희가 챙피하니까 우리나라에 다가 그런 역사가 나올까봐 싹 없애라고 해가지고 김부식이 그 말을 듣고서 여기 고려에, 고려에 나와가지고선 뭣을 했는고 하니 3년에 일조세(?) 3년이면 한 고을 한 고을씩 전부 뒤져가지고 우리나라 역사 한배검이 뭣했다는 누가 무슨 산에서 공부를 했다 뭘 어쨌다 하는 이런 역사가 나오면 불살라버리지. 만약 자기 집에서 그게 나오는 사람은 그걸 감춰두었다 나오는 사람이면 그래 지금은 우스운 소리죠. 우스운 소리지만 그 전에는 그거 나오는 집에는 그 자손들을 과거를 못 보게 해요. 과거를 못 보면 예전들은 쌍놈이니 양반이니 할 때니까 쌍놈 된단 말이요. 농사나 지어먹지 벼슬을 못하게 되는 거지. 그거 그래 망하는 거 아닙니까? 그 집이, 망하게 되니까 있는 사람은 갖다 바쳤지. 당연히 그래가지고 3년에 일조세 5년에 한도 10년이 되면 한 전부가 갖다 내놓고선 전부 차지해버렸다 말이여.

그런 짓을 할 적에 우리나라의 … 무슨 공부하는 법이나 이렇게 나왔을 리가 없는데 이조가 될 적에가 이조가 이제 조선에 태조가 시작되니까 그때 임금도 산에 가 공부한 얘기가 있었어요. 그래가지고 이조 초부텀은 그걸 그냥 묵과하니까 공부할라고 하는 사람들이 가끔 나왔습니다. 그래 우리나라에까지 단학이 이조 초년에서 임진년 전까지는 좀 왕성했어요. 왕성해서 여러분, 여러분, 유가(儒家)에나 불가(佛家)에나 여러분이 다 아시는 바와 같이 우글우글해서 요새말로 이인(異人)인지 아닌지 그걸 몰라요. 허지만 어쨌든지 계제가 나오신 분들이 여러 명입니다.

임진난 적에도 송구봉, 송구봉이 저 임진난 조금 전에 동고 이준경, 율곡, 또 저 남쪽에는 조남명, 송구봉의 제자, 제자 중에서 사계(沙溪) 김장생, 그래 여러분입니다. 황희(黃喜)도, 퇴계, 퇴계 선생이 남쪽에서 고단자는 아니지만 중단이 넘어요. 중단이 넘는데 다 아는데 우리 단학계에서는 속이지를 못합니다. 그 사람이 그렇게 되면 무슨 계제에 올랐다고 계제에 이렇게 표 긋는 거 모양으로 계제 아는 놈은 대번 알아요. 아무개 몇 계, 몇 계 이렇게 한 것이 다 써놓은 거나 마찬가지로 아는데 그 자손들은 퇴계 자손들은 학자님이니까 유학자니까 이런 거 알았다면 크게 남 부끄러운 줄 알고 우리 조상은 그런 거 안 했다는 거예요. 안 했다고 잡아뗍니다. … "이 사람아 너희 할아버지가 한 것이 이걸 한 것이 확실한데 안 했다고 하나?" "아, 그 남들이 그러는데 우리 조상 그런 거 안 했어요."

퇴계라는, 퇴계부텀, 왜 퇴계냐고 내 자꾸 물어요. 왜 물리칠 퇴(退) 자하고 저 시내 계(溪) 자는 왜 시내 계 자를 썼느냐? 헌데 도원인데, 도원이 도암인데, 도암을 빼버리고선 왜 그걸 갖다 … 그게 왜 전설이요 전설이라고 엉덩이를 쓰다듬어. 그 양반이 앞에서 있는 데가 물가예요. 사는 데가 물가인데 강물이 출렁거려서 물소리, 물이 많이 들어가지고 산꼭대기 조그만 데에요. 원이라고 조그만 데요. 사람 몇 집 안 사는 조그만한 덴데 물이 강물이 쓸려 많이 들어오니까 용자(龍子: 용왕의 아들), 그 역사 같으면 우두머리 무슨 소설책 같은 데서 용자가 와서 퇴계한테 공부를 하는데 용자인줄 알어 퇴계가. "날마다 저 물소리, 물소리 때문에 내가 귀가 아파 죽겠다" 하니 "걱정 마시오" 갔다 오더니 물이 밀려나가지고 저 밑에 가서 여기 안들이(들이쳐) 옵니다. 그 물이 얕아졌어. 그래가지고 그 양반이 퇴계라고, 저 개울을 시냇물을 물리쳐냈다 해서 퇴계라고 했습니다. 그런데 "아, 그런 게 아니고" 그 자손들은 그런 게 아니래. 우리 조상이 그럴 리가 있냐고 그럽니다. 그게 다 우리들은 공부한 사람들은 다 압니다.

그래 이것이 단학의 유래라는 게 그래가지고 자꾸 내려오다 임진난 때까정 한참 성했지. 임진난 때까지 한참 성하다가 임진 다음에 광해군이 … 박엽(朴燁)이를 평양감사를 시켜서 10년 양병을 시키고 박엽이를, 그리고 이 양반이 그때 명나라 끝이니까 북쪽에서 청나라가 꾸물꾸물 하니까 청나라 누루하치 그거 물러내기는 … 넉넉하니까 쓱 밀어낼 거니까 그걸 할라고 운동을 했어요. 운동을 하는데 한편에서 인조대왕파지 인조대왕파가 인조대왕 그 양반들이 업을 올렸지(?) 그러다는 말하기는 쉽죠. 조그만 나라가 큰 나라 건드리면 이 나라가 다 망한, 멸종될 거니까 안 된다 하고 광해군을 쫓아낸 거예요.

그래 광해군이 쫓겨나고 여러 사람이 죽으니까 이러니까 그 뒤에 이 단학하기를 찔끔 했습니다. 단학, 산에 들어가 공부하는 사람이라면 말이 좋죠. 산에 들어가 공부하면 "저 놈 역적모의 할라고 산에 가서 모의한다"고 죽자 살자 이렇게 하니까 사람이 들어갑니까? 못 들어가죠. 그래도 몰래 몰래 단학을 하는 사람들이 계속 있기는 있었죠. 그러다가 이조 말년에 갑오 이후에는 그게 없었죠. 갑오년(1894년)까지는 거기 있었지만 갑오 이후에는 우리가 그 이 개화한답시고 이래가지고선 이런 거 … 산에 가서 공부들 한 것이 내가 단학에 첫머리에 단학 나올 적에 그 저 삼비팔주라고 하는 사람들 누구, 누구, 누구 쓴 것이 사실입니다.

그 사람들이 공부했다는 것 그 뭐라든지 뭘 했다는 건 사실 다 그대로고, 천문 지리 뭣이든 다 잘했어요. 거 그 사람들뿐이냐 그 사람 말고 수가 많았어요, 공부한 사람들이. 그러나 많아 봤자 일정시대 때 뭣합니까? 허지 못하고 아무것도 못하고 말 안 하고, 운대로 갑신, 을유년에 광복되는 바람에 됐지.

그러고 이 저 공부한 사람들 화가 나니까 산으로 사방 흩어져가지고 있었어요. 저두 그《단(丹)》에 첫 번에 단 책이라고 하는 데서 썼던 삼비팔주 그분뿐만 아니라 그 시대 때 술객(術客)들을 많이 만났습니다. 수, 여러 십 명을 만났는데, 만났어야 그게 독립하는 데 소용이 안 돼요. 독립이라는 건 백성의 마음으로 돼야지 무슨 술수로 됩니까? 그러니까 화가 나니까 중국 들어가서 한 40년 쫓아다니며 돌아다니다가 거기서 인제 백두산 관계 거기에 예전 묵은 역사 찌끄러기 역사들 전해 내려온 말 그거는 많이 봤습니다.

그거를 보고 일정시대에 지가 산에다가 움막을 지어놓고, 큰 움막은 아닙니다만 초가집으로 한 방이 너덧 개 되는 걸 만들어놓고, 거기다가 양식, 양식 준비해두고 반찬 준비해두고 산에 들어가 공부하는 사람이 내려놓고 … 식사를 가끔 … 그래 놓고 저는 중국을 들락날락하고 뭣을 하니까 일정시대에는 요시찰, 고등계 요시찰로 몰려가지고 제 맘대로 어디를 오래 앉아 있지도 못합니다. 저 땜에 남이 손해나면 안 되죠. 그래 해방이 되니까 괜찮지 해방이 되기 전까지는 일본사람 그 뭐라고 할까

헌병대 유치장에 … 유치장에 한 30번 들어갔어요. 30번 들어가서 아주 그놈들 머리가 ○○○하니까 내가 무슨 ○○○하니까 고생만 했지. 감옥에 들어가서 오래 감옥살이는 안 했습니다. 이것이 유래는 그래가지고 내려와서 지금까지 내려오던 겁니다.

지금 내가 단학이라고 해 가지고 책을 나눠주고 저희 집에서 여럿이들 단에 대한 질문이 나오니까 저희 집에서 한 10개월, 한 18개월 치렀을 거예요. 그렇게 치르고 나니까 제게서 한 두 달 듣다 가면 벌써 또 나와서 또 하나 간판 붙이고, 무슨 단학, 무슨 수련, 사람 뭣이라 뭣이라 써 붙인 것들이 그뜩 나왔습니다. 그때 한참 나왔을 때 한 60개 됐습니다. 지가 ○○○없어요. 와서 여기서 보고선 … 하지만 저희가 날 가르쳤답니다. 그러기도 하는데 가만히 내버려두었어요. 내버려두었는데 우리 앞에 있는 공부하던 사람이 그래 이러다간 큰 망신하겠다고 우리가 정식으로 단학을, 이 호흡법을 알으켜(가르쳐)주는 뭣이를 하나 맨들어다가 저기서 저 계룡산에서 처음 시작해 60년 전이니까 60 년 전이니까 그때 … 단학수련해서 … 했던 것이 지금 한 6~7년 되요. 한 6~7년쯤 됩니다. 이것을 수련하는 방식이 다른 곳에서 별소리를 다해요. 수련 방식이 같이 나왔어도 지가 뭘 듣고서 공부를 했네 무슨 공부를 했네 해도 가서봅니다. 슬슬 가서 보면 내게서 댕겨간 사람이 10이면 거기서 7할은 내게서 댕겨간 이여. 내게 와서 한 달 두 달 하던 사람들이 7할은 됩니다. 아주 내가 보지 못한 사람들이 한 2할 되지. 봐서 그런 것이에요. 거기서 나온 걸로는 일본서 가르치는 것, 소련서 가르치던 것, 미국서 배운 것 그래가지고 와서 단학이라고 주장을 합니다, 기합술, 기합술, 체련 연습법 무엇이 그런 걸 배워서 전부 ….

이것을 수련하는 법은 간단합니다. 간단한 것이 호흡을 고르게 한다. 하루 종일 할 수는 없어. 직장 가진 사람이 종일 할 수는 없으니까 오전에

한 시간, 오후에 한 시간, 두 시간 쯤만 해라. 두 시간 쯤만 하는데 조식을
해서 고르게 하면은 첫 번에 10초도 그게 잘 안 돼요. 5초 들여 마시고 5
초 내쉬고 하는 거 그냥 길었다 짧았다 하는 거 시계를 보고 해야 됩니다.
시계 보고 꼭 들이마시고 내쉬고 들이마시고 내쉬고 그리고 될 수 있으
면 … 기를 … 몰아 내리고 오래 참지 말고 바로 내보내고 … 하라는 거
예요. 오래 참으면 지식(止息: 숨을 멈춤)입니다. 지식은 일본사람들이나
중국사람들이, 주먹 쓰는 사람들이 하는 겁니다. 주먹 쓰는 겁니다. 기합
술입니다. 들어가서 뭐 깨고 이러는 거 거기서 하는 거지 우리의 ○○○
는 안 하는 겁니다.

거 지식 말고 조식(調息: 고르게 숨쉬는 것)만 해요. 조식만 해서 나가면
그게 10초가 20초 되고 30초 되고, 지금 ○○○에 한 지금 1분대가 있다
고 자기들이 자꾸 하는데 진정한 1분인가 아닌가는 모르겠어요. 1분이
넘는 사람들이 여럿이 말은 한 2분 호흡, 3분 호흡하는 사람들이 있는데
진정한 호흡법대로 3분인가 그건 모르겠어요. 지가 … 상대를 해주지 않
았으니까 모르지만 어쨌든지 이게 호흡이 1분에 가깝다면은 머리 이것
이, 기억력이 30초 들이마시고 30초를 내쉬는 걸 고르게만 하면 1시간이
고 2시간이고 고르게만 한 사람이라면 기억력이 자기 기억력의 이렇게
하고 셋은 됩니다. 자기 기억력의 … 이렇게 … 말고 셋 넷 합한 것까지는
됩니다. 1,000자를 읽는 사람이면 5,000자는 문제없이 됩니다. ○○○이
됩니다. 그래 ○○○가 그걸 오늘 본 걸 내일, 모레, 글피 되어라도 싹하
고 호흡하고 앉아 있으면 고대로 하나도 빠지지 않고 다 보입니다. 해보
십시오. 해보시면은 해보면 알아요. 그러니까 정신수련이지. 정신수련해
기억력이 나아지는 거다.

기억력만 그냥 외는 것만 나아지는 것이 아니라 연구하는 것까지 나아
져요. 몸이 건강해지고 정신 집중이 잘돼서 기억을 하든지 연구를 하든지

하는 것이 수월하게 나아진다. 이제 고 다음에 여러분들이 제일 해야 할 것이 호흡을 안 하면 안 될 적이 있어. 호흡을 하시면 분수로 한 1분만 좀 지내 몇 달을 하든지 1년을 하더라도 1분만 좀 지나게 되면 과학자로서, 과학자로서 ○○○없다한 소리를, 1분만 지나면 여러분 중에 호흡을 야 중에 하셔서 1분 가까우면 나한테 오십시오.

1분이라는 호흡이 될 수가 있다고 나한테 한번 와보시오. 오시면 그거 사용하는 법, 1분 이상이 되가지고 사용하는 법을 똑바로 내가 두 무릎 딱 꿇고 앉아서 "우리나라를 위해서 고맙습니다" 하고 내가 절하고 알으 켜 드립니다. 1분 이상이면 무엇을 하느냐 지금 외국에서 원자탄, 수소탄, 뭣탄, 뭣탄 하는 설계, 얼마나 비밀히 감추어놓겠습니까? 감춰놓겠습니 까? 안 감춰놓겠습니까? 생각해 보십시오. 저희가 암만 땅속에다 파묻어 놨더라도 상관없어요. 땅속에다 파묻어놨더라도 상관없고, 원자탄이나 수소탄도 저 설계를 암만 저희들이 감춰놨더라도 그거는 깨끗이 알아옵 니다. 근데 거기에 ○○○는 안 돼요. … 저 놈들이 뭣까정을 지금 연구해 서 어디에 지금 맥혀 있구나 하는 것까지 그걸 알아요. 그거는 기술자로 다 안 배우고나서 하는 겁니다.

그래 인제 영국이나 미국이나 독일이나가 본디 그렇게 강국이 아녜요. 본디 강국 아니여. 미국이라는 게 먹을 거 없고 입을 거 없고 이민이나 가 서 거기 공짜 땅이나 사니까 이민이나 가가지고 거기 검둥이 땅이나 빼 앗아가지고 농사 짓고 호강할라고들 간 사람들이지. 거기 무슨 뭐 학자들 이 많이 갔습니까? 자본가들이 많이 갔습니까? 그래가지고 저희들이 거 가서 공부를 해가지고 ○○○를 좀하고 이것이 저 다른 데보다 넉넉하니 까 연구를 하고 해가지고 그걸 해 놓으니까 세계에서 껍적대고, 미국이라 는 게 200년밖에 더 되요? 300년 다 안 되죠. 그전에는 뭐요 아무것도 없 는데, 그럼 영국은 어떻니까? 영국 저 북쪽에서 해적 노릇하다가 … 첫 번에 뭐 했습니까? 그게 그것이 거기에서 자꾸 발명하고 뭣하고 하니까 세계를 제패하지 않습니까? 그래 그런 사람들한테 우리가 뒤떨어질게 뭐 있어요.

여러분들도 호흡을 해서 신과학의 … 나 자꾸 이럽니다. 원자탄, 수소 탄 독일의 수소탄, 원자탄 ○○○돼버린 거 아닙니까? 그런데 그거, 그거는 우리나라 남쪽에서 남한에서 그거를 막는 거 나온다는 겁니다. 틀림없이 나옵니다. 그거 맞은 놈한테 암만 저희들이 껍적대도 그거 가진 놈한텐 머리 숙이지 않을 수 없는 도리가 없는 겁니다. 그거는 나라하고 나라하고 싸우는데 그거를 막을 만한 머리를 가졌다면 이용후생(利用厚生: 이롭게 써서 삶을 윤택하게 함) 국가라 세계 인류에게 유리한 방향으로 얼마든지 할 수 있지 않습니까? 자꾸 되는 이들 저 단학에 대해서 얘기하라면 단학에 대해서 효력이 뭣 뭣 … 다른 무엇보다 그거를 제일 바랍니다.

하늘에서 … 여기 과학에 높이 나가는 거 과학에 지금 과학에 최첨단은 다 걷는 것 같아도 맥혀가지고 있는 데가 그뜩해요. 여러분도 잘 아실 것 아닙니까 이게 맥혀가지고 나가질 못하는 게 그뜩합니다. 의학계하더라도 의학계에 못 고치는 병이 얼마나 됩니까? 그뜩하지 않습니까? 그러니까 그러는 거 못 고치는 거라든지 기계에 지금 쓰지 못할 것인데 뭣을 하면 그걸 어떻게 할 건지 하는 것이 우리나라에서 몇 가지만 재주 좋게 나오면 ○○○니다. … 하나만 올라가라는 건 아녜요. 이 나라 이 민족이 올라가는 거예요. 바라는 것은 여러분이 공부를 해 이게 거기에 성공하시기를 난 비는 거지. 내가 이곳에서 여기 와서 얘기를 해서는 내가 뭐합니까? ○○○니까? 아무 소용이 없는 일입니다. 단지 내가 죽기 전까지는, 내 입이 닫기 전까지는 여러분한테 어디든지, 어디든지 다 다니면서라도 공부하십시오, 공부해서 백두산족이 다른 나라 족속한테 지지 말고 세계 평화운동에 앞잽이로, 여러분들이 지금까지는 저기 강 건너 바다 건너를 하늘같이 쳐다보지만 그것보담은 그쪽에서 우리 쳐다볼 날이 그리 멀지 않아요.

황백전환기라는 게 여러분들은 다 봐요. 우리 같이 늙은 사람은 못 볼지 몰라 해도 나한테까정 황백전환기 씨는 볼라고 했어요. 황백전환기가 되면은 우리가 뒷사람들한테 백두산족 조상들 그 암흑에 났던 조상님들이 이렇게 해가지고 우리 자손들이 잘 산다는 소리가 나올 게여. 그래 여기서 앞날을 여러분들이 나한테 말만 듣지 말고 공부하셔서, 이 오늘 들으시는 양반 중에도 대발명과 그 지금 저기서 뭣하는 거, 뭣하는 거 그것 막을 사람들, 큰 것은 그것이고 작은 것도 저쪽에서 … 이용후생 할 것이 하나 들어서 될 거 우리가 반만 들어가지고 … 그거 아녜요.

그래놓으면 우리나라는 자연 그냥 일시적으로도 남한테 앞서갑니다. 앞서야 합니다. 왜 조상들은 남의 나라한테 지지 않았는데, 이 지금에 와서 이렇게 쩔쩔매고, 그래도 요기 저 광복하기 전보담은 무던히 늘었습니다. 무던히 우리 백두산족이 이 남쪽사람들 그때다 대면은 백 배, 천 배 늘었어, 이 여러 가지가. 남한으로 있을 적에 광복했다고 첫 번에 나와서는 그거 저 미국놈이나 뭣시 저 소련놈들 발등 밑에 있었는데 지금은 제법 … 그래도 할 만큼 해서 긴다 소리 듣게 됐으니 그만해도 꽤 많이 올랐는데, 그걸로 족하지 않아요. 남북통일해가지고 요 백두산족 단합시켜가지고 중인(中印) 저 중국, 인도, 조선 이거 합해지면 통일을 ○○○하면 안 됩니다. 우리의 황인종의 손을 딱 잡으면 ○○○합니다.

우리가 한 근 1,000년이나 백인종들한테 쩔쩔매고 지내던 그 … 황백전환, 이거 저는 황백전환기 때는 … 그걸 가지고서 저 밑에 가서 지금도 나 제일 꺼리는 게 뭐고 하니 박사님들이나 … 얘기할 적에 저 선진국들, 저 선진국들 소리하는 사람들 그냥, 그냥, 그냥, 선진국이 뭐냐 너희들 다 내버리고 남의 집에서 수양아들 노릇밖에 못할 놈들이라고 제가 욕을 합니다. 그래 우리가 선진국이야 망하기 전에 ○○○한 나라가 선진국이지 선진국은 늙어서 ○○○이 선진국이지 새파랗게 젊은 놈 코 질질 흘리는 것들한테 선진국이라고 그래요? 말만하지 말고 우리들도 선진국 저 사람들이 요 코, 코흘리개들이 우리나라 가갸거겨들 다 … 애들이 나오면 우리가 저 실습하듯이 가갸거겨 좀 배우게 해주십시오.

그래 우리가 애들 요만한 게 유치원에 다니는 애들 ABC는 갖다 하라면 하는데, 한글 가갸거겨 하라면 잘 몰라. 이런 놈의 세상이 어디 있어요? 여러분들이 힘을 써서 잘해가지고 서양 녀석들 어린애들도 얼른 배우는 게 가갸거겨를 먼저 알게 그렇게 되게 해주십시오. 다시 바라는 건 민족, 민족의 앞날, 앞으로 좋습니다. 앞으로 좋으니까 운은 좋은데, 운은 좋은데 나 아닌 다른 사람들이 소용 있습니까? 우리나라 사람들이 좋긴 다 좋으나 여러분들이 그 좋은 역군 노릇을 해야 합니다. 하루라도 속히 공부가 좀 더 되시고 잘하시게 해서 선봉장으로 발명의 선봉장으로 ○○○하면 그것이 이 나라 위하고…

봉우 선생님: 구시대들이 됩니다. 나는 여기서 저 정신 단학법이라는 게 딴 데서 하는 것, 어쨌든 호흡이 조식을 해야지, 조식 아니고 들어가고 나가는 게 똑같아야 되지, 조식이 아니고 대강 지식(止息)시키는 건 절대로 ○○○법 아닙니다. 그것만 똑똑히 알으시면 되요. 지식만 하지 말고, 입 벌리지 말고, 입 다물고 그러시면 해보세요. 해보셔서 한 달, 두 달 해서 한 1년만 좀 고생을 하시면 연구하시는데 ○○○ 나와요. 그것만 해도 얼마가 난지 모릅니다. 한번 본 거, 한 번 들여다본 거 잊어버리지는 않습니다.

여러분이 책을 본다면 책을 다 보고 다 했지마는 가다보면 오래 돼서 잊어버리니까. 생각이 든다든지 그거 찾아보려고 하느라고 시간이 걸려 찾을 거 없이 ○○○해서 저 어려서 유치원 적에 배운 것이 그냥 죽 나와 찾으면 얼른 얼른 나와 그것이 공부하는 데 효력이 난다는 ⋯ 어디 귀신이 와서 ○○○가 가르쳐준 건 아닙니다. 머리가 좋아져서 불현듯 ○○○해서 ⋯ 거 대학도 안 나오고 또 한문에도 학자도 아니고 생판 무식한 사람이 여러분 앞에 와서 이렇게 떠들어서 죄송합니다. 그러나 제가 실지로 중국을 다니면서 거기서 석학들하고 말로 싸움은 많이 했습니다.

말로 싸움은 많이 하고 일본 들어가서 지가 나이 많을 때 아닙니다. 열다섯 살 적입니다. 열다섯 살에 일본 들어가서, 일본서 그때 아홉이여 아홉. 아주 뭐 저 신문에 내고 뭣하고 뭣하고선 특별히 강습하는 덴 얼마고 뭣은 얼마고 얼마고 돈 받고 한다고 가르친다고 해서 신문에 그냥 커다랗게 났는데 이놈들이 뭣 가지고 이렇게 가르치나 하고 쫓아들어가 봤어요. 제일 첫 번에 간 데가 군중집회인 ○○○를 갔습니다. ○○○를 가보니까 검도 잘한다는 데야. 가만히 보니까 칼 가지고 이거 가지고 ○○○까지 칼에 이것이 ⋯ 똑똑히 ⋯ 않습니다. 그래 그녀석이 검도를 잘하는 녀석인데, 그래 기합술을 하는가보다 이렇게 봤습니다. 그냥 들어가 배우는데 한 달에 3원이에요, 수수료가. 그냥 들어가 이렇게 여럿 있는 데서 그냥 마구 배우는 건 3원이에요. 특별 강습이라고 하는 건 거기 들어가서 배워요. 들어가서 꿇어앉아서 그 앞에서 삥 돌아서 말로 직접 듣는 거예요. 그것은 25원입니다. 책임교수라는 건 지가 가르치는 건 이 사람도 할수 있게 가르치는 것 그건 100원입니다. 그래 100원 내고 들어갔습니다.

얼마나 잘 가르치나 보려고 100원 내고 들어갔는데 제일 첫 번에 뭘 거기서 가르치는고 하니 칼을 손을 딱 대놓고 이 칼이 조상님이래요. 지 엄마 일본놈 ⋯ 머리털 그렇게 뽑아가지고 여기다 이렇게 해놓고 ⋯ 종이갖다 대고 이렇게 대면 족 갈라집니다. 그런 정도여 그런 정도인데 이렇게 ⋯ 사람이 칼을 가지고 탁 쳐라 딱 내려서 치는데, 그래 저 녀석이 죽겠다고 그러다 안 칠라고 그러더니 치라고 자꾸 그러니까 치는데, 가만히 치라고 하니까 힘을 단단히 주고는 이렇게 내려 갈겼습니다. … 그러니 거기서 수천 명이 있는 수백 명 있는 사람이 그걸 보고서 믿어지지 어째 안 믿어집니까? 영자판(靈子板)이라고 있는데 나무로 이렇게 만드는데, 반들반들하게 맨드는데, 이거를 40장 족 이렇게 해서 40장을 놓고서 딱 놓고, 이래 놓고 억하고 소리를 백 지르면 아! 이것이 장당 해서 이렇게 놓은 거니까 죽 넘어가죠.

이렇게, 이렇게 그게 밥을 얻어먹고 25원 얻어먹는 재주여 보니까. 그래서 내가 칼 들고 있으니까 "내가 한번 쳐보겠다 당신 팔 내놓고 내가 한번 쳐볼 테니까 손 내미쇼." 안 내요. 그 녀석도 눈치가 빠한데 자기 호흡은 3분 호흡이요 자기 호흡은 3분 호흡인데 내가 그때 한 20분 할 때지. 그래 저 녀석이 내 쉬는 숨을 보았던 모양이지. 숨 쉬는 게 들어가는데 나가는 데 하는 게 보일 거 아닙니까. 그러니 숨이 1초라도 더한 놈이 … 그러니까 뒤로 빼달라고 나중에 하라고. 근데 그날 저녁에 돈 200원 하고 100원짜린데 돈 200원 하고 저 동경까지 가는 차샀하고 봉투에 줘 가지고 가라고 그래. 모조리 해서 여덟 군데를 갔습니다. 여덟 군데를 가서 다 돈 벌었어요. 한 300원 벌었어요.

한 군데를 가니까 기바라라고 목원(木原), 기바라 목원 그 집에 들어가니까 거기는 또 100원이여. 특별강, 저 책임 교습은 100원인데 100원짜리 내고 들어가니까 들어오라고 그래. 들어오라고 그러는데 다짜고짜로 저 선생 앞이니까 꿇어앉을 수밖에 없어요. 딱 꿇어앉으니까 첫소리가, 내 생각이 일본 놈이 어떤가 이걸 보러 간 거지 공부하러 간 거 아닙니다. 그런데 딱 하고 쳐다보더니 "기바라와 히도니시데 니쁜진니아라즈(목원이는 사람이지 일본사람이 아니다) 권태훈이는 사람일 뿐이지 조선사람은 아니다." 아, 녀석이 이래. 그러니 일본놈 조선놈 하지 말고 상대, 상대해서 이기자 날 먼저 안 거야. 저 놈이 왜 들어와서 저렇게 하는구나 이걸 먼저 안 거야. 지가 목원이래도 니 사조 선생이 제자들을 … 그래서 내가 가르쳐줄 수 없다. 가르칠 건 없더라도 여기서 그걸 구경은 좀 해라. 그 뭐 밥값 한 푼도 안 내고 그 집에서 돈 100원 준 거 도로 주고, 주고, 그 집에서 석 달 묵었어요.

그러니 뭐 내각총리나 원수나 뭣이나 뭣이라고 하는 고관귀족들이나 아무나 짓을 해도 그 일본사람들 본디 절 잘하지 않습니까? 그저 납작하게 대가리를 흔들어야 눈만 딱 감고 앉아 있지 대가리도 끄떡도 하지 않아요. 그게 첫째 ○○○입니다. 두 번째는 가만히 앉았는데 그러다가 한 마디 뭐라고 이르면 … 이놈이 대가리를 열 번씩이나 절하고 그래요. 끝이 하나 그대로요 그래 그 사람한테 저희 선생 미와사끼라고 하는 사람 집이라고 그런데 거기 주인이 최고잖아요. … 그러더니 그 도장 대표 사는 그래 인제 거기 가더니 아! … 어딘지 모르고 그냥 앉아 있는데 보니까 없어요. 그 위가 뭣인고 하니 일본의 … 고 위가, 그래 밑에 그뜩 했는데 그렇게 하고서 그 사람이 직접 뵈진 않았어요. 저는 구경만 했어요.

그래가지고 아! 일본도 공부 잘하는 녀석은 잘 하는구나 하는 생각이 났어요. 그래 거기 ○○○하고는 ○○○하는 사람이 오는 날인가 제자들 3,000명한테 부고를 냈어요. 자기 부고, 아무 날 아무 시에 12시지, 12시에 간다고 이래 부고를 죽 수천 장을 냈습니다. 그런데 그날이 대강연하는 날이야. 수만 명 놔두고 강연하는 날이야. 그러니까 선생님만 믿는 사람은 그날 보기로 했고, 보통 앉은 사람은 그 양반 자기가 죽는다고 지금부터 부고를 … 괜히 그래보는 거라고 그랬어. 그래 12시까지 강의했습니다. 그 저 강의 때 참석해서 딱 잡고 한참 뽐내고 그 사람이 강의 한창 하더니 12시 땅 치는데 소리가 없어요. 아무 소리도 안 나. 가부좌하고 앉아 있어. 일본사람이든 일본사람은 이게 ○○○이여 그런데 공부 아무 데, 아무 데 사람이나 공부한 거 아닙니까? 저기 난 그래서 거기서 인제 우리나라로 간다 조선으로 가겠다고 나와버렸습니다.

뭐 근데 그래도, 그래도 책에 있는 걸 봤어요. 그것들을 본 것이 내가 해방 조금 전입니다. 해방 조금 전인데 군사 책이 이런 책이 있어요. 이런 책이 있는데 "불령선인(不逞鮮人) 동태"라는 것인데, "불령선인의 동태", "만주 독립군의 동태" 이런 것인데, 군인의 군사 지침이죠. 군대라는 것 특징이여. 군대라는 건 특별하게 이렇게 쓴 게여 책이. 거기다 이렇게 써 놓은 건데 그게 왜 나한테 들어와 … 그 책이 나한테 들어 … 그 얘기를 … 그게 만주 용정 총영사관에 있던 겁니다. 그런데 거기서 용정 총영사관에서 두 개가 1소대를 … 거기 독립군들 조사하고 뭣하고 … 하느라고 만든 건데 아! 막 돌아다니는데 일본 여관 이쪽에서, 이쪽에서 일본 여관에 있으니까 일본 여관에 있을 때 그 뭐시 저 기상청(?) 사시던 분이 있어요. 둘밖에 없었어요. 나하고 만주 다닐 적에 ○○○습니다. 그저 처음 이 … 한두 명 … 그런데 저 뭐 … 기상청 사시는 거 모르지만 그거 ○○○ 쯤이야 수월하지 않아요.

일본 집에서 빤히 내려다보이는데 이래 보이니까 … 지가 재주가 뭐 있어요. 그래 … 조센진 … 거기 보니까 독립군들이 암만 얘기해도 독립군 자기네 자기 조사는 못해요. 거기는 무슨 총이 몇 개 뭣시가 얼마, 어디서 얻은 대포가 있고, 십자 포가 얼마 전부 다 적혀 있어요. 그래서 아무게 뭣이가 있고, 아무개 뭣이가 있고, 이거 다 적히고, 또 여기가 국내에서 독립운동한다는 사람에서도 왜 지지부진한 사람이 있잖아요. 겉으로는 독립운동 해도 속으로는 친일한 사람 있잖아요. 다 적혀 있어요. 여기 저 해방 뒤에 민족운동하던 사람도 총독부에서 한 달에 500원씩 받아요. 그 전부 다 있어요.

그래 표 해놓은 걸 보면 이거를 반은 돌았다는 하는 건 이렇게 해가지고 요렇게 한 것이고, 다 돈 놈은 반 동그래미에 가운데다 점하나 찍어

주고, 요건 다 돌아서 겉으로만 민족운동하는 기업이 속으론 이놈 일본사람 앞잽이다 하는 것까지 동그래미가 하나씩 있어요. 그 전부 다 조사했어요. 근데 이것을 그만 들키면 사형이에요. 근데 이거를 들켰어요. 이걸 … 근데 이렇게 들킨 게 아니고 싸서 천장에다 집어넣었다가 들켰지. 싸 놓은 거지 그러니까 이북에서 나온 사람인지 뭣인지 모르고 나한테다가 이걸 갖다 맡아라 이걸 맡을 수가 있나 그래 네가 갖고 오라고 했더니 지가 갖다 싸서 주니까 난 보지도 않았다 안 봤다고 했어요. 안 봤든 봤든 봤으리라고 보지 어째 안 봤다고 거 잘못하면 사살입니다.

그거 저 나를 ○○○할 사람이 책임질 사람이 지 애비 저의 삼촌이 여기 이거 ○○○했을 적에 그게 여덟째 갔었던, 저 함께 있었던 녀석입니다. 나를 군대 갖다 놓고 조사를 하더니 한번은 사진첩을 떡 가지고 오더니 … 여기 이사람 아느냐고 … 여기 이사람 아느냐고 그래서 아니라고 할 거 있나요. 그래 … 이 저기 시효 시효로 말합니다. 십억과 십원은 25년 전, 25년 전에 내가 글쎄 … 10년밖에 안 되는데 25년 전에 만주에 들어갔다가 만주에 들어갔다가 여럿이 뭣 하는데 동부까지 들어갔다가 민족운동할라고 ○○○때 나온 때입니다. 그러니까 실행법이 아니라는 거지. 그래가지고서 집행을 유예시켜 … 집행유예로 나왔어요. 그래도 그때 거 갔던 것이 그저 목원이 본 덕분에 죽지 않은 거 사형 안 당한 것만, 몰라 거 그때 사형당하는 게 더 나을지 모릅니다.

여러분한테 너무 지지한 소리 자꾸 떠들어서 미안합니다. 부디 여러분들이 호흡공부 좀 하셔서 여기서 조선에 새로 나오는 신발명 여기서 많이 나오셨으면 좋겠습니다. 그저 많이 나와서 조선이 세계적으로, 그 뭐여 그것만 많이 나오면 세계 우위 되지 그걸 바라는 거지 다른 거 하나도 안 바랍니다. 당신네들 건강이나 당신네들 돈 버는 거는 당신네들 일이지 내 일이 아니지 내 일이 아니고 어떻든지 공부 잘하셔서 우리나라 위하

는 신발명이 자꾸 봄에, 봄 마당에 싹 나듯이 자꾸 나왔으면 좋겠어요. 나
… 너무 오래해서 미안합니다.

〈호흡법, 조식법의 기원 – 문명의 새벽 한배님의 가르침〉

봉우 선생님: 좋은 게 아녀. 머리가 좋아져가지고 내가 알아가지고 예전 걸 보고 역사를 보더라도, '아 이랬구나. 이걸 이렇게 쓴 말은 이걸 이렇게 해서 한 말이로구나.' 내가 알아보고 쓰던 사람 써서 전하던 사람이 왜 전했나, 그걸 그 사람 먼저 써서 말하던 사람이…

여기 학자님들하고 한문학자님들하고 만나면 내가 유도회(儒道會) 책임자여. 그러니까 거기는 다 학자님이여. 학자님이 나더러 먼저 어른들이 해놓은 거 아니라고 한다고 안 좋아합니다. 이걸 떼는 것이 공자님이 하실 때 뗀 거 떼게 한 거하고 뒷사람이 나중에 해서 뗀 거하고 떼는 자리가 달라. 공자님이 생존해 계시면 "왜 이거 나는 이렇게 떼었는데 니들은 이렇게 뗐냐?" 이렇게 하실 텐데 말씀을 안 하시니까 자기대로 할 테니까.

그래 지금 공부를 하시면 풀어나가는 것 뭐든지 글제(-題: 글의 제목)를 내놓고 풀어나가는 거, 글제를 내놓고 풀어나가는 것을 푼다고 애쓰지는 않아요. 글제, 먼저 나왔던 사람, 나오는 사람이 뭣 때문에 이 글제를 내

---

171) 녹취: 박승순, 교정·주석: 정진용·정재승(음성 파일 없음)

놓았구나 먼저 압니다. 그러니 연구하는 게 아주 좋지.

나는 학교문을 잘 못 다녔어. 학교 문을 구경 다녔지 졸업을 잘 못했어. 건방지게 돌아만 다녔지 한문학자로 한문공부를 했다고 한문도 잘해야 하는데 한문도 잘 못해. 책은 봤어. 책은 십삼경(十三經) 1,338권 거의 다 외요. 팔만대장경 위에서부터 아래까지 그건 한 번씩 다 봤고. 보긴 많이 봤어도 책 본다고 책 다 ○○○한 거나 마찬가지지. 그래 그걸 봤다고 못하겠어요. 내가 부처님이여 뭐여. 십삼경을 다 봤다고 내가 그럼 학자님들이 학자도 아니여. 부처도 아니여. 선방(禪房)에서도 안거(安居)를 한 30번 치렀어요. 서른여덟 번 치르었어요. 그럼 내가 중인가? 나는 중이 안거하는 데 앉아서 타좌(打坐: 좌선)하고 앉아서 …소가 바늘 구녁으로 들어오는구나 하고 들여다보라고 …당신네들은 소를 찾는데 난 단학 … 단학이라고 그럽니다. 단학이라는 것은 …먼저 …있어서 …책쓰는 사람이 단이라고 써가지고 …됩니다.

여러분한테 말하자고 하는 것은 다른 게 아니고 호흡법입니다. 호흡법인데 호흡이라는 게 누가 안 하겠습니까? 사람으로는 물론이요 동물도 동물 쳐놓고 호흡 안 하는 동물이 있습니까 어디? 호흡은 그러니까 살아서 호흡 않는 동물 없습니다. 다 합니다. 사람도 "…호흡을 해도 그런데 호흡을 따로 배울게 뭐 있느냐? …다하는 호흡을 뭣 때문에 가르칠라고 하느냐?" 그러실 텐데, 우리가 예전 …첫번에 …연대는 모릅니다. 연대가 다 있었겠지만 역사가 …이 되어 잘 모르는데 한 1만 년 조금 넘으리라고 봅니다. 1만 년 조금 넘어요. 1만 한 2,000년 이렇게 되는데, 어떤 사람은 7만 년이라고도 하는데, 7만 년이 맞는지 1만 년이 맞는지 그건 모르겠습니다. …난 뒤에 개벽이라는 …돼가지고 죽 사람과 동식물 전부가 …끝까정 번성하게 자라던 때는 다시 …돼가지고 전부다 사람이고 동물이 …다시 시작하고 또 시작하고 그러는데…

그 지금 예전 성자들 말씀이 지구가 개벽되기를 이번이 여섯 번째랍니다. 요번된 것이 여섯 번째라는데, 그러니 그것이 한번 되는 것이 1만 년 좀 넘습니다. 1만 한 2,000년 이렇게 되는데 …나이는 1만 년 …사람이 살아가는데 그런데 그거 첫 번에 된 사람들은 모르겠습니다. 여기 말들이 별소리가 다 …몇 번 개벽한 뒤 찌끄러기 남았던 사람들이 얼마 남았던 사람들이 오색인종(五色人種)이, 그때는 백두산이 제일 높았습니다. 그 개벽 초에는 백두산이 세계적으로 제일 높아가지고 있어서 그 높은 물에 들어가든지 그런 까닭에 얕은 데가 아니고 높은 데를 와가지고 오족이 오색인종이 다 모여가지고 있는데, 이 백두산에서 성자(聖者), 당시의 성자로 그 성자의 이름을 모르니 우리들 한배님 그렇게 부르죠. 한배라는 건 큰 조상님 그렇게 부르는 거지 뭐라고 이름을 모릅니다, 한배님으로 알지. 그래 한자로 쓰자면 대황조(大皇祖)라고 이렇게 씁니다. 한은 대자로 한이라고 부르고 한배 흔히 할아버님.

그러니까 제일 우리의 조상처럼 직접 첫손도 될 사람도 있고, 안 될 사람도 있지만은 조상 같으신 어른이라서 한배님 하는데, 그 어른이 여러 부족들, 오색부족들을 처음으로 사람답게… 개벽의 찌끄러기 남아가지고 있는 그 사람들을 사람답게 가르치고, 가르치는 게 사는 도리도 가르치고, 먹는, 먹을, 벌어 먹을 거 농사 짓는 것도 이것도 다 가르치고, 법도를 다 가르치는 데서 이건 "형이하(形而下)의 살고자 하는 배우는 걸 먼저 배우고, 그다음에는 너희들이 고루 살만하게 되었으니 인제는 너희 윤리, 도덕, 정신공부를 해라." 육체로 하는 것은 다 하고 이게 정신에 속하는 겁니다. 정신에 그래가지고 제일 첫 번에 먼저 가르치는 것이 "조식(調息) 해라. 조식법을 먼저 해라. 조식법을 해가지고 욕심을 내지 말고 잘 니가 어떻게 해서 이렇게 해서 태어났는지 이거부터 보고 너를 볼 적에 남도 너와 같다 이걸 봐가지고 평화스럽게 살어. 홍익인간하고 살아라 서로."

그때 그 이념이라는 것은 자치니 뭐 공산이니 민주니 이게 아니고 홍익인간입니다. 인간끼리의 고루 다 서로 돕고 살아라 그걸 가르치는데, 조식법이 정신 맑아지고 머리 건강해지라고 해서 가르치신 겁니다.

〈전 우주의 성자라고 쳐놓고 조식 안 한 이는 한 분도 없어요〉

그러니 그 뒤에 거기서 배워가지고 나간 이들이 각 교의 교주들, 불교에서 불교의 교주라고 하는 이들 과거칠불(過去七佛)이니 누구니 누구니 하는 이는 전부 그거 배운 이들이에요. 이 전 우주의 성자라고 쳐놓고 조식 안 한 이는 한 분도 없어요. 성자라고 치고는 누구든지 신선이라고 하는 이나 불교의 부처님이나 또 다른 양반들이나 다 성자들은 조식해서 통해서 성자가 됐습니다. 그러니 남의 성자는 우리가 얘기할 게 없고, 우리 게서는 한배 우리들, 단군 할아버지 단군 할아버지 하지만 단군 할아버지는 그 한배 대황조 나셔서 몇 천 년 뒤에, 가르친 뒤에 부족들이 부락, 부족 생활들을 하다가 나라라는 것을 만들어가지고 처음으로 난 임금이 단군이에요. 그 단군이라는 걸 뭘 뭣을 태백산 단목하(檀木下: 박달나무밑)에 처음으로 나셔서 그래서 단군이라고 한다고 그건 글 쓰는 사람이 하는 얘기한 거지 말로 글자 나기 전부텀 단군이라고 헐 수가 없으니까 글자 나기 전에 부르길 임금님 이럴 텐데 밝은 임금이라고 해서 단을 우리 음으로 박달 단 하지 않습니까? 밝다는 단이여. 명군(明君)이여. 밝은 임금이 되시라 그래가지고 단군이라고 칭하신 겁니다.

그래 이게 우리 종교에도 단군 할아버지를 위한다고 하지만, 단군 할아버지는 몇 천 년 뒤고, 꼭대기는 대황조여, 한배검. 그 양반이 제일 첫 번에 교화를 시킨 겁니다. 그래서 거기서 조식법이라는 걸 가르치셨는데,

조식법이라는 게 어떻게 되느냐 똑같은 호흡인데 누가 호흡 않느냐 왜 그걸 가르치느냐 그게 심파(心波), 요새말로 심파입니다. 심파, 마음에 이걸(호흡을) 고르게 하면 맑아지고 밝고 몸이 건강해지고 그러니까.

그걸 그냥 쉬는 대로 보통 10초 호흡인데, 10초 호흡 그것만 해가지고는 사람이 100살 안쪽에 생명을 가지고 있다 오래 사는 사람이 어쩌다 100살 넘는 이가 있지. 보통은 80, 90 이런 데서 다 가니 수명도 이 호흡을 하는 사람이면 좀 더 오래 살고 예전말로 신선이 뭐 800살을 사네, 1,000살을 사네 하는 게 전부 이 호흡한 사람들이여. 그래가지고 산다 그런데 그거 살기만 하면 뭐하느냐? 그러니까 머리가 맑아지려면 머리가 이 두뇌가 밝아질라면 조식을 해야 한다.

똑같은, 똑같은 도(道)니까 같은 도교(道敎), 도교라고 하는 데나 불교라고 하는 데나 나중에 가면 끄트머리가 전부 조식입니다. 참선방에 앉아서 가만히 앉아서 안거(安居)라는 게 석 달인데 90일, 90일 동안을 앉아서 다하고 뭣인가 하고 앉아서 이거 쳐다보고 앉았는데, 호흡 고르게 하라, 호흡 고르게 하라는 거여 별게 아니고. 그러면 부처님이나 성자들이나 다 그거여. 다 그거고 여기서 지금 여러분이 여기서 교들이 종교가 어떠신지 모르지만, 예수교, 예수교, 천주교 거기도 보니까 저기 저 뭡니까 주교나 신부나 하는 이들 독방에 가서 100일이니 200일 치르고 나오는 것이 호흡하는 거지 다른 겁니까? 가만히 앉아서 정신수련 하는 거지 다 같아요. 법은 조금씩 조금씩 다릅니다.

자기 선생이 가르치는 것이 길(道)을 가르치는 것인데, 같은 데를(정상) 가는데, 여기서 가까운 산으로 봐도 되고, 남산을 가는데 남산 저 밑에서 이렇게 올라온 사람이 보면 길이 어디로 어디로 해서 저 뭐여? 외인 주택 있는 데로 그리해서 그리 올라온다고 그럴 테고, 한쪽으로 이리 간 사람은 자기들대로 올라간다고 할 테고, 한쪽에서 저쪽에서 간 사람은 저리

해서 돌아 올라간다고 하고, 법은 다르지만 가는 자리(목표)는 한 자리입니다. 그게 성자의 말은 똑같지 다르지 않습니다. 악한 짓 말고 착한 일하며 몸을 고르게 갖고 다하라고 했지, 어디 나쁜 일 하라고 한 데는 한 군데도 없어요.

뭐 약육강식이라는 이 근대에 못된 …이 돼가지고 약육강식해서 나가는 거지. 예전에 …나라와 나라와 싸움이라는 것보다 인간 인간끼리의 고루 고루 같이 잘 살아라 그래 공자도 대동(大同)정치라 크게 같이 다 대동정치 해라, 또 석가여래도 대자비(大慈悲) 대자대비(大慈大悲) 해라 그거 똑같은 소리여.

다 서로서로 싸우지 말고 잘살라는 소리지, 싸워가며 살라고 한 데는 한 군데도 없어요.

〈근년에 우리 공부를 했던 지운영172)의 제자들
– 최남선, 이광수, 임규173), 한용운 등〉

우리도 이제 조식법이라는 것이 어려서부터 한다면 머리가 밝아지고 공부하는 데 훨씬 수월하게 됩니다. 뒷골이 좋아서 잘 생각이 나고, 기억이 잘되고 요구하는데 뒷머리가 좋아지고, 근년에도 이것 한 이들로 학자

---

172) 지운영(池運永: 1852~1935), 서화가, 사진가, 호는 설봉(雪峯), 백련(白蓮). 종두법 시행의 선구자인 지석영의 형이다. 추사 김정희의 제자인 시인 강위(姜瑋)의 문하에서 시문을 배웠다. 1882년 일본에 가 사진술을 처음으로 배웠다. 한국인 최초로 고종의 사진을 촬영하였다.

173) 임규(林圭: 1867~1948), 독립운동가, 호는 우정(偶丁). 3.1 운동 때 중앙지도체 49인 중 1인이었다. 전북 익산 출신. 1895년 일본 경응의숙 중학교 특별부를 거쳐 전수학교 경제과 졸업. 이후 서울의 사립학교 등에서 일본어를 가르쳤다.

들이 누구누구 하는 사람들 근년에도 여러분들 아실 겁니다. 최남선(崔南善)이, 이광수(李光洙), 임규(林圭)가 제일 낫았는데(나왔는데), 임규는 이름이 그리 안 났어요. …한용운(韓龍雲)이 다 그거 한 이들이에요. 한 선생님[지운영(池運永)]한테 했습니다. 한 선생, 둘도 아니고…

그 사람들은 책을 볼 적에, 책을 이거 눈으로 해서 하나 하나씩 읽어서 보는 게 아니고, 목독(目讀)이라고 합니다. 그 사람들 보면 이거 이래가지고 넘기면서 이래가지고 훌훌 넘기면서 보는데 다 기억해요. 다 기억하는데, 왜 재주가 그렇게 좋으냐? 그거 아니여, 사진판과 마찬가지입니다. 사진기계에 우리들이 사진기계 가지고 첫 번에 배울 적에 암만 재주가 좋은 사람이라도 사진기계 가지고 사진 박을 적에(찍을 때에) 거리도 맞춰야 하고, 광선도 맞춰야 하고, 그렇게 해서 그걸 백여놓으면 잘 백여집니까? 암만해도 잘 못백여 놓습니다. 이 좀 낮게 하는 사람은 …해도 낫지. 그렇게 하는 사람이 광선 맞추는 사람이 좀 오래했다는 사람은 잘 백이는데 그것보다도 요새 비행기 타고, 뭡니까 여기 저 사진 활동사진 백이는 사람들 비행기 타고 죽 나가더라도 백일 거 다 백이지 않습니까? 우리 머리가 비행기 타고 사진 백이는 거 모양으로 밝아져라 이거예요. …이렇게 맞추지 말고 말이야. 그러니 그게 좋아진다 머리가 좋아진다 이겁니다.

〈나는 민족주의자입니다〉

몸이 건강해지고. 그래 예전 사람들은 머리 좋은 사람들이 많았어. 그래 지금이라고 없다는 건 아니지만, 그들만은 못해요. 그래 인제 여러분들한테도 "이 조식법을 하십시오" 하면 "머리가 좋아지고 연구력이 좋아지고"(라고 하면) "우리가 지금 연구 못해서 뭘 못하는 것은 아니지. 뭐 내

머리 가지고 뭐든지 할 수 있어." 이런 어른들도 많이 있지. 재주 좋은 이들은 그런 소리 하겠지만, (저는) 아무것도 아닙니다. 아무것도 아닌 게 관직에 나간 사람도 아니고, 사회에 무슨 뭐 장사하는 놈도 아니고, 아무것도 아니고 민족주의자입니다. 민족주의자로 일정시대에는 고등계 요시찰로 한 30번 (감옥에) 들어갔습니다. 만주로 또 거기서들 하는 여러분들도 잘 아시겠죠. 독립군들, 독립군들 하죠. 뭐 이걸로 저걸로 해서 상해로 해가지고 한 20년, 30년 돌아다니다 온 놈입니다. 그러니 여기 와서 뭘 하겠습니까? 늦게 내가 장사를 하겠습니까? 농사, 다 배우지도 못한 농사를 하겠습니까? 허다보니까 역시 노는 사람이여. 늙은 사람 폐물이 되어 버렸어. 그렇다고 폐물이 되었다고 아는 여러분께 단학, 수단(修丹)이라고 해서 단학이라고 합니다만, 이 조식법이라도 가르쳐서 여러분들에 공표를 시켜가지고 우리 조상님들 우리 본 조상이 이렇게 하더라는 것을 알으켜(가르쳐)드려서 우리나라가…

〈백두산족은 세계 문명의 시조이며 고대 선진국이었다〉

말하길 조금 난처하죠. 우리나라가 이 지금 박사님들, 신문사 기자라든지 뭐 또 그리고 다른 대학교수라든지 하는 양반들 신문에 내고 잡지에 내는데, 내가 머리가 좀 막말로 구역이 나는 때가 있습니다. 뭣이 구역이 나느냐? 신문에 떡하고 나오는 것이 어느 나라 하면서 선진국, 선진국 그럽니다. 선진국 소리 나는데 저는 아주 구역납니다.

선진국이라는 게 '먼저 선(先)' 자 하고, 먼저 나가서 우리보다 조상처럼 하고 선생님 나라라는 소리여, 다른 거 아니고. 그런데 박사님들 대학교수들이 그런 소리를 자꾸 하는데, 미국이 300년 전쯤 뭣했습니까? 미국이 300년 전에 거기 미국이라는 데가 어떤 데여? 유럽에서 살지 못하는 사람들 이민으로 거기 농사 지러 들어가고 땅, 내 땅 아니래도 얼마든지 붙여먹을 거 있고, 검둥이들 밀어내고 우리가 가면 얼마든지 가질 수 있으니까 들어가 산 사람들 아니여? 파락호(破落戶: 허랑방탕한 못된 사람)들 아니여? 거기서 큰 자본이나 큰 정치인이 많이 들어간 데인가 그건데 그 사람들이 거기서 잘 살고 먹을 게 집안이 잘되니까 공부들하고 자꾸 되니까 자손들이 똑똑해진 거지. 선진이라는 건 우리가 1만년 전 가까울 때부터 배운 사람들이여. (백두산족을) 세계 문명의 시조라고 해도 괜찮아. 오색인종을 해가지고 다 노놔줬으니까. 그래 후진되도 꼭 꼬두바리 후진될라고 자꾸 애들 쓰는 거 보면 아주 기분이 나쁩니다.

그래 나는 지금 선진 소리하는 양반들은 따라 다니라고 10년이고 20년이고 100년이고 그 선진들한테 따라 다니면서 밑에가 심부름들 해놓으면 괜찮고, 우리들은 백두산족, 백두산족이 세계 인류 누구한테 떨어지지 않는 민족, 역사로 말하면 1만 년이 가까운 역사를 가지고 있고 성자가 그뜩 나왔고 이런 데서 나온 사람들인데, 우리 자손이라고 그렇게 되지 말라는 법이 어디 있어?

그러니까 여러분들도 머리를 조식을 잘 해가지고 호흡이 나지면, 머리가 왜 이광수나 최남선이 그런 사람들만 머리가 좋아서 목독이라고 눈으로 훌훌 봐서 하루 책을 400권, 500권 본다는 그 사람들만 보고 왜 우리는 그만 못하라는 법이 어디 있어? 여러분들이 책을 많이 볼 수 있고, 책만 본다고 알아야지 잃어버리지 말고 알아서 불변적으로 팍팍 들어오고, 머리가 연구력이 있으면 왜 남의 나라에서만 신발명하고 여긴 신발명하지 말란 법이 있어요?

내가 자꾸 하는 소리입니다. 우리나라 사람이 이런 걸 해서 잘해서 여기서 세계에서 발명 못하는 게 자꾸 발명이 나오고, 서류가 책이래도 투철한 책이 자꾸 나가서 세계를 돈다면 서양서 나온 이들 6대주에서 아무데 오는 사람이래도 우리들이 지금 ABC 배우는 것과 마찬가지로 이걸(한글) 안 배울 도리가 없습니다. 이걸 배워야 그 나라 갈 테고 이걸 배워야 그 나라 말로 쓰는 거니까 알라고 해서 세계에서 다 알라고 해서 그야말로 선진국 대우를 받는 거야. 그걸 못하고 지금은 남북이 갈려가지고 매일 떠들고 앉아 있는 이때니까 그런 소리 할 수도 없는 거지마는 남북, 남북이 그렇게 오래가지 않습니다.

〈산의 서북간(西北間)에 올라 제사를 지내는 일본 고신파(古神派)〉

지가 건방진 소리 자꾸 합니다만 남북통일이라는 거 저도 볼 거예요. 저 90살이에요. 저도 남북통일은 완전히 보고 삽니다. 여러분들은 말할 거 없고, 남북통일이 돼가지고 백두산족하고 중국에 13억이라고 하는 인종이 백두산족이 7할은 됩니다. 우리 같은 조상으로 7할은 돼요. 일본사람이 우리를 36년이나 고생을 시키고 별 못된 짓들은 다 했지만, 그 사람들도 같은 종족입니다. 조상은 같아요. 딴 데 일본서 나온 씨들 아니여. 일본 본바닥 씨는 왜 그 키 조그만한 것들 그게 본바닥 씨고, 여기서 들어간 사람들이여. 거기 역사 가 보십시오. 역사 내놓고 보면 전부가 저희 뭣뭣 천황이라는 거는 백제에서 들어간 족속이여. 무슨 이, 무슨 이, 무슨 무덤, 뭐 어쩌고 하는 것들 전부가 백두산족들이란 말이여. 그러고 거기 사람들도 고신파(古神派: 고신도파)라고 하는 사람들, 고신파라는 거는 백두산에서 직접 간 사람이고. 이 백두에서 들어간 사람은 뭣입니까, 신무천황 뭐 어쩌고 어쩌고 하는 그 뒷 사람들이라 놔서 제사 지내는 왜에서 제사 지내는 방식이 다르더만. 이 고신파들은 산에 가서 올라가지고 제사 지내는데 거기선 그러니까 서북간입니다. 백두산이 서북간 아닙니까? 서 북간에 올라가서 제사를 지냅니다. 그런데 여기 …현으로 구주로 요쪽 사 람들은 동쪽 이 서쪽 보고 제사 지냅니다. 그건 신무천황이 여기서 들어 가길 제주가 앞으로 해가지고 저리해서 들어갔으니까 들어간 게 구주(九 州: 규슈)여. 구주일해 구주라는 게 신무천황 처음 간 데야. 그 여기서 들 어간 거지. 그래서 거긴 그렇게 지냅니다.

그 두 군데서 그렇게 지내고 진짜 왜야. 그 여기서 들어간 거지. 그래서 거긴 그렇게 지냅니다. 그 두 군데서 그렇게 지내고 진짜 왜놈이라는 것 은 북해도로 다 밀려가서 사국(四國: 시코구)에 남았더구면. 사국의 조무 래기들이여. 그 전부 가보면 조상은 우리하고 같은 조상들이여.

〈북방 지역은 자연스럽게 백두산족에게 넘어온다〉

중국은 7할이 우리 조상과 같고, 그러니 우리들이 싸워서 이기라는 거 아닙니다. 싸워서 이기라는 건 전쟁을 …하라는 소리니까 싸워서 이기라 는 소리가 아니고, 자연스럽게 만주, 몽고, 서백리아(시베리아)라는 게 우 리 백성들 백두산족에 제땅으로 들어오나 안 오나 보십시오. 여러분들은 다 보십니다. 권태훈이 늙은 사람이 괜히 간 뒤래도 그놈 미친 놈 괜히 그 렇게 되지도 않는데 미친 소리 했다고. 그 소리가 안 들려요. 지가 귀가 먹어서 안 들리는 게 아니라 절대로 그거 됩니다.

여기서 저 뭡니까 여기 사람들 도인이라고 하는 사람들 뭣하는고 하니 계룡산이 도읍이 된다 어쩐다 이런 소리들 하는 것과 마찬가지로 중국은 뭐라고 하는지 아십니까? 봉황(鳳凰)이 동래(東來: 동쪽에서 옴)에 금계 (金鷄)가 저수(低首)라. 봉황이 동쪽에서 들어오면 금계는, 금닭은 머리를 숙인다. 그때는 그런데 이게 합쳐진다, 중국하고, 중국하고 우리 백두산족하고 같이 합쳐가지고 세계 평화를 유지할 것이다. 우리가 3,000년 전에 지위를 뺏겼어요. 그 사람들한테 뺏긴 게 3,000년 전에 뺏겼는데, 요번 얼마 안 되서 우리 다 보십니다. 뭐 나는 그때까지 못 살 겁니다. 20년 안에 황백전환이 되나 안 되나 보십시오.

황백전환이 돼서 우리들 그동안 백인종들한테 당한 거만치 그 사람들 앞질러서 좋은 게 아니여. 우리가 잘되면 되지 않습니까? 그럴 사람들 우리 조상들이 되라 그거예요. 공부하더라도 속히 좀 하셔서 우리나라 앞길이 그렇게 되는데 그 남북통일이 그까짓 거는 얼마 안 되는 거고 황백전환 할 적에 역군들이 돼서 나중에라도 황백전환할 때 우리 몇 대조가 그때 일꾼들이라고 소리를 듣도록 좀, 힘 좀 써 주셨으면 좋겠어요. 그러자면 머리가 좋아야 된다 난 그거예요. 딴 거 아닙니다. 전쟁을 해서, 전쟁을 해서 세계의 어른이 된다 그건 안 될 말이여. 우리가 당한 게 어떻게 당했습니까? 여러분들도 우리나라가 일본한테 망해가지고 물론 잘못했으니까 망한 거지. 하지만 망하도록 만드는 것도 여기 있지만, 일본도 욕심이 나서 남의 나라 막 집어먹었지. 그래가지고 해방이 돼서 광복이 됐다면 광복이 빛날 광 자 하고 회복 복 자니까 광복이 빛나게 되야 하는데, 망할 때는 압록강 이남, 두만강 이남을 다 한꺼번에 뺏긴 거 아닙니까?

〈6.25 전쟁의 진실〉

저 이런 소리 하지 말라고 벌써 몇 번 부탁을 받았습니다. 그런 소리 좀 말아달라고 몇 번 부탁을 받았는데, 저 합니다. 자꾸 거기를 끊어 놨는데, 뺏긴 지가 36년 만에 우리 힘으로 못하고 남의 덕분으로 찾는다고 하더

라도 내주는 나라에서 줄 적에, 줄 적에 이거를 이 책 한 권이 남의 …이
가져갔다가 도로 주면 책 한 권으로 줘야 할 텐데, 뜯어가지고 반으로 해
서 떡 해서 남북으로 노놔 가지고 "너희나라 둘이 노놔 가지고 있어라."
그게 광복입니까? 그거 누가 했나요? 우리 조선사람 북쪽이고 남쪽이고
조선사람으로 나누길 바란 사람이 하나라도 있나요? 그래도 그래도 청년
들은 몰라. 청년들은 몰라서 공산해도 좋다는 사람도 많더구먼. 지금 청
년 조금 넘는 사람, 민주면 뭣하면 같이 하면 어떠냐고 이런 소리가 자꾸
들 나오고 학생들도 그런 사람들이 있는데, 6.25 사변 때 어떻게 됐나 잘
아실 거예요. 6.25 사변 때 남북에 없어진 게 800만이여. 남북이 없어진
게 800만이여. 인종이 그럼 그 800만 없어진 건 누가 잘못해서 없앤 겁니
까? 잘들 알아보십시오. 역사들 뭐라고 하더래도 역사야 아무 소리를 했
든지 똑똑히 근본을 알아보시란 말이여.

　조선이 개화가 되고 인구가 800만이 줄게 되었는데 줄게 된 것이 원인
이 뭣 땜에 그 전쟁이 났나? 뭣 남침이나 북침이나 이런 소리를 합디다.
공산 괴뢰 쪽에서는 남침을(북침을) 했다. 남쪽에서 싸움을 거들었다. 우
리는 북쪽에서 나왔다 이 소리를 하는데, 남침이니 북침이니 다 떠나서
전쟁을 내… 전쟁을 만들어서 800만이라는 거 하고 전부 폐허를 만들도
록 만든 원인 주동자가 누구여? 청년들 여러분들 알거든 한번 얘기해 보
세요. 누구라고 기가 막힙니다. 기가 막히게 그 선진국 잘 찾는 사람들은
알 거예요. 6.25 사변이 나기 전 직전 1개월 전에…

　그래놓고 여러분들 잘 아실 거예요. 루즈벨트 대통령이 뭐라고 그랬나
요? 여기 저 군사령관이 뭐라고 그랬나요? 미군 사령관이, 극동사령관이
"태평양 방위선을 일본해에 둔다"고 그러지 않았나요? 태평양 방위선은
일본해에 둔다. 여기서 공산에 첩자들이 여기 그 사람들이 다 간 거 몰라
요? 다 저기들 내뺀다, 다 내뺄 준비한다는 걸 다 아니까 태평양 방위선

일본해에 둔다고 하면 미군이 다 내버리고 그냥 가는 거다 이렇게 되니까 안 들어올 도리가 있나? 먹을 거 있는데 왜 안 들어와?

그러니까 그런 소리한다고 저더러 말 좀 말래요. 그런 소리 말래요. 너는 어째 그걸 알았냐? 나 증거를 댈 거야, 똑똑히 알으니까(아니까). 내가 그다음에 6.25 사변이 나서, 누굽니까? 여기 사령관으로 왔던 이, 미군 사령관으로 왔던 이(맥아더 장군) 잘 싸웠지요. 압록강으로 두만강까지 쫓아가지 않았습니까? 여러분도 다 아실 거예요. 6.25 사변 일을 아시면 다 아실 거예요. 쫓아갔는데 비행기로 보니까 강 건너서 중공군이 뭐 거기서 꾸물거리니까 강 건너 폭격 좀 해야겠소 이러지 않았어요? 폭격하면 중공군이 나오지 못하니까 1.4 후퇴 안 나왔죠. 그냥 그래가지고 남북통일이 되어버릴 거란 말이야. 루즈벨트(트루먼의 착오)가 여기 사령관 그냥 됐나요? 대번 파면 안 했나요? 근데 장군으로서, 사령관으로서 전략상으로는 그게 당연히 그러면 여기 통일이 되고 승전을 하는 건데, 루즈벨트(트루먼) 대통령의 생각엔 그게 필요없단 말이야. 그놈들 저희끼리 싸워서 몽창 다 그냥 짓밟아서 다 망해버려야 동쪽에 무슨 일본 마냥 갱생할이 없이 맨들어놔버려야 한다는 그런 의사지 뭐야. 아니라고 저희들이 발뺌해봐야 미국사람 보면 내가 그런 소리 자꾸 합니다. 너희 정부는 그렇더라 말이지. 설마 그랬겠냐고. 그래 설마가 뭐냐 그래도, 그래도 여기서 정부에서는 미국 아니면 못하는 거 같아.

〈하루 속히 공부해서 좋은 머리로 발명도 하고, 노벨상 타는 사람이 많이 나와야 한다〉

사람이 …그러니까 하루래도 속히 공부하셔서 그 사람들이 그런 짓들

못하게 여기서도 나오는 것이 좀 새로 발명하는 것이 충분한 것이 자꾸 발명이 돼보세요. 돼보면 세계에서 아무 나라에도 "나라는 쪼금해도 야 그거 깔봤다는 큰일나겠다"고 쉬쉬하고 그런 거 못된 짓 할라고 할 생각을 못합니다. 그런데 지금도 위에 앉은 양반들 하는 거 보니까 우리나라 일을 우리나라에서 해결 않고 뭐 어디 가서 어쩌고 어쩌구 하는 것들 참 꼴불견이 많아요.

그래 나는 이걸 여러분들한테 어떻든지 호흡을 하셔서 정신… 머리가 좋아져서 노벨상 타는 이가 해마다 안 나와도 10년에 한 셋이고 넷이고 여기서 노벨상 타는 이가 자꾸 나오고, 새로 발명하는 것이 저 단지에서 들 여러분들 단지에서 새로 발명하는 것이 투철히 나와서 남의 나라 앞선다면 왜 우리나라라고 왜 남한테 뒤떨어지라는 법이 어디 있습니까?

그리고 여러분들도 요새 보니까 동독하고 서독은 그 아주 갈라놓는 건데 서로 붙을라고 애들을 쓰두만 그래. 왜 우리나라에선 그러라면 못 쓰나. 그래 이거 어떻든지 공부 잘하시고 자세한 설명은 여기 교수한 이들이 잘 말씀해드릴 거고 "이것을 허면 머리가 좋아진다, 건강해진다, 여러 가지가 된다." 이걸 그건 확실히 말씀드립니다. 이 법이 그렇게 힘든 것도 아니고 예전 사람도 다 했는데 지금 사람이라고 못해요?

그래 여기서 남이 이거를 이 공부하는 걸 표현해서 지은 글들이 있어요. 뭐《음부경(陰符經)》이라고 하지. 누가 했네, 누가 했네 그러지만, 그건 학자들이 한 거니까 저 끄트머리 내려가다 이런 소리가 있습니다. "고자선청(瞽者善聽)하고 농자선시(聾者善視)하나니" 눈이 멀은(먼) 사람이 눈이 멀어서 보지 못하니까 쓱 지나가는 소리만 나면 들려. 귀가 밝아져. 이 또 귀가 먹은 사람은 눈치만 보면 입만 벌럭거리면 저 사람이 무슨 소리를 하나 안단 말이야. "고자선청하고 농자선시하나니 절리일원(絶利一源)이면 용사십배(用事十倍)요" 한 가지 기능을 딱 끊어버리면 바른편 반대편의 것이 10배는 늘고 "삼반주야(三返晝夜)면 용사만배(用事萬倍)니라." 삼반주야면 용사만배가 무슨 소리냐 이거여. 삼반주야면 일흔두 시간입니다. 요새 기간으로 사흘이니까 삼대일이니까 일흔두 시간에 심파가 꿈틀거리지 않고 한결같이만 내려갈 만하게 머리가 호흡이 조식이 잘 된다면 용사만배니라. 용사가 1만 배는 된다. 하나 하루 책 한 권 봐서 알 사람이면 1만 권 봐도 볼 수가 있다 그 소리여. 용사만배니라. 그것이 아주 이 도가(道家)에서 으레껏 하는 소리입니다.

〈소설 《단(丹)》이 나오게 된 계기〉

왜 우리라고 그렇게 되지 말라는 법이 있어? 우리 조상들이야 얼마든지 그런 이들이 그뜩했는데. 그러니까 저는 먼저 《단(丹)》이라는 책 낼 때도 뭣인가 초능력자라고 아주 여기서 뭣 하는데, 대학교수들 박사라고 하는 이들 여러분이 와가지고 입에 침이 마르도록 그 자랑을 해싸. "이 뭣이가 그 사람이 초능력자(유리겔라)가 와가지고 이러고 이러고 하는데 우리나라에서는 이만한 능력도 가진 사람이 없다"고 그런 소리를 나한테서 떠드는데, 화가 나가지고 "당신들이 박사님 대학교수들인데, 대학교수가 저따위로 해서 가르치니까 밑에서 배우는 사람도 별거 배우지 못하겠다"고 하니까 "아니 그러면 어떠냐?"고. "그럼 역사를 알아봐라. 우리나라 예전 역사가 어떤가 하고 따져봐라." 죽 따졌어요. "자 이런데 이러 이러 이러한 이가 있고, 어떤 이가 있고, 어떤 이가 있고, 이러한 이가 있다" 하니까, "그러지 말고 우리가 말로만 들어서는 안 되니까 열흘이고 스무날이고 자세히 강의 좀 해달라고, 저녁에 와서 꼭 당신이 암만 바쁘더라도 그것 좀 해도 해야겠소." 그래. 저희 집 저 거처하는 데가 요거 반 폭은 됩니다. 요거 반 조금 더 돼요. 그런데 사람들이 50명, 30명씩 와가지고 밤을 새서 "나는 어디서 왔소, 나는 어디서 왔소" 하고서 오는데 밤에 잠 한숨 못 자고 1회, 2회, 3회, 이래가지고들 …떠들었어요. 그리고 게다 뭘 자꾸 적었어. 그러고 나온 것이 《단(丹)》입니다. 내가 얘기한 걸 그걸 갖다 적어가지고 단이라고 책을 냈어요.

난 사실대로 나 본대로 얘기했어요. 소설책을 맨든다니까 게다 뭐라고 덧붙인 게 있을 테니까 여러분께 죄송한 일이지만, 어떻든지 이걸 놓치지 말고. 뭐 그렇게 예전 사람도 한 거 지금 사람이라고 못하란 법 없어요. 그리고 더구나 이해를 더 잘 하실 테니까 잘하셔서 다 다 빠짐없이 그냥 다같이 잘해서 올라가면 좋겠습니다. 그러면 나중에 황백전환기 할 때에 다 한 몫씩 밀고 나가는 게, 한 몫씩 다 가지고 나가면 되지 않습니까? 건방진 말씀 자꾸 해서 좀 죄송합니다만, 이것이 어떤 개인 부자되고 잘 살라고 한 거 아닙니다. 잘 못 살라고 하는 것도 아니죠. 머리가 좋으면 잘 살 수도 있고 그렇지 않아요? 그런데 이건 국가적으로, 민족적으로 선진국 소리 좀 않게 좀 해주십시오. 남들이 남의 나라 사람들이 와서 선진국 대한민국 찾으면 선진국으로 알게 좀 찾아오도록 그렇게 좀 하십시다. 죄송합니다. 너무 시간 내고 잔소리만 자꾸 떠들어서…

23-1989.
봉우 선생님 학인 질의응답[174]

〈폐식(廢息, 지식)으로 뱃속에 덩어리가 생긴 상태의 해결법〉

학인 1: 전에 공부하다가요 공부가 이제 꽤 됐었는데 조금 무리가 됐던 모양입니다. 그 배 안에 이제 기운이 꽉 차있었는데, 요새는 ○○○○ 그걸 빼느라고…

봉우 선생님: 응?

학인 1: 기운이 좀 뭐가 덩어리진 게 많이 차 있었답니다.

봉우 선생님: 응.

학인 1: 기운이 있었는데, ○○○이 있듯이 이렇게 기운이 차 있는, 너무 많이 덩어리진 게 많이 차 있어서, 이걸 뭐 뺀다 그럴까, 좀 기운을 좀 없앨라고(없애려고) 고심을 많이 했는데, 아직도 좀 차 있고 해서 요새는 좀 많이 빠진 거 같답니다, 그 덩어리진 것들이.

봉우 선생님: 기운이 그리 빠졌어?

학인 1: 덩어리진 것들이 왜 많이 꽉 차 있는 거 같아서 호흡하는 데 불편했었답니다. 그래서 요새 이제 호흡을 다시 줄여서 호흡을 하고 있는데, 이제 소주천(小周天)이 다 돌아는 갔는데요. 그래 이제 제대로 안 된 거

---

174) 녹음: 불명, 녹취: 정진용, 교정·주석: 정진용·정재승

같아서 줄여서 하니까 한 십몇, 10초 내지 15초 정도밖에 안 된다 그러거든요. 그런데도 불구하고 좌협까지 기운이 간답니다. 또 좌협(左脇)이 풍만해진다 그러거든요. 그러는데 그게 정상이 아니라고 생각한다는데, 그게 그렇게도 그냥 호흡을 해도 됩니까? 전에 해놓은 게 있어서 그런 모양이던데요.

봉우 선생님: 호흡을 얼마나 했었나 모르지.

학인 1: 그전에 처음 말 듣기로는 억지로 늘려서는 뭐 자기 사람들하고 3분, 몇 분 이렇게까지도…

봉우 선생님: 아니 그러면 그건 뭣이지. 3분을 했네 어쩌네 하면…

학인 1: 조식이 제대로 된 건 아니지만은…

봉우 선생님: 우리 조식이 아니지.

학인 1: 예, 그렇게까지는 했답니다.

봉우 선생님: 그러니까 전부 그저 폐식[지식(止息: 숨을 멈춤)]들 하는 바람에 고장이 나거든…

학인 1: 예, 그럼 그런 경우에 지금 줄여서 하는데도, 10초씩 같은데도 좌협이 충만해서 꽉 찬다 그러거든요. 이럴 땐 어떻게 하는 겁니까? 호흡이 좀 불편하다는데…

봉우 선생님: 순하게 해가지고, 호흡을 순하게 해가지고 10초를 하든지, 20초를 하든지, 30초를 하든지 계단적으로 조금 조금씩 올려야, 그걸 졸지에 저 아래에다 3분을 했다면, 3분하면 폐기(폐식)시킨 거지. 숨을 억지로 참고선 아랫배에다 막 몰아넣은 게, 몰아넣은 거니까 그걸, 지금 바로 고치려면 안 되는 거고. 다 내 품어버리고서 다시 지금 3분 하던 사람이면 단 10초건 20초는 될 거 아니여?

학인 1: 네.

봉우 선생님: 10초에서부텀 다시 순하게 하면 된다 그래.

〈(조식으로) 한 달이고 두 달 욕을 봐야 그게 다 빠져나가지〉

학인 1: 그럼 이 덩어리진 게 자꾸 느껴질 땐 어떻게 합니까?

봉우 선생님: 풀리지.

학인 1: 풀립니까? 자꾸 그렇게 순하게 하면요?

봉우 선생님: 풀리지 그럼.

학인 1: 덩어리가 없어지는 게 정상입니까?

봉우 선생님: 덩어리가 없어지지.

학인 1: 그러면 제대로 돼서 호흡이 한 1분 가까이 갔을 때 덩어리가 나중에 생기는 게 정상입니까?

봉우 선생님: 아니, 1분까지는 가지 않고, 다시 해가지고, 다시 해서 15초든지 20초든지 해가지고, 그놈이 이제 조금씩 조금씩 올라가면 거기 뭉쳐 있던 거는 풀어져요.

학인 1: 풀어집니까? 예.

봉우 선생님: 그걸 뭉친(걸) 그냥 두고 억지로 할라면(하려 하면) 안… 저… 호흡을 길게 할라면 안 돼.

학인 1: 예, 덩어리진 게 풀어져야 된다는 얘기죠?

봉우 선생님: 응, 그러니까 15초고 20초고 짧은 호흡을 해가지고 순하게 가만가만 이렇게 돌려서 내면 괜찮단 말이야.

학인 1: 그런데 그 단전에 그 덩어리라든가 기운이 덩어리지던 걸 ○○ 않으면…

봉우 선생님: 덩어리가 뭉치는 법이 없고, 폐식하다가 뭉친 거라 놔서 그것이 이제 저 숨을 순하게 쉬어 버릇해야, 한 달이고 두 달 욕을 봐야 그게 다 빠져나가지.

학인 1: 그럼 여기가 현빈일규(玄牝一竅)가 될 때도 이것이 덩어리가 나가는 것이 아니고, 그냥… 뭉치는 것도 없이 현빈일규가 되는 거라고 보면 되는 겁니까?

봉우 선생님: 억지로 나가서는 안 되지.

학인 1: 나가더라도 이제 기운이 덩어리가 뭉치는 건 아니라고 보면 됩니까?

봉우 선생님: 덩어리가 뭉텅 뭉치면 덩어리가 기운인데 기운이 그냥 빠지지, 왜 거기 가서 뭉쳐 나가나?

학인 1: 덩어리진 거 같은 게 이렇게…

봉우 선생님: 폐식, 폐식을 했기 때문에, 숨을 그치고 그냥 몰아넣었기 때문에 그게 뭉치는 거여. 그러니까 그건 숨을 10초건 20초고 자기 쉴 수 있는 대로 쉽게 순하게 쉬어가지고, 고걸 조식으로 하면, 고르게 해서 꼭 고 20초면 20초로 하루를 하든지 이틀을 하든지 자꾸 날짜를 끌어가면… 길게 할라지(하려) 말고. 그러면 이게 언젠지 모르고 자꾸 풀려나가.

〈호흡이 늘어나는 원리〉

04:46

학인 1: 그렇게 되면요, 이 호흡이 늘어나는 원리에 대해서 얘기를 좀…

봉우 선생님: 원리라는 건 조금씩 조금씩 해서 늘어나가듯이 참아가면서… 억지로 참지 말고, 순하게 들어왔다가…

학인 1: 아니, 이건 원리라고 그러면 이 용적이 늘어나는 것이냐? 아니면 이게 기운이 안에 쌓이니까 더 들어갈 수 있는 것이… 만약에 가늘어지는 것이 이렇게… 호흡이 늘어나는 원리가 말입니다.

봉우 선생님: 뭐든지 호흡이 늘어나는 건 이것이 첫 번에 우리가 이래서 이

렇게 나가는 걸, 이걸 죽 찬찬히 왔다가 찬찬히 가고, 찬찬히 왔다 찬찬히 가는 데서 조금씩 조금씩 늘지.

학인 1: 그럼 원리를 뭐라고 보면 됩니까? 호흡이 늘어나는 원리를.

봉우 선생님: 호흡을 길게 하는 것이지 뭘 원리여?

학인 1: 길어진다고 보면…

봉우 선생님: 길어지는 거지. 길어지게 해가지고 길어지는 것이…

학인 1: 양도 조금씩 늘어나고요? 호흡 양도? 들어갔다 나갔다.

봉우 선생님: 물론 늘지. 10초가 들… 20초 호흡이 10초를 곱게 들여마셔서 여기 들여마시고, 여기다가 두고 있는 게 아니고, 또 10초를 거기서 가만히 나가면 나가는 동안에 여기는 모여 있는 거 있지 않나? 그래가지고 왔다 갔다 하는 중에서 요게 20초가 30초 되고, 30초가 40초 돼서 죽 늘여서 이렇게 나가던 것이… 이게 이것이 호흡이 길어지면 이 오른… 요렇게 했다 바로 나가는 게 아니고, 이게 요렇게 터지죠 좀. 좀 터져 호흡하는 자리가.

학인 1: 예, 용적… 용량이 좀 늘어난다 보면 되겠네요.

봉우 선생님: 그렇지. 자리가 느는데, 이걸 그냥 밀어붙이면 이놈이 덩어리가 되고 뭐가 되고 하지만…

학인 1: 딴 데로 빠지고…

봉우 선생님: 응, 이게 맞춰 딱 나가고 들여마셨다 나가는데, 뭣이가 안 나가고 뭐 뭉치고 할게…

학인 1: 그러니까 지금 이제 호흡을 하는데, 여기가 아프다고 의식을 이렇게 해서 이렇게만 둬야 되는지? 이렇게 해서 여기까지 갔다 와야 되는지를 모르겠다고…

봉우 선생님: 갔다 올 게 없지. 밑에서 요 옆으로(좌협) 이게 안 빠져도, 여기서 이렇게만 해도 10초, 20초, 30초 해도 괜찮아.

학인 1: 아니, 여기서 이렇게 느껴지더라고요. 여기서 뭐가 기운이 꽉 차서 느껴진다는데, 그래도 그거 신경 쓰지 말고…

봉우 선생님: 아니, 거기를 내보내니까 그렇지.

학인 1: 안 내보내도 자꾸 느껴진답니다.

봉우 선생님: 그거? 안 내보내는데 암만해도 거기는 내보내는 거여.

학인 1: 늘 보내서 그렇다고요?

봉우 선생님: 그냥 절로 나가는 건 아니니까, 순하게만 하면 괜찮아.

〈금냉법(金冷法)은 사시사철 아무 때나 효과가 있다〉

학인 1: 예, 그리고 금냉법(金冷法) 있지 않습니까? 금냉법을 봄, 여름, 가을 등 그 따뜻할 때 해도 효과가 있냐고 물어보는데요.

봉우 선생님: 아니, 동지섣달에도 상관없어.

학인 1: 봄, 여름, 가을, 겨울 아무 때나?

봉우 선생님: 아무 때나.

〈수수련(水修練) 할 때 입까지는 물속에 들어가야 한다〉

학인 1: 예, 아무 때나 이제… 그리고 수수련(水修練) 할 때 말입니다. 수수련 할 때요, 물속에서 할 때 코 바로 밑에까지 차야 하는지 아니면 목이나 턱쯤에 차도 괜찮은지 물어보는데요.

봉우 선생님: 입은 집어넣어야지.

학인 1: 입까지는 집어넣어야 된다?

봉우 선생님: 그렇지, 입은 집어넣어야지.

〈'단군(檀君)'의 '단(檀)'자는 밝다는 뜻〉

07:48

학인 1: 전에 그 단군(檀君)이라고 하는 것이 밝은 임금이라고 단군이라고 말씀하셨거든요.

봉우 선생님: 밝은 임금이지.

학인 1: 예, 그런데 지금은 한자로 쓸 때 '밝달나무 단(檀)'자로 쓴다고…

봉우 선생님: 밝다, 밝다, '밝달'이라는 게 '밝다' 하는 소리여.

학인 1: 아, 밝달이라는 게 나무라는 뜻이 아니라…

봉우 선생님: 나무라는 뜻이 아니고 밝다. 밝달 단 하잖아? 밝다. '밝은 나무다' 하는 소리지. '밝다'라고 해서 그러지, '단(檀)' 자 하고, 저 이 밝은 거 하고, 우리 부르는 소리로 '밝달' 하니까 밝다는 소리고, 그 '단'자가 나가는 거지. 단목하(檀木下)라고… 밝… 그저 책에서 전해내리는 사람이 단목하라고 그러지. 백두산에 가서 단목하… '단'이(박달나무가) 있나 없나 좀 찾아보소.

학인 1: 그러면 어떻게 됩니까? 그러면 이렇게 '밝은 단(旦)' 자에서 이 '단' 자 단군(旦君)이라 쓰면 이것도 맞습니까? 그렇게 쓰는 것도요?

봉우 선생님: 아니지.

학인 1: 이건 아니고, '밝달나무 단(檀)' 자를 써서…

봉우 선생님: 밝달나무 단 자가…

학인 1: 한자는 그게 맞고…

봉우 선생님: 한자로 쓰는 데는 우리들이 뭐라고 하는고 하니, '밝달 단' 그

러거든. '밝다 단'이여 그러니까.

학인 1: 아, '밝다 단'이다. 나무를 의미하는 것이 원래 아니었고…

봉우 선생님: 나무를 설명하는 게 아니라 밝… 그저 '밝을 명(明)'자나 마찬가지로 '밝을 단(檀)' 하시니까…

학인 1: '역(易)'자도 밝다는 의미고요? '역' 자도요, 역.

봉우 선생님: 역?

학인 1: 일월(日月) 돼 있는 역자요. 주역(周易) 할 때 그 역 자.

봉우 선생님: 그건 일월을 합뜨려서(합쳐서) 얘기지.

학인 1: 그것도 밝다는 의미가 되는 거죠?

봉우 선생님: 밝다는 거지.

〈지감·조식·금촉이 마음공부지 뭐여〉

09:28

학인 1: 그러면 그 여기까지 공부 가르쳐주신 중에서 학인들한테 말씀하시는 중에요, 마음공부에 대해서는 별 언급하신 바가 없었거든요 선생님께서. 평상시나 이렇게 진전에 따라서 조식해라, 지감(止感)·조식(調息)·금촉(禁觸)은 얘기 들었지만은…

봉우 선생님: 지감·조식·금촉이 마음공부지 뭐여.

학인 1: 그거는… 그거만 하면 마음공부가 된다는…

봉우 선생님: 따로… 그 어디 마음공부 한다고 따로 해?

학인 1: 진전에 따라서 뭐 따로 마음을 또…

봉우 선생님: 얼마든지 마음공부는 밝아지는 거지.

학인 1: 예, 흐름만 마음공부가 같이 뭐 병행할 필요 없이 지감·조식·금촉 행하면서 그냥…

봉우 선생님: 그렇지.

학인 1: 고전이라든가 이거 책을 보고서 늘 마음으로 가다듬어 가면…

봉우 선생님: 그렇지, 그래.

학인 1: 그런 것도 하면 좋겠습니까?

봉우 선생님: 따로 그건 마음공부 한다고 뭘 따로 하는 게 아니라, 우리가 하는 게 마음공부지.

〈세계의 정신공부는 다 이곳에서 배워나간 것이다〉

학인 1: 하는 게 예. 그리고 이 단학공부… 이 정신공부에 갈래가 있지 않습니까?

봉우 선생님: 응?

학인 1: 갈래가 이렇게 내려오지 않습니까? 그 중국으로도 퍼져나가고, 인도로도 나가고 하는 그 본법(本法)은?

봉우 선생님: 각기 사방으로 다 퍼져나간 거지.

학인 1: 예, 그런데 서양에도 정신수련법이 있다고 말씀하셨죠?

봉우 선생님: 서양도 있지.

학인 1: 아프리카에도 있고요?

봉우 선생님: 다 있어.

학인 1: 예, 그런데 소크라테스도 공부를 한 분으로 들었는데, 성인이라고…

봉우 선생님: 소크라테스도 성인이지 뭘. 같은 공부 다 한 사람들인데 뭘.

학인 1: 소크라테스가 "너 자신을 알라." 한 말도… 그러니까 "이 밝음을 깨우쳐라." 이런 식으로도 보고…

봉우 선생님: 그렇지.

학인 1: 형이상학적 의미로 보면 맞습니까? 형이상학적…

봉우 선생님: 마찬가지야. 현대로 봐서는 하는 방식이 조금 달랐다고 하더라도, 하는 것은 똑같아. 선천적에 밝았던 거 후천에 밝혀라 하는 것이지.

학인 1: 그럼 처음에 그 소크라테스로 내려간 것은 어떻게 갈래를 보면 됩니까?

봉우 선생님: 뭣을?

학인 1: 정신수련법이요. 그것도 저… 우리 한배검에서 내려간 걸로 보면 됩니까? 정신수련법이? 갈래가요.

봉우 선생님: 동서양이 첫 번에 오색인종이 다 여기 와서 배웠으니까 그리다 간 거지 딴 거 아니여.

학인 1: 소크라테스가 한 법(法)도 우리와 같은 공부가 나간 거고…

봉우 선생님: 마찬가지지.

학인 1: 아프리카도 마찬가지고…

봉우 선생님: 아프리카나 어디나 다 마찬가지지. 일본은 일본서 저희가 했다고 이런 소리 하지만, 그건 그 사람들이 건방진 소리고, 거기서 한 것이 그 나라 천황이라는 게 이게 백두족들 아니여? 신무천황(神武天皇)이라는 게 여기서 들어간 거 아니여? 뭐… 그리고 거기서 이제 이… 여기서 들어가서 전부 가르쳤지. 일본에 간 삼보(三寶)라는 것이… 삼보라는 게 뭐여? 원방각(圓方角)인데, 여 수정(水晶)으로 둥그런 거(圓)하고, 칼하고, 네모 반듯(方)한 동경(銅鏡: 구리 거울)하고 세 가지거든. 칼은 요렇게 해서 요렇게 하니 각(角)이지.

학인 1: 그럼 그것도 그 옛날에도 서양에 그 철학자들이요. 소크라테스나 아리스토(텔레스) 이런 사람들이 철학은 한다고 했지만은 의학도 잘했고,

과학도 잘했고, 물리학 이런 것도 다 잘했거든요. 그분들이 다 이런 정신 공부를 했기 때문에 밝아서…

봉우 선생님: ○○○○○ 다 밝아져서 그런 거지.

학인 1: 다 잘할 수 있다는 얘기가 되겠죠?

봉우 선생님: 응.

학인 1: 그럼 서양의 정신수련법에도 여러 가지가 있는 걸로 배웠거든요. 뭐 종교 나름대로 있고, 또 천주교에는 묵상(默想)이라고 해서 탁발승이라고 수도승들 들어가서 하는 거 하고 이런 것이 다…

봉우 선생님: 아니, 얼른 알기 쉽게 예수가 이 원광(圓光)이 있지 않나?

학인 1: 예.

봉우 선생님: 원광이 뭣 땜에 난 건데?

학인 1: 경지가… 수련 경지가 높아지면서 밝아져서…

봉우 선생님: 그래, 그래서 밝아져서 난 건데 뭘. 그러고 저 그거 공부하길 뭣에 가(서) 했는고 하니, 인도 가(가서) 했으니까 인도 가(가서) 한 건 우리 게서 다 들어간 거지. 그러고 저 예수도 동방성자(東方聖者)가 있다고 한 이… 동방성자가 누구여?

학인 1: 공자님 말씀이요?

봉우 선생님: 공자님만 얘기했나?

학인 1: 어떤 이?

〈공자님도 백두산족이며, 대황조의 원방각 이치를 그대로 말씀하셨다〉

봉우 선생님: 그러니까 그때는 공자님이 있었으니까 공자님 동방성자 얘기 했지만, 동방성자가 하나만 온 게 아니거든. 그러면 그 꼭대기는 우리 백

두산족을 가지고 얘기한 거지. 공자님도 백두산족이지 딴 게 아니거든.

학인 1: 공자님도 백두산족이라고요?

봉우 선생님: 공자님이 송나라 뭣(왕족)인데, 은나라 자손(왕족)으로 나온 거 아니여? 공자(孔子) 아버지가 '공(孔)'씨면 하지만 공자 아버지가 공씨가 아니거든. 숙량흘(叔梁紇)이지.

학인 1: 지금 세계에서 이제 4대성인… 성자를요, 뭐 공자님, 부처님, 예수님, 소크라테스 이렇게 네 분을 꼽거든요. 그 네 분이 다 거의 같은 종류의 공부로 가신 걸로 보면 맞습니까?

봉우 선생님: 똑같은 건데 거기서 뭣이지, 전부가 여기 저 백두산족의 호흡법 하는 거가지고 전부 다 했지, 뭘 다른 거 한 게 있어? 공자님이 그러면 아무 말도 안 하고 있으면 모르지만, 공자님이 그거 전에… 예전 어른들이 하던 거를 자꾸 ○○○ 하잖아. 이게 대황조님의 얘기가 이렇게 나눠졌지만, 그게 이제 대황조님의 원방각 그 이치에 조금도 벗어나지 않게 얘기했거든. 순임금, 요임금도 "유정유일(維精維一)이오사 윤집궐중(允執厥中)이라"는 거 동그라미하고 이렇게 이렇게 해놓은 게 요 윤집궐중이 가운데 중(中) 하나 있고… 그게 이제 뭣이가 원방각이지.

〈'단(丹)'이라는 말이 나온 유래〉

14:51

학인 1: 하나만 더 여쭙겠습니다. 소설책 이름이 《단(丹)》으로 나오지 않았습니까?

봉우 선생님: 누구?

학인 1: 소설책 《단》이요, 단.

봉우 선생님: 단?

학인 1: 《단》 소설책, 《단》 책. 《단》 소설책 나오지 않았습니까? 소설책 《단》이요 단, 밝을 단 자 해서…

봉우 선생님: 응, 응.

학인 1: 그 소설책 이름이 '단(丹)'이 된 이유가?

봉우 선생님: ○○○ 이름 난 몰라.

학인 1: 그 이거 작가가 그냥 바로 달았습니까?

봉우 선생님: 그거 그저 뭣이가… 김정빈이가 '단(丹)'이라고 썼지.

학인 1: 그에 대해서 다른 말씀은 안 하셨습니까?

봉우 선생님: 뭐 말 안 했어.

학인 1: 자기가 그냥 '단'이라고 쓴 거라고요?

봉우 선생님: '단'이라고 썼지. 그러니까 단이 되었지. 이거는 심법(心法)이지, 심법이지, 호흡하는 조식법(調息法)이지. 그러니까 여기 전부 책으로 지금 이, 전부 뭐야 이거 도장경(道藏經)이라는 거 전부가, 수단(修丹)이니 뭐 연단(鍊丹)이니 하니까 '단(丹)'으로 전공하는데, '단'이란 게 별건가? 호흡해서 성공한 게 '단(丹)'이지.

학인 1: 그러면 '단' 이후에 또 단학(丹學)이라는 말이 생기지 않았습니까?

봉우 선생님: 어디?

학인 1: 단학이요.

봉우 선생님: 단학?

학인 1: 여기도 '단학회(丹學會)' 아닙니까?

봉우 선생님: '단학회'면 '단(丹)'을 배우는 사람들이지 뭐.

학인 1: 그러니까 이제 '단'이 나온 이후에 '단학'이라는 말도 생기게 된 거죠? 그전부터 단학이란 말이 있던 건 아니잖습니까?

봉우 선생님: '단학'이란 건 없어. 이 단학회라는 것이 단자를 단 단 했지,

'단'이라는 건 나는 그렇게 '단' 그렇게 찬성하는 사람도 아니여.

학인 1: 예, 그럼 '조식법(調息法)'하고 그럼 여기하는 것을 그냥 '도관(道觀)'이라든가, '연정원(研精院)' 이 정도로…

봉우 선생님: 그렇지. 연정원이지, 난 여기서 공부할 때 '연정원'이라 지었지.

〈묵좌식상(黙坐息想)과 잠심수련(潛心修鍊)〉

학인 1: 저 호흡법 초기 ○○에서 말입니다.

학인 2: 호흡법?

학인 1: 묵좌식상(黙坐息想)이라고 얘기 들었거든요. 그리고 이 봉우 선생님이 직접 그렇게 말씀하신 바는 없는 걸로 알고 있습니다. 그런데 묵좌식상이라는 의미에 대해서 한 말씀 해주세요.

봉우 선생님: …

학인: …

학인 1: 묵좌식상이라고 얘기를 하잖아요.

봉우 선생님: 웅?

학인 1: 묵좌식상이요.

봉우 선생님: 묵좌식상, 웅.

학인 1: 예, 이게 호흡법에서 ○○○○ 정확한 의미가 어떻게 되는 것인지에 대해서 풀어서 설명해주세요.

봉우 선생님: 말로?

학인 1: 예.

봉우 선생님: '가만히 앉아서, 잡생각 하지 마라' 하는 뜻이지.

학인 1: 그런데 호흡 공부를 단계별로 둘 때 어떤 지나가는 단계로 보는 게 있습니까? 아니면은 그냥…

봉우 선생님: 단계로?

학인 1: 예.

봉우 선생님: 호흡법은 단계로 엄청 쪼갤라면(쪼개려면) 얼마든지 쪼갤 수가 있지마는, 호흡의 한… 해나가는 계단이지.

학인 1: 계단 중의 하나로 여기면 됩니까?

봉우 선생님: 그렇지.

학인 1: 그러면 봉우 선생님이 《봉우수단기(鳳宇修丹記)》에 적어논 그 잠심수련(潛心修錬)과 비슷한 점이 있는 겁니까? 그거하고 묵좌식상하고 관계는?

봉우 선생님: 비슷한 거지.

〈현빈일규(玄牝一竅)는 '한 구녁(구멍)이 뚫린다' 그 소리여〉

학인 1: 그리고 이제 한 가지 더 여쭈면 '현빈일규(玄牝一竅)'라고…

봉우 선생님: 응?

학인 1: 봉우 선생님이 그때 여기서 이제 기가 흘러가는 것을, 봉우 선생님한테 제가 직접 '현빈일규'를 들은 경우가 없고요, 이것도 일반적으로 현빈일규라 그래서 이제…

봉우 선생님: '현빈일규'라는 건 내가 쓴 문자가 아니고, 예전 책[《용호비결(龍虎祕訣)》]에도 있는 소린데, 그게 이제 '한 구녁(구멍)이 뚫린다' 그 소리여.

<'기(氣)'와 '식(息)'의 분리>

학인 1: 그리고 이제 '기(氣)'와 '식(息)'을 분리를 한다고 이제 그런 걸 들었는데요.

봉우 선생님: '기(氣)'라는 것은 자연이 있는 거고. 기라는 게 내가 쉬어 들어오는 걸 식(息)이지. 똑같은 거지 뭐.

학인 1: 그것을 이 안에서 분리를 한다고 하는 것이 여기 지금 이게 가능한 건지…

봉우 선생님: 뱃속에서?

학인 1: 예.

봉우 선생님: 저쪽에서 '기' 자연 들어오는 거 하고 내가 들어오는 건 숨이 그리 들어오는 건데, 분리가 되지 어찌 안 되나?

학인 1: 기와 식이 분리가 되는 걸로… 말하자면 기는 들어가고, 숨은 내보내고 기는 들어가고 이런 식으로가 가능합니까?

봉우 선생님: ○○○. 기나 식이나 마찬가지지만 '식(息)'이라고 하는 것이 기운만 다 들어가는 게 아니여. 우리가 공기로만 죽 들여마시는 걸로 알지만, 여기는 공기도 들어가고 공기 아닌 것도 들어간단 말이여.

학인 1: 예, 그러니까 기식(氣息) 분리가 실제로도 가능한 겁니까?

봉우 선생님: 응?

학인 1: 기식 분리가 실제로도 가능합니까?

봉우 선생님: 실제로는 얼마든지 가능한데, 그게 가능할 만한 공부가 언제 되느냐? 이게 문제지.

학인 1: 나중에 높은 단계에 가야 가능한 겁니까?

봉우 선생님: 얕은 데선 힘들걸.

〈본 호흡을 제대로 했을 때는 뱃속에서
덩어리 같은 것이 생기지 않는다〉

19:38

학인 1: 그리고 이제 수련에 진전이 되면요, 뱃속에 어떤 형체를 느끼거든요. 뭐 능글능글 하다든가, 뭐 달걀만 한가 뭐 움직이는 거라든가 ○○ ○○○든가. 이 형체를 어떤 형으로 설명하면 좋겠습니까?

봉우 선생님: 형체를 그걸 너무 형체에다 신중을 하면 호흡이 잘 안 돼. 형태가 있거니 하지. 또 어떤 사람들 보면 뭐 이만하니 얼만하니 이런 소리를 자꾸 하는데, 그게 있느냐 없느냐가 문제여.

학인 2: 그런데요 그게 이 계란만 하다고 하거나 주먹만한 것이 여기 있어서, 호흡이 끝나고 난 뒤에 이게 지금 왔다 갔다, 호흡에… 호흡을 중지하고 안 하고 있을 때도 이게 왔다 갔다 하는 걸 느낀다는 사람도 있거든요.

봉우 선생님: 그건 지식(止息)하는 사람이지. 지금 지식을 하는 사람이 그전… 힘이… 힘이 들어가서 이제 들락날락하고 덩어리가 뭉쳐. 본 호흡만 하는 사람한테는 그게 저 덩어리가 그렇게 뭉쳐 있지를 않아.

학인 1: 약간 뭉쳐져 있는 관계는 크게 관계는 없겠죠?

봉우 선생님: 약간 좀 이상하면 거기 기운이 있는 거 같지.

학인 1: 그런데 그것을 용어로 뭐라고 하면 좋겠습니까? 이 덩어리 지금 ○○○○ 이 안에 있는 거를 ○○○.

봉우 선생님: 용어는 그것은 호흡하는 데서 본식은 없는 게 본식이여. 없는 게 본식인데 그건 기운이 뭉친 거지 그게.

학인 1: 그냥 기운이 뭉친 거라고 보면 됩니까?

봉우 선생님: 그렇지.

학인 1: 그러면 그것을 기(氣)라고는 표현할 수 없겠죠? ○○○○.

봉우 선생님: ○○를 '기'라고는 못하지. 기라는 게 어디 뭉치는 데가 있나? 그건 기가 어디 뭉치지는 않거든. 암만 ○○ ○○래도 저 기가 굉장히 있지 없는 건 아니지만은, 그것이 이제 어디 가서 뭉쳐서 덩어리가 져 있지는 않단 말이여.

학인 1: 그러면 이게 기가 이 안에서 호흡○○에 이제 ○○와 이런 것도 어떻게 기운이 자꾸 들어가지 않습니까?

봉우 선생님: 다른 게… 다른 게 걸려서 같이 뭉치는 거지.

학인 1: 예, 그런데 그것이 단전에 쌓인다고 보는 것이 맞습니까? 아니면 축적되는 의미입니까? 아니면 자란다고 보면 되겠습니까? 이게 정(精)·기(氣)·신(神)에 합일(合一)에 어떤 그 높은 저희가 지금 이해하지 못하는 높은 단계가 있겠지만, 그것이 쌓인다고 보면 맞겠습니까? 아님 어떻게 자란다고 보는 것이 맞습니까? 아니면…

봉우 선생님: 아주 잘하는 호흡에는 그런 거 따로 쌓이질 않는데, 좀 선(설익은) 사람한테는 첫 번에 그게 많이 쌓여요.

〈피로하니까 잠이 오지. 조식이 잘되면 열흘을 안 자도 피로가 안 와〉

학인 1: 쌓인다고요? 그런데 수련 시에 이제 졸린 것이 있습니다. 졸리게 되는데요, 사람들이 초보자의 경우에도 그렇고 좀 진전이 있는 분들도 그렇고, 그 조는 게 있잖습니까? 졸음이 오는 거에 대해서…

봉우 선생님: 졸리는 건 피로를 참지 못하니까 졸리는 건데, 뭐 그게 공부에 차례는 아니지.

학인 1: 그러니까 조식이 잘될 경우에 안 졸리고 그런 경우도 있지 않습니까 보통?

봉우 선생님: 조식이 잘될 때야 잠이 오나?

학인 1: 제대로 잘되면 잠이 전혀 안 오고, 피로하기 때문에 잠이 온다.

봉우 선생님: 피로하니까 잠이 오지. 조식이 잘되면 열흘을 안 자도 피로가 안 와.

학인 2: 그러니까 졸리는 건 언제 졸리느냐면 이때 졸리던데요. 호흡하다가 호흡 생각을 잊어버릴 때 졸리는 거 같아요.

봉우 선생님: 호흡을 잊어버리니까 졸리지. 호흡하느라고 문제… 정신이 거기 들어가는데 졸릴 새가 있나?

학인 1: 예.

〈공부 중 나오는 방귀〉

학인 1: 그러고 저 수련할 때요, 방구를 뀌게 되지 않습니까? 방귀요.

학인 2: 방귀요 방귀.

봉우 선생님: 방귀는 뭐 나가는 건 나가는 거지 뭐. 나가는 걸 못 나가게 하나?

학인 1: 그게 이제 수련 시 방구를 뀌면 이제 기(氣)가 어디 가는 게 기운이 새어나간다고 그런 얘기들을 하는데…

봉우 선생님: 내가 하는 호흡하고 거기 속에 있던 잡기(雜氣)하고 같지 않아.

학인 1: 그럼 그대로 빠져나가는 건 아닌○○○.

봉우 선생님: 빠져나가는 거 상관없지.

〈겨울철 금냉법 – 동상 안 걸려, 해보면 알아〉

학인 1: 그럼 이제 우리 학인 중에요, 산에 들어가서 금냉법을 겨울에도 하고 있답니다. 물이 아주 찬 데서 이걸 하고 지금 하는데, 동상 걸린다든가 뭐 잘못되는 거 없다 이러는데…

봉우 선생님: 안 걸려요.

학인 1: 전혀 관계없습니까?

봉우 선생님: 수련법을, 저 금냉법을 정식으로만 하면 절대로 저 감기 들거나…

학인 1: 수련이 좀 진전이 있기 때문에 겨울에도 한겨울에도 밖에 나와서 이렇게 한다 그러거든요.

봉우 선생님: 그래.

학인 1: 혹시 동상에 안 걸릴까 걱정을 해가지고요.

봉우 선생님: 동상 안 걸려. 해보면 알아.

학인 1: 예.

〈뱃속에서 기운을 돌리는 것은 호흡을 길게 하기 위한 방편〉

24:41

학인 1: 그리고 한 가지 더 여쭙겠습니다. 아까 그 뱃속에 기운이 뭉쳐진 형태가 있거나… 있느냐 없느냐가 문제라고 하셨거든요, 방금 말씀하실 때.

봉우 선생님: 응.

학인 1: 있는 것이 안 좋다고 그렇게 말씀하시는 겁니까?

봉우 선생님: 형체가 있다면 그건 호흡이 덜 된 것이여.

학인 1: 잘못해서 그런 겁니까?

봉우 선생님: 잘한 건 못 돼.

학인 1: 예, 더 순조롭게 순기(順氣)로 해야…

봉우 선생님: 순기로 그냥 가만히 있어야 하는데, 아무것도 없이 공간에 여기 뭐가 암만 바람이든지 공기가 댕긴다고 하더라도 여기서 만져지는 게 있나? 없지. 없는 것이 정식인데, 하는 사람들 보면 거기 와서 덩어리가 커다랗게 있어서 뭐 이게 돌아가느니 어쩌느니 소리를 많이들 해. 그건 정식 호흡에는 조금 약하다.

학인 1: 그렇게 해서 그런 형태로 해서 소주천을 다 끝내는 사람도 있는데, 관계는 없습니까? 이렇게 좀 ○○○.

봉우 선생님: 관계는 없지. 내가 늘 그러지 않아? 여기서 이렇게 돌리는데, 요기서 해서, 이렇게 해서, 이렇게 해서, 이렇게 돌리는 게 좀 미는 게 본법이 아닌데, 호흡을 길게 하기 위해서 이걸 하라고 한다 말이지. 그건 말고 이거 다 말고, 가만히 들어왔다가… 단전에만 여기 들어왔다가 가만히 나가… 나가는 것이 1분까정 해도 되고, 2분 해도 되고, 3분 해도 괜찮고 호흡이 말이야.

그래도 할 수가 있는데, 첫 번에 이것이 길게 하기가 힘들으니까(힘드니까) '여기 다 왔다. 이제 호흡이 좀 길어지니까 40초나 50초나 이렇게 되니까 이게 길이 뚫어졌다.' 이 길이 뚫어졌다는 게 하는 사람의 생각으로 내가 호흡이 조금 길어졌다는 걸 인정하는 거 아닌가 말이지. 그래가지고 이놈이 여기까정 왔는데, 이것이 이렇게 늘 여기까정 왔다가 도로 나가고 이러던 것이 여기서 또 이게 더 올라가게 된다는 게 내 호흡이 길어졌다는 걸 측량하는 거라. 그래 이제 여기서 또 이리 오고 이렇게 와서 나가는 것이 그건 호흡을 길게 하는 절차지… 절차지 본 호흡은 요기서 요기만 내리 나가던 것이 ○○○○.

학인 1: 실제적으로는요 여기다가만 호흡을 하는 거보다요, 이렇게 해서 요기까지 하고 쉬게 되면 호흡이 좀 더 들어가고 더 쉬어드는 거 같거든요. 그거하고는…

봉우 선생님: 글쎄 그러니까 호흡 길게 첫 번에 하는 사람은 길게 하기 위해서 '요기서 요기만 왔던 걸 요만침 더 왔다.'

학인 1: 요기까지 그 더 오고…

봉우 선생님: '이제 고게 요만침 더왔다. 요까정 왔다. 요까정 왔다.' 그래가지고 하는 게 내 공부하는 걸 느는 재미로 그놈을 시키는 거지. 첫 번에 그냥 하라면 어디까정 간지 모르니까 내 공부가 요기서 40초가 됐냐? 이제 1분 근처가 여기를 오느냐? 하는 그걸 측정할라고(측정하려고) 하는 거지 딴 거 아니에요. 그런데 그거 첫 번부터 이거 측정하는 거니 하지 말라 하면 안돼. 그거 그렇게 해가지고 길게 연습을 해야 되니까.

학인 1: 예.

학인 2: 그런데 이 호흡을 여기다만 대고 하는 호흡○○○○○. 이쪽에 이렇게 왔을 때 하고 이쪽에 이렇게 왔을 때는 피로를 조금 느끼는 거 같은데요.

봉우 선생님: 피로?

학인 2: 여기에 있을 때는 안 피로한데 이쪽에 돌아가고부터 난 뒤에부터는 좀…

봉우 선생님: 이걸 ○ 하느라고 하니까 피로가 오지. 허허허. 여기만 가도 괜찮은 거여. 헌데 첫 번에 여기만 가도 괜찮다면 이건 긴지 짧은지 몰라, 하는 사람이. 그러니까 이제 '이것이 요기까지 왔다. 아 요거보담은 길었구나, 요기까정 왔다, 요때보담은 내가 좀 길었으니까 여길 왔지.' 요게 자기가 (호흡이) 길어가는 재미진 걸 보라는 거지 이것이 꼭 혹… 필요한 건

아니여. 그냥 들락날락하는 것이 필요하지.

학인 1: 그러니까 의식으로만 여기까지만 와가지고 바로 나가고 이렇게…

봉우 선생님: 그래도 괜찮아.

〈거기다 힘을 주니까 덩어리가 생겨. 힘을 안 주면 덩어리가 안 생겨〉

29:08

학인 1: 그런데 학인 중에요, 아까 그 덩어리지는 게 많이 덩어리가 져서 끙끙거리고 그 얼마나 그 헤어나질 못하는 경우가 있는데, 어떻게 해야 그 방법이…

봉우 선생님: 거기다 힘을 주니까 덩어리가 생겨. 힘을 안 주면 덩어리가 안 생겨.

학인 1: 호흡법을 힘을 안 준다고 해도 뭐 방법은 잘못돼 있다는 얘기시죠? 힘이 들어가게끔 계속 하고 있다는 얘기죠?

봉우 선생님: 그 말하자면 힘을 주지 말으라는(말라는) 게, 힘을 줬다는 거지.

학인 1: 방법만 고치면 바로 그 없어지고 합니까?

봉우 선생님: 그 다 없어져. 그 어떤 사람은 배가 이렇게 불룩해가지고 꿀럭꿀럭 하는 사람이 있어. 이 잘된 거로 인정하는 사람들이 있어.

학인 1: 네.

봉우 선생님: 그런데 그건 ○이여. 여기서 저 지식하는 사람들은 아랫배를 누르고 배를 뚜드리고 그러지 않아?

학인 1: 예.

봉우 선생님: 옆에서들 모르는 사람들 그 사람들은 얼른 낫지 않아. 저기 저

그 버릇을 가지고 있어.

학인 1: 그런데 이 호흡을 하다보면요, 단전까지만 쉬더래도 압력이 좀 생기지 않습니까? 호흡을 이렇게 하면? 그러니까 희미한 가운데 압력이 약간 그 은근하게…

봉우 선생님: 약간 생기지.

학인 1: 그 생겨서 약간의 힘이 생기는 건 어쩔 수 없는…

봉우 선생님: 그러니까 어떻든지 ○○○○.

〈얇은 놈한테 써먹어도 강한 놈한테는 못 써먹어〉

봉우 선생님: 내가 언제 한번 얘기했나 몰라. 3분 이상이 가는데 첫 번 들어와서 이걸 보는데, ○○○○ 거기 일본도… 거기서 이제 참관을 시켜서 이렇게 보니까, 사람들이 머리가(머리카락이) 훌훌훌훌 내려가면 전부 끊어져버려. 그런 보도(寶刀)여. 같은 칼을 가지고… 일본도라도 같은 칼을 가지고 딱딱 붙으면 이놈도 날이고 이놈도 날인데 이놈 날이 뚝 부러져 가지고 칼이 뚝 부러진단 말이야. 부러지지. 그렇게 되는 놈의 칼인데, 손 딱 내밀고 "이놈 쳐라" 그러거든. 이놈들이 제자가 와서 이놈을 때리는데 꼭 쇼하는 거 같아. 그런데 이놈이 ○○하고선 악! 하고 소리지르고 딱 쳤는데 뚝 소리에 이게(손이) 안 끊어지거든. 그렇게 안 끊어지는 칼이… 그 보도를 가지고 쳐도 꿈쩍 않는 칼인데, 칼 좀 얼른 달라 그러니 "내 한번 쳐보자." 하니까 못 치게 해.

하하하 그 왜 그럴꼬? 강하긴 마찬가지 칼인데, 똑같은 칼인데. 뻣뻣하게 나더러 그러지 않아. "너는 10분 8분… 10분에 가까운 호흡이고, 나는 1분 반밖에 안 되는 호흡인데, 니가 때리면 내 팔은 끊어지는데 그 뭘 좋아서 니가 그러냐?" 이러는데.

학인 1: 그런데 거기도 쳐다만 봐도 ○○○○○○○ 높은 그런 걸 하는 걸 알 수가 있습니까?

봉우 선생님: 알지 왜 몰라? 저보다 길다는 건 대번 알지. 얕은 놈한테 써먹어도 강한 놈한테는 못 써먹어.

학인 1: 예.

제5차 하계수련회 특강 1[175]

〈소설《단(丹)》이 나오게 된 계기와 연정원(研精院)의 설립〉

(일동 박수)

진행자: 일어나세요, 일어나세요. 할아버님이 저 공부에 대한 격려의 말씀이 있어서 그런데요, 평소에 궁금하신 점이라든가 ○○○○○○ 질문 있으시면 하세요.

봉우 선생님: 목소리가 가운데서 저까정 잘 들릴까 모르겠는데…

1년 1차의 하계수련… 여러분이 이렇게 모이시니까 감사합니다. 나는 먼 데서 좀 늦게 와서 대단히 미안합니다. 우리나라에서 정신수련하는 방식이 여러 종류가 있어요. 서울서도 간판 붙이고 단학이라 뭣이라 이렇게 하는 데가 대충 한 60군데 됩니다. 60군데 돼서 각기 자기의 이제 주장을 다… 주장을 하지만은, 우리가 지금 여기서 하는 것은 단학(丹學)이라고 이름을 했습니다만, 단(丹)이 단학이라고 부르는 게 아니고 조식법(調息法)입니다.

호흡하는데 조식법인데, 처음 시작한 것이 우연히 유리겔라가 뭐 이리

---

175) 녹음: 김각중, 녹취: 박승순, 교정·주석: 정진용·정재승
　　　1990년 8월 3일 제5차 하계수련회 특강 A-B 입니다.

들어와서 ○○… 초능력 한다고 해가지고선, 거기서 사람들이 많이들 가구경을 하고 와가지고 그 사람들 초능력 하는 걸 가지고 아주 대단히 칭찬들을 많이 했어요. 그때 마침 저한테 놀러 온 이들이 군(軍) 장성들, 예비역 장성들, 현직 장성들, 장성들이 있고, 신문기자 모 기자들도 있고 이랬는데 여럿이 와가지고,

"조선에서는 전하는 말로는 이러니 저러니 별말이 다 있더라도, 저 유리겔라 와서 하는 걸 보니까 초능력이여. 초능력, 인간적으로 하지 못할 일을 다 해나가는 걸 보니 참 부럽다고. 우리나라에서는 말 들으면(들어 보면) 도대체 아무것도 없는데 그런 게 한 게 없었다."

고 이런 소리들을 하는데, 뭐 그 소리 이제 예사죠. 그동안 우리에게 전해 내려오는 건 아무것도 없었으니까 그런 소리 하는 것이 보통으로 알아들었으면 괜찮겠는데, 나는 나이가 좀 늙은 사람이고 젊은 사람들이 아니니까 그 사람들 너무… 여럿이 뫼여가지고 앉아서 떠드는 소리가 귀에 거슬리지. 그래서

"여러분들 초능력이라고 그걸 주장을 하며, 당신네들은 그래도 장성들로 대장이니 중장이니 하고 장성들로 이름 있는 장성이다. 뭐 ○○○○ 박사님들이지, 박사님들이 10여 명이 뫼여가지고서 앉아서 우리나라 역사를 그렇게 모르오? 땡땡 무식한 사람 촌사람들도 그렇게 얘기 안 할 텐데, 그래도 조선서는 누구라고 대학 교수님들 박사님들이 10여 명이 앉아가지고 그런 소리한다는 거는 몹시 내가 생각하던 거와 다르오."

그러니까, 아 나더러 그래요.

"아니 그러면 뭐 용한… 무슨 뭐 조선에서 시험해 본 게 있소?"

이러고 물어봐.

"꼭 그렇다고 하면은 나도 내 얘기를 한번 해보겠소."

하고선 얘기를 우리나라에 예전 조상 때부텀 해 내려오던 거를, 죽 얘

기를 했습니다. 그러고 그게 다 없어져서 중간에 별 얘기들이 다 없어졌지만은, 이 근년에도 이러고 이러고 이런 일이 있었다고 하는 걸 죽 얘기를 했더니, 그중에 필자… 책 맨드는 그저 필자들이 있었어요. 편집하는 사람들이 있었는데, 뒤에서 뭘 자꾸 끄적거리는 걸 몰랐죠. 이걸 자꾸 끌어요, 질문을 해가며 또 묻고, 또 묻고 하니까 물으면서 대답을 나는 모르고 자꾸 했어. 했더니 나중에 그 이튿날 또 오고, 그 이튿날 또 오고 사흘 동안을 댕기며 얘기를 전부 했는데, 책 한 권을 뒤에다 맨들어 와가지고,

"이것이 말씀하신 대로 전부 맨들어놓은 건데. 이걸 갖다 사용하겠는데, 한번 다시 열람을 해보십시오."

하는데 그 생각도 안 했어요. 그 사람들하고 얘기만 했지 그거 할라고 책 얘기 안 했는데, 김정빈이라는 사람이 정신세계사… 출판사입니다, 출판사 저 편집부장이여. 하필 그 녀석이 앉았으니까 어련히 하겠습니까? 뭐라고 전부 적어가지고 와서 음… 단지 한마디는,

"이게 여기서 이게 사실입니까?" 그래.

"당신이 사람을 잘못봤소. 당신들이 그걸 가지고 와서 그런 얘기를 하니까, 우리… 우리나라의 사실 내 목도(目睹)한 거(지), 들은 풍월로 한 거나 하나도 없소. 사실대로 다 한 것이오."

이렇게 얘기를 했습니다.

"그럼 내… 그중에서도 지금 아무개 아무개 아무개라는 사람이, 그때는 거기 분명 있는 인물 중에 아들 손자들이 있으니 직접 가서 물어보면 알 거 아니냐? 나한테 그걸 묻지 말고 그 손자, 조카 이런 사람들이 있으니 물어봐라."

06:40

그랬더니 이 사람들이 귀찮아서 물어볼 데는 못 물어보고 나한테만 자꾸 물어 물어가지고 책을 맨든 것이, 저희 맘대로 《단(丹)》이라고 첫 번

낸 겁니다. '단'이라는 얘긴 안 했는데, 이 사람이 소설가니까 꼭대기다 내가 안 한 말도 좀 넣고, 이말 저말 넣어가지고 낸 것이 첫 번에 백 한… 18쇄만큼 팔렸어요. 국외 나가니까 일본서 번역을 해가지고 일본판으로 일본 사람이 100여만 권 팔았어요.

그러고 나니까 권태훈이가 저 '단(丹)' 할아버지가 되었단 말이야. 그거 오면 자꾸 묻습니다. 오면 자꾸 묻는데, "아, 단(丹)에는 그게 관계가 없는데." 하면, "아, 책에 이렇게 났는데…" '단'이라고 할 수도 없어. 그래가지고 우리 집에서 "여럿이 그러지 말고, 와서 의심 나는 사람이 묻고 하면 대답을 할 테니까 그 가운데서 묻는 거는 내가 대답을 해주마." 하고…

지금도 잘… 그 지금 나 있는 사랑에서, 그 방이 요만침은 뫼입니다(모입니다). 요만침은 뫼여 앉을 만하니까, 100여 명씩 뫼여가지고 한 반년했어요. 반년간 뫼이더니 나가서는 간판을 붙이고, 나가서는 간판을 붙이고 그래요. 간판이 60여 장이 붙었습니다. 그러니까 우리도 "이거 이거 그냥 있다가는 우리 '단'까정 아주 없어지겠다. '단'까정 없어지겠으니까, 이왕이면 단이나… 이 단이라고 하느냐고 우리도 단이라고 해서, 단학 연구하는 사람의 주장으로 단학회(丹學會)를 하나 세우자." 이렇게 되었습니다. 그래 1년… 1년 뒤에 지었어요.

그래가지고 이제 처음으로 이제 이 호흡법에 대해서 내가 먼저 그전에 하던 거, 여기다 이 동네(공주시 반포면 상신리 계룡산마을)다 시작을 시작하게 됩니다. 시작하게 되고, 단학 연구원 같은 연정원(研精院)이라는 것이 그 위에 초막집 집이 된 거 있죠. 그래가지고 한 것이 나 거기서… 여기서 하던 건데.

그래 게서 이제 그걸 해가지고 하니까 지금 사람이 학인수가 근 1만 명 돼요. 근 1만 명 사람이나 학인으로 있는데, 지가 다 댕기며 얘기할 수는 없잖습니까? 나도 바쁜 사람인데 댕기며 다 얘기할 수는 없고, 나한테서 공부한 사람들한테 허는 법만 알으켜(가르쳐)줘서 자세히 얘기해서 한 것인데, 그거 이게 이래가면서 여기 김선생(김설초?)이 제일 낫게 됐어. 또 몇이 그렇게 가서 좀 했는데, 여기도 지가 몇 차례 해마다 몇 번 왔습니다만은 여러분들 이렇게 뫼어서 하던 건데, 당연히 지가 와서 시작에서 끝까정 봐드려야 하는 건데 저도 바빠요, 바빠서 그렇게 못하고. 와서 며칠 그렇게 하고… 요 며칠 전에 며칠 와서 참 저녁에… 질의하시는 거 응답하고 의심나는 거 있으면 묻고 하면 대답하고 그런 정도는 얘기를 해줄 수 있습니다.

〈개벽 이후 살아남은 오색인종은 백두산에서 대황조의 첫 가르침을 받았다〉

10:20

'단(丹)', 이 호흡법이라는 건 우리나라 예전 조상님들이 하던 거… 조상님들이 하던거. 뒷사람들이 단군님 단군님 하지만, 단군님은 그다음 다음 훨씬 뒤에 난 분이시고, 대황조(大皇祖)라고 '한배검' 하는 게 제일 꼭대기 시작하신 이인데. 그 어른이 이 지구가 생겨가지고 몇 번 개벽을 했는지 몰라요. 몇 번 개벽을 한 뒤에, 개벽이라는 게 한 번 하면 총인구가 팽창이 돼가지고 더 늘 수가 없을 때는 자연소멸이 됩니다. 자연도태가 돼가지고 몇 얼마 안 남고 다시 이제 일어나고 일어나고 이렇게 된 것이 뒷사람들 수(數)놓는 사람들, 도(道) 아는 사람들 얘기는 요번 개벽이 6회라고 합니다, 6번째.

그런데 한 번이 12만 8,000년… 한 번이 12만 8,000년을 지내면 자연도태가 된답니다. 도태가 돼가지고 요번 6번째는 사회(巳會)번에?, 이 저…

첫 번에 나오셨던 이가 사회(巳會)번 대황조죠. 처음으로 있는 인간, 찌꺼기 남은 인간이 오색(五色)인종, 지금 세계 인종의 조상들… 죄다 백두산을 중심으로 장백산 그편짝에서 되였을 적에, 지금 백두산은 척(尺) 수가 얼마 안 됩니다. 척 수가 얼마 안 되지만, 그때는 백두산이 최상 문명이에요. 제일 높았어요. 1만 척(一萬尺: 약 3,000m)보담 훨씬 높아서 세계에서 제일 높은 산이 되니까, 물에 장마에 어디서든지 사람들이 살지 못하고 높은 데만 골라 온 것이 오색인종이 다 와서 있었어.

그래 이 사람들을 다시 사람 노릇, 짐승인지 사람인지 분별을 시키고, 사는 법, 나라 다스리는 법, 서로… 그래 그때는 이제 부족들이… 부족들을 이렇게 해가지고 공부를 시키고, 자손들을 낳고 이래가지고 따로따로 보낸 것이 저대로 보낸 게 백인종은 백인종대로, 황인종은 황인종대로, 또 이제 같은 오색인종을 이리저리 다 보냈는데 여기서 나간 거예요 다.

그리고 이제 그때 이제 아메리카… 아메리카가 붙어가지고 있었던 게… 떨어지지 않고 붙어가지고 있었는데, 그리로 가고, 여기 조선서 이리저리 붙어가지고 있던 거니까 일본에도 가고, 중국은 물론이고, 서인도 양한테는 서양대로 나가고, 이렇게 해가지고 세계의 인종이 처음으로 퍼져 있는 거지. 그게 여섯 번째예요. 전부 그냥 속… 소멸이 되어서 얼마 안 남아가지고 다시 일어나고 다시 일어나고 한 게 여섯 번째인데, 그때에 에… 그냥 가르치는 거, 유물론(唯物論)으로 그냥 가르쳐가지고 농사 짓고, 우리가 사는 법, 이 예절 가르치고 한 거는 그냥 유물론으로 형이하학으로 가르쳤고, 거기다 이제 정신학을 배울라면 유심론(唯心論)으로 이걸 가르쳐야 하는데, 정신학은 그냥 해선 안 되고 호흡을 해야 된다, 조식을 해야 된다.

〈대황조님의 첫 번째 가르침, 지감(止感)·조식(調息)·금촉(禁觸)〉

13:58

그래 제일 첫 번에 '지감(止感)·조식(調息)·금촉(禁觸)'이라는 겁니다.

욕심내지들 마라. 덮어놓고 욕심을 내면 안 되는 거니까 욕심내지 말고, 조식을 해, 숨을 고르게 쉬어. 그래가지고 얻음이 있거든, 얻음이 있어서 자기가 뭘 공부가 되거든 욕심을 내지 마라.

'지감·조식·금촉'이라는 게 욕심을 내지 말고, 살다가 이놈을 족 해나가라. 이래가지고 처음 가르치신 겁니다. 그랬는데 지감·조식·금촉으로 가르쳐가지고 내려오는데, 여기 아시아 전체… 불교에 ○○○, 그 제자 그 제자해서 부처님 예전 과거칠불(過去七佛)[176]이니 뭐니 하는 부처님들이 다 나왔고, 또 여기 무슨 뭐 무슨 뭐 해서 각 종교의 ○○○ 할아버지들은 전부 거기서 나왔습니다.

그래가지고 이제 유교(儒教)에 말씀 다 나왔지만, 자기대로 다 성자들이 여럿이 나왔는데, 동양에서는 그저… 그전에 성자가 여러분이 나왔고, 그래 그 양반들이 임금이 된 데도 있고, 임금이 아니고 부지런히 될라고 댕기고 그래요, 그 여러분들이.

공자가 유도(儒道: 유교)의 처음 선생입니다. 공자 전에 요임금, 순임금… 임금 돼가지고 나라를 세우지 않아? 그 전에도 임금되기 전에 요임금, 순임금 전에도 임금이 많았어요. 그런데 거의 백두산족입니다. 거의 백두산족으로 돼가지고 있는 게 많아. 헌데 지금부터 약 3,000년 전,

---

176) 석가(釋迦) 이전에 이 세상에 출현하였다고 하는 일곱 명의 부처. 과거 장엄겁(莊嚴劫)에 나타난 비바시불(毘婆尸佛), 시기불(尸棄佛), 비사부불(毘舍浮佛)의 3불과, 현재 현겁(賢劫)에 나타난 구류손불(拘留孫佛), 구나함모니불(拘那含牟尼佛), 가섭불(迦葉佛), 석가모니불(釋迦牟尼佛) 등의 4불을 합하여 일컫는 말이다.

4,000년 다 못 되지. 3,000년 전에 강태공이가 나왔을 적에 주무왕(周武王)177)… 주무왕이 우리 족속으로 임금 노릇하던 은(殷)나라… 은나라 망하고… 망하게 해서 여덟 번 싸움을 했어. 백두산족하고 여덟 번 싸움을 해가지고, 백두산족을 중국… 중국 이 본토에서 쫓아낸 거예요 말하자면. 쫓아내고… 임금을 쫓아낸 거지… 쫓아내고, 만주… 만주 이편짝으로 여기로 들어와버리고. 문왕(文王)178)이 첫 임금으로, 무왕이 강태공… 무왕이 강태공이 도와가지고 나라를 맨들었는데, 그래서 그게 그때는 ○○ 있는지 없는지도 잘 모르게 됐어요. 자기들끼리만 나와… 나왔습니다.

〈백두산족 영웅들에게 당할까봐 만리장성을 쌓은 진시황〉

16:43

　그래도 이쪽에선 민족이 영 자꾸 강해가지고 음… 이쪽 족속 저리 들어가면… 그쪽에 중국 들어가서 이 나라를 자꾸 차지하고 이러니까, 요번에 지가 백두산에 갔다가 백두산 가는 길에 만리장성을 구경을 했습니다. 만리장성을 구경하는데… 만리장성을 구경하러 가는데, 가보니까 우리 간 사람 20명 그뿐 아니라 여러 백 명이 있어요 구경하는 사람이. 여러 백 명이 아니라 뭐 천 명도 훨씬 넘는 거 같아. 그래 거기서 내가 일어나

---

177) 주무왕(周武王, BC 1087~BC 1043 추정), 본명은 희발(姬發). 서주(西周)의 개국군주. 주문왕(周文王) 희창(姬昌)의 차남. 부친의 유지를 받들어 BC 11세기에 상(商)나라를 멸망시키고 서주 왕조를 건국했다.

178) 문왕(文王), 중국 고대 주(周)나라의 기초를 닦은 임금. 은(殷)나라 말기 서방 변경 섬서성(陝西省) 기산(岐山)의 유력자 계력(季歷)과 은나라에서 시집온 태임(太任)과의 사이에서 태어남. 강태공의 도움을 받아 덕치(德治)에 힘써 화북평원까지 세력을 확장, 은 왕조로부터 서백(西伯)이라는 제후 칭호를 받았다. 사후에 아들이 주나라를 창업한 후 문왕으로 추존하였다.

가지고,

"당신들이 백두산을 구경… 아니 저 장… 만리장성 구경하는 게 이게 왜 쌓은 까닭을 알고 당신들이 구경을 하오."

하고 떠들었습니다.

"만리장성이라는 건 진시황… 진시황도 백두산족이다. 여불위(呂不韋)[179] 아들인데, 여불위가 백두산족이니까. 그래가지고 임금 노릇을 해서 6국을 통일하고 중국의 천자 노릇을 하면서도 백두산족에는 자꾸 엄청난 영웅들이 많이 나니까 또 저도 당할까봐 거길 못 들어오게 하느라고 그거 쌓은 거다. 그러면 이게 우리를 막기 위해서 쌓은 건데 우리가 구경거리로만 알고 가면 안 된다. 이런 역사를 알고 가라."

고 떠들었어요. 그러니까 구경하던 사람들이 '무슨 소린가?' 하고 듣더구먼. 그래가지고 그 뒤에 백두산족이 이쪽으로 와서 만주, 몽고, 서백리아(시베리아) 그쪽으로 모인 것이, 중국 사람들이 뭐라고 했는지 여기 사람들을 동이(東夷)라고 동쪽. '오랑캐 이(夷)' 자. '오랑캐 이' 자면 저희는 중화(中華)요, 여기는 동이라고 해가지고 천대한 거지. 천대를 해서 동이족이라고 그랬습니다. 그럼 동이족이라고 하는데, 요임금도 동이족이고, 순임금도 동이족이고, 복희씨(伏羲氏), 신농씨(神農氏), 황제(黃帝) 헌원씨(軒轅氏) 다 동이족이란 말이여. 그러면 저희 나라(중국) 역사의 역사 근본은 전부 우리 조상인데, 저희는 없습니다, 중국 본토 토백이는.

그러니까 그건 우리 조상들이 이래 나오니까 그런 소리를 하고 그런 거다 내가, 그래가지고 내가 그렇게 해서 그런 소리를 한다고. 요번에 자

---

179) 여불위(呂不韋, ?~BC 235), 중국 전국시대 말기 진(秦)나라의 정치가. 장양왕 때 승상이 되었고, 이후 최고의 상국(相國)이 되었으나 태후의 간통사건에 연루되어 자살하였다. 전국 말기의 귀중한 사료인 《여씨춘추》를 편찬하였다. 진시황의 실제 아버지라 전해온다.

꾸 이렇게 간 것도 그래서 갔습니다. 그래 가서 여러분들이 우리 조상들이 이렇게 이런 자리에서 임금 노릇 하고, 이런 자리를 가지고 있으며, 그런걸 가르치던 데요, 단학 시작이라는 게 거기서 처음 난 거예요. 호흡 시작이 거기서 난 것이지.

호흡이야 않는 사람이 없어. 세상 사람들이 다 호흡은 하지만, 단지 조식하는 법은 우리들 계통들이 다 합니다. 중국서도 하고, 인도에서도 하고, 뭐 다른 데서도 다 호흡법은 다해요. 조금 모양이 달라서 다른 식은 있어도 다 같습니다. 그런 건데 이걸 많이 하면 정신이 맑아지고, 형이상(形而上) 더 낫게 보는 것이고, 혹 여기서 보시는 뭣을 보신 분 저… 단학 수련하는 책들을 다 보셨을 테지만, 많이 공부하면…

〈요가와 요기의 차이점〉

20:23

지금도 서양이나 동양이나 이 호흡하는 데는 여러 나라입니다. 나라마두(마다) 다 있습니다. 나라마두루 다 있는데, 단지 법이 조금 조금씩 달라요. 그런데 거기서 그걸 전해가지고 가져간 사람이 조금 조금씩 다른 것이, 요새들 흔히들 있는 게 요가 요가 하는데 요가로 여기서 가르치는 건 요가는 우리 법 갖다가 그냥 하는 겁니다, 요가는.

그런데 여기서 저 서울서 요가한다는 거 보니까 요기지 요가가 아닙니다. 요기라는 건 그 호흡을 하며 정신수련을 하는 거 아니고, 체육… 체육을 하는 겁니다. 그 요기… 요기라는 거예요. 그건 힘을 내고, 몸에 뭣을 해가지고 하는 건데, 이 요기들이 하는 것은 일본도 있고 저 중국도 있고 다 있습니다. 그래 이제 우리… 일본 사람들이 하는 건 기합술이라고 해가지고 드러누워서 배위로 차 자동차 같은 거 보내고, 거기 저 칼 같은 거 가지고 이렇게 쳐도 끊어지지 않고, 뭐 이런 거 하는 거, 그건 요기지 요가가 아니지.

호흡을 하는 것도… 호흡을 조식을 하는 게 아니고 그냥 뱃속에다 죽 오래 참았다가 쑥 내보내고 다시 들여마시면서 딱 ○○○ 힘쓰는 거예요. 그건 정신은 상관이 없는 거예요. 그건 호흡에 상관이 없어. 그 사람들이 하는 것인데, 우리는 그게 아니고 조식, 숨을 쉬어가지고 정신을 맑게 하는 거. 정신을 맑게 하는 건데, 공자님이 그걸 말씀 하실 적에 뭐라고 하신고 하니,

〈중국 최초의 임금 복희씨가 백두산족임을 기록한 공자〉

"역(易)은 무사야(無思也)하며 무위야(無爲也)하야, 적연부동(寂然不動)이라가", 역이라는 것은 '사야하며 무위하야', 역이라는 건 들여마셨다 내쉬었다 그게 음(陰)이… 양(陽)이오 이게 음이다. 요렇게 음양(陰陽)이니까 들여마시는 거 내쉬는 거 그걸 가지고 '무사야하며 무위야하야', 아무 생각도 없이 가만히 앉아서 '적연부동이여', 적연히 움직이질 않고 있다가, "감이수통천하지고(感以遂通天下之故)여." 감동하면 천하의 연고를 다 알아낼 수가 있다.

공자님이 거짓말하시려고 그런 말씀은 안 하셨을 거예요. 다른 사람도 아니고 성자인데 성자가 뒷사람들한테 거짓 말씀하실 리가 없어요. 그래서 그게 이제 공부하는 법 본식이고, 공자님… 공자님 음… 역사에도 무슨 소리를 하셨는고 하니, 동이라 단군이라 이런 게 단군이 요임금 뒤에 나왔다 이래가지고 그저 뭔지 철자로 이걸 얘기를 할 땐데, 공자님…

요임금 순임금 전에도 천하를 다스리는 임금이 있다. 그게 누구냐? "복희씨지(伏羲氏之) 왕천하(王天下)에…"180) 복희씨가 천하의 왕노릇 할 때, 그 복희씨는 이쪽에… 이쪽 양반이 저리 들어가셨어요. 그러니까 하나만 대더라도 너희 나라 중국 임금 나기 전에 여기 우리 조선 사람들이 가서 임금 노릇을 여기 한 사람이 있다 하는 걸 증거로 치신 거예요.

그러고 이제 거기서 요임금이 순임금한테 심법(心法) 전한 것이 뭣인고 하니, 요렇게 요렇게 해서 동그래미 하나 가운데 요렇게 한 겁니다, 심법인데. 그게 뭣이냐?《서전(書傳: 서경)》읽으신 이는 다 알 거예요. 심법을 전하시는데, "유정유일(維精維一)이오사 윤집궐중(允執厥中)이라." 오직 정(精)하고 오직 일(一)하야, 하나 정해야 윤집궐중이라는 윤집… 궐중을 가운데를 잡는다.

그러면 이 동그래미 쳐놓고 '유정유일이오사', 하나 이렇게 그으면 요렇게 되는데, 그게 이제 요임금이… 요임금이 순임금한테 전한 심법이지. 순임금이 하우씨(夏禹氏)한테 전한 심법인데, 그러면 그게 우리나라 예전 하… 저 한배검이 나라 다스리는 이한테 번번이 성자 성자에 전해 내려오던 게 '유정유일이오사 윤집궐중'이란 말이야. 여기서 지금 말이 있듯

---

180)《역경(易經)》〈계사하전(繫辭下傳)〉제2장
　　古者包犧氏之王天下也(고자포희씨지왕천하야): 옛날 포희씨가 천하를 다스릴 적에는
　　仰則觀象於天(앙즉관상어천): 우러러 하늘의 형상을 보고,
　　俯則觀法於地(부즉관법어지): 구부려 땅의 법도를 보며,
　　觀鳥獸之文與地之宜(관조수지문여지지의): 조수(鳥獸)의 무늬[文]와 땅의 마땅한 것을 관찰하며,
　　近取諸身(근취제신): 가까이는 몸에서 취하고,
　　遠取諸物(원취제물): 멀리는 사물에서 취했다.
　　於是(어시): 이리하여
　　始作八卦(시작팔괘): 비로소 팔괘를 만들어
　　以通神明之德(이통신명지덕): 신명(神明)의 덕을 통하고,
　　以類萬物之情(이류만물지정): 만물의 정을 분류하였다.

이 한배검의 주장이 홍익인간이여. "고루 인간을 서로 다 이롭게 하지, 해롭게 하지 마라" 하는 거, 그게 공자님이 그거를 다 해설하시느라 욕을 보십니다.

《《대학(大學)》〈혈구장(絜矩章)〉과 요순의 심법, 홍익인간은 모두 같은 소리다》

25:29

저 《대학(大學)》에… 여기 대학들 읽으신 분들 있겠지만, 대학에 토가… 주자가 당신 마음대로 달아놨죠. 그런데 주자가 다른… 보고서는… 공자님 본성(本聲: 원래 하신 말씀)은 그게 아니었어요.

"대학지도(大學之道)는 재명명(在明明)하며," 대학의 도라는 건… 도는 형이상인데, 형이상은 선천에 밝았던 거를 후천에 다시 밝히는 데 있으며,

"덕(德)은 재신(在新)하며" 덕이라는 거는 자꾸 새롭게 새롭게, 새로 잘하는 일이 있으면 이보담 더 잘하는 일 자꾸 생기니까 새롭게 새롭게 되고,

"민(民)은 재지어지선(在止於至善)이니라." 백성은 제 힘껏, 제 최선의 노력을 하면 될 것이니라.

그렇게 놓고도 그래도 뒷사람이 알지 못할까뵈 〈혈구장(絜矩章)〉이라는 걸 또 써 놓으셨는데, 뭐를 혈구장이라고 하셨는고 하니, "너희들 백성들 한마디 들어라." 들을 건 뭣인고 하니,

"너희가 윗사람한테 '윗사람이 나한테 뭘 해줬으면 좋겠소' 하는 바람이 있거든, 윗사람한테 바라는 거를 기다리지 말고 니가 네 힘껏 아랫사

람한테 해줘봐라. 그 내가 바라는 거를 내 아랫사람은 또 나한테 그걸 바랄 테니까 니가 먼저 해줘봐라. 그럼 내가 해주는 마음, 윗사람이 나한테도 내려올 것이다. 뒷사람한테 바라는 마음이 있거든 앞사람한테 니가 먼저 해줘봐라. 왼쪽 사람한테 있거든 오른쪽 사람한테 해주고, 오른쪽 사람한테 있거든 왼쪽 사람한테 해줘봐라.”

그것이 ‘유정유일이오사 윤집궐중’ 소리지. 동서남북이 똑같은 거 아닙니까? 여기 가운데 ‘입 구(口)’를 하고, 요렇게 빼고 요렇게 빼고 요기도 되고, 요기나 요기나 요기나 요기나 똑같지. 그러고 요 ‘입 구(口)’ 자가 가운데가 일부가 되(서)… 이게 넷이 되는데 ‘밭 전(田)’ 자가 되는데 밭 전 자가 넷 구녁(구멍)이… 제일 큰 구녁이 작은 구녁 ○○○ 있으니까 가운데 ‘열 십(十)’ 자가 됩니다, 똑같이. 서로 고루 고루 지내라, 욕심내고 나만 먹을라고 하지 말고 같이 같이 똑같이 해라.

그게 예전에 왕도정책이라고 해서 조선도 정전(井田)이 있지만은 ‘샘 정(井)’ 자, 샘 정 자 그겁니다. 이렇게 해놓구선 ‘정(井)’ 자로 이렇게 해가지고, 하나, 둘, 셋, 넷, 다섯, 여섯, 일곱, 여덟, 이렇게 살며 가운데 논을 여덟 집에서 해가지고, 좀 나라에 바쳐야 나라도 지내니까 나라에 바쳐라 했는데, 그것이나 이 유정유일이나 똑같은 소리예요. 홍익인간이나 똑같은 거지 다른 거 아닙니다. 예전에는 그랬습니다.

〈우리 조상들의 터전을 우리가 도로 되찾을 수 있다〉

28:30

그러고 여기 지금 내 지금 대종교 단군 위하는데… 그 위하는 데 가면, 학자님이나 여기 저 종교 한다는 사람들이나 단군이 4천 몇 백 년… 단군기원 4천 몇 백 년이라고 하는데, 그건 말도 안 되는 아무… 증거가 있는 소리를 해야지. 중국 사람들이 여기 예전 첫단군이 1만 년이 되는지 1만 5,000년이 되는지 모르니까, 그렇게 되면 중국 임금이 4,000년밖에 안 되는데 위(威: 위엄)가 떨어지니까 이게 챙피하니까 여기 순임금 신위(神位) 25년 때 임금 노릇하던 이, 그를 갖다가 첫단군이라고 그래버렸어. 그건 그 말이 안 되는 역사가 틀림없어요.

그러고 제일 알기 쉽게 우리나라에서 조상님들이 이 글자, 이 한문 쓰는 거 '한일 두이 하늘천 따지' 하는 이 글자가 우리나라에서 처음 맨들어서 중국을 들어간 거여. 근데 여기서 콩태181) 이런 거 입고, 커다란 갓 쓰고 이러고 댕기는 노인들한테 "한문이 어디 것이오?" 하면 중국 꺼라고 하지 조선 꺼라고 안 해. 우리나라 조상들이 해놓은 걸 그걸 모르고, 그 중국글이라고… 중국글이라고 그래요.

근데 중국에 들어가보면 당신네 나라에서 글 맨든 나라라고 이렇게 해. 그러니 우리 조상들은 성자도 많고 선인(仙人)도 많았는데, 뒷사람들이 차차차차 이렇게 밀려나와가지고 남쪽에도 백두산 이남에 쪼끄만 나라만 남고, 요번에도 가보니까 우리 조상들 있던 자리 큰 ○○ 그쪽으로 쳐다보는데 내려다보고 눈물이 나요.

그게 우리 조상들이 수천 년 수만 년을 싸우던 덴데 다 내삐리고 남한테 다 줘버리고, 우리가 지금 여기 와서 같이 사는… 남의 나라 엮어가지고 그냥 삥 들어온 거예요. 그 백두산, 산… 산에서도 좀 똑똑히 들으라고.(산신에게) "당신네가 남의… 남의 산 지키느라고 있지 말고 우리나라 산 우리나라에서… 도로 우리나라 산 찾을 때 거기서 좀 잘해보슈" 하고 떠들고 왔습니다. 그런다고 되는 건 아니지만 마음으로 그렇게 바라보는

---

181) 두루마기 같은 웃옷의 소매에 주머니처럼 늘어지게 달린 넓은 부분.

것은 그쪽까정도 우리땅이니까, 우리땅 나중에 되지 말란 법도 없어요. 뺏기기도 했는데 찾지도 못하겠습니까?

〈한자가 우리글인지 몰랐던 어떤 문학박사〉

31:27

그래서 여러분들한테는 우리의 조상은 세계의 어떤 민족의 조상보담 위대했던 조상들이다. 조상이 계급이 있고, 문학이라든지, 중국같이 지금 몇 억 인명 되는데도 수십억 인명 되는데도 그놈들 남 구경이나 되지. 그리고 뿐만 아니야, 여기서 해서 들여보냈어.

그런데 이상한 소리는 뭣인고 하니, 여기서 저… 저하고 한 종교에 같이 있습니다만은 문교부 장관[안호상(安浩相), 1902~1999]을 지내시고, 초대 문교부 장관을 지내시고, 문학박사고 한데 이 양반도, 한문이 중국 글로 압니다, 노인들이. 그럼 뭐라고 하는 줄 알아요? 저 간판 글씨를 썼는데 한글로… 한문으로 글 썼다고,

"왜 내 나라 글 내뻐려두고선 남의 나라 글 썼나 모르겠다"고… 아주 논박을 여간 안 해요. 그래 내 만나면 그래요.

"여보오 실수하오. 당신 실수하오. 우리나라 민(民)이 우리나라 글자 쓴 것이 뭐이가 잘못이여? 중국 녀석들은 여기 꺼 빌어다 쓰는 거여. 우리는 우리나라 글이여. '가갸거겨(한글)'는 어음학이고… 말을 이 음성을 흉내 내는 글이고, 저거(한자)는 '상형(象形)'이여. 글자를 맨들어서 쓰는 거여. 그러니 그게 다른 건데 왜 그러오?"

"그럴까? 그럴까?" 하고 웃어요.

"중국 들어가 물어보오. 안 그런가 그런가."

내 자꾸 그런 소리를 합니다.

〈공자는 우리나라 자손이다〉

그러니까 우리나라에도 공자가 우리나라에서 대성(大聖)인데, 공자가. 공자가 우리나라 자손이라고 하면 유도회(儒道會)에서 펄쩍 뛰어요. 요전번에 유도회에 가서 강의를 하는데, 우리나라 성자로 공자가 첫 성자라는 걸 얘기… 성자라니까, 아, 이 그 나온 사람들이 대학교 교수들 뭣들해서 한문 공부하러 온 사람들 죽 있는데, 거다 대고 그 소리를 하니까,

"아, 공자님이 동방사람이냐?"고 물어요.

"남이 그런다면 모르지만, 당신처럼 대학교수들 박사님들이 앉아서 그런 소리를 한다면 난 여기와서 통곡해야겠소. 조선놈이 조선사람의 조상도 모르고 그 딴 나라 조상으로 안다면은 말이 되지 않는 방식○○○○○."

막 잔소리를 하니까, 아 사람들이 ○해요.

공자님이 왜 "도불행(道不行)하니 부해동(浮海東)이라."[182] '내가 조선사람 ○○○ 고장 ○○○○.' 산동성에서 배타고선 동쪽으로 가면 어디를 갑니까? 조선으로밖에 못 옵니다. 조선으로 도로 고향으로 가겠다고.

"그거 무슨 까닭으로 한 소린줄 알우?" 하니까,

"뭐 기자(箕子) 단군이 있으니까 단군국(檀君國)… 그래 군자지국(君子之國)이라고 그랬다"고.

---

182) 고로 공자께서도 말씀하시기를 "도가 행하여지지 않으니 군자불사지국(君子不死之國)인 구이(九夷) 나라에 가고 싶다." 하시고 뗏목을 타고 바다로 띄웠다 한다. 참으로 연유(이유) 있는 일이다.(故孔子曰 道不行 吾欲之君子不死之國 九夷 承桴 浮於海 有以也.)-《설문해자(說文解字)》에 나오는 대목을 요약하신 말.

"그런 정신 없는 소리 마라, (그건) 나중에 한 소리여."

〈나면서부터 아는 것, 배워서 아는 것, 고생해서 아는 것이 모두 같다〉

공자는 어떻든지 뒷사람들 우리 자손들이 잊어버릴까뵈 여기다 저기다 그런 말을 썼어요, 공자님. 내가 저 지금 유도회 회장입니다. 유도회 회장인데, 이 지금 콩태 달고 큰갓 쓰고선 댕기는 사람 그네들하고 싸웁니다. 예전 묵은 소리를 자꾸 하니까. 그거 아니여, 공자는 우리의… 우리 나라 성인(聖人)이지. 그래 여러 우리 공부하는 것도 이제 공자가 뭐라고 하셨는고 하니, "공부하면 된다"는 소리 완전히 하셨습니다.

"생이지지(生而知之)와 학이지지…" 나면서부터 아는 사람이나,

"학이지지(學而知之)" 배워서 아는 사람이나,

"곤이지지(困而知之)" 다른 사람 열 번에 아는데 하나는 백 번 배워야 아는 사람이나

"일야(一也)니라." 알아놓고 보면 똑같아.

그러니까 공부하면 된다 이거여. 공부하면 되는 거니까 못 되지 않는다. 공자님은 어떻든지 뒷사람들 "내가 공부 재주가 없어서 못한다. 뭣이 못해서 못한다" 하는 소리, 하지 못하게 하느라고 애를 쓰셨어요.

〈앞으로는 외국 어린애들이 "가갸거겨" 배우게 된다〉

36:30

그래 지금 이것 호흡법이라는 건 다른 거 아니고, 생이지지한 사람이나, 학이지지할 사람이나, 곤이지지할 사람이나 배워놓으면, 이걸 배워가

지고 오래해서 깨닫기만 해놓으면… 책 다는 모르겠습니다. 요새 보통 몇 백 페이지 되는 거… 요새 한 5,000페이지 되는 거? 이런 거 아주 1,000번 봐서 볼 사람이면 10번 봐서 넉넉히 봅니다. 여기까지 내려오면 이 정도로 이렇게… 이렇게 나오지. 10배는 보통 돼요.

몰라서 못하는 거지 알면 왜 외국 사람을 그리 겁을 냅니까? 나 자꾸 저 학교를 가든지 하면 자꾸 그런 소리를 합니다. 조선사람이, 부인네들이 여성들이 대학을 댕기고 전문학교를 댕겨가지고 애기들을 낳으면… 그 아주 학교에서 공부를 많이 했으니까 낳으면, 애기가 세 살, 네 살 하면 말만 하게 되면 '아버지, 어머니, 할아버지, 할머님, 절을 해라, 뭣을 해라' 가르치는 것보담, 제일 먼저 가르치는 게 뭔지 아십니까? 'A B C D' 뭐 이것부터 가르쳐요. 조그만 것더러 ABC 하라면 그건 알아도 "이게 뭐냐?" 하면 "A B" 이래. 그건 잘 알아도 '하늘천 따지' 모르고 '한 일' 자 잘 모릅니다.

그 어머니들이 잘못 가르치는 거예요. 왜 그걸 그렇게 가르치게 됩니까? 그 나라 사람들이 맨든 책이라는 게 요새 유물론의 책에 별별 책을 다 맨들어놔서, 그 책을 그 말을 안 하면 이 책을 못 보니까 그래 이걸 많이 배우게 되는 거여.

요다음 나는 늙었습니다만 당신네 젊은이들이 머리가 허옇게 될 때 저 서양사람들이 보거든, '가갸거겨' 어린애들 가르치고 있을 거야. 우리나라 사람이 투철하게 나와가지고 공부하는 게 많아가지고 새로 발명하는 게 많고 책이 자꾸 좋은 책이 많이 나오면, 저희가 이것 배울라고 어린애들더러 너 '가갸' 배워라, '거겨' 배워라, '하늘천 따지'라도 읽어봐라. 어린애더러 저희 나라 'ABC'보담 이걸 먼저 가르칠라고 할걸.

왜 우리… 우리나라는 그리되지 말란 법이 어디 있어?

〈공부해서 머리 좋아지는 것은 카메라 찍는 연습과 같다〉

39:23

그래 첫 번 저는 그걸 하자면 억지로는 안 됩니다. 여기 이 단학에 바로 해서 호흡이 길게 되고 갈라면, 하나 알던 사람이 둘 알고, 둘 알던 사람이 셋 알면, 보면 잘 알아집니다(알게 됩니다). 잘 외워지고, 기억이 잘되고.

그럼 어떻게 뵈느냐? 그렇게 물어요. "어떻게 뵐 수가 있느냐?" 사진 백이는 거나(찍는 거나) 똑같습니다. 사진기계를 첨 사가지고 나도 사진기계(카메라) 저걸 백여봤어요. 사진기계를 백여가지고, 이렇게 대고 거리 맞추지, 광선 맞추지, 그거 가르치던 놈들이 이걸 몇 번 하고 이걸 해가지고 셔터 딱 눌러놓고, 나중에 백여지면 어른어른 하고 잘못 백여서… 첫 번에 배우니까. 그렇게 시원찮던 게 자꾸 하니까 한 달, 두 달, 석 달 해서 한 반년 하니까 아무데나 덜컥 백여도 잘 뵌단 말이여. 근데 그렇게 하는… 이렇게 아무렇게 해서 이렇게 백이는 거 말할 거 없고, 비행기를 타고선 그 밑에 거를 비행기에서 영화 백이는 걸 죽 백여도(동영상 촬영해도) 하나 틀리게 백여요? 다 백이지 않아요?

우리 머리도 비행기 타고 영화 백이는 거 모양으로 책 보라면 보지 말란 법이 어디 있어? 여러분들이 그만침이나 나가면 우리나라 사람 말, 서양사람이 이제 안 배울 도리가 없습니다. 알아야 되지. 허지 못하고 그냥 절구 잡듯이 말하면 안 돼요. 공부하는 이들이 공부하시고, 그 뭐든지 발명을 남보다 훨씬 나은 발명을 자꾸 하면, 이래 나오면 헐 수 없이 그 나라 것 배워야 돼요.

〈미국도 300년 만에 세계를 제패하였는데, 우리라고 못할 게 없다〉

여러분들 생각해보세요. 미국 무조건 하늘만해 신선 사는 나라 같지만, 미국 된 지가 한 300년밖에 더 돼요? 미국 된 지가 300년밖에 더 됩니까? 개국(開國)이. 그런데 개국하기 전에 뭣들 어떻게들 들어갔나요? 어떤 나라가 쳐서 들어갔습니까? 어떤 나라가 그리 거기서두 있었습니까? 아메리카… 아메리카주 안 것이 콜럼버스가 처음 알았지. 처음 알고 나서 거기가 넉넉하고 큼직하고 들어가면 해먹을 거 같으니까 총이나 가지고, 잡을 건 엎을 거(?) 가지고 가야지. 총이나 가지고 돈 없는 사람, 이민으로 전부 들어가서 농사 지으려다가 첫 번엔 실패를 했어요. 실패했다 나중에 차츰차츰 해가지고 돈주고 산 거예요. 껌둥이들(유색인종을 의미) 쫓아내고 거기다 집어놓고선 살아가지고 한 300년 만에 세계를 제패하지 않아요?

거기 있는 껌둥이 인디언이 여기서(만주지역) 들어간 사람 아닌가요? 인디언 하는 동문(洞門) 이렇게 하나 맨들어놓은 거나, 절구나, 채집이나, 이거 하는 거나 다 여기 거나 똑같지 않을까요? 여기 족속들이 들어가 있는 거, 그 사람들이(유럽 백인들이) 들어가서 ○○으로 들어가서 다 뺏어먹은 거지 뭘.

모자라니까, 강한 사람이 들어가면 세계 제패를 하는 거지, 그 사람들 꼭대기… 미국이 인종이 있습니까? 미국 인종이라고 하는 게 있습니까? 잡동사니지. 미국이라는 건 각 나라에서 말하자면 부랑자들, 부랑자 아니면 가장 어려운 사람들. 여기서 살 수 없으니까 배 타고 거기 들어가서 공짜 주니까 그냥 얻어먹고 살고, 그래가지고 산 것이 그게 한 200년, 300년 안에 저희들이 잘사니까 공부도 잘하고 뭣도 잘하고 뭣하니까 세계의 영미법독일로(英美法獨日露), 5대강국, 6대강국에 들지 않아요? 그리고 요다음엔 일본 들어가니까 미·소서 양… 양 거두가 맞 대두하고 말이야.

뭣이 그리 어려웁니까 그거? 300년이 그리 우리 뭐 6,000년, 8,000년도 내려오는데 한 300년 만에도 그렇게들 잘되는데, 우리 좀 힘써서 단단히 모두 해가지고 기득(旣得權) 잡을 수도 있고 그러는 건데…

〈미국과 소련이 우리나라를 견제하기 위해 남·북을 갈라놓은 것이다〉

44:29

저… 미국사람들 뭣하는 그 집안에서들은 나더러 "너 니가 감히…" 하고 뭐 떠들 적에 미국사람 역성만 봐.

왜 미국사람 내가 욕을 하나? 미국사람이 나라를 집어먹을라고 (남북을) 쌈을 붙이고 그 지랄들을 하니까 말하는 거지. 내가 왜 그저 덮어놓고 나쁘다고 하는 건 아닙니다. 6.25 사변도 그 사람들이 시키고, 남북… 남북이 나눠 놓은 것도 조선사람이 말을 했나요? 누가 말했어? 소련하고 미국하고 둘이 얘기했지. 그 동양에는 일본이라는 게 조그만 것이 보시락보시락 하더니 일어나서 세계하고 제패를 하고 덤비니까, 요거 조선족이라는 게 일본족이나 다 같은 족속인데, 조선족이 건너가서 일본족 됐으니까. 요것이 그냥 두면 요 남북한이 제대로 되면 머리라도 좋고 하니까 또 무슨 짓을 할지 모르니까 요걸 갈라 세워서 쨍쨍거리면, 하나는 공산으로 맨들고 하나는 민주로 맨들어서 둘을 뚜드려 놓으면, 급하면 "나 좀 줍쇼. 나 좀 살려줍쇼" 하고 두 놈이 서로 덤비니까 일어날 새가 없을 테지. 그렇게 맨든다고 한 거지.

내가 이런 소리를 잘 하니까 정보부에서 너 그 말 좀 말라는 거야. 미국사람 그 (남북을) 싸움 붙였다고 하는 그런 얘기 말라고. 사실 그런 걸 뭐 안 해? 사실 그런 걸 안 할 수가 있나.

지금 보십시오. 지금 남북통일 문제가 난다 뭘 어쩐다 하니까, 미국이 김일성이한테 가요? 안 가요? 여러분들 신문 봐도 알 겁니다. 김일성이한테 이쪽보담 그쪽에 또 가서 또 무슨 소리(통일)가 날까봬 또 간단말이야. 소련서도 남쪽하고 붙잡고 안 해야 옳지만, 또 그래도 그쪽에 얘기들 하는 게, 그 큰놈들 두 놈을 똑같은 음흉하고 도적놈들이여.

우리나라한테 잘해준다고 그저 할아버지… 할아버지 하고 하는 사람은 그 덕 많이 보는 사람이 그러고, 백성들은 덕 본 거 하나도 없어요.

〈공부는 쉬지 않고, 그치지 않으면 됩니다〉

47:15

그래 이제 공부는 쉬지 않고 그치지 않으면 됩니다. 그렇다고 다른 일 다 보지 말라는 건 아니여. 일 보시는 틈에 한담하고 다른 얘기하는 틈에 좀 앉아서 합니다. 주무실 적에 조금 덜 주무시고 하시다 주무시고. 젊으신 이들은 공부하는 시간에 머리 아프거든 좀 앉아서 다 하고.

해봐요. 호흡이 1분 호흡이나 거진 돼야 나가고, 책이 내가 말한 대로 다섯 배나 열 배나 기억이 되나 안 되나 해보시라니까. 기억이 잘되면 머리가 나아지는 거고 성적이 좋아지는 거지 뭐 별거여. 사고력이 나아지고 연구하는 힘이 나아지고…

〈원자탄보다 10배 20배 강력한 신무기가 우리 손에 있다〉

요번에는 ○○○○ ○○ ○○○○○○○ 조선도 작년 그러께… 발표는 안 되었어요. 발표는 안 되었는데, 원자탄하고 수소탄 나올 적에, 두 달 전에 비쳤습니다, 천문(天文)에. 천문에 비춰서 두 달을 환하게 비쳤었는데, 남이 그 무슨 빛인 줄 아나? 하지만 천문 보는 놈들이야 보면… 쳐다보면 알지. "아, 저 무슨 무기가 저… 살인 무기가 생기는구나" 하고 아는 건데. 그것만… 그게 나가지고 세계를 온통 원자탄 가지고 세계를 뒤집어 놓고 별 짓을 다 했는데, 요번에 나오는 건 원자탄보다 한 10배 위력이 있는 게 나옵니다. 요번에 나온 건 10배… 10배가 좀 더 될는지 몰라요. 작년 그러께 석 달을 비쳤습니다. 꼭 우리나라… 우리나라 남쪽에다, 남쪽에서 이건 원자탄 실력보담은 10배, 20배 더 세요.

그런데 이상하게도 원자탄은 사람을 죽이는 탄이지만, 이건 사람 안 죽이는 탄인데, 위력은 그보다 그의 10배, 20배 더 센 놈이 나와. 뭣인가 몰라. 이건 발명은 해놓고… 발명을 해서 자기는 지금 이게 지금 설계 다 가지고 있어요. 설계 다 되었으니까 비치지 그냥 비치지 않습니다. 신명(神明)이 거짓말 안 해요. 원자탄도 밖에 내펴 저 내표… 바깥으로 원자탄 났다고 하기 전에 약 1년 전에 나왔습니다. 1년 전에 나왔는데, 그때 벌써 원자탄 속으로(설계가) 되었거든. 그런데 이거는 원자탄보담 10배 이상의 위력 가진 것을 둘이 천행으로 우리나라에 누가 했는지 가지고 있습니다.

이게 물건으로는 아직 안 됐습니다. 설계만 되었지. 요 설계가 누가 가졌는지 좀 봐… 빼봤으면 좋겠어. 몰라 누가 아무 데서 있는 놈인지 누가 알 수는 없어. 남쪽입니다, 서울 남쪽. 그건 나중에 두고, 내가 저 늙은 놈이니까 우리들 죽기 전에러도 나오거든, 미리 알았다는 건 알아두십시오. 틀림없습니다. 그것이 황백전환시킬 겁니다.

학인: 우리나라 사람들이 가진 게 맞아요?

봉우 선생님: 네?

학인: 우리나라 사람이 가진 게 맞아요?

봉우 선생님: 내가 영국사람 가지고 있는 걸 얘기할까요? (일동 웃음) 멀지 않은 데 있어요. 그 지형은 멀지 않은 데 있어요. 남쪽으로 비치는 데, 빛이 저녁 샛별처럼 이래 떠가지고선 두 달 비췄습니다. 서울 인왕산 위에 널찍하게 초저녁에 비춰가지고 아주 환하게 비춰가지고 나가고, 환하게 비춰가지고 나가고, 두 달, 석 달 만에 없어지고. 똑똑이 봤으니까 얘기하지, 천문 보고 얘기 안 하면… 나 안 봤으면 얘기 안 합니다.

그거 우리나라에 그게 들어오니까 반가워서… 그러나 내가 그 누구냐고 내가 물을 까닭은 없는 거지. 우리나라 사람 손에 든 거요, 우리나라를 위해서 있는 물건이오 하는 거니까, 나오기를 언제 나오느냐가 문제지. 요담에 나오거든 "야 그 늙은이 그래도 정신 좋았으니 그런 걸 다 알아냈다." 그렇게 해서… 멀지 않아 나와요. 그렇게 멀지 않아 나와. 설계는 다 됐어. 아직 물건이 안 됐어요. 그걸 저 여기서 지금 뭐 육군본부나 이런 데서 조사한다면 ○○○○○ 조사한다면, 그 누구라고 하고 돈을 대서라도 맨들 테지만 아직 거기까정은 안 갔어요. 확실합니다 그건. 확실한 게 빛이 그렇게 비췄는데 안… 거짓말할 리가 없어.

〈봉우 선생님 백두산 여행기〉

53:46

이제 얘기만 했습니다. 얘기만 하고, 인제 시간이 한… 어때? 백두산 갔다 온 걸 얘기 조금 할까? 고만두고 여러분한테 내가 조금 장난하더라도 여기 왔으니까 귀가 좀 어두워서 잘 못 듣습니다마는 질의응답 좀 해봅시다.

학인: 백두산 얘기 좀 해주세요.

봉우 선생님: 누구든 질의응답해서… 누가 통역 좀 해야 돼, 내가 잘 못들으니까. 질의응답해서 뭐 아주 내 모르는 건 모른다고 할 테고, 내가 대답할 만한 것이면 대답할 테고…

진행자: 전에 백두산 얘기 일부 하셨는데요, 못 들으신 분이 있어서, 그래서 백두산 얘기 조금만 해주시면…

봉우 선생님: 백두산 얘기?

진행자: 예.

봉우 선생님: 백두산 처음으로 가지 않고 지가 다섯 번 가고 여섯 번째입니다. 그런데 그게 저 저 중국에 있을 적에 들락날락 할 적에 오르락 내리락 해서 대여섯번 봤어도, 그때 본거하고 지금 본거하고는 본 의사가 다릅니다. 만주서 있을 적에 거가 있으면서… 그 뭐 어디라고 얘기할 건 없고. 같이… 같이 댕기면 산에도 가고 별 데 다 댕길 때니까, 그렇게 가서 댓 번 갔어요. 같이 동행하는 사람들도 있고 그랬는데, 헌데 요번에는 연정원 사람들하고, 연정원… 빠진 사람은 한 명도 없었죠? 다 연정원 사람이지?

그래가지고 한 20여 명 갔었는데, 백두산 구경을 가자고. 헌데 가는데, 천기예보(일기예보)를 하는데, 전부가 뭣이여 그 저… 거기 저기압으로 구름이 잔뜩 끼어가지고 있어요. 이거 가는데 그냥 날짜는 아무 날 나오고, 안 갈 수는 없고. 뭣입니까? 이저 우장(雨裝: 우비)을 다 해가지고 갔습니다. 우장이라도 하구 올라가야지 그냥 갈 수 있느냐고 우장을 다하고, 그 쑥맥이지. 여기 날짜 아무것도 모르고 우장을 돈을 주고 다 사가지고 갔으니까.

아, 여기는 가는데, 구름이 잔뜩 끼었는데, 홍콩 딱 내려서니까 구름 없어. 그래가지고 댕겨 나갔는데 열사흘 동안에 햇살 속에서만 댕겼지, 구름 별로 못 보고선 백두산까지 잘 댕겨서 집에 나와 보니까 그동안 여기선 매일 비오고… 매일 비왔다고 그래요.

그러니까 중간에서 나이가 좀 적게 먹은 사람들은 그러겠죠. 나이 많이 먹은 사람이야 누가 그런 소리를 하겠어요? 적게 먹은 사람이… 같이 간 사람이, "백두산 산신이 봐줘서 날을 궂지 않게 해줬나보다"고 이런 소리들을 해. 그거 괜히 무당 믿는 사람 허튼 소리 하듯이 하는 소리지. 하느님이 날이 비가 안 올라니까 안 왔지, 뭐 우리 봐줘서 비가 안 오고 오고 하겠습니까? 그렇지만 잘 갔다 왔어요.

잘 갔다 왔는데, 단지 지가 얘기하고 싶은 거는 뭐고 하니, 여기서 중국은 중국이라고 하지 않고 중공이여. 중공이라고 하고, 여기 저 뭣이도 김일성이도 중공 대표한테 가끔 가지 않아요? 중공… 중공을 뭣이 6.25 사변 때도 여기 또 한 번 나왔었거든. 뭐 이러니까 저것들이 공산인가보다 그러는데, 요번에 가보니까 그거는 뭣인가 공식이 좀 틀려져 있어요.

공산에서 민간의 국채 쓰는 법 없죠? 부자면 돈 좀 바치라고 해서 뺏어 쓰지, 국채 써서 국채로 갚는 법은 없잖아요? 우리 민주들은 국채 채권 줘서 빚을 주지 않습니까? 그 빚을 써서 갚고… 갚아주고 하지만, 공산에서는 그냥 뺏어가는 걸로 합니다. 중국에 부자들은… 큰 부자들은 첫 번에 15년을 기한을 주고, 15년은 저 공산 이… 공산되기 전까정은 아직… 아직 그냥 지내라 그러고, 좀 주의해라 하는 식으로 국채를 써. 국채를 몇 억씩 주면 몇 억에 대한 이자를 준단 말이여.

그 정말 이상한 공산이여. 그리고 공산이라는 건 다 아끼고, 덜 쓰고, 먹고 입는 것도 시원찮다고 그러잖아? 6.25 사변에 여기 나온 꼭대기(?) 들한테 들어보면, 밥을 잘 못 먹고 저희 식구들이 뭘 어쩌고 뭘 어쩌고 별소리를 다 하더구먼. 인민군들 나와서 쪼끄만 것들 총 길이만도 못한 것들이 총을 짊어지고, 끌고 댕기다 자빠지면 그걸 두뜨려주고 한 걸 다 봤어. 중국을 가보니까 호화찬란해, 호화찬란.

〈장개석, 미국에 진 빚을 청산위기 위해 모택동에게 모든 것을 넘기다〉

60:40

그래 내 ○○○○○○ 그네 나라가 겉으로만 공산이지 내용은 공산이 아닙니다. 공산이 아닙니다. 모택동이가 쫓아낼 때 저… 장개석이 쫓아낼 때부텀 둘이 짜고 한 건데, 모택동이가 장개석이 쫓아 낼때 한구(漢口)서 쫓아낼때 하루에 쫓겨났어, 장개석이. 사람 하나도 안 죽고 장개석이가 후퇴해갔단 말이야. 그래 그래 쫓겨나는 걸 보니까, 미국 녀석이 보니까 모택동이 군대가 19억이니 장개석이 군대를 보면 호랑이 본 거 모양으로 피했는데… 얼씬을 못했지. 피했는데, 왜 한구(漢口)에서는 싸움도 한 번 않고서…

그래 여기서 그러고 저기서 그러는 거 보니까 미국서 보니까 '이놈 속이는구나' 하고. 무기도 안 대주고 도와주지도 않으니까 대만으로 쫓겨갔어. 대만으로 나올 적에 장개석이 장령(將領: 장군)이 157장령입니다. 157 장령인데… 사단 이상으로 군단장으로 있는 157장령인데, 20명밖에 안 따라왔습니다, 장령이. 그럼 137장령이 남지 않아요? 그러면… 그러면 이 사람이 장개석이한테 반대하고 모택동이한테 다 간 거 아닙니까?

그러고 ○○○ 항복을 했다면 항복을 한 장군을 갖다가 거기 저 군사위원장 주겠습니까? 157장령에 20명 남고선 130여 장령이라는 게 일본… 저 중국 각처에 군사위원장이여. 군사위원이여.

너 뭣 때문에 그렇게 아느냐? (하면) 나도 그 조사해보고 나도 좀 '저 놈들이 왜 저러나?' 하고 자꾸 조사를 했어. 그러니까 미국서 '속는구나. 내가 속는구나' 하고 장개석이한테 아무것도 안 대주고 고이 나와버렸어요.

장개석이가 미국한테 3,000억 달러나 되는 빚이 있어요. 그거 할 때 말이야. 3,000억 달러나 가진 것을 그걸 갚을라면(갚으려면) 중국 시장 좋은 거는 다 미국사람 시장 되잖아요? 모택동이한테 맽겨버리고 이리 쫓겨나올 바에는… 모택동이 하고 미국하고 관계없거든. 제 나라를 위해서 한 군데 대통령보담은 3,000억이나 되는 거 갚느라고 욕보는 거 말고, 자기 하나만 나와 요렇게 희생하면 되지. 그러니까 다른 건 다 넘겨놓고.

2중, 3중, 4중으로 속여요 그것들이. 그걸 직접으로 여기 저 우리 여기서 장사하듯이 같이 투자하는 것으로 우대해서는 안 돼요. 그래 지금도 뭣입니까? 여기 저 첫 번에 6.25 사변 때 여기 와서 30만이니 40만이니 하는 건 철모르는 중공군… 철모르는 중공 믿는 공산군들, 그걸 갖다 이제 슬슬 들여보내서 이리 쫓아냈어. 그놈들 음흉하기가 한량없는 놈이여. 그럼 왜 저 남북끼리 같이 간 사람들도 ○○○○○ 남북 통일도 못하고…

〈아! 황백전환 하는 데는 저것들(공산주의자) 붙잡으면 되겠구나〉

공산문명이 여기는 모르겠습니다만 중국에서 이거 춤추는 데 있을까요? 호화찬란하게 춤추는 데 있을까요? 그 못하는 법입니다. 가는 데마다 호텔이면, 우리 가는 사람들 거기 간 사람 하나도 없을 거예요. 늙은 사람이면 여기저기 구경 댕기니까, 오입도 하고 그래. 가면 비밀하고 거기는 다 관광들 가는 사람을 점잖으나 쭈뼛한 사람은 끌어다 이거 다 시키지. 공산에서 그런 짓을 해요? 카페 하는 거, 카페하는 거 여기도 하고 저기서 하고 낭자하게는 않고 몰래 해요. 그거 할 거 다합니다. 공산이여 그게? 그거 공산 아닙니다.

거기서 고런 거 다 조사하고 온 사람이면, 저희 암만 겉으로 공산이래도 진짜 공산 아니에요. 거기서 진짜 공산 노릇 하는 녀석은 거기서 군대나 뭣이나 직접 있는 건 있겠죠. 하지만 그건 소수여. 그래 "아! 황백전환 하는 데는 저것들 붙잡으면 되겠구나" 하는 생각이 들어, 우리가.

〈황백전환기가 되면 우리 조상님 계시던 곳으로 다시 들어간다〉

67:07

그러고 백두산 꼭대기 가서는 참 우연히 참 잘 덕으로… 꼭대기까정 돼가지고 구십이 넘어가지고 병이 있어서 걸어 댕기지도 잘 못하는데, 거기다 이제 뭐… 조카들이 밀차(휠체어) 이런 태우는 놈, 그놈을 가지고 갔습니다, 거까정. 거기서 이제 태우면 그놈으로 이고 올라갑니다. 그런데 그거 안 탔어요. 그걸 안 타고 잘 올라가게 됐는데, 자동차가 그 못 올라가게 하는 한계가 있어요. 거까정 자동차가 가고, 거기선 못 올라가게 했는데, 들어가던 날이 여기서 저쪽까정 길 닦을라고(닦으려고) 가생이(길가)까정도 해서 돌멩이 다 빼고 한 날이여. 그 운전사놈 좀 주고 가자니까 여기 길 막는 녀석이 뭣이… 해버리니까 자동차 타고 꼭대기까정 올라가…

그래 우리 천제(天祭) 지내는 데까정 자동차 타고 가서 지냈습니다. 그래 거기서 감개무량한 거는 그 한량이 없이 끝이 영(永: 멀리) 뵈는데, 하늘 끝이 어딘지, 땅 가서 다 안 되는데 거가 끝같이 인제 어디가 끝인지 모르지. 바다라면 모르지만, 땅이 그렇게 넓으니까.

거 가서 천제를 지내고, 남북통일○○○○○○○○○ "자, 우리 조상님 계시던 데 부디 잘 지키고 있거라. 부디 잘 지키고 있으면 우리가 올 날이 있다"고. 올 날이 이제 지금도 모르겠습니다. 우리가 거기 오래된 조상들 차지하던 데를 들어갈라나(들어가려나) 그건 모르겠습니다만, 황백전환기 되면 들어가지 안 들어가지도 않아.

중국서는 "장성이북(長城以北)은 본비아토(本非我土)"라고 합니다. 만리장성 이북은 본디 우리 땅 아니라고 그러는데, 그게 ○○○이라고 지금 역사의 지도로 그냥 쳐두면, 거기다가 뭐 중요한 건 아니여.

그러니까 우리 이 백두산족이 흥하기만 하면, 그건 같이 일해 나가면서 이것도 비슷비슷해지거든. 그거 우리들 나가서 농사 못 지을 자리는 아닌데, 지금 이 조선 있는 조그만 땅도 가보면 지방에 자꾸 ○○가 되면 그 큰놈이 들어와도 걱정 없어요.

여기 상신 여기도, 여기 사람 몇 안 사는데도 농민… 농사 잘 아는 이들이 부족한 거 같아요. 이 학교가 인구가 넉넉해서 여긴 학교 6학년 다 있던 데입니다. 있던 텐데, 그저 아들만 낳고 조금 똑똑하면, 마누라 데리고 저 아버지야 저 어머니야 어떻든지 마누라 데리고 서울로 가고 서울로 가고 이래 놓으니까, 농사 지을 사람이 없으니까, 어린애 없고 하니까 학교가(학생이) 부족하지. 요건 지방을 지켜야, 이 땅을 지켜야 하는데, 내 땅 지키지 못하는 사람들이, 그건 자기 생각에는 잘 산다고 하는 거지만 땅을 내버리지.

〈나라를 잊지 않고 살고 있는 연길 조선족〉

71:10

이 백두산 구경에는 다른 거 본 거 없고, 길림(吉林)을 갔더니 길림 가서 보면 연길(延吉)이라고 그럽니다. 길림성 성○○ 있는데… 연길이라고 그러는데, 거기서 이제 비행기 내려가지고 차 안에 들어와보니까, 죽 들어가는데 전부가 한글로 간판이… 그 밑에는 한문으로 쓰고 한글로 간판을 해. 그러다가 차에 지나가다 보니까 암만 봐도 중국사람 집 같은데 거기도 한글로만 달았어요. '아 조금 이상하다.' 이상한 것이 어째 중국 사람까정 한글로 간판을 떡 만들고, 나중에 지가 주인을 정하고 살살 가봤어요. 중국 사람이에요. 중국 사람인데 한민족자치령이여. 자치령이고 전부가 그저 한글로 쓰니까 그 사람들도 한글로 으레껏 쓰는 걸로 같이 하는 거여.

그리고 거기는 조선… 조선족밖에 없어요. 박물관… 박물관에 거길 가봤습니다. 박물관엘 가봤는데, 무슨 큰 물건이나 좋은 물건들이 많은 줄 알았어요. 가보니까 참 간 사람들 얼굴이 후끈했어요. 서울서 간 사람들이 "야, 우리가 서울서 ○○○○혼자서는 남부끄럽다" 이랬는데, 가보니까 물레 있잖습니까? 물레 여기 고추 갖다 대고서 이렇게 해서 저… 목화 이놈가지고 실 켜지 않아요? 이 실 켜고, 또 여기 저 이거 이거 이렇게 해서 뚝딱뚝딱 하는 베 짜는 거, 그걸 몇 사람이 켜는 게 있고… 전부 조선식이여. 조선식 그걸 잘 내려왔는데 애들 글 갈키는(가르치는) 거, 기와 돌잡이 하는 거, 환갑잔치하고 절하고 뭣하는 거 고거 족 다 해놓고…

그러니 그걸 중국사람 땅 가운데서 조선사람이 박물관이라 조선족박물관인데, 그런 풍속으로 전부 다 해놨습니다. 그러니 그건 고향을 잊어버리지 않는… 제 나라를 잊어버리지 않고 한 거거든. 그 서울이 넓다란데 서울 지금 조선 볼 거 하나도 없어. 그 실 켜고 무슨 베짜고 하는 거… 그거 없어요. 그거 선전으로 몽창 ○○했어.

그래 이것이 우리 예전 고향이니까, 그래도 나머지… 그게 독립군 시작하던 겁니다, 거가. 그러니까 우리 예전 고향이고, 그래도 그 자손들이 모여 있어가지고 그러는 거 정말 고맙다, 고맙다고 생각했어요. 그래 여기 같이 간 사람은 둘인데, 그래도 우리나라 사람이 거기 가서 나라 잊어버리지 않고 있은 거는 고마운 일이에요. 다른 거는 얘기할 필요가 없어요.

〈우리 조상들이 처음 시작하던 곳은 바이칼호〉

75:03

그리고 거기 땅이라는 것은 중국사람은 밭을 만들지만 논은 안 만듭니다. 중국사람이 밭에 물을 안 대요. 그런데 그게 그 넓은 데들… 논이라는 건 전부 조선사람이 품을 팔았든지 어쨌든지 조선사람이 전부 논을… 논이 끝이 보이지 않게 이렇게 넓은 데가, 높은 산에서 꼭대기서 보면 저 끄트머리… 끄트머리가 하늘이 끝가는 데가 거가… 거까정 물이여 물.

그러고 우리 조상들이 계시던 첫 번 시작하던 덴데, 바이칼호나 장백산이나 그쪽은 비행기에서 내려다만 봤지 가보지는 못했어요. 요번에는… 그전에 댕겼지마는, 요번에 백두산 갔다오는데 다른 건 다 유감없이 봤습니다. 장백산 속으로 들어가보지 못한 것이, 예전 단군 그전 할아버지 정치 시작하시던 이, 거기를 "요다음에는 가면은 며칠 좀 더 잡고선 올라가서 보자" 이랬어요. 그거 짐작합니다. 바이칼호도 좀 가보고…

바이칼호가 여기 저 대종교에 단군 위하는 데서 육십육사라 몇이 나서 뭐 어쩌고 자꾸 그런 소리가 나는데, 이상하게도 바이칼호 이런 호수에 물이 예순여섯 골이 있어요. 쑥 들어가는 데 예순여섯 군데. 그 이상하지, 그리고 그 근처가 우리 시작하던 데여.

그래 거기 땅이라면 나라땅이 이거 중국땅인데 이걸 욕심 낼 거는 없지만, 조상들 우리족이… 우리 조상들이 거기서 나라를 맨들어가지고 수천 년을 지내던 자리, 이게 싸워 뺏긴 것도 아니고 그냥 줬어. 귀퉁이 밀려내려와서 뺏긴 거지.

〈형이상학 이야기를 장황하게 늘어놓은 미국인 박사〉

77:43

황백전환기에… 황백전환기에, 황백전환기라니까 일변 내입으로 하는 줄 압니다. 미국사람들이 황백… 황화론을 부르며… 황백전환을 그 사람들이 찾습니다. 자기들은 최고점에 가서 절정에 가고서 더 올라갈 수가 없답니다. 최고점에 가고 절정에 가고 더 올라갈 수가 없어서, "그래 이걸 어떻게 해야 하느냐?"니까 "동양의 형이상학 보는 데를 가야지 다른 델 못한다." 해가지고, 곤륜산의 꼭대기 가서 200살, 300살 된 사람들 많은데 거까정 갔었다고, 말 배운 사람들 해가지고 거기 말을 배워가지고 간 사람 들어보니까, 나이가 많이 먹어놔서 도담(道談)만 하지 하나도 자기들한테 이로운 소리 하나도 안 해.

인도도 가보고 어디도 가보고 하는데, 내가 갑진년(甲辰年: 1964년)에 서울 올라갔는데 갑진년 첫해에도 한 번 만났어요, 제1차. 보스턴 대학 교수요, 뭣이요 뭣이요, 박사가 한 7~8가지 되더면. 그런데 서울 연세대학 교수 박사 왔더면. 통역자 부르니까 그리 왔어요. 누구한테 들었는지 모르지만 형이상학 얘기를 가지고 얘기해요, 정신 얘기.

"나 그런 거 모른다. 나 여기 와서 지금 밥벌이 하러 온 사람이니까, 나 모른다."고 그러니까

"아, 그러지 말고 어서 말 좀 해달라."

그 내가 뭘 알으켜(가르쳐)줄까 그걸. 알아도 안 알으켜줄 텐데… 알지도 못하는데… 그러니까 이걸 묻고 저걸 묻고 하는데, 그 사람 하는 소리 그겁니다.

"갑자(甲子) 을축(乙丑) 해중금(海中金)[183]하면 왜 해중금이요? 거기다 왜 금(金)이라고 됐느냐? 뭣이라고 했느냐?" 아, 요런 걸 자꾸 묻고, "왜 일이삼천… 일(一) 이(二)는 하나 둘 하지만, 아홉 구(九) 다섯 오(五)자는 왜 요렇게 썼느냐? 하늘 천(天)자는 왜 이렇게 했느냐?"

별 괴상한 거를 물어요 다. 그냥 하 귀찮게 굴더니,

"당신 그거 아느냐?" 하니까,

"이걸 모를 까닭이 있냐고, 이렇게 용하니."

"그래 이거 이거 말이다. 그럼 당신 박사님이 그거 모를 리가 없고, 의학박사 뭐 정치학박사 박사를 여섯 가지나 되더구먼. 이걸 모를 리가 없는데, 하나 하나 이걸 다 알지 않느냐?"

"이게 뭐냐?"고 자꾸 물어요.

"그럼 이거 아느냐?" 하니까,

"동그래미 아니냐?"고.

"그럼 이거하고 이거하고, 이거 보면 알 거 아니냐? 왜 왜 뭐뭐뭐뭐 묻고 그러느냐? 이것이 있어가지고 이것이 점이 되면, 점이 A도 되고, 한 일(一) 자도 되고, V자도 되고 다 된다. 이게 하나 하나 하나가 이게 들어오면 문자도 되고 사주팔자도 되고 다 돼지. 또 이게 이렇게 되면 그 동그래미… 동그래미 가지고 세상 원리가 본디 이 동그래미인데, 요 남극 북극도 나올 테고, 땅속도 나오고, 가운데도 나오고, 표리(表裏)가 다 나오는 거 아니냐? 뭐 뭐 이 다 아니냐?"

고 그래 놓으니까, 아니라고 그러더면, 뭔지 이해하기 바쁜데. 그래도 뭐 한참 놀려줬어요. 한참 놀려줬는데, 나중엔 글을 물어. 그런데 첫 번에 그런 괴상한 소리를 하니까, 이 박사가 질문을 못해요. 저 사람도 묻고 그

---

183) 납음(納音) 오행(五行)법: 60갑자(甲子)에 납음을 붙여 오행을 배속하여 그 상생상극(相生相剋)하는 것에 의해 길흉을 판별하는 법.

런 말을 해. 나도 대답을 그렇게 하니까, 그걸 뭐라고 설명을 합니까.(일동 웃음) 그걸 일부러 알아듣기 힘드는 걸 자꾸 얘기하고 그러니까, 아 이 사람이 뭐라고 이걸 내 소리를 적어가고선 통역할라고 하는데 그 정보원… 미국사람이 끄덕거려요. '요 녀석이 조선말 다 하는 놈이로구나.' 하고. 그 사람이 시비를 말 않더니,

"너 조선말 할 줄 알지 않냐? 왜 통역 데리고 오냐?" 하니까, 조금밖에 모른대요. 조선 나올라고 조선말을 여덟 달간… (배웠답니다) 그래 글자를 써놓은 걸 보고 말을, 발음을 찬찬히 붙이면 하는데, 부지런히 하면 모른답니다.

"그러면 됐다. 그러면 됐는 게, 너 글자로 찬찬히 써서 녹음기에다 찬찬히 불러라. 찬찬히 불러가지고 하고, 니가 나중에 가서 아무도 없을 적에 니가 그걸 틀어 놓으면, 그 대신 들어가는 녹음을 내가 찬찬히 불러서 불러주마."

일주일 있다가 갔어요. 그래 내가 뭘 (일)부러 그 사람 위해서 다 얘기를 다할 까닭도 없는 거고 그 녀석 놀려만 줬지. 그 뒤에 온 것이 우리 집에 왔어요.

〈금성에서 온 물건이라며 거짓말을 하던 미국인〉

우리 집에 오다가, 고다음에 UFO 회장인가 뭣이 요… 뭣이 저 금성 비행접시인가 뭣이 그 회장이라는 자. 그거는 저희 마누라도 여기 와서… 집에 와서 자면서, 금성의 물건이라는 이만한 돌멩이를 하나 주워서 가져왔는데, 이놈이 조선 나오면 줄 사람 있으니까 가지고 가라고…

"이거 지구에 있는 물건이여. ○○○ ○, 너 갖고가. 너는 금성 물건으

로 위하고, 난 이거 지구에 있는 물건이여." 하니까

"아, 지금은 여기 지구에 있지만은 금성에서 내려온 물건이다."

"그게 아니여. 본디 지구에 있는 물건을 니가 지구에 가져와서 여 와서 ○○○○. 아, 니가 거기서 받질 않았다."

이 녀석이 거짓말을 할라다(하려다) 할라다 못하고 그냥 갔어.(일동 웃음)

〈미국은 물질문명이 한계에 도달해서 하나도 겁낼 것이 없다〉

84:42

좋기는 뭐이 좋은고 하니, 서양 녀석들이 아주 황화론, 유물론이… 유물론이 절정에 가가지고 유심론한테 먹힌다. 먹히니까 황인종한테 당하지 딴 데서 바로 당할 데가 없어 하는 것이 그 사람들이 서양인데, 딴 데 사람도 아니고 똑같은 소리여. 근데 그렇게 그 사람들은 걱정을 하는데, 우리들은 미국사람 아니면 못 살 거처럼 구니까 참 갑갑해. 왜 그렇게 겁을 내는지, 여기 겁 낼 게 하나도 없는데도 겁을 내.

나중에 당하면 황인종한테 당하죠, 안 당하는 건 아니여. 하지만 지금도 요다음에 황인종 싸움할 때, 싸움을 무슨 뭐 칼 가지고 싸우는 게 아니고, 머리 가지고 싸울 적에 그보담은 이긴다는 사람이 이쪽에서 나야 합니다. 얼마든지 날 수 있어요. 사람 몇 억이니 이거 별거 아닌데, 저기는 지금 물질이 한껏 넘어가서 더 올라가질 못하지, 한껏 넘어가. 그래가지고 미국은 하나도 겁날 거 없고 그럽니다.

소련은 모르겠습니다. 소련은 뭣이가 있는지 그 녀석들이 뭐하고 있다가 또, 소련은 우리나라 역사가 거기도 파묻혔지만, 우리나라 묵은 역사가 거기 좀 있어요. 그래놔서 여기 뭣이가 나올라나 모르겠어요. 소련이 묵특(冒頓)이라는 게 흉노(匈奴) 묵특이 족인데, 그건 한 번도… 이 만주 족 몽골족으로 있던 건데, 한 번도 남의 나라한테 망하지를 않았어요. 망하지 않다가 여기서 있다가 저기 들어간 거니까 거기는 그거(백두산족 고대사) 지키리라 봅니다.

이제 백두산 구경 그냥 고만하고, 이제 질문하세요.

25-1990.08.03.
제5차 하계수련회 특강 2[184]

〈봉우 선생님 질의응답〉

진행자: 오늘 질문 조금 받을 수 있으시겠어요? 피곤하신데.

학인: 좀 피로하신데…

봉우 선생님: 아니여.(일동 웃음) 피곤하더라도 내가 여기 온 거는 여러분한테 대답하는 건 대답할라고 왔지, 내가 나 괴로우니까 나 안 온다면 안 오지 뭘. 너무 많이 묻지 말아요.

진행자: 잠깐만요. 저… 원래 야간수련 시간으로 되어 있는데, 봉우 선생님 지금 질의응답 받으신다고 하시니까 연장해서 할까 하는데 어떻게 괜찮겠습니까?

학인들: 예.

진행자: 그러면 질의응답 시간을 갖겠는데, 그동안에는 주로 호흡법에 관해서 배우거나 가족적인 분위기고 봉우 선생님 여러 가지 전에 안 하시던 말씀도 많이 섞어 해주신 거니까, 굳이 호흡법에 국한하지는 않겠습니다. 먼저 궁금하신 생각이 들면 지역이라든가 이것도 다 괜찮고…

---

184) 녹음: 김각중, 녹취: 박승순, 교정·주석: 정진용·정재승
　　1990년 8월 3일 제5차 하계수련회 특강 B-C(질의응답)입니다.

봉우 선생님: 아무 소리해도 괜찮아요.

진행자: 한 30~40분간 시간이 되니까…

봉우 선생님: 내가 저 알지 못하는 거는 "모릅니다" 그래버릴 테지.

〈요다음 번에는 흑인종이 한몫 본다〉

진행자: 제가 먼저 질문 한 가지만 하고, 그다음에 여러분들… 제가 딴 분한테 들은 게 있어서, 아까… 아까 황백전환기도 말씀하시고요,

봉우 선생님: 그래.

진행자: 그밖에 제가 듣기로는 저… 아프리카에도 성자(聖者)가 있다고 제가 말씀 들었죠. 그런데 ○○○ ○○○○ ○○○ 아는데요. 앞으로 흑인종은 어떻게 됩니까?

봉우 선생님: 흑인종의 성자가 아프리카 있다고 나 안 했어. 내가 아프리카 있다고 하지 않고, 성자가 그전에 있던 성자가 보통 성자가 아니여. 여기 지금 공자니, 석가여래니, 여기 예수니, 누구니 한테 과히 떨어지지 않는 성자가 두 분이 있어요. 그런데 역사에는 없단 말이야. 확실히 있어 거기 두 분. 광선이 비추길 적지 않게 비춰. 산 사람 아니여. 그런데 내가 여기 아프리카 사람을 잘 몰라. 암만 내가 찾아봐도 겉으로 이름난 사람은 없는데 둘이 확실히 있어요. 내가 그리라면 그리기라도 하겠지.

진행자: 오랜 세월 동안 백인종이 득세하잖아요, 황인종이 다시 앞으로 되는데, 흑인종은?

봉우 선생님: 검은 사람이 아주 안 된다는 거는 없어. 요다음에 이마 넓은 사람이 한몫 봐요. 백인종도 이마 넓지 못하고… 이렇게 넓지 못하고, 황인종도 이렇게 넓은 사람 없어. 흑인종은 있어요. 내가 본 것도 머리가…

이마에 눈에서 이마 있는 데가 이만큼 큰데…(일동 웃음)

진행자: 이제 질문 한 가지씩 하세요.

〈사주팔자가 같더라도 전혀 다른 인생을 살게 된다〉

03:16

학인 1: 사람한테는 저마다의 사주팔자라고 하는 게 가졌는데, 그런데 사주팔자가 지리풍수설(地理風水說) 하고 어떤 연관관계가 있는지 알 수 있을까요? 예를 들어서 "조상의 묘를 잘 써가지고 당대 발복(發福)을 한다, 그 아니면 부귀영화를 누린다." 그런 얘기를 좀 들었습니다. 그러면은 내가 부모님 묘를 잘 썼다고 해가지고 나한테 없는 팔자가 더 좋은 팔자가 또 돌아오는 것인지, 아니면은 좋았던 팔자가 없어지는 것인지, 그런 것이 궁금하고요. 또 나에게 주어진 팔자가 정해져 있는데 내가 노력을 한다고 공부를 열심히 한다고 해가지고, 또 그 어느 과정까지 축소가 될 수 있는 것인가 한번 여쭈어보고 싶습니다.

봉우 선생님: 팔자, 팔자는 있다고 보십니까?

학인 1: 사주팔자는 타고난다고…

봉우 선생님: 사주팔자(四柱八字)라는 게… 사주팔자라는 게 그 저 사주 보는 사람들 얘기지, 사주팔자를 믿으십니까? 믿어요? 그러면 연월 사주는 연월일시(年月日時)를 가지고 얘긴데, 말이 있습니다. 태조고황제(太祖高皇帝: 태조 이성계)가… 태조고황제 계실 제(적에), 이태조가… 조선 이태조가 당신(과) 연월일시 똑같은 사람을 한 10명 불렀어요. 그러면 연월일시가 똑같으면 다 임금 노릇을 다 똑같이 해야 할 텐데, 딴 사람들은 다 근처도 못 갔단 말이에요. 그게 사주로 믿을까?

학인 2: 그니까 태어난 ○○○○○○○○ 동시에 그게 '너 세상에 태어나서 어떻게 살고 어떻게 죽어라' 하는 그런 것을 갖고 태어나지 않겠습니까?

봉우 선생님: '어떻게 살고 어떻게 죽어라' 하는 그게 ○○ 있는가요?

학인 2: 단지 그렇게… 그렇게 들어서 알고 있는데요.

봉우 선생님: 그렇지 않아요. 그걸 그렇게 알면 안 돼요. 그건 사주 보는 사람들 얘기고… 사주 보는 사람들 얘기고, 상(相: 관상) 보는 사람들 얘기입니다. 배도(裵度), 배택(裵度)[185]이가 등이 붙어가지고 난 쌍둥입니다. 그건 아주 뭐 세상이 다 아는 거니까. 등이 붙어가지고 났으니까 연월일시 똑같지 않을 겁니까? 그럼 둘 다 똑같이 뭘 해먹어야 할 텐데, 동생 배택이는 뱃사공을 했고, 배도는 정승을 했습니다. 그럼 사주… 사주 보는 건데 나중은 말이 뭐라고 하는고 하니, "아, 저 사람은(배도) 나라 사람을 다 물에서 건너듯이 건너주었고, 동생은(배택) 정승을 못했으니까 배를 건너주는 걸… 배 건너오지 못하는 사람들을 건너 주었으니까 그게 그거"라고, 그건 말이 안 되는 소리여. 운명… 운명이라는 거 연월일시 똑같은 게 있는 게 당시에도 똑같은 게 있지만은, 이… 이런 데서 보면은 연월일시도 똑같고 쌍둥이가 똑같으라는 법이 절대 없어요.

진행자: 태어나면서부터 공부자에 대한 공부의 한계가 지정이 되어서 나옵니까?

---

185) 배도(裵度, 765~839): 중국 당나라 때의 재상. 절도사를 억압하고 환관에 대해서도 강경책을 취하여 헌종, 목종, 경종, 문종의 4조(朝)에 걸쳐 활약했다. 배도, 배탁 형제는 쌍둥으로 등이 맞붙은 상태로 태어나서 부모가 칼로 등을 갈라 약을 바르고 치료를 해서 키웠는데, 살이 많이 붙은 아이는 형이 되고 적게 붙은 아이는 동생이 되었다. 형의 이름은 度라 부르고 동생도 度라 썼는데 글자는 같지만 음이 다르다. 형 도(度)는 법도를 말하는 도(度)라 하고, 동생은 헤아릴 때 말하는 탁(度)이라고 불렀다. 休는 어릴 때 형인 배도의 장성한 후 지은 이름이다.

봉우 선생님: 한계가 곧 지정이 되었으면 공자님이 왜 저 "생이지지(生而知之) 학이지지(學而知之) 곤이지지(困而知之) 급기지지(及其知之)는 일야(一也)"[186]라고 그런 말씀을 하셨을 리가 있나. 한계 이래 됐으면 "요 둔한 놈은 못한다." 그래버리지.(일동 웃음) 허면 되는 겁니다.

〈명풍(名風) 박상위가 면천(免賤)할 것이라 했지만 맞아 죽은 머슴〉

08:12

진행자: 아까 또 운명론하고 이거 두 가지인데요, 지리풍수설에 대해서 다…

봉우 선생님: 지리풍수설이라는 것도 그래… 박상위가… 박상위가 명풍(名風: 이름난 지관)인데, 박상위가 어딜 지나가다 보니까 자기한테 잘해줘. 자기한테 잘해주니까 묏자리를 잡아줬어, 머슴 사는 사람인데. 잘해주니까 이제 잘해주… 머슴을 잘해주니까 그 잘해준단 말이야.

(묘를 좋은데 썼으니) "너 더는 몰라도 면천(免賤: 천민에서 평민이 됨)이나 받으리라." 이래서 그 면천이나 받을 줄 알고 죽 견뎠는데, 한 5년 뒤에 거기 지나는… 짚어보니까 아무데라도 면천될 사람을 지금 찾아가도, 아니 없어. "어떻게 됐냐?"니까.

"그 어떤… 몇 해 전에 어떤 미친 지관놈이 하나 와가지고 묏자리를 여기다 쓸거 같으면 면천이나 받는다고 해서, 그 사람이 면천이나 받는다고 그 묘를 쓰고 떵떵하고… 남 모 심고 있던지 노름이나 하고 이런 짓이나 하고 댕기면서 돌로 첫 번 맞아 죽어. 그러다가 누구한테 맞아 죽었습니

---

186) 《중용(中庸)》 제4편 성론(誠論)에 나옴.

다.(일동 웃음)

'아 그래 그럴 수가 있나?' 하고선 그래 그놈이 참 어떤 지관놈이 버려 놨다고 하는데, '내가 그랬소' 차마 못하고 그 묘 있는 데를 가보니까, 복해혈(伏蟹穴)에다 썼어. 게가 와서 엎드린 형에다 썼는데, 가서 파봤습니다. 지팽이로 두드려보니까, 흙이 누런 황토여. 그러니 게가 누러면 삶아진 게 아니여? 그러니까 뭐 그저 묏자리 가지고 되는 거 아니지.

적덕(積德)하면… 복을 닦으면 전생에 없던 효력도 나고… 나는 거 그건 있어요. 그건 있지만, 산자리(묘)만 본다, 사주만 좋다… 사주 암만 좋아도 똑같은 사주에 하나는 정승판서 하고, 하나는 저 밑에서 하인 노릇하고 그럽디다.

〈팔경자(八庚子) 계원들과 사주 잘 본다는 전덕인을 찾아가다〉

내가 저 전덕인이라고 사주 잘 보는 전덕인이 있어요. 전덕인이 서울서는 제일 잘 본다는 사람인데, 내가 사주가 경자(庚子) 무인(戊寅)에 계해(癸亥) 기미(己未)여. 팔경자(八庚子)가 있어요. 경자 무인에 계해 기미, 여덟 놈이 똑같습니다. 하나는 나하고 분수가 한 5분밖에 안 틀리지. 앞뒷집에 사는데… 앞뒷집에 사는데, 걔 아버지하고 우리 아버지하고 동갑이지. 걔 아버지하고 우리 아버지하고 동갑이야. 그래 여기 딸을 나면… 딸 낳고, 아들 낳고 하면 사돈하자고 그러셨어. 둘 다 아들 낳으면 할 수 없어도. 근데 쟤가 나보담… 앞뒷집이니까 내가 난 지 15분 뒤에 낳아요. 그러나 15분 뒤라도 시간은 그 시간이에요. 그랬는데 그래가지고 걔는 고렇게 15분 나뉘고, 다른 애들도 서울서는 시간 보니까 다 안단 말이야, 팔(八)명 돼요. 아주 친했어요, 경자끼리 모아가지고.

그런데 같은 비슷한 건 있더먼. 남 잘 줄라고 하고, 남 아래 안 갈라고 그러는 거, 그거 한 가지는 각자 비슷해. 여덟 놈이 가서 "야, 전덕인이한테 가서 우리 사주 한번 보러 가자."(일동 웃음) 그래 갔습니다. 그럼 여기 먼저 접수할 때 그렇게 씁니다. 그래 내가 제일 먼저 불렀지. 경자 무인에 계해 기미. 둘째도 또 그렇고, 또 그렇고, "아, 히야까시 하느냐(놀리느냐)?"고 이래.(일동 웃음) "아니 그런 소리 말우, 우리가 팔경자(八庚子) 계여. 연월일시가 똑같은 여덟이여, 우리."

내가 맏대여. 내가 힘이 제일 세고, 제일 숙성해요. 그러니 내가 형 노릇 하는데 이 중에서 나보다 먼저 나온 놈이 있을는지도 몰라. 하지만 내가 그래도 맏격이지. 이래가지고 팔경자가 이렇게 모였어도 ○○○ ○○ ○. 왜 나 히야까시 하느냐고. "걱정 말아. 거기 두고 내가 봐 줄테니."

아, 전덕인이야 지난 건 다 맞춰요, 지난 건. 날 보면 날 맞추고, 그 여덟을 '부모… 부모가 어떤 데서 낳고 어디서 낳다' 이거를 족 맞추는데, 아니 이보(耳報)[187]하는 사람 같다. 맞추긴 다 맞추고 다 알더만 그래.

나더러 ○○○○ 71년이라 하면서 ○○○○ 71년, (봉우 선생님 나이가) 일흔두 살 지나거든 (자기)목을 베라고 그래, (틀리면) 자기 목을 베라고. 일흔두 살 되기 전에 자기가 먼저 죽었으니까 목 벨 데가 없지.(일동 웃음) 그렇지만 내가 일흔두 살 산다는 놈이 아흔한 살이니까 뭐 좀 더 살았지.

그때 사주를 보러 댕기면 여덟 군데를 댕기는데 하나도 맞추지도(맞히지도) 못해. 그 잘 본다는 데만 쫓아 댕겨도. 나더러 아들 여남은 둔다고

---

187) 피동공부를 통해 얻은 신도(神道)가 통령자의 귀에 대고 알고 싶은 얘기를 들려주는 것이다. 일반적으로 저열한 수준의 피동법에 속한다. 역술인 중에서 옛날 김봉수가 이보통령한 후 쪽집게처럼 맞히었다고 전해진다. 쉽게 얘기하면 귀신이 다가와서 귀에 대고 저 사람이 뭣 때문에 여기 왔다는 것을 얘기해주는 것이다.

그랬어요. 여남은 둔다는데 아들 하나 됐어.

　앉아서 해, 앉아서.

〈공부 좀 해가지고 봐. 그거(UFO) 있나 없나 대번 알아〉

학인 2: 진짜 궁금한 게 하나 있는데요. 외계인이…

진행자: UFO라고 미확인… 미확인 비행물체가 있다고 그랬는데요. 외계인 같은 그 소식도 들리는데요, 과연 존재하는가? 달 기지에 뭐 외계인이 산다는 설도 있는데 그게 사실이냐고 묻습니다.

봉우 선생님: 내가 달에는 가보지 않아서 몰라.(일동 웃음) 외계에 사람 있다는 거는 거짓말은 아닙니다. 외계인이라고 사람이 없는 건 아니여. 여기 요전번에 와서 UFO의 그 저 뭣이라고 금성에서 뭐 왔다고 이만한 돌멩이를 가지고 와서 이거 갖다 내놓고,

　"그거는 니가 가져온 거지 이게 UFO에서 금성인이… 그 사람이 준 거 아니다. 지구에 있는 물건이다." 그래 자꾸 대구 말했어.

　"그 미국에서 전부 이거를 떼서 전부 조사를 했는데 지구에 있는 물건이 아니라고."

　"너희 나라 조사 실력이라는 거 가히 알겠다. 요것이 지구 어느 부위에 있는 걸 너희 겉에서 있는 것만 봤지, 속에까정 들어가 봤냐? 속에까정 가봤어? 남극이나 북극이나 가보고 중간에서 들어갈 때는 너희가 ○○ 있는 거 너희 알아?"

　그건 안 가봤어. 외국녀석들하고 그런 소리 하는 거 내 자꾸 그랬어요.

진행자: 외부에서 왔다고 해서… 확신이 안 됐다고 해서요, 비행물체가. 그

걸 UFO라고 한다고 하는데 실제로 외계에서 그런 비행물체가 우리나라
라든가 지구상에 오는 걸로 그렇게 해서…

봉우 선생님: 외계에서 물체가 오느냐 못 오느냐? 그러면 외계에서 그러는
데 외계에선 사람이 없다고 보는가? 제일 먼저 얘기를 해봐. 외계에서는
다른 인류는 사람이 없다고 보는가 말이지.

학인: 있습니다.

봉우 선생님: 조선… 이 사람이 달에를 갔다 오지 않았나? 달을 갔다 왔지?
그 달에서 여기를 보면 외계라고 할 수 있어. 여기서 비행기를 타고 거길
갔다 왔지. 갔다 왔지. 그런데 지금 여기서 한쪽에서는 겉으로 내지를 못
하고 무슨 성 무슨 성 뭐 해왕성까지 갔다 왔다고 그래. 거 가서 뭐 있다
고 그래. 갈 수는 있지 왜. 거기도 사람이 있을 수는 있지, 꼭 없으란 법은
없지. 사람이 알지 못하는 일도 있어. 사람 아주 짐승이나 사람이나 없으
란 법은 없어.

　나더러 그걸 묻지 말고, 공부 좀 해가지고 봐.(일동 웃음) 그거 있나 없
나 대번 알아. 나한테 조금 뭣하는 거여.

〈삼육성중(三六聖衆) 이야기〉

18:41

진행자: 백두산족이 앞으로 삼육성중(三六聖衆)이 나와서 우리나라가 성하
게 된다고 그러셨는데요, 거기에 대해서 좀…

봉우 선생님: 백두산족의 삼육성중이라는 건 황백전환기에 나옵니다. 누가
서른여섯이 될라나(되려나) 그건 나 몰라. 요번에도 "삼육성중 내놓기는
내놓고, 왜 서로 만나지 못하게 하느냐?"고 백두산에 가서 한참 소리 질

렀어. 아주 못 만난 건 아니여, 아주 못 만났다는 건 거짓말이여.

여러분들이야 아실라나(아시려나) 모르지만, 저 부산서 색시 쌍태(雙胎: 쌍둥이)가 있어, 둘이 쌍태여. 사람이 수십 명이 있는데, 이래 여럿이 있는데, 내가 진맥을 하고 있는데, 와서 먼저 들어와가지고 접수를 했는데, 암 말도 않고 애기 따로 하고, 애기 따로 하고, 그러고 안 보고 있어. 저 어머니도 있고, 저 오빠가 오고, 넷이 왔습니다.

그러더니 애들이 정신이상이라고 하고, 정신이상이라고 하고, 박사님 한테 가도 정신이 좀 이상한 거 같다고 그러고, 한의사 양의사 사방 댕겨도 잘 모르겠다 그러고. 그러니까 이거 그러면 안 되겠다고 절에 조실 스님들, 오래 참선에… 선방에 제일 어른들, 오래 있던 고승들이라고 하는 ○○○○ 그런 데를 쫓아 댕기며 봤어. 강사님들이나 조실 스님이나 이런데 가서 쫓아가니까, 아니 가서 얘기를 하면 팔만대장경 언제 구경도 안한 애들인데, 얘기… 부른 이더러 뭘 이거 뭐라고 하고 뭘 어쩌고 어쩌고 조사님이 하면, 중들이 웃고 대답을 글로 대답을 자꾸 한단 말이야. 아 그러니 이 조사님 "얘들 전생에 불경 많이 본 애들이라 놔서 우리가 어떻게 못하겠다"고… 불경을 봤는지 무슨 경을 봤는지 어떻게 알아요.

애들이 얼굴이 둘이 탐스럽고 이뻐요. 둘 다 대학 나왔습니다. 하난 명지대학 나와… 아, 이화대학, 이화대학 나오고, 하나는 숙명대학 나오고 둘이 나왔어요. 어디서 나왔단 소리는 않는데, 얘 이리 오라고 하고서

"얘가 재주가 좀 더 있고, 얘가 고만 좀 못하다"고…

"아니, 어떻게 보고서 재주가 더 있고 덜 있는 걸 알 수 있나?"

"얘가 주(主)여 얘가 종(從)이여. 얘가 따라온 얘고, 얘가 앞섰다."

저 어머니가 확 와서 ○○○ ○○.

"지가 태몽 꿀 적에 하나는 춤을 추고 내려오고, 하난 젓대를 부는데… 뒤에서 춤을 추고 모시고 내려오는데, 얘가 앞에서 춤추며 젓대 부른 얘

고, 뒤에서 하난 모시고 오는데 그래 쌍태입니다. 그 어떻게 그걸 앞에 서고 뒤 서고, 주종을 아십니까?" 그래.

"아니, 어디 주종(主從)이라는 게 난 얼굴로 보고 한 소리요."(일동 웃음)

그래 이랬습니다, 이(수인). 이렇게 하니까 이래요. 내가 이랬는데, 이래. 그래 옆에 다 봤어요.(일동 웃음) 이래 이래 하니까, 이래 이래하니까 꼭 이래버립니다.

"미치지 않았소, 미치지 않았으니까 암말도 말고 데리고 가 계시오. 데리고 가 계시오."

얘들, 아, 시집을 가래도 안 가고 취직을 하래도 하지 않고, 저희끼리만 둘이만 앉아서 얘기하고 앉았어. 그러니 저 오빠라는 사람이 화가 났더만. 화가 났는데,

"그러면 가만 둬야겠구먼요. 가만 둬야겠구먼요."

"아니, 시집가고 싶다거든 보내야지. 저희 맘에 드는 사람 있으면 보내야지 무슨 소리야? 그 미치진 않았으니 걱정 마시오." 하니까,

"아니, 뭣을 이러고 이러고(수인) 하신 건 뭐요?"

"아, 그건 알을(알) 필요 없소."(일동 웃음)

그래 이렇게 하니까 그건 또 이렇게 하고, 그러면 이건 대번 이렇게 하는데. 아, 그러니 그거 그렇게 하는 놈을 뭐라고 그래. 그런 게 혹 나옵니다. 요새 그저 부천서 또 하나 있다고 그러더만 뭣이라고 조그만 건데, 뭐 저… 나라 말들 하면… 다른 나라 말을 하면 다른 나라 말로 그 대답을 하고 ○○○는데, 쟤는 뭣인가 몰라 또. 여기 부산애들 왔다 갔으니 곧 오지.(일동 웃음) 그렇다고 뭐 꼭 그 대인 되란 법은 없네.

진행자: 이 자리에도 삼육성인이?(일동 웃음)

봉우 선생님: 그래 묻는 거 아니여. 그건 나더러 묻는 거 아니여.

⟨기독교의 종말론의 진실⟩

25:27

학인 3: 종말론에 대해서…

진행자: 종교에서 종말론을 얘기하고 있습니다. 노스트라다무스라고 종말론에 대해서…

봉우 선생님: 기독교에서 종말론이라는 것은 기독교… 기독교 예수가 뭣 때문에 그런 소리를 했겠어? 예수가. 예수도 성잔데. 남의 종말이라고 그래? 세계가 종말이라고 그래? 인류가 종말이라고 그래?

학인 3: 세상이 종말이라고 그러던데요.

봉우 선생님: 예수가… 예수가 "2,000년이면…, 2,000년이면 그 도(道)가 뭣이라는 걸 다 알게 된다." 그 소리여, 다른 거 없어. 예수도 그전에 성자(聖者)여… 그전에 성자여.

진행자: 시간이 많이 돼서요, 한 분만 더…

⟨예수와 안자, 가섭의 관계⟩

봉우 선생님: 아니야, 뭐 좀 더 하지 뭐.(일동 웃음) 아니 오늘 이왕 한 김에 좀 더 해야죠. 예수는 아주 내 허는 길에 얘기를 해야 해. 예수는 동양에서 공자님 제자에 안자, 인도에서 석가여래 제자 가섭이. 이렇게 이렇게 이렇게 가는 거야. 그 훤한 건데 뭘 그래. 이렇게 이렇게 이렇게 안자로, 가섭이로, 저쪽에서 예수로. 그 어디 하늘에서 떨어졌다고?(일동 웃음) 어머니도 있고 아버지도 있고 다 있는데 왜, 하늘에서 떨어져?

진행자: 시간이 저 ○○○ 가까워지는데, 내일 또 시간을 맞추겠으니까요.

봉우 선생님: 뭐? 몇 시여 지금?

진행자: 10시가 다 되었습니다, 지금.

봉우 선생님: 얘기하는 길에 10시까정 해.(일동 웃음, 박수)

〈그 업보 그런 거 믿으면 못쓰는 겁니다〉

28:52

학인 1: 사람들은 업(業)에… 업에 얽매여서 생활을 하고, 또 태어나서도 ○○ 한다고 하는데, 업이라는 거 하고 사람이라는 관계가 어떻게 되는지?

진행자: 업보라고 하고 업에 대해서…

봉우 선생님: 업보라는 거 그런 거 믿지 마시오. 업보라는 것은 요새 저 말하는 사람들이, 중들이 불공한 사람들한테 업보 얘기도 하고, 점쟁이나 그런 사람들이 업보 얘기를 하는데, 업보라는 것은 죄를 지은 일이 있어서… 내가 전생에 죄지은 일이 있다가도 받은 일이거든 요번에 적선을 많이 하면 다 풀어지는 거고, 둔재로, 둔재로 태어났으면 공부를 많이 하면 밝아질 거고. 그런 그 업보 그런 거 믿으면 못쓰는 겁니다.

〈유기(留氣)에 대한 설명〉

진행자: 유기에 대해서요, 유기에 대해서 잘 모르겠답니다.

봉우 선생님: 이게 딴 데서는 폐기로 알아서 안 돼. 기운을 숨을 들여가면서 숨이 여기서 이래가지고 이래가지고 이렇게 이렇게 이렇게 돌려서 이리

빼는 것이, 왜 그걸 그렇게 가운데 마디를 만드는고 하니, 한꺼번에 길이가 죽 길어 나갈 수가 없으니까… 그러니까 이거를 여기서 이렇게 오르락 내리락 하면서 한꺼번에 1분이고, 2분이고, 3분이고, 갈 수가 없으니까, 여기서 이리 들어오면서 시간을 늘리고, 또 여기서 또 이리 와서 여기와 한 번 더 시간을 끌고, 그러면 여기는 지났다 이거지. 예서 또 이리 가고, 또 이리 오고 이렇게 와서 이렇게 나가라 하는 그건데, 그게 이제 유기가 아니고 이건 ○○ 나가는 거예요. 여기서 이렇게 죽 들어와서 여기다 머물러 가면서 죽 이렇게 올라와서 모아놓고선 들여보네, 숨을 ○○ ○○. 여기서 더 저리 내려갈 데가 없는 걸…

그렇게 이제 숨을 그냥 참는 게 아니라 들여마시면서… 들여마시면서 죽 1분이고, 1분이 못 돼 40초고, 30초고 이걸 죽 들여마시며 여기 들어오면서 유기가 이거를 오면서 숨을 들여마셔, 그냥 막 돌리질 않고. 그걸 유기라고 그래. 여기 가만히 있는 게 유기가 아니고 말이지. 죽 들여마시면 자꾸 들여마시면서 '머무를 유(留)' 자니까 여기다 기운을 모아. 이건… 이거하는 데는 마디가 있으니까, 여기서 와서 요렇게 요렇게 요렇게 해놔서 이리 와가지고 차올라 가니까, 고건 알기가 쉬우니까 '내가 여기를 왔구나. 몇 초에 여기를 왔는데, 여기를 몇 초에 왔고, 여기는 몇 초에 오고, 여기는 몇 초에 오고 이렇게 하니까 이게 나가면 1분이 되는구나.' 이렇게 아는데, 이것만 하라면 분수가 있지. 내 생각으로 참을 수 있는 대로 해보는 거여. 그게 마찬가지로 죽 들여마셔가지고 아랫배가 묵직하면서도 참고 그치면 지식(止息)이여, 지식을 하면 안 돼. 그게 죽 내보내면 1분도 되고, 2분도 되고, 3분도 되고, 그걸 유기라고 그래. 유기를 한다니까 지식하는 사람들이 있어요. 숨을 안 쉬고 억지로 그냥 참는 건데, 그건 지식이여.

〈남북통일은 남쪽에서 단결이 안 되는 것이 문제다〉

33:35

학인 4: 독일에서요, 2차세계대전에…

진행자: 독일이 2차대전에 전범으로 돼서요… 남북 서독하고 동독하고 갈려져서 우리나라보다도 통일이 더 지연될 것으로 보였었는데, 근자에 와서는 통일이 더 가까워 있고, 더 이제 진전돼서… 다 진전이 됐는데, 이제 실제도 다 이루어졌고요. 한 가지 더는, 우리나라가 지금 통일이 방해요인이… 어떤 것이 가장 큰 문제가 되는지.

봉우 선생님: 그건 정치인더러 물어봐야지. 내가 알더라도 그런 소리를 하면 덜 좋아해요. 정치인 아닌데 내가 저… 소련 앞에 있는 공산당들이 먼저 이탈할 거라고 소리를 했더니, 뭣이 저기에서… 통일원에서 하고, 저 감사원에서 하고, 군대에 가서 하고 내가 그 소리를 했어. 했더니, 나더러 그저 서독… 서독 통일하는 것을 얘기했다고 그 소리를 한단 말이야. 그런데 무조건 통일하라고 얘기한 건 아니지, 내 얘기대로 했지. 그쪽은 언제든지 ○○ 젊은 사람은 볼 거라고 했지.

그런데 그것은 무슨 법을 가지고 하는 거 아니고, 지금 현상으로 봐서는 남쪽에서 단결이 안 돼서 그래. 남쪽 단결만 잘되면 북쪽에서는 ○○○○○ 안 뜨면 안 될 형편이여. 남쪽에서 단결이 안 되고, 북쪽을 모르고 지금 북쪽이 어떤 당이면 당이 이 사람한테 내가 고맙게 하면 나중에 출마할 적에 이 표가 나한테로 올수록… 이렇게 오산을 해가지고 자기들이 자꾸 이것이 부드럽게 하지를 않아. 여러분이 생각하면… 짐작하면 알 거예요.

이것을 말고 저기는 아무렇게 해도 표가 만약 던진다면, 좋든지 나쁘든지, 삼팔 이북의 사람은 한 군데로밖에 안 가. 좋든지 나쁘든지 한 군데로

밖에 안 가. 여기서 암만 고맙게 해줘도, 잘 해주고 ○○○○ ○○. 이거를 순수하게 좋은 통합을 할라는(하려는) 게 아니고, 자기한테 내 논에 물 대는 형식으로 자꾸 할라고 하는 것들이 정치인들이 ○○○ 않아. 난 그렇게 봐.

아무렇게 해봐, 아무렇게 해도 저 사람들은 뱃속에서부텀 공산을 배운 사람들이에요. 김일성이 할아버지처럼 여기던 사람들이 아무렇게 단합된다고 한다고 여기서 지금 고맙게 한다고 이 사람 찍어줄 건가? 안 찍어주는 건 당연하지. 그쪽에서 안 써주지. 그런데 이거는 여기서 이걸 저 사람들을 내가 하면 고맙게도 내 표로 오려니 이렇게 쑥맥들이지.

〈부모가 살아계시듯 정성껏 제사를 모시자,
나라에서 효자문을 세워주다〉

학인 5: 여기 4대조 제사를 지내는 친구가 있는데요, 4대조 제사…
진행자: 지금 4대조까지의 제사를 지낸다고 그럽니다. 그런 풍속을 앞으로 계속 유지해야 되는지 질문했습니다.
봉우 선생님: 조상 위하는 풍속 가지고 있다고 나쁠 건 없어. 저 아버지 제사도 안 지낼라고(지내려고) 하는 사람 그득하지 지금. 저 아버지 제사도 안 지내고 그냥 내버리는 사람이 그득해요. 허지만 그거 잘한다고 못 봐요. 조상을 알아야지.

38:46

봉우 선생님: …을 늦게 가니 제사 지냅시다 하지 못하고,

"뭔 일인가?" 하니까,

"제사 지낼라(지내려) 하니 ○○○○, 힘이 들어서 그럽니다. 정성껏 하

자면 힘들어서 그럽니다."

"그럼 어째서 그러나?" 했어요.

제사를 지낼라면 가족들이 일주일 이상 재계(齋戒) 목욕하고 꼭 부모 생각만 하고 있고, 그래서 그날 제삿날이면 산소에 가서 모셔온대. 산소에 가서 모셔오는데, 가족들이 다가서 모셔서 교군(轎軍: 가마)을 태우든지 뭘 태우든지 태워가지고 온다더먼. 그러니 "타십쇼" 하는 거지, 뭐 물건이 있어서 탄 건 아니지. "타십쇼, 타셨습니까?" 앞뒤에서 교군 해가지고 와서 앉혀놓고 "○○인데 내리십쇼. 집에 왔습니다" 하고, 밤에 하던 제사를 꼭 산사람처럼 지내요.

"그렇게 하는데 그게 말이 그렇지, 저희 식구들도 어떻든지 지내고 싶으나, 그전에는 했는데 지금은… 그 뒤에는 못 합니다."

"그럼 그 있으면 허겠네 그려. 먹을 게 있고 그만한 시간이 있으면 허겠네?"

"아, 그야, 그만한 시간이 있으면 하죠."

그래 (돈을) 다 댔어요, 재상이. 그 구경할라고(구경하려고).

일주일을 전 가족이 앉아서 요새 말 같으면 기도를 해. 자기 돌아간 아버지 생각… 추모하느라고. 뭐 다른 짓 않고 꼭 앉아서 그러고 있다가 산에를(산에) 갔는데, 교군을 만들고 형제간 둘이 며느리는 뭐… 조카들은 떡하고, 거 가서 태워가지고 오는데… 탔는지 안 탔는지 모르지만 타고 오는데, 와서 제사를 지내고서 다 지내고 ○○ ○○○ 또 형제가 묘 있는 데까정 갖다 모시고 해서 끝났는데…

그래 이제 봤어. 대감인가 하는 이가 그걸 보고서 "참 효자다." 그래 나라에 상소를 해서 효자문을 세워줬어요. 그 뒤 잘 산다고 지내는 게 아니라, 어려운 사람들도 그걸 정성껏 해서 지내요. 그런데 그거야 누구나 아무나 다 그렇게는 못 하는 거지. 자기 정성 있는 사람이 하는 거지. 물건만 많이 그뜩 차려놓고 아무렇게나 지내는 거? 그 제사 형식이지 정성껏 지내는 제사가 아닙니다.

〈질의 응답 – 원상(原象), 천도(薦度), 호흡의 목적〉

41:45

학인 6: 호흡이 길면 ○○○ 원상(原象) 안 해도 머리가 좋아집니까?

진행자: 호흡이 조식으로 1분이 넘어오고 그러면요, 특별히 원상 공부를 하지 않더라도 머리가 좋아지는지?

봉우 선생님: 원상 모르는 사람도 그것만 호흡만 해도 되는데. 꼭 하라는 건 아니여.

학인 7: 호흡이나 주력(呪力: 주문)공부 중에서 어떤 분들 말씀 들으니까 그게 아니라고 그랬는데, 조상이 천도(薦度)가 안 되면은 공부가 안 되니 어떤 그런 말씀을 들은 적이 있거든요. 또 ○○에 어떠한 ○○에서 천도를 한다는데 정말 천도가 되겠습니까?

봉우 선생님: 뭣이?

진행자: 조상이 뭐 천도가 되질 않으면요, 공부가 제대로 되질 않는다고 그렇게 말로 천도가…

봉우 선생님: 아니, 그러면 조상이 천도가 잘 되었는지 안 되었는지 자기가 아나? 그 남이 그런 소리를 하는 사람은 자기가 남의 조상 잘 되는지 안 되는지 그거 봐서 아는가?

학인 1: 천도가…

봉우 선생님: 그 조금… 조금 침 맞을 사람 아니여? 그런 소리.(일동 웃음) 공부… 저(자기) 공부를 해가지고 정성껏 하면 되는 거지. 불효자라는 ○

사람이면 몰라. 부모를 아주 참 천대하고 뭣해서 고려장(高麗葬) 노릇한 사람이면, 옆에서 봐주는 저 뭐래도 "나쁘다. 그놈 고약한 놈이다" 하고 안 봐줄는지 모르지만 조금 부모 생각하는 사람들한테는…

학인 8: 저 새삼스런 질문 같습니다만은, 호흡을 하는 가장 근본적인… 호흡공부를 하는… 저희가 공부를 하는 가장 근본적인 목적은 무엇인지 말씀해주셨으면 하고요. 또 저희들 같은 경우는 '어디에 목표를 설정하고 공부에 정진을 해야 되는가?' 그것도 아울러 말씀해 주셨으면 고맙겠습니다.

진행자: '호흡수련을 하게 되는 근본적인 목적이 무엇이며, 앞으로 공부를 열심히 하게 될 때 어떤 것을 목표할 수 있느냐?' 하는 질문입니다.

봉우 선생님: 근본적인 목적이 당신은 공부하는데 뭣 땜에 하오? 목적이 없이 그냥 하는 거요?

학인 8: 개인적인 욕심 같습니다만은 좋아진다고 하는 정도만 알고서 공부를 시작했습니다.

진행자: 건강이라든가 몸이 좋아진다고만 그렇게만…

봉우 선생님: 아, 그러면 건강이나… 건강 좋아지도록만 하면 됐지 뭐.

〈운동과 호흡〉

44:45

학인 9: 제가 아직 젊고 운동을 좋아해서 그런데요. 저 소설책《단》에 나와 있는 체술(體術)에 관한 삼비팔주(三飛八走) 선배분들 얘기나 그리고 이제 《천부경의 비밀과 백두산족 문화》에 나오는 그《단》, 그 체술에 관한 내용이 많이 상이한 게 많이 있는데요. 단계와의 차이가 굉장히 많이 있는데, 어떤 정도가 체술에 필요한 최대 정도이고, 또 호흡수련이 어느 정도 되면 체술에 응용할 수 있는지 그게 가장 궁금합니다.

진행자: 젊은 사람이고요, 운동을 좋아한답니다. 그래서 여러 가지 운동을 하고 있는데, 《단》책에 삼비팔주 얘기도 많이 보고, 여러 가지 이상한 ○○ 나오고 있고, 그 밖에 백두산족의⋯《천부경의 비밀과 백두산족 문화》에서도 체술에 대해서도 나와 있는데, 그 좀 상이한 점이 있고요. 체술이 호흡수련으로 어느 정도 경지가⋯ 어느 정도 수준이 되면 응용할 수 있습니까? 그거 물어보는데요.

봉우 선생님: 호흡을 하면 머리가 좋아지는 거고, 건강하는 것은 건강하게 체술⋯ 저 신체 건강하는 법을 따로 해야 됩니다.

학인 9: 이제 체술이 어느 정도⋯?

봉우 선생님: 건강은 해도 체술이라는 건 글자가 술(術)자가 붙었어. 그러니까 이거 운동 체육법과 이렇게 마찬가지로 법이 따로 있지, 그냥 호흡만 한다고 절로 되는 건 아니야.

학인 9: 제가 듣기로는 말입니다. 체술도 어느 정도 고단자가 될라면(되려면) 호흡이 같이 따라 가야지만⋯

봉우 선생님: 체술은 체술대로⋯ 체술대로 알아야 하고, 체육이냐 체술이냐 다르고. 체육이란 몸이 건강만 한 거고, 체술이라고 하면 유도니 검도니 체술이니 뭐니 각기 달라요.

학인 9: 체술을 전공할라면(전공하려면) 호흡은 짧아도 되는 겁니까?

진행자: 체술을 제대로 고단자가 되기 위해서는 호흡과는 무관하냐고?

봉우 선생님: 호흡을 아주 안 하면 안 되지.

진행자: 제대로 체술을 행할라면(행하려면) 호흡이 어느 정도 되야?

봉우 선생님: 호흡만 하면 체술 배우지 않아도 하겠소? 호흡만 하면 체술 배우지 않고도 호흡만 해가지고 하겠느냔 말이야? 호흡은 체술하는 데

한 ○○ ○ 해야, 따로 해야 되는 거지. 체술은 체술대로 또 그 별 수가 있지, 아주 없는 건 아니여(아니야).

학인 9: 잘 알았습니다.

진행자: 저 아쉽지만 돌아가들 가주세요, 죄송합니다. 제일 오래까지… 일정을 시간을 내서 선생님이…

봉우 선생님: ○ ○ ○ ○ ○ ○

진행자: 10시 되면 이분들 주무셔야 되고요.

학인: 다 들어도 되죠?

학인: 안 들어가도 되고…

봉우 선생님: ○○ 공부하는 사람들이 잠은 조금 덜 자더래도(자더라도) 들을 때는 들어야 됩니다.

학인: 네. (일동 박수)

학인 10: 운동을 하면 몸이 유연성이 좋고 이러면은 운동을 하기가 훨씬 좋은데, 선천적으로 유연성이 없는 사람들은 물리적인 운동 여건만 가지고는 유연성이 좋아지기가 부족한데요. 어떤, 그 약을 먹는다거나 다른 또 방법이 있는지 궁금합니다.

진행자: 운동을 열심히 좋아하고요… 하는 사람인데, 다만 유연성에 대해서 관심이 많은 모양입니다.

봉우 선생님: 응?

진행자: 유연한 거요. ○ ○ ○ ○ ○ ○. 유연성이 부족한 사람인 경우에 암만 운동을 많이 한다고 해도 당장에 유연해지지 않는데, 특별히 유연성을 낮게 하기 위해서 약을 먹는다든가 다른 방법이 있냐고요.

봉우 선생님: 유연성은 자기가 헌(한) 거로 하는 거지, 약을 먹어서 어떻게 돼? 공부하는 것에 약을 먹는 거라면 약한 사람이 강하라고 먹는 거지, 부드러워지는 것이야 자기가 연습을 해야 됩니다. 광대가… 광대가 이 줄

위에서 뛰어넘는 거 광대가 줄을… 이게 이 골탱인데, 고랑인데, 이쪽 고랑 저쪽 고랑에서 하는데, 떨어지면 죽어. 20길 되는 데여. 거기서 이놈을 들고, 지팽이를 들고 하는데도, 거기서 이제 발만 대고 하는데도 거기다 무슨 붙들어 매고 하는 게 아니거든.

그래가지고 이것도 이제 지가 연습으로 되는 거지 힘으로 되는 건가? 절로 되는 건가? 연습으로 되는 거지. 그게 그런 거는 자기가 연습을 해야지, 덮어놓고 이렇게 하면은 발이 여기 딱 붙게 맨들어(만들어)가지고 들어가야지 그걸 모르면 안 됩니다.

〈명창(名唱)의 비결〉

49:50

학인 11: ○○○○○…

진행자: 주문을 해서 하는 수련하고요, 주문수련하고 이 정신수련하고는 어떤 차이점이 있는지…

봉우 선생님: 주문이라는 건 허다(하다) 힘들면 주문이라도 하지. 호흡 같은 거 가지고 하는 건 이건 정식으로 아주 집중을 백이는 거고. 저 산에 들어가서 불러서 산차(山借) 같은 거 하는 사람들 산에 가서 오래하는 거는 한 3년 이렇게 한다면, 이 목소리가, 목소리가 10리, 20리, 30리, 이렇게 나가요.

이런 거, 이런 차력을 하지 말고, 저… 서울 가서 명창(名唱)이라고 하는 사람들, 이동백(李東伯)[188]이니 김창준이니 또 그러면 뭐여 저 이 그

---

188) 이동백(李東伯,1866~1950), 조선 말기 판소리 5명창 중의 한 사람. 1866년 충청남
도 비인면에서 출생하였다. 본명은 이종기이다. 중고제(中高制)의 명창으로 김정근

전에 정춘풍(鄭春風)189)이니 뭐지 하는 사람들, 그런 사람들 하던 그 예를 들어보면, 이날치(李捺致)190)는 광주서 부르는데, 광주 저 산서… 공원 교외에서 부르는데, 경양방죽191)이 10리가 넘는데 옆에서 하는 소리처럼 들려. 연습해 전부, 연습하고. 연습도 조금 하면 안 돼, 많이 하니까 되지.

(金定根), 김세종(金世宗)에게 사사하였고, 한때 경남지방을 전전하다가 1900년 상경하여 고종 황제의 어전에서 판소리를 불러 통정대부(通政大夫)가 되었다. 이후 판소리 창극 분야에서 활발하게 활동하였다. 김창환(金昌煥), 송만갑(宋萬甲) 등과 원각사에서 공연하였고, 1934년 연흥사(演興社), 협률사(協律社), 광무대(光武臺), 조선성악연구회(朝鮮聲樂研究會)에서 중진으로 활약하다가 1939년 서울 부민관(府民館)에서 은퇴 공연을 한 후 물러났다. 1926년 일본 음반사에서 판소리를 녹음했으며, 이후 1928년 빅터(Victor) 사에서도 음반을 취입하였다. 이동백이 은퇴한 후 중고제 판소리는 전승이 끊어졌다. 그는 《새타령》의 독보적 존재였고, 《춘향가》, 《적벽가》에도 뛰어났다.

189) 정춘풍(鄭春風, ?~?), 조선시대 후기의 판소리 명창이다. 박유전, 박만순, 이날치 등과 함께 조선 후기 8명창 중 한 명으로 꼽히는 명창이다. 1800년대 중반에 충청도 양반 가문에서 태어나 소과에 합격하여 진사가 되었으나, 세상을 떠돌며 홀로 소리를 익혀 명창이 되었다. 스스로 호를 춘풍(春風)이라 지었다 하는데 본명은 알 수 없으며, 생몰연대도 알 수 없다. 우조(羽調)를 주로 쓰고 동편제 창법을 구사하였으나 어느 파에 속하는 것을 꺼렸다. 또 창악에 대한 해박한 지식을 지녔고, 이론을 정립하는데에도 공이 컸으며, 대원군에게 인정 받아 서로 교유하며 지냈다 한다. 자신만의 판소리를 개척한 정춘풍은 가사와 음률에 정통하였으며, 특히 적벽가를 잘 하였는데, 그의 창법은 단 한 사람의 후계자였던 박기홍(朴基洪)에게 전수되었다. 만년에 전북 여산으로 이주하여 살다가 68세에 생을 마쳤으며, 그가 지은 단가인 〈소상팔경가〉가 전해지고 있다.

190) 이날치(李捺致,1820~1892), 본명 경숙. 전라남도 담양 출생. 줄타기·고수(鼓手)를 하다가 명창 박유전(朴裕全)에게 사사하고, 그의 서편제(西便制)를 계승하여 당대의 거장 김세종(金世宗), 박만순(朴萬順)과 더불어 판소리의 정상을 누렸다. 《새타령》, 《춘향가》, 《심청가》 등을 잘 불렀으며, 더늠은 《춘향가》 중 〈자탄가(自歎歌)〉에 전한다. 《새타령》은 이동백(李東伯)이, 《춘향가》는 김창환(金昌煥), 전도성(全道成)이 뒤를 이었다.

191) 광주광역시 동구 계림동 옛 시청 일대에 있던 인공호수. 1440년 세종이 김방을 시켜 3년 만에 완공시켰다 한다. 1930년대 중반과 1963년대 말의 매립공사로 현재는 없어졌다.

그러고 지금 여기서 서울서도, 여기 서울서 뭣이여… 여기 저 노래하는 명창 저기 하는 사람들 목청 좋은 사람들… 그게 여기 주문과 마찬가지인데, 그거 하는 사람들이 제게서(자기한테서) 공부를 10년 하고 댕기는(다니는) 놈한테도 진짜는 안 가르쳐 줘. 아주 제자… 제자 선생들 딱 맺어가지고 있으면 모를까, 그냥 배우면 알으켜(가르쳐) 주지를 않아요.

지금 서울서도 문화재라고 하는 사람, 뭐여 저 ○○○ 가야금 하는 사람.[192]

학인: 누구?

학인: 우리 연정원에 왔던 사람. 금방 생각이 안 나네.

봉우 선생님: 그 사람도 명창이라면 목청○ 알 텐데 "목청 내는 거 알아?" 하니까 "몰라 난"(그래)

정춘풍이, 정춘풍이, 여기 뭣이 저 이동백이, 송만갑(宋萬甲)[193]이, 김창룡(金昌龍)[194]이, 김창준이, 이날치 이거 다 같이 하나 하는 게 있어. 명

---

192) 정달영(1922~1997), 본명은 정재국으로 중요무형문화재 제23호 가야금 산조 및 병창 보유자이다. 남자로는 유일하다. 전남 화순 출생. 만년에 서울에서 제자들을 키웠고, 봉우 선생님께 가야금 연주를 자주하였다.

193) 송만갑(宋萬甲,1865~1939), 조선 고종 때부터 일제 때까지 활약한 판소리 명창. 당시 다섯 명창 중의 한 사람이었다. 명창 우룡(雨龍)의 아들. 전남 구례(求禮) 출신. 어려서부터 부친에게 판소리를 배워 10세에 그 자질을 인정받았다. 창법은 종조(從組)인 송흥록(宋興祿)의 전통적인 것에서 많이 벗어났다. 특히 통속적이고 평이한 창법을 신조하여 당대의 명창으로 알려졌다. 어전에서 판소리를 불러 감찰(監察)이란 벼슬을 하사(下賜)받았으며, 58세(1923) 때 동지들과 조선성악연구회(朝鮮聲樂研究會)를 창설하여 창극계와 후진 양성에 크게 공헌했다. 〈춘향가(春香歌)〉〈심청가(沈淸歌)〉를 창극화했으며, 〈춘향가〉 중에서 농부가(農夫歌)에 가장 뛰어났다. 그의 문하에서 김정문(金正文), 김광순(金光淳), 박녹주(朴綠珠), 박초월(朴初月) 등 우수한 제자들이 많이 배출되었다.

194) 김창룡(金昌龍,1872~1935), 조선 말엽의 명창. 서천(舒川) 출생. 7세부터 그 부친 김정근(金定根)에게 판소리를 공부했고, 13세에 이르러 다소 향방을 알게 되었는데, 그 후 이날치(李捺致)의 문하에서 1년간 지도를 받아 자리가 잡혔다. 32세 때에 상경하여 연흥사(演興社) 창립에 공헌이 많았고, 조선성악연구회에 참가하여 후진의 지도

창 쳐놓고 다해. 여기 ○○에도 명창 있는 것, 그것들이 저희 참 애인이거나 저희 뭣이면 알으켜준단 말이야.

그냥 가서 저, 저 폭포 밑에 가서 소리를 지르느냐? 폭포 밑에 가 폭포 물하고 같이 대고, 소리를 어~어~ 하고 소리를 뭘 자꾸 질러서 연습을 시키는데, 그건 가짜여. 그건 가짠데, 본 목청 내는 건 뭘로 하는고 하니 산골(山骨: 자연동(自然銅)), 산골, 네모진 산골, 가는 거여 가는 거, 잔 거. 좁쌀내기처럼 가는 거 네모진 놈, 그 놈을 동편 앞에다 쳐다보고 낮 해뜰 적에 두 개고, 세 개고 집어넣고 물 먹습니다. 그것이 그거를 1년이고 반년이고 먹으면 목청이 트지. 그런데 안 알으켜줘. 그걸 알으켜주지를 않아. 명창끼리도 안 알으켜 줘.

그런데 내가 그걸 이제 저 이동백이 광주 와서 있는데, ○○○ 뭣인가 ○○○이… ○○○이 하고 ○○○이 ○○○, 아, 그거 노래 잘 못한다고 "○○ ○○○" 하면서 노래 가르치다 잘못하면 회초리로 막 갈겨. 한 놈 꼼짝 못하고 그냥 "잘못했어요." 그러고 맞으면서 이걸 배우는데, 내가 옆에서 그랬어. 옆방에서 자니까, 이동백이나 송만갑이나 다 명창이지만, 아, 옆방에서 새벽에 노래하라니까 잠을 잘 수가 있어야지. 소리 좀 지르지 말라고 야단하면, 아 명창의 소리 돈 안 들고 들으면서도 그런다고 말이야.(일동 웃음)

"그러지 말고 ○○, ○○ 니네 둘 다 들어라. 너희 그러지 말고 명창 될라거든(되려거든) 나한테 오너라." 내가 ○○인 줄 안단 말이야. "너 아침에 뭘 먹냐?"

"아무것도 안 먹습니다."

"아무것도 안 먹고 저 명창 될라고(되려고) 그래? 이동백이한테 좀 가

에 힘썼다. 장기는 〈적벽가〉, 〈심청가〉중의 꽃타령이다.

서 사정을 해봐라. ○○○ 내가 뭣인지 가르쳐준다고 하는데 배워도 괜찮으냐고, 그렇게 물어봐서 대답하면 내 알으켜(가르쳐)준다"고.

이동백이 와서 그 말을 듣고 꼬집어요 그냥.(일동 웃음) "그런 델 한 댓 해 고생시켜야지 왜 그런 걸 알으켜 줄라고(가르쳐 주려고) 하느냐?"고.

뭣을 먹어요 저 산골, 네모진 산골 가는 놈을 이거를 한 놈을 들어 갖다 놓고 꼭 날 해 뜰 적에 두 개, 세 개 집어넣고 물고 있어. 뭐 이게 그냥 ○○○○, 암만해도 지치지 않고, 목소리 좋은 소리가 나오고 그래요. 그러니 요새 지금 저 그거 하는 이가 여기도 들리거든. 그래 그렇게 저 문화재, 문화재 소리로 가서 맡으면서도 "그걸 못해?" 하니까 "그럴까요?" 그러더먼. "내가 그럴 까닭이 있어. 그걸 내가 아는 까닭이 있어, 말마. 해봐 해봐" 하니까, 몰라 지금 먹나 안 먹나.

57:18

예전에 그거 뭣이 나온 게 있습니다. ○○라고 있습니다, 의(儀). '글 문(文)?자' 하고 '거동 의(儀)'자 하고. ○○라는 게 양반이 열둘이고, 중인(中人)이 열둘이고, 스물넷이에요. 좌우 쪽에 ○○○. 그러니 저 쪽대기서 앉은, 용상에서 앉은 양반이 뭐라고 하시는 말씀을 저 밑에 있는 땅바닥에 있는 이가 어떻게 알아듣습니까? 그럼 도승지가 옆에 서서 임금이 뭐라고 하시면 "뭐라고 하신다" 하는 그 말씀하는 대로 한 마디씩 스물넷이 말 하나 하나 하나 전해내려 와서 끄트머리까지 나가는 그 밑에 수백 명 엎드려서 땅바닥에 엎드린 사람 뒤에 쭉쭉 들으라고 소리를 냅니다.

그런데 ○○라는 것이 거기도 지금 명창들 목소리나 마찬가지로 소리 지르는데, 왜 그게 ○○ 노릇을 하는고 하니 양반, 좀 시원찮은 양반, 양반 대과(大科)하기 힘든 양반, 그네들이 ○○를 3년, 4년을 하면 그 앞에서 창(唱)이지. 창을 4년을 하면 촌 군수 하나 줘요. 촌 군수 하나 주니까 양반 시원찮은 사람이 ○○로 들어가지.

그러면 그게 별게 아니고 재인(才人), 재인들 하는 거나 똑같지. 이 사람들이 창이 되니까 시조 다 하고, 다른 거 다 하는데, 우리 집에도 이거 하던 건달인데, 양반 건달인데 과거를 못 봤어요. 그리고 그걸 4년을 가서 그거 하고서 얻어왔어요. 그거 내 잘 알어(알아). 그래 그거 하는 법 다 알고. 그러니 지금도 목청이 좋을라고 하면 소리 지르는데 목청이 지치지 않으려면, 가느다란 거 좁쌀… 네모 반듯한 거 깨지 말고 고대로(그대로) 먹고서 그러면 목청이 아주 좋아져. 소리 커지지.

학인 12: 그것하고서 주문 외라면…

봉우 선생님: 뭐?

학인 12: 그러면 그것하고서 주문 외라고요?

봉우 선생님: 주문은 주문대로 외야지. 목청하고 왜 그런고 하니, 주문은 산 차 같은 거 한 4년, 5년 하면은 이거 나가는데 40리, 50리 나가는데, 목청이 여길 그냥 불러가지고 "천신지지(天神地祇) 동악신령(東嶽神靈) 남악신령(南嶽神靈)" 불러가지고 10리, 50리 가? 여기서 동네 몇 칸도 못 나가는데. 입으로만 그냥 오물오물오물 하면 되는 거여? 죽~ 죽 되는데, 그 힘쓰는 바람에 그 힘이 나아지지. 그러니 ○○이 있어 산 저쪽 산에서 앉고, 산꼭대기 앉으면 한 30리, 40리 밖에서 여기서 읽으면 이쪽에서 들리지, 옆에 여기서 들리지. 그러니까 그걸 보면 뭣이 장판교에서 장비가 호령하는 바람에 조조 군사가 30리 내뺐다는 게 거짓말이 아니지. 벼락치는 소리처럼 하니까 겁이 나니까, 이 녀석들이.

진행자: 오늘 그만하고요. 내일 뵙도록 하겠습니다. 너무 늦게까지 하셔서 피곤하실 텐데 가서 주무셔야 하니까 여러분들이 양해 좀 해주시고요. 인사 드리고 오늘 끝맺겠습니다. 전부 일어나 주실까요? 차렷 경례.

중급회원 특강[195]

〈북창(北窓) 정염(鄭礦) 선생 일화〉

봉우 선생님: 여러분들이 낯이 너무 익어요. 한 번, 두 번이 아니고 여러 번들 오신이라 봐서, 뭐 말하기가 좀 싱겁습니다. 하하. 오늘은 나 얘기를 할랍니다(하렵니다), 아무 얘기도.

우리나라 500년이나 고(그) 전이나 공부하시던 이들… 공부하시던 전하는 얘기나 오늘은 심심한데 해보겠습니다. 내가 여기 저 원상(原象)이나 호흡법이나 가지고 얘기하면, 허든(하던) 얘기 또 하고, 허든 얘기 또 하고 해서 심심해.

우리가 지금 저 《봉우수단기(鳳宇修丹記)》라고 하는데, 《용호결(龍虎訣)[196]》이라고 있지 않습니까? 용호결, 용호결, 말만 용호결이지 언제고… 누가 어떻게 어떤 사람이 쓴 건지 자세히 다 얘기 지가(제가) 못했습니다. 그런데 그 어른[북창(北窓) 정염(鄭礦) 선생]이 ○○○○ 전생… 요새 전생(前生), 후생(後生)하면 이상한 소리 같지만, 전생이 좋은, 좋은 사람인데, 그 사람이 나와가지고… 나기를 조선 와서는 자기 할아버지가

---

195) 녹음: 김각중, 녹취: 박승순, 교정·주석: 정진용·정재승
196) 조선 중엽 북창(北窓) 정염(鄭礦, 506~1549) 선생의 《용호비결(龍虎秘訣)》을 말한다.

정순붕(鄭順朋)[197]… 정 정승이라고, 남들이 말하길 그를 소인이라고 하지. 대인이야. 대인축에 못 간다고 그래. 왜 그런고 하니 정치 욕심에 별짓을 다해놔서, 그런데 그 아들 그 손자가, 그 손자가 그런 선인(仙人), 선(仙)에 가까운 걸 낳는 건 참 이상한 일이에요. 그런데 무슨 연분이 있어서 그렇게 낳았겠지.[198]

그래 그가 어려서부텀 배우질 않고 알어(알아). 배우지 않고 알고, 열몇 살인가 먹어서 상사가 누가… 사신이 중국을 들어가는데 거길 한번 가봤으면 좋겠다고 하니까, 정승의 손자고 하니까 따라 보냈어요. 초립동이… 조그만 초립동이[199]가 갔는데, 들어가서는 그때 천하라는 게 저 아시아 천지겠죠. 거기 뭐 뭐 뭣이 뭣이 지금 저 인도로 뭣이 그 근처 지금 뭣입니까? 요새 싸움들 날리는데, 파사… 예전 파사(波斯: 페르시아), 파사니 그 근처에 있는 나라로 죽 왔는데, 말이 중국말이 아니고 각기 나라가 말이 다르지 않습니까? 그런데 정북창(鄭北窓)[200]이 거의 열 몇 살밖에 안 먹었었는데, 초립동이가. 그 나라 사람 만나면 그 나라 말로 다 대답을

197) 정순붕(鄭順朋, 1484~1548), 조선 중기의 문신, 본관은 온양(溫陽). 자는 이령(耳齡), 호는 성재(省齋). 윤원형, 이기 등과 함께 윤임, 유관 등 대윤을 제거하는 데 적극 활약, 을사사화의 중심인물이 었다. 그 공으로 보익공신이 되고 우찬성 겸 경연지사에 승진, 온양 부원군에 봉해졌으며, 이 해 다시 우의정에 올랐다.

198) 북창 선생은 정순붕의 아들인데 손자라고 착각하신 것 같다.

199) 초립(草笠)을 쓴 사내아이. 흔히 결혼한 사내아이를 이른다.

200) 정북창(鄭北窓, 1506~1549), 조선 중기 학자. 본관 온양(溫陽). 자는 사결(士潔). 호는 북창(北窓). 시호는 장혜(章惠). 1530년(중종 25) 사마시에 합격한 뒤 음률에 밝고 현금(玄琴)에도 정통하여 장악원(掌樂院) 주부가 되어 가곡을 지도하였다. 천문·의약에도 조예가 깊어 관상감(觀象監)·혜민서(惠民署) 교수를 겸임하였으며, 뒤에 포천현감(抱川縣監)이 되었으나 병으로 사임하였다. 유·불·선(儒佛仙)은 물론 복서(卜筮)·한어(漢語)에도 모두 정통하였고, 문장과 산수화(山水畵)에도 능했다. 제학(提學)에 추증되었고, 저서에 《북창집(北窓集)》《동원진주낭(東垣珍珠囊)》《유씨맥결(劉氏脈訣)》 등과 흔히 《용호비결(龍虎秘訣)》로 불리는 《북창비결(北窓秘訣)》이 있다.

합니다. 어학을 언제 배웠을 리가 있어요? 말을 다해.

그래서 거기 중국… 중국에서는 써놓은 것이, "한국 사신에 소년… 청소년 하나가 왔는데, (각) 나라 사람 만나면 그 나라 말을 그대로 다 해서, '조수지인… 능청조수지음(能聽鳥獸之音)'이여. 새소리 들으면 새소리 알고, 남의 나라 말 하라면 당장 그냥 알아서 우리나라(自國) 말 하듯이 다 하더라." 이렇게 적어 놓은 게 있어요. 여 우리나라에서는 그 자기 할아버지가 정순붕이라고 해가지고 통 그렇게 쓰지… 어떻게 쓰는데, 중국서는 아무렇든지 할아버지가 누구든지 알 까닭이 없고, 그 사람만 해가지고 잘 써넣었어요.

〈"가봐라. 분풀이 너희가 하나 못하나 한번 나가봐라"〉

04:15

그래 그 형제죠, 정고옥(鄭古玉)201)이라고, 글 잘하는 정고옥이라고 있고 한데. 한번은 정북창이 바둑을 누구하고 두고 앉았는데, 바둑을 이렇게 둘이 두고 앉았는데, 안에서… 옛날에 손님202)이라고 있지 않았습니까? 손님, 얼굴 얽는 거, 손님병들 드는 거. 그 홍역이 아니라 마마라고 그러는데, 큰아들이… 바둑 두고 앉았는데, 큰아들이… 안에서 (누가) 그래,

---

201) 정작(鄭碏, 1533~1603), 조선 중기의 문신, 본관은 온양(溫陽)이며, 자는 군경(君敬)이고 호는 고옥(古玉)이다. 아버지는 좌의정을 지낸 온양부원군 정순붕(鄭順朋)이다. 선조 때 벼슬이 이조좌랑에 이르렀다. 하지만 소윤(小尹)이었던 아버지가 윤임(尹任)을 비롯한 대윤(大尹) 일파를 제거하는 데 가담하였기 때문에 후에 을사사화의 원흉으로 관직을 박탈당하였고, 이후 관직에 뜻을 두지 않았다. 평소 술과 시를 즐겨 주선(酒仙)으로 불렸으며, 초서와 예서를 잘 썼다. 의술에도 조예가 깊어 포천현감을 지낸 형 정염과 함께 1596년(선조 28)에는 《동의보감》 편찬에 참여하기도 하였다.
202) 천연두 바이러스에 의해 일어나는 악성 전염병.

열댓 살 먹은 놈이,

"아, 큰 도련님이 수… 숨을 거둡니다" 하고,

"응." 들은 체도 않고 바둑 두는데 같이 앉아서, "응, 그래. 기다려봐."

그리고 이제 바둑을 두니, 상대방이 바둑을 차마 둘 수가 있습니까?

"아, 영감 왜 그러시오, 들어가 보십시오."

"응, 바둑이나 두세, 그만두고."

좀 있더니 둘째 아들이 또 그래. 한참 있더니 한두 시간 만에 셋째 아들 까정(까지) 마저 갔어요. 안 들어가요, 안 들어가니까 너무 박정(薄情: 인정이 없음)했지.

그러니 다 갔다는 뒤에… 바둑 끝난 뒤에 "나 혼자 좀 답답하니 자네 같이 앉아서 바둑 구경이나 하게." 이러더니, 하인들을 부르더니 "엄나무 발203)을 해오너라." 그래. 엄나무 그 가시 돋힌 거 아닙니까? "엄나무 발을 해오너라" 하고. "뭐 관하고 있어, 염(殮)하고 할 거 없이 엄나무 발에다 둘둘 말아서 ○○을 시켜라. 거기다 그냥 ○○을 시켜라. 갓에다… 저 갓에다 어느 귀퉁이다 ○○을 시켜서 저기 이렇게 ○○ 걸어놔라."

덕대… 덕대204)라는 거 있지 않습니까? 송장 갖다 이렇게 놓는 거. 그래 이렇게 갖다 놓으니, 그 북창 부인이 좋겠습니까? 가족들이 좋아하겠습니까? 그러니까 동생이 와서,

"아이 형님, 그 망녕이지. 젊으신 이가 망녕이지. 그럴 수가 있소?"

"그래 의심이 나? 의심이 나?"

"글쎄, 의심이 납니다."

---

203) 가늘고 긴 대를 줄로 엮거나, 줄 따위를 여러 개 나란히 늘어뜨려 만든 물건. 주로 무엇을 가리는 데 쓴다.

204) 비바람이나 들짐승 등의 피해를 막기 위하여 덕을 매어 아이의 시체를 그 위에 올려 놓고 용마름을 덮어 허술하게 장사를 지냄. 또는 그 시체.

"그러면 오늘 저녁엔… 저녁에 다 이거 개서 12시 지나거든, 혼자 조용히 가서 가만 가만 ○○ 티 내지 말고 가서, 그 덕대 있는 밑에 가서 뭐라고 하나 좀 귀를 대고 들어보게." 그 형님이 얘기하는데도 참 우습단 말이야. 그래 좌우간 들어가 본다고 들어갔어요.

큰 아들이 "애들!" 동생들이 대답을 해… 죽은 놈들이 저희끼리 얘기해. "애들!" 하니까, "아, 왜 그러냐?"니까, "아! 그렇게 지독한 사람이 있냐? 너는 어찌 왔냐? 너는 어찌 왔냐?" 이렇게 대는데, 큰 아들이 뭣인고 하니 뱀이여 뱀. 전생에 뱀입니다.

07:43

이 북창이 청주(靑州) 자사(刺史)의 아들인데, 청주자사의 아들로 글방에 갈 때면 그런 걸 잡는데, 뱀을 잡아다가 도가니다 큰 도가니다 넣어놓고선 지렁이다… 갯지렁이 주는데 많이도 안 먹여, 많이 먹이면 죽으니까. 조금씩 먹이고서 회초리로 휘두른단 말이야. 회초리를 휘두르니까 그놈이 나올 수가 있습니까? 갯지렁이 먹어서… 많이 먹으면 죽으니까, 조금 먹여서 취하게만 해놓고. 또 먹어 죽지 않을 만치 뭐 먹을 거 갖다 놓고. 그래 3년을 두었어요, 3년을 두었어. 그 글방에 댕기는 장난으로 와서 그 놈을 가서 휘두르고 휘두르고 그리고 다녀. 하나는 쥐여 쥐. 쥐를 잡았는데 큰 쥐여, 이런 쥐를 잡았는데… 그놈이 와서 뭣을 하는 걸 잡아가지고, 또 그 역시 독 속에다 이렇게 넣어놓고선 회초리로 죽겠다고 휘둘러가지고 이놈이 올라오지 못하게 휘둘러 놓고선 먹이 또 준단 말이여. 먹을 걸 주니까 먹고, 물도 주고, 쌀도 주는데 죽지는 못하잖아요? 그래가지고 또 하나는 뭣인가 역시 그렇게 되었습니다. 그도 그렇게 된 짐승을 잡아다가… 짐승을 갖다가 그래가지고선 3년… 3년씩을 고생을 시켜가지고 죽었어요, ○○○.

죽으니까, 세 놈이 요새 뭣인가? 저승이라고 그러지 저승. 저승이 어디가 있는지 몰라도 저승에 가서 원(願: 소원)을 했어. "이렇게 억울이 죽었으니까 어떡했으면 좋겠소?" 하니까 "그 분풀이를 하면 어떻게 하겠냐?" 그 염라대왕이 웃으며, "가봐라. 분풀이 너희가 하나 못 하나 한번 나가봐라."

그게 갖다 내논 것이 아들이 삼형젠데, 삼형제가 다 천재요, 자기 아버지 만침이나(만큼이나) 머리가 좋고 천잰데… 그렇게 귀한데 영 본체를 안 해. 아 정북창은 미리 아는데 저거 뭐, 저거 뭐, 저게 뭔 줄 아는데 위할 까닭이 있습니까? 그래도 세상에서는 천재가 또 났다고들 해서 야단들을 하는 판인데, 그래가지고 허는(하는) 건데, "우리의 원수를 갚을라면(갚으려면), 우리가 셋이 한꺼번에 가자" 하고서 손님을 할 적에(앓을 적에) 나올라면(나으려면) 나을 텐데, 저것들이 약 안 먹고서 그냥 죽어버렸어. 그러고 '꼴을 좀 보자.' 꼴이 뭐여? 꼴을 갖다 그냥 저 엄나무 밭에다가 묶어다 그냥 갖다 내뻐렸는데.

〈송구봉 아버지와 신사무옥(辛巳誣獄)〉

10:33

그게 정북창이 관(觀)해서 알길 아니까… 전생, 전전생을 다 훤히 아니까 허든(하던) 짓이고, 자기… 자기 조부(부친)는 참 말은 듣지만은, 이 양반은 아주 이름 있는 도인 아닙니까? 그래가지고 허는데(하는데), 이게 그게 그뿐 아니라 그다음에도 자꾸 내려오면서 하는 것이 송구봉(宋龜峰)… 송구봉을 여기서 한쪽에서 말을, 종의 자식이니 뭐니 그런 소리를 하죠. 하지만 종의 자식이 아니고, 안정승이… 안정승[205] 아버지가 뭔인데 저… 봉조하(奉朝賀)[206]까정(까지) 했어요. 봉조하 하면 정일품입니다.

봉조하까정 했는데, 이 양반이 자기 사촌네 집을 놀러갔어. 사촌 주인이 없어. 그러니 봉조 하면 대감이래도 일품… 정일품 대감인데 점잖지를 좀 못 했던가 보지. 그집 행낭살이 종으로 있으니까 들락날락하며 밥상도 가지고 오고 뭣하고 하는 것을 땄단 말이에요. 그 젊잖은 이가 그런 거 뭣하러 그 상심부름하는 종아이를 (종하고) 관계를 했겠습니까? 거기서 배가 부른다고 그래요. 그래 부르니까 그 주인집에서 주인이… 사촌인가 주인이니까,

"노비 지지배가 종놈의 아이를 뱄냐? 어떤 놈을 붙어 그랬냐? 어쨌냐?" 하니까, "아, 그런 게 아니고, 아무 대감마님 오셔서… 오셔서 붙잡으시니까 할 수 없어 말을 못하고 밴 것이… 어린애를 뱄으니까 죽여줍쇼" 하니, 아 가만히 생각하니 조카란 말이여. 조카니 어떡합니까? 그래 속량(贖良)207)을 시켜서 내보냈습니다. 속량시켜서 내보냈어요. 내보낸 데서, 게서 난 것이 송구봉입니다. 송구봉인데, 그 송구봉더러 종의 자식이니 뭐니 그런 소리를 해도 ○○○○ 들었다그래도, (송구봉 부친의 입장에서는) 그 어떻든지 정승의… 봉조하된 사람의, 이게 말하자면 장인이지. 장인이 봉조하된 사람이 장인이고, 안정승이 자기 처남이고 그렇거든. 그러나 그 예전 말로 서족(庶族: 첩의 자식)이라고, 저 종이 낳았으니까 그걸 누이 대

---

205) 안당(安瑭, 1460~1521), 조선 전기의 문신. 본관은 순흥(順興). 자는 언보(彦寶), 호는 영모당(永慕堂). 서울 출신. 해주목사 종약(從約)의 증손으로, 할아버지는 증찬성 경(璟)이고, 아버지는 사예인 돈후(敦厚)이다. 어머니는 사예(司藝) 박융(朴融)의 딸이다. 처겸(處謙)·처함(處㺉)·처근(處謹) 형제의 아버지이다. 사성(司成)으로 《성종실록》 편찬에 참여하였고, 중종 때 호조·병조·공조판서 등을 거쳐 좌의정에 올랐다. 기묘사화에 화를 입게 된 유신들을 구하려다 파직, 신사무옥으로 사사(賜死)되었다.

206) 조선시대 전직 관원을 예우하여 종2품의 관원이 퇴직한 뒤에 특별히 내린 벼슬. 실무(實務)에는 종사하지 않고 국가의 의식(儀式) 때에만 조복(朝服)을 입고 출사(出仕)하였으며, 종신토록 신분 상당의 녹봉(祿俸)을 받았다.

207) 몸값을 받고 노비의 신분을 풀어주어서 양민이 되게 함.

접을 했겠습니까?

  그래서 이 송구봉이… 송구봉 아버지가, 송사련(宋祀連)208)이 그도 보통은 아니던가 보지. 몹시 ○○억세고, 정승 서(庶)동생이래도 정승의 동생을 관계 했던 거… 거기서 어린애를 낳고 했으니까, 자기도 옥관자라도 하나 얻을 줄 알고 댕기니까 본체만체여. 본체만체, "너 이놈 웬놈이 와서 여기 오느냐?"고 막 야단을 하고 하니까 화가 났다고. 화가 나서 구봉은 구봉대로 공부를 하지만은 무슨 짓을 했는고 하니, 요새말로… 요새 저 젊은 사람들 데모하는 거나 똑같은 식입니다. 뭣을 했는고 하니, 거가 뭡니까? 여기 포천… 포천이 아니라 여 뭐여 파주, 파주 가는 길이니까, 거기 이제 강 매기(매립 공사) 하느라고… 강 둑 쌓느라고 사람 인부를 수천 명을 모아가지고 쌓았을 거 아닙니까? 거 아무개, 아무개, 아무개, 인부들 모아가지고 그걸 쌓느라 책이 있었어요. 그 집, 그 뒤뜰에서들 말이야. 그래 이거를(이것이) 어떻게 자기 손에 들어왔어요. 자기 손에 들어와가지고, 아 이거를 가지고 가서 역적모의한다고. 자기 처갓집이지, "역적모의에 아무개, 아무개, 아무개, 아무개 이거 역적 모의를 합디다" 하고 고발을 했어요. 그건 가짜 고발입니다, 진짜 고발이 아니고. 사실은 아닌데 분풀이할라고(하려고). 갖다 박아 놔가지고선, 안(安: 안당, 안정승)의 그… 그 집들이 그냥 폭삭 망하지 않았습니까? 그 죄는 지은 게 죄지. 지은 죄지만, 분풀이 하느라고 그랬어요.

---

208) 송사련(宋祀連, 1496~1575), 1521년 처조카 정상과 공모하여 안처겸, 안당, 권전 등이 심정, 남곤 등 대신을 제거하려 한다고 무고, 신사무옥을 일으키게 하여 안처겸 등 안씨 일가와 많은 사람들에게 화를 입혔다. 그 공으로 중추부 첨지사 당상관(堂上官)에 올랐으며, 이후 30여 년 간 고위 관직에 머물려 출세 가도를 달렸다. 하지만 죽은 뒤 1586년(선조 19) 안처겸 등의 무죄가 밝혀져 관작(官爵)을 삭탈당했다. 성리학과 예학에 밝아 많은 제자들에게 추앙받았던 송익필(宋翼弼)이 그의 셋째 아들이다.

그래가지고 송구봉이 나오고 싶어도 나오질 못하는데, 그 집들이 그냥 막아서 나오질 못하고, 종의 자식 종의 자식 자꾸 하는데. 그런데 그 제자들이 몽창(몽땅) 다 도인 아닙니까? 저 연산김씨 사계[沙溪: 김장생(金長生), 1548~1631]. 사계나, 남명[南冥: 조식(曺植), 1501~1572]도 반은 거기 가서 배웠고, 여러분들이… 율곡[栗谷: 이이(李珥) 1536~1584]하곤 나이가 훨씬 틀려요. 나이가 틀리는데, 친구라고 하지만 (송구봉에게) 배웠지. 그 저 저… 우계[牛溪: 성혼(成渾), 1535~1598]하고도 같이 이렇게 지내고 다 이렇게 하는데.

⟨"왜, 너 얼굴을 안 뵈느냐?" – 선조대왕과 구봉 선생의 안력(眼力)⟩

16:12

율곡이 돌아갈 적에 누구한테… 선조 대왕께 부탁한 게 뭘 부탁했는고 하니, "소신은 일찍 죽습니다. 소신은 일찍 죽지마는, 만약 요 몇 해 됐든 간에 일본사람이, 임진왜란… 일본사람이 들어오거든 아무개를 쓰면… 송구봉을 쓰면 석 달이면 깨끗이 완치합니다. 그 저 일본사람 처치를 할 것이고, 아무개를 쓰면 얼마하고, 아무개를 쓰면 얼마하겠습니다." 이렇게 했어요. 그 말씀을 했는데, 난리가 나니까 송구봉을 불렀어요. 송구봉, 당신이 그 전엔 안 부르고 불러본 이인데,

"아, 죽은… 죽은 이아무가… 이율곡이 참 난리가 나면 너를 불러 쓰라고 그랬는데, 너 그걸 막을 만 하냐?" 하니까,

"네, 막으라고 하시니 막겠습니다" 하고. 그래도 수그려서 얼굴을 안 뵈여. 하니까.

"왜, 너 얼굴을 안 뵈느냐?" 하니까

"소신이 황송하옵기 안력(眼力: 눈빛)이 좀 세어서, 전하께서 혹 놀라실까뵈 그래 못 떴습니다."

"아니, 사람의 눈에 놀래는 사람이 어디 있단 말이냐? 들어봐라!" 뜨거든… 떠봐라 하니까, 번쩍 눈을 떴어요. 뜨니까, 꼭 저… 번갯불 그냥 내려 쏘듯이 확 쏘는데 얼굴이 후끈하게 앞이 그냥 가리니까, 눈 딱 감고선

"아이고 뭣이고 뭣이고 난리고 뭐고 나가라"고 그래. 그냥 내보냈습니다.

〈"어, 자네 몇을 구녁을 뚫었나?" – 충무공과 거북선〉

18:05

그래가지고도 뒤에 뒤에 저… 충무공을 그 양반이 뭣이를 저… 거북선을 가르쳐서 주시고… 거북선 가르쳐주신 거는 누가 율곡이 그리 소개를 해가지고 거북선을 가르쳐준 거예요. 가르쳐준 건데, 충무공도 공부하던 이인데, 공부가 한 것이 급수가 그만은 못하니까, 그때 율곡이 병조참판인가[209] 이렇게 될 때인데, 초헌(軺軒)[210]을 타고 이렇게 지나가면서 들으니까, 그 어떤 그 길가의… 길가의 주막 같은 데서 애들을 가르치는데, 목성을 들으니까 아주 짜랑짜랑한 게… 말하자면 제법 사람이 된 사람이 가르치고 앉았으니까… "들어가봐라" 하니까, 같은… 같은 일가간(一家間)이여. 율곡하고 같은 일가간인데… 덕수 이씨인데, "나한테 한번 찾아오게." 그랬는데, 그래 이 양반도 그 나중에 그 충무공인데, 그 누가… 율

---

209) 실제로는 병조판서이다.
210) 조선시대 종2품 이상의 벼슬아치가 탄 수레.

곡이 부른다고 얼른 가고 싶진 않지만, 병조판서 때니까 할 수 없이 거길 갔어요. 가니까, "자네 혼자 그래선 안 되고 송아무를 한번 찾아가 보소. 송아무를 찾아가 보면 자네가 얻을 것이 많아. 얻을 게 많으니까 가보게." 송아무라는 게 송구봉이여.[211]

그래 거길 몇~번 댕기는데, 크게 가르치는 것은 없고 멀찍하니 등쪽으로 한마디씩 귀에다 자꾸 넘기는 소리로, '여기, 여기' 이런 소리를 자꾸 넘겨줬어요. 넘겨주다가 한번은 밖에서 찾으니까 안에 계시다고 안 나와. 입여 여 나오질 않으니까 궁금해서 있을 판에, 가만히 이렇게 보니까 뭣을… 자귀[212]도 있고, 칼도 있고, 뭣도 있고, 솥도 있고, 다 이 저… 맨드는(만드는) 건데. 뭔가 이런 거 뭐 하나 맨들어놨는데, 거북처럼 모양 맨들어놓은 게 있어. 들 맨들었지 아직. 아, 이걸 보고서 뭐 주인… 선생 생각하면 그걸 마구 못 만질 테지만, 당신 생각에 주인은 안 나오니까 나무 때기 깎고, 뭣을 하고, 여기도 붙이고, 저기도 붙이고 이래서 하니까 움직여요. 거북선이 움직인단 말이야. 아 그러다가 주인이 나옵니다. 송구봉이 나가니까 깜짝 놀랬지.

"아, 이거 죄송합니다. 선생님이 나오지 않으셔서 이걸 이렇게 했습니다." 하니까,

"어, 자네 몇을 구녁(구멍)을 뚫었나?" 하니

"네 구녁을 뚫었습니다" 하니까,

"아, 네 구녁 뚫어가지고는 안 돼. 네 구녁 뚫어가지고는 안 돼. 자네 일본사람을 막지 못해."

그 자기 맘엔 다 됐는데. 그러면 전부 네 군데니까 이게 이리 가고 저리

---

211) 율곡 선생은 1583년에 병조판서를 하셨다.
212) 나무를 깎아 다듬는 연장.

가고 이리 가고 저리 가곤 해도 즉전(?)하는 게 없어. 즉전(?)하는 게 없고, 물로 들어가는 게 없어. 그러니 그걸 "하날 더 맨들어 보소" 하는데, 얼른 맨들지를 못하니까, "아! 이걸 하나 더 뚫어" 하는데 하나 앞에 뚫었어. "이거 하나 뚫으면 되네." 그러니까 충무공이 송구봉더러 물었어요.

"그러면 이것이 본디가 몇 구녁입니까?" 하니까,

"마흔여덟 구녁일세." 마흔여덟 구녁이라야 본 구녁인데,

"그러면 그 사람(뚫는 사람) 인재(人才: 실력, 재주)대로 뚫읍니까?" 하니

"그렇지. 자네가 여섯 구녁도 과하게 뚫은 걸세."

그러니까 당신 생각에⋯ 충무공 생각에⋯

"명나라 시작하던 누굽니까 그⋯ 그때 참모로 있던 이, 그 사람213)이면 몇 개나 뚫겠습니까?" 하니까

"자네보다 하나는 더 뚫네."

"그럼 당나라 이정(李靖)214)이는 몇 개나 뚫읍니까?"

"여섯 개 뚫지." 그러니 여섯 개 지금 뚫는 거 고밖에(그것밖에) 더 못 뚫는단 소리란 말이야.

"그러면 제갈량이면요, 제갈량이는 마흔여덟 개 다 뚫습니까?"

"여덟 개밖에 못 뚫는다니까." (일동 웃음)

그 장량(張良)215)이는 얼마 하느냐? 무엇은 얼마나 하느냐? 하는데, 누

---

213) 유백온(劉伯溫, 1311~1375), 명나라의 군사(軍事: 참모), 정치가, 역술가, 시인. 주원장의 신하가되어 건국에 큰 공을 쌓았다.

214) 이정(李靖, 571~649), 중국 당나라의 명장. 수나라 말기 군웅들이 할거할 때, 군사를 일으킨 당 고조와 그의 아들 이세민(李世民)에게 협력하여 개국공신이 되었다.

215) 장량(張良, ?~BC 186), 한나라 고조 유방의 공신. 진승·오광의 난이 일어났을 때 유방의 진영에 속하였으며, 후일 항우와 유방이 만난 '홍문의 회'에서는 유방의 위기를 구하였다. 선견지명이 있는 책사로서 한나라의 서울을 진나라의 고지인 관중으로 정하고자 한 유경의 주장을 지지하였다.

가… 강태공이가 이십팔… 스물여덟 개 뚫는다고. 그러니 자기는 마흔여덟을 뚫는데 강태공이도 스물여덟밖에 못 뚫을 정도라는 거야. 아, 그래서, '야, 이거 참 선생님이 하란 대로 해야지. 잘못하면 안 되겠구나.' 그랬는데,

⟨"잊어 버리지 말게." – 율곡의 조언⟩

23:17

그 양반이 이율곡한테 갔어요. 율곡한테 가니까, 얘기 얘기하다가 글을 한마디 외는데, 뭐라고 하는고 하니,

"월흑안비고(月黑雁飛高)하니", 달은 졌으니까 아주 어두워 껌껌한데, '안비고라.' 기러기가 날으기(날기), 날으기를 높이 나른다(난다) 말이야. 밤중이지 그러니까… 월흑안비고니까. 이제 그다음에

"선우… 선우야둔도(單于夜遁逃)"입니다. 선우(單于)들이 선우 저… 오랑캐들이 있다가 밤에 내뺐단 말이야. '월흑안비고에 선우야둔도라.'

"자네 그거 아나? 잘 지었지?" 뭘 잘 지었어? 그거 별로 잘 지은 것도 못 되는데 잘 지었지? 잘 지었지? 자꾸 한단 말이야. "잊어버리지 말게." 아 '잊어버리지 말게.' 하니 그것 참, 그거 대단치도 않을 걸 왜 그리 잊어버리지 말라고 했나 했더니, 나중에 한산도 싸움에 저놈들이 이제 이리해서 나가는데… 내뺄라고 하는 참이여. 그러니 밤에 그저 갈대밭에서… 갈대밭 속에 있던 자가 내빼니까 뭡니까? 이 저… 기러기들이 막 '찌찌'거리고 울고 하니까 습격을 했어. '월흑안비고에 선우야둔도' 하니까 내빼는 등뒤를 치는데 얼마나 잘 쳤겠습니까? 완전한 성공을 했지.

그런데 이 양반이 첫 번에 한산도에 가서 진(陣)을 치는데, 진 치는 데

가 아주 경치가 좋고 여러 가지가 다 좋아. 그런데 거기는, 왜 거기를 가서 (진을) 치지 않았는고 하니, 율곡이… 한번 율곡을 뵈러 가니까, "자네 《당음(唐音)216)》 읽었나?" 그러니 저 과거 보는 사람더러 《당음》 읽었냐 그러니 말이 돼요? 무슨 소리를 하나 하고 "네, 읽었습니다." 하니까,

"수지청즉무어(水至淸則無魚)여. 물이 극히 맑으면 괴기(고기)가 없는 법이여. 바닷물이 너무 맑으면 수지청즉무어여. 그 왜 무언 줄 아나? 괴기가 없는 줄 아나? 그 안에는 독룡(毒龍)이 의례껏(으레껏) 있는 법이여.(毒龍潛處水偏淸: 독룡이 숨은 곳은 물이 너무 맑도다.) 용이, 독한 용이 있어가지고 장난을 하는 게여."

한산도에 가서 진을 치고 일본놈 들어오면 때릴라고(때리려고) 거길 들어가보니까, 괴기 하나가 없어. 한산도 그 먼저 칠라고(치려고) 일본놈 들어왔던 자리인데 하나도 없어 그게. 좋기는 제일 좋은 자린데 거. 그러니까 뒤로 피했단 말이야. "야, 수지청즉무어라니, 여기 까닭이 있구나" 하고서 뒤로 피했는데… 뒤로 피했는데, 일본 그 저 수사○○이 와가지고 "이런 좋은 자리를 내놓고 가는 조선 장사(將士)가, 이 아무가 무슨 진을 칠 줄 아느냐?"고 하고 그리 다 왔단 말이야. 그래 함몰됐어. 홀딱 망한 것이 그겁니다. 그저 이무기들… 이무기놈들이 큰놈들이 그냥 휘두르는 바람에 저 충무공 싸움엔 반쯤 (파괴)되고, 그거(이무기들과) 싸움에 반이 거기서 배가 몽창 들어갔단(침몰) 말이야.

그러니 그때만 해도 예전 이거 공부한 사람들은 그런 거 보는 걸 겁 안 내고, 직접 얘기를 안 해도 하나 건너서 얘기를 하더래도(하더라도) 나라를 위해서 다 그렇게 했습니다. 그래 송구봉이 그렇게 한 일이 하나 둘이

216) 조선시대 서당에서 익히던 한시(漢詩) 교재. 《당음》은 본시 원나라 양사굉(楊士宏)이 당나라 사람의 시작품을 시기별로 구분하여 편찬한 것이다. 〈시음(始音)〉 1권, 〈정음(正音)〉 6권, 〈유향(遺響)〉 7권 등 총 5책 14권으로 구성되어 있다.

아니고 여러 군데 했어요.

〈도위금일용(道達今日用)이니 명허후인지(名許後人知)이라〉

27:05

　그래 저도 여기 저… 남쪽에서 오신 양반들은 송구봉이라면 아주 싫어
합니다. 안정승 그 친구패들 그패들은 여럿이 당했으니까 여럿이 죽었지.
송구봉 아버지 땜에 뚝(둑) 매기하는… 뚝 매기하는 인명부를 갖다가 역
적모의하는 인명부라고 고발을 해놨으니 얼마나 당했겠어요? 그렇게 해
놔가지고선 당해서… 안 좋아해서 지금까정도(지금까지도) 하지만, 그건
그거고 좌우간 그 양반은 그 양반이니까,

　그다음에 그 양반들이 공부한 자리가 지금 계룡산입니다. 계룡산에 저
삼불봉(三佛峰)으로 오성대(悟性臺, 五聖臺)로 거기 저 수정봉(水晶峰)이
라고 거기서 공부를 하는데, 거기서 만나면 조남명(曹南冥)… 지리산에
조남명, 송구봉, 서고청[徐孤青: 서기(徐起), 1523~1591], 또 거기 이름 있
는 이들 몇몇이 거기서 늘 만나요. 거기서 대는 건 거기서 뭐 만나는 거
대는 거는 저… 연산 김씨네들 사계, 사계가 제자니까 넉넉해서 부자니까
거기서 허는 뭣은 전부 거서(거기서) 대고 그랬어요. 그래 지가 사는데 바
로 고(그) 산 위가 바로 그 어른 계시던 자리입니다.

　그래 그 어른들 공부하시던 자리가 여기저기 있는 것을 지금도 선연히
알아요. 아는데, 조금한 사람은 조금 알고, 많이 오래한 사람은 오래… 계
제가 높고. 봐서 그래가지고, 지금도 제 앞에 있던 사람들이 거길 가서 공
부를 한다는데, 이것들이 욕심에 송구봉 앉았던 자리 그 자리를 그냥 올
라가 앉다가 공부들을 못하고 자꾸 이리 나와요. 첫 번에는 예외가 없다.

예전 어른이 앉으신 자리는 예전 자리 지킴이들이 있다. 예전 자리 지킴이들 있어가지고 그 양반 외에 다른 사람이 깃대 갖다 둘라면(두려면) ○ ○○○. 그 근처에 저만치 멀리 가서 밑에 가 있으면 내려다보고, "어, 너도 공부하러 왔구나" 하고 쳐다라도 보지만, 바로 그 자리 들어오면 쫓아낸다고. "너희 가지 마라. 가지 마라" 해도 자리가 좋으니까 거기들 갔다 실신들을 하고 자빠졌다… 내려옵니다.

헌데(한데), 그게 송구봉이 그 양반이 (내가) 보기에는 유가(儒家)로는 땅에(서) 꼭대기까지 누구 누구 해야, 도학이 어떤지… 어디까정은(어디까지는) 몰라도 이 공부에는 뭐… 강태공이나, 제갈량이나 이런 데에 비교가 아니고 훨씬 위여. 훨씬 윈데… 훨씬 위죠.

그래 그 양반이 "도위금일용(道違今日用)"이여. 자기가 배운 도가 오늘에 쓰는데 틀렸어. 당신 생전에 쓰지를 못하니 "명허후인지(名許後人知)"라. 이름이나 전해서 후… 뒷세상에 송구봉 있었다는 얘기나 알게 한다고 이래 놨으니, 당신들이 ○○○ ○○ ○○○○. 이게 그게 그뿐이 아니라 이제 그 축으로 계속하는 계통이 여기 죽 내려옵니다. 그런 계통으로 말이지. 계통으로 내려오고서 조선서…

저도 어려서 철모르고 저… 글 읽는 재주나 조금 퍼떡거린다고 남한테 그놈 "재동이 재동이" 하니까 까불고 댕겼어요(다녔어요) 철모르고. 그런데 진짜 그런 공부가 해보지를 않은 거지요. 그러다 여섯 살 적에 처음으로 저희 어머니한테, "그러지 말고 너 호흡을 해라" 해서 호흡을 처음으로 공부를 해봤어요. 그 첫 번에야 무슨 본디 머리가 굴리는 재주는 있어서 잘 외는 편이라놔서, 좀 나은지 못한지 모르겠어. 하지만 그게 한 1년 하니까 좀 낫더구면. 일년, 이태, 삼년 이래 하니까 조금 나아졌는데, 그래 그게 낫다고 하는 정도가 보면 잊어버리지 않을 정도입니다. 책을 하루에 열 권을 보든지 스무 권을 보든지, 그 본거는 잊어버리지 않아요. 그래도 그게 그냥 월라고(외우려고) 애쓰는 것보담은(것보다는) 한 번 불변색으로 딱 들어오면, 열 권을 보든지 백 권을 보든지 나중에 뭐 생각해 나오면 그게 나와요. 그게 그대로 나오니까, 그럼 여러분들도 머리가 호흡이 1분, 2분, 3분, 이렇게 된다면 그거는 됩니다, 틀림없이.

〈우리 공부하는 법을 공자께서 《주역》 〈계사전(繫辭傳)〉에 써놓으셨다〉

32:23

이제 그래가지고 그거는 보통 우리가 해나가는 공부고, 이제 거기다가 정신… 진짜 정신, 좀 재미를 봐야지. 좀 재미를 봐야 하는데, 공자님 성인인 건 다 알지 않습니까? 공자님 성인이라지, 누가 공자님더러 학자님이지 멍텅구리라고는 안 할 거란 말이야. 공자님이 후세 사람한테 전해주신 게, 《주역》에다 주역 뒤에다 죽 써놓은 거에다… 〈계사전(繫辭傳)〉에다 당신이 따로 계사전 세 권을 맨들어(만들어)놓으실 적에, 가운데 마디가 지금 우리 공부하는 게 그겁니다.

"역(易)은 무사야(無思也)하며 무위야(無爲也)하야 적연부동(寂然不動)이라가", 역이라는 건 일월광(日月光)인데, 역은 무사야하며 무위야하며 적연부동이라가… 적연하게 혹 아무 헌(한) 것 없이 하고 가만히 있다가 "적연부동(寂然不動)이라가 감이수통천하지고(感以遂通天下之故)여." 감동해서 천하의 연고를 다 알 수가 있어. "비천하지지신(非天下之至神)이면 기숙능여어차재(其孰能與於此哉)리오." 이게 천하의 신통한 게 아니면 누가 거길 따라 갈 수가 있겠느냐? 딱 그러신 거예요. 그게 이제 우리 공부하는 것이 그것이지 딴 게 아닙니다. 공자님이 하는 유가(儒家)에서 하던 거지 뭐 다른 데서 저 하늘에서 떨어진 거 아니고, 공자님은 그걸 하시면서도 그래도 이왕에 하실라면(하시려면) 다 하자니까 유도로 하신 이여. 공부야 왜 다른 이한테 빠집니까? 누구한테도 안 빠지지.

그래서 증자같이… 당신 생전에 당신의 일체를 뒤따라다니며 하던 증자 같은 제자가 있는데도 증자의 뭐라고 하는데는 아무 말씀도 안 하시고, 안자가 삼십에 일찍 돌아가니까 대성통곡을 하셨어요, 대성통곡. 그러니 그 저 요새도 선생님이 암만 제자가 귀엽다고 하더래도 제자 죽은 게 그렇게 대성통곡하겠습니까? 그러니 옆에서 자꾸 말렸어. "선생님 왜 이러십니까?" 하니까 곡지통(哭之慟: 통곡)이여, 아주 그냥 팅팅 우시면서 "천상여(天喪予)삿다." 하느님이 나를 망하게 하는구나. 내 후진이 없어. 그러니 증자 같은 이가 있지만, 증자는 글밖에 못 배웠지 머리 이거를 못 배웠다. 그러니 내 후진이 없는지라. ○○○ ○○○○이라고 해도 ○○이라는 건 말하자면 요새 명인이 9단이라면 아마 한 4단이나 5단 갔는가 봐요.

자하(子夏)²¹⁷)도 따라는 갔지만, 어림도 없고. 그 자하 다음에는 손자(孫子)²¹⁸) 오자[吳子: 오기(吳起)], 손빈(孫臏)²¹⁹), 오기(吳起)²²⁰)가 다 그

---

217) 자하(子夏, BC507~BC420?) 중국 전국시대의 학자, 성명은 복상(卜商). 산서성(山西省) 출생. 출생에 이설도 있다. 공자의 제자로 공문10철(孔門十哲)의 한 사람이다. 그의 학문은 시와 예에 통하였다. 또 주관적 내면성을 존중하는 증자(曾子) 등과 달리 예(禮)의 객관적 형식을 존중하는 것이 특색이다.

218) 손자(孫子), 본명 손무(孫武). 자는 장경(長卿). 낙안[樂安: 山東省] 출생. 제(齊)나라 사람. BC 6세기경 오(吳)나라의 왕 합려(闔閭)를 섬겨 절제·규율 있는 육군을 조직하게 하였다고 하며, 초(楚)·제(齊)·진(晋) 등의 나라를 굴복시켜 합려로 하여금 패자(覇者)가 되게 하였다고 한다. 그가 저술하였다는 병서(兵書)《손자(孫子)》는 단순한 국지적인 전투의 작전서가 아니라 국가경영의 요지(要旨), 승패의 기미(機微), 인사의 성패(成敗) 등에 이르는 내용을 다룬 책이다. 그는 "싸우지 아니하고도 남의 군사를 굴복시키는 것은 착한 자의 으뜸이니라"라고 가르치고 있다.

219) 중국 전국(戰國)시대 제(濟)나라의 유명한 병법가(兵法家). 손무(孫武)의 후손. 기원전 367년 위(魏)나라 군사를 계릉(桂陵)에서 크게 이기고, 기원전 353년 조(趙)나라를 도와 위나라 군사를 다시 하남(河南)에서 격파하여 명성이 높았음.

제자 아닙니까? 병가(兵家)의 아주 일인(一人: 일인자)들이여. 그러니까 그렇게 그 공자님 제자로는 글을 안 가르치고 도덕을 안 가르치고, 그를 문학으로 가르치고 병서로 가르친 거는 자하가 가르쳤지.

⟨이 백두산족에서는 세계 통치하던 임금이 이미 있었다는 걸 책에 분명히 내놨어요⟩

35:36

그래가지고 그게 진짜를 가르치던 안자 그가 일찍 돌아가고, 그걸 책에다 그냥 써놨는데, 역학(易學)에서… 그래 역학을 자꾸 ⟨계사전⟩에… ⟨계사전⟩ 하는데… ⟨계사전⟩에 보면, 유교(儒敎) 우리나라에도 말이 단군 할아버지가… 저 중국 사람들이 단군 할아버지가 요임금… 요임금, 순임금 적에 순임금[221] 25년에 우리나라 단군이 처음 났다고 이랬습니다. 이랬는데, 그건 중국 사람이 저희 나라 사람을 먼저 앞설라고(앞서게 하려고) 그랬지, 그전에 있는 걸 몰라요. 그런데 뭣이가 공자님이 그런 소리 현혹하지 못하게 하느라고 여기 내다보면, ⟨계사전⟩에 나오는 게 "포희(庖犧: 복희)씨 왕천하(王天下)에…" 복희씨가 천하에 임금 노릇할 적에, 그 요임금보다 몇 백 년 전에 벌써 임금 노릇한 이가 있거든. 그럼 그가 누구냐? 여기서 18세… 28세 단군이여. 여기 28세, 이렇게 나온 단군이란 말이여. 그럼 요임금보담은 여러 백 년 전이여. 그러니 그는 누구냐? 그게. 그게 누구냐로 그… 이 백두산족에서는 먼저 나라에 임금이 있어서 세계 통치하

---

220) 오기(吳起, BC 440~BC 381).《손자병법》과 어깨를 나란히 하는《오자(吳子)》의 저자, 법가, 정치가.
221) 요임금을 착각하셨다.

던 임금이 이렇게 이미 있었다는 걸 아주 책에 분명히 내놨어요.

그런데 이걸 학자님들은 딴소리를 뼁뼁합니다. 저도 유도회(儒道會) 회장입니다, 꼴이. 명색이 회장인데, 지가(제가) 가서 뭐라고 하면 할 수 없이 듣긴 들어도 귀 막고 듣습니다. 근데 저 거기서 얘기하는 소리가 옳지, 내가 한 소린 가짜처럼 들어요. 그런데 거기선 공자님은 아주 그걸 표현하시느라고 복희씨 얘기를 하고… 그전에 얘기를 하고 그랬어요.

〈정전법(井田法)의 예전 자취가 그냥 남아가지고 있는 것이 역사가들은 볼 생각을 안 해〉

그러고 지금 정치에 정전법(井田法)이라고 하는 것이 그전에 이쪽에서 나던 건데 만주에서, 처음 시작한 거예요. 정전법은 '샘 정(井)'자 아닙니까? 샘 정 자인데 하나, 둘, 셋, 넷, 다섯, 여섯, 일곱, 여덟 집이 살며, 가운데 하나는 여덟 집에서 똑같이 농사를 지어가지고 나라에 바치는 겁니다. 그러면 니가 잘사네 내가 잘사네 할 거 없이 인구… 식구 많은 사람은 더 차지하고. 이거 한 구녁이라도 더 차지할 테니까, 식구 적은 사람은 자기 오구지가(五口之家), 다섯 식구 된 사람이면 요거 한 몫을 차지한단 말이야. 그래 정전을 하던 건데, 우리나라에도 정전했던 자리는, 평안도로 가야 정전했던 자리가 있죠. 예전에 했던 자리가 말이야. 근데 저 만주는 정전했던 자리입니다. 그래 그런 것이 예전 자취가 그냥 남아가지고 있는 것이 역사가들은 볼 생각을 안 해. 볼 생각을 안 해.

〈글자가 우리나라(중국)는 없었는데… 늘인 건 우리가 늘였소〉

39:13

그리고 중국서는 지금 공부한다는 사람들은 첫소리가 그겁니다. "우리나라 문헌이 없었어. 우리나라에는 글이 없었는데, 당신 나라에서 글을 이리 보내줬다"고, 그 소리 똑바로 합니다. '우리나라에서 글이 없었다. 근데 이 나라에서 글을 맨들어서(만들어서) 그리 보내준거다.' 이게 글자가 늘기는 게가(거기 가서) 늘었습니다. 복희씨 하면 복희씨가 여기서 나서 저쪽에서 임금 노릇하던 인데, 단군에 어떤 단군인가… 몇 세 단군인지, 단군이지. 복희씨가 중국 임금으로 알고 있는데 중국 임금이 아니니까. 그래가지고 역학이라는 것이 하나, 둘, 셋, 넷 복수 아닙니까? 그게 ○○ ○ ○○○… 이렇게 해서 글자 맨들었는데, 그게 글자 맨드는 거여 별 게 아니고,《주역》역리 이치 맨들은(만든) 거고.

그래서 이제 그것이 중국에 글 시작된 것이, 나도 요전번에도 들어갔을 적에 중국사람 만났는데, 글자나 하는 사람이여. 당신네 나라에서는 조상이 아무 소리를 하더래도(하더라도) 우리더러 저…

"고려… 코려 선생이냐?"고 그래.

"고려 선생이라지 말고. 당신네 나라에서 그전에 나라 이름 췄던 나라 아니냐? 글자를 여기서 만들어서 처음으로 보내니까, 그 글자 가지고 너희가 늘렸지."

아, 이 녀석이 뚜렷뚜렷 하더니 저기 있던 늙은 자가 하나 왔는데,

"당신이 그 자학(字學)을 아는가 보다."

그래요. 자학을 아는가 보다 그러는데,

"글자가 우리나라는 없었는데, 여기서 맨들어서 들여보내가지고 늘였단 말이야. 늘인 건 우리가 늘였소."

그런데 몇 만 자 된 거는 거기서 맨든 겁니다. 첫 번에 여기 몇 천 자로 해서 처음 시작… 글자 자원은 우리가 맨들어 들여보낸 거야. 그게 이제 우리 조상들이 다 하던 데로 한 거고. 우리의 이제 거물들이 하나 둘이 아니에요. 예전 조상에는 말이지. 그래 조상 좋은 거 암만 좋으면 뭣합니까? 우리가 좋아야지. 그렇다고 조상을 내뻐리면(내버리면) 안 되지. 그 조상을 생각하고 찾아야 되지.

요전번에 지가 백두산을 가서 백두산 산신령에게… 하늘 천상에서 좀 받으라고 소리 커다랗게 지르고서 나대로 한참 했습니다. 어떻게 (저희를 우리 백두산족을) 내뻐리고 그렇게 두고… (우리 민족이) 곤란을 그렇게 받더라도 내뻐려두고, 5,000년 대운… 5,000년 대운 앞으로 온단 말만하지. 지금 같아선 5,000년 대운이 아니라 50년… 50년이라도 급히 왔으면 좋겠다고. 그런데 이상하게도 그렇게 비가 여기를 왔는데 지가 가서 거기 10여 일 있는 동안에 깨끗했습니다. 천행으로.

〈황백전환기에 조선족이 아니면… 틀지 못합니다〉

42:32

그래 여러분들도 믿으실 거는, 이 백두산족 우리들이… 가갸거겨 쓰는 말 이 나라 이 사람들, 가장 곤란하고, 가장 여러 나라에… 검둥이… 검둥이만 조금 나을까, 우리 소위 저기 강국이라는 나라한테는 쩔쩔매고 지내고 이러지만, 남북통일은 나중의 문제고… 어떻게 되겠지, 어떻게든지. 황백전환기에 우리가 아니면 안 돼요. 황백전환기에 조선족이 아니면 황백전환이 우리… 틀지 못합니다. 헌데 황백전환이라는 건 우리 같은 늙은 사람은 못 보는지 몰라요. 하지만 여기 젊으신 이는 다 봐. 나중에 간 뒤에… 간 뒤에 그 늙은이 뻐기고 바람만 부는 거 같더니 거짓말 아니고 황백전환 됐다는 거 그때는 알으실 겁니다. 20년 안쪽에 황백전환 틀기 시작합니다. 여기서 이 젊은 사람에서… 이것이 머리가 좋아가지고 자꾸 발견하는데 어쩔 겁니까? 그런데 머리가 좋아진다는 게 덮어놓고 되는 건 아닙니다. 공부해서 머리가 좋아진 사람이 자꾸 나오니까 거기서 그 사람들이 맨들고 맨들고 자꾸 그래 맨드는 거여. 그래 뭐 그것이 사람 잡는… 사람 잡는 것은 아닙니다.

우리들 다 각자가 다 편하게 살고 세계 인류가 같이 다 살자고 하는 그거 맨들자는 거지. 요전번에도 먼저 제가 말씀 안 했습니까? 뭣인가 둘이 나와가지고 있다고, 아직 나오질 못한다는 게… 또 광선이 조금 더 그게 비치기 시작해요. 뭣이 또 하나 맨드는 거예요.

〈대운맞이 수재(水災)〉

우리나라 남북관계 이거 독촉하느라고 이 수재(水災) 이게 60… 66년 만에 수재가 (지난) 을축년(乙丑年: 1925년)에 갑자(甲子: 1924년), 을축년에 수재가 한강으로 해서 서울역까정 배 타고 들어왔어요. 다리 위로 해서 배 타고서 여기 들어와서 용산으로 아래층에 물이 다 들어가고 위층에 여까지(여기까지) 물이 철렁철렁 얕은 데로 닿았는데, 그 야단이 나고 하던 것이 어제 같은데, 요번에 보니까 그때만은 못해도 비슷하더구먼. 근데 이것이 대운(大運)맞이입니다. 당한 사람은 큰 손해입니다. 당한 사람은 논 농사 진 거 다 올라가고, 집 올라가고 사람 죽고 하니까 큰 손해지만, 우리 대한민국 남북 털어놓고는 이게 큰 대운맞이입니다. 대운맞이, 깨끗이 쓸어내고 대운 깨끗이 맞자고.

그래 "대운맞이 사람 좀… 사람 좀 상하고, 몸 좀 상했다고 억울할 건 하나도 없다." 난 이럽니다. 그래서 요번에 이게 차차차차 가까워지는구 나 하는 걸, 남은 저 수재 봐서 야단을 하는데 가까워 좋다고 하는 거 죄 송한 소리지만은 가까워집니다. 절대로 가까워지니까 안심하십시오.

〈다 같이 나가서 일꾼 노릇하자고 자꾸 같이 나갑시다〉

46:26

그래 지금 북쪽하고 지금 예상외로 접촉이 가깝지 않습니까? 예상외로 접촉이 가까운데 지금 현상 정치인들이 이 까꾸랭이(?) 건들지나 않았으 면 좋겠어. 그 너무… 너무 "흥흥" 하다가 저 사람들은 재주가 너무 많은 사람들이라 봐서, 또 무슨 소리를 어떻게 해야 할는지 그거… 그거 알지 못하니까 정치인의 소리라는 건 알 수가 없습니다만은, 어쨌든지 남북통 일이라는 건 이 ○○○○○ 시작은 하고 갈 겁니다. 틀림없이 허구(하고) 가고, 곧 얼마 안 해서 바로 됩니다. 되고, 그거 남북통일만 돼가지고는 아무것도 안 돼요. 저쪽까정 가야 돼요. 우리가 만주 넓직한 평야, 우리 조상들이 가졌던 거기까지는 가야 합니다.

백두산에 가서 엉큼한 소리를 했습니다.

"조상님들 여러분들이 계시던 자리 뒷자손들이 왔는데 내다도 안 보 오? 여기 다시 좀 들어오고 싶어서 여기 와서… 하느님한테 천제(天祭)라 는 게 남북통일 해달라는 소리 아니고, 우리 고토(故土) 좀 찾게 해주시 오."

그러고 소리 꽥꽥 질러가면서… 그 욕심이지, 욕심. 제사 물건은 요만 큼씩 갖다놓고서 (일동 웃음) 욕심은 이만하고 바라고서 떡떡 떠들어. 요번에 개천절 추석 때, 개천절날 또 들어갑니다. 또 한 번 들어가서 다른 거 안 할랍니다(하렵니다). 거기 연변 대학 있지 않습니까? 연변 대학 사람들하고, 거기 조선사람들 있는 거 하고, 이쪽하고, 저 교포로들 있는 사람들하고 해가지고 합동 강의 주최 한번 합니다. 주최하다 보면 나오는 게 뭐이 나오는고 하니, "다 조선인이구나." 하는 소리 그게 나와야 합니다, 다른 거 아니고. 살기는 어디가 살든지, "야, 우리가 이게 조선 씨로구나." 하는 걸 알도록. 그게 뭐 돈이야 뭐 기천만 원 들지요. 들지만 돈이 대단합니까? 그 집에서들은… 애들은 "그 왜 그런데 쓰느냐?"고 그럽니다만 나는 그거 조금도 생각 안 해.

그래 여러분들도 그저… 이게 우리가 공부하시는데 공부하시고, 그저 자꾸 책만 들여다보지 마시고, 호흡이 길어야 하고, 이 심(心)에 심포(心包)[222]를 좀 늘리세요. 유의… 바라는 바를 조금 더 늘리세요. 좀 늘리셔서 얼른 황백전환기에 늙은이나 젊은이나 할 것 없이 다 같이 나가서 일꾼 노릇하자고 자꾸 같이 나갑시다.

〈황인종이 우리 땅을 차지해가지고 있어 놓으면, 그때 가서는
땅 적은 놈이 "할아버지" 하고 찾고 들어오지 별 도리 없어요〉

50:07

나 지금 학생들 거기에 그 뭐여? 민주주의? 공산주의? 뭐 전제주의 뭐 어쨌다고 자꾸 싸워 쌌는 거, 남하고 싸울 새가 어디 있어? 자립하기가 지금 급한데. 남하고 싸울 새가 어딨어? 자립하기가 급해. 자립해가지고

---

222) 심장의 바깥막

선 단단히 서가지고, 그 널찍한 좋은 데 남이 내버리다시피 하는 놈인데, 그런 거 딱 딱 우리가 가지면 얼마든지 가질 수 있는 걸 왜 내뻐리고, 그런데 그저 참여를 못하고, 여기서 북쪽하고 요것도… 요것도 지금 잘 되지 않아서 쩔쩔매?

만주 가보세요, 만주 가보시면 우리 할아버지들이 거기서 얼마나 고생을 하셨나… 쳐다보면 끝이 뵈지 않는 데가… 예전 사람이 뭐라는고 하니, "청천가지무산처(靑天可至無山處 푸른 하늘은 산없는 곳에 닿았네)"여. 하늘이 산 없는 끝에… 끄트머리 가니까… 끄트머리 가 뵈니까 만린지천린지 뵈지 않는데, 그 백두산 꼭대기에서 뵈도 빤하게 이렇게 뵈요. 그게 전부다 예전 우리 동포 아닙니까? 왜 여기서 남북통일인데 이것도 못하고 있으며 거기 말할 까닭이 있습니까만은, 거기도 중국사람하고 싸우지 말고 황백전환할 적에 같이 해서 같이 노놔야(나누어야) 합니다.

황백전환기에 우리 머리 다 하얀 칠십 팔십 되신 이는 조금 힘들 거예요. 그렇지만 조금 젊으신 이는 봅니다. 아시아 대(大)아시아 돼가지고, 대아시아가 단합이 되어 버리면 인구가 부족합니까? 권력이 부족합니까? 아무것도 부족하지 않아요. 700년 전, 800년 전 다 못 될 적에 구라파(歐羅巴: 유럽)가 여기 칭기즈칸[성길사한(成吉思汗)]이 들어갈 적에 하나가 당해봤으니까 쭉 밀어버리니까 그냥 밀리지 않았어요? 죽은… (칭기즈칸이) 죽은 바람에 도로 족 밀고 나왔지. 그렇게 뭘 모르던 700년 안쪽에 일어난 것이 세계를 제패하지 않았나 말이야. 왜 우리나라는 몇 천 년 내려온 나라인데, 왜 우리나라에서만 하자는 게 아니라… 백인종, 황인종 이렇게 황인종이 왜 밀려가지고 요걸 쩔쩔매나. 암만 지금 저 백인종이 야단한다고 해야, 백인종이 늘릴 데가 없습니다. 늘릴 데가 없어요, 두고 보십시오, 지금. 미국이 땅을 차지할라니(하려니), 어딜 가서 중국을 달라면 주겠습니까? 저 소련을 달라면 주겠습니까? 주질 않습니다. 그러면 인구는 자꾸 늘고 갈 데가 어디여? 여기 인구 꽉 차 있는 황인종이면… 황인종이 우리 땅을 차지해가지고 있어놓으면, 그때 가서는 땅 적은 놈이 "할아버지" 하고 찾고 들어오지 별도리 없어요.

〈중국 공산은 손문(孫文)의 삼민주의(三民主義)다〉

53:32

그래 지금 여러분들은 정신수련을 그저 열 분이나 스무 분이나 백 분이 다 잘하면야 얼마나 좋겠습니까? 하지만 이걸 놓치지 말고, 우리나라 국민에서 청년들이 놓치지 말고 우리가 하면, "이 호흡이라는 거… 정신수련… 형이상학이라는 걸 연구해야겠다" 하는 것이 퍼지기만 하게 되면 우리나라 황백전환기는… 황백전환은…

그 저 중국도 가서 보니까, 겉으로는 어떻다는… 공산이라고들 그런 소리를 해도… 공산, 공산 해도, 중국 공산은 저 잘살자는 공산이지, 직접 여기 저 이북 공산은 아닙니다. 외국사람, 들어온 사람들에게 한 푼이라도 더 내놓고 가도록 맨들어놨고, 공산에서 민간에 국채 쓰는 법이 없습니다. 헌데 민간 국채들… 부자들한테 국채 쓰죠. 몇 십억씩, 몇 백억씩 갖다 써서 그 이자 주고. 나라에서 국가적으로 저 뭣을 전부 다 해야 할 텐데 개인들이 뭐를 또 다 하고. 그러니까 그 공산이라는 건 손일선[孫逸仙: 손문(孫文)]223)이 삼민주의(三民主義) 조금 ○○한 거지 다른 거 아닙니다. 여, 조선서 공산이라고 하는 사람들은, 그게 뭐 무슨 공산인가 잘 알지 못하는 공산인데…

---

223) 손문(孫文, 1866~1925), 중국의 혁명적 민주주의자. 자는 일선(逸仙), 호는 중산(中山). 1911년 신해혁명 후 임시대통령 추대, 다음해 중화민국 성립과 동시에 대통령 취임. 1918년 상해에서 중국 국민당을 만들었다.

〈공부 요령〉

55:30

그래 공부하시는 데는 "덮어놓고 쉬지 말고 하십시오." 이렇게는 못해요. 재미 들이면서 하세요, 재미 들이면서. 노인들 잠 오실 적에 자며, 첫번에 드러누워서… 낮에 앉아서 하시다가 밤에 드러누웠으면 드러누워서 눈 슬쩍 감고선 숨을 쉬기 시작해 보세요. 한 시간이고… 한 시간에 잠들던 것이 고 다음엔 두 시간, 세 시간 가야 잠이 듭니다, 차츰차츰.

가만~히 드러누워서 호흡 조정을 하고… 길게 쉬고 내쉬고 하는 걸 조정을 하고, 그러며 지난 생각을 해보십시오. 있던 생각… 없는 생각 말고,

내가 몇 살에 학교를 들어갔는데, 소학에서는 이렇고, 중학에서는 어떻고, 전문대학에는 어떡하고, 이걸 가만히 생각하면 다른 거 생각보다 그게 낫습니다. 생각해 나가면 내가 한 것이 잘한 것도 있고 못한 것도 있고 그래요. 그러면 내가 잘못한 것이 있거든, '그건 이런 건 고쳐야겠다.' 이렇게 생각해가며 가만~히 앉아, 호흡에 다른 걸 염을 해놓으면 자요 자. 이게 오래가질 못하니까… 끊어지니까 코를 쿠후~ 곯고… 코를 곤단 말이야.

저희는 지가 산에 가 있을때는 한 열댓명 데리고 있으며, 눈 올 때… 눈이 오는데도 억지지. 나부텀 앉아서… 앉고, 머리에 수건 딱 매고, 눈이 수북하게 쌓이더라도 "이거 앉아서 털지 마라." 그러니까, "많이 되거든 이건 벗어서 털고 다시 쓸망정 일어나지 마라." 그렇게 자꾸 하니까. 그러니까 이것이 버릇이 되니까 눈이 오건 아무렇건 밤을 새니까, ○○ 데려온 걸 제가 밤을 새니까 할 수 없이 꾸벅거릴망정 밤을 새더구먼. 그러니까 이제 공부가 조금 낫게 돼요. 잘 거 다자고 할 거 다하고서는 덜 되…

그러고 이제 지금 사무 보시는 이는 할 수 없으니까, 사무 보시는 이들도 주무시는 걸 이용하면 좀 낫죠. 주무시는 시간을… 호흡이 조금 길어

서 한 1분 가깝게 40초, 50초만 되더래도(되더라도) 호흡이 길 때는 가만 ~히 드러누워서 호흡을 그냥 해보세요. 호흡을 잊어버리지 말고 해보세요. 한번 해보세요, 해보시면 알아요. 그리고 그 이튿날 아침까정 그냥 호흡이 됩니다. 잠이 들면… 쿨쿨하면 도로 예전○○ 되지만, 잠이 안 들고 그냥 고대~로(그대로) 하면… 그러고선 그 뒷날 졸린가… 졸린가? 안 졸린가? 한번 시험해 보세요. 이 호흡이라는 건 고걸(그걸) 그 규칙을 정해가지고 들락날락을 똑같이 하던 거 아닙니까? 잠자는 것도 호흡… 잠자는 사람이 호흡이 길었다 짧았다는 안 해요, 똑같습니다. 그러니까 피로를 안 해. 잠자는 호흡과 똑같이 들락날락 똑같이 하면 사람이 피로하지 않고, 이 정신은 가지고 피로를 해제를 시킵니다.

그걸 자꾸 옆에서 공부하시던 이들이 그럽니다. 아, 저 나 40초 했는데도, 잠자니까 자더라고. 아니 잠 자는 것을 호흡은 호흡대로 하면 안 자요. 해보세요, 해보시면 대번 알아요. 20초 호흡만 하고 30초 호흡만 하더래도(하더라도) 눈을 감으니까 자지. 생각을 해, 다른 생각 뭐 뭐 뭐 아무 생각이든지… 내가 어려서 생각이나 앞으로 해나갈 생각이나 설계적으로 하면서 가만~히 드러누워서, 고거(그거) 꼭~하니 가만~히 들락~날락 하는데 부지중 숨이 늡니다, 이게. 1분, 2분, 3분, 이렇게 늘어요.

60:38

오늘 지난 얘기할라고(얘기하려고) 시작했습니다. 먼저, 저 책 내놓고 하면, 또 그 소리 또 그 소리밖에 안 돼. 그래서 지금 예전에 공부했다는 사람들이 뭐… 큰 이상하게 무슨 뭣이 어디 자리나 정해놓고 따로 가(서) 있어야 되는데, 이렇게들 아는데, 내외간(內外間) 있는 사람(기혼자)들도 다 하고. 내외간 있는 사람도 있고, 내외가 같이 가서 하는 이도 있고 이러니까. 그렇다고 뭐 저… 1년 360일을 이 공부하는 거는 아닌 거 아닙니까? 쉴 때도 있지. 거기서 뭐 그러면 뭐 자손을 못 둘 까닭도 없는 거고.

할 거 다 합니다. 너무 남… 남발만 하지 말라는 거여. 그래 여기서 버티니까, 말은 그러면서도 저도 늙으니까… 백두산에 가 보니까… 아흔한 살이나 되니까 힘들어요. 아주… 아주 힘 안 든다면 거짓말입니다.

그래 그런 걸 이제 참고, 제 몸이 어떻다는 걸 이걸 내뻐리고, 할 것을 해나가며… 자꾸 해나가면 차차차차 이제 좀 나아지죠. 나아지니까, 여러분들도 어떻든지 하면 된다. 거짓말을 하지 말아야 한다. 거짓말은 하지 말고. 거짓말 여기 와서 하지 말라는 건 아닙니다. 아무한테도 거짓말을 말고, 참말만 하고, 그러고 실행하고 그러면 돼요.

〈호흡이 1분 조금 지난 뒤에, 어두운 밤에 한번 나와보십시오〉

62:52

봉우 선생님: 태영도(太靈道)[224]도 안 하는 거보담은(거보다는) 낫습니다. 몸이 조금 건강해요. 일본의 전중수평(田中水平)[225]이라고 태영도 아주 그 많이 해요. 그 여기서 지금, 기이(奇異)한 거를 찾지 마시고… 기이한 거를 당장 찾지 말고 호흡을 중시하세요. 호흡을 중시하시면 뭣인가 중요

---

224) 봉우 선생님께서는 15세 때 일본에 가셨을 때 대판(大阪) 조일신문(朝日新聞)에 난 광고를 보고, 당시 일본 기합술계(氣合術界)를 풍미하던 태영도(太靈道)의 전중수평(田中水平)을 찾아가서 전중수평을 놀라게(?) 한 일화가 있다. 전중수평은 일본의 유명한 진검인 마사모네로 자신의 팔을 내려치게 하고 그 날카로운 칼을 튕겨내는 시범을 보이곤 했는데, 봉우 선생님이 치려고 하니 당신은 공부된 사람이라 치면 자신의 팔이 나간다고 지불했던 수강료와 동경가서 묵을 비용까지 더해서 돌려주었다고 한다. 자세한 것은 《선도공부》 p.304 참조.

225) 전중수평(田中水平, 1884~?). 일본 명치시대 말기에 산중수련을 통해 영자술(靈子術)을 터득, 하산하여 태영도(太靈道)라 자칭하고 도장을 열었다. 중국 기공에 보이는 일종의 자발동공(自發動功)으로 병자 치료, 무술 효과 증대 등 선전을 하며 수강료를 받았다.

한 게 좀 나와요… 좀 나와요.

알기 쉽게 어두운 눈… 우리가 어두운 눈, 밤에… 그믐밤에 나서보면 앞이 깜깜해지지 않습니까? 한 (호흡이) 1분… 1분 조금 지나서 한번… 호흡이 1분 조금 지난 뒤에, 밤에… 어두운 밤에 한번 나와보십시오. 길이 깜깜해서 뵈질 않나? 잘 뵈나? 남이야 뭐라고 하든지 내가 보면, 길자리는 나간만침은(나간만큼은) 뵙니다. 그건 딴 게 아니고 내 정신. 그게 조금 지나서 호흡이 조금 낫다면, 저만치서 먼 데서 보는 사람이 볼 때는 이쪽에서 전깃불 번쩍거리는 거 모양으로 눈 왕… 힘써서 볼 때는 번쩍번쩍하는 광선이 뵈지. 그렇게 갈라면 1분 호흡은 해야 됩니다, 1분 호흡. 근데 그 근처가면 자신이 생겨요. '아하, 나도 이제 공부가 실력이 돼서 뭘 좀 뵈는가 보다.' 자신이 생기는데, 아무렇지 않으면 첫 번엔 궁금하거든.

그런데 여기서 지금 젊은이들 보면, 당장 뭘 끌어낼라고 애를 써요. 조금 오래 욕봐야 돼요. 몇 해를 욕보라는 건 아니여. 호흡을 1분까정은(1분까지는) 끌고나가야 합니다, 1분. 그래가지고 2분, 3분, 4분 이렇게 나가야 그래야 훨씬 낫지.

〈문수암(文殊庵)이 광주서 일본 씨름꾼들하고 붙은 이야기〉

65:30

일본 사람들 기합술 하는 사람들은 보통 1분은 다 더 합니다. 일본 사람들 씨름꾼 있잖아요? 삼곡단 그것들은 배 위에다가 절구통 놓고 위에다 뭣이 저, 여기다가 이렇게 올려놓고 떡방아를 찧더만. 배 위에다가 떡방아를 쾅쾅 찧어도, 배○○ 불룩불룩 내밀어도 끄떡 안 해. 그 사람인데… 그것도 사람인데, 그러면 다른 사람이라면은 배가 툭터질 텐데도 끄덕 없거든.

그래 내 앞에서 있던… 공부들 하던 사람인데 문수암(文殊庵)[226]이라고, 광주서 그랬어요. 일본 씨름꾼들이 그렇게 와서 저… 하니까, 절… (일)부러 지고, (일)부러 진다고. 할… "와!" 하고 여기서 하면 힘 ○○○고 부러 바깥으로 나가고… 부러 그러는 거지. 저게 장난하는 거지. 기술이 아니라고 자꾸 떠들으니까(떠드니까) 일본놈들이 아주 좋아하겠습니까? "조센징노야쓰라나니요(朝鮮人のやつらなにょ: 조선놈들이 뭣하느냐)" 이… 뭣하느냐고 이놈이 지랄을 하는데, (문수암 왈) "아, 이 자식아. 조센징노야쓰라… 너희들이 그럼 진짜냐? 나하고 한번 해보자." 나하고 한번 해보자니까 그 듣겠습니까? "하!" 소리를 질러쌌고 씨름하는데 일본사람 조선사람들이 수… 여러 백 명이 뫼여 있는데, 하! 떠들으니까 할라면(하려면) 해보라고 갖다 디밀었단 말이야.

벗어붙이고 들어가는데, 관협(關脅, 오오제키)이나 됐던 녀석이 나왔는데, 그 뭐 단번에 저만치 집어던진다고 나왔어요. 이렇게 딱 버티는데, 뭘 이렇게 이렇게 하더니 뭘 갖다 붙이고 딱하고 붙어라 하니, 붙은 뒤에는 어떤 놈이 이기는 모양이지. 죽 이래가지고 푹 들어가면서 ○○○○ ○○ ○○. 상대방 이 다리 여기, 다리 여기 있잖아요? 이렇게 하더니 획뒤집어 내더만, 힘이 장산데. 다섯을 넘기니까 좌우간 거기 있는 구경꾼… 일본 여자들 뭣들이 수건에 반지, 시계 뭐 뭐 (일동 웃음) 자꾸 이렇게 떨어져

---

226) 문수암은 원래 폐병이 들어 중환자였는데, 입산(入山)해서 3년간 치료약과 차력약을 먹어가며 몸을 회복한 후 '난지리차'라는 불가 전래의 신차(神借)를 공부했다고 한다. '난지리차'는 일명 '사천왕차(四天王借)'로서 아주 험한 차력법이라고 하는데, 한번 힘을 쓰면 피를 봐야 직성이 풀린다 한다. 동시대의 역사(力士)였던 이방이나, 김익수 같은 사람보다는 세지 않았지만 그도 4,000근은 가뿐하게 드는 일세의 호걸이었다 한다.

나와.

그러니까 (일본 씨름꾼 왈)창피하니까 뭐라고 하는고 하니, "이게 첫 번에 씨름 배우는 사람이여." 관협으로 본이 하는… 대관(大關) 옆에 있는 관협으로 본이 하는데… 요코즈나 다음에 이제 대관들이 있고 관협이 있는데… 관협이 셋째 넷째까지 있는 녀석인데227), 그 망신을 당하고 들어가서 하는 소리가 이게, 첫 번에 씨름을 배운 사람이여.228)

〈폐병 환자였던 문수암(文殊庵)을 고쳐주신 이야기〉

68:20

그러니 그것도 본디 그 사람이 본디, 그 사람도 그 첫 번부턴 그런 게 아니고, 부족증(不足症: 폐결핵)으로 부족증으로… 구례 사람인데, 구례 토지면 사람인데, 마누라 있고, 소실(小室: 첩) 있고, 색기(色氣: 여자를 좋아하는 성미)가… 색기, 마누라감으로 가는 것이 여덟인가 돼. 그래 열 명이야 열 명. 열 명을 데리고, ○ 몇 천이나 받았으니까. 그런데 그… 그 사람 처남이 저 이… 하동 사는 권 병사(權兵使)집, 권 병사 아들이지. 그래 이제 그가 저이 남매간이여. 남매간인데 나한테 왔어요. 와서, "자네 폐병 환자 맡아○○○○ 자네 나 그… 매제 녀석이 애첩년을 여남을 데리고선

---

227) 〈본문에 나오는 스모 계급〉
① 요코즈나[횡강(橫綱)] – 가장 높은 계급이며 보통 신과도 같은 존재로 여기며 성적이 좋지 않으면 은퇴의 압력을 받는다.,
② 오오제키[대관(大關)] – 요코즈나 다음의 계급으로 동, 서에 각각 1명 이상의 오오제키가 있다.
③ 세키와케[관협(關脇)] – 오오제키 옆의 위치에 있다고 하여 붙여진 이름.

228) 최고를 이긴 게 아니고 씨름을 배우던 사람을 이긴 거라 주장을 했다고 한다. 봉우 선생님 말씀으로는 나중엔 힘으로 안 될 거 같으니 맥주하고 상품을 가득 줘서 내보냈다고 한다.

아주 ○○○ 부족증으로 죽을라고 그래. 가서 가봐." 호랭이 같은 놈인데 그런다고. 아, 가보니까 이런 덩어리가 그래.(덩치가 좋다는 표현)

"그래 너 살라면(살려면) 내가 여기까지 구례까지 올 까닭이 없는데, 너희 처남이 나하고 일가간(一家間)이여. 일가간이라 놔서 살려달라고 그래서 내가 온 거니까, 너 살라면 내 말 듣고 죽을라면 네 맘대로 해라" 하니까,

"아니 꼭만 살라면 내가 무슨 말이든지 듣는다"고, 꼭 그러래… 꼭 그러래. "그럼 날 이 몸뚱이만 아니라, 이거 힘 좀 내주세요" 그래.

"힘 내(가) 내 줄게, 걱정 말라고."

그래가지고 절에 가서 3년을 보냈습니다.

(가기 전에) 마누라 열 명을 죽 불러다 놓고선 마누라더러 뭐라고 하는고 하니, "내가 3년 뒤에 오도록 기다리는 건 있고, 영감하고 ○ 생각나는 놈은 지금 가면, 논 몇 마지기씩 줄 테니 다 가라"고. 셋이 남아요, 셋이. 셋이 남고 다 다른 건… 대답을 못 하는 건 논 좀 줘서 다 보내버렸어. 토지면에 있었지 토지면에. 그래 자기 동생 있는데, 동생더러 데리고 있으라고 그러고, 다른 건 다 가버렸어.

소를 다섯 번인가 다섯 번 소를 끌여들였습니다(다섯 마리 먹었다). 돈 있는 녀석이니까 잘 먹고, 그래가지고 거기 가서… 산에 가서 꼭 3년… 3년 치르고 오는데, 약 먹어도 그렇게 지독히 먹는 녀석 처음 봤어요. 약을 여러 사람 먹여봤지만, 그렇게 꿋꿋하게 먹고… 문수암 하면 중들… 중들은 다 알아요. 배 이래 드러누워서 뱃대지 위에다 연자 맷돌 놓고 그 위에 판대기 놓고, 사람 열둘이 위에 앉아서 장구 치고 북 치고 하면 그거 ○○ ○○.

그런 녀석이 일본놈 씨름꾼하고 덤벼드니까 일본 씨름꾼이 어림이 있나. 그래 이 조선 안에서는 많이 행동을 못 하겠다고 일본으로… 저 만주

로 들어가서, 그 사람 솜씨가 이거 이… 팔매질 잘하는 건데… 팔매 잘하는 건데, 일본놈들 꽤나 많이 없앴지.

지금 해방 뒤에는 못 만났습니다. 저 부산 와 있다가 죽었습니다. 대선법계(大禪法階: 불교 선종 대선사의 지위) 태고종(太古宗)으로 뭣에 저 조실(祖室)… 선방에 가면 조실이지. 선방에 가면 선사니까… 선방에 가면 선생이고, 선방에 가면 조실이고 그러지. 그런 녀석인데 술 먹고 뭐 색시도 안 본다고 못하지.

그 뭣이 거랑 안에… 거랑이 저 이만해요 이렇게, 바랑229)이지. 바랑 펴놓고 보면 개 보통 두 마리, 세 마리는 잡아가지고 다녀.(일동 웃음) 참 중하고… 참 꾀쟁이지.(일동 웃음) 그래 그 개 그놈 잡아서 푹 과서 찐 놈 해서 여기다 유지(油紙: 기름종이)에다 두르르 말아가지고 집어넣고 집어넣고, 이만해요 바랑이. 그래 바랑을 만약 ○○○ ○○○○ 못하지. 그래 가지고도 다 쏘다니니까.(돌아다니니까)

〈(호흡해서)많이 알면 연구도 더 낫고 공부도 더 낫게 되는 건 사실 아니예요?〉

73:32

헌데 그게 약먹고 호흡하고 3년 만에 성공을 하고. 그래 그게 오래해서 안 되는 사람이 없어요. 이 지금 여러분들 노인 축으로 가시는 이가 몇 분 계시죠. 몇 분 계신데, 노인들이 근력을 찾으셔야지 되겠○○, 강태공 모양으로 한번… 한번 이름을 내세요. 한번 이름을 내셔야… 젊은 사람 하

---

229) 승려가 등에 지고 다니는 자루 모양의 큰 주머니.

는 건 보통이지마는 노인이 하신다면 이거 위○○○○.

　지금… 지금도 이걸 오래하면 뭣이가 되는고 하니, 안 먹어도 견디고, 안 자도 견디고 그래요. 그러면 얼마나 안 먹고, 얼마나 안 자느냐? 이게 문제죠. 한번 시험해보세요. 하룻밤을 그냥 가만히 그냥 앉아서 하시고선, 하룻밤 자는데 졸리… 그냥 꾸벅거려지느냐? 안 꾸벅거려지느냐? 한번 시험해 보세요. 그러고 안 먹는 것이… 먹지 않는 것이 양식이 돈이 없어 안 먹는 것은 아니지. 두고서도 안 먹는데, 물건 그뜩해놓고도 먹고 싶어 안 먹진 않아요. 허는데(하는데), 지금도 아흔한 살이니까… 지금도 사흘 나흘 낮쯤은 안 자도 아무일 없어요. 열흘이래도 앉아서 그냥 견딥니다. 근데 그건 해보시면 아무렇지 않은 거… 가만히 앉아서 다른 얘기 말고, 책 보지 말고 가만히 앉았으면 자는 거예요 그게. 눈뜨고 내가 볼 건 다 보지만 가만~히 앉으면 자는 거나 마찬가지로 피로가 안 와요. 이제 그래 무엇을 보면 그때는 피로가 오지. 사용하니까.

　그래 이제 그렇게 해서 들여다보면 한 번 본 것이 열 번 봐야 될 거, 한 번이나 두 번 보고서 그냥 외워져요. 그 외면 뭣하느냐? 많이 알면 연구도 더 낫고 공부도 더 낫게 되는 건 사실 아니예요? 저 고시… 고시 공부들 하는 사람들이 보긴 다 보면서 문제 자기가 아는 거 다 기억 못해서 없어서 못 하는 거 아니예요? 딴 거 아니거든. 그래 기억 좋은 사람… 많이 아는 사람은 그런 거 보고 외지. 또 연구하는 것도 이거 전부 조사해야 할 텐데, 조사하던 걸 볼라면(보려면) 한참 시간이 걸릴 텐데, 알면 '조사하는 거 아, 뭣이는 어디 무슨 말이 있다' 하고 대번 아니까 시간 덜 걸리지 연구하시던 게.

〈큰 수해 후에는 으레껏 뭐가 들어온다〉

여기 저 뭐 뭐, 말 잘못하면 또 앞일에 무슨 뭐 어떤 게 나온다든지 뭐 하고 이런 소리하면, 예언했다고 또 잔소리하니까 그런 소리 못 합니다. 하고, 이 저 우리들 갑자을축년(甲子乙丑年: 1924년,1925년)에 오던 그 하… 수해(水害)가 66년 만에 왔는데, 그거 66년 만에 오는 덕분에 여기 는 괜찮아져요. 내년후면 한쪽에 뭣인가 좀 나아집니다. 일본서 갑자을축 년에 우리나라가 그 수해 큰 수해 보고, 3년 뒤지… 3년 뒤에 대정(大正: 일왕연호, 1879~1926)[230]이 가고 소화(昭和: 히로히토 일왕연호, 1926~ 1989)[231] 들어오지 않았어요? ○○ ○○○○ 대정이가 들어오고… 좀 나 은 게 들어오고. 여기도 이제 요번에도 조금 조금 조금씩 형편이 나아져 요. 수해마다 해들 본 사람은 큰 해들을 봤지만은, 나라에서는 그게 이제 먼저 한 번 이렇게 해주고, 하늘에서는 그 깜짝 놀라게 해놓고선 박수 쳤 단 말이야. 그 늘… 늘 으레껏 그렇게 됩니다.

이거 저 한마디도 공부 얘기는 않고 달랑 얘기만 해놔서 죄송합니다. 오늘 아주 얘기만 할라고 작정을 했습니다. 공부하시는 데 너무 전력하지 마시고 하지 말라는 건 아니여. 전력을 늘여가면서 부드럽게 해서 오래 끌으셔야지(끄셔야지), 한꺼번에 전력을 하면 피로가 와서 안 돼요. 억지

---

230) 다이쇼[대정(大正)]: 일본의 제123대 왕(1879~1926년)의 연호. 본명은 요시히토(嘉 仁), 어릴 적 칭호는 하루노미야(明宮)이다. 그는 일제 강점기의 두 번째 군주였지만, 병으로 정사를 수행할 수 없어 아들인 히로히토가 사실상 섭정하였다.

231) 쇼와[소화(昭和)]: 일본의 제124대 왕(1926~1989)의 연호. 본명은 히로히토(裕仁), 어릴 적 이름은 미치노미야(迪宮)이다. 중일전쟁에 이어 제2차 세계대전 등 일본의 팽창주의 역사를 체험하였고, 아라히토가미[現人神]로서의 신격(神格)을 부정하는 '인간선언'을 발표하여 일본국 헌법제정과 함께 상징적인 국가원수가 되었다.

로는 하지 말고 순하게. 누워서도 하고 앉아서도 하고, 행주좌와(行住坐臥)에 아무 때고 잊어버리지만 말고 하면 돼요.

《《대학(大學)》 첫 귀절과 혈구장(絜矩章)을 설명하심》

오늘 와서 그저 얘기만 실컷 했습니다. 근데 얘기도 혹 필요할 때가 있어요. 공부 생각할 필요가 없거든. 저 이… 너희 저 원상을 해라 뭘 해라, 뭘 해라 하는 것은, 제일 알기 쉬운 소리로 공자님이 성인이신데 그 어른이 형이상하면 도(道)는 형이상학이니까,

"도(道)는 재명명(在明明)하며" 환히 밝았던 걸 다시 밝히는 게 도(道)여. 밝은 건데 밝은 줄 알면 밝은 원인을 알지 다 ○○○○

"덕(德)은 재신(在新)하며" 덕이라는 건 유물론이니까, 유물론… 형이하학이니까 자꾸 새것, 새것, 새것 하는 거지 있는 걸로만 하면 물린다고… ○한데,

"민(民)은 재지어지선(在止於至善)이니라." 백성들… 하는 사람은 제 힘껏 하면 되는 거라. 아주 힘써 하면 되지. 그래 그렇다고 지금 지가 얘기를 하면, 여 지금 이 큰 학문하신 양반들은 나둬라 안 그래.

아, 토가 그게… "대학지도(大學之道)는 재명명덕(在明明德)하며, 재신민(在新民)하며, 재지어지선(在止於至善)"이래지 어디 재명명(在明明)이라고 했습니까? 자기들이 ○○은 똑같이 가졌어도, 귀절이 어디가 틀린지 모르고 그런 소리한다는 소리는 안 해.

재명명입니다 '도(道)'라는 거 형이상은 밝은 걸 더 밝히는 데 있는 거지 딴 거 아니여. 이만치 밝은 거보담 좀 더 밝혀야… 과학이라는 거… 형이하학이라는 건 자꾸 새롭게 해야지 묵은 거 그대로 가지면 무거워. 오

늘 이거 이거 발명되서 요다음에 요거보다 나은 거 또 하나 발견이 돼야 새로 새로 새로 나가야 돼… 유물(唯物)이지. 그래 아주 환하게 맨들어지지(만들어지지). 그러니 백성은 제 힘껏해야 되지. 아주 가깝게 하신 소리 아닙니까?

공자께서 하신 것이 여러분《대학》 밑에 가서 저… 혈구장(絜矩章)… 혈구장 보면, 윗사람한테 바라는 바 있거든 아랫사람한테 니가 먼저 해줘라. 저 사람이 나한테 옷이라도 한 벌 해줬으면 좋겠다는 생각이 나거든, 네 옷… 입은 옷이라도 옷 못… 입고 나간 사람들은(사람에게) 벗어주고 가. 먼저 니가 먼저 해봐라. 그 남한테 바라는 바도 내가 먼저 할 수 있거든. 뒷사람한테 바라는 바 있거든 앞사람한테 내가 먼저 해. 전후좌우가 다 그러면 내가 먼저 하는 거 서로 다 내가 먼저 한다면 평평하고 마는 거지 별게 아니야.

그 '열 십(十)'자 열 십자 여기서… 여기서 말하는 거지. 이렇게 이렇게 이렇게 이게 단선으로 하면 열 십자고, 쌍선으로 하면 '샘 정(井)'자입니다. 여기나 여기 여기 여기 여기 여기 똑같지 않습니까? 아무 데라도 다 같습니다. 그 아주 쉽게 말합니다. 그걸 가지고 뭐 그리 주(註)를 이만큼씩 얘기를 해?

죄송합니다. 와서 잔소리만 실컷 늘어놔서, 근데 혹 도움이 되었으면 해요.

27-1990.08.
계룡산 하계수련회 문답[232]

- 이 자료는 2001년 봉우국학 제1집으로 출간된 《봉우선인의 정신세계》
에서 '조식호흡법과 회광반조법'이라는 제목으로 이미 발표되었던 자료
로서, 이번에 재녹취하여 올립니다. -

《봉우선인의 정신세계》 – '조식호흡법과 회광반조법' 중에서–

이 글은 지난 1990년 여름 계룡산 상신리에서 열린 연정원 하계수련회
당시 봉우 선생과 학인들과의 질의응답을 녹음한 테이프를 활자화한 것
이다. …특히 이 테이프에서 최초로 공개되는 회광반조법(廻光返照法)은
기존의 원상(原象) 공부법 외에 또 다른 깨달음의 방편을 제시했다는 측
면에서, 아주 큰 수확이라 할 수 있겠다. 회광반조법이란, 결국 원상법의
한 변형이랄 수 있는데, 원상법이 원래의 길이라면 회광반조법은 지름길
같은 성격으로 볼 수 있다. 존재의 비밀과 그 진실을 밝히기 위해 길을 찾
아 나선 학인들에게 한 치라도 더 깨달음의 진면목에 다가설 수 있도록
도와주려는 사랑의 마음이 회광반조법을 설하시는 선생의 음성에 절절
이 묻어 나옴을 느끼게 된다.

---

232) 녹음: 김각중, 녹취: 박승순·정진용, 교정·주석: 정진용·정재승

〈조식의 요령은 입식과 출식의 길이를 같게 하는 것〉

봉우 선생님: 내가 내 속 알기가 힘들어요. 하니까 그건 중지하고. 중지하고, 호흡하시는 것이 이… 조식으로 1분씩만 더 한다면 좋아요. 그럼 대체로 내 저… 1분 호흡하시는 이에게 해당하는 얘기를 내 해드릴… 내가 하는 것이 그러면 그저 공부하는데 조식(調息)이 덜됐다 더 됐다 하는 걸 내가 한 분씩 한 분씩 뭣을 못해 저…

진행자 1: 점검하시기는 어려우시니 1분 호흡을… '조식이 1분이 되려면 이렇게 돼야 되는 것이다' 하는 걸 전체적으로 말씀을 그냥 해주시죠.

봉우 선생님: 말로 해선 틀려요. 1분 하는 게… 호흡하는데 호흡 시작을 언제 하셔가지고 지금이 몇 달 되셨는데… 얼마가 됐는데 지금 1분을 한다. '늘기는 언제 어떻게 늘더라'는 그것만 알면 되는데, 고거(그거) 다 얘기하기가 힘들 거여. 그러니까 그걸 내 얘기는 다른 게 아니고 호흡이 조식으로 되었느냐? 조식이 안 되고 보통 호흡으로만 1분이 되느냐? 들여마시는(들이마시는) 게 30초, 나가는 게 30초가 꼭 되느냐? 이거예요 이제. 30초가 들여마시고 30초가 나가게 되면 1분 아닙니까? 그러니까 고렇게 되느냐? 들여마시는 게 길고 나가는 게 짧으냐? 나가는 게 길고 들여마시는 게 짧으냐? 똑같으냐? 이제 고거만 알면 돼요. 여러분이 똑같지는 않을 테니까.

학인 1: 네… 저의 경험을 좀 말씀드릴까요?

봉우 선생님: 네.

진행자 1: 예, 말씀하세요.

진행자 2: 거기 맨 뒤쪽에… 한 사람씩 말씀하신 후에…

학인 1: 제가 1기 저… 중급 1기생이거든요

봉우 선생님: 네 네 네.

확인 1: 3년 됐죠. 그러니까 호흡을 하면요, 에… 그런데 계속해서 그렇게 열심히 못했어요. 그러면서도 하긴 늘 했거든요. 하다보니까는 그 한 가지 더 말씀드릴 거는, 제가 하고 있는 일이 좀 불규칙하거든요. 그래서 잘 안 될 때도 있고 될 때도 있고, 할 때 있고 안 할 때 있는데요. 그러다 이제 호흡을 하면 잘 될 때는 한 2~3분도 가요. 네, 2~3분도 가요. 그런데 대개의 경우에는 1분은 보통 할 수 있거든요. 그러니까 30초 입식(入息), 30초 출식(出息)이죠. 또 어떤 때 보면 한 1분 입식, 1분 출식 이렇게 되거든요.

그런데 한 가지 무슨 일이 생기냐면, 가끔 이런 현상이 나는데, 제가 하면서도 생각이 나는 게 호흡의 질이 좋지 않다고 생각을 해요, 호흡의 질이. 그래 수도(修道) 이거 대낮에 할 때 그… 할아버님 말씀을 갖다가 자연스럽게… 그렇게 생각만 가지고 기를 이제 자연스럽게 이렇게 돌려나 가야만 되는데…

제가 저 어떤 때는 기를 이렇게 저… 의식적으로 요렇게 된다는 말씀이에요. 이제 고런(그런) 때가 좀 많고요. 그러다 얼만치 하다 보면은 저도 모르는 사이에 기가 저절로 이렇게 들어왔다 나가는 것도 좀 느껴요. 한 너댓 번은요. 그나마 그러니까 이것이 해서 호흡이 자연현상으로 되나보다 이렇게 생각하거든요. 고러고(그러고) 있는데 한 가지 제가 호흡을 하는데 기는 늘 단전까지 들어오고요. 그놈이 여기까지 들어오는데… 갈 듯하는데 이 기가 회전이 안 되거든요. 그래서 이거 꼭 회전을 시켜야 되는 것인지 아니면 그냥 호흡만 길게 하다 보면은 어느 날부터…

봉우 선생님: 한번 내가 먼저 얘기드렸죠? 이게(소주천) 안 되더라도 이거 (호흡만) 들락날락만 1분 되도 된다. 이렇게 말씀했죠?

확인 1: 네네. 그래서 제가 그때 그런 좀 생각이 나서요. 기가 도는데 하니까 조금 마음에 돌렸으면 하는 생각이 나니까 부담이 간다 말씀이에요.

그래서 어떤 저… 겪고요. 입실할 때는 뭐 충분히 되는데요, 아무 저 장애 없이 한번에 죽 뭐 30초고 1분이고 되거든요. 출식할 때는 같은 30초, 1분 호흡이라도요, 대개 한두 번씩 이렇게 ○○… ○호흡이요. 그래 그걸 어떻든 ○○ 그런 걸 가끔 생기더라고요. 그래서 그거를 아직도 그거를 버리지 못하고 있거든요. 그래 이걸 어떡하면 버리나 해가지고 이제 하는데, 가만 보면 이제 그런 거 없는 상태에서 돌아나가는 수도 있어요.

봉우 선생님: 늘 그럴 게 아니라 가다가 그런 때가 있죠, 그러니까.

학인 1: 예예 그래서, 제가 그때 '한번 조정을 받아서 시정을 해야 되겠다' 이제 그렇게 생각을 했었습니다. 그래서 이 시간에 우선 염치불구하고 들어왔습니다. 하하.

봉우 선생님: 그러면 그게 이제 그저 들여마시는(들이마시는) 걸 너무 길게 쉬면… 길게 들여마시면, 나가는 게 가다가 속히 나갈 때가 있습니다. 그러니까 그게 저 호흡이 1분이 충분한 호흡이라면 30초 들여마시고 30초 나가는 게 괜찮은데, 조금이래도 부족한 호흡을 30초를 길게 억지로 쉬고선 참을라면(참으려면) 나가는 게 좀 빠르게 나가요. 그런데 이제 이게 한 40초, 50초 들여마시고 나가는 것도 30초, 50초… 40초, 50초 이렇게 나갈 만하게 하게 되면 충분해야 되거든. 충분해야 되니까 1분이라면 30초를… 말하자면 30 한 5초쯤이라도 들여마시고 30초라도 내보낼 만해야 돼요. 그러니까 내보는 게 급히 내보내질 말고 고르게만 내보내시면 돼요.

학인 1: 그렇게 노력하겠습니다.

봉우 선생님: 네.

〈조식이 덜 된 증상 – 꼬리뼈 부근이 뜨끔뜨끔하고, 열이 난다〉

06:53

학인 2: 중급 3기 ○○○입니다. 저 호흡이 70초 정도 호흡을 하는 걸로…

봉우 선생님: 니가… 니가 통역을 해라.

진행자 2: 70초… 1분 10초 정도, 70초가 된답니다.

봉우 선생님: 70초?

학인 2: 호흡을 하면 이 아래 있는 쪽에 이 꽁지뼈 있는 데서 막 열이 나면서 간지럽고 뜨끔뜨끔해지면서…

봉우 선생님: 어떻게? 어떻게?

진행자 1: 이 꼬리뼈 미려관(尾閭關)에서요, 여기서 뜨끔뜨끔하고 근질근질하고 이런 현상이 들구(자주) 있답니다.

봉우 선생님: 그 상관없어요.

학인 2: 허리 있는 데까지 그 현상이 오는데요.

진행자 2: 허리까지 현상이 온답니다 그…

봉우 선생님: 그거 저… 위로 이리로 해서 뒤로 올라간다고 그런 거 해보지 않았어요?

학인 2: 그런 거는 의식을 줘가지고 해보질 않았습니다.

봉우 선생님: 다른 사람들 저쪽에서 하는 거.

진행자 2: 다른 쪽에서 그런 거는?

학인 2: 그런 거는 안 해봤습니다.

봉우 선생님: 안 했죠?

학인 2: 네.

봉우 선생님: 응, 그러면 그리 거기로 올라갈라고 할 리가 없는데…

학인 2: 항상 열이 나면서 뜨끔뜨끔하고 근질근질하고 그럽니다.

봉우 선생님: 억지로… 억지로 여기 밀어가지고 아래에다 죽 밀어내려서 배꼽까지만 가야… 배꼽 아래 요 제하삼촌(臍下三寸)이라는 게 배꼽 바로 아래에요 요렇게. 고까정만(거기까지만) 이렇게 밀어야 하는데 그게 밀… 밀리니까… 밀리니까 아래 불두덩으로 해서 아래로 해서 돌아가니까 허리로 올라가는 거여.

진행자 2: 힘이 들어가는 거죠?

봉우 선생님: 너무 밀으니까(미니까).

진행자 2: 힘이 들어간 거… 힘이 들어간 거죠?

봉우 선생님: 응?

진행자 2: 힘이 들어간 겁니까?

봉우 선생님: 힘을 주니까. 밀지 말고 순하게 해야지.

진행자 2: 조식이 안 됐다는 얘기네요?

봉우 선생님: 조식이 조금 덜 된 거지.

〈자세를 편하게 할 것

– 복숭아뼈 있는 부근이 뜨거운 송곳으로 지지는 것 같다〉

학인 2: 예예, 그러면 저 복숭아씨 있는 데서부터 뜨거우면서 막 송곳으로 지지는 거 같은 그런 현상이 오는데요.

봉우 선생님: 응?

진행자 1: 요기에서 이 위뼈 있는 데서 송곳으로 이렇게 찌르는 거 같고, 아주 그냥 뜨끈뜨끈한 게 이런 현상이 오는 모양입니다.

봉우 선생님: 호흡하는데?

진행자 1: 예. 호흡할 때 온다는 거죠?

학인 2: 네, 앉아서 호흡하다 보면은 이 복숭아씨 이 밑에서 그 불○○으로 불국자로 지지는 거 같은 그런 현상이…

봉우 선생님: 호흡하고 그거하곤 관계가 없는데, 호흡하고 발… 이 발 여기하곤 관계가 없어요.

학인 2: 관계가 없습니까?

봉우 선생님: 네. 앉는 것을 억지로 가서 이렇게 저… 타좌(打坐)를 잘못했거나 그래 그렇지.

진행자 1: 만약에 자세가… 앉는 자세가 나빠서 무리하게 이게 힘이 들어갔다가 압박이 가해지면은…

봉우 선생님: 어떻게든지 편하게 앉아요. 다리를 불편하게 앉지 말고, 어떻게든지 편하게 앉아야 한단 말이야. 앉는 자세가 오래 참도록 참을 수 있게 편하게 앉아야지, 억지로 와서 이걸 가서 이렇게 대던지(대든지) 하면 여기도 아프고 여기도 아프지.

〈날숨이 긴 것은 들숨을 급히 해서 그런 것〉

09:49

학인 3: 저, ○○○○○○번 ○○○이라고 합니다.

진행자 2: 기본 몇 기요?

학인 3: 저 기본 63기로 해가지고 갔는데… 2년은 되었는데…

진행자 2: 네, ○○○씨가 아니네요. 다리가… 다리가 한쪽이 좀 불편하신 분이셔요.

봉우 선생님: 어어 그래 알어(알아).

학인 3: 그래 제가 다쳐가지고 처음에 보통 자세를 앉아서 하고요. 저는 저 같은 경우에서는 누워가지고 처음에 많이 공부를 했는데…

봉우 선생님: 괜찮아요.

학인 3: 예, 그래 이제 누워서 할 때는 겨우 1분 가까이 되는 경우가 많은데, 통상적으로 저 같은 경우에서 봤을 때는 그 흡식(吸息)보다도… 들숨 쉬는 거보다는 낼숨(날숨)이 좀 여유가 있고 고르게 되는 이런 경우들이 있습니다.

진행자 1: 들여마시는 숨보다는 내뱉는 숨이 훨씬 길어지고 더 고르게 나가는 거 같답니다. 고루 나가고 내뱉는 숨이 더 길고…

학인 3: 네 여유가 조금…

봉우 선생님: 나가는 것이…

학인 3: 약 한 5초 정도…

봉우 선생님: 들여마신 게 없는데 나가는 것은 많을 수가 있나?

진행자 1: 가늘게 나가는 거죠. 더 가늘게 느릿느릿 나가니까 시간이 길어지는 거죠.

봉우 선생님: 그러니까 들여마시는 거를 급히 들여마신 거지. 그러니까 들여마시는 걸 가늘게 해서… 가만히 숨을 힘을 써서 들여마시지 말고 힘을 안 쓰고 가만히 해서, 요렇게 하면 들여마시는 거 30초, 나가는 거 30초를 요기서 똑같이 하면 되지 않아요?

학인 3: 그리고요 이제 그런 상태에…

봉우 선생님: 그러니까 마시는 거를 고대로(그대로) 마시고 나가는 것도 고대로 나가면 하는데, 그저 들여마시는 길 너무 많이 들여마셔가지고 내보는 거만 곱게 가는… 보낸다고 더 낫질 않단 말이여. 그러니까 들여마시는 것도 가늘게 들여마셔서 조금 길게 마시고, 내보내는 거 똑같이 고대로 내보내면 같은 시간이 흐른단 말이야.

11:56

학인 3: 그러는데 그 저 같은 경우에서 이제 단전에 숨을 이제 그 보통 조식을 할 때 말고라도 이제 공부를 하고 나서 금방 그냥 일반 숨으로 돌아왔을 때도 이제 호흡을… 수련을 많이 했을 경우에는 그냥 단전 여기가 짜리한 이런 감이 느껴지거든요.

봉우 선생님: 뭐라고?

학인 3: 그냥 일반 숨을 쉬는데도…

진행자 1: 단전호흡을 잘 됐을 때는 단전호흡을 중지하고 보통 숨을 쉴 때도 아랫배가 짜릿한 그런 감이 있답니다.

봉우 선생님: 응, 그러니까 그게 꼭 조식이 안 되면… 안 되더라도 조식하는 걸 연습을 자꾸 해야 됩니다. 조식이라는 게 들여마시는(들이마시는) 거 하고 나가는 거 하고 차가 나지는 말게 해야 돼. 그러니 하나는 이게 고르지 않다는 거는, 어떤 거든지 조금 더 들여마시면 나갈 때는… 급히 들여마시면 나갈 때는 천천히 나갈 수가 있고, 깊이 들어○○○○○○. 또 찬찬히 들여마시면 나가길 급히 나갈 수가 있고 그래요.

그러니까 내가 호흡을 해봐서 1분이 되거든 30초만 들여마시고 더 들여마시지 말고 30초로 가만히 내보내야지. 내 호흡을 재보면 알지 않아요? 호흡을 재보는데 반 딱 끊어가지고 들여마시고 내쉬고 해야지, 마실 수만 있다면 첫 번에도 2분이라도 들여마실 수 있거든. 그런데 그래 놓고 나갈 적에 후~ 하고 나가면 아니란 말이여, 조식이니까. 그걸 재요, 숨을… 내 조식으로 해서 쉬어가지고 시간을 꼭 재보고, '이게 몇 초 들여마시고 몇 초 나갔구나' 하는 것을 같으게만(같게만) 하면 조식이 됩니다.

들여마시는 거 좋다고 자꾸 들여마시면, 나갈 때는 짧게 나가지고. 또 들여마시는 걸 급하게 들여마셔가지고 얼마 못 마셨지만 들어온 게 있으니까 나갈 시간을 그걸 다 내보내자니까 길고 그러지. 그런데 그걸 내가 내 호흡을 내가 재가지고… 재가지고 반 꺾어가지고 더 들여마실 수는 있더라도 반만 들여마시고, 반만 내쉬어라 이거예요. 그게 본 조식입니다. 1분… 1분 하는 사람이… 1분 하는 사람이 들여마실라면(들이마시려면) 30초가 아니라 40초도… 45초도 들여마실 수가 있어요. 그럼 나중엔 급하지 아무래도. 거긴 얘기 다 들어서 알아요. 네.

〈버러지가 우는 소린가 보다 하고 가만 내버려두고 나 할 것만 하면 돼요〉

14:53

학인 4: 제가 말씀 드리겠습니다.

봉우 선생님: 네.

학인 4: 저는 85년도에 그때 《단(丹)》 책을 보고요, 그때 RT(학사)장교하다가 입산수도를 해야겠다 그래가지고 그만뒀거든요. 군대를 가서 수련을 계속하고 지금도 이제 하고 있고, 요번 제가 경원대 4학년생입니다. 그런데 이제 제가 이제 마지막 방학인데 와가지고 이거 지금 할라구요(하려고요) 옛 연정원 터에 들어갔습니다. 그래 제가 호흡을 하면서 느꼈던 현상이 있는데요, 처음에 군대에서 그 아무 말도 안 하고요, 그 고참이랑도 얘기도 안 하고 막… 좀 저… 제가 때려도 말도 잘 안 하고 좀 약간 지치다시피 해가지고 이제 호흡을 했거든요. 그전에도 하다가 한 제가 한 일병 말 그 정도 됐습니다. 그런데 근무 시간에 조식을 한다고 저는 하는데 배꼽 밑으로 뭐가 구멍이 이게… 숨이 들어가는 걸 느꼈거든요.

봉우 선생님: 응?

진행자 1: 배꼽 밑으로 이렇게 구멍이 난 거처럼 숨이 들어가는 걸 느꼈답니다.

봉우 선생님: 응, 응.

학인 4: 그런데 굉장히 길어졌습니다. 그래서 기쁘고요, 제가 또 '아, 이게 됐구나.' 그런 생각을 느꼈고요. 그다음에는 이게 북치는 것처럼 진동이 둥둥둥둥 그런 저거… 그걸 느꼈습니다. 바로 여기서 이렇게 올라오더니, 그래가지고 숨이… 들여쉬는 숨이 엄청 길어졌거든요. 그러면서 그 안 들리던 소리가 들리고요, 그다음에 이제 앉아서 있으면 꿈을 꾸는 것처럼 뭐 보이는 게 많고, 그래 제가 아주 혼란을 많이 받았습니다. 제대하고도 누가 그 지도하는 기회가 없어서요, 제대하고서 집에서 아주 질색팔색을 하거든요. 왜 그러냐면 사람이 이상해지니까요. 저는 이제 열심히 할라 (하려) 그랬는데 어떻게 잘못됐는지, 아니면 뭐 귀신이 씌었는지 그런 건지 잘 모르겠는데.

그러니까 무서움이 우선 생기고요, 그다음에 또 그런 현상들이 있고, 그다음에 이게 이제 명치로 올라왔습니다, 기운이. 이제 여기서 어제 공부하다가 이제 이리로 내려가는 걸 제가 느꼈거든요. 그래서 이 묘하더라고요 좀. 그런데…

봉우 선생님: 그게 본 길인데. 이렇~게 해가지고, 요~리 이렇게 와가지고, 이렇게 해서, 이렇게 저 밑으로 내려가서, 다시 올라오는 게 그게 본 길인데, 호흡하는데 돌리는 본 길이지만, 그게 힘들으니까(힘드니까) 아래로 해서 올리기만 해라 난 자꾸 그거여.

학인 4: 그러니까 숨을 쉴 때마다요, 그전에는 숨에 맞춰서 들여쉬면 꼬르륵 하고 올라오고요, 또 꼬르륵 하고 내려가고 이게 점점 커지긴 커지는데, 이거 굉장히 오래 걸렸거든요 이상하게…

봉우 선생님: 오래 가요 오래 가.

학인 4: 아, 그 맞습니까요? 첫째로 금방되는 게 아니라요?

봉우 선생님: 응.

학인 4: 그리고 무서움증이라든지 뭐 이렇게 들리는 소리요. 일상생활 중에도 이래라 저래라 하면서 아주 들리는 게 많습니다.

봉우 선생님: 그 뭐라고 들리든지 그건 내가 그걸 귀를 기울이지 말고, 허는 (하는) 사람 거기서 뭐이가 허든지 허는 대로 내버려두고, 저렇게 저… 버러지가 우는 소린가 보다 하고 가만 내버려두고 나 할 것만 하면 돼요. 그걸 귀를 기울이지 말고.

학인 4: 그 무서움증이 나고 그런 거는…

봉우 선생님: 무섭기야 뭐이(뭣이) 무서워? 거기서 뭐이가 올게 (있어?) 공공(空空)한 빈자리인데. 호흡하는 데서 호흡하고 앉아서 눈을 딱 감고 앉았는데, 저 문을 열고 사람이 송장 든 관… 송장 든 관을 갖다가 여기다 갖다 하나씩 둘씩 쌓아… 쌓아 놓는다? 첫 번에 그거 호흡하고 앉아 있는데 기분 나쁘지. 그러다 좀 있으면 언제 썩었는지 모르고 물이 줄줄줄줄 흐르지. 줄줄 흘러가지고 이놈이 여기서 이래가지고 여기 찬단 말이여. 놀라지 말고 가만히 있어봐. 여기까정 딱 오면 그 썩은내가 나던 놈이 썩은내 안 나고 훈훈하게 냄새 좋은 냄새만 나. 그래 이건 다 어디로 가고 깨끗한 향불 핀 냄새밖에 안 나거든.

이거를 겁이 나서 눈뜨면 코에서는 늘 송장 썩는 냄새밖에 안 나. 그게 예전 사람이 그거 퍽 어렵게 생각했는데, 용기(설초 김용기)도 그걸 당하고선 아무 일 없이 한 계제(階際)를 넘기니까 터지더만 그래. 그래 그런 거 뭐 오는 게 무서울 게 하나도 없어요. 그래 그저 이게 돈다는 건 도는 것이 자리는 그게 본식인데 이게 힘든다고 하니까 그냥 위아래로만 해라 난 자꾸 그거여.

학인 4: 이 꾸르륵 꾸르륵 하는 건 올바른 겁니까?

봉우 선생님: 그래서 저리 위로 해서, 저리 저리 해서, 또 내려가서, 이래서 이리 올라가는데 그렇게 다 돌자면 1분이 넘어.

진행자 1: 호흡한 지가 얼마나 됐어요? 아니 정식으로 배운 지는?

학인 4: 제가 그저… 제 스스로요 《단(丹)》 책, 《단학지침》, 그리고 조식으로 해가고요, 조식에 대한 거만 봐서 그걸 공부했고요. 나중에 여기 ○○○씨한테 그 책을 제가 또 얻었습니다. 연정원 1935년이죠? 교육도 제가 본받…

진행자 2: 잠깐만 우리 학인이세요?

학인 4: 아니에요.

진행자 2: 학인이 아닌데 어떻게 여기…

학인 4: 아니, 저는… 학인 아니라도요.

진행자 2: 아니, 그러면 안 되는데 지금…

학인 4: 제가 말씀을 드릴게요. 원래 할아버지 그 책을 보니까요. 초계(初階)를 넘은 사람이 연정원우라 그러는데요.

진행자 1: 그거는 그 할아버지 책이 아니에요.

학인 4: 아, 그렇습니까? 아, 그걸 보고서요.

진행자 2: 잠깐요, 이름이 어떻게 되세요?

학인 4: ○○○입니다.

진행자 2: 아니 알겠어요, 잠깐만 여기 이제 학인들 계시니까 잠깐 나와 보세요.

학인 4: 예.

진행자 2: 저기 다음 분 또 질문하세요.

〈호흡하는데 임독맥으로 돌리려면 10분 호흡이나 돼야 돌립니다〉

21:55

학인 5: 제가 31기 ○○○입니다. 호흡을 2분대까지 했었는데, 그 하다보니까는 상당히 어떠한 문제가 생기냐면은, 이 뒷골이 땡기는 경우가 있더라고요. 뒷골이 땡기는 거 같은데, 그래서 이제 호흡을 1분대로 또 낮췄거든요. 낮췄는데도 땡기는 건 똑같더라고요. 그런데 거기서 생각되는 것이 그 다른 그 선도(仙道)에서는 임독맥(任督脈)으로 이게 돌리는 거 있잖습니까? 그래서 요 아픈 부위를 임독맥으로 돌리면은 요 아픈… 요 기가 모여서 그런 거 같은데, 요것이 이렇게 빼낼 수가 있을 거 같아요. 그런데 여기 우리 연정원에서는 "임독맥으로 돌리는 건 돌리지 마라." 이렇게 말씀하시는데 그건 왜…?

봉우 선생님: 임독맥으로 돌릴라면(돌리려면)… 정상으로요, 호흡하는데 임독맥으로 돌릴라면 10분 호흡이나 돼야 돌립니다. 10분 이내에 임독맥 돌린다는 건 다 거짓말입니다. 호흡이 10분이 충분한 사람이라야 임독맥이 통해서 돌아갑니다. 그 이내에 돌린다는 거는 폐기(폐식)해가지고 하는 거지 절대로 아닙니다. 조선에서 지금 여기서 호흡한다는 사람들이 진짜가 누가… 누구누구여? 임독맥 찾는 게 여기 저 알기 쉽게…

진행자 2: 예, ○○○이하고 ○○○이하고 그 지식하는 사람들입니다.

봉우 선생님: 어… 그래가지고 있는데 알기 쉽게 내게서 지금 나한테 따른 사람입니다. 그도 임독맥이 통해서 이리 뺑뺑 돈다고 그러는데 호흡 20초도 못해요. 정호흡이 20초도 못하는데 임독맥 돌린다거든. 앞으로 이리 돌아서 이리 쑥 빠지고 어쩌고 어쩌고 하는데 그건 입으로 돌리는 거지 본 호흡 돌리는 거 아닙니다.

학인 5: 아, 그러면은 요 뒤에 땡기고 좀 고통스러운데 요것을 해소할 수 있는 방법이 없을까요?

진행자 1: 힘이 들어가는 호흡이에요. 여기가 땡기는 이유는 뭡니까? 이럽니다.

봉우 선생님: 뭣이? 뒤에 척추?

학인 5: 예, 예.

진행자 1: 요 목덜미 요기 여기가 꼭 땡긴답니다.

학인 5: 기운이 꽉 차면 고통스럽죠.

봉우 선생님: 이게 뇌수 들어가는 건데…

진행자 1: 여기가 뻣뻣하고 그러는가 봐요.

봉우 선생님: 글쎄 이게 뇌수 들어가는 건데, 여기가 어디에 소속인데? 간장의 소속인데, 간장의 소속인데 간장에 순하질 못하면… 혈맥이 통하질 잘 못하면 여기가 이게 누르는 거 같이 눌려요.

진행자 1: 그러면 지금은 그럼 1분 호흡을 할 수는 있는데 하면 괴롭다는 말씀이죠?

학인 5: 예, 그래가지고 지금 현재는 제가 또 나름대로 판단해본 결과로 호흡도 12초 호흡으로 낮춰버렸어요.

진행자 1: 그러니까 괜찮아요?

학인 5: 그러니까 좀…

진행자 1: 그러니까 괜찮다는 이유는, 1분 호흡이 됐든 2분 호흡이 되든 억지로 힘을… 여기다 힘을 계속 꾸준히 가기 때문에 상기(上氣)가 돼서 이런 겁니다.

〈공부 중에 하복부에 열이 나는 것은 아무 상관없다〉

25:14

학인 6: 제 경우에는 지금 오늘은… 많이 쉬었거든요.

진행자 1: 그전에는 어땠었나요?

학인 6: 그전에 제가 88년도인가 그때 할아버님 댁에 그때 자주 들락날락

할 적에요, 그때 할아버님 댁에 그 지하실 있잖습니까?

봉우 선생님: 네.

학인 6: 환자 진료하는 데요. 거기서 예전에 공부를 했었거든요. 그러다가 저기 직장 문제도 있고 이래서 더 이상 못 다니고 그렇게… 지금 이제 요즘 다시 또 예전처럼 아랫배가 훈훈하게 다시 또 들어오기 시작하거든요.

봉우 선생님: 네.

학인 6: …

봉우 선생님: 뭐라고?

진행자 1: 하복부가 뜨끈뜨끈한 기운이 있는데, 그건 어떻게…?

봉우 선생님: 그건 따뜻… 더운 것은 괜찮습니다.

학인 6: 더 이상 뭐 더워도 그래도…

봉우 선생님: 더운다고(덥다고) 무슨 병 나지 않습니다.

진행자 1: 암만 뜨거워도 괜찮으니까 그건 걱정 말고…

봉우 선생님: 네.

학인 6: 그래도 저기 원상문(原象文) 있잖습니까? 원상문을 갖다가 저기 제대로 배운 것이 아니고요, 책자 받은 그거만 보고 혼자 나름대로 그냥 했었거든요. 글자를 그냥 막 새기고 이러니까 한참 하다 보니까, 나름대로 책에 저기 글자가 도저히 안 나와가지고 그래서 나중… 호흡도 떨어지고 다시 또 원상을 다시 해도 원상도 안 되고. 계속 이렇게 되풀이하는 과정을 이래 보면요, 다 같은 글자가 나오긴 나오는데 거꾸로 막 내려와요, 글자가.

진행자: 호흡이 고르질 못해서 그래요. 또?

〈호흡이 1분 30초에서 2분이라면,
약간 무거운 느낌이 나는 것은 괜찮다〉

학인 7: 중급 6기 과정을 밟았습니다. 87년 10월달에 받았습니다. 중급 과정을 밟았습니다.

진행자 1: 중급 6기입니다.

봉우 선생님: 예.

학인 7: 호흡은 1분 반에서 2분 정도 하고 있습니다만, 호흡이 차츰 무거워지는 느낌이 들어서 그래서 호흡을 좀 낮췄습니다. 그래 좀…

진행자: 네, 고까지(거기까지) 말씀하세요. 호흡을 1분 30초에서 2분 사이의 호흡을 했었는데요, 호흡이 어쩐지 무거운 같은… 무거운 기분이 나는 거 같아서 호흡을 조금 줄여 봤답니다.

봉우 선생님: 네네.

학인 7: 그래도 아직도 좀 무거운 느낌은 납니다. 그게… 그게 힘이 너무 들어가서 그런 건지 아니면…?

진행자: 그래서 이제 1분 정도로 호흡을 줄였는데도 그래도 무거운 감이 나니, 이것은 호흡에 힘이 들어간 겁니까? 혹시 잘못된 겁니까? 이렇게…

봉우 선생님: 1분 30초…

진행자: 네, 1분 30초에서 2분 사이의 호흡을 하다가 호흡이 조금 무거운 감이 나서 조금 줄였답니다. 그래 줄여도 역시 무거운 감이 조금 완전히 사라지지 않으니 이것이 호흡이 혹시 어디가 잘못돼서 그렇겠습니까?

봉우 선생님: 1분 30초에서 2분이라면 약간 무겁다는 게 무리가 아닌데…

학인 7: 정상입니까?

봉우 선생님: 네, 그건 무리가 아니에요.

학인 7: 그걸 한 일호… 서른셋… 지금 1분 정도로 낮추니까요, 전에는 약

2분 정도 될 때는 한 바퀴 도는 그런 과정에… 그런 과정이었는데, 1분 정도로 낮추게 되니까, 훨씬 속도가 늦어져서 왼쪽 정도밖에 못 가는 거 같습니다. 그러면 그대로 계속 조금 무겁더라도…

봉우 선생님: 고대로(그대로) 하면 됩니다.

학인 7: 네.

〈마(魔)가 심하면 심할수록 공부나 억씨게 해나가면 앞으로 나가기가 수월하죠〉

29:01

학인 8: 15기 ○○○번입니다. 이 호흡 공부를 기본적으로 하면요…

진행자 1: 아니, 현재는 어떻게 하고 있어요? 현재 하고 있는 상황은? 호흡은 얼마 호흡을 하고?

학인 8: …

진행자 1: 2분? 그런데 뭐가 안 된다고요?

학인 8: 잡념이 많이 납니다.

진행자 1: 잡념이 많고 아무 현상(顯象)도 나타나지 않는데 2분 호흡이 잘됩니까 그게?

　전문적인 수련은 못했어도 하루에 네댓 시간의 수련은 했답니다. 그런데 1분 가까운 호흡까지 이렇게 했는데, 아무 현상이 나타나지 않으니 무슨 이유입니까?

봉우 선생님: 호흡한다고 현상이 덮어놓고 나타나나요?

진행자 1: 그리고 아주 정신이 아주 일도(一到)해서 호흡에 집중이 되지 않고, 이 잡념이 들고 떨어지지 않으니 어떻겠습니까? 이렇게…

봉우 선생님: 잡념이 없으면 공부가 되는 건데, 잡념이 따르는 것이 으레껏 예전 말로 "도고일척(道高一尺)에 마고일장(魔高一丈)"이라고 공부가 늘라면(느려면) 잡념이… 잡념하고 싸워가면서 이겨야… 이겨가야 되는 거지, 아주 첫 번부터 말갛게 잘 가라고 꼭대기까정 마(魔)가 없는 사람이 어디 있나요? 마가 심하면 심할수록 공부나 억씨게(열심히) 해나가면 앞으로 나가기가 수월하죠.

진행자 1: 그래 첫째는 호흡에 온 정성을 다 기울여서 잡념이 없어야 돼요. 그걸 노력하셔야 돼요.

봉우 선생님: 잡념이 저… 공부하는 사람 공부 가서 ○○○○ 사람이라고 잡념 아주 없으란 법은 없어요. 잡념이 나는데 그 잡념을 없애야지.

학인 8: …

진행자 1: 수를 세야… 세아리는(세는) 게 안 나아요?

봉우 선생님: 그런데 잡념 없애는 것을 호흡이 꼭 1분 이상이 된다면 잡념 없애는 것을 다 듣고 나서 얘기를 해드릴게요, 내…

〈두 학인의 공부 경험담〉

31:20

학인 9: 중급 2기 ○○○입니다.

진행자 1: 중급 2기 부산 학인 ○○○입니다.

봉우 선생님: 네네.

학인 9: 저기 호흡 쪽보다도 제가 공부했던 걸 잠시 좀…

봉우 선생님: 뭣이?

학인 9: 제가 저… 임자도가 제일 생겼을 적에 거기서부터 공부를 하기 시작했습니다.

진행자 1: 처음에 임자도를 먼저 들어갔었어요. 거기 ○○○ 있을 때요. 거기 갔다가 ○○○가 하는 것이 좀 이상하니까 거기서 싸우고 나왔습니다.

봉우 선생님: 네.

학인 9: 그런데 ○○○○ 호흡을 한 1분 남짓이 했을 적에 어떤 현상이 있었는가 하면, 하루는 그냥 호흡 중에 내 주위가 이래 보이고, 또 그 일이 있고 난 뒤부터 시작해가지고 산에 앉던가 아니면 생각 중에 내가 생각한 것들이, 예를 들어서 시간을 알고 싶을 적에 제 시계가 정확히 와서 보일 때도 있었고, 또 어떤 현상들이 몇 번 생기고나서 원상을 시작했습니다.

원상 공부를 하다보니까 한 100일 예상을 잡고 공부를 하다가 용수암에서 지금 현재 그 수련장에서 공부를 했습니다. 원상문자(原象文字)가 어느 날 갑자기 하늘에 이 하얀 글자로 수건복곤(首乾腹坤) 하는 넉 자를 보게 됐습니다. 그 넉 자를 딱 보고 난 뒤부터 시작해가지고 이상한 현상이 자꾸 나타나기 시작했는데, 어떤 때는 귀에 들리기도 하기도 하고, 또 어떤 때는 무서운 것들이 뱀 같은 거라든지, 그다음 우물가에 가면 뱀 같은 거 이런 것들이 나타나기도 하고, 어떤 때는 보면 괴물 같은데 내 머리가 붙어 있을 때도 있었고, 또 그다음 제가 잘 사용하는 물건에다가 이 손으로 잡으려 하면 뭐… 거기서 뱀이 나와서 휘휘 감는다든지. 이런 증상들이 죽 있다가, 그래 전문적으로 다시 공부를 해야 되겠다고 생각해서 밀양 수련장을 짓기로 했습니다. 그래서 산장을 지으면서 고생을 상당히 많이 했었거든요. 집을 짓는 데 거의 한 4개월 정도가 소요가 되는 바람에 그래 공부를 계속 하지를 못했습니다.

그래 수련장을 다 짓고 난 뒤에 이제 공부를 다시 시작하게 됐죠. 그런데 처음에는 그러한 증세가 당분간은 나타나지 않다가 한 3개월 지나고부터 시작해서, 가끔은 이래 내일 내방자들이 한번씩 보이기도 하고. 또 그다음에 현상 중에 또 할아버님이 한 분 오셔가지고 몸이 괴롭다든지 이럴 적에 한 번씩 이래 위에서 눌러주시기도 하고, 그럼 몸이 또 시원해지기도 했었고, 그러는 중에 더 이상 호흡이 부족해서 그랬는지 정진은 없고… 더 이상 앞으로 나가지는 못하고 지금 현 상태로 그대로 있습니다.

봉우 선생님: 응, 한 분만 더 말씀하면 되는구먼. 또 있나?

학인 10: 저는 아직 그 1분이 채 못됩니다. 그 잘 될 때는 뭐 짧은 시간 동안에는 한 1분씩 이렇게 되는데요. 결코 무리를 하지 말라 해서, 아주 절대로 무리를 하지 않고. 그래서 그냥 그 순리대로 되는 대로만 죽 차를 타고 가든지 뭐 ○○. 뭐 어떤 때는 5분, 10분도 하고 뭐 이렇게… 뭐 이렇게 얘기하는 도중에도 또 이렇게 하고 말이죠. 그렇게 하는데 아주 편케 하면은 한 30초 이렇게… 아무 부담 없이 하는 거. 그런데 한 며칠 전부터 이 30초에서 40초로 이렇게 조금 올려볼까… 되기는 되는데요. 되기는 되는데, 머리가 띵~ 하고 아프단 말이죠. 무리를 해서 그런가 하고 좀 낮춰서 하면 괜찮고 말이죠.

그런데 여기 수련원에 여기 와서요. 여기 와서 어제 저녁에 누워서 이렇게 그 바로… 누우면 시계가 저렇게 딱 저기 밑에… 그거로 그렇게 하면서 왼쪽으로 그 의식을 좀 줘봤단 말이죠. 그랬더니 갑자기 이게 그 저 한 40분, 50분까지 이렇게 되요, 40초, 50초요. 그러면서 머리 아픈 게 싹 가라앉았어요. 그러고는 산에 갔다 와서 그 다시 한번 시험해보니까 머리가 아주 싹 가라앉았어요.

그렇게 하고 한 40초 정도로 늘어나더라고요, 여기 와서요. 그것도 뭐 결코 무리가 없지만 그 이상에서도… 그냥 그렇게 하고나니까 저는 뭐 그런 잡념이나 그런 건 전혀 없고요. 그리고 이제 제가 일상생활을 하는

데 이 판단이라든가 어떤 그 미래, 그… 도래(到來)하는 일에 대해서 어떤 예측 능력이라든가 그런 것을 그 스스로 ○○○ 많이 느끼는 점, 그런 점이 좀 있습니다.

〈그걸 호흡만 길고 아무것도 없으면, 그건 헛호흡이란 말이여〉

36:37

봉우 선생님: 네네. 이제 여러분에게 여러분 호흡한 경과만 다 들었습니다. 경과만 좋게 해서 말씀하는 걸 들었고, 이제 내 소리를 좀 해야겠소. 호흡이 바로 했든지, 어떻게 했든지 간에 1분을 근처를 다 왕래한 거 아닙니까? 2분까정(2분까지) 나간 이도 있고, 잘했든지 못했든지 고만두고(그만두고) 호흡은 길게 많이 해본 거 아니여? 그게 뭐 조금도 틀리지 않고 바로 됐다면, 그냥 2분이라면 충분한데 그게 약간 좀 틀렸으니까 이것도 뵈고 저것도 뵈고 하는 건데. 그러면 그걸 호흡만 길고 아무것도 없으면, 그건 헛호흡이란 말이여. 그러니 이걸… 호흡을 이용해 봅시다.

호흡이 1분이 완전한 호흡이… 틀림없는 호흡이 1분이 간다면 계제를 올라가는… 뭣입니까? 대학 졸업 맞은 사람, 대학원 나온 사람이 박사 논문 낼 수 있지 않아요? 박사 논문 내는 거나 마찬가지로 계제 올라가는 논문이 나옵니다. 그저 고등학교나 대학 입학생으로는 박사 논문 통과가 안 돼요. 이게 1분 이상이 된 사람이라야 이 우리가 여기서도 계제에 올라가는 시험을 볼 수가 있단 말이에요. 그런데 1분에 근처들 가는 이들은 그 시험을 볼 수가 있어. 내가 호흡이 온전한… 완전한 호흡이 1분이 되면 계제 갈 수 있다… 그렇게 아마 어디 한 데가 있을 거예요. 그 왜 그랬느냐? 이제 그건 1분 호흡 된 사람한테 얘기지, 딴 사람한테 않는 소리거든.

〈1분 이상이 되어 자격을 얻은 사람이 단(段) 계제에 올라가는 공부법〉

제일 쉬운 게 있어요. 하늘에 별 따는 것처럼 어려운 일이라면 내가 말을 안 해요. 오늘 우리가 앉아서 어제일 모르지 않죠? 어제 일. 어제 복잡한 일이 많았으면 다는 알 수가 없지만, 내가 경과해 온 일은 알 수 있지 않아요? 이제 그걸 뒤집어서 회상을 하면… 어제 일 생각을 해서 보면, 어제 그저께는 어떻게 했던가 하면 고게(그게) 차차 나옵니다. 중간에 잊어버린 거도 있겠지. 오래된 거는 아주 잊어버린 것도 있겠죠. 그게 뭣할라고 그걸 지난 걸 생각하라고 하는지 아세요? 고게 단(段), 계제에 올라가는 공부입니다.

그래서 첫 번에는 안 돼. 하루 공… ○를 생각해 보면 하루, 이틀, 사흘, 나흘해서 한 달만 해도 벌써 잊어버리는 게 많습니다. 한 달 전만 하더라도 아무개를 만났나? 누구 만났나? 하는 게 만나는 사람이 열이라면 한 다섯은 알고 다섯은 잊어버려요. 이렇게 뵈나가던 것을 꼭~ 생각을 해보면 고게 바로 나옵니다. 요기서 이렇게 나온 걸 뒤집어보는 거예요. 그렇게 들어가요, 그걸… 호흡하며 생각해도 좋고, 호흡 안 하고 생각해도 됩니다.

그게 뭣인고 하니 계제에 올라가는 공부 시험입니다. 그래가지고 하루, 이틀, 사흘해서 한 달만 해보십시오, 한 달만. 한 달만 하면 열흘까정 생각 안 나던 게 보름에 가서 생각이 지난 게 자꾸 생각이 나… 또 들어오고 또 들어오고, 가만~히 앉았으면 내가 앉아서 그때 누구를 만나고, 누구를 만나고, 어떻게고, 어떻게고, 어떻게고 해나갔다는 거… 뭣을 했다,

무슨 일을 했다는 게 이게 생각이 다 드러나요. 잔일은 몰라도 괜찮아, 큰 일만.

그래 들어가는 것이 1년을 꼭 들어가서 섣달 그믐날까정을 한번 해본 단 말이야. 그러고 나서 이제 내가 다시 생각을 하는데 '내가 1년 지난 일 을 생각할 때 한 3할이라도 맞았나?' 이런 생각을 해 봐, 다는 못 맞췄으 면. 한 3할은 맞았겠지. 그래도 그 빠진 게 내 생각에도 있으려니 하고 한 번 생각해본단 말이야.

그다음에는 또 한 번 이거 늘 그것만 하고 앉았을 수 있나요? 다른 일 해가다 저녁에 앉아서 가만히… 남이야 뭐라 그러던 "나 공부 좀 해" 하 고선 딱 들어앉아서, 한 시간이고 두 시간이고 세 시간이고 가만히 앉아 서 조용하게 옆에 사람 말 듣지 말고 가만히 앉아서 다시 생각해봅니다. 연세가 몇 살이든지 한 살 돌리고, 두 살 돌리고, 세 살 돌리고, 네 살 돌 리고, '이제 내가 4년을 했구나, 고 다음엔 다섯 해부터 생각을 하자.' 그 래가지고 들어와서 40살 된 이면 40… 다섯 번씩, 다섯 번씩 끊으면 여덟 번 아닙니까? 여덟 번은 해야 40살까정은 돌아온단 말이야. 한꺼번에 많 이 하면 잘 몰라.

그래가지고 언제까지 나오는고 하니, 집에 어린애 낳았다고 이거 갔 다 줄(금줄) 달지 않습니까? 내가 나올 적에 우리 집에 저게 달렸는데, 내가 나오며 젖먹이로 삑삑 소리가 나는데, 거긴 그걸 달더라는 게 그게 나옵니다. 거 그거 생각이 나는데 다른 건 안 생각나요? 그것도 다 나오 지 이제.

그렇게 나오는데 거기까정은 쉬워요. 거기까정은 나오고서 부모… 어 머니한테서 나올 적에야… 얼른 생각이 안 나옵니다. 얼른 생각이 안 나 와. 얼른 생각이 안 나오는데, 가만히 정좌를 하고 호흡을 하고 앉았으면, 언젠가 뱃속에 들었습니다. 언젠가 뱃속에 들어서… 뱃속에 들어서 뱃속

바깥으로 이렇게 나오는 게 아니라 위로 빠져나가요. 사람 되기 전으로 나오는 거지.

이제 거기가… 거기는 운무(雲霧) 중으로 희미한데 구름 속이라 돼나서 어딘지 모르고 한참 욕봐요. 한참 욕보다가 환하게 시면은(환해지면) 그게 뭐이가 나오겠습니까 거기? '내가 어디서 왔나?' 하는 게 나옵니다. 중들 10년 공부해서 초견성(初見性) 했다는 게 저 나온 자리 아는 거밖에 못 돼요. '내가 어디서 나왔다' 하는 거 이걸 알게 돼요.

그 내가 하는 소리가 다른 게 아닙니다. 내가 공부할 적에 첫 번 그걸 볼 적에, 빠져나갔는데 햇수가 몇 십 년을 공중에 돌았어요, 몇 십 년을. 공짜여 그러니까… 사람이 아니고. 몇 십 년을 공짜로 있었으니까 어딘 줄 모르겠어. 이게 내가 웬일인가 하고 또 한 해, 또 한 해, 또 한 해 하는데, 햇수가 저렇게 지내서 딱 지나가더니 그다음에 돌아오는 게 뭣으로 돌아오는고 하니, 사람이 아니지. 한참은 날라 젖힌 거여. 한참은 날개가 돋혔어요.

〈전생을 찾아서 산동성에 가신 이야기〉

46:08

그러다 저 그다음에 나가 보니까, 산동성(山東省)에 갔던 집을 들어가는데, 그게 내 늘 얘기가 지금 내가 전생에 여자더라 내 얘기 안 해요? 그 어떤 집으로 들어가보니까 공부하는 늙은이인데… 나이가 먹은 이인데… 공부하고 앉았는데 그게 나 같아, 여잔데. 그 간 사람이 내가 아니고 지금 정신은 내 정신인데, 나라는 건 떠나서 여기가 지금 내 같아, 차례로 돌아가니까. 거기 가 보니까 애들 둘 데리고 앉아 공부하고 앉았는데, 그

허든(하던) 책을 전부 들여다보니까 공부하던 이 호흡 책, 뭐 책, 그 선서(仙書) 책이여 전부. 그러고 앉았어. 그 아들이 이 '붉을 주(朱)'자 주가(朱哥)여… '붉은 주'자 주자입니다. 남편이 그러니까 물론 주가 아니겠어?

그래서 이제 그래 봐가지고 거기서 좀 더 보고 더 보고 봤지만, 더 본 건 빼버리고 말이지. 아, 그래가지고 궁금해. 내가 꿈을 꿨는지, 생시를 봤는지 알 수가 있어요? 알 수가 없으니까… 나도 고집이 쎄지, 산동성을 갔어요. 산동성을 가서 거길 내가 본 데를 찾아갔어요. 찾아가보니까 큰… 동네가 큰 데, 그 패들 사는데 주가둔(朱家屯)이라고 뼹~ 돌아서 이런 저 성처럼 쌓고, 집이 있는 것이 그 대문을 크게 하고 문지기들이 네 군데 섰더만 그래. 떡 섰는데 그 집이여, 내가 간 집이.

"나 고려서 왔는데, 너희 주인 좀 만나겠다."

아, 이 꼭대기 있는 놈이 "어디 뭣이냐?" 해버리고서 문을 열어줍니까? 하루 종일 뚜드려도 안 열어줘요. 그 욕을 하지. 중국말 잘은… 말은 못하고 욕은 배웠으니까 욕을 한단 말이여.

"너 이 개 같은 놈!" 하고선 욕을 하니까 저 놈은 화가 나니까 뭐라고 하지만,

"나 고려인이니까 너희 주인한테 가서 얘기를 해봐, 이 자식아. 왜 건방지게 니가 물을 게 뭐 있어?" 하니까.

"우리 주인이 문을 열래야(열라고 해야) 여는데…"

"그러니 너희 주인한테 얘기를 해봐라, 얘기를 해봐라."

그래 한 시간 큰소리로 하니까 안에서도 들었을 거여, 멀기는 멀어도. 한 2시간, 3시간을 싸웠는데, 큰소리를 하며 문짝에다가 팔매로 이런 돌멩이로 갖다 때리고 야단을 했어요. 나도 거까정(거기까지) 가서 보지도 못하고 나올라고(나오려고) 하겠어요? 아, 그랬더니 늙은이, 젊은이 해서 그 문루(門樓)에 한 20명 죽~ 올라와요. 그러니 밑에서 떠들고 뭣하니까

왜 그러냐고 물으니까, 웬 미친놈이 하나 와서 저기서 뭐라고 한다고 그랬는가 봐. 죽 올라서더니… 늙은 사람을 모시고 저쪽에 죽 섰는데 수십 명이 섰어. 내가 딱 보고선 문 좀 열어달라고 하니까,

"귀순쉬마[귀성시마(貴姓是摩)]?"

그래. 당신 성이 뭐요? 이거여, 귀성 뭐냐고. 그러니 뭐 조선말로 하면 저건 못 알아들을 테니까.

"워싱쳰[아성권(我姓權)]."

"쳰(權)? 고려○○○○?"

아, 고려… 나 고려 사람이다 하니까, 문 열라고 (그래). 저 녀석이 '쳰'이라는데 왜 저렇게 좋아서 문을 열라나 했더니, (내가 전생에) 저희 그러니까 그 거기 늙은이(의) 할머니여. 어머니가 아니고 할머니여. 그 70 늙은이여. 그 할머니가 와서…

50:25

진행자 1: 아니, 그 손자가 70 늙은이요.

봉우 선생님: 응, 70이 넘었어. 헌데(한데) 그 죽은 사람이 할머니여, 나 전신(前身)이지 그러니까. 전신이 할머니… 그게 저희 할머니여. 와서 뭐라고 했는고 하니 "고려인 쳰이 오거든 문열어 줘라. 그 내다.(그게 나다)" 그랬는가 봐 아마. 그래 들어오라니까 고맙게 들어갔는데, 아 이자들이 중국 녀석인데, 그 음흉한 자들이 그렇게 "나 어제 저녁에 꿈을 꾸니까 어머니가 너 들어온다고 했더라." 이랬으면 좋지만 안 해요. 첫 번부터 얘기를 하라는 거야. 그래 내가 공부하다 보니까 전생에 여기를 왔는데, 여기를 와보니까 이 집이 내 집… 내가 있던 집이고, 87년 전… 죽은 지 87년 뒤에 내가 조선으로 태어나가지고 내가 지금 몇 살이다.

그러니까 제일 난처한 소리지. 집이 경복궁처럼 큰놈의 집인데,

"니가 있던 자리니까 니가 찾을지 우리가 안 알으켜(가르쳐)줘도 찾을

게 아니냐?"

그래요. 거기 와서 내가 집을 못 찾으면 쫓겨날 판이여.

"그거 뭐 어려울 게 뭐 있냐? 내가 있던 데니까 걱정 마라. 너희가 저 나를… 내가 본 걸 그대로 본 거니까 걱정 말고 내가 찾을 테니까 걱정 마라. 그러면 너희들이 댕기면서(다니면서) 걸어 논 데는(잠긴 곳은) 문을 열어줘야 한다" 하니까

"아니, 맘대로 바로 가 찾아가봐라."

그래 죽~ 가니까 별당(別堂)이여. 별당 문을 안 닫았어요. 별당 문 안 닫았어. 그래 열고, 또 들어가고, 또 들어가고, 또 들어가고 해서 집이 큰 집이 아니고, 나 있던 데는 한 40… 한 50칸 요렇게 되는 별당이여. 거길 딱 들어갔어. 신 벗고 들어가서 방문 떡 열고…

"여기가 내가 있던 데다. 너희가 여기다 내 영정… 여자 영정, ○○있던 영정을 저 뒷방에다 모시지 않았냐?"

가보니까 영정이 있어요. 이놈들이 그러니까 안 믿을 도리가 없거든. 아, 그렇더니 늙은이, 젊은이 할 거 없이 몽창 오더니 할머니 왔다고… 왜 내가 불알 찬 놈이 할머니여? 허허허.

(일동 웃음)

할머니 왔다고 다들 와 절을 합니다. 그래 거기서 그걸 이제 보고나니까 이제 내가 바로 봤구나 이거여. 그걸 보고 나서 내가 거기다 저 〈전생기(前生記)〉를 써놨죠. 그러고 "산동성에서 주가장(朱家莊)에 전생에 있던 사람 전생을 찾아서 여기 왔더라" 하니까, 저희 간 도관(道觀), 도관끼리 해가지고 내가 왕진인(王眞人)한테까정 갔던 거여. 도관의 사람들은 안단 말이여, 이제.

그래서 그게 그 공부가 무슨 공부인고 하니 지금… 지난 일 공부해라. 지난 일 오래 가만히 앉아서… 그거 뭐 거의 뭐 며칠이고 어젯일, 그저께

일, 그 그저께일 요걸 차례~로 돌려… 잊어버렸으면 또 한 번 생각해보고, 생각해보고, 해가지고, 빠져도 좋아 첫 번엔. 그래가지고 한 달 알고, 한 달 안 뒤에 그게 가만히 생각하면 눈에 어른어른하게 뵙니다. 그다음 또 달 또 보고, 그다음 또 달 보고해서 1년을 넘긴단 말이야. 1년을 넘기고 한 살 먹었구나, 두 살 먹었구나 하는데, 내가 그때 20인데 20년 이틀 봤어요 이틀. 20년 이틀 보니까 다 봤어. 본디 머리가 뭐 아주… 쇠대가리는 아니니까 속히 봐지긴 봐지더믄. 그래가지고 그걸 쫓아들어가서 그걸 봐놓고 나서야 맘을 놨어요. 그 왕진인한테까정 가니까 왕진인한테 갈 때는…

학인 1: 그때 가실 때가 연세가 몇이셨어요?

봉우 선생님: 네? 네?

학인 1: 그때 그 가실 때가 연세가 몇이셨어요?

봉우 선생님: 스물… 아니 갓 스물 아니여, 스물 다섯. 갑자년(甲子年: 1924년)… 갑자년이여. 그거 저, 나도 거기까정 들어갈 때는 그 내가 가짜를 봤는지 진짜를 봤는지 의심이 나요. 의심이 나니까 쫓아가본 거여 거기. 이제 그러니까 그건 본 뒤에 다시 공부를 하니까 그 전, 그다음, 그다음이 차례로 나오더믄.

〈회광반조(回光返照) 요령〉

56:05

학인 9: 원상(原象)이 현상(顯象) 속에서부터 시작해가지고 회광반조(回光返照)해서 ○○ ○○○○○, 그러면 일반적으로 저희들 사고만 가지고서…

진행자 1: 원상을… 원상을 통하지 않고 그냥 회광(回光)하는 방법.

학인 9: 그냥 회광하는 방법.

봉우 선생님: 바로 들어가는 거야, 호흡만 하면.

학인 9: 그러면 그 현상으로 우리의 꿈처럼 그렇게 명확하게 보지 않고 생각만해서 들어가서 생각으로 해가지고 들어가는 방법입니까?

봉우 선생님: 생각만 하는 거지. 족~ 들어가서 그래 이제 내가 지난 건 봐야지. 단번에 나 원상… 내 전생이 뭐냐? 이렇게 물으면 잘 몰라.

학인 5: 날짜까지 정확하게 안 나와도 되죠?

봉우 선생님: 네?

학인 5: 날짜, 날짜요.

봉우 선생님: 날짜꺼정?

학인 5: 며칠날, 며칠날… 며칠날, 며칠날 거기…

봉우 선생님: 아~, 이 지금 해 내려온 거? 날짜 다 모르고 지난 일만 건청(건성) 건청 보면 돼요. 거기서 큰 일만 잊어버리지 않고 족 들어가면 다 나와요.

학인 1: 그걸 날마다 반복하라는 그 말씀이시죠?

봉우 선생님: 네?

학인 1: 날마다 반복해요? 날마다, 그 생각을? 그런 방법으로 자꾸 회광반조… 기억을 되살리자, 그 말씀이시죠?

봉우 선생님: 회광반조를 되살려가지고 나가는 건데, 매일 그것만 생각할라면(생각하려면) 1년치 생각 그대로 또 하고, 또 할라면 시간이 너무 걸려요. 여기는 갑자년(甲子年)이면 갑자년 하고, 떼버리고, 을축년(乙丑年)에서 또 하고, 또 떼 버리고, 하나씩 하나씩 떼버려야지. 그래가지고 한꺼번에 죽 꿰봐야지.

학인 5: 그럼 그게 계제 따는데… 그 계제하고는 어떻게 관계가 됩니까?

봉우 선생님: 그러면 그다음에 이걸가지고 볼 적에 이 머리가 내 거만 보고, 남의 것은 보지 말라는 법이 어디 있어요? 그게 초계여, 초계.

학인 5: 그러니까 전생에 입문할 때까지가 초계가 되겠네요.

봉우 선생님: 전생을 내가 알 만할 때까정은 초계란 말이여. 그런데 전생이 나쁜 사람은 그걸 넘기고선 초계가 됩니다. 뵈질 않고 말이지. 다른 걸로… 다른 걸로 돌려버립니다. 전생이 나쁜 사람도 있지 왜. 말하자면 구랭이(구렁이)가 됐다든지 무슨 짐승이 됐다든지 하면 저의(자신의) 기분이 나쁠 테니까 그건 살짝 돌리고 넘어가고… 여기 저 오 선생.

진행자 1: 예, 오치옥 씨요?

봉우 선생님: 오치옥이.

진행자 1: 예.

봉우 선생님: 그 잉어여.

〈원상만 보고 호흡을 안 하면 호흡이 줄어든다〉

58:20

학인 9: 선생님 저 원상하고 호흡하고 관계에 있어서 저희들이 일반적으로 호흡을 할 적에 1분 한 20초나 이렇게 호흡을 할 수가 있었는데, 원상을 함에 있어서 갑자기 호흡이 굉장히 떨어지거든요. 그때 보통 한 1분 정도 하시는 분이 저 같은 경우에서도 보면, 거의 원상을 하니까 한 20초 호흡도 최하 안 되는 경우가 허다히 많고, 그래 몇 개월이 지나니까 겨우 회복해서 한 40초 가까이 정도 하고서…

봉우 선생님: 원상을 하지 말라는 게 아닙니다. 원상을 하지 말라는 게 아니라 급한 사람은 그거라도 해라 그거여. 이거는 뭐 내가 지금 시킨 대서 계

제 간 사람 다 이걸로 갔습니다.

학인 9: ○○○○○ 호흡 관계는 어떻게 되겠습니까?

봉우 선생님: 뭐?

진행자 1: 원상을 1분 20초쯤 할 때 원상을 시작했더니 아주 원상에만 집념해보니까 호흡이 한 20초 정도로 떨어졌답니다.

봉우 선생님: 원상만 보느라고 호흡을 안 하니까 그렇지.

학인 9: 결과적으로 그러면 그 원상을 하면서도 호흡을 계속해야 된다는 그런 이야기입니까?

봉우 선생님: 원상을 하는데 어떻게 봤어요? 원상하는데. 또 원상법을 또 한 번 또 얘기해봅시다.

학인 9: 저는 저 중급 강의에서 배운…

진행자 1: 다 배웠습니다.

봉우 선생님: 응?

진행자 1: 이거 쓰는 방법이나 이 보는 방법을 중급 과정에서 다 들었거든요.

봉우 선생님: 응, 그래. 그렇게 하면 되는 건데…

학인 9: 호흡이 떨어지니까 이 현상이 오더라도 잠시 보이고, 예를 들어서 책을 하나 봤을 적에도 다 비껴나가고 깨거든요, 다 보질 못하고…

중급 특강(학인 대담) 1[233]

〈찬찬히 들이마시고, 찬찬히 내쉬는 것이 유기(留氣)호흡의 본식〉

봉우 선생님: 여러 번 나오신 이들이고 공부들 하신 이들이니까 다른 건 얘기할 거 없고요, 공부하시다가 의심나는 거, 의심나는 거 있으면 질의 좀 하셨으면 좋겠어요. 공부하시는데 질의… '나는 공부하니까 이런 의심이 나더라' 하는 그 의심나는 거 그거 좀 얘기하셨으면 대충 내 얘기해 드리죠.

제 의사는 이제 여러분들이 공부하시는데도 의심이 나는 건, 의심이 있으시면 대답하겠다, 이 말이고, 또 그렇지 않으면 여러분들이 물으실 말 이제 하실 말씀 '뭘 어떤 걸 해다오.' 이렇게 하시면 그걸 골라서 해드리겠어요. 특강이라고 무슨 제목이 있지를 않으니까, 제목을 만들어야 되지 않아요? 뭐든지?

학인 1: 선생님한테 이렇게 말씀드려서 들릴라는가(들릴지는) 모르겠는데요.

봉우 선생님: 네.

학인 1: 들리시는가요?

---

233) 녹음: 김각중, 녹취: 이기욱, 교정·주석: 정진용·정재승

봉우 선생님: 네.

학인 1: 선생님한테 수를 헤아릴 수 없이 같은 호흡하는 공부만 얘기를 들었어도, 항상 공부를 하면서도 그 의심은 내내 따르는 것이 뭐 실정인데요. 제 실정인데, 조식호흡을 예를 들어서 한 20초를 한다면은, 7초를 들이마시고 유기, 폐기, 축기, 이렇게 하는 그거를 6초를 하고, 7초를 또 뱉고 하는 그 호흡을 반복하는 그 호흡으로 돼 있고, 소서[小敍:《봉우수단기(鳳宇修丹記)》의 〈호흡법소서〉]에 선생님 소서에 그렇게 되어 있는데요. 근데 그 자연호흡이라는 게 마시고 일단 정지하는 게 아니고, 그대로 순하게 이렇게 나오는 걸로 알고 사뭇 호흡을 했는데요, 그게 옳은 호흡인가 하고서요, 재차 한번 좀 말씀 좀 해주셨으면 하고요.

봉우 선생님: 10초 몇 십 초 호흡?

학인 1: 20초 호흡에 7초 호흡 7초…

봉우 선생님: 20초 호흡이면 순하게 들이마셔서 10초를 마시고, 순하게 가만히 내보내서 10초에 내보내는 게 그게 본호흡입니다. (당신이 지금)유기를 한다는 것은 숨을 안 쉬고 쉬는 거 유기 아닙니까? 숨을 안 쉬고 한다는 건 그건 요새 폐기한다고 하는 건데, 폐기는 저는 그걸 시키지 안 합니다. 조금 길게 10초를 들이마시고 10초를 찬찬히 내보내라 가운데다 묵히질 말고 말이여.

학인 1: 글쎄 그 시간에 봉우 선생님한테나 ○○ 선생님한테도 그렇게 교육을 받고 또 그런 공부를 했는데, 이 소서에 이제 제가 잘못 해석을 했는지는 몰라도 그게 그리 돼가지고서 가다가도 자꾸 이게 또 잘못 되는 거 아닌가 하는 그런 생각이 나서 그래 말씀을 드렸습니다.

봉우 선생님: 그리고 저, 본 유기라는 것은 유기라는 게 가운데서 이게 물어서 여기 오고 가는 기간은 숨이 쉬지만 말여. 숨이 쉬지만, 들여마시고(들이마시고) 나가는 것은 20초면 10초 들여마시고, 찬찬히 들여마시고, 찬

찬히 내보내서 10초 내보내는 게 그게 본식입니다.

학인 1: 자연축기(自然蓄氣: 저절로 기운이 쌓임)가 된다는 이 말씀이죠?

봉우 선생님: 자연축기가 되죠.

학인 1: 네 알겠습니다.

봉우 선생님: 네. 30초라면 15초씩 하는 건데 그럼 자연 거기서 그냥 숨쉬는 것이 그냥 들어왔다 나가는 시간이 그렇게 오래 걸리지 않는 건데, 왜 그리 찬찬히 가느냐? 그게 유기 겸해서 되는 겁니다.

학인 2: 근데 선생님, 수련하는 과정에서요, 이게 체중이 좀 빠지는 것 같아요. 한 4키로(kg) 정도 빠지는데, 그거는 계속 빠지는 건가 아니면 그 상태에서 머무르는(머무는) 것인가…

진행자: 공부를 하다 보니까 체중이 많이 빠진답니다.

봉우 선생님: 호흡을 많이 하시는 이들이 저 운동이 조금 부족하다면 체중이 조금 빠진다는 건 무리 아닙니다.

진행자: 그런데 내 몸이 원래 무슨 병이 있어서 빠지는지 그걸 좀 확인을 해봐야지 호흡하는데 빠졌다, 이건 호흡해서 빠졌다 이렇게 단정을 할 게 아니라 건강진단 좀 한번 해보시고, 다른 면이 나빠서 또 빠지는 수도 있단 말예요. 호흡해서 반드시 빠진다고 단정을 짓지 말고 건강진단 좀 한번 해보세요. 그러면 이제 다른 데 이상이 없다면 아 호흡해서 좀 내 힘들여 하니까 좀 빠지는가 보다 생각할 수 있으니까. 또? 네.

〈조식호흡은 정신수련이자 형이상학 공부〉

06:00

학인 3: 감히 선생님한테 한 가지 질문을 하겠습니다. 제 말씀이 조금 적으면 마이크를…

진행자: 아니, 말씀하세요.

학인 3: 예, 괜찮습니까? 예, 세상에 사람이 태어나가지고 수많은 역사가 흘렀습니다. 지금까지 모든 사람들이 왔다 갔다 했는데요, 육신을 가지고 요. 지금 현재 저희들이 지금 이 시대에서 저희들이 육신을 가지고 이렇게 살고 있는데, 선생님을 만나서 또 통해서 저희들 그저 호흡법을 통해서, 호흡을 통해서 우리가 그 모든 인간의 모든 우주적인 거랄지 모든 거 희망을 가지려고 하는 것이 저 나름대로는 아마 그 목적이라 볼 수 있는데, 저희들이 단순한 호흡법을 통해서 조식을 통해서 저희들이 최고의 궁극적인 목표가 무엇인가 하는 것을 말씀해 주셨으면 좋겠습니다.

봉우 선생님: 뭣이라고?

진행자: 궁극적으로 호흡수련을 하는 목적이 뭐냐 하는 것을 좀 알고 싶답니다.

봉우 선생님: 궁극적으로 호흡하는 게 목적이 뭐냐고 하질 말고, 산사람이 호흡하지 죽은 사람은 호흡하는 사람이 없습니다. 살자고 하는 겁니다. 들여마시고 나가고 하는 것은 살자고 하는 것이고, 짧게 하는 게 우리가 보통이고 길게 해가지고 뭣 한다면 예전에 신선이니 뭣이니 도인이니 하는 건 전부 호흡 긴 사람들이 도인 참여도 하고 신선 참여도 한 겁니다. 호흡이 끝나면 그 사람은 간 사람이여. 호흡하는 것을 뭐 땜에 하느냐 그건 정신수련에 형이상학(形而上學) 공부를 하기 위해서 하는 겁니다. 대체로는 형이하학(形而下學)을 공부하는 데는 호흡 안 해도 괜찮아요. 보통 자기호흡 가지고도 얼마든지 해요.

〈호흡수련은 육체뿐 아니라 정신도 길게 살게 한다〉

학인 3: 그런데 감히 선생님한테 다시 한 번 반문하겠습니다. 다시 한 번 반문하겠습니다. 호흡이라는 건 육신이 있을 때만 호흡을 하는 겁니다. 육신이 없으면 호흡을 떠나버리는 겁니다. 했을 때 우리 호흡의 목적은 육신을 떠나 어떤 궁극적인 목표가 있는가…

진행자: 호흡은 살아있는 동안만 하는 게 아니겠느냐? 그런데 죽고 나면 호흡을 못하는 게 아니겠습니까?

봉우 선생님: 그렇게만 알면 안 됩니다. 살아 있는 사람만 호흡하고 다른 저 초목이나 금수 다른 건 호흡 않나요? 나뭇잎 잎새가 박혀 있는 숨을 빨아 들이고 뿌리로 나가서 그걸 이제 빼내서 호흡 자꾸 해나가는 건데, 그 요새 공부를 하셨을 텐데 식물이나 동물이나 자연물도 호흡은 다 합니다. 호흡이 있기 때문에 춘하추동이라는 게 생기는 거예요.

학인 3: 호흡했던 생물들은 다 소멸되고 있습니다. 다 언젠가는 호흡을 그칩니다.

봉우 선생님: 뭣이?

진행자: 언젠가는 그래도 다 생물은 호흡을 하지만 다 죽는 게 아니겠느냐…

봉우 선생님: 숨을 쉬 끊어지면 죽는다고 그러는데 숨이 끊어지면 죽는다고 그러고, 뿌리가 빠지면 거 죽는다고 그러죠. 그런데 사람은 나무와 같이 식물과 같이 그냥 뿌리 끊어졌다고 죽는 거 아닙니다. 호흡이라는 건 장생, 길게 살고 없어지더라도 그게 아주 없어지지 않아서 자기 정신이라는 게 몰려가지고 다닐 수 있게 하기 위해서 하는 겁니다.

지금 불가에서도 석가여래 하면 석가여래 숨을 쉬다 숨 끊어지니까 돌아갔는데, 뭐 뭘 그걸 대단해서 그걸 석가여래 석가여래 자꾸 해요? 공자님이 돌아가신 지가 지금 3,000년이 가까운데 뭘 공자님이라고 자꾸 찾아제끼고 죽으면 그만인데. 당신들 말 같으면 그렇게 보는 거네. 영생한다는 건 그 몸뚱이 그때는 나갔을지는 모르지만, 그 호흡은 가지고 영생하는 겁니다. 길게 사는 겁니다.

〈호흡공부로 불로장생한 나부산 왕진인〉

11:15

내가 예를 들어서 한번 얘기해 볼까요? 사람이 보통 100살 살면 많이 살고 많이 살았대야 요전번에 여기 누구 나온 게 일백스물 몇 살 살았다는 게 그게 최곱니다, 여기서는. 그러면 사람이라는 건 한 100년 살면 그만 죽는 것으로 다 인정할 텐데 내가 만난 사람이 원나라적 태조가 들어올 적에 원태조하고 만난 사람이거든? 나부산(羅浮山)[234] 왕진인(王眞人)이라는 사람, 다른 데 가보면 다 "왕진인이 원태조(元太祖) 홀필열(忽必烈: 칭기즈칸의 손자 쿠빌라이 칸)이 하고 둘이 얘길 했다, 거기 나와서 뭣을 했다"는 것이 역사에 있어요. 그런데 그럼 벌써 죽어야 옳지 100년이나 200년 됐으니 죽어야 옳지 딱딱하게 살아 있어. 살아서 지금까지 산에 있단 말이여. 그 사람이 우리 지금 이 호흡 가지고 있다면 벌써 송장돼서 썩은 지가 얼마인지 모르는데, 그 사람 호흡해가지고 지니고 있으니까 지금까지 살고 있어요.

---

234) 중국 광동성 소재. 영남 최대의 전통 도교 사원이 있다. 사천성(四川省)에도 나부산이 있으며 전통도교 사원이 있음.

〈수양제시절의 장생진인〉

　우리들이 보는 데는 우리 이 지금 산 사람, 이 사람들만 호흡공부 안 한 사람만 가지고 얘기지 공부해서 한 사람은 100살 사는 사람, 200살 사는 사람 다 있단 말여. 왜 없겠어? 수양제(隋煬帝)가, 수양제가 이 굴을 이쪽에 저 운하를 났는데, 운하를 가운데서 뜯다가 자꾸 이렇게 만들어보니까 가운데 무슨 진인(眞人)[235]인가, 진인이 죽은 줄 알았어 다 죽은 줄 알았는데, 그가 가만히 드러누워서 이렇게 가지고 있어가지고 있는 것이 200년, 300년 묵은 이인데 거기서 살아 있단 말여. 그런데 거기다 "수양제, 나중에 들어오는 수양제는 내 집을 건드리지 말고 다시 덮어다오." 이렇게 써놨거든. 그래 다시 덮고서 거기 그 위로 운하를 났지. 거기는 못 팠단 말여. 그럼 여기서 우리들이 듣는데 몽창 거짓말 같아. 그리고 선가(仙家)의 선(仙)이나 불가(佛家)의 불(佛)이라는 거 전부 거짓말이고, 예수교에서는 저 2,000년 만에 다시 돌아온다고 하시지만, 그 어른은 돌아갔다 또 다시 돌아오는 거지만 다른 데 신선이라는 이는 돌아갔다 돌아오는 게 아녀. 그대로 지금까지 살아.

진행자: 조금 설명을 드리자면 길기도 하고 복잡하기도 하고 그럴 거예요. 이게 말하자면 영적으로 장생을 하느냐 또는 이 몸 가지고 시해해서 그대로 이 몸이 남아 있느냐 하는 문제도 있고, 그건 공부하는 방법에 따라서 본인의 소망에 따라서 두 길로 갈라진답니다. 이 몸 자체를 남겨놓는 사람도 있고, 원신이 빠져나가서 다시 원신만 사는 경우도 있고, 또 내세를 도모해서 이생에서 이 몸뚱어리 인제 지저분하니까 버리고 다시 태어나자 이렇게 해서 다시 내생을 도모하는 사람도 있고, 그래서 결국 "현재

---

235) 도교에서, 도를 깨쳐 깊은 진리를 깨달은 사람을 이르는 말.

가지고 있는 이 몸뚱어리만 가지고서 논하는 것은 아니다" 그런 말씀인 것 같습니다.

〈1,000년 이상 육신을 유지한 여순양 도인〉

14:48

봉우 선생님: 근데 몸뚱이라고 공부해가지고 바로 죽으라는 법은 없어요. 이 몸뚱이만 가지고도 공부가 돼가지고 호흡이 잘돼서 늙은(는) 사람이 당장 죽으라는 건 아닙니다. 몇 백 년씩 사는 사람이 가다가다(종종) 있지. 우리가 그걸 계속을 못하니까 늙으니까 오래 가서 시작이 나고, 중간에 와서 소홀했다 나중에 늙으니까 돌아간다고 숨이 끊어지니까 갔지. 인제 이거를 제대로 하는 사람은 산에서 묵는 사람들 100년, 200년, 300년, 이렇게씩 묵는 사람들이 가끔 나와요.

　책에, 책에 선도(仙道)라고 하는 거 신선도(神仙道)라고 하는 데서 책 나온 거 한번 찾아보세요. 여순양(呂純陽)[236]이 돌아간 지가 1,000년이나 됐는데 그다음에 1,000년 다음에 저 황학루(黃鶴樓)에서 술이 취하고, 술이 취해서 학 타고서 동정호(洞庭湖)를 건너가니 어쨌다고 이런 소리가

---

236) 여순양(呂純陽, ?~?), 도석화(道釋畵)와 화제(畵題)에 자주 등장. 중국 당대의 도사. 당나라 후대, 관서 하중부 낙현 사람이다. 이름은 엄(嚴, 嵒이라고도 씀), 자는 동빈(洞賓), 호는 순양자(純陽子), 8신선 중 한 명이고 가장 인기가 있으며, 전기(傳記)는 많은 신비에 싸여 있다. 여동빈 신앙은 송대에 시작되고, 금대에는 전진교(全眞教)가 성립하여 5조(五祖)의 한 사람으로 되었다. 원대에는 세조(쿠빌라이)로부터 진군(眞君)으로 책봉되었다. 잡극의 주인공으로서 친숙하며, 도상은 다양한 전설에 의해 송대에서부터 그려졌으며, 검법에 뛰어났다는 설화 때문에 검을 든 모습이 많다. 원대의 작품이 남아 있고, 그 출생지인 산서성 예성(芮城)에 있는 영락궁(永樂宮)에는 원대 초기에 집대성한 여동빈 설화의 벽화가 있다.

나오거든? 그럼 여순양은 돌아간 지가 1,000년 뒤인데? 그럼 돌아간 건 아녀. 이 세상에서 피했지. 신선돼서 호흡해가지고 신선돼가지고 있다가 한번 그렇게 나와가지고 표 내고 간거 말이요.

　여순양 1,000년 하고 백낙천(白樂天)[237] 하고 나이가 틀립니다. 나이가 틀리는데, 훨씬 수백 년 뒤인데, 하나는 진나라고 하나는 당나라니까 백낙천이가, 나중에 백낙천이 아버지가 어디라고 있은 데가 없습니다. 뉘 아들이라고 난 데가 없어. 역사에 가보면 그게 없어. 그런데 그게 어떻게 됐냐. 여순양이 금릉(金陵: 현대 중국의 남경)에 들어왔다가 금릉에서 어떤 기생한테 들어왔는데, 기생이 부잣집 머슴인줄 알고 자꾸 덤벼들었어. 그래 이 양반이 또 그냥 거(거기) 가서 그냥 그걸 받아줬어. 받아줬는데 "아이를 낳으면 혹 당신 성이 무엇이요? 당신 성이 무엇이요?" 하니까 성을 안 가르켜(가르쳐)줘. 요렇게 거기다 쓴 것이 뭐라고 썼는고 하니, 입 구자(口) 둘을 쓰고 하나 삐친 것(呂)만 써놨단 말여. 그래 아들을 낳았는데, 과부 혼자, 기생 혼자 낳았는데, 아버지를 알아야 할 거 아녀? 나중에 백낙천이 문장이 되었는데, 문장이 돼서 지 아버지를 몰라. 그 찾아보니까 거기 옆에다 써놓은 게 뭐라고 썼는고 하니 입 구 자 밑에다 요렇게 법칙 여(呂) 자를 썼는데 꼭대기는 다 없어지고 요렇게 해서 입구한 것만 있단 말이여. 그런데 요렇게 쓰고 요렇게 입구한 글자가 어딨나 이건 흰 백 자다, 그래 백낙천이라고 만들었어. 백낙천이 아버지가 여순양이거든.

진행자: 위가 다 지다워져서 안 뵜단게유. 그래서 이게 흰 백 자일 것이다 그래서 백 자로 스스로 자기 성을 백자로 인제 성을 만들어…

18:27

---

237) 백거이(白居易, 772~846), 중국 당나라 중기(中期)의 시인. 호는 취음선생(醉吟先生) 또는 향산거사(香山居士), 자는 낙천(樂天). 주요 저서에는 《장한가(長恨歌)》, 《비파행(琵琶行)》 등이 있다.

봉우 선생님: 그것이 저이, 그냥 얘기로 있는 게 아니라 사실로 그래가지고 있는 데가 하나 둘이 아녀. 그렇게 된 데가 많이 있습니다. 우리가 보는 데는 100살만 살아도 오래 산다고 보고 100이 조금 넘으면 이건 아주 귀한 물건으로 보는데, 선도에서들 얘기한다는 걸 가 본다면, 200, 300, 400 이쪽은 흔히 있어요. 여기 저 최 누구여, 전주 있는 사람 내 책 많이 가져갔다는 사람말이여.

진행자: 예예, ○○○이요.

봉우 선생님: 어, 그 사람이 내게 와서 공부하고 있다가 선도 책이라는 건 그냥 맡겨두고 사랑엔 늘 있으니까 책 살살해서 다 거둬갔어요. 갔는데 나중에 박사는 그걸로 박사가 됐습니다. 거 선도 책가지고 말이지. 했는데, 나이 100살 이 조선에도 100살, 200살, 300살, 이렇게 됐다는 분들이 신선이 여럿이더만요. 우린 그냥 유학자로 와서는 오래 살았다는 사람이 누구누구 몇이 있다는 이렇게 들었는데, 그 책에 보면 아무개자, 아무자, 누구누구 해선 이건 300살 살고 이건 400살 있었고 뭐 있는 게 여럿이여. 그래 이거 뭣가지고 됐느냐. "공부해서 됐다. 선도에 참선해서 됐다. 선이라는 거 저 선이 아니고 호흡해서 된 거다." 아주 그거를 딱딱 박아놨단 말이여. 못 본 사람이 보면 거짓말이고 자기가 못 봤으니까 거짓말이라고 그러지. 책에 있는 걸 보면, 수 천 년 전해 내려온 책에 있는 걸 보면 그런 자들이 그뜩하니 어떡해요.

〈우리는 호흡해서 머리 좋아지면 제갈량처럼 삽시다〉

요기서 애들 배우는 《통감(通鑑)》238) 있잖아 《통감》에도 서왕모(西王

---

238) 중국 북송(北宋)의 사마광(司馬光)이 저술한 총 294권의 편년체 역사서인 《자치통감

母)239), 서왕모가 그 ○○할 적이 있었는데 몇 천 년 전부터 있었던 서왕모거든. 서왕모가 뭣을 봤다고 자기가 얘기한 게 한무제(漢武帝) 적에 와서 얘기한 게 뭣이를, 상전(桑田: 뽕나무밭)이 벽해(碧海: 푸른 바다)되고 벽해가 상전되는 거를 세 번을 봤다고 그랬거든. 그런 거는 공부한 사람들 신선된 사람들 얘기지 우리들은 이걸 신선이 꼭 돼서 맛이 아니라 호흡을 해서 머리가 좋고 형이상학(形而上學: 정신철학, 정신수련)에 참여해 보자는 거지 다른 거 아닙니다. 살림 않고 다 형이상학으로 다 들어가버리면 나라에 정치할 사람은 하나도 없게? 그러니까 우리는 우리대로 예전에 누구 누구 누구한 사람들 선사(先師: 앞선 스승)들 많은데 그만은 못하더라도 그다음이라도 가서 머리가 좋아서 제갈량이가 된다든지 누가 된다든지 이렇게 해서 그게 돼보자는 거지. 그전에 학자들이 그거 못한 학자들이 어딨나? 조선서도 여기 저, 최씨 경주 최씨 다 최고운(崔孤雲: 최치원) 자손이라고 하는데 최고운 돌아간 데가 있고, 최고운 산소가 어디가 분명하게 나오나? 그 양반 지리산 가서 있다는 건 다들 아는 거, 가다가 만난 이가 가끔 만났겠지. 가깝게 우리나라에서도 말이야. 그럼 그다음에도 그렇게 간 이가 하나 둘이 아니고 여럿이거든. 형이상을 본다 형이하를 본다는 게 이게 문제입니다. 우리가 과학이라는 것은 형이하(形而下)고, 이 정신학이란, 형이상 형이상을 추구하는 거와 그게 문제가 다르죠

(資治通鑑)》의 약칭. 책 제목의 뜻은 정치에 도움을 주고 역대의 위정자에게서 귀감을 삼는다는 것이다. 주(周) 나라의 위열왕(威烈王)으로부터 후주(後周)의 세종(世宗)에 이르기까지 113왕, 1,362년간의 역사적 사실을 기술하였으며, 후세의 역사 기록 형태 가운데 편년체 서술의 전형이 되었다. 한편, 강지(江贄)가 편찬한《통감절요(通鑑節要)》를《통감》이라고도 한다.

239)《산해경》에 따르면 서방 곤륜산에 사는 사람 얼굴에 호랑이의 이빨, 표범의 털을 가진 신인(神人)이라고 한다. 그러나 일반적으로는 불사의 약을 가진 선녀라고 전해진다. 한대에 서왕모의 이야기가 민간에 널리 퍼졌다.

〈그 밝게 뵈는 것을 똑똑히 밝히면 그게 형이상학!〉

22:43

학인 4: 현상 나타나는 것에 대해서 묻겠습니다. 그 저 수련 중에 그게, 전신이 그저 마치 기왓장 흙으로 빚어놓은 기왓장, 완전히 검지도 않고 희지도 않고 검은 빛을 내는 그런 현상인데, 그저 모양이 꼭 삼태극에 모양을 그대로 하고 있었습니다.

진행자: 그 내 몸이?

학인 4: 아뇨, 보이는 것이. 전체가 새카만, 까만데, 삼태극의 문양을 하고 있는데, 그 주변엔 까만 그 저 점들이 수없이 있는데, 그 점이 머리가 있고 꼬리가 있는 것이 느낌으로서는 그 저 사람으로 느꼈습니다. 제가 볼 적에. 선생님 이게 뭔 뜻인지, 그리고 또 평소에 늘 나타나는 하얀 빛이 하얀 것이 전체가 하얗게만 보여가지고, 다시 초록색 형광빛으로 변해가지고, 파란색 하늘색 빛으로 변하는데, 그 색으로 왜 변하는지 이것이 좀 알고 싶습니다.

봉우 선생님: 뭣이?

진행자: 공부 중에 이 현상이 뵈는 걸 가지고 말하는 겁니다. 현상이 이 까만 게 뵈는 게 꼭 전체가 검은데, 그 저 삼태극으로 이렇게 느껴지더랍니다. 그래 거기에 꼬리도 있고, 머리도 있고, 이런 거 같이 생각이 돼서 꼭 사람처럼 느껴지는데, 삼태극으로 보이더라 하는 거 하고, 또 한 가지는 이렇게 환한 불빛이 되다가 이게 파란 불빛으로 변하고 다시 하늘색처럼 아주 새파란 불빛처럼 변해 뵈고 하는 것은 무슨 현상입니까?

봉우 선생님: 남의 현상한 거를 제3자가 그 현상을 다 얘기할 수가 있을까요. 자기가 보는 건 현상에선 별별 것이 다 뵙니다. 지금 얘기하자면 여기서 갑갑해가지고… 지금 한 1,000년 전, 1,000년 훨씬 넘은 저 을지문덕

이라든지 개소문(연개소문)이라든지, 또 그러면 당태종이 여기 나왔으니 당태종이라든지 이래가지고 해서 꼭 생각하고 그러면, 현상이 나오고 영화나 마찬가지로 나와서 "나는 어디요, 나는 뭣이요, 싸울 때는 뭣이요." 했다고 하는 게 나옵니다. 나온다고 그것이 나오더라고 하면 저 영화보고 얘기하는 소리 같으니까 얘기 않죠. 그거 저 과거 눌러 봐가지고 그걸 다시 뒤집어보는 정도는 웬만한 공부들 다들 봅니다. 또 혹은 아주 지나가지고 하늘까지 간다는 건 알 수 없어요. 예전에 뭐 달 속을 갔다 왔네, 어딜 갔다 왔네 하는데, 그거는 책에만 났지 그거 가본 사람이 진짜인지 가짜인지 그거는 모릅니다. 그렇지만 그냥 공부하다가 어디 좀 먼 데 좀 어디 이상한 데 그거는 보통이여. 그 밝은 것을 밝게 뵈는 것을 똑똑히 밝히면 그것이 형이상학입니다.

〈주자의 잘못된 《대학》 해석을 공자의 본뜻으로 돌려놓다〉

26:11

공자가 《대학(大學)》을 갖다 내놓고 얘기하실 적에 설명하시는데, 아 그 대학이라는 게 뭐냐 그냥 배울라는 게 소학도 아니고, 중학도 아니고, 대학이라는 게 뭣이냐. 대학지도(大學之道)는, 대학의 도라는 것은 뭣이냐 이렇게 해놨는데, 이 조선서 지금 있는 학자님들이 읽는 거는, 공자님이 하신 말씀과는 조금 다릅니다. 공자님이 하신 말씀과는 조금 다르게 토들을 달아서 다 읽어요. 나라의 글도 그렇게 읽는데 그게 옳은지, 저쪽에서 하는 공자님이 하신 게(것을 원상으로, 정신수련으로) 본 지(제)가 한 게 옳은지 모릅니다.

"대학지도는 재명명(在明明)하며", 대학의 도라는 건 형이상학이니까 밝았던 걸 더 밝히고 더 밝히고 형이상이라는 건 그렇게 해야 되는 게 하늘이 멀다고 해도 그 하늘 뒤에 또 하늘이 있고 또 얼마가 있으니까 자꾸 밝히는 데 있으며,

"덕(德)은 재신(在新)하며", 덕이라는 건 일용사물지학(日用事物之學)이여. 일용사물지학이니까 자꾸 새롭게 해. 이게 좋으면 더 좋은 게 새로 나고 새로 나고 새로 나니까 재신(在新)하며,

"민(民)은 재지어지선(在止於至善)이니라." 백성이라는 건 진심껏은 해봐야 돼.

그렇게 되는 걸 공자님이 아주 표나게 말씀하신 거죠. 그런데 지금 대학에 토를 달아놓길 어떻게 달아놓았는고 하니 "대학지도를 재명명덕하며, 대학의 도라는 건 명명덕에 있으며, 민은 재지어지선이니라 백성이라는 건 지어지선 하는 데 있다." 이렇게 했는데 그 토 다신 이도 대현(大賢)이여. 조선서 가장 누구한테 빠지지 않는 큰 어진이란 말입니다.[240] 그런데 그 양반이 그렇게 달아놓으셨는데, 그 양반이 잘못하셨는지 예전 공자님이 토를 잘못 다셨는지 어땠는지를 모르겠어요.

〈일본학자들에게 《대학》의 재명명(在明明: 형이상학)과
재신(在新: 형이하학)을 일러주다〉

내가 저 일본 가 있을 적에 일본서 한문 공부한 사람 대학자라고 한 자들이 이렇게 보다가 조선서 이 한문을 이걸 본다고 하니까 대번 그래요 나더러. 일본서 한문은 조선의 퇴계학이 거기 제일 많이 들어가 있습니다. 학자들이 거기 공부한 사람들이 있어서 퇴계학이 많은데 "대학지도는

---

240) 조선 성리학의 원조인 중국 송나라 학자 주희(朱熹)를 말한다.

재명명덕이라고 하니 '명덕'이라는 게 뭔지 아는가?" 하고 이렇게 물어요. "대학지도는 재명명덕이라고 하니 명덕이라는 게 뭔고? (일본말로)" 딱 그런단 말여. 그럼 내가 거기서 "재명명덕하며 재신민하며 재지어지선"이라고 그렇게 토를 달려면 저 사람 의례껏 또 그럴 거란 말이야.

"명덕은 뭔지 나는 모르겠다"고 이 소리를 해서 제가 "너희, 너희 지금 공부하는 게 뭐냐? 형이상학과 형이하학을 공부하는데, 형이상학이라는 건 밝은 것을 더 밝게 더 밝게 자꾸 하는 것이 그것이 형이상학이고, 형이하학이라는 건 새겨 있는 것을 조금 새롭게 새롭게 자꾸 하는 것이 그게 형이하학이다. 뭘 가지고 너희가 학자라고 하면서 그것도 모르고 자꾸 잔소리를 하느냐?" 하니까 "○○○○○(일본말)"라고 하거든. 그럴는지도 모른다고. 조선 학자님은 의례껏 가면 대학지도는 재명명덕하며 재신민이라고 가르쳤을 건데 나는 딴소리를 하니까 그자들이 뭐라고 하냐면 "○○○○○(일본말)"이라고 그래.

〈우리 호흡공부는 《서경(書經)》의 심법 '정일집중(精一執中)'이자 성인(聖人)공부〉

30:05

그 양반도 형이상학과 형이하학을 가르쳤지 어디 한꺼번에 글만 가르치신 게 아녀. 또 우리의 공부하는 것이라는 게 어디 저 없는 걸 배우는 게 아니고. 서전[書傳: 사서삼경 중의 하나인 서경(書經)]이 역사를 시작한 건데, 서전이 역사를, 중국의 역사를 시작한 건데, 요임금 순임금 둘이 제일 첫번 나라 임금, 역사입니다, 역사 그게. 나라 임금에 이 임금이 저 임금한테 전하는 심법(心法)이 '유정유일(維精維一)이오사 윤집궐중(允執厥

中)'이여. '오직 정(精)하고 오직 일(一)해야 윤집궐중이란 이거 저 가운데를 잡는다.' 이게 무슨 소리인가 몰라. 그래 정일집중(精一執中)이라고 그냥 그러거든.

한문자에 성인(聖人) 성자(聖字)를 왜 이렇게 이렇게 쓴지 아십니까? 이렇게 이렇게 이렇게. 성인 성자를 저렇게 써났습니다. (진행자가 칠판에 쓴 글자를 두고) 저게 무슨 성(聖)이여. 저렇게 생긴 게 성이여? 일중(一中) 써봐 일중. (진행자: 일중이라고 이렇게 쓸 수도 있는데…) 아니 그렇게 아니고 이렇게 씁니다.

요임금 순임금이 사실 심법이라고 돌린 것이 가운데 중(中) 자입니다. 유정유일이오사 윤집궐중이라 오직 정하고 정해야 윤집궐중이라 가운데 한 일 자로 이렇게 뭣한다. 이게 무슨 자가 이런 자가 있나. 공자님이니 요임금이니 순임금이니 여기서 지금 대성(大聖)이라고 하는 게 저 서양에선 예수니 전부 성인입니다. 그 양반 대접이 성인 성(聖) 자를 써요. 거무슨 성자인가 말여. 왜 저런 성 자를 쓰느냐 말여. 글자가 저렇게 되니까 저걸 뭐 때문에 만들은(만든) 까닭을 알아야 되는 거지. 이것입니다 이거. [一 + 中한 글자로, 가운데 중자의 가운데에 가로로 한 일 자를 그으면 된다.] 이거하고 성인 성자하고 근처도 안 갔는데 그게 그겁니다.

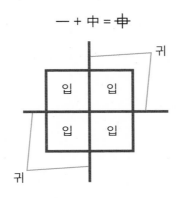

유정유일이오사 윤집궐중이요, 이 가장 유정하고 정하고 일해야 그래야 윤집궐중이라고, 입구에 그 가운데를 그린다 이러는데, 그리는 저 자가 무슨 자 인고하니 성인 성자여. 유정유일한 사람 정하고 일한 사람이라야 성인이 지 그전엔 성인이 못 된다.

요건(聖) 뭐라고 하는고 하니 밖에서 이렇게 된 거는 뭐라고 하나요? 귀라고 하죠 귀. 이 갓에 하나씩 난 거 귀라고 그러죠 귀. 귀가 넷이여. 사람 귀가 둘이지. 귀가 넷 있는 게 어딨나? 근데 저건 귀가 넷이여. 이 가운데 입이 넷입니다. 귀가 넷이고 입이 넷이여. 그게 성인이다 그러니 귀가 넷이고 입이 넷이니 사람이 입이 넷 될 수 없고, 귀가 넷 될 수 없어요. 성인 성자는 그게 다른 게 아니고, 귀하고 입하고 하나, 둘, 셋, 넷, 이렇게 된 게 성자란 말이여.

본디 글자가 만들어진 게 저렇게 해가지고 시작된 겁니다. 갓을 귀라고 하는데, 귀가 하나, 둘, 셋, 넷, 이 귀, 입 하나, 둘, 셋, 넷 한 게 이 입구 이것이 성인 성자 성인, 천지만물에 비뚤어질 게 없이 아무 데나 가든지 둥글둥글하게 다 필(펼) 수가 있는 것이다. 이거여. 그러니까 우리가 모르는 형이하학만 보는 게 아니라 형이상학도 같이 다 보는 거지. 호흡이라는 게 형이상학을 따지지 그건 형이하학이 아녀.

〈형이상, 형이하, 동서남북이 다 고르게 합쳐 하나로 된 것이
성인이요, 성자다〉

36:26

학인 4: 선생님 말씀 듣고 하나 제가 의문스러운 점이 있는데요. 온전한 학문이라고 봤을 때는 방금 선생님도 그렇게 말씀을 하셨는데 형이상학적

이나 형이하학적인 그렇게 두 가지 분류를 나누신다고 여태까지 모든 그 확실하게 말씀을 하셨는데, 온전한 학문이라고 한다고 할 것 같으면 형이상학이나 형이하학이 하나의 묶음으로 이루어져야 하는지, 그렇지 않으면 별개의 것으로 나뉘어져야 하는지 여기에 대해서 말씀해 주십시오.

진행자: 글쎄 지금 그것을 말씀을 제 생각에는 우선, 먼저 우리가 살아나가는 데는 형이상학도 형이하학도 다같이 필요한 것만은 틀림없습니다. 그러나 우리가 전공하는 것은 이 공부는 형이상학적인 면을 공부하는 데 위주로 하는 공부가 바로 호흡공부다 이렇게 말씀하는 것이지, 형이상학만 공부해야 된다 형이하학만 공부해야 된다 이런 말씀으로 하신 뜻은 아닌 걸로 알고 있습니다. 우리가 살아나가는 데는 이것도 저것도 물질도 정신도 다 필요한 것은 틀림없는데, 우리가 다만 공부하는 것은 정신을 밝히는 일이다 그것이 호흡공부의 주목적이다. 그렇게 말씀하신 것 같습니다.

학인 4: 형이하학이 없다고 할 것 같으면 정신공부도 없는 거 아닙니까?

진행자: 글쎄 형이하학을 없다는 게 아니거든요. 형이하학이 없다는 게 아니라, "내 몸을 갖추고 있는 이상 이 정신공부를 해서 정신을 더욱 밝혀 보자는 것이 이 공부의 목적이다"라고 하시는 말씀…

학인 4: 언제든지 하나가 되야 되잖겠습니까, 똑같은 비율로?

진행자: 그 참…

학인 4: 선생님한테 질문해 주십시오.

진행자: 대답이 제가 잘 못하겠어요.

봉우 선생님: 뭣이라고? 형이상학적이라고?

진행자: 형이상학과 형이하학이 하나가 돼야지 쓸모가 있는 것 아니겠느냐…

봉우 선생님: 그러니까 한 군데 있어가지고 이렇게 된 것이 이게 형이상 형

이하 동서남북이 다 합드려서(합쳐서) 하나가 되는 게 그게 성인이여.

진행자: 성인 가지고 얘기하는 게 아닙니다.

봉우 선생님: 아니! 사람이 성인의 대표지 뭐여. 사람이 성인의 대표지 성인은 사람 아녀?

학인 4: 명쾌한 말씀이여 명쾌한 말씀이여.

봉우 선생님: 성인의 대표라는 것이 사람의 대표해놓은 건데 형이상학, 형이하학 동서남북이 다 고르게 된 것이 그것이 성자여 사람이여 그게 모자라면 사람이 조금 모자란 거고.

〈소련도, 중공도 마땅치 않은 갑갑한 김일성〉

36:06

학인 5: 선생님 말씀하시는 대로 이번에 그 소련 사태[241]도 소련이 많이 지금 망가져 들어가고 있고, 그런데 이제 남북관계의 그 협의를 총리들이 와가지고 이번에 또 이제 여기 총리하고 얘기도 하고 그러는데, 소련이 인제 망가지는 상황하에서 인제 우리나라의 장래에 대해서 좀 잠깐 말씀을 좀 해주셨으면 좋겠습니다.

진행자: 선생님이 그전에 하신 말씀대로 소련이 인제 참 명실상부 완전히

---

241) 소련의 해체를 예언하신 것을 의미한다. 봉우 선생님은 1954년 새해 첫날 일기에서 이미 세계 정세를 논의하면서 1954년에서 2014년 사이에 "소련이 패망할지며"라고 말씀하셨고《봉우일기》1권 p.455 참조), 1984년 출간된 소설《단(丹)》p.71에서 "소련은 각 연방국들이 자치를 하겠다고 나서면서 사분오열됩니다. 그러면 소련의 영향권 내에 있는 위성국들도 가만 안 있겠지요"라고 예언하신 내용을 작가 김정빈을 통해 공개했다. 이 예언은 7년 후 1991년 정말 아무도 상상할 수 없었던 소련의 붕괴와 해체로 현실로 이루어졌다.

와해가 되었습니다. 소비에트연방 자체가 해체가 되고 또 뭐 슬라브족의 연합국가가 되느니 이런 얘기가 나오고, 고르비도 이미 소련 대통령도 자기가 사임할 뜻도 비치기도 하고, 이래서 거의 소련이 와해되는 건 틀림없는데, 이게 다 그전에 말씀하신 대로 인제 돼가는데, 우리나라의 상황도 작금의 상황이 어제 오늘 변하는 것이 남북협상도 어느 정도 순조롭게 돼가는 것 같고, 이렇게 급진적으로 사태가 발전이 돼서 또 어느 정도 성과가 있는 결과가 나온 것 같은데, 다소 이게 장차 어떻게 더 발전해 나갈 것인지 좀 말씀 좀 해주십사 하는…

봉우 선생님: 그건 선각자, 예전에 선각자들, 이인(異人)이라는 사람들, 이인이라는 사람들 앞을 추수(推數: 수리학적으로 미래를 예측함)한 사람들이 하는 얘기지 나는 보통 사람이여. 나는 보통사람이라 그런 데까정(데까지) 내가 아직 못 가오. 못 가지만 내가 소련이 지금… 이북더러 "소련을 네가 너무 믿다가는 소련도… 뭣입니까? 공산 공산 잊어버릴 날이 있을 테고, 만약 너희가 그 소련이 못한다고 중국으로 가면 중국은 너희나라 너희나라라는 것을 너를 봐주는 게 아니라 너희나라까정 북한을 가지고 중국으로 들어오너라 그러니, 너더러 봐준다고 할 것 같지가 않으리라." 이런 소리를 했어요. 그 소리를 가서 전했던 모양이에요. 전했는데 아니나 다를까 저 뭣이가 소련이 없어진다니까 중국 정부를 가봤는가 보죠. 중국 정부선 합병하자는 거요. 북한을 우리땅으로 들어와서 같이 하자 이렇게 하는 거여. 이게 갑갑해. 김일성이가 되게 갑갑해.

41:55

김일성이 저 공산하던 사람이 공자묘를 갔습니다. 공자묘 허허. 공자묘하고 그 공산하고는 아마 공자는 같지만 공산하고 공자하고 같지는 않을 거여. 거 갔다왔다 하는 소리가 여기 즈이(자기) 나라에 들어와서 하는 소리가 "백성은 마음을 합해서 나라에 충성을 해야 하고, 윗사람은 아래 사람을 사랑해야 한다." 이딴 소리를 한단 말이여. 이제 사람이 될라고 그래.

그러니까 여기서 저것이 변하지 변하지 않을 리가 없다고 내가 그런 소리를 하니까, 북한이 뭘 가지고 변하겠냐고 김일성이가 뚝발이가 그럴 리가 있냐고 그런 소리를 하는데, 이거 그런 소리를 듣고 나와서는 그 이상하다는 거여. 어떻게 그렇게 되느냐고. 때가 있으면 다 그렇게 되는 거여. 저도 갈 데가 없는 거여. 소련으로 갈까 중공으로 갈까 중공도 마땅치 않고, 소련도 마땅치 않으면 갈 자리가 나오죠. 어디로 가겠습니까? 어디로 가든지 갈 자리가 나오지.

지금 저 녀석들이 그 둘이 무슨 소리 하지 못하게 하느라고 왜 유엔에 그동안 암말도 못하던 것을 유엔에 둘을 다같이 저 집어넣는 것을 유엔에서 너희끼리 싸워해라 이거여. 둘 나라 다 있어야 우리가 편하고 조선이 남북을 다 합드려(합쳐) 놓으면 미국도 부려먹기가 마땅치 않고 다른 놈들이 부려먹기가 마땅치 않으니까 둘을 노나(나눠)놔야 아 이놈 보아주는 체하며 이놈한테 얘기하고 이놈 하면 이쪽에 가서 이쪽 봐주는 체하면서 서로 해가지고 싸움시켜 가면서 부려먹을라고(먹으려고) 그 따위 소리를 해요.

〈머지않아 회복될 우리 시조의 발상지 시베리아, 만주, 몽골〉

그러나 우리나라 운이라는 것은, 이게 운 소리하면 내가 또 조금 건방지지, 우리나라 운이라는 것은 우리는 늙어서 모르겠소. 아흔두 살이니까 100살을 산다 해야 여덟 해밖에 안 되지만, 여기 계신 이는 다 봐요. 남북 간 무사하게 통일하고 남북한만 통일하느냐? 우리의 힘이 어디까정 가느냐? 우리의 조상이 뺏겼던 땅, 중국에서도 내버려둔 땅, 소련에서도 내버려둔 땅, 우리의 시조가 첫 번에 발상하던 자리 거 어딘가요? 그게. 지금 서백리아(시베리아)에 내버린 것이 그 자리고, 만주가 빈 자리고 몽고가 빈 자리입니다. 이게 우리 첫 번 시작해 나오던 자리입니다. 얼마 안 가서 여러분들은 지금 여기서 근근이 노인들은 몰라 노인들은 못 보는지 모르지만 얼마 안 가서 거기 다 손 딱 붙들고 같이 다 댕길(다닐) 거여. 멀지 않아서… 하늘의 이치라는 걸 내가 간 뒤라도 내가 가기 전엔 모르겠습니다. 간 뒤라도 그놈 거짓말 않더란 소리나 하십시오.

〈하늘의 가감승제법(인과법)은 강자, 약자를 가리지 않는다〉

45:20

로서아(러시아)가 로서아가 아니라 저저 뭣이가 저 건너가 뭡니까? 동쪽에 아메리카 아메리카가 암만 죄가 많든지 전쟁을 하든지 뭣을 하더라도 원자탄으로 광도(廣島: 히로시마) 그쪽 그쪽에 60만 사람 나갔어요(죽였어요). 싸워서 이기면 얼마든지 싸울 텐데 원자탄으로 집어 눌러버렸지. 그래 놔가지고선 뭣이여 소화(昭和: 히로히토 일본왕)가 가서 군함에 가서 항복하지 않았나요?. 그럼 사람을 60만 죽여가지고야 항복을 받게 되? 그러면 사람을 60만이 아니라 6,000만이라도 죽여도 괜찮은 건가? 강한 자가 죽이면 아야 소리도 못하지. 요다음에 묻거든 뭣을 보느냐?

장군 하면 명군이 있어요? 이쪽에서 장군 하면 저쪽에서 명군 나온단 말이여. 명군 장군이 나옵니다. 저 건너, 건너 60만이 아니라 한 100만 이상 200만 되는 게 한꺼번에 갈 때가 언제가 있을지 압니까?242) 꼭 없다고 보십니까? "거긴 강한 데고 이쪽은 약한 데니까 약한 데서 감히 그럴 수가 있느냐?" 이렇게 보기가 쉽지만 감히가 아니라 얼마 안 있다 나옵니다. 하늘은 가(加)하면 감(減)하고 감하면 가하는 가감승제 하는 법이 꼭 있는 법이지 그냥 눌러버리는 법은 없어요.

　요번에 이거 저 여러 나라 여러 백성에게 나라 천도, 나라 천도 "하늘의 도를 다 이렇게 하면 이렇게 되는 거니까 너희들 주의해라" 하느라고 이런 것하고 이거 이거 다 구경 시킵니다. 구경할지 안 할지 보십시오. 예수님 2,000년이면 재림하신다고 하지? 그 양반도 그게 그 소리여. "2,000년 뒤면 혼자 마음대로 강한 자가 약한 자를 누르던 그 버릇이라는 게 못 할 거다 두고 봐라." 그걸 말씀한 거여. 동양 성인도 강태공이 저쪽에서 뭣해 가지고 할 적에 한참 성할 것인데 황인종이 뭣을 하고 있지? 창해가 육지가 되고 곤륜산이 바다가 된다고? 그거 우스운 소리 애들 장난하는 소리 같은 줄 알았는데, 그럴지도 몰라. 이 황인종 그 부드럽고 물렁물렁한 황인종, 중국같이 큰 나라가 영국이 들어와서 당하고 일본이 들어가 당하고 뭐뭐 저 아편전쟁에 지고 뭣을 하고 하면 싸움에 졌어. 싸움엔 이렇게 졌는데 그 황인종 아주 보잘것없지. 백인종 가면 어디든지 처처이(가는 곳마다) 다 이겼어.

〈원자탄보다 100배 위력 있는 것이 나오는 황백전환기(2010년대 도래)〉

49:03

　요다음에 내가 그전에도 한 번 말했어요. 무엇인가 둘이 생겼다고. 작년 그렇게 저기서 나오던 걸 둘이가 생겼는데 둘이 무엇인가 두고 보십

---

242) 미국의 원폭투하 범죄행위는 앞으로 자국민에게 인과응보적으로 나타날 것임을 예언하신 것이다.

시오. 원자탄보다 100배 이상 위력이 있는 이가 무엇인가 모르죠. 일본 사람이 암만 우리하고 뺏었던 나라니까 원수 같아도 얼굴이 같은 황인종이여. 이왕이면 황인종 망하는 것보담은 황인종 사는 게 좋다 나는 이렇게 봐. 합동해서 우리 이○○○○○○○. 황백전환기라는 게 앞으로 여기 20년 안에 못 볼이가 몇 분 안 되죠. 거진 다 봐요.

황백전환기 내가 이걸 자꾸 얘기하는 것은 공부 좀 하루라도 속히 들다 해가지고 황백전환기에 구경만 하지 말고, 눈가지고 뜨고 보지만 말고, 일꾼거리 하나씩이라도 참여해주시오 그거여. 당신들이 거기서 참여해서 우리 조상들이 우리 이 황인종들이 그 인종들한테 많이 당하던 거 그거 반복될 때가 멀지 않아 왔어. 황백전환기.

학인 6: 저기 인체를 소우주라고 한다는 걸 들었습니다. 인체에서 가장 중요한 세 가지 보물로다 정과 기와 신이라는 얘기를 한 번 들은 적이 있습니다. 또 더불어서 정기신에서의 상관관계를 정충(精充: 정이 충만함)하면 기장(氣壯: 기운이 튼튼해짐)하고 기장하면 신명(神明: 신이 밝아짐)한다는 나름대로의 들은 바가 있습니다. 이제 정기신의 상호관계에 있어서 나름대로 정을 축적하는 방법은 저희가 호흡이라는 방법을 통해가지고서 정을 축적하고, 또 기를 운행하게 하는 방법이 연관이 되겠고, 그다음에 신을 밝히는 방법으로다 저희가 원상이라는 방법으로 이러한 방법을 통해서 정신을 밝히는 방법으로 알고 나름대로 그렇게 이해하고 있습니다. 제가 이해하는 방법이 바른 방법인지 또 도교의 인간의 그 삼보(三寶), 세 가지 어떠한 보물, 이 보물을 우리 정신수련에 있어서의 어떠한 관계로도 그게 연관이 될 것이며, 또 그 수련의 방법이 구체적으로 그러니까 이 좀 뭐랄까 미리 생각하신 총재님께서 자세한 어떤 관계라든가 그런 걸 좀 설명을…

봉우 선생님: 제가 그런 걸 다 알 수가 있습니까? 성자가 하는 것을 우리 같

은 보통사람이 다 알지는 못하지만, 보신 것이 90프로는 맞는 소리를 하셨어요. 90프로는 맞는 소리를 했어요. 다는 내가 모르니까 다 대답은 못하지만, 90프로는 바른 소리를 하셨습니다. 여기서 아직도 민족관계가 있어서 저는 묵은 놈이라 90세나 묵고, 일본한테 당하고, 외국 사람들한테 동양 사람들 당하는 걸 많이 봐서 민족이라는 건 다 같이 잘살고 다같이 화평하게 하는 것이 그게 성자들이 하시는 일인데, 아직 우리들 성(聖)은 그만두고 보통사람도 모자라니까 즈이(백인종)가 잘살면 우리(황인종)도 잘살 때가 있어야지 말이 되느냐 나는 이거여. 즈이가 잘살면 우리도 잘살 때가 있고 즈이가 가서 그런 짓을 하면 우리한테도 당할 때가 있어야 하는 거지.(황백전환기의 도래가 당연한 우주순환의 법칙)

〈황인종이 멀지 않아서 단합된다〉

53:23

그래 명군 하면 장군 있다 하는 소리여. 장군 하면 명군 하고. 그게 아주 없는 법이 없어요. 그런데 다행히 예전에 천문지리 다 환하던 성자들도 입 딱 다물었는데, 나는 바늘구녁(구멍) 만치만 봅니다. 바늘구녁만치만 보니까 하는 소린데, 천문상(天文上)이나 세태 돌아가는 것이 황인종이 멀지 않아서 단합된다. 두고 보십시오. 멀지 않아 단합되고 우리나라요 남북한 이걸 가지고 합동할라고 별짓들을 다 하지만, 우리가 오히려 기다리고 있는 건 텅비워놓고 기다린 데가 어딘 줄 아십니까? 널찍한 만주, 만리장성 이북, 몽고, 서백리아 그게 우리 조상 예전 조상들이 거기서 시작하던 데여. 그거 중국땅인데 감히 중국땅을 갖다 내버리고 거기서 중국에서 할 테지 우리가 어떻게 거길 생각하느냐고 이럴 텐데, 중국에서는 그 사람들이 뭐라고 그러느냐? "장성 이북(長城以北: 만리장성 이북)은 본비오토(本非吾土: 본래 우리 땅이 아님)"라고 그럽니다. "만리장성 이북은 본디 우리땅이 아니다." 이렇게 아주 그 즈이 말로 지식인들은 다 아는 소리여.

그런데 거기서는 장성이북은 본비오토라고 하는데 우리는 쳐다도 가 못 보니까 우리들이 아직 나이가 어려서 그러는지 우리들이 나이가 조금 더 먹으면 그거 이렇게 하면 누구한테 지지 않아요. 가보십시오, 그 자리 가서 역사를 찾으면 거기서 나오는 역사라는 건 우리 조상 역사밖에 나오는 게 없어요. 몇 대조인지 모르지. 우리 조상이 뭣이여 하시던 거, 개척한 거, 우리 조상들이 어디 하던 거, 어디 하던 거 이거만 자꾸 나오지 중국 조상이 한 거 하나도 없어. 그럼 더구나 뭣이 저쪽으로 가보면 ○○들이 하나에 하나 더하면 둘 되고 둘에 하나 빼면 도로 하나 된다는 건 의레껏 정한 일이지 그거 모르는 사람은 세상에 하나도 없을 겁니다.

그러면 그거 알기 쉽게 남북 아메리카가 본디 영국땅이지 미국땅인가요? 남북 아메리카 ○○○ 저 요새말로 껌둥이 흑인종들243)이 가지고 있던 자리 아닌가? 그 넓직한 땅 그 미국사람이 돈 주고 샀나요? 싸워서 이겼나요? 들어가서 이쪽은 무기 가지고 있고 저쪽은 농사 짓고 하니까 그냥 밀어내고 땅 그냥 빼어가지고 세계에 지금 우두머리라는 나라가 돼가지고 있어요. 그럼 거기 있는 토백이(토박이) 본토백이들은 대우를 하나요? 그 인간 대우가 아니여.

그럼 하나님이 그걸 그냥 보고선 저 사람들이 무슨 죄를 그렇게 많이 져서 300년이나 개, 돼지 대접밖에 못 받았어. 그리고 그 동네가 어디여 그게 백두산족이죠, 껌둥이들만. 저리 해서 저리 통했을 적에 다 들어간 사람들이여. 그건 여러분이 가보셔도 알아요. 여기 풍속이 거기 풍속과

---

243) 아메리카 인디언들을 혼동하신 것으로 보인다.

같은 것이 많이 있으니까. 그래가지고 있는데 하늘도 어느 정도 흑인종들이 거가 시원찮게 하니까 그 땅을 좀 좋게 하느라고 백인종을 끌어다 노동은 시켰는가 보죠. 그렇다고 아주 줄 리는 없어.

〈백두산족 황인종의 황백전환기, 앞으로 5,000년 간다〉

그런데 그 사람만 챙겨가지고는 안 돼요. 여기 있는 황인종 백두산족 황인종이 다 거들어 거들면 황백전환기 앞으로 5,000년 눈깜짝할 새입니다. 앞으로 5,000년. 단 100년만 지나도 백인종이 지금처럼 꺼떡 못 대요. 여기서 이 저 과학자들이 그럽니다. 나더러 미친 소리 한다고. 과학자들이 미쳤나 내가 미쳤나 한번 대보면 알아요.

진행자: 아마 다 공감하실 걸로 압니다. 그전에 해방 직후 백인종들을 봤을 때는 어쩐지 굉장히 위대한 것같이 뵈고, 어 참 당당해 뵈는데, 요새는 꼭 보면 등신같이 뵈거든요, 우리들 눈에. 저거 좀 모자란 사람들이로구나 이렇게 뵙니다. 장차는 그 사실 안 될 얘기요 남을 얕본다는 건 안 될 얘기지만, 그 사람들 스스로가 낮아지는 것이지 뭐 누가 억지로 찍어 눌러서 그렇게 되는 것은 아니다 이렇게 생각합니다. 그 인제 지금 흑인종이라고 아메리카에 원주민 말씀하셨는데, 그건 아메리칸 인디안(인디언) 말씀하신 걸로 그렇게 알고 있습니다. 또 질문 있으시면 하시죠. 근데 제가 질문에 즈음해서 한 가지 부탁의 말씀이 있습니다. 에, 시간을 내가 수련 중에 느꼈던 거 요런 것을 간단 간단하게 질문하신다거나 또 선생님이 제일 말씀하시길 즐겨 하시는 것을 우리 민족의 장래나 우리 국가의 장래 내지는 황인종의 장래가 어떻게 발전된다 하는 것은 선생님이 원체 여러 해를 두고 참 소시 이후로 이걸 아주 늘 생각하셨던 것이기 때문에

이걸 즐겨 말씀을 하시는데, 그 외의 다른 문제 간단하게 말씀으로 끝나기 어려운 문제들은 다른 기회를 타서 질문을 좀 해주셨으면 그렇게 생각을 합니다. 또 질문이 있으시면 네.

60:30

학인 7: 호흡을 하다가 말입니다. 오래하다 보면요 허리도 아프고 그러는데 이럴 때는 계속하면 허리에 무리가 가는지 일어나서 좀 움직여 가면서 해야 좀…

진행자: 그냥 계속 할 수는 있는데?

학인 7: 네, 참으면서 할 수는 있죠.

진행자: 공부하다보면 허리가 아픕니다. 허리가 아픈데 이걸 참고 그냥 해야 옳으냐 일어나서 운동 좀 하다 해야 옳으냐 그런 말씀 같아요.

〈쉴 때 쉬고 운동할 때 운동해가며 호흡하세요〉

봉우 선생님: 그걸 오래 할 수 있으면 운동도 해야 하고, 그거 뭐 앉아서 그냥 내리 몇 시간을 그거 하라는 건 무리여. 산에 가서 보면 아침에 앉아서 그 이튿날 아침까정 앉아 있는 사람들이 많이 있고, 예전에 뭣한 사람들 무릎이 떼이면 일어나질 못하두면. 그건 조금 무리여. 우리들 공부하기 전에는 쉴 때 쉬고 운동할 때 운동해 가면서 하세요.

〈30초 호흡 이상 가는 사람은 자는 시간을 이용하라〉

운동할 때 해가면서 호흡을 하는데, 이거 호흡을 조금 길게 하면 자는 시간을 이용하는 게 제일 좋습니다. 8시간 자고, 8시간 일하고, 8시간 놀고, 이러는 게 제일 편한데, 8시간 자는 시간을 이용하는 것이 제일 편한데, 그건 30초 이상 가는 사람이라야 잠자는 걸 이용하지 그 전엔 이용을 못합니다. 30초만 호흡이 된다면 드러누워서, 자기 전에 가만히 드러누워 호흡을 하면 호흡하다 잡니다. 호흡하다 자는데, 자는 것이 그냥 이렇게 하는 게 그대로 나가면 그 이튿날 아침에 일어나봐도 호흡하는 소식은 여전히 그대로 나갑니다.

학인 7: 한 가지만 더 질문 드리겠습니다. 호흡이 인제 좀 뭐 한 20초라든지 짧을 때는 별 문제가 없었는데 한 1분 정도 가면은 조식하려면 에 내쉬는 숨하고 들이마시는 숨하고 좀 일치해야 할 것 아닙니까? 그게 인제 가만히 신경이 쓰이는데, 선생님께서는 옛날에 공부하실 때 어떤 방법으로 그 조식을 똑같이 맞춰가면서 하셨는지…

봉우 선생님: 어떻게 호흡이 길고 짧다고?

진행자: 들이쉬는 것 하고 내뱉는 것하고 같게 하는데, 선생님께선 어떤 방법으로 그걸 같게 하느냐…

학인 7: 그게 한 1분정도 이렇게…

진행자: 호흡이 한 1분 가까이 될 때는…

봉우 선생님: 1분 가까이 하면 뭐…

29-1991.12.13.
중급 특강(학인 대담) 2[244]

봉우 선생님: 자기 들어오는 것이, 숨이 1분에 이놈을 주욱 들이마셨다면 1분에 나가야지. 급하게 훅 나간다면 호흡이 호·흡하는 것이 같은 시간에 돼야지, 어떤 시간이 짧고 길면 그게 장단이 나와 안 돼요.

진행자: 그러니까 이제 다들 중급 교육을 받으신 분들이니까 제가 말씀을 드리는데, 시계를 요렇게 쳐다보고서 하는 사람이나, 또 똑 똑 하는 물방울 소리를 들어가며 계속 호흡하는 사람은 지극한 호흡은 어렵거든요. 그런 건 이제 집어치워 놓고 이게 아주 순하고 가늘고 부드럽게 조옥 들이마시고 내뱉을 때도 아주 순하고 고르고 부드럽고 순하게 잘나갔다 생각하면 시간은 거의 같은 것이다. 근데 본인이 해 보드래도(보더라도) 1분 정도 되면은 어쩐지 내뱉을 때 숨이 좀 거칠다 이렇게 생각할 때는 벌써 내뱉는 숨이 짧습니다. 그것이 지극히 되도록 유념을 해가며 이제 한 시간 호흡할라면(호흡하려면) 한 2~3분 동안만 호흡 재보지 더 재볼 게 없다. 그래도 대개 합니다.

⟨일본 무도가(武道家)들의 단전호흡기 착용 훈련⟩

01:12

244) 녹음: 김각중, 녹취: 이기욱, 교정·주석: 정진용·정재승

봉우 선생님: 일본서, 일본서 저 무도가들이 무도(武道)가 한 7단, 8단 되면 그때는 이 정신 이거 하는 거, 이거 하는 거 이런 걸 해야 할 텐데, 서툴면 안 되거든 그게. 이거 호흡 흡기를 해가지고 저 사람 숨이 내쉴 때 들여마실(들이마실) 때 요걸 봐가지고서 쫓아가는 거니까 호흡이 맞지 않으면 안 돼요.

헌디(한데) 거기서 하는 것이 무엇이 있는고 하니, '단전호흡… 단전호흡기'라고 만들어놓고 그놈들이 무던하지. 이거 배에다가 여기다가… 시간 저 시계 모양으로 맨들어(만들어)났어. 시계 맨들어놓고, 배에다 밑에 여기 대니까 이게 눌리면 딱 이렇게 눌리면 찬찬히 가고, 흡기해서 내려와서 따악 이렇게 하면 이게 덜 갈 거 아녀? 들여마실 땐 이놈이 속히 간단 말이여. 들어가는 거하고 들여마셨던 초수하고 나갔던 초수하고 이놈이 이렇게 들어왔던 거냐, 요렇게 가는 것이 같으냐, 안 같으냐 이걸 맞추더만. 그 지금 우리 호흡법 하는 거나 마찬가지여.

그래서 "당신네들 그걸 기계로 호흡을 하지 기계 아니면 호흡을 못 하오?" 이러니까, 이거 우리는 이것도 힘들다고 그래요. "그러지 말고 1분이고 2분이고 3분이고 4분이고 5분까지라도 틀리나 안 하나(안 틀리나) 앉아서 호흡을 해봅시다." 그래가 앉아서 하니까, 이건 나면서부터 아는 거지 배운 게 아니라는 거여. 그러니 그 사람들은 단전호흡기 그놈을 가지고 '요놈이 어디로까정 갔나. 인제 고건 내쉬어야지. 들이마셔야지.' 이 짓을 하고 앉아 있두만. 거긴 검도하고 유도하고 하는 사람들이 그걸 해요. 딴 걸 안 하고 기합술하고. 그래 이 호흡이 뭣에 쓰는가 이걸 얘길 않고 그것만 가지고 하지.

진행자: 그래 인제 호흡이 될 말씀으로 마감이나 해주시죠.

〈저녁 수면 시 가만히 드러누워서 호흡하는 비결〉

03:40

봉우 선생님: 그래 우린 그래요. 시간이 귀하고 사무들 보시고 그러시는데, 될 수 있으면 호흡이 첫 번엔 안 됩니다만, 한 40초, 30초 이렇게 되시면 자는 시간 이용하세요. 자는 시간, 자는 시간 아무래도 8시간은 자지 않아요? 못 자도 7시간이나 이건 자지 않아요. 자는 시간 드러누워서, 똑같은 도로 들여마시고 내쉬고, 들여마시고 내쉬고, 좌우간 쿨쿨 자면서 잠이 안 들고 호흡만 해도 사람은 그 호흡이 그대로 들락날락하면 몸에 피로는 그냥 풀립니다. 짧으면 그 자는 시간을 못 이용해요. 짧으면 10초나 이렇게 한다면 숨이 들락날락 이렇게 될 테니까 안 된단 말여. 20초, 30초, 그런데 30초, 40초만 되면 자는 시간 이용하면 딴 시간에 앉아서 욕보지 않고 드러누워서 가만히 드러누워서 호흡하면 얼마든지 호흡이 편해요.

학인 1: 자는 자세가 바로 누웠다 옆으로 누웠다 이렇게 자주 이렇게 둘러 눕게 되는데요. 그래도 관계가 없죠?

봉우 선생님: 자는 데는 어떻게 엎드렸든지 드러눕든지 아무렇게든지 간에 자기 하는 게 호흡만 바로 하면 됐지 딴 건 상관없어요. 그런데 그것도 이제 저 혼자 독신생활로 자는 사람 말이지. 내외간에 자는 사람은 그 힘들지. 가만히 드러누워서 호흡만 하고 있으라곤 안 할 테니까 그래.

　중국서도 이 호흡이 있어요 중국도 호흡이 있는데, 중국식이 있고, 여기 조선서 들어간 조선패 호흡이 또 따로 있고, 또 거기 무도(武道)도 조선서 들어간 패들이 있고, 여기 중국 본바닥 패들이 있고 그래요. 그 요기 서는 조선 바닥에선 하나도 모르는데, 조선패식 그대로 된 게 남아 있어요, 몇 백 년 묵은 것이.

진행자: 그것을 저쪽에서는 뭐 곤륜산파니 워짜고(어쩌고) 그러는데, 여기 선 장백산파로 부르는가 보던데요.

〈중국 5악의 숫어른이 되고 만산을 굽어보는 백두산〉

06:27

봉우 선생님: 장백산이지. 백두산이란 게 장백산이라고 그래. 명산도(名山圖)에 장백산, 백두산을 빼놓고 장백산이라 저러는데 장백산이라고 하고선 뭐라고 썼나? 명산도 평(評)이, 중국 사람들 명산도의 평이, 에… 뭐시 '부시만산(俯視萬山)'이라? '부시만산'이라 그래. 굽어서 만산을 내려다본다. 장백산 평이아주 꼭대기여. 오악하고 웅관오악(雄冠五嶽)에 부시만산이라. 중국에선 오악이 제일 꼭대기인데, 오악에 제일 웅관, 숫어른이 되고, 부시만산이라 굽어서 만산을 내려다본다고… (칠판에 적는 걸 보시면서) 웅관오악에 그 관자가 '갓 관(冠)' 자입니다. 응. 부시만산이라 '볼 시(視)' 자. 게 저 사람들이 장백산 백두산 여기도 그걸 저렇게 평을 해버려요. 오악이 거기선 다 눌리고 숫어른이 되고, 만산을 내리 굽어본다. 이만치 쳐다본단 말여, 거기. 쳐다보고 뭣이 나오고, 뭣이 나오고, 거기서 나온게 주욱 들어 대는데, 여기 우리 소문에 조선서는 그거 알지 못하는데 그쪽에선 다 알아요.

여기, 어떤 여자분이 박사님인데, 내가 저 이 나부산(羅浮山) 얘기를 했더니 중국을 들어가서 나부산을 찾으니 찾을 수가 있나. 나부산을 찾을수가 없으니까 나더러 산 지명이 어디고, 나부산이 어디쯤 있고…

"산 지명은 만산도(萬山圖)에 가보면 지명 대번 나오는 건데. 뭐 나한테 물으느냐(묻느냐). 거기 어느 골, 어느 도요, 어디로 가면 된다고까정 나왔더라, 만산도 참고해라."

　그랬지. 그런데 그도 꽤 똑똑한 사람인데 왕진인(王眞人) 한번 가 만나 봤으면 해서 그러는 건데, 왕진인이 자기가 만나려고 해야지 여기서 만날 라고 해선 못 만나.

진행자: 언제 만주 가실 기회가 있으시면 뜻대로는 어려운데요. 선생님 말씀하시던 북계룡의 한번 근방이나 한번 구경 좀 하고 오세요. 북계룡이 신의주 건너서 바로 단동인데, 단동의 교외에 바로 북계룡의 계관산이 가까이 있습니다.

봉우 선생님: 아니, 계관산은…

진행자: 오룡배가. 오룡배가 그…

봉우 선생님: 오룡배서 거기 들어가지.

진행자: 예. 오룡배가 단동의 교외에요, 바로. 그것도 단동 시내로 돼 있답니다. 그러니까 거기서 몇 십 리 올라가면은 바로 거기에 계관산이 있는데, 그 사이가 장래 우리 민족의 수도될 자리다 이런 말씀을 하신 적이 옛날에 있으신데…

〈미래 한국의 수도 자리 만주 북계룡〉

10:38

봉우 선생님: ○○ 그게 우리가 만주를 얻으면 만주 얻으면, 이거(國都: 국가의 수도) 만들 자리여, 이거 만들 자리. 거 만주는 중국 사람은 거기서 저 거물 저저 요기 조선 말 사람으로 《정감록》 특히 믿는 사람들은 중국서 소위 나이 먹은 술객들은 "장성이북(長城以北)은 본비오토(本非吾土)"라고 다 그럽니다. "만리장성 이북은 우리나라 본 땅이 아니니까 그건 도로

그 사람들 줘야 한다"라고 다 그렇게 해요. 그런데 여기 사람은 감히 거기가 구경도 잘 못하니 참 기가 막히는 일이요. 내가 하나 둘을 만난 게 아니고, 거기서 소위 즈이(자기) 말로 참 그저 이름났다고 이인(異人)이라고 하는 자들을 많이 만났는데 똑같은 소리입니다.

진행자: 선생님 말씀하시는 걸 이제 나이 좀 드신 분들은 잘 아는데 "장성이북은 본비오토"라고 해도 이게 그 무슨 뜻인지를 잘 못 알아 들을 것 같아서…

봉우 선생님: 아, 장성이북이 본디 우리나라 땅이여. 고구려 땅 뭣이 뭣이 있던 땅이여. 거기 있어가지고 그것 때문에 진시황이 만리장성을 그래 쌓은 거여, 또 들어와 당할까베(당할까봐). 그랬던 건데 지금은 만리장성이 구경거리밖에 안 된단 말여.

학인 2: 질문 하나 하겠습니다. 1분 호흡을 할 때에 그 시간을 똑같이 인제 맞추기 위해서 수를 쉬어서 30초, 30초 이렇게 맞춥니다. 그러면 그것이 선생님 호흡이고 좌우당간 순하고 부드럽게 해가지고 시간을 가급적으로 맞춰라 이렇게 말씀하셨는데, 그러면 수를 쉬어서 30초를 세느라고…

진행자: 수를 세가면서 1분 호흡을 할 때요, 수를 세서 내쉬는 숨 30초, 들여마시는 숨 30초를 수를 헤아려가면 맞추면 안 되느냐 이런…

봉우 선생님: 됩니다. 되요, 그게.

진행자: 된다고 하시는데, (초수를 재면 집중이 안 된다고 한 것이) 제 의견이었어요 그건. 왜냐면 너무 수를 헤아리는 데 열중하거나 시계 돌아가는 걸, 초침 돌아가는 걸 보다 본다거나 이 '똑똑' 소리만 보면은 '똑'하면 나가고 '똑'하면 나가서 호흡이 끊어질 우려도 있고, 거기에 너무 그 초수에 너무 신경을 쓰면은 호흡에 온 정신을 다 집중하기가 어렵다. 그러니까 될 수 있으면 훈련 자체를 아주 아주 순한 호흡을 들여마시고 내뱉는 걸 같도록 이렇게 훈련을 해보면 나중에 저절로 같아질 게 아니겠느냐 그런

생각에서 얘기했습니다. 질문이 많지 않으시면 한 시간 반이 다 되가는데, 또 혹시 전체적으로 무슨 서로가 말씀을 나눠야 할 얘기도 있을 것 같고, 이상 선생님 말씀은 다음 번으로 미루고 오늘 그만 듣기로 하겠습니다. 그러면 앉은 자리에서 그냥 인사 나누죠. 예, 경례.

〈20년 후 이루어질 남북통일〉

14:27

학인 3: 남북통일은요…

봉우 선생님: 남북통일은 한 20년 될랑가(되려나) 그래 됩니다.

봉우 선생님: 그리고 들어와서는 사흘이 멀다 하고 고등계 요시찰이 꽁무니 따라 댕기니까 산에 가면 산에 둘씩 셋씩 쫓아옵니다. 그래가지고 당하다가 해방되니까 이제 따라오는 놈이 없으니까 좀 살겠어요. 그러니까 여기서 저 나 아는 사람들 저쪽에서 만나던 사람들은 왜 신청을 안 했느냐고 그래요. 남 부끄러운 소리들 아니냐 내 그래요. 그 사람들더러. 너희가 거기서 독립운동했다고 그래서 독립운동해서 독립군이 조선 지역을 단 한 고을이라도 차지해 봤느냐? 그 안에서 일본사람들하고 투닥거리다 말았지, 여기 한 고을 하나라도 한꺼번에 쭉 들어와서 조선독립군이 차지해봤다고 한번 그래봤느냐? 생각 좀 해라. 그리고 여기 저 그거 심사위원으로 있던 조규만이한테 물어봐. 이거(훈장) 찬 사람이 몇 할은 (훈장 찰 자격이 없다고)아니라고 그런다. 그 아니라고 하는 사람은 뭣 땜에 아니라고 하는 소리를 듣느냐? 거 가서 만약 들어갔다면 그놈도 거기 그 몇 할 빠지는데 거기 들 놈 아닌가 이런 생각을 듭니다. 알기 쉽게 나 거기 다닐 때 뒤에 꽁무니 따라 다니면서 사진 백이구(찍히고) 뭣하던 사람도 그 (독립

군훈장) 찬 답니다. 없다는 건 아니여.

찾았건 말았건 요다음에 만주가 우리 것이 돼요. 아무 데고 다 가서 조사하면 거기에서 누가하고, 누가 했더냐, 죽은 사람은 누구냐, 지조 없던 사람은 누구라는 거 대번 나옵니다.

요번에 저 만주 들어가서도 독립군들이 "어서 났네 어서 났네" 하는데, 독립군들 말이 대종교 거기서 멸망하던 자리(일본 경찰들에게 탄압받아 만주의 근거지를 거의 상실한 사건을 의미함) 그 자리 다, 잊어버리질 않더문 그래요, 그 사람들은 다. 여러분들한테 이거 뭐 잔소리를 자꾸 하게 돼서 죄송합니다.

봉우 선생님 전문수련인 대담[245)]

봉우 선생님: 우리가 그 해가 어느 때인고 하니 갑술무주병술병해무자, 무자년에서 무자기축년인가보다. 그때 가서, 산에 가서 거진 1년 났는데, 산굴 속(계룡산 삼불봉 아래)에 그 돌멩이 있는데 거기서 있었어. 산(은) 좁고 사람은 많으니까 어떻게 됐는고 하니 바위가 이렇게 있고, 뒤에 있고 하니까 앞에 하나 있고 하니까 여기 굴이 조그만 굴이 있었어. 그 이거를 여기에 나무를 갖다가 대서 이렇게 해서 쌓고서 이 바닥을 전부 방을 만들지 않았어? 그 방 안에서 들어가서 좋긴 누가 좋았는고 허니 6.25 사변 적에 인민 군대가 와서 (동네 사람들이)피난만 잘했고, 우리들은 거기 가서 그 밑에 밭 있는 거 밭을 이렇게 만들어가지고, 거기서 반찬 나물들 해 먹느라고 그거하고, 찬은 그거하고 떡 먹기 뭐한 사람은 떡 먹고, 밥 먹는 사람 밥 먹고 이랬지. 열아홉 있었어. 열아홉. 열아홉 있는데 거기 댕기던 (다니던) 사람이 ○○○라고 있지?

학인: 네.

봉우 선생님: ○○○하고 하나는 더, 지금 대종교 있는 엄산용이라고 둘이 남았어. 둘이 남았는데 학수가 지금은 인제 그거 공부를 할라고 하지. 나이가 늙어가지고 할라고 하지만 그때는 엄산용이와 둘이 맞붙어가지고 어딜가서 앉는자리를 어디를 앉는고 하니. 무당들이 와서 굿할려고 하는

---

245) 녹음: 김각중, 녹취: 홍세기, 교정: 정진용·정재승

굿자리. 시루 갖다놓을 자리를 앉거든 가서. 그리면 먼저 거기 자리를 취할려면, 떡을 먼저 자신부터 먼저 갖다주고 이걸 먹고서 내려오지. 그냥 안 내려온단 말야. 딴 데로 그 짓들을 하고 그러니 공부를 할 수가 있어? 그런데 뭣이는 ○○○는 나한테 오기 전에 증산교라고 있지?

학인: 네.

봉우 선생님: 증산교 대학을 나왔어. 증산교 대학이 대학이 아니라 훈련을 한 번 받고, 두 번 받고, 세 번 받으면 그게 한 도(道)를 맡을 수가 있거든…

학인: 네.

봉우 선생님: 그 사람은 증산교에서는 도(道) 하나 맡을 자격을 갖춘 사람이여. 그래서 저 영동, 그땐 고을이 청산이 합고을 안 됐으니까, 청산, 옥천, 황간, 무주 다섯 고을을 맡아가지고, 키는 조그만해도 거기 가면 뭐라고 하드라, 뭐라고 부르는 소리가 달라, 선생님이라 소리하고 마찬가진가 봐. 그래 내가 너 조그만 것이 증산교로 가서 들어가 있으면 모를까 나와서 노인들한테 노인 대접하지, "그냥 끄덕거리고 선생 노릇하면 못쓴다. 너 그러면 죄받는다." 그러니까, 그러다가 어딜 갔다 오다가 팔을 다쳤어. 자전거 타고서 그냥 둥그러 떨어져서 팔을 다쳐가지고 그땐 할 수 없이 왔지.

04:10

그래가지고 공부를 시작하게 되었는데, 말로는 공부를 하는데 한 번도 호흡이나 뭐나 제대로 하질 못해. 그것 하느니 저기서 주문하는 게 낫거든. 훔치훔치태을천상원군 찾는 게 그게 수월하니깐 그거 하느라고 그저 엄산용이하고 둘이 가서 그것만 하고 앉았는데, 그래도 우리가 끝나면 무당들한테 떡을 얻어가지고, 그래도 끝나면 오긴 오거든. 그때 여자가 넷이야, 여자 넷인데, 여자 넷은 제대로 힘껏 했어. 그리고 우리 밑에 있는 사람들도 내가 안 가고 "너희들만 가서 해라" 하면 말이 안 되거든. 그래 난 거기 삼불봉위 이쪽 저너머 팔인각에, 거기 가서 여기다 인제 자리 깔고 앉았으면, 여기서 고드름이 이래가지고 수염에, 수염까지 들어찼어. 고드름이 이만큼씩 올라와 혼났네. 수~욱 쌓여도 가만두고 앉지. 가만두고 앉아서 그 이튿날 아침까지 그걸 하고 앉았는데, 내가 앉았으니까 밑에서 일어날 수가 있나. 할 수 없이 따라오거든. 둘만(엄산용, ○○○) 빠지고, 여자고 남자고 다 그랬어.

그런데 그 밑에서 공부한다는 사람들이 무슨 도꾼인가봐. 아! 꽹과리 치고 뭐 치고 그 자꾸 하고 꽹꽹거리니깐 듣기 싫잖아. 듣기 싫은데 듣기 싫은 걸 듣기 싫다고 하면 좋다고 할 일이 있나. 그래 젊은 사람들이 뭐라 하려는 걸, (봉우 선생님 왈)그 사람도 그거 공부고 우린 이게 공부니깐 가만뒤라. 그자들이 덩어리가 굵어. 한 20명 되는데 한번은 우리가 방석을 놓고 위에 잠깐 올라왔는데 방석, 우리가 갖다놓은 방석 다 가져갔어. 저 밑으로 다 가져갔어. 저희가 깔고 앉았어.

가서 좋게 얘길 했지. 공부하는데 산중에서 우리들이 앉아서 깔고 앉았던 건 줄 알 텐데 공걸로(공짜로) 알고 가져갔다는 건 말이 안 돼. 공부하는 데서 공부하는 걸 방해하기 위해서 일부러 그런다는 것은 당신들이 잘못이고, 모르고 그랬다면 당신들이 가진 것을 잘못됐어도 내놓는 것이 본식이지. 아! 이런 아! 이자들이 말을 안 듣고 길가에 있는 거 가져오면 어떠냐고 말을 안 듣거든. 괘씸은 한데 괘씸하다고 싸워?

07:50

그날은 엄산용이가 싫어하더먼. 엄산용이가 덤비더니 막 집어던지는데 열댓 놈 쓰러지니깐 그냥 갖다놓고선 제자리 갖다놓고 내빼더먼. 엄산용이하고 최용석하고 둘이 가서, 공부하는 사람이 싸우라는 법이 어디 있나? 그래선 못 쓴다 해도, 그놈들 버릇 가르쳐야 된다고.

그게 싸움이 거기서 났어. 났는데 거기서 어씨라고 있었는데 이자들이 뭐라고 한 줄 알아? 신도안 파출소에 가서 신도안 지서지. 거기 가서 좌익들이 거기 가서 지금 뭐 한다고 이래가지고 경관들이 총 다 둘러메고 이러고선 거기 에워쌌어. 그래 나도 가고, 나도 가고 다 갔지. 다 갔는데, 거기서 뭐라고 하는데 뭐라고 그래. 당신들이 남의 말만 듣고 우리 공부하고 앉아있는 데 와서 그렇게 한다면 당신 경관부터 좋질 않아. 확실한 증거 없이 남의 말만 듣고선 조사해봐서 하지 않고 확실한 증거가 없는 거 가지고 그런 소릴 해. 우린 공부하러 다녔지. 그런 사람들이라고 하니까. 아! 뭐 남아 있으라고 그래. 내가 우리가 남아 있으니깐 당신들이 남아 있으니깐 몰라. 그렇게 해서는 못쓰는 거야. 그러니깐 갬뱅(감방)이로 보냈어. 갬뱅이 가 갇혔어.

갬뱅이에 갇혔는데 그때, 충청남도 좌익 수령들 40명인가 잡혀서 갇혔어. 검사한테 불리고 이러잖어. 근데 우리가 좌익으로 붙들려왔다고 그래. 그랬더니 공주 이 뭣인가(아무개)인가 그 사람하고 좌익머리되거든. 그때 충청남도 이연년이라고 또 있었어. 그 사람이 거기 들어왔었는데 검사한테 가서 뭐라고 했는지 알아?

권 아무개는 좌익백정이다. 좌익이라는 백정인데, 좌익백정을 갖다가 좌익이라고 잡아 몬다면 우리 좌익이 불명예라고 이러면서… 그러면 좌익 아니라는 소리 아녀? 그래 거기에 이 사람들이 우리야 가든지 안 가든지 간에 그 사람들 같이 있다는 거는 우리가 체면이 안 됐다. 우린 정반대라고 그 사람 공주 읍내에서도 같이 강의할 적에 저희들 그거 한쪽하니깐 한쪽에서 같이 떠들고 아무개, 아무개, 아무개가 그래가지고 우리 해산시키고 뭐를 쓰고 전부 얘길 하니깐 아니긴 아니거든. 그래 나왔지.

그러고 나서 나중에 그패들 먼저 우리들 방석 가지고 갔던 패들, 그패들이 가서 이놈들이 거짓말을 한 거야. 그 젊은 사람들이라 봐서 분풀이

한다는 거 못하게 했는데 곧이 안 듣더군. 신도안 쪽에 있는데 신도안 쪽에 가서 몽창 끌고 나왔어. 네 이놈들! 너희가 잘못해가지고 우리 방석 갖다 놓은 거 너희가 가져가서 우리한테 잘못했다고 말 듣고… 꽤나 맞았지. 그랬다고 좌익이라고 고발해가지고 이놈들! 네 이놈들! 좌익한테 매좀 맞아보라고. 아 그 우악한 사람들 몇이, 그거 여남은 되는 거 갑자기 죽이되더믄. 그래 또 경찰서를 갔어. (웃음) 기가 막혀서.

나는 거기 참여 안 했으니깐 그 오가더러 조사를 시키고 나니깐, 그 사람 참여 않고 집에 갔었어. 없다고 그러니깐 나는 내 보내더만.

그래가면서 거기 공부한다고 공부했어. 공부하는데 그다음에는 넉 달, 넉 달, 다섯 달 거기서 전력했어. 눈 올 땐데 내가 제일 꼭대기 앉아서 아침에 하다 보면 수염에 고드름이 이만큼씩 붙었는데 그냥 앉아서 하고… 밑에서 하는 사람들도 그냥 뭐 짚방석이라도 깔아? 좋은 거 다 깔고 앉아 있을 수 있나? 그래가지고 앉았고. 이제 그중에서 엄산용이하고 ○○하고 둘만 그 철없이 지내지. 떡 뭣하는데 거기 가서 늘 있으니깐.

13:32

그래가지고도 그 난리가 나가면서도 여자들 셋, 열여섯, 열아홉인데 열아홉에 구영직이가 좀 낫게 되었고, 몇은 2급, 3급 다 되었지. 그 나머지 안 한 사람이야 올라갈 수가 있나. 안 한 사람은 안 올라가고. 거기서 하자니까, 거기 있는 사람에서 엄산용이 집이 지금 대전에 있지. 그 사람이 산에서 공부하는데 공부를 어떻게 하는지 알아? 출출하면 공주읍에 나오다가 공주서 댕기다(다니다) 오다가 돼지우리간 허술한 데 있으면, 그 큰 돼지를 가마니다 넣어가지고 와. 근데 꿀꿀거리지 않아. 가마니다 두 개에다 해서 짊어지고 오는데, 두 개씩 잡아가지고 와서 잡는단 말야. 그런데 공부가 무슨 공부가 돼. 그러나 공부하는 사람들도 출출하면 거 갖다 주면 먹더구먼 그래. 그게 어제 같아, 어제 같은데.

엄산용이는 지금 대전서 죽은 조상 만나보고 온다고 그러두면. 그거 한 대. 죽은 조상을 만나보고 죽은 마누라를, 이제 누구 애들 죽으면 그걸 다 만나고, 뭐 얘기도 시킨다나 뭐를 한다고 그러더군.

우리 축에서는 그때 했던 사람이 거진 다 가고 남은 건 지금 우리 식구 하나 남고, ○○하나 남고 그래요, 거진 다 가고.

16:00

추워도 상관없고 수수련하면 물에 들어가서도 코로 요렇게 대고 수수 련하지, 물이 입을 막고 이렇게 된데 들어가서 가만히 앉아서 하면 꾸벅 하면 콧물이 들어가니깐 대번 알거든 말여, 근데 꾸벅 거리지 않고 이래 가지고 하는데 너무 띄면, 너무 띄면… 이게 물이 이렇게 되면 안 돼요. 이렇게 돼야 하니깐, 꼭 여기 요렇게 입은 물에 넣고 그래가지고 하는데, 그게 속하게 되긴 속하겐 돼. 근데 사람 하기에 달렸어. 조태술이라고, 조 태술이 그 사람은 첫 번에 들어와서 우리가 저 물속에다 돌 가져다놓고 돌 위에 앉아 있으니깐 얼음이 이렇게 찼는데, 그냥 오더니 홀떡 벗고 들 어가서 얼음을 깨고 속에 있는 돌멩이 그놈을 갖다 이렇게 쌓고, 그 위에 올라가 앉아. 그게 억척이지. 그저 이게 얼마나 했던지 한참 한 달, 두 달, 석 달 했어. "인제 됐다." 그래. 뭣이 됐나. 누가 알았나. 뭐 보이는가 보지.

강원도, 충북지사로 있던 사람인데, 강원도 가서 금광을 하는데 거길 쫓아갔어. 금줄 하나를 잡았어. 그 사람이 가 금줄 하나를 잡아가지고, 금 줄 둘을 잡아가지고 하나, 하난데 달라니깐, 하나는 그 주인이 그 부부를 줬더만 그래. 그놈을 그때 돈으로 5만 원인가 받았어. 5만 원이면 500석 넘게 받으니 저희 집에 가서 500석 땅 사놓으면 얼마나 편해. 인천 들어 와서 미두하다가 홀딱 했어.

학인: 거저 얻었는데 그게 남나요?

봉우 선생님: 응?

학인: 거저 얻었는데 그게 남겠어요?

18:13

봉우 선생님: 아~ 이 거저 얻었어도 저희집 살게 몫것(제 몫만큼만) 가져오면 얼마나 좋아. 그리고 그다음에는 산에 가서 공부한단 소리 안 해.

그런데 이거 저 억척스럽게 하는데는 수수련 같으면 해봐야 하지 첫번에 들어가면 못해. 수수련에는 무엇이가 흠인고 하니 둠벙 같은데 이렇게 앉아 있으면 물구렁이가 오더믄(오더구먼). 공부했나 안 했나 대번 알아. 이렇게 눈감고 이렇게 앉았는데, 물구렁이가 물에 쑥 들어오잖아. 물구렁이가 오다가 어느 선인 줄은 모르고 좀 오래한 사람이 앉아 있는 데는 요기 이렇게 앉았으면 이만큼 오는데, 요기서 뭣이 걸렸는지 뭐 화살 맞은 것 모냥(모양)으로 내빼. 확 돌아서 그냥 내빼. 근데 어떤 사람한테는 이만하면 이만큼 들어가거든. 저놈이 이렇게 들어 쫓아 들어가니깐 그물까봐 저만치서 뭐 저 몽둥이래도 가지고 대가리를 갈길라고(때리려고) 이렇게 보면 이만큼 들어가다는 돌아선단 말야, 근데 요것이 여기서 돌아서는 놈이 있고, 이만치 가서 돌아서는 놈이 있고 그래. 아주 초전에는 옆에서 딴사람이 물구렁이는 눈 떠버리니까 내빼지.

그래 거기 가서 겨울에 들어앉은 사람들 보면 수수련이 제일 난데, 그것 때문에 위태해. 물에 들어가 앉아서 하면 꾸벅거리면 물을 먹으니깐 안 되고, 호흡을 잘하지 않으면 빠졌다가 차니깐 안 되고, 그러면 홀떡 벗고 뭣만 입고 배만 가리고 불알만 싸매고 그러고선 들어가서 하는데, 그것이 추울 때는 그게 좋은데, 춥지 않을 때는 목욕하는 거 같아서 뭐 별 소용이 없고 말야.

20:36

그리고 산에 가서 앉는 자리가 될 수 있으면 편하지 않은 데 앉는 게 좋아요. 너무 편한데 앉으면 여기 저… 여기도 내려왔었지 아마. 그 양반은 와서 앉는데 보면 이렇게 털담요 이렇게 넓적하게 깔고 추울까봐 이 걸 아주 두르고 앉고 이러더믄(이러더구먼) 그래. 그렇게는 공부 못해. 그 리고 저 라디오 틀어놓고 저 뭐뭐 판 갖다 집어넣고, 또 이런 거 하고 해 서 옆에 사람까지 공부 못하게 하고 그러거든. 거 돈이 있으니깐 그러는 거지만. 여기 나오면 여러 번 왔었지. 고생을 너무 많이 해도 걱정이지만, 호강을 너무 많이 해도 걱정이여. 우리들이 밥 먹고 배가 부르게 먹고는 호흡이 덜 되니깐 조금 덜 먹고 호흡을 꼭 해나가면 어디 자리 잡으면 자 리 잡은 데 가서 하는 게 좋고, 여기서 너무 사람 여럿 다니는데 하지 말 고, 여기 지금 이 편 쪽에는 그전 우리 연정원 있던 자리들, 그렇지 않으 면 저 밑에 은운봉 꼭대기, 구곡 꼭대기 말야. 그 꼭대기 거길 가면 그 꼭 대기란 게 상사자, 상사자 가는 데 아니여. 거기 그렇지 않으면 저편짜기 뭣이여. 수정봉.

학인: 네.

22:49

봉우 선생님: 근데 수정봉 자리는 부디 내가 말하는데 인가. 안씨들 말로 그 래. 왜 그런고 하니 그 전 사람들 하고 간 자리. 조금 억센 게 있는 뒷에는 그 밑에 있으면 잘 봐주는데, 바로 그 자리 가면 방해해. 바로 그 자리 가 면 방해하니깐 그걸 알고 내가 알려준 데니깐 그다음 그 밑에 그렇게 하 면 되지. 근데 저 그 양반하고 인사만하면 아무데나 괜찮고.

　그리고 저 북사자가 지금 절이 뜯겼지만, 북사자가, 딴 토굴보다는 공 부하는 게 그만이여. 공부하기가 낫다는 게 예전에 공부하다 간 스님네 들, 또 스님네 말고 공부하다 간 사람들도 있고 그래가지고, 그 근처에는 큰 기는 없어도 그저 가면 잡것 못 들어올 만해. 이제 그리고 상사자가 있 지. 근데 그게 아무 데나 그냥 앉으면 되는 게 아녀. 그것 그것 유의하고 여기 지금 애기봉 꼭대기나 애기봉 건너편 쪽 봉우리 있지.

학인: 네.

봉우 선생님: 팔인각 가는 거기서 공부해. 거기는 공부 웬만큼 한 사람이 밤 지키면 괜찮아. 그게 왜 그런고 하니 애기봉은 본산주산지(本山主山地)거든 본산주산지가 그 근처가 다 맨 거기를 지킴이라는 게 맨자 시원찮은 것들이 못 지켜. 좀 나은 것들이 지키니까 공부하기가 나아. 그걸 인제 저 첫 번 듣는 이가 들으면 무슨 소린가 하지만 가서 보면 알아. 내 자꾸 저 수정봉 찾아가지 말라는 것은 거기 깃대잽이(깃대잡이) 있는데 가서 마구 들어가면 그가 인정하는 데는 괜찮은데, 그가 인정 않고 있는 데 들어가면 그거한테 밑 보이니까 밀려난단 말야.

학인: 연화봉.

학인: 그저 연화봉 있죠 할아버님! 수정봉 왼쪽에요. 연화봉요.

봉우 선생님: 수정봉 왼쪽에 무슨?

학인: 연화봉 있습니다. 연화봉요. 작은 봉우리요.

봉우 선생님: 어느 쪽으로?

학인: 수정봉에서요. 신흥암을 보면서 왼쪽요.

봉우 선생님: 신흥암에서 왼쪽?

학인: 네.

봉우 선생님: 왼쪽으로? 오른쪽으로? 위로? 아래로?

학인: 아니요. 여기가 신흥암이 있잖아요. 그럼 이쪽이 사자봉이고요. 여기가 북사자고요. 그럼 이쪽에 있는 봉우리 하나 있잖습니까? 연화봉요. 그러니까 수정봉에서 갑사 쪽을 봤을 때 좌측에 있는 봉우리요. 수정봉에 바로 옆에 있는 봉우리 있어요.

봉우 선생님: 수정봉에 맞… 수정봉?

학인: 네, 바로 옆에 봉요. 좌청룡봉요.

봉우 선생님: 연화봉이라고 뒷사람이 만들어놓은 거라서 모르겠군.

학인: 네.

봉우 선생님: 수정봉이라고 거기서 작은 거 큰 돌멩이 있는데?

학인: 아니죠, 신흥암에서 수정봉을 보면 오른쪽요. 수정봉 오른쪽요. 그러니깐 선생님! 이게 저 수정봉이에요. 할아버님 자리가 신흥암에서 수정봉을 바라보잖아요.

봉우 선생님: 아니 아니 어디가 높아?

학인: 수정봉 본수정봉이 좀 높아요. 그러니깐 신흥암에서요. 수정봉을 바라보잖아요. 그럼 오른쪽에 있는 작은 봉우리요. 삼불봉 쪽으로요.

봉우 선생님: 거기서 공부한다고?

학인: 그 무슨 봉우리 어떤가요?

27:50

봉우 선생님: 난 가라고 말 못해. 공부하다 방해 받더라도 나한테 얘기 말아. 거기가 좋은데 같으면 가라고 벌써 했지. 수정봉이 본봉이고…

학인: 네.

봉우 선생님: 그 밑으로 해서 요렇게 요렇게 내려오고, 위에 있는 것은 이거 이거 맡아가지고 있는 거, 거기서 배울 거 하나도 없지. 뭣이나 저 산차나 하는 사람 같으면 가기 좋지. 딴 거 공부하는 사람은 찬성을 잘 않을 건데.

학인: 그 이름이 뭡니까? 이름이 뭐에요? 봉우리 이름이?

봉우 선생님: 몰라 나. 거기 그 근처 내가 뭐 육십 넘도록 거길 돌아다닌 놈이 거길 좋은 데는 좋은 데로 그리 가라고 하지 내가 왜 말라고 그러겠어. 거기 저 봉우리만 있다고 하는 게 아니고, 그래도 예전이들 댕겨간(다녀간) 데, 댕겨간 데가 좋고, 동학 고랑으론 동학 고랑으론 오성대가 조금 난데 오성대는 지금은 말 안 듣지 뭐.

전득좌 공부하고 앉아서 앉은 자리로 자리 좋기로는 머리봉이나 연천봉이나 거기가 났지만, 거기는 본산주신처(本山主神處)기 때문에 안 가는 게 좋고… 북사자도 뜯기기 전에, 절 뜯기기 전에 거기 가서 공부한다고 뭐뭐뭐 하다가 거기가 밑이, 저 마루 있는 그 댓돌에서 그 밑이 한참 높지 않아?

학인: 네.

30:38

봉우 선생님: 왜 저 ○○○에서 거기서 왔던 사람 둘이 있다가 집어던졌어. 그 밑에까지 집어던져가지고 죽지 않은 게 다행이지. 이것들이 거기 와서 공부한다는 놈이 그쪽에 불공 드리러 가는 여자들에게 장난을 한 모양이지. 못하게 했지. 그러다가 차력 공부한다는 놈이 차력은 지가, 그 쓸데없는 놈이지. 그래 제 아범은 내가 그 근처에 있으면서 봐주지 그랬다고 또 뭐라고 해. 아니 내가, 내가 그런 것까지 다 봐줘. 근데 거기는 자리를 고르려고(고르려고) 하지 말고 아무데고 한 군데서 오래해.

학인: 예.

봉우 선생님: 수정봉 앞이 좋지. 그 자리는 별게 아니라도 조금 여기서 있으면 오래 있으면 깃대잡이하고 친해지기도 하고 괜찮아.

여기 여 밑에 나 다음에 연정원했던 그 건너편 쪽 돌 있던데, 그 위는 오씨라고 내가 얘기하잖아, 오씨 공부했다고. 같이 공부를 하는데 조태술이하고 하는데, 왠 한 40 먹은 사람이 키가 훤칠한 사람이 오더니, 아, 저 자식 공부도 안 될 건데 지랄하고 소리 지르고 있다고, 조태술이하고 같이 하는데 뭘 외우고 하니까. 아, 왔기에 날 만나서. 아, 선생님! 그래 그 사람은 그래 안 된다고 하며 저 자식 저 자식 하며, 나한테 얘길 하니 "나는 될 거냐? 안 될 거냐?" 물었다누면(물었다는구먼) 그래. "아! 정성껏 하면 되지. 정성껏 하면 되지." 그러더라는구먼.

그래 내 이걸 봤는데 조태술이 거기서 한 달 다 못 돼서 쫓겨 나왔어.

한 달 다 못 돼서.

33:38

근데 저 공부하는 데는 공부도 좋지만, 마음을 공부해가지고 나중 어떻게 되는지는 얘기를 하지 말고 공부해서 머리가 밝아야겠다. 그 생각만 해야지. 이제 그게 인제 자기 욕심을 표현을 하면 과한 표현을 잘못하든지 하면 장난꾼들이 와서 장난을 해.

그거는 공부하는 이들이 제일 꺼리는 것은 이걸 해가지고 무엇을 하겠다는 그건 그만두고 정성껏 공부만 해. 공부해서 이만큼 올라와지면 자기 무얼 하든지 되지 않아? 주머니 1,000원짜리도 귀할 적에 쓸 것을 한 1만 원이나 10만 원씩 생각하면 이게 나오나. 주머니가 두둑해지면 나 쓰고 싶은 대로 쓰지 않나. 그와 마찬가지여. 공부도 이만큼 제대로 올라오면 이것도 하고 저것도 하고 할 텐데 오르기 전에 요기서부터 '나는 할 일 이놈을 해야겠다. 이놈을 해야겠다.' 하고, 이것부터 생각하면 잘 안 돼.

학인: 피곤하시니깐 그만하시지요.

봉우 선생님: 그래.

학인: 앉아계시지요. 인사하시지요.

〈예전 조상이 (호흡법을) 말씀하신 것은
연진조식(研眞調息)이라 그냥 그랬어요〉

봉우 선생님: 장소도 없는 풀밭에서 여러분을 모셔서 이거 죄송합니다. 주최 측에서 너무 힘이 없어서 이럽니다. 우리가 지금 여기서 시작할라고 (시작하려고) 하는 그 단전호흡법, 호흡법이라고 이렇게 하는데 그 연단법(鍊丹法)이니 뭐니 하지만 '호흡법'이라는 게 본식입니다. 호흡법은 이건, 호흡 않는 나라, 호흡 않는 사람은 하나도 없어요. 다 호흡을 하지만, 이런 법에 맞춰서 우리의 예전 조상들이 시키시는 대로 고대로(그대로) 하는 것이 처음 조선 몇 천 년 전 아주… 연대는 잘 모릅니다. 연대는 지금 이게 우리가 지금 단군기원을 4천3백 몇 년이라고 하지만, 그건 턱없이 쓰는 거니까 말할 거 없고, 1만 년이 되었는지 1만 년 훨씬 더 되었는지 그건 몰라요. 역사가 지금 우리나라에 우리 지금 황인종의 전체 역사라는 것이 확실하질 못해놔서 그걸 모르니까 모르는 건 모르는 걸로 제해 놓고 1만 년 전이라고 봐야 합니다.

그래 그때부텀(그때부터) 이 호흡법이라는 게 났는데, 호흡법을 간단하

---

246) 녹음: 김각중, 녹취: 박승순, 교정·주석: 정진용·정재승

게 말씀하신 거는… 예전 조상이 말씀하신 것은 연진조식(研眞調息)이라 그냥 그랬어요. "연진조식이라, 참 것을 단련하며 조식을 해라. 숨을 고르게 쉬어라." 하는 그것이 첫소리고, 그다음에 그걸 가지고 호흡을 해가지고 나가는 것이 글자로 나와서, 글자는 그전에는 글자가 없었으니까 말할 것도 없지만, 말로 그렇게 내려온 걸 나중에 전해 내려온 건데, "연진법이라, 참 것을 단련하는 법이다. 조식하는 법이다." 단 그거지, 딴소리가 없었습니다.

그 뒤에 중국서 중국대로 또 해가지고선 거기서 또 이제 뭐 연단(鍊丹)이라, 이 '붉은 단(丹)'자는 거기서 중국서 나온 거지 여기서 한 거 아닙니다. 연단이라, 뭣이라, 뭣이라 이런 소리를 해가지고 각기들 했는데…

그래 지가 "이거 뿌리를 모르겠다." 예전 조상들이 말하신 말씀이 너무 간단하니까 뿌리를 몰라. 그래 이걸 중국이면 백두산족에서 거기서 알 거니까, 백두산족이 뿌리 있는 자리가 어디 어디 대충은 짐작하니까, 다 가본다고 다 댕겨도(다녀도) 찾을 도리가 없어요. 찾을 도리가 없고, 이 전해 내려오는 게 연진조식이라는, 그것밖에 내려온 게 없습니다.

〈단군이란 그 백성 중에서 제일 밝은 사람을 골라내서 임금을 시킨 것이다〉

03:13

그래가지고 인제 거기서 인제 어떤… 어떤 조상이 제일 첫 번에 말씀하신 것이, '지감(止感)·조식(調息)·금촉(禁觸)'이라. 감정을 그치고, 욕심을… 말하자면 욕심을 그치고, 조식을 하고. 조식해서 뭐이가 얻어지거든 욕심을 내지 말고 차차 해나가는 그 공부를 더 해라. 지감·조식·금촉이라. 촉이라는 건 욕심을 내지 말라는 거, "하나가 하나 먹으면 족한데, 둘이나 셋 먹으면 더 먹는다고 남의 먹을 것을 먼저 지가 차지해 먹지 마라." 이거예요. "똑같이 평평하게 서로들 지내라." 이거예요.

그래 그때 시작하신 어른이 대황조(大皇祖)… 우리들이 부르길 대황조 한배검이라 이렇게 부르는데, 조상님이란 소리죠. 조상님이, 그 어른이 허신(하신) 거고, 그다음에 정치하는 걸 가르치고 생활하는 걸 가르치고 해가지고 첫 번에 나오길 단군, 밝은 임금이 나왔다고 해서 '밝달' 하는 것을 말하는 것을 '단(檀)' 자로 한자가 생기니까 '박달나무 단(檀)' 자지 그게 밝은… '밝을 명(明)' 자나 같은 게 아닌데, 단군(檀君)이라고 이렇게 부르게 됐어요.

그래 단군에 지금 유전(遺傳: 물려받아 내려옴)으로 내려오는 게 별소리가 다 있지만, 역사에 반듯한 거는 연대나 뭐 이것은 확실하지 않습니다. 책으로 나오는 것이 단군 역사, 호흡이니 뭐니 하면서 이렇게 나오는 것이 몇 천 년 됐다, 몇 천 년 됐다 이렇게 나오고, 《단군세기(檀君世記)》라고 하는 것이 "단군의… 단군이 아무 해 나오고, 그 부인은 성(姓)이 누구고, 또 거기서 난 아이는 몇이 있고, 몇이 있는데 그 뭣이가 임금 노릇 했다." 이렇게 해가지고 천 년을 역사를 맨들어(만들어)놓은 게 있습니다. 그거는 전전(前前) 어떤 일없는 사람이 붙들고 앉아서 맨들어놓은 거지 단군이란 걸 뭔지 모르고 한 소리입니다.

"단군이란 밝은 임금이라, 그 백성 중에서 제일 밝은 사람을 골라낸다." 하는 이것인데, "황후를 두어서 임금의 마누라에서 아들을 몇을 낳고, 그 아들을 시켰다."고 하는 건 단번에 단군이란 본의(本意: 본뜻)를 틀린 겁니다. 그러니까 그건 책에 암만 가지고서 이 책 아니냐고 이거 내놓는 사람, 그건 몰라서 하는 소리니까 혹 여기서도 그런 걸 보신 이라도 "그건 가짜다." 이렇게 알으셔야(아셔야) 돼요.

〈요임금 때도 순임금에게 임금 자리를 전해줬지, 아들에게 주지 않았다〉

05:59

그리고 단군이란 건 '밝을 단', '박달 단' 하는데 '밝을 단'으로 알고 한 거예요. 밝은 임금, "제일 똑똑하고 제일 밝은 사람으로 임금을 맨든다." 그래가지고 단군이라고 한 거예요. 그래 지금 요임금 나기 전에 내리 족 임금 누구 누구 누구 내려온 임금이 전부 아들 시키고 손자 시킨 임금은 하나도 없습니다, 요(堯)임금 내려오도록.

그게 여기 백두산에서 처음 이 호흡을 가르치고 허던(하던) 대황조님이… 그 양반이 "사람 중에 제일… 뫼인(모인) 그 여러 사람 중에서 제일 나은 사람으로 임금을 시켜라." 해가지고 그렇게 해 내려오던 겁니다 그게. 그렇게 내려오던 건데, 요(堯)임금 때도 요임금이 아들이 아홉이나 되었지만, 아들 아홉을 갖다가 요새 말로 태자라 황태자라 뭐라고 해서 임금 시키지 않고 아들 아홉을 다 내버리고, 그(밝은 사람) 중에 제일 나았던 소부(巢父), 허유(許由) 그 불러다가 임금 노릇 하라니까 "나 않는다"고 나가. "나 않는다"고 나가니까, 그다음에 이제 순(舜)임금을 찾아가지고 순임금이 여기서 역경(力耕: 농사에 힘씀)하던 인데, 농사짓고 하던 인데 불려갔어요. 불려갔는데, 순임금은 싫단 소리는 안 했죠. 싫단 소리는 안 하시고, 요임금의 딸이 둘인데 아황(娥皇), 여영(女英)을 주고 아들 아홉을 데리고 가서 모셔다가 자기 위(位)를 전한 겁니다.

〈하우씨부터 중국에서 대대로 전하는 임금이 시작이 된 겁니다. 단군은 그때 끊어진 거지〉

위를 전했는데, 그때까정 그게 단군입니다. 중국도 그게 이제 단군으로 내려왔고, 그다음에 하우씨(夏禹氏)라고 성인(聖人)이지. 다 여기서 성인으로 받드는데 그 성인은 중국 성인이에요. 이 백두산 성인이 아닙니다. 중국 성인이기 때문에 왜 어떻게 되었느냐? 9년 치수, 9년에 장마가 겨가지고 9년 치수를 하는데, 그 아버지 곤(鯀)이라고… 곤이라고 하는 사람이 그 물을 가서 순수(順水)로 이렇게 순리로 빠져나가게 했으면 좋을 텐데, 자기들만 편하게 해서 물을 몰아서 딴 데다 붙여놓으면 그 피해 입은 데는 아주 망하고 망하고 자꾸 이랬어요.

그러니까 순임금이 "너는 백성을 다스리고 백성에게 이롭게 하라는 건데, 너 편하기 위해서 사람 많이 죽였다"고 해서 '극곤(極鯀)'이여. 곤(鯀)이를 극이라는 건 '극진할 극(極)' 자인데 극진하면 극진히 대우를 했나 했더니 대우 아니에요, 죽여버렸어요. 잘못했다고 죄 졌다고 죽여버렸단 말이여. 근데 그 아들이 하우씨가 성자(聖者)로 공부를 잘하고 이러니까 불러다가 그 사람을 갖다 벼슬을 넘겼습니다.

벼슬을 넘기면 넘기고 받아야 할 텐데, 그러니까 정승… 요새 같으면 총리대신으로 국가계획을 보고 있다가, 하우씨가… 책에 그런 말을 써놓지는 않았습니다. 하우씨가 자기 아버지를 순임금이 죄 졌다고 죽였으니까, 순임금을 팽옥? 저… 소상강 거기 나가는 데서 물… 물속에다 수장(水葬)을 했습니다. 임금이지, 자기는 정승이고 한데 쑤셔 박아서 집어넣어 버렸단 말이여. 그러니까 아황, 여영이 자기 남편이니까 이걸 찾으러 거기 물에 들어가 암만 찾아보니 있을 리가 있어요? 물속에다 가서 단단히 넣었겠지.

그래가지고 아황 여영의 눈물[247]이라는 것이 그게 그래 나온 건데, 순임금까정은 여기서 나가 들어간 백두산족입니다. 하우씨는 백두산족이

---

247) 순임금을 찾아나선 아황, 여영이 뿌린 눈물이 대나무 잎에 떨어졌는데, 그 눈물자국이 소상반죽(瀟湘斑竹)의 반점이 되었다는 전설.

아니고 중국족이에요. 중국족인데, 그래가지고 그가 시작한 것이 자기가 임금 노릇하다가 임금을 전하기를 익(益)이라고 '더할 익(益)' 자 아주 그 저 순임금한테 하우씨 들어오듯이 뭣입니까? 요새 같으면 총리대신으로 제일 착하게 일을 잘하던 사람이 있는데, 그 사람한테 보내는 거보담(것 보다) 자기 아들한테 보내려 하니까 그건 쫓아 내보내고 자기 아들한테 전했단 말이야.

그때부텀 중국에서 대대로 전하는 임금이 시작이 된 겁니다. 단군은 그 때 끊어진 거지.

〈신라서도 밝은 사람에게 왕위를 넘겨주는 단군의 전통이 있었다〉

10:42

그런데 여기 서류에는 어떤 사람이 단군을 대대로 해서 천 년을 단군 노릇이 이렇게 나왔다는 건 거짓말이에요. 단군 그 전에 여기 나왔고, 그 담에 나온 거는 단군이라는 그중에서… 사람 중에서 제일 나은 사람 골 라다 맽기는(맡기는) 게 그게 단군입니다.

그걸 여러분들이 얼른 알기 쉽게 그 풍속이 신라까정(신라까지) 와가지 고 신라가 박혁거세[248] 임금… 신라서 임금 노릇 그를 추대 안 했습니까? 그러면 자기 아들도 있는데 자기 아들한테 임금하라고 했습니까? 딴 사 람 시키지 않았습니까? 석씨… 석탈해[249]. 그건 석탈해가 임금 자리 되니

---

248) 박혁거세(朴赫居世, BC 69~AD 80) 고대국가 신라를 세운 왕. 61년간 나라를 다스 리고 승천.
249) 석탈해(昔脫解, AD 57~80) 신라 제4대 국왕. 탈해이사금.

까 그한테 했지, 자기 아들한테 안 줬단 말이야. 석은 김씨250)한테 또 주지 않았습니까? 그게 단군되는 본 식을 신라서도 했던 거예요, 그게.

그런데 지금 여기서 단군 모르는 데는 어떤 사람 그 책 맨들어놓은 거는 대대로 임금 노릇 하는 사람들이 그런 풍습이 혹 뭐 있으면, 또 누가 임금 그만두고 단군 시작하자고 할까 뵈(봐), 착한 임금 시작 할까 뵈 그런 책을 맨들어서 그걸 단군 역사처럼 죽 전한 겁니다.

〈고려 때 단군사(檀君史)를 전부 없애버린 김씨〉

그리고 그래도 전해… 세상에 전해 내려와서 풍속에 전해 내려오던 게 있었는데, 신라가 망하고 고려가 이제 임금 노릇을 해가지고 내려올 적에, 원나라가… 원나라가 천자(天子)가 돼가지고 있을 때인데, 조선에 누구라고 이름 대면은 그 이름 닿는 이가(자손이) 덜 좋아할 테니까 이름은 말 안 하겠습니다. 김씨(김부식)라고만 알아두십시오.

그게 단군을 반대지. 나라 착한 임금 나오는 게 반대고, 아들, 아들한테 전하는 것이 그게 좋지 않으냐? 이런 생각에 조선에 단군사(檀君史)라는 예전에 있던 내려오던 역사를 싹 쓸어 없앴습니다. 싹 쓸어 없애는데, 그거를 어떻게 되는고 하니, 3년에 1수색(?), 3년에 한 도(道) 이… 우리 같으면 지금 도(道)… 도 중을 전부 뒤져가지고 그 단군에 대한 무슨 역사가 나오면 과거를 못 보게 해. 예전 말로 과거를 못 보면 벼슬을 못 하니까 쌍놈이다 이거지. 쌍놈을 맨들어버린단 말이야. 그 책이 많이 나오면

---

250) 김알지(金閼智, AD 65~?) AD 65년 탈해왕이 금성(金城: 지금의 경주) 서쪽 시림(始林) 수풀 속에서 닭 울음소리를 듣고서 가보니 금빛의 함 속에서 사내아이가 출현, 이를 '김씨'라 하였다.

이놈을 갖다 없애버려. 이래가지고 5년엔 한 도를 하고, 10년엔 한 나라를 해가지고, 그냥 그 역사를 있는 대로 다 갖다 없애… 찌끄레기(찌꺼기) 남았던 역사를 다 없앴어요.

그것이 이제 그 우리나라 예전에 단군 해서 내려오던 역사… 예전에 해 내려오던 역사를 싹 줄여 없애는 것이 고려의 김씨라고 하는 그… 그 피해를 입은 거예요.

그래가지고 이조(李朝)가 돼가지고 첫 번에 다시 단군사를 구해볼라고 (보려고) 했습니다. 이조 첫 번에 단군사를 구해볼라고 했는데 나오지를 않아요. 나오지를 않고, 그다음에 몇 분이 이렇게 나와가지고선 한 게 중국서 육군자(六君子)[251]가 얘기하는, 그 저 요새 유도회(儒道會)에서 말하는 행정하는 법, 그거를 가지고 가르치기 시작이 났어요.

그러니까 조선 와서는 백성들은 단군을 위했지만은, 백성들은 할아버님 위하는 거여. 집에만 집의 모양으로 쌀단지 위하고 뭣하고 위한 게 단군 위하는 거여. 그래 이제 그거 위하던, 대신 기도해주고 뭣 하던 거를 무당… 단골, '단골' '달골' 한 게 단군이 한다고 해서 단골이라고 된 거지요.

〈내각판(內閣版)도 나라에 아첨하는 놈이 지은 것은
나라에 해달라는 대로 짓는다(가짜다)〉

14:52

그래가지고 나왔던 건데, 그 뒤에도 조선에도 정조? 그다음에 또 저 어

---

[251] 송나라의 여섯 학자들. 주렴계, 장횡거, 정명도, 정이천, 주희, 소강절.

떤 임금인가 두 분이 '고려 적에 다 없어지던 그 찌끄레기라도 어디 있나?' 하고 전부 찾아봤어요. 시켜 찾아보니까 안 나와요. 안 나와가지고 다시는 그걸 말을 못 하고. 조선 내려와서 숙종 때 와서도 단군을 찾으니까 나중에 그 단군사를 누가 지어서 갖다 바쳤어요. 가짜… 가짜 지금 얼마 얼마 뭣했다는 걸 그걸 바쳐 놔가지고, 그래 지금 여기서 얘기하는 이가

"아 이건 내각판(內閣版)[252]인데 이게 진짜지 가짜가 있을 리가 있느냐고, 이거 그 가짜라고 하는 사람이 잘못이라고."

이런 소리를 해요. 그래 서울서도 지가(제가)

"그게 진짜 아니고 가짜여. 가짜요, 거짓말 한 것이지 그런 법이 어디 있냐?"고 하니까,

"내각판에 거짓말 하는 법이 있느냐?"고 나더러 덤벼요. 수염이 기다란 이인데, 한 팔십 먹은 이인데,

"당신이 공부를 못해 그렇다"고

"야, 이 자식아!" 대번 그랬어요. 나중에 낮은 소리지, "이 자식아! 니가 공부를 못해 그렇다. 나이가 니가 팔십이 된 게 구십이 먹었더래도 공부를 못한 놈이니까 그런 소리를 하지, 내각판이면 다 옳으란 법이 어디 있냐? 내각판도 나라에 아첨하는 놈이 지은 것은 나라에 해달라는 대로 짓는다. 내각판에 그렇지 않고 내각판이면 나라에서 하는 거니까 절대로 꼭 맞는다는 법이 어디 있냐?"

"증거를 대라"고 그래

"증거 댈까? 《무예도보(武藝圖譜)》[253] 내놓고 봐라."

---

252) 조선시대에, 규장각에서 펴낸 판본. 철주자(鐵鑄字)로 판을 짜서 박았는데 책의 재료나 모양이 화려하며 여러 판본 가운데 가장 정확하다.

253) 《무예도보통지(武藝圖譜通志)》: 조선 정조 때 이덕무(李德懋)·박제가(朴齊家)·백동수

《무예도보》에 이 서문 지은이가 박제가(朴齊家)254)라고, 그때 문장입니다. 사가(四家)255)··· 사가 하고 아주 이름난 문장인데 임금이 명해서 《무예도보》 책 맨드는 꼭대기다 서문을 내라고 했는데, 서문에 뭐라고 쓴지 아십니까? 그 문장이여, 사가로 치고 아주 이런 그때 당시의 문장으로 제일 간다는 이인데, 갖다 거기 써놓은 것이 뭐라고 썼는고 하니, "조선서는 예전에 무기가 없었다. 조선서는 무기가 없었는데, 일본 임진왜란에 일본 사람이 칼 가지고 나온 게 있어서 칼 있으니까 여기도 칼 남아서 칼을 가지고 있고, 척계광(戚繼光)256)이가 18기를 가르치느라고 거기서 활도 있고 뭣도 있고 뭣고 있고 해가지고 이런 것이 있어서 여섯 가지 무기가 이렇게 생긴 거다"고 이래서 썼습니다.

그 나라에서··· 나라에서 어명을 받아가지고 책에다 서문을 쓰는데 그렇게 썼어요. 그가 아주 그때 당시에 제일 문장이고.

"이 책을 봐라."

"아, 그게 거짓말이냐?"고

"이런 놈의 자식!" 하고 갈겨버렸어요. "너 이놈의 자식, 반명(班名: 양반의 이름)이라도 허는 놈이(양반이라는 자가), 낫살 먹은 놈이 말 들으라면 똑똑이 안다고 건방진 소리한다"고 갈기니까, 여럿이 웃고 "왜 이러냐?"

(白東修) 등이 왕명에 따라 편찬한 종합무예서. 4권 4책. 목판본. 1790년(정조 14)에 완간되었다. 《무예통지》·《무예도보》·《무예보》라고도 한다.

254) 박제가(朴齊家, 1750~1805). 조선 후기의 실학자. 자는 차수(次修)·재선(在先)·수기(修其). 호는 위항도인(葦杭道人)·초정(楚亭)·정유(貞蕤). 시문 사대가(詩文四大家)의 한 사람으로, 박지원에게 배웠으며, 이덕무·유득공 등과 함께 북학파를 이루었다. 시·그림·글씨에도 뛰어났으며 저서에 《북학의》, 《정유고략(貞蕤稿略)》 따위가 있다.

255) 사대시가(四大詩家). 조선 정조 때의 이름난 네 시인. 이서구, 박제가, 유득공, 이덕무를 이른다.

256) 중국 명(明) 말기의 장수(將帥)로서 왜구(倭寇)의 침입을 물리치는 데 큰 공을 세웠으며, 《기효신서(紀效新書)》 등의 병서(兵書)를 남겼다.

고 그래.

《《무예도보통지》의 서문이 잘못되었다는 증거》

18:13

"증거가 분명히 있다. 조선이 중국하고 싸울 적에… 수(隋) 임금 적에, 수나라 임금이 들어올 적에 중국 천하를 시동(?)한 군대를 가지고 여기 나왔다가 을지문덕이한테 현갑불안(?)으로 데리고 왔던 놈 다 죽이고 쫓겨 나갔다. 그러면 그전에 칼, 총… 총이 아니라 칼이나 활이나 무기가 없다면, 박제가 모양으로 그런 법이 없었다, 무기가 없었는데 일본게(에서) 들어오고, 중국 사람이 갖다 해줘서 이 무기가 없었다면 그 전에 가진 건 뭐냐? 말이야. 그러고 이세민[李世民: 당태종(唐太宗), 599~649]이가 수나라를 망하고 당나라 세워가지고 여기 쫓아 나왔을 적에 누구하고 싸웠느냐? 개소문이 하고 싸웠다. 개소문이 하고 싸울 적에 꼼짝 못하고 항복하게 됐어. 다 그냥 패하고서 항복하게 됐는데, 조선사람의 중산정왕(中山正王: 설인귀)이라고 하던 사람, 그 사람이 여기 개소문이 부하 장사인데 대우를 잘못하니까, (이세민이) 중국 천자니까 이 녀석 (살려)데려가면 (대우가)나을까 뵈 게서 이걸 막아가지고 살려가지고 가서 거기서(중국서) 중산정왕이라는 왕작을 봉했어.

그러면 여기서 할 적에 우리나라서 을지문덕이도 맨손이고 저쪽은 칼 있고 활 가지고 다 가지고 들어왔는데 여긴 맨손으로 이긴 거냐? 역사를 좀 똑똑히 얘기해봐라. 그러고 (연)개소문이… 개소문이 하고 싸울 때는 여지없이 죽게 된 거 중산정왕이 살려가지고 그 사람이 중산정왕에 설인귀(薛仁貴, 613~683)가 타고 있었는데, 그렇게 된 것이 그때도 그럼 개소문이… 개소문이 하고 저쪽에서 싸울 적에 맨손으로 싸웠는데 그게 다 싸운 거냐? 예전 역사는 생각지 않고 지금 역사만 가지고 그런 소리를 한다"고 낮은 소리를 했어요.

"아, 니가 뭘 아느냐?"고 그래.

한 살이라도 젊을 때니까 뺨따귀를 그냥 갈겨놨습니다. 그 학자님이야 그도.

"너 그런 개학자 노릇하지 말고 똑똑이 좀 봐라" 하면서 "너 같은 놈들이 있으니까 여기서 역사가 그 묵은 역사 잘못된 역사가 오고, 오류(?)된 것이 바로 나간다."

그래 여기서 내가 그러니까 그걸 가지고 그전에 있는 역사에 내각판에 오류(?)된 것들을 와서 찾아보고 이것도 잘못된 거고 이것도 잘못된 거라고 자꾸 적어놓는 게 표가 자꾸 나옵니다. 그러는데, 책은 학자님들이 일 없으면 적당하게 맨들어 써놓은 책이 많아요. 그렇지만 이게 예전부텀 전해 내려오는 본초(本初)는 그런 법이 없어요.

〈공자님이 주역 〈계사전(繫辭傳)〉에 밝히신 호흡하는 법〉

21:19

그래 우리가 지금 이거 공부하는 것은 예전 조상이 하던 거… 예전 조상이 하던 것을 공자님이 중국 들어가 사시면서 "이게 저 동쪽에서 백두산 밑에서 우리 조상들이 하던 거여." 이렇게는 안 하시고, 요렇게 역(易)자… 역이라는 게 조선서 들어간 건데, 역은 〈계사전(繫辭傳)〉에 났습니다.

"역(易)은 무사야(無思也)하며 무위야(無爲也)하야," 사사로움도 없고

뭐 괜히 뭐 만들라고 조작해내는 것도 아니고,

"적연부동(寂然不動)이라가," 적연히 가만히 있어도 움직이지를 않아. 호흡 하느라고 가만히 앉아 있으니까 뭐 아무것도 않고 앉았는 거 모양으로 가만히 앉아 호흡을 하고 이렇게 앉아 있다가,

"감이수통천하지고(感以遂通天下之故)여." 감동하면 천하에 연고를 다 알아져.

"비천하지지신(非天下之至神)이면 기숙능여어차재(其孰能與於此哉)리오." 천하에 귀신을 알아… 귀신같이 아는 것이라는 것이 이거 아는 사람이 누가 알 사람이 있느냐?

공자님이 그렇게 바로 말씀하셨지. 공자님 동양 성인이라는 건 다들 아시는데, 공자님 거짓말하고 그런 거 쓰세요? 그러면 이게 '호흡법이 이런 법이다' 하는 것을 얘기하신 거예요.

〈공자님은 조선사람이지, 중국사람이 아니오〉

그 지금 요 일전에… 일전에 유도회(儒道會)에서 대학 선생님들, 고등… 고등학교 선생님들 한문 연습을 게서 시킵니다. 한문 연습을 시키는데 여러분이 왔더만요. 한 100여 명 이렇게 왔는데, 지가 그 유도회 책임자입니다. 회장 명색이지.

그러니까 그날 와서 개학하는 날 오라고 그러길래 갔어요. 갔는데 거기서 가르치는 선생님은 뱃속에 이미 잔뜩 들은 게 글은 가득 들었는데, 그 글은 예전 글입니다 전부. 요새 역사 글이 아니고 예전 글을 해서 예전 그거 한문책에 있는 것만 그냥 가르쳐요.

그래 그러니까 그것 좀 깎을라고 하는 소리를 첫소리로 그랬어요.

"여러분들…" 공자님 그 저… 영정을 이렇게 걸었어요. "저 어른이 누구 십니까?"

"아, 공자상이지 누구냐?"고

"그럼 이 어른이 어떤 땅에 사시던 양반이고 어디 족속이요?" 하니까

"아, 중국 족속 아니냐?"고 다 그래요.

"딱하오."

"당신들이 중고등학교, 대학까정 한문을 가르치며 역사라도 가르친다고 하는 양반들이, 그 양반이 고향이 어디인지도 모른 대서야 말이 돼? 공자님은 조선사람이요. 공자님은 조선사람이지, 중국사람이 아니오."

"뭐 증거가 있느냐?"고 그래요.

〈공자 가문의 내력과 공(孔)씨의 유래〉

24:25

공자 조상이 탕(湯), 조선… 조선서 들어간 성인 탕 임금인데, 그가 400 년 500년 이렇게 하다가 망하길 누구한테 망했는고 하니 문왕(文王)… 문왕 아들 무왕(武王)한테 강태공이 데리고 들어가 싸워가지고, 여덟 해를 싸워가지고, 그 임금 주(紂)를 죽이고 그 나라[은상(殷商)] 뺏었어요. 그 나라는 백두산족이 거기서 임금 노릇하던 겁니다.

해서 내려오던 건데, 뺏어가지고 그 왕족들을 그냥 쫓아 내보내면 뭣하니까 조그만 나라 하나씩을 줬어요. 그래 그 망한 나라 탕의 자손, 백두산족의 성자로 있던 탕의 자손에 한 자손이 송(宋)나라라고 이 '나라 송 (宋)' 저 송씨라고 하는 송자. 송나라라고 하는 나라가 돼가지고 공자님이 그 송나라 자기 아버지가 송나라 임금의 어떤 임금의 셋째 아들이여. 그

러니까 백(伯), 중(仲), 숙(叔), 계(季) 이렇게 나가지 않습니까? 하니까 백이라고도 못 하고, 중이라고도 못 하고, 숙이니까… 셋째니까 숙손통?이라고, 숙의 셋째 아들의 손통이라. 그래가지고 공자 아버님이 숙손통이야.

그러면 공자님도 그 아드님이니까 숙 뭣이라고 이래야 할 텐데, 공(孔)씨라고 지었습니다. 그 왜 그랬어요? 거기서 이(백두산족의 근거지인 만주) 방(方)이 북방(北方)이여. 중국이니까 중국서 거가 만주를 대면 북방 아닙니까? 북방(北方)의 가차(假借)여. 이렇게 돌아 붙이면 간방(艮方)(?) 간상(艮象)(?)으로 돌아 붙는 거여. 거기서 나온 사람이라고 해서 공씨라고 처음 지었어요. 그 아버지는 송나라 자손이니까, 송나라 아들 큰아들, 둘째 아들, 셋째 아들 파라고 해가지고 숙자로 썼고.

"여러분들 생각해보시오. 그래가지고 그렇게 된 것인데, 당신들이 한문 공부를 한다면 먼저 공자님을 알아야 하고, 공자님을 안다면 공자님이 어느 나라 사람인 걸 알아야 할 거 아니요?"

거기서 가르친 사람은 공자님은 중국 사람이라고 가르쳤어요, 거기서 한문 가르치는 이는. 예전 글을 다 배운 이니까. 그러니

"그러면 그때 여기하고 왕래가 그렇게 되겠습니까?" 하고

"어, 공자님 뒤에, 여기 황해 이쪽이 한쪽이 들어갔어… 빠졌는데, 그때는 가까웠다. 산동반도 끄트머리 하고… 공자님은 산동반도… 산동에 노나라에 있었으니까 거기 아주 끄트머리고, 여기 황해도 끄트머리 장산곶 포구라는 게 이렇게 맞붙은 데여. 맞붙었다가 가운데 터져나가는 바람에 없어진 거야."

그러니까 그 양반이 "도불행(道不行)이라" "도가 행해지지 않는다" 공자님이 도를 가르칠라고(가르치려고) 하는데 도가 행해지지 않으니 "오부해동(吾浮海東)이라" "내 뗏목 타고선 동쪽으로 간다"고 그랬거든. 뗏목 타

고 동쪽으로 바다로 자꾸 가는 거 아니여. 거기서 거기 건너오면 황해도여, 조선. 우리 조상 살던 데로 가서 거 가서 우리 조상님들 하던 데 거 가서 살겠다고 아주 똑바로 그렇게 해놓으셨는데도, "이게 무슨 소리요?" 하니까,

"도가 행하지 않으니까, 저 뗏목 타고 가서 태평양 넓은 바다에 가서 풍덩 빠져 죽는다는 소리지."

"그렇게 봐? 그 당신들 한문이 그렇게 가르친다면 한문 버려. 한문이라고 한 것이 중국서 난 게 아니고 조선서 나서 그리 들여보낸 것이여."

〈당신네 나라(조선)에서 글을 처음으로 맨들어서
여길(중국) 들여보낸 거다〉

28:43

그 왜 그런 소리를 저도 자꾸 하는고 하니, 중국 들어가서 책 꽤나 봤습니다. 많이는 안 봤어.《사고전서(四庫全書)》[257]라는 거 한 번 족 내려보고, 저 이 한구(漢口)에 있는 책 제일 많다는 집에 가서, 한 번 죽 봤어요. 봤는데, 거기 보면 뒷사람이 이제 안 보던 거 별소리가 다 있죠. 중국 사람들은 이 우리를 만나 글을 많이 이렇게… 한문을 많이 책을 보고 하니까,

"당신은 글자 난 나라 사람이라 놔서, 글자 한문자 맨들은 나라 사람이라 놔서 이런걸 많이 잘 본다"고 그래.

---

257) 중국 청대 건륭(乾隆) 연간에 칙명에 의해 만들어진 총서(叢書). '사고전서(四庫全書)' 라는 명칭은 경·사·자·집(經·史·子·集)의 4부(部)로 이루어져 있으며, 중국 고대로부터 당대(當代)까지의 모든 서적을 망라했다는 의미에서 붙여진 이름이다. 수록된 책은 3,458종, 7만 9582권(각 벌의 서적 수는 동일하지 않음)에 이르렀다.

"그 뭣 소리냐?" 하니까,

"우리나라는 글이 없었는데 당신네 나라에서 글을 처음으로 맨들어서 여길 들여보낸 거다."

그 다 압니다. 여기 사람은 그 글이 중국서 나온 걸로 알고, 거기 사람은 여기서 들여보낸 걸로 압니다. 그러니까 우리가 몰라서 역사가 희미해지는 건데, 우리가 지금 하는 건 딴 게 아니고 그전에 하신 중에 "지감·조식·금촉"이라는 (글)귀가 있어서…

욕심내지 말고 조식을 해. 숨을 족~ 고르게 쉬며… 조식이라면 들어오는 거 나가는 게 똑같은 겁니다. 똑같이 쉬어가지고, 그게 길게 쉬면은 지금 10초 호흡이 20초도 되고, 20초 호흡이 40초, 50초 이렇게 나가서 1분 호흡 예사되고, 2분, 3분 이렇게 나가요. 그렇게 나가면 가만~히 앉았는데, 그건 "뭣이가 되느냐?"거든.

공자님이 말씀하신 거,

"역은 무사야하며 무위야하야", 역이라는(건) 날일(日)·달월(月) 한 거. 음(陰)·양(陽), 호(呼)·흡(吸)하는 거. 호흡하는 이렇게 음양으로 들여마시고 내쉬고 하는 거, 호흡하면,

"무사야하며 무위야하야", 아무 생각 없이 가만히 앉아서 호흡을 잘하고 앉았으면,

"적연부동이라가", 적연해. 가만히 앉아 꼼짝 않고 아무것도 안 뵈다가,

"감이수통천하지고여." 감동하면 천하에 연고를 다 알 수 있다.

그러면 공자님이 거짓말해서 뒷사람한테 거짓말, 책 팔아먹을라고 써놓은 거 아닙니다. 그런데 지금 이 호흡법이라는 건 일본에도 있고, 중국에도 있고, 뭣에도 있고, 저 인도도 있고 한데, 인도에서 하는 것은 두 가지여. 요가가 하는 건 우리 호흡하고 똑같습니다, 요가가 하는 건. 요가에서 요기들이 하는 거는, 숨을 여기다 그냥 딱 그치고 몰아요, 자꾸. 몰아

붙이는데 일본놈들 기합술 하는 사람과 똑같아요. 저 소련놈들 기합술 하는 놈과 똑같습니다. 그건 숨을 안 쉬고 몰았다 그걸 그냥 때리거든. 그건 우리 호흡법은 아닙니다. 그건 기합법이지.

〈요가는 몽고(백두산족)에서 왔다고 말한 인도 사람들〉

32:01

그런데 거기서도 요가는… 본 요기는 지금 그 기합술 하는 그 호흡을 하고, 요가 하는 사람은 우리와 똑같은 호흡을 합니다. 그래 이제 서울서 뫼이는(모이는) 사람들이 많이 뫼이니까, 거기 저 호흡한다는 이들도 많이 뫼이고 하는데, 내가

"이 호흡법이라는 게 조선서 들어간 거다." 그랬어요. "인도에서 하는 호흡법이라는 건 조선 우리 조상이 그리 전해준 것이지 거기 본디 호흡법이 없었다. 호흡이야 하지만 호흡하는 조식법이 없었다" 하니까

"그건 거짓말이라고 인도가 어딘데 그런 거짓말이 있냐?"고 나더러 그래요.

그래 인도 사람, 요기 하는 거… 요가 하는 녀석들이 왔는데, 한 댓놈 데려왔어요. 인도 사람이 왔는데 데리고 왔어. 인도 사람한테 묻기 전에,

"당신네들 하고 나하고 내기를 하자. 저 사람 말이 만약 우리 백두산족한테 배웠다면, 당신들이 한턱 내고. 백두산족이 아니고 저희 선생이 있어서 저희 나라에서 배웠다면 내가 한턱 내고 하자. 해보자"하니까 그 100번 해도 내가 진다고 그래요.

그 사람들도 다 자기대로는 박사니 학사니 하고, 또 무슨 장군이니 대장이니 소장이니 하는 게 한 열댓 명이 왔었어. 그래 데리고 온 게 인도

녀석… 여기 저 요가 하는 녀석들을, 중국이 아니라 인도 녀석들 그거 한 댓놈… 댓놈 나온 거를 데리고 왔어요. 데리고 왔는데 영어로 하니까 다 알더구만. (요가에 대해)물어.

"당신 그 요가가 인도에 본디 있던 거요? 인도에 본디 있던 거요? 어디서 어떻게 한 거요?" 하니까, 암말도 안 해. "요가 선생… 제일 꼭대기 선생 얘기요. 석가여래 있을 적에 같이 있던 선생(유마거사) 말이여."

"안다"고, 몽고서 왔답니다.

백두산족을 전부 몽고라고 몽고족, 몽고족 해서 우리도 지금 몽고족이라고 그러지 않습니까? 몽고족이 아니고 백두산족이여 우리들은 다. 이 백두산족이라고 그래, 거기서 왔다고. 그럼 여기서 가서 가르친 거 아니여?

여기 스님들이 계신가 모르지만 스님도… 스님들도 호흡하는 것이 설산 6년 이라는 게 그 양반 뭣하기 위해서, 석가여래가 설산에 가서 여섯 해 계실 적에 뭐… 참선만 하고 계셨나? '천상천하(天上天下)에 유아독존(唯我獨尊)'이라고 하는 게 그 양반이 그렇게 높으신 어른이라고, 그건 당신이나 내나 다 천상천하에 유아독존이여. 최고의 제일… 제일 높지, 남의 뭔 위해… 남한테 따라 갈 게 뭐 있나? 지가 하면 뭐든지 될 수 있는데.

그래 거기서도 호흡… 호흡이라는 게 동양에서 들어갔다. 북쪽에서 내려갔다 하는 걸 헐(할) 수 없이 인정하더구만 그래. 그런데 지금 서울서도 기합술 하는 사람이나 그렇지 않으면 지식(止息)하는 사람들은, 뭐 "200살 먹은 사람한테 공부했네, 300살 먹은 사람한테 공부했네." 거짓말 땅땅해요. 허지만 (맞)닥뜨려 놓으면 그렇게 얘기 못해.

〈호흡이 1분, 2분, 3분, 4분, 이렇게 올라가면 뭣이가 되는가
자기가 알아져요, 자기가〉

그래 여러분들도 이거 별게 아니니까 하는 호흡 그대로 하는 것을 조식을 하고, 10초면 10초씩 하고. 차차차차 이게 길게 하면 20초, 30초, 40초 돼요. 당장 호흡이 예서 이렇게 늘진 않고 조금씩 조금씩 늘려 나가야 늘어 가니까, 이게 늘어 가서 1분 호흡이 넉넉히 된다면은 그때 가서는 왜 무엇이 되느냐 하는 건 나한테 묻지 말고. 묻지 말고, 공자님이 "적연부동이라가 감이수통천하지고"라고 그래. 가만~히 앉아 적연부동이여. 아무렇지 않고 아무 생각 없는데 호흡만 하고 앉았었는데 감동하면 천하의 연고를… 천하의 연고를 다 알 수가 있단 말이야.

공자님이 거짓말하질 않아요. 공자님처럼 알면 천하의 연고를 다 알지만, 그만 못하면 한 동네 일이라도 알 거예요. 이거는 호흡을 하시는데 조식을 해라 이거지, 딴거 아닙니다. 거기다 여기 지금 지식법 가르치는 사람은 그건 우리법이 아닙니다. 그건 기합하는 술입니다. 숨을 그치고, 또 이걸 이래가지고 이리해서 어디로 보내라 어디로 보내라 하는데, 어디로 보낸다는 거를 그거 지식하면서 장난하는 짓이에요.

여기… 여기 저 단서(丹書)에 보면 별 소리를 다 썼어요. 단서에 지금 갖다 놓는 것이 수… 수백 명이 각기 제(자기)대로 썼는데, 말하는 게 저(자기)대로 똑같이 않고 다 다릅니다. 그게 중국사람들이 맨들은(만든) 책이여. 가보면 별소리가 다 있어요.

왜 우리 조상이 맨들어놓은 거 '지감 · 조식 · 금촉' 그걸로 똑 떨어졌는데 뭐 딴걸 자꾸 할 까닭이 있어? 여러분들이 이거 하시는 거 딴것이 이상한 게 있는 거 아니고, 호흡이 돼가지고 호흡이 1분, 2분, 3분, 4분 이렇

게 올라가면 뭣이가 되는가 자기가 알아져요, 자기가.

〈유학 가는 아들이 스무나흘 만에
영어 공부를 완벽히 끝내길 기대한 임규〉

38:27

　학생들? 학생들은 이거해서 1분, 2분 이상 호흡이 나간다면 정신이 10 배, 20배, 30배 이렇게 늘어요. 책을 하루 여기 100장 보고서, 100장을 다 기억 잘하는 사람이면 제법 머리가 좋은 사람이여. 그런데 이거 공부 해 가지고 한 3, 4분? 3, 4분 호흡이 된다는 사람이면 하루 이렇게 술? 높은 거래도(거라도) 하루 이거 다 보고서 집어 내던지고라도 그대로 다 봐요.

　그건 여기서 아주 우리들… 우리들 계에서 저 이름 있던… 이거 해가 지고선 머리 좋단 사람이, 여러분들이 이름은 알 거예요. 이광수(李光 洙)… 춘원(春園)이, 이광수 평안도 사람이지. 여기 서울 올라와서 공부했 지. 춘원이, 최남선(崔南善)이 누구누구 해서 여섯입니다. 홍명희(洪命憙), 임규(林圭), 전부 여섯이 했어. 여섯이 그걸 다 통한 사람이여.

　그 사람들은… 임규는 저 아들이 저 뭣에 들어가서… 상해로 들어가서 뭣에 들어가는데… 영국 런던을 들어가는데, 상해 들어가서 일본… 그 영 어를, ABC를 배우기 시작했는데, 저기 들어가서 책 못 봤다고 "그런 둔자 바리(둔한) 자식 어딨냐?"고 그 자식 때리는 거 봤어요.

　"그래 여기서 들어가는 스무나흘 만에 가서 얘기를 못한다니 말이 되 느냐?"고, 중국의 왕정정(王正廷)[258]이는 여기서 들어가는 새에 영어 글

---

258) 왕정정(王正廷, 1882~1961) 절강성 봉화(奉化) 출신. 신해혁명 이후 북경정부의 요 직을 지냈으며. 1919년의 파리강화회의. 1923년의 대소(對蘇) 국교 회복을 위한 절

자를 배워가지고선 거기 들어가서… 대학에 들어가서 강의를 했습니다, 열여덟 살에. "그래 남의 나라 사람은 그러는데 그거 못했다"고, 그 임규, 마침 들어가니까 아들을 회초리로 갈겨요.

그래 내 임규더러 그랬어요. 나이 나보다 많이 먹었어요.

"나는 소, 소 해도 다른데 어디 소가 서울에 소가 그래 있을 줄 몰랐더니 소가 그 한 마리 있다"고, "소같이 미련하지. 내가 그랬다고… 자기가 그랬다고 아들도 그러려니 하고서 당장 모른다고 자기처럼 알지 못한다고 자식을 때리는 그거… 그건 미련해 그려."

근데 공부하는 사람들은 그런 사람이 많습니다.

여러분들 여기서 딴게 생기는 게 아니고, 머리가 좋아지고, 책 기억하는 것이 한번 봐서 얼른 알지 못하던 거라도 머리가… 호흡이 1분, 2분 이렇게 해서 급 위에 올라간다면 책을 열 번 보든지 스무 번 보든지 본 것은 다 그냥 다 웁니다. 기억이 다 돼요. 그러면 이 머리 기억만 좋아도 책을 많이 볼 수가 있고, 또 그걸 많이 아는 사람이라면 새로 신발명도 할 수 있고, 써놓는 것도 무식한 소리를 안 쓸걸.

〈'주재 주(•)' 자를 '귀절 찍을 주(ヽ)' 자로 써놓은 한심한 한문학 박사〉

42:10

요새 조선서 조선 한… 한문학 박사로 계신 양반 한 분이, 한문학 박사로 자처하고 자기도 남들도 다 자타가 다 인정해요. 한문학 박사는 누군지 다 아니까 이름은 부르지 않겠습니다만, 아, 이 사람이 요렇게 점 찍은

충, 1925년의 관세자주권의 획득 등에 활약했으며, 후에 외교부장·주미대사 등을 지냈다.

자(·)입니다. 점 찍은 자를 뭐라고 써놓은고 하니, '귀절 찍을 주(ヽ)' 그 랬어요. 한문학 사전에다가 '귀절 찍을 주'라고 그랬습니다, 요렇게 점 찍 은 거. 그러면 그걸 선비들도 귀절 찍을 주로 아는 사람이 거의 그냥 귀절 찍을 주로 보기 쉽습니다, 점 꾹꾹 찍는 거.

'귀절 찍을 주'라는 건 붓으로 찍었으면 요렇게 요렇게 된 게 갸름하게 꼭 찍은 게(ヽ) 그게 귀절 찍을 주입니다. 똥그랗게 찍은 건(·) '귀절 찍 을 주'가 아닙니다. 그건 천지만물 '주재 주(·)' 자입니다. 천지만물에 첫 번 초점이 점하나 찍는 걸로 사람도 되고, 짐승도 되고, 그릴라면 뭣도 되 고 별게 다 되니까, 천지만물 시작되는 주재주 자여.

근데 여기 박사도 그런 거 가 실수를 한단 말이야. 박사 만나서 옆에서 저 앉혀… 앉혀놓고 그랬어 내가. 옆에 따른 사람들하고, 박사인지 내가 모르는 것도 아니고 그 사람 몰라서 하는 것도 아니고,

"야, 여기 잘 보는 사람은 이런 글자도 이렇게 '귀절 찍을 주'자로 맨들 어(만들어)놓는데, 참 그놈 참 더 용하더라. 예전 사람은 몰라서 딴 걸로 썼는데, 이는 알아서… 잘 알아서 귀절 찍을 주라고 썼더라고."

나더러 그래 "아, 그게 귀절 찍을 주 아니고 뭐냐?"고.

그래 책을 휙 집어던졌어.

"박사란 소리를 말든지, 그런 잘못을 말든지 해야 되네. 자네도 사람 될 라거든(되려거든) 좀 그런 것 좀 주의 좀 하소."

그래 나더러 괴팍하다고 그래. 어디서 괴팍해가지고 남의 잘못만 뜯을 라고 한다고. 그러니 여러분들도 이 호흡하는 것은 몸에 병이 없어지고… 잔병이 없어지고, 머리가 좋아지고, 머리 좋아지는 것이 이제 한 계단, 두 계단, 세 계단 가서 더 좋아지는 거는 예서부터 말할 필요는 없는 거고. 조금 더 올라가선 조금 나아지는 거니까.

〈송구봉의 말대로 상주 호적을 3일 만에 외워서 복구한 황강 김계휘〉

45:03

여기서 가까운… 유성서는 가까운 여기 연산, 연산에 황강[黃岡: 김계휘(金繼輝)] 김정승, 사계[沙溪: 김장생(金長生)] 아버님, 그 양반이 경상 감사를 가는데 친구(송구봉) 한 분이… 당신 친구 한 분이 "자네 경상감사 가거든 사흘… 사흘, 3일 안에 상주 호적을 한번 좀 봐보게." 그도 한번 보면 다 외는 이여. "그래 무슨 부탁하는 거냐? 왜 그래?" 하니까 "아니, 그래 둬봐."

다른 사람은 그 자네라고 하는 사람을 천대를 하는데, 그는 나중 정승까지 했지만 경상감사로 가면서도 벗하고 지냈단 말이야. 그런데 가서 사흘 돼가지고 아들더러 "상주… 상주 호적을 좀 들여오너라." "상주 호적을 그 뭣하러 그럽니까?" "가져오너라." 그래 한번 죽 봤는데, 그야말로 한번 눈에 지나면 다 왼단 말이야. 그래 훅훅훅훅 다 봤어. 한나절에 다 보고서 "갖다 도로 쌓아놔라."

얼마 뒤에 1년 뒤인가 반년 뒤인가 되어가지고… 얼마 뒤에 호적고(호적창고) 불이 났습니다. 호적고 불이 났는데 상주… 상주 호적만 반 이상이 탔단 말이야. 감사가 호적고 불이 나면 면직 당하는 법입니다. 책임을 져야… 면직 당하는 법이야. 그러니 그때 그 친구가 얘기한 게 기억이 나. "서사원(書寫員) 한 100명이고 200이고 불러라" 하고 그래 죽~ 서사원, 글쓰는 사람들을 이래 부르고서, 상주면 서면이라 상주면이라 무슨 면이라 무슨 면이라 이렇게 죽 하나씩 부르고 꼭대기서부텀 하나 하나씩 해가지고 불탄 거만침 그 호적을 다 맨들었어. 그래 다 다시 해 넣어가지고 이는 뭣에 있으니까… 저 감찰부에 있으니까, 그 이름 다 찍어서 다 맨들어 놨어. 아무일 없이 떨어지지 않고 잘 되었단 말이야.

그러면 그가, 한 고을에 소작이라면 사람 수가 얼마여? 암만 못 돼도 10만 명은 될 거 아니예요? 10만 명의 그걸 다 기억했단 말이야, 한번 홀홀홀 보고. 그래가지고 나중에 불탄 뒤에 얼마나 탔던지 모르지만 탄 걸 다 보충을 했어. 그러면 그 김서방네들이 충청도서는 양반에 누구한테 빠지지 않을 테고, 양반이요 이런데. 그거 가르치려던 양반… 그거 호적가 보라고 하던 양반, 그 자손들이 묘를 모시지 않고 여기 김씨네들이 모셔요. 머리가 좋아서 자기도 당하지 않고 했으니까. 사계도 거 가서 공부해서 그 가르치던 이한테 공부하고, 신독재[愼獨齋: 김집(金集, 1574~1656: 김장생의 아들)]도 거기서 공부해서 향교에 다 들어가지 않으셨어요?

〈선조대왕에게 송구봉을 추천한 이율곡〉

49:17

그래 그게 사실이 있는 거… 일이 있는 거, 율곡이 쫓겨 나가시면서 선조대왕한테 "물러나가지만 한 가지 전하께 아뢸 말씀이 있습니다." 하니까 "뭐냐?" 하니까, "요다음에 나라에 국난이 나. 난리가 나거든, 아무… 아무개를 불러서 책임을 주면 한달 안에 무사해질 겁니다"고 하니까, "그러나 그 사람이… 그 사람이 안광이 좀 심하니까, 눈은 뜨지 말라고 그러십시오."

그래 임진란이 나니까 선조대왕이 그 사계 선생님[259]을 불러서 "요번 난리가 났는데 어떻게 되겠느냐?" 하니까, 그 뭐 그리 대단치 않게 여겨.

---

259) 구봉 선생님을 혼동하심.

"그 어떻게 어떻게 막으면 될 거 같습니다" 하는데 "그런데 왜 머릴 숙였나? 머리를 숙이고 눈을 안 뜨나?" 하니까, "소신의 안광이 세어서 혹 전하께서 안광에 뭣 하실까 뵈 그래서 뜨지를 못합니다" 하니까, "아 사람의 눈에 눈뜨는데 안광에 그걸 못 떠… 당하는 사람이 어디 있어? 떠보게" 하니까 딱 떴단말이야. 얼마나 놀랐던지 나가라고 그래.

그러니 거기서 율곡은 그 양반을 쓰라고 그랬어. 난리가 나거든 쓰라고 했는데, 이 양반은 무서우니까 내보내버려… 버렸어. 그랬는데 사계 집에서는 그를 갖다 따로 인제 그저 제각(祭閣) 짓고 산소 모시고, 그 자손들은 거기를 안 가고 김씨들이 지내요. 그 예전 그런 일이 그런 증거들이 자꾸 나오지 않아요.

〈우리는 노벨상 타면 (누가)말려? 10년만 잡고 하면 얼마든지 나오는데〉

여러분들도 어떻든지 다른 게 아니고 노인들은 지금 호흡을 해서 좋더라도 몸 건강하고… 좀 몸이나 다른 병이 없고 건강하고 머리 좋아지면 좋고. 수(壽)라는 건 뭐 정년(定年: 정해진 수명)이 있으니까 얼마나 더 살지 그건 모르는 거지만, 가기 전에 건강해야 되는 거니까 그렇게 하고. 젊은이들은 좋은 머리 가지고 연구 좀 잘해가지고선, 그 왜 노벨상 아직도 그뜩한 거 못 나오는 거기 노벨이 그뜩한 놈이 그… 왜 우리… 우리는 노벨상 타면 (누가)말려? 10년만 잡고 하면 얼마든지 나오는데.

서양 사람들이 우리보다 앞선 게 별게 아니고 머리가 좀 공부들 잘하고 머리가 좀 좋아서 앞서니까 그 사람들이 꺼떡대는 거지, 그 사람들이 머리가 둔자발이… 둔자발이로 아무것도 못해 보면, 황인종한테 와서 무릎 꿇고 할아버지 찾을 거여.

〈황백전환을 두려워하는 미국인〉

53:00

지금 일본서⋯ 일본서 내가 (공주 상신리에서) 서울 간 지가 스물여덟 해인데, 스무여덟 해 동안에 일본으로 만주로 뭐 저 뭡니까 이 저 인도로 사방 돌아댕기던(돌아다니던) 미국사람들, 미국사람들 저희 말로 4차원 연구하는 사람들입니다. 그것들이 아홉 번 댕겨 갔습니다. 제일 첫 번에 와가지고 어떤 녀석이 미친 소리를 했는지 모르지만, 어떤 녀석이 미친 소리를 해서 사방 돌아댕기다 찾아와가지고선 제일 괴상망측한 걸 다 물어요. 천문, 지리, 뭣 뭣 저기서 뭣이 별거를 묻는데, 난 그런 거 모르는 사람이다 해도 곧이 안 듣고 자꾸 물어쌉니다, 며칠째 묵어가며.

그런데 거기선 뭣이고 하니, 백인종이 황인종한테 당한다 이거예요. 요 다음에는 백인종이 황인종한테 당한다고 해서, 그 '당하면 쓰겠느냐'는 생각으로 '황인종이 누가 그런걸 하고 앉았나?' 하는 걸 이걸 조사하러 댕겨요. 미쳐도 보통 미친놈들이 아니지.

아홉 번 댕겼는데 마지막 것 댕겨가고 그 다음엔 다시 아직 안 나왔는데, 뭐 UFO? UFO 회장이라나. 금성⋯ 금성 사람 뭐 만나나 뭐한다는 녀석, 그 저희 마누라 데리고 우리 집에 와서 자고 갔어요. 그 외양은 멀쩡한 놈이⋯ 쇠도둑놈처럼 생긴 놈이 제 여편네 데리고 와서, 이런 이만한 너른 번들번들한 광석이여. 이만해, 커⋯ 이만해. 벼개(베개)⋯ 웬만한 벼개 하나만한 걸 가져와가지고, 뭘 가지고 와서 뭘 꺼내고 뭘 ○○ 보니까 그런 걸 싸고 싸고 한 걸 내놔.

"이것은 금성 사람이 저를 보고선 이걸 가지고 가면 조선 가면 알 사람이 있을 테니까 가봐라 그래서 왔다"고,

그래서 대고 그랬어요,

"당신이 딴 데 가선 그런 소리해도 나한텐 그런 소리하면 안 된다. 나는 아무것도 모르는 사람이여. 나는 아무것도 모르는 사람이지만, 당신 가지고 있는 건 지구에 있는 물건이지, 금성 사람이 준 거 아니다 말이야."

부득부득 췄대요. 그래 그놈을 가지고 한쪽 뗀 게 있어요, 저 요만치 뗐어요. 거기서 뗐는데, 이걸 가지고 분석할 데를 사방 다 해봤는데 지구에는 없답니다. 지구에는 이런 물건이 없다고 그런다고. 그래 웃었어요.

"진짜로 그렇다면 미국에 과학이라는 게 참 0점 이하라고. 이게 지구 물건을 가지고 지구에 없고 딴 데 가 있다고 하는 것은 0점 이하지 뭐냐? 너희가 나를 속일라고 하지만은, 날 속여도 되지 않는 거고, 이거는 지구에 반드시 있는 물건이다."

아니라고 부득부득 해요. 금성인이 췄다고 그래요. 저는 어떻게 반드시 지구에 있는 물건인지 금성 사람이 췄는지 어떻게 압니까? 저 녀석이 대답을 못하게 해야지. 그 사람하고 나하고 앉은 자리가 지구지, 금성도 아니고 토성도 아니고 아무 데도 아니고 둘이 앉은 데가 지구입니다. 거기서 가지고 왔다 갔다 하는 것이, 여기서 내 놓은 게… 이 내 놓은 자리가 지구 아닙니까? 지구에 있는 물건 가지고 지구서 사람이 붙잡고 있는 거지, 어디 딴 데 사람이 가지고 있어? 답이 이퀄(=)이 아니냐? 'X = 뭣'이라고 하면 답이 틀렸냐? 하 웃고 그냥 가고 그다음에 다시 안 와요. 별것들 다 와요. 4차원 연구한다는 자식들 별 괴상망측한 소릴 다 묻고.

중국사람은 물어도 그렇게는 안 묻습니다. 알면… 이만치 알면… 지가 이만치 알면, 아는 걸 감춰놓고. 감춰놓고, 여기서 조금 뭣을 맛을 뵈고 이제 그러고 이거 이거 내가 하는 말을 알아듣나 못 알아듣나 요걸 살살 달랠라… 낚시질 할라고 그래, 중국 녀석들은. 그래 낚시질 할라는 (하려는) 소리 들으면… 확 집어 뜯어버리면, 그때 가서 이제 바로 말이 나오지. 중국을 들락날락 한 40년 들락거려놔서 중국사람은 많이 만났습니다.

〈조선에 이미 들어와서 활동하고도
처음 들어온 사람처럼 감상록을 쓴 궁기〉

59:03

일본은, 일본 내 그리 많이 안 댕겼어요. 그렇지만 일본도 소위 공부한
다는 사람들은 많이 봤죠. 그 사람들도 음흉하기가 한량없이 음흉해요.
그 전에 〈매일신보(每日申報)〉260)에서 무불진인이라고 공부한 녀석이죠,
중. 무불진인 사장으로 있을 적에 미야자키(宮崎: 최면술 박사)라고 궁기,
궁기라는 사람이 왔는데, 궁기가 여기 들어오면서 조선에 배우는 첫 번
들어오는 감상록을 썼어요. 죽~ 썼는데, 조선 처음 오는 사람이 어떻게
이렇게 알았을까? 그랬어. 아무나 보길 그 사람이 여길 조선 처음이라는
데 처음 들어오는데 조선에 샅샅이 일을 다 잘 알게 죽 썼어요.

무불진인이 소개를 하는데,

"아, 이가 처음으로 오면서도 이렇게 참 머리 명철해서 이렇게 잘 쓴다"
고 그래.

그러니 알지도 못하는 조선을 와가지고… 처음 와가지고선 조선에 여
기… 여기 일, 저기 일을 자세하게 써놨으니 그 사람 훌륭한 사람 아니에
요? 다들 그 무불진인 굉장한 사람이라고 그래요. 나 쪼그맸습니다.(그때)
열칠팔 세… 열일곱인가 여덟인가 먹을 땐데, 무불진인한테 그랬어요.

"당신이… 당신이 여기 사장으로 있더래도 신문사 사장으로 보지 않고,

260) 일제강점기에 조선총독부 기관지로 발행되던 한국어 일간신문.

일본서 정신학자로 안다. 일본서 정신학계에서 한 몇째 몇째 치는 정신학계에 유수한 사람으로 아는데, 당신이 미야자키를 갖다 초대한 거, 그 난 불복한다."

나이나 많이 먹은 놈이 그래야 할 텐데, 이십 안쪽 놈이 그러니까 "나마이끼(なま-いき: 건방지다)"라고 대번 소리 나오지 않아요. 나더러 나마이끼라고 그래.

"조센노 ○○인데 나마이끼"라고. "미야자키가 누군지 알고 그러냐?"고.

"내가 나마이끼인 게 아니고 당신 무불진인 당신이 나마이끼요. 사람을 속이는 건 도적놈도 하지 않는 짓이라고. 신문에다 그걸 그렇게 낸다면 조선 사람 다 믿으라고 하는 소리지만, 난 그건 안 믿소" 하니까

"왜 안 믿느냐?"고 그래.

62:17

내가 지금부텀 1년 전에 속리산엘 들어갔어. 속리산에 뭣이 저 은덕굴인가 그 굴에 거길 들어가보니까 웬 여자 조그만 거 하나 심부름하고, 거기 앉은 것이 무불진인(궁기)이여. 탈을 쓰고 꼭 저… 참선하는 중 모양으로 하고 앉아 있는데 그 딸 데리고. 조선 나와서 1년을 했는지 반년을 했는지 거기 와 있던 녀석이 여길 다 댕기며 보고 나와서, 처음 와서 여길 보면서 전부 아는 걸 쓴 거 모양으로 써놨단 말이야.

"나 거기서 만났다."

나더러 "무불진인(궁기)을 만났는데 누군지 아느냐?"고

"그래? 내가 열다섯 살에 일본 들어갈 적에 무불진인(궁기)만 만나길 한 번, 두 번 만난 거 아니다. 무불이 아니라 궁기. 궁기를 내가 만난 게 내가 한두 번 만난 게 아니다. 내가 기바라(木原)한테 가 있을 적에 거기서 여러 번 봤다. 내가 그 얼굴을 모를 줄 아냐?"

그랬더니 뭐 물건을 이만하게 뭣에다 싸서 이만한 걸 줘요. 주면서

이… 이래, 말 좀 말아달라고.

"그 사람이 거기 와서… 산에 와서 공부했지, 댕기며 본 건 아니다"고

무슨 댕기며 안 봤겠어요 몇 해를 거기서 산꼭대기서 공부한다고 조선 놈처럼 말… 말이 설다고 하고 조선 형사 행세하고 거기서 산에 와서 공부를 했는데. 전부 그렇게 으뭉단지(음흉함)들이여.

〈일본 정신계 유람기 – 전중수평(田中水平)의 속임수〉

64:20

저는 조끄매서 제일 첫 번에 일본 들어간 게 열다섯 살 갑인년(甲寅年: 1914년)이니까, 이 호흡을 한참 할 땐데. 거기서(일본서) 이제 내놓는 게 신문에다 이렇게 보면, 대판(大阪) 조일신문(朝日新聞)에 뭐 경천동지 뭣이라 뭣이라 뭣이라 하고 가르치는 데가 그뜩한데, 3원이면 한 달 가서… 월사금 3원 주면 한 달을 가르치고, 석 달이면 9원만 주면 배운단 말이야. 갑인년 한참 쌀값 쌀 때입니다. 쌀 한 20전씩밖에 안 할 때니까 한 말에. 아, 그렇게 된다고 그러고. 25원을 주면 특과로 와서… 와서 직접 가르친 답니다. 직접 데려가 자기 앞에서 제자로 가르치고, 100원을 주면 거기서 설명하는 무슨 술(術)한다 무슨 술한다 하는 그 술하는 그 일부를 하도록 가르친답니다.

그러니까 원 이런 놈들이 도둑놈들이지. 어디 가본다고, 100원씩 주고 선 죽 가봤습니다. 100원씩 주고 가서 각… 제일 먼저 전중수평(田中水平)이한테 갔어. 전중수평이한테 갔는데 특과 특별과지 그러니. 거기서 말하는 것이, 배우는 사람도 거기서 한 가지라도 할 수 있게 가르친다는 거야. 그래 전중수평이한테 가니까, 대판(大阪: 오사카) 요쪽이지.

제일 첫 번에 가보니까 한 2,000명 모아놓고선 해요. 믿겠어요 믿기는. 손 이래서 딱 벌려서 이래 딱 놓고… 딱 내려놓는데 칼 일본도예요, 마사모네 일본도. 쓱 벼리고서 위에다 머리털 내려서 쓱 던지면 스르르르 내려가면 뚝 끊어져요. 머리털 여기서 닿는데 그냥 떨어지지 않고 여기서 끊어져 내려와요. 묵은 칼, 굵은 칼, 이렇게 날 있는 거, 굵은 놈 갖다 딱 붙이면, 이놈한테 닿으면 덜~컥 끊어집니다. 그런 칼을 구경시키고서 이렇게 딱 내놓고 딱 대고선, "누구든지 쳐봐라" 하는데 그 어떤 놈이 저놈이 가짜로 갖다 대나 그랬어요. 그랬는데, 아주 힘세게 그냥 위에서 오면서 소리를 지르고 이래가지고 내리쳤단 말이에요. 칼만 뜨지 암만 끄떡을 안 해요. 그런 보도로 쳤는데.

그러고 영자판(靈子板)이라고 있는데, 영자판이라는 건 요렇게… 요렇게 된 나무로 맨든 건데, 영자판은 하나 하나씩해서 반들반들하게 한 겁니다. 이렇게 쌓아 놓고서 여기서 딱 누르고서 영(靈)을 영자(靈子)를 내려가지고 쫘르르르 이놈이 하면, 죽~ 밀면 그냥 이놈이 죽 나갑니다. 딴 사람들은 거기서 3년 했네 이태 했네 하는 건 한 30장, 한 20장 그래가지고 억지로 이걸 밀더구먼. 그러니 거기서 수천 명이 와서 보는데 그런 이상한 짓을 하니… 그렇게 반드러운(반들반들한) 거 매끈거리는 것을 그 짓을 하니, 속지 안 속을 도리가 없어요.

그 내 들어간 지 며칠 안 되었으니까 한 70장이 있는데,

"나 한번 해보겠다"니까

말래요. 하지 말래요.

"아니, 허지 말기는…"

"아니, 너는 나중에 다 할건데 뭐 헐 필요 없다"고

"아니, 그러지 말고 해봅시다" 하고 딱 대고서 "에익!" 하고서 미니까 죽 나갔어.

그 왜 나가겠습니까? 몇 십 년 해서 나가는 그 사람들 하는 건데, 나는 한번도 안 해본 놈이 어떻게 그렇게 나갑니까? 지가 호흡을 잘해서 나간 건가?

나무가 요렇게 맨드는데 반들반들하게 맨들어서 매끈매끈해요. 매끈 매끈한데, 요 꼭대기 이편짝 꼭대기하고 저쪽 좌우 쪽을 대패로 한 대패씩을 밀었어요, 좌우쪽을. 대패를 잘 드는 대패를 한번쯤 밀어놓고서 여기다 칠을 슬쩍해놓으면, 그냥 봐서 한 대패… 대패 깎은 것이 뵐 까닭이 있습니까? 그러나 이것이 20장, 30장 하면, 그게 대패로 한번씩 밀은(민) 거라도 한쪽이 눌리면 한쪽이 밀리고 저쪽이 들립니다. 그렇게… 그렇게 속이는 거예요, 속이는 거.

69:30

그럼 지금 서울서 전중수평이 하던 그걸 꼭 가르치는 선생 하나가 있어요. 나한테 와서 꺼떡대고 뭐라고 해싸길래.

"당신 전중수평이 알아?" 하니까

"아, 나 그런 사람 모르고 우리 선생은 200살을 먹었다나 300살을 먹었다"고.

"그 사람 아직 300살 못 먹었소. 우리보다 한 20년 더 먹었으니까 살았다면 100살? 조금 넘었을 거여."

아니라고 잡아떼요. 그래 우리들도 다른 데 속지 말고 내 본 정신, 바로… 바를 정(正) 자로 바로, 바로 꼭 하면 왜 안 되겠습니까? 몸 건강해지고 머리 좋아지고, 무슨 다른 큰 고장 나는 거 아니고, 무리하게 하라는 거 아니고, 빈 시간… 노는 시간에 하시라는 거고, 이걸 그냥 종일 앉아서 하시라는 건 아니니까.

〈황인종하고 백인종하고… 똑같거나 위로 올라가거나 그건 우리가 해보기 달린 거여〉

그래 전 다른… 다른 호흡법하고는 이건 순수하게 순호흡만 해요. 역호흡 말고 순호흡만 해서 들여마셨다 가만~히 요렇게 들여냈다가 그냥 그대로 내보내고, 그렇게 들락날락하고 아래다 여기다 이렇게 두었다가, 이제 여기다 뭐 이제 임맥이니 독맥이니 찾는 사람들 그건 한참 있어야 되는 겁니다.

그러니까 그래가지고 호흡이 오래 나가면 길어져서 1분 호흡만 되더라도 벌써 달라집니다. 우리가 10초, 20초 호흡하는 건데 1분 호흡만 문제없이 되도 남한테 얘기 말고 자기 혼자 좀 다른 일이 조금 나옵니다.

저도 지금 여러분의 시간 여러분의 귀중한 시간 다 내버리라고 자꾸 그런 건 아닙니다. 조선사람… 조선사람, 그 왜 같은 황인종들인데 황인종… 여기서 황인종이라고 하는 건, 거진 다 남의 나라들한테… 일본이 조금 꺼떡대다가 눌리고, 남의 나라들한테 압속(壓束: 압박과 속박)을 당해가지고 있는데.

황백전환, 내(가) 주장하는 건 어려서부터 지금까정 하는 것이 황백전환이여. 황인종하고 백인종하고 똑같은 사람인데 왜 백인종한테 우리가 당할 것이 뭐냐? 똑같거나 위로 올라가거나 그건 우리가 해보기 달린 거여. 맞붙어보니까 그거 별거 아니에요. 그 사람들이 뭐 하나 배워가지고 둘씩 아는 건 아니에요. 우리나 마찬가지예요. 우리가 하질 않으니까 그러는 거지.

〈봉우 선생님 질의응답〉

73:16

진행자: 시간이 많이 되었는데요. 질문에 대한 답변, 질의응답 좀…

봉우 선생님: 뭣이?

진행자: 질의응답 답변 좀… 물음에 대해서요. 궁금한 거 물으시면 답변 좀
해주시면…

봉우 선생님: 물음에 답변을… 물음에 답변을 할라면 시간이 좀 많이 들어.

진행자: 몇 가지만 간추려 놨습니다.

봉우 선생님: 물을 조건을 먼저 불러봐. 묻는 조건을 불러봐서 시간이 오래
걸릴 건가, 바로 해야 될 건가 하는 그거만 몇 가지만 해봐. 불러봐.

진행자: 호흡을 할 때요,

봉우 선생님: 그래.

진행자: 그 호흡 초수를 세든가 해서 자기 수를 맞추어 나가는데, 호흡수를
계속해서 세야 되는지, 아니면 어떻게 어느 정도 가면 수를 세지 않고도
자연스럽게 앞뒤가 맞을는지 이렇게 묻습니다.

봉우 선생님: 호흡을 하는데 어떤다고?

진행자: 수를 세든가 해가지고요, 초수를 세서 자기 호와 흡을 맞추어 나가
는데요, 초기에.

봉우 선생님: 호하고 흡하는 거를 말이야.

진행자: 길이를 맞추기 위해서 수를 세나가는데요. 호흡 초수를 세지 않습
니까? 하나, 둘, 셋 하든가 하나, 둘 해서 세는데, 그걸 끝까지 갈 때까지
그 수를 세서 호흡을 해야 되는지? 아니면 어느 일정 단계에 가면은 수를
세지 않고 해도 되는지? 이렇게 묻습니다.

봉우 선생님: 어떤 어른이 그런 말을 물어? 호흡하는 사람이 자기 호흡이

긴 사람도 있고 짧은 사람도 있고 한데, 길면 긴 대로 짧으면 짧은 대로 '내가 몇 초한다' 하면 그대로 하지, 하나 둘 세어가지고 해?

자기 하는 호흡이 10초 하는 호흡이면, 10초를… 5초를 들여마시고 5초를 내쉬는데, 내쉬고 호흡하는 것이 그보다 더 길었다 짧았다를 몰라? 자기가 생각해도 나 요만침(요만큼) 하던 걸 요만치 길었구나 알 거 아닌가? 그걸 뭐 하나, 둘씩 세고 있어? 그건 물을 소리가 아니여. 10초 호흡이라며 10초 호흡에 5초 들여마시고 5초 내쉬는 건 다 마땅히 그렇게 하는 거고, 그게 이제 좀 길어서 본디 호흡이 한 20초 이렇게 하는 사람은 20초만 가지고 하지 말고 좀 길게 하면 30초고, 40초고 나가지. 그건 질문거리가 못 돼.

진행자: 딴거 또 질문 하나 있습니다. 호흡수련할 시에요. 호흡수련할 시에 완전히 몸에 힘을 빼고 수련을 해야 되는지? 아니면 몸에 호흡할 때 자기 체력에 맞게끔 조금씩 호흡에 힘을 주어도 되는지 묻습니다.

봉우 선생님: 힘을 빼고 받고 맘대로 되나? 호흡하는데 힘을 빼고 받고가 맘대로 되느냐? 말이여. 호흡하는데 힘을 빼고 호흡을 하고, 힘을 집어넣고 호흡을 하고 그게 마음대로 돼? 물으시는 이가 누군지 조금 생각하고 물으셔야 할 건데.

호흡을 해 나가자면 먼저 들여마신 것이 그건 다 나가니까… 숨이 나가니까 비니까 숨이 들어가고, 들어갔던 게 오래 못 있으니까 나가고 들락날락 하는 거지, 어디까정. 빼내고서 다시 빈 데다 더 많이 하고… 20초 호흡이면 20초를 그대~로 들여마시고, 20초를 그대로 나가면 40초 호흡이 되는 거지.

77:17

진행자: 운동을 하는데요. 평상시에 격한 운동을 하는 거하고 조식을 하는 거하고 어떤 연관이? 방해요소가 있는 건지?

봉우 선생님: 운동하고 조식하고는 아무 운동을 해도 괜찮습니다. 조식은 물에다가 수영하는 사람도 숨 더 긴 사람이 더 낫게 하고, 아무 운동을 해도 괜찮아요. 운동이 지금 이 들어가지고 뭐 든다든지(중량운동), 이걸 넘는 걸(줄넘기) 한다든지, 뭣을 하든지 하는데, 끈 가지고 넘는 거(줄넘기) 같으면 호흡이 되려 조식이 돼지. 꼭 꼭 요렇게 해서 허면 한숨 돌아가는 게 그대로 도니까 그냥 되는 거고. 뭐 드는 것은 무거운 거 들 때는 숨이 암만해도 지식이 됩니다. 무거운 100근, 200근 해서 이놈을 억지로 들 때, 그때는(무산소 운동할 때) 숨을 억지로 쉬어선 안 된단 말이야.261)

진행자: 젊은 사람인데, 지금 밤에 몽정을 자주하게 된다고 한답니다.

봉우 선생님: 그건 호흡하고 상관없는 거여, 병이지. 몽정하는 것도 호흡에 관겐가? 그건 자기 병이지. 병이니까 그건 몽정 않도록 약을 써야 되는 거지, 호흡하고 그거하고 관계가 아니여. "나는 몽정을 하니까 호흡을 하는 사람인데 이걸 고치고 어떡하면 되겠소?" 하는 건 이렇게 묻는 건 모르지만 몽정하고 호흡하고 무슨 관계여.

진행자: 한 가지만 더 여쭙겠습니다.

봉우 선생님: 그래.

진행자: 산중에서 공부하는 분들도 있고요. 대부분은 이제 서울에서 집에서 있다가 내려오신 분들인데, 산중에서 수련하는 거하고 집에서 수련하는 거하고 환경에 어떤 차이가 있는지 집에서만 수련해도 되는지?

봉우 선생님: 차이 조금도 없어요. 집에서 하나… 집에서 하나, 산에 가 하나 호흡만 잘하면 됩니다. 단지 내외가 있는 사람이라면 산에 가 있는 거하고 집에서 있는 건 조금 다를 테지. 내외 가진 사람이면 밖에 저 산에 가 있는 거하고 집에서 있는 거하고 조금 다른 건, 내가 얘기 않더라도 다

---

261) 억지로 조식을 하려고 말고 자연스럽게 숨을 쉬어야 한다.

알 건데 뭐. 물으면 대답하기가 이유가 닿아가지고 대답하기가 한참 생각해야 대답할 게 나와야지. 그렇게 물으면 그건 물을거리가 못 돼요.

진행자: 시간이 많이 늦어져갖고요, 오늘 이상으로 마칠까 합니다.

봉우 선생님: 응, 이제 다 됐다고?

진행자: 예.

봉우 선생님: 이 자리에 와서 여러분께 이런 얘기, 저런 얘기해서 두서없이 얘기만 해놓고, 크게 효력 나게 오래하지 못해 놔서 죄송합니다. 그러나 여러분들도 그건 이상하게 여기지 말고 그저 쉬지 않고 해야 됩니다. 큰 무슨 어려운 게 아니니까.

진행자: 예, 일어나서 인사 마치겠습니다. 차렷 경례.(일동 박수)

32-1991.04.17.
원상(原象) 특강[262]

〈원상에는 원상혹문장(原象或問章)이라는 걸 좀 잘 보세요〉

봉우 선생님: 늙으니까 뭐 또 해야 또 그 소리할 테니 딴소리 말고, 우리 저 질의합시다. 질의, 질문. 궁금하신 게 있으면 질문하시면 질문하는 거 저… 짧막 짤막하게 답변해 보겠습니다. 그리고 저 원상(原象)에는 〈원상혹문장(原象或問章)[263]〉이라는 걸 좀 잘 보세요. 이게 저 어떤 사람 한 4계까정 가는 사람을 차례로 해가지고 고대로 그냥 적어놓은 겁니다. 한거니까 그 사람이 묻는 거 그 사람이 하던 거 고대로 해서 그냥 적어놓은 거니까, 그 혹문장(或問章)을 시간이 있거든 틈틈이 가끔 보시면은 의심나는 게 해결이 날게 자꾸 나옵니다. 뭐 저… 어려운 질문, 긴 질문은 힘들고 짤막 짤막한 질문으로 해서 우리…

지가 답변할 수 있는 건 하고, 못할 건 못하겠다고 하겠고 그럽니다. 그냥 저 혼자 얘기하면 제 소릴 또 나오니까 늘 해야 딴 게 아니고, 저 의심 나시는 거 질의하시면 질의를 답변하는 게 그게 몇 분이고 좋겠습

---

262) 녹음: 김각중, 녹취: 박승순, 교정·주석: 정진용·정재승

263) 〈원상혹문장〉은 원상 수련에 관해 물물자(勿勿子, 봉우 선생님 당호)와 한 학인이 여러 차례 만나서 나눈 대화 내용이다. 만날 때마다 제기되는 일정한 주제를 독자들이 파악하기 쉽도록 각각의 만남을 분별해 두었다. 《민족비전정신수련법》 p.73 참고.

니다. 네.

〈현상 보는 거보다 호흡 긴 게 제일 좋습니다〉

학인 1: 제가 지금…

봉우 선생님: 누구? 먼저 들으시길 이쪽에서 먼저 들으셨구먼.

학인 1: 제가 하고 있는지 한 2년이 돼가는데요.

봉우 선생님: 내가 귀가 어두우니까, 전해요 그거를…

학인 1: 아직도 지금 불을 못 보고 있습니다.

진행자: 네, 호흡은 얼마나 되시고?

학인 1: 호흡이 아직도 40초예요.

진행자: 네.

봉우 선생님: 뭣이?

진행자: 이제 교육을 받은 지가 한 2년이 넘었는데요.

학인 1: 2년이 되어갑니다.

진행자: 예, 호흡은 한 40초 된답니다. 이제 아무런 현상을 아직까지 전혀 본 적이 없어서 좀 답답한 모양이에요.

봉우 선생님: 그 뭐 현상 보는 거보담 호흡 긴 게 제일 좋습니다.

학인 1: 나이가 들어서 그런지…

봉우 선생님: 그런데 이거 저 뭐 보기 위해서 호흡하는 게 아니고, 호흡을 해가지고 그 저 공부하는 사람이 소학(초등학교), 중학, 고등학교, 대학, 대학원 나오는 데 당장 거기 뭐 얻을라고 하는 거 아닙니다. 그게 해나가는 길에 부지중 자기가 얻은 것이… 경과한 것이 대학원까정 나와놓으면 알지 못하더라도, 암만 못난 대학생이래도 대학 나온 사람이 고등학교 졸

업한 사람보담은 나을 거 아닙니까? 그렇게 나가는 게 이것이 차례로 차례로 해서 오래 해야 되지, 질문만 자꾸 해서는 소용이 없어. 뭐 이상한 게 나오지를 않아요. 그러니까 저… 1년을 했네, 이태를 했네 그것보담, 공부의 차례를 조금 더 나갔어야 하는 거니까.

〈호흡이 길면 원상 글자에 어떤 귀(句)든지 한 귀를 가지고
원상을 시작해보라〉

학인 2: 저… 저는 교육받은 지가 지금 한 1년 2개월 되었습니다.

봉우 선생님: 아, 귀가 이 ○○어서…

학인 2: 그런데 지금 호흡이 한 90초 되기는 돼요. 그러면 원상(原象) 같은 거 그런 거 좀 해볼라면 복잡해서 안 되고요. 그냥 조식만 자꾸 해서 조식이 한 2분이고 3분이고 가면은 그게 좋은 건지요?

진행자: 지금 현재 90초 정도의 호흡을 하고 있답니다.

봉우 선생님: 90초?

진행자: 예.

봉우 선생님: 1분 반.

진행자: 네. 그런데도 별다른 현상은 몸에 어떤 느낌이 오는 것도 아무것도 없고, 다만 뭐 조식하는 것뿐인데 그 이상 계속 조식만 늘여가야지… 늘여가도 되겠습니까? 그런 얘기예요.

봉우 선생님: 90초라면 1분 반인데, 1분 반이면 저 호흡을 하시며… 호흡을 하시며 원상 같은 거 한쪽을 들여다보시죠. 전부 다 보지 말고. 원상의 어떤 대목을 한번 눈 딱~ 감고서 조식을 하며 들여다보시죠. 뭘 볼라고 애쓰지 말고 말이여. 무조건(조건 없이) 하고 본다면 별게 다 나올 거니까

안 나올 수도 있고 하지만, 원상이야 글자를 다 아시는 거니까 그대로 놓고선 써놓으면… 써놓고서 가만히 곁눈으로 뜨고 보지 말고 감고 보세요. 감고 가만히 보시면서 호흡을 1분 반 호흡을 하면 아무것도 안 뵈나, 뵈나 한번 보십시오.

그냥 아무것도 효과 없이 그냥 앉아서 보면 아무것도 안 뵐는지도 알 수 없어요. 여기다 원상을 생각하며, 원상 글자에 어떤 귀(句)든지 한 귀를 딱 해놓고, 여기다 이렇게 놓고서 눈 딱 감… 뜨지 말고 감고 가만~히 이렇게 보고 있으면, 현상이 되나 안 되나 한번 보십시오. 그냥 호흡만 하고… 호흡만 하고 그냥 뭐이 나오길 바라면 안 됩니다.

〈원상문은 그냥 글자로만 외면 안 된다.
그것이 무엇인가 생각해가며 보면 원상이 나타난다〉

06:07

학인 2: 연해서(이어서) 거기 하나만 더 질문하겠습니다. 원상문(原象文) 처음에 '수건복곤(首乾腹坤) 천지정위(天地定位)…' 원상문, 그거를 읽고 쓰고 하는 거는 하는데요. 먼저 원장님이 강의하셔서 대강 그때 해설을 듣기는 했는데, 그 전체적인 그 연해하던 내용은 모르겠어요. 어떡하면 하고 한 구절씩도 그렇게도 이해가 가고 저렇게도 이해가 가는데, 총체적으로 그걸 뭔가를 몰라서 그거를 자꾸 외고 쓰면은 나중에 다 알게 되고 해석이 돼야 좋은 건지요?

봉우 선생님: 그런데 그걸 저… 원상이라고 하면 원상을 꼭대기에서 끄트머리까지 그냥 읽어 내려가지 마시고, '수건복곤(首乾腹坤) 천지정위(天地定位) 이감목리(耳坎目離) 일월명광(日月明光)' 하면, 글자는 '명광(明光)'이

지만 뭐이 명광이 되어야 할 거 아닙니까? 그러니까 가만히 여기서 오래 보세요 오래. 오래 '수(首)~' 하면 수가 완전히 뵐 적에 수~ 건~ 요렇게 해서 가만~히 이렇게 오래 보세요. 눈을 조금 감으시고, 꽉 감지 말고. 반 만침 감으시고 가만~히 상대하는○○○ '수'자 지금 써졌다 하고서 보시면 그게 글자가 어떻게 되나… 나중에 '수건복곤' 할 때 머리가 무슨 머리가 나오나 한번 보십시오.

학인 2: 예, 알겠습니다.

봉우 선생님: 그 저 그걸 그냥 글자로만 외면 안 됩니다. 이게 머리 수 자니까 무슨 머리? 수가 뭔가? 생각해 가면서 보시면 완전하게 나옵니다. 머리도 우리가 알긴 여기 소나 말이나, 개나 돼지나 이거 몇 가지 안 되는 머리인데, 수를 좀 단단히 볼라면 별 머리가 다 나옵니다.

뭐 알기 쉽게 다 반이나 썩은 머리, 다 썩어가지고 있는 머린데 이것이 떡~ 나오면 냄새가 날 거 같은데 코에 냄새가 나는 거 같아요. 그러는데 이것은 '예전 아무… 공부하던 이, 아무의 두뇌가 나왔다.' 이래놓는데, 그 아무라는 게 차차차차 살이 붙는단 말이여. 죽은 썩은 뼉다구가 되는데, 뼉다구 살이 붙고 썩기 전이 되고 차차차차 해가지고 사람이 나오면, 그 사람이 나와서도 "당신 나 알우?" 하든지 "오래간만이오" 하든지 인사를 나와요.

그거 저 볼 적에 무리하고 그냥 보지 말고… 글자만 외지 말고, 글자를 생각할 때 '이건 머리 수 자니까 머리로구나. 무슨 머리가 나오느냐?' 하고 그러고 가만~히 보세요. 생각해서 염해서 맨들어보시란 말이야.

'천지정위(天地定位)'라는데 천지정위가 어때… 하늘은 하늘대로 뼁 돌았는데 뭐, 꼭대기라고 다 윈가? 한쪽은 하늘도 아래 있고 위 있지 않아요? 여기서 보는 하늘이 위라고 하면 저 밑에 있는 하늘은 아래 아닐까? 거기 있는 사람이 보면 그것도 위지만 말이여. 그 뼁 돌아가는 건데 이것이 천(天)이면 천이라는 것이 무엇 때문에 이렇게 되고, 이렇게 뺑 돌았는데 우린 여기 와서 뭣이가 있나? 요걸 생각해가며 보시면 괜찮어… 뵈집니다. 그걸 그냥 뵈려니 하고 글만 자꾸 읽으면 안 돼요.

〈들여마시면 배가 부르고, 내쉴 때는 배가 들어가고 하는 게
그게 본식입니다〉

09:50

학인 3: 저 그 전에… 여기 입문하기 전에 이 다른 호흡을 좀 했었어요. 그런데 많이는 안 하고 잠깐 한 적이 있었는데, 호흡을 하게 되면 그때 그 영향인지 몰라도 그 상기(上氣)가 되고 기가 이렇게 목 뒷덜미가 뭐가 자꾸 스물스물 올라가는 거 같은 걸 느끼는데, 그게 이제 '호흡을 무리해서 그러나 보다' 해가지고 하다 또 중단했다 또 하고, 이게 '신(神)이 딴 데로 가기 때문에 그런 거 아닌가' 해서 여기다만 집중할라고 이렇게 노력을 하는데도, 어떤 때는 괜찮은 거 같이 호흡을 했는데 그 순간에는 모르겠는데, 자고 일어나서 그 다음날 오전에 무슨 일을 할라고 하다보면 머리 뒷덜미가 뻣뻣하고 땡기고 그런단 말이에요. 그래서 그게 호흡을 무리해서 그런 건지?

진행자: 네 한번 말씀 드려볼게요. 그 전에 우리 호흡법이 아니라 다른 호흡법을 잠깐 했답니다. 잠깐 한 지가 벌써 여러 해가 됐는데, 지금도 호흡을 하면 때로 상기가 되어서 뒷덜미가 여기가 뻣뻣해지고 뭐 올라오는 것같이 스물스물 올라오는 거같이 느껴지고 이런다누문요(이런다는군요). 어떤 때는 이제 호흡할 때 당장에 아픈 게 아니라 끝나고서 나면은 머리가 무직하니 아픈 모양이에요.

봉우 선생님: 호흡하는 데 머리가 아프다? 호흡허시는데… 호흡이라는 거 들여마시고 내쉬고 하는 거 가만히 들어오고 가만히 나가는데, 그거 저 앉는 거 정좌(正坐)한다고 힘을 쓰시거나 이러지 않아요?

학인 3: 아니예요. 그러지는 않는데, 그러니까 처음에 호흡 배울 때는 이 저 반대로 하는 호흡, 숨 들이마실 때 배가 나오고 이 호흡을 좀 했었어요. 그렇게 했을 때에 그 당시에…

봉우 선생님: 이게 호흡하는데 저 배가 불룩거리고 왔다 갔다 하고 이렇게 될 호흡을 예서 그렇게는 안 할 건데. 가만히 들어와서 호흡하고 30초면 15초 들여마시고 15초 내쉬고 하는데 뭐이가 배가 부르고 내리고 할 까닭이 없지.

학인 3: 그러니까 숨을 들여마실 때에 이제 배가 반대로 들어가고 숨을 내쉴 때 배가…

봉우 선생님: 반대로 내쉴 때는 이놈이 쭉 들어가고, 들여마실 때는 쭉 내밀고…

학인 3: 들여마실 때 반대로 배가 들어가고…

진행자: 거꾸로 했답니다. 숨을 들여마실 때는 배가 들어가고, 숨을 내뱉을 때는 배가 나오고 하는 그런 호흡을 했답니다.

봉우 선생님: 그건 역호흡이라고 하는 건데. 역호흡은 우리가 역호흡 하자고 안 했는데, 순호흡하지.

학인 3: 기공(氣功)호흡이라고 해가지고 거기가 그걸…

진행자: 기공하는 데서 그걸 배웠대요.

봉우 선생님: 그건 우리… 우리나라 호흡 아닙니다.

학인 3: 그래 중국… 중국에서는 그걸 많이 한대요.

봉우 선생님: 중국에서도 그렇게는 안 합니다. 요기가 하는 호흡입니다. 요가가 아니라 요기. 저 일본 사람도 기합술 하는 사람이 그렇게 하지요. 호

흡을 하면 여 들여마실 때 쭉~ 이렇게 하고 들여마실 때 이놈을 잔뜩 오
므리고, 내쉴 때는 이렇게 하면서 배를 내쉬며 주는데, 그건 배로 가지고
하는 거지 호흡이 아니여. 그걸 여기서 하는 걸 그렇게 하면 안 돼요.

학인 3: 그러니까 지금은 그렇게 안 하죠. 그래 이제…

봉우 선생님: 그건 정반대입니다. 들여마시면 배가 부르고, 내쉴 때는 배가
들어가고 하는 게 그게 본식입니다. 그런데 여기서 우리가 호흡하는 게
이게 들락날락을 잘 안 해요. 요건 가만히 있고 호흡만 되지. 가만~히 들
여마셨다 가만히 나가는데 배가 여기서 들락날락할 까닭이 없거든. 그 요
새 저 기합술 하는 사람들 저쪽에서 하는 호흡이 그렇게 하지요. 그 호흡
법을 그걸 고치세요. 고쳐가지고 하면 얼마 안 해서 바로 돼요 그건. 기공
기공 하는 말이… 기공 말이 좋지, 중국도 중국 호흡하는 사람은 그렇게
안 합니다. 정상으로 하지.

〈억지로 안 집어넣으면 순한 기운이 들어올락 날락하는데…
뭣이가(덩어리가) 생길 까닭은 없거든〉

14:30

학인 4: 네, 제 아들 경우인데요. 여기서 한다고 제가 가르쳤거든요. 호흡
을 지금 36초 하는데요, 들여마시면 요만한 돌멩이 같은 게 요게 들어갔
다가요 내쉬면 나오는데, 한 1년간… 1년 동안을 하루 2시간씩 했는데 그
대로 발전이 없어요. 호흡이 늘지도 않고요.

진행자: 돌멩이 같은데 들어갔다 나갔다?

학인 4: 요만한… 고만한데, 하튼 요런 게 덩어리 같은 게 들어갔다가 내쉬
면 나오고 그런다는데…

진행자: 저분은 본인이 아니라 저 자제가요, 아들을 집에서 가르쳤답니다. 그런데 숨을 들여마실 때 요만한 뭐 무슨 딱딱한 거 같은 게 요렇게 족 내려갔다가 내뱉으면 족 따라 나오는데, 한 30여초 되고 난 이후에 하루에 매일 2시간씩 한 2년 가까이 했는데도 맨…

학인 4: 1년이요 1년.

진행자: 네?

학인 4: 1년.

진행자: 1년을 했는데도 맨날 진보가 되지 않고 한 30초 정도의 호흡밖에 안 된다누만요(된다는군요).

봉우 선생님: 뭣이가 거길 들락거릴까?

진행자: 뭐 돌… 돌멩이라고 그러는데요.

학인 4: 돌만… 고만하대요. 하튼 고만한데…

진행자: 요만한 것이 뭐 이렇게 들어갔다 나갔다 한답니다. 그래 어째서 그런 게 느껴질까 하고…

봉우 선생님: 어째서가 아니라 그건 말이 안 돼요. 말이 안 되는 것이 첫 번에 자꾸 들여마셔라 해가지고 억지로 이걸 밀어넣으면 덩어리가 생깁니다. 기괴(氣塊). 허지만 억지로 안 집어넣으면 순한 기운이 들어올락 날락 하는데, 공간이 이것이 100번 들어왔다 나갔다고 뭣이가 생길 까닭은 없거든. 기합술하는 사람들 들여마시는 호흡, 그건 여기 와서 덩어리가 생깁니다. 덩어리가 딴딴한 게 생겨서 그건 이렇게 드러눕고서 주먹으로 때려도 끄떡 않거든. 근데 그건 우리 하는 호흡은 아닙니다. 우리는 순하게 들락날락한 자리 표가 안 납니다.

그런데 그게 호흡이 1분, 2분, 3분 가면 표는 안 나지만, 그 위에 사람이 둘이고 셋이 올라앉아도 끄떡 안 합니다. 이것이 이렇게 그 부드러운 살이 들어가야 하는데 안 들어갑니다. 그러니 밖에서 하는 기공이나 기합술

하는 사람들이나 여기서 뭣하는 사람 호흡이 자꾸 섞여서… 그러면 그게 잘 안 돼요. 어떻게 순하게 들여마시고 순하게 내쉬고 억지로 힘쓰지 말고 순하게 해야 합니다. 그러니까 자면서도 하고 깨면서도 하고 늘 하는 거지. 드러누워 자는 호흡이 그거거든. 자는 호흡은 조식하지 말래도 조식이 되지 않습니까? 들여마셨다 내쉬었다 들여마셨다 내쉬었다 하지, 뭐 어디 더 말고 돌리고 할 것이 없으니까 그대로 되거든. 잘 때 하는 호흡과 마찬가지로 하면 된단 말이에요. 그런데 이걸 될 수 있으면 아래로 조금 더 밀어라 이거지.

〈일본의 '단전 호흡기'〉

17:33

봉우 선생님: 일본을 가보면 뭣이 있는고 하니 호흡하는데 저… '단전 호흡기'라고 해서… 해서 팝니다. 파는데 어떻게 됐는고 하니 똥그란 이렇게 시계처럼 됐는데, 여기다 떼요. 이러고 떼면, 여 가운데 용수철이 있어가지고 호흡이 여기서 이렇게 되면 10초, 20초, 30초 여기 기계가 여기 나사가 있어요. 10초, 20… 10초짜리는 10초만 해서 여기서 이렇게 하면 고놈이 (배가) 살짝 불러서 10초 자리에 여기 튼 데 닿으면 "땡~!" 합니다. 소리가 나. 그리고 이게 들여마시면 도로 이제 들어가지. 30초짜리는 이놈이 많이 들어가야 하니까 이걸 30초에다 틀어놓으면 더 들어간단 말이야. 이제 그놈이 이만치 나와가지고 30초짜리를 눌려지면 "땡~!" 소리가 나거든. 그러니 이걸 배에다 그놈을 띠고 앉아서들 합니다.

그런데 그거는 우리의 조식이 아니고… 조식이 아니고 갖다 디밀고서 이거 그거 저 호흡 힘을 줘가지고 10초, 20초, 30초 늘리느라고. 그래가지고선 뱃심 줘가지고서 기합 단단히 줘놓으면 배위에 사람이 올라앉아도 괜찮고, 한 1분이나 2분이나 허는 녀석들 위에다가 뭣입니까? 저 일본놈들 씨름꾼들 그걸 해요. 허는데, 배위에다가 절구 갖다놓고 거기다 떡 치지 않습니까? 그래도 이놈들 끄떡 않거든. 그러니까 그런 호흡식을 하면 우리 머리 터지는 호흡이 아니 된단 말이야. 이건 곱게 들여마셨다 내쉬기만 하지 그렇게 억세게 숨쉬지 않습니다. 그러고 이게 저 호흡이 40초나 50초나 이렇게 가고 1분이 넘어진다면 보지 말래도 뵙니다.

〈5분도 참고 10분도 참지만, 20초 조식을 못하는 사람〉

봉우 선생님: 여기서 늘 저 밖에서 나오는 호흡들이, 가운데 시켜서 그걸(참는 호흡) 하던 이들이 오면 잘 안 돼요. 우리게서 저기 오는데 내… 내 도장에 거기서 올 때 보니까 3분하는 호흡이 있다고 그래요. 난 3분은 넉넉(히) 한다고. 아, 그거 보니까 억지로 참아요. 근데 3분을 참아 그냥, 호흡이 아니라. 저 돈암동 산꼭대기 사는 사람인데, 자청해서 3분은 자신 있다고 그러더구면 그래. 그래 조식을 시켜보니까 어림도 없단 말이야. 5분이고 몇 분이고 하는 사람이라는 게 참는 거야 참아.

　우리게서도… 내게서도 지금 그걸 가지고 가르친다고 대종교도 그런 사람 하나 있어. 뭐 5단이라나? 5계라나 한다고 되는데, "아 뭐 일없다"고 하는데 억지로 참는 건 한 5분도 참고 10분도 참아요. 근데 진짜 호흡을 시켜보니까 단 20초 호흡을 고르게 못한단 말이야. 그러니 이건 어디 고루(고르게) 하는 게 주장입니다. 고루… 조식(調息) 글자 그대로 조식, 20초도 좋고 30초도 좋고. 근데 이게 30초, 40초만 가면 벌써 저 쉬는 게 좀 되어지기 시작해요.

그리고 여러분이 억지로 볼라고 하지 마시고, 억지로 보는 거보담은 자연적으로 뵈야지. 자연적으로 뵈야지 억지로 볼라고 하면 마음이 그리 보느라고 호흡은 제대로 잘 안 됩니다. 이거 저 틈 있으면요,〈원상혹문장〉을 이걸 토를 달든지…

진행자: 다《봉우수단기(鳳宇修丹記)》해설본에 다 해놨습니다.

봉우 선생님: 해설을 해서 그걸 보시라고 그래. 이게 호흡… 호흡법 하는 어떤 사람 4계 돼가는 사람을 그린 겁니다. 그대~로 그려놓은 겁니다, 딴거 아니고. 그러니 그걸 글로 보지 말고 토를 달고 해설을 하고 그래서 드리는 게 좋아요.

〈호흡이 잘 되는지 모르겠으면 수를 세어서 하고,
자세를 바로 하여야 한다〉

22:22

학인 5: 호흡을 할 때 가늘고 길고 어떻든지 끊기지 않게 하라고 했습니다. 그러면 끊기지 않은지… 않은지, 끊기는지 이거를 자기 호흡하면서 잘 못 느낍니다, 안 끊기게 한다고 해도요. 그러니까 그 호흡을 안 끊기고 가늘게 하는 요령을 좀 알려주십시오. 어떻게 해야 하는지, 안 끊기는지.

봉우 선생님: 호흡이 끊기는지 않은지 본인이 모른대서야 말이 됩니까? 숨 쉬어서 들어가는 들여마시고 내쉬고 하는데, 숨은 이래서 흠뻑 들여마셔 들어가는 거 아닙니까? 죽~ 들여마시고 나가고 하는 건데 그걸 안 하고 앉아 있으면 끊이는 거지 뭐예요?

학인 5: 가늘게 할라고 생각하니까 말입니다. 이 호흡이 안 끊기고 하는 건지 안 하는 건지 못 느낄 때가 있거든요.

봉우 선생님: 그러면 그걸 그냥 그치고 있는 것이지. 그치고 있으니까 그쳤는지 나가는지 들어가는지 모르지. 들여마시는 거 하고 나가는 거 하고가 두 가진데… 호하고 흡인데, 그걸 모른대서야… 본인이 모른대서야 어떡합니까? 들여마시는 걸 몰라요? 코로 숨이 들어가는지 나가는지 그걸 모른대서야 돼요? 입으로 하는 게 아니니까.

학인 5: 그러니까 끊기는 건지 호흡이 진행이 되는 건지 가끔 보면은…

봉우 선생님: 그러니까 그걸 세셔야 돼, 고루(고르게). 그리고 이거 저 호흡하는 데는 드러누웠던지 앉았던지 바로는 해야 합니다, 바로 앉아서. 드러누워서도 반듯하게 드러누워야지, 저… 드러누울 때 베개 조금 두꺼운 베개 베지 말고 얇은 거. 가만히 있어 코로 해가지고 들락날락 해야지, 이게 이렇게 되도 덜되고 뒤로 넘어가도 덜되고 그럽니다. 그러니까 요게 가만히 베면 요거 요 목, 요건 고대로 있어야 한단 말이야.

〈수면 중 호흡에 관한 질의응답〉

24:35

학인 6: 호흡할 때 그 의식이 반드시 들어가는 숨하고 나갈 때하고 따라다녀야 되는지, 아니면은…

봉우 선생님: 다 알아져요. 들어가는 게 어딜 들어왔다 나가는지 그건 알아요.

학인 7: 누워서 할 때… 누워서 할 때요.

봉우 선생님: 누워서도 마찬가지지.

학인 7: 누워서 하는데 하다가 자잖아요? 자게 될 거 같으면 누워서 할 때 가서 30초 호흡을 죽 계속하다가 호흡을 하다가 잠이 들어버린단 말입니다. 그럼 자는 사이에도 똑같은 초수로…

봉우 선생님: 똑같이 됩니다.

학인 7: 똑같이 호흡이 될 거 아니냐? 이건데.

봉우 선생님: 네 똑같이 됩니다.

학인 7: 똑같이 되겠죠. 예.

봉우 선생님: 네, 그러니까 이… 자는 그 똑같이 되는 거를 눈을 감고 코를 골지 말고, 드러누워서 가만~히 호흡을 해가면 그 이튿날 아침까정 해도 피로하지를 않습니다. 한 열흘 안 자도 그대로 그냥 해나가면 절대로 피로하지 않은 게 이(게) 쉬라는 거여. 하루에 삼팔이 24, 여덟 시간 여덟 시간 여덟 시간 하는 게, 여덟 시간 일하고 여덟 시간 놀고 여덟 시간 자라 하는 거니까, 여덟 시간 자는 동안에 호흡을 고대로 해놓으면 쉴 까닭이 없어요. 그냥 쉬는 거지 따로 잠 안 자도 아무 일 없어요.

여기 저 호흡하는 사람하고 저 어디 가면 첫 번 제일 먼저 그걸 합니다. "나하고 잠 안 자기 내기할까?" 이 소리를 합니다. 그래 호흡 얻은 사람들. 그러면 뭐 여기서 난 5분을 하네, 몇 분을 하는 사람들이 내 옆에서 있던 애들한테도 그 소리는 떨어집니다. 자야 할 텐데, 그런데 자나 안 자나 마찬가지거든 그건. 근데 이거를 잘 때는 안 한다 이건 아니에요. 잘 때도 그냥 가만히 하면 잤는지 안 잤는지 모르고 호흡은 호흡대로 그냥 됩니다.

26:50

학인 8: 자면 정상호흡으로 그냥… 돌아오는 거 아니에요?

봉우 선생님: 따로 그건 조식할라는 게 아니라 조식하다 자면, 드러누워서 가만히 드러누워 있으면 그대로 조식하고 자요. 안 자도 조식하는 거고.

학인 5: 자면은 의식이 없어진단 말입니다. 의식적으로 조식을 하는 건데 자면은 의식이 없어지는데 그 잠… 수면 상태에서도 조식한 그 시간을 유지합니까?

봉우 선생님: 자면 의식이 없다고 하는데, 호흡을 자는 시간에 아무것도 안 하고 가만히 저 밤에 여덟 시간 한번 해보십시오. 의식은 없고 자긴 잔 거요. 피로하지 않고 하나도 괜찮고 옆에서 보시락거리는 건 알아듣지, 그러니까 안 잤지. 옆에서 누가 건드려도 알지. 잘 때는 건드려도 모르고 보시락거려도 모르는데 그 소리 다 들어가면서 가만~히 자는데도, 이 호흡하면 호흡은 호흡대로 고대로 되는 거지. 그걸 뭐 안 해본 사람더러 그런 얘기를 하면 이게 '아 그럴 수도 있다'고 이러는지도 모르지만, 거긴 호흡을 40년, 50년 한 놈한테 그 소리해선 내 말 곧이 안 들어요.

〈책을 읽어가면서 호흡을 해도 되며,
억지로 길었다 짧았다 하지 말고 고르게만 하면 된다〉

학인 9: 직장을 다니는데요 시간이 바쁘다보니까 호흡만 하기에는 좀 시간이 부족해서 책을 읽으면서 호흡을 하는 경우가 있는데요, 그 방법이.

봉우 선생님: 무슨 소린지 하나도 안 들려.

학인 9: 그 방법이 어떤지 좀 여쭙고 싶고요.

진행자: 어떤지라뇨? 그렇게 해도 되느냐? 안 되느냐?

학인 9: 네, 그리고 제가 직장 다니면서 이제 의자에 앉으면서 호흡을 하거든요. 의자에 앉고 그러는데, 조식이 깊이가 안 되니까요, 호흡이 순해지지 안 해지는 경우가 있거든요. 그때는 호흡을 하려면 몸의 상태가 안 좋은데, 조식을 제대로 못했을 경우에 건강이 안 좋아지는 경우도 있는지? 두 가지만…

진행자: 하나는 시간이 직장을 다니기 때문에 호흡하는 시간을 따로 마련

하기가 어려워서 어떤 때는 책을 읽어가면서 호흡을 할 때가 있답니다. 그렇게 해도 괜찮습니까?

봉우 선생님: 괜찮은 거여.

진행자: 또 한 가지는 호흡이 조금 무리하게 힘이 들어가고 이렇게 할 때는 몸이 좀 여러 가지가 좋지 않다는군요 건강에요. 그렇게 하면 안 되는 겁니까?

봉우 선생님: 억지로 길었다 짧았다 하면 안 되죠, 고르게만 하면 괜찮아요. 저 말 타고 가면서 말을 타면 여간 흔들려, 말 타고 가면서 해도 호흡하고. 저 무장들 활 가지고선 활 쏘러 댕길 때도 활 가지고 쏘면서도 호흡은 호흡대로 합니다, 이게. 그런데 이 호흡이 고른 사람은 딱~하면 과녁이 들어맞는데 호흡이 그른 사람은 잘 안 맞는단 말이야.

〈이 호흡이라는 건 전신에 다 들어왔다 나가는 거지, 꼭 폐에만 들어왔다 나가는 게 아닙니다〉

29:55

학인 10: 제가 다른 곳에서 단전에 집중을 하면서 호흡을 계속해가지고, 이 단전이 아주 부드러운 상태에서 호흡이 죽 연결되고 이런 상태에서 여기 와가지고 이걸 따라다니는… 따라다니면서 호흡을 계속 이렇게 했는데, 그게 순조롭게 되지를 못하고 해가지고 이걸 과연 따라다니면서 계속 이렇게 해가지고 이걸 단전을 부드럽게 만들어서 호흡을 길게 할 것인가? 아니면 단전에다가 의식을 두면서 그걸 빨아들인다고 생각하면서 그렇게 계속해서 단전을 부드럽게 만들어서 호흡을 부드럽게 연결시키는지, 어떤 게 좋은지?

봉우 선생님: 근데 이것이 지금 우리 하는 호흡을 현대 의학상에서 그냥 본다면 "폐가 넓은 사람은 호흡이 길게 할 수 있고, 폐가 짧은다는(작은) 사람은 길게 못한다." 이래 버립니다. 폐활량에 대해서 거기만 들어간다 이러는데, 그러면 그 사람들이 그러면 이 호흡을 하느냐? 호흡 잘 못합니다. 박사님한테도 가르쳐줘야 못합니다. 폐 생각으로만 폐에만 가뜩 채울라고 그러지 아래로 내려보낼라고는 안 합니다. 이 호흡이라는 건 전신에 다 들어왔다 나가는 거지, 꼭 폐에만 요기만 들어왔다 나가는 게 아닙니다.

〈선방(禪房)에서 심우도(尋牛圖)라고 하는 소 찾는 이야기의 원리〉

그리고 얼른 우리 알기 쉬운 게 있어요. 저기 스님 한 분이 앉아 계시구면. 선방(禪房)에서 심우도(尋牛圖)[264]라고 합니다. 소를 찾는데… 소를 찾는다는데, 바늘 구녁을 뚫어놓고 그리 소가 대가리가 들어온다 하는 것이 찾는단 말이야, 들어오도록 말이지. 그러는데 쇠(소)대가리가 바늘 구녁으로 들어올 수가 있습니까? 쇠대가리가 바늘 구녁으로 못 들어올 건 사실이지만, 그거를 들어온다고… 들어오도록 정신을 차리고 앉았으니까 일심(一心)으로 들어가 앉으면 쇠대가리 덩어리 있는 거는 안 들어와도 정신은 쇠대가리가 그걸 들어옵니다. "저 소 봐라" 할 때는 그때는 머리가 좀 깨달아진단 말이에요. 그런데 가 만져보면 아니지만은 들어온단 말이야.

그러면 그 양반들이… 부처님들이 사람 속인 게 아니여. 소가 들어오길

---

264) 본성을 찾아 수행하는 단계를 동자(童子)나 스님이 소를 찾는 것에 비유해서 묘사한 불교 선종화(禪宗畵).

바라는 게 아니고, "그만침 정성을 쓰면 바늘 구녁에도 쇠대가리도 들어올 수 있다" 그 소리여. 선방에서 심우도라고 하는 것이 그게 이제 뭐… 꼭 어디 바늘 구녁으로 소가 들어와? 요만한 구녁에… 요 쪼그만 구녁으로 쇠대가리는 그만두고 쇠꽁지도 못 들어온단 말이야. 하지만 이거 심우도, 그걸 찾는 걸로 들여다보고 앉았으니까 거기서 (소가) 오기를 언제 들어올라나 하고 일심 정력을 다하고 들어앉았을 때, 마음은 호흡이 골라지고 언젠지 모르고 쇠대가리가 거길 쑥 들어오는 게 뵈.

〈원상은 공자가 복희씨가 말한 것을 했고,
복희씨는 대황조님께서 내놓으신 것을 말한 것이다〉

33:17

그 우리도 여기서 지금 저 공부할 제(때)… 호흡을 할 적에, 안 되려니 하고부텀 보지 말고 되려니 하고부텀 들여다봐요. 원상이면 원상문자에… 원상문자 여기서 이렇게 나오는 것이 "수건복곤 천지정위 이감목리 일월명광" 하는 것이, "이게 뭣이 소용없는 소리를 다 해놨는데 이게 뭔가?" 하고 들여다보고 앉았으면, 천지정위하는 '하늘 천(天)'은 하늘은 뭣이고 땅은 뭣이라는 거 그게 차차, 차차 이걸 글자로만… 입으로만 읽지 말고 글자를 봐. 하늘이란 건 뭣이 어떤 걸 하늘이라고 그러고, 천지정위 땅은 뭣이? 어떤 걸 땅이라고 그래? 그래 이래가지고 정위(定位)? 뭣이 위(位)는 아래라는 게 하늘은 위(上)만 되는 게 아니고 여기서 보면 저 아래도 하늘 있지 않아요? 하지만 만날 보면 그 위에… 사람 위에 있는 거란 말이야.

그래서 저기 보다가 이제 뭐 이런 게 저런 게 나오는 것이 그게 이제 공부할 적에 공부하는 사람들이 공부… 자기 공부가 어떻게 되나가나 보기 위해서 요게 계제가 다 나오는데. 이거 동양에선 성인이지, 공자님 성인이지 성인 아니라고 누가 할 사람이 하나도 없어요. 그 양반도 역학을 가서 할 적에 〈계사전(繫辭傳)〉을 이걸 만들어놔서 "너희들 공부하라." 그러고 〈계사전〉에다 뭐라고 했는고 하니,

"역(易)은 무사야(無思也)하며 무위야(無爲也)하야 적연부동(寂然不動)이라가"

주역이라는 역(易)이라는 것은 일월(日月)이여, 음양(陰陽)이여. '무사야하며', 전부 사사로움도 없고 무슨 뭐 험(爲)도 없어. 음양이 뭣을 해? 그냥 음양으로 있지. 한데, '적연부동이라가', 가만히 있으면 움직이지를 않고, 하늘은 하늘, 땅은 땅으로 있다가, '감이수통천하지고(感以遂通天下之故)여' 감동하면 천하의 연고를 다 알 수가 있어. 가만히 있는 거 같은데 천하의 연고가 하늘 땅 외에 다른 데 뭐 있느냐? 이거여.

공자님이 거짓말해서 뒷사람들 '너희 속아라' 하고 쓰신 건 아니여. 그럼 이 원상이라는 공자님이 말씀한 거 그걸 얘기하는 거고, 예전 복희씨가 말한 거를 했지. 복희씨는 어서 했느냐? 예전 대황조, 우리 조상 대황조님이 첫 번에 이렇게 하나 해놓을 적에 이것이 음양(陰陽) 오행(五行)이 다 거기 든 거라고.

〈정북창이 중국에서 각국 사신들에게 이인(異人) 소리 들은 일화〉

근데 뭐 어려운 거 보지 말고 우리가 호(呼)한다 흡(吸)한다 두 가지 가지고 게서 얻어서… 얻어서 '나'라는 게 뭔지 알게 되면 다른 것도 보면 알고 생전 알지 못하던 것도 알고 하는데, 이 책… 이 책 먼저 원 주인이

라는 게 여기 정북창[鄭北窓, 정염[鄭礦: 1506~1549], 이거 맨든 이… 이거 맨든 이가 정북창인데. 정북창이 열 몇 살 돼서 초립동이도 다 못 될 때여, 그때 중국 정사(正使: 사신)를 따라갔어. 중국이 어떤가 구경 좀 가겠다니까 따라 보낸 거란 말이여. 벼슬 안 했어요 그때, 그냥 들어갔어.

들어가서 그때 외국사람이라면 지금 아마 저 이 뭣이 아세아, 인도, 월남, 저편짝에 뭐 토이기(土耳基: 터키)이 편짝에 그거 그걸 거예요. 거기 사신들이 죽 수십여 개국 사신이 왔는데, 아니 그 저 한국 사신 열여덟 살 먹은… 사신을 따라온 열여덟 살 먹은 젊은 사람이 초립동이가 그 사람 만나면 그 나라 말로 해요. 아무 나라 말이고 만나면 다 한단 말이야. 그래 이건 "천하의 이인(異人)이 왔다." 그래가지고 소문이 났거든. 그건 아주 이 야사에 있습니다 투철히. 그가 갔다 와서 그렇게 한 것이 투철히 야사에 난 거여. 그럼 이는 뭘 가지고 알았냐? 이거 하는 중 해서 그렇게 안 거라고. 정북창이더러 모른다고 하면 말 안 되니까.

〈공부 중 개미를 검은색 복장을 한 장사들로 착각하고 개미와 싸운 사람 이야기〉

37:53

근데 우리도 이걸 가지고 '이게 힘드는구나' 하고 한번은 뭣을 했어요. 저… 인천서 진남포 사람 하나가 저 아들을 가르칠라고… 아들이 못됐두면 보니까… 나중에 온데 보니까. 아들… 아들을 가르칠라고 집 하나… 사람 아마 한 50명 들어갈 집을 하나 얻었어요. 얻어놓고, 선생님한테 청해가지고 하나만 가르칠 수 없으니까 한 50명 갖다놓는 데다 갖다넣으니까, 이 녀석이 놀기 좋으니까 제 아들이 거 왔어. 그러니 그 비용을 다 그 사람이 됐어.

아 그런데, 나는 거기서 인천서 미두(米豆: 선물시장)할 때입니다. 미두하고 있을 때인데, 아 이 선생이 나 혼자는 좀 답답하니까 권군이 좀 와서 좀 봐달라고 뒤에 감독 좀 해달라고. 아 그러니까 놀러갔지 뭐, 사람이 많으니까. 아 이거를 읽습니다. 호흡을 하고 하라면 힘들지 않아요? 호흡을 안 하고 입으로 읽는데, 시조 잘하고 노래 잘하는 녀석은 아주 노래… 일류 노래감으로 합디다 그저. 장구 치듯이 해가면서 맞춰가면서 이 녀석이 읽고, 그저 그냥 읽는 사람은 글 읽듯이 읽고 하는데, 그저 이걸 입으로 읽고, 좀 뭣한 사람은 "조금 꽤 이거 이러면 안 되지" 하고 중얼중얼 하고 읽고 하는데, 한 50명이 중얼거리니까 귀가 아파 못 견디겠어요.

근데 그다음에 한 사람이 이씨라고 이승기라는 사람이 덩어리가 훨씬 크고 저 촌에서 쇠걸이 씨름 꽤나 하는 사람이여. 육덕(肉德: 덩치)이 큰 사람인데, 아 이 녀석이 앉았다가 아 주먹을 들고… 주먹을 들고 "이놈들 어딜 뎀비느냐!"고 하면서 소리를 벼락같이 질러, 딴 방에 있었는데. '저 녀석이 왜 미쳤나?' 하고 가보니까, 여름에 날이 습할 때니까… 방이 습하니까 개미가 죽~ 들어와 개미가 들어오니까, 검은 복색한 장사들이 들어오더랍니다. 공부하고 앉았는데, 검은 복색한 장사가 시위해서 자기를 전부 에워싸니까 앞에 놈을 덮친다고 주먹으로 개미를 때리고 앉았어요.(일동 웃음)

그러니 개미를 검은 복색한 있는 장사로 본 것도 개미로 봤으면 할 텐데, 뭘 눈에 어려서 봤겠지. 그러니 그래놔서 별놈 다 있었어요.

"그래 내가 그걸 저 감독을 하나, 내가 감독할 수가 있나. 에이 나 않는다"고. 그래 나오는데, 이 돈 낸 사람의 아들은 평안도 사람이니까… 진남포사람이니까 수신가(修身歌)조로 (원상문을) 읽습니다, 수신가조로. 글 읽으라면 글 읽다가 돈 좀 있으니까 가만히 나가서 담 넘어… 넘어가서 어디 색시집에나 가고, 그러다 이제 늦으막하게 해산할 때쯤에 가만히 들어오고 이래. 저 아버지는 이걸 자식을 가르칠라고 하는데 남 다른 사람 공부 시켰지. 한 50명에서 잘하는 사람이 셋밖에 없었어. 50명에 잘해서 뭣을 보고 인천서는 욕심이 나중에 신선되고 공부한다는 것보담 인천 미두에 시세 잘 맞추는 거 그것 볼라고 하는 녀석 더 많습니다. 아 이거를 들여다보고 앉았는데 시세가 올라간다 내려간다 하는 걸 일수(?) 잘 맞춘단 말이야. 그래 돈 갖다 넣으니까… 자꾸 버니까, 이놈이 죽겠다고 와서 한 일주일쯤 들어앉아서 그걸 읽고 들여다보고선 시세 나오면 또 가서 하고 자꾸 그래. 한번 가면 일주일씩을 뒤로 후퇴를 해요. 돈은 생기는데 일주일씩을 후퇴가 난단 말이야. 그래가지고 거기서 50명에 성공한 사람이 둘밖에 없어. 그 여럿인데 둘밖에 없어. 그 진창(줄창, 계속) 돈 댄 사람은 그 강씨라고 그 사람은 아들 그냥 건달이지, 하나도 못하고 그 돈가지고 한 것도 아니고. 그래 그걸 실지로 가 봤습니다.

그런데 이제 이거 돈도 가지고 안 되는 거고, 시간 있으면 조용하게 혼자 맘 놓고 하는 것이 제일 좋고, 여럿이 앉아 하더라도 다 같이 호흡하라면 호흡으로 해야지 딴 생각하고 하면 안 돼요.

그래 이거 잘 보면… 잘 보면 그저 웬만침 해나간 사람들은, 여기가 집… 여기는 학원이라고 그러고, 여기 앉아서 지금 우리 집에… 눈감고 앉아서 집에 누가 와 앉았고, 무슨 얘기들 하고 누구누구 있다는 거 이런 건 보통 다 보더구먼요. 거기서 앉아서도 편지가 언제 온다, 떴구나, 뭣하구나 이런 건 웬만한 사람 다 봐요. 그것도 전력을 하니까.

그래 이것이 입으로 읽는 사람도… 읽는 사람도 보는데, 들여다보고 못 본대서는 안 돼요. 가만히 해서 이거 눈으로 보고 가만히 보는 게 훨씬 낫지.

〈숨은 들어왔다 나갔다 하라고 숨대로 두고, 내 정신은 정신대로 가만히 봐서 이거 내려가느냐 올라가느냐 이것만 생각하고 있으면 딴 게 뵌다〉

43:49

학인 10: 단전에 의식을 두면서 호흡… 숨은 정중선을 통해서 들어왔다 나갔다 이런 식으로 단전에 의식을 두면서 뭐 숨을 정중선을 통해서 들어왔나 나왔다 이렇게 계속…

봉우 선생님: 들어왔다 나갔다 하는 거죠.

학인 10: 호흡을 해도 괜찮은 건지.

봉우 선생님: 네, 들어왔다 나갔다 하는 것이, 그건 숨은 들어왔다 나갔다 하라고 숨대로 두고, 내 정신은 정신대로 가만~히 봐서 이거 내려가느냐 올라가느냐 이것만 생각하고 있으면 딴 게 뵌단 말이야. 앞이, 눈이 밝아져요. 앞이 침침한 것이 거기 거울이… 거울에 안 뵐 것이 그게 밝아지고 뒤에 와서 유리가 멀쩡한 유리인데 수은… 수은 딱지 시켜서 이놈을 딱 칠해 놓으면 환히 들여다뵈진단 말이야. 그거나 마찬가지예요. 뒤에 이것 갖다 놓은 거…

학인 11: 현상을 보고 난 뒤에…

〈공부 중에 삼촌과 아버지가 오시는 것을 보고 마중 나간 오씨 이야기〉

44:55

봉우 선생님: 맘이 내가 저… 잠심(潛心)이 덜 돼 그래. 자랑했건 말았건 또 그대로만 해서 가만히 보면 뵈지. 여기 저 그 오씨가 온다 할 거 같으면 오씨가 실지로 해본 사람이니까 제일 좋은데… 오치옥이, 못 온단 말이야

이게. 자식들이 밖에 나와 집을 못 찾으니까 내보내질 않아서 못 와. 그 사람 절에서 가만히 있는데 절에서 이거 공부를 해가지고 한 달, 두 달, 석 달, 넉 달 이렇게 했는데, 절에 저 산꼭대기 절에 있는데 저 삼촌이… 양부될 사람이 떡을 해가지고 저기 밑에서 올라오니까 쫓아 내려갔어요. 내려가니,

"너 왜 공부 않고 내려오느냐?"

"아버지가 떡 해가지고 오시는 거 보고… 돼지다리하고 가져오는 거 보고 왔습니다" 하고.

아, 그러니 거기서 알지도 못했는데 오니까 여간… 여간 반가워? 그 와서 또 진짜 자기 아버지한테 와 얘기해.

"아, 형님 아무개 공부하더니 내가 가는데 이러고 이러고 했다"고.

"너 이놈 저…" 그 둘이 따로따로 해요. "너 이놈 딴 거 하더니 니가 그런 걸 보고 와서 조카놈 가짜 거짓말 한다고, 내가 한번 가보면 안다"고, 아 내가 가보면 안다고 자기도 뭘 해가지고 가는 거여.

그래 둘이 앉았는데, 산에서 절에서 둘이 공부하는 데니까 내가 가서 보고 앉았는데,

"아이 아버지가 오시는가 봐요."

"왜?"

"아이 저기 작은 아버지가 가서 뭐라고 하셨는가 본데 그래서 아버지 가 뭘 해가지고, 괴기도 하고 뭣하고 보따리 그뜩 가지고 오시는데 그냥 앉아서 받을 수가 있어요? 내려가야겠어요." 그래.

"그래 가 받긴 받게. 허지만 그렇게 자꾸 하면 공부 못하네." 그 데리고 왔어, 같이 왔어. "다시 오지 마시오. 아들 공부시킬라면 다시 오지 말고, 여기 양식이나 대주고 다시 오지 마시오" 그래. 그러고 믿고서 다시 안 왔 어요.

그래 그 사람은 공부를 공부대로 자기는 했어요. 그러니 이건 아주 지독히 하는 사람인데, 허라면 그… "앉았어라" 하면 앉아서 12시간이면 12시간 떼지를 않습니다. "호흡해라" 하면 그냥 호흡하고. 근데 자기가 너무 알면 안 돼. 이게 되나 안 되나 별 의심을 다 내보니까 안 되지.

진행자: 시간을 너무 길게 할 형편은 현재 안 됩니다. 오늘 선생님께서 이북 5도청에 가서서 또 강의를 한 시간 반이나 하고 오셨으니까…

〈원상을 할 때 한번 깊이 들어갔다 나오면, 아무 때나 잘 봐진다〉

47:48

봉우 선생님: 이거는… 이거는 뭐 얘기 말고, 얘기 말고 호흡하고 들여다봐야 됩니다.

근데 뭐 뵌다고… 뵌다고 호흡 그치면 안 돼요. 뵈건 말건 호흡은 나대로 하고 '너는 너대로 놀아라' 하고 가만히 앉아서 호흡하면 끄트머리까정… 끝까정 다 보는데, 호흡을 그쳐 놓으면 조금 나오던 거 안 나옵니다. 그래 그건 가장 쉽고 이게 저 끄트머리까정 가는 거는 문제예요. "무사야 하며 무위야 하야 적연부동이라가 감이수통천하지고"라고 하는 거는 거까정 가는 건 힘들고요. '천하지고'라면 그 저 제갈량이나 강태공이나 다 그런 축에 간다는 소린데 그게 쉽습니까? 그건 쉽지 않고 그저 웬만침 알면 되지 뭐.

그러니까 이거 저 어렵게 생각 마시고, 따로 이거 자꾸 저 보시는 걸 딴 걸로 생각 마시고, "수건복곤 천지정위 이감목리 일월명광" 하는 것을 '수~' 하면 수 자를 이래 써보세요. 마음으로 써요, 손으로 쓰는 게 아니라. 첫 번에 손으로 써도 괜찮아요. '수~' 수 자해서 다 끝나거든 '건~ 복~ 곤

~ 천~ 지~ 정~ 위~' 요래가지고 족 내려가면 '천지정위'는 글자만 뵈는데, 나중에는 하늘이 뭔가, 땅이 뭔가 그게 조금 나오죠. 그게 나오면 머리가 아파요. 그게 나오면 머리가 아프고, 어디로 갔다왔다 한참 하니까 그때는 좀 귀찮지만, 귀찮건 말건 자꾸하면 돼요. 하늘이 어디 그렇게 한 손바닥에 다 보라고 뵈는 하늘이 아니니까, 그 넓은 하늘을 한번이라도 일주래도 해야 할 테니까, 거기 들어가면 저 잘못… 드러누워서 잘못하면 남들이 "아, 우리 아버지, 우리 형님 갔다"고 소리를 하지. 가만~히 있고 아무 소리도 않고 있으니까. 그래가지고 24시간 만에 일어나는 사람도 있고, 그걸 다 보고 온다고 돌아다보니까 아니 못 일어나지 남이 건드려도 모르지. 근데 그건 남이야 뭐라고 하든지, 집안 식구야 놀래든지 말든지 그렇게까정 한번 가야 돼요. 그래 놓은 뒤는 아무렇게 해도, 아무렇게 흔들고 아무 데 가서 드러누워서래도, '어 여길 좀 봐야겠다. 뭘 봐야겠다' 하면 얼른 뵈거든.

〈6.25 사변 때 좌익들을 피해 피난하다가 이적을 경험하심〉

50:53

학인 12: 원장님 아까 신문에 말씀드린 거 그거 할아버지가 설명 좀 해주셨으면 좋갔는데…

진행자: 백두산상에 나타났다는… 천지 위에 나타났다는 그 현상이 뭔지 좀 여쭈어보고 싶다는데요.

봉우 선생님: 백두산상에 그거 아주 없을까? 보는 사람의 눈에는 별게 다 뵐 테지. 다 뵐 텐데, 우리 갔을 때는 아무것도 안 봤나? 와 있어도 뵈질 않았지. 그거 별거 아니예요 그거. 그런 거 혹 그런 산에는 나옵니다. 그

거 뭐 이상하게 여기지 말고. 백두산에도 이제 현령(顯靈: 신령이 모습을 나타냄)하기 시작을 자꾸하면, 좀… 요다음에 조금 더 이상한 게 또 나올는지도 몰라요. 백두산 상공에도 백두산 임자(산신)가, '야 이제는 때가 다 차… 가까워진가 보다' 하고선 뭐 장난을 할 거예요.

백두산 신령님 뭐 하고선 거기 하느님한테 절하는 거지, 신령 찾으면 신령이… 신령이 장난하나? 거기 있는 장난하는 밑에 것들이 장난하지. 꼭 그런 걸 백두산에만 보는 게 아니라 조선에도 산에 가면 그런 게 뵐 때가 있을 건데, 그걸 보는 사람이 없으니까 못 봤지.

그래 세상이라는 게 신의 가호, 이 천지간에 그 장난이라는 게 알 수 없어요. 천지간에 이 하는 짓이라는 게 도저히 알 수가 없습니다. 6.25 사변 때 8월 보름날 후퇴 안 했습니까? 저것들 시작을. 8월 보름날인데 열나흘날 집에 지가 있는데, 들어오면 요번엔 잡히면 가는 때야(죽는 때야). 두 달 있다 나왔으니까 내가, 그놈들한테 걸려서. 가는 땐데, 내가 거기 있을수가 없어. 그리고 우리 집에서 좌익 아닌 애들하고 좌익 거기 간부하고 한 동네 사람이니까 싸웠지. "너 이놈들 너희들은 추석날 개 잡고 소 잡고 다 해 먹으며…", 추석 못 쇠게 했으니까, 추석 못 쇠게 했다고 젊은 애들하고 싸웠어요. 하필 우리 집에서 거기 동네 깔본 놈들하고 싸웠으니까, 그 뭐 대번 그걸 가면 우리 집으로밖에 쫓아올 데가 없어, 저놈들이.

그래 면하러 가며, '내가 피하는 게 옳다' 하고 나갔는데, 내 자식 영조 개하고 둘이 피합니다. 근데 보름날인데 구름이 잔뜩 껴서 달이 환하게 비치지 않고 구름이 껴서 잘 안 뵈요. 근데 구름이 안 꼈으면 나 가는 것도 달이 환하니까 거기로 가는 걸 다 남들이 봤겠죠. 헌데, 구름이 끼니까 뒤에 술술술 뒤로 해서 가가지고 산제당(山祭堂: 산신각) 뒤라고 산제당 모신데 뒤에, 아 가다보니까 석굴이 있어. 석굴에 둘이 들어갔어. 그렇게 거길 댕겨야 석굴이 있는지 없는지도 몰랐어요, 산제당 앞이니까 알 까닭이 있나요. 석굴에 들어갔는데 둘이 들어가 앉을 만해요, 넓은 게 아니고. 그래 둘이 가서, 돌멩이로 앞에다 이렇게 막았두먼. 돌멩이로 막고, 돌멩이 이렇게 뜯고 그러니까 둘이 가서 넉넉해. "거기 드러누워서 가만 있거라." 그 밑에서는 총소리가 "탕! 탕!" 나고.

그래 그날 저희 올라온 뒤에 내무선265)가 거기서 총 가진 놈들이 몇 놈이 와가지고 날 찾다 갔어요. 그래 그럴 일이 있었어. 우리 집에서 좌익하고 동네 젊은 놈들하고 싸워가지고 좌익 거기 그 동네 맡은 놈이 실컷 두드려 맞았단 말이에요. 맞으니까 가서 그놈들이 고소할 거 아니예요. 하니까, 총 가지고 왔지 뭐. 그래 인제 우리 집을 찾아보니 난 없지, 아들도 없지, 아 그러니 꼭 우리 드러누웠는데 구두… 구두 신고 댕기는 "저벅, 저벅" 거리는 소리가 좌우 쪽에서 납니다. 그러니 자식도 간이 콩알만해 가지고 꼼짝을 못하고 있고, 나도 재미가 없어 그냥 앉았지. 그런데, 구두 소리만 몇 번이 났는데 근처를 안 와요. 그래 내려갔어.

그래 하루 이틀 사흘 지나서 이제 보름날인데, 보름 쇠고 아는 사람이 내가 그 근처로 가더란 건 누가 봤지 그러니까. 산제당 어디로 갔다고 하고선 그 근처에 와서 거가 넓은 쉼바탕(쉼터)입니다. 나무꾼들 쉼바탕인데, 거기 와서 "선생님~! 선생님~!" 하고 소리를 질러요. "이제 그것들 다 떠나요. 그것들 다 떠나니까 걱정 말고 나오세요, 나오세요." 자꾸 그래. 그러나 그거 누가 압니까? 저 사람도 시켜가지고 부러 우릴 그러라고 했나 몰라서 가만히 있었지. "아니 저것들 다 나갑니다. 나가서 지금 산으로 자꾸 올라갑니다. 쫓겨서 산으로 자꾸 갑니다." 그래 얼마 뒤에 이제 이거를 다 내리고서 둘이 나왔어요. 그러니 뭘 먹었겠어요? 어쨌든 사흘 동안 꼼짝 못하고 거기서 들어앉았었는데 집에 와보니까 그날 저녁에 이놈들

---

265) 내무서(內務署): 예전에, 시, 군 따위의 사회 안전 기관을 이르던 말 북한말.

이 군대들이 왔다갔다고 그러거든, 있었으면 죽었지.

그런 뒵니다, 그런 뒤에… 뒤에 동네 사람들이 거기 굴을 못 찾아요. 우리가 피했다는 굴을 못 찾아. 참 우습지. 저 저 동생도 가 찾지 않았어? 아 그걸 거길 아는데 못 찾어? 그까짓거 뭐 우리가 잘못 찾았거니 그 찾아보니 없어요. 영조가 어디냐? 아 거기 저 저 뭣인데 저… 산제당 바로 앞인데 모르냐고 그 와보니까 뭘. 돌, 흙이 꽉 메이고, 그 가운데 비었다는 데가 흙이 꽉 찬데 큰 돌멩이가 이렇게 있고 여긴 흙이 다 꽉 메인 데가 돌멩이가 그 흙 쏟아지지 않게 하느라고 그냥 이렇게 돌멩이가 있어요. 근데 그 흙이 어디로 갔었어? 흙이 어디로 가고 우린 거기서 그냥 앉아서 피한 모양이여. 그래도 그게 며칠 찾았어요 거길, '설마 거기 굴이 있겠지' 하고 찾았는데, 굴 같은 것도 없는데 아 부자(父子)는 거기서 사흘을 잤으니 어떡합니까.

그래 그걸 "그 이적(異蹟)이라는 것은 잘못하지 않으면 그놈들한테 죽지 말라고 그러는 거지 다른 게 아니다." 나는 그랬어요. 그러니 그 저 흙이 가뜩한데 찬 데를 빈 공장(空場: 공간)으로 알고 들어가서 거기서 사흘이나 잤단 말이야. 그럼 이적이여, 그러니 설마 거기를 못 찾으랴 하고 내 앞에 사람이 몇이 찾았어. 몇이 찾아가 못 찾고 그냥 왔습니다. 그래 그게 죽지 말라면 별일이 다 있어요.

〈글자 현상을 하는 연습〉

59:30

그래 저 이거를 실지로 저 호흡을 해가며… 호흡을 해가면서 앉든지 드러누웠든지 그건 상관없어요. 드러누워서래도 가만~히 호흡을 해가며 눈감고 글자를 보든지 뭘 보든지 해서 이래가지고 볼 생각을 해야지. 눈… 이거 봐가면서 호흡 짧다고 억지로 길게 하고, 눈뜨고 다른 생각하고 하면 안 됩니다. 그 현상 되는 것은 가장 쉬운 거니까, 가만~히 앉아서 속으로 첫 번에 하나를 그려요. 눈감고 한 일(一) 자를 쓰든지, 하늘 천(天) 자를 쓰든지, 내 성(姓)을 쓰든지 아무 걸 그리든지 가만히 이렇게 손으로 그어 보고… 그어 보고서는 이게 글자가 표현이 돼 있나 안 돼 있나 보시면 눈 뜨고도 봅니다. 그게 글자가 표현이 그대로 딱 되면 눈뜨고 가만히 있다고 해도 그대로 있습니다.

이제 그걸 이제 호흡하는데 연습을 해보시란 말이야. 남의 다른 글자 쓰지 말고 하늘 천 자고 내 성이고 이런 거 갖다놓고 써봐. 그러면 되나 안 되나 봐요. 첫 번에 이게 됐거든… 현상이 되는… 눈 감고 의식이 됐거든 가만~히 뜨면 이게 없어지나 그대로 있나 보세요.

〈병실 벽에 나타난 영화 화면 같은 글씨〉

그 이상해요. 내가 요번에 병원에 가서 죽겠다고 할 적에 내가 뭘 적어서 주지 않어? 그 이렇게 자면… 병원에서 침대에서 자면 앞이 저렇게 허연 벽입니다. 벽에다 그냥 쫙 뭣을 썼는데, 그 뭐 붓으로 썼겠습니까? 뭘로 썼겠습니까? 그런데 여기서 꼭 뭣이 저 영화… 영화에 글자 백이듯이 쫙 들여 백였어. 딱 백였는데, 위에서부텀 아래를 다~ 봤는데. 눈을 감고 있다 얼마 있어 봐도 그대로 있단 말이야. 그래 다 적었지. 다 적고서, 이… 이게 없어졌지 하고 또 보니까 또 그냥 있어요. 날 새진 뒤니까 없어지더만. 그러니 몇 시간을 그냥 있거든.

그 지가 여기서 약을 먹었어. 여기서 약을 잘못 먹고, 피가 3분의 2가

빠졌으니까 병원에서는 팔십여덟이니까 90 늙은인데… 90 늙은이니까, 혈량이 3분의 2가 빠졌으니까 살지 못하고 죽어 이래버려요. 피가 그러니까 좀 빠져야지, 그래 위로 토하고 밑으로 빼고 별 짓을 다했지. 다 했는데도 그래가지고 피가 그렇게 빠졌는데 살 도리가 있나. 아 그러니까 죽는다는 것도 무리는 아니여.

그러니 난 화가 나니까 자꾸 하는 거지. 내가 먹은 게 뭔지 조사해 보래도 그것도 못 조사하고, 못 조사해요. 못 조사하고, "그러면 내가 지금 피가 남은 게 얼마냐?"니까 그것도 못 조사하고, "죽는 거밖에 모르냐?"고. "내가 그 극약을 먹었다는데 극약이 그 똥에, 피에 그 나왔을 거 아니냐? 나왔으니까 무슨 극약인지 그것도 몰라? 당신들 그 박사라는데 개떡 박사"라고 내 자꾸 듣기 싫은 소리를 해. 아, 그러는데도 살아나가니까 자기들은 그래요. 이건 죽는다고 미국서 나온 사람한테도 죽는다고 했어요. 나한테 찾아왔던 사람한테. 그래서 요 그 뭡니까? 그 저 교포들 뭐 일본처럼 얼마처럼 맨들어서 돌리는 거 거기다 서울 갔더니 서울 아무… 권 아무가 중병이 들어가지고 살지 못한다고. 아, 그래 미국에서 죽었나? 하고서 쫓아 왔더구면. "그 아직 살았다." 내가 그랬어.(웃음) 그러니 정 알 수 없는 일이오 그게.

그래서 지금 건방진 소리지만 88세가 지가(제가) 정명(定命: 하늘에서 정해진 수명)인데, 작년 그그러께가. 정명인데 그밖에 못 산다고 하는 건데, 이건 왜 몇 해를 더 주십니다. 더 주시는데 요 뭣하고, 그다음에 뭐하나? 하고 구경 시키고 그 보고 들어오라고 하시는 모양이에요. 음…

진행자: 네, 마치시지요 너무 오래 하셨어요.

〈현상되는 것은… 어머니 뱃속에서 나올 때 그때가 제일 힘듭니다〉

64:43

봉우 선생님: 네, 너무 오래 끌어서 좀 안 됐습니다. 그러나 저 위로 눈뜨고 보지 마시고 그냥 보실 땐 그냥 딱 감고서 보시고, 뵈실 적에… 뵈실 적에 이렇게 저 뭐라도 뵐 적에 이걸 자꾸 뭔가? 뭔가? 하지 말고 가만두고 보세요. 가만두고 보시면 차례로 나오는데, 이걸 내가 자꾸 뭘 생각하면 잃어버립니다.

현상되는 것은 그게, 되면 재미가 있어. 인제 그렇게 해나가다가 이게 족~ 돌아나가다가 젖먹이일 때까지 나와요, 젖먹을 때. 젖먹을 때까정은 잘나오는데 젖 먹어서 어머니 뱃속에서 나올 때 그때가 제일 힘들읍니다 (힘듭니다). 어머니 뱃속에 있었을 때 뭣이든가 그 전에 거길 벗어나야 그 전을 알지. '그 전이 뭣이었다.' 이게 나오죠.

〈중국 산동성에서 전생을 확인하다〉

나도 좀 미쳤죠. 거기서 봤다고 진짠지 가짠지 알지도 못하고 중국을 들어가요? 중국을 들어가 전생에 있던 데를 찾아가고 보니까, 첫 번에 가서 찾으니 대답도 안 해요. 조선놈… 이 조선옷 입은 녀석이 가서 이 집을 가서 문을 두드리고 열라니, 거기는 무슨 장(莊) 무슨 장(莊), 성(姓)… 한 성이 한 성받이가 수백 호씩이나 살고 성(城)쌓고 문… 문 있고 이래요. 그런 그 수문(守門) 문루(門樓)에서 내려다보고 문 열어 달라니까, "어디 뭣이냐?" 하고 다시 말도 안 해요. 문을 두드려도 말 않고. ○○ 하(도) 두드리니까 그 안에서 나와서 위에서 올라 보더니, 위에서 늙은이가 지금

우리 나이나 됐어요. 지금 우리 나이나 됐는데,

"고려셴성(선성)야?" 하니까(하고 물어보길래) 나 고려서 왔다고 하니까,

"귀성시마(貴姓是摩)야? 귀성시마(당신 성이 무엇이요)?"

"워싱…" 저긴 여 만주선 '퀜' 하고 중국서는 '첸' 해요. "워싱첸[아성권(我姓權)]" 하니까,

"첸노야? 첸노야![권(權)노야(老爺: 중국에서의 남자 존칭)]" 하더니 문 열라고.

권가라고 하니까 대번 문 열래요. 문 열려서 들어갔어요. 그게 87년 전에 있던 집이여 내가.

"그래 내가 공부하다가… 공부하다가 본 게 이 집에서 내가 있던… 87년 전에 있다가 나와서 그리 조선으로 나와서 태어난 사람인데. 참 그런가 안 그런가 내가 알기 위해서 여기를 와서 찾아왔다."

확인 12: 돌아가신 분의 돌아가신 분의 87년 전이요?

봉우 선생님: 네, "사실인지 아닌지 내가 모르니까, 그래서 내가 여기를 왔다." 그러니까 아주 그래요.

"그러면 여긴데. 그렇게까정 안다면 당신 있던 방을 알 거 아니냐?" 이러거든. 거짓말하면 그거 못 찾을 거 아니에요? 집이 넓기를 수백 칸 되는 집이여.

"그거야 내가 찾지, 왜 못 찾겠느냐?" 아, 들어가니까 뒤에서 죽 따르지 앞에 안 서요. 그래 "이 대문 열어라." 대문 열고, 나 있던 방이여. 나 있던 방인데, 방 딱 채두면 이렇게 아주 조용히 혼자 공부하던 거 책들 손수 책들 이렇게 쌓아놓고, 공부하던 자리 그대로 해놨어. 그래 거 가서 찾아 들어가니까 그때서 그 늙은이가 한 80 됐어요. 그 늙은이가 한 80 됐는데 그 늙은이 이하로 한 30명 되는 게 몽창 절을 해요, 새파란 젊은 놈한테,

하하.

"야야 어머니 왔다."고.

그러고 그 할머니 왔다고 모두 하는데 멀쩡한 사내 놈더러 할머니 할아버지 왔다고 그래. 그래서 거기서 절을 받았습니다. 그러고 나서 내가 이제 '야 이것이 내가 잘못 보지 않았구나' 하는 게 생각이 나고. 그래 놓고 나니까 그 근처에서 도관(道觀)… 도관이라고 하는 데서들 "야, 고려서 이걸 찾아가지고 아무 집을 찾아… 선생 찾아온 사람이 있다더라" 하니까 도관에서 이 사람 저 사람 만나가지고 나부산 왕진인까정 찾아간 거예요, 사천성까정 266). 그러니까 자꾸 소문이 나니까 그리 그리 자꾸 가가지고. 그래 사천성까정 가라고 그렇게 뵈준 거 같아요. 왕진인한테까정 갔다 왔지만 말이야. 지금 여기서 도관에 도인○들 뭐라고 하는 사람들이 참 전생 그렇게 똑똑히 보고 오는 사람 별로 없어요. 그러니 진짜인지 가짜인지 누가 아나? 모르죠. 거 진짜라니까 진짜인 줄 알고 보는 거지. 그래 이제…

진행자: 앉은 채 그대로 인사 올리겠습니다.

봉우 선생님: 아이고 이제 그만 둬… 그런데 한마디도 이롭게 당장 공부하는데 표가 나는 걸 못하고 얘기만 해서 죄송합니다.

학인 12: 아이 좋습니다.

봉우 선생님: 네.

학인 12: 이것도 공부죠 뭐.

봉우 선생님: 네. 그런데 이것도 공부하는 데 참고는 됩니다. 이거 얘기하면… 얘기 시작하면 자꾸 떠들고 싶어서 야단났어. 여러분들 어떻든지 많이 가는 거 나 바라…

---

266) 광동성을 착각하신 듯함.

33-1991.10.31.
봉우 선생님 중급 특강 [267]

〈호흡 하는 사람들 아랫배가 좀 나옵니다〉

봉우 선생님: 제목이 뭐라고 그래? 내가 아무말이나 하는 건 싱거워서 못써요. 뭣이든지 좀 '뭘 이런 말을 하라.' 이렇게 명령을 하셔야 내가 대답을 하는 게 낫지.

학인 1: 제가 좀 질문이 있습니다. 지금 시작한 지 2년 반이 되었습니다. 그래서 호흡을 한 1분을 지금 하고 있는데요, 배가 불어가지고는 여태까지 입고 있던 양복이 도무지 그 답답해서… 그 못 되는데요. (호흡을 하면) 왜 그리… 배가 나오게끔 되어있는지요?

봉우 선생님: 호흡 하는 사람들 아랫배가 좀 나옵니다. 호흡 많이 하는 사람들은 아랫배가 아니라 전… 전체 배가 조금 나와요. 호흡에 많이 익은 사람들은 저… 뱃심이 꽤 납니다. 네.

학인 2: 책을 보니까 신기혈이라는 그런 혈(穴)이 있다고 돼 있고, 거기에다 마음을 저 가볍게 집중하면은 기가 많이 모인다고 했는데…

진행자: 이 배… 이 사람의 인체의 어느 부위에 신기혈이라고 하는 혈이 있다고 써 있답니다. 그런데 그 신기혈이 어딘지?

---

267) 녹음: 김각중, 녹취: 박승순, 교정·주석: 정진용·정재승

봉우 선생님: 나 신기혈 몰라요. 그 사람이 한 얘기니까 그 사람더러 물어
봐야 알지, 신기혈이란 혈은 지금 365도 4분도지 1 혈에 이름이 없는 혈
이니까 모르겠어 난. 뭣을 따로 갖다가 혈이라고 맨들었는지 몰라도, 무
슨 혈을 그 혈이라고 이렇게 했는지는 몰라도…

〈금냉법(金冷法)에 관한 질의응답〉

01:50

학인 1: "단전을 금냉법(金冷法)으로 해서 차게 하라"고 이랬거든요. 그와
반면에 또 한편은 단전을 마찰해서 또 열을 내주라고 그랬습니다. 그러면
한쪽은 차게 하고 한쪽은 열을 내라고 했는데, 그 이치가 안 맞는 소리니
까…

봉우 선생님: 위에 거는 내려가고 아래 거는 올라오고 하는 게 수화기제(水
火旣濟)지. 아랫배를 더웁… 차지 않는(않게 되는) 것이 숨이 들어가서…
호흡이 들어가면 거기가 더워지지 차지지는 않습니다. 아랫배가 냉(冷)
해가지고선… 호흡하는 사람 냉하다는 소리는 안 합니다.

　여기서 저 부인네도 계시니까 말하기는 안됐지만, 이 위는 더웁게 해야
되는 것이고, 제일 냉하게 하는 데가 어딘고 하니, 불알… 고환을 차게 해
야 합니다. 거기는 냉각시키는 것이 아주 꼭대기 더워지는 데는 자극성이
돼가지고 거기서 차게 자꾸 하면 이쪽에서 그걸 방어하느라고 위에서 더
운 기운이 내려가니까 일부러 냉각시킵니다 그걸. 열을 끌어내리기 위해
서 하는 겁니다.

　그걸 보고 '금냉법(金冷法)'이라고 그래요. 일본사람들 금냉법, 금냉
법… 금(金)이라는 건 뭣고 하니, 긴다마[きん-たま, 金玉: 금구슬, 〈속어〉

불알] 그러거든. 긴다마를 차게 한다고 해서 금냉법이라고 저… 일본사람
들은 하죠.

〈금냉법(金冷法)을 배우신 계기〉

내가 중국에 처음 들어가서 어떤 도장을 들어갔는데, 들어가니까 거기
서 뭣을 시키는고 하니 소제(掃除: 청소)부터 시키두면 방. 딴건 가르치질
않고 소제부텀 시키면서 한 달, 두 달 동안을 금냉법을 시켜요.

"찬물로 냉각을 시켜라. 가서 1시간 하고 쉬고, 또 1시간 또 하고, 또 1
시간 하고 이렇게 자꾸 시켜라."

해서 찬물로 그걸 하라니까 내 맘이 무슨 생각을 했는고 하니, '저놈 중
국놈이 조선사람으로 고려인이라니까… 조선 사람이 오니까 가르치기
싫으니까 그런 짓을 시키는가 보다.' 이렇게 봤습니다. 근데 한 달, 두 달,
석 달을 하고 나니까 안… 한 가지도… 남들 하는 거 구경을 할 망정 한
가지도 하지를 못하고 쉬는 시간엔 금냉법을 하래. 그래 얼마나 화가 났
겠습니까? 그렇지만 또 하라는 걸 해야지, 할 거 다하면 나도 화가 나면
주먹으로 한 대 먹이더라도 먹일 작정으로 아주 하라는 대로는 했습니다.
그러니 틈이 있으면 내가 그걸 하는 걸 봤거든, 선생이라는 사람. 석 달
이예요 석 달, 꼭 만 석 달을 했는데,

"그대가 이거 할 줄 알지 않느냐? 주먹 가지고 쓰는 것도 알고, 이것 가
지고 쓰는 것도 알지 않느냐?"

"조금 안다"고 그러니까

"해봐라."

해봐라 하는데, 시합을 계속해서 열둘을 시켜요. 하나 하고 나고, 또 하

나 하고 나고, 지고 이기고 간에, 열둘을 시키는데 숨이 안 가빠요. 숨이 안가쁜데 '아하 이것이 참는 법을 가르치느라고 그걸 시켰구나' 하는 게 그때 가서 '선생한테 욕한 내가 잘못이다' 생각했어요.

그런데 여기서도 내가 그걸 시킵니다. 여기서도… 조선 나와서도 내 앞에서 공부하는 사람들에게 그놈 차게 하라는 소리는, 그 여기 저 내 앞에 있던 한강현(韓康鉉)이나 누구누구 김용기(金鎔基)나 이런 사람들 다 그거 했습니다.

그거 하는데 그걸 하면 뭐 있는고 하니 인내력이 나아져요. 그걸 금냉법이라고 그러죠. 그런데 그게 호흡에 공부가 다 나은 게 아니라 참는 힘이 나아지게 돼요. 그러고 더운 기운이 여가 찬 게 나오니까 위에서 더운 기운이 자꾸 내려갈 거 아니에요? 방어할라고. 그래 나중에 찬물을 갖다 대도 차지가 않아, 더 뜨듯해 더.

〈금냉법(金冷法) 질의응답2〉

06:17

학인 3: 다시 한 번 더 질문 말씀을 드리는데, 금냉법을 하는데 샤워하는 식으로요. 물 호스를 갖다가 회음 있는데 이렇게 대가지고서 해도 그게 되는 건지요?

봉우 선생님: 찬물 가지고 해야 됩니다.

학인 3: 네 찬물 가지고요 호스를 갖다가 그 회음 있는 데다 이렇게 대서 해도 되는가 하고서요.

봉우 선생님: 아무래도 괜찮아요. 하체를 차게만 하면, 차게 될 적에 이게 속에서 여기서 이걸 찬 걸 방어하기 위해서 위에서 더운 기운이 좍 좍 좍

이렇게 내려가니까. 그런데 그걸 해놓으니까 뭣이 되는고 하니 인내력이 나아져요 인내력, 버티는 힘이.

그러고 저 노인 한 50… 50쯤 일찍 늙는 노인, 일찍 안 늙고 기운 좋은 노인은 70, 80에도 내외간 아무 관계없이 걱정 없이 하지만, 모자라는 노인들은 50만 되도 벌써 양기(陽氣: 정력) 부족해지는 사람 있지 않아요? 부족해지는 사람 그 사람 가서 그걸 시켜놓으면 회양(回陽: 회춘) 대번 됩니다. 뭐 저 용(茸: 사슴뿔), 삼(蔘: 인삼), 부자(附子) 안 먹어도 회양 대번 돼요. 여기서 노인들은 한번 시험해보세요. 내 말이 거짓말인가 참말인가 한번 시험해 해보시면 알아요.

학인: 제가 한 1년 이상 계속해서 별로 빠지지 않고, 아침 저녁으로 많은 시간은 못했는데 1년 이상이요.

봉우 선생님: 네.

학인: 했는데, 확실하게 그 도움은 많이 있는 걸로는 알고 있는데요. 그 시간을 그렇게 30분 내지 1시간이라는 시간이 상당히 그 어려운 시간이 되더라고요.

봉우 선생님: 뭐 30분 1시간 꼭 할 게 아니라, 시간 가면 틈틈이 하라는 거지. 틈 많으면 좀 더 오래하고, 틈 적으면 적게 하고 하는 거지요. 나는 거 가서 외국사람이 들어가니까 선생님이 시키느라고… 강제로 시키느라고 하루 뭐 10시간도 더 했어요.(일동웃음) 허허허, 근데 그렇게 오래 한 것이 효력은 나는 것이 그다음에서도 다른 데서 해보니까, 시합을 한 번 해놓고 두 번, 세 번, 네 번 해… 한 댓번만 하면 숨이 차지 않아요? 이건 열 번 해도 숨이 차질 않아요. 그만침 버티는 힘이 나아져요. 그 일본 사람은 이걸 긴다마라고 하니까 금냉법이라고 하지만, 저기서는(중국에선) 그게 아니고 그냥 "냉각시켜라" 하는 그렇게만 말을 하더구먼.

〈공부 장소(실내와 실외), 공부 시간에 관한 질의응답〉

09:12

학인 4: 제 경험으로는 그 방 안에서 호흡을 하면은 길게가 안 되는데, 바깥에 가서 하면은 호흡이 좀 길게… 옥외 가서 그 찬공기를 마시면서 하니까, 좀 길어지는 것 같아요. 그리고 방 안에서 하면 짧고 잘 안 되고 그렇게… 그게 자연…

진행자: 그럴 수도 있느냐?

봉우 선생님: 밖에서 하는 게 본디 방에서 하는 거와는 다릅니다. 방 안에는 문 닫아놓고 거기 (숨)쉬는 기운이 남는데, 밖에는 공기가 좋은 데 아닙니까? 공기가 좋은 데니까 밖에서 하거나 산 같은 데에도 산이라는 게 맑은 데 아니에요? 그러니까 그런데 하는 게 훨씬 낫게 됩니다. 집안에 문 닫아놓고 하는 건 시원한 기운이 들어오지 못하고 있는 이 기운 놓고 그냥 공기 하는… 숨 호흡하는 거니까 될 수 있으면 밖에 나가 하는 게 낫게 됩니다. 그리고 저… 남들 잘 적에 나 잠 안 자고 하는 것이 그게 더 낫고.

학인 3: 보통 호흡을 하루 친다면 많이 할수록 좋지만, 어느 정도… 몇 시간 정도에 1회에 하며, 하루에 몇 회 정도 이렇게 하는 것이 (좋겠습니까?), 많이 할수록 좋겠지마는요.

봉우 선생님: 그건 시간이 오랠수록 좋은 건데 바쁜 세상에 사무 보고 바깥에 가(서) 일이 있는 자리 있는 사람이 노는 시간이나 하지, 놀지 않는 시간에 어떻게 하겠습니까? 이걸 전공으로 하는 사람은 쉬지 말고 늘 하는 게 좋죠.

학인 3: 아침 저녁으로 시간 반 내지 2시간 요런 정도 하면은 그 정도로 공부가 되는 걸로 봐야 할까요?

봉우 선생님: 2시간씩만 꼭 쉬질 않고 하면 하루 종일한 사람만은 못하죠. 못하지만 하루 2시간씩만이라도 쉬지 않으시면 공부야 늘어나가죠.

학인 3: 1회 2시간씩 두 번이요, 한번에 2시간씩 두 번.

봉우 선생님: 그러니 4시간.

학인: 네.

봉우 선생님: 4시간이면 뭐 보통… 보통은 돼요. 산에 들어가 하는 사람은 4시간만 할라면(하려면) 산에도 들어갈 필요가 없죠. 산에 들어가 하는 사람들은 하루 종일입니다.

학인 3: 제일 궁금하게 생각이 되는 게요, 호흡을 해도 어떤 변화라는 건 별로 없고, 다만 그 조식 호흡인지는 몰라도 좀 숨은 조용하게 되도, 그것이 인제 조식이 얼마만큼 되는지 그 척도를 헤아리기가 좀 아주 극히 어려운데요.

봉우 선생님: 따지기는 시계 놓고 보시는 게 제일 속하죠 뭘.

학인 3: 시간을 시계 놓고 보는데요, 조식이냐 아니냐 하는 거를 본인이 감지하기가 좀 어렵다는 말씀입니다.

봉우 선생님: 조식이라면 들어가는 거 나가는 게 같으면 그 조식 아닙니까. 10분 마시는 걸 10분 내쉬고, 그러니까 그냥 오래하지 못하는 사람은 40초면 40초, 20초 들여마시고 20초 내쉬고 하면 되는 거고, 그대로만 하면 되죠.

학인 3: 몇 년 공부한 사람이 1분 호흡을 해서 무리하다고 할 수는 없는가요?

봉우 선생님: 1분 호흡?

학인 3: 네.

봉우 선생님: 1분 호흡이야 웬만치 되는 사람이야 1분 못하는 사람이 어디 있나요? 호흡한다고… 누구 호흡한다… 그 사람이 했다고 하면 1분 이내

는 별로 없습니다.

〈15세 때 일본 정신계를 유람하다〉

13:15

학인 3: 차차로 단계를 조금씩 올려서 하는 게 유리한 거죠?

봉우 선생님: 덮어놓고 올리면 안 돼요. 참을 수 있는 한, 조금 조금씩 올리는 게 좋죠. 지가 이 어른들 중급에 와서 나 한 번도 얘기한 일이 없지만, 첫 번에 15살 적에 일본엘 들어가서 제일 첫 번에 전중수평(田中水平)[268]이를 만났어요. 제일 첫 번에 전중수평이를 만났는데, 여기 지금 조선서 아주 이 호흡에 이름났다는 사람이 그 사람 제자여. 누구라고 할 건 없고 말이지. 아니라고 잡아떼더구먼. 떼야 그 사람⋯ 그 사람 식(式)인 줄 다 아는 걸 뭐 그게.

　첫 번에 가는데 여기서 신문에 보기를 뭐라고 했는고 하니, 광고가 대판(大阪) 조일신문(朝日新聞)에 족 난 것이 여덟 군데 아홉 군데 났어요. 똑같아요, 한 달에 교수서(敎授書: 교육용 책)로 가르치는 거예요⋯ 책으로 그냥 줘서 가르치는 건 3원씩이요, 3원씩. 그래가지고 이걸 교수서 책을 내놓고선 교수(敎授) 시키는데 죽 뭐라고 일러주는 거 그 소리 듣는 거는 한 달에 3원씩만 주면 배운단 말이에요. 그 몇 푼 안 들어 그건. 그런데 25원을 주면 조금 낫게 가르쳐요. 앞에서 말로 가르친단 말이에요,

---

268) 전중수평(田中水平, 1884~?), 일본 명치시대 말기에 산중수련을 통해 영자술(靈子術)을 터득, 하산하여 태영도(太靈道)라 자칭하고 도장을 열었다. 중국 기공에 보이는 일종의 자발동공(自發動功)으로 병자 치료, 무술 효과 증대 등 선전을 하며 수강료를 받았다.

글로 가르치는 게 아니고.

그런데 100원을 주면 거기서 한다는 거를 (체득) 하도록 가르친단 말이에요, 몇 달이 되든지. 이건 최면을 하면 최면을 하는 거고, 뭐 염사(念寫)를 하면 염사를 하는 것이고, 그걸 하는 것을 그대로 할 수 있게 가르친다는 것이 특… 초특과여 그게… 특별관데 그건 100원이에요. 100원 주면 이 사람이 100원 주고서 배우는 것이 그 선생이 하는 거 얼마 한쪽이라도 배워가지고 나오지 그냥은 못 나온단 말이야. 그러니까 이왕이면 들어간 놈이 3원짜리 가서 얘기만 들을라면 뭣하러 일본 들어갔겠습니까? 그 100원짜리를 주고 들어갔어요. 100원짜리를 주고 들어갔는데, 뭐 거침없이 받더구먼 그래. 그래 영수증 받고 이랬는데…

〈태영도(太靈道)의 전중수평(田中水平)에게 수강료와 차비, 100원을 더 돌려받다〉

며칠 쉬고선 그날 이제 그 대회(大會)날인데 한 3,000명 모았어요. 3,000명 모아서 죽 얘기를 하고 선생이 시범을 시킨다고 하는데, 제일 첫 번에 칼을 가지고 와서 일본도… 일본돈데 떡 빼는데, 일본도가 그냥 보통 칼인 줄 알았는데 칼과 칼을 날을 갖다 대고 '탁!' 치면 보통 칼은 그냥 댕그렁 댕그렁 다 나가요. 그러니 보검이지 비천계도(?). 이놈을 가지고 떡 구경을 쇠 갖다 갖다 대고 날만 대고 '탁!' 치면 뭉청 끊어지고 뭉청 끊어지고 하는 걸 구경을 시켜놓고선, 딱~ 이렇게 팔을 내놓고서 "누구든지 와 쳐라." 그래, 그걸 가지고. 그 누가 선생 팔… 팔 떨어지는 게 좋아서 그걸 할라고 덤비는 사람이 어디 있겠습니까? 그런데 그중 한 녀석이 썩 나오는데 제자인지 그 녀석은 무슨 벌써 짜고 하는 놈인지 모르지. 한

데, 가지고 나오는데 칼을 가지고 딱 대고선 벌써 칼 만지는 놈이… 칼 만질 줄 아는 놈이여, 그녀석 보니까. 이래가지고 그냥 눈을 감고서 "욱~!" 하고서 기합을 넣고선 때리는데 탁 튀더니 고마… 그 저 이런 칼 대면은 이렇게 하다가 칼이 벌렁 튀더구면. 그러니 쇠가 뭉청 뭉청 나가던 덴데, 팔을 대고도 이게 안 나가니 그 얼마나 여럿이들 손뼉을 치겠습니까? 수천 명이 모였는데.

17:37

근데 어쩐지 자꾸 의심이 나요, 나는. 저게 저게 진짜 민가 가짜 민가 하는 의심이나, "칼 나 좀 줬으면 좋겠다"고, 칼 나 좀 줬으면 좋겠다고 15살 적입니다. 키는 그때나 지금이나 똑같아요, 15살이래도. 칼 좀 나 좀 달라니까 칼을 주더구면.

"선생 내놓고… 내놓고 내가 한번 쳐봅시다. 거기서 그 사람이 치는 거는 그 사람이 친 거고, 나는 조선사람이니까 새로 들어온 사람이니까 내가 내대로 한번 쳐봅시다."

안 된다는 거야. 자꾸 눈치를 해요(줘요), 눈치를 자꾸 하면서 안 된다고. 그거 참, 아니 그거 뭐 안 될 게 뭐 있어? 하나한테는 칼로 맞아도 끄떡 없던 사람이, 나한테 맞으면 칼이 나갈 리가 있나? 그럴 리가 없고 하니까, "아니 해보는 게 어떻소?" 하니까 여론은 자꾸 해보라고. 선생은 하지 말라고, "오늘 처음 들어온 사람이 칼을 가지고 이거 해서는 안 된다"고.

그럼 그건 그렇고, 두 번째 영자판(靈子板)이라고 있는데 영자판이란 것이 나무때기 이런 걸로 꼭 요만큼씩하게 맨들었습니다. 요거 반만치 반들반들하게 요렇게 맨든 건데, 그 영자판을 여기다 이렇게 죽 놓는데, 요것만하지 요 요 요것만해요. 요렇게 된 요렇게 반들반들하게 칠한 거예요. 반들반들 해요. 갖다 이렇게 죽 쌓으면 이렇게 쌓아져요. 영자판 위에다가 영자(靈子)를 여기서 이렇게 내려가지고 영(靈)을 내리면 이 영이 이게 뚫려가지고 저 밑에까정 가서 이래가지고 죽 밀면 나간단 말이야.

그러니 그 얼마나 용합니까? 그거. 나무때기라도 갖다 대면 이래 미끄러지기가 쉽고 이리 대고 할 텐데, 그 그냥 판을 이렇게 놓고서 가운데다 놓고 가만히 떨고 한참 뭘 지랄을 한참해요. 뭐~라고 호흡을 하는 것처럼 하고, 뭘 하더니 딱 눌러 가지고 쭉~ 이러더니 나갑니다. 누구든지 해 볼라면 해보라고 하는데, (누군가) 들어와서 하는데 석 장만 해도 쭉 미끄러지고, 다섯 장, 여섯 장 좀 한다는 녀석도 갖다 대면 이게 짝짜기 다 따로 떨어지지 끌어나갈 도리가 있습니까? 그래서 그 자리서 선생더러

"아까 칼은 안 됐지만, 아 이건 나무로 있는 거니 상관 있겠소? 내 한번 하면 어떻겠소?"

못하게 해.(일동 웃음) 못하게 해. 그러더니 저녁에 돈 100원 내가 교수료(敎授料) 주지 않았어요? 특과 교수료… 특별과 교수료로 100원 줬는데, 돈 100원 하고, 동경 갈 차삯하고… 동경 갈 차삯이여. 이건 대판(大阪: 오사카) 이편짝인데 동경 갈 차삯하고, 돈 100원 더 주고 그러더구먼요. 내일 떠나라는 거예요 그게.

"이거 왜 내 가르쳐 달라는데 그러오?" 하니까 당장 그래,(전중수평이)

"내 호흡은 3분이고… 나는 호흡 3분 하는 호흡이고 네 호흡은 7분, 8분 하는 호흡이니까, 호흡 긴 놈한테 내가 질 건 사실이고, 긴 놈이 내 팔을 때려서 호흡 들여마실 적에… 내쉴 때가 아니고 들여마실 적엔 괜찮지만, 내쉴 적에 때리면 내 팔 끊어질 게 당연한 일이 아니냐? 니가 내 호흡 짧은 것을 보고선 벌써 뎀빈(덤빈) 거지, 따른 게 뎀빈 게 아니여. 그러고 이거(영자판) 하는 걸 니가 벌써 눈치로 안 거다."

그거(영자판) 맨들 적에 어떻게 했는고 하니 앞을 대패로 한 패 더 밀고, 뒤를 대패로 한 번 더 이렇게 떠 밀은 겁니다. 그냥 보니까 대패로 한

번씩 밀은 게 얼마나 표가 납니까? 그러나 이것이 여러 개가 되면 그게 한번씩 나온 것이, 이렇게 되면 한쪽이 눌리고, 한쪽이 들립니다. 한쪽이 눌리고 한쪽이 들리니까 눌리는 패는 딱 누르고서 밀어버리면 나간단 말이야. 저놈이 그것이로구나 하는 거 대번 알았어요. 아 그래서 거기서 노자 100원 돈 준 거 100원하고 동경 가는 차표 사 줘서 그거 얻고 그랬어요.

〈금계학원(金鷄學院)에서 기바라(木原)를 대면함〉

22:33

그렇게 해서 여덟 군데를 댕겨놓고 여덟 군데 다 가서 돈 받았습니다. 그래놓고 나중에 가서는 금계학원(金鷄學院: 동경 소재)이라는 데를 들어 갔는데 금계학원에, 일본 왕족하고 황국의 왕족들이라는 게 저희부터 그 것들하고 귀족들하고만 들어가지 딴 사람 못 들어가요. 근데 내가 이제 들어가는데 가서 대는 것이 조선 귀족이라고, 그래서 거길 집어넣어 주더 구먼.

그래 들어가는데 첫 번에 돈을 주는데 거침없이 받아요. 그러고 딱 받 는데 아랫목이 딱 하고 이러고 앉았는데 부채 하나 들고 눈 딱 감고 이러 고 앉았는데 대머리가 홀떡 벗어진 사람이 광선이 나요. 얼굴이 광선이 이렇게 둘러서 광선이 나. '야 이 녀석은 공부 좀 한 녀석이로구나' 하는 생각이 나더구먼. 그래 딱 들어갔는데 대번 첫소리가 그겁니다. 인사를 하니까,

"기바라와 히도니시데 니폰진이에야라쓰" 목원(木原)이는 사람이지 일 본사람이 아니다. "곤타이곤모 히도니시데 조센진이에야라스" 권태훈이

도 사람이지 조선사람이 아니다. "히도다니 히도다" 딴짓하지 마라 그 소리여. 나도 너 하는 공부를 하고, 너도 나 하는 공부를 했는데 그걸 가지고 시험 볼라고 하지 말고. 그래 놓고 단지 무슨 소리를 하는고 하니, 니가 나이가 어리니까 아직 윗사람이 아랫사람 다루는 그걸 못 배웠을 거다. 너 혼자 공부만 했지, 하니까 구경을 해라. 공부하는 사람이 찾아오는 사람들한테 어떡해 하나 하는 거 그거 구경을 하라고 해서, 석 달, 넉 달, 한 반년 있었어요.

그러니 거기 오는 게 누군고 하니 왕족들하고 저희 일본 왕족들하고 귀족들 사족(士族)[269], 그것이 평민 못 와요. 참 그 거기 못 됐두면 거기. 그래가지고도 국무총리가 오든지 누가 오든지 와도 100번 절합니다, 절해야 눈도 꿈적 않다가 한번 이러 꿈적해주면 좋아서 고만(그만) 내빼고. 별 국가의 저 뭣이라는 게 전부 다 나와요 거기. 그러고 한마디씩 가다가 온 녀석 자꾸 뭐 묻고 이러다가 한마디씩 그 일본 시(詩)… 노래처럼 부르는 거 그거 한 번씩 슬쩍 불러놓으면 아주 그만 좋아서들 그냥 내빼고.

〈기바라의 조언과 당시 일본 정신계의 제일 고수 삼인방〉

25:40

그래서 나와가지고 못 되진 게 뭐이 못 되지는고 하니, 조선서는 내가 아주 최하등 같았는데 들어가보니까… 일본 들어가보니까 꼭대기 맞붙으는 게 하나밖에 없고, 나머지는 다 눈에 깔뵌단 말이에요. 그런데 이게 그 저… 목원이가 하던 소리가

---

269) ① 문벌(門閥)이 좋은 집안, 또는 그 자손(子孫) ② 선비나 무인(武人)의 집안, 또는 그 자손(子孫) ③ 일본(日本)의 메이지 유신 때의 족칭(族稱)의 하나.

"끝에까정 늙어죽도록 맘을 놓으면 안 된다"는 거야.

"내가 잘했거니 하는 생각을 말고, 잘해라" 하는 그거 부탁인데,

"올라가면 숨 떨어지는 시간까정 올라갈 수가 있는 거니까, 그건 그렇게 잘하라"고 말이래도 뭐 낮은 소리 안 하고 좋은 소리 하더먼.

그래 이제 기바라(木原鬼佛)270), 하라… 원선불(原仙佛: 하라)271)이 미야자키(宮崎: 최면술 박사) 그 셋 다 봤어요. 그래 일본서 셋이 거기서 그때… 그때 제일 고수더구먼.

〈금냉법 매일하면 노인도 회양이 됩니다〉

그래 지금 금냉법은 중국 들어가서 배웠고요. 중국 들어가서 그 저 도장에 들어가니까 그 불알 차게 하라는 거 냉수로 씻으라는 거 그거예요.

---

270) 일본 명치에서 대정(大正)시대의 정신계 거물. 유년시절부터 병약하여 폐결핵을 앓던 중, 영적(靈的) 치료에 의해 회복된 것에서 광명을 발견하고 그후 도(道)의 연구에 뜻을 두었다. 하라(원담산)의 문하생이 되어 '이근원통묘지요법(耳根圓通妙智療法)'을 전수받음. 이로 인해 영술가(靈術家)로 일세(一世)를 풍미하고 명치 39년에는 사국(四國: 시코쿠) 도근현(島根縣) 송강(松江)에 '조진도장(照眞道場)'을 열었다.

271) 원담산(原担山)이 본명으로, 일본 명치(明治)시대 조동종(曹洞宗)의 걸승(傑僧). 거의 생불(生佛)의 경지에 도달한 인물이었다 함. 신림청조(神林請助)에게 역(易)을 배우고 막부(幕府)의 창평학(昌平學)을 졸업한 후 불문(佛門)에 들어감. 명치 12년에 동경제국대학 인도철학과의 최초 강사. 24년 조동종 대학림(大學林)의 총감(摠監). 정광진인(正光眞人)에게 불결(佛訣)을 전수받고, '병의 원인은 외촉(外觸: 외부의 접촉)이 아니라 내촉(內觸)에 있다', '혹병(惑病)은 뇌에 이르러 결체(結滯)해서 전신에 만연되는 것이다'라고 해서, 목숨을 건 실험에 의해 '정력(定力)'이라 칭하는 일종의 정신력에 의해 뇌와 척추의 접로(接路)를 영적으로 컨트롤하는 것으로 전신에 만연해 있는 망식(妄識)을 구제하는 치병(治病) 행법(行法)을 확립했다. 원담산은 뇌와 척추의 접로(接路)에서 청신경(聽神經)이 관여되어 있다고 하여, 그 행법을 이근원통법(耳根圓通法)이라고도 칭한다. 스스로 죽을 시기를 깨닫고 주변 사람들에게 엽서를 보낸 후, 다들 모인 자리에서 알린 시각에 정확하게 맞춰 입적(入寂)했다.

그런데 그게 별거 아니고 버티는 힘… 참는 힘이 늘어요. 그 양기 시원치 않은 사람들, 한 50 돼가지고… 뭐 70이나 80돼서 양기 시원치 않은 사람은 안 되겠지만, 한 50 돼가지고 양기 좀 시원치 않은 사람 금냉법으로 매일 찬물에 냉수로 그렇게 하면 회양(回陽: 회춘)돼요. 절대로 회양돼요. 그거 참 그건 생각도 않는 게 보약 먹어야 되는 건 줄로 알았는데, 보약 안 먹어도 냉수로 해서 이 섬뜩섬뜩하게 뒤에서부터 위로 씻어올리고 위로 씻어올리고 자꾸 하면, 남자만 그런 게 아니라 부인들도 좋거든. 부인들 대하증 있고 뭐 냉 있고 이런 사람들 그렇게 하면 그냥 바로 고치고.

〈호흡하는 데는 배에서 돌아야지 저 밑에까정 내려가는 건 본식이 아닙니다〉

28:00

학인 5: 저 처음 호흡할 때는 단전까지 길이 통하는 게 호흡이 안 가빠져서 계속했고요. 그다음에 계속한 다음에 한 바퀴 돌 때 그때까지 이제 호흡이 안 가빠져서 계속했는데, 요즘 들어와서 한 바퀴 돌고 나서 계속 여기 뭉쳐 있어서 기가 계속 늘어나는 느낌에 답답해서 호흡을 못하거든요. 근데 근래에 와서 다리 쪽으로 기가 빠지는 느낌이 한번 들면서 호흡이 훨씬 편해지는 걸 느꼈거든요. 근데 그게 맨날 그런 게 아니라 어쩌다 한 번 그러는데, 그러니까 그럴 때는 어떻게 해야 됩니까?

봉우 선생님: 뭣이? 아래로 빠져 내려가는 거? 호흡하는 데는 배에서 돌아야지 저 밑에까정 내려가는 건 본식이 아닙니다. 배에서 여기서 이렇게 돌아가지고, 여기서 이렇게 내려가지고 기해(氣海) 하는 게 예전 어른들도 거기를 기해라… 기운 바다라고 한 것이, 혈을 우리 공부하는 사람이

지은 게 아니고, 침 혈구넝(혈구멍) 맨드는 사람 365도 4분도지 1, 혈구녁
맨드는 사람이 기해라고 맨든 거예요 그게. 기운바다예요 그게. 숨이 거
길 들어가서 빙빙 돌아라 하는 거거든 그게. 여기서 폐로만 들어갔다 나
가고 하는 게 그게 본식이 아니고 말이여. 그런데 그걸 저 밑으로… 게서
돌을 것이 밑으로 빠져나갈 자리가 없어. 여기서 이래서 밑으로 내려갈
자리가 없단 말이야.

학인 5: 그럼 그게 어떻게 되는 겁니까?

봉우 선생님: 숨이… 숨이 들어와서 이렇게 들어와가지고… 이렇게 들어와
서 본디 여기서 가르치긴, 이렇게 돼서 이렇게 돼서 이렇게 돌려가지고
이렇게 해서 돌려빼라고 한 건데, 그건 숨이 단번에 이걸 (길게) 하기 힘
들으니까 하라는 거지. 요거 '첫번에 돌아서 이래가지고 요렇게 돼서 요
렇게 한 가닥 되고, 이렇게 와서 이렇게 와서 다시 올려 박아라' 하는 이
것이, 오래 이거 하자 요렇게 다 돌릴라면 아무래도 분수가(1분 가까이)
거진 갈 거예요. 40초 50초 이렇게 되야 그걸 돌리지 그전엔 못 돌리거든.
그러니까 그냥 아무것도 않고 이거 돌리지 말고 그냥 가만히 가~만히 들
여마셔서 여기다 놓고, 예서 가만히 빼는 동안이 1분이나 2분 되도 왜 남
이 나쁘다고 할 까닭이야 있나? 그런데 당장 그렇게 못하니까 이걸 돌리
는 거예요.

〈호흡이 조금 길면 노인도 더 늙지는 않아요〉

30:47

호흡이 조금 길면요, 호흡이 길게… 노인들이래도 60, 70 이렇게 된 노
인들이래도 젊어진다는 건 거짓말이고… 젊어지기는 거짓말이고, 더 늙

지는 잘 안 합니다. 더 늙지는 않아요. 늙으면 눈이… 눈이 어둡고 귀가
어둡고 다 하지 않아요? 내가 지금 아흔두 살인데 암만 잔글자를 갖다 놓
고 나한테 줘 보시오. 신문에 작은 거 잔 글로 아주 작은 거 잘게잘게 박
았더라도 이거 못 보진 않습니다. 내가 눈이 밝아서가 아니여, 호흡 덕분
이지. 나만 그런 게 아니라 호흡하시는 이들 다 눈 밝습니다.

〈호흡이 1분, 2분되면 열흘, 스무 날 잠 안 자고, 안 먹어도 괜찮아요〉

　두 가지가 있지요. 호흡이 좀 긴 사람은 여기서 지금 젊은… 젊은 양
반들하고 내기해도 내가 버틸 만한 것이 두 가지밖에 없어요. "잠 안 자
는 것은 며칠이라도 안 자는가 같이 해보자" 하면 젊은 사람들한테 잠
안 자는 거 내 절대로 지지 않겠어. 열흘을 안 자고 스무 날을 안 자더래
도 나 가만히 앉아서 가만히 고대로 있을 테니까. 호흡하고 앉았으면 자
는 거나… 자는 거나 저 호흡하고 앉아 있는 거나 똑같은 건데. 자는 시
간은 이 드러누워 잠잘 때는 호흡이 조식이 돼요, 누구나. 이게 뭐 생각
하고 쉬는 게 아니니까, 들어갔다 나갔다 들어갔다 나갔다 하니까 조식
들을 하거든. 한데 조식은 드러누워서 자면서 하나, 자지 않고 하나 조식
만 하면 되거든. 피로가 올 까닭이 없는 것이 피로라는 것은 여기 이걸
정신을 쉬라고 하는 건데 호흡하느라고 가만히 앉았으면 하루 안 자고,
이틀 안 자고, 사흘 안 자고 했다고 열흘을 안 자더래도 졸려서 못 견디
지는 않아요. 두 가지.
　누가 내기 할라면 그건 하겠어요 한 달이라도 같이 앉아서 꼭 앉았고,
자기 밥 거기서 앉아서 먹고 나는 안 먹고 앉았더라도 배고파서 못 견디
지는 안 합니다. 그 나만 그런게 아닙니다. 호흡 해보십시오. 호흡 해보시

면 호흡이 1분, 2분, 이렇게 된다면 안 먹어도 배 안 고픕니다. 예전 사람 산에 가서 산⋯ 뭐 공부해서 뭐 신선이 됐네 뭐이 됐네 하지만, 신선이 된 지 안 된지 몰라도 열흘, 스무 날, 한 달, 두 달, 예사 그냥⋯ 그냥 견딥니다. 호흡으로 기운으로 먹고 사니까, 복기(服氣). 그런데 책에 보면 그렇게 한다는 소리가 하나도 없습니다. 중국사람들 책에 내놓고 보면, "야 한 달이고 두 달이고 안 먹어도 된다. 안 자도 된다." 이 소리 한 데가 없어요. 지가 당해봤어요.

지금 이 눈이 상해가지고 보지 못하니까 지가 이 눈은 장담 못해도, 그저 이 눈만은 암만 잔글자라도 영자 잘게 박은(인쇄한) 신문이래도 고건 봅니다.

〈조식이 덜 되니까 잠이 오지요〉

35:10

학인 3: 졸음이 오는 거는 조식이 안 되니까⋯ 졸음이 오는 거는 조식이 안 되니까 그렇다고 봐야 하는가요?

봉우 선생님: 뭣이가요?

학인 3: 졸음이⋯ 잠이 오는 거는, 조식호흡이⋯

봉우 선생님: 조식이 덜 되니까 잠이 오지요. 조식이 되면 잠이 안 와요. 공부가 앉았을 때만 조식을 하고 쉬면 조식을 안 하니. 이제 그런데 그게 또 있는 것이 이 호흡을 좀 낫게 하는 이, 수화기제 시키는 게 그게 또 못됐어요. 그 장난도 해봤어요.

⟨이 호흡 잘하는 사람이 소화가 잘돼요⟩

괴기(고기) 같은 거 얼마나 먹겠습니까? 보통. 밥 여기서 먹는 거는 한 그릇 먹고, 두 그릇 먹으면 고만이지 많이 못 먹죠? 괴기 같은 거 혼자 열 근이나 스무 근은 못 먹을 거 아니에요? 그 배가 불러 어떻게 먹을 거여? 그걸 경과해봐 저도, 예전 사람들 말을 곧이 듣습니다(듣습니다). 내 몸 이런 몸인데 갈비… 갈비 두 짝 같은 건 예사 먹습니다, 먹을라면. 그 배가 안 불러요. 밥은 또 얼마나 먹느냐? 밥도 꽤 먹어요. 그 사람이 갔습니다. 죽었습니다만, 김용기라고 있는데, 내 집에서 있던 사람인데 이 사람이 전력을 해가지고선 호흡을 꽤 해요. 꽤 하는데, 어려운 사람이 뭐 괴기 같은 걸 먹을 수 있나? 그때 저 대전 나갔는데 내 앞에 있던 애, 한강현이라고 걔가 있으니까… 걔들하고 하니까 박 뭣인가 그 사람이. 그 사람이 고집이 대단히 센이여. 고집이 세어서 이제 남의 말은 영 말 잘 안 듣는 사람인데, 그 사위도 오고, 조카도 오고들 왔는데, 자꾸 충동질을 한단 말이야. (그 사람들) 돈은 있고 (김)용기 배를 한번 불려야 할 텐데, 그 사람들 앉았는데 반대할 사람이니까 반대할 사람 앉았는데,

"닭 2마리 먹기 내기를 할까? 3마리 먹기 내기를 할까?" 이런 얘기를 하니까,

"그래 사람이 닭을 3마리 한꺼번에 먹어? 창자가 터질라고? 위장이 그 3마리 한꺼번에 들어가면 창자가 터지지 않어?" 말도 안 되는 소리라고. 그래 저 사람이 부득부득 반대하도록 만드는 거여 이제. 그래 내가 그랬어.

"여보오, 혹 그거 먹을 사람도 있지 않겠나?" 하니

"아이 권 선생, 딱한 소리로구먼. 아이 창새기(창자)라는 게 요거만한 놈인데, 닭이 3마리가 들어가면… 이렇게 되면 터지지 지가 뭐라고 안 터져?"

"글쎄 그러면 어떤 놈 죽으면 죽더래도, 먹기 내기를 한번 해보지?"

"그래! 죽는 건 몰라."

3마리 먹고 죽는 건 우리가 참여 안 할 테니까 죽는 건 나더러 책임지라고, 먹는 건 자기가 책임지겠다고. 닭을 3마리를 내기 하자니까 닭 제일 큰놈을 가 사왔어요. 이놈을 가서 삶아서 한자리에서 멕입니다(먹입니다). 아, 그러니까 용기는 "아, 이거 이런 거 이렇게 많은 걸 어떻게 먹어요?" 출출한 판에 기분이 좋으니까 이제 슬슬 못 먹는 거처럼 하고선, (일동 웃음) 차츰차츰 먹는데 3마리를 가쩐히(거뜬히) 먹어요. 아, 먹고(먹는 거) 쳐다보고선, "아, 저러다 상하지 않을까?" 뭘 상해? 그러고 일어나서 유도들 하고 뭣하고 하는데 다하는데 아무 일도 없거든.

그거 저 이 호흡 잘하는 사람이 소화가 잘돼요. 소화 잘됩니다. ○○○ 대전서 중앙교육위원이여, 도의 교육… 교육위원이고, 교육위원을 지가 했어요. 그래 교육위원 회(會)가 있어서들 뫼이는데, 같은 교육위원회 의학박사가 있습니다. 논산 사는 지 뭣인가 그 박사, 그 사람이 있는데 도지사가 성낙서(成樂緖: 충남도지사 제3대 1952~1954) 적인데…

40:46

"아, 하면 뭐 대여섯 근 하든지 열 근을 하든지 맘대로 하게" 하니까 그 박사 병원하는 이가,

"아니, 몇 근 열 근이나 뭐니 그러다가 창새기(창자) 팽창이 되면 고치지를 못하는 건데 그런다"고 나더러 "괴기를 먹더라도 그런 어리석은 짓은 하지 말라"고, 그래 내가 그랬어.

"아, 하(도) 괴기를 못 먹으니까, 저 저 지사(충남도지사)가 나 괴기 좀 먹으라고 하는 소린데, 괜히 남 괴기도 못 먹게 하느라고 그러냐?"고 슬슬 그랬지. "많이 먹으면 터질는지 몰라도, 터지더래도 먹고 터지는 건 괜찮어."

아, 그러니까 내기하자는 거여. 그 열 근 내기여. 아주 않습니다, 그는. "쟁이기만 잘 쟁여라" 요 잘게만 썰어라 그거예요. 썰어가지고 왔어요. 그래고 자리서 다 먹었어요. 그런데 이 사람이 큰일 난다고 자꾸 못 먹게 해.

(박사 왈) "값은 내가 다 낼게, 뒷일이 걱정이니까 먹지 말라"고 자꾸.

"걱정마, 걱정마" 하고선…

그게 호흡이 길면 먹는 것도 소화가 그냥 팍팍 돼요. 저더러 지금(은) 괴기 열 근, 열댓 근 이렇게 먹는다면 곧이 안 들어가. 그 대신에 먹는 건 열흘 스무날 안 먹어도 또 삽니다. 열흘, 스무 날 단식해도 굶어 죽지는 않아요.

학인 1: 선생님 열 근이 위 안에 들어가면은…

봉우 선생님: 그러니 그게…

학인 1: 어딘가 나가지 않으면 체할 거 아닙니까?

봉우 선생님: 응. 그것을 안 해본 사람은 절대 곧이 안 들읍니다(듣습니다). 여기 이거 해본 사람들은, 이 권오훈(權五勳)이도 첫 번에 대학 나온 사람이요, 국회의원을 하고 있으니까 자기대로 똑똑하지. 와서… 내게 와 있을 땐데, 괴기를 많이 먹는다니까 깜짝 놀래요.

"하! 그 먹으면 양이 있는데 위장이 팽창이 되면 어쩌고…" 이론을 따져.

"너 그런 소리 마라, 그런 소리 말고 얘기하는 소리나 듣고 가만 있고 네 공부나 해." 나한테 손아래니까 나한테 인제 뭐 좀 대고 내가 그러지.

"아니, 그래도 그게 말이 돼요? 그걸 몇 근씩 먹는다면 뱃속이 그… 맥히면 꼼짝 못할 건데."

"그 너부텀 약 좀 먹자."

그래가지고 그걸 한 제를… 한 제 두 제 탁배기로 먹였습니다. 아, 이 녀석이 갈비 한 짝을 예사 먹어,(웃음) 갈비 한 짝을 예사 먹고 괴기 열 근을 예사 먹습니다. 나중에 그냥 "피피" 웃으면서, "그런 걸 몰랐다"고 웃어. 그러니 그 걸 먹고 소화를 시키니까 이것도 나지는 거야. 열 근을 먹고… 열 근 좀 더 먹고래도, 갈비 한 짝이라도 두 짝이라고 먹고도 끄떡 안 하니까, 이것이 나아지지 안 나질 도리가 없어요. 공부하는데도 들어가서 뭐 안 먹을 때는 열흘씩 안 먹어도 또 살고 말이야.

그래 지금 여러분들도 여기서 저… 호흡이 조식만 잘되면 자기가 공부해야 됩니다, 자기가. 위에 자꾸 저… 누가 자꾸 시킬 수가 없는 거고. 여기 저 계룡산서 온 사람들 중에 한 사람이 호흡이 좀 길더구먼. 한 사람이 긴데, 이건 자기도 이제 또 7, 8인 중에 제일… 자기가 훨씬 나으니까, 또 자만이 좀 있더먼.(웃음) 좀… 아, 그래 그건 보통이여. 1분 호흡이나 거진 되는데… 그건 보통인데, 그걸 가지고 자만을 하지 말고, 2분, 3분 이렇게 올라가고, 머리 위에 와서 환한 빛이 띄도록 나가 봐야지. 이제 그만 하면 되었거니 이렇게 생각하면 안 되네요.

그래 와서 "집에 안 가도 괜찮으냐?"고, "아, 집에 가고 안 가는 거를 내가 뭐… 나더러 물어 보지 말어. 자기 가고 싶거든 가지, 왜 내가 못 가게 하나? 그렇지만 공부가 어디까지 간걸 보고 가는 것은 본식이지만, 고만 두었다가 왔다갔다하면 잘 안 돼네." 그래 "안 간다"고 그러고 내려가긴 내려갔어요.

〈여동빈도 60이 지나서 공부했어. 나이 먹었다고 못 하는 건 아니에요〉

46:35

학인 3: 나이 좀 먹은 사람은 이 저… 원 근본적으로 기운이 없으니까, 그 약으로래도 힘을 좀 보충을 해야 한다고 한번 말씀을 하신 거 같은데요.

봉우 선생님: 아니 약은, 내가 권고는 안 합니다. 권고는 않지만 약이야 뭐

든지 골라서 잡수시면 좋지요. 그런데 예전에 노인들이래면 이 호흡을 지금 중국서 이름 있게 제일 잘하는 이가 여순양(呂純陽)인데. 여순양, 그가 호흡의 아주 비조(鼻祖)여. 신선한테 직접 배운이니까 비존데, 환갑이 지나서 벼슬하다가 벼슬을 내놓고 마누라하고 둘이 같이 나와서 공부를 했어요. 본성(本姓)이 이(李)가여 '오얏 이(李)'자 이가인데, 마누라하고 영감하고 둘이니까 두 식구 아니에요? 두 식구라고 해서… 식구 둘이라고 '여(呂)'가라고 썼단 말이야.

그 본 이름이 암(嵒)이 아닌데 바위 암(嵒) 자도 입구가 둘이 아닙니까? 산 밑에서 둘이 있다고 해서 바위 암 자 그걸 가서 이름을 짓고 그랬는데, 환갑 지나서 들어가 공부했거든. 환갑 들어가 공부해가지고 신선된 이란 말이야.

딴건 다 그만두고 저 악양루(岳陽樓)[272]에서… 악양루에 학 타고… 학 타고 동정호(洞庭湖)[273] 건너간 건 세상사람이 다 아는 일이니까. 그러고 거기 저 신선으로 나오길 가끔 이렇게 나와서, 간 지 100년, 200년 뒤에도 산 채로 나와가지고 사람들한테 찾고 이런 일이 많이 있어요. 그런데 그도 60이 지나서 공부했어. 거 뭐 나이 먹었다고 못하는 건 아니에요.

〈여동빈의 손가락을 원한 어리석은 사람 일화〉

그런데 그저… 그 양반 실지에 가다보면 우스운 일이 많죠. 그 어떤 사

---

272) 중국 호남성 동정호구 악주부(岳州府)에 있는 부성(府城)의 서쪽문 누각. 동정호의 동안에 위치하여 호수를 한눈에 전망할 수 있고 풍광이 아름다운 것으로 널리 알려져 있다.

273) 중국 호남성(湖南省) 북부에 있는 중국 제2의 담수호.

람 하나가 어려운 사람인데, 그저 여동빈… 여동빈 그 양반 좀 만났으면, 그저 사천 뭣이 얘기하자… 뭘 하더래도 뭘 갖다놓고 조금 노동해가지고 버는 사람이니까, 뭘 조금만 생기면 갖다 놓고 여동빈을… 그 양반한테 기도를 한단 말이여. 아, 좀 뵈게 해달라고. "그 양반이 세상에 나와서 많이 여기저기 다니며 사람을 봐준다는데, 한번 뵈었으면 좋겠다"고. 하(도) 정성껏 하니까 이 양반이 지나가다 그 사람을 찾았어요. "이 고장에 그런 사람이 있다니 누구냐?" 하니까 아무개라고 (해서) 왔다. 그러니까,

"그대가 몇 해를 두고 10년 이상을 날 만날라고 한다니, 내가 여동빈인데 왜 그렇게 만나고 싶으냐?" 하니까 어려운 사람이 그렇게 했으니 "날… 내가 그대한테 뭐 표시나 하나 해줘야겠다"고 그 뒤○○ 저… 산으로 가다가 지팽이를 대고서 "이거를 파봐라." 파보니까 금덩어리가 이만한 게 나왔어요. 금덩어리가 나왔어. "그것만 하면 먹고 족할… 평생 해서 먹고 살지 않겠나?" 하니까 "아 이걸 안 받을랍니다." 그러니 정성이 그 지극하단 말이야, 그렇게 되던 사람이… 여순양만 만나고 싶어하던 사람이, 그게 고마워서 금하나 찾아줬는데 금을 싫단 말이야. 그래 또 가서 적은 줄 알고 큰놈 하나 또 가르쳐줬더니 또 안 받어. 몇… 세 군데를 갔는데 다 안받어. "그럼 뭐를… 뭐를 너 바라느냐?" "다른 거 말고 가르치면 금 되는 당신 손가락을 나 주시오." (일동 웃음)

그게 그게 아주 그 중국서도 하는 말입니다. 위하긴 위하는데 그 손가락… 가르치면 금 되는 손가락을 가져야지, 그저 금덩어리 주는 거 그 얼마나 가지겠어요? 한이 있는 건데, 저건 한이 없거든. 세상 인심이 그래요, 그 몇 백 년 전인데도 그런 욕심쟁이들이 있는 모양이여.

⟨회광반조에 관한 질의응답⟩

51:30

학인 6: 봉우 선생님 원상법(原象法)에 보면 회광반조(回光返照)라는 얘기가 나오거든요. 근데 그 회광반조라는 게 그게 원상을 하다가 자기가 무의식중에 저절로 되는 건지? 아니면 원상을 하다가 자기가… '아 이제부터 회광반조를 해야겠다.' 하고 자기가 의식적으로 그거를 그런 상태로 들어가는 겁니까? 아니면 그게 무의식적으로 거기에 들어가는 겁니까?

봉우 선생님: 뭣이라 그래?

진행자: 그게 회광반조 얘기를 묻는 겁니다, 회광반조 하는 얘기를 묻는 거예요.

봉우 선생님: 회광반조…

진행자: 네.

봉우 선생님: 호흡이 얼마나 되는데요?

학인: 네, 한 뭐 40초…

봉우 선생님: 호흡이 지금 얼마나 된다고 그래?

진행자: 한 40초 된답니다.

봉우 선생님: 40초 가지곤 대학원 것을… 대학원 것을 저… 유치원에서 알라고 하면 안 됩니다. 회광반조는 아무 데 나가더래도, 아무개 선생님 소리 들을 만침 아는 사람들 아닙니까? 회광반조 넉넉히 하면. 그 자리까지 갈라면 호흡이 한 층, 두 층, 세 층 올라가야 됩니다. 얕은 데서 그걸 덮어 놓고 그걸 바란다면 그거 공부해가지고 나중에 바래야지 지금은 안 됩니다. 못하는 건 아니여. 예전 양반들도 다 그거 했지.

  내가 요 일전에… 일전에 저 송구봉(宋龜峰) 선생 사시던 데 거기 저 기념비를 하나 세웠습니다. 세우고 나왔는데, 그 선생님 그때 거기 부하로 있고 제자로 있고 친구로 있던 이들, 그네들은 거의 다 지금 우리들이 보는덴 한 뭐… 한참 쳐다보는 비행기 타고 올라가서 만날 만한 그런 자리들… 그 양반들이여. 이게 그만침 공부하던 이들이 만나서 얘기하면 수월한데, 그 율곡도 지금 아주 조선서 명인이요, 유교도 그 양반 학자로 아주 대학자님이요, 향교에 들어가신 양반들이고. 조남명(曺南冥)도 그 양반이 지리산에선 누구라… 누구보담 앞서는 양반이요. 다 그러신데 서고청(徐孤青)은 우리계 서고청입니다만, 서고청 그 양반들이 계룡산에서 수정봉에서들 만났어요. 여기서 내려가고 저기서 올라가면 게서 만나신단 말이야. 만나셔서 이렇게 뵙는 덴데…

지금 여기서 연정원 사람 몇이 지금 가 있는 데가 수정봉 밑입니다. 내가 그런 얘길 이런 얘길 했더니, 거기만 가면 그냥 공부가 대번 되는 줄 알고 간 거여. 헌데 좀 힘들지. 그 양반만침 할라면 한참 해야 되죠. 그런데, 그건 회광반조라고 하는 것이 글자가 회광반조지. 지낸 일을 다 볼 만하다면 제갈량이 하면 제갈량이, 또 그 전에 엄자릉(嚴子陵)[274]이, 장량(張良)이 이렇게 족 되야, 그 양반들이 다 회광반조가 다 잘됐나 몰라. 어느… 어느 거기까정은 됐겠지. 회광반조가 환히 다 봤으면 육출기산(六出祁山)[275] 해가지고 병졸군중(病卒軍中: 전쟁 중 병으로 죽음)은 안 했을 거여. 앞엣것 다 이겨버리고 혼자 다 차지해버리지. 모자라서 그런 게 아니라 상대방이 강하니까 억지로 하지 못해서, 사마천이가 좀 모자라긴 모자

<hr>

274) 자릉은 엄광(嚴光)의 자(字). 동한(東漢)의 고사(高士)로 일찍이 광무제(光武帝) 유수(劉秀)와 동문수학하였다. 광무제가 등극한 뒤에 그를 물색하여 간의대부(諫議大夫)를 제수하였으나 끝내 거절하고 부춘산(富春山)에 들어가 농사를 짓고 낚시질하며 일생을 마쳤다.

275) 중국 촉(蜀)나라의 제갈량(諸葛亮)이 祁山(기산)에서 여섯 차례나 魏(위)나라와 싸운 일.

라도… 좀 모자랐지, 많이 모자라진 않았단 말이에요.276)

55:42

학인 3: 선생님이 저 호흡을 무슨 원상(原象)이나, 또 아니면 뭐 소주천(小周天)이니 뭐니 그런 거 생각할 거 없이 조식으로 해서 계속 이 호흡만 계속해도 되는가요, 그게?

봉우 선생님: 호흡만 해서 이렇게 올라가면, 호흡만 해서 층이 올라가면, 원상도 그 호흡에서 나왔고, 회광반조도 호흡에서 나온 거니까, 호흡이 길어야 되는 거지 호흡은 짧고 그거 쳐다보면… 쳐다보는 거지 내 밑에 들질 않아요. 호흡이 길쭉해지면 언젠지 모르고 '내가 여기까정 왔던가?' 하고 자기를 의심하게 돼요.

〈부산 쌍둥이 이야기〉

부산서 요전번에 몇 해 전입니다. 저 어머니하고 저 오라버니 하고, 그저… 딸 둘을 데리고 진찰하러 왔어요. 진찰하러 왔는데… 아무 병도 없는데 진찰하러 왔어요. 그래 내가 제일 첫 번에 이렇게 봤습니다, 내가. 이게 뭔지는 모르지만 이래 봤어요. 이러니 대번 딱 이런단 말이야. 딱 이러는데 계집애 하나가 딱해요, 하나가 딱해.

"너는 먼저 오고. 동생이지 니가… 동생이라면, 너는 뒤따랐지?" 그렇다고 그래. 저 어머니 저희 오빠 둘이 있는데, "미치지 않았소. 미치지 않았으니까, 미쳤다고 하는 사람들이 정신이 돈 거지. 얘들은 미치지 않았소. 앞에 있는 애가… 얘가 형으로 있는 애가 머리가 더 좋고, 뒤에 오는 애가

---

276) 위나라 사마의(司馬懿)를 사마천으로 착각하신 듯함.

조금 짧으오. 본디 올 적에 애가 앞서는 애고 애는 조금 뒤섰는데, 둘이 비슷은 해도 늘 따라댕길 거요."

"태몽 꿈을 그렇게 꿨어요." 그래. "어떻게 꿈디까?" 하니까, 하늘에서 선녀가 내려온다고… 춤을 추면서 피리를 불고 이렇게 내려오는데, 뒤에서는 같이 따라오는 애가 하나 같이 따라왔다는구먼. 젓대 불고 오기는 앞에서 왔고 뒤에서는 춤만 추고 왔는데, 그러니까 고게 형제의 꿈을 꿨는데. 그래 그 뭣이가 저 오빠란 사람이 얘기를 해요. "엄마 내가 얘기할게" 하더니 저 어머니가 48센가 이렇게 돼가지고 늦게 어린애를 배니까… 창피하니까 병원에 가서 어린애를 뗄라고 그래서, (병원에서) "떼주마" 그러더래요. 떼주마 그래서 그 이튿날이 뗄 날인데 가니까, 아 그 아는 친한 집인데 어린애를 떼준다던 집에서 어린애를 안 떼주고, "아니 안 됩니다, 안돼. 그냥… 그냥 낳으십시오." "아니 왜 그렇게 하시오?" 하니까 "안 됩니다" 하고. "밤에 누가 와서 '너 만약 거기다 손댔다는 너희 집의 식구들이 많이 상할 테여, 하니까 알아 하라'고 그러니, 아니 우리 집 식구 상할라고 내 남의 집 그럴 까닭이 있어? 나 못하우."

아, 그러고 안 해줘서 낳았는데 쌍태(雙胎: 쌍둥이)를 낳았단 말이야. 쌍태를 낳았는데, 하나는 이대에서 총 A점으로 졸업을 하고, 하나는 숙대에서 그 뒤에 오는 애가 조금 모자란다고 그랬어 내가. 조금 모자라는데 A점에다 B점 둘을 가졌대요. 그래 조금 모자라는 거지.

아, 그런데 이것들이 졸업을 해가지고 나와서 어디 취직을 하든지 시집을 가든지 뭐를 하라면 딴소리를 띵띵하고, 그래 이거 정신병 났다고 해가지고 절로 가서 고승… 설법 잘하는 스님들한테 가면, 팔만대장경을 내놓고 뭐 설법을 하면 앞서서 한답니다. 그 스님이 할 얘기를 먼저 앞서 버리니까, "아, 이건 미치지 않았으니 데리고 가라"고 쫓아 보내고, 쫓아 보내고 그래.

아, 그래서 왔는데… 여기로 온 건데, 정신병 아니냐고, "정신병이 아니오, 정신병 아니니까 가만두고 데려가서 저희 하도록 가만두시오" 그랬는데, 요전번에 한번 또 왔어요. 요전번에 왔는데 하나가 누가 아마 장가를 들라고 하셨는지 시집을 갔으면 허는 것인가 봐. 그런데 "시집가도 괜찮겠냐?"고 그래. "시집가야지, 여자가 시집 안 가고 너 뭣 할 테냐? 네 생각은 어떠냐? 여자가 그저 늙어서 그냥 죽는 게 옳을 거 같으냐? 시집가는 게 좋은 거 같으냐? 시집을 가는데 단지, 니가 서른여섯 중에 드는지 안 드는지 똑똑히 알아라." 내 그랬어. "똑똑히 알고, 그 상대방이 너한테 유리한가 안 그런가 그걸 가 보면 알 거 아니냐? 만나보면 알 거 아니냐?" 아, 그다음에 또 와선 고만둔다는 거야 허허허. 아, 그래서 저 오빠는 나한테 책망… 원망을 했어. 암말도 안 했으면 그리 시집갔을 텐데, 내가 뭐라고 그래서 시집을 안 간다고 하니까. 그런 별것이 다 있어요.

〈황화론 걱정하는 미국인에게 호통을 치시다〉

62:05

그러고, 뭔지 압니까? 이걸 이렇게 이런 이이이… 이렇게 내면서, 이렇게 낸단 말이야. "몇 해냐?"고. "너 그런 거 알 생각 말고 가만히나들 있어. 공부, 네 공부나 잘해!" 소릴 질러버렸어요. 딴거 아닙니다. '황백전환기가 언제냐?' 그거 묻는 겁니다. 황백전환기가 언제냐? 지금 우리들이 미국 쳐다보길 하늘만침 쳐다보지 않습니까? 하늘만침 쳐다보지. 미국만 못한 나라도 까맣게 쳐다보는데. 저쪽 구라파(유럽) 쳐다보길 그 천상(天上)사람들처럼 보지. 그런데 이 저… 여기 계신 이에 우리처럼 나이 많이 먹은 이들은 구경할지 몰라도… 못 구경할지 몰라도, 조금 젊으신 이… 머리 검으신 이는 다 봐요. 백인종한테 우리가 당한 거만침, 황인종도 백인종한테 당해볼 거여.277) 멀지 않아요.

그래 그런 소리 한다고, 어디서는 그 미국 험담 말라고 자꾸 그래요. 내 험담인가 왜? 근데 그 소리는 황백전환기라는 내입에서 나온 거라기보다는 미국사람이 먼저 합니다. 요다음에 올 것은 황인종한테 백인종이 당한다. 근데 어떤 나라에서 그걸 허나? 하고 찾으러 댕겨요. 어떤 나라에서 그걸 앞설 만한 나라가 어떤 나라인가? 4차원 연구한다는 그 박사들이 찾아댕기는 게 그겁니다. 나한테 13번 오고선 그다음에 다시 안 옵니다.

"너희들 황화론 찾는 사람이… 황인종 때문에 화가 된다고 하는 사람이, 황인종이 원자탄이나 갖다 자꾸 갖다 떨어뜨리면 될 거 아니냐? 너희 원자탄이나 떨어뜨리고 그보다 더한 놈을 갖다 자꾸 떨어뜨리면 멸망시키면 황화 안 날 건데 뭘 그리 걱정을 하느냐? 너희들이 한 짓이 잘못하고도 잘되기만 바라느냐? 우리가 남북이 지금 갈려가지고 있는 것도 이거 너희들이 한 짓이지 우리가 한 일이냐? 아시아에서 조선이 또 하나 생겨가지고 남북이 고대로 잘되면 일본처럼 강해질까뵈 고걸 두 군데로 끊어놓은 게 너희들이 한 거 아니냐? 너희는 못된 짓 해도 괜찮고, 황인종은 그게 걱정이냐? 너희 그게 걱정되면, 4차원 연구한다고 너희가 말은 하지만 어떻게 하면 없앨까? 하는 그거지만, 너희가 그런 생각할 땐 하느님이 너희부터 먼저 없앨 거니 봐라."

〈머지않아 황백전환기 틀림없이 됩니다〉

듣기 싫은 소리를 자꾸 해요, 내가. 근데 이제 황백전환기라는 게 나오거든, 황백전환기가 어디서 시작하나 보십시오 이제. 나오거든 "그래도

---

277) 백인종도 황인종한테 당한다는 말씀.

먼저 권태훈이 황백전환하는 거 먼저 보기는 봤구나" 하는 건 알아주십시오. 틀림없이 됩니다. 틀림없이 되고 중국서 만주 서백리아(시베리아) 못 먹습니다. 중국서 만주 서백리야 못 먹고… 소련서 내놨더래도 못 먹고, 그건 우리에게로 도로 돌아옵니다. 만주 서백리야까정 우리게로 들어오면 우리도 적은 나라 아닙니다. 그걸 내가 미쳤다고 장래 되지 않을 걸 자꾸 얘기하면 죽은 뒤에도 그놈 미쳤다는 소리 들을라고? 나 그런 미친 놈… 미쳤다는 소리는 안 듣습니다(듣습니다), 두고 보십시오.

백두산 꼭대기에서 쳐다보면, 그 넓은 땅… 그 우리 조상님 땅 아닙니까? 그 넓은 땅… 임자가 없어서 훨훨 비고 있는 땅, 그걸 조선족이 언제든지 그리 그… 거가 다 우리가 맨들 자리인데.

중국에 살면서도… 중국민족을 가지고도 조선족이 많아요. 조선족이 많아서 이거 조선족 거기서 그 조선족들을 만나면, "우린 이거 어떻게 중국… 중국사람이 되었고… 국적은 되었고, 조선족 조상을 어떻게 찾느냐?"고 아예 걱정들을 해요, 만나면. 우리 멀지 않아서… 멀지 않다면 내년 후년은 아닙니다. 조금 앞으로 가지. 앞으로 가면, 언제 한번 여기 저 연정원 만주 들어가는 기회가 있으면 가서, 여기 조선사람들이 계룡산 도읍한다고 예언들을 했습니다. 계룡산 도읍한다고 도읍자리를 가는데 진짜 도읍자리를 한번 가 구경들 해요. 황백전환기할 때 첫 번 도읍이 어디가 되나 하는 거, 한번 가 보면 알 거예요.

〈황백전환 내가 보는 사람이 아니여. 황백전환 씨는 내가 심어야 합니다〉

69:00

진행자: 에, 이제 그만 말씀을 그만하시고, 제가 여쭈어볼 말씀이 있는데

요.

봉우 선생님: 네.

진행자: 이번 음력 10월 초삼일날 말씀이에요.

봉우 선생님: 응?

진행자: 음력 10월 초삼일날이요.

봉우 선생님: 응.

진행자: 음력 개천절이 11월 8일날입니다. 새달 8일날인데, 그날… 학인들이 선생님께서 마니산을 가실려는지 그게…

봉우 선생님: 갑니다.

진행자: 예. 마니산에 이제 아침에 대개 등정을 해서 거 가서 천제 올리는 자리 가서 이제 잠깐 아마 천제를 올리시고 오실 그런 예정이신 거 같아서, 그걸 궁금해서 이제 가시면 모시고 같이 가고 싶어하는 학인이 많으셔서 여쭈어본 겁니다.

봉우 선생님: 같이 가시는 학인이 많으시면 명수만 알면, 딴건 못해도 가시는 차는 내가 대겠습니다.

진행자: 저희들이 인제… 선생님 그건 그만하시고요. 저희들도 이제 1인당 돈 만 원 정도씩만 내면 차 대절해서 충분히 갔다 올 수 있습니다. 선생님께서 너무 그렇게 부담을 하시니까 오히려 저희들이 죄송해서 안 되겠다고들 그럽니다.

봉우 선생님: 아니 내가 살면 몇 해나 살겠어? 내 살아서 하는 건데 뭐 그게…

진행자: 황백전환은 보셔야 될 거 아니겠습니까?

봉우 선생님: 응?

진행자: 황백전환은 보셔야 될 거 아니겠어요?

봉우 선생님: 황백전환 내가 보는 사람이 아니여. 황백전환 씨는 내가 심어

야 합니다. 중국 가서도 떠들고, 중국 있으면서도 거기 중국 그전에 뭐 저 누구 왕정정(王正廷) 278)이 오조추(伍朝樞) 279) 뭐 이것들 만나서도 자꾸 떠들면, "당신네들이 암만 인물, 인물 하더래도 황백전환할 만한 그런 자격은 못 되지 않나?" 하구 자꾸 이렇게 대면 "피피" 웃어.

개천절날… 개천절도 양력 개천절이 나라에서 하니까 그걸 안 따를 수도 없는 거지만, 우리는 개천절이 음력 10월 3일 아닙니까? 그날 마니산 갔다 와야지. 내가 또 안 가면 안 되지. 갔다 올 테여.

학인 3: 시간 장소는 어떻게?

봉우 선생님: 출발하는 건 여기서 조금 일찍 가야…

진행자: 여기서 아침에 한 그래도 아홉 시 이전에… 아홉 시 쯤 떠나야 됩니다.

학인 3: 어디에서 출발을?

진행자: 여기 연정원에서…

학인: 여기서 9시…

〈구봉 선생님을 위하시는 이유〉

71:40

봉우 선생님: 구봉 선생께도… 뭐 나 아니래도 헐 사람이 그뜩하지만, 그건

---

278) 왕정정(王正廷, 1882~1961) 절강성 봉화(奉化) 출신. 신해혁명 이후 북경정부의 요직을 지냈으며. 1919년의 파리강화회의. 1923년의 대소(對蘇) 국교 회복을 위한 절충, 1925년의 관세자주권의 획득 등에 활약했으며, 후에 외교부장 · 주미대사 등을 지냈다.

279) 오조추(伍朝樞, 1887~1934) 천진 출신. 호는 제운(梯云). 오정방(伍廷芳)의 아들. 외교관, 서예가. 남경국민정부 외교부장, 국민정부 주미대사 등을 지냈다.

그 자손이라든지 제자 여러분들이 있는데, 공부하는 자리서 그 양반이 나한테 요자리까지 오는 것도 그 양반이 많이 봐주셨어요.

그래 놔서 나는 뭐 늘 그 양반을 위합니다. 계룡산 수정봉에 그 양반들 늘 만나시던 자리인데, 우연히 내가 거 가서 공부할 적에 언제 어느 생(生)인지 전전생(前前生)에… 전전생을 내 훑어보는데 전전생에 언제인지 내 잘 모르겠습니다. 헌데, 가끔 그러십니다 가끔 오시면 "아우 공부 잘하게, 아우 공부 잘하게" 자꾸 이러세요. 그러니 제가 송가도 아니고 어떤 생에 그 양반이 형님 노릇을 하셨던가 모르겠어요.

그래 뭐 도움이 많이 있으니까, 그전에는 힘이 그나마도 없으니까 못하지만, 비(碑)하나 세울 만침 되는데 비를 안 세우겠습니까? 그래 그 어른 비를 세운 거예요.

진행자: 그래서 또 산악회에서 말씀이에요. 11월달이 되었든 12월달이 되었든 구봉 선생님 산소 있는 데를 한번 산악회에서…

봉우 선생님: 가냐고?

진행자: 간다고 그렇게 얘기들 합니다.

봉우 선생님: 응.

진행자: 갈 때 되면 선생님은 거기까지야 어떻게 모시고 가기가 힘들겠다…

봉우 선생님: 아니야. 저… 산소에들 가면 내가 안 가면 "그놈 늙었다고… 늙었다고 여럿이 오는데 젊으신 이들은 오고, 참여도 안 했다"고 걱정하셔 안 돼. 아니, 내 갈 테야 걱정 말어.

그래 거기 종손이 당진 살어. 가서 참배라도 하고 오면 연정원… 그 양반이 전적으로는 못 할 테지만, 좀 돌아다보시면 뒤에 따르는 뭣이가 아주 없지 않지.

그날 공고한 거는 연정원 ○○도 공고하고, "나도 황백전환기 전에 부

르지 마십쇼." 이랬구먼, 허허허. (일동 박수) 뭐 저… 한 얘기로만 실컷 해
놓고 그냥 나가니까 죄송합니다. 그렇지만 뭐 그거 뭐 아주 나쁜 소리는
아니니까, 하하 허허허.

34-1991.10.26.
중급 특강[280]

《음부경(陰符經)》의 두 가지 설

봉우 선생님: 다른 데 저… ○○ 시간 있어서 잠깐 갔다가 오다보니까, 이 시간이라 봐서 그냥 갈 수가 있습니까? 참새가 방앗간 지나치는 거 같아서, 와서 보고래도 가야지. 그래 뭐 시간이 늦은 줄 알면서도 와서 잠깐 여러분한테 인사라도 하고 갈라고 들어왔습니다. (일동 박수)

지금 들어오면서 들으니까《음부경(陰符經)[281]》을 강의하셨는가 본데, 《음부경》이 두 가지 설이 있습니다. "장자방(張子房)[282]이가 황석공(黃石

---

280) 녹음: 김각중, 녹취: 박승순, 교정·주석: 정진용·정재승
281) 중국 도교의 전성기인 당대(唐代)에 서술되었다고 한다. 중국 문명의 정신적 지도자이며 영웅으로 상징화된 황제(黃帝)가 고대의 우리 나라인 청구(靑丘) 땅에 있는 공동산(空同山)의 도인 광성자(廣成子)를 찾아가 장생(長生)의 묘도(妙道)를 묻고 그 교시를 받았는데 그 내용이 바로《삼황내문(三皇內文)》또는《음부경(陰符經)》이라 한다.
282) 장량(張良, ?~BC189) 중국 한나라의 정치가이자, 건국 공신. 자는 자방(子房). 시호는 문성(文成)이다. 소하(蕭何)·한신(韓信)과 함께 한나라 건국의 3걸로 불린다. 유방(劉邦)으로부터 "군막에서 계책을 세워 천리 밖에서 벌어진 전쟁을 승리로 이끈 것이 장자방이다"라는 극찬을 받았다. 전국시대 한나라 재상 희평의 아들로 한나라가 진나라에 멸망하자 복수를 하기 위해 진 시황제를 박랑사에서 죽이려 하였으나 실패하고 하비에서 숨어서 황석공으로부터 태공병법을 배웠다. 그 후 유방이 군사를 일으키자 100여 명의 종을 데리고 따랐다가, 항량(項梁)에 의해 한성이 한왕(韓王)에 옹립되자 한나라 사도에 임명되었다. 이후 한성이 항우(項羽)에게 죽자 다시 유방에게 귀순하고 이때부터 유방의 중요 참모가 되어 홍문연에서 유방을 구하고 한신을 천거

公)[283] 한테 받은 것이 《음부경》이다." 이런 설이 있고, 당나라에 글 잘하던 장열(張說)[284]이라고 있는데, "장열이가 이거 지은 거다." 그 두 설이 있는데 확실하진 못합니다. 누가 지은 건 줄 모르는데 좌우간 도서(道書)는 도서예요. 장열이가 사람은… 그 사람이 당나라적에 소인○○니다… 소인(小人). 키가 적어 소인이 아니라 사람이 좀 덜 됐으니까 소인이라고 그랬겠죠. 그러나 그 사람이 이 공부는 많이 해서 아는 건 많았어요. 그러니 장열이가 했던지 황석공이가 됐던지 간에 《음부경》은 지금까지 전해 내려 옵니다. 그러니 거기는 지금 말씀한 거니까 지가 더 말할 게 없고, 여러분께 왔으니까 인사 겸해서 저 몇 마디 하겠습니다.

〈민족종단 대표들과 서기 대신 우리 기원을 쓰는 것에 대한 논의를 하심〉

지금 지가 댕겨오기를 어딜 댕겨왔는고 하니, 민족종단 대표들이 뫼인 데입니다. 민족종단 대표들이 모인 데서 좀 와달래서 갔었어요. 갔는데, 그게 뭣 때문에 하는지 소용없는 소리 지가 합니다만, 지금 우리나라에서 정부에서나 뭣에나 다 쓰는 것이 일천구백 몇 년이라고 서기(西紀) 다 쓰

하는 등, 그는 전략적인 지혜를 잘 써서 유방이 한나라를 세우고 천하를 통일할 수 있도록 도와주었다. 한나라 건국 후에는 정치에 일체 관여하지 않았으며 단지 후계자 문제로 여후에게 자문을 해줬다고 한다. 그 후에 유후(留侯)에 봉해졌다.

283) 황석공(黃石公) 중국 진(秦) 나라 말의 은사(隱士)·병법가(兵法家). 장량(張良)에게 병서(兵書)를 전해 주었다는 노인으로, 장량은 이 병서를 읽고서 한나라 고조의 천하통일을 도왔다고 한다.

284) 장열(張說, 667~730) 중국 당(唐) 나라 중종(中宗)·현종(玄宗) 때의 재상. 자(字)는 도제(道濟)·열지(說之). 봉각사인(鳳閣舍人)·좌승상(左丞相) 등의 관직을 두루 역임하였으며, 연국공(燕國公)에 봉해짐. 문장과 비문(碑文)에 능하여 나라의 큰 저술을 도맡아 하였다.

지 않습니까? 조선사람으로 조선서도 단군기원(檀君紀元)이 번듯하게 있고 우리 백성들 조상들이 미리 쓰던 건데, 그거는 쓸 생각도 못하고 서기만 쓰니 우리 이쪽 종교라고… 소위 동양종교라고 하는 사람들이 앉아서, "이걸 그냥 해선 안 되겠소. 우리끼리래도 한국사람으론 한국사람의 우리 기원을 쓰는 게 좋지 않겠소?" 그걸 지가 갑진(甲辰: 1964)·을사(乙巳: 1965)년에 첫 번에 이 기원… 기원을 쓸라고 할 적에 동아… 동아일보사 방송에서 방송까정 하고 반대를 했었습니다. 그래가지고 기원(紀元) 동지회라고 그걸 했었는데, 저희들처럼 늙은 사람들이 죽 앉아서 하니까 한문학자들, 그러니까 따르는 사람이 적어요. "너흰 너희대로 얘기해라, 우린 우리대로 해라" 해서 말도 못했어요. 한 1년 끌다가 못 했습니다. 뭐 UN 관계가 있네, 정부에서 UN하고 관계가 있는데 거기선 전부 서기를 쓰지 단기를 쓰질 않으니까, 그러면 변경해도 되지 않느냐? 하니까 변경이라는 것보담 그렇게 하는 게 그걸 고칠 수가 없다고 그래가지고 안 고쳤습니다.

이게 요번에 고치라는 게 아니예요. 국민들은… 우리는… 한국사람끼리는 단기를 쓰자. 한국사람에도 교인, 예수교 하는 사람들은 그걸 쓰더래도 누가 뭐라고 하지 않는단 말이야. 그런데 우리끼리나 단결해 쓰는 것이 좋겠다고 그걸 얘기하러 갔었습니다. 그래 이제 그걸 저희 종단들이… 종단들끼리는 통했어요. 통해서 그래가지고, 백성의 위신(威信)이 그래도 조상 찾는다고 하는데 조금 가야 뭣인가 단합이 되는 게 있지, 딴 것만 자꾸 하면 딴소리가 나오니까 안 되겠다고 그래가지고선 그걸 시작을 해봤습니다만 잘될는지 안 될는지 전 모릅니다.

그렇고… 거기서도 말들이 요새 대학 교수라고 하는 이들이 몇이 와가지고 얘기하는데, 민간 백성의 인심이 이러니 저러니, 종단이 어떠니 저러니 이런 소리가 여러 가지 내놓더면요. 이론을 따지는데, 이론이 지금 우리나라가 우리가 개인으론… 민간으론 정부에서 하는 대로 따라가야 하고, 또 이제 세계 정세에 따라서 따라가는 거지 우리 개인으로 반대를 하면 소용이 있습니까? 억지로… 억지 쓰면 소용이 있습니까? 소용없어요. 그렇지만 '우리는 조상은 조상대로 찾아보는 게 옳다.' 난 이런 생각으로 거기서 얘기를 했어요. 그런데 "남은 어떻든지 우리 같은 종단들이나 같이 합심해서 조상이나 찾는 거 우리 좀 합시다" 하고 끝내고 왔습니다. 끝내고 왔는데, 그건 뭐 왜 그 얘기를 하는고 하니, '왜 늦게 왔느냐?' 그래 말씀할까봐 난 그 발뺌하느라고 얘기했습니다.

《《음부경》은 '호흡해서 숨 길면 공부가 투철히 남보다 몇 십 배, 몇 백 배 는다' 하는 그것 설명한 겁니다〉

06:13

지금 저 《음부경》을 해설을 들으시고 그 《음부경》 거기 쓰였는데, 거기 《음부경》 쓴 게 암만 길어야… 뭐 뭣이 뭣이 뭣이 뭣이 하는 소리 죽 썼어야, 고것이 전체가 우리 이거 하는 겁니다. 호흡하라는 겁니다. 뭐 하나도 다른 거 아닙니다.

거기 뭐 "오적(五賊)이 재신(在身)에 뭘 어쩌고 어쩌고 했어야, 오장육부(五臟六腑)에서 이런 맘, 저런 맘 욕심이 나니까, 기(氣)도 있고, 혈(血)도 있고 그래가지고 별일이 다 있다." 이런 건데, 끄트머리 가서… 끄트머리 가서 제 하편(下篇)에 와서 "고자선청(瞽者善聽)하고 농자선시(聾者善視)하나니, 절리일원(絶利一源)에 용사십배(用師十倍)요. 삼반주야(三返晝夜)면 용사만배(用師萬倍)니라" 하는 것이 그게 다 한(가지) 말이에요. 호흡해서… 공부를 해서 삼반주야면 36 저… 삼반주야면 일흔두 시간입니다. 요새 시간으로, 일흔두 시간을 한 마음 한 뜻으로 죽 나가면… 할 사람이라면 그러면 정신수련이 무던히 되었다는 소리여. 심파(心波)가 이렇게 이렇게 이렇게 골라서 잘 안 됐는데, 72시간을 1시간으로 가는 사람이 720시간도 그대로 나갈 겁니다. 그러면 용사만배여, 자기의 머리가 다른 사람보담은 만 배나 늘어진다(늘어난다).

늘 지가 얘기 안 합니까? "이거(호흡) 하면 머리가 좋아진다." 그 얘기를 한 건데, 그게 그 얘기 보충하는 소리입니다. 삼반주야면 하니까, 72시간을 변함없는 한 정신으로 호흡을 해나갈 수가 있다. 이 심파가 움직이지를 않고 불변색(不變色) 사진판이 들면… 불변색 사진판이면 여기서 지금 우리의 사진판(카메라) 가지고 여기서 백이면은(찍으면은) 이걸… 이거를 이래가지고 거리도 재야 하고, 광선도 재야 하고[285], 이렇게 해가지고 백이면서도 이것이 흐리고 잘못될 때가 그뜩한데. 우리 지금 호흡은 그밖에 안 돼. 사진판 가지고 이걸 백일라면 첫 번에 들고 이거 하는 그(거)밖에 안 되는데, 삼반주야를 한다는 사람이라면 비행기 타고… 비행기 타고 이 밑에 활동사진기 해가지고 죽 댕겨봅니다. 비행기 타고 그냥 죽~ 가면서 백이더래도(찍어도) 이걸로 그냥 죽 백이더래도 하나도 틀림없이 다 백여지지 않습니까?

우리 머리가 그 정도 된다 그 소리예요. 딴소리 아닙니다. 긴 소리 암만 써 봤자, 그거 설명한 거지 별 거 아니에요. "고자선청하고 농자선시하나니 절리일원이면 용사십배요. 삼반주야면 용사만배니라" 하는 것이 참 용사만배, 공부하면 효력이 그렇게 난다는 그 소리지, 딴건 아니에요. 그 뒤에 뭘 어쩌고 어쩌고 한 거는 설명이지. 꼭대기부터 "관천지도(觀天之道)하면 집천지행(執天之行)이면 진의(盡矣)라" 하고 나오는 것이, "하늘의

285) 카메라 노출을 의미.

도를 보고 사람의… 하늘의 하는 걸 보면 그 사람 닮… 하늘 닮은 사람도 그와 똑같다." 그 소리여. 그걸 한문으로 글자로 따… 새길라면 별 별 소리가 다 있지만 그거 다 따져(떼어) 버리고, "호흡해서 숨 길면 공부가 투철히 남보다 몇 십 배, 몇 백 배 는다" 하는 그것 설명한 겁니다.

〈옛날엔 공부해서 성공해도 써먹지를 못했지만, 지금은 성공해서 얻으면 한몫 가질 수 있다〉

09:52

또 우리는 지금 나오기를 좋을 때 나왔습니다. 좋을 때 나온 것이, 아주 편한 때… 아주 편한 때에 나오면 바탕이 다 째서(짜놓아서: 들어갈 틈이 없다는 뜻), (나라에 일) 헐자리 다 남이 다 차지하고… 헐자리 다 있어놔서 갈 자리가 없어요. 다 똑똑한 놈만 다 꽉 자리 잡고 앉았을 때는 하나도 갈 자리가 없습니다. 그 지방에서 농사나 짓고… 귀찮으면 농사나 짓고 장사나 하고 이러지 쫓아가 뭘 생각을 못 할 때인데, 지금은 좋은 때에요. 지금은 좋은 때인 것이 거 그런 양반들… 그 양반들이 들으면 "아 저 놈 미쳤나?" 그런 소리를 할 테지만, 꼭대기서부터 끝까정 백성들이 볼 적에, "야, 당신들만 내가 믿겠소" 하고 머리 숙이는 사람 하나도 없습니다. "당신이면 내 몸을 바쳐서 나라 일을 위해서 뭐 죽더래도 나가서 하겠소." 그거 할 만한 사람이 몇이나 되는가 모르겠어요.

그러면 전부 반대하느냐? 그건 아니에요. 그럼 정치인들이라고 나온 사람들 볼 적에야, "그러면 저 사람이 못하면 이 사람이 하면 잘되겠나?" 하면 그 사람 ○○○. 똑같습니다, 똑같으니까 자기더러 물어보면 남은… "내가 하면 괜찮다"고 이럴 테지만, 이 사람이나 이 사람이나 이 사람이나 쓰레기 콩 갖다놓고 볶아놓은 거나 똑같애. (일동 웃음) 별거 아니여.

그러면 왜? 우리가 10년이나 5년이나 공부 좀 잘해가지고 쑥 나가면, 여기 이 사람들도 그 자리 다 간다고. 예전같이 아주 꽉 짜놓은 데는 이놈 하나 빼고 들어가기가 퍽 힘들지만, 지금은 좋을 때여, 좋은 때. 공부만 잘하면 왜 여기서 이거 하라면 안 돼? 이거 하라면 안 돼? 다 할 수 있는 거예요. 세계 아무 데를 가도 빠질 거 없고, 뭐 지금 본디 미국서 영국서 어디서 겁 없는 게, 무서운 게 있어요? "야, 거 아무개가 있어서 거긴 꼼짝 못하겠구나" 하는 데 한 군데 없습니다. 그러니까 이런 때에 하늘이 시기를 줘가지고 여러분들 공부할 시기 준 것이요. 공부를 해가지고 얻어! 삼 반주야에 용사만배는 못 하더래도 한 천 배 백 배만 하더래도 한몫 가집니다.

만 배까지 가면 아주 그건 성자(聖者)로 가니까 힘들지만, 그것까정 못 가고 천 배만 가고 백 배만 똑똑하더래도 아, 저기 저 꼭대기가 그 이… 이 혜안(慧眼)하는 거 그거 하나야 못 가?

〈그 외국서… 우리나라 '가갸거겨'를 먼저 알도록 시키는 것은 과학이 우리가 앞서버리면 되는 거지. 앞서버리면 안 배울 도리가 없어〉

헌데 욕심에 그것만 하라는 게 아니여. 머리가 좋아서 세계적에 과학을… 지금 말하는 과학을 우리 현실로, 정신으로 말고 과학에 나가서도 남이 하나 발명하거든 우리 한국서 둘이나 셋쯤만 발명해. 그래나가면 발명이 전 세계 발명이 100%에서 한 50%로만 우리가 차지해버려, 머리 좋은 사람들이. 50%만 차지하면 암만 여기 조그만 해도… 땅은 조그만 해도, 세계서 우리나라 말 배울라고 애쓸 거여. 안 배우고 견디나? 요렇게 쓴 거, 요렇게 쓴 요거 요거 요렇게 쓴 거 이것도(영어 알파벳) 그게 무슨 글자가 좋아서 우리가 배우는 거예요? 과학책을 들여다볼라면… 책을 들여다볼라면 그걸 몰라가지고는 번역한 거밖에 못 보니까, 헐 수 없이 우리가 다 배우는데, 네 살, 다섯 살 먹은 놈 유치원에 댕기는 놈도 'ABC'를 하라면 하는데, '가갸거겨'는 잘 못해. 그 외국서 영국이나 미국이나 불란서에서 저희나라 'ABC'는 못 하더래도 우리나라 '가갸거겨'를 먼저 알도록 시키는 것은 과학이 우리가 앞서버리면 되는 거지. 앞서버리면 안 배울 도리가 없어, 안 할 도리가 없어.

그럼 그거 할 그 시기를 앞에… 눈앞에 놓고, 우린 그때 마침 탄 늙은이들이 아니고 젊으신 이가 아니에요? 젊으신 이, 우리가 해서 그걸 붙잡을 수 있는 그 기회가 앞으로 있고, 나이가 그 나이 넉넉하니까 싸워가지고 래도 성공할 자리가 있는 거 아니여? 예전에 문 다 닫아놓고 나가지도 못하고 뭣하고 할 때는, 해봤자 써먹을 데가 없어. 그 예전 어른들이 뭐라고 하신 줄 알아요? 공부는 다 했는데 자리가 다… 정승할 사람은 정승하고, 판서할 사람 판서하고, 이게 정승… 정승을 줘도 넉넉히 할 사람이 있어도 이 사람 갖다 쓸 자리가 없어. "도위금일용(道違今日用)"이여, 도가 내가 배운 도가 요새 쓸 데는 틀렸구나. "명허후인지(名許後人知)"라, 이름이나 나 공부했던 아무개란 이름이나 후세에 전하겠다고. 얼마나 속이 상하면 그렇게 됐겠어요?

그런데 지금은 일하면 다 금일용(今日用)이여. 공부해서 성공하면 다 오늘 써먹어도… 과학의 뭣을 만들든지, 머리에 뭣이 나오든지, 신발명을 자꾸 해도 여기서 했다고 세계에서 반대하지 않아요. "왜 조선놈 머리도 그런 소리가 나와? 우린 반대해." 이 소리 못 합니다. 그러면 아주 시기가 좋은 때여.

<남북이 38선으로 갈라진 것은 황백전환기를 두려워한
미국과 소련 때문이다〉

16:02

　그러니까 내가 건방진 소리를 하는 게 황백전환기… 황인종하고 백인
종하고, 백인종이 한 1,000년 동안 잘해 먹었는데, 그 1,000년 동안 세계
를 제패하고 있던 것이 요다음에 우리 백두산족들이, 하얀 얼굴 말고 우
리 얼굴들… 누르스름한 얼굴들이 세계 제패를 한다. 한 1,000년 이상
또 서양사람들보담 좀 더해. 황백전환기가 앞에 눈앞에… 눈앞에 보이
게 돼. 서양사람들이 지금 더 걱정을 해요. "황백전환기가 된 뒤에 우리
가 떨어지면 어떻게 떨어지느냐? 얼마나 떨어져서 저것들한테 우리가
고생을 하겠냐?" 해가지고, "고게 어디서 더 많이 나겠느냐? 요 백두산
족이라는 것이 요것들이 못 된 것이라, 머리가 좋은 놈들이 많이 나온
데니까, 요것부텀 우리 말살을 시켜버리자."고 한 것이 삼팔선 그은 거.
미국사람하고 소련사람하고 제일 첫 번 삼팔선 그어놓은 것이, 동양에
사람 인재 나올 것 요놈들이 요기서 나오는데 요기 나온 놈들 삼팔선 그
어 놓으면 저희끼리 싸우느라고 아무 놈도… 아무도 못 할 테니까 그어
놓은 겁니다.

　우리나라 사람이 지금은 몇 천 만이… 6,000만이야 7,000만이야? 7,000
조금 못 되지. 근데 근 7,000만 되지? 7,000만 해서 남북 가운데 분단 해
가지고 살찬 사람 하나나 있습니까? 하나도 없었어. 일본놈한테 뺏겼더
래도 해방이 되면 다 한 나라로 되길 바랐지, 요걸 못하게 한 것이 누구
냐? 여러분들 다 아셔. 미국사람하고 소련사람하고 둘이 가운데 금 그은
거야. 그래도 미국사람은 할아버지요… 미국사람은 상전같이 위해야 견
디고, 공산 저 북쪽에서는 저저저… 소련 녀석들 저 할아버지처럼 여기지

않아요. 이걸 가운데 갈라놓고 붙들고 꼼짝 못하게 하는 바람에. 그런다고 왜 우리가 꼼짝 못해? 머리는 다 성한데.

〈황백전환기는 서양사람들이 제일 걱정을 한다〉

이때 이거 여기서 우리들이 공부 자리 빈자리가 그득할 적에 공부해가지고 묶어놓은 거 다 그렇게 굉장히…구리선 따라 쇠사슬로 칭칭 감은 거 아닙니다. 이렇게 딱 잡아떼면 뚝뚝 떨어지게 맨들어놨어요 지금. 그것 떼고 우리가 나가서 백두산족이 다시 세계를 제패하면, 하지 말래 왜? 서양사람이 제일 걱정이, 세계 황백전환기에 조선족만 아니면 황백전환기 못한다 그거예요. 황백전환기 소리를 난 조선사람에게 듣지 않았습니다. 우리 조상한테 들은 것도 아닙니다. 서양사람들이 와서 제일 걱정이 그겁니다. "앞으로 황백전환기가 올 텐데 황백전환기 올 적에 여기 어디 어떤 인물이 그런 거 얘기할 만한 사람이 있느냐?"고 물어줘서 갑진년(甲辰年: 1964년)서에부터 지금까지 꼭 아홉 번 댕겨갔어요. 똑같은 소리입니다, 이 자식들 나중에 와서… 끄트머리 가서 "황백전환기가 앞으로 얼마나 되야 있겠느냐?"고. "아니 너희들이 얘기하는 거지, 우린 알지도 못한다. 아 지금 황백전환이 되겠냐? 남쪽에서 삼팔선을 너희가 그어 가지고 우리가 이 쩔쩔매고 지내는데, 뭣을 잘 있지도 못하는데 어디 황백전환이 되겠냐? 너희 꿈꾸지 마라."

"아니 그렇지 않다. 그렇지 않다." 백인종들은 지금 아주 얘기가 일본사람이 아닐까? 그랬는데 일본이 못하니까, 이건 틀림없이 조선사람이다. 황백전환에 앞지르면 틀림없이 조선사람인데, 그러니까 가운데를 그어놔서 둘이는 합치지 못하게 가운데다 그어놨어. 그래 그걸 여기 정부라든지 미국 친한 걸 미국을 저 할아버지처럼 하는 사람이 들으면 나더러 욕합니다. 그 뭐 틀림없이 욕해요. 욕할 줄 알지만, 욕을 하건 말건 나는 나 하고 싶은 대로 해.

지금도 그래가지고 우리들이 삼팔… 저 6.25 사변이 났고, 우리가 이렇게 전부 다 깨져가지고 조선이 납작하게 되었는데도, 지금도 미국을 할아버지… 저희 조상보담 더 위하는 사람들이 그뜩합니다. 거기다 대고 별소리 다하는 사람도 있고. 그거는 저희… 저희 뭣을 내버렸나, 저 한 몸을 위해서 백성 전체가 위하지 않고, 그건 저리 저기서… 저기서 그냥 안 돼요. 두고 보십시오, 10년 안에 끝나요. 10년 안에 김일성이가 암만 저 발광해두 남북통일이 됩니다. 남북통일에 사람 안 죽고 돼요, 걱정 마세요.

〈원자탄 수소탄… 보담 다섯 배 여섯 배 좋은 게 나와요〉

21:38

지금 내가 먼저도 언제 한번 얘기했습니다만, 지금 남쪽에서 작년 그러께입니다. 그러께, 두 달 석 달을 지금 천기성(天機星)이 빛이 났습니다, 우리 분야[分野: 전통 천문에서 두성(斗星)분야]에서. 천기성이 뭔지 아십니까? 몇 십 년 전에 원자탄이 나올 적에 한 달쯤 저… 그거 나올 분야(지역)에서 비쳤습니다. 원자탄 수소탄 나올 때 말이지. 그것보담 다섯 배, 여섯 배 좋은 게 나와요. 그러니까 원자탄을 쓰지 못하게 하는 무슨 무기가 지금 나온다. 나와 있어요, 지금요. 나와 있으면 그게 중국에 있습니까? 이게 지금 어떤 사람의 책상에 들었는지 어디가 지금, 설계는 있고 내놓다 뺏길까봐 겁이 나서 지금 못내 놓고 있지, 확실히 두 개가 있습니다. 두 달 동안 아주 환하게 비추길 두 달 동안을 비쳤어요. 그러면 그것이 그냥 하늘에만 비쳤냐? 우리나라 분야 남쪽 분야에 비쳤습니다. 그러나 남쪽에서 누가 가졌는지 이 설계도 시작하지.

요것이 뭐냐? 남북통일 싸움 않고 사람 안 죽고 하는 비결이지. 나중에 지가 죽은 뒤래도… 눈으로 보고 갔으면 좋겠어, 좀 오래 살아서. 죽기 전이래도 터지거든, "야, 그놈 늙은이 거짓말 안 했다"고 알아주시오. 설계된 건 확실합니다. 두 달 동안 확실히 천기성 자리가 이 간방(艮方: 주역 방위상 동북방)에 여기 와서 비쳤어요. 그 광선이 저렇게 비춰주면 "거 혹 북쪽에서 또 하지 않나?' 이 의심이 날 텐데, 그게 아니고 남쪽으로 비쳐줘서 남쪽으로. 그 서울도 아니여, 서울 남쪽으로 어디 있어요.

내가 뭐하러 내 밥 먹고 괜히 여러분한테 거짓말하고 나중에 그놈 미친놈 소리 들으려고 그래요? 몇 해 뒤에 보십시오, 나오나 안 나오나 보십시오.

〈여러분이 공부하셔서 당신이 안 하시더래도 남이 하거든
좀 후원 좀 해주셔. 너 좀 잘하라고〉

그러니까 여러분도 그건 그거고, 그다음에 나와서 또 해가지고 저… 저쪽 사람들보담 이렇게 올라갈 거예요. 여기 오신 이가 지금 보니까 80명 좀 넘으시는데, 80명 넘으신 이가 다 80명이 다 ○다는 거는 아니에요. 여기서 몇 분만 해도 좋아. 근처만 가도 좋고. 그리고 여러분이 공부하셔서 당신이 안 하시더래도 남이 하거든 좀 후원 좀 해주셔. 너 좀 잘하라고.

〈중국 비결(秘訣)에는 만리장성 북쪽은 저희 땅이 아니라고 나와 있다〉

그래가지고 우리나라에서 세계에 조그만 나라가 세계에 일등 갈 수 있

어요? 중국하고 조선하고 여기 인도하고 셋이 민족 합의를 다 해가지고 황인종의 아시아, 대아시아가 나옵니다. 우리나라… 우리나라 차지할 자리는 중국 가보십시오. 중국 가보면, 본비아토(本非我土)라고 하는 데가 만리장성 이북 이게 본비아토입니다. 이거는 저 "봉황(鳳凰)이 동래(東來)해 금계(金鷄)가 저수(低首)라.[봉황(백두산족)이 동쪽에서 오니까, 금닭(중국)이 머릴 숙인다.]" 여기 왜 저 저 뭡니까? 저 신도안 도읍된다는 거 《정감록》이라고 그러지? 《정감록》이란 비결 모양으로 저기서 비결은, 만리장성은… 장성 이북은 본비아토다. 만리장성 이 북쪽은 본디 우리땅이 아니다. 그럼 뉘 땅이냐? 고구려 땅이지, 고구려 백제 땅이지, 이 백두산족의 땅이지. 그러니까 만리장성 이북은 우리 땅이 아니니까 이거는 그 사람들이 도로 가져갈 거다. 만리장성 이남은 저희 거다. 그러고 기다리고 있는데 우리 여기 사람은 여기 저 남북통일도 지금 못하고 쩔쩔 매고 있잖아요?

남북통일이라는 것이 올해 무진(戊辰: 1988)·기사(己巳: 1989)년입니다. 기사(己巳), 경오(庚午), 신미(辛未), 임신(壬申), 계유(癸酉), 갑술(甲戌), 을해(乙亥)… 헌데 아주 많이 잡고 병자(丙子), 정축(丁丑), 무인(戊寅), 기묘(己卯)까지 잡읍시다. 남북통일 된 뒤는 "야 그 늙은이… 텁수룩한 그 늙은이가 거짓말하는 줄 알았더니 참말됐다"고 알 것입니다.

그래 여러분들은, 이거는 다른 일 말고 하시라는 거 아니에요. 시간이 나는 대로 빈 시간에 허셔서, 열 분이 하셔서 세 분만 성공을 하더래도 우리나라에 그만한 큰 이익이야. 허시는 이는 그… 그 성공을 못 하더래도 머리 건강해지고 머리 좋아지고 알면 조금씩이래도 많이 알아서 태양처럼 환하게 비추진 못 하더래도, 전기등쯤만하게 비추더래도 나옵니다(낫습니다), 깜깜한 등보다는 나아. 그러니까 그래가지고 (나이) 잡수신 노인들은 조금 덜하더래도, "아마 내가 늙어서 그런가 보다." 그렇게들 생각하십시오. 안 되진 않습니다, 다 됩니다.

〈(평화탄이 터지면) **깜깜한 세계로… 지하 땅에… 지하실 5층, 10층 다 깜깜해. 확실히 내가 봤어요. 다 깜깜해요. 깜깜하고 정신 못 차립니다**〉

27:35

그래서 어떻든지 앞에 황백전환기 남북통일에 하란 소리 안 해요. 남북통일은 우리들이 다 안 해도, 이거 나온 것이(평화탄) 나오면 바로 돼요. 요것이 무엇인지 아십니까? 원자탄은 사람 죽이는 거 아닙니까? 원자탄은 갖다 "텅~!" 하고 터지면 그냥 뭉턱 그냥 없어지는 건데, 이건 사람 죽이는 거 아니에요. 사람 안 죽여요. 한마디 해보지 뭐, 나중에 미친놈 소리는 안 들을 테니까.

그것이 그것이 뭣하는 데는 ○○○ 깜깜한 세계로… 깜깜한 세계로, 지하… 지하 땅에… 땅이 지하실 5층, 10층 다 깜깜해. 확실히 내가 봤어요. 다 깜깜해요. 깜깜하고 정신 못 차립니다. 요렇게 쌀 미(米) 자 ○○ 요게 쌀 미 자가 무엇입니까? '희미할 미(迷)' 자 아닙니까? 혼백(魂魄)이라고 하는 게 요렇게 귀신(鬼) 그렸죠? 요렇게. 그게(평화탄, 흑막탄) 미혼(迷魂: 혼백, 정신을 혼미하게 만듦)입니다, 미혼. 근데 이놈들이 아무렇든지 그놈이 들어가면 사람 하나도 안 죽고, 이거 이러고 앉아서 무엇을 하는지 모르고, 자는 거 모양으로 가만 있어야 하니까, 사람 죽을 까닭이 하나도 없어요. 그거 지금 맨들어 가지고 있어요, 있기를.

내가 나라 일이니까 내가 아무개가 했는가 보다 하고 쫓아갈 까닭이 없지. 뭣 하러 그런 얘기 합니까? 괜히 섣불리 하다간 미국놈한테 붙잡혀 가라고. 그러니까 그런 얘기할 필요 없이 ○○○ 있습니다. 섣불리 알아가지고 내가 미쳤다고 그런 소리를 여러분 앞에 이런 소리하겠어요?

〈공부해서 머리가 좋아지면, 학교에선 A학점이고, 계획하는 사람은 더 좋은 생각이 나고, 연구해서 발명자가 되면 우리나라 공신(功臣)이 된다〉

그 이제 여러분들이 마음 놓으시고 공부 잘하십시오. 노인들은 몸 건강하게 위하고, 그래도 몸 건강도 하고 머리도 좋아져 나쁠 게 있나? 머리 좋아지면 좋지 뭐. 생각 허시는 것이 머리 쓰는 것이 한 시간만 쓰면 머리가 떵하던 것이 한 다섯, 여섯 시간까정 머리 써서 끄떡없거든. 여 저 주판 놓으시고 계획하시던 이들 머리가 나아지면 딴 딴(더 좋은) 생각이 나지. 공부하시던 이가 하면 그건 공부에 성적이 요런 학점(A), 나도 서양글자 요런 거 쓰지. 요(A) 학점… 그 학점은 다 나오면 되지 않아? 대학에서? 여 C나 B나 이거 보면 좋아… 좀 덜 좋아. 요 A학점을 꼭 딱딱 찾아버리면, 아 그래도 뭐 취직을 해도 낫고, 내 공부를 해도 낫고, 아주 그 이상을 더 가서 연구를 해서 발명자가 되면 그건 우리나라 공신(功臣)이지.

내가 시간 가는 줄 모르고 자꾸 떠들어서 미안합니다. 그런데 내가 여기를 지나면서 한마디도 않고 그냥 가기는 좀 억울해서 (일동 웃음) 이 밤에 얘기했습니다. 그래 저 미친 사람 아니니까, 내 자장(진짜) 미치지 않았다면 그 곤이 듣겠습니까? 미친 사람 아니니까, 미친 소리는 안 합니다. 앞으로… 앞으로 많으면 요렇게 돼. 두고 봐요. 왜 그러냐? 하는 까닭을 대라면 나 그건 또 댈라면 대지만 여기서 댈 필요는 없지. 여러분한테 괜히 시간 몇 십 분이라도 허비시켜서 죄송합니다. 나 고만 갈랍니다. (박수)

중급 특강²⁸⁶⁾

봉우 선생님: 일어서서 말씀을 해야겠는데, 좀 기운이 없어 그냥 앉아서 실례를 합니다. 중급 과정이시니까 처음으로 하시는 이들이 아니고 해보신 경험들도 있고 하니까, 공부하시는 데서 의심 나는 거 물으시면 질의답변 해드리겠고, 이제 그게 끝나면 그 다음엔 제가 제 얘기 조금하고 그러겠습니다. 공부하시는 데 뭐 어떠니까 어떻다고 그 좀 의심 나는 게 있으면 그거를 말씀해주시면, 제 생각 나는 대로 말씀을… 답변을 해 드리겠고. 차례로 해서 차례로 저… 물으시고 싶은 거 물어보시면 얘기를 해드리겠습니다.

뭣이 저 질의… 질의를 하라니까 아무 말씀도들 안 하시네. 공부하시는 중에서 혹 의심이 나시는 일이 있으면 물어보시면, 그저 내가 대답을 다 잘한다는 건 아닙니다. 내가 아는 대로는 해드릴게.

〈한 1분 된 뒤에 현상하지 말래도 내가 보고 싶은 건 다 봅니다.
이제 그건 걱정 말고 호흡을 길게 하십시오〉

학인 1: 저는 88년부터 여기 나와서… 88년 10월부터 나와서 호흡을 저…

---

286) 녹음: 김각중, 녹취: 박승순, 교정·주석: 정진용·정재승

말씀 듣고 계속 해왔는데, 물론 개중에 그 중간에는 중단도 하고, 어떤 때로는 뭐 시간 여유도 있지 않고, 또 의지 부족으로 인해서 계속해서 이어지… 계속해서 꾸준히 하지는 못했습니다. 근데 그 하는 과정에서 제가 호흡을 해보니까, 한 40초 내지 어떨 때는 1분 가량… 이렇게 들숨 날숨 합쳐서 40초나 1분까지는 해봤는데, 그 중간에 말씀하신 거나 또는 책에 나온 거대로 무슨 현상(顯象)이 보인다거나 또는 그 이… 이렇게 일주를 하… 한다든지 또는 옆에 뚫리는… 단전에서 옆쪽으로 이제 뚫리는 그런 기색이라든지 그런 것은 못 느끼거든요. 그런데 호흡을 하면은 40초 호흡을 한다든지 어떤 때 잘될 때는 1분 호흡을 해도 편안한 마음은 가질 수가 있거든요. 편안하고… 또 아주 편안하게 호흡을 할 수가 있는데, 그런 현상이나 이런 것은 느끼지를 못하는데 그건 어째서 그런지?

진행자: 88년부터 지금까지 호흡에 관심을 가지고 꾸준히 했답니다. 호흡이 현재 길이가 약 40초를 좀 넘어서서 1분 가까이 갈 때도 있었고 좀 줄어서 40초 안팎을 하는데, 그 40초를 하더라도 아주 마음의 편안함을 얻을 정도로 호흡은 잘되는 거 같다. 그런데 다만 40초를 넘어서 1분이 돼도 아무런 현상이 나타나지를 않고, 또는 이게 좌협으로 이게 기가 이렇게 도는 거 같은 그런 기색도 전혀 없이 단전만 가지고 호흡이 된답니다. 아무 현상이 없는 게 첫째 궁금한 모양입니다.

봉우 선생님: 현상은… 현상이 되느냐? 안 되느냐? 하는 건, 현상은… 현상을 목표로 하고 앉아 호흡하면 대번 보는데, 현상이 되고 안 되는 것이 공부하는 데 잘되고 못 되는 건 아닙니다. 호흡만 길면 됩니다. 현상을 뭐 20초, 30초만 되더래도 뭣을 목표하고, 내가 이 태극(太極)이면 태극을 목표한다든지, 저… 일중(一中)이면 일중을 이렇게 놓고서 가운데 놓고 그린다든지, 그래 놓고 그걸 들여다본다면 그거 외에… 그것이 뵈는 게 아니라 그거 외에 딴 것이 뵈는 건데, 그걸 저 호흡이 길지 않고 현상만 되

는 사람들 이… 여기 이 학인 중에서도 많이 있어요. 뭣… 뭣이 뵌다 뭣이 뵌다 하는데, 그건 공부하는데 원 정로(正路)는 아닙니다.

그러니까 현상을 주장을 마시고, 현상을 하려면 원상(原象) 글자 내놓고선, "수건복곤(首乾腹坤) 천지정위(天地定位) 이감목리(耳坎目離) 일월명광(日月明光)" 하는 거, '수(首)' 하면 머리 수 자 이렇게 써 놓은 걸 하나를 가서 가만~히 앉아 보면 머리가 별 머리가 다 나와요. 그런데 그거 나오면 어쩔 텝니까? 그걸 보느라고 내 호흡이 잘못하면 짧아지는데. 그러니까 그런 거는… 현상은 한참 나간 뒤에, 호흡이 한 1분 된 뒤에 현상하지 말래도 내가 보고 싶은 건 다 봅니다. 이제 그건 걱정 말고 호흡을 길게 하십시오. 첫 번부텀 현상할라고 할 까닭이 없어요. 호흡이 1분 지난 뒤에 현상을 하세요. 그래 첫 번에 하는 이들이 여기도 저 다른 데서 호흡하는 사람들이나 혹 젊은 사람들 20초, 30초 되는데 "현상이 뭐 된다 뭐 된다" 하는데 그건 가짜입니다. 진짜 아닙니다. 염려 말고서 그냥 호흡을 길게 자꾸 하세요.

진행자: 질문이 없으십니까? 별 질문이 없는가 봐요.

봉우 선생님: 묻고 싶은데도 또 내가 또 말할까 뵈 그래서 안 하시는 거야. 하하하하. 그러면 얘기나 하죠.

⟨약 2,000년 동안에… 최고단에 가고,
최고 대우를 받는 거는 송구봉 한 분밖에 없어요⟩

06:30

다른 사람은… 다른 학자님들이나 다른 양반들이 각기 자기가 존중하는 이들이 따로 있으니까 알 수 없습니다. 뭐, 내가 지금 저… 송구봉 선생을 위한다고 "다른 양반도 다 그 양반을 위하십시오" 하는 소리는 아니에요. 그러나 이조 500년, 고려 왕… 저… 고려 약 500년, 1,000년 동안, 뭣이 신라 1,000년 동안 해서 약 2,000년 동안에 조선인 학자로 공부에는… 공부해서 이 우리 이런 이 공부해가지고 나가서, 최고단에 가고 최고 대우를 받는 거는 송구봉[宋龜峰: 송익필(宋翼弼, 1534~1599)] 한 분밖에 없어요. 최고운[崔孤雲: 최치원(崔致遠, 857~?)]이 있다, 누가 있다, 누가 있다 해도 다 그 밑으로 돕니다. 그래가지고 저 송구봉에 지금부터 한 400년 되죠, 선조대왕 때니까. 선조대왕 때 그때 한참 보시다 나중에 인조 때쯤 해서 돌아가셨으니까.

그래 그 자손들은 조선에 좀 남았고, 중국 들어가 많이 살아요. 중국 들어가 한쪽으로들 그 큰아들 패는 그리 가가지고, 저 뭣이 손일선[孫逸仙: 손문(孫文, 1866~1925)]이 장개석(蔣介石,1887~1975)이 장인[287] 노릇하던 송자문(宋子文)[288]이라는 게 여기 저 송구봉, 제 몇째 자손인지는 모릅니다만 거기 자손들입니다. 그래 그 저(중국) 남쪽에 가(서) 살아요, 여(기) 북쪽에 안 있고. 그런데 그 숫자가 꽤 많이 있어요, 그 사람들이.

그런데 이 조선서는 그 양반이 사시는 데는 저 파주고 산소는 당진입니다. 당진인데 당진이 자기 자손들이 가서 그 산소를 보호를 못하고, 그 제자에 향교에 들어가신 양반 김·장·생(金長生), 사계(沙溪)라고 하시는 이 그 양반하고, 그 아드님 김집(金集)[289] 외자(字)지 그는, 그 아드님

---

287) 처남 관계였다. 장인은 송가수(宋嘉澍)였으나, 1918년에 죽었으므로 아들 송자문이 손문과 장개석의 장인 역할을 했다.

288) 송자문(宋子文, 1894~1971) 중국 4대 재벌의 한 사람이며, 국민당·국민정부의 중심 인물이었다. 손문(孫文)의 부인 송경령(宋慶齡)의 동생이며, 장개석(蔣介石)의 부인 송미령(宋美齡)의 오빠이다.

289) 김집(金集, 1574~1656) 조선 중기의 유학자. 본관은 광산. 자는 사강(士剛). 호는 신독재(愼獨齋), 시호는 문경(文敬). 부친 장생(長生)과 첨지중추부사 대건(大乾)의 딸 모

형제분을 가르치셨어요. 가르쳐서서 그 어른한테 공부해가지고 두 분이
다 선비로 향교에 들어가면 최고인데, 향교에 들어갔습니다. 향교에 들
어가서, 그 양반들 자손이 그 저… 구봉 선생님 산소를 당진인데, 산소
도 모시고 집도 지어놓고 여러 가지를 다 해놓고서 이 본성(本姓: 송씨)
들이 가질 않습니다. 거긴 아주 거기서 보호하지.

〈파주에 구봉 선생님 유허비를 세우시기 위해 땅을 구입하신 이야기〉

09:22

그래 저도 그 산소에 가서 해도 좋지만, 사시던 데… 파주에다가 뭐 표
라도 하나 내 해야겠다고. 그 표라도 하는 조건이 뭔고 하니, 우리 1,000
년 동안… 1,000년을… 2,000년이지, 신라하고 고려하고 조선하고 2,000
년 동안에 그 손위에… 손위에 올라갈 학자가 별로 없는데 그런 학자님
을 그냥 한쪽에서 싫어하는 측들이 있어요. 한쪽에서 싫어하는 측들이 있
어가지고선 별소리를 다해가지고 그 양반은 향교에도 못 들어가고 그냥
밑으로 자꾸 돕니다. 도는데, 그건 개인적 편단(偏斷: 편벽된 판단)이고, 그
양반 공부로는 1,000년 2,000년 동안에 그만침 좌우 갈 사람… 그의 손위
에 올라갈 사람이 별로 없어요.

친 창녕 조씨 사이에 서울에서 출생하였으나, 세거지는 충청도 연산(連山)이다. 1581
년 송상현의 문하에서 글을 배웠으나 학통은 가학을 이어받았다. 1591년 진사에 2등
으로 합격하였다. 1610년(광해군2) 헌릉 참봉에 제수되었으나 늘 초야에 묻혀 도를
닦고 부친의 학문을 이어받으려고 노력하였다. 이이 → 김장생 → 김집 → 송시열로
이어지는 기호학파를 형성하는 데 중요한 역할을 하여 이황을 이어받은 영남학파와
더불어 조선 유학계의 쌍벽을 이룰 수 있도록 하였다. 1883년(고종20)에 영의정에
추증되었고, 문묘와 효종묘에 배향되었다. 저서로는《신독재문집(愼獨齋文集)》,《의
례문해속(疑禮問解續)》등이 있다.

그래서 이제 그 어른 기념비를 벌써 할 테지만, 지가 여기서 그걸 생각을 하고, 가서 물어봐… 그 땅 있는 데로 가서 얘기를 해보니까, 땅 가진 사람이 한 평에 100만 원 1,000만원 줘도 안 판대요. 팔지 않는다는데 어떡합니까? 그래서 이걸 걱정을 했는데 바로 그 옆에 있어요. 이렇게 된 터가 이렇게 됐는데, 요기가 가운데 같은데 요기다 헐라니까 안 팔아요. 그 아들은 저 아버지더러 그러더먼. "아니, 많이 달라는 거 아니고 한 20평 비 세울 자리 하나 달라는데 그걸 주면… 조금 비싸게 팔면 고 앞으로 또 사면 되잖아…" "아 이 자식아! 내가 열다섯 해 머슴을 살아가지고 이게 1,500평 산 자리다. 내 기념으로 한 평도 남 못 준다." 딱 그래버리는데 두말할 도리가 없어요.

그랬더니 옆쪽 자리서… 그 바로 옆입니다, 바로 요렇게 된 데 요기서. 그 자리는 그 지(地)터는 다 비슷하죠. 헌데 그 안인데, 그 자리는 가서 보니까 지적… 지적에 1번, 2번 이 번호가 있어야 하는데 번호가 없는 자리예요. 왜 번호가 없느냐? 해방돼가지고 주인을 찾으니까 주인이 안 나와서 그냥 공장(空場: 빈터)으로 놓은 자립니다. 그래가지고 관리인만 있어요, 관리인. 이걸 관리하는 사람만 있는데, 관리하는 사람한테 가서 그 얘기를 했어요.

"당신이 그러면 여기 저… 당신 관리하는데 나 방해하는 게 아니고, 단지 비 하나 이렇게 세울라고 하니까 그거 좀 주면 어떻겠소?" 하니까, 관리한 지가 20년이 훨씬 넘으니까… 해방되니까 오래되지 않습니까? 오래되니까, 이 토지법에 주인이 없는 걸… 소유자 없는 거를 하면… 관리를 몇십 년 했으면 그 사람한테 등기를 내준답니다. 등기를 낼 수가 있다고 해서 지금은 아주 마음 놓고 있는 자리인데 "꼭 쓰실라면 쓰시오." 이러고. 그러니 옆쪽에서는 논이 있다는데 그쪽에선 땅값을 물어보니까, 한 50… 50만 원씩 해요. 50만 원씩 하는데, 그 파주 그 끄트머리인데도 그는 비싸더구먼. 50만 원씩 달라는데도 50만 원에도 잘 안 줄라고 그래요.

그런데 이건 등기가 안 나고 명의가 자기… 자기 명의가 없으니까, 그러고 이 산에서 허시는 거고 선생님 위한다니까, 좀 싸게 드리려니 해서 30만 원씩 해서 20평에다가 600만 원에 샀습니다. 600만 원에 사고, 비… 돈 1,000만 원이나 들이고, 이게 거기 전부 뭐 헐라면 한두 장 들겠어요. 그래가지고 지금 지가 거기 설계를 거 합니다.

그래 여기도 저… 그 자손들이 있는데, 자손더러… 자손들이 안 한 걸 내가 할 까닭이 없는 건데, 그건 그게 아니고 저희가 이 공부하는 공부가 그 어른… 그 선생님 공부나 똑같은 공부입니다. 연원은 그쪽에서 다 나온 겁니다. 그래 그 양반 제자가… 바로 제자라고 해야지 "비우… 비우(非友)요, 시사(是師)"라, 친구가 아니고 내 선생이다. 이렇게 하신 게 율곡 선생님 같은 이도 그랬고, 조남명[曹南冥: 조식(曹植, 1501~1572)] 같은 이도 그랬고, 그 저… 그때 이름으로 이조 500년에 여기서 다 참 이인 소리 듣는 이들인데, 토정 같은 이도 그러고, 다 거기 와서… 조헌[趙憲, 1544~1592,호는 중봉(重峯)]… 조중봉도 그러고, 다 거기 와서 머리 숙였던 자리예요. 아주 만사지(萬事知)라고 다 여러 가지를 다 잘 알던 박엽(朴燁, 1570~1623)이도 그 제자고.

〈이 공부해서 2,000년 동안 중진인데 그 양반(구봉 선생님) 아니면 또 우리가 있습니까?〉

14:54

그래서 그 자리를 사놓고 거기다 제가 비를 지을라고 합니다. 그래 이제 그 어른 행적… 그 어른이 지난번에 하는 것을 대충은 짐작을 해요. 저희 계통이, 그 어른이 저희 12대조가[권철(權轍, 1503~1578)]… 태정태세 문단세덕예성중인명, 명종 때… 선조 때 양대에 우의정, 좌의정, 영의정 해서 30년… 30년 독상(獨相)[290] 했습니다. 그래 같이하기를 동고[東皐: 이준경(李浚慶, 1499~1572)]하고 같이 하셨어요. 그러던 어른인데, 그 어른(송구봉)하고… 역사상에는 내놓지를 않았는데(역사 기록에는 없지만) 가보니까(봉우 선생님이 알아보신 결과), 그 어른하고 접촉이 제일 많으셔. 그 어른하고 제일 많으셔서 조상하고 같이 잘 알으시는(아시는) 처지고, 이제 그다음에 내 11대조가 저… 권율[權慄, 1537~1599] 임진란에 도원수(都元帥)[291] 행주산성 구하신 그 어른인데, 그 어른이 그 어른(송구봉)한테 많이 공부를 하셨습니다. 그 어른한테 공부를 하신 데라 놔서, 임진왜란에 도원수로 오래 계시며 그 제자들이 거기 많이 따랐어요.

그래놔서 그 자손으로 있으며, 자손 아니구래도(아니고라도) 내가 이 공부를 하며… 이 공부해서 2,000년 동안 중진인데 그 양반 아니면 또 우리가 있습니까? 그래서 그 어른은… 돈이 많아서가 아니고 기념비라도 그냥 해놓는다고. 거기 공보… 군(郡) 공보과에 가보니까 거기다가 뭐라고 했는고 하니, '송아무 유지(遺趾)'라고는 적어놨어요. "몇 번지 뭣은 송아무 예전 집터라." 이렇게 놨고, 또 "어디는 송아무 난 데라." 이렇게만 해놨더구먼. 그래 여기서, 그래 이렇게만 하고 다른 이들은 다 당신네들(이) 해주며, 저… 뭣이 이런 데라도 기념비라도 뭐 하나 할 테지 왜 그랬

---

290) 조선시대 정승(政丞)은 영의정(領議政)·좌의정(左議政)·우의정(右議政) 등 세 명이 함께 정사(政事)를 돌봄이 원칙이었으나, 이 세 정승 가운데 한 정승만이 있어 정사를 관장해 나가는 일을 말한다. 이는 나랏일을 한 명에 의해 독단적으로 처리할 수 있게 한다는 의미를 가진 제도라기보다는 정승의 직임(職任) 자체가 매우 중요하여 함부로 임명할 수 없음을 말한 것이다.

291) 고려 이후 내외의 전쟁 때 대개 문신의 최고관을 도원수로 임명, 임시로 군권(軍權)을 주어 군대를 통솔하게 하였다. 또 한 지방의 병권(兵權)을 맡은 장수를 도원수라 하기도 하였다.

소? 하니까, 군(郡)에서 와야 할 텐데 군에서 뭐하면 반대하는 파들이 나온답니다. 예전 양반에도 패가들 있으니까, 그 양반 반대하는 패에서는 안 된다고 한대요. 그래서 그래 못하고 돈을 못 거둬 그런다고. "그러면 내가 할 테니 걱정 말어" 하고서, 거기서 그래서 군에서도 알고.

〈구봉 선생님의 내력〉

18:00

그런데 그 양반은 자기 소생(所生)은… 나기는, 그저 여기서 그 헐뜯는 사람은 종의 자식 종의 자식 그럽니다만은, 그 어머니가 예전 정승 지내던 안씨의 안당(安瑭, 1460~1521)이라고 있어요. 안당 안정승이 정승 노릇… 안정승 아버지가 그도 저 일품했었죠. 일품했던 이인데, 그가 자기 사촌의 집엔가 갔었어. 그러니까 아들이 정승… 정승감이나 가지고 있고 하니까, 아들도 있고 다 뭣하는 이인데, 사촌의 집인가… 그 집에 가서, 주인이 없으니까 그 집의 종을… 색시 종이 있던가 보죠. 종을 관계했던 모양이여. 정승 아버지가 말이지. 그래서 거기서 애를 배니까, 자기 사촌이… 종으로 둘 수가 있습니까? 자기 사촌형님이 와서 장난을 해가지고 어린애를 배 놨으니 종으로 둘 수 없어서 종을 뭣을 하고… 찾게(양민이 되게) 하고서는 그냥 갔다 내다가… 거기다 이제 저… 촌에다 두고선 거기 와서 살다가 거기서 애기를 낳았어요. 그러니까 정승의 누인데, 그러니 송구봉 아버지가 송사련(宋祀連, 1496~1575)이라고 그 양반이, 옥관자(玉貫子) 붙이는 요새 지금 예장(禮長)이라고 하죠? 예장. 흔히 촌에서 예장 무슨 무슨 무슨 예장, 무슨 예장 하는 게 벼슬 실직(實職)은 아니고 참의(參議)입니다. 참의로 옥관자 붙여서 영감소리 듣는 거예요. 그걸로 돌아댕겼어. 양반은 양반이래도 그냥 돌아댕기다가.

보니까 그 지나가는데 저기 저 집이 저게 누구 그 조… 안당, 안정승의 누이가 사는 덴데, 그 안당 안정승이… 안정승의 누이가 아니고 뭐지… 딸이지 딸인데, 그 뭣이가 있다… 딸이 아냐, 누이여 누이. 자기(안당의) 서모가 거기 있는데… 색시가(안당의 누이) 있는데 거기서 괄시를 받고 있다고 하니까, 아 이 양반이 가만히 생각해보니까 정승의 누이니까 장가를 들면 설마 남매간인데 벼슬 하나라도 더 할까 봬 그랬는지도 모르지. 들어갔어, 들어가서 그냥 말을 해서 혼인하자고 해가지고 장가를 들었어요, 그 딸을. 혼자 사는 과부 딸이지. (과부는) 정승의 그러니 서모지 말하자면, 그래가지고 거기서 낳았는데, 낳은 게 송구봉이여.

송구봉을 낳아놓으니까 누구한테 배웠다는 데가 없습니다, 그 양반. 누구한테 배웠다는 데는 없고, 500년 1,000년 고려까정 백제까정 해서 저 신라까정 2,000년 동안에 그 이상 가는 이가 없을 만침 공부를 했어요. 공부를 해가지고, 여기 저 이 공부계에서는 중국이고 조선이고 그때 그 계에는 꼭대기입니다. 최고예요. 그래 거기 여기도 조선서도 제자가 저… 서울 율곡 같은 이가 있으시고, 조남명 같은 이가 계시고. 그래 거기서 나온 게… 그 밑으로들 나온 것이, 뭣이 저 이토정[李土亭: 이지함(李之菡), 1517~1578]… 토정도 그 제자고 여러분이 나왔죠. 여러분이 나와서 남명은 그한테 배워가지고 누구한테 그 제자가… 누구여 저기 저 이… 곽재우[郭再祐, 1552~1617], 김덕령[金德齡, 1567~1596]이, 저기선 저 정… 정기룡[鄭起龍, 1562~1622]이… 여러분입니다, 그 제자들이. 그래가지고 임진란에 여러분이 이렇게 다 전공을 세운 이들이지.

〈송구봉이 충무공에게 거북선 가르쳐준 이야기〉

그리고 송구봉이 충무공 이순신 그 양반을 거북선을… 거북선 그걸 알
으켜(가르쳐)주었어요. 거북선 알으켜준 거는 어떻게 알으켜줬는고 하니
충무공이 뱀반(?) 이… 예장으로 그저 그저 뭣해가지고선 이선달로 여기
와서 글을 가르치는데, 애들 글을 가르쳤던가 봐요. 애들 글을 가르치고
있는데… 목소리가 쩌렁쩌렁 하고 가르치는데, 율곡이 그 가르치는 근처
를 이렇게 저… 초헌(軺軒)292)을 타고 지나가면서 듣다보니까 웬 그 목
청이 쩌렁쩌렁하니까… 가르치거든, 그러니 하인 불러서 거기 누군가 물
어봐라 하니까, 뱀반(?) 이… 이선달이 거기 올러와서 가르친다고 하니
까, 댕겨… 댕겨 내려오다가 그 양반을 데리고 왔어요. 데리고 와서 보니
까, 선달(先達)293)이면 뭐 그 여지없는 무과(武科) 처음한 사람이지… 아
무것도 아니고 별걸 못했는데, 율곡이 보시니 장차 쓸만하니까, "너… 자
네 거기서 그러지 말고, 선생님한테 좀 댕기게." 그래가지고 송구봉한테
댕겼습니다 송구봉한테 댕겨가지고 거북선을 그 양반이 맨들어주었습니
다, 거북선을.

그런데 한번 그 선생님을 찾아가는데… 충무공 이순신 그 양반이 찾아
가셨는데, 한번은 찾아가서 방안을 들어가보니까 안에서 안 나오셔. 안
나오시는데 보니까, 거북선 맨드는 그 모양이 전부 죽 해놓은 건데 다 맨
든 게 아니여. 거북을 뭘 맨들어놓고, 뭘 하고, 칼도 있고, 뭣도 있고 다 이
렇게 했는데… 다 맨들어놓은 게 아닌데, 나오지를 않으시니까. 선생님이

---

292) 종이품 이상의 벼슬아치가 타던 외바퀴 수레.

293) 문무과에 급제하고 아직 벼슬하지 아니한 사람. 조선 중기 이후에는 주로 무과에 급제
하고 벼슬을 받지 못한 사람만을 가리켰다.

나오지 않으시니까, 이걸 혼자 당신 의사대로 그 양반도 공부를 했으니까 당신 의사대로 여기도 찔러보고 저기도 찔러보고 허다가 구녁(구멍)을 갖다 내놓은 것이 한 대여섯 구녁 뚫었어요.

거북 구녁을 뚫은 것이 대여섯 구녁 뚫었는데… 아 갖다 내놓으니까, 아 이게 뭐 돌아 댕기는데… 방바닥에다 났더니 돌아댕기는데, "쐑쐑쐑쐑" 하면서 돌아댕긴단 말이야. 한참 돌아댕기는 틈에 문을 여는데 구봉 선생이 내려오셔. 그 미안하지, 어른 찾아왔다가 어른이 맨든 것을 가서 그렇게 저… 구녁을 뚫어가지고선 돌아댕기니까 미안할 텐데, 첫소리가

〈**"자네 뚫었던 거 두 구녁만 더 뚫으면 되네. 그것만 해도 넉넉히 일본놈 들어오는 건 해낼 만하네"**〉

25:33

"자네 구녁 몇 구녁 뚫었나?" 이걸 물어요. 그러니까 몇 구녁,

"네 구녁인가 다섯 구녁인가 이렇게 뚫었습니다" 하니까

"음… 좀 더해야겠네, 공부 조금 더 하게."

그 당신 생각으론 저… 충무공 생각으론 당신도 공부를 많이 했으니까 거기다 그 구녁만 뚫어 놓으면 잘 댕기게 했으니까 무던한데, '공부를 좀 더해야겠네' 하니까,

"그럼 지가 그걸 모자라서 덜 뚫었습니까?" 하니까 "그러면 명나라 적에 아무는…" 명나라 그때 거기 뭣하던 이가 누군가 제갈량 노릇하던 사람이지, "아무는 몇 개나 뚫겠습니까?"

"댓개 뚫을 테지." 그는 자기보다 한 구녁 더 뚫어. 그러니까 이제 그러면 저 누굽니까? 당나라… "당나라 아무는 얼마나 뚫겠습니까?" 차례~로

물어 올라가.

"이정(李靖, 당나라 명장)이는 얼마나 뚫겠습니까?"

"여섯 개, 이정이는 여섯 개밖에 못 뚫네."

"그럼 제갈량이는 얼마나 뚫겠습니까?"

"여덟 구녁은 뚫지."

그 장량(張良, 한고조 유방의 공신)이한테 물으니까 몇 개 몇 개 이렇게 올라가는데, 누구는 얼마나 뚫겠습니까? 저 누굽니까 강태공이, "강태공이는 얼마나 뚫겠습니까?" 하니 웃으면서

"강태공이는 28수(數)는 뚫네. 스무여덟 구녁은 뚫네."

"그럼 본 구녁은 몇 구녁입니까?" 하니까

"여든한 구녁이여.294) 여든한 구녁 다 뚫는 사람이 그 사람이 본 원인(만든 사람?)인데, 자네가 써먹는 데는 그렇게 많이 안 뚫어도 써먹네."

"몇 구녁이나…"

"자네 뚫었던 거 두 구녁만 더 뚫으면 되네. 그것만 해도 넉넉히 일본놈 들어오는 건 해낼 만하네."

그게 아주 말이 전해내려 옵니다. 그래가지고선 두 구녁 더 뚫어가지고 한… 맨든 것이… 거북선이 송구봉이 맨들어서 아주 그 표시까지 해준 거예요.

⟨자신의 조상이 거북선을 만들었다고 사칭한 경상도 사람⟩

28:00

그런데 지금 경상도서 어떤 사람이 자기 조상이 거북선을 맨들어서 저

---

294) 마흔여덟을 여든하나로 잘못 말씀하신 듯함. 아래에는 마흔여덟로 나옴.

누구한테 쳤다고 그럽니다. 충무공한테 쳤는데, 그 도식이 자기 집에도 있다고. 그래 물어봤어요. 그 자손들이 있고 그 경상도 사람들이 우겨대길래,

"이거는 송구봉이 맹들어준 건데, 그래가지고 뚫은 것이 그 양반이 자처한 건 구녁 두 구녁 더 뚫어주는 그것밖에 안 되는데 여섯 구녁 뚫은 것이 그것밖에 안 되는데 누가 뭘했다고 하느냐?"니까,

"아, 도식(圖式)이 있다고."

"당신… 당신 조상이 뭣을 했소?" 이걸 물으니까 뭣이 저 이… 충무공 휘하… 휘하 그러니까 무슨 뭐 한 지금 같으면 중대장이나 소대장이나 뭘 맡았던가 봐요. "그거야 그 밑에서 10년이나 8년이나 따라다니면… 따라 댕겼으면 그 양반 한 도식 봤으니까 그 도식을 보고선 그린 거지, 자기가 맹들었어? 말이 안 된다. 거짓말하면 안 된다" 하니까,

"아, 우리 조상이 했다"고 (그래요)

"그러거든 조상이 했거든 그대로 맹들어서 그 도식가지고 한번… 지금 충무공 배가 하나도 없으니까… 거북선이 없으니까, 거북선을 맹들어 한번 놔봐라. 놔서 잘 가나 안 가나 맹들어보면 알 거 아니냐? 만약 그걸 못 맹들고 맹들어놨는데도 (안)움직였다면 거짓말밖에 안 된다."

그래 여럿 있는 데서 그랬어요, 여럿 있는 데서 그 저… 거기 저 그 해군 뭣이들 한 그 양반들도 그득한 데서 만약 거짓말 하면 안 된다고,

"그 양반 부하로 있었으니까 보고선 그 있던 모양을 그대로 그렸을망정 시작했다는 건 송구봉이 한 거지, 누가 딴사람이 했다는 건 거짓말이여. 거짓말해서 남의 공로를 도둑질하는 건 도적이다." 막했어요.

"그 왜 그렇게 야단을 하느냐?"고 그래.

"아, 난 구봉 선생님을 믿는다. 당신네 하는 건 거짓말로 하니까 내 허는 소리다."

그러니까 그때 그게 48, 마흔여덟 구녁이 있다는 걸 저 누구도… 강태공이가 28밖에 못 뚫었으니까, 강태공이보담 좀 낫길래 그렇죠. 고걸 다 알으니까. 그래 그 양반의 제자라고… 친구지, 제자라고는 아니지마는 조남명이나, 누구나, 누구나 하는 이들 다 조선 500년에 고단자입니다, 고단자들. 그 저 율곡은 그 양반한테 친구처럼 대우를 한쪽에서는 하지만, "시사(是師)요, 비우(非又)여." 그런 이는 선생이지 내 친구가 아니다. 율곡 같은 양반도 그랬습니다. 그러던 양반인데, 단지 그게 구봉 아버님이 그 안씨네 안정승 집에서 종놈 대접을 할라고 막 하니까 그게 화가 나가지고선, 그 아버지가 안정승 집을 그 뭐라고 해야 좋을까? 싹 격자(?) 쳤어요. 격자 친 게, 파주인가 그쪽에 강… 강둑배기 하느라고 인부 모아서… 이집 저집에서 죽 모아가지고 인부, 인부 모아서 강둑에 있는 인부 모으고서 여러 집들이 뫼여서 이렇게 했는데, 안씨네 집도 거기 있었던가 보죠. 그래놨는데, 그 인부 명록(名錄)을 갖다 해놓고선 이걸 역적모의 한다고 그래놨어. 그 처남(안정승)한테 갔는데 종놈 대접을 하니까 얼마나 화가 났겠습니까? 그래가지고 거기 들어갔어요. 그래가지고선 그 안씨네 집뿐 아니라, 거기서 거기 거 같이 댕기던 이들이 많이 당했죠. 많이 당했어요. 그러니까 (훗날에)구봉 아버지도 당했지, 그냥 있겠어요? 그건 자기들 혐의고… 혐의고. 구봉만침은 아무렇든지 자기 아버지가 누구든지 인제 저희 어머니가 누구든지 할 것 없이, 이 2,000년 새에 조선서는 최고 인물이다 이렇게 봐요. 그 이상 가는 이가 나오질 않으니까.

〈우리 (공부)계통은 구봉 선생님 계통이다〉

33:15

그래서 그가 이… 글 짓다 그랬습니다. "도위금일용(道違今日用)"인데,

도가 오늘날에 쓸 때는 내가… 내가 배운 것이 틀렸어, 그때… 임진란 그 때. "명허후인지(名許後人知)"라. 이름은 후인… 뒷사람이나 알게 한다고 이렇게 해서 내놓고 돌아가셨어요. 돌아가셨는데, 그 어른이 영남사람들은 좋아 안 해요. 영남사람들은 좋아 안 하는 것이, 안씨가 예전 말로 남쪽… 남인축이거든, 그러니까 그쪽 그 남인축들이 지금까정도 안 좋은 소리 자꾸 합니다. 안 좋은 소리 자꾸 하는데, 나는 거기 있는 사람들이 나더러 뭐라 하는 게,

(봉우 선생님왈) "당신들은 양반이니까… 지금도 양반이니까 동서남북[붕당(朋黨)을 의미]을 찾지만, 나는 나라 망한 뒤에 망국민(亡國民)이여. 나라 좀 찾아볼까 하는 사람이지, 나는 동서남북이네 아무것도 아니다. 무슨 뭐하고, 뭣에 붙어가지고 조상 팔아먹을라고 하는 사람 나는 아니다."

그래 그 사람들 만나면, 만나는 대로 내가 얘기를 합니다. 하는데, 그래 그 어른이 하던 것이 공부 방문(方門)이 어디에 있냐? 뭐가 있냐? 하는데 그 계통으로 내려오는 것이… 우리 계통이 내가 지금 저기서 뭣하는 것도… 일송(一松) 선생 그 양반을 첫 번 만나가지고 한 것도, 일송 선생도 그 계통으로 몇 대입니다. 그 계통으로 몇 대 제자기 때문에, 내가 그 양반을 반대할 도리가 없어요.

〈송구봉 안광에 놀란 선조대왕〉

35:10

그런데 그 양반을 효… 이퇴계가… 이퇴계가 아니라 누구 저 이… 율곡, 율곡이 돌아가실 적에 선조대왕께 "멀지 않아서… 멀지 않아서 왜란이 나기가 쉽습니다. 임진왜란… 왜란이 나기 쉬운데, 만약 왜란이 나거

든 아무… 송구봉 시키면 한 달이면… 그 사람 병부(兵符: 병권) 맡기면은 한 달이면 평정합니다. 도원수를 못 시키면 훈련대장을 시키더래도 하나만 시키면 조금 더 걸리겠죠." 아, 그래서 그렇게 했는데, 임진왜란이 나니까 선조대왕께서 송구봉을 부르셨어요. 송구봉을 부르셨는데 파주니까 바로 아닙니까. 불러다놓고서,

"내가 율곡, 이아무가 돌아가면서 나한테 상소하기를… 얘기하기를, 임진왜란이 나거든 그대를 불러서 맡기라고 했는데, 맡겠나?" 하니까,

"황송하옵지 나라일인데 맡기시면 맡지 안 맡을 수가 있습니까?" 그러니까

"그런데 단지 한 가지가, 자네가 눈을 딱 감고 영 눈을 안 뜨니… 눈을 안 뜨니 왜 안 뜨나?" 하니까

"소신, 소신의 안광이 조금 셉니다. 그래놔서 혹 전하께서 제 눈뜨는 데 전광(電光)에 혹 좀 놀라실까 뵈 그래서 안 뜹니다" 하니까

"아니 사람의 눈에… 눈 좀 뜨는걸 보고서 놀랠… 나도 그 정도는 아닐세. 떠보게 괜찮아."

하니 딱 떴단 말이야. 딱 뜨는데 그러면서 번갯불 갖다 대듯이 눈에서 확 들어온단 말이야. "확!" 하고 튀니까, 겁이 나서 뒤로 들어가 버리고서 말도 안 하시고 들어가셨어요. 그래서도 그냥 퇴조(退朝) 나오셔서… 나오셔서 그냥, 임진란은 내 선조(권율 장군)가 맡아서 8년을… 그 한 달이면 할 텐데 8년을 맡았어요. 거기서 율곡이 말하기를 그가 못하면 누구, 그 다음부텀은 누구, 차례로 한 데가 있어요. 그런데 하필 내 11대조한테 맡겨서 8년 동안을 욕을 봤습니다.

〈송구봉의 제자 양성기: 사계 김장생, 10년 만에 겨우 사람꼴이 되다〉

그런데 그 어른이 하시던 것이… 그 계통이 우리가 하는 이겁니다. 그러니까 왜 저 사계가… 사계가 그 양반한테 공부하고, 그 아드님… 사계 아들 신독재(愼獨齋: 김집)가 그 양반한테 공부해서 향교엘 들어갔느냐? 향교에 들어갔다고 그 선생님을 위해가지고 그렇게 조상 위하듯이 그렇게 아주 위해가지고 ○○○ 그렇게 하고 산소를 모시고 있느냐? 그럴 수밖에 없어요. 사계가 황강[黃岡: 김계휘(金繼輝, 1526~1582)]… 황강 김정승의 아드님인데, 아마 조금 둔하셨던가 봐요. 그러니까 그 아들한테… 아들을 송구봉한테다 맡기고,

"사람 좀 만들어주게" 하니까,

"아주 나한테 맡겨야 되네." 두 분은 벗을 하고 지내, 정승하고는. "맡겨야 되네" 하니까,

"아, 맡기지, 내가 자네한테 맡기지 안 맡길 리가 있나?" 하니까 10년을 배웠습니다 10년. 10년 배우는데 그 아버지한테 편지를 해놓기는 뭐라고 하신지 아십니까? "당신 아들을 보내니… 자네 아들을 보내서, 내가 10년을 공부 시켰어. 10년 독서에 근구인형(僅具人形)이여. 10년 독서를 시키니까 겨우 사람, 인형은(사람꼴은) 맨들어놨네." 이래놔서 보냈어요.

40:08

그래 내가 공주 사니까 그 근처 양반들을 많이 만납니다. 그 뭐라고 하면 내 그럽니다. "자네 김장생이… 김장생(의 부친 황강 김계휘)한테 구봉이 편지한 거 아나?" 내 자꾸 그런단 말이에요. "양반 자랑하지 말고 그것 좀 알게. 구봉이 사람 맨들어놓은 거 아닌가?" 내가 자꾸 그런 소리를 하면, 저놈 욕할라고 그런다고 여… 입을 못 떼게 하고 자랑을 합니다. 양반 자랑 나한테 안 합니다.

'10년 독서에 근구인형'이란 건, 사람이 그동안 못되었으니까 공부를 10년 당신이 시켜놓으니까 사계가 되었다는 거지. 그 아들도 거기 와서 배워서 사람이 됐고. 이제 그만침 유학(儒學)이나 도학(道學)에 그러고, 거기 제자라는 게 조남명, 저… 서고청, 토정 뭐 그때 누구 누구하는 이들이 몽창 그 제자입니다. 그 제자라, 지금 나 사는데 바로 고 위가 고게, 갑사… 계룡산 인제 갑사 뒤인데. 고가(거기가) 내가 사는데, 고기가 그 양반 공부하셨던 자리예요. 수정봉이라고. 그래 거기 와서들 만나서 한번씩 만나보고 만나보고 가던 자리인데, 지금도 연정원 친구들이 거길 가서 공부한다고 하는데, 내가 부탁을 합니다. "부디 그 양반 앉아서 공부하던 자리는 피해라." 왜 피하느냐?

그게 이제 요새 과학으론 말 안 되는 소리지. 이 양반 앉았던 자리는 지킵니다. 이 양반 앉았던 자리는 지켜가지고, 딴 사람이 거기 와서 앉으면 자꾸 자꾸 이렇게 해서 귀찮게 해가지고 공부 못 합니다. 그러니까 고 밑에 가 해라. 수정봉이 좋은데 고 밑에 가 하는 게 좋다. 그래도 내 말이 거짓말인줄 알고 거길 올라갔던 사람은 공부하다 내려가고 내려가고 자꾸 그럽니다.

그런데 이것이 그 양반이 책에는 써놓은 게 없습니다. 책에는 이 공부 전체를 써놓은 게 없는데, 제자 제자 제자로는 계속 나오는데, 내… 내가 지금 위한… 위하는 내 선생이라고 하는 이가 일송이라고 하는 양반이 이제, 그 양반도 이 양반 계통입니다. 그 송구봉 계통으로 몇 대 제자여. 그래 그 제자로, 그 제자의 제자들은 지금 남쪽에서 있는데, 누구… 선생이 누군지도 몰라요. 일송 제잔줄로만 알지.

그래 여러분들도 어떻든지, 저 송구봉이 우리 공부하는 절차를… 절차에 2,000년 동안은 제일 꼭대기가 됩니다. 이렇게만 아시면… 그렇게 알고 허면 돼요. 허면 되는 거지, 그 양반도 그저 자기 어머니가 저 뭣인데,

막말로 종의 아들 소리를 듣지 않아요? 뭐 공부했겠습니까? 그렇게 헌, 그런 속에서 나왔고, 자기 아버지는 송사련 그 양반은 건달로 돌아다니던 양반이고 헌데도 부모가 다 그렇게 뭐 나올 자리가 없는 자리도 정승의 씨라 그런가? 좋은 양반이 나왔어.

그래 지금 여러분들도 공부하면… 공부해서 성공하면 뭐이 못 되겠습니까? 그러니 그때도 뭣이 저 임진왜란 적에도 송구봉 말씀 듣고, 율곡… 율곡이 부탁하던 말 듣고선 송구봉을 갖다 마냥 맡겼으면, 한 달 만에 평정했을는지 알 수 없죠.

〈**"조선도 이런 사람들 있다는 걸 알아라."**
– 구봉 선생님께 혼쭐이 난 이여송〉

44:35

이여송(李如松) 295)이가 여기 와서 저 명나라 구원병 대장으로 와가지고… 와보니까 정부에는 아무것도 없단 말이여. 신하들 뭐 있는데 깔뵌단 말이여. 다 깔뵈니까, 그냥 그대로 해서 안… 그대로 일본놈 칭… 칭병(稱病: 병을 칭함) 하고서 그냥 들어앉아서 조선 왕이나 되어볼라고, 핀들핀들296)하고 장난만하고 그러고 있었어. 그러고 있으니까 송구봉이 그놈이 괘씸하던 말이여. 괘씸하니까 그를 한번 혼을 내줬어.

여기 바로 여기 저 여 뭣입니까? 벽제(碧蹄: 경기도 고양시) 거가 인제 진터(陣터: 진지로 삼은 곳)니까 그 사람들. 그런데 거기 진터인데 송구봉

---

295) 이여송(李如松, 1549~1598), 중국 명(明)의 장수로서 임진왜란 당시 명의 2차 원병(援兵)을 이끌고 참전하였다.
296) 게으름을 피우며 부끄러운 줄 모르고 뻔뻔스럽게 놀기만 하는 모양.

은 고 너머 뭣입니까? 이 파주군 거기에 계시니까, 거기서 거기란 말이야. 이 양반이 소를 타고… 늘 소를 타고 댕겨요. 소를 타고선 그 이여송이 진(陣) 앞으로 뭐를 싣고서 자꾸 이렇게 가니까, 아 진 앞으로… 지금도 그렇지 군대 앞으로 뭐 지나가면 좋아하겠습니까? 내려서 가라고 뭐라고 하니까, 뭘? 아무 소리를 하거나 그냥 타고서 자꾸 간단 말이야. 쫓아가니까 거기다 실었던 걸 뭣을 갖다 이래 뚝 갖다 떨어뜨리는데 행낭이 두 개여. 두 개니까 이게 무슨 뭐 돈이나 실은 줄 알고선, 아 이놈을 가서 내놓고 펴보니까 땡끼(땅벌), 땡끼를 가서 큰 상자 둘에다 갖다 잔뜩 들어놓은 걸 내려놓으니까, 군대가 안 쐰 놈 없이 다 쐬었지 뭐. 별 수 있나 저희도. 땡끼를 잡아다 거기다 넣어서 그래놨으니까.

아, 그런데 그 이튿날 그 앞을 또 지나요. 그 이튿날 그 앞을 또 지나니까, 얼마나 분했던지 오면 그냥 없앨라고 야단을 하는 판인데, 쫓으니까 뭘 가서 툭 떨어뜨려. 툭 떨어뜨리고선 그냥 (소 타고) 내빼는데… 말로 그냥 내빼는… 쫓아가지 못하게 됐는데, 명나라 군사들이 이여송이 부하들이지… 군사들이, '아 어제는 속았지만 오늘은 또 속을 줄 아냐'고 그냥 갖다놓고는 죽 돌아있어서 불을 푹 질렀어. 화약이야, 푹 지르는데 화약이니 얼마나 상했겠습니까? 화약을 이걸 상해놓으니까 그냥 푹석해서 수백 명이 상했어요. 아, 그러니까 이여송이가 천리마를 타고서 쫓았어. 소 타고 가는 사람 천리마 타고 가면 잠깐 잡을 거 아니에요? 저만치 보이는데 천리마를 가지고 뛰는데 늘 고만… 고만침밖에 못 따라가, 따라가는 게.

그러더니 자기집이 삼남리… 삼남리 파주군 뭣인가, 거기 삼남리라는 내가 지금 땅 산 데 그짝 편짝으로. 그리 들어가는데 소 타고 가는 것이 천리마 따라가는 고 앞만침 늘 고렇게… 이렇게 같이 가. 천리마면 소를 당장 가서 잡을 줄 알았는데 조금도 더 못 가고 고대로밖에 못 가니까, 이

여송이도 생각이 있었겠지. '내가 잘못하면 안 되겠다'고… 거기서 내리니까,

48:16

"이거 저 중국의… 대국의 명장을 이렇게 청하라면… 오라면 오지 않을 테니까 내가 청한 것인데, 자식들이 셋이 다 불초해. 자식들이 불초해서 공부하라면 공부 안 하고 만날(매일) 장난만 하는데 그거 내 손으로 없앨 수는 없으니 장군이 대신 좀 없애 주었으면 좋겠소."

"아 자식을…"

"아, 그 그것이 무슨 짓을 할 줄 압니까? 앞에 나가서 무슨 짓을 해서 조상에 망신시킬지 모르니까 없애주었으면 감사하겠습니다" 하니까,

"아, 그거야 문제없다"고 보검이니까… 보검 들고 뒷방을 뒤를 쫓아갔어. 그 공부하고 앉아 있는 뒤… 뒷방에 있는… 저만침 가서 있는 자리인데, 애들 셋이 삼형제인데… 아들 삼형제지, 애들 셋이 떡 오더니,

"아 당장(唐將: 중국의 장수, 여기서 당은 중국을 상징한다) 이여송이 오나?" 그 참 당장 화가 날 일이지.

"너희 네 애비가 이러고 이러고 해서 너흴 다 없앨라고."

"응, 그래 이리와 봐." 서산(書算)대297) 가지고 가격천안(?)에 문장○여. 쪼그만 게 나오고 이렇게 나오는데, 서산대 이 기다란 거 그놈 가지고 하는데… 보검을 가지고 해서 보검이 때리면 끊어져야 할 텐데, 뭐 휘딱 비껴나고. 가서 때리는 걸 많이도 안 때리고 볼때기 가서 톡톡~ 치고서,

"야, 좀 배워가지고 오게, 배워가지고 오게."

그거 야단이지, 그 큰 망신하지 않아요? 그래가지고 당하다 당하다 땀

---

297) 책을 읽을 때에, 글줄이나 글자를 짚기도 하고 서산을 눌러두기도 하는 가는 막대기. [비슷한 말] 책대.

이 쭉 나니까 나오는 길이여.

(삼형제 왈) "여기서는 명나라에서 구원병으로 왔던 걸… 대장을 우리 손으로 없앤다면, 그러면 우리가 죄가 돼. 알지는 못하고 죄 받을 테니까, 잘 들어가. 조선도 이런 사람들 있다는 걸 알아라."

그래서 구봉한테 오니까,

"참 대단히 죄송하다고, 대장의… 대장의 힘을 빌렸더니, 아 그놈들이 참 대항을 해서…" 하니까,

"아니, 다 알았다"고, "아 그 내래 바로 들어갈 테니 걱정 말라고."

그러고 바로 들어갔습니다. 그게 여기 야사에 다 있는 소리여. 다 있는 소리여. 그러면 이여송이 같이 중국서 나온 명장으로 칼 잘 쓰는 사람인데, 애들 서산대에 당했으니 그만하면 그 아들들도 얼마나 가르친지 알죠. 그래가지고 그 아들이 큰아들, 둘째아들, 여긴 하나 뒀을 거예요 그래도. 여기 송서방네는 그 자손에 어떤 자손이 남았을 테고, 둘은 중국으로 들어갔어요. 중국 들어가서 송자문이도 그 자손이라고, 송자문이가 손일선이 장인 저… 하난 뭣이 저 장개석이… 송미령이 송경령이 형제가 그 전부 이… 이… 이쪽 송구봉 자손들이지.

〈전생을 찾아 중국 산동성에 가셨던 이야기〉

51:35

근데, 그래 지금 지가 그 어른 계통으로 있으면서… 계통으로 있으며 그 어른을 가서 내가 낯을 뵙습니까? 뭘 뵀습니까? 아무것도 안 뵈고, 그 어른 책이나 문집이나 봤지 다른 건 안 봤어요. 허는데… 헌데, 요번에 준비… 준비는 다 됐습니다. 저 파주 갔다가 땅까정 사놓고, 비까지 맽겨

놓고, 글자만 새기면 이제 갖다 세울 텐데, 그래도 죽기 전에 선생님 계통 여기 살으셨다는 소리라도 오고 가야지, 그래서 나도 90이 넘으니까 이제 갈 날이 머지 않아서 그런 짓을 합니다.

그래 여기서 지금 조선서 어떤 선생, 어떤 선생해야 선생에 전부가 지금 이렇게 쭉 뻗어서 광채 이렇게 내리비치는 선생은 그 선생이 최고여. 그 전에 예전에 2,000년 전에 누군지 모르겠습니다. 거진(거의) 2,000년 뒤는 그 이상 가는 이가 하나도 없습니다. 그래서 저도 이제 그 여기 누구 누구 하는 이들이 전부 손아래들이죠. 중국 들어가서 보면 저희들 신선 차례들 뭐 치는데는 백두산 백두산 하는 것이 그 어른 누구 누구 해서 셋 밖에 없어요. 그러고 중국서 누구라고 하는 이, 다 그 밑이라고 다 그럽니다. 지금 중국 가 있는 이가⋯ 중국서는 700년에 ○○ 그, 그 지가 본 게 왕진인(王眞人)을 봤으니까 왕진인이라고 해야지 별수 없죠. 왕진인이라고 하는 이가 홀필열(忽必烈: 칭기즈칸의 손자 쿠빌라이 칸)이가 송나라를 먹고 거길 들어올 적에⋯ 천자 노릇⋯ 천자 노릇 하러 들어올 적에, 왕진인이 그때 살았다고 그래요, 말들이. 그러는데, 그건 송장이지 벌써 죽었다고 하는 이는 가보라고 자꾸 하는데, 나부산(羅浮山: 중국 광동성과 사천성에 있음)을 갔다가 그를 만났습니다.

나부산을 갔는데, 그게 내가 공부 해가지고 잘했는지 못했는지 첫 번이니까 압니까? 내가 저기 중국 산동성 어디다 이러니까 거길 찾아가봤어요. 찾아가 보니까 첫 번에 말이 안 되지. 그 집을 가서, "나는 조선사람인데⋯ 고려사람인데, 여기 공부하다가 이 근처가 우리 나 살던 집이라고 그래서 내가 찾아왔다"니까, 나더러 미쳤다고 그래요. 나더러 미쳤다고.

그러는데 그 위에 있는 놈이 문 안 열어줘. 수문(守門)⋯ 수문하는 사람이. 그래 그걸 그냥 일부러 거기까지 간 놈이 수문하는 녀석이 못 들어 간다고⋯ 암말도 안 할 리가 있어요? 대문 문치를 대문을 가서 발길로 차고, 주먹으로 두드리고, 자꾸 두드리니까… 소리가 나니까, 위에서 나오고… 누가 나오고 몇이 나왔지. 나왔는데, 그 물어요. 웬 옷을 잘 입은 자가 이까지 무슨 장(莊)하면 장이라는 게 같은 한 성벽이여, 이렇게 해서 담을 널찍이 싸서 수백 호 살면서 예전의 무슨 문(門)처럼 이렇게 해놓고 그 위에서 문이 이렇게 넷이나 있습니다. 여기서 내려다보면서 어떤 나이 먹은 사람이 묻는데,

55:40

"귀성시마?(貴姓是摩: 당신 성이 무엇이요?)"이러고 묻더구먼. 그 보니까 문지기가 아니여. "귀성시마야?"하길래

"워싱쳰[아성권(我姓權)]"내성은 권가다 하니까,

"쳰노야! 쳰노야![권(權)노야(老爺: 중국에서의 남자 존칭)]"하더니, 아 그만 쫓아오더니 문을 열어요. 그러니 이게 내가 무슨 까닭인데 저 사람들이 권가라고 하니까 저렇게 여나 따라가 들어가봤습니다. 들어가보니까 그놈의 집이 한… 한 동네 큰 동네여. 한… 그 사람들만 사는 데가. 거길 가서 내가 공부하다가… 공부하다가 다른 게 아니다, 호흡했다. 호흡을 이렇게 이렇게 하다가 본 것이 차차차차 내려간 것이 내가 나온 자리가 어디냐 이걸 보니까, 내 전생이라는 게 여기 이 집이여. 내가 전생이 이 집이라 났서, 그래서 내가 여길 찾아온 건데, 내가 찾아와보니 내가 어학이 통하느냐? 겨우 말하는 거 몇 마디밖에 나 못 한다. 그러니 통하느냐? 아, 자세한 말은 못하거든 필담을 하자, 붓으로 쓰자. 그래 붓으로 씁니다. 붓으로 쓰니까, 그 제일 늙은이가 그래요. 공부를 했으면 우리 집에서… 우리 집이 당신의 전생에 있던 집이라고 하면, 우리가 이 집을 가서 소개 않더라도 댕기던 집이니 다 잘 댕길 거 아니냐? 그 당연한 소리죠. 그놈의 집이 크기는 뭐 한량없이 큰집인데 이리저리 사방에 있는 집인데 큰집이에요.

"그러니 당신 있던 데가 어딘가 찾아서 맞추면(맞히면) 사실이고 맞추지 않으면 잘못 본 거요."

"그건 내가 찾을 자신이 있다."

그리고 족~ 족 해서 별… 별장인데 별장 있는 데로 들어가서, 문으로 들어가서 나 있던 방에 열고보니까 말짱하게 그냥 해놨어요. 말짱하게 하나도 뭐 치우지 않고 그냥 둬놓고, 사진 그려서 사진 이렇게 해서 내놨더구면. 내놨는데, 그게 여자지 전생이… 남자가 아니고. 그래 그걸로 하고 그래 바로 다 찾아 들어가니까, 칠십이 넘은 늙은인데 나가자고 그래. 나가자고 하더니 그 자손들 다하면 수십 명이 뫼였어요. 제일 나이 먹은 칠십 팔십 넘은 늙은이… 그 늙은이부텀 절을 하기 시작해. 죽~ 절을 하는데, 암만 전생이라도 저희 그 늙은이한테 저 어머니라누먼. 저 어머니니까… 저 어머니가 왔으니까 절을 안 할 수가 없다는 거야. 그 제자들 다 보고선 거기 있는 그 뭐 있는 거 뭐 있는 거 전부 물어보는데 고대로 다 맞췄어요.

〈중국 나부산에서 왕진인을 만나다〉

그 소리가 나니까 중국서 그 도장(道場: 중국 도교의 사원격인 도관을 말함)에서들, "야, 아무데 아무개네 집에는 전생 본 사람이 아무개가 왔다"는 이런 소리가 안 나겠습니까? 그리 그리 통하지. 그러니까 도장에서들 여기서 오너라, 저기서 오너라 그래가지고 끌려댕겼어 한참. 한참 끌려다니니까 내가 중국말도 못 하는데 붓으로 뭘 끄적거리는 건데 얘기를 대충대충 했어요. 그러더니 어딜 갔는데 몇 군데를 갔죠, 몇 군데를 그런 그 도관이라는 데를 갔었는데 어딜 가니까 지금…

"700살 된 도인 거기라면 가보겠냐?" 그래서,

"그게 무슨 소리냐? 100살도 힘드는데 700살 산…"

"아니, 왕진인(王眞人) 그 저… 홀필열(忽必烈: 칭기즈칸의 손자 쿠빌라이 칸)이 들어올 때도 왕진인인데 지금도 그제 살아 있다."

근데 중국사람이 뭣을 하는고 하니, 여기 사람은 안 그럴 겁니다. 여기 사람들은 저 중국사람 왔다고 데리고 댕기며 노자 쓰지를 않을 텐데, 그 사람은 아주 조선서 왔대도 노자 지가 쓰고 데리고 댕기고 다해. 그래 거기 갔는데 보니까, 나부산(羅浮山)… 나부산 가보자고. 나부산이 나 가는 데서(산동성에서) 수천 리여… 몇 천 리여. 헌데, 거기를 배도 타고 뭣도 타고 자꾸 허구서 나부산을 들어갔는데 가보니까, 나부산 기념일이여, 기념일. 왕진인의 무슨 기념일인데 수천 명… 천 명이 아니라 만 명도 넘어요. 그 몇 고을에서 뫼였는지 사람이 꽉 채고, 그 뭐 중국 사람들 풍장(풍물)들 꽝꽝 거리는데 별 소릴 다 뚜드리고, 절이 아니라 관(觀)입니다. 도관(道觀)인데… 관인데.

그래 나도 구경 가서 거기 가(서) 이렇게 있는데, 얼마 있다 한 몇 시간 있다가 점심 때쯤 이래 되더니, "아, 왕진인 도동(道童) 내려온다"고… 도동 내려온다고 하는데 뭐가 도동이 내려오는가 하고 보니까, 꼭대기 40리여 그 자리에서 40리 꼭대기에 외딴 거기다 집을 짓고 사는데 왕진인이. 대에다가 뻘건 기(旗)인데, 기를 기다랗게 이렇게 해 달고서 펄렁거리니까 벌써 알아요 이 사람, 도동 내려온다고. 대에다 깃대 단 게 둘이여… 펄렁거리는 게 둘이고, 둘이 내려온다고 그러더먼. 그러니까 여기서는 사륜교(四輪轎) 뭣해서… 사륜교가 아니라 거의 뭐 평교자(平轎子)입니다. 평교자에 이렇게 해서 넷이 이고 가는 건데, 그걸 이고서 쫓아 올라가두먼, 둘을 태워가지고 갈라고.

그래 그렇게 떠들고 야단들 하던 데가 조용해요. 왕진인 도동 내려온다니까 조용하게들 맞이하느라고. 그 나더러 가잡니다.

"저기 저기서 저기 가보자"고 (그래)

"나 안 간다"고 (그랬지),

그러니 그게 거진 다 와가지고 제일 찾는 게 뭔지 압니까? 고려사람이 나와 있으면 나오라고 자꾸 소리해. 고려사람 있거든 나와다고(나와달라고), 고려사람 있거든 나와다고 이러는데,

"왕진인이 고려사람을 찾는다."고.

그 나 왕진인… 왕진인이 나를 알 까닭이 없으니까, 나를 '내가 고려사람이요' 하고 나갈 까닭이 없지, 구경만 했으니까. 그러니까 여기서 같이 갔던 녀석이,

"고려사람 누구난 말이냐? 성(姓)이 뭐냐?" 하니까, 그 성 얘기는 않고

"고려사람이 여기 왔을 텐데 고려사람 찾는다"니까,

"여기 고려사람 여기 있다." 뒤에 이놈이 뒤에서 떠드네. 안 나갈 수가 없습니다. 그러니 꼭대기서 그 저 제자라고 하는 자가

"귀성시마?(貴姓是摩)" 그러더만, "당신 성이 뭐요?" 그래. 그러니 그야… 성이야 내가 아니라고 할 수 있나.

"워싱첸[아성권(我姓權)]" 하니까… "내성은 권이다." 이러니까, 저 만주서는 권성[권(權) 발음을] '퀜'하고, 중국 들어가면 '첸' 그래요. "워싱첸" 하니까

"첸노야! 첸노야![권(權)노야(老爺: 중국에서의 남자 존칭)]"하고 두 녀석이 쫓아 내려옵니다. 그거 참 난처하더군요, 헐 수 없이 따라갔습니다.

63:13

가보니까 사람인지 부처님 요렇게 저 꼭대기 좌상에 이렇게 해서 꼭대기… 비단방석을 이렇게 깔고 그 위에서 가만~히 앉았는데, 내가 온다고

하니까 눈을 뜨더면. 그 왕진인이래. 그 700살, 700년 전에 저 뭣이… 홀
필열이 들어올 때도 그가 만났다고 그래요. 근데 참말인지 거짓말인지 난
그건 몰라. 그래 거기 가니까… 거기서 한 열흘 묵었습니다. 내려가지를
못하게 해. 그래 그 저 왕진인하고 얘기를 아주 안 하진 않았지. 왕진인하
고 대충 얘기는 했는데,

"어째 들어왔냐?" 그거여. "그러지 않아도 한번 만날라고 했는데 어째
들어왔냐?"고.

"내가 들어온 게 아니라 여기 도관 도관 찾다보니까 여까정… 여까정
왔었는데, 아무개가 나하고 같이 가자고 그래 여기를 왔다가 당신네 참
초청하는 걸 받아가지고 이렇게 올라왔다"고 하니까,

"그게 아니라 이게 다 우리의 연(緣: 인연)이 있어 그런 거라고." 그러면
서 그 사람이 첫소리가 열고? 대면은 "이것이… 이것이 요다음에, 너 죽
기 전에 황백전환 온다." 그래, 황백전환. "황백전환은 아시아가 구라파니
뭣이니 뭣이니 하는 거보담 (물질문명이) 극점(極點)에 있다가 지금… 극
점이 지금 넘어가기 시작하니까, 그거를 받기를 어서 받는고 하니 아시아
에서 받는데, 아시아에서 그걸 시작해서 떠들기는 너희 나라에서 시작한
다. 그러면 중국하고 만주하고 합드려(합쳐) 가지고 아시아 대(大)아시아
가 합동만 해 놓으면, 저… 700년 800년 그 자들한테 당했던 거 조금도
무서울 거 없다." 황백전환기지.

그러면 여기서 지금 저 미국사람들 할아버지처럼 위하는 사람들한테
황백전환기라면(라고 말하면) 나더러 미친놈이라고 그래요. 그래 그런 말
안 해요. 그런데 미국서 나오는 사람이… 미국서 나오는 사람이 날 찾아
온 사람들이 뭐라고 하는고 하니, 황화론(黃禍論)을 찾습니다, 황화론. 백
인종이 요다음 기회는 황화… 황인종 때문에 당한다. 뭐, 뭐 때문에 당하
는지는 몰라 난. 그거 다 알면… 말하면 이인(異人)이게? 그렇게 다는 모

릅니다. 하지만 대체 황인종이 앞설 거는 사실입니다.

〈꿈에도… 안 되는 거 같지만, 백두산족이 절대로 앞섭니다〉

66:12

그러니까 여러분들도 공부하셔서 저… 황인종이 다 앞서게 될 때, 아들 손자들 그래도 정신수련들 해가지고 일꾼으로 좀 내보내면 얼마나 좋겠어요? 꿈에도 이래 생각도 안 되는 거 같지만, 백두산족이 절대로 앞섭니다. 나 어제… 어제 저 ○○○이? 거기 저기 저 여자들 뭐 하는데… 나는 알지도 못하고 갔더니 여자들이 뭐하는 회(會)더먼. 거길 가서들 만나니까, 거기서 만난 이들이 나더러 황백전환기 얘기하는 뭣이라… 도인이라고, 뭣하고 뭣하고 자꾸들 여럿이 떠드는데 귀찮더만 하기는.

하는데, 아무렇건 지가(제가) 살아서야 보겠습니까? 지금 아흔둘인데. 허지만 황백전환은 싹은 보고 갑니다. 여러분들이 "황백전환이라면 그게 어디 지금 이 현상으로야 남북통일도 못하는데 뭣이 되랴?" 하지만 가보십시오. 가보시면 중국서도… 중국서도 저희들 하는 것이 (백두산족을) 기다립니다. 백두산족 기다리는 조건이 있는 것이, 만리장성을 쌓아 놓고 "장성이북(長城以北)은 본비오토(本非吾土)"라고 그럽니다. 중국 사람의 정치객(政治客: 정치인)들은 "만리장성 이북은 본비오토다, 내 땅이 아니다. 그럼 너희들이 거기서 일어나봐라" 하는 거지 딴거 아닙니다. 그렇게 해주는데도 여기서는 쳐다도 못보고 있으니, 여기 사람들은 지금 딱하지.

그러니 거기 있는 그 조선족들… 중국 가(서) 중국사람 된 사람들, 자기 조상은 조선족이지, 이 사람들도 그 소리를 들으면 좀 마음이 튼튼(?)해서 "아 조선서 저기… 조선족이 이걸 시작을 한다는데… 시작을 한다는

데 이렇게는 하는데, 김일성이도 못할 테고, 남쪽도 못할 테고 누가 하나 모르겠다"고 자꾸 이럽니다.

그런데 그거 아니여. 머리 좋은 사람이 나오면, 왜 숫자가 많아야 되나? 머리 좋은 사람이 나와 가지고서 무슨 이론이, 중국… 아시아족… 아시아족이 한 700년 백인종들한테 당하지 않았어요? 하나도 일꾼이 없어요. 황백전환할 적에… 전환한 뒤에, "그 늙은 미친 사람 같은 게 정신병자 같은 사람이 얘기하더니, 야 황백전환 진짜 됐구나" 하는 그 소리가 나올 겁니다, 두고보십시오.

〈소련이 공산당 간판 떼려니 꿈에는 꿈꿨습니까? 세상일은 그렇게 어려운 거 아닙니다〉

69:30

여기서 우리가 가진 것이 지금, 백인종의 원자탄보담은 핵무기보담은 훨씬 센 걸 가지고 있어… 조선사람이 가지고 있는 건 사실이에요. 헌데 그거 가지고 싸워서 이기지는 안 합니다. 위력만 뵈지. 우리는 90이 넘었으니까 10년 산데야 102살입니다. 다 보겠습니까? 여기 계신 이는 머리 백발된 노인들은 몰라. 어떻게 될라는가는 몰라도 중간 여러분들은 황백전환 시작하는 건 다 보십니다. 여기 저 저기서(하늘에서) 저더러 그래요. 황백전환 소리 좀 말아달라고. 그러면 저기(미국을) 할아버지처럼 (위하는)이들 들으면 아주 듣기 싫어한다고 그 말 좀 말아달라고 그러는데, 왜 내(가) 말어? 나 하고 싶은 걸 안 해? 앞으로 죽은… 나 죽은 뒤에 보면, "그 늙은이 미친 그 소리처럼 떠들었는데 사실 그렇다"고 다 나중에 얘기는 할 건데. 내가 저 그… 저 사람들이 나더러 (말하지) 말란다고 내 않지는 않아.

여러분들 어떻든지 이 중급과정에서 공부하실 얘기는 한마디도 않고 딴소리만 내 자꾸 얘기합니다. 멀지 않아서, 차차차차 변하지 않습니까? 소련이 공산당 간판 떼려니 꿈에는 꿈꿨습니까? 소련에서 공산당 간판 떼고선 민주로 돌아서려니는 꿈도 안 꾸던 일입니다.[298] 세상일은 그렇게 어려운 거 아닙니다. 이북에서 핵무기를 지금 가졌다고 하지만, 이북에 핵무기 있는 거보담은 여기 있는 게(평화탄, 흑막탄) 조금 좀… 좀 더 할 겁니다. 누가 가진지는 내 몰라. 남쪽에 가진 거는 사실이여.

미국이나… 미국이나 일본서, 저 이북에다가 핵무기 같은 거 뒤에 후원해 주마 하고 슬슬하는 것이, 이게 (남북이) 단합될까 뵈 겁이 나서 그러는 거여, 다른 거 아니고. 남의 나라 단합한다고 저희가 나쁠 게 없지만은 저희한테는 이롭지 않으니까. 공부는 공부대로 하시고 우리민족 단합되는 거는 멀지 않아… 그렇게 멀지 않으니까.

뭣 가지고 되느냐? 하는 건 그거 내가 대답하기가 힘들어요. 뭣 가지고 되느냐? 뭐 가지고 단합이 얼른 되겠냐? 지금 뒤에 보면은 대통령 여러분 나와도 다 그 양반(이) 그 양반 같애. 그러니까 이제 때가 되면 우리가 바라는… 바라던 이상(理想) 인물이 잘할란지(잘할는지)? 누가 압니까?

〈천문으로 봐도 우리나라에 기운이 비춰서, 좋은 싹이 뭉게뭉게 나오려고 해요〉

73:21

저는 믿는 게 다른 거 믿는 거 없어요. 아주 못 본다면 거짓말입니다. 저 꼭대기 있는 거[천문(天文)] 저건 봅니다, 하늘 천(天)자. 그건 예전 남

---

298) 봉우 선생님은 1954년 친필 일기에서 소련 패망을 예언하셨고, 1984년 소설《단》에서 작가 김정빈의 글을 통해 역시 소련연방의 해체를 언급하셨다.

들 보는 거는 봅니다. 그 이상은 내가 못 봐도.

　지금 조선에 백성들이나, 정치나, 정계나 다 지금 복잡하고 쭈물럭 쭈물럭 해서 다 지금 난처하지만, 저기서(천문에서) 기운은 좋은 싹 땅바닥에서 싹 트라고 자꾸 합니다. 좋은 싹… 한 손에 심어가지고 싹 몇 개 나오는 거 그거 말고, 좀 좋은 싹이 땅바닥에서 싹 트라고 자꾸 뭉게 뭉게 나와요. 나중에 두고보세요. "아 그 늙은이 미친 줄 알았더니 아 이렇게 이로운 싹이 나오는구먼" 하는 소리가 나올 테니까. 그래 잘됐습니다.

　그저 그건 하필 연정원 사람이 아니라 아무데 사람한테도 지가 만나면 떠드는 소리예요. 헌데, 저… 어디서는 만나면 저더러 그 백인종 소리 좀 말아달라고, 내가 언제 백인종 소리합니까? 우리 잘된다는 얘기하지. 백인종을 우리가 친답니까 어쩝니까? 뭐 그 양반들은 그 양반대로 다 계시고, 우리만 잘되면 되지 않어? 미국서는 나한테 여덟 번이나 온 사람들이 전부 황화론 걱정합니다. 황백… 황인종 때문에 백인종이 이렇게 된다는데, 황인종 어떤 황인종이 그럴까 이걸 모른다고. 그래 내 그랬어요, "너희들 죄 졌으니까 죄값 받으면 니가… 저희가 직접해서 죄 많이 진자리 그 자리서 먼저 일어날 테지, 뭐 우리한테 뭣하러 물으냐? 우리는 너희한테 큰 덕도 보지 않았고, 너희가 우리한테 와서 큰 죄도 지지 않았다. 우리한텐 올 생각도 말아라. 조사할 것도 없다 너희들. 그러며 너희가 댕긴다고 통역들을 데리고 댕기며 조사를 해? 그건 틀린… 틀려먹었다."

　아이고 8시가 넘었습니다. 오늘은 한 가지도 이로운 말 한마디도 못 들으시고 내 얘기만 떠들어서 죄송합니다. 그러나 요다음에 황백전환기 될 적에… 전환될 때 "야 그 늙은이 반 정신이 조금 돌아간 거 같더니 진짜로 이렇게 됐다"는 소리가 나올 겁니다. 두고 보십시오. 이거 저 중급과정 와서 잔소리만 하고 가서 죄송합니다.

학인 대담[299]

〈그저 물물연연(勿勿然然) 하면 돼〉

봉우 선생님: "주야(晝夜)에 동참하야 ○○○○, 고고 불휴의 자세로 시종일여(始終一如) 전심수도(專心修道) 하되, 기필코 성통공완(性通功完)의 대사(大事)를 하고 홍익인간 이념을 실현해 몸과 마음을 바칠 것을 대황조 한배검께 진심으로 서약하면서 여기에 결사(結社) 뭣을 한다."

음… 그저 물물연연(勿勿然然) 하면 돼.

학인 1: 예.

봉우 선생님: …라는 건 우스운 소리인데, 물물(勿勿)은 쉬지 않고 그치지 말라. 물물이여 물물, 마지(그치지) 않으면 끝이 뭐 다른 거 말고 전공으로 들어가면, 다 거기는 그렇고 그렇고 한 것이 다 효과가 나는 거여. 응, 잘했어. 성통공완의 대사라고 뭐 대사가 아니라 내 취미지. 그러면 얼마나 좋아?

학인 1: 예 그래서 하는데요, 일단… 할아버님 입장에서 뭐 수련상에 뭐 좀 그래도 제일… 그 저기가 좀 골자가 될 얘기는 해주셔야죠. 그래서 아까 말씀대로 뭐 하여튼 뭐 물물연연하는 자세로 하는데요, 그래도 뭔가 좀

---

299) 장소: 서울 세검정, 녹음: 정재승, 녹취: 정진용, 교정·주석: 정진용·정재승

이렇게 생각나시는 거 있으시면…

봉우 선생님: 뭐 다른 건 없어. 여기서 이후로 백 번 얘기해야 실지로 행하는 거만 못해. 그러니까 뭐 어… 정군이 내가 하던 거 다 보지 않았어? 써놓은 거 다 보지 않았어?

학인 1: 그거야 뭐 써놓은 거만 봤죠 뭐, 제가…

봉우 선생님: 써놓은 거 다 보면,

학인 1: 한 게 뭐 있나요?

봉우 선생님: 내가 뭐 글씨도 못하는 사람이 내대로 내 의견 발표를 많이 해놓은 게 있지. 그래 거기서 지금 여기 연정원에서 내가 한마디나 그런 소리 하지 않지 않아? 그게 이제 그 내 말을 한데에 그게 고생할 적에 하던 얘기, 내가 경험한 데로 자꾸 써놓은 거 아닌가?

학인 1: 예.

봉우 선생님: 이제 저 뭣이 정신이 웬만침 들어가지고선 몇 달 가야 돼. 한참 가면 이리… 전심수련하다 이제 사람이 자지 않을 수는 없거든. 나중에 자는 시간… 자는 시간도 호흡해가면서 할 때는 그냥 자면서도 호흡하는 수가 있어. 눈뜨고 하지 말고 눈자며(눈감고) 가만히 자는데… 남은 자는 줄 알고 가만히 자는데, 정신 말짱하게 하고 호흡 고대로 하면 피로가 안 와.

그러니까 이제 한 달 잘 수 있… 불면(不眠)할 수 있느냐? 두 달 불면할 수 있느냐? 이제 이것이 가다 계제가 나와. 이 초대에는 자면 그냥 쿨쿨 자고 말아. 그런데 이제 이게 늘어가면 열흘 스무 날 안 자도 아무 일 없거든. 그런데 그럴 적에 꿈도 아니고 생시도 아닌 꿈이 가끔 꾸어져. 그럴 적에 서울… 서울 올라올 때 됐지, 서울 올라올 때 있으면 꿈이 무슨 꿈이 꾸어지나 생각을 좀 해봐.

〈요순의 일중(一中), 공자의 심법(心法), 원상을 놓아 나오는 형상(#)은 모두 같은 것(聖)〉

04:35

　나는 선생님이 스무사흘밖에 난 못 모셨어. 선생님… 일송(一松) 선생님이 스무사흘밖에 못 모셨는데 먼저 열사흘은 선생님으로 모신 게 아니고 병객(病客)(으로) 모셨고 내가. 그런데 스무사흘밖에 안 했는데, 공부할 때 일송 선생님이 한 10년은 봐 주시더구먼, 10년은 봐 주셔.

　그래 이제 그동안에는 10년 뒤에 내가 그 양반한테 스무사흘밖에 안 되는데 뭐 여러 가지를 다 알 수가 있나? 하는데, 거기 저 중간에… 여기 다 뭐야 이저… 원상(原象) 얻었다고 하는데 있지?

학인 1: 예.

봉우 선생님: 원상 얻은 것도 그 제자에 제자대로 해서 전해… 전하는 거야 그게. 나한테다 대고선 떡 그걸 갖다놓고서 지승(地昇), 천강(天降), 용좌(龍左), 용우(龍右), 용잠(龍潛)이라고 떡 그걸 가서 내놓는데, 거기서는 어떻게 하는지 "지승"하니까 이렇게 이렇게 이렇게 해서 지승이라고 그러고, "천강"하니까 이렇게 내놓고… 아, 이렇게 한 게 아니야. 지승하니까 땅기운이 이렇게 상승한다, 천강하니까 이렇게 놓고, 이렇게 놓고 이렇게 놓고 이래놓고선, 여기다는 이렇게 이래버린단 말이여, 용잠을 말이여.

　그 뭐 아무것도 아니여. 그래 그 제자들은 전부 그렇게 알아, 한 3,000명 되는 제자가 전부 이걸 가지고 보거든. "그게 아니다" 내가 그랬어 첫 번에.

　땅기운이 상승하면 여기서 이래가지고 이리 올라가는 게 땅기운이 상승하는 거지. 천강하면 지기가 딱 붙어가지고 하강하는 것이 이렇게 내려오지, 꼭대기서 이래서 이렇게 내려오는 건 아니다 말이지. 그러고 이제 지승, 천강, 용좌 하면 이래가지고 이렇게 하면 이게 용좌, 이렇게 하면 용우. 그러니 이게 이러면 '입 구(口)' 자 아니여?

학인 1: 예.

봉우 선생님: 입 구 자인데 용잠을 가서 이렇게 놓으면 안 돼. 이렇게 이렇게 갖다 그려 놓으니까 이건 '밭 전(田)' 자에다 뿔이 넷 난 거 아닌가?

학인 1: 예.

봉우 선생님: 밭 전 자에 뿔이 넷이 나면 뭣이 되는고 하니, 가운데 중(中) 자에 이렇게 된 데서 이거(一) 한 거거든(串). 이걸 가르치는 건데 그게 무슨 거냐? 당신네 저 지승, 천강, 용좌, 용우, 용잠이라는 게 공자님이나… 공자님이 요임금, 순임금 고 제일 꼭대기서… 중국 역사를 쓰는데 제일 꼭대기 《서전(書傳: 서경)》에다 그걸 쓴 거거든.

그 심법(心法)이라는 게 뭣인고 하니 "유정유일(維精維一)이오사 윤집궐중(允執厥中)이라"고… "유정유일이오사 윤집궐중"이라는 게, 오직 정(精)하고 일(一)해야 윤집궐중이라. ○○이 궐중(厥中)을 가운데 중을 이걸 맞는다는 게 유정유일이 이렇게 한 거 아니여? 그럼 이렇게 되니까 이게 뭣인고 하니 지금 그거거든.

공자님의 심법이나 여기서 지금 원상에 대고 나오는 것이 심법이 별게 아니고 이것인데, 이것이 뭐냐? 이것이 그걸 예전… 예전 어른이 글자를 그거를 맨들었는데 뭘 맨들었는고… 이렇게 된 걸 만들었는고 하니, 성인 성(聖) 자를 이걸로 맨들었다 말이여, 성인. 사방 맨들어놓고 맨들어봐 그렇게 하고, 이건 지승하니까 위로 올라가고, 여기 땅기운이 상승하고, 천강… 하늘 기운이 아래로 내려오고, 용좌… 용좌, 용우, 용잠. 여기다 '열 십(十)' 자를 써… 요기다 대고서 열 십 여기서 대 열 십을 써봐. 그게 이렇게 맨든… 전부 맨들어놓구선 이걸 가르치는데, 그 양반도 3,000제자에 있는 이가 그렇게 놓고 가르쳐주더라니까. 그러고 내가 찾아갔는데,

자기 선생의 선생…

그놈의 데가 뭐 땜에 그러나 하고서 거길 가 봤어. 아 우리는 그때 김익주하고 한 서넛 데리고 들어가 있는데, 아무일 없어. 아무일 없는데 이거 웬일인가 그랬더니, 상사자 뜯은 자리 거기 불공… 불공 받아먹던 귀신들이 상사자 집을 뜯으니까 아무것도 못 받으니까 그리 북사자로 몰려가지고, 북사자 그 밑에 고랑에… 북사자 있는 이 밑에 고랑 여기 이 근처 와서 있는데, 공부하는 사람이 잡 공부만 하면… 귀신 공부나 하고 잡 공부나 하면 와서 놀리고, 혼을 주고, 그래서 거기다가 그때 내가 김익주하고 누구한 거 셋이 가서 하는데, 철모르고 겨들어. 그거 싹 쓸었어, 싹 쓸어서 날려보냈어. 그 근처에 거기 그 있어 먹지를 못하게 다 쫓아 보내버렸어.

10:56

그런데 계룡산이 지금 좋긴 좋은 게, 계룡산에서는 본산(本山, 주산신)은 잘 안 보지만 그 구역산신들이 다 공부하는 걸 좋아해. 구역산신들이 공부하는 걸 좋아하고, 지금 이 연천봉이나… 연천봉편짝 고 골짜기나, 이쪽 저 이 수정봉(水晶峰) 골… 골짜기나 그리들은 예전 공부하던 깃대들이 여러 개가 붙은 데라 놔서, 송구봉(宋龜峰), 조남명(曺南冥), 고청(孤靑), 여럿이 했지 거기서. 토정(土亭), 조중봉(趙重峯)은 거기 가서 공부 좀 했지 많이는 안 했어. 영규대사(靈圭大師)는 차력 공부지.

저… 내 11대조 도원수로 있… 도원수(都元帥) 되기 전이지 그땐 장군으로 계실 때지만, "금산(錦山) 싸움에 선전영규(善戰靈圭)가 금의사(今矣死)이라", 싸움 잘하… 싸우던 영규가 지금은 죽었다고, 그러니 황진(黃進)300)이더러 그대가 선봉… 선봉장으로 가시라고, 그래 그를 이제 선봉

---

300) 황진(黃進, 1550~1593), 조선 중기의 무신, 자 명보(明甫), 시호 무민(武愍). 본관 장수(長水). 희(喜, 방촌)의 5대손. 활쏘기와 말타기에 능했으며, 1583년 여진족이 일으

장으로 내놓고선 싸우셨거든. 그러니까 그전에는 영규대사가 선봉장으로 늘 싸웠던가 보더믄. 그러니 황진(黃進)이가 그때 이십 남짓하게 병사(兵使: 병마절도사, 종2품)여[301]. 그런데 활은 쏘면 100보, 200보 밖에 하더라고 늘 놓으면 늘 쏘고(맞히고), 그 맞추는(맞히는) 데로 겨냥하고 쏴서 실패 안 했다누먼. 그러니 그게 그냥 보통 활 가지고 그렇게는 못 하거든.

〈동고(東皐) 선생과 서애(西厓) 유성룡(柳成龍)의 일화〉

13:05

봉우 선생님: 그리고 거기 저… 대자암 중심으로 갑사고랑 신도(神道: 귀신)들 들락거리는 데니까. 아유 여기 뭣이는 속리산은… 청화산은 좋은데, 속리산은 산임자가… 내 산임자더러 고약망측하다고 했더니 덜 좋아하더구먼. 신도래도 살아 생시나 똑같이… 신도래도 심술만 부린다고, 동고(東皐) 이정승[이준경(李浚慶, 1499~1572)]이여. 동고 이정승인데 거기서 저 뭐 주문 잔 주문 외다는… 이보(耳報) 공부나 뭣이나 잔 주문 외다는 쫓겨 내려가. 본… 참 본 공부하는 거는 가만둬도. 뭐 귀신통령(通靈)한다고 뭐 하다가 이러다가는 그냥 혼구녕을 줘서…

킨 니탕개란(尼湯介亂)에서 공을 세웠다. 조선통신사로 일본을 다녀온 후 일본의 내침을 예언했고 임진왜란이 일어나자 용인, 진안, 안덕원, 이치 전투, 진주성 등에서 싸웠다. 훈련관 판관으로 참가한 이치 전투에서는 권율 장군과 1천으로 1만 왜적을 무찌른 전공을 세웠다. 여러 전투를 거쳐 충청도 병마절도사에 올랐으나 적의 대군이 진주성을 공격하자 9일 혈전 끝에 전사하였다. 우찬성에 추증되고 진주 창렬사(彰烈祠), 남원 민충사(愍忠祠)에 제향되었다.

301) 임진왜란은 1592년에 발생했으며 황진(黃進)은 그때 이미 43세가 넘은 나이였다. 봉우 선생님께서 이십 남짓한 병사라고 하신 부분은 다른 젊은 장수와 혼동하신 듯함.

그 양반이 돌아가서도 그렇게 억시게 하니 살아서는 얼마나 억셨겠어. 유서애[서애(西厓) 유성룡(柳成龍, 1542~1607)]가 대과(大科)를 해가지고 퇴계 제잔데, 제자래도 뭐 수제자 거진(거의) 가는 이지. 하는데, 제잔데 대과를 해가지고 신현[新賢: 새로운 선비(?)]으로… 신운(?)으로 (동고한테 가니까), 정승이니까 그때 동고가 정승이니까 가니까, 그러면 저 퇴계 제자니까 "경서 많이 봤나?" 이래야 옳지 않아? 경서 많이 봤나 소리는 한마디도 않고,

"외가서(外家書)302) 많이 봤나?"

(서애가) 그게 분했어. (동고가) 외가서 많이 봤나 하는데. 그러니까 뭐지 뭐 요새 저… 요새 "당나라 송나라적 한문 잘 지은 거 그런 거 많이 봤나?" 그거지. 그리고 반마고사. 반마… 반고(班固), 사마천(司馬遷)이 사기(史記) 지은 거 말이여,

"반마고사 좀 봤나?"

원 시전(詩傳)을 잘 봤나, 서전(書傳)을 잘 봤나? 한다든지 할 텐데 그런 소리는 하나는 않고 그 소리만 하니까 분했어.

"선생님이 정승으로 앉아서 신운이 들어가면 다른 공부… 더구나 저 퇴계(退溪) 제잔데 '경서(經書)를 잘 봤나' 하지 않고서 그런 소리만 한다고, 참 그 양반 망령이 들었다"고 이러고 했는데, 이 양반이 나중에 임진왜란에 도체찰사(都體察使)303)를 하는데, 경서만 읽으니까 이거 해내기가 저… 당송팔대가(唐宋八大家)나 이런 거 많이 본 이처럼 문리(文理)가 부드럽게 나가나? 아 붓방아 찌면서,

"아! 내가 이럴 줄 알고 이 양반이 그런 글 많이 막 써먹을 거 잘못 배

---

302) 유학의 경서(經書)와 사기(史記) 이외의 모든 서적을 통틀어 이르는 말.
303) 조선시대 의정(議政)이 맡은 임시관직. 왕의 명을 받아서 할당된 지역의 군정과 민정을 총괄하여 다스렸다. 보통 1개 이상의 도(道)를 관할하였고, 종사관이 휘하에 있었다.

웠느냐고…"

당송팔대가 봤나? 사마천 고사 봤나? 이렇게 대니 그건 저 글이라서 글 읽은 거지 경서 아는 게 아니거든.

"아! 이 양반이 이래서 날 이렇게… 그때 그랬는가 보다고. 참 그 양반 바로 알으켜(가르쳐)주셨는데 내가 이랬다"고 그 붓대를 몇 번을 쪘다거든. 그 양반은 알았지 알아.

그런데 그 양반이 돌아가서도 그저 저… 밑에 사람들 공부를 좋은 공부를 하는 거 내버려두고 조금이래도 낮은 거 왜 뭐 이보통령이니, 뭐 여자들 뭐 보는 거, 뭣하는 거, 별거 공부 다 있지 않아? 주문가지고 하는 거. 주문 공부만 하면 집어 내던져버려. 그래 속리산에서는 그런 거 할 생각을 못하지. 그런데 이제 영남서는 동고 이러면 영남 접장(接長)이니까 제일 위하는데, 여기 이 북쪽 선비들은 덜 좋아하지.

〈공부 요령: 밤새는 것, 식사, 운동〉

18:30
봉우 선생님: 거기서 그리고 저… 공부하는 데서 무리는 말아.

학인 1: 예.

봉우 선생님: 몸의 건강을 유지해야지, 무리해 건강 유지 않고 헐 힘이 없는데… 버틸 힘이 없는데 밤 막 새지 말고. 밤 첫 번에는 한 몇… 얼마는 그냥 새지만 밤 많이 새면은 몸이 머리가 피로해져. 이제 잠 안 자도 괜찮을 만 하거든…

학인 1: 억지로 새지는 말고요?

봉우 선생님: 억지로 하진 말고. 몸의 건강에 축나지 않게 해야 오래하지.

먹는 것을 조금 양을 줄이는 게 나아. 배가 부를 대로 다 부르면 공부하는데 조금 피로해.

그 운동은 아침, 저녁, 점심 해가지고 많이 하라는 게 아니라, 하루 3시간 정도. 이 몸 푸는 거 뭘 허든지 운동 하나 정해가지고선 한 시간씩… 아침에 일찍 일어나서 새벽녘에 한 시간, 저녁에 잘 때 한 시간, 낮에 꼭 정오될 적에 한 시간쯤 해서 3시간은 운동하는 게 좋아요. 그 뭐 나중에 이제 그걸 않고라도 죽 공부 늘 12시간을 그냥 할 때는 안 해도 좋은데, 첫 번에 그걸 참지 못할 때는 고렇게 운동해가지고 들어가는 게 나아요.

〈공부하는 사람의 힘이 뻗치는 것을 멀리서도 감지하는 물뱀〉

그런데 이 공부하고선 공부 잘했네 못했네 이런 걸 얼른 표들이 많이 나. 둠벙 이렇게 넓은 데서 목욕을 하면 물자우 ○ 뱀들 있지 않아? 뱀들 많은 데서 이거 주르르르 오다… 주르르 오는데, 여기서 목욕을 텀벙대면 그놈이 겁 안 내고 그놈이 주르르 오지 않아? 어떤 데는 보면 한두 자, 석 자까정 쫓아오다도, 사람이 이렇게 있으면 획 돌아서 내빼거든. 아 그런데 어떤 사람은 가서 공부하는 걸 보면 물자우가 저기서 이렇게 이렇게 가새(가장자리)… 저 가새서 내려올라고 이렇게 하다도 고만 내뺀단 말이여. 그런데 어떤 녀석한테는 그렇게 겁을 내고, 어떤 사람한테는 그저 불과 저만침밖에 안 떠. 주르르르 여까정 오다도 여기만침 오… 요만침까지 왔어도 획 돌아가는데, 사람 숨이… 자기들은 그거 공부하는 사람은 그래, "사람의 누린내가 나니까 저리 내뺀다"고. 아, 그놈이 사람이 무서워 내빼는 놈이여? 여기 공부하는 사람의 힘이 뻗쳐 고게. 그러니 좀 나은 녀석이 들어앉았으면 저만침서부터 못… 내려오질 못해.

그러나 여름에도 물속에 쑥 들어가지 말고, 목욕으로 해. 목욕으로 하고 수건으로 가지고 자꾸 이렇게 썻고…

〈계룡산 구역산신의 보살핌(?)과 수정봉 깃대잽이 이야기〉

아이고… 그러고 저 본산이 계룡산은… 계룡산 본산(산신, 산주)이 산은 적은데 본산은 다른 산한테 머리를 숙이지 않는 데여. 산은 얕은데 속리산이나 뭐나 이런 데들보담, 지리산이나 이런 데보담 본산은 높아. 그래놔서 본산은 좀체로 공부하는 데 내려와서 관계를 않는단 말이여. 구역산신들이 자꾸 만지니까 그래서 힘들어. 그런데 구역산신이 그 막말로 말을 잘 듣고 고우면 올려주고, 그지 않으면 구역 산신 버릇들이라는 게 남의 윗사람들이라 놔서 건드린단 말이여. 찝쩍거려 봐.

그런데 이 갑사 고랑… 갑사 고랑이라는 데는 먼저 신도들이 많아 놔서… 공부하신 이들이 많아 놔서 구역 산신이 마구 댐비질 못하지. 그래 그 깃대잽이들이… 장난을 하면 깃대잽이들이 후리거든. 그 송구봉이래도 하시던데 그 여러분들 하시던데 깃대잽이는 거기 조그만 산… 산신보담은 높거든 허허… 그래가지고 후리는데,

아, 장난… 이 갑사… 갑사 고랑으로 가서도 북사자가 지금 무너졌지만 북사자… 중들 뭐 하던 것들이 많아. 중 홀딱 깎는 중 녀석들도 거기 여럿이 나오고, 잡것들이 많이 나와 거기도. 그래 놓으니까 뭐 저 기도나 하고 물건이나 취생(취물?)이나 잘하고 하는 놈한테는 효력은 잘 듣지. 내 거기서 한 여름을 내가 나는데, 내가 있으니까 거기서 이제 저… 내 아는 사람이 몇몇이 들락거리고 이렇게 했는데 꺼려. 나한테는 마구 덤비지는 못하고, 또 그때 거기도 누구누구 하는 이들이 다 거기서 계제가 아주 얕지

않은 사람들이 들락거리고 하니까 꺼린단 말이여.

〈공부 요령〉

25:12

학인 1: 그래서 이제 주로 하더라도 뭐, 선방… 선방을 중심으로 해서 그래서 이제 하게 돼… 거기가 조금 이제 뭐 여의치 않고 좀 시끄럽고 이렇고 할 때는…

봉우 선생님: 딴 데 나가지 말고, 선방에서 하고, 나가서 저 운동이나 하고, 그리고 여름이면 냉수마찰 가끔 하고…

학인 1: 어디 탕이나 이런데 뭐 이렇게 들어가서 오래 있는 거 안 좋죠?

봉우 선생님: 응?

학인 1: 탕이나 들어가서 물속이나 깊이 들어가서 이렇게 있는 거보다도… 냉수마찰을 잘 좀 하라…

봉우 선생님: 그냥 그냥 그냥 그냥. 물수건 해가지고…

학인 1: 문지르고 그저 물만 끼었고…

〈중국에서 금냉법을 배우신 이야기〉

봉우 선생님: 응. 내가 저 중국 들어가서 처음… 여기서 공부한 뒤지. 헌데, 처음 뭣이 저 체술 좀 하고 할라고 들어가니까, 아 이 새끼들 글쎄 첫 번에 화가 나더구먼. 한국사람으로 들어가니까 그놈들이 깔보는 거 같애. 아, 그냥 이 방 큰방 교실 안에 큰 교실이지. 수백 명 공부들 하는 자리니

까. 그거 소제(掃除: 청소) 다 시키고, 닦고 쓸고 다 시키지. 그래 놓고 이제 저 뭣만 시켜, 불알만 닦으라는 거여, 금냉법(金冷法). 수건가지고 이래 가지고 이거 하는 거 올려치는 거.

아, 그거만 하라고 하니 저 녀석들이 지랄은 하나 그러고 그 뒤에 뭐 저희 있다고, 밖에서 오입이나 하고 댕겼으니까 그놈 다 씻어내라는 건가 뭣인가 하고 이걸 이렇게 하고 하는데, 그걸 몇 달을 하며 심부름만 하니…

그러나 나오기도 싫고. 이왕 거기가 공부하러 간 데니까 해야겠다는 걸 딱 참고 했는데, 그러더니 한번 오늘은 이제 다 다른 건 하지 말고 오늘 시합을 해보라 하는데, 그놈들이 하면 한참씩 하잖아 중국 녀석들이. 한참씩 하는 건데 한 40분, 50분씩 이렇게 하면 한 시간 기간이지만 한 시간 다 하지는 않고, 40~50분 하는데 오래… 오래 끄니까(끄니까). 그러면 땀이 줄줄 날 거 아니여. 아, 그런데 그걸 하루 열 번, 스무 번 해도 피로가 안 와. 열 번, 스무 번을 그놈을 하더래도 숨차지 않고 피로가 안 온단 말이여. '하하 이게 나를 심부름 시킨 게 아니라, 이○○ 양생(養生)을 했구나.' 그래 선생더러 고맙다 그랬어.

"당신이 날 첫날부터 (시합을) 시켰으면 이렇게 뻗질 내가 못한다." 아웃으며

"나 욕 많이 했지?" 그런 소리를 하더면, "이제 그거 알아 해. 알아서 하고 이거 이렇게 시켜야 돼" 하고…

그거 저 우리 지금 공부하는 사람더러 그런 거 하라면 욕해. 첫 번에는 화가 나더구먼. 아, 거기를 얼마를 대서 들어갔는데, 들어가서 한 달, 두 달, 석 달을 심부름만 시키고, 남 하는 건 보지. 한 가지도 가르쳐주지는 않고 몸 건강하게 수련하는 그것밖에 안 시켜.

〈공부 요령: 식사〉

　그리고 저 공부하는 데는 식량이 서말가지고 먹던 거지만, 일할 내지는 이할 줄여. 일할 내지는 이할 줄여서 밥 다 먹고.…

학인 1: 끼니 계속 먹어도 돼요? 세 끼를 먹되…

봉우 선생님: 끼니 끼니 먹되…

학인 1: 양을 줄여요?

봉우 선생님: 응, 양을 조금 줄여라 말이지. 양을 조금 줄이고, 배가 너무 부르면 공부하기가 나빠. 거기 먹을 물 어딘가 가서 샘을 고 근처 어디 팔만한 데가 있거든 파보고, 거기서 거기 물이 좋으면… 이거 댄 물 아니지? 물 내려오는 ○○지?

학인 1: 그 위에 산 위에서 오는 계곡물을 대서 먹어요.

봉우 선생님: 대서 먹지?

학인 1: 예.

봉우 선생님: 대서 먹으면… 대서 먹으면 괜찮아.

학인 1: 그래 결국 그 위에서 발원하는 데에서 끌어다가 이렇게 먹을걸요.

봉우 선생님: 끌어다 먹는 거지.

학인 1: 예, 상류에서…

봉우 선생님: 그래.

학인 1: 뭐 오염된 건 아닐 거예요.

봉우 선생님: 그건 괜찮아.

37- 1991.04.19.
학인 대담 2[304]

〈대종교에서 하신 남북교류 사업〉

그리고 우리도 이제 저… 저쪽 대표라고 곧 온다더니 아직 못 들어오고 있는데… 조선사람으로 연길현(延吉縣)에 있는 사람인데, 연길현에서 저 중국… 중국 정부 무슨 뭐 그 책임자야 그게. 책임자로 이저 이북에 댕겨… 댕기는 책임을 맡았는가 보더먼. 그런 사람인데 나는 못 만났어 아직… 나는 못 만났는데, 그 부전교(副典教)[305]가 만나가지고 그 ○○○○ ○○○○○는데 뭣이 될라고 지금 한다고 하는데, 요 전번에도 준비를 하는 걸 보니까 여길 바로 들어올라고 했더니 다른 일정이 있어 못 들어온다고… 그래 이제 저쪽에 심양(瀋陽)이라는 게 (예전 명칭이) 봉천(奉天)이지. 봉천서 영사관에서 만났는데 만나는 거 거기서 만나기 전에 여기 대표가 북쪽 대표하고 직접 만나게… 만나게 하는 그 계단을 맨들겠다고 그러더구먼.

거기서 대표가 김일성이나 김정일이 그 둘 가서 만나는 것이 우리가

---

304) 녹취: 정진용, 교정·주석: 정진용·정재승
305) 대종교는 천전(天殿, 단군상을 모신 곳)을 중심으로 종단의 영수인 총전교(總典教)와 부전교(副典教)가 상주하며, 교무행정을 총괄하는 대일각(大一閣)을 정점으로 사무기관인 교사(教司), 의결기관인 의회(議會), 교육기관인 도원(道院)으로 분류된다.

그냥 가서 무슨 소리를 해? 얘기해서 너희 공산하는 걸 공산하지 말라고 하는 거여? 또 이쪽에 정부의 의사도 안 듣는데, 민주하고 화합하자고 하는 거여? 그건 우리가 개인… 이 백성으로 만나는 건 백성의 소리밖에 못 해. 백성의 소리밖에 못 하는 건데, 무슨 얘기를 하자는 건지 모르겠어.

그런데 지금 첫 번에 하던 얘기는, 남북이 만나게 되기 전에 제2차로 봉천… 이북의 영사관 있지 않아? 봉천에. 거기 가서 공적으로… 개인으로 얘기가 아니라 공적으로 사업을 하자 말이지. 사업을 해가지고 그래 그 사업이 좌우 쪽에서 서로 합치가 되면, 우리들이 저 판문점에서 저쪽을 들어가든지, 저쪽에서 나오든지, 게서 만나든지 그건 해가지고 사업을 하자 이건데.

그 나는… 나는 그 사람들하고 직접 얘기하는 게 암만해도 옷… 말이 조금 부드럽게 나가질 안 하니까 나가고 싶질 않아. 그저 부전교더러 "거기 나가는 건 니가 나가서 해라." 난 그랬어. 나는 한마디래도 거기 조금 거친 소리 나가기가 쉽지, 덮어놓고 부드럽게만 나가지는 못하거든. 그런데 그자들… 그 사람들이 거칠은 소리 들으면 덜 좋아하거든. 그래 좋은 소리로만… 좋은 소리만 할라면 그 이쪽에서… 이쪽 위에서 보기에 너무 좋은 소리만 하면 안 되거든 또.

그래서 이제 책임져서 "나는 이러한 의사를 가지고 있으니까 그 정도 그 범위 안에서만 얘기하지 그 넘지 마라." 하지만 얘기하다보면 그걸 넘어가기가 십중(팔구) 쉬워.

그런데 이제 그게 돼서 만약 통로가 터지더래도… 통로가 터진다고 당장 오늘 잘되고 내일 잘되는 건 아니지. 그게 이제 저… 우리가 그걸 여기 지금 남북 통일하는 형태를 정부나 국회에서 해가지고 통과를 잘 못하고 있는데 그놈을 좀 낫게 맨들었다는 그 소리밖에 못 들어. 저 사람들이 우리만 보고 그 얘기 다할리는 없어. 내가 북한이래도 여기 개인 보구선 그 애기까정 다 하겠어? 않기 쉽지.

그래 나는 김정일이고 김일성이를 우리가 직접 만나고 싶진 않아. 만나봐야 별소리 안 나와. 만나봐야 별소리 안 나오고, 여기 저 김대중이나 누구들 모양으로 가서 딱 껴안고 서로 그렇게 한다면 그건 할아버지처럼 위하는 거라 그건… 그러긴 싫구먼 허허.

그래 이제 나한테 저기 갔다오고 뭣하는 거 이걸(돈) 준비를 하는데 이게 준비가 얼른 안 되네. 그거 이제 거기서 왔다갔다 할라면 아무래도… 이거 하나는 가져야 돼. 1만… 1만 달러는 가져야 몇 번 댕겨오지, 한번 갔다오는 데는 얼마 안 들지만. 하지만 요새 같으면 1만 달러는 그만두고 1만 원도 지금 얼른 내놓기 힘들어 놔서 허허.

〈아무게 오든지 내 눈으로 넉넉히 볼 수 있게 되도록 하자는 거지〉

05:49

그래 산에서 공부하던 사람들이… 중들, 산에서 여기저기 댕기던 사람들 몇을 만났는데, 중들이 와서 그 연정원에 들어왔더구먼. 연정원에 들어와서 뭐라고 자기들 얘기를 늘어놓진 않고 찾아와서 여기 와서 얘기를 하는데, 선방에서 그러니까 안거(安居) 수십 차례씩 치른 사람이여. 그러니 안거 치른 거 하고 우리 하는 거 하고 똑같지는 않거든.

안거라는 건 '나무아미타불'이라든지… 뭐 '아미타불'을 부르든지 뭐하든지 해가지고 자기가 부르는 걸로 ○○을 부르든지 해가지고 그걸 해가지고 앉아서, "됐다" 하고선 그 구녁 뚫어진 데서… 바늘 구녁에서 쇠(소) 대가리가 들어오길 바라는 거 아닌가? 하고 앉았는데 우린 거기서 바늘 구녁에서 쇠 대가리를 들어오라는 건 아니여. 우리는 정정당당하게 저…

쉬 대가리가 오면 대가리가 오고, 호랭이 대가리가 오면 아무게 오든지 내 눈으로 넉넉히 볼 수 있게 되도록 하자는 거지.

좀 이제 그저 오래 댕긴 사람들이라 놔서… 중급과정이라 오래 댕긴 사람들이라 놔서 질문을 하라니까 별소리를 다해. 어제도 한 두어 시간… "내가 딴 거 할새 없고 질문이나 받겠소" 했더니 질문이 들어오는데 별별 질문이 다 들어오더먼.

〈문화부에서 공은 들였지만 부실했던 우리나라 문화, 종교에 관한 책〉

봉우 선생님: 그래 저 오늘… 어제 대종교 갔더니 문화공보부에서 그전에… 문화부에서 대학교 순데… 서울대학 교순데, 둘이 이만한 책에다 조선 문화관계, 종교관계를 죽 늘어 썼어. 죽 늘여 썼는데… 문화공보부에 있는 사람이오, 또 이제 대학 교수로 있는 사람이오 하니까 자기 위치가 있지 않아? (내) 마음에는 글이 맞지 않게 써놨어. 자기는 자기대로 잘해놨겠지, 문화공보부에 책이 이렇게 두껍게 그걸 받아… 책을 맨들 때는 잘 맨들어 놓은 거 아니여? 잘 맨들어놓은 건데, 이게 뭐라고 해야 될까 모르겠어.

여기서 저 누구? 자기의 보는 걸로 여기 누구 누구 누구 지금 몇 나오는 게 김일부(金一夫)도… 김일부도 쓴 게 한 손에 굴다리로만 썼으면 좋겠는데, 굴다리도 못 되는 것처럼 어떻게 슬쩍 그냥 그냥 넘겼더먼. 그 누구 누구 해서 쓰는 걸 가서 다 까놓고선… 그 말하자면 예수교 목사에 예수나, 석가여래나 다 그렇게 이제 제자 많이 데리고 있는 사람… 그 사람은 좀 낫게 쓰고, 딴 데는 그냥 다 까버렸어. 증산교, 무슨 교, 무슨 교, 무슨 교 하면 그 죽 썼더구먼. 그런데 그 사람이 예수교 뭐 그런 것은 자세히 아는 모양이고, 이 대종교도 보니까 대종교 홍암(弘岩) 나철(羅喆, 1863~1916) 어쩌고 어쩌고 해서 죽 요렇게 요만침 써놨지, 꼭대기 전 거를 알면 할 텐데 그 전 거를 모르니까 그러는지 아니… 너무 잘 알아서 그러는지 뭐 그렇게 써놨더구면.

10:05

그러니 뭐 책을 보면 한 벌 보냈으니까 그 저 문공부에서 맽겨서 쓴 글이니까 어련히 잘 썼겠어? 그런데 우리 종교인으로 봐서는 이 사람이 조선사람인가 어디 사람인가 모르게 써놨어. 이 사람이 저… 미국이나 영국이나 불란서에 나서 썼다면 잘 썼다고 하겠는데. 뭐 하나는 하늘만침 추어 놓고(칭찬하고) 다른 교주들은 그저 그냥 그저 뭐 장난… 애들 장난처럼 써놨어. 그래 뭐 ○○, 공자 뭣뭣 해서 전부 까는… 맨들어 놨는데. 그러고 조선의 유교라고 하는 데도 유교를 가서 학자님더러 물어보면 이 사람이 뭐하던 사람이냐고 찾을 사람이 자꾸 나와. 진짜 학자님은 빠지고. 진짜 학자 그걸 전공하던 사람은 빠지고, 자기 본 책으론 그중에 누구는 비하하고 누구누구 쓴 것이 이… 자기의 눈 본 것… 보는… 본 그 안계(眼界: 안목)가 넓지 않다는 표시가 나는구면.

그런데 그것이 문공부에서는 가장 조선서 문화에 가장 잘 쓰는 사람한테 받은 거란 말이여. 일부(一夫)도 그저 저 한 냥 저울에 못 올라가게… 한 푼 저울에 갈 만침 그렇게 써놨더구면.306) 그런데 그게 붙들고 있다가 ○○ 그런 실수를 해요. 그 들고 있다 저 아는 데로 뭐 쓰다보니까 그 이게 이렇게 나오는데 제3자가 볼 때 "이 사람은 여기와 있는 게 아니라 윗쪽 장에 가 있어야 하겠다" 하는 사람이 이 밑에 장으로 내려가면 덜 좋아하는 건 아시지, 덜 좋아하는 건 아셔. 경청을 해줘야지.

---

306) 1냥(一兩) = 10전(錢, 돈) = 100분(分, 푼). 본문에서의 의미는 무게감 있게 평가해야 될 인물을 가벼이 평가했다는 의미.

○○ 문학이 조선 문화가 고려 문화하고 신라 저쪽 이상 문화라는 건 말할 거 없고, 고려에서 현재 문화가 현재 좀 나아진 것처럼 이렇게 써놨어. 그러고 한자를 그냥 한문이 저편쪽에서 맨들어서 중국에서부텀 들어온 것처럼 이렇게 써놓고. 그러면 글 들어오는 글 원인부터 모르는 거여. 그게 여기서 되어서 중국으로 들여보냈다는 걸 모르니까 그런 소리 하지.

그러고 만나면 제일 첫 번에 "동양문화라는 게 한문 한문 하는데 한문이 어디서 생긴 거요?" 하고 물어보고 싶어. "동양문화 동양문화 하는데 동양문화가 그러면, 여 한문 없이 문화가 없었을 때, 그러면 한문 글자가 누가 어디서 맨들어 시작한 거요? 우리 '가갸거겨' 하기 전에는 우리나라 글 없었소?" 그렇게 물어보고 싶어.

학위를 가진 양반이 대학 저… 문화부 교수로 있는 양반이 그렇게 이 안계가 요렇게 돼서… 안계가 좀 넓어 봐야지. 그러고 예수교에는 예수교는 이만침 넓게 써놨어. 그걸 종교에다가 하나씩 다 보냈는가 봐, 대종교도 그게 한 권이 왔어. 그런데 우리가 문공부에서 배우고… 문공부 초대 박사님(안호상 초대 문교부장관을 뜻하는 듯)이라 써놓은 걸 그렇게 써놨는데, 우리가 그걸 반대하면 또 정부에서 싫다 그래. 반대할 거 없고, 너는 너대로 하고 우린 우리대로 한다고 그래버려야지.

〈수정봉에서 아래에서 불빛이 보인다는 학인의 보고〉

14:54

학인 2: 저 할아버님 저기 수정봉(水晶峰) 앞에요.

봉우 선생님: 응?

학인 2: 수정봉 앞쪽이요.

봉우 선생님: 응.

학인 2: 앞쪽에 보면은 그 봉우리에 보면 바위 있잖아요? 우뚝 솟은 이 바위요.

봉우 선생님: 수정봉 앞…

학인 2: 우측편에요. 수정봉에서 이렇게 능선을 따라는 곳에 보면 바위 큰 거 있잖아요.

봉우 선생님: 높은 거?

학인 2: 예.

봉우 선생님: 천진탑이라는 거?

학인 2: 아니요, 거기 말고요. 거기 내려가기 전에…

학인 3: 고 위에, 고 위에…

학인 2: 천진보탑(天眞寶塔) 307) 위에요, 거기 맥 시작…

봉우 선생님: 천진탑 위에?

학인 2: 맥 시작되는 곳이요.

학인 4: 그 중간에…

봉우 선생님: 맥써네?

학인 2: 아니요, 그 산 맥이 시작되는 지점이요.

학인 3: 천진보탑 꼭대기요. 천진보탑의 꼭대기 아세요?

---

307) 1984년 5월 17일 충청남도 문화재자료 제68호로 지정되었다. 바위가 몇 개씩 포개어져 만들어진 자연 석탑이다. 갑사에서 동쪽으로 1.3㎞ 정도 떨어진 용문폭포 위의 신흥암(新興庵) 뒤에 있으며, 천진보탑 머리부분에서 빛이 발한다고 한다. 이 탑에는 다음과 같은 전설이 전해 내려오고 있다. 석가모니가 열반한 후 인도의 아소카왕은 쿠시나가라(석가가 입적한 곳)에 있는 사리탑에서 많은 양의 사리를 발견하고 이를 84방향에 봉인하도록 하였는데, 그때 4천왕(四天王) 가운데 북쪽을 담당하던 비사문천왕이 신통력으로 이 바위 안에 사리를 담아 두었다고 한다. 뒷날 아도화상이 우연히 이곳을 지나가다가 바위에서 빛이 나오는 것을 보고 사리를 발견하자 '천진보탑(天眞寶塔)'이라 이름 붙여놓았다고 한다.

봉우 선생님: 수정봉… 수정봉 아래 아니여?

학인 2: 예, 수정봉 아래요.

봉우 선생님: 수정봉 아래 그 작은 수정봉이지 뭐.

학인 2: 아, 그제 이제 공부를 하다보니까는요. 한 열흘 됐어요. 거기서 새벽 한 3시 반쯤 됐는데요. 불빛이 한 이따만한 게 비치더라고요.

봉우 선생님: 뭣이여?

학인 3: 불빛이요.

봉우 선생님: 불빛이?

학인 1: 광선이 비치더래요.

학인 2: 새벽에요, 공부를 하는데요.

봉우 선생님: 응, 불빛이 있어? 거기는 전부 예전 공부 자리… 공부 자리입니다. 고리 뺑돌아서는… 누가 앉았던 자리인지 몰라. 거기서 공부한 이들이 서고청(徐孤靑)… 서고청, 여기 조 뭣인가 이저…

학인 1: 조식 선생이요?

봉우 선생님: 응?

학인 1: 조식 선생이요? 남명(南冥) 조식(曺植)이요.

봉우 선생님: 그 양반. 고기서 고리 앉기를 전부 한 7~8인 앉았었어. 앉은 데 하나 하나 하나씩 차지했는데, 어떤 봉우리 불빛이 밑에 나오는 거 같애.

학인 3: 그 가운데 우뚝 솟은 바위, 인근에 있는 큰 바위요. 수정봉에서 저 서쪽을 바라다보면 오른편쪽으로 이렇게 가장 높은 봉우리요.

학인 4: 이게 첫… 수정봉 꼭대기하고요, 천진탑하고 중간에…

봉우 선생님: 수정봉이 제일 꼭대기고… 수정봉이 제일 꼭대기고, 수정봉 밑으로는 봉우리는 몇 개가 되니까…

학인 3: 예, 예.

학인 2: 첫 번째 봉우리에 있는 그 바위요.

학인 4: 큰 바위… 튀어나온 거 하나 있잖아요.

봉우 선생님: 응, 응.

학인 5: 봉우리 경사진 큰 바위…

〈사리탑의 방광하는 것을 보지를 못하는 거지, 지금 (방광) 않는다고 그래?〉

17:17

봉우 선생님: 고 근처가 그 저 예전 사람들 앉았던 자리니까 공부하다가 거기서 빛이 와서 비치는 게 아니고, 빛 있는 거를… 빛 있는 거를 본 거지 말하자면. 거기서 그냥 환하게 비치면 불이 켜졌다면 아무래도 다 볼 거 아니여? 거기서 있는 것은 밑에 있는 것이 '광선이 뵌다' 하는 것을 정신 수련이 되면 거기 있는 광선 그 근처 걸 다 볼 건데.

학인 3: 근데 지금 천진탑에는 왜 방광을 하다가 지금 안 하는지 모르겠어요.

봉우 선생님: 천진탑에 방광 찾는다고?

학인 3: 아, 그전에 할아버님이 보셨다고 그러셨잖아요.

봉우 선생님: 천진탑에는 방광이 아니라 뭣이여. 저 석가여래 생사리 거기 있는 데여.

학인 3: 네.

봉우 선생님: 사리 방광을 하지, 천진탑이 방광하는 거 아니여.

학인 3: 네… 그런데 지금은 왜 안 하는지 모르겠어요.

학인 2: 9년째 안 한다는 거지… 10년째요.

봉우 선생님: 왜 않느냐고?

학인 3: 예.

봉우 선생님: 왜 공부를 그걸 못 보나? 천진탑이 그… 저 사리탑의… 사리탑의 방광하는 것은 보지를 못하는 거지 지금 않는다고 그래? 예전 사람들 거기서 그 보는 사람이 "방광을 한다." 이렇게 하지, 못 보는 사람은 똑같이 보고도 열이 앉아서 보고도 하나밖에 안 보고 다른 아홉은 못 보거든. 그러니 그건 내가 못 보는 거지 안 보는 게 아니여.

수정봉에서 고리 족족 해서 여덟 분이 앉았던 자리여. 사리탑은 천진… 천진탑이 거기 탑하고, 여기 저 뭣이여 여기 오대산하고, 양산통도사에 작… 작은 탑하고 그리해서 전부 조선에 있는 것이 12군덴가밖에 안 돼.

그저 석가여래 돌아가가지고 돌아간 건데 와서 첫 번에 가본 것이 가섭이 들어와서… 돌아간 뒤에 가섭이 들어왔거든. 그러니 "어떻게 할라고 전하지 않고 그냥 돌아갔소" 하고선 가섭이가 들르니까 아난이는 뭐 있어서 꼼짝 안 해서 송장으로 쳤어. 그런데 관 문이 열리면서 발이 쑥 나오지 않았나? 그러니 가섭이는 암말도… 일언반사(一言半辭) 말 없고 딱 그걸로 전했지 그러니까.

아직 그런 게 아니고 일찍 가는 것이 사리고 뭣이고 할 거 없이 이걸 봐라 하니까 그거 하나 보고선 문 닫아버리고 뭐라고 게(偈)308)를 했지. 그런데 아난이는 가서 울기만 했지 그거 못 봤거든. 같이 두 제자… 몇 천 제자가 있으면서도 그 발 보기는… 돌아간 이 발이 나오는 걸 보기는 가섭이 하나밖에 못 봤단 말이야. 발이야 거기 다 봐… 다 봐야 옳지. 몇 천 제자가 다 봐야 할 텐데, 왜 눈은 똑같이 보고도 하나만 보고 다른 사람 못 봤을까?

---

308) 부처의 공덕이나 가르침을 찬탄하는 노래 글귀.

여기 저 수정봉이라는 데는 이 남쪽으로는 누구한테 지지 않을 데여, 조선서 최고 단자가 거기서 난 자리니까.

〈삼갑(三甲), 수정(水晶)의 의미〉

20:48

봉우 선생님: 공부도 그렇지 않아? 아무 쪽으로도 해봐 봐. 수정봉에서 공부해도 수정봉이 뭣인지 몰라선 못써. 삼갑이지?

학인 1: 예.

봉우 선생님: 수정(水晶)은 이렇게 해가지고 요게 날일 셋이지?

학인들: 예.

봉우 선생님: 날일 셋인 게 수왈윤하(水曰潤下)[309]니까, 물이라는 게 흘러내려가는 게 아니여?

학인들: 예.

봉우 선생님: 요게 흘러내려오면 요기 와서 뭐이 돼? 요렇게 되고 요것도 요리 가서 요렇게 요렇게 되지, 요기 와서 요렇게 돼. 요걸 삼갑동천(三甲洞天)이라 그랬거든.

학인들: 예.

봉우 선생님: 삼갑동천이라고 하는 건 요건 물 수 자가 셋이지. 삼갑(三甲)이라는 건 뭐냐? 요게 갑옷 갑자 셋 아니여? 삥 돌리면 갑옷 갑 자, 갑옷 갑 자, 갑옷 갑 자로 되지 않아? 넷이라고도 할 테지만 하나, 둘, 셋이고

---

309) 《서경》〈주서〉 홍범(洪範)에 나옴. "물은 적시고 내려가는 것이고, 불은 타올라가는 것이며, 나무는 굽거나 곧은 것이고, 쇠는 따르고 바뀌는 것이며, 흙은 심고 가꾸는 것입니다.(水曰潤下, 火曰炎上, 木曰曲直, 金曰從革, 土爰稼穡)

갑옷 갑 자지. 삥 돌리면 삼갑이지 이게. 이제 성인… '성인 성(聖)' 자…
왜 '성인 성' 자냐? 성인 성 자가 왜 이렇게 썼어 그래? '성인 성' 자를 가
서 이렇게 써놨는데 성인이 귀도 넷… 저 넷이고 입도 넷이여 왜? 성인이
래도 사람이니까 입 하나고 귀 둘일 테지.

그렇지만 이게 뭣인고 하니 요 일중(一中)이라고 이 삼갑 수정(水晶)이
이뤄지는 것이 하나, 둘, 셋 갑옷 갑 자 아니여? 요렇게 한자래도 여전히
삼갑이여, 요렇게 해도 여전히 삼갑이여 삥삥 돌아서. 그러면 성인 성자
가… 귀… 여기서 이 뭐이 난 것을 이거 귀라고 그러지 않아? 귀가 하나,
둘, 셋이고… 귀가 넷이지만 하나 있는 ○○ 갑옷 갑자에서 보면 귀가 셋
아닌가?

학인들: 예.

봉우 선생님: 삥 돌아 그렇지. 입이 넷이여, 요게 하나, 둘, 셋, 넷 아니여? 이
게 성인 성자. 귀, 입이 넷이 성인(聖人)이다 말이지. 그거 왜 귀가 여러
개고 입이 여러 개가 되는 게 아니라 성인 성 자 되자면 이렇게 일중(一
中) 가운데서 이렇게 되는 이걸 다 알아야 된다.

그러니까《서전(書傳: 서경)》에 갖다 대서… 공자님이 서전 저… 요임
금 순임금이 심법 전할 때 "유정유일(維精維一)이오사 윤집궐중(允執厥
中)"이여. 유정… 정(精)하고 일(一)해야 윤집궐중이라는 게 가운데 중
(中)에 이제 이렇게 '성(聖)' 자가 되느니라 그랬거든. 그러니 "유정유일이
오사 윤집궐중"을 뭘 학자님은 별… 별소리 오물딱 소리를 다 했지만 그
게 이거여, '성인 성(聖)'이라는 건 가운데 중 자 하나 건너 그은 그게 돼
야… 삥삥 돌려도 아무대로 돼도 똑같이 돼야 성인이 되느니라 이거여.

그러니까 우리가 앉아서 공부하는 자리가 처음 될라고 하는 자리 그
자리 가서 예전 사람들 공부하던 자리니까 거기 가 해라 하는 거지, 성인
꼭 되라는 건 아니지만 성(聖) 근처래도 가야지. 거 뭐 거기 뭐 경치가 좋

아서 가라는 건 아니고.

학인: 경치는 좋던데요.

(일동 웃음)

봉우 선생님: 그러니까 이거를… 이거를 갖다 써놓고선 일중이라고 해놓고 거기다 이렇게 대는데 일중석(一中石)… 그저 갑사 가는 데 일중석이라고 있지.

학인 2: 예, 군자대(君子臺) 뒤요.

〈연천봉 바위에 새겨진 글귀〉

그래 이제 그게 우리게 상신에 오곡에 글자 새긴 거 있잖어? 명월유수보감개(明月流水寶鑑開)라고 그게 오경감(吳景鑑)이라고 하는 사람이 백인(새긴) 거여. 오경감이라고 하는 사람이 백였는데, 그게 우리 집 전에 살던 사람이거든. 그런데 그가 만날 밥 먹고서는 정 같은 거 가지고 가서… 글씨도 잘 쓰던가 봐. 정 같은 거 가지고 가서 그런데 글자를 백여. 연천봉 꼭대기다 새긴 것이 "방부마각(方夫馬角)(?)에 구혹다화(口惑多禾)"[310]라고 새긴 것이 그가 새긴 거여, 경술년(庚戌年)에 나라 망한다고.

---

310) 연천봉 꼭대기 바위에 새겨진 글자는 '방백마각(方百馬角) 구혹화생(口惑禾生)'이며 본문의 '방부마각에 구혹다화'라고 말씀하신 것은 서울 삼각산 꼭대기 바위에 새겨진 '방부복과(方夫卜戈) 구혹화다(口或禾多): 경술년에 나라가 망함'와 혼동하신 듯함. '방백마각(方百馬角) 구혹화생(口惑禾生)'의 의미는 일설에 다음과 같이 풀어진다고 한다. 방백(方百)은 네모진 100년, 즉 400년(四百年)이다. 마(馬)는 십이지로 환산하면 오(午)이며, 오를 파자하면 80(八十)이 된다. 각(角)은 뿔이 두 개라는 소리다. 이를 전부 합치면 482년이라는 숫자가 도출된다. 뒷부분의 구혹(口或)을 합치면 국(國)자가 나온다. 역시 화생(禾生)을 합치면 이(移)자가 성립된다. 앞뒤를 연결하면 "482년 만에 나라(조선)를 옮긴다"는 뜻으로 해석된다. 조선왕조 창업이 1392년이니 여기에

그러니 알긴 알았지. 그러면 그게 경술년에 전 꺼를 알기를 70년 전에 알았단 말이여. 70년 전에 거기 우리 집 자리 사는 게 70년 전에 그걸 지은 거… 지은 집이니까 그때. 70년 전에 알고 "방부마각에 구혹다화"라고 썼으니, 그게 무슨 소리인지 모르는데 그는 벌써 나라는 그날 망하는구나 하는 걸 알고 썼거든. 그러니 아는 사람이 없는 게 아니야, 아는 사람이 그렇게 있어도 그때 당시에는 아무도 없는 거여.

그건 뭣이여, 말뿌다귀… 방부마각이라는 게 뭐여? 말대가리가 뭐여? 말 뿔이… 말이 뿔이 어딨어?

〈뒷사람에게 알릴라고 하지 말고, 뒷사람이 아는 공부를 하도록 시키는 게 옳지〉

26:25

그래서 그게 그 양반뿐 아니라 여기 저 공부한 사람들이 전부 다 그렇게 자기의 뭣을 알려볼라고 애를 쓰는데, 그네들이 좀 생각 덜하는 거여. 모르면 어때? 내가 알았으면 알고 말지, 뭘 그걸 뒷사람 알릴라고 애를 써? 사람을 길러, 뒷사람 알릴라고 하지 말고 사람을 길러서 뒷사람이 아는 재주를 배우고, 아는 공부를 하도록 시키는 게 옳지.

아이고… 우리들이 저 공부들 해나가는 데 걸리더래도 뭣이 그저 수정봉, 수정봉에 가는 이가 그저 제일 꼭대기 솟은 자리는 피해 앉아요. 거기는 앉으면 좋지를 않어. 나중에… 나중에 여기 이렇게래도 이거 뜨거든 올라가. 이게 뜨면 가도 괜찮어. 뭐 머리에 가서 저… 저 돌맹이 광선 나

482년을 합하면 1874년이 나온다. 일본의 조선 침략이 시작되는 강화도조약이 1876년에 맺어졌으니 대략 이 무렵에 조선은 나라를 옮긴다. 즉, 망한다는 의미로 해석한다.

는 걸 보지 말고, 깜깜한 때 가 앉아서 가만히 봐가지고 이러고 앉는데 여기 앞에 뭐 뵈거든 그때 가서 이제 "아 나도… 나도" 소리가 나 이제.

깜깜한 날… 그믐날 같은 날 깜깜한 날 가만히 앉아서 이렇게 보면 앞부텀 뵈지, 앞부터. 앞에 뭣이 뵈지 텅비는 게 뵈지. 그래 가만히 떠들고 보면 저만침 이것이 대낮처럼 뵌단 말이여. 고렇게 뵈거든… 또 그런다고 고만두면 안 돼, 뵈는 것이 시작되는 거여.

이제 그래가지고 광선이 비치면 삼화가 뜬다면, 여기서 이래가지고 이리 올라가는 게 삼화가 뜬다면… 삼화라는 게 첫 번에 요렇게 해가지고 요렇게 요거밖에 안 떠. 이제 그게 요렇게 또… 또 뜨고, 또 뜨고 하면 이게 터지지, 터져가지고 이~렇게 해서 저만침 ○가 돌지. 그런데 예수교에도 뭣에 보니까 저… 홀필열(忽必烈: 칭기즈칸의 손자 쿠빌라이 칸)이 저기 들어가서 싸울 적에 그때 거기 예수교 주교인가 누구가 나와서 같이 싸운 이가 있더구만. 나올 때 보니까 여기 와서 광선이 비치… 내려왔대. 그러니 그는 공부를 해서 뭘 얻었던 사람이니까 그런 게 비쳤던가 보지.

〈공부가 되면 칠흑 같은 그믐날 밤에도 주변이 훤히 보인다〉

그러니 그믐… 그믐날 침침칠야(沈沈漆夜)311)에 전등불 갖지 말고 전등 맨들도록 해. 여러분들이 다 침침칠야 그믐날에도 가는데 낮처럼 거침없이 발이 착착 나가도록만 맨들어주면 돼. 그 나중에 시험해 보라고. 산에서 여기 이쪽에서 저리 가는데 5리가 되든지 10리가 되든지 이래놓고 가봐. 이래놓고 발을 헛디디나 안 (헛)디디나 가봐. 그거 뭐 그리 어려운

---

311) 썩 가까운 거리를 분간(分揀)하지 못할 만큼 칠흑처럼 어두운 밤.

거 아니여. 잘못 가면 넘어지지 뭐. 잘못 가면 넘어지지만 안 넘어지… 안 넘어지게 잘 가지나 안 가지나 보면 알지. 잘했네 못했네야 대번 표가 자꾸 나는 거여. 표 안 나는 거 아니니까, 눈 감고 가도 여기서 이래가지고 이 턱… 턱 이렇게 있는 덴데 턱에 가서 덜컥 뒤집힐 텐데 이렇게 이렇게 생긴 거 올라가지거든. 혹 모르고 여길 내리 딛었다가도 이렇게 바로 올른단 말이여. 눈 떠보면 여긴 낭아지지(낭떠러지)여.

그걸 이런 얘기는 한 번도 안 했어, 한번도 안 했지만 안 할 수가 없어. 공부 좀 해가지고 첫 번에 다른 건 다 못 보더래도 이 밤에 나가는데 헛디디지 않을 정도만이래도 가면, 눈으로는 못 보더래도 머리에선 이걸 보는 거여. 그러니까 이게 이렇게 안 가고 이렇게 가진다고. 한쪽이 위태하더래도 문제없이 바로 발은 안으로 간다고. 고렇게 되면 그게 호흡에 기력이(길이가) 무던이 됐구나 하는 거지. 그래가지고 눈을 뜨나 감으나 마찬가지나 되지. 그래 꼭대기 가서 저… 앉아서 뭐 앞에거만 자꾸 볼라지 말고, 걸어갈 때 그걸 시험을 해봐.

그러고 서로… 서로 누가 잘했네 못했네 보지 말고 밤에 가~만히 앉아서 저쪽에… 저쪽에 앉았고 저리 앉았는데, 그쪽편을 쳐다봐서 광선이 비치거든… 서광이 조금 비치거든 훤할 만침 나거든, 말 말고… 말 말으면… 말하면 안 돼. 자네 머리엔 서광이 비치네 이 소린 말어. 거기 왜 마는고 하니 무슨 짓이 나는고 하니, "내가 비치는구나." 이렇게 되면 비치는 자만(自慢: 자만심)이 나가지고 공부 덜해. 모르게 가만두고 "야, 재는 공부는 조금 잘하는구나." 이걸 얼른 알어. 내가 아직 한 번도 그 소리 안 했어. 그런데 그건 그 얘기를 해줘야 할 차례가 되니까 내가 지금 하는 거여.

〈6.25 때 사흘 동안 굴 속에 피난하신 이야기〉

내가 지금 늘 이 얘기여. 가끔 여기서 얘기를 하는데 6.25 사변에 자식 데리고 가서 피난하던 자리가… 피난했어 틀림없이, 거기서 사흘 저녁 잤어. 잤는데… 가보니까 이렇게 이렇게 돌이 땅에 백이고 이건 흙이여. 그래 흙 속에 잤단 말이여? 거기서 피난을 했는데 사흘 동안을. 그러니까 그냥 있으면 붙잡혀서 총을 맞던지 할 테니까, 고걸 지난 뒤에서 나왔다고.

그래 같이 간 사람… 거기서 날 나오는 걸 본 사람이 추석 때 저 떡 해가지고 와서… 자기 들고 몰래 피해올 때 떡 가지고 와서, "선생님~ 선생님~"하고 그 근처 같아서.(불렀는데) 그 열고 나와서 이걸 도로 닫아놨었는데, 그래 그 사람이 내가 못찾는다니까 "아이고 거길 못찾아요? 아, 지가 가서 하니까 거기서 나오지 않으셨어요?" 하고 쫓아오더니 열어보니까 흙이더래. 그러니 그건 하느님이랄까… 하느님이랄까, 거기 산신님이랄까 누가 우리 부자를 피난시켜준 거여. 그러니까 남은 혹 어떤 사람은 아… 그 뭐 그… 그게 저 이상한 게 나온 걸로 알지만 있기는 늘 있어. 늘 있는 건데, 우리 눈이 보질 못했던 거지. 그런데 요새 가까우니까 백두산 신령도 심심하니까 그래 이제 구경들 시키는 거여.

〈학인 질의 응답〉

34:51

학인 1: 그… 한가지만 여쭙겠습니다.

봉우 선생님: 응?

학인 1: 한 가지만 여쭙겠어요.

봉우 선생님: 누구?

학인 1: 예, 하나 질문이 있어요.

봉우 선생님: 뭣이?

학인 1: 그 저 의심스러운 게 있어가지고요.

봉우 선생님: 뭣이여 뭣이 왔다고 얘기해? 나 귀가 요새… 인제 죽을라 그러나 귀가 어둡네.

학인 1: 좀 주제넘는 질문이에요.

봉우 선생님: 응?

학인 1: 주제가 넘는 질문이라고요.

봉우 선생님: 질문에 무슨 저 그런 게 있나?

학인 1: (웃음) 저기 《대학(大學)》하고요.

봉우 선생님: 응?

학인 1: 《대학(大學)》하고요, 《중용(中庸)》하고 연결돼서 질문하는 건데요. 《중용》20장에요, 애공(哀公)이 이제 그 정치에 대해서 물어요.

봉우 선생님: 응?

학인 1: 애공이요 애공. "애공(哀公)이 문정(問政)한대, 자왈(子曰) 문무지정(文武之政)이 호재… 포재… 포재방책(布在方策)하니 기인(其人)이 존즉기정(存則其政)이 거(擧)하고, 기인(其人)이 망즉기정(亡則其政)이 식(息)이니라." 그다음에 "인도(人道)는 민정(敏政)하고 지도(地道)는 민수(敏樹)하니, 부정야자(夫政也者)는 포로야(蒲盧也)라. 고(故)로 위정(爲政)이 재인(在人)하니 취인이신(取人以身)이요 수신이도(脩身以道)요 수도이인(脩道以仁)이라."

그다음에 두 번째요, "인자(仁者)는 인야(人也)니 친친(親親)이 위대(爲大)하고, 의자(義者)는 의야(宜也)니 존현위대(尊賢爲大)하니 친친지쇄(親

親之殺)와 존현지등(尊賢之等)이 예소생야(禮所生也)니라." 그다음에 재하… "고(故)로 군자(君子ㅣ) 불가이불수신(不可以不脩身)이니 사수신(思脩身)인댄 불가이불사친(不可以不事親)이오, 사사친(思事親)인댄 불가이불지인(不可以不知人)이니 사지인(思知人)인댄 불가이불지천(不可以不知天)이라."312)

거기서 에… 천하의 달덕(達德) 셋 하고요, 지인용(智仁勇)하고, 그다음에 그…《대학(大學)》에서 나오는 삼강(三綱)이요.

봉우 선생님: 응?

학인 1:《대학》에 나오는 "대학지도(大學之道) 재명명(在明明)하고요, 덕(德)은 재신(在新)하고, 민(民)은 재지어지선(在止於至善)"313)하고요.

봉우 선생님: 그래 그래.

---

312)《중용》제20장

애공이 정사를 묻자, 공자 말씀하시길 문왕과 무왕의 정치가 펼쳐진 것이 방책(목판과 책)에 있으니 그것을 행할 사람이 있으면 그 정치가 행해지고, 그것을 행할 사람이 없으면 그 정치도 없는 것입니다. (중략)

사람의 도는 정치에 신속하게 나타나고 땅의 도는 나무에 신속하게 나타나니, 무릇 정치의 효과는 금방 자라는 갈대처럼 신속하게 나타나는 것입니다. (중략)

따라서 정치를 하는 것은 훌륭한 신하를 얻는 데에 달려 있는데, 훌륭한 신하를 얻기 위해서는 임금이 자신을 닦아야 하고 자신을 닦기 위해서는 도(道)를 닦아야 하고 도를 닦기 위해서는 인(仁)해야 하는 것입니다. (중략)

인(仁)은 사람(사람의 마음)인데, 그것을 표하는 것으로는 친족을 친애하는 것이 가장 중요하고, 의(義)는 합당하다는 뜻인데, 합당한 것으로는 현자(賢者)를 존경하는 것이 가장 중요합니다. 그런데 친족에 대한 친애에도 차이가 있고 현자에 대한 존경에도 차등이 있기 마련이므로 여기에서 예(禮)가 생겨나는 것입니다. (중략)

그러므로 다스리는 사람은 자신을 닦지 않아서는 안 되는데, 자신을 닦으려고 생각한다면 어버이를 섬기지 않아서는 안 되고, 어버이를 섬기려고 생각한다면 사람(사람의 마음)을 몰라서는 안 되고, 사람을 알려고 생각한다면 하늘의 이치를 몰라서는 안 되는 것입니다.

313) 대학(大學)의 도(道)는 선천에 밝았던 것을 후천에 다시 밝히는 데 있으며, 덕(德)은 새롭게 하는 데 있으며, 백성(民, 사람)은 최선의 노력을 하면 되느니라.

학인 1: 그다음에 오륜(五倫) '부자(父子)·군신(君臣)·부부(夫婦)·붕우(朋友)·형제(兄弟)', 고거하고 사군자(四君子)요. '매란국죽(梅蘭菊竹)'하고, 그 다음에 '군자지도사(君子之道四)'[314]하고, 그다음에 십장생(十長生), 그거 '일(日)·산(山)·수(水)·석(石)·운(雲)·송(松)·불로초(不老草)·거북귀(龜)· 학(鶴)·사슴(鹿)' 그다음에 요것이 지금 다 함께 같이 돌아가는 거거든요.

그런데 이 생생생(生生生)… 전삼생(前三生), 후삼생(後三生), 이렇게 생생생 나가는 것도 그 뭐 갑자기 사슴이 호랑이가 되는 게 아니고, 그것도 동물은 동물대로 계통이 있는 거 같고, 식물은 식물대로 계통이 있는 거 같아요. 그다음에 미생물은 미생물대로, 무생물은 무생물대로니까 이게 에… 말하자면 무생물에서 인간이 돼가는데, 쉽게 해서 덕(德)은 재신(在新)이… 쉽게 얘기해서 그… 새롭게 새롭게 된다는 건 다시 말해서 생물의 진화입니다.

물론 그 올은 다 똑같지마는 그 덕(德)의 그 크기에 따라서 동물도 되고 사람도 되는데, 사람도 대인(大人)이 있고 소인(小人)이 있는데, 소인의 덕과 대인의 덕이 있는데, 소인이 대인의 덕으로 될 때 이 원심력이 구심력하고 이 중심이 안 맞아요. 그래서 예를 들어서 그 원심력이 더 커가지고 구심력이 약해서 그 사람이 고생을 하게 된다구요. 그러니까 이 군자지도사(君子之道四)하고 사군자(四君子)하고 요걸 좀 설명 좀 해주세요.

봉우 선생님: 내가 학자님인가? (일동 웃음) 내가 《중용》, 《대학》 그거 학자님 아니여. 유교(儒敎)의 학자님이 아니고…

---

314) 군자의 도리 4가지. 《논어(論語)》 공야장(公冶長) 제15장에 나옴.
기행기야공(其行己也恭) 기사상야경(其事上也敬) 기양민야혜(其養民也惠) 기사민야의(其使民也義): 자기 행동은 공손히 하고 웃사람을 섬김에 공경으로 하며, 백성을 양육함에 혜택을 주고 백성을 부림에는 의로움으로 해야 한다.

학인 1: 네.

봉우 선생님: 글은 이게 여섯 일곱 살에 읽었어. 여섯 살에 읽던 글인데 지금은 뭔가 나 알지도 못해 응. 그런데 이것이 공자님… 공자님이 말씀하신 걸 적어 놓은 것이 이게 《중용》 아니여?

학인 1: 네.

〈주자(朱子)의 욕심〉

39:15

봉우 선생님: 《중용》인데, 뒷사람이 공자님 뜻을 다 적어놨느냐, 덜 적어놨느냐? 이게 문제여. 《중용》을 보는 사람이 뒷사람이 다 그… 그 말을 또 알아듣느냐가 문제고. 여기 지금 "대학지도는 재…" 이렇게 하는 것도 여기 이름난 학자님 공… 향교에 들어간 양반들이 "대학지도(大學之道)는 재명명덕(在明明德)하며, 재신민(在新民)하며, 재지어지선(在止於至善)이라"고 주자가 그걸 달아놓은 거거든.

학인 1: 네.

봉우 선생님: 주자 같은 성자(聖者)가 가서 그렇게 달아놨는데, 뒷사람이… 나 같은 못난 이가 그걸 가서 바르게 한 거거든. 그럼 주자가 왜 그걸 그렇게 달아놨나 몰라. 왜 "대학지도는 재명명덕하며, 재신민하며, 재지어지선"이라고 달아놨느냐 말이야. 주자가 모르고 그랬나 몰라.

　주자가 성자면서 욕심이 있어. 성자면서 욕심이 있는데, 당신 6세손이 명나라 천자(天子: 황제)가 된다는 걸 알았어. 그런데 너무 이걸 훑쳐놓으면 천자가 학자들한테 부대껴. 학자들한테 부대끼니까, 그걸 너무 그… 그 길로 파고 들어가면 학자들이 임금 보기를 개떡같이 본단 말이야. 그

〈일중석(一中石)〉

러니까 그러질 못하게 하느라고 "대학지도는 재명명덕하며, 재신민하며, 재지어지선"이라고 떡 써놓은 거거든.

그런데 그것이 그랬다고 쓸 수가 없어. 제자든지 누가 "아, 주자가 성인(聖人)인데 그걸 모르고 썼겠냐?"고 이러지, 여기서 지금도 학행이나 책 맨들어놓은 데 보면 그렇게 하나도 안 쓰였었거든. "대학지도는 재명명덕하며, 재신민하며, 재지어지선"이라고 썼지… "재명명하며, 재신하며, 재… 민은 재지어지선"이라고 이렇게 쓴 데는 없다 말이지.

《중용》이나《대학》이, 용학(用學)이 똑같은 거여. 똑같은 건데, 자기가 들여다봐. 자기가 들여다봐서 거기 돌아가는 것을 "아, 요거는 요렇구나, 요렇구나." 하는 걸 자기가 풀어야지. 태산이 높아도… 그 말은 쉬웠어. "태산이 높다 해도 하늘 아래 뫼이니라. 오르고 또 오르면 못 오를리 없건 마는, 니가 안 오르고 뫼를 높다 하더라" 하는 그 말이 조금도 거짓말 아

〈연천봉에 새겨진 글자〉

니여. 조금도 거짓말 아닌 게, 백두산이 높다고 해도 다리가 지금 나도 아파가지고 업혀댕기는 놈이 거까정 가지 않았나? 가니까 간 거 아니여? 저기도 가면 가는 거지. 무서워서 겁이 나면 뼁뼁 돌고 못 가는 거지.

그래 그 양반도 그걸 가서 고쳐놓은 것이 너무 그 방면으로 너무 파고 들어갈까 뵈 일부러 그걸 고쳐놨다 그래, 조금 욕심도 있고. 그런데 알기 쉽게 공자님은 그렇게 안 해놨거든. 그저 〈계사전〉을 주인이 있는 걸, 문왕(文王) 무왕(武王)이… 무왕 주공(周公)이 해가지고 책을 죽겠다고 맨들어놓은 《주역(周易)》…《주역》 아니여?

학인 1: 네.

봉우 선생님: 그게 주나라 역이라는 그거지. 그 맨들어놨는데, 그거를 인정하기가 쉬우니까… 인정하기가 쉬우니까 〈계사전(繫辭傳)〉에 슬쩍 바꿔놨거든. 〈계사전〉이라는 건 본《주역》에서 토 달은 대로 달은 게 아니여.

이게 그러니까 "역(易)은 무사야(無思也)하며 무위야(無爲也)하야 적연부동(寂然不動)이라가", 역이라는 건 사사로움이 없고 하는 일 없어. 역이 무슨 뭐 일월(日月)이 뭣을 해? 일월은 가고 또 저거 뜨고 하는… 한 달이면 보름 됐다, 그믐 됐다 해가지고 또 ○○하고 이렇게 돌아가는 이것이지 별게 아니거든. "무사야하며 무위야하야 적연부동이여", 뭐 가만히 있지 무슨 뭐라고 하나. 그러나 뭐이 감이수통이여? 그런데 음양(陰陽)에 전력하고 들어가는 사람, 호(呼)하네 흡(吸)하네 해가 이걸 자꾸 해가지고 얻음이 있는 사람은 적연부동이라가 감이수통 천하지고해, 천하의 연고를 다 알아낸다 말이야. 그 공자님이 거짓말 하셨을까?

"비천하지지신(非天下之至神)이면 기숙능여어차재(其孰能與於此哉)리오." 천하의 지극은 신명(神明)이 아니면 누가 이걸 알 것이냐? 그런데 공자님 당신이 알면서도 시치미 딱 떼셨거든. 천하의 귀신이 알지, 나라고 알 수가 있냐? 이러면… 하시면서 그… 신명(神明: 정신이 밝아짐)되면 안다 그 소리여, 머리가 좋아지면 안다 그 소리여.

44:31

학인 1: 그러면 제가 질문한 것은… 질문 내용이 허황된 건 아니죠?

봉우 선생님: 그렇지.

학인 1: 그러니까 이런 까닭이 있다 이거죠?

봉우 선생님: 그렇지.

학인 1: 그다음에 그 꽃이 그 아름답잖아요? 꽃이요 꽃.

봉우 선생님: 응.

학인 1: 꽃이 아름다우면 예를 들어서 열 사람이면 열 사람 다 좋아하잖아요?

봉우 선생님: 그렇지.

학인 1: 그런데 예를 들어서 꽃이… 예를 들어서 어떤 그 한 인간이 됐다고 했을 때, 그럼 그 인간을 좋아하는 사람이 있고 싫어하는 사람이 있단 말이에요.

봉우 선생님: 물론이지 그야.

학인 1: 그러면은 꽃하고 이거하고는 알맹이는 같은데…

봉우 선생님: 알맹이는 같지.

학인 1: 덕은 저 이 꽃이 그 덕을 닦아가지고 새롭게 인간이 됐는데, 인간으로서는 또 새로운 덕을 또 쌓아야 된다는 얘기거든요?

봉우 선생님: 그렇지 그래.

학인 1: 그러면은 음… 그 싫어하는 그… 예를 들어서 다른 사람이 싫어한다.

봉우 선생님: 그래 다른 사람 싫어한다고 내가 공부 못 할 까닭이 있나?

학인 1: 그렇죠, 그러면…

봉우 선생님: 다른 사람 좋다고 한다고 내가 덮어놓고 따라가나? 그건 아니거든. 나는 나왈류로(나는 내 소리 하는 식으로) 해라 그거지. 내 길로 가야 한다 그 소리지.

학인 1: 그러면 꽃보다 사람이 나은 건 분명한 거죠?

〈공자님께서 말씀하신 홍익인간의 원리〉

봉우 선생님: 그렇지 그야. 뭣이 지금 저… 거기다 내는 걸 보면 우스운 소리가 많아. 그런데 이걸 잘못 보면 안 된다는 거야. 뭣에도 저《대학》도 죽 해내려가다 끄뜨머리 가선… 저 혈구장(絜矩章) 끄트머리 가선 그게… 그 뭐여 그게?

내가 제일 꼭대기 사람한테… 저 앞사람한테 내가 바라는 바나, 윗사람한테 바라는 바… 앞사람한테 윗사람한테 바라는 바가 있거든 니가 먼저… 저 사람이 말하자면 내가 살림이 곤란한데 뭣한데, "아, 그 부자니 그 윗사람이… 이 양반이 부잔데 나 돈 100만 원이나 줬으면…" 이렇게 하는 처지가 있을 때, 내가 돈을 벌어가지고 아랫사람 그 곤란한 사람한테… 그런 얘기 하기 전에 미리 좀 줘봐라 이거여.

그럼, 이 사람도 그런 생각이 있다가 이걸 말하기 전에 줘놓으면 좋아할 거 아닌가 말이지. 그게 뭣인고 하니, "내가 먼저 알고 행해라." 그 소리지 다른 거 아니여. 뒷사람한테나, 옆사람하고 오른쪽 사람이… 왼쪽 사람이나 똑같지 뭐 그게. 상하전후좌우(上下前後左右) 그게 다 똑같지 않어? 그러니까 그걸 미리 알아봐라. 미리 알아서 행하면 나라의 임금이래도 백성의 형편을 알고 미리 다 이렇게 해놓으면 어떤 임금 쫓아내자고 할 놈이 어디 있어? 모르고 하니까 모르고 사람들한테 이걸 고루하질 못하니까 쫓겨도 나오고 별 일이 다 나와.

그거 간단한 소린데 그걸 혈구장이라는 게, "이 공자님이 왜 이런 소리를 했나?" 이런 소리를 선비들은 한단 말이여. "그거 누가 모를 사람이 있나?" 이런 소리 하지만, 그렇지만 선비 지금 갓은… 갓 쓰고 댕기고 지금도 묵은 선비 큰 선비라고 하는 분들이…

〈권도(權道)를 쓸 줄 몰라 사당을 다 태운 선비〉

47:49

큰 선비의 딱한 일이 좀 있더구먼. 딱한 일이 있는 게 뭣인고 하니, 우리게서… 우리게서 학자님 하나가 있어, 영동(永同) 있을 적에. 자기 사당방에 불이 났어, 사당방. 사당방에 불이 났는데, 아 양반이 밤에 자다가 동저고리 바람으로 뛰어나간다는 건 말이 안 되거든. 도포를 입고, 행전 치고, 망건 쓰고, 갓쓰고 다가가보니까 사당방은 다 불타버렸어. 그걸 권도(權道)를 써야지, 맹자님이 하신 소리 아니여?[315]

수익(嫂溺: 형수가 물에 빠짐)하던 아줌니가… 아줌니가 물에 빠질라고 하거든 원지이수(援之以手: 손을 내밀어 도움)여. 손을 붙잡더래도… 아줌니 누가 형수의 손을 붙잡나? 규수의 손을 붙잡나? 하지만 물에 빠질라고 할 때는 손 붙들어 끌어내는 게 권야(權也)여 그게. 권도(權道: 임시 방편)니까, 불이 나가지고 사당방에 탈 적엔 쫓아가서 사당 위패부텀 신위(神位)부터 쫓아… 끌어내야지. 신주(神主) 다 태웠지. 그런데 그 양반이여, 그 양반이 그 신주 다 태운 양반이여. 그 이거 다 지금 신고, 도포 입고, 망건 쓰고 하다보니까 신주는 다 탔단 말이여. 그래 또 그 아들이 보면 아들도 또 그… 그와 비슷해. 그럼 내가 자꾸 놀려. 사운장, 마흔으로 약은 고쳤지, 사운이라고 '모래 사(沙)' 자 '구름 운(雲)' 잔데, 나보다 나이가 훨씬 더 자셨지.

"사운장 오늘 선장께서는 참 성잡니다. 신주를 태우더래도 예는 지켜야 하지 않읍니까?"(웃음) 내가 자꾸 웃었사서… 신주를 태우더래도 예

---

315) 이루상(離婁上) 제17장에 나옴.
    순우곤(淳于髡)이 왈(曰) 남녀수수불친(男女授受不親)이 예여(禮與)잇가?
    맹자왈(孟子曰) 예야(禮也)니라.
    왈(曰) 수익즉원지이수호(嫂溺則援之以手乎)잇가?
    왈(曰) 수익불원(嫂溺不援)이면, 시(是)는 시랑야(豺狼也)니 남녀수수불친(男女授受不親)은 예야(禮也)오. 수익(嫂溺)이어든 원지이수자(援之以手者)는 권야(權也)니라.
    [해석]
    순우곤이 말하였다. "남녀가 주고받는 것을 직접 하지 않는 것이 예(禮)입니까?"
    맹자께서 말씀하셨다. "예(禮)이다."
    "형수가 물에 빠지면 손으로 건져 주오리까?"
    "형수가 물에 빠졌는데 구원하지 않으면 이는 승냥이와 이리이다. 남녀가 주고받음을 직접 하지 않음은 예(禮)요, 형수가 물에 빠져 손으로 건져내는 것은 권도(權道)이다.

를 지켜? 예 지키다 신주 ○○○ 보낸 거지. 그래 해놓으면 이것이 말을 못해.

〈사람을 볼 때 대체로 보고 흠을 안 잡을 건 안 잡아야 한다〉

그러니까 여기도 지금 세상일이 다 그런게 권도 쓸 때는 권도 써야 하고 일할 땐 해야 한단 말이여. 그리고 지금 이 학자님들이 색계상(色界上: 화류계)에 대단히 언둔한데… 색계상에 자기 아들이 근데 누가 뭣이라고 해서 여자들 조금만 이렇게 가까우면 족보에서 탈골시켜. 족보에서 이놈을 쫓아내… 쌍놈으로 가려진다고 차별시키고 이 야단들을 하는데, 그 양반이 《사기(史記)》를 덜 봐서 그래 《사기》를.

문왕이 성인(聖人) 아니여? 문왕이 성인이지… 성자로도 누구한테 지지 않는 성잔데, 아들이 100명인데 마누라 하나한테(서) 아들 100명 할까(낳을까)? 그래도 문왕은 문왕이여. 그리고 100명은 봤길래 100명 낳지 않았나? 자기 큰마누라는 하나밖에 못 낳았지. 주공… 아 둘이로구먼, 주공하고 저 무왕하고 둘밖에 못 낳았지. 그리고 그 나머지는 몽창 둘째, 셋째, 넷째해서 이렇게 낳았는데. 아, 그래도 뭐 색계상의, 성인이 색계상을 모를 텐데 100명 낳자면 색계상 모르고 낳았어? 그것도 그래서 그가 죄를 안 지거든. 문왕 문왕 하고 치지.

공자님이 성인 아니셔? 성인인데, 남자(南子)[316]가 최… 그때 천하일색이여, 위(衛)나라. 남자가 천하일색인데 하필 왜 공자를 합승하라고…

---

316) 위령공(衛靈公)의 부인으로 총애를 받았다. 친오빠인 송나라의 공자(公子) 조(朝)와 사통(私通)을 하는 등 매우 문란하였다고 한다. 공자(孔子)가 천하를 철환(轍環)하다가 위나라에 갔을 때 그녀가 침실로 끌어들여 유혹했던 이야기는 유명하다.

이 양반 타신데 공자님 같이 타자고 하니까, 거길 올라가시는데 (행동) 거지가 황당해. 천하일색하고 같이 타니까, 이 뭐니 점잖은… 색이 좀 황당하게… 미인하고 같이 타니까 좀 황당하지 아무래도. 그러니까 "왜 선생님 그렇게 하셨습니까?" 하니까, "그건 너희가 당해 봐야 안다." 이렇게… (일동 웃음)

그런 일이 많지. 그러니까 남을 꼬집을라면 그 왜 공자님 같은 이가 남자(南子)하고 탔느냐 이래버릴 테고, 남자(南子)가 아주 유명한 색골이요, 이놈 저놈 많이 붙어먹는 색골이거든. 그런데 그런 여자하고 뭣하러 타? 그런데 타고 그러니까 탔지. 공자 같은 성인하고 같이 한번 타고 싶으니까 또 올라타라고 끌어올렸지.

그러니까 그게 그 역사를 많이 보고, 그 사람 하는 행동이 적게 보면 흠을 잡을 테지만은, 적게 보지 않고 하면 대체로 보면 흠을 안 잡을 건 안 잡아야 하거든.

⟨당장 성인이 되고 당장 철인이 되기 전에는 힘껏은 해야 돼⟩

53:15

그래 지금 우리들도 공부 공부 해도 공부할 때 당장 성인이 되고 당장 철인이 되기 전에는 힘껏은 해야 돼. 작지불이(作之不已), 일하는 데 쉬지 말고 내리 일해야 하는데, 작지불이라고 했지? "시작에서 끝까정 똑같이 가라"는 의미여. 조금 더디 갈 때도 있고, 좀 부지런히 갈 때도 있고, 아주 더 부지런히 갈 때도 있고 그게 작지불이로 나가는 거여. 그치지 말고. 그래 나가면 저 끄트머리 가서는 통한다 말이여. 여기서… 여기서 저 끝을 나가야 되는 거지. 이 안에서 돌면 자꾸 돌기만 해.

그러니까 예전 사람들이 그 뭐 10년이래도 들어앉고, 20년이래도 들어앉아가지고 대통(大通)을 해가지고 나오는 게 옳은데, 왜 3년, 3년, 3년, 3년 이래가지고 3년 다리로 맨들어서 9년공완이니 3년공완이니 이랬거든. 그런데 한 귀퉁 가거든 다시… 좀 다시 생각하고. 또 그다음에 가거든 그 위를 나보담 나은 사람이 또 있지 않어? 이제 그 사람은 따라가기 위해서 좀 또 밀고 나가고, 또 그 위에 가서 또 가고 이러는데, 이게 활연관통(豁然貫通)이라는 것은 하늘을 쳐다보나 땅을 들여다보나, 눈을 감고 보나 뜨고 보나 똑같을 때는… 활연관통될 때는 더 하라는 소리는 없어. 그때 가서는 내 맘대로 해라 그렇지.

그러니까 그게 여기서 지금 예전 무예들 배울 때도 그래. 무예 배울 때도 검도를 하는 사람이 검술에 가격천안(?)을 다 하고 나가면… 지금 6단이나 7단이나 되면 제법 하니까 세상에 나가. 저 혼자는 제법 했지만 8단이나 9단이 나오면 이놈은 또 당한단 말이여. 나보다 높은 놈 만나면 7단… 7단이 당할 거야? 못 당하지, 거 한참인데. 9단이나 명인(名人)이 나오면 9단짜리들도 명인들한테 또 걸리면 또 당한단 말이야. 그런데 명인도 명인 말고 그 이상이 또 있거든.

〈일본 검도 명인(名人)과 명나라 장수 이여송(李如松)의 칼싸움 일화〉

일본서… 일본서 검도 명인이 이여송(李如松)이가 뭣이 저기… 뭣에서 저… 연광정(練光亭)317)서… 연광정 와서… 평양 연광정 와 있는데, 검도 명인이 이 강 건너서 타고 들어오는 거여… 날라서(날아서) 들어오는 거

---

317) 평양(平壤)의 대동강(大同江) 가에 있는 누각(樓閣).

여. 날라 들어오는데 그 무지개가 서니까 머리를 믿다가(자만하고) 졸지에 이걸 그냥 붙들어 매고선 골방으로 들어가… 골방으로 그냥 쫓아 들어갔어. 그런데 이… 뭣이가 쫓아 들어갔어. 뒤에서 오던 무지개가 그리 그냥 막 들어갔단 말이야. 들어갔는데 오성[(鰲城: 백사(白沙) 이항복(李恒福)]이 거기 있었어. 오성이 있었는데 오성이 가만히 보니 칼소리가 짱그랑 짱그랑 소리가 나거든.

'이놈이 검객이로군… 일본 지금 검객이로구나. 나오면 안 되겠다. 속에서 좁은 데서 싸워라' 하고선 이 여기 딱 막고 있었는데, 저 놈이 몇 번 열라고 해도… 아니 누가 저 오성이 무슨 장사여 뭐여? 하지만 나라 기운이요, 그 사람 공부 기운이지. 딱 막고 있는데 이놈이 안 열려. 안 열려 가지고선 거기서 싸우다 싸우다 (이여송이) 모가지 하나 떡 들고 나왔는데,

"대감 참 고맙소. 대감이 아니었으면 내가 당할 뻔한 게, 나는 좁은 데서 잘하고 저놈은 넓은 데서 잘하니까…"

좁은 데로 끌고 들어간 거야. 좁은 데서 하니까 좁은 데서 안 해본 놈이니까 이여송이한테 모가지 딱 얻었단 말이야. 그러니까 그건 이여송이는 장사라 놔서 장사를 ○○○○ 댕겨놔서 경험이 많고, 저놈은 검술을 잘하지만 경험이 적으니까 거길 쫓아 들어간 거지. 쫓아서 당장 이길 줄 알았는데 가보니까 그렇지 않으니까.

그래 그건 우리가 일해 나가는데 뭐든지 상대방을 알아야 한다. 상대방이 말을 잘 들을 사람인가? 나보담 손위인가? 나하고 같이해도 손 붙잡힐 사람인가? 이걸 알고 덤벼야지. 자칫하면 상대방한테 붙잡히기도 쉽고, 상대방 일가서 꿈에도 생각 않던 거 상대방 일 해주고 말기도 하고.

〈대종교를 통해 남북관계에 힘을 쏟으시다〉

58:19

그런데 지금 우리가… 우리가 지금 만주… 저 만주 사람이 중공… 중공의 요원으로 어떤 책임을 맡아가지고 이 북한에 들락거리는 사람이 있거든, 정씨라고. 그러니까 북한에 가서 김일성이 김정일이 다 만나 보고 이런 사람이여. 그래놓으니까 우리 대종교가 그를 만나봐가지고선 지금 우리가 얘기하는 여기서 가는 루트를 좀 틀라고 하는데, 그거를 길을 트자는 게 아니고 백두산에 우리 백두산에 조상이지, 그러니까 백두산 조상 계신데 가러… 보러 가는 행사하러 가는 데는 길을 통한다 하면 그쪽 사람들도 한 조상이라는 걸 알지 않나? 속이지 못하지 않나? 이게 나오면 여기 뭣이는… 우리가 여기 비행기 가지고 들어가는 게 아니고, 너희가 그쪽에서 너희 비행기로 가게 하자 이거여.

그럼 저희가… 가운데 선전은 저희가 해야지 않나? 이건 단군 뭣이요, 이건 뭣이요 이제 이렇게 한다면, 저희나라… 저희나라 녀석이 공산 국가에서 단군 할아버지 이 어른 선전을 어떻게 하나? 허지만 그걸 안 하면 안 되게 되지, 돈 벌기 위해서. 그러면 그게 부지중 우리의… 같은 단군 위하는 같은 백성이라면 알고도 이거 ○○하는 거야.

단지 저쪽에서는 지금 저 이 정… 북한 정부에서는 들어오는 거는 직접해 줄게. 직접 해줄 테니까 정부요원을 데리고 오지 말라고 정보… 정보원. 그런데 여기 와서 그 얘기를 하니까, "그 얘기 안 해도 우린 알우." 이거여. 정보원이… 정보부에 있는 사람은 어떻게 저거 해갔는지, 한 명도 정보부에 있는 사람, 얼굴 사진 안 가져간 게 없다네. 그러니까 여기 공산당들이 그만침 많은 거니까 고거 다 해가지고 사진 보면 요건 정부요원이라고 요건 빼야 돼. 내가 재차 가서 ○○○○○만 한다니까 가재도 안 간다는 거여, 그러니 걱정 말라네. 그런데 우리는 저쪽놈은 하나도 못 베껴왔다 이거여.

그래 지금 우리가 지금 요 4월, 5월쯤에 만주 가요. 만주를 가고, 저쪽에서 나오는 건 조금 더 되고, 뭐 한 20일 이내로 나온다고 기별이 왔어. 그러는데, 이제 나도 멍텅구리지만 멍텅구리가 어떻게 해. 내가 안 들어가고 내가 늙은놈이 가서 거기가 뭣하는 거 보담은 부전교 보내 하는 게 낫지 않나? 부전교(副典教) 보내는 게 낫고, 부전교가 외교 같은 걸 할 줄 알지 않나? 그러니까 하라고 이것만 내가 대주지. 이것만 대주면 내가 힘도 없는 놈이 저… 딱지 푸른 딱지 하나, 둘, 셋째여 지금. 셋째면 2,000… 조선 돈으로 2,000만 원이 좀 넘어, 1만 달러.

그런데 지금 그래가지고 그래… 그래가지고 내가 성공하면 내가 뭐해? 그런데 이 조선사람이니까. 나도 조선사람이니까 조선사람 일에 빚을 지더래도 바쳐서 성공하는 게 좋지 않나? 나 개인으로 봐서는 그거 아 자기들이 허든지 말든지 쳐다보고 말겠는데, 그건 나라 관계요 백성 관계에 될 수 있으면 해야 되겠어. 그래 지금 자식한테도 말을 못해. 아들이 내가 그걸 몇 만 달러, 4~5만 달러 쓴다면 깜짝 놀랠 거여. 그러니 말을 못하지. 그러니 나 혼자 애를 쓰고선 이걸 맨들어서 주고 주고 해.

그래 그게 지금 성공만 하면… 성공만 하면 저 뭣이가 남북통일하기가 속해. 저희들도 단군 위하는 걸 알고 단군○○ 위해서 백성들이 가고 저희들 여기 나와보고 우리도 거기 들어가보면 정부하고 관계가 아니고 우리 개인 백성 간의 관계로 들어가보면 안단 말이여.

〈중국 공산은 진짜 공산이 아니다〉

01:03:19

　그래 중국도 보면 중국 공산이라는 건 공산 아니여. 우리가 같이 들어가 보지 않았어? 같이 들어가 봤는데, 내가 뭣을 하고 조사를 하는지 모를 거여. 중국서 호텔마다 말이야, 호텔마다 그 기집애… 기집애 시켜서 조사해봤어, 가봤어. 그래 그거 저 1만 원짜리 한 장씩 줬단 말이여. 비밀이지 1만 원짜리 한 장씩 줘놓으면, "너 여기 혹 이거 있나?" 하면, "어이쿠 많죠." 그래. 그런데 호텔마다 다 있어. 내가 춤추고 싶어 갔나? 공산 치하에서 왜 그게 있나? 이북 공산에서 그런 게 있겠어? 없지. 상해로 북경으로 다 마작판 다 있어, 호텔에 다 있어. 그 뒷골… 뒷골방에 가면 삭시(색시?), 마작 쳐놓고 그거 돈내기 하는 데가 다 있고.

　그러니까 중국 공산은 진짜 공산 아니여. 지방에서 딴 데서 와가지고 들어온 놈 돈만 다 뺏기고 하는 것이 진짜 공산 아니라니까. 그런데 이저 이 소련 공산은 공산이지.

　그래 지금 그걸 나 돈 들여서 그걸 조사해. 그놈의 풍속이 어쩌고 진짜 이 어떤가 보느라고. 그 돈 주니까 얼른 알으켜(가르쳐)주더만 그래, 얼른 알으켜줘. 내가 거기 가서 이거나 하러 들어가고 춤이나 추러 가는 줄 알어. 그런데 그게 이북에서는 그게 없을 거여. 이북에선 그게… 딴 데서 들어오면 또 할라나 몰라도 없을 게여. 그건 공산 알공산으로 할 거지.

〈6.25 때 좌익에게 잡혔다가 죽을 일을 모면하신 사연〉

　내가 6.25 사변 때 붙잡혀서 들어가서 당연히 죽을 때여 그때 거기서.

죽을 텐데, 하루 이틀 며칠 이렇게 지나는데, 한번은 내무서(內務署)[318] 서장이라든가 이자가 날 불러. 그럼 그 전부 뭘 받지 않어? 하는데,

"아무 동네, 아무 동네, 아무 동네… 나 사는 데에, 고 사는 데, 네 동네 하고 무슨 혐의가 사연이 있소?" 물어. 네 동넨데, 나하고 무슨 혐의가 있소 물어.

"내가 무슨 혐의될 까닭이 없어."

"아니 그러지 말고, 동네로 동네 간 사람하고 무슨 혐의가 있는 게 있소?"

"암만해도 다른 생각은 없는데, 내가 우리 동네 일본사람의 그저 벌채 값을 줘서 벌채를 하는데, 이놈을 사고 1년을 일중(?)에 벌채를 않고 사만 놓고서 1년을 됐단 말이야. 늦게 그 이듬해 할라고. 아 그 네 동네 사람이 와가지고 나무가 재 너머 해가… 자꾸 해가니, 돈 주고 사놓은 나무 때가니 말릴 수가 있어야지. 말리다가 그 싸움도 나고 했소. 싸움도 하고, 그 저 참 모난 사람 조금 성이(성격이) 거친 사람이면, 아 우리 산에 와 나무 해가지고 가는 놈 지게○○ 예사 그러질 않어? 지게도 ○○ 이런 짓이나."

그래 놨는데, 그래가지고 나중에 그 동네가… 그 동네서 여남은… 그네 동네 중에서 여남은이 쩅쩅한 녀석들이 일부러… 일부러 들어와서 우리가 대전에 장 보러가는 짐꾼들을 좀 때려 부줬어. 그리고 우리가 쫓아 내려가니까 우~ 하고 왔는데 한 200명 뫼였었어. 200명이 그러니까 저희 생각으로는 200명이면 넉넉히 우리를… 우리가 몇이든지 우리를 넉넉히 당하려니 이렇게 했지. 그러니까 바짝은 안 하고 제일 억센 놈 몇 놈이 거기를 와서 댐벼. 한상록(韓相錄)이하고 나하고 조철희(趙哲熙)하고 또 하

318) 예전에, 시, 군 따위의 사회 안전 기관을 이르던 말.(북한말)

나하고 넷이 앞섰는데, 제일 거기서 꺼떡대던 놈… 제일 꺼떡대던 놈… 고 앞에 서서 말 맞이나 하던 놈 조철희한테 발목 잡혀가지고 휘둘르는데, 한 30명 넘어지니까 그냥 내빼더먼… 그 저 수백 명이 몽둥이 들고 들어오던 놈이… 그 제일 앞선 놈 민가라고 그걸 가서 그 조철희가 그냥 발목을 휙 집었는데 그냥 저 이거 돌리들이 돌리고 쫓아 나가니까 그냥 내빼. 그래놓고 뒤에서 몇이 그렇게 되니까 한상록이가 앞섰지. 한상록이가 앞서서 그냥 몇놈을 쳤는데 다 고꾸라졌어.

01:08:53

그래놨는데 그 왜 그 사람들하고 시비가 났는데 왜 그걸 없나 그랬더니, 위원회에서 생사(生死) 표를 받았어. 고 네 동네만 꺼먹점이 자꾸 백였어. 이놈 죽여도 좋다 하는 것이 꺼먹점이 백였지, 그래놓고서 거기도 다는 아니여. 거기 와서 매맞은 놈만 아마 그랬는가 봐. 그놈들만 그래놨지, 다른 동네에서 한 명도 없거든. 스물여덟 동네인데 네 군… 저 다른 데서 한 명도 없고 네 동네만 그러니까, 그 내가 얘기를 했지.

"나 다른 일은 없고 나무 가져가는 거 뺏다가 싸움이 났는데, 그래 싸움 한 번 한 일이 있소."

"그럼 내 산을 저 사람들이 와서 벌채해 가다가 들켜가지고 싸움난 것이오?"

"그렇소, 다른 일은 없으니까."

"그럼 다른 동네에는 관계없소?"

"나 다른 동네에는 아무 관계없소" 하는데 서랍을 떡 내놓는데 보니까, 스물여덟 동네에서 고 네 동네만 도장 찍은 놈이요, 우리 동네에서 둘이 찍혔어. 우리 동네에서 둘이 찍혔어. 그건 거기 위원장 녀석이 찍었겠지. 위원장 부위원장 둘이서 찍었을 테지 딴 게 안 찍었을 테지. 그러더니 이건 가짜다 말이야. 위원회에서 죽을 일을 했으면… 공산당을 그놈들한테 나쁘게 해서 죽을 일을 했으면, 공산당 전체가 위원회 전체가 찍은 것이 공상도 못하게 찍어 나와야지 한 장도 안 찍었다는 동네야. 요것만 하면 사형으로 하거든.

"가만 있으오."

아, 그래가지고 이거 내무서 보안… 보안서인가 있지 거기도. 보안선가 뭐 거기서 들어갔는데, 그 녀석이 나더러 그래. 그 녀석이… 아, 자꾸 웃어, 자꾸 웃길래 왜 웃느냐고 하니까,

"오상은이 아세요?" 그래 나더러. 그 그런 때도 남북이 이렇게 막 대치한 때도 아는 놈이 좋긴 좋더구먼.

"오상은이 아세요?" 하길래

"오상은이 친하고 잘 알죠" 하니까.

"아무개 아세요?" 하는데 그 여자이름이여.

"그 이름은 내 잘 모른다"니까,

"아니, 저 오상은이 동생 모르세요?"

"오상은이 동생이야 내가 잘 알지." 쳐다보더니.

"권 선생님 아니세요?" 그러더니 이놈 나 알지, 그래서 절 날 불렀어. 그래 웃으며… 웃으며 그래.

"지금까지 제가 잊어버리지 않아요."

그 여자가 오상은이 동생이 그 조씨한테로 시집을 가게 됐는데… 약혼을 했는데, 이 오상은이 동생이 만석꾼 부자의 딸이고 이 사람은 함경도 사람인데 조가여. 함경도 사람인데 어려워, 단지 얼굴만 봤지 부자가 아니여. 그리고 여기 와서 함경도 풍속하고 평안도 풍속하고 다르니까 이놈을 와서 집적거리는 거야 자꾸 그냥. 말만한 기집애고 이것도 커다른 총각인데 뭐 집적거리는 게 예사지 뭐 그 안 한가, 약혼자라고 할 텐데. 이렇게 되니까 이걸 안 받아, 싸우고 자꾸 하고 (오상은 동생은) 혼인한 뒤는

몰라도 안 된다고 (하고, 조씨는) 자꾸 집적거리고 싸우고 하는데, 거기서 내가 둘이 싸워쌌는데 저 아버지… 저 아버지는 딸년만 야단을 하고, 오상은이는 동생 하는 것도 무리가 아니거든. 동생 하는 거 무리가 아니니까, "자네가 그건 잘못하는 거 아닌가?" 자꾸 또 사윗감을… 매부감이지 매부감을 뭐라고 자꾸 하고 그러는데.

아, 이러는데 내가 들어갔다가 "자네 그러지 말고 좋게 하게. 내가 그럼 저 설득을 시킬 테니." 그 둘을 설득을 시켰어. 저 오빠랑 저 아버지랑 다 친하니까 만나서 내가 설득시켜 싸우지 말아야지 못쓴다고. 그래놓고 둘을 화해시켰어. 그러니 저게(오상은 동생) 내 소리라면 잘 들어. 그러니까 이게 이렇게 하면서, "너 그러지 말고 이왕 혼인할 사람인데 왜 그러냐? 그러니까 교제도 하고 만나서 얘기도 하고 하는 거지, 참 그야말로 밖에 나가서 차라도 한잔 먹자면 나가주고 이러는 거지 그렇게 쏠 게 뭐냐? 저 사람이 어렵다고 하니까 그러는 모양인데, 어려워도 너 아버지나 너희 오빠가 대학 나오고 했으니까 좋아서 하는 거 아니냐? 너는 대학 못 나오고 이화전문학교밖에 못 나왔으니까 그 사람 좀 나은 사람이라고 봐서 하는 거지 니가 뭣하러 그러냐?" 살살 달래서 그거 붙여줬어.

이자여, 이잔데 "아, 오 아무개 아세요?" 하더니 그 소리 하며 웃으며 "아, 저 저희 내외가 늘 선생님 얘기를 늘 해요. 지가 마침 여길 왔는데 나온다니까 혹 거길 가거든 찾아뵈라고 그런 소리를 했는데 이런 데서 찾아뵈놔서 뭣하고, 아는 체도 못하고 뵀어요." 그래.

01:14:40

그것이 그 사람이 뭣이여 저… 나를 이제 지금 같으면 집행유예나 진배 없지. 나가시라고 해가지고 나갔어. 그러니 거기 그런 나라에도 사정(私情)이 있더라니까 허… 사정이 있어. 그리고 이저 내무서에서 먼저 조사당할 적에 논산 공산련인가 공실련인가 거기 사람들이 우~ 하고 들어

오는데, 여기다 뭣 붙이고들 들어오는 것이 뭐 공주로 뭐 준비하러 들어
온 거여.

그런데 그 자들이 누군고 하니… 들어오는 걸 보니까 누군고 하니, 몇
해 전에 계룡산 벌매를 하는데 좌익이 한참 심할 적에 거기 사람들이 아
주 좌익이 굉장한 데야. 좌익이 심할 적에 거길 나와서 피하느라고 벌매
319) 역군(役軍: 일꾼)으로… 역군으로들 들어와서 하는데, 한 30여 명, 40
명 됐어. 40명 돼서 그 뭐 품삯도 싸고 피난하러 온 사람이니까 품삯 쌀
수밖에… 싸고 이러는데, 한독당 청년회 애들이… 한독당 320) 청년회들
이라니까 그게 이제 저 김구(金九) 선생 위하는 데지, 그 이제 내가 거기
위원장이니까. 계룡산 특별당부라는 것이 한 고을이 아니고 계룡산을 중
심으로 각 종교 다 합뜨리고… 합뜨리고 논산… 논산서 다섯 면, 공주서
다섯면, 저… 대전서… 대전서 네 면… 아, 다섯 면이다, 다섯 면. 그리고
연기서 세 면 그래가지고 그저 한 고을보담 컸어. 그걸 맡아가지고 내가
특별당부 위원장이여. 그래가지고 있을 때여.

아, 그런데 이제 내가 아파서 드러누웠는데, 아, 이놈들이 벌매하는 데
서 일꾼들을 한 20명 붙잡아가지고 왔어, 청년들이. 청년들이 데리고 오
더니 "너희 놈들 좌익 아니냐?"고. 그때 좌익 한참 좀 덜 좋아할 때지, 좌
익들 쓴다면. 좌익 아니냐고 하고선, "너 이놈들 웬 것이 여기와서 외람

---

319) 나무를 가꾸는 산에서 키운 나무를 한목 베어내다.

320) 한국독립당(韓國獨立黨): 1930년경 중국 상하이[上海]에서 임시정부 요인들이 중심
이 되어 창당한 한국의 민족주의 민주주의 보수정당(保守政黨)이다. 한독당은 반탁
운동에서는 이승만과 공동보조를 취하였으나 단정수립에 반대하였으므로, 자연히
정치활동이 쇠퇴하여 당세가 부진하였다. 이러한 과정에서 1949년 6월 26일 당수격
인 김구가 암살되자 한독당은 일시에 몰락하는 비운에 처하였다. 그러나 4·19혁명과
5·16군사정변을 거친 1963년 10월 김홍일(金弘壹)에 의하여 한독당이 재건되었으
나, 몇 차례의 조직개편과 당 대표자 변경을 거듭하면서 겨우 명맥만을 이어오다가
1970년 2월 3일 신민당에 흡수 통합됨으로써 해체되고 말았다.

(?) 손보니까 일꾼도 아닌 게 여기 와서 남의 벌채한답시고 여기와 돌아
댕기고 그런다고 하니까. 너희들 위원장이 누구냐?" 뭐라고 하니까 뭣이
라고 저… 논산 논공위원장 이쪽 딴 데 꺼를 얘기해. 딴 데 꺼를 대… 이
내장터 그 근처를 자꾸 대는데, 그런데 이내장터 여기서 오는 사람이…
나온 놈이 있어, 우리 앞에. 살다온 놈인데 거기 위원장 이름 아니라고…
거기 아무개 아니라고 이거 딴 데 녀석이라고 자꾸 그러지 않어. 아, 그래
놓고 이놈 대라고 사랑에서… 우리 사랑에서 엎쳐놓고 뚜드려줘서 사람
죽는다는 소리가 자꾸 나.

그러니까 가만히 들으니까 방에서 안에서 나 드러눠 앓는데, 앓다가 들
으니까 안 되겠어. 쫓아와보니까 한 40명인가 50명인가 붙잡아다 놓고선
죽~ 꿇어앉혀 놓고, 청년 녀석들이 억셌지. 몽둥이 다 가지고 단도 다 안
가진 놈 없고, 청년들이 좀 억시게 했어. 이래가지고 하는데 늑신321) 맞
아가지고 이것들이 죽을라고 해. 억신놈들이 거기… 그래 나와가지고 야
단을 했어.

"너희 무슨 짓이냐? 공… 저 사람들이 공산이라면 공산은 지서에서 경
관이 잡을 거지, 왜 한독당 청년이 무슨 관계로 그 사람들 잡아다 너희가
그러느냐? 그러니까 이 남북… 남북 갈린 거부텀… 뭣이여 여기 이제…
저 통치 반대, 통치 찬성하는 신탁통치 반대… 신탁통치 반대하는 여…
여기서부텀 죽~ 내려서 이건 소련하고 미국하고 둘의 싸움이지, 우리가
백성들이 그거에 따라가지고 우리 싸울 까닭이 뭐냐? 저 사람도 백두산
족이고 우리도 백두산족, 똑같은 공산이나 뭣이나 다 같은 사람이니까 우
리 백성은 다 같이 잘 살자고 해야지. 이 싸움에… 이 싸움에 우리가 왜
거기 말려들어갈 까닭이 뭐냐?"고.

---

321) 몸을 가누지 못할 정도로 심하게.

그러니까 뭐 내 앞에 놈들은 내가 뭐라니까 다 듣기 싫어했지. 그런데 맞아서 머리를 내고 머리 내고 한 녀석이 여남은 있어. 그래서 집에서 약도 주고, 이것들을 한턱 잘해서 맥이고, 닭 여남은 마리 가져가서 튀겨먹으라고 주고, 약 주고 그랬어.

01:20:09

아, 그랬더니 거기서 와서 맞던 녀석이여. 그때 와 맞던 녀석인데, 아이 녀석이 이 공산당 한참 셀 때니까 여기 이놈들 패들하고 거길 쫓아 들어왔는데, "아, 선생님이요 여기 어째 들어오셨어요?" 하고선 반갑게 인사를 하더구먼 그래.

그래 (내무서 서장이) 아느냐고 하니까 안다고. 그런데 왜 어째 아느냐니까 그 얘기를 다 하지 않어. 내무서장 앞에서 그 얘기를 다하니 그놈들이 좋다고 하겠어? 그 ○○ ○○○ 몽둥이를 뚜드리고 뭘 어쩌고 어쩌고 한참 늘어놓는데, 늘어놓고 보니까, 나 얼른 죽으라는 소리밖에 안 돼. 그저 뒤에서 무슨 소리가 나오니까 들으니까, 그러더니 나중에 아 뭘 어쩌고 어쩌고 하면서 그 내무서장 녀석이 좋… ○○를 안 해. 뭐라고 할라 그러니까,

"그런 게 아닙니다. 그래 청년들이 그러는데 저 양반이 안에서 편찮으다 들어오셨는지 머리를 쟁이고 이러고 나와 들으시더니…" 그때 얘기를 하는데, 내가 한 소리 안 한 소리 할 거 없이 "우리 저 평화… 조선 백성은 조선을 독립하기 위하는 거지 왜 저… 좌익이니 우익이니 싸우느냐? 우리는 우리들이 잘 살아야 하는 거 아니냐고 하면서 그놈들을 혼구녕을 주면서, 저희들을 닭 잡아주고, 참 주고, 약도 주고, 다 그러더라고 잘하더라."는 소리를 하지 않어. 그래 저 양반은 저희들더러 "막스론을 똑똑히 배워가지고 댕겨라. 막스론을 똑똑히 배워가지고 댕기는 게, 여기서 그저 요만한 책 한 권에다 써놓은 거 그거 말고. 적어도 일 권(한 권) 읽더래도

20권에 맨들어놓은 책… 12권에 맨든 책 있으니까 그런 걸 갖다 좀 잘 보고 막스가 뭐라고 했나 똑똑이 봐라."

내가 그러더라고 얘기를 했지. 저 양반은 한독당에 있으면서도 공산에 대해서 나쁘다는 소리 한마디도 않고 우리더러 이건 경찰에서 할 일이지 우리 할 일 아닌데 왜 그러냐고 그러시며, 아주 거기서 잘 있어서 거기 참 무사하게 끝나도록 잘해가지고 왔다고 죽~ 늘어놓으니까, 아이 그러시냐고 아주 좋아해.

그러더니 내 뭣이 저… 우리가 가 있는 데가 유치장 하나에다 스무 명씩 되였어요. 유치장 안에 스무 명이면 앉을 자리도 어렵거든. 이렇게 앉고 밥이라는 건 요런 거 하나씩이지. 이렇게 할 땐데, 대전으로 가면 편하다고 대전으로 가니까 다 나오는데, 내가 이 팔을 이렇게 올리고 있을 때여, 팔이 아파서. 그래 차 타라는데, 아 저리 가면 아주 편하니까라고. 그래 서로들 거길 먼저 탈라는데 나는 이거 아프니까 잡다가 안 되니까 떨어져서 뒤로 왔는데, 아 나는 여기가 앉았지, 그 안 탈라고 한 거니까. 그 도로 있고 도로 있고 했어. 간 사람 다 죽었어. 간 사람은 다 그냥 저 나중에 나올 적에 이렇게 해가지고 ○○해서 다 죽고, 산 사람은 여기 남았던 사람이 살았단 말이야. 그래 거기서 풀어주는 바람에 나왔어. 사람이 죽고 사는 것이 조석지간(朝夕之間)이여.

그래 그게 평소에 거기서래도 그 사람들을 내가 만약 같이 그 있던 애들하고 같이 때려줬으면, 거기서 당장 죽이라고 그랬을 꺼여. 그 닭 마리나 주고 약첩 대주고 뭣하고 말로 잘 일러줬더니 와서 내편 들더면 그래. 그래 우리가 동네 그 네 동네서 다 찍은 것도 아니고 보니까 찍고 찍고 했는데 어떤 놈이 찍은지 짐작하겠어.

〈여러분은… 그때 그 싸움에 일꾼으로 한몫씩 봐야 돼〉

01:24:31

봉우 선생님: 여 우리는 어떻든지 우리 일 하고, 여기서 지금 아무렇든지 남북통일은 돼야 하고. 아무렇든지 남북통일 하는데 남북통일이라는 건 제일 조건이고, 우리가 만주 몇 번 갔지만 만주 가서 보면 그 끝이 없는 넓은 땅, 만리장성 이북에 그게 우리 땅이여. 우리 조선사람이 그걸 잊어버리면 안 돼. 진시황 같은 그 강자가 그거 우리 예전 조상이 가서 쓴 자리 그 자리를 그게 또 뭣이 야단이 날까비 만리장성을 쌓은 거 아닙니까? 그러면 예전 조상은 그만침 강했던 거여. 6국… 6국 전국(戰國)보담은 우리 편이 더 강하니까 그걸 만리장성을 쌓고 못 들어오게 할라고 한 건데, 그 자리서 지금은 우리는 싸우고 했나 어쨌나? 고구려 망할 때 그냥 다 뺏긴 거 아니여? 발해 망할 때 다 뺏긴 거 아니여? 그래가지고 이리 죽 내려왔는데, 내려와가지고 내려와가지고 이제 저 남쪽으로 저… 38선 해놓고선 요 요기 와서 복잡하게 됐는데, 그거 참 기가 맥히지.

어떻든지 하루래도 속히 남북통일이 되고, 통일이 되거든 ○○ 말고 거긴 가야 돼, 저기 우리 고향은 가야 돼. 저기 고향은 이거(머리) 좋은 녀석이 가면은 거기는 우리가 그냥 싸움 않고 중국서 거저 얻지. 중국서 정객(政客)이라고 하는 자들은 "장성이북(長城以北)은 본비오토(本非吾土)"란 소리를 늘 해. "장성 이북은 본디 우리 땅이 아니니까, 이거는 고려… 고려족들이 왕성하면 자기들 땅이지 우리들 족속이 아니다" 그러거든. 그러니까 거기서도 여기 저 이북에 있는 저 만주족이라는 것은… 만주족이라고 그러지 그거 중화 본족이 아니여, 우리 족속들이지.

그래도 우리는 우리가 공부해야 되고, 공부해서 성공하면 얻는 건 어디냐? 거기를 얻어야 되고 그래. 그럼 남북통일 되고, 북쪽에 나가고, 동양이 평화가 되고. 서로 평화… 평화스럽게 들어가야지. 그래가지고 지금 그걸 내가 자꾸 얘기하는데, 그것이 제일 꺼리는 것이 소련이 이놈들이 여길 안 내놓을라나 했더니, 지금 보니까 내놓게 돼. 소련 그 여러 나라 민족들이 국세를 안 낸다더구먼. 저희… 저희끼리 살라고 하니까. 그것이 이게 서백리아(시베리아)는 동쪽으로 도로 들어오는 거의 ○ ○ ○ ○ ○ 기운이 거기서 들어오는 거여.

그러니까 이건 나는 못 봐. 나는 나이가 있어 못 보더래도 여러분은 보고 그때 그 싸움에 일꾼으로 한몫씩 봐야 돼. 그래 뒤에 가거든… (내가) 나중에 가거든, "야, 권아무, 늘 그 소리 하더니 그래도 죽어서도 이거 쳐다볼 거라 그러지 뭐." 그러면 나 고마워.

봉우 선생님: 초정산(招丁算)[323] 놓는 거?

학인: 예.

봉우 선생님: 초정산, 순적산(旬積算) 놓는 이 수(數) 놓는 것을 찾을라니까 못 찾어, 지금.

학인: 예. 이것도 초(草: 처음 써 놓음)해 놓으신 게 있으세요?

봉우 선생님: 있지.

학인: 그 저 시해법(尸解法)[324]처럼?

봉우 선생님: 시해법처럼 해놓은 게 있지.

학인: 예. 그게 있으면 좋은데…

봉우 선생님: 이거는 최명기(崔明基)라는 사람이 나한테 와서 가져가던 거.

학인: 예. 예.

봉우 선생님: 와서 그걸 가르켜(가르쳐) 달라는데 가르켜주기가 약간 초만 해가지고 이래가지고 이렇게만 하는 법을 안다. 하는 걸로 내가 가리킨 (가르친) 거거든? 이 책은 선기수(璿璣數)의 전편이 아니라 내 문하 최명

---

322) 녹음: 정재승, 녹취: 이기욱, 교정·주석: 정재승·김희수
      이 대담은《민족비전 정신수련법》의 저술을 위해 1991년 서울 세검정 자택에서 봉우
      선생님께 질문한 내용이다.
323) 산법(算法): 산대를 이용한 수학 계산. 정신수련의 방법 중 하나.
324) 시해법(尸解法): 육체를 초월해 영혼의 세계를 자유롭게 왕래하는 비법.

기 군에게 전수하기 위하야 초출(抄出: 골라 뽑아냄)한 약본(略本)325)이나 이 정도만 가지고도 국가 흥망성쇠와 치란(治亂: 평화와 혼란)과 주권자의…

학인: 주권자와 집권자의…

봉우 선생님: 집권자의 주권자의 집권 현후(現後: 현재와 미래)와 민족에게…

학인: 민족에게는 연사 풍흉(豊凶: 풍년과 흉년).

봉우 선생님: 민족에게는 연사(年事)326) 풍흉이나 천지 비상사태 같은 것을 추지할 수 있는 관계상 원전(原典)에서 불초 봉우가 초출한 것이니 후일에 이 책자 보시는 제군자는 불초의 불탁덕(不度德: 덕을 헤아리지 못함), 불양력(不量力: 힘을 헤아리지 않음)함을 책(責: 꾸짖음)해주시기 바랍니다. 요거 요것만 가지고도 예언 연사 풍흉이나 국사에 뭐 어떻게 된다 누가 들어오면 누구를 사람은 아니지만 대통령이 되면 그때는 어떤 대통령이 되면 낫다 뭣하다 요건 다 나오거든.

학인: 예. 그러면 요번에도 말이죠.

봉우 선생님: 응.

학인: 이거를 이제 부록식으로 해서 거기다가 이거를 여기다 이렇게 해놓고 대강의 그 의미…

봉우 선생님: 그래.

학인: 선기수라는 것이. 이것도 누가 이렇게 지금 할아버님 여기서 새로 만드신 게 아니라 내려오던 거죠?

봉우 선생님: 내려오던 거지.

학인: 그런 거니까 하나의 한 분야로 이거를 갖다 소개를 하고…

---

325) 약본(略本): 원본에서 필요한 부분만을 발췌하여 등사(謄寫)한 문서.
326) 연사(年事): 농사가 되어가는 형편. 또는 농사가 잘 되고 못 된 형편.

봉우 선생님: 응.

학인: 에, 하여튼 이것도 정신수련…

봉우 선생님: 선기수를 그냥 갖다놓고 와선 첫 번에 그냥 갖다놓으면 놓지를 못해.

학인: 예. 그러니까 요거는 어떻게 소개하는 게 좋을까요, 그러면? 어느 쪽에다 놓고 소개하는 게 좋을까요, 이거는?

봉우 선생님: 뭣이. 이건 뭣이지 뭐 저…

학인: 여기서 그러니까 정신수련법 우리 이 요번 책에 분야에…

봉우 선생님: 그럼 여기에 들어가는 게 아니라 이리 들어와야 돼.

학인: 피동반 자동반 법에 산법(算法) 쪽에요.

봉우 선생님: 그렇지. 산법에…

학인: 산법의 한 분야로…

봉우 선생님: 응. 한 분야로 집어넣어야 돼. 그럼 이것이 저 뭣을 다 했다고 내가 안 했으니까…

학인: 그렇죠.

봉우 선생님: 요거만 가지고도 볼 수 있다고 그래놨지.

학인: 그렇죠. 그러니까 요번에 여기 이걸 소개할 때도…

봉우 선생님: 응.

학인: 이거를 이제 할아버님 말씀하신 대로 요번 책에 나오는 거는 최대한 대로 자세하게는 해주는데…

봉우 선생님: 그렇지.

학인: 그러나 전체를 다 해줄 수는 없고 최소한 이것이 어느 분야에 속하고 이걸로 천문을 연구하는 데 어떻게 썼다.

봉우 선생님: 그래.

학인: 그다음에 대강의 내용 그 정도를 소개를 해주면서…

봉우 선생님: 그렇지.

학인: 그렇게 하고. 기본적인 여기 이제 할아버님 써놓으신 본문도 있고. 말미에 또 써놓으셨어요.

봉우 선생님: 응.

학인: 이상…

봉우 선생님: 이상 추산(推算法).

학인: 추산법은…

봉우 선생님: 추산법은 공식 중에 약식을 택하였고 기본 공식과는 약간의 차이가 있고 분야론…

학인: 분야론(分野論)에서…

봉우 선생님: 에 있어서는 고인(古人)을…

학인: 고인들 추산(推算)…

봉우 선생님: 고인들…

학인: 추산이요.

봉우 선생님: 추산이라 불초 여해(如海)와 여해의…

학인: 추산과…

봉우 선생님: 추산에 차이가 있음을 말미에 확인해 둡니다. 이 지구에 남북극은 불변하나 동서 양…

학인: 동서 양…

봉우 선생님: 양 초점.

학인: 예. 양 초점에…

봉우 선생님: 양 초점에 의견이 고인들과 약간의 차이가 있음을 말미에 참고 합니다. 고인들이 해놓은 것은 붙백이고, 이거는…

학인: 뒤에 와서 학인들이 봤을 때는 조금 변한다 이거죠, 도수가.

봉우 선생님: 응. 내가 말한 건 이걸로 해서 봐야 옳게 본다. 난 이거여.

학인: 예.

봉우 선생님: 예전 말은 붙백이는 그냥 예전 어른들이 저 중국에서 들어온 그대로 그냥 해놨으니까…

학인: 예. 그 도수 갖고…

봉우 선생님: 맞아주질 않지.

학인: 그러니까 그거 갖고 하면 일식 월식 예측도 못하겠네요, 제대로.

봉우 선생님: 그거 못 하지, 그 책 가지고 하면.

학인: 그러나 이 선기수법 갖고는, 그러니까 이 선기수도 역시 전해 내려오는 그 도수 갖고는 안 된다는 것이죠, 지금?

봉우 선생님: 그러니까 약간의 차이를 해놨다고 내 그러지 않았어? 여기 가령장(假슈章)이 그전 꺼하고 조금 달라. 우리 조선에 국한해서 백두산족을 중심으로 해가지고 여기 국한해서 떼놨기 때문에 틀림없이 맞긴 맞아요. 최명기가 지가 쓴 것도 있지, 거기.

학인: 예. 요번에 하여튼 이거를 일단 소개해주죠, 요번 책에.

봉우 선생님: 소개해.

학인: 요번에 전부 총 망라를 해야 되니까. 할아버님이 다룬 분야를 전부 다…

봉우 선생님: 그래. 이거는 분야가 좀 다르게 쓴 거다. 쓴 거나, 예전 사람이 한 거는 이 지금 분야 첫 번에 이제 저 초점 나가는 거 초점 나가는 것이 잘못 됐다면 미안한 소리고 하 잘못 됐다면 미안한 소리고 중국 중국 본식으로 해버렸지 우리나라는 적합하질 않았어. 중국에서 그냥 나온 거니까 중국에서 중국 저희들 하던 그것대로 해놓으니까 거기서 하는 걸 여기서 맞지를 않는다 말이여.

학인: 이걸 기본적인 거를 잘 써가지고 이걸 다 이렇게 하나 실어줘야겠네요. 요거를. 그죠?

봉우 선생님: 고대로 하면 돼.

학인: 고대로 요렇게 실어줘야…

봉우 선생님: 응.

학인: 그런데 잘 보여서 이거…

봉우 선생님: 이 선기수 본본(本本: 원본)을 누가 빌어 가고선 그냥 집어먹고선 안 줘. 그래 선기수 봐야 역시 저 요번에 와선 맞지를 않는 거거든. 이거는 저 피동법(被動法)이고. 이건 전부 피동법이여. 이건 천문 도수지만 천문 도수 이것 가지곤 잘 몰라. 그 해에 대충만 알아가지고 익해 내인이라고 하면 익해 내인이 뭔지 알어? 이게 그 하는 걸 그냥 초만 해놨지 그냥.

학인: 이게 앞대가리가 뭐죠?

봉우 선생님: (그때 그 안 썼어 그냥 ? 그때 그냥 썼어 그냥). 저쪽에 저쪽 저쪽.

학인: 《승문연회(乘門衍會)》

봉우 선생님: '승문연회' '승문연회법' 그거 내 써놓은 거여 내가.

학인: 네. 단기 2008년.

봉우 선생님: '승문연회'라고 해야 말만 '승문연회' 하지. '승문연회' 그거 저 얼른 알아보지 못하게 맨들어놨거든. 그래 이제 그건 그냥 우리가 놓을 수 있게는 맨들어논 거여.

학인: 이게 중국인데요. 중국.

봉우 선생님: 응?

학인: 대명(大明: 명나라) 만력(萬曆: 명나라 신종황제의 연호) 15년(서기 1587년)에 홍계 맹하 여름에 상순에 흠정(欽定: 황제가 제정함) 흠천감(欽天監) 천문대 천감이죠. 흠천감 여명원 그 사람이 이거를 이제 쓴 거예요.

봉우 선생님: 그건 해놓은 거지만. 그러니까 저 뭐시가 중국을 근본으로 했지 여기 근본으로 한 거 아니란 말여.

학인: 예. 어유 그럼 이건 어렵겠는데요.

봉우 선생님: 뭐 어려우나 쉬우나 그거 써만 놓으면 됐지 뭐.

학인: 근데 이거 흐 근데 가만있어 보자,

봉우 선생님: 고걸 고대로 써. 아무거 쓰지 말고 고대로 써놔. 집어넣어만 놔.

학인: 예. 요걸 기본 자료로 해가지고…

봉우 선생님: 응, 기본 자료로 하고…

학인: '승문연회'에 대한 거를 조금…

봉우 선생님: 그래.

학인: 예. 이게 이제 승문산(乘門算)이죠, 승문산.

봉우 선생님: 응.

학인: 승문산인데. 근데 할아버님이 그러니까 기본적으로 이 시해법 이렇게 하신 것처럼 그렇게 서술을 해놓으신 게 이 초정산이나 순적산 사시산 이런 것들이 있으시다, 이거죠?

봉우 선생님: 있지 있어, 그게.

학인: 그런데 그게 아직 기억이 안 나신다?

봉우 선생님: 응. 기억이 안 나.

학인: 예. 요것도 이거는 뭐 천문…

봉우 선생님: 천문이 아니지.

학인: 이건데요, 이거.

봉우 선생님: 좀 들었지. 좀 들었어.

학인: ○○○○ 거기에 대해서 얘기해놓은 거죠, 이게?

봉우 선생님: 그렇지, 응.

학인: 자세한 얘기를…

봉우 선생님: 그러니까 이것이 이제 저 가운데 뭐이 나오는고 하니 예언하

는 거 천문 예언하는 거지, 이게.

학인: 그렇죠, 그렇죠.

봉우 선생님: 응. 이것이 이제 이게 이렇게 되면 하늘 쳐다보면 별 보는 데서 언제 된다 언제 된다 하는 이거 그냥 천문만 내놨지 시간이 언제쯤이면 어디와 있고 이것이 없잖아. 이제 그걸 말해논 거여 이건. 눈으로 보는 거.

학인: 별자리.

봉우 선생님: 별자리 보고선 알아내라 하는 그거지, 이게 이제. 보조지, 이게.

학인: 거기에 이제 그 별자리에 그 상서롭다 뭐 어떤…

봉우 선생님: 그렇지. 뭐가 나온다든지 뭐라든지…

학인: 인사(人事)에 어떻게 관련이 있다.

봉우 선생님: 그렇지. 그게 이제 보면 나오지 이제 이게. 하늘에 별 그뜩한데 어떤 별이 어떤 별인지 알아? 이제 요렇게 해놓으면 별 하나만 찾으면 거기 대해서 자꾸 나와서 나온단 말여. 이렇게 된 게 이런 거 어디가 요거만 있으면 하지만 사방 그뜩한데 어떤 게 그 별인지 알 수가 있어야지. 얼른 봐서야. 이것도 한번 다 봐야 돼.

학인: 이거는 요번 책에서는 못 다루겠는데요.

봉우 선생님: 왜?

학인: 이게 정신수련법의 그러니까 그 저기니까 이거를 여기서…

봉우 선생님: 이거는 정신수련법이 아니지.

학인: 예?

봉우 선생님: 이건 정신수련법이 아니고 수를 놓는 거지.

학인: 예. 물론 초정산 이거는 그런데요.

봉우 선생님: 응.

학인: 근데…

봉우 선생님: 그걸 하면서 천문을 빼면 안 돼.

학인: 아, 이 산법 하면서요?

봉우 선생님: 그렇지. 산법 하면서 천문을 빼놓으면 아무것도 아니지. 천문법에 이 추수가 들어가야. 이게 뭣인고 하니 정신수련 해가지고 봐라 그건데 뭘.

학인: 예. 그렇죠.

봉우 선생님: 맨 눈으로 지가 백날 봐해도 몰라. 선기수 같은 건 이런 거는 봐야 뭣이 뭔지 별만 주욱하니 ○○○○○○ 모르지. 이게 이걸 봐야 재미가 나지. 죽겠다고 해놓은 거니까… 자미원(紫微垣)이 자미원이 좋긴 좋지.

학인: 좋아요.

봉우 선생님: 자미원이 아무렇든지 거기서는 뭐 말는 게 아닌가. 제왕들 말은데 아닌가. 이것이 책에 들어가야 천문깨나 책들 본 녀석이 볼 적에 천문에 가서 천문 자리가 똑바른 게 나왔구나 이렇게 보지. 요새 학자들이 보거나 요새 학생들이 봐서는 재미가 없어도 요건 한문으로 토 달지 말고 한문으로 그냥 넣어둬. 그냥 그대로. 좀 책 장수도 좀 늘어지고 그러면…

학인: 하하. 아, 저는 이거 할아버님이 다 번역해서 실으라는 줄 알고, 지금 간담이 서늘해가지고, 하하.

봉우 선생님: 요건 줄이면 되잖아.

학인: 아, 큰일났다 이거 언제 다하냐, 하하.

봉우 선생님: 요거 줄여가지고 백이면(인쇄하면) 되지 않아.

학인: 예, 그럼요.

봉우 선생님: 잘게 잘게 하면 요거 요만치밖에 더 돼?

학인: 예. 아, 그러니까 이걸 여기 할 때 이 산법 이거 할 때 여기 천문 추수하는 자료로 집어넣어야 된다. 이것이죠?

봉우 선생님: 그러지. 집어넣어야지.

학인: 예. 그래야 이게 격이 안 빠진다.

봉우 선생님: 그렇지. 천문에 이런 그래가지고 지금 천문 쪽하고는 몇 장씩 가지고 댕기는 천문들이지 전부 이렇게 해놓은 것이 《천문대성(天文大成)》… 청나라 때의 천문서… 이라고 하는 것도 시원찮거든.

학인: 예. 《칠정지경(七政之經)》이 이게 제일 낫나보죠?

봉우 선생님: 응?

학인: 이게 제일 나아요? 할아버님?

봉우 선생님: 봐아. 글쎄 가봐서 이제 내 말로 낫다는 건 소용없어. 요게 하는 법이 여기 한문으로 그냥 다 난거니까. 〈천상열차도(天象列次圖)〉327)도 요거 그냥 나오고. 요게 이제 비 성수(星宿: 별) 도수 돌아가는 거고.

학인: 예. 그건 무슨 소리인가요? 자 중성도 중성도에서 차이개 차개 판각 개천도.

봉우 선생님: 개천도 중 소재한 것을 초출한 거란 말이여. 개천도는 내 17대조[권근(權近)]가 비책에서 놓은 거고. 이거는 요건 요것대로 요것대로 줄이란 말이여 책을. 쏠라지 말고 말이여. 이래 가지고 이거 줄여버리면…

학인: 그럼요.

봉우 선생님: 되지 않아?

학인: 예. 이거 원 책을 이게 그전에 누가 김학수 선배가 갖고 있었죠? 그 설초장 아들 아녜요? 이게. 김춘식이가.

봉우 선생님: 설초 아들이지.

---

327) 〈천상열차분야지도(天象列次分野之圖)〉: 조선 건국 초, 국가 주도로 흑요암(黑曜岩)에 새겨 만든 천문도.

학인: 아들이죠. 그 아들이 갖고 있던 거를 김학수 선배님이 가져온 거 아녜요? 그러니까 김학수 이렇게 돼 있죠.

봉우 선생님: 내게 있던 거여.

학인: 예? 하하.

봉우 선생님: 내게 있던 거.

학인: 그거를 갖다가 또 착 이렇게 해가지고 기증을 했나 본데요.

봉우 선생님: 응. 내게 있던 걸 내게 웬만치 있던 걸 설초가 다 가져갔지.

학인: 근데 왜 여기다가 김춘식, 김학수 증정 해놨어요? 정인? 정 이게 무슨 년인가? 정 무슨 년에. 3월에. 정사년 3월에.

봉우 선생님: 그러니까 둘이 하나가 가져 오고선 그 집에 가면 내 책이 많으리라 하고선 가서 그걸 보니까 저 아부지는 죽고 춘식이한테 받았다는 표시하려고 지가 가 내가지 않았다고 할라고(하려고) 이렇게 해놓은 거여.

학인: 예. 그래 요거는…

봉우 선생님: 책 가져가는 사람은 좌우간 학수가 까작까작 하긴 잘해도…

학인: 그러니까 여기서 지금 요것도 그런 기본 자료고요. 승문산.

봉우 선생님: 달아야지.

학인: 예. 그다음에 요건 천문이고. 그다음에.

봉우 선생님: 남들이 해놓은 호흡법에 대한 것도 남들이 해놓은 것도 써야 돼. 여 아무진이 뭣이라 해서 조옥 해놓은 거 그걸 해놓고 내가 한 거 하고 비교를 해야지.

학인: 예. 그렇죠.

봉우 선생님: 이거만 본 사람들은 이것이 아 거기 그렇게 있던데 이런 소리 하거든.

학인: 근데 이거 그 경전이 말이죠. 그 경전들이 이게 이제 이런 것들 아녜

요? 〈심인경(心印經)〉 뭐 아니 저 저 〈참동계(參同契)〉, 〈청정경(淸淨經)〉, 〈대통경(大通經)〉, 〈청천가(靑天歌)〉, 〈괘금색(掛金索)〉, 〈입약경(入藥鏡)〉, 〈태식경(胎息經)〉 이런 거요.

봉우 선생님: 그래.

학인: 그런데 이게 말이죠.

봉우 선생님: 여기 필요 없는 게 많아. 필요 없는 게 여기 저 〈태식경〉도 여기 봐야 별게 아니고…

학인: 예. 별거 아니죠, 이거.

봉우 선생님: 응. 〈입약경〉도 별게 아녀. 〈괘금색〉도 그게 별게 아니고. 〈청천가〉라는 거? 〈대통경〉도 그전에 경문으론 있었지만 〈청정경〉도 경문은 좋아해도 공부하는 덴 별게 아녀. 이게 내가 이런 책이 있었는데 책 그 책을 잊어버리고…

학인: 아, 그 책 어디 가셨어요? 그때 저 취음공(翠陰公) 필사본(筆寫本)으로 있었잖아요.

봉우 선생님: 그래.

학인: 그 책 어디 갔죠?

봉우 선생님: 몰라. 어디 가 있나 지금 없어.

학인: 아니, 거기서 제가 베낀 거예요 이게, 그때.

봉우 선생님: 그래. 그게 전부 있어서 책으로 책…

학인: 《도덕경(道德經)》하고 같이 필사본으로 있었잖아요.

봉우 선생님: 같이 있었어, 같이.

학인: 그거 여기 있을 텐데 할아버님.

봉우 선생님: 몰라, 난.

학인: 〈음부경(陰符經)〉은 실어야죠. 할아버님.

봉우 선생님: 응?

학인: 〈음부경〉은 실어야죠.

봉우 선생님: 〈음부경〉 실을라면 다 실어야지. 이거 저 선가(仙家)에서 이거 모른다면 안 돼.

학인: 예. 다 실어야죠.

봉우 선생님: 《천부경(天符經)》부텀 죽 내려와서 이렇게 이걸 다 실어야 돼.

학인: 아니 근데 이게 양은 얼마 안 돼요. 할아버님.

봉우 선생님: 양은 그리 많지 않아.

학인: 조금밖에 없어요. 그리고 이제 이거 하여튼 경전은 말이죠. 경전은 그렇게 하죠, 일단.

봉우 선생님: 일단 실어봐.

학인: 예. 참고 자료로 일단 실어놓는 걸로 해서 이거 쭈욱 나중에 하면 되고요, 이거.

봉우 선생님: 그래.

학인: 양은 얼마 안 돼요, 이거.

봉우 선생님: 그래놓고. 그래놓고 끝에다 뭐라고 하는고 하니 이건 고인의, 고인이라고 하든지 그건 뭐라고 하든지 선생님들이라든지 누가 했는지 해놓은 거니까 참고 자료로 이걸 쓴다고 이렇게 아주 써야 돼.

학인: 그럼요. 그렇게 쓸 거예요.

봉우 선생님: 응.

학인: 그거는 그렇게 하고. 그리고 요거 요거는 뭐 이것도 참고 자료로 하죠.

봉우 선생님: 참고 자료로 넣어.

학인: 예. 참고 자료. 참고 자료로 나중에 경전 참고 자료할 때…

봉우 선생님: 그렇지.

학인: 참고로 해서 넣을게요.

봉우 선생님: 그렇지. 참고로 넣으란 말이야.

학인: 그리고 에 일단 그 이 자료에 관한 거는요, 할아버님.

봉우 선생님: 응, 그래.

학인: 할아버님 또 기억나시는데 따라서 계속 나오면 돼요.

봉우 선생님: 그래.

학인: 고거는. 한꺼번에 너무 생각하지 않으셔도 앞으로 쭈욱 이렇게 대화하면서 할아버님.

봉우 선생님: 아, 그런데 고게 저 뭣을 되야 돼. 경우가 1, 2, 3, 4가 이건 맞아 들어가야지. 이것이 내가 정신이 지금 뭣 하니까 여기 있는 놈을 여기다 쓰든지 바꿔 써놓으면 제3자가 볼 제 이건 차례도 몰랐구나 이 소리하거든.

학인: 예. 그렇죠 그렇죠. 그러니까 일단 그거 참고 자료 또 나올 때마다 그걸 좀 주시고요.

봉우 선생님: 그래.

학인: 요거 이제 원래 순서대로요. 지금 원래 초 잡아놓은 대로 요대로 지금 하나 하나 인터뷰를 해나가야겠어요, 할아버님. 그러니까 이 대화를…

봉우 선생님: 응.

학인: 그래서 할아버님이 지금 기억나시는 대로…

봉우 선생님: 내가 저…

학인: 너무 빨리 기억하시려고 하시지 말고요.

봉우 선생님: 응. 내가 뭣을 해. 저 책 한 권을 지금 찾으면 대충은 다 나와. 그걸 요새 지금 찾느라고 애를 써.

학인: 그 인제 뒤에 아까 그거 뭐 산법 같은 거 이런 거 해놓으신 거요?

봉우 선생님: 산법 같은 거 해놓은 거.

학인: 예. 그 일단 고거를 일단 계속 이렇게 좀 찾아주시고요, 할아버님.

봉우 선생님: 요새 그저 계속 한 군데씩, 한 군데씩 찾는 중이여, 지금.

학인: 예. 그렇게 해주시고요. 오늘은요 오늘은 뭐 다른 거 또 뒤에 또 생각나시면 또 얘기해주시고, 계속 기회가 많으니까 할아버님이 너무 한거번에 생각하지 마시고요.

봉우 선생님: 안 해. 그래.

학인: 예. 그래서 차례대로 이렇게 일단 계획대로 이렇게 좀 하다가요 중간에 또 생각나시면 또 얘기해주시고…

봉우 선생님: 그래.

학인: 이런 식으로 구술(口述)은 계속 되니까요.

봉우 선생님: 그래.

학인: 그래서 일단은 오늘 기본적인 거 하나만 구술을 좀 해주세요. 그러니까 기본적인 건데, 뭐냐면 여기 이제 일단 할아버님이 그전에 말씀해놓으신 것 중에서…

봉우 선생님: 응.

학인: 그러니까 정신수양법에 대한 사견.

봉우 선생님: 어디?

학인: 정신수양법에 대한 사견 이거 써놓으신 게 있어요, 할아버님이.

봉우 선생님: 내 말?

학인: 예. 할아버님이 써놓으신 건데 여기서 이제 보면 이거를 토대로 해서 지금 이 목차를 만든 거예요, 제가.

봉우 선생님: 응. 그래.

학인: 예. 그런 거니까 이것이 요거 말씀 내놓으신 거의 요약이에요, 이게, 사실은.

봉우 선생님: 응.

학인: 그래서 여기서 이제 뭐라고 말씀하셨냐 하면 우리 민족 고유로 정신

수련법이 조상들이 중국에서 수입한 게 아니고 우리 고대로 옛날 대황조(大皇祖) 이래로 쭈욱 내려온 수련법이 정신을 닦는 방법이 있었다.

봉우 선생님: 그래.

학인: 그래서 그것이 삼국시대 고려 주욱 내려왔는데 보통 여기서 간단하게만 이렇게 딱 생각해주시고 삼국통일 이후에는 사대사상 때문에 이게 억압을 당해서 발전을 못하고 숨어들어 가서 계속 내려오다가 일제시대 때까지 계속 그렇게 한 번 꽃을 피지 못하고…

봉우 선생님: 그래 그래.

학인: 을유(乙酉: 1945년, 해방) 속으로 흘러들어 왔다. 그랬으나 망하지는 않고 그것이 각 파(派)마다 다 여러 가지로 그게 갈래가 다 전해져는 왔다 이거죠, 여기 말씀하신 게.

봉우 선생님: 응.

학인: 그래서 그 당시 할아버님이 그 소년시대 때…

봉우 선생님: 응.

학인: 소년시대 때 그러니까 한일합방 전후해서…

봉우 선생님: 그래.

학인: 그때에 이러한 정신수련파들의 각 파가 정립을 했었던 거 같다. 이런 그 의견을 얘기하셨어요, 여기다.

봉우 선생님: 응.

학인: 그래서 저는 요거를 단서로 잡아서 이거 쓰실 때는 이제 대강 단초만 쓰셨는데 그동안 쭈욱 할아버님이…

봉우 선생님: 좀 자세히 해라.

학인: 예. 그러니까 할아버님이 보시는 의견으로 내가 지금 기억으로는 이러이러 하다.

봉우 선생님: 응.

학인: 그러니까 기억나시는 대로 최대한 대로 한번 천천히 이렇게 생각하시면서 우선 우리나라 그 정신수양법의 원래 첫 출발, 처음 시작이라고 하면 할아버님은 어떻게 누가 그렇게 그러면 첫 출발을 어디입니까 그것이 어딥니까 하고 누가 학인이 묻는다면 할아버님께서 대답해주실 거 아녜요?

봉우 선생님: 응.

학인: 첫 출발이 여기다 그렇게 하면 그런 식으로 한번 얘기를 해주세요.

봉우 선생님: 첫 번에 뭐라고?

학인: 그러니까 첫 출발. 시원(始原). 기원(起源). 처음에 이 우리가 소위 그 백두산족 정신수양법이라고 그랬을 때 과연 첫 출발 처음에 처음 시작이 있었을 거 아닙니까? 우리한테 누가 가르쳐주셨다든지…

봉우 선생님: 그렇지.

학인: 그거를 할아버님 말씀대로 한번 얘기를 해주세요. 처음을 어디다 잡아야 되는가.

봉우 선생님: 이 법이 제일 첫 번에 날 제는 대황조님이 첫 번에 나오셔서 가지고선 가르치신 건 이것(정신수련법)부터 먼저 가르치시지 않으시고 생활하는 것부터 먼저 가르치셨어. 생활하는 거부터 가르치시다 이제 조금 정신을 차리게 되니까 그때 가서 이제 이걸 가르치시기 시작하셨는데…

학인: 그러니까 의식주 이런 거 면하는 방법…

봉우 선생님: 의식주 그런 걸 먼저 가르치시다가…

학인: 동물하고 차이가 안 나.

봉우 선생님: 이제 그게 조금 나으니까 그다음에 가서는 너희들 그거만 가지곤 안 된다 이거지. 그래서 가르치실 제(때) 조식법을 해라 그러셨는데 조식법이 형이상학을 가르치는 거여. 조식법인데 지감(止感), 조식(調息), 금촉(禁觸)해라 이러셨어. 아주 간단하게 말씀을 하신 건데 뒷사람이 쓰

기를 간단하게 써났지 그렇게 간단하게 말씀하셨을 리가 없다 말이여. 거
아무것도 모르는 사람이 너희 조식해라 하면 그 잘 알아들을 거여? 하니
까 그렇게만 하셨을 리가 없다, 난 이거여. 그러니까 그때 이제 조식하는
법 일체를 자세하게 아르켜(가르쳐)주신 거다. 그럼 들여마시는 거는 어
떻게 하고 내쉬는 건 어떻게 하고 가운데 유기하는 건 어떻게 하고 하는
것을 그거를 첫 번에 가르치신 거여. 그러니까 이제 농사를 짓는 사람들
이 농사만 짓고 앉아 있는 사람은 그런 걸 안 했겠지. 그 좀 이제 그 선생
이 따라 댕기면서 뭣 할라면 중급 이상 사람들이 그걸 공부를 했어. 그런
데 첫 번에 지감, 조식, 금촉을 다 얘기를 안 하신 거여. 조식을 해라 그러
셨는데 야중에(나중에) 보니까 무슨 짓을 하는고 하니 조금 아니까(아
니까) 이거만 해야 옳은 사람이 이걸 할라고 하고 저걸 할라고 딴 걸 자꾸
더 할라고 하니까 지감, 조식, 금촉을 해라. 욕심을 내고 막 뎀비질 마라.
그것이지. 지감, 조식, 금촉을 해라, 이렇게.

학인: 예. 처음에는 그러니까 의식주 기본 의식주를…

봉우 선생님: 가르치신 거지.

학인: 그 당시에 처음에는 그러니까…

봉우 선생님: 농사 짓는 거.

학인: 거의 지금으로부터 시작한다면 대황조님이 고성(古聖)으로, 고 성인
으로…

봉우 선생님: 그렇지.

학인: 처음 나오실 때 우리 그 당시가 최소한 1만 년 전일 꺼 아네요?

봉우 선생님: 1만 년 전이다, 이 얘기지.

학인: 그 당시에 그러면 이쪽 우리 그 그러니까 저쪽 지역도 좀 위였겠죠?
저쪽 만주 쪽이나…

봉우 선생님: 지역은 백두산 중심 해가지고 그때는 저쪽이여.

학인: 저기 북만주 쪽이요? 바이칼 쪽이요?

봉우 선생님: 아니 저리 쑥 가는 게 아니고 첫 번엔 뭣이여 이 신경(新京) 근처여.

학인: 예. 장춘 고 근처.

봉우 선생님: 신경을 중심 해가지고 저 하르빈으로 그 양반들이 한참 이렇게 발전한 데가 어딘고 하니 바이칼호, 바이칼호를 오른쪽에다 두고서 한 거거든.

학인: 이거 근데 처음에는 그럼 이 양반이 처음에 그거를 우리 민족한테 가르쳤을 때 뭐 그냥 뭐 혈족생활하고 이랬나요, 그러면?

봉우 선생님: 웅?

학인: 이런 저 생활하는 게 거의 금수와 다름이 없었나요, 그 수준이?

봉우 선생님: 그렇게는야, 먹고 사는 건 다 됐지. 먹고 사는 건 하게 대강 만들어 놓고선…

학인: 아, 그러니까 그 전에 말이죠. 처음에 대황조께서 저기 하셨을 때…

봉우 선생님: 첫 번 나오실 적에…

학인: 거의 뭐 금수와 같은 생활들을 하고 그랬나 보죠?

봉우 선생님: 말하자면 그렇게 해야지 뭐.

학인: 그러니까 우선 뭔가 동물하고 차이가 나게 이렇게 먹고사는 거 이런 거를 좀 이를테면 그물 치는 법을 가르치신다든지…

봉우 선생님: 그러시지.

학인: 이를테면 사냥하는 법을 가르치신다든지…

봉우 선생님: 그렇지, 이제.

학인: 그런 것들을 주로 가르쳐주고…

봉우 선생님: 그래.

학인: 그래서 조금 면하게 되고…

봉우 선생님: 면하게 되니까 정신수련을 가르치신 거란 말여.

학인: 그때 이제 처음에는 조식법만을 우선…

봉우 선생님: 조식법만을 시키신 거여.

학인: 시키셨다가 그다음에 지감하고 금촉법을 추가로 해서…

봉우 선생님: 조금 조금씩 차차차차 가르치신 거지. 우리 그러니까 그때야 가르치신 인종이라는 게 오색 인종이라고 했으니까 전 세계 인종이 다 모이다시피한 때여 그때가. 그래가지고 게서 인제 배워가지고 얼마 수천 년 그렇게 잡고 만주 서백리아 그쪽을 중심으로 이렇게 해가지고 퍼져 나가다가 저 중국으로 나간 것이 요임금 전에 한 500년 전 1,000년 전 될까 그래. 요임금 전 1,000년 전 그러면 지금 한 5,000년이나 6,000년전 되지. 그때 이제 저쪽으로 배워가지고 배워가지고 넌 좀 큰 데로 나가거라 한 것이 지금 만리장성 북쪽에서 만주 끄트머리지? 거기서 인제 저쪽으로 나갔단 말야. 황하로 건너가게 됐어. 황하로 건너가게 됐는데 그게 만리장성 사이인데 우리 들어가고 나가고 하는 데서 조금 더 저쪽으로 나가야 돼. 순천부(順天府)라고 있어. 순천부라고 있는데 야중(나중) 순천부지. 그게 장성 쌓기 전에 요임금도 그리 가고 순임금도 그리 가고…

학인: 그게 순천, 순할 순 자인가요?

봉우 선생님: 순할 순 자하고 하늘 천 자.

학인: 순천 이 부 자는 이거요?

봉우 선생님: 그렇지.

학인: 부 자.

봉우 선생님: 그래. 거기 중심 해가지고 거기서 들어가면 산서성(山西省)이여. 산서성으로 들어가서 중국을 다스리기 시작을 했거든. 그럼 중국에도 인종이 있지 없었을 리가 있나. 그러니까 여기서 가르쳐 들어가서 자꾸 가르친 거여.

학인: 그런데 하여튼 그러면요, 일단 그게 조식법이 일단 정신수련법이 처음에 그렇게 해서 조식법서부터 그렇게…

봉우 선생님: 정신 조식법이란 처음 생긴 게 형이상학을 공부하게 돼가지고 지금 저 이 그건 공부한 사람들에 얘기해야지 세상사람 그냥 얘기하면 들어먹질 않지만, 장백산을 중심으로 해가지고 세계 종교의 교조라고 하는 이들은 거기서 다 나갔어. 그때서 거기서 무슨 파, 무슨 파, 무슨 파 하는데, 그 제자들이 성자가 수십 명이란 말여. 불조(佛祖)들도 거기서 나갔고…

학인: 예. 과거칠불(過去七佛)이며 그러니까 소위 그 뭐죠?

봉우 선생님: 아니, 저 불조 저 뭣이 석가여래 나기 전에…

학인: 석가 나기 전에…

봉우 선생님: 응. 1,000년 전 그전부터 저 무슨 불, 무슨 불, 과거칠불이라고 그러잖아? 그 부처들이 전부 예서 나와 들어간 거여.

학인: 그리고…

봉우 선생님: 그리고 저 선가(仙家)들도 노자(老子)《도덕경(道德經)》은 노자라고 하는 이도 노자 조상 위로는 어딘고 하니 이쪽에서 들어갔거든. 지리위성(指李爲姓: 오얏나무를 가리켜 성을 삼다)이라는 게 나무가 동쪽 아니라고?(아닌가?) 그러니까 성자(姓字)를 이가라고 했지.

학인: 아, 그러니까 그게 지…

봉우 선생님: 지리위성이라 낳아가지고 저기 저 오얏나무 대구선 저게 그 ○○○○ 그걸 가르키고선 저것이 우리 성이라고 우리 난 자리라고 그랬거든.

학인: 지하고 오얏 리 자요. 지리…

봉우 선생님: 그래. 지리위성이라 성을 했다 말이지.

학인: 예. 위성.

봉우 선생님: 그래 이가 노릇을 한 거여.

학인: 예. 노자.

봉우 선생님: 본디는 뉘 아들인지 알지도 못하지.

학인: 어디서 왔는지도 모르는데…

봉우 선생님: 그렇지.

학인: 근데 이 오얏 리 이게 동을 동방을 상징한다 이거죠?

봉우 선생님: 그렇지.

학인: 동방(東方). 목(木)이니까. 저쪽에서 왔다?

봉우 선생님: 그래.

학인: 그 소리나 마찬가지네요.

봉우 선생님: 그래. 그런데 그건 공자(孔子)님 때니까 아주 가깝지 않아?

학인: 그렇죠. 가깝죠.

봉우 선생님: 그런데 요(堯)임금, 요임금이나 순(舜)임금이나 그이는 4,000년이 훨씬 지나는데 그 전에 임금들이 몇이 있어.

학인: 예. 그건 기록에 남아 있지는 않죠.

봉우 선생님: 응?

학인: 역사 기록에 남아 있진 않는데…

봉우 선생님: 왜. 있지.

학인: 있어요?

봉우 선생님: 있어.

학인: 이름 이름이 뭐예요?

봉우 선생님: 복희씨(伏羲氏) 신농씨(神農氏).

학인: 아, 예예.

봉우 선생님: 그 요임금보다 훨씬 먼저거든.

학인: 그렇죠, 그렇죠, 예.

봉우 선생님: 제요씨(帝堯氏), 제곡씨(帝嚳氏), 무슨 씨, 무슨 씨가 여남은 돼.

학인: 그렇죠, 그렇죠.

봉우 선생님: 그런데 그네들이 그게 전⋯

학인: 삼황오제(三皇五帝).

봉우 선생님: 응?

학인: 삼황, 삼황, 삼황, 여기 저 복희씨.

봉우 선생님: 천지인 삼황이고 그건. 천황(天皇), 지황(地皇), 인황(人皇)이라고 하는 건 그 인황이라고 하는 이가, 천황 지황은 사람이 아니고. 인황이라고 하는 이가⋯

학인: 사람으로서⋯

봉우 선생님: 사람으로서 황 노릇 하니까 그 대황조여. 사람으로서 사람 노릇 가르치고 하니까 그 양반일 거여. 삼황이 가고 저 10만 8,000년이라고 그랬어. 천황이 10만 8,000년을 하고 지황이 10만 8,000을 하고 인황이 10만 8,000년을 했다고 그랬거든 말야.

학인: 그러니까 이 거기서 전설에 나와 있는 그 인황이 바로 이 대황조님 아니냐.

봉우 선생님: 그렇지.

학인: 예. 그러니까 어쨌거나 그 당시 이제 수련법이라는 것이 하여간 그 당시 백두산족 원래 그 장백산 문명⋯

봉우 선생님: 응.

학인: 백두산족 그 원래 처음 거기가 세계의 정신문명의 근원지였었다.

봉우 선생님: 근원지지.

학인: 예. 그랬기 때문에 거기서 어 뭐 유교라는 거는 원래 연륜이 짧은 종교고.

봉우 선생님: 응.

학인: 뭐 유교, 도교가 다 연륜이 짧잖아요? 이미 다.

봉우 선생님: 그거는 다 짜르지 뭘.

학인: 예. 그러니까 뭐 공자님도 역시 연원으로 올라가면 조상 이쪽에서 가신 분이니까…

봉우 선생님: 여기서 들어가신 거니까 말할 거 없고…

학인: 말할 거 없고. 노자고 그렇고. 그다음에 부처도 그 석가모니도 역시 과거…

봉우 선생님: 석가모니도 그쪽에서 천산으로 해서 들어갔다는 게 사실인데 뭘.

학인: 그런데 석가모니가 사람 그 종족이 말예요.

봉우 선생님: 응. 종족은 저 인도에 있으니까 검은 인족이지 뭘. 그런데 아주 시꺼면 인족이 아니더구먼. 산림 그려놓은 걸 보니까.

학인: 근데 이 저 거기도 근원으로 따져보면 이쪽에서 내려가…

봉우 선생님: 여기서 내려가서 천산 남쪽에 가 있으니까 검어진 거여, 그게.

학인: 예. 그쪽에 다 내려간 거다.

봉우 선생님: 응. 그리고 저 아메리카에 흑인종이라는 사람들도 전부 여기 것 아닌가.

학인: 아프리카요? 아프리카 흑인종이요?

봉우 선생님: 아메리카.

학인: 아, 인디안이요? 인디안?

봉우 선생님: 인디안.

학인: 예예예. 그렇죠.

봉우 선생님: 거기 하는 풍속이 여기 풍속과 같은 게 그뜩하지 않나.

학인: 예. 그러면 어쨌거나 이렇게 대황조님이 그렇게 조식법 그걸 아르켜 주신 이래로 이렇게 출발을 해서 그럼 고 당시에는 더 이상 뭐 추가할 건

없겠죠? 이렇게 역사적으로?

봉우 선생님: 그렇지. 그 역사…

학인: 처음 기원을 우리가 출발을 거기다 두고…

봉우 선생님: 응.

학인: 쭈욱.

봉우 선생님: 거기까지 연구를 해야 되지.

학인: 예. 조식법을 그렇게 가르침을 이제 그때부터 우리가 내려온 것이다. 이렇게. 여기서는 뭐 복잡하게 얘기 안 할려고 그래요.

봉우 선생님: 복잡하게 할 거 없어. 그냥 그렇게만 해둬.

학인: 예. 이거 하나만으로도 문제가 크기 때문에…

봉우 선생님: 응.

학인: 그렇게 쭈욱 내려와서 하여튼 간에 큰 저기 뭐냐 큰 그 대관을 대관절은 하여튼 대황조 한배검 여기서 조식법을 우리가 받아서…

봉우 선생님: 그래. 나온 거다.

학인: 그때 이후로 나왔다. 그렇게 얘기해 주면서 쭈욱 내려와서 역사적으로 내려왔죠? 그래서 그래도 우리가 그 정신을 갖고…

봉우 선생님: 세상에서 지금 얘기하는데 단군이라고 하는 이가 4,300년 몇 년이라는 건 역사에 없는 소리란 말이여.

학인: 그렇죠. 그렇죠. 말하면. 그리고 예전부터 벌써 한참 더 1만 년 이상으로 소급된 ○○○○○○○

봉우 선생님: 그렇지 소급돼야 된다.

학인: 그래 이제 고 얘기 해줬고. 그러면서 그래도 쭈욱 우리가 주체적으로 내려오다가 삼국시대 이를테면은 그러니까 고구려 이제 고때만 해도 그래도 정신이 살아 있었죠? 우리 이런 정신수양법 하는 게 그래도…

봉우 선생님: 다 있었지.

학인: 예. 다 살아 있었고…

봉우 선생님: 응. 다 살아 있었지.

학인: 그래서 고구려가 그래서 또 그렇게 강성했고…

봉우 선생님: 강성했지, 그러니까.

학인: 그런 식으로 백제도 한때 그랬고, 다음 이제 신라도 그랬고.

봉우 선생님: 그렇지.

학인: 그 인제 뭐 우리 원래 고유 그 수련하는 이런 걸 이제 갖고 했는데. 그렇다면 그 당시에…

봉우 선생님: 삼국통일을 한 뒤 부텀 약해졌지.

학인: 예. 그러니까 고 이전까지만 하더라도 우리 그 뭔가 우리가 정치를 하거나 무슨 뭐 철학을 하거나 무슨 모든 뭘 할 때마다 우리 민족이 그러니까 이 정신수양법을 그 굉장히 중시했죠?

봉우 선생님: 아주 중시했지, 그러니까.

학인: 굉장히 중시하고 뭐 중국이나 어디서 배워 올라고 이렇게 하지 않았다

봉우 선생님: 배워 온 거 아니지.

학인: 예. 아 그니까 그 당시에도 중국 세력이 흥성해서 일어났지만 우리가 천하를 이쪽으로 뺏겼잖아요.

봉우 선생님: 그렇지.

학인: 우리가 이쪽으로 내려와 있었어도 삼국시대까지는 그래도 우리가 우리 정신의 중심을 갖고 이 수양법 같은 것도…

봉우 선생님: 아니, 삼국 때는 만주가 우리 거니까 뭐 적은 나라도 아니지.

학인: 그렇죠. 적은 나라도 아닌데, 하여간에 그 정신수양법을 국가적으로 굉장히 중시했죠?

봉우 선생님: 그렇지. 중시했지.

학인: 그리고 이런 화랑도 같은 데서 흔적이 나타나지만…

봉우 선생님: 그렇지.

학인: 그 소위 말해서 이 정신수양법 이런 거를 닦은 사람, 그러니까 이런 사람이 국가적인 주요 위치에 있거나…

봉우 선생님: 그래.

학인: 그리고 아예 그 국가의 벼슬, 벼슬에 그런 거 전문으로 하는 그런 자리도 있었고 이랬죠? 그때는.

봉우 선생님: 임금이, 삼국 될 때는 임금이 저 뭣으로 들어왔지. 대대로 자손으로 들어왔지만, 그전엔 그게 아니고 똑똑한 사람이 나오고 나오고 그랬지. 근데 여기 지금 단군, 단군 역사라고 천년 역사를 아들 손자 증손 뭐 순위는 누군데 뭣이는 뭣이라고 이건 가짜여. 단군이란 게 밝은 임금이란 소린데…

학인: 할아버님 그러면요 순임금이다 뭐 이런 식으로 그럼 우리 옛날 단군들도 대황조 이래로 대황조 이래로 쭈욱 내려오던 그 소위 이 당시만 해도 대황조께서 그러면 정치하고 일반 이런…

봉우 선생님: 교화하고 다 시켰지.

학인: 교화를 그러니까 제정일치였죠, 다.

봉우 선생님: 그렇지.

학인: 그러니까 정치와 이거를 갖다가 제 이것을 이 철학…

봉우 선생님: 그래.

학인: 이것까지 다 했다 이거죠.

봉우 선생님: 그래.

학인: 교화를. 이걸 다 담당했다. 그러면 대황조 이래로 그럼 그게 전통이었겠네요. 그 이후 이어받은 제2의 단군 제3대 단군 이런 사람들도 그러면 다 그…

봉우 선생님: 단군은 그다음에 나왔고…

학인: 예. 대황조 이래로…

봉우 선생님: 응. 대황조 뒤에 얼마 뒤에 그 임금들 뭐 뭐여 이 저 신농씨니 무슨 씨니 무슨 씨니 그네들 그게 다 단군들이여.

학인: 그렇죠, 그렇죠.

봉우 선생님: 단군들로 내려왔고 이 지금 조선의 지금 단군이라고 하는 것은 그 뒤에 누구 누구 뒤부텀이여. 이 저 요임금 뒤부텀 단군을 쳤단 말이여. 그 전부터 단군이 있었단 말이여.

학인: 그렇죠, 그렇죠. 그러니까 그때 그 전통은요 정신적으로 밝은 사람을 추대했나요, 그럼?

봉우 선생님: 제일 나은 사람을 추대했지.

학인: 제일 나은 사람을요? 야, 그럼 완전히 철학자가, 그러면 성현들이 정치하던 시대네요. 그땐?

봉우 선생님: 성현들이 정치를 했지.

학인: 그게 한 몇 천 년 이어졌겠네요.

봉우 선생님: 몇 천 년 된 거지.

학인: 와, 그랬구나.

봉우 선생님: 그러니까 알기 쉽게 삼국이 통일해가지고 신라가 박혁거세가 임금 노릇을 하며 왜 자기 아들 안 시키구선 딴 사람 갖다가 시키나?

학인: 그게 그래도 그 전통이 남아서…

봉우 선생님: 예전 전통에서 법으로 그건 한 거라 말이여.

학인: 예. 그러면 그게 그러면 그 삼국시대, 고구려시대나 이런 때 들어와서는 왕 아들도 해먹고 그랬잖아요?

봉우 선생님: 그것도 잘 몰라. 그것도 동명왕, 고려 동명왕 전에 그전에 광개토왕 후 ○○○ 한 것도 친아들인가 신하인가 그걸 몰라.

학인: 그런데 하여간에 뚜렷한 거는 그 삼국시대 이전까지는 다 그 성현들이 했다 이거죠.

봉우 선생님: 성현들이 한 게 사실이지.

학인: 정치까지 전부다.

봉우 선생님: 그러니까 그 여풍이 있었기 땜에 신라가, 신라가 박혁거세가 임금 노릇을 하면서 제2세, 3세를 추천하지 않았나. 김씨한테 들어와서부터 아들 아들 했지.

학인: 그랬죠. 아, 그래서 그러니까 그런 전통이 있어서 정신수양법을 꿍장히 중시를 했고, 그것을 해서 많이 수양을 한 사람을 정치에…

봉우 선생님: 올려 세웠지.

학인: 예. 올려 세우고…

봉우 선생님: 그러니까 저 순임금도 그렇게 갔고, 요임금도 그렇게 간 거란 말이여. 요임금 아부지가 임금이 아니니까.

학인: 예. 그러니까 하여튼 우리나라가 삼국시대 이후에 통일되면서부터는 완전히 우리가 무너져 버렸네요.

봉우 선생님: 그냥 무너졌지.

학인: 그 정신수양법을 우리가 지켜오던 전통이 완전히 무너지기 시작한…

봉우 선생님: 무너지는 게 어떻게 됐는고 하니 고구려를 망하는 바람에 중국이 직접 들어오니까 그랬지.

학인: 거기서 방파제가 없어지면서…

봉우 선생님: 방파제가 없어지면서…

학인: 그러면서 우리 고유한 전통적인 정신수양법 하고 하던 것들이 이제부터는 막 박해를 받기 시작했군요.

봉우 선생님: 그냥 압제를 받았지.

학인: 압제를. 그때부터 이제. 그러니까 그게 분기점이네요. 우리의 그…

봉우 선생님: 분기점이지. 그런데 고구려가 망하고 또 직접은 안 당한 것이 발해…

학인: 발해가 있었죠.

봉우 선생님: 발해가 있어서 70몇 년은 안 당했지만…

학인: 아니 한 200~300년은 안 당했죠. 발해가 한 200년 갔거든요.

봉우 선생님: 한 200년이면 그거 있는 동안은 안 당했어.

학인: 그때는 뭐 중국놈한테 할 소리 다 했으니까. 발해…

봉우 선생님: 그래. 응.

학인: 그랬다면은 하여튼 그 삼국통일 되고 나서부터 그 이후서부터 그렇게 우리나라 정신수양법 하는 사람도 자꾸 겉으로 드러내지 못하게 되고…

봉우 선생님: 그렇지.

학인: 숨어들기 시작했다 이 말이죠?

봉우 선생님: 자꾸 뒤로 들어갔지.

학인: 예. 뒤로 들어가고…

봉우 선생님: 그런데 그래도…

학인: 고려시대 같은 때는 어땠을까요?

봉우 선생님: 고려는 좀 있었지. 좀 있었지만 그 저…

학인: 불교 또…

봉우 선생님: 써먹질 잘 못했지.

학인: 그런데 할아버님 여기다 뭐라고 그러셨냐면요 이 고려 500년, 그러니까 또한 그 조선조 500년 유교와 불교 이런 전성시대를 지내면서도 그 이름조차 알지 못하는 곳에서 수십 년씩 공을 쌓아서 당시 국가에서는 아무 소용이 없는 법을 습득해 가면서 후인들에게 전해주신 그 공헌들이

야말로 가장 위대하다.

봉우 선생님: 그래.

학인: 이거는 그러니까 그 당시에는 고려시대나 그렇다면 조선시대나 이런 때는 고구려나 이럴 때처럼 국가적으로 장려를 하지 않았으니까…

봉우 선생님: 국가적으로 장려 안 했지.

학인: 해봐야 출세에 지름길도 안 되는데…

봉우 선생님: 그래.

학인: 이런 법들을 갖다 해가지고 정신수양법을…

봉우 선생님: 그냥 전해 내려온 것만도 고맙지, 그러니까.

학인: 예. 그런 그…

봉우 선생님: 글쎄 그러니까 내가 지금도 저 송구봉(宋龜峰: 송익필) 같은 이가 이 조선선 제일 꼭대기거든. 그런 이가 돌아간 자리가 자리도 그냥 뭣하니까 거기다 비[유허비(遺墟碑): 파주 생가터에 세우심]라도 해 세우려 하는 게 그거라. 전통을 거기서 그만침이라도 전해주시는 덴데…

학인: 글쎄 말예요. 그걸 뒷사람들이 너무 모르니까…

봉우 선생님: 그래.

학인: 그래도 그러니까 그래도 우리나라가 쭉 이렇게 삼국통일 이래로 그렇게 좀 쇠망기로 접어들었어도 이 정신적인 이 수양법을 해온 고단자들은 계속 배출이 됐나 보죠?

봉우 선생님: 계속 나왔지.

학인: 그러니까 나라의 운명이 3,000년 퇴운 퇴조기 계속 그 퇴운으로 접어들었음에도 불구하고 이 정신수양을 우리 대황조 이래로…

봉우 선생님: 하는 사람은 내리 했단 말이여.

학인: 예. 그러니까 대황조 이래로 그 맥은 전혀 끊기지 않았다는 거죠.

봉우 선생님: 놓치지 않았지.

학인: 그래서 고려시대 때도 그래도 꾸준히 계속 나왔고…

봉우 선생님: 나왔고, 조선 500년엔 꽤 여러분이 나왔지.

학인: 그런데 이제 고려시대 때는 제일 고단자를 어떤 분으로 보면 좋을까요?

봉우 선생님: 글쎄 그게 문제여.

학인: 그게 문제죠?

봉우 선생님: 강감찬(姜邯贊) 328)이가 제일 최고단은 아니거든? 속에 들어앉았으니까 모르지.

학인: 그리고 조선조. 조선조 시대에는 송구봉 선생, 송구봉 선생님. 그죠? 조선조.

봉우 선생님: 아니, 그전에도 있었어.

학인: 조선조 초기에요?

봉우 선생님: 조선조 초기에 하륜(河崙) 329)이 같은 이.

학인: 아니, 근데 가장 고단자로 볼 때요.

봉우 선생님: 가장 고단자는 송구봉이지.

학인: 그러고 나서 그래도 우리가 고려시대 때도 많이 있었을 텐데 사료가 부족해서 이건 거의…

봉우 선생님: 사료가 없어서 모르지.

학인: 예. 그래서 그렇고. 조선조는 그래도 좀 남아 있다보니까…

---

328) 강감찬(姜邯贊, 948~1031), 고려시대의 명장. 거란이 10만 대군을 이끌고 쳐들어왔을 때 서북면행영도통사로 상원수(上元帥)가 되어 흥화진(興化鎭)에서 적을 무찔렀으며 달아나는 적을 귀주에서 크게 격파하였다.

329) 하륜(河崙, 1347~1416), 자는 대림(大臨) 또는 중림(仲臨), 호는 호정(浩亭), 시호는 문충(文忠), 고려 말 조선 전기의 문신. 조선 초 이방원을 도와 왕위에 오르게 하였고 왕권강화의 기틀을 다지는 데 공헌하였다. 이첨과 함께《동국사략(東國史略)》을 편수하였다.

봉우 선생님: 여러분이 나오지.

학인: 예. 조선 초기와 중엽 뭐 이제 이런 식으로 해서 뭐 최소한…

봉우 선생님: 숫자가 많았어.

학인: 한 수백 명 이상 나왔죠?

봉우 선생님: 수백 명이지. 수백 명.

학인: 유단자만 해도?

봉우 선생님: 응. 약하지 않은 단수가 수백 명이여.

학인: 아, 그러면 보통 초단 뭐 이런 하단자들은 또 수를 헤아릴 수 없었겠네요.

봉우 선생님: 아, 그때 저 국선(國仙)이라고 하는 것이 전부 초단 이상자지.

학인: 아, 옛날에요? 국선이라고 하던…

봉우 선생님: 응?

학인: 국선이요?

봉우 선생님: 국선이 뭣이 저 신라 적에 국선 아녀?

학인: 아, 그때 삼국시대 때나 그때 국선이라고 해서 이렇게 받들어준 거…

봉우 선생님: 국선들이란 건 벌써 단 지난 사람들이여. 삼국(시대) 적엔 꽤 많이 나왔었지.

학인: 그렇죠.

봉우 선생님: 그러던 것이 이 저 양반 상놈 하는 바람에 이조 와서 좀 천한 사람들도 저 공부 못하란 법이 있나 얻어 가지고도 행세를 안 했지.

학인: 그렇죠. 행세를 못 했죠, 또.

봉우 선생님: 못 했지.

학인: 완전히 그 신분 차별법 때문에…

봉우 선생님: 그래.

학인: 그나마 행세한 사람들 중에서도 나타난 걸 보면 꽤 많잖아요.

봉우 선생님: 많이 나타났지.

학인: 그러니 그게 신분의 차별이 있었어도 분명히 낮은 신분의 사람들도 그 유단자들이 많았을 거란 말예요.

봉우 선생님: 많았지.

학인: 그런 사람은 아예 이름도 없잖아요.

봉우 선생님: 그래. 이름도 없지.

학인: 그래서 이제 일단 그 조선조로 들어와서 그래도 조선조 중엽까지는 뭐 괜찮았죠?

봉우 선생님: 조선조 중엽까지는 여자도 하고 남자도 하고 다 했거든. 그런데 이 선조대왕 뒤부텀 알기 쉽게 여자들 예전 그전엔 칼 쓰는 걸 가르쳤고, 여자들 칼 쓰는 걸 가르쳤어. 그러고 음악을 가르쳤어. 음악을 가르치는 건 여기 지금 우리들 영가 하는 것도 영가무도(詠歌舞蹈)330) 하는 걸 다 했거든. 그러니 이 저 누구 누구여 이 이름 정신이… 율곡(栗谷) 율곡 어머니 그 양반이…

학인: 사임당(師任堂).

봉우 선생님: 사임당이 거문고도 잘 타시고. 칼 잘 쓴다는 말은 없지? 하지만 그 양반 검술 할 줄 아셔. 그러고 그때는 저 허난설헌(許蘭雪軒)331) 이같은 이가 여자인데 과장(科場: 과거시험장)에까지 오지 않았었어? 여자로.

---

330) 영가무도(詠歌舞蹈): 우주의 원리인 5행성(五行聲)에 맞추어 노래 부르고 춤 추는 수련법.

331) 허난설헌(許蘭雪軒, 1563~1589), 조선 중기의 여류시인, 작가, 화가. 본명은 초희(楚姬)로, 다른 이름은 옥혜(玉惠)이다. 호는 난설헌(蘭雪軒), 난설재(蘭雪齋)이고, 자는 경번(景樊)이다.

학인: 예? 과장에요? 과거 보러?

봉우 선생님: 과거 보러…

학인: 뭐예요? 저 무과요? 칼이요?

봉우 선생님: 아니여. 저 이 글 짓는데…

학인: 여자가 안 되잖아요? 자격이 없잖아요?

봉우 선생님: 안 되지. 안 되지만 나도 내 글이나 받아보라고 한 거지 뭘.

학인: 아, 합격은 안 되더라도 한번 던지고 간 거…

봉우 선생님: 그러고 그때 여자들 칼들을 쓰는 이가 여럿이 있었어. 그러니 그걸 가르쳤는데 중종(中宗: 조선 11대 왕) 뭐여 인조(仁祖: 조선 16대왕) 때부터 아주 그냥 답삭 약해져버렸지.

학인: 그러고 어…

봉우 선생님: 우리만 하더라도 12대조가 정승으로 30년을 계시면서 우리 11대조(권율 장군) 과거를 안 뵈셨어. 과거를 안 뵈이시고선 그 뒤에 참 학자님들 그런데 가서 공부들을 시키셨단 말이야. 40이 넘으셔서 강경과(講經科)332)여. 임금 앞에 가서 저 강(講)해서 글을 써서 하는 게 아니라 강 해가지고선 과거를 하셨거든. 일찍이 니가 일찍이 벼슬을 하면 니가 직접 가서 군대 지휘를 못 해. 그러니까 늦게 가거라. 그래 댕기며 40이 넘도록 글공부보다 그 공부를 많이 하셨어.

학인: 그러면 조선조 시대 때만 하더라도 조선 전기에는…

봉우 선생님: 응?

학인: 선조 이전에는 까지는 그래도 뭔가 그 이 국가 국민들 사이에 그게 쭉 이렇게 좀 전통적으로 내려오는 우리 고유한 이러한 국통…

봉우 선생님: 그걸 다 했지.

---

332) 조선시대 과거에서 경전을 암송하고 그 내용에 대한 문답을 통해 합격자를 선발하는 과정.

학인: 이런 정신수양법이 그래도 하는 사람들이 꽤 있었구나.

봉우 선생님: 여럿이 있었지. 그러다가 저 이 뭣 된 때서부터 인조대왕 지난 뒤 부텀 그 양반 자세들 ○○○ 하는 바람에 그런 때 어디 들어가 산에 가 있으면 이놈 무슨 저 역적질 할라고 뭐이 한다고 잡아다 죽이고 자꾸 이랬거든.

학인: 그랬어요? 산공부 하고 이러면?

봉우 선생님: 응?

학인: 산에서 공부한다고 이러고 그러면?

봉우 선생님: 공부한다면 역적질 할라고 그놈을 그런다고 그 만약 반대파에서, 반대파에서 누가 젊은 사람이 들어가 있다면…

학인: 산에 들어가 있다면…

봉우 선생님: 대번 끌어내리지.

학인: 아, 아주 그냥 살벌했겠네요, 인조 이후에는?

봉우 선생님: 아주 못됐어. 못되고…

학인: 아니, 조선조 초기 같은 때는요…

봉우 선생님: 응?

학인: 아니, 이런 거는 했잖아요. 그러니까 저 선비들이 이를테면 과거 공부하러 절에 가서 공부하거나 산에 가서 공부했잖아요

봉우 선생님: 아, 과거 공부한다는 거 하고 술서(術書) 공부하는 건 다르지 않나. 술서 공부만 한다면 잡아내렸지. 그 왜 잡아내려 그래.

학인: 그러면 이렇게 핑계 대고 하면 되잖아요. 과거 나 과거 공부한다 핑계대고 딴 공부하고…

봉우 선생님: 소문이 잘 나는 거여. 칼 같은 거 쓰고 뭣 하는 거 하고 공부하러 들어간다 하면 그 대번 대번 붙들려 내려가고 그렇게 하고 그랬지.

학인: 아이참. 그랬구나. 그래서 이제 그 후기 그래도 하여튼 간에 그 조선

조 후기로 그러니까 임진왜란 전후해서 그래서 제일 그때가 극성했죠, 그래도?

봉우 선생님: 극성했지.

학인: 조선조 때는, 그러다가 임진왜란 끝나고 나서부터는 완전히 시들했나요? 인조 이후로는? 병자호란…

봉우 선생님: 인조가, 인조가 그때 그 양반들이 개판 노릇을 했지, 말하자면.

학인: 그 이후로는 인조 이후로는 그러면 굉장히 쇠잔해졌죠? 별로 나온 사람도 별로 없죠, 인조 이후로?

봉우 선생님: 인조 이후도 사람이야 있었지.

학인: 그래도 그때가 조선조 때에는 그때가 절정기였죠?

봉우 선생님: 효종대왕(孝宗大王: 조선 17대 왕) 때, 효종대왕 때 허생(許生)333)이라고 하는 사람도 그 어디 무예도 잘하고 보는 것도 잘보고 다 잘 놓지 않았어? 그런데 양반이 덜되니까 써먹지 못하고 이완(李浣)334) 이대장만 대장 될 자가…

학인: 아, 아아. 그 저 허…

봉우 선생님: 허생이여. 허생.

학인: 허생.

봉우 선생님: 응.

학인: 그게 야담의 인물처럼 돼 있잖아요? 지금.

봉우 선생님: 실리지 실지.

---

333) 허생(許生): 조선 후기에 연암(燕巖) 박지원(朴趾源)이 지은 한문 단편소설 《허생전(許生傳)》의 주인공.

334) 이완(李浣, 1602~1674), 조선 중기 효종 때의 무신. 자는 징지(澄之), 호는 매죽헌(梅竹軒). 무장으로서 정치에도 핵심적 역할을 했다. 효종의 북벌정책을 보필, 국방체계·군비·병력 정비에 기여하였다. 한성부판윤·공조판서·형조판서, 수어사를 거쳐 우의정을 지냈다. 소설 《허생전》에 등장한다.

학인: 실제 인물이에요?

봉우 선생님: 실제 인물이여, 실제 인물.

학인: 허생. 그런데 허생이 서자죠? 허생이 서자인가요?

봉우 선생님: 서자가 아니라 양반이 조금 못 되지.

학인: 중인이에요? 그럼?

봉우 선생님: 아주 중인이니 뭐니 뭘 뭣이가 없어.

학인: 계보가 없어요?

봉우 선생님: 계급이 없는, 돈만 많이 벌었지.

학인: 예. 이 사람이 10년 독서 중에, 10년 독서하다가 마누라가 하도 바가지를 긁는 바람에 마지막 1년을 못 채우고 책을 탁 덮고서는 나와서 했다고 야담엔 돼 있죠.

봉우 선생님: 야담이지. 야담.

학인: 아이고, 그러니까 그 소리가 결국 그래도 한 10년 적공했다는 소리 아네요, 결국은?

봉우 선생님: 그래, 그래.

학인: 그렇게 오래 공부한 사람이다.

봉우 선생님: 그래. 알기 쉽게 저 토정[土亭: 이지함(李之菡)]이 토정, 토정이 그때는 조카가 뭣 아녀? 정승 아녀? 정승이고 이렇게 할 때니까 그러고도 벼슬을 뭐 군수밖에 안 했지. 그래가지고 돌아 댕기는데. 아산만이 터지는데 아산만 터져 나갈 때를 거기 가서 사람 많이 죽지 않나 하고 이걸 보러 갔는데, 장날인데 거길 장날 터지는데, 암만 댕겨봐도 살 놈이 없어. 총각 한 녀석이 보니까 생기가 있어. 총각을 같이 가자고 할라니까 "저는 짐이 좀 많아서 조금 늦게 갈랍니다" 아, 자꾸 그래. 그러니 "아, 급하다" 하니까 "아, 괜찮습니다." 그래 다 올라와서 거진 올라와서 이렇게 앉아 있는데 "거 좀 올라오너라. 그 앉은 자리 조금 올라오너라" 하니까 "네, 샌

님 발이나 적시지 마십시오."

학인: 하하하하.

봉우 선생님: 거 앉았던 데는 돌멩이여. 뿌리가 이렇게 붙은 돌멩이고. 이 토정 앉았던 데는 여기까정이고 저기보담 높은데 여기까정 획획 푹 빠지는 바람에 발이 들어가서 물이 들어갔지. 그러니 그 알긴 저 녀석이 더 잘 알, 총각이 더 잘 알은(안) 거여. 토정도 알기야 누구 남한테 지지 않게 알았지.

학인: 그렇죠. 그러니까 그 상대편 그 총각은 한 중단 이상자라는 소리네요. 자기보다 계제가 더 높았단 소리네요.

봉우 선생님: 그렇지.

학인: 토정이 한 3단 정도 갔다고 그랬잖아요?

봉우 선생님: 그래.

학인: 그니까 그 사람은 한 4단이나 갔는데, 하하.

봉우 선생님: 4단이나 5단 갔지.

학인: 아이고. 그래서 이제 이렇게 조선조까지 쭈욱 이게 우리 나름대로 이렇게 쭉 내려왔단 말이죠. 그게.

봉우 선생님: 그래.

학인: 그래서 일제시대까지도 하여간 그 명맥을 잃지 않고…

봉우 선생님: 그런데 그때는 병인양요(丙寅洋擾)335) 되고 광무황제[光武皇帝: 고종(高宗) 조선 제26대 왕] 들어서서는 부텀은 이걸 많이 했어, 양반의 자식들도.

학인: 오히려 또 나라가 망할 때쯤 해선…

봉우 선생님: 나라가 병인양요가 나고 야단이 나니까 공부들 한다고 산에들

---

335) 병인양요(丙寅洋擾): 1866년 흥선대원군의 천주교 탄압에 대한 보복으로 프랑스군이 침입한 사건.

들어가 공부들 많이 했어.

학인: 아, 그랬어요, 그때는 또?

봉우 선생님: 응. 그때는 많이들 했는데도 뭐 이 패 저 패 해서 패들이 거기 가서 하는 걸 내 자식도 보내고 네 자식도 보내고 그랬지.

학인: 아, 그러니까 요것이 쭈욱 오다가 조선조 망할 무렵에 가서는 그러니까 그 대외적으로 우리나라가 외세의 침략도 받고…

봉우 선생님: 외세의 침략을 받으니까…

학인: 위협도 받고 막 나라가 흔들리는 것 같으니까 뭔가 이 자각을 하는 이래서는 안 되겠다.

봉우 선생님: 그래.

학인: 이 자강 어떤 자강을 해야 되겠다.

봉우 선생님: 그래.

학인: 하는 사람들 입장에서 이런 그 전통적인 이런 수양 공부를 다시금…

봉우 선생님: 많이 했지.

학인: 할려는 사람들이 그런 각성이 있었나 보죠?

봉우 선생님: 그래. 그래가지고 많이들 들어갔지.

학인: 예. 그래가지고 그러면 그런 전통적인 수양법 이런 것을 다시금 이렇게 또 해볼려고…

봉우 선생님: 응.

학인: 그러다가, 그러면 그때 이제 그게 바로 할아버님 말씀하시던 그 소년시대 때…

봉우 선생님: 응.

학인: 그때에 이러한 여러 가지 그 전통적으로 내려오는 정신수양파들이 각 파가 이렇게 많이 있었다.

봉우 선생님: 많이 있었지.

학인: 그러면 그때까지 이제 쭈욱 내려오는 파를 할아버님이 여기다가 쭈욱 한 열세 개를 말씀하셨어요. 그래서 이제 백두산파를 비롯해서 쭈욱 이렇게 지리산파까지 각종 유명한 명산을 중심으로 해서 정신수양을 했던 무리들이…

봉우 선생님: 많았지, 아주.

학인: 많았다. 이렇게 이제 얘기를 하셨어요. 그러면 이 지금 여기서 우리나라 이 지금 산으로…

39-1991.05.11.
정신수련법의 기원 2[336]

학인: 그 백두산파(白頭山派)라고 했을 때 말이죠. 그게 그 조종(祖宗: 뿌리)으로 된다고 그러잖아요, 조종.

봉우 선생님: 응?

학인: 백두산파가 우리 정신수양파(精神修養派)의 조종이다. 그거는 왜 그렇게 보시나요? 이제 우리 원래 그 백두산…

봉우 선생님: 왜 보느냐?

학인: 예. 그것 좀. 백두산파.

봉우 선생님: 백두산파가 여기 지금 저 삼각산(三角山: 서울 북한산)이라도 고단자만 높으면 그게 제일 꼭대기인데, 고단자가 백두산에서는 배출해서 자꾸 나왔으니까 거기를 제일 꼭대기로 봐야지 어떻게 해. 안 볼 도리가 없지.

학인: 그러니까 정신적으로 제일 최고 단자들이…

봉우 선생님: 고단자들이 거기가 많았지.

학인: 예, 백두산에서요?

봉우 선생님: 응. 백두산 중심해 가지고 그리 많았지.

학인: 그러니까 이 백두산도 그 백두산을 중심으로 한 그 근처를 얘기한 거죠.

---

336) 녹음: 정재승, 녹취: 이기욱, 교정·주석: 정재승·김희수

봉우 선생님: 그 근처들이지.

학인: 예. 그러니까 그 만주(滿洲) 일대.

봉우 선생님: 응. 만주 일대로 그래가지고 빙 돌아가지고 있는 게 많았지.

학인: 예. 그래서 백두산파도 좌(左)하고 우(右)로 나뉘었다고 그래요? 여기 그렇게 써놓으셨는데…

봉우 선생님: 백두산파에는 좌가 그리 없어. 우지.

학인: 좌우 양파로 나뉘어 있었다. 그러셨거든요.

봉우 선생님: 응. 양파로 나뉘긴 나누었는데 백두산파로 저 좌로 나갔다는 거는 뭣이여 장백산(長白山)으로 내려간 사람들이여.

학인: 아, 저쪽 그 만주 안쪽으로…

봉우 선생님: 만주 안쪽으로…

학인: 그러고 우파라는 거는 이…

봉우 선생님: 백두산이고…

학인: 백두산으로 해서 함경도(咸鏡道) 아래쪽으로…

봉우 선생님: 그렇지. 그러니까 여기서 저 우리 의원(醫員: 의사)에 이제마(李濟馬)337) 그러지 않어? 이제마도 그거한 사람이고…

학인: 아, 백두산 그러니까 이 양반은 우파에 속하겠네요.

봉우 선생님: 우파지.

학인: 예. 함경도 쪽에서…

봉우 선생님: 함경도에서 나왔지만 말이여. 윤뭣인가 윤의관(尹醫官)338)이라고 그도 그가 이제마보다 손이 좀 높았지. 윤 이런 이름이 ○○○○○

337) 이제마(李濟馬, 1837~1900), 조선 말기의 의학자. 호는 동무(東武)이고, 자는 무평(懋平) 또는 자명(子明). 사상의학의 창시자. 저서에《동의수세보원》,《격치고》가 있다.

338) 알 수 없음.

학인: 강홍로(姜洪魯) 339)씨요? 강홍로?

봉우 선생님: 응?

학인: 강홍로, 강홍로.

봉우 선생님: 강?

학인: 예. 강홍로 선생.

봉우 선생님: 윤씨가?

학인: 아니요, 아뇨. 강홍로 선생도 함경도 쪽 아니예요?

봉우 선생님: 함경도야. 함경도.

학인: 윤 또 있어요? 윤 누가?

봉우 선생님: 윤 윤 윤의관이라고 그러지.

학인: 의관.

봉우 선생님: 응. 그리고 강홍로 있었고…

학인: 예. 강홍로 선생.

봉우 선생님: 응. 그러고 뭐이 또 하나 있어. 또 하나 있었는데 또 하난 이름 몰라 내.

학인: 예. 이런 분들이 이 함경도 그쪽 파다 이거죠.

봉우 선생님: 함경도지.

학인: 그쪽에서 공부하신 분들이다.

봉우 선생님: 응. 그런데 내가 얘기하지 않어? 가끔 얘기하지. 내가 저 거기서 도적놈 구해주고…

학인: 예 예 예.

봉우 선생님: 여자 김찬옥이라고 거기 가 물어보면 그거 좀 뭣이 저 점방(店房)이나 보던 사람이라고 이러지 몰라. 한데 그거 선생이 있을 거여.

---

339) 강홍로(姜洪魯): 함경도 출생. 구한말 한성 북촌 재상가의 대현(大賢)이라고 불림.

학인: 예. 그 여자. 그 여자 선생이요, 가르친.

봉우 선생님: 아, 그거한테 내가 당했다니까. 내가 그때 한참 젊어서 한참 (힘)쓸 땐데, 아 이러고 이걸 못 폈어. 이걸. 여러 말할 거 없어.

학인: 하하. 단적으로 이거를 못 피셨다.

봉우 선생님: 그래.

학인: 이게 안 펴져. 하하하하, 아이고 참.

봉우 선생님: 아, 그러고서 아주 좋게 이르잖아.

학인: 이제 충고까지…

봉우 선생님: 충고를 하드만 그래. "아, 선생님이 나시면 그저 부모 생각하고 나라 위해서 일을 해야지. 아 그놈들이 글쎄 저 애들이 와서 총 철환(鐵丸) 안 나가요 한다고 그러면 믿다가 만약 철환이 꽝 하는데 나갔으면 어쩔 뻔 했소?" 말이여. "그렇게 남을 믿으쇼?" 그러는 거야. 그 말은 그렇지. 옳지. "나도 그런 거 여남은은 넉넉히 당합니다." 이러면서 그러면 깐 뵈는 게 암만해도 그짓말 같애 하는데 딱 잡더니 펴라면 펴보라고 그래. 그래 나중에 김찬옥이를 그 함경도 사람 정평(定平) 사람이었는데 물었어. 잘 있냐 어쩌냐 물으니까 그거 저 지점을 청진으로도 두고 어디로도 두고…

학인: 장사꾼이다.

봉우 선생님: 응. 그래가지고 장사꾼이지 아무것도 뭐 아무것도 아니라고 이러거든. 지가 아무것도 아닌지 긴지 어떻게 알어. 저희가. 그러니 그게 선생이 있을 거 아니야?

학인: 그렇죠. 그러니까 결국 그쪽도 다 그렇게 백두산파 영향으로 배운 사람들이 많았다 이거죠.

봉우 선생님: 많아. 많은 거여.

학인: 함경도에 그래서 이제마 같은 양반이 대표적이죠? 그러니까 지금

알려져 있는 분 중에는…

봉우 선생님: 그렇지.

학인: 이제마.

봉우 선생님: 강홍로 윤씨 그 세분인데 윤씨가 조금 더 세.

학인: 이 양반이 윤의관이라고, 그러니까 이 양반들도 다 그러니까 의학 쪽으로 다 하셨네? 겉으로 나타난 건? 의학에 밝으셨나 보죠, 다들?

봉우 선생님: 의학도 의학이라고 하지만 재상들 그뜩한데도 딱 들어서면 뭐라고 잡담들 하다가 잡담 못해.

학인: 아, 좌중을 딱 압도하는 압인지기(壓人之氣: 사람을 제압하는 기운)가 있나 보죠, 그냥?

봉우 선생님: 그렇지. 압인지기가 있는데 뭘 하고 하니 뭣이가 눈에 걸리는 일을 하면 딱 앉아서 글을, 목성이 좋지. 키가 육척이 넘는 게 그래가지고 글을 외는데 예전 성인의 글을 외거든. 성인의 글을 죽하고 이러고 이러고 이런데 "대감, 그 성인이 잘못이요?" 아, 이렇게 해야 할 건데 당신이 그렇게 하는 법이 있소, 이거지.

학인: 아, 아주 그런 식으로 이렇게…

봉우 선생님: 그래. 그래가지고 그만…

학인: 꼼짝 못해서…

봉우 선생님: 그만 뭣이 저 좌석에 들어오면 ○○○ 하고 다른 별소리 다 하다가도 딱 그치거든. 그래 우리 집을 잘 나오는 게 그 양반 집 오면 우리 어머니가 "윤의관 오셨니" 하고 "강, 강씨 오셨냐" 이렇게 하면 양푼에다 술을 내지.

학인: 예. 하하.

봉우 선생님: 양푼에다 안주 잘해서. 안주 무슨 저런 잘게 하는 게 아니고 가리고 뭐고 해서 수북해야 돼. 이래서…

학인: 한 상 잘 차려서…

봉우 선생님: 응. 안사랑, 안사랑에 앉히시고 꼭 드리니까, 그거 그냥 이래가지고 주욱 들이키면서, 그 저 우리 어머니 돌아가시는 그 환 이 뭣을 맥을 보고도 47세 지나면 ○○○ 하시지만 그건 힘들 거고 47세밖에 못 사십니다 하고 이 소리까지 했어.

학인: 그러니까 할아버님 보시기에는 윤의관하고 이제마, 강홍로 선생 했을 때 강홍로 선생이 제일 고단이었을까요, 이 양반이?

봉우 선생님: 강홍로가 제일 고단이여.

학인: 그러니까 그 당시 우리가 9계로 봤을 때는 이 양반이 중단 넘은 분이에요?

봉우 선생님: 중단 넘어. 중단이 넘으니까 알으니까 깐보지. 재상의 단처(短處: 단점. 결점)를 보지 않고도 듣지 않고도 다 알으니까 깐봐지지. 이게 무슨 소리가 나오면 그게 나올 거 같으니까…

학인: 그러니까 제갈량이 설전군웅(說戰群雄)[340]하듯이 그냥 앉혀놓고 그냥 막 마구 했겠네요.

봉우 선생님: 막 누르니까…

학인: 그 이제마 선생님 같은 경우…

봉우 선생님: 이제마 선생은 의사는 의사지만 그도 의사만이 아니여.

학인: 아니죠? 정신수양을 깊이 한 분이죠, 이 양반도?

---

340) 설전군웅(說戰群雄), 설전군유(說戰群儒).《삼국지연의》중 한 토막. 제갈량이 손권과 연합하여 조조에게 대항할 목적 아래 강동으로 가서 손권을 알현할 때의 일이다. 강동의 문무 관원 20여 명과 더불어 외당(外堂)에서 회합을 갖는다. 그중 장소(張昭)를 비롯한 다수의 문신은 조조에게 투항할 것을 주장했다. 제갈량이 강동으로 온 뜻을 알아차린 그들은 고의로 논쟁을 벌임으로써 제갈량이 어려움을 느껴 물러나도록 하려 한 것이다. 그러나 제갈량은 태연자약하면서도 물 흐르는 듯한 답변으로 하나하나 반박한다. 주항파(主降派)들을 언변으로 굴복시킨 것이다.

봉우 선생님: 응.

학인: 이 양반도 초단은…

봉우 선생님: 아녀. 초단 아녀.

학인: 아니 그러니까 초단 이상으로…

봉우 선생님: 초단 이상이여.

학인: 한 뭐 그래도 한 3단…

봉우 선생님: 3단도 조금 셀 거여.

학인: 아주 중단 이상은 안 되도 그래도 뭐…

봉우 선생님: 아주 우리 집에 와서 순전히 묵지는 않았더라도 작은 사랑 안 사랑에서 이제마가, 나 낳기 전이니까, 그 말씀들 하는 것 보면 강씨하고 둘이 그저 들락날락 다른 데 갈 때 마땅치 않으면 들어와서 며칠씩 묵고 가고 묵고 가고 그랬어.

학인: 그러니까 이게 백두산 쪽에서 다 공부하신 분들이 틀림없군요, 이런 분들이.

봉우 선생님: 응.

학인: 그러면 이 백두산 좌파 쪽으로 그 장백산 쪽으로…

봉우 선생님: 거긴 몰라.

학인: 모르시겠죠, 그쪽은.

봉우 선생님: 거기도 좋은 사람들이 있지 없는 건 아닌데…

학인: 예. 만주 안쪽으로. 이렇게 해서 백두산 좌우파가 있고. 역사적으로 말이죠? 그러면 요 근래는 아니더라도 백두산 쪽에서 그 누구 역사적으로…

봉우 선생님: 역사적인 별 인물 없어.

학인: 특별히 이렇게 내세울 만한 인물 없을까요?

봉우 선생님: 그렇게 큰 인물이 안 났고…

학인: 예. 숨어 있는…

봉우 선생님: 그 저 퉁두란(佟豆蘭)341) 이나 누구나 이 저 이태조나 다 그 백두산 고거 아녀?

학인: 아, 이태조가 그러면 백두산 쪽에서 공부했어요?

봉우 선생님: 그렇지. 청태조가 백두산이고…

학인: 아, 청태조. 그다음에 이태조. 퉁두란.

봉우 선생님: 응.

학인: 그다음에 저 관운장[관우(關羽), 자 운장(雲長)]은요?

봉우 선생님: 관운장은 뭣이 저 백두산은 백두산인데 지금 요녕성청(遼寧省廳) 그 근처 어디 아닌가 그래.

학인: 그럼 여기다 넣을 건 없겠네요, 관운장은.

봉우 선생님: 그렇지.

학인: 뭐 한 이 정도. 더 생각나시는 거 없으세요? 백두산파? 백두산파 이렇게 하면 뭐 말씀해 주실…

봉우 선생님: 다른 거 지금, 그러면 중국에도 청태조가 거기서 나지 않았어? 백두산파지.

학인: 그쪽에서 청태조가 공부도 그쪽에서 했을까요?

봉우 선생님: 응?

학인: 공부. 수양도 거기서 했을까요?

봉우 선생님: 거기서 했지 뭘. 한생성(汗生城)342) 이라고 있어, 거기.

학인: 예, 한생성. 예, 그 밑에 내려오는. 그다음에 할아버님 지리산파(智異

---

341) 이지란(李之蘭, 1331~1402)은 원(元) 간섭기 고려(高麗) 거류 여진족 출신으로 고려 말기의 무관(武官)이고 조선(朝鮮) 시대의 개국공신이자 무신(武臣), 정치가(政治家), 시인(詩人)이며 만년에 불교 승려가 된 인물이다.

342) 청태조(淸太祖) 누르하치가 난 자리. 두만강 건너편 쪽.

山派)가 있잖아요, 지리산파?

봉우 선생님: 지리산파는…

학인: 그런데 지금까지도 지리산은 공부하는 사람들이 많이 가잖아요?

봉우 선생님: 근데 지리산은 우리들이 가선 말 잘 안 들어. 소백산(小白山)하고 지리산하고 연락이 되지.

학인: 소백산하고요?

봉우 선생님: 피동공부(被動工夫)하는 사람들이 거기 잘 들어가.

학인: 그럼 피동공부의 중심지였나요, 옛날부터?

봉우 선생님: 아, 중심지는 아니지. 누구 저 누구여 최고운(崔孤雲: 최치원)343) 최고운이 거기서 했지.

학인: 아, 지리산에서요?

봉우 선생님: 그래. 최고운이 게서 하고. 여긴 저 누구여 저…

학인: 아, 저기 저 조남명(曺南冥: 조식).344)

봉우 선생님: 응?

학인: 조남명.

봉우 선생님: 조남명. 조남명이 게서 하고. 조남명 게서 하는 바람에 곽재우(郭再祐)345)도 거기서 하고, 저 정기룡(鄭起龍)346)이도 게서 하고 그랬지.

학인: 곽재우, 정기룡이는 전부다 조남명이가 가르쳤나요?

봉우 선생님: 그 제자들이여.

---

343) 최치원(崔致遠, 857~?), 신라 하대의 학자·문장가. 자 고운(孤雲), 해운(海雲).

344) 조식(曺植, 1501~1572). 조선 전기의 성리학자이고 영남학파의 거두이다. 본관은 창녕, 자는 건중(楗仲), 호는 남명(南冥).

345) 곽재우(郭再祐, 1552~1617), 조선 중기의 무신, 정치인, 군인으로 임진왜란에서 크게 활약한 의병장이다. 자는 계수(季綏), 호는 망우당(忘憂堂), 시호는 충익(忠翼)이다.

346) 정기룡(鄭起龍, 1562~1622), 곤양 정씨(昆陽鄭氏)의 시조. 자는 경운(景雲), 호는 매헌(梅軒), 시호는 충의(忠毅), 아명은 무수(茂壽)로 불렸다. 조선시대의 장군이다.

학인: 예. 직전(直傳: 곧바로 전해받음) 제자들이군요, 그러니까.

봉우 선생님: 그렇지.

학인: 조남명 선생이 최소한 중단 이상 되셨죠? 고단이라고 봐야 되나요?

봉우 선생님: 고단은 최고단은 못 돼도 4~5계 넘을 거야.

학인: 아, 그럼 중단 충분히 되시는 거네요.

봉우 선생님: 중단 충분히 되지. 여기 여기 이 서울에 있는 양반들한테 지지 않어.

학인: 예. 그래서 수하(手下)에 그래도 많이 배출했군요.

봉우 선생님: 그렇지.

학인: 그런데 주로 지리산을 중심으로 해서 했다.

봉우 선생님: 그래. 그리고 여기 누구도 저 남인(南人)347)의 도접장(道接長: 도학의 선생)이라고 그러면 동고(東皐: 이준경의 호)348)인데 동고도 중단 이 단단하지.

학인: 동고도 지리산에서 공부했어요?

봉우 선생님: 그는 지리산에서 하지는 않았지. 소백산파지.

학인: 소백산이에요?

봉우 선생님: 그리고 속리산에 와 있었던가 봐.

학인: 예. 산신 그쪽으로 들어가셨다고 그랬죠?

봉우 선생님: 응.

학인: 후에…

---

347) 남인(南人)은 조선 붕당정치의 당파로, 조선 중기 이후 동인이 북인과 남인으로 분파되면서 발생했다. 남인과 북인은 서인에서 갈라진 노론, 소론과 함께 사색당파를 형성했다.

348) 이준경(李浚慶, 1499~1572), 조선시대 중기의 문신, 서예가, 학자이다. 자(字)는 원길(原吉), 호는 동고(東皐)·남당(南堂)·홍련거사(紅蓮居士)·연방노인(蓮坊老人), 본관은 광주(廣州)이다.

봉우 선생님: 속리산에 가 있었던 그런 것이 속리산(俗離山)을 맡아가지고 가 심술을 자꾸 부리거든.

학인: 근데 할아버님 지리산 산주(山主)는 누구세요?

봉우 선생님: 몰라. 고운이 거기 지금…

학인: 최고운 선생.

봉우 선생님: 최고운이 거기 있다고 하는데 최고운 내 얼굴을 모르니까 알수 없어.

학인: 고운 선생이 거기로 가셨을까요? 고운 선생님도 중단은 착실히 벗으신 분이에요?

봉우 선생님: 최고운도…

학인: 중단 이상은. 그렇게 봐야 될까요? 한…

봉우 선생님: 고운이 저 누구만은, 구봉(龜峰: 송익필 선생)만은 못해도…

학인: 그래도 남명 정도 수준은 될까요? 조남명 이런…

봉우 선생님: 조남명 정도, 그렇겠지.

학인: 그러면 이게. 그러니까 이 지리산이라는 데가 대충 지리산파 하면 그래도 역사적으로 우리 수양파들 입장에서는 지리산을 대충 어떻게 보나요? 우리 그 수양파들에선?

봉우 선생님: 지리산이 그 상황이 된 게 어떻게 되는고 하니 거물이 게서 안나와.

학인: 아, 거물.

봉우 선생님: 거기서 나와가지고 큰 성공한 일이 적고, 신라 적엔 거길 아주 지리산이 공부할 자리로 치부했는데…

학인: 신라시대까지만 해도…

봉우 선생님: 그렇지.

학인: 큰 공부 자리였군요, 거기가. 공부 자리로 제일 유명한 자리가 지리

산이었죠, 그러니까 남한에서는?

봉우 선생님: 그렇지.

학인: 신라시대까지만 해도…

봉우 선생님: 응.

학인: 계룡산 이런 데보다도 더 유명했을 거 아녜요, 지리산이?

봉우 선생님: 그 유명했지.

학인: 도인들이나 뭐 도 닦겠다 하는 사람들은 거의 다 지리산으로 갔죠?

봉우 선생님: 으레 지리산으로 갔지.

학인: 그랬는데 그러면 신라 때 최고운이라든지 이후로는 그렇게 큰 거물이 안 나오고…

봉우 선생님: 큰 거물이 안 나왔어.

학인: 또한 공부해서 좀 성공했다 하더라도…

봉우 선생님: 출세를 못 했고…

학인: 출세를 그러니까 크게 출세한 사람이 없다.

봉우 선생님: 그래.

학인: 그런 게 있군요. 그러나 하여간에 신라 이후로다가 지속적으로 계속 지금 그 수양파들이 거기 자리를 잡고 있는 건 사실이죠.

봉우 선생님: 자리 그 지금도…

학인: 지금까지도 뭐…

봉우 선생님: 지금까지도 거기 아주 없진 않아.

학인: 수미선인이니 무슨 선인이니 뭐 별 사람들이 여기 많이 나오잖아요.

봉우 선생님: 그래.

학인: 진부(眞否: 참, 거짓)를 차치하고 나서…

봉우 선생님: 응.

학인: 그리고, 그러니까 그 이후로 조남명이나 이 양반들 이후로는 그러면

조선조 이후로 더 큰 인물은 없었어요?

봉우 선생님: 큰 인물 없었어, 거기.

학인: 예.

봉우 선생님: 누구도, 저 김덕령(金德齡)[349]이도 조남명의 제자의 제자지.

학인: 예. 김덕령이가…

봉우 선생님: 그 송씨가 조남명 제자니까, 나이는 조남명하고 비젓해도 제자는 제자거든.

학인: 손자 제자죠? 손자 제자.

봉우 선생님: 응.

학인: 그리고 그다음에 할아버님 그 대소 태백산(太白山)파…

봉우 선생님: 태백산에는 별로 없고, 소백산에 근년에 많지.

학인: 할아버님 근데 왜 대소 태백산이라고 그러셨어요?

봉우 선생님: 태백산 있고…

학인: 그다음에 소백산…

봉우 선생님: 소백산 있고, 그러니까.

학인: 태백산은 큰 인물 없어요, 이쪽으로?

봉우 선생님: 소백산에 근년에 이 이조 말엽에 거기가 피동공부 참 수 많았어.

학인: 예. 소백산에. 특히 조선조 말엽에…

봉우 선생님: 응. 말엽에. 그저 그전엔 어쨌는지 몰라. 그전엔 어쨌는지 모르고…

학인: 피동공부에 제일 많았다.

---

349) 김덕령(金德齡, 1567~1596), 임진왜란 때 활약한 의병장. 본관은 광산, 자는 경수(景樹), 시호는 충장(忠壯)이다. 별칭은 신장(神將), 충용장(忠勇將), 익호장군(翼虎將軍)이다.

봉우 선생님: 응. 우리가 볼 적에 소백산패라면 서른여섯까지 훤하니까. 숫자가 많았지.

학인: 예. 그러니까 조선조 말엽에…

봉우 선생님: 한 삼십육인.

학인: 삼십육인의 피동공부 수련자들.

봉우 선생님: 그렇지. 그러니 조금, 조금이라도 다들 가지고, 그래 그 패가 패거리가 세어녔어서 다른 데서 건드리지들 않지. 뭐 저희끼리도 싸우기도 싸우더구먼.

학인: 그러니까 거기서 아주 파가 이렇게 딱 있었군요. 36명. 딱 해가지고 아주 계보가…

봉우 선생님: 그런데 첫 번엔 모르고 자기 혼자만 한 줄 아는데 야중에(나중에) 뢰다보니까 소백산패가 36인이여.

학인: 형성이 됐군요.

봉우 선생님: 응. 여기 그래 이 족비산(足飛山: 충북 소재)축이나 이쪽에서 위에서 올라간 사람들이 집적거리지. 부러 집적거린단 말여. 그런데 이쪽은 단수가 높고 저쪽은 단수가 얕으니까…

학인: 아, 할아버님 그러면 소백산에서는 이걸로 이렇게 크게 정도로 트인 사람들 없어요?

봉우 선생님: 이것만…

학인: 예, 이거.

봉우 선생님: 이게 제일 많아.

학인: 그러니까 피동공부 중에서도 무슨 뭐 이런 삼령(三靈)공부 이런 거 말고…

봉우 선생님: 그런 거 말고…

학인: 주로 차력(借力).

봉우 선생님: 차력하는 거.

학인: 그다음에 뭐 축지(縮地).

봉우 선생님: 축지하는 거 이런 거지.

학인: 예, 이런 거. 그걸로 36명이 제일 유명했다.

봉우 선생님: 그렇지. 다 셌지.

학인: 아, 그러니까 정신수련 쪽은 하나도 없고 나온 사람이 역사적으로도 없어요?

봉우 선생님: 거기도 정신수련 하는 사람이 있기야 있었는데 들 된단 말이여.

학인: 자동공부 쪽은?

봉우 선생님: 응, 전부 피동공부가 많았어.

학인: 그러니까 배출된 사람이 아주 적군요.

봉우 선생님: 그렇지.

학인: 그러면 하여튼 우리가 이 수양파들 중에서 소백산 하면 주로 피동공부 그 이후로나 역사적으로 봤을 때는 주로 그렇게 피동공부 차력이나 특히 차력이나 축지 쪽으로 하는 학인들이 많이 됐다 이거죠.

봉우 선생님: 그렇지, 많았지.

학인: 배출자들이…

봉우 선생님: 그런데 그전에 소백산축은 그렇지가 않았어.

학인: 예?

봉우 선생님: 그전에 예전 사람은 소백산에서 했다는 이들이 공부 잘하는 이들이 있어. 가끔 있었어. 있었는데 근년에 와서는 몽창 몽창 차력꾼들이여. 축지 차력 뭐 그런 것들이여.

　그 명산에 안 가고도 어디서 또 그냥 해가지고 잘하는 이들이 있어. 영남에는 곽면우(郭俛宇: 곽종석 선생의 호)350), 면우 선생 같은 이. 그 어디 뭐 가서 산에 가서 한 데가 없는데도 잘만 알거든.

그 양반한테 가면 절하고 제자들 있는 데 있으면 그냥 꿇어앉았다가 잘 때는 꼭 그 양반 사랑에서 주무시니까 내가 모시고 자는 데 자다 일어 나시는 때가 얘기하는 때여. 다들 가고 자고 하면 나도 옆에서 모시고 자 는데 잠이 올 리가 있나? 본디 잠 잘 안 오는 놈이. 그럼 또 일어 앉으시 고 나도 가 일어 앉지.

"왜? 잠이 안 오니?" 그 암말도 않고선 "네. 그렇습니다" 하고 하면 그래 이제 그때부터 얘기 시작을 하셔. 좌우간 내가 물으러 간 것이 속에서 뭘 이러 이러 이걸 물으러 간다고 이렇게 생각을 하면 그거 그냥 고대로 다 비치셔. 그래 백두산을 댕겨서 만주를 저리 돌아간 땐데 첫 소리가 그러 시더라니까?

일어나시더니 나도 같이 이제 일어나서 꿇어앉으니까 "백두산 성산(聖 山)이지." 아, 그 백두산 얘기도 안 한 놈더러 "백두산 성산이지." 그러시 더니 "네, 산이 좋더만요" 하니까 "천지도, 천지연(天池淵)도 성수(聖水)다. 그 북쪽에는 한참 왕성하겠지?" 그 전에 그 너머 전에 지금 연길이니 뭐 니 하는 데가 용정촌(龍井村)이 하나도 그냥 밭이지 황무지지 사람 하나 도 안 살았어. 그런데 그리 가면 그러니까 저 뭐여 이 용정촌으로 그 위로 나가서 또 나가고 나가고 이렇게 나가는데 밀산(密山), 호림(虎林)[351]을 얘기해 주더만. "밀산, 호림 화약내가 좀 심할걸?" 그게 독립군 구역이여 거기가.

학인: 그렇죠. 소굴이 됐죠.

봉우 선생님: "아, 그만치 됐으면 되지 뭐." 그러시면서 이제 웃으시면서 "너

350) 곽종석(郭鍾錫, 1846~1919), 조선말의 유학자·독립투사이다. 자는 명원(鳴遠), 호는 면우(俛宇) 또는 유석(幼石), 이진상(李震相)의 문인이다.

351) 밀산(密山), 호림(虎林): 중국 흑룡강성(黑龍江省) 계서[鷄西]에 있는 시(市)들.

는 네 어르신네가 노인이시니까 어디가 오래 못 있어." 부탁을 하시더구만. 그래도 부탁하시건 말건 (만주를) 들락날락 한 20년 했어.

학인: 그러면 할아버님 그 대 태백산, 소백산은 그 정도로 하고요.

봉우 선생님: 응. 어디?

학인: 그다음에 이제 속리산파 써놓으셨네. 속리산파요.

봉우 선생님: 속리산이…

학인: 옛날부터 유명한 산이에요? 이게? 속리산파가?

봉우 선생님: 속리산이 예전에는 많았는데…

학인: 예. 옛날엔 많았다.

봉우 선생님: 응. 예전엔 많이 해서 공부들 해서 성공한 이가 많았는데 이조 말엽에 들어와선 거기 와서 힘들었어. 청화산(淸華山)352)에서 흔히들 하고 나오지.

학인: 이조 말엽에는…

봉우 선생님: 청화산에서 흔히들 하고 나왔지 거기 들어갔다가는 많이 다쳤어. 아주 죽진 않아도 집어 던져서…

학인: 오히려 청화산에서, 옆댕이에 붙은 청화산에서 성공자가…

봉우 선생님: 청화산에서는 잘됐어들. 공부들 많이 했어.

학인: 그러면 이쪽에서 주로 유명하게 이름 있던 사람들이 있나요?

봉우 선생님: 어디?

학인: 속리산에서 공부한 사람. 송시열이요353)? 우암?

---

352) 충북 괴산군 청천면 삼송리, 경북 상주시 화북면, 문경시 농암면 경계 위치에 있는 높이 984m의 산.

353) 송시열(宋時烈, 1607~1689), 조선 후기의 문신·성리학자·철학자·정치가이자 시인·작가로서, 유교 주자학의 대가이자 서인, 분당 후에는 노론의 영수였다. 본관은 은진(恩津)이고, 자는 영보(英甫), 아명은 성뢰(聖賚), 성래(聖來), 호는 우암(尤庵)·우재(尤齋)·교산노부(橋山老夫)·남간노수(南澗老叟)·화양동주(華陽洞主)·화양부자

봉우 선생님: 누구 저 동고.

학인: 동고가 속리산에서 공부했어요? 지리산에서 하지 않았나요? 아 소백산에서 했다고 그러셨잖아요?

봉우 선생님: 소백산에 하고 끝 나중 마무리는 속리산에 와 했어.

학인: 아, 그러니까 동고가 처음에는…

봉우 선생님: 소백산에서 하고…

학인: 처음에는 소백산.

봉우 선생님: 응. 안동이니까 거기서 얼마 안 나오니까 거기서 했고…

학인: 마무리는 끝마무리는 저 이 저 뭐냐 속리산. 그리고 동고 말고 또 좀 뭐 좀…

봉우 선생님: 동고 말고는 게서 크게 이름난 이가 없어.

학인: 그러나 숫자는 많았다 이거죠.

봉우 선생님: 숫자는 많았지.

학인: 입산한 사람들 꽤 많았는데, 그래도 역대적으로 많이 성공자들 배출해 온 산인데, 그게 이조 말엽 쪽으로 와서는 완전히 적어지고…

봉우 선생님: 아, 그 양반이 이조 말 적에는 깨끗이…

학인: 깨끗이 소탕, 하하.

봉우 선생님: 거기 모르고 들어갔다가는 헛고생해. 더구나 피동공부는 어림도 없고…

학인: 예. 피동공부.

봉우 선생님: 자동하는 사람들 혹 정신수련이나 하러 가는 사람들은 내버려 둘지 몰라도 뭐 소리 꽥꽥 지르고 뭣하는 거 들어가면 그 뭐 며칠 안 나가서 쫓겨 나가.

(華陽夫子), 시호는 문정(文正)이다. 효종, 현종 두 국왕의 왕자 시절 가르친 스승이었으며 별칭은 대로(大老), 송자(宋子), 송부자(宋夫子)이다.

학인: 에, 그러니까 속리산 쪽은 뭐 다른 거 특기할 만한 파 없을까요? 속리산파는?

봉우 선생님: 없어. 지금은 들어가면, 지금은 들어가면 받을는지 알 수 없어.

학인: 계룡산파는 어떨까요? 계룡산파도 이 계룡산이 뭐 중악(中嶽)으로 오악(五嶽)354) 중에 하나니까. 이 계룡산도 옛날부터 명산 아닙니까?

봉우 선생님: 명산이지. 명산.

학인: 그래서 옛날부터 자연히 입산 수련자들이 많았겠네요.

봉우 선생님: 많았지.

학인: 옛적부터, 그러니까 삼국시대부터 많았죠, 여기도 다?

봉우 선생님: 삼국적부터 거기 백제가 가까우니까 부여(夫餘)가 가까우니까 그리로 쫓아 들어오고들 했지.

학인: 그렇다면 계룡산파에서는 많죠? 우선 인물들이?

봉우 선생님: 산이 뭐 얕아서…

학인: 근데 인물이 여기서 좀 특기하실 만한 사항을 좀…

봉우 선생님: 누가 누가 했다 하고 이름을 낼 순 없어 해도.

학인: 아 이 많잖아요. 할아버님. 여기서 저 송구봉 선생님. 최고단자 나오셨고…

봉우 선생님: 응.

학인: 우선 송구봉 선생님하고…

봉우 선생님: 누구, 저 조남명.

학인: 예? 조남명도 또 여기서 했어요?

봉우 선생님: 응?

---

354) 오악(五嶽): 백두산·금강산·묘향산·지리산·삼각산을 말한다. 오행사상(五行思想)에 의하여 오악의 개념이 생겼다. 신라 때는 토함산·지리산·계룡산·태백산·부악(父岳: 지금의 대구)을 오악으로 하였다.

학인: 조남명이는 지리산에서…

봉우 선생님: 지리산에서. 지리산에서 했지.

학인: 근데 계룡산에서도 잠깐 했어요?

봉우 선생님: 계룡산 와서 송구봉하고 같이 있었지.

학인: 예. 조남명. 근데 주된 공부는 어디서 했어요? 조남명.

봉우 선생님: 응?

학인: 주된 공부는 지리산에서 하고…

봉우 선생님: 지리산에서 하고…

학인: 여기서도 했어요? 여기 잠깐 와있었죠, 계룡산에?

봉우 선생님: 계룡산에 잠깐만 나온 게 아니라 여러 번 나왔지.

학인: 예. 그 구봉 선생 뵈러?

봉우 선생님: 응. 그 계룡산에 저…

학인: 오래는 안 있었어요, 그러면? 계룡산에서?

봉우 선생님: 그 양반들 있는 동안은 자주 있었을 거여.

학인: 예. 자주 왔다 갔다 하셨고…

봉우 선생님: 서고청(徐孤靑: 서기 선생의 호).355)

학인: 서고청에다가 그다음에 이토정(李土亭: 이지함 선생의 호)356) 도 좀 있었죠?

봉우 선생님: 토정도 거기 있었고…

학인: 조중봉(趙重峯: 조헌 선생의 호).357)

---

355) 서기(徐起, 1523~1591), 조선 중기의 학자. 본관은 이천(利川). 자는 대가(待可), 호는 고청초로(孤靑樵老)·구당(龜堂)·이와(頤窩).

356) 이지함(李之菡, 1517~1578). 조선 중기의 학자. 본관은 한산이며, 호는 토정(土亭)· 수산(水山)이다. 친형 성암 이지번의 문인이다. '토정'이라는 호는 그가 마포 나루에 '토정'이라는 흙집을 짓고 가난한 사람들과 같이 살았기에 붙여진 이름이다.

357) 조헌(趙憲, 1544~1592), 조선 중기의 문신으로, 유학자이자 경세사상가, 의병장이

봉우 선생님: 조중봉. 조중봉이야 뭐 거기 말재(末才: 끄트머리 재주)인데 뭘.

학인: 예. 그러니까 주로 뭐 조중봉은 깊이 공부 안 했죠?

봉우 선생님: 응?

학인: 단이 높지 않죠? 조중봉은?

봉우 선생님: 안 높아. 영규대사(靈圭大師).358)

학인: 예. 영규대사. 이 양반도 주로 차력했죠?

봉우 선생님: 차력. 아무렇든 거기 짐대(공주 갑사 철당간) 짐대 거기서 솟는 바람에 솟아오르는 바람에 꼼짝 못했다는 것이지. 중들이.

학인: 그다음에 영규대사. 그리고 또. 그때 인물들로 이렇고. 옛날 인물들로 뭐 없을까요?

봉우 선생님: 옛날 예전에는 그 저 백제 적이니까 모르겠어.

학인: 고려 때 뭐 했던 분 없을까요?

봉우 선생님: 고려 적에는 이름난 이 거기 별로 없어.

학인: 그러면 조선조 때 이 정도고…

봉우 선생님: 응. 백제 적에는 있었을 거야.

학인: 백제시대 때도, 그 백제시대 때는 이 계룡산이 굉장히 유명했겠네요?

봉우 선생님: 가까우니까. 거기서. 그래 가까운 것보담도 계룡산이 돌아서, 삑 돌아가지고 백제 공주 서울하고 부여 서울을 다 맨들어놓지 않았어.

다. 자는 여식(汝式), 호는 중봉(重峯), 시호는 문렬(文烈). 본관은 백천(白川). 성혼의 문인이다

358) 영규대사(靈圭大師, ?~1592), 조선 중기 충청남도 공주 출신의 승려이자 승병장. 속성은 박씨(朴氏)이고, 본관은 밀양(密陽). 호는 기허(騎虛)이다. 계룡산 갑사에서 출가한 뒤 사명대사 유정(惟政)과 함께 서산대사 휴정(休靜)의 문하에서 법을 깨우쳐 휴정의 제자가 되었다. 공주 천련암(天蓮庵)에 있으면서 선장(禪杖)을 가지고 무예를 익히기를 즐겼다고 한다. 임진왜란이 일어나자 승병 수백 명을 규합하였는데, 이때 승병을 조직한 것은 영규가 최초로서 전국에서 승병이 궐기하는 도화선이 되었다

학인: 예. 그리고 또 근래 말년에 오면 뭐 없을까요? 조선조 후기로 오면. 조선조 후 말이요.

봉우 선생님: 조선조 후?

학인: 예.

봉우 선생님: 후는 좀 있지, 거기.

학인: 또 있어요?

봉우 선생님: 누가 나올는지 몰라도 좀 있지.

학인: 예. 하하. 앞으로도 좀 나오겠죠?

봉우 선생님: 앞으로 좀 나올 거여.

학인: 여기 지금 수십 명 가 있는데 나와야죠, 할아버지.

봉우 선생님: 다들 나가 놀래도 몇이 되든 되지.

학인: 예. 지금 할아버님 밑에서 배운 학인들 중에선 여기 제일 많이 가 있어요.

봉우 선생님: 그렇지.

학인: 그래서 후기의 계룡산파를 우리가 다시금 복원을 해야죠. 구봉 선생님 좇아서 어떻게라도 초단이라도 착실히 벗어야죠.

봉우 선생님: 이 저 구봉 선생님.

학인: 예. 성인이 나신 자리인데…

봉우 선생님: 내가 왜 기념비라도 해 세울라고 자꾸 내가 하는지 알아? 좀 힘 좀 써주쇼 하고 내 부탁이여. 허허허. 암만 요새 돈이라도 한 1,500만 원 들면 꽤 들은 거여. 1,000만 원은 땅 값이고. 한 500만 원이면…

학인: 석물(石物: 무덤 앞에 돌로 만들어 놓은 여러 가지 물건)이요.

봉우 선생님: 비 큼직하고 갓에 여기 빙 돌리는 거 하나면 될 거고 그러지. 그러니 나 알지 못하는 사람은 나더러 미쳤다고 할 거여. 돈은 없다고 하면서 그런 데 쓸라고 한다고 할 테지만…

학인: 그런데 할아버님. 그 이 계룡산파가 다른 거는 이 계룡산 쪽이 뭐 다른 거는 특별한 의미는 없을까요? 다른 우리 이 지금 이쪽에 남한 쪽에서의 이 정신수양파 중에서의 비중이라든가. 수양 뭐 특별히…

봉우 선생님: 정신파 중에서 비중을 찾지 말고, 황백전환기(黃白轉換期)의 비중을 찾아. 황백전환기에 계룡산파에서 몇이나 나올라느냐 이게 문제여. 거기서 황백전환기에 참여하는 사람이 나오면 거기 따라갈 사람이 나오지 왜 안 나오겠어. 그것이 저 공부하고도 아무 데도 못 가는 사람이 있고, 단이 높지 않고도 따라가서 또 성공하는 사람도 있고 그렇지 않아?

학인: 예. 그다음에 할아버님 변산파(邊山派)가 있어요.

봉우 선생님: 응?

학인: 변산파. 변산. 변산.

봉우 선생님: 변산은, 변산은 거기가 저 경상도 사람들하고…

학인: 예. 이게…

봉우 선생님: 진짜 전라도 사람은 덜 가거든.

학인: 예? 그 이상하네. 여기가 지금 할아버님 그 월명암(月明庵)359) 있고 그…

봉우 선생님: 아니, 저 어쨌든지…

학인: 예. 역사적으로 경상도 사람들이 많이 성공했어요?

봉우 선생님: 지금도 경상도 사람들이 거길 가.

학인: 그 이상하다. 왜 본토 사람들은 잘 안 하죠?

봉우 선생님: 거기 사람들이 가서 공부한 사람들이 몇이 나오니까 그러지.

학인: 아, 그렇지. 먼저 애시 당초 처음에 거기서 좀 이름난 사람이 경상도 사람이 해서 거기 출신들이 그거 본 보고선 우르르 와서 또…

---

359) 전라북도 부안군 산내면 중계리 변산 쌍선봉(雙仙峰, 妙寂峰)에 있는 절.

봉우 선생님: 그러지. 또 오고 또 오고 하지.

학인: 그러니까 처음에 그게 중요하군요. 누가…

봉우 선생님: 그렇지.

학인: 본보기가…

봉우 선생님: 본보기가 중요하지.

학인: 그러면 주욱 따라서 그냥 다들…

봉우 선생님: 그래. 그래서 거기가 이제 먼저 그 누군가 이 근년에 송뭣인가 거기 댕기 들랑거린 사람이 있었는데. 한번 만났어. 내. 어디서 만났는데 아 이건 뭐 도인 행세를 하더구먼 그래. 도인 행세를 하는데 내 젊었을 때여. 제자들이 뭐 나이가 희끗희끗한 녀석들이 절을 하고 그래. 그래 내가 절 할 까닭이 있나. 떡 버티고 앉아서 뭘 어쩌고 여럿 있는데. 그러지 말아야 하는데 나이가 젊을 때니까. "자네 어디서 왔나?" 그러두면. "자네는 어디서 왔나?"

학인: 하하하하.

봉우 선생님: 대번 그러지 뭐. "자넨 어서 왔나? 눈이 있거든 똑똑히 보게."

학인: 예.

봉우 선생님: 아, 이자식이 화가 났는가 봐. 담뱃대를 탁탁 두드리두면. "버르장머리 없이 담뱃대 두드리는 거 아닐세. 나이는 자네가 나보다 한 20년 더 위라도 그렇게 하면 안 되네." 그러니 제자들이 그뜩해서 이것들이 뭘 욱신욱신해. 하더니 얼마를 눈을 감고 앉았더니 "졸지에, 졸지에 상대를 하니까 내가 실수했소."

학인: 예. 하하.

봉우 선생님: 졸지에 상대하니까 못 알아봤다는 소리여. "실수했소. 조용하게, 조용하게 꾸중을 하지 여럿 듣는데 그 너무 심하지 않소?" 나더러 그래. "그럼 그건 그렇게나 아는 사람이 첫 번에 올 사람이 뭣이 어떤 사람

인지 알지도 못하나?" 그러니까. 그걸 당하는 걸 봤거든? 옆에 있는 젊은 녀석들이 보고서는 나더러 와 물어, 그 사람 어떠냐고. 아, 선생님으로 뵈는 사람이 제자들이 선생님을 위해야지 거 어떠면 어떻고 좋으면 어떻고 낮으면 어쩔테냐 너희들이 말이야. 공부 너희 그러면 못 한다.

학인: 아, 이제 그때 그 사람이 변산에서 공부한 사람이에요? 그 송씨라는 사람이?

봉우 선생님: 본디 어디서 해가지고 왔는지 변산에 가서 한참 있었어.

학인: 변산 일대에선 아주 이렇게…

봉우 선생님: 거기선 다 술객(術客) 대접을 해.

학인: 그러면 이 변산파라고 했던 이 변산이라는 데가 그 옛날부터 소위 불교(佛教)나 뭐나 하여튼 이인(異人)들이 많던 데죠, 여기가?

봉우 선생님: 뭘 사람들은 나왔지. 나왔는데 그렇게 굉장하진 않고…

학인: 굉장하진 않고요. 그런데 이것도 역시 백제시대 때 옛날서부터 공부하던 축들이 있던 데죠?

봉우 선생님: 그렇지 그래. 백제는 거기서 얼마 안 되니까…

학인: 그래서 이름이 좀 있던 데가 거기 좀 수련 장소들이 있었나 보죠? 옛날부터? 내려오던 자리들이?

봉우 선생님: 그 바다 가운데로 있고. 변산에도 있고 그래. 그런데 뭐 저 지리산이나 어디나 이름 있는 산만은 못 해.

학인: 예. 특별한 무슨 산이 큰 좋은 산이 없죠, 여기서는?

봉우 선생님: 이게 저 계룡산은 산은 얕은데 이게 저…

학인: 동자미(東紫微).

봉우 선생님: 자미. 서쪽에 있는 데를 동자미고, 동쪽에 있는 데를 서자미(西紫微)고 그렇지.

학인: 그러니까 계룡산이 동자미고…

봉우 선생님: 동자미고…

학인: 서대산이 서자미고…

봉우 선생님: 서자미고…

학인: 계룡산이 사실은 서쪽에 있는데, 그죠?

봉우 선생님: 그렇지.

학인: 동자미가 되고…

봉우 선생님: 이렇게 되는 거여, 이렇게. 산에서 이렇게 내려오고 하늘에서 이렇게 내려 비치고 내려 비치고 하니까 동서가 갈리지.

학인: 그럼 변산파는 뭐 그냥 이렇게…

봉우 선생님: 변산파는 그렇게 뭐…

학인: 많진 않지만. 큰 뭐 도인은 안 났군요.

봉우 선생님: 고단자가 나질 않았어. 얇음 얇음들 하지.

학인: 그다음에 송악 경기도 일원에서는 송악산(松嶽山: 개성에 있는 산) 삼각산, 설악산(雪嶽山)을 얘기하셨어요. 근데…

봉우 선생님: 송악에서 공부해서 지금…

학인: 개성에 있는 거요.

봉우 선생님: 예전엔 있었어도 근년엔 없고. 저 삼각산에도…

학인: 여기 산일(散逸)이라고 그러셨어요. 산일. 조금씩 있었다 이거죠.

봉우 선생님: 응?

학인: 조금 흩어져 있었다.

봉우 선생님: 그래.

학인: 그러니까 송악산이나 삼각산이나 설악산 등은 조금씩 있었다.

봉우 선생님: 조금씩 있었지 그저.

학인: 삼각산에도 그랬어요, 삼각산?

봉우 선생님: 삼각산에 누구 저 율곡이 삼각산에 가서 하고 금강산에 가 또

하지 않았나?

학인: 아. 율곡이 초기에 좀 하다가…

봉우 선생님: 응. 금강산(金剛山)에 가 했지.

학인: 나중에 금강산에서 1년 했죠?

봉우 선생님: 그래. (삼각)산에 가보면 공부터가 몇 군데 있더구먼. 이쪽에 저 백운대로 해서 올라가는 그 뒤에 어디 보니까 누가 공부하는 자리가 있더구먼.

학인: 백운대 뒤에요?

봉우 선생님: 응.

학인: 여기도 뭐 옛날서부터 쭉 전해 내려오는 데니까, 삼각산도요?

봉우 선생님: 그래. 괜찮지.

학인: 그다음에 이제 송악산도 개성에 있는 송악산이죠?

봉우 선생님: 개성.

학인: 여기엔 누가 없을까요?

봉우 선생님: 예전엔 몰라도 고려 적엔 몰라도 고려 이후에 송악산에선 별 큰 인물(없어).

학인: 그다음에 설악산은 강원도 쪽이요? 이건?

봉우 선생님: 강원도?

학인: 예. 설악산에도 좀 있었나요? 이런데?

봉우 선생님: 글쎄 거기는 숫자는 많아해도…

학인: 공부하는 학인 숫자. 학인 숫자는 많았어요? 옛날부터?

봉우 선생님: 응. 학인 숫자는 많은데 거기서 잘막하게 저단자는 꽤 여럿이 났지. 저단자는 있어도 고단자가 없어. 고단 중단자도 없어.

학인: 뭐 좀 이름 있는 사람은 없을까요?

봉우 선생님: 응?

학인: 율곡이나 누구처럼 이름 있는 사람 없을까요, 설악산에서?

봉우 선생님: 설악산에 거기 크게 이름 난 사람 별로 없어.

학인: 그다음에 금강산은 어떨까요? 금강산.

봉우 선생님: 금강산은 산만 명산이지. 산만 명산이지 운이 요다음엔 몰라 해도 거기서 큰 성공한 사람 별로 없어. "구름 속 희미한 곳 망군(望君)하던 옛터라고. / 묻노라 마의태자(麻衣太子) 간 곳이 어드멘고. / 공산(空山)에 두견성(杜鵑聲)만 밤 가는 줄 몰라라." 나 거기 꼭대기 가서 지은 거로구만.

학인: 예. 시조. 산만 명산이고. 그래도 수도 학인들은 많았잖아요. 공부하는…

봉우 선생님: 학인 많았지.

학인: 도 닦으러 가는 사람들은 뭐…

봉우 선생님: 학인 많은데. 오래할 사람이면 한 10년이고 몇 해고 할 사람이면 잘 받는데 조금씩 하는 건 그냥 그냥 이래버려. 네 마음대로 할라거든 해봐라 하구선 조금도 안 봐주니까. 뒤에서 봐줘야지. 그러니까 장난, 장난배기들이 자꾸 들린단 말여. 거 중 공부 좀 해서 선방이나 댕기다 죽은 중들, 아주 저 막잽이 아닌 것들 그런 것들이 거기 많이 넋들이 많이 붙어 있지 않어?

왜 '무' 자?[360] 찾는 공부를 하면 그것들이 와서 봐주지. 하지만 그거 아니고 그냥 다른 공부한다면 와서 방해들만 놓거든. 그거 망군대 들어갈라면 거기가 좋더구먼. 망군대 딱 들어가 앉으면 소리 지르기 시작하면 꽤 그래도 주욱죽 못 나가고. 잔공부는 남북이 통일하면 묘향산(妙香山)

---

360) 무자(無字): 선종의 공안(公案) 조주스님에게 어떤 승려가 "개도 불성이 있는가?"에 대해 "무(無)!"라고 답한 것. 이때의 무는 유무(有無) 이원적 대립을 초월한 절대의 무(無)를 뜻한다.

이 나아요. 묘향산은 잘막한 공부는 꽤 많이 나와.

학인: 묘향산이 또 옛날부터 묘향산에 선굴(仙窟)이 많다는 데 아닙니까?

봉우 선생님: 응?

학인: 선굴. 신선굴이 많다는 데 아녜요?

봉우 선생님: 글쎄.

학인: 묘향산이요.

봉우 선생님: 묘향산에 그 뭣이 아주 있는 데 아녀. 그 저 지하. 굴.

학인: 예. 잔공부라고 했을 때면 이 묘향산이라는 게 여기도 좌도(左道)가 잘 되나요? 그러면?

봉우 선생님: 응?

학인: 좌도.

봉우 선생님: 좌도들이 낫지.

학인: 그러니까 이 정법보다요? 그 저 자동 피동공부…

봉우 선생님: 정신수련보담…

학인: 피동공부.

봉우 선생님: 응. 뭐 차력이니 축지니 뭐 이보니 그런 거 하는 거 잘 되고.

학인: 그러니까 북한 쪽에서는 묘향산이 여기 소백산처럼 피동이 잘 되네요.

봉우 선생님: 잘하지. 그 말을 잘 들어. 말을 잘 듣는 데고, 저 북한에도 가면 구월산(九月山) 있지 않나?

학인: 예. 근데 묘향산에서 유명한 사람은 그럼 안 나왔어요, 별로?

봉우 선생님: 그건 고려 고구려적 일이라 나 몰라.

학인: 조선조 때에는 별로 없었어요?

봉우 선생님: 조선조 적은 없었어. 묘향산은 지금 대통령 출마 하나 있었고, 이 근년에는…

학인: 아, 묘향산은 별로 없었구나.

봉우 선생님: 사람은 그냥 저 드글드글한 것들이 나와해도 아주 큰 사람은 없어.

학인: 그러니까 큰 대인이 별로 안 나왔다.

봉우 선생님: 그렇지. 자기 생각엔 대인이라 할지 모르지만, 남이 대인이라고 해줘야 하는데, 대인 별로 없었어.

학인: 대인. 하하하하. 그러니까. 자기 생각에 최고 대인이라고 하잖아요.

봉우 선생님: 지금 최고로 알지.

학인: 예. 그런 사람들은 있어도 그런 식의 사람들은 있는데, 묘향산 쪽이죠?

봉우 선생님: 묘향산이여.

학인: 거기서 뭐 좀 통한 거 아닐까요? 통령 이런 거.

봉우 선생님: 묘향산?

학인: 술수를 많이 부린 데요.

봉우 선생님: 그 대통령, 대통령 나온 게 누구지? 또 출마했던 게 있지. 거기 또 하고…

학인: 여기 출신이라고 묘향산…

봉우 선생님: 뭣인가 저 신도안 양천자인가 그 사람도 거기 사람이고. 여기 저 무엇이여 소세(?) 서산 나가는 데 거기 뭣이 지금 저리 내려간 예수교 하는 거 거기 그 사람도 거기서 나온 사람이지. 그 다 엉큼한 짓을 해.

학인: 전체적으로 분들이 많이 나오는구먼요. 이 묘향…

봉우 선생님: 응.

학인: 그러고 오대산 쪽은 어떨까요?

봉우 선생님: 오대산은 산은 좋은데, 산은 좋은데 거기서 중들은 나와도 여기 저 그냥 유가에서는 오대산에 가서 별 큰 거 없어. 산은 좋아.

학인: 중들은 여기서 성공한 사람이 많은가요?

봉우 선생님: 저희말로 견성한 사람들이 몇 있지.

학인: 금강산도 그렇죠?

봉우 선생님: 금강산에도…

학인: 중들도 별로 없어요?

봉우 선생님: 별 수 없어.

학인: 예. 그럼 오대산에서는 뭐 누구 유명하게 명자들 사람 없겠네요.

봉우 선생님: 큰 이름난 사람 없지.

학인: 그다음에 구월산은 어떨까요?

봉우 선생님: 구월산이 그게 저 정신공부들이 많이…

학인: 예. 그러니까 자동법들이 자동수련자들…

봉우 선생님: 응. 자동법들이 꽤 많이 돼 나가고 또 피동도 좀 해 나가고 그랬어.

학인: 그러니까 그쪽에서 이북 쪽에서 황해도 쪽에선 제일 이게 유명하군요, 구월산이.

봉우 선생님: 구월산이…

학인: 자동수련자가 많고 피동도 조금 계속 나오고…

봉우 선생님: 단군 유적이, 유적이 좀 남아 있지 거기. 난 구월산에 스무사흘밖에 안 있었어.

학인: 예. 아, 정말 일송[一松: 우도방(右道幇)의 방주(幇主)] 선생님 여기서 배우셨죠?

봉우 선생님: 그래.

학인: 그러면. 일송 선생님이 그 양반 여기서 혹시 저…

봉우 선생님: 아니, 거기서 잠깐 그 제자들 가르치느라고 있었지.

학인: 예, 황해도. 근데 단군 유적이, 단군이 근데 여기 한때 있었을까요?

봉우 선생님: 단군 굴?

학인: 예.

봉우 선생님: 왜 있어 거기?

학인: 그게 실제 단군 시대에 여기에 누가…

봉우 선생님: 누가 한 분이 댕겨 갔는지 그건 모르겠어. 묘향산도 있지.

학인: 그다음에 이제 아, 그럼 거의 다 한번 훑어본 건데요. 이 중에서 말이죠. 제가 이게 일제 당시 그 당시만 해도 할아버님 소년시대만 해도 이렇게 여러 산, 이런 여러 그 산야 속에서 정신 우리나라 고유의 이 정신수양을 하던 수양 연사(鍊士: 수련사)들이 이렇게 수많은 산속에 전국 각지에 흩어져서…

봉우 선생님: 다 있었지.

학인: 최소한 수백을 헤아렸겠네요.

봉우 선생님: 응.

학인: 수백 명 이상이죠 뭐. 이 정도면. 각 산에 다. 그래서…

봉우 선생님: 다 있었지. 다 있었어.

학인: 예. 다 이렇게 공부하던 파들이 다 있었고…

봉우 선생님: 응.

학인: 에, 그랬는데 그중에 제가 이제 생각한 건요. 그 일송 선생님 말이죠. 할아버님 만나셨던. 근데 일송 선생님이 할아버님은 단에서 우도방(右道幇) 쪽의 방주(幇主)다. 그러셨잖아요.

봉우 선생님: 그래.

학인: 그런데 저희는 생각이 뭐냐면은 그렇다면은 우리 정신수양법 그 정신계의 고유한 우리 백두산족 정신수련파들이 어떤 도의 계보가 있었을까요? 그러면?

봉우 선생님: 응.

학인: 이 계, 이런 것이 있었을까요? 그러면 도계(道系) 이 계통이라는 게 있었다면 이것이 쭈욱 내려오면서 하나의 그 방이라고 할 때 이렇게 쓰죠? '방'. 이 '방(幇)'자죠? 이 '방'자. 도방.

봉우 선생님: 응.

학인: 그러면 우도방 좌도방 이렇게 계통을 나눴었나요? 옛날에? 이런…

봉우 선생님: 옛날?

학인: 이름으로?

봉우 선생님: 옛날 이름을 낼 저 나눈 게 아니라 피동공부 하는 사람하고 자동공부 하는 사람하고 그게 다르지.

학인: 그러면요. 그 일송 선생님 같은 경우는 사실은 이거 이거 다 알으셨잖아요, 좌우 양도를.

봉우 선생님: 다 했지. 다 했어.

학인: 다 하셨는데 그 일송 선생님의 그 당시 위치가 정신계에서 이 도계에서 말이죠. 우도방 방주하고 그러셨잖아요. 방주 역할을 하셨다.

봉우 선생님: 응. 방주지 방주.

학인: 그러면 상당히 고단자셨겠네요, 이 양반도, 일송 선생님도.

봉우 선생님: 고단자라고…

학인: 할 순 없을까요?

봉우 선생님: 부르는 것보담 그 양반은…

학인: 직책.

봉우 선생님: 갈 데로 간 사람이여.

학인: 예. 그러면 완전히 금선탈각(金蟬脫殼: 금매미가 껍질을 벗음) 하신 분이네요.

봉우 선생님: 응?

학인: 금선탈각 하셔가지고 뭐 이쪽저쪽 왔다 갔다 하시는 그런 정도 되시

는 분인가 보죠?

봉우 선생님: 그러니까 그게 저…

학인: 갈 데까지 가신 분이니까…

봉우 선생님: 가고프면 가고 안 가고 싶으면 좀 또 오래 더 있어도 그거 넉넉히 하는 이여.

학인: 그러면은 이 양반이 우도 방주셨다. 그러면 이게 이제 이 양반이 전국에 이렇게 다 제자를 키우셨다고 그러셨잖아요.

봉우 선생님: 그렇지.

학인: 그때 거기 강송석이 하고 이사충뿐만이 아니고 또 딴 데 가면 또 있었고 막 있었는데, 그 제자가 수백 명을 헤아렸다고 그러셨어요.

봉우 선생님: 응?

학인: 수백 명을 헤아렸다고 그러셨죠? 제자 가르치시는…

봉우 선생님: 그래. 오래니까…

학인: 근데 수백 명 중에서 그 이사충이가 그 당시 서열이 뭐 이십 방인가? 그랬…

봉우 선생님: 누가?

학인: 이사충이가요. 몇 십 방 간다고 그러셨잖아요, 서열을.

봉우 선생님: 훨씬, 훨씬 뚝 떨어져.

학인: 사십 방인가요?

봉우 선생님: 그래.

학인: 칠십 방인가 하여튼.

봉우 선생님: 응.

학인: 그러면 그 방이 그래서 그 방을 뭐 몇 방 오십 방 하면 그게 오십 번째 순위다. 그리고 뭐 거기 그 강송석이는 저 무슨 뭐 백 방 이상은 떨어질 거다 그러셨잖아요. 그러니까 그게 서열도 그게 쭉 무슨 방 무슨 방 하

는 용어가 그렇게 서로 수련하는 사람들끼리 그 용어를 쓰고 그랬어요? 그렇게?

봉우 선생님: 안 써.

학인: 안 써요?

봉우 선생님: 밑에서 있는 사람은 뭐가 뭔지 몰라. 뭐가 뭔지 모르고. 밑에서 뭣이가 자리를 잡으면 패가 있거든. 패 닦인 거 지 패를 지가 봐야 되지. 그래 남의 패도 어디가 있는지를 알지.

학인: 그다음부터요?

봉우 선생님: 응. 뭐 첫 번에 그저 그 양반 그저 뵐 제(때) 그 양반 그렇게 해서 스무사흘 모시고 게서 공부만 했지. 그다음에 그다음에 자꾸 이제 가니까 그 양반 자국을 알고. 그 양반이 왜 영동까정 날 찾아 왔던가 그것도 알고 그래 되더구먼 그게.

학인: 할아버님 또 하나 이 수양파 해서 여쭤볼게요. 이런 이렇게 우리가 이제 이 수양, 정신수양들, 주로 옛날에 화랑들도 그랬고, 옛날에 그 전부 다들 고구려 때부터 그랬고, 산에서들 거의 다가 수련을 했거든요.

봉우 선생님: 응.

학인: 물론 아까 그 저 다른 분들처럼 집에서 나름대로 하신 분도 있지만, 거의 대부분이 이렇게 계파들을 형성할 정도로 산에서 많이 했단 말이에요. 그거는 저희가 이렇게 생각해볼 때는 이제 이런 식으로요. 만일에 저쪽 아메리카 같은 평원 지대를 가면 거기는 산이 없걸랑요. 막막한 평원에다가 인디안들 살던 데 기껏 해봐야 구릉 지대…

봉우 선생님: 응.

학인: 우리나라 같은 이렇게 지리산이다 큰 이런 영봉이 없어요. 이를테면. 그렇다면 지리적인 환경 때문에 그랬을까요? 이 산을 중심으로 했을까요? 아니면 환경 때문에 그래 아니면 반드시 산이라야만 되는 어떤 그

래도 필연…

봉우 선생님: 아니, 그건 아니여. 꼭 산이라만 되는 게 아니라 집에서도 얼마든지 해.

학인: 예. 그러니까 필연지리(必然之理: 필연의 이치)가 있는 건 아니죠?

봉우 선생님: 그렇지.

학인: 그러나 옛날부터 우리 어떤 제사를 지내거나 할 때 우리 조상들이 생각했던 거는 산에서 주로 지내잖아요. 제천(祭天: 하늘에 제사를 지냄)을 하고…

봉우 선생님: 제천은 흔히 산에서 하지.

학인: 예. 산에서 하고 하는 거는 아무래도 하늘에 더 가깝다. 산은 어떤 산악 어떤 신앙 옛날부터 내려오는…

봉우 선생님: 그거는 저 서울서 이 바닥에서는 못할 거 같지만 서울서도 하고 기적이라는 게 있어. 기적이라는 게 있어서 서울이 여기 지금 서대문 밖이 물이 짜요. 샘물이 짜고 압박굴 물만 지금 그 저 뭣이여, 압박굴 물이라는 게 저 서대문감옥 뒤 거기가 압박굴인데, 압박굴 물만 그게 짜질 않고 약물이거든. 그리고 초립물이라고 있어, 미근동(渼芹洞: 서대문구)에. 미근동에 그게 짜지를 않았어. 다른 데 물은 다 조수물 들락거리는 바람에 짠물이여 짠물이 나는데, 우리 어머니가 꼭 밥 지으면 정화수를 가서 올리는데, 우리 집에서 초립물을 가자면 한참 가. 밤에 가서 밤중 열두 시에 가서 그걸 물을 떠 가지고 와서 꼭 정화수를 올리시는데, 한번 그러셔. 이거 저 댕기기가 밤에 밤중에 12시가 돼가지고 가자면 길가들이 좋지 않고 술주정꾼 놈들이나 있고 이러면 불편하다고 집에다가 샘을 하나 팠으면 좋겠다고. "아니 그럼 어머니 이 울 안에서 샘 팔 자리가 있을 거 같아요?" 하니까 "아니 가서 저기가 초립물까정 갔다 오는 것이 외로워서 그러는 게 아니고 꾀가 나서 그러는 건 아닌데 작은 초립물이 있는데 작

은 초립물은 산골짜기라 동네 가운데라 나서 덜 좋다. 그런데 집에서 파봐라." 그러시는 지금 말하면 명령이지. 집을 좀 파봐라 그러는 거 같은데 샘은 저기 밖에 팔 데가 없는데 파라고. 내 조카뻘 되는 일가하고 내 재당숙(再堂叔: 아버지의 육촌형제) 되는 이하고, 재당숙이 힘이 반 장사는 돼.

〈봉우 선생의 선(仙) 이야기 2권 음성 파일 목록〉

* 봉찾 번호: 봉우사상연구소(www.bongwoo.org)의 '봉우 선생님 자료실'
  → '기타 자료' → '봉우사상을 찾아서'에 실린 음성 파일 번호입니다.

1989.01.	선기옥형 대담 (봉찾 76)	
1989.01.	체술(體術) 대담 1 (봉찾 77)	
1989.01.	체술(體術) 대담 2 (봉찾 78)	
1989.01.	체술(體術) 대담 3 (봉찾 79)	
1989.01.	속보법 대담 1 (봉찾 80)	
1989.01.	속보법 대담 2 (봉찾 81)	
1989.01.	민간요법 대담 1 (봉찾 82)	
1989.01.	민간요법 대담 2 (봉찾 83)	
1989.01.	지리 대담 1 (봉찾 84)	
1989.01.	지리 대담 2 (봉찾 85)	
1989.01.	지리 대담 3 (봉찾 86)	
1989.01.	지리 대담 4 (봉찾 87)	
1989.	봉우 선생님 학인 질의응답 (봉찾 61)	
1990.08.03.	제5차 하계수련회 특강 1 (봉찾 45)	
1990.08.03.	제5차 하계수련회 특강 2 (봉찾 46)	
1990.09.14.	중급 회원 특강 (봉찾 32)	
1990.08.	계룡산 하계수련회 문답 (봉찾 60)	
1991.12.13.	중급 특강(학인 대담) 1 (봉찾 15)	
1991.12.13.	중급 특강(학인 대담) 2 (봉찾 16)	
1991.07.26.	봉우 선생님 전문 수련인 대담 (봉찾 11)	
1991.07.26.	제6차 하계수련회 특강 (봉찾 43)	
1991.04.17.	원상(原象) 특강 (봉찾 37)	

봉우 선생의 仙 이야기 2

발행일 | 1판 1쇄 2018년 7월 20일

지은이 | 권태훈
엮은이 | 봉우사상연구소
주　간 | 정재승
교　정 | 홍영숙
디자인 | 배경태
펴낸이 | 배규호
펴낸곳 | 책미래

출판등록 | 제2010-000289호
주　소 | 서울시 마포구 공덕동 463 현대하이엘 1728호
전　화 | 02-3471-8080
팩　스 | 02-6008-1965
이메일 | liveblue@hanmail.net

ISBN 979-11-85134-48-2 93240

국립중앙도서관 출판시도서목록(CIP)

봉우 선생의 仙 이야기. 2 / 지은이: 권태훈 ; 엮은이: 봉우
사상연구소. -- 서울 : 책미래, 2018
　　p. ; 　cm

표제관련정보: 봉우(鳳宇) 권태훈(權泰勳: 1900-1994)선생
육성강연, 대담집(1985-1990)
ISBN 979-11-85134-48-2 93240 : ₩48000

선도[仙道]

259-KDC6
299.57-DDC23　　　　　　　　　　CIP2018021031